쉽게 풀어 본

금강반야바라밀경

金剛般若波羅密經

쉽게 풀어 본 금강반야바라밀경 金剛般若波羅密經

초판 1쇄 발행 2023년 6월 3일

지은이 범운 황동욱
펴낸이 장길수
펴낸곳 지식과감성#
출판등록 제2012-000081호

교정 정은솔
디자인 정한나
편집 정한나
검수 이주연, 정윤솔
마케팅 정연우

주소 서울시 금천구 벚꽃로298 대륭포스트타워6차 1212호
전화 070-4651-3730~4
팩스 070-4325-7006
이메일 ksbookup@naver.com
홈페이지 www.knsbookup.com

ISBN 979-11-392-1121-4(03220)
값 30,000원

• 이 책의 판권은 지은이에게 있습니다.
• 이 책 내용의 전부 또는 일부를 재사용하려면 반드시 지은이의 서면 동의를 받아야 합니다.
• 잘못된 책은 구입하신 곳에서 바꾸어 드립니다.

지식과감성#
홈페이지 바로가기

범운 황동욱 지음

쉽게 풀어 본

금강반야바라밀경
金剛般若波羅密經

지혜의정원

추천사(推薦辭)

　대저 금강경이란 머무름이 없이 마음을 내어(應無所住而生其心) 법을 배우고 익혀 다른 사람에게 널리 가르치는 공덕이 무궁함을 가르치는 경전이며, 대승(大乘)의 마음을 낸 자, 최상승(最上乘)의 마음을 낸 자를 위하여 부처님께서 설하신 말씀으로 대승의 기둥이며 선가(禪家)의 지남(指南)이라 할 수 있습니다.

　금강경은 원래 부처님 말씀으로 전해지다 여러 선지식들에 의하여 한역되었던 바, 그중 구자국 출신 요진삼장(姚秦三藏) 구마라집(鳩摩羅什)이 한역하고 소명태자가 서른두 개로 소분(小分)한 금강반야바라밀경이 육조혜능 이래 중국, 해동, 일본 등 동아시아의 불교사에서 가장 널리 알려진 베스트셀러이며 스테디셀러였던 터라. 또한, 오늘날 우리 종단이 소의 경전으로 삼고 있는 바이기도 합니다.

　이 경은 경문이 간결하여 보는 이에게 피로감을 주지 않으면서도 그 품고 있는 내용은 깊고 그윽하여 한역된 이래 육조혜능을 거쳐 기라성 같은 선지식들이 주석하였으며, 오늘날 그 어느 경전보다도 널리 사랑받는 경전으로 자리매김하고 있습니다.

　이러한 역사적, 시대적 배경으로 오늘날 출가, 재가를 막론하고 금강경에 관한 주석과 논의가 활발하여야 함에도 그렇지 못한 것 같아 아쉬움이 있던 차에 마치 불 속에서 연꽃을 피우듯 범운 황동욱 포교사가 재가불자로서 금강경을 쉽게 풀어 본 주석서를 발간한다고 하니, 포교를 총괄하는 포교원장의 입장에서 이는 실로 가뭄에 단비라 반갑고 또 반갑습니다.

범운 포교사가 집필한 『쉽게 풀어 본 금강반야바라밀경』은 육조혜능선사의 금강경해의(金剛經解義)와 야보천선사의 금강경주(金剛經註)를 저본(底本)으로 하고 불교사에서 명멸해 간 수많은 선지식들의 주석서 등을 참조하고, 더불어 포교 일선에서 경험한 많은 현상들을 녹여 넣었다 하니, 자못 기대가 됩니다.

책의 형식이나 내용에 관한 것은 읽으시는 분들이 직접 보시기를 권하며, 모쪼록 이 책의 출간을 계기로 출가와 재가를 막론하고 금강경에 관한 공부와 논의가 보다 성성해지기를 기대합니다.

불기 2567년 6월
대한불교조계종 포교원장 범해

| 머리말 |

    금강경은 『금강반야바라밀경(金剛般若波羅密經)』을 줄여서 부르는 경전 이름입니다. 이 경전은 현재 우리나라의 불교계에서 가장 큰 종단인 대한불교조계종이 소의경전(所依經典)으로 삼고 있는 경전입니다.
    금강경은 구마라집이 산스크리트어 이름 Vajra-Prajñapāramitā-Sutra를 금강반야바라밀다경이란 이름으로 최초로 한역한 이후 중국, 한국, 일본의 불교에서 가장 많이 사랑받아 온, 불교 경전 중의 베스트셀러라 할 수 있습니다. 특히, 중국에서 육조혜능 이후 선종이 크게 발전하고, 이어 한국과 일본으로 선종이 전파되면서 더욱 사랑을 받는 경전이 되었습니다.
    동아시아의 불교 역사에서 금강경이 가장 사랑받는 경전으로 자리매김한 것은 금강경이 언설과 장구가 간결하고 알기 쉽게 정리되었으면서도 품고 있는 내용은 실로 넓고 깊고 높아서 반야사상, 특히 대승반야의 핵심을 잘 반영하고 있다는 평가에 기인합니다.
    그리하여 역대 동아시아 불교사에서 수많은 선사, 불자들이 금강경을 주석하고 논의하고 노래한 것은 당연한 것인지도 모릅니다. 당나라 때 육조혜능선사가 남긴 『금강경해의(金剛經解義)』라는 책의 서문에서 당시에만 해도 금강경 관련 논이나 소, 주석서 등이 팔백여 종이나 된다고 하였으니, 그 이후에 더해지고 보태진 해설, 강론, 주석, 소 등 저술을 모두 고려하면 가히 헤아릴 수 없이 많은 풀이와 논의가 있었음을 그저 짐작할 따름입니다. 그런 만큼 금강경의 자자구구에 대한 해석과 견해가 헤아릴 수 없이 많음도 또한 당연하다 할 것입니다.
    더욱이 금강경이 해동에 넘어와서도 헤아릴 수 없이 많은 불자, 비불자들에게 애용되었고, 수많은 출가 혹은 재가 불자들에 의하여 풀이되었음은 주지의 사실입니다. 특히 오늘날 인터넷 등 사회연결망(SNS)이 발달함에 따라 이를 이용한 금강경의 해석과 전파가 넘치다 못해 오히려 장애가 될 지경까지 이른 것 같습니다.
    사정이 이러함에도, 배움도 없고 공부도 얕고 깨달음도 천박한 범부가 여기에 하나의 잡설을 더 보태는 것은 앞선 성현들의 얼굴에 먹칠을 하고, 현재를 함께하는 분들과 가외한 후생님들에게는 부끄러움을 더하는 짓이 아닌지 심히 두렵습니다. 그럼에도 불구하고, 강호의 제현들에게 이 책을 상정(上程)하는 것은, 세속의 한 불자로서 나름대로 공부하고 생각한 것을 정리하여, 이 시대를 함께 살며 어떻게 살아야 잘 살 수 있을지, 어떻게 해야 고통을 줄이고 조금이라도 더 행복한 삶을 살 수 있을지 고민하시는 분들과 생각을 공유해 보고자 함입니다.

독자 여러분들의 지혜롭고 훌륭한 질책을 달갑게 받을 생각임을 말씀드리며, 이 책의 형식상, 내용상 잘못은 전적으로 저의 부족함으로 인한 것임을 밝힙니다.

이 책이 나오기까지 많은 분들이 협조해 주신 것에 감사드립니다. 무엇보다 먼저, 부족한 것임에도 불구하고 이 책에 추천서를 주신 포교원장 범해스님께 감사드립니다. 우리 절 국제선센터의 법원 주지스님께서는 법문 등을 통하여 지혜와 영감을 많이 주셨습니다. 거듭 감사드립니다. 그리고 여러 스님과 도반 신도님들에게도 감사드립니다. 누구보다 마음의 의지처가 되어 준 아내에게 고마운 마음을 담아 이 책을 바칩니다. 끝으로 이 책을 출판하는 데 힘써 주신 출판사 대표님 이하 직원분들에게도 감사드립니다. 고맙습니다.

불기 2567년 6월
저자 드림

| 일러두기 |

1. 이 책은 요진삼장(姚秦三藏) 구마라집(鳩摩羅什)이 번역하고 양(梁)의 소명태자(昭明太子)가 32분으로 나누어 정리하였으며, 현재 대한불교조계종이 소의경전으로 삼고 있는 32분 금강반야바라밀경을 기본서로 하였다.

2. 경의 장구에 대한 해설은 육조혜능선사의 금강경해의(金剛經解義)를 바탕책(底本)으로 삼고, 해당 장구에 대한 착어와 송은 야보천선사의 금강경주(金剛經註)를 바탕책으로 삼았다. 그리고 필요한 부분에서 여러 경전 및 선지식들의 말씀을 보충하였다.

3. 경문의 해석은 대한불교조계종 교육원이 편역한 조계종 표준 금강반야바라밀경을 바탕으로, 다른 많은 선현들의 번역을 참조하여, 저자가 직접 번역하였다.

4. 인용되는 모든 자료들은, 별도로 출처를 밝히지 않은 한, CBETA 中華電子佛典協會의 CBETA 漢文大藏經(http://cbeta.org/)에서 인용하였다.

5. 책의 전개는 먼저 해제를 통하여 경의 전체적인 점을 정리하고, 다음으로 내용을 설명하였다. 내용 설명은 32분법에 따라 각 분에서 해당 분의 개요를 설명하고 이어서 구체적으로 장구를 구분하여 풀이하였다.

6. 풀이 방식은 경의 일부 언구를 먼저 거론하고, 그에 대한 해설을 붙인 다음 야보천선사의 착어를 거론하여 이를 해설하고, 이어서 야보천선사의 게송을 거론하여 풀이하였다.

7. 경의 장구와 그에 대한 해설, 착어 및 게송의 내용과 관련이 있는 각종 연기(緣機)나 조사의 말씀, 화두, 고사, 일화, 다른 경전이나 논소(論疏)의 인용 등은 해당 단락의 말미에 [공부]할 사항으로 별도로 뽑아 정리했다.

8. 경의 장구, 야보천선사의 착어와 송, 경에서 제기된 27가지 의심끊기(疑斷)에 대하여는 쉽게 알아볼 수 있도록 진하게 표시하였다.

9. 梵(범)은 범어(梵語)의 줄임말로 산스크리트어를 지칭하며, 巴(파)는 빨리어(巴利語)를 가리킨다.

10. 별도로 금강경 혹은 금강반야바라밀경 등 경전의 이름을 적시한 경우를 제외하고, 경이라고 하면 금강경을 가리킨다.

11. 같은 저서 혹은 같은 출처에서 인용하는 것이 여러 개일 경우에도, 읽는 분의 편의를 위하여, 가급적 인용할 때마다 출처를 전부 밝히는 것을 원칙으로 하였다.

차례

추천사(推薦辭)   4
머리말   6
일러두기   8

제1장   해제

1. 경의 대의   14
2. 경을 말씀하신 이유(목적)   17
3. 경의 용도   21
4. 경의 성립 시기   29
5. 반야 사상의 발전 과정상 경의 위치   33
6. 경의 불교사적 의의   37
7. 경의 이름 - 금강반야바라밀경   39
8. 경에 대한 이해의 틀   48

제2장   본문

제1분 법회의 원인과 이유(法會因由分)   52
제2분 선현이 일어나 청익하다(善現起請分)   111
제3분 대승이 바른 종지이다(大乘正宗分)   142
         보살은 어떻게 머물러야 하는가(應云何住)   166
제4분 훌륭한 수행은 머묾이 없다(妙行無住分)   170
제5분 진리를 바로 보다(如理實見分)   190
제6분 바른 믿음은 드물다(正信希有分)   207
제7분 얻은 것도 없고 말한 것도 없다(無得無說分)   237
제8분 법에 의해 태어나다(依法出生分)   264
제9분 일상은 무상이다(一相無相分)   279

제10분 정토를 장엄하다(莊嚴淨土分)   308
제11분 무위의 복이 수승하다(無爲福勝分)   333
제12분 바른 가르침을 존중하다(尊重正敎分)   345
제13분 여법하게 수지하다(如法受持分)   353
제14분 상을 버리면 적멸이다(離相寂滅分)   380
제15분 경을 지니는 공덕(持經功德分)   451
제16분 업장을 청정하게 하다(能淨業障分)   473
제17분 구경에는 무아이다(究竟無我分)   488
제18분 한 몸으로 같이 본다(一體同觀分)   537
제19분 법계를 널리 교화하다(法界通化分)   555
제20분 색도 버리고 상도 버리다(離色離相分)   564
제21분 말하였으나, 말한 것이 없다(非說所說分)   572
제22분 얻을 법이 없다(無法可得分)   591
제23분 청정한 마음으로 선을 행하라(淨心行善分)   598
제24분 복과 지혜는 비교할 것이 없다(福智無比分)   610
제25분 교화하였으나 교화한 바가 없다(化無所化分)   618
제26분 법신은 상이 아니다(法身非相分)   631
제27분 끊어짐도 없고 소멸함도 없다(無斷無滅分)   643
제28분 누리지도 탐하지도 않는다(不受不貪分)   652
제29분 위의가 적정하다(威儀寂靜分)   661
제30분 일합상의 이치(一合相理分)   668
제31분 지견이 생기지 않다(知見不生分)   683
제32분 응신으로 교화함은 참이 아니다(應化非眞分)   690

참고자료   710

제1장

해제

1. 경의 대의

1) 『금강반야바라밀경』(이하에서는 "금강경", "경"이라고도 한다)은 실상(實相=無相)을 본체로 삼고 있다. 이 말은 (하나의) 실상이 진리라는 의미이다. 경에서 "만약 누군가가 이 경을 들으면 실상을 낼 것"이라고 하였다. 경은 실상으로 들어가기 위한 반야 지혜를 갖추게 해 주는 보물창고이다.

2) 또한 경은 머묾이 없음(無住)을 밝히는 것을 종지(宗旨)로 삼는다. 여기서 머문다(住)고 함은 집착함을 의미한다. 종지란 최상의 취지, 핵심적인 가르침, 가장 중요한 가르침이라는 뜻이다. 경에서는 무주가 가장 중요한 가르침이라고 말하는 것이다. 경에서 머무는 바 없이 마음을 낸다고 하였다. 경에서 무주[혹은 부주(不住)]라는 말이 자주 나오는데, 이는 경이 무주로서 집착을 깨뜨리는 것을 종지로 삼기 때문이다.

3) 경의 용도는 의심을 끊는 것(斷疑)에 있다. 즉, 의심을 끊는 것을 쓰임새(用)로 삼음을 의미한다. 왜냐하면, 경의 힘을 사용하여 허망한 집착을 끊을 수 있기 때문이다. 경은 그 내용상으로 27개의 의문을 제기하고 그 각각에 대하여 답을 내리고 있다.

4) 경은 대승을 교상(敎相)으로 삼는다. 경에서, 이 경은 대승(의 마음)을 발원한 자, 최상승(의 마음)을 발원한 자를 위하여 말하는 것이라고 하였다. 그러므로 대승을 주된 가르침으로 삼고 있다고 할 수 있다.

5) 경이 가르치고자 하는 금강반야는 아뇩다라삼먁삼보리심을 발원한 자를 위한 말씀이다. 보살행이라도 대보살행에 무게 중심이 있으며, 나아가 부처를 몸으로 증득하는(體認) 것을 더욱 중시한다. 경의 장구 중에 이를 드러낸 예를 들어 보면;

- 부처는 일체의 상을 떠남: "온갖 상을 상이 아니라고 보면 여래를 본

다."라거나, "일체의 모든 상을 버리면 부처라 한다."라거나;

- 부처는 색상이나 성상 중에서 볼 수 없음: "몸의 모습(身相)으로 여래를 볼 수 없다."라거나, "삼십이상으로 여래를 볼 수 없다."라거나, "여래는 색신을 구족하는 것으로 볼 수 없다."라거나, "만약 몸으로 나를 보거나, 음성으로 나를 구하면, 이 사람은 삿된 길을 가는 것이라, 여래를 볼 수 없다."라거나;
- 부처는 행동거지(威儀)로서도 볼 수 없음: "여래란, 온 바도 없거니와 간 바도 없다."라거나;
- 부처는 설법자이지만, "실은 여래가 설할 수 있는 정해진 법은 없다."라거나, "여래는 말씀하신 것이 없다."라거나, "누군가가 여래가 말씀하실 법을 가지고 있다고 하면 곧 부처를 욕되게 하는 것"이라거나;
- 부처는 중생을 피안으로 이끌어 주는 안내자이지만, 실제로는 "진실로 여래가 건네준 중생은 없"고, 여래는 오안을 가지고 있어 일체 중생의 마음을 알 수 있지만, 그러나 그 실은 "그 마음들이 모두 마음이 아니며, 마음이라 이름할" 뿐이라는 등

경의 장구들이 모두 이에 해당한다고 볼 수 있다.

6) 금강반야는 여래가 중생을 교화하는 것을 매우 중시한다. 이는 대승의 보살이 지향하는 방향이기도 하다. 이를 위하여 경전에 의한 교화는 물론, 사리탑을 조성·공양하는 방식에 의한 교화도 중요하게 본다. 즉, 중생을 교화함에 있어서 금강반야는 경전과 불탑을 한가지로 보고 있는 것이다. 사리탑은 부처를 상징하는 전통불교의 일반적 사실이며, 이를 조성·공양하는 것은 부처에 대한 믿음과 존경의 마음을 품는 것이다. 예컨대;

- "이 경 내지 사구게 등을 말하는 곳은 일체 세간의 하늘과 인간 아수라 모두가 마치 부처님의 탑이나 묘처럼 공양해야 하는 곳임을 알아야 한다."라거나;
- "어느 곳이든 이 경이 있으면, 일체 세간의 하늘이나 인간, 아수라가 마땅히 공양하는 바이며, 이곳이 곧 탑임을 알고, 모두 공경하고 예를

차려 (탑을 돌듯이) 돌아야 하며, 온갖 꽃과 향을 가지고 그곳에 뿌려야 한다."라고 하였다.

7) 경은, 부처님께서 말씀하신 모든 경전이 그러하듯, 속제(俗諦)와 진제(眞諦)라는 두 가지 진리(二諦)를 내포하고 있다. 속제는 범부, 성문, 독각, 보살, 여래, 내지 명의, 지혜, 경계, 업과, 상속 등을 말하며, 진제는 이 모든 것들에 대하여 얻을 것이 없음(無所得)을 말한다. 경 중에서 머묾이 없이 보시하여야 한다거나, 일체법이 상이 없다거나, 취할 수도 없고 말할 수도 없다거나, 법은 무아이며, 무소득이며, 증명하여 얻을 수 없고, 성취할 수 없다거나, 여래는 오는 것도 없고 가는 것도 없다는 등의 말들은 진제에 해당하고, 내외, 세간, 출세간, 일체법상 및 온갖 공덕 등의 말들은 속제를 세운 것이다.[1]

8) 경은 바른 견해(正見)를 특히 강조한다. 경은 끝부분에서 인연화합에 의하여 생겨난 일체의 법, 즉 일체의 유위법은 꿈, 환각, 거품, 그림자 같고, 번갯불 같으며 이슬 같으니, 마땅히 그렇게 보라고 말한다. 유위법은 무상하고 무아임을 강조하고, 이렇게 보는 것이 바로 보는 것임을 강조한 것이다. 또 경은 일체법이 무아임을 알고 인욕을 이루면 갠지스강의 모래만큼 많은 삼천대천세계를 가득 채울 만큼 많은 칠보를 보시하는 것보다 그 복덕이 더욱 수승하다고 하는 것도 지혜, 즉 정견을 강조한 것이다. 어찌 보면, 경 전체가 정견을 세우도록 하기 위한 가르침이라고 할 수 있을 것 같다.

---

[1] T25n1515001, 金剛般若波羅蜜經破取著不壞假名論卷上, 功德施菩薩造, 唐中天竺國沙門地婆訶羅等奉 詔譯, CBETA 電子佛典集成 » 大正藏 (T) » 第25冊 » No.1515 » 第1卷, http://tripitaka.cbeta.org/T25n1515001

2. 경을 말씀하신 이유(목적)

부처님께서는 금강경을 왜 말씀하셨을까? 물론 중생을 고통에서 구제하겠다는 생각으로 그 방법을 말씀하신 것이지만, 이는 대전제이며, 구체적으로 살펴보면 다음과 같이 추론할 수 있을 것 같다.[2]

1) 금강경은 보살을 위하여 큰 법을 간략하게 말씀하신 것이다. 경에서 부처님께서 수보리에게 이 경은 대승을 발심한 자를 위하여 말하며, 최상승을 발심한 자를 위하여 말한 것이라고 하셨다. 보살을 위하여 큰 법을 간략하게 말하였다고 함은 무슨 뜻인가? 불법은 무량하여, 간략하게나마 인과(因果)를 말하는 것이면 일체가 모두 불법에 포함될 수 있다. 여기서 원인(因)이란 소위 보살의 진실한 대원(大願)과 진실한 대행(大行)을 의미한다. 경에서 보살은 반야에 머물며 심중으로 일체 중생을 모두 무여열반에 들게 하지만, 그러나 진실로 건네준 바가 없다고 한 것은 보살의 대원이라 할 수 있다. 또 경에서 보살은 법에 머물지 않고 보시 등 일체의 모든 행을 행하지만, 행한 것이 없다고 한 것은 대행이라 할 수 있다. 요컨대, 보살의 대원과 대행이란 자신을 위해서가 아니라 다른 중생을 위하여 발원하고 실천하는 것을 의미한다. 그런데 만약 보살이 반야심으로 발원하지 않으면 원해도 원하는 것을 이룰 수 없다. 만약 반야심으로 수행하지 않으면 수행해도 수행을 성취할 수 없다. 그러므로 보살이 발원과 실천을 하고자 할 때는 모름지기 반야가 꼭 필요한 것이다. 이것을 인의(因義)라 한다. 결과(果)란 무엇인가? 보살은 무소득의 원인 행위를 하는 까닭에 무소득의 결과를 얻는다. 무소득의 결과는 곧 여래의 실상 법신이다. 경에서 어떤 상으로도 여래를 볼 수 없으며, 만약 온갖

---

[2] T33n1699001, 金剛般若疏卷第一, 胡吉藏法師撰, 金剛般若疏 第1卷, CBETA 電子佛典集成 》 大正藏 (T) 》 第33冊 》 No.1699 》 第1卷, http://tripitaka.cbeta.org/T33n1699001

상을 상이 아니라고 본다면 여래를 본다고 한 것이 이 뜻이다.

2) 또한 현재, 미래의 일체 중생이 이익과 공덕을 진실로 분별할 수 있도록 이 경을 말씀하셨다. 경에서 부처님이 멸도하신 후 후오백세에 반야 중에서 일념으로 청정한 믿음을 낼 수 있다고 한 것이나, 이 경을 수지하고 독송하거나 다른 사람에게 해설함으로써 밖으로 여러 부처님을 호념하고 안으로 가없는 공덕을 얻는 것이 삼천대천세계를 가득 메울 진보를 보시하거나 갠지스강의 모래 수만큼의 신명(身命)으로 공양하는 것보다 수승하다고 한 것이 이것이다.

3) 또한 제일의실단(第一義悉檀)을 말씀하시고자 이 경을 말씀하셨다. 제일의실단이란 소위 제법실상이다. 실상의 영역에서는 일체의 희론이 소멸되고 일체의 언어를 초월하지만, 초월한 것도 없고 소멸된 것도 없다. 경에서 취할 수도 없고 말할 수도 없다고 한 것이 이 뜻이다. 취할 수 없음이란 마음의 행로(心行)가 끊어지는 것이고, 말할 수 없음은 언로가 절단된 것이다. 바로 이것이 제일의실단이다.

4) 또한 대비심으로 설법을 청하는 것을 받아들이시고 이 법을 말씀하셨다. 여러 경전에 의하면, 부처님께서는 깨달음을 이루신 후 21일(삼칠일) 동안 당신의 깨달음을 중생들에게 말해 주는 것에 대하여 사유하고, 중생은 온갖 근기들이 있으나, 모두 둔하고 쾌락에 집착하여 맹목적으로 어리석어 당신의 깨달은 바를 이해할 수 없을 것이라고 생각하고, 차라리 법을 설하지 않고 빨리 열반에 들어야겠다고 생각했다. 이러한 사정을 안 범천왕이 계수례를 하고 "중생의 근기는 상, 중, 하이니, 바라옵건대 감로의 문을 열어 법을 펼쳐 주십시오."라고 세 차례 권청하였다.[3] 이에 여래께서 녹야원으로 가셔서 사제(四諦)와 중도(中道), 연기법을 설하셨으며, 기원정사 등에서 반야 등 법을 연설하셨던 것이다. 이외에 부처님의 설법들 중 많은 것이 제자들이나 불자 혹은 외도들의 청익에 따라 이루어졌음은 이를 증명한다.

5) 또한 부처님께서는 여러 가지 법이란 약들을 모아 치료가 어려운 병을 치료하고

---

3) T03n0190033, 佛本行集經卷第三十三, 隋天竺三藏闍那崛多譯, 梵天勸請品下, CBETA 電子佛典集成 » 大正藏 (T) » 第3冊 » No.0190 » 第33卷, http://tripitaka.cbeta.org/T03n0190033; T03n0187010, 方廣大莊嚴經卷第十, 中天竺國沙門地婆訶羅奉 詔譯大梵天王勸請品第二十五, CBETA 電子佛典集成 » 大正藏 (T) » 第3冊 » No.0187 » 第10卷, https://tripitaka.cbeta.org/T03n0187010

자 이 경을 말씀하셨다. 일체 중생에게는 두 가지 병이 있는데, 첫째는 몸의 병으로, 늙고 병들고 죽는 것이고, 둘째는 마음의 병으로 탐진치에 물든 것이다. 생사가 있은 이래 반야의 약을 얻지 못하여 누구도 이 병을 치료할 수 없었다. 부처님은 금강반야로서 두 병을 치료하시기 위하여 이 경을 말씀하셨다.

6) 또한 보살의 염불삼매를 증대시키고자 이 경을 말씀하셨다. 일체 중생은 비록 염불을 하고 싶어도 여래를 알지 못하고 삿된 견해(邪觀)에 빠지기 일쑤였다. 경에서 색으로 나를 보거나, 음성으로 나를 구하는 것은, 곧 삿된 길을 가는 것이니, 여래를 볼 수 없다고 한 것은 이를 가리킨다.

7) 또한 중도를 드러내 보여 유무(有無), 단상(斷常), 일이(一異), 거래(去來) 등 두 극단(極端)을 뽑아 버리고자 이 경을 말씀하셨다. 경에서 "아뇩다라삼먁삼보리심을 내는 것이 법에 대한 단멸상을 말하는 것이 아니"라고 하였다. 보리심이란 도심(道心)이다. 도는 정도를 말한다. 정도심을 발하면, 어찌 단상(斷常)에 빠지겠는가? 만약 단상에 빠지면 이는 곧 단상의 마음을 내었기 때문이니, 이를 두고 정도심을 낸다고 하지 않는다. 부처님께서는 보살들이 정도심을 내어 단견이나 상견을 끊도록 하고자 이 경을 말씀하셨다.

8) 또한 이법문(異法門)과 이념처(異念處)를 말하고자 이 경을 말씀하셨다. 과거에는 선문(善門), 불선문(不善門); 기문(記門), 무기문(無記門); 상(常), 무상(無常); 고(苦), 락(樂) 등의 염처를 말씀하였다면, 지금은 비선문(非善門), 비불선문(非不善門); 비기문(非記門), 비무기문(非無記門); 비상(非常), 비무상(非無常) 등의 염처를 말씀하고자 한다. 경에서 "법도 마땅히 버려야 하거늘, 하물며 비법임에랴."라고 한 것이 이를 가리키는 것이다.

9) 또한, 중생의 깊고 무거운 업장을 바꾸기 위하여 이 경을 말씀하셨다. 경에서, 응당 악도에 떨어져야 함에도 이 경을 수지함으로써 삼악도가 소멸하고 삼보리를 얻게 된다고 하신 것이 이 뜻이다.

이상 갖가지 인연을 반야인연(般若因緣)이라 한다. 경은 어떤 수행 단계에 있는 사람을 위하여 말해졌는가? 반야는 수행 정도가 높은 사람을 위한 것이므로 우리 같은 범부가 어찌 이를 수행할 수 있을까? 하고 생각하며, 스스로 희망을 버리는 경우가 종종 있다. 그러나 그렇지 않다. 이런 사람은 아무런 걸림이 없는 법 속에서 스스로 장애를 만드는 것이다. 반야가 반드시 높은 경지에 있는 것이라고 말하면, 높은 경지에 있는 사람은 스스로 악도에 떨어지지 않을 것이다. 어떤 습행도 바야흐로 버릴 것이기 때문이다. 경에서 악도에 떨어지지 않으려거나, 비천한 가문에 태어나지 않고자 하거나, 세세토록 인간이나 하늘의 정토에서 태어나 즐거움을 누리거나 내지 구경에는 대반열반을 누리고자 하거든, 모름지기 반야를 배우라고 하였다. 이는 응당 악도에 떨어져야 할 자라도 반야를 수행함으로써 악도에 떨어지지 않을 수 있음을 밝힌 것이다. 그러므로, 기름지지 못한 땅, 척박한 땅(薄地)에서 살고 있는 범부에서부터 이미 높은 경지, 내지 십지의 지위에까지 오른 보살에 이르기까지 모두 모름지기 반야, 혹은 경을 통한 금강반야를 배워야 하는 것이다.

3. 경의 용도

(1) 의심 끊기 - 경이 끊고자 하는 27개 의심(二十七疑)

경은 부처님과 수보리 사이의 문답을 통하여 27개의 의심을 제기하고 이의 답을 찾아가는 경전이라고 보기도 한다.[4] 경을 이렇게 이해하는 방법은 인도의 세친보살(世親菩薩)로부터 비롯되었다고 한다.[5] 이들 27개 의심은 경에서 직접 제기한 것도 있지만, 주로 경의 장구 속 문답에 담긴 내용이나 설명에서 추출한 것이다. 각 의심이 제기되는 경에서의 위치(즉, 관련 장구), 의미, 내용, 출처 등 구체적인 사항은 경의 해당 장구를 해설하는 곳에서 살펴보기로 하고, 여기서는 그 의심의 종류와 의심간의 맥락을 간략히 정리한다.

1) 부처가 되고자 보시하는 것은 상에 머무는 것이라는 의심(求佛行施住相疑)

2) 원인과 결과 둘 다 깊어 믿지 않을 것이라는 의심(因果俱深無信疑)

3) 상이 없으면 어떻게 법을 말하는가 하는 의심(無相云何得說疑)

4) 성문이 과위를 얻음은 취하는 것이라는 의심(聲聞得果是取疑)

5) 석가모니부처님은 연등불에게서 말씀을 취하였다는 의심(釋迦然燈取說疑)

6) 불국토의 장엄은 취하지 않음(不取)에 어긋난다는 의심(嚴土違於不取疑)

7) 보신(報身)을 받음은 취함이 있다는 의심(受得報身有取疑)

8) 말씀을 지니는 것은 괴로움의 과보를 벗는 것이 아니라는 의심(持說未脫苦果疑)

9) 본체도 없고 원인도 없는 것을 증득할 수 있는가 하는 의심(能證無體非因疑)

---

4) X25n0492001, 金剛般若經疏論纂要刊定記會編卷第一, 秦三藏法師鳩摩羅什譯經, 唐 圭山大師宗密 述疏, 宋 長水沙門子璿 錄記, 清 莉豁後學沙門行策 會編, CBETA 電子佛典集成 » 卍續藏 (X) » 第25冊 » No.0492 » 第1卷, http://tripitaka.cbeta.org/X25n0492001.

5) T25n1512, 金剛仙論, 世親菩薩造 金剛仙論師釋 元魏 菩提流支譯, CBETA 電子佛典集成 » 大正藏 (T) » 第25冊 » No.1512, http://tripitaka.cbeta.org/T25n1512.

11) 머물고 수행하고 항복시키는 것은 나(我)라는 의심(住修降伏是我疑)
10) 진여는 두루하여 얻음이 있기도 하고 없기도 하다는 의심(如遍有得無得疑)
12) 보살에게 부처의 행인이 있는가 하는 의심(佛因是有菩薩疑)
13) 원인이 없으면 불법은 없다는 의심(無因則無佛法疑)
14) 중생을 건네주고 국토를 장엄할 사람이 없다는 의심(無人度生嚴土疑)
15) 부처님들은 법들을 보지 않는다는 의심(諸佛不見諸法疑)
16) 복덕은 마음의 전도를 예시하는 것이라는 의심(福德例心顚倒疑)
17) 무위인데 어떻게 상호가 있는가 하는 의심(無爲何有相好疑)
18) 몸이 없으면 어떻게 법을 말하는가 하는 의심(無身何以說法疑)
19) 법이 없으면 어떻게 수행하고 증득하는가 하는 의심(無法如何修證疑)
20) 말한 바가 무기이면 행인(行因)이 아니라는 의심(所說無記非因疑)
21) 평등하면 중생을 어떻게 건네주는가 하는 의심(平等云何度生疑)
22) 상의 비교로 진정한 부처를 아는가 하는 의심(以相比知眞佛疑)
23) 불과는 복상(福相)과 관계가 없다는 의심(佛果非關福相疑)
24) 화신의 출현은 복을 받은 것이라는 의심(化身出現受福疑)
25) 법신과 화신은 같은지 다른지 하는 의심(法身化身一異疑)
26) 화신의 설법은 복이 없다는 의심(化身說法無福疑)
27) 입적하고 나면 법을 어떻게 말할 것인가 하는 의심(入寂如何說法疑)

<그림> 27개 의심의 맥락[6]

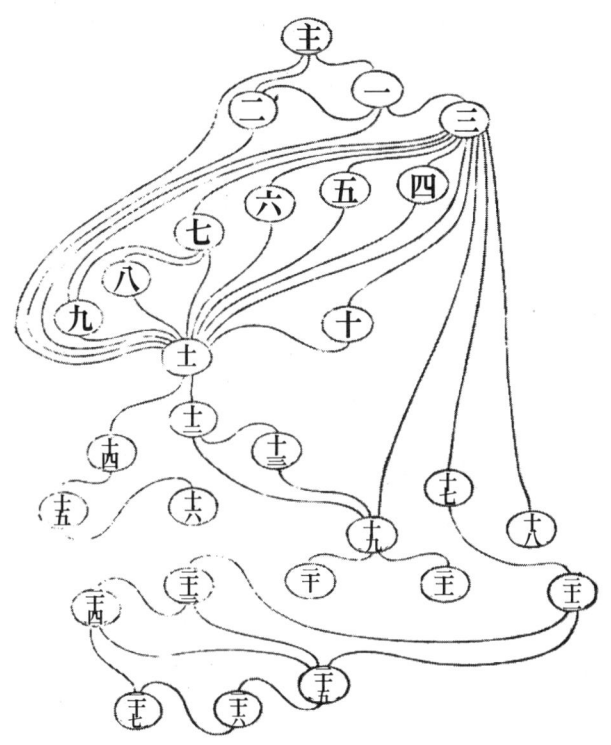

이 <그림>에서 맨 첫머리의 주(主)는 으뜸을 의미하며, 경 전체를 관통하는 제일의 로서 무주상 보시이다. 이로부터 의심이 일어나 꼬리에 꼬리를 물고 27개의 의심이 일어나게 되는 것이다. 이들 27개 의심의 맥락에서 가장 중요한 곳(의심)은 세 번째 '상이 없으면 어떻게 법을 말하는가' 하는 의심(無相云何得說疑)과 열한 번째 '머물고 수행하고 항복시키는 것은 나(我)'라는 의심(住修降伏是我疑)이다. 세 번째 의심은 다른 의심들이 파생된다는 의미에서, 열한 번째 의심은 앞의 의심들이 수렴되었다가 다

---

6) X25n0492001, 金剛般若經疏論纂要刊定記會編卷第一, 秦三藏法師鳩摩羅什譯經, 唐 圭山大師宗密 述疏, 宋 長水沙門子璿 錄記, 淸 荊谿後學沙門行策 會編, CBETA 電子佛典集成 » 卍續藏 (X) » 第25冊 » No.0492 » 第1卷, http://tripitaka.cbeta.org/X25n0492001

시 진전되어 가는 연결 고리라는 점에서 의의가 있다.[7]

(2) 장애의 치료 - 경이 치유하고자 하는 열 가지 장애

인도 대승 중관의 중요한 논사 중 한 분이었던 바수반두(天親)의 동생이자 제자로서 금강선론을 저술(菩提流支 한역)한 논사였던 세친은 금강반야, 마하반야 등 반야 공혜가 설해진 연기에 대하여 중생의 열 가지 장애를 끊기 위하여 설해졌다고 주장하였다. 그가 말한 중생의 열 가지 장애란 무물상장(無物相障), 유물상장(有物相障), 비유사유상장(非有似有相障), 방상장(謗相障), 일유상장(一有相障), 이유상장(異有相障), 실유상장(實有相障), 이이상장(異異相障), 여명의상장(如名義相障), 여의명상장(如義名相障)을 가리킨다. 이를 간략히 설명하면 다음과 같다.[8]

1) 무물상장(無物相障)이란 사물은 존재하지 않는다는 생각에 사로잡혀 단견에 빠지는 것을 가리킨다. 중생들이 오랜 겁 동안 나와 나의 것에 집착함으로써 탐욕이 쌓여 병이 깊다. 이러한 까닭으로 여래께서 일체법은 모두 필경에는 공(空)이라고 말씀하셨던 것이다. 그런데 가르침을 잘못 받아들인 자들이 필경에는 공하다는 말을 듣고 삿된 견해를 일으켜 인과는 없다고 생각하고 행동함으로써 단견에 빠져 이제(二諦=진제와 속제)를 잃어버린다. 이와 같은 단견(斷見)은 지혜를 증장하는 데 장애이며, 이 장애를 극복하기 위하여 부처님께서 이 경을 말씀하셨다는 것이다. 즉, 경에서 보살은 일체법에 머물지 않고 보시 등 일체의 행위를 하여야 한다고 하셨다. 그러므로 만행은 원인이 되며, 법신은 결과가 되는 것이다. 그러한 까닭에 필경에는 공이더라도 인과를 잃음이 없는 것이다.

---

7) 그러나 이들 27종 의심끊기(二十七種斷疑)에 대하여, 그 내용으로 미루어 볼 때, 꼭 27개로 나눌 필요는 없다고 하는 주장도 있다. 이에 의하면, 예컨대, 제1의단과 제17의단은 신상(身相)과 관련하여, 제3의단과 제16의단은 복덕(福德)과 관련하여, 제6의단과 제14의단은 불토장엄과 관련하여, 제7의단과 제25의단은 미진과 관련하여, 제8의단과 제18의단은 중생과 관련하여, 각각 제기된 의문이므로 이들 의심은 각각 한 문제로 병합할 수 있다는 것이다. 보다 자세한 내용은, 楊白衣(本所教授), 金剛經之研究, 華崗佛學學報第5期(p57-111), p95, (民國70年), 臺北:中華學術院佛學研究所, http://www.chibs.edu.tw; Hua-Kang Buddhist Journal, No. 05, (1981), Taipei: The Chung-Hwa Institute of Buddhist Studies 참조.

8) T25n1512001 金剛仙論卷第一, 世親菩薩造, 金剛仙論師釋 元魏 菩提流支譯, CBETA 電子佛典集成 » 大正藏 (T) » 第25冊 » No.1512 » 第1卷, http://tripitaka.cbeta.org/T25n1512001

2) 유물상장(有物相障)이란 사물이 항상 존재한다는 견해로 인하여 일어나는 장애이다. 무물상장이 단견이라면 이는 상견(常見)이다. 가르침을 잘못 받아들인 무리들은 보살이 원인 행위를 하면 결과를 얻는다고 듣고 편의대로 원인은 결과를 감응할 수 있으며, 능행의 사람은 소행의 행을 받는다고 믿는다. 이 허망한 견해로 비록 존재는 소멸해도 생각(意念)은 환생한다고 믿게 되는데, 이 장애를 치료하기 위하여 반야를 말씀하셨다는 것이다. 경에서, "만약 보살이 아상, 인상, 중생상, 수자상을 가지고 있으면, 곧 보살이 아니"라고 하거나, 법상이 있다거나 비법상이 있다고 보아도 보살이 아니라고 한 것은 이를 의미한다. 비록 보시를 행함에 삼사가 항상 공(三輪體空)하더라도 인과가 완연하여 일찍이 감응하지 않으면, 이는 허공 속에 나무를 심거나 비단을 짜는 것과 같다.

3) 비유사유상장(非有似有相障)이란 실제로 존재하지는 않으나, 존재하는 것처럼 생각함으로써 일으키는 장애이다. 가르침을 잘못 받아들인 무리들이 상위의 보살이 유무에 집착하지 않는다는 말을 듣고 멋대로 이견(異見)을 내는 것이다. 만약 유무를 모두 얻을 수 없게 된다면, 어떻게 만 가지가 다른 용도를 가지고 있겠는가? 그러므로 예컨대 육진은 사대의 상호반응에 대하여 다르게 대응하는 것이다. 만 가지 쓰임이 있으므로 없지 않음을 아는 것이다. 존재하지 않는 데 마치 존재하는 것 같다(非有似有)란 무슨 말인가? 마치 아지랑이나 허공의 꽃이나 사막의 신기루처럼 존재하지 않는데, 존재하는 것처럼 보이는 것을 가리킨다. 중생의 소견으로 만 가지 쓰임이 존재하는 것처럼 보이지만, 이 소견은 존재하지 않는데, 존재하는 것처럼 보이므로 장애이다. 이 장애는 어떻게 치료할 것인가? 비유로써 깨뜨린다. 경에서 "일합상이란 말할 수 없는 것인데, 단지 범부의 사람이 이 일에 탐착하는 것"이라고 한 것은 존재하지 않는 것을 존재한다고 보는 소견을 깨뜨리기 위하여 말씀하신 것이다. 일체 유위법을 꿈, 환각, 거품, 그림자같이 보라고 한 것도 이 장애를 깨뜨리고자 말씀하신 것이다.

4) 방상장(謗相障)에 미혹된 자는, 혹은 유물상장의 법의 본체는 공하다는 말을 듣거나, 혹은 비유사유상장의 만법의 쓰임이 공하다는 말을 듣고, 편의대로 생사와 열반, 중생과 불성 일체가 모두 공하다고 본다. 이를 공견(空見)이라 한다. 공견은

곧바로 불성을 비방하는 것이다. 왜냐하면, 지금 공을 판단하면, 생사는 허망하여 공하다 할 수 있으나, 불성은 망령되지 않으니, 그러므로 공이 아니다. 이에 경에서 25가지 존재(二十五有)는 공하지만, 대반열반만은 공하지 않다(不空)고 하였던 것이다.

5) 일유상장(一有相障)과 이유상장(異有相障) 일(一=같음)과 이(異=다름)는 서로 대응되는 개념이다. 이런 같음과 다름은 일체 제법에 안팎으로 둘씩 갖춰져 있다. 예컨대, 수론 논사는 같다고 하고, 승론 논사는 다르다고 하며, 니건자(尼乾子)는 같기도 하고 다르기도 하다고 하고, 약리자(若提子)는 같지도 않고 다르지도 않다고 말한다. 이러한 네 가지에 대한 집착은 모두 반야에 걸림이 된다. 또 불교를 배우는 사람들 사이에도 혹은 이제가 일체니 이체니 말하기도 하고, 혹은 상속가(相續假)이기 때문에 같다고도 하며, 실제의 법은 소멸하므로 다르다고 말하기도 한다. 이런 확정적인 집착도 반야에 장애가 된다. 이를 어떻게 다스릴 것인가? 경에서 "여래께서는 일합상은 곧 일합상이 아니며, 다만 범부의 사람이 그 일에 탐착할 뿐이라고 말씀하셨다."라고 한다. 이 논법을 적용해 보면, 이산상(異散相)은 곧 이산상이 아니며, 다만 범부가 이산상이라 보고 탐착할 뿐이라고 할 수 있다. 그러므로 불보살들은 이러한 같음과 다름을 검토하여 구경에는 가명(假名)에서 벗어나 같음과 다름의 분별을 깨뜨린다.

6) 제칠, 제팔의 실유상장과 이이상장. 이 두 장애는 가르침에 집착(執敎)하고 상에 집착(執相)하는 것으로, 한 쌍을 이룬다. 이 장애는 위에서 본 여섯 개의 장애들과 더불어 모두 공으로서 깨뜨려 없앤다. 실유상장에 미혹된 자는, '그것이 없다면 부처님께서 어찌 말씀하셨겠는가? 부처님께서 말씀하셨기 때문에 없지 않음을 안다.'라고 주장한다. 색법을 예로 들면, '색이 없다면 색을 말씀하실 리가 없다. 색을 말씀하셨기 때문에 색은 없지 않음을 알 수 있다.'라고 말하는 것과 같다. 이처럼 부처님께서 말씀하신 법은 실유한다고 집착하기 때문에 장애라고 부르는 것이다. 이 장애는 어떻게 다스릴 것인가? 경에서 "보살은 색에 머물러 마음을 내서는 안 되며, 소리, 냄새, 맛, 닿음, 법에 머물러 마음을 내서도 안 된다."라고 하였다. 육진이 있다면 어찌 머물지 않을 수 있겠는가? 육진이 없음을 알면 머물지

않을 것이다. 여래가 여러 가지 가명을 말씀하셨지만, 여래가 말씀하셨다고 해서 가명에 집착하여 그 가명이 실유한다고 말할 수는 없는 것이다.

7) 이이상장(異異相障)에 미혹된 자는, '만약 제법이 가명만 있고 실체가 없다면 어찌 제법이 각각의 상을 가지고 있겠는가? 백조를 보고 못을 알고, 연기를 보고 불을 안다. 이름은 상을 드러낸다. 목이 가늘고 입술이 크며 바닥이 평평하고 배가 큰 모습은 병(甁)이라는 것의 본체의 모습(體相)이다. 이미 이러한 상들이 있는데, 단지 가명만 있을 뿐이라고 하는 것은 맞지 않다.'라고 주장한다. 이러한 집착을 내는 것을 명위장(名爲障)이라 한다. 이름을 가지고 실체로 삼기 때문이다. 이 장애는 어떻게 치료할 것인가? 경에서 "일체의 상을 버리면 곧 부처"라고 하였다. 만약 실제로 상이 있다면 어떻게 버릴 수 있겠는가? 그것을 버림으로써 상이 없음을 아는 것이다.

8) 여명의상장(如名義相障)에 미혹된 자는 '만약 제법이 상이 없다면, 이름은 어찌 있겠는가? 이름이 있으므로 상이 있음을 안다.'라고 말한다. 이는 마치 불이라는 이름을 가지고 불을 부르면 불이 오지 물이 이르지는 않으며, 물이라는 이름을 가지고 물을 부르면 물이 오지 불이 이르지 않는다고 하는 것과 같다. 그러므로 이름이 법을 표시함으로써 법이 본체가 없지 않음을 안다는 것이다. 이렇게 집착하여 말하는 것을 칭위장(稱爲障)이라 한다. 부르는 것으로 실체로 삼기 때문이다. 이 장애는 어떻게 치료할 것인가? 경에서 "미진이 곧 미진이 아니"라고 말한다. 미진이 모이면 작은 색이 이루어지고, 작은 색이 모이면 세계가 이루어진다. 비록 세계라는 이름이 있을지라도 그 본체는 실제로 없는 것이다. 또한, 미진이라는 이름이 있을지라도 그 본체는 실제로 없는 것이다. 이름은 물건을 얻을 공이 없고, 물건은 이름에 응할 실질이 없다. 이름이 물건을 얻을 공이 없으니 이름이 아니고, 물건이 이름에 상응하는 실질이 없으니 물건이 아니다. 이름도 아니고 물건도 아닌데 어찌 이름과 물건이 있겠는가?

9) 여의명상장(如義名相障)에 미혹된 자는 '만약 제법이 실체가 없다면 중생이 만법을 어떻게 수용하는가?'라고 말한다. 수용하는 그 자체로 이미 만법의 본체가 있다는 의미이다. 만법은 본체가 있으므로 이름이 있다는 것이다. 본체로서 이름을

증명하기 때문에 상위장(祥爲障)이라 한다. 이 장애는 어떻게 치료하는가? 경에서 "일체 유위법은 꿈, 환상, 거품, 그림자 같은 것"이어서 내면의 마음도 외부의 대상도 모두 존재하는 것이 없다고 말한다.

[공부]
세 가지 가립(三假)에 대하여

『성실론(成實論)』은 가명상품(假名相品)에서 다음과 같이 세 가지 가립(三假)을 주장한다.[9]
- 인성가(因成假): 일체 유위법이 인연 따라 이루어지는 것.
- 상속가(相續假): 중생의 심식이 생각마다 서로 이어져 앞의 생각이 소멸하면 뒷생각이 연이어 일어나는 것. 이 상속은 본래 실체가 없으므로 거짓된 것이라고 한다.
- 상대가(相待假): 길고 짧음(長短), 없음과 있음(無有), 크고 작음(大小), 많고 적음(多少), 강하고 약함(强弱) 등처럼 일체 제법이 각기 대대(待對)를 가지고 있는 것. 이들 대대를 이루는 일체의 법은 본래 실체가 없으므로 가립이라 한다.

『성유식론(成唯識論)』 제8권에서는 취집(聚集), 상속(相續), 분위(分位)의 세 가지 가립을 주장한다.[10]
- 취집가(聚集假): 병이나 화분, 유정 등처럼 다수의 법이 같은 때에 모여 이루어진 것으로, 모인 것은 진실하나 이루어진 것은 거짓된 것. 인성가에 해당한다.
- 상속가(相續假): 과거, 미래 등 세대의 인과가 여러 법, 여러 때 위에 하나의 거짓된 법을 성립시키는 것. 상속가와 같다.
- 분위가(分位假): 같은 법, 같은 때에 상응하지 않는 행법이 하나의 거짓된 것을 성립시키는 것. 상대가에 해당한다.

---

9) T32n1646011, 成實論卷第十一, 訶梨跋摩造, 姚秦三藏鳩摩羅什譯, 假名相品第一百四十二, CBETA 電子佛典集成 » 大正藏 (T) » 第32冊 » No.1646 » 第11卷, https://tripitaka.cbeta.org/T32n1646011

10) T31n1585008, 成唯識論卷第八, 護法等菩薩造, 三藏法師玄奘奉 詔譯, CBETA 電子佛典集成 » 大正藏 (T) » 第31冊 » No.1585 » 第8卷, http://tripitaka.cbeta.org/T31n1585008

# 4. 경의 성립 시기

구마라집이 한역한 『금강반야바라밀경』은 현존하는 금강경 관련 한역본 중 가장 오래된 것이지만, 금강반야가 언제 성립되었는지는 확실하게 알 수 없으나, 일반적으로 초기 대승불교와 함께 성립되었다고 추정된다. 경에 반영된 그 초기적 내용의 주요 부분을 정리해 본다.

1) 서분에서 부처님이 사위성에 들어가 걸식을 하시고 기원정사로 돌아와 식사를 마친 다음 자리를 펴고 앉으시기까지 부처님의 인간적 일상생활을 충분하게 표시하고 있다. 이는 『장아함경』, 『중아함경』, 『잡아함경』, 『증일아함경』 등 4아함 경전의 여러 경 첫머리에서 서술하는 방식과 유사하다.

2) 금강반야는 상 없음(無相) 혹은 상 버림(離相)의 법문을 중시한다. 예컨대, 경에서 "무릇 존재하는 상은 모두 허망하다. 만약 온갖 상을 상이 아니라고 보면 곧 여래를 본다."라거나, "또한 아상, 인상, 중생상, 수자상이 없으며, 법상도 없고, 법상이 아닌 것도 없다."라거나, "일체의 모든 상을 버리면 곧 부처라 한다."라거나, "일체의 상에 대하여 마땅히 이렇게 알고, 이렇게 보고, 이렇게 믿고 이해하여, 법상을 내지 않아야 한다."라거나, "상에 취착하지 않고, 흔들림 없이 여여하다."라고 한 것에서 알 수 있다. 반야와 공은 필연적인 관계로, 공은 반야의 발전과정에서 중요한 기점이다. 경에서 지향하고 있는 금강반야는 무상을 말하면서도 공에 대하여는 직접적으로 전혀 말하지 않고 있는데, 이는 초기반야(初期般若)의 고풍스러운 방식을 유지하고 있는 것이라 볼 수 있다.

3) 금강반야의 보살행은 초기불교의 무아(無我)를 중시하여 잘 이어받고 있다. 예컨대, 경에서 "만약 보살이 아상, 인상, 중생상, 수자상을 가지고 있으면 곧 보살이 아니"라거나, "그 어떤 중생이 이 경을 듣고서 믿고 이해하고 받아 지니면, 이 사

람은 제일 희유하나니, 왜냐하면, 이 사람은 아상, 인상, 중생상, 수자상이 없기 때문"이라거나, "진실로 어떤 법도 보살이라고 할 것이 없으니, 그러므로 부처님께서 일체법은 무아, 무인, 무중생, 무수자라고 말씀하셨다."라거나, "만약 보살이 무아법을 통달하면 여래께서는 진정한 보살이라고 말씀하신다."라거나, "또 어떤 사람이 일체법이 무아임을 알고 깨달음을 성취하면, 이 보살(이 얻은 공덕)은 앞의 보살이 얻은 공덕보다 수승하다."라고 한 것은 이를 가리키는 것이다.

4) 반야경전의 전개 과정을 상품반야, 중품반야, 하품반야로 나누어 볼 때, 금강반야(金剛般若)는 초기반야의 성분을 많이 가지고 있다. 예컨대, 경을 지니는 것, 청문하고 수지하고 서사하며 읽고 외우며 타인에게 말해 주는 것의 공덕이 재물을 무량하게 보시하는 공덕보다 더욱 크다고 하는 등 이 경의 내용이나 사구게의 수지, 독송, 서사 및 보시를 찬탄하는 것이 그 예이다. 그러나 금강반야가 부처가 오안을 가지고 있다는 것, 보살이 국토를 장엄하는 것 등을 말하는 것이나, "비유하면 사람의 몸이 장대하다."라거나, "큰 몸(大身)"이라는 말들은 중품반야에서 나오는 말들이다.

[공부]
금강경 한역의 내력

금강경 한역본은 6종류가 있는데, 그 내역은 〈표 1〉과 같다.

〈표 1〉 금강경 한역본 일람표

경명	역자	출처	비고
金剛般若波羅蜜經	姚秦 鳩摩羅什	大正藏, T08/N235	의역/최초 한역/가장 많이 유통
金剛般若波羅蜜經	元魏 菩提流支	大正藏, T08/N236	
金剛般若波羅蜜經	陳 真諦	大正藏, T08/N237	
金剛能斷般若波羅蜜經	隋 達磨笈多	大正藏, T08/N238	직역 (범본문 축자 대역)
第九能斷金剛分	唐 玄奘	大正藏, T08/N220	大般若波羅蜜多經 (卷 577)/직역
佛說能斷金剛般若波羅蜜多經	唐 義淨	大正藏, T08/N239	

5) 반야의 원래 뜻은 자리행보다 보살행을 중시한다. 중품반야의 불퇴보살은 수행의 과보로 바라밀을 얻고, 오신통을 얻는 것 외에, 중생을 성취하고 국토를 장엄하는 등 이타행을 중시한다. 금강반야에서도 보살의 수기, 중생 인도, 국토 장엄, 다른 사람에게 경을 해설하는 것 등을 중시하고 있는데, 이는 중품반야(불퇴보살 이상)의 이타행 중시와 서로 부합하는 대목이다. 또한, 원시반야 이래 자증(自證)의 내용을 특히 중시하며, 법성을 가지고 측정하고 헤아리는데, 이것을 일반적으로 믿고 이해할 수 없으면, 놀라고 두려워하며 무서워하고 의심하는 것을 면하지 못한다. 그래서 중품반야는 도처에서 이제(二諦)를 가져와 해설한다. 즉, 일체의

교설은 제일의가 아니며, 제일의는 시설할 수 없는 것이며, 일체가 다만 세속에서 시설된 가명일 뿐이라고 하는 것이다. 앞으로 알아 가겠지만, 경에서도 이 내용을 반영하고 있다.

6) 금강반야는 "말하는 바 일체법이란, 일체법이 아니며, 그러므로 일체법이라 한다."와 같은 형식의 삼구(三句)를 여러 군데 사용하고 있다. 첫 번째 구(제1구)는 들은 것, 본 것, 수학한 것, 성취한 것을 거론하고, 두 번째 구(제2구)는 첫 번째 구의 말씀의 뜻(第一義)을 "즉 아니다(卽非)"라고 요약 부정하고, 세 번째 구(제3구)에서 세속적인 가명(假名)을 언급한다. 금강반야의 삼구는 중품반야의 이제설과 같은 전개 방식이며, 간결 세련화 과정을 거쳐 공식화되었다. 이로 미루어 보면, 금강반야는 중품반야가 성립되던 시대에 성립된 것으로 추정된다.

5. 반야 사상의 발전 과정상 경의 위치

1) 경은 불교사, 특히 동아시아 불교사에서 지대한 위치를 차지하고 있다. 그러므로 불교사에서 경이 어떤 위치에 있는지 아는 것은 중요하다(성립시기). 또한 경은 반야사상이 발전하는 과정에서 그 일부로서 발전되었다. 그러므로 반야사상의 발전과정에서 경이 추구하는 반야, 이를 금강반야라고 하면, 금강반야가 반야사상 전체에서 어느 위치에 있는지 파악하는 것도 나름 의미가 있다. 왜냐하면, 경은 공(空)이라는 말을 사용하지 않으면서도 반야사상의 핵심 주어인 공의 가르침(空敎)을 잘 드러낸 것으로 보고 있으며, 경의 제목 자체가 "반야"라는 말을 사용함으로써 반야사상이 경 전체를 관통하고 있음을 보여 주기 때문이다.

2) 육백 권 대반야바라밀다경[大般若波羅蜜多經. 줄여서, 대반야경(大般若經)이라 함]은 9가지 내용(9부반야)을, 네 곳(4처)에서, 16차례의 법회(16회)에 걸쳐 부처님께서 말씀하신 것을 당나라 삼장법사 현장이 육백 권으로 한역해 낸 것이다. 이 중 금강능단분은 기수급고독원에서 열린 제9회차 법회에서 말씀하신 것이며, 대반야경의 제577권으로 들어 있다. 이해를 돕기 위하여, 부처님께서 대반야경을 설하신 상황을 회차별로 정리하면 다음 〈표 2〉와 같다.

3) 그러면, 금강반야는 어느 시기쯤에 설해졌는가? 당나라 삼장법사 현장이 한역해 낸 육백 권 대반야경에서는 상품반야로서 마하반야가 초회의 설법시에 설해지고, 금강반야는 9회차 법회에서 설해진 것으로 나온다(〈표 2〉 참조). 이것으로 보면 금강반야보다 마하반야가 먼저 설해졌을 것으로 추론할 수 있다. 그러나, 마하반야보다 금강반야가 먼저 설해졌을 것이라는 견해도 만만하지 않다. 이에 대하여 살펴본다.[11]

---

11) T33n1699001, 金剛般若疏卷第一, 胡吉藏法師撰, CBETA 電子佛典集成 » 大正藏 (T) » 第33冊 » No.1699 » 第1卷, http://tripitaka.cbeta.org/T33n1699001

<표 2> 대반야경(육백권) 회차별 설법 현황

법회 차수	권수	품수	반야층차	게송(노래)수	설법처
1회	1~400권	79품	상품반야	십만송 반야	영취산
2회	401~478권	85품	대품반야경	이만오천송	
3회	479~537권	31품	대품반야	일만팔천송	
4회	538~555권	29품	소품반야경	팔천송	
5회	556~565권	24품	소품반야	사천송	
6회	566~573권	17품	승천왕반야경		
7회	574~575권	만수실리분	문수반야경	칠백송	급고독원
8회	576권	나가실리분	유수보살경		
9회	577권	능단금강분	금강경	삼백송	
10회	578권	반야리취분	이취반야경	이취백오십송	타화자재천
11회	579~583권	보시바라밀다분	오바라밀다경	일천팔백송	급고독원
12회	584~588권	정계바라밀다분	오바라밀다경	일천팔백송	
13회	589권	안인바라밀다분	오바라밀다경	일천팔백송	
14회	590권	정진바라밀다분	오바라밀다경	일천팔백송	
15회	591~592권	정려바라밀다분	오바라밀다경	일천팔백송	영취산
16회	593~600권	반야바라밀다분	선용맹반야경	이천오백송	죽림정사

4) 금강이 대품보다 먼저 설해졌다고 주장하는 근거로서 삼의(三義)와 삼문(三文)을 든다. 먼저, 뜻의 측면에서 세 가지를 보자. 첫째, 금강은 상을 깨뜨리는 것이 그 명분이다. 성도 후 가르치셨던 12년 중 이름과 존재를 함께 가르치셨는데, 가르침을 받은 무리들이 분별상을 내어 이를 떨쳐 내기 심히 어려웠다. 이에 부처님께서는 처음 이 경을 여시고 무상(無相)의 깊은 진리를 밝혀 그들의 상에 대한 집착심을 깨뜨리고자 하셨고, 그리하여 금강을 빌려서 억지로 공을 비유하셨던 것이다. 둘째, 이 경을 말씀하시는 첫머리에, 다른 반야경전들과는 달리, 법회에 천

이백오십 명의 상수비구들만 모았을 뿐 천인이나 보살은 널리 모으지 않았다고 밝힌 것이다. 이는 이 경을 통하여 심히 깊은 공의 이치를 밝혀서 상에 집착하는 중생을 교화하려고 의도하였으며, 이를 위하여 친근한 제자들이 먼저 깨달아 알게 하고, 이들을 통하여 널리 교화를 펼치고자 하셨다. 그러나 경의 마지막 유통분에 보면, 비구, 비구니, 우바새, 우바이, 일체 세간의 천, 인, 아수라 등이 신수봉행하였다고 기록하고 있음에 비추어, 다른 중생들을 경의 가르침에서 배제하려는 것은 전혀 아니었다. 셋째, 이 경을 매우 간략하게 먼저 말씀하시면서, 보살의 만행(萬行)을 널리 밝히지 않으셨지만, 후에 방광반야(放光般若)를 연설하시고, 이때부터 비로소 무상의 이해와 만행의 차별을 널리 밝히시고 이름을 마하반야(摩訶般若)라 하셨다. 이상 세 가지 점의 뜻으로 미루어 보면, 금강반야가 마하반야보다 먼저 설해졌음을 알 수 있다는 것이다.

5) 다음으로 경의 문언으로 금강반야가 마하반야보다 먼저 설해졌음을 알아보자. 첫째, 경의 문구를 보면, 수보리가 부처님께 묻는 것 중에 "무릇 중생이 이와 같은 말과 글귀를 듣고 진실한 믿음을 낼까요?"라는 물음이 나온다. 이미 대품반야가 설해졌다면, 무량한 중생들이 이들 글귀에 대하여 깨달음과 이해를 얻어 믿음을 내었을 것이고 가르침을 전하며 법을 말하였을 것이다. 그런데 수보리가 경에서 이런 질문을 하는 것은 중생들이 뜻을 잘 이해할 수 없을 것이라 생각했기 때문일 것이다. 이는 금강반야가 대품반야보다 먼저 설해졌음을 시사하는 대목이라 할 수 있다. 다음으로, 부처님의 말씀을 이해한 수보리는 "제가 옛날부터 얻은 혜안으로 일찍이 이와 같은 경을 듣지 못하였습니다."라고 말한다. 만약 이전에 부처님께서 대품을 설하셨고 수보리가 들었다면, 수보리가 이와 같은 깊은 경을 듣지 못하였다고 말하지는 않았을 것이다(물론, 부처님께서 대품을 설하시는 법회에 수보리가 참석하지 않아서 못 들었을 가능성은 있지만, 상수제자로서 그렇지는 않았을 것임은 명약관화하다). 만약 들었는데 깨닫지 못하였다면 어찌 가르침을 유통시킬 수 있겠는가? 셋째, 수보리는 "삼십이상이 구족되면 여래인가?"라는 부처님의 질문에 그렇다고 대답하였다가 아니라고 정정하고, 자신이 이해하기로 삼십이상으로는 여래를 볼 수 없다고 하는 장면이 나온다. 만약 이전에 이

미 대품을 들었다면, 어찌 색상이 부처라고 생각하였겠는가? 만약에 이에 집착하였더라면 해공을 말하지 않고, 옛날의 상교(相教)에 집착하여 색신을 부처라고 말하였을 것이다. 이상에서 보듯, 경 중의 문언으로 추리해 보더라도 금강반야가 마하반야보다 먼저 설해졌다고 생각할 여지가 크다.

6. 경의 불교사적 의의

경의 내용을 분석해 보면, 초기불교나 부파불교 같은 전통적인 불교와 상당히 다른 사상적 가치를 몇 가지 생각해 볼 수 있을 것 같다.

(1) 경에 대한 공부[연구]와 유통을 중시함

경은 무주상 보시를 주장하면서, 보시 중에서도 재시보다 법시(法施)를 더욱 중요시하고 있다. 삼천대천세계를 채울 만큼 많은 칠보를 보시하는 것보다, 헤아릴 수 없이 많은 아승기겁 동안 몸으로 보시하는 것보다, 이 경의 내용 내지 경의 사구게를 받아 지니고, 읽고, 암송하고, 베껴 쓰고, 다른 사람에게 말해 주는 것이 더욱 수승한 공덕이 있다고 이 경은 말한다. 이는 재시와 같은 물질의 보시보다 경의 내용의 보시와 같은 법시가 훨씬 수승한 복덕이 있음을 강조한 것이다. 이는 부처님 재세시 불교의 소박한 생활 양식으로 돌아갈 것을 강조하는 것이기도 하다. 이는 또한 부파불교가 국왕, 제후, 부호 등의 정치경제적 원조에 의지하여 광대한 장원적 생활로 인하여 깨달음을 향한 마음이 크게 감퇴하고 일반 사람들로부터 멀어지는 경향이 있었던 것에 대한 반성의 의미도 가지고 있다. 그리하여 재력, 권력 등을 기반으로 한 부파불교에 대항하여 기층사람들을 위한 새로운 불교 흐름으로서의 대승불교를 정착시키기 위하여 현상을 개혁하고자 하는 종교혁신의 한 방법으로 제시되었다 할 수 있다. 이런 점에서도 경이 반야경 부류 중에서 먼저 성립된 것이라고 유추할 수 있다.

(2) 부처님에 대한 인식의 변화

부처님께서 입멸하신 후 오랜 세월이 지나면서 불교도들은 반은 정서적 감정으로, 반은 의지의 대상으로 석가모니부처님을 이상화, 초인화하게 되었다. 그리하여 사상적으로 당시에 일반적으로 유행하던 윤회사상을 도입함과 함께 이 기초 위에 석가모니부처님은 전생에 이미 하고 많은 세월 동안 선행을 쌓아 왔으며, 단지 금생에서 성불하였을 뿐이라고 인식하게 되었다. 윤회사상은 비록 원시불교사상에서도 인정되기는 하였으나, 이런 방식의 해석으로 부처님의 초인적 노력이 목표의 범위에 포함되게 되었다. 이는 자력 구제적 불교가 타력 구제의 불교로 변화하였음을 의미한다. 경의 주장은 이상화, 초월화된 부처를 자각의 유무라는 관점에서 인간 세계로 다시 가지고 오려는 시도였다고 할 수 있다. 이런 점에서 경에 대한 이해와 경의 유통에 의한 공덕이 크게 강조되었던 것이며, 이는 지극히 건전한 방향이었다고 할 수 있다. 또한, 이는 대승불교의 법신불에 대한 강조와도 무관하지 않다고 할 것이다.

(3) 재가 수행의 강조

이 시점에 이르러 출가가 불교 수행의 절대적인 조건은 아니라고 인식되었다. 이 경은 부파불교나 원시불교와는 달리 출가 여부와 상관없이, 다만 마음으로 도를 구하여도 해탈성불할 수 있다고 인정한다. 이는 불교의 혁신적 발전 방향이 아닐 수 없다. 이는 법의 연구와 포교를 중시한 경향과 밀접한 관련이 있다고 할 것이다.

7. 경의 이름 – 금강반야바라밀경

(1) 의의

금강반야바라밀경은 직접 부처님께서 작명하시고, 제자들에게 그 이름자로 받들어 지니라고 말씀하셨다. 금강(金剛)이란 말은 세 가지 뜻(金剛三義)을 가지고 있다. 그 셋은 단단함(堅), 날카로움(利), 밝음(明)을 의미한다. 금강에 담긴 세 가지 의미는 만물의 그 어느 것도 깨뜨릴 수 없는 것이란 뜻이 있고(단단함), 그 어떤 물건이라도 깨뜨릴 수 있으며(날카로움), 그 어떤 것이라도 비추어 사용할 수 있다(밝음)는 의미를 가지고 있다. 금강은 반야를 비유한 것이다. 반야(般若)에도 세 가지 뜻(般若三義)이 있다. 반야에 담긴 세 가지 의미는 실상(實相), 관조(觀照), 문자(文字)이다. 반야의 세 가지 뜻은 금강의 세 가지 뜻과 차례로 대응된다. 금강의 단단함은 반야의 실상을 비유한다. 비록 중생이 헤아릴 수 없이 많은 시간 동안 육도윤회의 생사를 거듭하면서도 그 실상은 일찍이 줄지도 늘지도 않고, 생겨나지도 없어지지도 않으며, 더럽지도 깨끗하지도 않음을 의미한다. 금강의 날카로움은 반야의 관조를 비유하는데, 반야 지혜로 관조함으로써 모든 법의 공함을 비추어 볼 수 있기 때문이다. 관자재보살이 반야바라밀을 깊이 행하여 오온을 비추어 보고 일체의 괴로움과 액난을 건넜던 것은 이를 의미한다. 금강의 밝음은 반야의 문자를 비유하니, 문자로서 실상과 관조를 환하게 드러낼 수 있기 때문이다.[12] 이렇듯 금강반야바라밀의 금강과 반야는 동격으로서 금강은 반야의 성격을 드러내 주는 비유인 것이다.

그러나 구마라집(鳩摩羅什) 번역본 금강반야바라밀경의 경명에 대한 이러한 해석에도 불구하고, 금강경의 산스크리트어 원본 경명이 Vajracchedikā-

---

12) T33n1702001, 金剛經纂要刊定記卷第一, 長水沙門子璿錄, CBETA 電子佛典集成 » 大正藏 (T) » 第33冊 » No.1702 » 第1卷, http://tripitaka.cbeta.org/T33n1702001

prajñāpāramitā-sūtra이고, 이를 글자 그대로 번역하면 현장법사가 번역한 능단금강반야바라밀다경(能斷金剛般若波羅蜜多經)이 더 원문에 가깝다고 볼 수 있다. 그렇다면, 금강과 반야는 동격으로서 금강이 반야를 수식하는 비유라고 보기 어려운 점이 있다. 바꾸어 말하면, Vajracchedikā라는 말은 能斷金剛(능단금강), 즉, 금강을 깨뜨린다는 의미가 되어, 금강이라는 말이 반야를 수식하는 비유가 아니라, 오히려 반야가 금강을 깨뜨린다는 의미가 된다. 즉, 능단금강반야는 '금강을 깨뜨릴 수 있는 반야' 혹은 '반야에 의하여 깨뜨려지는 금강'이라는 의미가 되는 것이다. 이러한 의미에서 보면, 보살이 분별심에 의하여 번뇌를 일으키면, 이 분별과 번뇌는 금강과 같이 단단하여 여간해서는 깨뜨리기 어렵지만, 오직 하나 반야 지혜, 특히 경에서 제시하는 무분별혜(無分別慧, 분별을 끊는 지혜)만이 이 금강과 같이 단단한 보살의 분별과 번뇌를 깨뜨릴 수 있다는 것이다.[13]

경의 경명과 관련하여, 능단금강으로 번역하지 않고, 금강능단(金剛能斷)이라고 번역한 경우도 있다. 이 경우, 금강능단이란 이름은 정견행(正見行)으로 들어가는 경우와 사견행(邪見行)으로 들어가는 경우, 두 가지 뜻에 상응한다고 한다. 이때 금강이란 반야(지혜)의 씨앗(智因)으로서 결코 깨뜨려지지 않는다는 의미를 가지고 있고, 능단이란 반야바라밀 중의 문사수(聞思修)로, 마치 금강저로 끊어야 할 곳을 끊듯이, 끊는다는 뜻이라고 한다. 그리하여 금강능단이라는 것이다.[14][15]

---

13) 50n2053007, 大唐大慈恩寺三藏法師傳卷第七, 沙門慧立本 釋彦悰箋, 起二十二年六月 天皇製《述聖記》終永徽五年春二月法師答書, CBETA 電子佛典集成 » 大正藏 (T) » 第50冊 » No.2053 » 第7卷, http://tripitaka.cbeta.org/T50n2053007

14) T25n1510b001, 金剛般若波羅蜜經論卷上(亦名金剛能斷般若), 無著菩薩造, 隋南天竺三藏法師達摩笈多譯, CBETA 電子佛典集成 » 大正藏 (T) » 第25冊 » No.1510b » 第1卷, http://tripitaka.cbeta.org/T25n1510b001

15) 또, 첫 부분과 끝부분은 넓고 가운데가 좁은 금강저의 형태에 주목하여, 반야바라밀 중에서 좁은 것은 청정한 마음의 터(淨心地)를 말하고, 첫 부분과 끝부분의 넓은 것은 각각 신행지(信行地), 여래지(如來地)를 말한다고 한다. 이는 함께하지 못한다(不共)는 뜻을 드러낸 것이라고 한다. 자세한 내용은, 25n1510b001, 金剛般若波羅蜜經論卷上(亦名金剛能斷般若), 無著菩薩造, http://tripitaka.cbeta.org/ 참조.

> [용어 풀이]
>
> * 문사수(聞思修)란
>   - 문(聞) 타인으로부터 교법을 듣는 것. 이를 통한 지혜를 문혜(聞慧)라 한다.
>   - 사(思) 뜻과 이치에 대한 사유. 이를 통한 지혜를 사혜(思慧)라 한다.
>   - 수(修) 실제 수행. 이를 통한 지혜를 수혜(修慧)라 한다.

> [공부]
> ## 경명을 정하는 방법
>
> 『금강반야바라밀경』이란 우리가 흔히 금강경이라고 하는 경전의 원래 제목이다. 불경에서 경의 제목이 어떻게 정해졌는지 파악할 때 두 가지 분류 방식이 있다. 첫째는 누가 경명을 정하였는가를 기준으로 분류하는 방식으로, 먼저, 부처님께서 직접 경의 제목을 붙이신 경우가 있다. 금강경은 수보리가 부처님께 이 경의 이름을 무엇이라고 할 것인지 질문하였을 때, 부처님께서 직접 금강반야바라밀(金剛般若波羅蜜)이라고 하시고 이 이름으로 받아 지니라고 말씀하셨다. 다음으로, 부처님께서 입멸하신 후 결집을 할 때, 부처님의 제자들이 경의 이름을 붙이는 경우이다. 불설(佛說)이라고 붙은 대부분의 경전이 그러하며, 아함류의 경전들도 그러하다. 둘째는 경의 어떤 요소들을 가지고 정하였는가를 기준으로 분류하는 방식이 있다. 예컨대, 천태종에서는 일곱 가지 경의 제목을 붙이는 방식을 제안한다. 이에 의하면, 대장경의 각 경전의 제목은 대개 사람(人), 법(法), 비유(譬) 등 세 요소를 사용하여 지어졌다고 본다. 이들 세 요소 중 한 요소만 적용하거나(單數立題), 둘 이상 요소를 조합하여(複數立題) 경의 이름을 짓는 방식이 모두 일곱 가지가 있다는 것이다.[16]
>
>   - 한 사람으로 정한 경우(單人立題): 예컨대, 『불설아미타경(佛說阿彌陀經)』에서 부처님은 설법을 하는 사람이며, 아미타는 설해지는 사람이다. 이는 두 땅의 과인(果人)을 가지고 경명을 지었다.
>   - 하나의 법으로 정한 경우(單法立題): 예컨대, 『대반열반경』의 경우, 대반열반은 경에서 설해지는 법이다.
>   - 단일의 비유로 정하는 경우(單譬立題): 예컨대, 『범망경』의 경우, 범망(梵網)은 범천의 그물인데, 이로써 계율의 절목이 다함없이 서로 이어져 있음을 비유한 것이다.

---

16) P189n1629001, 天台四教儀集註(選錄「集註」本文) 第1卷, 天台四教儀集註卷第二, 穉二, 南天竺沙門 蒙潤 集, CBETA 電子佛典集成 》 永樂北藏 (P) 》 第189冊 》 No.1629 》 第1卷, http://tripitaka.cbeta.org/P189n1629001

> - 사람과 법으로 정한 경우(人法立題): 예컨대, 『문수문반야경(文殊問般若經)』의 경우, 문수는 사람이고 반야는 법이다.
> - 법과 비유로 정한 경우(法譬立題): 예컨대, 『묘법연화경』의 경우, 묘법은 법이며 연화는 비유이다.
> - 사람과 비유로 정한 경우(人譬立題): 예컨대, 『여래사자후경』의 경우, 여래는 사람이고 사자후는 비유이다.
> - 셋 모두 갖추어 정한 경우(具足立題): 사람, 법, 비유 모두 갖추어 경의 제목을 정한 경우이다. 예컨대, 『대방광불화엄경』의 경우, 대방광은 법이고, 불은 사람이며, 화엄은 비유이다.

(2) 경명에 대한 이해

경의 원래 제목 금강반야바라밀경에 대하여 야보천선사는 다음과 같이 착어했다.

착어) "법은 홀로 생겨나지 않으니, 누가 이름을 지을 것인가(法不孤起 誰爲安名)?"

1) 법은 홀로 생겨나지 않는다(法不孤起)

먼저, 법은 홀로 생겨나지 않는다(단, 무위법은 예외). 원래 법이란 말은 여러 가지 의미를 가지고 있다. 먼저 원칙, 도리, 진리, 이치라는 의미를 가지고 있다. 다음으로 지켜야 할 규율이라는 의미도 있다. 셋째로 부처님의 가르침을 법이라 한다. 넷째로 현상이나 사건, 사물 혹은 존재를 가리키기도 한다. 법은 홀로 생겨나지 않는다고 할 때의 법은 네 번째의 현상, 사건, 사상 혹은 존재를 의미한다. 반드시 원인과 조건에 따라 요소들의 조합에 의하여 생겨남을 의미하는 것이다.

이러한 법은 부파불교시대의 아비달마 논사들은 오위칠십오법이라고 하여 모든 법을 다섯 가지 유형(五位)에 75가지 종류로 분류하였고, 대승 유식학파는 오위백법이라고 하여 다섯 가지 유형에 백 가지 종류로 분류하였다. 이들 법은 열반 등 무위법을 제외하고, 유위법으로서는 그 어느 것 하나 홀로(독립적으로) 생겨나거나 존재하지 못한다. 반드시 다른 것에 의탁하거나, 원인과 조건이 결합하여 생겨나는 것이다. 이러한 법을 유위법이라 한다. 즉, 모든 유위법은 인연 따라 요소들이 결합(이를 인연화합이라 한다)하여 생겼다가 인연이 다하여 요소들이 흩어지면 소멸하게 되는 것이다. 이를 법무아(法無我) 또는 법공(法空)이라 한다.

우리는 큰 바다의 바닷물이 백천 가지 섞여 있어도 짠맛 하나만 드러냄을 안다. 아마도 헤아릴 수 없이 많은 물방울로 생겨난 수천수만 개의 물길(因)을 받아들여서 바다라는 하나의 형체(법)로 포용되었기 때문이 아닐까? 그러므로 해인삼매 중에 동시에 뚜렷이 드러나는, 법계의 대총상법문의 본체는, 따르는 것(順)이나 거슬리는 것(逆)이나, 어느 것에도 걸림이 없고 섞여도 잡스럽지 않은 것이다. 이것이 연기가 가진 진실한 덕이며 법계가 보이는 미묘한 모습(相)인 것이다.

2) 누가 이름을 지을 것인가(誰爲安名)?

안명(安名)이란 이름을 지어 주는 것을 말한다. 경은 본문에서 수보리가 경의 이름을 어떻게 하면 좋을지 부처님께 여쭈었고, 부처님께서 이에 경의 이름을 금강반야바라밀로 할 것을 직접 말씀하셨다. 경의 가르침은 깊고(幽玄) 넓고(廣大) 높다(妙高). 이것을 온전히 알지 못하고 함부로 이름을 지을 수 없다. 질문을 한 수보리가 경에서 부처님 말씀이 깊고 넓고 높은 뜻을 담고 있음을 알고 감히 자신이 이름을 지을 수 없어서 경의 이름을 지어 주실 것을 말씀드린 것이 아니었을까? 또 부처님께서는 수보리 등 제자들이 경의 이름을 적정하게 붙이지 못할 것을 염려하셨기 때문에 청익을 받고 바로 경명을 말씀해 주신 것이 아니었을까?

야보천선사가 금강반야바라밀경이라는 경전의 제목에 대하여 붙인 "누가 이름을 지을 것인가?"라는 착어는 두 가지 의미로 해석할 수 있을 것 같다. 첫째는 감히 이름을 지어 줄 수 없을 만큼 지극히 미묘하고 수승하다는 의미로 보는 것이다. 다른 하나는 앞부분의 법불고기(法不孤起), 즉 법이란 홀로 일어나지 않는다는 말과 대응하여 볼 때, "인연 따라 생겨나고 인연이 다하면 소멸하는 무상한 법에 대하여, 혹은 아무리 수승하고 미묘한 가르침일지라도 깨달음에 이르면 모두 버려야 하는 것인데, 이름은 지어서 무엇 할 것인가?"라는 질문을 해 보는 것이다.

위 착어에 대하여, 금강반야바라밀경이 수승하고 미묘하다고 볼 것인지, 무상하거나 버려야 할 법에 대하여 이름을 붙여 본들 무슨 의미가 있을 것인가로 해석할 것인지는, 각자의 몫이다. 다만, 경에 대한 수많은 해석서나 논서들을 참조할 때, 금강, 반야, 바라밀이라는 말들이 찬탄을 받는 대상이라는 점에 비추어 볼 때 역대의 수많은 사람들이 금강반야바라밀경이라는 말을 아주 중요하게 여겼다는 것은 추측해 볼 수 있다. 오늘날 우리나라 불교계의 맏형격인 대한불교조계종이 경을 소의경전으로 채택하고 있음에 비추어 보아도, 경의 중요성을 알 수 있다.

[공부]

마조선사가 단하천연선사의 이름을 짓다.

안명이란 말은 비단 경의 이름을 짓는 것에 국한되지 않는다. 선림(禪林) 중에서 새로이 계를 받거나 혹은 귀의하는 자에게 처음으로 법명을 지어 갖게 하는 것을 의미하기도 한다. 더욱이 안명이 반드시 수계 시나 귀의 시에만 한정된 것도 아니다. 선종 어록에 의하면, (제자가) 투과(透過), 즉 작건 크건 한 깨달음을 이루었을 때, 스승(師家)이 그 제자에게 이름을 지어 주어 그 특수한 기연의 법을 드러내는 경우가 종종 있다. 이것도 안명이라고 한다. 예컨대, 『연등회요(聯燈會要)』 제19권에 의하면 당대의 마조도일선사가 단하선사에게 안명을 한 경과가 기록되어 있는데, 이 고사는 선림에서 유명한 미담으로 통한다.[17]

단하선사가 마조선사를 다시 찾아뵈었을 때, 곧바로 인사드리지(參禮) 않고 승당으로 들어가 성승(聖僧)의 목에 올라타고 앉았다. 중인들이 모두 깜짝 놀라 마조대사에게 보고하였다. 마조대사가 승당에 들어가 이 상황을 보고 미소를 지으며 말했다.
"내 아들 천연(天然)이로다."
단하선사가 올라타고 있던 성승에서 뛰어내려 예를 취하고 말했다.
"스승님의 안명에 감사합니다."
고 말했다. 이로 인하여 단하선사를 단하천연이라 부르게 되었다.

단하선사가 성승의 목에 올라타는 것을 보고 중인들이 왜 놀랐을까? 성승이란 원래 깨달음을 이룬 덕이 높고 신망이 두터운 스님을 가리키는 말이었다. 후에 그 뜻이 바뀌어 재당(齋堂)의 윗자리에 안치되어 있는 성승상을 가리키는 말이 되었다. 일반적으로 소승의 절에서는 빈두로(賓頭盧)존자가, 대승의 절에서는 문수보살이 각각 안치되어 있다고 한다. 식사를 차릴 때, 한 자리를 비워 두고 여기에 음식을 공양하는데 이 자리가 성승의 자리가 된다. 이 풍습은 인도에서부터 성행되었던 것으로 후세에 그림으로 상을 그리거나 조각상 등을 설치하여 대신하였다고 한다.

---

17) X79n1557019, 聯燈會要卷第十九, 住泉州崇福禪寺嗣祖比丘 悟明 集, 韶州六祖慧能禪師法嗣, 青原下第三世, 南嶽石頭希遷禪師法嗣, 鄧州丹霞天然禪師(凡十), CBETA 電子佛典集成 » 卍續藏 (X) » 第79冊 »

> 선림에서는 승당의 중앙에 문수보살이나 관음보살, 빈두로, 교진여, 수보리(空生), 마하가섭의 상을 안치하는 것이 보통이다. 그리고, 예컨대, 문수보살을 안치한 경우, 성승문수라고 칭한다. 후세에 성승들이 승당에 안치되는 경우가 많아서 승당을 성승당이라고 칭하기도 하였다. 요컨대 성승이란 스님들에게 추앙받는 성인들의 상이라 할 수 있는데, 단하선사가 그 목에 올라탔으니 중인들이 경악하였던 것은 당연하다. 그러나 이런 것들에 걸림이 없어야 함을 잘 아는 마조선사는 단하선사가 성승상에 올라탄 것을 보고 꾸짖는 것이 아니라 오히려 그 깨달음을 인가하였던 것이다.

야보천선사는 경의 제목 금강반야바라밀경에 대하여 앞에서 살펴본 착어를 하고 다음과 같이 노래하였다.

크구나, 대법왕이시여(摩訶大法王)
짧지도 길지도 않고(無短亦無長)
본래 검지도 희지도 않으며(本來無皂白)
그때그때 푸르고 누름을 드러내네(隨處現靑黃)

꽃피어 아침에 요염하더니(華發看朝艷)
늦서리에 숲이 시든다(林凋逐晚霜)
천둥은 어찌 저리도 급하고(疾雷何太急)
번쩍 지나가는 번개도 빛이 아닐세(迅電亦非光)

무릇 성인도 오히려 헤아리기 어렵거늘(凡聖猶難測)
용과 하늘이 어찌 헤아리리오(龍天豈度量)
옛사람이나 지금 사람이나 알지 못하고(古今人不識)
방편으로 금강이라 부르노라(權立號金剛)

No.1557 » 第19卷, http://tripitaka.cbeta.org/X79n1557019

이해를 돕기 위하여 약간의 해설을 붙여 보자. 먼저, 송의 구조에 관하여 간단히 이야기한다. 원래는 12개 구절이 하나로 이어져 있는데, 이를 그 내용에 따라서 1, 2, 3 연으로 구분해 보았다. 첫째 연(구절 1~4)은 대법왕이 깨달으신 지극한 내용을, 두 번째 연(구절 5~8)은 대법왕이 깨달으신 내용의 대상, 세 번째 연(구절 9~12)은 경의 제목을 금강이라고 붙인 까닭을 각각 노래하고 있다.

다음, 송의 내용에 관하여 간단히 보자. 대법왕은 부처님을 가리킨다. 마하는 크다는 의미이고, 대승은 마하야나(mahayana)를 번역한 말이다. 마하야나란 큰 탈것(great vehicle)이란 의미이다. 대법왕이란 부처님을 가리킨다. 부처님을 법왕이라 하는데, 여기에 대를 붙여서 위대함을 강조하였다. 길지도 짧지도 않고 희지도 검지도 않으니 중도라고 할 수 있다. 중도이다 보니 상황에 따라서 모든 것으로, 갖가지 색깔로 변하는 것이 가능할 것이다. 검은색은 그것으로 고정되지만, 아무 색도 없는 투명한 것은 상황에 따라서 온갖 색을 칠하는 것이 가능한 것이다. 고체처럼 그 형체가 정해진 것은 고정이지만, 물이나 공기처럼 형체가 정해져 있지 않은 것은 상황에 따라, 담는 그릇에 따라 온갖 모습으로 변형이 가능한 것과 같다. 중도이기 때문이며 원융하기 때문이다. 제1연은 대법왕의 가르침인 중도에 의하여 공간적인 자유자재함을 노래하고, 이로써 부처님을 찬탄한 것이라 할 수 있겠다.

중도는 공간적 상황 속에서는 물론 시간적 상황 속에서도 변화가 무궁무진하다. 유행가에도 '아침에 피었다가 저녁에 지는 나팔꽃처럼'이라 했다. 봄에 꽃이 피고 늦서리에 낙엽이 지는 것과 같은 시간의 흐름도 걸림이 없다. 또한, 천둥이나 번개처럼 요란하고 위협적이지만 일순간에 지나가 버리는 것도 아무런 걸림이 되지 못한다. 그것이 빛으로서 기능하든 아니든 상관없이. 대법왕이신 부처님은 모든 법의 흐름, 인연에 따라 생겼다가 인연이 소멸하면 없어지는 법의 연기에 전혀 걸림이 없는 것이다. 중도를 얻으셨기 때문일 것이다. 제2연은 대법왕이 시간적으로 자유자재함을 노래하고, 이로써 부처님을 찬탄한 것이라 할 수 있겠다.

세 번째 연은 금강경의 가르침의 내용의 수승함에 비교한 금강반야바라밀이라는 경명을 붙인 사정을 말한 것으로 보인다. "무릇 성인도 측량하기 어려운데", 인연에 따라 삼계를 유전하는 용과 하늘이, 비록 신통력이 있다 하더라도, 어찌 경의 깊고 넓고 높은 가르침을 헤아릴 수 있겠는가? 세 번째 구절에서 고금의 어느 누구도 경의 내용을 알지 못한다 했다. 당연, 올바르게 깨달은 사람이 고금을 막론하고 썩 드물었음을 말하고 있는 것이다. 그래서 금강반야바라밀경이라는 이름을 붙인 것도 내용을 잘 알지 못한 채 억지스럽게 방편으로 붙였다고 노래하고 있다고 생각할 수 있다.

  대법왕이신 부처님께서는 공간적으로, 혹은 시간적으로, 보이든 보이지 않든, 그 어느 것에도 걸림이 없으니(事事無礙) 모든 법계가 겹치고 겹치면서 다함없이 연기한다(重重無盡緣起). 법계를 떠나면 열반이요 법계에 들어오면 중중무진연기인 것이다. 열반에 들고 법계로 나는 것이, 혹은 그 반대로 법계와 열반으로 나고 듦도 전혀 걸림이 없이 자유자재하다.

  이러한 이치를 어찌 말로 다 할 수 있을 것인가? 그래도 사람에게 이해는 시켜야겠고, 그래서 말씀을 하셨고, 그 말씀을 받아 지니고 읽고 쓰고 노래하여 전달하여야 하는 것이다. 말하는 분(성인)이나 말을 듣는 중생(범부)이나 의지가 참으로 숭고하고 단단하다. 그러니 금강인 것이다. 그러나 금강이라는 것이 말씀의 뜻을 모두 담아서 하는 것이 아니라 방편으로 그리하였을 뿐이다. 금강의 뒤를 이어 오는 반야바라밀은 말 그대로 방편이다. 요컨대 금강반야바라밀이라는 말을 제목으로 붙인 것은 금강경의 수승한 내용을 표현하기 위한 방편으로서 사용하였다는 의미이다. 나아가 좀 더 넓은 범위에서 보면 금강경 자체가 방편이라는 거다. 위의 금강반야바라밀이라는 경의 제목을 위한 송에서 수많은 실상(實相=空=無住)을 중도의 관점에서 이야기한 후에 방편으로 이름을 금강이라 하였다고 하니, 경의 본래 의도가 공을 말하기 위한 방편이라는 것이다. 금강경 자체로 중요한 것이 아니라, 공의 깨달음에 도달하기 위한 지침서로서 경이 의미가 있다는 것이다.

[용어 풀이]

* 권(權): 한 시기나 장소 혹은 상황에서 적절한 법을 말한다. 즉, 한때, 어떤 자리에서 필요에 의하여 사용하는 방편을 가리키는 말이다. 이에 대하여 구경 불변의 법을 실(實)이라 한다. 즉, 영구불변인 궁극의 진실을 가리키는 것이다. 이 둘을 합하여 권실(權實)이라 하고, 이 둘을 결합하여 깨달음의 세계로 이끄는 것을 권실이교(權實二敎)라고 한다.

8. 경에 대한 이해의 틀

(1) 전후반 2분법

전반부는, "이와 같이 나는 들었다(如是我聞)."부터 "과보도 불가사의하다(果報亦不可思議)."까지(서분 ~ 제16분 능정업장분), 후반부는 "이때 수보리가 부처님께 말했다(爾時須菩提白佛言)."부터 "모두들 크게 기뻐하며, 믿고 받들었다(皆大歡喜 信受奉行)."까지(제17분 구경무아분 ~ 제32분 응화비진분), 전후 두 부분으로 나눈다. 두 부분은 같은 말이 반복되었다고 할 정도로 아주 유사하다. 이에 승조(僧肇)는 전반부는 중생공(眾生空)을 말한 것이고 후반부는 법공(法空)을 말한 것이라고 주장한다. 그러나 지이(智顗)와 길장(吉藏)은 이 주장을 반박하면서, 전반부와 후반부는 같은 내용을 중복하여 말한 것이며, 전반부는 이전 법회에 참석한 대중들에게 말한 것으로, 근기가 수승한 자들을 대상으로 한 것이며, 후반부는 다음 법회에 참석한 대중들에게 말한 것으로, 근기가 비교적 둔한 중생들이 그 대상이었다는 것이다. 또 전반부는 조건이 다함(盡緣)을 말하고 후반부는 관찰이 다함(盡觀)을 말한 것이라고 주장한다.

(2) 초·중·종장 3분법

경은 공혜(空慧)를 핵심으로 삼는다고 보고, 처음부터 끝까지 전체를 삼장으로 나누어 분석하는 견해도 있다.[18]

이에 의하면, 첫째 장은 처음부터 "존중제자(尊重弟子)"까지(제1분 서분 ~ 제12분 존중정교분)로, 대상의 공함(境空)을 밝히고 있다고 한다. 의도는 대상을 말하는 데 있고, 지혜에 대하여는 말하지 않는다는 것이다. 둘째 장은 "이때 수보리가 부처님께 여

---

[18] X24n0454001, 金剛般若波羅蜜經注, 姚秦三藏法師鳩摩羅什譯, 姚秦 釋僧肇 注, http://tripitaka.cbeta.org/X24n0454001

쭈었다(爾時須菩提白佛言)."부터 "과보도 불가사의하다(果報亦不可思議)."까지(제13분 여법수지분 ~ 제16분 능정업장분)로, 지혜를 바르게 말하는 것이라고 한다. 즉, 혜공(慧空)을 밝힌다는 것이다. 그러나 단지 혜공만을 말할 뿐, 수행인까지 말하지는 않는다고 한다. 셋째 장은 "이때 수보리가 부처님께 여쭈었다(爾時須菩提白佛言)."부터 "신수봉행하였다(信受奉行)."까지(제17분 구경무아분 ~ 제32분 응화비진분)로, 앞에서 이미 나온 질문들을 중복으로 질문하여 보살공을 밝힌다고 한다. 이상 셋으로 나눈 각 장에서 사용하고 있는 언구는 전후로 각각 비슷하지만, 그 뜻은 같지 않다고 한다. 말은 간략하지만 뜻은 풍부하다는 것이다.

혹은 3분 분석법으로서 서분(여시아문~부좌이좌), 정종분(이시수보리~응작여시관), 유통분(이시~신수봉행) 등 3분하여 분석하기도 한다.

(3) 12분법 - 천태대사 지이(智顗)

천태대사 지이(智顗)는 미륵이 지은 팔십게송을 천친이 산문으로 해설한 것을 후위(後魏) 말 보리유지가 번역한 세 권짜리『금강반야바라밀경론(金剛般若波羅蜜經論)』[19] 이 서분(序分), 호념분(護念分), 주분(住分), 수행분(修行分), 법신비법신분(法身非身分), 신자분(信者分), 교량현승분(校量顯勝分), 현성분(顯性分), 이익분(利益分), 단의분(斷疑分), 부주도분(不住道分), 유통분(流通分) 등 12분으로 이루어져 있다고 하였다.[20]

(4) 이십 칠 의단법(二十七疑斷法)

앞에서 금강경은 부처님과 수보리 사이의 문답을 통하여 27개의 의심을 제기하고 이의 답을 찾는 경전이라고 보기도 한다고 하였다. 이 방식으로 금강경을 풀이하는 것 [21]

---

19) T25n1511001, 金剛般若波羅蜜經論, 天親菩薩造, 元魏天竺三藏菩提流支譯, CBETA 電子佛典集成 » 大正藏 (T) » 第25冊 » No.1511, http://tripitaka.cbeta.org/

20) T33n1698001, 金剛般若經疏, 隋天台智者大師說, CBETA 電子佛典集成 » 大正藏 (T) » 第33冊 » No.1698 » 第1卷, http://tripitaka.cbeta.org/T33n1698001

21) X25n0492001, 金剛般若經疏論纂要刊定記會編卷第一, 秦三藏法師鳩摩羅什譯經, 唐 圭山大師宗密 述疏, 宋 長水沙門子璿 錄記, 清 荊谿後學沙門行策 會編, CBETA 電子佛典集成 » 卍續藏 (X) » 第25冊 » No.0492 » 第1卷, http://tripitaka.cbeta.org/X25n0492001; X25n0471, 金剛經宗通, 明 曾鳳儀宗通, 共7卷, CBETA 電子佛典集成 » 卍續藏 (X) » 第25冊 » No.0471, http://tripitaka.cbeta.org/X25n0471

도 경을 이해하는 좋은 방식의 하나라고 할 수 있다. 본문을 전개하면서, 필요한 부분 혹은 장구에서 간략하게 소개하기로 한다. 32분법의 각 분 속에 27개 의심이 어떻게 나오는지 알면, 금강경을 이해하는 데 더욱 도움이 될 것이다.

(5) 32분법

요진 양무제의 태자였던 소명태자가 구마라집 삼장법사가 한역한 『금강반야바라밀경』을 제1분 서분부터 제32분 응화비진분까지 32분으로 분류하고 각 분에 대한 제목을 붙였다. 이 방법에 의하여 분류된 금강경이 지금까지 가장 많이 사용되고 있는 것으로 보이며, 현재 대한불교조계종도 이 금강경을 소의경전으로 삼고 있다. 이 책에서도 이 32분법을 이해의 기본 틀로 삼고 해당 부분에서 27의단을 곁들이는 방식으로 풀어 갈 것이다.

제2장

본문

제1분 법회의 원인과 이유(法會因由分)

1. 의의

양무제의 아들 소명태자는 구마라집역 금강경을 32분으로 나누어 편재한 다음 첫 번째 분을 법회인유라고 이름을 붙였다. 글자 그대로 법회가 열리게 된 연유 혹은 연기(緣機)를 말하고 있는 부분이다. 특징은 가장 평범한 부처님의 일상생활, 그중에서도 탁발을 소개하는 것에 의하여 경전을 여는 것으로 삼았다는 것이다. 서분의 제목 법회인유에 대하여 송나라 승상 장무진(張無盡) 거사[22]는 다음과 같이 찬(讚)하였다.

> 법 아닌 것으로 실없이 말하지 않고(非法無以談空)
> 모임이 아닌 데서 법을 설하지 않았다네(非會無以說法)
> 만법이 숲과 같아 원인이라 말하고(萬法森然曰因)
> 한마음으로 감응함에 이유라 한다네(一心應感曰由)
> 그러므로 법회인유분을 첫머리에 두노라(故首以法會因由分)

법회인유분을 첫머리에 둔 이유를 설명한 것이다. 첫 구절은 경에서는 모두가 법에 관하여 말하고 있다고 한다. 여기서 공(空)은 순냐따(sunyata)가 아니라 그냥 '헛되이', '실속 없이'라는 의미이다. 공담(空談)이란 말은 '헛소리', '실없는 말' 정도로 생각하면 될 것이다. 즉, 경에서는 허투루 한 말이 한 군데도 없다는 의미이며, 부처님 말씀은 모두 진실함을 강조한 것이다. 경에 "여래는 진어자이며, 실어자이며, 여어자이며, 불광어자이며, 불이어자"라고 한 것은 이 뜻이다.

---

[22] 장무진이란 분은 송나라 거사였다. 이름난 재상이기도 했다. 그는 도솔종열(兜率從悅) 선사의 법을 이었는데, 이는 육조혜능의 십오 세 사손(嗣孫)이 된다. 처음에는 불교를 믿지 않았으나, 유마힐경을 읽고 불자가 되었다고 한다. 저서로 호법론(護法論), 속청량전(續清涼傳) 등이 있고, 시호는 문충(文忠)이다.

다음 구절은 법은 여러 사람이 모인 데서 말씀하셨다는 것이다. 부처님의 법은 굳이 사람만을 대상으로 한 것이 아님을 알아야 한다. 부처님께서 설법하실 때는 비구, 비구니, 우바새, 우바이는 물론이고 천룡팔부의 중생들, 하늘의 중생들, 보살들, 축생들 등이 가득 모였다. 오시교설(五時教說)에 의하면, 처음 깨달음을 이루시고 『화엄경』을 설하신 21일 동안은 인간이 아닌 보살과 하늘, 혹은 신들을 대상으로 설법하셨다. 또한, 금강경을 말씀하실 때도 첫머리에서는 천이백오십 명의 대비구들이 들었다고 하였지만, 맨 끝의 유통분에서는 부처님의 말씀을 듣고 기뻐하며 받들어 행하는 중생들이 비구, 비구니, 우바새, 우바이, 아수라, 하늘 등이 나온다. 이로써 부처님의 설법은 사람만을 위한 것이 아니라 육도를 유전하며 생사를 윤회하는 모든 중생을 대상으로 하고 있음을 알 수 있다. 그러니 굳이 이런 말을 하지 않더라도 부처님의 설법은 언제나 중생들을 대상으로 행해지는 것이다. 왜냐하면, 원래 부처님께서 성도 후 전법을 결심하게 된 것이 중생들에게 당신이 깨달으신 것을 전하여 고통으로부터의 구원의 길을 열기 위해서였기 때문이다.

셋째 구절은 만법이란 모든 법이라 이해해도 될 것이다. 삼연(森然)이란 숲 같다는 뜻이다. 숲이란 나무와 풀이 빽빽이 우거져 있는 모습을 가리킨다. 여기까지는 온갖 법, 모든 법들이 숲을 이루고 있다는 의미이겠다. 숲은 나무 한 그루, 풀 한 포기로 이루어지지 않으며, 여럿이더라도 여기저기 멀찌감치 떨어져 있어도 숲이라 할 수 없다. 다수가 밀접하여 빽빽하게 어울려 있어야 한다. 즉, 나무와 나무, 풀과 풀, 나무와 풀이 가지와 뿌리를 서로 걸고 의지하고 있어야 비로소 숲이 되는 것이다. 또 숲을 구성하는 나무나 풀의 종류가 각기 다르며, 같다고 하더라도 그 모양이나 크기가 또한 각기 다르다. 온갖 차별적인 것들이 한데 어울려 함께 살아가고 있어야 비로소 숲을 이루는 것이다. 만법은 이렇게 얽혀서 함께 있는 것이다. 온갖 내용과 의미를 가진 법들이 어울려 있으며, 어느 것 하나 다른 것에 대하여 독립적이지 않고 서로 의지하고 있는 것이다. 이것을 우리는 연기[상의상관(相依相關)]라 한다. 숲은 연기의 총화라 할 수 있을 것이다. 법이란 이렇게 연기로 서로 의지하고 있기 때문에 서로가 서로에게 원인(因)이 된다고 할 것이다.

네 번째 구절은 부처님께서 말씀하신 경의 설법을 듣고 모두 한마음으로 깨우침을 얻었음을 말한 것이라 할 수 있다. 즉, 한마음으로 감응하였다는 말은 경의 법을 들은 모든 중생이 하나같이 알아듣고 깨달음을 이루었음을, 그리고 그 가르침대로 믿고 받아들이고 받들어 실천함을 말한 것이라 할 수 있다. 경의 마지막 유통분은 물론, 모든 경전의 마지막에는 부처님의 말씀(가르침)을 듣고 중생들이 모두 기뻐하며 신수봉행(信受奉行; 믿고, 받아 지니고, 받들고, 실천한다는 의미)한다는 구절이 꼭 들어가는 이유인 것이다.

그런데 이 찬탄의 노래가 재미있는 점은 법회인유의 네 글자를 각 구절마다 하나씩 핵심어로 넣어서 완성하였다는 것이다. 첫 구절은 법, 두 번째 구절은 회, 세 번째 구절은 인, 네 번째 구절은 유. 이렇게 네 글자를 이어서 법회인유를 노래하였고, 이것으로 경의 가르침의 수승함을 밝힘과 동시에 그 법회가 진행된 유래와 경과를 모두 이야기하고 있다고 보아도 될 것 같다.

이런 노래도 있다.[23]

> 성인과 범인이 한 곳에 모였으니, 급고원일세(聖凡同聚給孤園)
> 마치 달과 별이 같은 하늘에 함께 있는 것 같구나(似月如星共一天)
> 발우 들고 옷 입고 널리 성인의 교화를 펼치니(持鉢著衣弘聖化)
> 사람마다 모두가 불 속의 연꽃일래(人人盡是火中蓮)

급고원은 경에 나오는 기수급고독원의 줄임말이다. 기원정사라고도 한다. 급고독장자와 기타 태자가 합작으로 지어 부처님께 공양한 정사(精舍)이다. 이곳에서 금강경이 설해졌다. 경을 설할 때 부처님과 천이백오십 인의 대비구가 함께 있었다. 그리고 비구, 비구니, 우바새, 우바이, 아수라, 천, 사람과 사람이 아닌 중생(非人)들이 그 법회에 참석하였다. 범인과 성인이 함께 있었던 것이다. 부처님의 법회는 언제나 성인과 범인이 같은 법석에 있었으며, 이는 곧 성인과 범부의 원래 평등을 시사하는 대목이다. 이는 마치 달과 별이 한 하늘에 함께 있는 것과 같다고 비유하였다. 하늘은 법의 하늘이며, 달은 성인이고 별은 범부에 각각 비유하는 것이다.

발우 들고 옷 입는 것은 부처님의 일상적인 생활 패턴 중 하나이다. 이것이 일상생

---

23) X24n0469001, 金剛經補註, 明 韓嚴集解, 程衷懋補註, CBETA 電子佛典集成 》 卍續藏 (X) 》 第24冊 》 No.0469 》 第1卷, http://tripitaka.cbeta.org/X24n0469

활 속에서의 부처님의 교화로서, 깨달음의 삶을 어떻게 영위하여야 하는지를 행주좌와의 사위의로 보여 주는 대목이다. 이러한 가르침을 받는 사람들은 모두 불 속의 연꽃처럼 드물고 귀하다고 노래한다.

이러한 부처님의 가르침이 드물고 귀한 것은 몇 가지 이유가 있다.[24] 먼저, 부처님을 만나기가 참으로 드물다는 것. 다음으로, 부처님의 법을 직접 듣기는 더욱 어렵다는 것. 셋째로, 깨달음의 마음을 일으켜 법회에 참석한 것도 드문 일이라는 것. 그러므로 법회에 참석한 사람들은 모두 참으로 드문 인연을 만나고 있는 것이다.

---

24) 사람으로 태어나기 어려워라(得生人道難)/오래 살기도 어려워라(生壽亦難得)/세간에 부처님 계시기 어려워라(世間有佛難)/불법을 얻어듣기 어려워라(佛法難得聞)
T04n0210002, 法句經卷下, 尊者法救撰, 吳天竺沙門維祇難等譯, 述佛品法句經第二十二二十有一章, CBETA 電子佛典集成 » 大正藏 (T) » 第4冊 » No.0210 » 第2卷, http://tripitaka.cbeta.org/T04n0210002 참조.
또, 부처님께서는 "사람의 몸 받기 어렵고(人身難得), 불법 만나기 어렵고(佛法難值), 근기를 잘 갖추기 어렵고(諸根難具), 신심을 내기 어려우며(信心難生), 이들 하나하나의 일들을 모두 만나기 어렵다(此一一事皆難值遇)."라고 하셨다. 보다 자세한 내용은, T04n0201003, 大莊嚴論經卷第三, 馬鳴菩薩造, 後秦三藏鳩摩羅什譯, (一一), CBETA 電子佛典集成 » 大正藏 (T) » 第4冊 » No.0201 » 第3卷, http://tripitaka.cbeta.org/T04n0201003 참조.

> [공부]
> # 불 속의 연꽃(火中蓮)[25]
>
> 불 속에서 연꽃을 피우는 일(火中生蓮華)
> 이야말로 드문 일(是可謂希有)
> 욕계에 있으면서 참선하는 일(在欲而行禪)
> 이 또한 드문 일(希有亦如是)
>
> 연꽃은 물에서 핀다. 뻘 바닥에서 물 밖으로 대공을 솟아 잎을 내고 꽃을 피운다. 향기는 은은히 멀리까지 퍼지고, 꽃의 기품 또한 높고 우아하다. 이런 꽃이 '불 속에서 핀다.'라고 하면, 이야말로 참으로 드문 일이다. 현실에서는 불가능하다. 그런데 불 속에서 연꽃을 피워 낸다면, 참으로 드문 공력이 있어야 함은 물론이다. 이처럼 탐욕 혹은 욕심의 세계에서, 즉 출세간이 아닌 세간에서 참선으로 마음의 혼란을 가라앉히고 수행하는 것도 마치 불 속에서 연꽃을 피우는 일 만큼이나 드문 일이라는 것이다. 이 노래의 앞부분에는 다음과 같은 노래가 있다.
>
> 오욕을 누리면서도(示受於五欲)
> 선정을 수련하여(亦復現行禪)
> 마심을 무너뜨리고 흐트려(令魔心憤亂)
> 작용하지 못하게 한다(不能得其便)

---

25) T14n0475002, 維摩詰所說經卷中, 姚秦三藏鳩摩羅什譯維摩詰所說經佛道品第八, CBETA 電子佛典集成 » 大正藏 (T) » 第14冊 » No.0475 » 第2卷, http://tripitaka.cbeta.org/T14n0475002

2. 내용

> *경) "이와 같이 나는 들었다."*
> *如是我聞.*

이 구절은 모든 경전의 첫머리에 나오는 상투어이다. 가끔 아문여시(我聞如是), 혹은 문여시(聞如是)라고 기록된 경전도 있는데, 의미는 같다. 그러나 이 상투어가 그냥 생겨난 게 아니다. 이 구절이 모든 경전의 맨 첫머리에 오게 된 인연은 이러하다. 대반열반경후분(권상)의 유교품(遺教品)에 의하면 부처님께서 입멸하시기 직전에 아난이 네 가지 사항을 어떻게 처리하면 좋을지 질문을 하였다. 그들 네 가지 질문 중에 마지막 질문이 '여래께서 입멸하신 후 법장을 결집할 때, 모든 경전의 첫머리에 어떤 말을 배치할 것인가' 하는 것이었다. 이 질문에 대하여 부처님께서 다음과 같이 대답을 하셨다.[26]
"아난아. 여래가 입멸한 후 법장을 결집할 때 모든 경전의 첫머리에 어떤 말들을 배치할 것인지 물었느냐? 아난아. 여래가 입멸한 후 법장을 결집할 때 모든 경전의 첫머리에 마땅히 다음과 같은 말을 두도록 하여라. '이와 같이 나는 들었다. 한때 부처님께서 어느 지방, 어느 곳에 계시면서 사부대중들에게 이 경을 말씀하셨다(如是我聞 : 一時佛住某方, 某處, 與諸四眾, 而說是經).'라고."

다음으로, 여시아문은 두 가지 내용을 함축하고 있다. 첫째, 여시(如是)라는 말이다. 이것은 경의 내용을 가리킨다. 쉽게, '아래와 같이', '다음과 같이'라고 해석하는 것이 가장 일반적일 것 같다. 다음, 아문(我聞)이라는 어구다. 이는 흔히 '나는 (다음과 같이, 아래와 같이) 들었다.'라고 쉽게 해석한다. 나는 경을 송출한 자를 의미하는데, 역사적, 현실적으로는 아난을 가리킨다고 한다. 왜냐하면, 왕사성 칠엽굴에서 오백 명의 아라한이 모여 경을 첫 번째 결집할 때 율장은 우빨리존자가, 경장은 아난존자가 송출하였다고 기록하고 있기 때문에 경의 첫머리에 나오는 나(我)는 아난이라고 보는 것이다. 들었다(聞)는 말은 경을 송출한 자가 자신의 말이 아니고 부처님으로부터 들은, 부처

---

26) T12n0377001, 大般涅槃經後分卷上, 大唐南波淩國沙門若那跋陀羅譯, 大般涅槃經遺教品第一, CBETA 電子佛典集成 》 大正藏 (T) 》 第12冊 》 No.0377 》 第1卷, http://tripitaka.cbeta.org/T12n0377001

님의 말씀이라는 것을 강조한 것이다. 요컨대, 여시아문이라는 말은 부처님께서 하신 말씀을 경을 송출하는 사람이 부처님으로부터 들은 것으로, 이 경의 내용은 결코 송출하는 사람의 생각이나 말이 아닌 부처님의 말씀이라는 것을 강조한 것이다. 경의 내용의 존엄성과 객관성, 신뢰성을 확보하는 언구라 할 것이다. 간단히 넘길 상투어가 결코 아니며, 중요한 경의 시작점이라 할 수 있는 것이다.

(1) 여(如) - 있는 그대로(As it is)

여(梵 thatā)는 여여(如如), 진여(真如), 여실(如實)이라고도 한다. 즉 일체 만물의 진실이며 불변하는 본성을 가리킨다. 일체법이 비록 각각 다른 속성을 가지고 있더라도, 땅의 단단한 성질(堅性)이나 물의 습한 성질(濕性) 등처럼 각기 별개의 속성은 실제로는 존재하지 않는 것이다. 이들 하나하나의 본래 모습은 모두 공할 뿐이다. 그러므로 실성을 여라고 하는 것이다. 또 여는 제법의 본성이기 때문에 법성이라고도 한다. 법성은 진실 구경의 지극한 변제(邊際)이기 때문에 실제(實際)라고도 한다. 이 때문에 여, 법성, 실제 등은 모두 제법실상의 다른 이름이라 할 수 있다.

제법은 각각 차별이 있을 수 있지만, 그러나 이치의 본체(理體)는 평등하여 다름이 없다. 이 제법의 이체는 평등하여 서로 같기 때문에 또한 여라고 한다. 이로부터 알 수 있는 것은, 여도 이치의 다른 이름이라는 것이다. 이 이치는 진실하며 그러므로 진여라 한다. 이 이치는 하나이기 때문에 일여(一如)라고 한다. 여의 이체에 대하여는 각 가르치는 가문마다 주장하는 바가 다르고, 주장하는 사람마다 또한 다르다. 예컨대, 반야경에서는 여를 가지고 공(空)이라 하고, 『법화경』에서는 여를 가지고 중(中)이라 한다. 이외에 천태종은 『법화경』 방편품의 십여시(十如)의 설을 근거로 십계가 서로 십계를 갖추고 있어서 백계가 되고, 백계는 각기 십여를 가지고 있어서 합하여 천여(千如)가 된다고 한다.

또한 여(如)란 제법실상이기 때문에 "있는 그대로(As it is)"라는 의미이기도 하다. 여래(如來)란 있는 그대로 왔다는 의미이며, 그대로 왔으므로 변한 것이 아무것도 없이 있는 그대로라는 의미이기도 하다. 여거(如去)란 있는 그대로 갔다는 의미이며, 또 갔으나 변한 것은 아무것도 없이 있는 그대로라는 의미이기도 하다. 이는 곧 오고 감이 없음을 의미하기도 하며, 오고 가지만 달라진 것은 아무것도 없음을 의미하기도 한다. 즉, 여란 오는 것도 아니고 가는 것도 아니며, 있는 것도 아니고 없는 것도 아니며, 생기는 것도 아니고 없어지는 것도 아니며, 늘어나는 것도 아니고 줄어드는 것도 아니며, 같지도 않고 다르지도 않은, 그야말로 있는 그대로인 것을 의미하는 것이다. 경에 붙여 말하면, '부처님의 말씀 그대로'라는 의미이고, 또 '부처님 말씀은 있는 그 자체의 실상을 드러내는 것'이라는 의미이기도 하다. 그래서 여(如)인 것이다.

착어) 고인이 이르기를 여여라고 부르니 이미 변함이 다하였다(變了). 또 말해 보라. 어느 방향으로 변할 것인지를. 돌! 어지러이 뛰어다니다 필경에는 무엇이 될 것인가? 불을 말한다고 일찍이 입이 탄 적이 없다(古人道喚作如如早是變了也 且道變向甚麼處去咄不得亂走畢竟作麼生道火不曾燒却口).

일체의 모든 법은 여가 변화한 것이다. 하나의 여에서 헤아릴 수 없는 법들이 나오고, 갠지스강의 모래 수보다 많은 불세계에 있는 갠지스강들의 모래 수보다 많은 변화들이 하나의 여로 수렴된다. 어느 방향으로 어떤 법이 생겨날지는 인연 따라 다르겠지만, 그러나 궁극적으로 하나로 수렴되니, 만법일여(萬法一如)인 것이다. 연기의 이치이기도 하다. 그러한데 진리를 찾겠다고, 깨달음을 이루겠다고, 열반에 들겠다고, 이 세상에서 피안의 세계로 가겠다고, 이런저런 온갖 수단을 부려 보아야 하나로 수렴되는 일여, 진여, 여를 알지 못하면 바쁘고 수다스럽고 소란스럽기만 할 뿐 이루어지는 것은 없다. 오직 하나, 진리의 본체(理體)를 꿰뚫으려는, 실상을 바로 보려는 마음의 다스림이 필요할 뿐이다.

그러나 그러한 이체는 입으로 되는 것이 아니다. 그러나 말하지 않을 수도 없다. 입으로 나오는 순간, 아니 입으로 내놓겠다고 생각하는 순간 이미 여는 변화된 여의 어느 한 조각일 뿐, 여 자체는 아니다. 그러나 티끌보다 작은 여의 토막이더라도 입으로 내놓지 않으면 전달이 불가하다. 그러나 그에 매이면 티끌보다 작은 진여의 토막을 가지고 마치 진여 자체인 양 미혹되고 만다. 전체와 티끌 같은 일부. 그러나 그 일부 속에 또한 전부가 있다. 일중일체다중일이요, 일미진중함시방이 아니겠는가?

송) 노래한다.

같음이여(如)
고요한 밤 긴 하늘에 외로운 달 하나(靜夜長天一月孤)

고요한 밤하늘에 떠 있는 하나의 달. 그거야말로 있는 그대로를 상징한다고 할 수 있다. 고요하니 적멸이고, 밤이니 모든 것이 소멸된 상태이며, 달이 밝으니 지혜이면서 또한 지혜를 밝히는 것이요, 이 셋이 어우러지니 모든 것이 적멸하였지만 환하게 빛나는 밝음인 것이다. 열반의 세계가 바로 이러할 것이다.

달은 그 이미지로 인하여 수많은 시인묵객의 노래와 글의 대상이 되어 왔다. 불가에서도 진여, 제법실상을 가르치기 위하여 달에 관련된 많은 비유가 있다. 월인천강(月印千江)이라는 말이 있다. 달이 천 개의 강에 비칠 때 각기 그 비치는 곳의 상황에 따라 다르게 보이지만, 그 비친 달은 모두 허상이어서 아무리 잡으려 해도 잡힐 것이 없다. 진정한 달은 하늘에 있는 달, 오직 그 하나뿐으로 이는 진여를 상징한다. 수중착월(水中捉月)이라는 이야기도 있다. 원숭이들이 물속에 비친 달을 건지기 위하여 아무리 잡아도 물만 잡힐 뿐 달은 잡히지 않고 물속에 그대로 비치고 있을 뿐이다. 달은 하늘에 있고 물속의 달은 하늘에 있는 달이 비춰져 나타나는 상(像)일 뿐이기 때문이다. 상에 매달려 실상을 놓치고 있는 것을 가리키는 말이다. 또 지월(指月)이라는 말도 있다. 달을 보라고 가리켰더니 달은 보지 않고 손가락만 본다는 의미이다. 이 말에서도 달은 본체를, 손가락은 부처님의 말씀(혹은, 일시적으로 나타나는 현상, 유위의 현상을 의미한다고 할 수도 있다)을 가리킨다. 경을 공부하는 것은 공이란 실상을 잘 이해하여 세상의 집착과 번뇌에서 벗어나는 것이 목적인데, 엉뚱하게도 경에 매달려 끌어당긴다면 번뇌를 벗어 버리기는커녕 오히려 더 보탤 뿐인 것이다. 경전에 매달려 경전에 포함된 가르침을 망각하는 것을 비유한 말이리라.

그래서 지상에 아무리 많은 달이 온갖 형태로 나타나 우리의 눈을 현혹해도 그 본체인 달은 오직 하나, 길고 먼 하늘에 외로이 떠 있을 뿐인 것처럼, 아무리 많은 법들이 우리의 눈앞에 전개되더라도 실상인 여(如)는 오직 하나뿐인 것이다.

(2) 시(是)

시(是)는 여러 가지 뜻이 있으나 여기서는 지시하는 말, 가리키는 말이다. 먼저, 시가 지시하는 말은 이미 앞에 나온 것을 가리킬 때 사용된다. "이러한 까닭으로(以是義故)" 할 때의 '이러한'이라는 말은 앞에 온 말을 지칭하는 것이다. 그러나 이에 못지않게 뒤에서 이어지는 말을 지시할 때도 많다. 경전의 첫머리에 두는 여시아문 속의 시는 뒤에 이어지는 부처님의 말씀을 가리킨다. 부처님께서 이러저러한 말씀을 하셨는데, 그게 바로 다음에 나오는 것임을 가리키는 것이다. 오히려 "이와 같이"라는 뜻으로 새기기보다 "다음과 같이"라는 의미로 새기는 것이 이해하기 쉽다. 이 경우, 시는 앞의 여라는 말과 합하여 부처님의 말씀은 있는 그대로의 진리를 담은 말씀이라는 의미이기도 하며, 진리 그 자체라는 것을 의미하는 말이기도 하다.

착어) 물은 파도를 버리지 않고, 파도는 물이다(水不離波波是水).

파도는 물이 움직인 결과로서 나타난 현상이다. 그러므로 파도는 물을 떠나서 일어날 수 없다. 파도는 물의 화현(化現)이며 물이 드러내는 현상이다. 또 파도는 물에서 일어나 항상 물을 지향하며, 물을 벗어나지 못한다.

물이 진여라면 파도는 진여에서 유래한 만 가지 법을 가리킨다. 물이 열반이라면, 파도는 열반으로 향하는 모든 생사윤회의 번뇌를 가리킨다. 물이 최상의 깨달음이라면 파도는 최상의 깨달음을 향하여 나아가는 수행을 가리킨다. 물이 여라면, 파도는 여의 한 현상이다. 요컨대, 진여와 법계, 열반과 생사, 깨달음과 수행은, 언제나 함께 있으며 어느 하나가 다른 하나를 버리거나 벗어나지 못하는 것이다.

"물은 파도를 버리지 않고, 파도는 물이다."라고 착어하였다. 파도는 물이 나타내는 여러 현상들 중의 한 모습이고 물은 파도로 말미암아 그 존재의 실상의 한 면목을 드러내는 것이다. 즉, 물은 파도를 통하여 물임을 드러내고, 파도는 물이 있으므로 비로소 그 모습을 지을 수 있는 것이다. 그러니 물은 파도를 버리고선 물이 아니며 파도는 물을 떠나서 파도가 될 수 없는 것이다. 더 나아가 살펴보면, 물과 파도는 같은 것이기도 하다. 만 가지 법과 하나의 진여(본체) 사이의 관계도 파도와 물의 관계와 같은 것이 아닐까? 색즉시공 공즉시색이 바로 이것일 것이다. 수천수만의 법이나 현상(色)이 공에서 나오고, 공은 곧 수천수만의 법이나 현상의 귀의처인 것이다.

송) 노래한다.

이것이란(是)
물이 파도를 버리지 못하고, 파도는 물이라네(水不離波波是水)
거울 같은 물에 티끌만 한 바람이라도 불지 않을 때(鏡水塵風不到時)
아무런 하자 없이 천지를 비춘다(應現無瑕照天地)
(그러니) 보고 또 보라(看看)

착어를 물과 파도에서 찾았더니, 노래 또한 물과 파도를 가지고 읊었다. 물은 그 성질상 만상을 비추어 보여 준다. 해인(海印)이라는 말이 있다. 해인삼매(海印三昧)의 줄임말이다. 해인이란 바다에 모든 것(萬象)이 비추어지는 것처럼, 부처님의 지혜 속에 세상의 모든 현상과 사물이 그대로 비추어지는 것을 의미한다. 그러나 조금이라도 파도가 일어나면 그 모습을 비추지 못하거나 그 모습이 일그러져 실상이 아닌, 뭉개지거나 헝클어진 모습만 보이게 된다. 여기까지가 노래 본문의 의미이다.

그런데 파도가 일면 만물을 비추어 주는 물의 실상이 없어질까? 우리가 물에 비치는 모습을 보는 것은 물의 표면에 반사되는 것을 우리의 시각으로 포착하기 때문이다. 그러나 우리가 물로부터 눈을 떼어 버리면 아무것도 비치는 것을 볼 수 없다. 그러나 그렇다고 물이 만물을 반사하여 비추는 것이 없어지는 것도 또한 아니다. 다만 우리의 눈이 다른 곳을 향하고 있어 물에 비친 모습을 포착하지 못할 뿐이다. 파도가 칠 때 물은 만물을 비추지 않는 것일까? 아니다. 파도가 치든 치지 않든 물은 만물을 있는 그대로 비추어 준다. 그러나 파도가 칠 때는 그 비치는 모습들이 제멋대로 반사(亂反射)되어 우리의 눈에 포착되지 않기 때문에, 우리의 육안으로 볼 수 없을 뿐이다. 물결이 잔잔할 때 물을 보면, 오히려 반짝이는 햇살이 눈부시다. 이것은 그 잔잔한 파도에 빛이 제멋대로 이리저리 반사되지만, 그 범위가 우리의 시각으로 인식될 수 있는 범위

내에서 반사되고 있기 때문이다. 그리하여 노래는 "보고 또 보라(看看)"라고 하였던 것이 아닐까? 파도가 일지 않으니 상이 비치고 파도가 이니 상이 보이지 않는 것은 그저 육안에 비치는 현상일 뿐, 보고 또 보면 파도가 치든 치지 않든 물이 세상의 만물을 비춰 보여 주는 것은 변함이 없음을 노래한 것이다. 보고 또 보는 이유는 고요한 때에 물에 비치는 상을 보자고 하는 것이 아니라, 파도가 마구 쳐 어떤 물상도 비춰 보이지 않는 경우에도 그 물상들이 비추어지고 있음을 보라고 한 말은 아닐까?

송에서 거울 같은 물이란 곧 이미 살펴본 여, 즉 진여 혹은 우리의 본래면목 혹은 자성을 말하고, 티끌 같은 바람이란, 아주 작더라도, 여에 작용하여 여를 오염시켜 번뇌를 일으키게 하는 우리 안팎의 온갖 대상을 가리킨다고 볼 수 있다. 이런 안팎의 대상들을 하나씩 하나씩 끊어 없애면 번뇌가 조금씩 조금씩 사라지고 마침내 우리의 진여, 본래면목이 드러나는 순간 대명천지가 되는 것이다. 이때가 바로 우리가 최상의 깨달음을 이루는 순간이다. 무시겁 이전에 우리가 우리의 진여를 더럽히는 그 어떤 것에도 노출되지 않아서 우리의 진여가 고스란히 내려왔다면 문제가 없었겠지만, 그러나 이미 우리는 어떠한 연유에 의해서든 번뇌에 뒤덮인 존재이다 보니, 깨달음을 이루는 길은 번뇌를 없애는 길밖에 없다. (이 점과 관련하여, '오늘날 인공두뇌, 인조인간도 성불할 수 있는가'라는 문제를 숙고해 보면 어떨까?) 그러니 우리의 조사님들을 말했다. 깨달음은 번뇌가 없이 이루어질 수 없고, 생사가 곧 열반이라고![27]

(3) 아(我)

여시아문에서 아는 직접적으로는 경장을 송출한 아난을 가리키지만, 조금만 넓게 보면 부처님 법을 배운 모든 제자들을 가리킨다. 경을 결집할 때, 아난이 송출하면 그 결집에 참여한 다른 제자들이 듣고 합송으로 맞다고 긍인하였을 때 결집이 이루어졌다. 만약 누구 한 사람이라도 다른 의견을 제시하면, 그 부분은 새로 검토를 하거나, 결집에서 제외되었을 것이다. 그러므로 이와 같이 "나는 들었다."라는 장구 속의 "나"라는 말은 실제로는 경을 결집하기 위하여 참석했던 모든 제자들을 지칭한다고 하는

---

27) X13n0282002, 楞嚴經玄義(4卷), 【明 傳燈述】, 大佛頂首楞嚴經玄義卷第二, 天台山幽溪沙門 傳燈 述, 卍新纂大日本續藏經 第13冊, No.282, http://tripitaka.cbeta.org/mobile/index.php?index

것이 더 맞을 것이다.

착어) 발가벗고 물로 씻어도 잡을 수 없다(淨躶躶赤洒洒沒可把).

그런데 경의 문언으로서 나는 부처님의 제자라고 하더라도, 경을 공부하는 나는 어떤 존재일까? 이 착어는 이 점에 관하여 천착하고 있다. 경은, 일단 송출되고 나면, 이미 객관화되어 공부하는 사람에 의하여 받아들여지는 존재가 된다. 이는 그 경을 공부하는 존재가 무엇을 어떻게 받아들이는가에 따라 경의 의미와 가치가 정해짐을 가리킨다. 그런 점에서 착어에서 말하는 나라는 존재는 경을 공부하는 사람으로 이해하는 것이 맞지 않을까?

경을 공부하는 존재로서의 나(我)는 무명(근본+지말)으로 말미암아 무시이래로 번뇌와 망상에 괴로워하는 중생이다. 그는 항상 나를 중심으로 나 이외의 것, 현상으로서의 나와 실상으로서의 나라는 대립적 관계를 놓고 갈등하는 존재인 것이다.

먼저, 나 이외의 것에는, 세속적 관점에서 본다면, '나를 가르치는 스승, 나와 나란히 하는 존재, 내가 가르치는 존재', '나를 이롭게 하는 존재, 나를 해롭게 하는 존재, 나를 이롭게도 해롭게도 하지 않는 존재', '나보다 존귀한 존재, 나와 같은 부류의 존재, 나보다 하천한 존재' 등 나를 기준으로 무수한 대립적 관계의 설정이 가능해진다.

다음으로, 현상으로서의 나와 실상으로서의 나라는 두 개의 대립적 존재를 파악할 수 있다. 우리는 현상계에서 고통을 앓고 있는 나, 오온으로 이루어진 나, 몸과 느낌과 감정, 정신작용 등이 어우러져 일상을 영위하고 있는 나는 시시각각 인식하며 살아간다. 티끌에 파묻혀 있고 오욕에 찌들어 괴로움의 상속으로 삼도를 윤회한다. 이것을 중생살이라고 한다면, 이러한 중생살이를 벗어난 원래의 나, 본래면목으로서의 나, 참된 나를 찾으려고 하는데, 잡히지 않는다. 발가벗고 물을 뿌려 가며 씻고 또 씻어도 몸뚱이만 있을 뿐, 찾고자 하는 나는 드러나지 않는 것이다. 깨달음을 이루기 위한 수행의 지난함을 깨우치는 것이 아닐까?

송) 노래한다.

나(我)란
분명히 알라, 둘로 이뤄졌지만(認得分明成兩箇)
털끝만큼도 움직이지 않으면, 본래 모습에 부합하여(不動纖毫合本然)
바람과 소나무가 서로를 알고 화합하는 것과 같음을(知音自有松風和)

착어에서 보았듯, 나는 현상의 나와 본래의 나라고 하는 두 면모를 가지고 있다. 그러나 착어에서와는 달리 송에서는 본래의 나, 참 나를 찾는 방법이 제시되어 있다. 즉, 털끝만큼도 움직이지 않으면, 그때의 나는 본래의 내 모습에 부합한다고 하였다. 털끝만큼도 움직이지 않음은 무엇을 말하는가? 한마디로 육근과 육진, 그리고 육식이 화합하여 생기는 온갖 느낌, 즉 오욕칠정에 전혀 흔들림 없이 원래의 자리를 지키는 것을 말한다. 오욕칠정에 흔들리지 않으면 모든 괴로움에서 벗어난다. 이것이 해탈이다. 이 상태가 되면, 현상으로서의 나(바람)와 본래면목의 나(소나무)가 서로 일치하게 되며, 두 개의 나는 서로를 알고 원융무애(圓融無礙)하며 자유자재해지는 것이다.

지음(知音)이라는 말이 있다. 눈빛만으로도 마음을 알 수 있는 절친을 말한다. 중국의 춘추시대 백아(伯牙)라는 사람이 있었는데 그는 거문고를 잘 탔다고 한다. 그의 친구 종자기(鍾子期)는 거문고를 잘 들었다고 한다. 백아가 거문고를 타면 종자기는 그 거문고를 듣고 평을 하곤 하였다. 백아가 높은 산을 생각하며 거문고를 타면 종자기도 문득 태산처럼 높은 산을 연상하며 감상하였고, 백아가 물이 흐르는 것을 생각하며 거문고를 타면 종자기도 양양하게 흐르는 물을 느꼈다는 것이다. 종자기가 죽자 백아는 거문고 줄을 끊고 더 이상 거문고를 타지 않았다고 한다.[28] 여기서 백아절현(伯牙絶絃)이라는 사자성어도 나왔다.

노래에서는 소나무와 바람을 지음이라 했다. 둘이 잘 어울리는 한 쌍이다. 솔숲에 부는 바람 소리(松籟=솔바람)를 듣고 있으면 마음이 적정해져 세상의 모든 번잡한 일

---

28) 列子, 湯問第五/ 呂氏春秋 本味篇

들로부터 벗어날 수 있다. 지음의 고사에 나오는 백아와 종자기의 사이만큼이나 소나무와 바람의 사이가 잘 어울리는 것을 말하고 있는데, 이는 곧 실상과 현상 사이의 어울림, 나와 너의 어울림, 사물과 사물, 사물과 이치 사이의 어울림, 즉 이사와 사사가 원융무애함을 말하는 것이리라.

(4) 문(聞)

여시아문 중의 문, 즉 들음이란 가르침을 배우는 것(들음=배움)을 말한다. 여기서 배우는 것은 부처님의 가르침이다. 혹은 조사들의 가르침도 포함될 수 있다.

배움에는, 특히 불교의 배움에 있어서는, 매우 중요한 기준이 있다. 첫째, 최상의 깨달음을 지향하는 것이어야 한다. 배움의 목적에 관한 것이다. 둘째로, 삿된 가르침이 아닌 바른 가르침, 즉 정법을 배워야 한다. 셋째로, 바른 스승이 가르치는 것이어야 한다. 스승이 삿되면, 그 가르치는 내용이 바르더라도 바른 가르침이 될 수 없고, 배우는 자는 바르게 배울 수 없다. 부족한 스승 밑에서 배우다 보면, 배우는 자도 그 한계에 부딪히고 만다. 끝으로, 배우는 자가 발라야 한다. 아무리 바른 법을 바른 스승 아래에서 배운다 하더라도 배우는 자의 자세가 일로향상의 바른 자세가 아니라면 배움에 진척이 없고, 배운 내용의 쓰임을 악용하게 되면 바른 가르침이 아주 삿되게 되어 버린다.

또한, 『북본열반경(北本涅槃經)』 제36권 가섭보살품(迦葉菩薩品)에 의하면, "부처님의 가르침에 대하여 믿음이 부족한 자, 남에게 해설할 수 없는 자, 남과 토론에서 이기기 위하여 혹은 명예와 이익을 얻기 위하여 몸으로 가르침을 지니는 자는 배움이 구족되었다고 할 수 없다."라고 하였다.[29]

착어) 절대로 남을 따라가지 마라(切忌隨他去).

착어에서 절대로 남 따라가지 말라고 하는 것은, 부처님의 가르침이라고 해서 자신의 생각 없이 맹목적으로 추종하지 말라는 말이다. 부처님께서도 당신 자신의 가르침

---

29) T12n0374036, 大般涅槃經卷第三十六, 北涼天竺三藏曇無讖譯, 迦葉菩薩品第十二之四, CBETA 電子佛典集成 » 大正藏 (T) » 第12冊 » No.0374 » 第36卷, http://tripitaka.cbeta.org/T12n0374036

에 대하여 맹목적으로 무조건 따르지 말라고 가르치셨다. 충분히 의심해 보고 스스로 생각한 다음 바르다면 따르라고 말씀하셨다.

『깔라마경(Kalama Sutta)』이라는 경전이 있다.[30] 이 경에서 부처님께서는 다음과 같은 이유나 방법으로 알게 된 것에 대하여 맹목적으로 따르는 것을 경계하셨다.

- 거듭 들었다고 해서(repeated hearing)
- 전통(tradition)이 그렇다고 해서
- 풍문(rumor)에 그렇다고 해서
- 경전(scripture)에 있다고 해서
- 그럴싸한 추론(specious reasoning)에 의하여 얻었다고 해서
- 숙고(ponder)에 의한 편견
- 추측(surmise)으로 얻어서
- 금언(axiom)이기 때문에
- 다른 사람의 그럴듯해 보이는 능력(seeming ability)을 보고

그리고 부처님께서는 가르침을 받아들이는 네 가지 기준을 제시하셨다.

- 선한 것(good)인가?
- 비난받지 않을 것(not blamable)인가?
- 현자들로부터 칭찬(praise)을 받겠는가?
- 지킬 때 이익과 행복(benefit and happiness)으로 이끌어 줄 것인가?

다만, 우리가 부처님의 가르침을 의심 없이 따르는 것은 부처님의 가르침이 바르지 않은 것이 없다고 확신하기 때문이다.

송) 노래한다.

고갯마루에선 원숭이가 울고, 숲에선 학이 울며(猿啼嶺鶴唳林間上)

---

[30] Kalama Sutta: The Buddha's Charter of Free Inquiry, Translated from the Pali by Ven. Soma Thera, Anguttara Nikaya, Tika Nipata, Mahavagga, Sutta No. 65, http://buddhanet.net/e-learning/kalama1.htm

바람 불어 조각구름 거두고, 물은 멀리 급히 흘러가네(斷雲風捲水激長湍)
가장 사랑하는 늦가을 서리 내리는 한밤(最愛晩秋霜午夜)
새로 오는 기러기 한 소리에 하늘이 차가움을 알겠네(一聲新鴈覺天寒)

원숭이가 고갯마루에서 우는 것이나, 학이 숲에서 우는 것이나, 바람이 불어 구름을 걷는 것이나, 물이 급하게 멀리 흘러가는 것은 모두 각각 한 자락씩 하는 소리이거나 말이거나 짓이다. 즉, 한 자락 가르침인 것이다. 심지어 만추의 서리도 한 자락 하는 가르침이라 할 수 있다. 진여에서 생겨난 온갖 현상, 사물, 사건들은, 진여의 이치를 내포하고 있기 때문에, 모두 한 자락 가르침의 공능을 가지고 있다.

앞의 네 현상이 공간 속에서 전개되는 현상이나 사물, 사건을 노래한 것이라면 늦가을과 한밤은 시간 속에서 전개되는 현상, 사물, 사건을 읊은 것이라고 볼 수 있겠다. 늦가을, 한밤을 택한 것은 고요함, 즉 적멸을 강조하기 위한 것이 아니었을까? 앞의 두 구절에서는 시끌벅적하다. 원숭이와 학이 울고, 구름이 흘러가고, 바람이 불고, 물이 급하게 흘러간다. 여러 현상들이 시끌벅적한 상황을 연상할 수 있다. 그런데 늦가을 한밤중이고 거기에다 서리까지 내린다면, 인적이란 없고 하늘은 고요하기 그지없을 것이다. 가만히 들여다보면 수행자가 깊은 삼매에 들어있는 상황을 상상할 수 있을 것 같다. 깊은 삼매에 들어 있으면 주위의 어떠한 시끄러움도 들리지 않게 되는 지극한 고요를 경험하게 된다고 한다. 그러한 고요함, 적멸이 바로 서리 내리는 늦가을 한밤으로 비유된 것이 아닐까 한다.

이러한 가운데 북에서 기러기가 남으로 내려오고 있는 장면을 상상해 보자. 이 기러기들 중에 새로 부화하여 처음으로 남으로 월동하려 내려오는 것도 있을 것이다. 기러기들의 울음소리는 갑자기 깊은 고요함, 적멸을 깨운다. 머나먼 거리를 날아 남으로, 남으로 날아왔을 기러기! 어디에 있었는지 모르겠지만, 오랜 참오(參悟)의 시간을 거쳐 마침내 한 깨달음이 온 것이다. 기러기의 울음소리는 한 소식을 일깨워 주는 역할을 한다. 수행자가 깊은 삼매에서 마침내 한 소식을 건져 올리는 장면을 상상한다면, 이 송의 마지막 두 구절을 이해하는 데 도움이 되지 않을까 싶다.

경) "한때 부처님께서는 사위국 기수급고독원에 계셨다."
一時佛在舍衛國祇樹給孤獨園。

"한때(一時)"라 함은 스승, 즉 부처님께서 유행 중에 머물 때, 혹은 법회를 연 때를 말한다. "불(佛)"이란 법을 설하는 주체, 즉 부처님을 말하고, "계셨다(在)"함은 처소를 밝히고자 한 것이다. 부처님께서 활동하던 당시 인도 북부에서는 16개 나라가 난립하고 있었다. 그중에 가장 강력한 두 나라가 마가다국과 꼬살라국이었다. 경이 설해진 사위국(=사위성)은 꼬살라국의 수도였다. 이 무렵의 사위국은 파사익왕이 다스리던 나라였다.

기(祇)는 파사익왕의 태자의 이름인 기타(祇陀)를 가리키고, 수(樹)는 숲이란 뜻으로 기타 태자가 보시하였기 때문에 기수라고 하였다. 기타태자가 보시한 숲이란 의미이다. 급고독(給孤獨)이라 함은 수닷다장자(須達長者)의 다른 이름으로 이 기원정사의 건물을 수닷다장자가 지어서 부처님께 공양한 것이었기 때문에 급고독원이라 한 것이다. 급은 제공하다, 공급하다는 의미이고, 고는 고아들을 뜻하며, 독은 독거노인을 가리킨다. 수닷다장자가 부자이면서 고아들이나 독거노인들을 잘 보살폈기 때문에 세간에서 그렇게 부른 이름이었다.

불이란 산스크리트어로 깨달음을 의미한다. 깨달음(覺)에는 두 가지 뜻이 있다. 하나는 외각(外覺)으로서 모든 법이 공한 것을 꿰뚫어 보는 것이고, 다른 하나는 내각(內覺)으로서 마음이 공적함을 알아서 육진에 의하여 조금도 침투당함이 없이 흔들리지 않는 것이다. 밖으로 사람이 악한 것을 보지 않고 안으로 삿된 것에 미혹되지 않기 때문에 각이라 하는 것이다. 깨달으면 곧 부처인 것이다.

경) "큰 비구 대중 천이백오십 명과 함께"
與大比丘眾千二百五十人俱

금강경의 "큰 비구~함께(與…俱)"라는 어구는 부처님께서 비구 제자들과 같이 금강반야의 무상도량에 머무셨음을 나타내는 말이다. 금강반야라고 한 것은 금강과 같은 지혜의 경을 말씀하셨다는 의미이며, 무상도량이란 부처님께서 계시기 때문에 무상이고, 부처님께서 가르침을 베푸신 장소이기 때문에 무상도량이라 하는 것이다. "큰 비구"란 아라한을 가리킨다. 부처님도 아라한이시지만, 다른 아라한들과 구별하기 위하여 대아라한이라고도 한다. 비구란 산스크리트어 Bhikkhṣu를 음사한 말로 "육적(六賊)을 깨뜨렸기" 때문에 붙인 이름이다. 비구들이 많았기 때문에 비구 대중이라 하였는데, 천이백오십 인은 법회에 참석한 큰 비구의 숫자를 가리킨다. 함께(俱)란 같은 곳에서 부처님과 제자들 그리고 수많은 중생들이 평등하게 법회에 참여하였음을 의미한다. 이들 천이백오십 인은 거의 언제나 부처님을 따라다녔기 때문에 상수제자(常隨弟子)라고도 한다.

참고로, 육적이란 색, 성, 향, 미, 혹, 법 등 우리의 몸과 마음이 반연하는 대상을 가리킨다. 이 여섯을 도적에 비유한 것은 이 여섯 가지가 번뇌를 일으키는 근원으로서 일체의 선법을 빼앗아 가는 것들이기 때문이다. 일반적으로 육적이라고 하면 이들 여섯 가지를 가리키지만, 특히 이들 여섯을 외부의 육적(外六賊)이라고 하고, 눈, 귀, 코, 혀, 몸, 그리고 마음(意) 등 여섯에서 생기는 갈애를 내육적(內六賊)이라고 따로 말하는 경우도 있다. 『잡아함경』 제43권에 의하면, "우리의 육근은 외부의 육경을 대하고 육식을 생산하며, 이들 근과 경 그리고 식이 화합(三事和合)하여 여섯 종류의 닿음(六觸)을 만들며, 이 여섯 가지 닿음으로 말미암아 여섯 종류의 갈애(渴愛), 즉 색애, 성애, 향애, 미애, 촉애, 법애 등이 생기는데, 이들 여섯 가지 갈애를 내육적이라 한다."라고 하였다.[31]

---

31) T02n0099043, 雜阿含經卷第四十三, 宋天竺三藏求那跋陀羅譯, (一一七二), CBETA 電子佛典集成 》 大正藏 (T) 》 第2冊 》 No.0099 》 第43卷, http://tripitaka.cbeta.org/T02n0099043

> [공부]
> ## 상수제자 천이백오십 인
>
> 경에서 말한 천이백오십 인의 큰 비구는 다음과 같다.[32]
> - 야사(耶舍)와 그 친구 오십 인
> - 우루빈나가섭(優樓頻螺迦葉)과 그 제자들 오백 인
> - 나제가섭(那提迦葉)과 그 제자 이백오십 인
> - 가야가섭(伽耶迦葉)과 그 제자 이백오십 인
> - 사리불과 그 제자 일백 인
> - 목건련과 그 제자 일백 인
>
> 이들 천이백오십 인은 처음에는 외도였으나, 부처님의 교화와 인도를 받아서 아라한과를 증득하였다. 이에 부처님의 은혜를 느끼고 법회 때마다 매번 항상 따르고 떨어지지 않았다. 그러므로 많은 경전에서 첫머리에 "천이백오십 인과 함께"라는 구절이 있다.

(1) 일(一)

일(一)이라는 것은 아무것도 분리되기 이전이라는 의미가 있다. 송에서 열거하고 있는 하늘과 땅, 음과 양, 높고 낮음, 밝고 어둠 등 각각의 존재나 현상이 나누어지지 않고 한 덩어리로 뭉쳐져 있는 혼돈일 수도 있는 것이다.

또 일이라는 것은 최상의 깨달음, 즉 아뇩다라삼먁삼보리를 가리키는 것일 수도 있다. 한 물건(一物) 혹은 무일물(無一物)이라고 할 때의 일이 이에 해당한다.

또 하나라는 것은, 서로 다른 둘로 나누어져 있으나 완전하게 따로 분리되어 있는 것이 아니라, 연속선상에 놓여 있는 것을 의미할 수도 있다. 사바와 열반, 번뇌와 깨달음, 성인과 범부가 나누어지기는 하지만, 둘이 완전히 분리되어 있다거나 혹은 완전히 다른 것이 아니라는 의미인 것이다. 불이(不二 또는 不異)의 법문이 바로 일, 즉 하나라는 것이다.

이 하나(一)는 또 평등을 의미하기도 한다. 부처님께서 얻으신 법은 평등하여 고하

---

[32] 보다 자세한 내용에 대하여는, T03n0189004, 過去現在因果經卷第四, 宋天竺三藏求那跋陀羅譯, CBETA 電子佛典集成 » 大正藏 (T) » 第3冊 » No.0189 » 第4卷, http://tripitaka.cbeta.org/T03n0189004 참조.

가 없어 아뇩다라삼먁삼보리라고 한다. 또 하나는 최상의, 제일의, 혹은 첫째 등의 의미가 있다.

또, 일은 유일하거나 최소의 단위 혹은 독립적인 것을 의미할 수 있다. 여기서 독립적이거나 유일하다는 의미는 둘 이상의 요소들이 인연화합에 의하여 만들어진 것이 아님을 의미한다.

착어) 서로 따라오는구나(相隨來也).

그런데 왜 하나에 대하여 서로 따른다고 착어하였을까? 이 세상의 모든 유위법은 홀로 존재하지 못한다(法不孤起). 인연 따라 화합되어 법을 형성하였다가 인연이 소멸하면 그 법도 따라서 소멸한다(因緣生滅). 그러니 어느 것이 먼저이든 하나가 있으면 다른 하나가 함께 있어야 비로소 법이 이루어지는 것이다. 그러니 서로 따르는 것이다. 서로 따르는 것은 나란하여 고하가 없다. 소위 이것이 있으니 저것이 있고 이것이 없으니 저것도 없는 생멸의 연기법(流轉緣起)이기도 하다.

이런 법은 또 상대적이다. 절대적인 것은 없다. 상대적이라는 말에는 여러 가지 의미가 있다. 대응되는 둘이 상응하고 있다는 것(待對), 둘이 함께 있다는 것(兩俱), 둘이 서로 기다려서 비로소 다른 그 무엇이 된다는 것(因緣所生), 하나가 둘로 나누어진다는 것(因緣消滅), 둘이 따로이되 막힘이나 걸림이 없이 서로 소통한다는 것(圓融無礙) 등. 이러한 의미에서 둘은 하나이고 하나는 둘이며 어느 것이 먼저랄 것도 없이 서로 따르고 있는 것이 아닐까?

또 하나가 서로 따른다는 것은 불이의 법문이 가진 취지이기도 하다. 이치와 사물이 함께 있어서 이사가 서로 걸림 없이 통하는 것(理事無礙)을 가리키는 것이다. 법신과 응신(화신)은 언제나 같이 있어서 어떤 형태나 현상으로 현현되던 불보살이 세상에 나투는 곳에는 꼭 진리를 내포하고 있음을 의미하는 것이기도 한 것이다. 사물은 진리가 없으면 생겨날 수 없고, 진리는 사물이 없으면 드러날 수 없다. 그러므로 이치와 사물은 하나가 하나를 따르는 것이다.

송) 노래한다.

하나와 하나(一一)
둘을 깨뜨려 셋을 이룸이 이(=하나)로부터 나오네(破二成三從此出)
하늘과 땅이 혼돈하여 아직 나누어지기 전(乾坤混沌未分前)
이미 일생의 참학(參學)을 끝마쳤네(以是一生參學畢)

1) 하나와 하나(一一)
둘을 깨뜨려 셋을 만드는 것이 이(=하나)로부터 나오네(破二成三從此出)

일과 일, 하나와 하나. 완전하게 독립된 하나라는 것은, 적어도 유위법에서는 없기 때문에, 항상 서로 따라다녀야 비로소 무언가 이루기도 하고 형성하기도 하며 소멸하기도 한다. 더하기도 하고 빼기도 하는 것이다. 이런 작용들이 모두 하나에서 시작한다고 할 수 있다.

하나는 둘을 깨뜨려 셋을 만들고자 할 때 보태는 하나(인연소멸)이고, 둘을 묶었을 때(인연의 화합) 합쳐져 생겨나는 하나인 것이다. 둘을 묶으니 하나로 귀결되고, 둘을 깨뜨리니 다른 하나가 생성되는 것이다. 둘이든 셋이든 하나로 귀결되거나 생성되니 하나가 서로 따르지 않으면 안 되는 관계라고나 할까?

원래 "둘을 깨고 셋을 이루다(破二成三)."라는 말은 "셋을 이루어 둘을 깨다(成三破二)."에서 온 말이다. 과거 중국에서 부동산을 매매할 때 중개인에게 지급하는 거래수수료를 부동산을 파는 사람과 사는 사람이 분담하는 비율이다. 이때 통상 매매수수료는 거래금액의 5% 정도였는데, 이 중 2%는 파는 사람이, 3%는 사는 사람이 각각 지불하는 것이 일반적인 예였다고 한다.

이 말의 유래에서 보면, 하나는 거래대상인 부동산을, 둘은 파는 사람이 부담하는 수수료 비율을, 셋은 그 부동산을 사는 사람이 부담하는 비율을 각각 가리킨다고 할 수 있다. 그러므로 깨뜨린다는 말은 부동산을 파는 것을 말하고, 이룬다는 말은 부동산을 사는 것을 의미한다. 팔았으니, 있던 것을 깨뜨리는 것이 맞고, 샀으니 없던 것을 이룬 것이 맞다. 수수료 비율은 부동산의 매매라는 하나의 행위에서 나온 두 개의 현상이니 이 또한 맞다.

  그러나 궁극의 경지는 언구에 얽매일 필요가 없다. 언구가 닿지 않는, 말과 글이 완전히 끊어진 그 자리가 하나이고, 이로부터 나온 둘, 셋, … 그 이상이기도 하며, 또 하나이든 그 이상이든 아무런 걸림이 없는 것이기도 하다.

[공부]
둘을 깨어 셋을 이루다(破二成三)

이 어구와 관련하여 다음과 같은 이야기(緣機)가 있다.
  대덕 담훈선사(湛輝大德)가 상당(법당내의 법좌/사자좌에 오르는 것을 상당이라 한다)하니 어떤 스님이 물었다.
  "'하나를 알면 만사를 마친다.'라고 하는데, 만사는 차치하고, 이 하나는 무엇입니까?"
  담훈선사가 말했다.
  "둘을 깨뜨려 셋을 이룸은 이(하나)에서 나온다(請上堂僧問識得一萬事畢萬事即且置如何是一師云破二成三從此出)."
위 담훈선사의 대답을 예를 들어 쉽게 풀어 보자. 과거 중국 일부 지역에서는 부동산을 매매하는데 수수료를 파는 사람이 2%를, 사는 사람은 3%를 각각 지불하였다고 한다. 이 두 개의 행위는 부동산 거래라는 하나의 현상에서 나온 것이라고 하였던 것이다. 질문에 대한 대답이므로 이에 맞춤하여 해석해 보면, 하나는 모든 것을 관통하는 이체(理體)를 의미하고, 둘과 셋은 그 이체에서 생겨난 현상들인 것이다.
이 하나에 대한 이해를 돕기 위하여 다음 글을 알아보자.[33]
  "천 마디, 만 마디의 말이 있더라도 단지 한마디 말만 알 뿐이고, 천 개, 만 개의 구절이 있더라도 단지 한 구절만 알 뿐이며, 천 개의 법, 만 개의 법이 있더라도 단 하나의 법만 알면 된다. 하나를 알면 만사를 마치며, 하나를 투과하면 어떤 것에도 걸릴 것이 없다. 정식(情識)으로 인한 온갖 번뇌와 마음과 생각을 벗어던지고 심신을 놓아 버리도록 하라. 언제라도 차가 나오면 차를 마시고, 밥이 나오면 밥을 먹으며, 하늘을 하늘이라고 하고, 땅을 땅이라고 하며, 노주(露柱)를 노주라고 부르고, 등롱(燈籠)을 등롱이라고 부르라."
또 『벽암록』 제5권 제45칙에 다음과 같은 이야기도 나온다.[34]

---

33) T47n1997008, 圓悟佛果禪師語錄卷第八, 宋平江府虎丘山門人紹隆等編, 小參一, CBETA 電子佛典集成 》 大正藏 (T) 》 第47冊 》 No.1997 》 第8卷, http://tripitaka.cbeta.org/T47n1997008

34) T48n2003005, 佛果圓悟禪師碧巖錄卷第五, CBETA 電子佛典集成 》 大正藏 (T) 》 第48冊 》 No.2003 》 第5卷, http://tripitaka.cbeta.org/T48n2003005

> 승이 조주에게 물었다.
> "만법이 하나로 돌아간다면, 그 하나는 어느 곳으로 돌아갑니까(萬法歸一, 一歸何處)?"
> 조주가 대답했다.
> "내게 청주에서 만든 베옷이 한 벌 있는데, 그 무게가 일곱 근이라네(我在靑州作一領布衫, 重七斤)."

2) 하늘과 땅이 혼돈하여 아직 나누어지기 전(乾坤混沌未分前) 이미 일생의 참학(參學)을 끝마쳤네(以是一生參學畢)

하늘과 땅은 둘이다. 그러나 이것이 나누어지기 이전은 하나이다. 하나는 완전체이며, 완전한 질서이며, 또 나뉘기 이전의 혼돈이기도 하다. 부처님께서 세상에 오신 것은 둘로 나뉘는 것이다. 왜냐하면, 석가모니부처님은 법신에서 응하여 나온 응신이기 때문이다. 그러므로 오시기 이전에는 법신의 상태로서 나뉘기 이전의 하나였던 것이다. 그리고 부처님께서 완전한 열반, 반열반에 드셔서 적멸하신 것은, 세상에 오심으로 둘로 나뉘었던 것이 하나로 돌아간 것이 된다. 부처님께서는 세상에 나오시기 전에, 둘로 나뉘시기 전에, 중생의 모습으로 세상에 존재하실 때에, 반열반으로 적멸하신 이후에도, 모두 전일(全一)한 상태로 모든 깨달음을 이루신 것이다.

부처님께서 세상에 오신 것은 혼돈의 세상, 고통의 세상에 그 고통을 여읠 수 있는 깨달음의 길을 열어 주기 위해서이다. 굳이 이 세상에 오셔서 선을 하고 학문을 하고 깨닫고 한 것이 아니라는 의미이다. 무수한 겁이라는 장구한 기간 동안 이미 깨달음을 다 이루어 전일한 존재이셨다. 그럼에도 불구하고, 부처님께서 이 세상에 오셔서 수행을 하고 깨달음을 이루셨던 것은 중생들에게 수행과 깨달음을 직접 보여 중생들을 깨달음의 길로 인도하기 위한 방편이었을 뿐이다. 이것이 바로 "부모에게서 태어나기 전(父母未生前)의 내 본모습"이기도 하다. 부모님에게서 태어나기 전 나의 모습은 어떠하였는지 생각해 보자.

참학(參學)이란 참선학도(參禪學道)의 줄임말이다. 선이란 여기저기 선사나 절집을 찾아다니는 것을 말하고 참이란 가문마다 각각 다른 가풍의 품격을 찾아가서 그 품격을 배우는 것을 의미한다. 그러므로 참선학도란 여기저기 품격이 다른 가풍을 가진 훌류한 선사나 절집을 찾아가 배우고 수행하는 것을 말한다고 할 수 있다. 부처님과 조사들이 적통으로 전해 주신 정법을 실참실구(實參實究)하는 것도 참학이라 한다. 참학은 우리 조계종의 뿌리라 할 수 있는 선종(禪宗)에서 특히 중요하게 여긴다. 학인의 깨달음의 정도를 측정하는 중요한 방법의 하나이기 때문이다.

> [공부]
> **참학(參禪學道)의 용례**
>
> 황전성(黃鎮成)이 "유람을 떠나는 간천상인을 보내며(送澗泉上人游方)"라는 시에서 다음과 같이 참학을 노래하고 있다.[35]
>   곧바로 무생에 이르러 참학을 마쳤으니(直到無生參學畢)
>   사람을 만나거든 윤회를 말하지 마시라(逢人遮莫說輪迴)
> 무생(無生)이란 태어남이 없음을 의미한다. 12연기에 의하면, 태어나지 않으면 죽음도 없다고 했다. 당연히 노병사는 물론 걱정, 근심, 슬픔, 번뇌, 괴로움 같은 고통도 없다. 생과 사가 없는 것은 열반밖에 없다. 그러므로 무생은 생사유전을 벗어나 해탈하였음을 의미한다. 참학의 목적이 생사를 벗어나 열반을 이루는 것인데, 무생은 이미 열반을 이룬 것을 말한다. 이미 열반을 이루었으면 다시 윤회니 열반이니 말할 필요가 없다. 윤회를 말하는 것은 곧 열반을 말하는 것이고, 열반을 말하는 것은 곧 윤회를 말하는 것이기 때문이다. 열반과 생사, 해탈과 윤회는 동전의 양면처럼 하나(一)이기 때문이다.
> 경에 여래가 법을 말씀하셨으나 말씀하신 법이 없고, 여래가 중생들을 무여열반에 들게 하였으나 열반에 든 중생은 아무도 없다 했다. 상이 없어야 한다는 의미이다. 이는 열반에 들었거든 열반에 들었다고 상을 내어 말하지 말라는 말이다. 말하면 그 자체가 상이 되고, 또 상을 만들어 내게 되기 때문이다.
> 또 범기(梵琦)스님은 "천녕혜장주를 보내며(送天寧譓藏主)"라는 시에서 참학을 다음과 같이 노래했다.[36]

---

35) 黃鎮成, 用鷲峰師韻送澗泉上人游方十首, 제4수.

36) X71n1420015, (楚石梵琦禪師語錄 第15卷)佛日普照慧辯楚石禪師語錄卷第十五, 偈頌一, 侍者 文斌等 編, CBETA 電子佛典集成 》 卍續藏 (X) 》 第71冊 》 No.1420 》 第15卷, http://tripitaka.cbeta.org/X71n1420015
    원래의 전문은 다음과 같다.
    영가 늙은이는 행각을 잘못하여(永嘉老子錯行脚)
    사람들에게 일숙각이라 불리었고(被人呼為一宿覺)

> 조계는 다만 일개 나무꾼일 뿐(曹溪只是箇樵夫)
> 어찌 일찍이 불법을 알고 참학하였으리(佛法何曾解參學)
>
> 조계는 육조혜능 선사를 말한다. 선종의 선사들은 부처나 조사들에 대하여 무시하거나 비방하는 듯한 어투가 많다. 육조혜능 스님은 비록 한때 나무꾼이었더라도 크게 깨달아 조사의 지위에 올랐다. 그러나 굳이 나무꾼이라고 말한다. 조사를 무시하는 듯한 태도를 보이지만, 그러나 세간의 어떠한 지위나 명성 따위에 얽매이지 않는 것을 보이고자 할 뿐 무시하고자 하는 것이 아니다. 나무꾼이든 조사든 다만 이름일 뿐 실상은 아니기 때문에, 어떻게 불리거나 혹은 부르거나 그것에 얽매일 필요가 없는 것이다. 부처라고 불리거나 부르거나, 지렁이라 불리거나 부르거나 달라지는 것은 아무것도 없지 않은가?
>
> 또한, 일찍이 나무꾼이었을 뿐인데, 불법의 참학을 어찌 알았겠는가? 육조혜능은 경의 "마땅히 머무는 바 없이 그 마음을 내라(應無所住 而生其心)."라는 한마디를 듣고 출가하여 크게 깨닫기까지 한갓 나무꾼에 지나지 않았고, 디딜방아나 찧는 도정꾼에 불과하였거늘, 어찌 불법을 이야기하고 나아가 불법의 참학을 이야기하겠는가? 그러나 인연은 나무꾼으로부터 치방에서 방아 찧는 사람(도정꾼)으로 이어져 과거 생의 수행이 닿으면서 마침내 현세에서 큰 깨달음을 이룬 것이다.

(2) 시(時)

때(時)라는 말은 시절, 시간이라는 의미가 있다. 유위법들이 상속하여 바뀌므로 삼세라고 하는 시간적 차이가 발생한다. 또 일반적인 불교의 관념에서, 때라는 것은 가립(假立)으로서 세상에 별개의 체가 없고 법에 의지하여 성립되는 것이라고 인식된다. 『지도론』 제1권에 의하면, 때라는 법은 과거, 미래, 현재라는 상이 없고, 그러므로 하늘과 땅, 좋고 나쁨, 꽃과 열매 등 갖가지 물건을 생성할 수 없다고 하였다.[37]

조계는 다만 일개 나무꾼일 뿐(曹溪只是箇樵夫)
어찌 일찍이 불법을 알고 참학하였으리(佛法何曾解參學)
삼천 위의와 팔만 행(三千威儀八萬行)
한 줄기 청정한 바람에 문득 사라진다(一拶清風頓銷鑠)
우연히 문자를 써서 만들었더니(偶然撰得文字成)
사람들이 참된 단경이라 부르네(被人喚作真丹經)
진흙 속에서 흙을 씻은들 물이 나올 리 없고(泥裏洗土不唧[口*留])
뱀의 발을 그리는 것, 정녕코 헛된 일일세(畫蚰添足空丁寧)

37) T25n1509001, 大智度論 第1卷, 大智度初序品中緣起義釋論第一(卷第一), 龍樹菩薩造, 後秦龜茲國三藏法師鳩摩羅什奉 詔譯, CBETA 電子佛典集成 » 大正藏 (T) » 第25冊 » No.1509 » 第1卷, http://tripitaka.cbeta.org/T25n1509001

시간은 실상이 아니다. 시간은 자체로서 성립될 수 없고 다른 법에 의지하여 구체화되거나 나타난다. 생주이멸이나 성주괴공은 시간이 사물이나 물건에 의지하여 나타난 현상들이다. 시간이라는 실체가 있어서 사물이나 물건을 생주이멸 혹은 성주괴공시키는 것이 아니라, 사물이나 물건이 그러한 상태로 변천하는 것에 시간이라는 이름을 비교하여 붙여 주었을 뿐이다. 예컨대, 사람의 노화현상은 시간이 가서 늙는 것이 아니라 사람의 몸을 구성하는 세포들의 재생이 느려지거나 재생이 되지 않기 때문에 일어나는 현상이다. 사람의 나이는 이런 노화현상에 붙여 준 시간이란 이름일 뿐인 것이다.

시간은 이러한 성질을 가진 것이지만, 그러나 성숙하고 패괴(敗壞)하는 데는 반드시 시간이 존재한다. 그러다 보니 시간이란 단위를 가지고 성숙성, 패괴성을 측정하는 것이 일반적이다. 예컨대, 업인에 의한 업과의 성취를 시간을 기준으로 측정하는 것과 같다.

[공부]

업인에 의한 업과의 성취 - 네 가지 업보

업이라는 원인에 따른 과보는 언제 받는가를 기준으로 다음과 같이 네 가지로 나눈다.[38]
- 현보(現報): 현세에 지은 선악의 업이 내생을 기다리지 않고 금생에 과보를 받는 것. 순현업(順現業)이라고도 한다.
- 생보(生報): 현세에 선악의 업을 지었으나, 내생의 몸이 과보를 받는 것. 순생업(順生業)이라고도 한다.
- 후보(後報): 현세에 선악의 업을 지었으나, 본생에서 과보를 받지 않고, 여러 생을 지난 후 과보를 받는 것. 순후업(順後業)이라고도 한다.
- 무보(無報): 선하지도 않고, 악하지도 않은 무기의 업은 고과를 받을지 낙과를 받을지 수기할 수 없다. 순부정업(順不定業)이라고도 한다.

과보는 수신, 수계, 수심, 수혜(修慧) 및 참회에 의하여 가볍게 줄일 수 있으며, 따라서 과보가 확정되지 않는다. 참회하지 않으면 과보는 확정된다.

---

38) T24n1488007, 優婆塞戒經卷第七, 北涼中印度三藏曇無讖譯, 業品第二十四之餘, CBETA 電子佛典集成 » 大正藏 (T) » 第24冊 » No.1488 » 第7卷, http://tripitaka.cbeta.org/T24n1488007

<표 3> 무보의 과보를 받는 시점

업보		업보를 받는 시절	
		확정	불확정
업보	확정	업과 보가 이미 정해져 있고 시절도 정해져 있음	업력이 이미 확정되어 과보는 고칠 수 없으나, 삼시의 전변으로 과보를 받는 시점이 불확정
	불확정	현보, 생보, 후보 확정되어 고칠 수 없으나, 업력이 바뀌어 과보를 받는 것이 불확정	업력이 아직 미결정, 시절과 과보도 불확정

착어) 물고기가 물을 마시면 그 차고 따뜻함을 스스로 아는 것과 같다 (如魚飮水冷暖自知).

물고기가 물을 마신다는 것은 때가 이르렀음을 의미한다. 수행자가 자신의 깨달음이 어느 정도 이르렀는지, 때가 되면 스스로 안다는 의미이다. 즉, 물고기는 자신이 마신 물의 차고 따뜻함을 스스로 안다는 것이다. 그 어떤 다른 것이 네가 마신 물은 따뜻하고, 그대가 마신 물은 차가운 것이라고 말해 주지 않아도 안다는 것이다. 말해 줄 필요가 없다. 실제로 수행을 하는 사람은 자신의 깨달음이 어느 정도 수준에 도달하였는지 스스로 가장 정확하게 알 수 있기 때문이다. 물론 스승이나 다른 대덕에 의한 인가(印可)가 없는 것은 아니지만, 그것은 객관적인 인증의 하나일 뿐 진실로 깨달음의 수준이 어느 정도인지는 자신이 가장 잘 아는 것이다. 자연의 모든 질서가 때가 되면 저절로 그 목적지에 도달하는 것과 같은 이치가 아닐까? 부처님께서도 이 점을 분명하게 말씀하셨다.[39]

"색은 무상하며, 수상행식도 무상합니다. 무상한 것은 곧 괴로움입니다. 괴로운 것은 내(我)가 아니며, 내가 아닌 것은 곧 나의 것(我所)도 아닙니

---

39) T02n0099001, 雜阿含經卷第一, 宋天竺三藏求那跋陀羅譯, (一一), CBETA 電子佛典集成 » 大正藏 (T) » 第2冊 » No.0099 » 第1卷, http://tripitaka.cbeta.org/T02n0099001

다. 성스러운 제자들이여. 이와 같이 관찰하면, 색을 싫어하고, 수상행식도 싫어하며 즐기지 않습니다. 즐기지 않음은 곧 해탈이며, 해탈지견입니다. 그러면 '나의 생은 다하였고, 범행은 이미 이루어졌으며, 하여야 할 일은 이미 다 하였고, (그리하여) 후유(後有)를 받지 않음을 스스로 아는 것(我生已盡, 梵行已立, 所作已作, 自知不受後有)'입니다."

여하튼 수행자는 수행정진하다 보면 때가 되면 마치 세상의 모든 열매가 그러하듯 깨달음이 익어 저절로 떨어지는 결과를 보게 된다는 것이다. 조바심 낼 필요도 없고, 그렇다고 이완되어서도 안 되며, 오직 수행정진할 뿐인 것이다(中道).

송) 노래한다.

때가 되면(時)
청풍명월이 서로를 누르며 따르고(淸風明月鎭相隨)
복숭아꽃은 붉고 오얏(자두)꽃은 희며 장미는 보라색인 것(桃紅李白薔薇紫)
동군(東君, 봄의 신)에게 물어도 알지 못하는구나(問著東君自不知)

착어와 송은 그 맥을 같이한다. 착어에서 때가 이르러 결과를 아는 것을 말하였다면, 송도 역시 그러할 것이다. 여기서 청풍명월은 시간을 알려 주는 도구라고 할 수 있다. 모든 것들이 제때가 되면 스스로 그 자신의 거취와 정도를 알아서 정리하는 것들이라는 것이다. 바람이 맑고 깨끗하거나, 달이 차고 기우는 것이 모두 시간의 경과에 따라 저절로 알아서 일어나는 현상들인 것이다.

그런데 이 현상들은 조건에 반연하여 서로 따른다. 맑은 바람이 불어야 구름을 걷어 가고, 그래야 밝은 달이 나올 수 있다. 태풍이나 장마철에 세차게 부는 바람은 오히려 구름을 몰고 다니며 달을 가려 버리는 경우가 더 많다. 그래서 청풍과 명월은 언제나 짝하여 함께 다닌다. 그러므로 청풍이 불면 달이 밝을 것임을 알고, 달이 밝으면 바람이 맑고 조용하리라는 것을 안다.

수행이 어느 정도 익으면 그 수행력에 의하여 그만큼 무명의 때가 벗겨진다. 그런

만큼 밝고 맑은 우리의 본모습이 드러나게 될 것이다. 수행과 본모습은 언제나 함께 다니는 것이다. 마치 청풍과 명월이 그러한 것처럼.

복숭아꽃이 붉고, 자두꽃이 희며, 장미가 보라색인 것은 각각의 사물적 특성이다. 이런 특성의 발현도 때가 되면 저절로 나타난다. 장미덩굴을 놓고 아무리 찾아도 장미의 보라색은 없다. 복숭아나무를 아무리 뒤져도 붉은 것은 보이지 않는다. 자두나무를 아무리 파도 자두꽃의 흰 모습은 없다. 때가 되어(조건의 성숙) 꽃을 피웠을 때 드러나는 현상들이기 때문이다. 봄이 되면 꽃이란 꽃은 일제히 피어난다. 백화제방하는 것이다. 그러나 봄은 꽃을 피우는 힘을 보태 줄지언정(꽃이 피는 외부적 조건=緣) 꽃 자체는 될 수 없으며, 그러므로 꽃이 가지고 있는 사물의 개별적 특성(꽃의 내부적 조건=因)을 알지는 못한다. 수행자의 깨달음도 이와 같지 않을까 생각한다. 때가 되어 수행이 어느 정도 익어야 어떤 깨달음을 얻었을지, 깨달음이 어느 정도일지 알게 되는 것이 아닐까? 스승이든 조사든 인가를 하는 것은 말을 듣고, 행동을 보고 다른 사람이 평가하는 것일 뿐이다. 내가 이룬 나의 참모습을 남들이 어이 알 것인가? 봄이 되어 꽃이 피고, 각각의 꽃이 어떤 색깔인지 봄이 어찌 알 것인가?

부처님께서는 제자들에 대하여 이런 점은 누가 빼어나고, 다른 점은 누가 제일이라는 등 상대적으로 잘하고 있음을 말씀하셨는데, 이것을 스승이 제자가 인가한 것으로 보아도 될 것인가?

(3) 불(佛)

불(佛)에는 두 가지 의미가 있다. 깨달음이라는 의미와 깨달은 자라는 의미이다. 깨달음이란 최상의 깨달음, 아눗다라삼먁삼보디를 의미한다. 깨달은 자는 붓다, 부처를 말한다. 여기서는 부처라는 의미로 쓰였다.

부처란 어떤 존재인가? 역사적으로 인간으로 태어나 최상의 깨달음을 이루어 인간을 벗어난 초월적 존재가 되었다. 깨달음을 이루고, 대자대비의 마음으로 초월적 능력을 아낌없이 발휘하여, 그 깨달은 바를 다른 사람들에게 전달함으로써 함께 구원의 길로 가고자 일생을 바쳤으며, 그러는 중에 아무런 차별 없이 평등하게 함께 즐거워하고 함께 슬퍼하였다.

그런 거룩한 뜻을 이어받아 수많은 사람들이 깨달음의 길, 구세의 길로 들어서서 걸어왔고, 걸어가고 있고, 걸어갈 것이다. 그것은 모두 인간적이면서 초월적인 부처의 원력과 능력의 작용 때문일 것이다.

착어) 면목 없이 옳다 그르다 말하는 놈(漢)이다(無面目說是非漢).

부처는 면목 없는 존재다. 면목이란 얼굴이란 말이다. 일반적으로 면목이 있다거나 면목이 선다고 하면, 남에게 자랑할 만하거나 내보여도 좋을 만큼 떳떳한 상태를 말하고, 반대로 면목이 없다고 하면 부끄럽고 창피하여 남에게 보일 수 없는 상태를 말한다. 이는 곧 면목이란 상(相)을 의미한다.

선가에서는 "본래면목(本來面目)"이란 말이 있다. 이는 공안의 하나로서 "본래 있던 곳의 풍광(本地風光)" 혹은 "자기의 본분(自己本分)" 등과 같은 의미이다. 선문에서 법도가 지극한 경지에 이른 것을 형용하는 말이다. 이 경우 본래면목이란 사람마다 본래 갖추고 있는 미혹되지 않은 청정한 면목을 뜻한다. 즉, 심신의 모든 때가 벗겨 나가면 저절로 드러나는 각 사람의 본성이라는 거다. 이를 현교에서는 본각(本覺)이라 하고, 밀교에서는 본초(本初)라 하는데, 뜻은 비슷하다. 『육조단경(六祖壇經)』의 예화를 가지고 살펴보자.[40]

> 혜능선사가 오조로부터 가사를 받아 남행을 하는데, 혜명(惠明)이 그 옷(오조홍인이 법통을 전하기 위하여 육저에게 전한 가사)을 탈취하러 따라왔다. 대유령(大庾嶺)에 이르러 혜명이 혜능을 쫓아오자, 혜능은 옷을 바위 위에 걸쳐 두고 말했다.
> "이 옷은 믿음을 보이는 것이니, 어찌 힘으로 다툴 수 있겠습니까?"
> 혜명이 옷을 거두려 하였으나, 움직이지 않았다. 이에 놀란 혜명이 혜능에게 말했다.
> "행자님. 행자님. 내가 온 것은 법을 구하러 온 것이지 옷을 구하러 온 것

---

40) T48n2008001, 六祖大師法寶壇經, 風旛報恩光孝禪寺住持嗣祖比丘宗寶編, 行由第一, CBETA 電子佛典集成 》 大正藏 (T) 》 第48冊 》 No.2008 》 第1卷, https://tripitaka.cbeta.org/T48n2008001

이 아닙니다."

혜능이 대답했다.

"선한 것도 생각하지 않고, 악한 것도 생각하지 않습니다. 바로 지금 어느 것이 상좌 당신의 본래면목을 밝히는 것입니까?"

(이에) 혜명이 크게 깨달았다.

이 예화에서 볼 때, 옷을 빼앗기 위하여 광분하였던 혜명과 자각하여 법을 구하는 혜명(후에, 道明으로 이름을 바꾸었다)은 면목이 추호도 같을 수 없지만, 그 정체는 담연(湛然)한 것이다. 즉 소위 만 리에 구름이 없이 밝은 달이 환하게 비추는 것과 같다는 것이다. 그리고 이 본래면목의 드러남은 선한 것도 생각하지 않고, 악한 것도 생각하지 않는 바로 그 자리에 있다는 것이다.

야보천선사가 불(佛, 깨달음 혹은 부처)이라는 말에 대하여 "면목 없이 옳다 그르다 말하는 놈"이라고 하였다. 면목이 없다는 말에는 두 가지 의미가 있는 것 같다. 하나는 "본래부터 면목이란 없는"이란 의미이다. 즉, 면목이라는 것이 나와 남의 대응관계, 상응관계에서 사용되는 말이다. 그러므로 혼자라면 면목이란 말 자체가 필요가 없을 것이다. 이것이 세상에서 말하는 면목이라는 말의 뜻이다. 그러나 면목, 본래면목이란 말의 뜻을 볼 때, 깨달음의 경지에서는 면목이라는 것이 있건 없건, 면목이라는 말 자체가 필요가 없다. 왜냐하면, 깨달음의 세계에서는 나다 너다 하는 분별의 상이 없기 때문이다. 이러한 의미에 의하면, 무면목이란 완전한 깨달음의 세계, 열반, 적멸의 세계에 들어갔거나 혹은 원래부터 그러한 경지에 있는 상태를 의미한다고 할 수 있겠다. 다른 하나는 일반적으로 "내세울 만한 것이 없는, 떳떳하지 못한"이란 의미이다. 부처님을 두고 이런 의미로 사용하지는 않았을 것이다.

이어서 부처님을 "옳다 그르다 말하는 놈(說是非漢)"이라 했다. 옳다 그르다 하는 것은 상이 있다는 의미이다. 부처님은 이미 모든 것을 초월한 분이기 때문에 세상사의 일들에 대하여 상을 내실 분이 아니다. 그러니 세상사를 놓고 옳다 그르다 하실 분이 아니다. 즉, 이미 면목 따위에 얽매일 분이 아닌 것이다. 그러니 세상일에 면목 없이 이러니저러니 할 것이 아니다. 세상사를 놓고 이러니저러니 하는 것이 오히려 면목 없는 일일 것이다. 시비를 하는 것은 세간의 일이 아니고 출세간의 일, 깨달음에 관한 것이다. 그러면 옳은 것은 참된 모습이고 그른 것은 전도된 것이라 해도 무방하다. 즉, 부처님은 깨달음의 방편을 놓고 이것이 옳으니 저것은 잘못되었으니, 이래라저래라 하시는 분이라는 의미인 것이다. 부처님께서 시방삼세의 모든 중생들을 구제하시기 위하여 온갖 방편들(예, 팔만 사천 법문)을 무수히 내놓으셨는데, 시비란 말은 바로 이들 방편 법문을 가리키는 것이다.

송) 노래한다.

어린 시절엔 싯달타라 불렸고(小名悉達)
커서는 석가라 불렸네(長號釋迦)
사람을 무수히 건네주고(度人無數)
삿된 무리들 항복시켜 거두셨네(攝伏群邪)
만약 다른 것을 부처라 하면(若言佗是佛)
자신이 도리어 마가 되리라(自己却成魔)
구멍 없는 피리 하나 들고(祗把一枚無孔笛)
그대에게 태평가를 불러 드리리(為君吹起大平歌)

부처님은 출가하시기 전 싯달타(巴, Siddhattha)라 불렸다. 룸비니동산에서 태어났을 때 아버지 숫도다나(淨飯)왕이 지어 준 이름이다. "뜻한 것이 다 이루어졌다(一切義成)."라는 의미라 한다. 어른이 되어서는 석가(Śākya; 석가족이라는 뜻)라 불렸다. 여기까지는 부처님의 출가 이전까지의 역사적 사실이다. 깨닫기 이전 인간으로서의 존재성을 부각시키는 대목이다.

깨달음을 이룬 후에는 붓다(佛) 혹은 석가모니(梵, Śākya-muni; 석가족의 성자라는 뜻)라고 불렸다. 당신 자신이 해탈 열반을 이루었음은 물론, 그 깨달음을 회향하여 무량무수무변의 중생들을 고통에서 벗어나게 해 주셨다. 이를 위하여 중생들을 고통스럽게 하는 모든 사특한 것들을 물리치거나 혹은 물리칠 수 있는 방법을 가르치셨다. 깨달은 이후 깨달은 존재, 즉 부처로서의 초월성과 덕성을 거론한 대목이다.

위 두 구절은 부처님의 인간성과 초월성을 동시에 거론하여 수행자들에게 인간으로서 깨달음을 이루어 초월적 존재로 나아가는 것을 시사한다고 할 수 있다. 즉, 석가모니부처님은 인간으로 태어나 깨달음을 이루어 부처가 되었음을 가리키는 것이다. 이러한 사실에서 조금이라도 빗나간 어떤 것을 부처라 한다면 그것은 부처를 잘못 인식하고 있는 것이고, 부처를 잘못 알면서 마치 부처인 것처럼 알고 있으면 그 자체로 삿된 견해이고 부처가 되는 길에 장애가 될 것이다.

경에서는 헤아릴 수 없고, 셀 수 없고, 가없이 많은 중생을 건네주셨으면서도 한 중생도 건네게 해 주신 것이 없다고 하였다. 건네주었다고 하는 마음을 내는 그 순간 아상(我相), 인상(人相), 중생상(衆生相), 수자상(壽者相) 등 사상(四相)을 가지는 것이 되기 때문이다. 나아가 그 많은 설법에도 불구하고 설법을 한 바도 없다고 하였다. 법을 설하였다고 마음을 내는 바로 그 순간 이미 상을 만드는 것이고, 상을 만드는 순간 너와 나의 구별이 생기며 온갖 것들에 대한 분별심이 일어나고, 그리되면 완전한 깨달음이란 허상에 불과하기 때문이다.

그러면 어찌해야 하는가? 어떠한 상도 내지 않고, 그 무엇에도 머무는 바가 없이 건네주고 가르쳐야 한다. 깨달았다고 스스로 생각하여서도 안 되는 것이다. 그러한 생각을 하는 순간 이미 그 생각은 깨달음을 방해하는 마가 되고 마는 것이다. 그래서 구멍 없는 피리 하나 들고 태평가를 부르겠다 하는 것이 아닐까?

피리는 구멍이 없으면 소리가 나지 않는다. 소리는 귀에 들리는 장애물이다. 육적 중의 하나이다. 육적 중의 하나에 불과하지만, 그러나 여기서는 육적 모두를 대표한다. 구멍이 없어 소리가 나지 않고, 소리가 나지 않는데 태평가는 무엇인가? 말에 얽매일 필요는 없다. 오히려 구멍이 없으니 귀에 들리는 소리가 없고, 그러니 마음의 소리가 들릴지도 모른다. 외부의 모든 장애에서 벗어나니 내면의 소리, 내면에서 일어나는 태평가를 부른 것이 아닐까? 태평가란 마음에 아무런 근심과 걱정이 없는 행복한 상태를 찬양한 노래다. 소리 없는 피리로 태평가를 부른다는 것은 마음에서 일어나는 깨달음으로 모든 괴로움을 벗어남을 의미하는 것이다.

요컨대 이 송은 부처라는 상에 매달려서는 그 무엇도 얻을 것이 없으며 오히려 깨달음에 이르는데 장애가 될 것이니, 밖의 것을 모두 버리고 자신의 마음을 관찰하여 깨달음을 이루라는 의미인 것이다.

[공부]

구멍없는 피리(無孔笛)

선림에서 사용하는 용어로 공안의 어려움을 비유한 말. 손을 댈 곳이 없다는 뜻. 원래는 일정한 방법이 없이 멋대로 불어도 소리가 나는 구멍 없는 피리를 가리키는 것이었으나, 선림 중에서 의미가 바뀌어 선종에서 깨달음의 경지는 법이 없이 마음으로 생각이나 말을 전달하는 것이 마치 부는 방법이 없이 멋대로 불어도 소리가 나는 구멍 없는 피리와 같음을 가리키게 되었다. 『가태보등록(嘉泰普燈錄卷)』 제30권 참현가(參玄歌)에 다음과 같은 구절이 있다.[41]
  일갈 한마디로 삼 일간 귀가 멀었었네(一喝唯言三日聾)
  누가 대변(大辯)을 뒤집어 어눌하다고 가련히 여기나(誰憐大辯翻成訥)
  구멍 없는 피리, 가장 불기 어렵나니(無孔笛最難吹)
  궁상각치우의 화음이 가지런하지 않네(角徵宮商和不齊)

---

(4) 재(在)

있음(在)이라는 말은 처소, 시간, 범주를 가리키는 말이다. 부처님께서는 설법을 하실 때든 설법을 하지 않으실 때든 언제, 어느 곳에서나, 어떤 내용에 대하여도 가르침의 전범을 보이셨다. 설법을 하실 때는 언구로, 설법을 하지 않으실 때는 행주좌와의 사위의로 그리하셨다. 이는 모든 경우에 직전 제자들 및 여러 청중들과 함께 계셨음을 가리킨다.

부처님께서 가르치실 때 청중이 없었던 적이 없기 때문에 언제나 함께하였다고 할 수 있다. 그러므로 굳이 부처님과 청중 이렇게 둘로 구분지어 함께하였음을 표시할 필요가 없다. 더욱이 부처님께서 계시는 것은 그 자체로 가르침이 된다. 경의 법회인유분에 나오는 일상의 행위와 생활 방식들이 하나하나가 모두 제자들에게 몸소 보임으로써 주신 가르침들인 것이다. 예컨대, 직접 사위성으로 들어가서 걸식을 하시는 것이

---

41) X79n1559030, 嘉泰普燈錄卷第三十, 平江府報恩光孝禪寺(臣)僧 (正受) 編, 雜著, ○冶父川禪師, 參玄歌, CBETA 電子佛典集成 » 卍續藏 (X) » 第79冊 » No.1559 » 第30卷, http://tripitaka.cbeta.org/X79n1559030

나, 맨발로 다니시는 것이나, 하나의 발우, 한 벌의 옷을 챙기시는 것이나, 본처로 돌아와서 식사하시는 것이나, 식사 후 손발을 씻으시는 것이나, 그러고 난 후 자리를 깔고 선정에 드시는 것 등 그 어느 것 하나 교육의 내용이 아닌 것이 없고, 가르치는 방법이 아닌 것이 없다. 제자들과 청중들은 굳이 부처님께서 말씀으로 법을 전하지 않으시더라도 보는 것만으로도 알게 되는 것이다. 이것이 바로 불립문자의 교외별전이며, 평상심시도(平常心是道)의 경지가 아닐까 한다. 그런데 왜 굳이 있음(在)이라는 표현으로 부처님과 제자 등 청중이 함께하였음을 표시하였을까? 경을 기술할 때, 가르침의 실존성과 성인과 범부의 평등성(혹은 부처님의 평등한 가르침과 평등한 깨달음)을 보다 명확히 하기 위함이 아니었을까?

있음은 함께 한다는 의미도 있지만, 사이에 있음도 의미한다. 사이에 있음은 이질적인 요소들을 이어 주는 기능도 있지만, 화합적인 일체를 이질적인 요소들로 나누는 역할을 할 수도 있다.

있음은 또 없음의 다른 한 면이기도 하다. 있는 모든 것은 유위적이며, 유위적인 것은 모두 공하다. 유위적인 것은 현실의 존재를 의미하며, 현실의 존재는 공함을 내포한다. 그러므로 있음은 공의 현실이고 공은 있음의 실상인 것이다.

착어) 객이 왔는지 꼭 살펴보라. 보지 못한 채 놓친다면, 나중에 좀 때려 주리라(客來須看也不得放過隨後便打).

있음이 위와 같은 의미가 있음을 고려하면, 있음을 방해할 수 있는 요인들도 있게 마련이다. 부처님의 설법이 있는 그 자리, 그 시각, 그 사이에 그것을 방해하는 요소들도 그 자리, 그 시각, 그 사이에 있을 수 있는 것이다. 예컨대, 제자들에게 부처님의 가르침이 오고 가는 와중에 객이 끼어들면 부처님께서 평상심시도의 경지를 보여 주셔도 알 수가 없다. 객이 들어왔다는 것은 어리석음, 욕심, 분노 등 삼독(三毒)으로 인한 번뇌 때문에 자신을 잃고 깨달음의 길도 잃고서 미혹되어 헤매며 가르침을 받아들이지 못하고 있는 것을 의미한다. 객이란 그런 상태로 만들고 있는 번뇌를 가리키는 것이기도 하다. 객이 와서 객을 대접하느라 주인인 본래의 나를 잊거나 아예 잃어버리면 낭패다. 객이 왔음을 명확하게 알고, 그것을 잘 살펴야 비로소 나(의 본래 모습)도 명확하게 알 수 있다. 잘 살필 수 있다면, 객이 있음으로써 주인이 더욱 부각되고, 주인의식을 함양하며, 나아가 주인으로서 기능과 역할을 제대로 할 수 있게 된다. 즉, 객(번뇌)이 있음으로써 주인의 각성, 즉 깨달음을 향한 마음을 내며, 수행을 하고, 마침내 깨달음을 이루어 낼 수 있는 것이다. 착어는 이를 주문한 것이라 할 수 있다. 어찌하여 부득이 객을 보지 못하였으면, 즉 미혹과 번뇌에서 헤어나지 못하고 있다면, 나중에 혼내 제대로 된 가르침을 내리겠다는 것(便打)이다.

  깨달음의 과정에서나 혹은 어떤 목표를 향하여 나아갈 때, 과도하게 긴장하거나 마음이 해이해졌을 때, 혹은 바르지 못한 방법을 채택하였을 때, 길이 어긋나게 된다. 이런 상태가 바로 객을 대접하느라 나를 잊거나 잃어버린 처지라고 할 수 있겠다. 이는 처음 나아가고자 하였던 길이 아니며, 그러하면 도달하고자 했던 목적지에 도달할 수 없다. 그렇다면 그 방법은 버려야 한다. 그러므로 객이 온단 말은 잘못된 수행방법을 채택함으로 인하여 목적지(깨달음)로 가는 길이 잘못되고 있음을 의미한다고 볼 수도 있을 것이다. 그럴 때는 좀 쉬면서 자신을 정리한 다음 새로이 방향을 설정하고 방법을 바꾸어 나아가야 할 것이다. 일상 속에서 너무나 많이 경험하는 일들이다. 깨달음의 길에도 마찬가지일 것이다. 팔정도, 삼십칠조도품, 육바라밀 등이 그저 생긴 것은 아닐 것이다. 반드시 깨달음이라는 목적지를 향하여 제대로 갈 수 있는 방법의 선택이 있어야 하기 때문이리라. 이렇듯 깨달음이라는 것도 목적지(고통을 벗어난 행복이라고 해도 좋다)로 가는 방향이나 방법이 잘못되었을 때는 반드시 수정하여 제대로 갈 수 있도록 해야 한다. 소나 꼴리위사에게 거문고 타는 것에 비유하여 중도를 가르치신 부처님의 교육법이 알맞은 예가 아닐까? 그리고 이럴 때 어리석은 제자들을 위하여 경책이 필요하다.

  선가(禪家)에서는 방갈(棒喝)이라는 말이 있다. 방이란 몽둥이(주장자, 지팡이, 매, 회초리 등)로 친다는 의미이고, 갈이란 소리를 크게 지르는 것을 말한다. 둘 다 후생을 깨우쳐 주기 위하여 사용하는 스승의 경책 수단이다. 변타(便打)라는 말도 같은 의미다. 방은 덕산선사로부터 시작되었고, 갈은 임제선사로부터 시작되었다고 한다. 연기

를 살펴보도록 하자.[42]

임제선사가 황벽(黃檗)선사에게 물었다.

"불법의 대의는 무엇입니까?"

(그러자) 황벽선사가 곧바로 때렸다(便打). 이렇게 세 번을 묻자 세 차례 다 때리는 것이었다. 그 후 임제는 대우(大愚)선사에게서 참오하여 황벽의 종지를 깨달았다. 그리고 황벽선사에게 다시 찾아가서 말했다.

"기봉(機鋒)이 민첩(敏捷)하구나."

황벽이 곧바로 때렸다. (이에) 임제선사가 맞받아 고함을 질렀다.

이후부터 스승이 학인을 만나면 방과 갈을 번갈아 사용하여 가르쳤다고 한다. 이를 당두방갈(當頭棒喝)이라 한다. 선승이 가르칠 때 막대기로 학승의 머리를 때리며 소리 지른다는 뜻이다. 이 고사는 임제대오(臨濟大悟; 임제가 크게 깨닫다)라는 연구로도 회자되고 있다.

[공부]

때리고 고함지르기(棒喝)

선종에서 조사들이 제자를 접인하던 방식. 선가의 어른들은 학인을 맞이할 때 그의 허망한 사유를 막고 끊거나, 혹은 그 깨달음의 경지를 시험하기 위하여, 방망이로 때리거나(棒打) 크게 고함을 질러서(大喝一聲) 대면하고 있는 제자를 깨우쳤다. 『벽암록』제2칙에서, "곧바로 때리니 마치 비를 퍼붓는 것 같고(棒如雨點), 고함을 지르니 마치 벼락이 달리는 것 같다(喝似雷奔)."라고 하였다.[43] 전하는 말에 의하면, 방은 당대의 덕산선감선사가 황벽희운선사에게 제일 먼저 사용하였다고 하고, 갈은 임제의현(혹은 마조도일)이 처음 사용하였다고 한다. 이후 덕산은 방을, 임제는 갈을 잘 사용하였기 때문에 덕산방(德山棒), 임제갈(臨濟喝)이라고 칭하였다. 이후 선사들이 학인을 접인할 때 방갈을 번갈아 가며 많이 사용하였는데, 모두 학인의 깨달음을 촉진하려는 간절함에서였다. 후세에 사람의 집착과 미혹으로 깨닫지 못한 사람을 경책하여 깨어나게 하는 것을 두고 당두방갈(當頭棒喝)이라고 하였다.

---

42) T48n2004006, 萬松老人評唱天童覺和尚頌古從容庵錄六, 侍者離知錄, 第八十六則 臨濟大悟, CBETA 電子佛典集成 » 大正藏 (T) » 第48冊 » No.2004 » 第6卷, http://tripitaka.cbeta.org/ko/T48n2004006

43) T48n2003001, 佛果圜悟禪師碧巖錄卷第一, 師住澧州夾山靈泉禪院評唱雪竇顯和尚頌古語要,【二】, CBETA 電子佛典集成 » 大正藏 (T) » 第48冊 » No.2003 » 第1卷, http://tripitaka.cbeta.org/T48n2003001

> 오가종지찬요(五家宗旨纂要)에 의하면, 임제의 가풍은 방과 갈을 나란히 사용하였다고 한다. 임제종의 시조인 임제는 황벽선사로부터 인가를 받았다. 임제종에서 사용한 방갈은 사갈팔방(四喝八棒)이라고 하여 특히 중요시된다.[44]
>
> 1) 사갈과 그 작용
> - 금강보검 같은 갈(喝如金剛寶劍): 정식에 의한 알음알이(情解)를 끊어 없애는 작용
> - 땅에 웅크린 사자 같은 갈(喝如踞地獅子): 정식에 의한 알음알이를 차단하는 작용
> - 낚시를 드리워 물고기를 낚는 것 같은 갈(喝如探竿影草): 학인을 감판 또는 시험하는 작용
> - 일갈하지 않아도 일갈의 작용이 있는 것(一喝不作一喝用): 감히 존장의 이름을 함부로 부르지 못하도록 하는 작용
>
> 2) 팔방과 그 작용
> - 촉령지현방(觸令支玄棒): 벌을 내리는 방. 얕고 깊음을 살펴 공부하게 함
> - 접기종정방(接機從正棒): 정도에 따른 방. 근기를 살펴 바른길로 따르게 함
> - 고현상정방(靠玄傷正棒): 벌을 내리는 방
> - 인순종지방(印順宗旨棒): 종지를 따랐음을 인가하는 방. 학인의 근기를 인증하거나 칭찬함
> - 취험허실방(取驗虛實棒): 보자마자 때림(一見便打). 학인의 수행의 허실을 시험함
> - 고책우치방(苦責愚癡棒): 학인의 어리석음을 따끔하게 나무라는 방
> - 소제범성방(掃除凡聖棒): 범부도 성인도 쓸어버리는 방. 향상일로의 바른 방
> - 맹가할방(盲加瞎棒): 눈이 먼 자가 눈을 흘기는 것과 같은 방. 맹목적으로 난타함. 이는 잘못된 지도 방법이다.

송) 노래한다.

홀로 향 피우고 앉아(獨坐一爐香)

금문이나 두어 줄 읊조리니(金文誦兩行)

가련하구나, 거마객이여(可憐車馬客)

문밖의 일에 바쁘구료(門外任佗忙)

---

44) X65n1282001, 三山來禪師五家宗旨纂要卷上, 普陀嗣法門人 性統 編, 臨濟宗, CBETA 電子佛典集成 » 卍續藏 (X) » 第65冊 » No.1282 » 第1卷, http://tripitaka.cbeta.org/X65n1282001

금문(金文)이란 원래는 중국 상나라, 주나라, 진나라, 한나라 시대에 청동기에 새겼던 문자를 가리킨다. 그러나 일반적으로는 금니(金泥)로 봉해진 문자, 즉 (황제의) 조서(詔書)를 가리켰다. 넓게 보면, 매우 중요한 문서나 글을 가리킨다고 할 수 있다. 여기서는 부처님의 말씀 혹은 그 말씀이 기록되어 있는 경전을 가리킨다고 보는 것이 좋겠다.

두어 줄 읊조린다 함은 경문을 외우며 수행하고 있는 모습을 가리킨다. 두어 줄(兩行)이라는 말은 정진하지 않는, 변변치 못하게 수행하고 있는 모습을 묘사한 것이다. 혹은 자신의 수행 생활을 겸손하게 말한 것일 수도 있다. 혹은 이미 수행하는 단계를 넘어 자유자재한 한가로움을 의미할 수도 있다.

거마객이란 말 타고, 수레 타고 지나가는 사람이라는 말이다. 사람은 누구나 지나가는 과객일 뿐이다. 태어나서 늙고 죽는 것. 모든 중생이 공통적으로 겪는 괴로움의 원천이다. 이런 괴로움을 겪는 중생들은 모두 과객인 것이다. 말을 탔거나 수레를 탔거나 하는 것은 세상살이에서의 분별일지언정 수행에서는 의미가 없다. 걷거나 기거나 누워 있어도 태어나서 늙고 죽으면 모두 과객일 뿐인 것이다.

이런 과객에게는 가장 중요한 문제가 과객으로서 겪어야 하는 괴로움에서 벗어나는 일일 것이다. 절대적인 존재에 의지하여 그 힘으로 구원을 받고자 하는 방법도 있을 수 있고, 자력으로 해탈하여 열반을 증득함으로써 이 괴로움에서 벗어나려는 방법도 있을 수 있다. 전자가 기독교와 같은 타력종교에 대한 의존이고 후자는 불교와 같은 자력종교에 의한 자기 수행이다. 전자는 타력에 의한 구원이 중심이다. 문밖에서 구원이 이루어지는 것이다. 후자는 자력에 의하여 스스로를 구원해 가는 것이 핵심이다. 문안에서 스스로를 구원하는 것이다. 그런데 문안에서 스스로를 구원하겠다고 수행 생활을 하면서 어떻게 된 일인지 문밖에 온통 매달려 있다. 번뇌에 끌려다니며 깨달음으로 들어가지 못하고 있는 상황이다. 혹은 작은 성취에 만족하여 완전한 깨달음에 이르지 못하고 있는 것일 수도 있다. 그러니 가련하지 않겠는가? 앞의 두 구절에서 스스로 구원을 이루려 하건만, 가련하게도 문밖에서 수레나 말을 타고 다니는 과객들처럼 살고 있는 자신을 돌아보고 있는지도 모를 일이다. 혹은 그렇게 살아가고 있는 뭇사람들을 향하여 정진하도록 촉구하는 반어일 수도 있다. 혹은 자신의 참모습이랄 수 있는 내면에 대하여는 내팽개친 채 밖으로 드러난 것에 대한 탐착에 빠져 자신의 본모습을 잃고 살아가고 있는 자신이나 중생들에 대한 안타까움을 노래한 것일 수도 있다.

경) 사위국 ~ 인구(舍衛國 ~ 人俱)

착어) 한 손바닥으로는 마음대로 소리를 내지 못한다(獨掌不浪鳴).

고장난명(孤掌難鳴)이라 했다. 한 손바닥으로는 소리를 내지 못한다는 말이다. 무엇이든 적어도 둘이 마주쳐야 소리가 나는 것이다. 일반적인 쓰임새로, 이 말은 어떤 일이 일어났을 때 관계된 사람들 사이의 책임소재나 인과관계를 가리는 과정에서 사용하는 경향이 있다. 넓은 의미로 법이 이루어지는 과정에 대한 설명에도 사용할 수 있을 것이다. 즉, 법은 인연이 닿아야 이루어지기 때문이다. 절대적 존재 이외의 일체의 법은 단독으로 존재하는 경우가 없고 모든 것이 인연 따라 생겨나고 이루어지는 것이다. 이를 인연법 혹은 연기법이라 한다. 인(因)은 내적 조건이다. 무엇인가 이루어질 수 있기 위한 씨앗이라는 의미이다. 연(緣)은 인이 이루어지기 위하여 필요한 외적 조건들을 가리킨다.

기수급고독원(기원정사)이 이루어진 경위를 보아도 그러하다. 급고독장자(수달장자)가 부처님의 설법을 듣고 감복하지 않았다면, 기타태자가 급고독장자의 적극적이고 깊은 신심에 감동하지 않았다면, 기원정사는 세상에 존재할 수 없었다. 부처님과 수달장자, 그리고 기타태자로 이어지는 인연의 끌어당김에 의하여 기원정사가 세상에 존재하게 된 것이고, 무수한 부처님의 가르침이 그곳에서 나왔다. 수달장자와 기타태자가 가지고 있던 불성이 씨앗이 되고, 부처님의 가르침이 외적 조건이 되어 마침내 기원정사가 탄생하였으며, 중생들을 위한 가르침의 대도량이 되었던 것이다. 스승이 있어야 제자가 있다. 천이백오십의 대비구들이 부처님을 상시로 따라다니는 것도 스승과 제자라는 관계가 있기 때문이다. 가르침이 있어야 배움이 있다. 수행이 있어야 깨달음이 온다. 이러한 것들도 두 손바닥이 마주쳐야 소리가 나는 이치가 아니겠는가?

부처님께서 설법을 하실 때에는 청중들이 가득하였다. 청중들이 모여 법회를 이루는 것은 부처님으로부터 깨달음의 말씀을 듣기 위함이다. 부처님은 오른손, 청중은 왼손이다. 두 손바닥이 마주쳐야 소리가 나는 이치인 것이다. 또한, 청중은 인이고 부처님은 연이라 할 수도 있겠다. 청중, 즉 중생들의 마음에 부처가 될 소질이 있고(因) 부처님의 가르침이 제공되어(緣) 중생들이 깨달음의 세계, 열반으로 나아가는 것이 보다 용이해 지는 것이다.

인도에서는 오른쪽, 오른손은 신성하거나 옳거나 바르거나 좋거나 깨끗하거나 능숙하거나 여여한 것을 가리키거나 의미한다. 왼쪽, 왼손은 그와 반대이다. 더럽거나 나쁘거나 신성하지 못하거나 그르거나 옳지 못하거나 서투르거나 조작적인 것을 가리키거나 의미한다. 예를 들면 합장을 할 때, 오른손은 부처의 세계, 정토 세계, 깨달음의 세계, 올바른 세계, 무위의 세계 등을, 왼손은 사바세계, 오염된 세계, 조작된 유위의 세계 등을 각각 의미하며, 합장에 의하여 두 세계가 조화, 화합, 상생, 무차별, 평등 등을 상징한다. 불가에서 합장을 하며 인사를 하는 이유가 여기에 있다.

송) 노래한다.

높고도 높아 당당하구나(巍巍堂堂)
만법 가운데 왕이여(萬法中王)
서른두 가지 상(三十二相)
백천 가지 빛이로구나(百千種光)
성인도 보통사람도 우러러보고(聖凡瞻仰)
외도도 찾아와 항복하나니(外道歸降)
말하지 마라, 자비로운 얼굴 보기 어렵다고(莫謂慈容難得見)
기원정사 큰 도량을 떠난 적 없으이(不離祇園大道場)

만법 중의 왕, 즉 대법왕은 부처님을 가리킨다. 부처님은 높고 크고 당당하다. 당당함은 우뚝하여 그 무엇에도 거리낌이 없이 자유자재함을 의미한다. 그래서 위가 없는(無上) 것이다. 부처님께서 무상인 이유는 그 완전한 깨달음 때문이다. 완전하기 때문에 세간이나 출세간을 통틀어 혹은 삼계를 모두 거론하여 부처님과 견줄 수 있는 존재가 없다. 그러므로 정등(正等)이다. 부처님의 외모는 삼십이상 팔십종호로 대변된다. 인체가 갖출 수 있는 좋은 점은 모두 갖춘 것을 의미한다. 깨달음이 무상정등이고 외모 또한 삼십이상 팔십종호인 부처님은 정신과 육체 모두 최상인 것이다. 그러니 빛이 날 수밖에 없다. 육신에서는 자마금광이, 미간에서는 백호광이, 전신에서는 후배광이 시방세계를 가득 비추고 채운다. 그러므로 인세에서 모두가 우러러보고 존경하는 것이다. 성인이든, 범부이든 외도든 모두 우러러본다. 그래서 홀로 존귀하신 분(獨尊)이다.

이러한 부처님은 언제 어디서든 존재한다. 우리 안에 이미 내장되어 있기 때문이다. 그러므로 밖에서 찾을 필요가 없는 것이다. 부처님도 조사님들도 밖에서 부처를 구하는 것을 경계하셨다. 부처님께서 기원정사의 도량을 떠난 적이 없으시니, 우리가 기원정사에 있는 한 부처님께서는 언제나 우리 곁에 계시는 거다. 기원정사란 동서고금의 도량을 대표하는 상징적인 존재라고 보면 될 것 같다. 부처님 재세시 가장 오래 머무셨던 곳이고, 가장 많이 법을 설하신 곳이라 한다. 이 경이 설해진 곳도 바로 기원정사라고, 첫머리에서 이미 밝히고 있다. 그러므로 왕사성의 죽림정사가 가장 먼저 설립된 절이지만, 상징성은 사위성의 기원정사가 더 크다고 할 수 있을 것이다. 또한, 기원정사는 물리적인, 지리적인 절을 의미하기도 하지만, 부처님의 가르침에 대한 믿음을 가지고 그에 따르는 한 우리가 어디에 있든 그 있는 곳이 바로 모두 기원정사인 것이다. 부처님은 기원정사를 떠난 적이 없으므로 우리가 부처님의 가르침을 믿고 따르는 한 우리 자신이 기원정사이기도 하며, 그 안에 이미 부처님이 계시는 것이다. 우리 자신이 이미 부처라는 말의 다른 표현이라고 보아도 좋겠다. 우리가 부처님을 밖에서 찾으니까 부처님이 계시지 않는 것이다. 역사적 부처님은 한번 오셨다 가셔 버린, 그런 인간적 존재에 지나지 않는다. 그런 분을 찾으면 지금에는 찾을 수 없다. 그리고 부처님을 밖에 있는 어떤 전능적 존재로 보고 그에 의지하여 가피력을 구하고자 하는 것 또한 이와 같은 것이다. 그러다 보니 부처님의 자비로운 모습을 보기 어렵다고 한탄하는 것이 아닐까? 경에서 부처님이 삼십이상으로 여래를 볼 수 있느냐고 물었을 때, 수보리가 그렇다고 대답하자 부처님께서는 그러면 전륜성왕도 여래겠구나? 라고 반문하신 부분이 있다. 삼십이상이 있다고 하여 여래인 것은 아니라는 반문이신 것이다. 그러자 수보리가 홀연히 깨닫고 삼십이상으로 여래를 볼 수 있는 것이 아니라고 대답하였다. 자비로운 부처님의 얼굴은 밖에 있는 것이 아니며, 삼십이상으로 볼 수 있는 것도 아니다. 바로 우리의 안에 내장되어 있는 것이며, 우리 자신의 모습, 코는 아래위로 뻗고, 눈썹과 눈은 좌우로 뻗은 우리의 모습인 것이다. 그리하여 우리가 수행을 통하여 우리 안에 내장된 부처님을 밖으로 드러나게 하면 삼십이상 팔십종호도 저절로 드러나게 되는 것이다.

[공부]

경전의 서분의 구조

경전의 서분에는 두 가지 종류가 있다. 하나는 여러 경전에 공통적으로 나타나는 서분으로 이를 통서(通序)라 한다. 다른 하나는 개별 경전에 특수하게 나타나는 서분으로 이를 별서(別序)라 한다. 통서는 모든 경전에 나타나는 서분으로 이 서분은 여섯 부분으로 구성되는데, 이 여섯을 함께 육성취(六成就)라 부른다. 우리가 지금까지 살펴본 내용들은 경의 육성취라 할 수 있다. 위에서 살펴본 경의 육성취를 가지고 육성취의 의미를 간략히 정리한다.

- 신성취(信成就): 여시아문(如是我聞) 중의 여시(如是)란 믿고 따른다(信順)는 의미이다. 불법은 믿음을 첫 번째로 삼기 때문에 경의 첫머리에 둔다.
- 문성취(聞成就): 이는 경을 송출한 자를 가리킨다. 경의 첫머리에, 여시아문 중의 아문이 이에 해당한다. 일차결집을 할 때 아난이 경을 송출하였기 때문에 대개 아난을 가리킨다고 여긴다. 여시아문이란 말은 '아래의 경(부처님 말씀)은 아난(=송출한 자)이 직접 부처님으로부터 들었음'을 증명하는 말인 것이다. 나아가 아난을 부처님의 제자들이라고 확장해도 좋을 것이다.
- 시성취(時成就): 일시(一時)라는 말이 이에 해당한다. 설법을 한 시간을 가리킨다. 법왕이 법회를 열면, 중생이 인연을 가지고 감응할 수 있다. 그러므로 부처님이 법을 설하는 때를 놓치지 않음을 의미한다.
- 주성취(主成就): 설법의 주체를 가리킨다. 부처님은 세간과 출세간에서 설법과 교화의 주체임을 의미한다.

- 처성취(處成就): 설법을 한 곳을 가리킨다. 경에서는 사위성 기원정사가 처성취에 해당한다. 경에 따라서 천상, 녹야원, 왕사성, 기원정사, 영취산 등 부처님께서 설법하신 곳은 다양하다.
- 중성취(衆成就): 많은 사람들과 함께 있었음을 말한다. 즉, 법을 듣는 대중들을 가리킨다. 보살, 성문승(二乘), 천(하늘), 인간 등 온갖 중생들이 무리를 이루어 법을 들었기 때문에 중성취라고 한다. 경에서 언급한 천이백오십 명의 대비구가 이들에 해당한다.

경) *"이때 세존께서 식사를 하실 때가 되어 옷을 입고 발우를 들고서 사위대성으로 들어가 그 성안에서 먹을 것을 구걸하셨다."*
爾時世尊食時著衣持鉢入舍衛大城乞食於其城中。

(1) 공양(식사) 시간

이때(爾時)란 이어지는 식사를 할 때를 가리킨다. 지금의 진시에서 사시까지의 기간이다. 부처님 당시의 식사는 하루 중 이 시점에 한 번씩 걸식으로 치렀기 때문에 이 시간 이외에 음식을 섭취하는 것을 시간외 식사라고 하여 금지하였다(非時不食). 부처님께서 정오를 지나면 식사를 하지 못하도록 제한하신 연원을 보자. 얼굴이 아주 시커먼 깔루다이(迦留陀夷) 비구가 어느 날 해가 질 무렵 천둥이 치고 번개가 번쩍이는 때에 성에 들어가 걸식을 하였는데, 한 임신부가 깔루다이를 보고 귀신으로 오인하고 놀라서 유산을 하고 말았다. 이러한 일이 있은 다음부터 부처님께서 정오를 넘어서는 식사를 하지 못하도록 제한하셨다고 한다.[45]

오늘날 절집에서 사시예불이라고 하여 하루에 한 번씩 오전 10시 무렵에 부처님께 식사 공양을 올리는 관행은 이에서 나온 것으로 보인다. 부처님께서는 하루에 한 끼를

---

45) T22n1421008, 五分律卷第八(彌沙塞), 宋罽賓三藏佛陀什共竺道生等譯, 初分墮法, CBETA 電子佛典集成 » 大正藏 (T) » 第22冊 » No.1421 » 第8卷, https://tripitaka.cbeta.org/T22n1421008

먹는 것을 규칙으로 삼으셨으므로, 오늘날에도 하루 한 번씩 공양 예불(사시예불)을 올리는 것이다. 절집에서 매일 실시하는 예불 중 가장 중요하고 큰 예불의식이다.

(2) 옷을 입고 발우를 들다

1) 옷 - 분소의

불가에서 옷은 분소의(糞掃衣)가 기본이다. 분소의(梵 pājsu-kūla, 巴 pajsu-kūla)는 줄여서 분소(糞掃)라고 하며, 납의(衲衣), 백납의(百衲衣)라고도 한다. 분뇨 더미, 무덤, 공동묘지 등에 버려져 있는 찢어진 옷이나 천 조각들을 주워서 씻은 후 만든 가사를 말한다. 분소의는 마음이 더럽혀지지 않았음을 의미하며, 그러므로 비구들에게는 분소의가 가장 수승한 것으로 여겨지며 가장 존중된다. 분소의는 다음과 같은 열 가지 좋은 점이 있다고 한다.[46]

- 재가자와 어울리지 않아도 된다.
- 옷을 구걸하는 모습을 보이지 않아도 된다.
- 방편을 만들어 옷을 얻지 않아도 된다.
- 사방으로 구하고 찾지 않아도 된다.
- 옷을 얻지 못해도 걱정이 없다.
- 옷을 얻어도 기뻐하지 않는다.
- 천한 물건이라 쉽게 얻으며, 허물이나 걱정이 없다.
- 처음 사의법(四依法)을 순조롭게 받을 수 있다.
- 거친 옷 여러 벌 속에 들어간다.
- 사람들이 탐착하지 않는다.

그리고 분소의를 입을 때는 다음과 같이 열 가지 좋은 점이 있다고 한다.[47]

---

46) T26n1521016, 十住毘婆沙論卷第十六, 聖者龍樹造, 後秦龜茲國三藏鳩摩羅什譯 解頭陀品第五, CBETA 電子佛典集成 » 大正藏 (T) » 第26冊 » No.1521 » 第16卷, https://tripitaka.cbeta.org/T26n1521016

47) T26n1521016, 十住毘婆沙論卷第十六, 聖者龍樹造, 後秦龜茲國三藏鳩摩羅什譯 解頭陀品第五, CBETA 電子佛典集成 » 大正藏 (T) » 第26冊 » No.1521 » 第16卷, https://tripitaka.cbeta.org/T26n1521016

- 부끄러워할 줄 안다.
- 추위와 더위, 모기나 쇠파리 등 독충을 막을 수 있다.
- 옷차림으로 사문임을 표시한다.
- 일체의 하늘, 인간이 법의를 보고 탑이나 절처럼 공경하고 존중한다.
- 염색된 옷(染衣)를 입는 것을 탐닉하거나 좋아하지 않는다.
- 적멸을 수순함으로써 번뇌가 많아지는 것을 방지할 수 있다.
- 법의를 입음으로써 나쁜 것이 있는지 여부를 쉽게 볼 수 있다.
- 장식물로 옷을 장식할 필요가 없다.
- 법의를 입음으로써 팔성도를 순조롭게 수습할 수 있다.
- 순식간에 색이 바래거나 떨어지는 옷에 탐심을 내지 않음으로써 도를 수행하는 데 정진할 수 있다.

분소의의 종류는 다음과 같은 것이 있다.[48]

- 죽은 자를 감쌌다가 묘지에 버린 총간의(塚間衣)
- 죽은 자를 감쌌다가 보시로 준 출래의(出來衣)
- 마을이나 부락의 공터에 있는 임자 없는 무주의(無主衣)
- 시궁창, 무덤가 혹은 분뇨 더미에 버려져 있는 토의(土衣)

이와 달리 분소의를 우작의(牛嚼衣), 서치의(鼠齧衣), 소의(燒衣), 월수의(月水衣), 산부의(産婦衣), 신묘중의(神廟中衣), 총간의(塚間衣), 구원의(求願衣), 수왕직의(受王職衣), 왕환의(往還衣) 등 열 가지로 나누기도 한다.[49]

2) 발우(鉢盂)

발우란 출가인들의 걸식용 밥그릇이다. 부처님의 발우에 대하여 다음과 같은 고사

---

48) T23n1435027, 十誦律卷第二十七(第四誦之七), 後秦北印度三藏弗若多羅譯, 七法中衣法第七之上, CBETA 電子佛典集成 » 大正藏 (T) » 第23冊 » No.1435 » 第27卷, http://tripitaka.cbeta.org/T23n1435027

49) T22n1428039, 四分律卷第三十九(三分之三), 姚秦罽賓三藏佛陀耶舍共竺佛念等譯, 衣揵度, CBETA 電子佛典集成 » 大正藏 (T) » 第22冊 » No.1428 » 第39卷, http://tripitaka.cbeta.org/T22n1428039

가 있다.[50]

부처님이 득도 후 7일간 나무 아래에서 선정하며 아무런 움직임도 보이지 않았다. 나무의 신이 생각했다.

'부처님께서 득도하신 후 칠 일간 식사를 헌공하는 사람이 없었다. 내가 사람을 찾아서 부처님께 식사를 올리도록 하여야겠다.'

이 무렵 오백 명의 상인들이 산 아래를 지나고 있었는데, 갑자기 수레와 소가 앞으로 나아가지 못하고 멈춰 버렸다. 상인들 중에는 두 명의 지휘자가 있었는데, 한 명은 제위(堤謂)라 하였고, 다른 한 명은 파리(波利)라고 하였다. 두 사람은 상인들과 함께 나무신에게 나아가 복을 청하였다. 신이 빛에 둘러싸인 채 말했다.

"지금 세상에 부처님이 오셔서 이 우류국(優留國)의 니련선(尼連禪) 강변에 계시는데, 식사를 헌공하는 자가 없다. 그대들이 선의를 베푼다면 큰 복을 받으리라."

상인들이 부처님께서 세상에 오셨다는 말을 듣고 모두들 기뻐하며 말했다.

"부처님께서는 아주 존귀하시니, 하늘과 신의 존경을 받으리라."

곧바로 화초밀(和麨蜜, 보릿가루와 꿀을 섞어 만든 죽)을 가지고 함께 나무 아래로 가서 부처님께 계수하고 드렸다.

부처님께서 생각했다.

'과거의 여러 부처들도 사람을 애민히 여기시어 발우를 가지고 그들의 보시를 받았다. 외도인들처럼 손으로 음식을 받는 것은 바르지 않다.'

이때 사천왕이 멀리서 부처님이 발우가 필요함을 알고 알나산(頞那山) 위로 함께 내려왔다. 그리고 생각하는 대로 돌 속에서 네 개의 발우가 저절로 나왔다. 깨끗하고 향기가 났다. 사천왕은 각기 발우를 하나씩 들고 부처님께 드리며 말했다.

"바라옵건대, 상인들을 애민히 여기시고 큰 복을 받게 해 주십시오. 여기에 발우가 있습니다. 나중에 제자들이 먹는 데 사용할 것입니다."

부처님께서 생각했다.

'발우를 하나만 취하면 나머지 세 천왕이 불쾌할 것이다.'

---

50) T03n0185002, 佛說太子瑞應本起經卷下, 吳月支優婆塞支謙譯, CBETA 電子佛典集成 » 大正藏 (T) » 第3冊 » No.0185 » 第2卷, http://tripitaka.cbeta.org/T03n0185002

네 개의 발우를 모두 받아서 왼손에 포개 놓고 오른손으로 누르니 한 개의 발우로 합쳐졌다.

부처님께서 화초밀을 받고 상인들에게 말했다.

"당신들은 부처에게, 법에, 비구 중에 귀의하십시오. 그러면 복이 저절로 들어올 것입니다."

곧바로 모두 가르침을 받고 스스로들 삼보에 귀의하였다.

3) 사위대성으로 들어가다

'들어가다'란 성 밖에서 성안으로 들어감을 가리킨다. 기원정사는 사위성에서 좀 떨어진 곳에 있었다. 아나따삔디까(급고독장자)가 부처님께 기원정사를 지어 공양할 때 사리불과 대담한 것을 보면, 기원정사의 지리적 여건을 알 수 있다.[51]

이때 사리불과 수달장자가 같은 수레에 함께 타고 사위성으로 갔다. 사리불의 신력 덕분에 하루 밤낮 만에 왕사성 죽림정사에서 사위성까지 다다랐다. 수달장자가 사리불에게 말했다.

"대덕님. 이 대성 바깥에 어느 곳이 성과 가깝지도 않고 멀지도 않으며, 샘과 저수지가 많고, 좋은 숲, 꽃과 과일이 있으며, 숲이 울창하여 한적한 곳이겠습니까? 저는 그곳에 불세존과 비구승들을 위하여 정사를 세울 것입니다."

사리불이 말했다.

"기타태자의 원림이 성과 가깝지도 않고 멀지도 않으며, 청정하고 한적하며, 샘과 저수지가 많고, 수목과 꽃, 과일이 철 따라 있으니, 이곳이 정사를 잘 짓기에 가장 좋은 곳입니다."

대성이란 사위국이 풍요롭고 덕이 많은[그래서 의역하면 풍덕(豐德)이다] 성임을 가리키는 말이다. 당시 인도 북부의 16개 국가 중 마가다국과 더불어 이대 강국에 속하던 꼬살라국의 수도였고, 당시 파사익왕이 거주하며 나라를 다스리던 성이었기 때문에 사위대성이라 한 것이다.

---

[51] T12n0374029, 大般涅槃經卷第二十九, 北涼天竺三藏曇無讖譯, 師子吼菩薩品第十一之三, CBETA 電子佛典集成 》 大正藏 (T) 》 第12冊 》 No.0374 》 第29卷, http://tripitaka.cbeta.org/T12n0374029

4) 걸식하다

걸식(梵 paindapātika, 巴 pindapāta)이란 여래가 일체 중생에게로 마음을 내려놓으신 것을 표시하는 상징이었다. 걸식은 인도 스님들이 육신을 유지하기 위하여 사람들로부터 먹을 것을 구걸하였던 행위다. 단타(團墮, 먹을 것을 입안에 넣는다는 뜻), 분위(分衛), 탁발(托鉢), 행걸(行乞)이라고도 한다. 십이두타행 중의 하나이다. 이 행위에는 두 가지 뜻이 있다. 하나는 비구는 복전이고, 비구에게 공양을 제공하는 것은 복의 씨앗을 심는 것이라는 인식 아래, 걸식은 사람들에게 복을 받을 수 있는 기회를 주기 위한 방편으로서 타인의 이익을 위함이다. 다른 하나는, 세속의 일을 막고 끊어 수행을 위한 방편으로서 수행자 자신의 이익을 위함이다. 걸식은 승려들이 청정한 생활을 지킬 수 있도록 하는 방법이었다. 만약 스스로 생계를 꾸려 자신의 육신을 지탱하면 이는 바른 생계(正命)가 아니라 삿된 생계(邪命)가 된다.

마을로 들어가 걸식을 할 때는 길가로 걸어 다니며, 왼손으로 발우를 잡고 차례대로 걸식한다. 구걸하는 양은 생명을 유지할 만큼 제한함으로써 마음에 탐착이 없도록 하여야 한다. 그러므로 음식을 얻었을 때 기뻐하거나 얻지 못하였다고 걱정하여서도 안 되며, 오직 오랜 질병을 없애거나 기력을 기르기 위하여서만 걸식하여야 한다. 법집경(法集經) 제1권에 의하면, 여래의 걸식에는 세 가지 의미가 있다고 하였다.[52]

- 진미를 탐하지 않고 맛있는 것이든 맛없는 것이든 균등히 한다(不貪珍味, 美惡均等).
- 아만을 깨뜨린다(破我慢). 부귀한 집, 가난한 집, 천한 집을 가리지 않고 모두를 대상으로 걸식을 함으로써 간택이 없다.
- 자비평등(慈悲平等)으로 큰 이익을 준다.
  그러나 비구는 다음 다섯 곳에서는 걸식을 할 수 없다(원래는 출입이 금지된 곳이다).[53]

---

52) T17n0761001, 佛說法集經卷第一, 元魏天竺三藏菩提流支譯, CBETA 電子佛典集成 » 大正藏 (T) » 第17冊 » No.0761 » 第1卷, http://tripitaka.cbeta.org/T17n0761001

53) T31n1602007, 顯揚聖教論卷第七, 無著菩薩造, 三藏法師玄奘奉 詔譯, 攝淨義品第二之三, CBETA 電子佛典集成 » 大正藏 (T) » 第31冊 » No.1602 » 第7卷, http://tripitaka.cbeta.org/T31n1602007; T26n1536017, 阿毘達磨集異門足論卷第十七, 尊者舍利子說, 三藏法師玄奘奉 詔譯, 七法品第八之二, CBETA 電子佛典集成 » 大正藏 (T) » 第26冊 » No.1536 » 第17卷, https://tripitaka.cbeta.org/T26n1536017

- 노래방(唱令家, 音樂家): 노래를 부르고 환락과 오락을 취함으로써 선정을 어지럽힐 수 있기 때문이다.
- 창녀촌(婬女家): 그 장소에 가거나 머무는 것은 불결하고, 성명이 부정하고, 색욕의 인연으로 깨달음을 이루는 데 근본적인 장애가 되기 때문이다.
- 술집(酤酒家): 술은 마음을 광란하게 하여 죄의 원인이 되는 잘못을 저지르게 할 수 있기 때문이다.
- 왕궁(王宮): 왕이나 왕족의 거처, 귀족, 인척들이 사는 곳. 엄격히 출입이 통제되어 모험하지 않으면 갈 수 없는 곳이기 때문이다.
- 전다라(旃陀羅): 즉, 도살장이나 백정의 집. 이런 곳에서는 살심이 크게 일어나고 중생을 번뇌하게 하며, 보는 자로 하여금 자애심을 잃게 하며 선근을 파괴할 수 있기 때문이다.

경) "차례대로 구걸을 마친 다음 원래 계시던 곳으로 돌아오셔서 식사를 마치시고 의발을 거두신 후 발을 씻고 자리를 펴고 앉으셨다."
次第乞已還至本處飯食訖收衣鉢洗足已敷座而坐。

1) 차례대로 걸식하다

차례대로 '걸식을 하셨다(次第乞食)' 함은 가난한 집 혹은 부유한 집을 가리지 않고, 식사 공양을 받았든 받지 못하였든 상관없이, 첫 번째부터 마지막 일곱 번째 집까지 빠뜨리지 않고 음식 공양을 구하는 것을 말한다. 자비와 평등으로 교화하심을 가리킨다. '구걸을 마치고'라 함은 구걸은 많아야 일곱 집을 지나지 않았으니, 이 숫자만 채우면 다른 집에는 가지 않으셨다. 그러므로 일곱 집을 대상으로 걸식을 다 마쳤음을 뜻한다. 차제걸식과 비교하여 수득걸식(隨得乞食)이라는 것이 있다. 이는 식사에 충분할 만큼의 음식물을 얻을 때까지 이 집 저 집을 계속 돌며 걸식하는 것을 말한다.[54]

---

54) T30n1579025, 瑜伽師地論卷第二十五, 彌勒菩薩說, 三藏法師玄奘奉 詔譯, 本地分中聲聞地第十三初瑜伽處出離地第三之四, CBETA 電子佛典集成 » 大正藏 (T) » 第30冊 » No.1579 » 第25卷, https://tripitaka.cbeta.org/T30n1579025

걸식을 함에 있어서 일곱 집을 헤아리는 방법과 관련하여 세 가지 방법이 있다. 첫째, 부처님처럼 가리지 않고 차례대로 일곱 집을 돌아다니는 경우이다. 부자이든 가난한 사람이든 차별 없이 공양을 제공하고, 평등하게 복을 받도록 하겠다는 생각이다. 둘째, 한때 수보리는 부잣집만 골라서 걸식하였다. 공양을 제공할 능력이 없는 사람에게는 공양을 청하는 것이 고통을 주는 일일 수 있다고 생각하였다. 그러나 승가는 복전이고, 승가에 공양을 올리는 것은 복전에 복을 구하는 것과 같다. 그러므로 가난하다고 공양을 청하지 않으면, 가난한 사람에게는 복을 지을 기회를 박탈하는 것이 된다. 이는 가난한 사람을 차별하는 것이 된다. 셋째, 한때 마하가섭은 가난한 집만 골라서 걸식하였다.[55] 가난한 사람은 복이 부족하여 복을 지을 수 있는 기회를 줄 필요가 있으나, 부자는 이미 충분히 복락을 누리고 있다고 생각했다. 그러나 복락은 현세에서의 복락뿐 아니라, 세세생생토록 복보가 필요한 점을 고려하면, 이 방법도 차별적이라 하지 않을 수 없다.

2) 본처로 돌아와 식사하다

본처로 돌아오다 함은 걸식을 마치면 원래 있던 정사로 돌아오는 것을 말한다. 이는 비구들이 청을 받아서 정사 밖으로 나가서 공양을 받는 것을 제외하고는 불자들의 집으로 돌아다니며 공양을 하지 못하도록 하려는 부처님의 뜻이 반영된 결과였다.

부처님은 비단 기원정사에서 뿐 아니라 어디에서든 걸식으로 음식물을 공양받으면 머무르시던 정사로 돌아오셔서 드셨다. 왜 걸식을 한 공양물을 현장에서 드시지 않고 본처(이 경에서는, 기수급고독원=기원정사)로 오셔서 드셨을까? 부처님께서는 음식을 걸식하여 정사로 돌아오면 먼저 공양받은 음식을 4등분하신 다음, 하나는 아프거나 정사를 지키느라 공양을 나가지 못한 비구에게 주고, 한 등분은 수중이나 땅 혹은 허공의 이류(異類)들에게 나누어 주며, 한 등분은 걸식을 제대로 하지 못한 자에게 나누어 주며, 마지막 한 등분은 부처님 당신이 드셨다. 이 4등분의 관행은 일반적으로

---

55) T14n0475001, 維摩詰所說經(一名不可思議解脫上卷), 姚秦三藏鳩摩羅什譯, 維摩詰所說經弟子品第三, CBETA 電子佛典集成 》 大正藏 (T) 》 第14冊 》 No.0475 》 第1卷, http://tripitaka.cbeta.org/T14n0475001

지켜졌던 것 같다. 이러한 관행은 수행공동체의 생활을 유지하고, 수행자들의 평등성을 삶 속에서 실천하며, 나아가 중생들에 대한 자비심을 기르기 위함이었다.[56]

3) 발을 씻다

'발을 씻었다' 함은 여래께서 범부와 한가지임을 보이시기 때문에 세족이라 말하는 것이다. 또 대승법에서는 손발을 씻음으로써 모든 덮개(蓋, 번뇌)를 깨끗이 할 뿐 아니라 일념으로 마음을 깨끗이 하여 죄와 더러움을 모두 없애라고 말하는 것이다.

여기서 덮개에는 두 가지 뜻이 있다. 먼저, 번뇌를 가리킨다. 번뇌에 뒤덮인 채 행동하면 청정한 마음을 드러낼 수 없기 때문에 번뇌를 덮개라고 하는 것이다. 이런 의미의 덮개에는 다섯 종류가 있어 이를 오개(五蓋)라 한다. 오개란 욕탐(欲貪), 성냄(瞋恚), 혼면(惛眠), 도회(掉悔) 및 의심(疑)을 말한다. 소위 욕탐개란 욕계의 탐욕에 의한 번뇌를, 성냄개란 성냄으로 인한 번뇌를, 혼면개란 혼침과 수면의 번뇌를, 도회개란 마음이 우쭐하거나 들떠서 안정되지 못하였다가 뉘우치는 번뇌를, 의개란 의심하는 번뇌를 각각 가리킨다. 오개의 몸체는 삼독으로 이를 세분화하면 무량한 번뇌가 나올 수 있겠다.

다른 하나의 뜻은 해가리개(日傘)의 한 종류를 가리킨다. 산개(傘蓋), 입개(笠蓋), 보개(寶蓋), 원개(圓蓋), 화개(花蓋), 천개(天蓋) 등으로 쓰인다. 인도는 열대 국가이기 때문에 집 밖에 있을 때는 햇빛을 막기 위한 도구로 사용되었다.

현실적으로, 부처님께서 탁발(걸식)을 하실 때는 맨발로 하셨다. 그러니 탁발 중에 온갖 때들이 발에 묻을 것이다. 그런데 대중들이 부처님께 예배를 할 때에는 단순히 절을 하는 것이 아니라, 오른쪽으로 세 바퀴 돌고, 큰절을 하면서 부처님 발에 입을 맞추는 접족례(接足禮), 계수례를 하는 것이 대부분이었다. 그때 발에 먼지나 때, 흙 등 오물이 묻어 있으면 어떤 악영향을 미칠지 뻔하다. 또 발에 온갖 오물이 그대로 묻은 채로 방치하면 어떤 병이 생길지도 모를 일이며, 그것이 또 전염병의 발생 혹은 전염의 원천이 될 수 있다. 그러므로 깨끗이 씻지 않을 수 없는 것이다.

---

56) T16n0658005, 寶雲經卷第五, 梁扶南三藏曼陀羅仙譯, CBETA 電子佛典集成 » 大正藏 (T) » 第16冊 » No.0658 » 第5卷, https://tripitaka.cbeta.org/

4) 자리를 펴고 앉다

여래는 법을 설하고자 할 때 항상 전단의자를 당겨 앉으셨기 때문에 자리를 펴고 앉으셨다고 하였다. 자리를 펴고 앉았다는 말은 뭔가 자리에 펼 것이 있었다는 것이다. 단순히 앉는 것이 아니라, 무엇을 깔고 앉았던 것인데, 앉는 자리에 까는 것을 니사단(尼師壇, 巴 nisīdana)이라 하였다. 요즘 절의 법당에서 사용하는 좌복 혹은 포단(방석)이 이에 해당한다. 니사단은 비구들이 지니는 여섯 가지 물건(비구 육물) 중의 하나이다. 요즘 좌복은 예불할 때, 존사들에게 절할 때, 기도나 좌선을 할 때 등 바닥에 깔고 앉는다. 니사단도 이와 같은 용도로 사용되었다.

또한, 앉으심은 단순한 앉음이 아니라 마음을 집중하고 선정에 드셨음을 의미한다. 한 번 선정에 들면 팔풍에 흔들리지 않는다. 팔풍(八風)이란 이익(利), 쇠약(衰), 훼손(毀), 영예(譽), 칭송(稱), 깎아내림(譏), 괴로움(苦), 즐거움(樂) 등 여덟 가지를 가리킨다. 팔풍에 흔들리지 않으면 비록 범부라 할지라도 부처의 지위에 있다고 한다. 부처님의 선정은 안팎의 어떠한 자극에도 흔들림이 없으신 것이다.

경) 이때 ~ 앉으셨다(爾時 ~ 而坐)

착어) 깨어 있으라(惺惺著).

경 중에서 이 착어는 법회인유분 중 본문에 대한 것이다. 이에 대하여 "깨어 있어라"라고 착어를 붙인 것은 몇 가지 의미가 있다. 첫째, 성성이란 정신이 항상 고요한 가운데 깨어 있고, 깨어 있는 가운데 고요하도록 유지하는 것을 말한다. 선을 하는데 이 상태는 결정적으로 중요하다. 정신이 몽롱한 혼침 시에는 그에 따라 환기하고 망령된 생각이 일어날 때는 다시 정념을 회복하여 이 마음이 무위자연의 본래면목에 머물도록 하는 것이다. 둘째, 서암주인(瑞巖主人)이란 공안이 있다. 서암화상의 행동에 얽힌 공안인데, 그 연기는 다음과 같다. 서암은 당대의 선승으로 절강성 서암원(瑞巖院)에 거주하면서 매일 평평한 너럭바위에 종일 바보처럼 앉아서 매번 자신을 "주인공(主人公)" 하고 부르고는 스스로 대답하기를 "깨어 있어라. 훗날에 사람들로부터 속지 않도록!"이라고 대답하곤 하였다.[57] 이 공안에서 보는 바와 같이 항상 자신을 경계하여 오염의 상태에 빠지지 않도록 하는 것을 의미한다고 볼 수 있다. 셋째, 이하에 이어지는 경의 가르침들에 대하여 조금도 소홀히 하지 말 것을 당부하는 말이기도 하다. 넷째, 법회인유분이 평상심시도의 정신을 포함하고 있으므로 평상심, 흔들리지 않는 마음을 항상 유지하도록 주의를 환기하는 의미도 있다.

송) 노래한다.

공양을 마치시고 발을 씻으신 후(飯食訖兮洗足已)
자리를 펴고 앉으시니 누가 함께하리요(敷座坐來誰共委)
아래로 글이 길어질 것을 아는가 모르는가(向下文長知不知)
보고 또 보라, 평지에 파도가 이는지를(看看平地波濤起)

법회인유분은 경의 서분이다. 통상적으로 대부분의 경은 서분, 정종분, 유통분으로 구성된다. 서분은 그 경이 설해진 배경이나 목적 등이 기록되어 있다. 금강경의 서분도 법회가 이루어진 원인과 이유(因由)를 기록하고 있는데, 그것이 부처님의 식사 때가 되어 걸식하시는 모습을 기록하는 것으로 대체하고 있다. 이렇게 경이 걸식으로 서분을 삼은 이유는, 경 전체를 통하여 무주상(無住相)을 말씀하고자 하셨고, 그 첫 번째로 무주상 보시를 말씀하신 것이며, 그것도 언구가 아닌 실제 행동으로 보이신 것이라고 생각된다. 부처님은 선열의 법희를 드시기[이를 선열식(禪悅食)이라 한다] 때문에 굳이 집집이 돌아다니며 걸식을 하지 않아도 된다. 그러나 걸식을 하신 것은 대중들에게 보이고자 의도하신 것이다. 즉, 일상적으로 행해지는 일련의 행위를 쭉 실행하심으로써 제자들이나 공양하는 사람들이나 모두 보고 배우도록 보이신 것이라는 거다.

위 게송에서 첫 구절과 둘째 구절의 앞부분은 공양을 다 마치신 부처님께서 발을 씻고 선정에 드시는 것을 묘사한다. 경의 기록을 반복하고 있다고 할 수 있다. 두 번째

---

57) T48n2005001 無門關 第1卷, 禪宗無門關, 參學比丘彌衍宗紹編, CBETA 電子佛典集成 » 大正藏 (T) » 第48冊 » No.2005 » 第1卷, http://tripitaka.cbeta.org/

구절의 후반 누가 함께할 것인가는 법회에 관하여 말한 것이다. 모든 중생들이 그 설법의 현장, 즉 법회에 참석하는 것이다. 의문형식을 빌어 전부를 강조한 것이라고 보면 될 것 같다. 부처님께서 계신 곳에는 반드시 설법이 있고, 설법을 듣는 청중이 있으며, 그러므로 항상 법회가 열린다고 보아도 무방할 것이다. 부처님의 설법은 언구로만 이루어지는 것이 아니다. 묵언 혹은 묵언에 의한 행주좌와가 모두 설법이다. 무정설법(無情說法)을 말하는 것이 아니다. 부처님의 행동 하나하나, 자세 하나하나, 눈빛이나 안색 하나하나가 모두 가르침인 것이다. 경에서, 부처님께서는 말씀하신 것이 없다고 했다. 이는 말씀하신 것에 얽매이지 말라는 취지이거나, 언구로 말하지 않고 행동으로 말했다는 의미이지, 실제로 설법 자체가 없었던 것이 아니다. 부처님께서는 계시는 것만으로 이미 설법이다. 법신이며 화신이며 응신이기 때문이다.

법회에 참석한 사람들은 각오를 단단히 하고 집중하여 법을 들어야 한다. 부처님의 설법은 평범하지만 부사의하고, 한 자리에 있지만 광대무변하여 시방세계에 두루하며, 짧지만 무량하게 길기 때문이다. 땅에서 파도가 일 리는 없지만, 부처님의 설법은 불가사의하여 평지에서 파도가 일 수 있다. 꽉 막힌 장애를 꿰뚫어 시원하게 방향을 제시할 것이다. 모든 번뇌를 씻어내어 길을 열어 줄 것이다. 범부의 생사윤회를 끊을 확실하고도 분명한 길을 제시해 줄 것이며, 그 법회에서 보이신 부처님의 가르침을 따라 수행하면 무시이래의 무명을 걷어 내고 깨달음을 이룰 수 있을 것이다. 그러므로 어떤 가르침이 있는지를 살피고 또 살펴서 깨달음을 위한 자량으로 삼아야 하는 것이다.

[공부]

보고 또 보라, 평지에 파도가 이는지를(看看平地波濤起)

평지파도, 평지풍파, 평지파란 등의 말들은 그 의미가 같다. 평지(平地)란 평탄한 땅이다. 어떤 경우에는 장애물이 없는 것을 비유적으로 사용하기도 한다. 이런 땅은 사람이나 동물이 다니기에 편하다. 이런 곳에서 농사를 짓기도 좋다. 생산과 운송이 모두 좋은 곳이다. 비유적으로 평지는 모든 것이 평온하고 안정적이며 순조롭게 진행되고 있는 것을 의미한다. 또한, 어떤 경우에는 평지라는 말을 '갑자기, 홀연히'라고 부사적으로 사용할 수도 있다. 송에서 평지파도(平地波濤)라고 할 때의 평지라는 말에는 두 의미가 다 포함되어 있다고 볼 수 있다.

그러나 파도는 평지와는 정반대의 의미를 가지고 있다. 물과 파도의 관계를 잘 아시겠지만, 파도는 물(本體)에서 일어난 변화(法)이다. 변화의 힘이 소멸하면 파도는 다시 물로 돌아간다. 파도는 물이라고 하는 본체에서는 벗어날 수 없는, 본체와 하나로 연결되어 있는, 본체와 동일한 성질을 가진 변화인 것이다. 그것은 실상에서 파생된 현상이며, 사물이며, 사건인 것이다. 그러면서 본체의 성질을 고스란히 가지고 있는 법이다.

평지에서 파도가 일어난다고 하면 평온하고 안정적이며 순조로운 상황에 갑작스럽게 커다란 변화가 발생하는 것을 비유하는 것이다. 이런 일반적인 생각은 차치하고, 달리 생각해 보면 어떤가? 먼저, 잘 나아가고 있던 수행이 갑자기 마장을 만나 나아가지 못하고 정체되거나 퇴보하는 상황을 생각할 수 있겠다. 또한, 정진하고 있는데 도저히 벽을 깨뜨리지 못한 채 정체되어 있던 상황에서 문득 깨달음이 오는 것을 생각할 수도 있을 것이다. 평지파도란 말은 돈오(頓悟)란 말과 맥락이 닮은 것이 아닐까?

송에서 평지에 파도가 일지도 모르니 살피고 또 살피라는 것은 아마도 법을 듣는 동안 갑자기 깨달음이 올 수도 있으니 잘 살펴보라는 의미라고 할 수 있겠다. 뒤집어서 부처님의 가르침을 받는 동안 마의 유혹(煩惱)에 빠져 버릴지도 모르는 것을 경계한 말일 수도 있겠다. 어느 쪽이든 우리가 수행과정에서 살피고 또 살피지 않으면 안 되는 것이다.

[공부]
법회인유분의 정신 - 흔들림 없는 일상생활(平常心是道)

금강경 법회인유분을 읽노라면 선종의 공안 중에 평상심시도라는 말이 생각난다. 왜냐하면, 두 상황이 평상심이라는 언구로 공통된다고 생각해 볼 수 있기 때문이다. 이 공안은 남전보원(南泉普願)선사가 조주종심(趙州從諗)선사를 맞아 가르침을 줄 때 사용한 언구이다.[58]

조주가 남전에게 물었다.
"도란 무엇입니까(如何是道)?"
남전이 대답했다
"평상심이 도다(平常心是道)."
조주가 또 물었다.
"또 여쭙겠는데, 헤아릴 수 있는 것(趣向)입니까?"
남전이 말했다.

---

58) X68n1315013, 古尊宿語錄卷第十三, 趙州真際禪師語錄并行狀卷上(南嶽下四世嗣南泉願), CBETA 電子佛典集成 » 卍續藏 (X) » 第68冊 » No.1315 » 第13卷, http://tripitaka.cbeta.org/X68n1315013

"헤아리면(擬向) 곧 어긋난다."
조주가 물었다.
"헤아리지(擬) 않고서 어찌 도임을 압니까?"
남전이 대답했다.
"도란 앎에 속하지도 않고 알지 못함에 속하지도 않는다. 앎이란 허망한 인지이고 알지 못함이란 무기(無記)이다. 만약 진실로 '헤아리지 않음의 도(不擬之道)'를 통달한다면 마치 태허처럼 넓고 막힘이 없으니 어찌 억지로 시비를 하겠는가?"
이 말을 듣고 조주가 현지(玄旨)를 깨달아 마음이 달처럼 밝아졌다.
선림에서 평상심시도라는 말은 관습적으로 사용되는 용어이다. 대개 일상생활 속에서 갖추고 있는 근본 마음이라는 의미이다. 평상시의 차 마시고, 밥 먹고, 설거지하고, 물을 긷고, 땔감을 하는 것이 모두 도와 일체가 된다는 의미로 사용되고 있는 것이다. 평상심이란 행주좌와 등 사위의(四威儀)의 기거동작을 가리키며, 이 사위의를 진실한 선으로 삼는 것이다. 이에 대하여 대적도일(大寂道一=마조도일)선사께서 중인들에게 보인 것을 가지고 이해를 도와보자.[59]

"도란 수행을 필요로 하지 않는다. 다만 오염시키지만 말라. 오염이란 무엇인가? 생사심(生死心)을 가지고 취향을 조작하는 것은 모두 오염이다. 만약 그 도를 곧바로 알고자 한다면, 평상심이 도이다. 평상심이란 조작이 없음이요, 시비가 없음이며, 취사가 없음이고, 단상이 없음이며, 범부도 성인도 없음이요, 다만 지금의 행주좌와 등 상황에 대응하고 사물에 접하는 것이 모두 도이다."

평상심시도라는 언구에 대하여 무문관은 다음과 같이 노래하고 있다.[60]

봄에는 온갖 꽃 피고 가을엔 달이 있으며(春有百花秋有月)
여름에는 서늘한 바람 일고 겨울엔 눈이 오나니(夏有涼風冬有雪)
만약 아무런 일 없이 한가로이 머릿속의 생각을 걸어 두면(若無閑事挂心頭)
그게 바로 인간의 호시절이라네(便是人間好時節)

봄, 여름, 가을, 겨울 사철마다 각기 제철에 일어나는 일들을 열거함으로써 평상심을 시사한다. 아주 당연한, 그러나 그 이면에 계절 순환의 이치가 숨겨져 있는, 평상심인 것이다. 이런 자연의 순환이라고 하는 평상이나 경의 법회인유분에서 부처님께서 탁발하시는 평상이나 그 근본에서는 다름이 없다. 즉 인위적인 원인으로 인하여 고통이나 번뇌가 없는, 흔들림 없이 마음을 유지하는 것을 의미하는 것이다.

세 번째 구절에서 '한가롭게 머릿속의 생각을 걸어 두는 것' 또한 평상심을 의미한다.

---

59) T51n2076028, 景德傳燈錄卷第二十八, 諸方廣語一十二人見錄, 趙州從諗和尚語, CBETA 電子佛典集成 » 大正藏 (T) » 第51冊 » No.2076 » 第28卷, http://tripitaka.cbeta.org/T51n2076028

60) T48n2005001, 禪宗無門關, 平常是道(제19칙)

일체의 모든 생각을 멈추고 온갖 번뇌를 떨쳐 내어 적멸해진 심경을 묘사한 것이라고 할 수 있겠다. 네 번째 구절의 '인간의 호시절'이라고 한 것은 번뇌에 시달리지 않는 것을 의미한다. 요컨대, 평정한 마음 상태를 유지하는 것이야말로 수행자에게는 가장 중요한 일임을 강조한 것이라 할 수 있을 것이다.

평상심시도라는 공안에 대하여 다음과 같은 노래도 있다.[61]

> 밥상이 나오면 밥을 먹고(遇飯喫飯)
> 차가 나오면 차를 마시네(遇茶喫茶)
> 천 번의 백 배(1000×100)를 돌았더니(千重百匝)
> 사해가 한 집이구나(四海一家)
> 떼려니 도리어 들러붙고, 버리려니 도리어 묶인다(解却粘去却縛)
> 말해도 말이 없고 행해도 한 일이 없네(言無言作無作)
> 넓은 본체는 허공과 같은데(廓然本體等虛空)
> 호랑이에게서 바람이 일고, 용에게서 구름이 이누나(風從虎兮雲從龍)

밥을 먹고, 차를 마시는 것은 일상사이다. 마을이나 지역 여러 곳을 돌아다니는 것도 수행자들에게는 일상의 일이다. 사해가 한 집이라는 것은 여러 마을이나 지역을 유행하는 수행자들에게는 어느 곳이든 자기 집일 수밖에 없다. 그러므로 어느 곳이든 자기 집과 다름없는 평등심을 가져야 한다. 그것이 수행자의 참된 수행 자세인 것이다. 이런 일상과 마음을 묘사하는 말들에서 경의 법회인유분에서의 분위기가 그대로 묻어난다. 수행자들이 수행을 위하여 각처를 유행하는 모습과 부처님께서 공양을 위하여 탁발을 하시는 모습이 오버랩되지 않는가? 들러붙은 것과 묶인 것이란 무시이래의 오염으로 인하여 우리의 참모습을 덮어 버린 모든 훈습(熏習)을 가리킬 수도 있고, 현재 겪고 있는 번뇌와 고통일 수도 있다. 이런 것들을 떼어 내려니 오히려 더욱 들러붙고, 버리려니 오히려 더 옥죈다. 떼어 내고 버리려는 노력이 또 다른 집착이 되어 오히려 역효과를 내는 상황이라 할 것이다. 그러니 말과 행동을 모두 멈추고 물이 흐르듯, 산이 머물 듯 내버려 두는 것도 방법일 수 있다. 그 결과 오히려 허공과 같은 큰 깨달음을 얻을 수도 있는 것이다.

본체는 허공과 같다고 함은 본체란 평상심의 다른 표현이라 하겠다. 이 마음은 허공과 같아서 그 무엇에 얽매이지도 않고 또 그 무엇을 얽어매지도 않는다. 모든 것을 포용하면서 또한 구속되지도 않는 것이다. 완전한 자유자재 그 자체라 할 수 있을 것이다. 이러한 깨달음을 지향하며 열심히 수행하는 수행자들이 호랑이 같고 용 같은 것이 아닐까? 호랑이는 땅에서, 그리고 용은 하늘에서 가장 용맹한 존재로 상징되는 것들이다. 가장 용맹하니 그 무엇에도 얽매이지 않고 자유자재한 존재들이라 할 수 있을 것이다.

---

61) X65n1295018, 禪宗頌古聯珠通集卷第十八, 宋池州報恩光孝禪寺沙門法應 集元紹興天衣萬壽禪寺沙門普會續集, 祖師機緣, 六祖下第四世之五(南嶽下後第三世之一), 圜悟勤, CBETA 電子佛典集成 » 卍續藏 (X) » 第65冊 » No.1295 » 第18卷, http://tripitaka.cbeta.org/

제2분 선현이 일어나 청익하다(善現起請分)

1. 의의

수보리가 '일어나 청익하다(善現起請)'라고 정한 것은 수보리가 대중들과 함께 자리에 앉았다가 일어나 청익함으로써 부처님의 말씀이 시작됨과 함께, 이 경의 구조가 선현이 청익하고 부처님께서 대답하는 방식으로 공혜(空慧)가 생기고 일어나는 것에 관하여 밝혔기 때문이다. 선현은 수보리의 의역으로, 해공 혹은 공생이라고도 하고, 산스크리트어 그대로 수부티(Subhūti)라고도 한다. 둘이 청하고 답하는 것이란 경의 결집구조가 문답의 형식으로 이루어져 있음을 가리킨다. 부처님의 가르침은 출가 제자나 백의(白衣, 출가하지 않은 재가 제자), 외도 혹은 천인 등의 질문을 받아서 대답하는 방식으로 말씀하시는 경우[계경(契經)이라 한다]와 질문을 받지 않고 부처님께서 자발적으로 말씀하시는 경우[자설(自說, Udana)이라 한다]로 나누어 볼 수 있다. 이 경은 선현이 묻고 부처님께서 대답하는 방식으로 전개되고 있고, 그래서 청답(請答)이라고 한 것이다.

공혜(空慧)란 공의 이치를 관찰하는 지혜를 말한다. 많은 경론이 혜문(慧門)은 공을 비추고(鑒空), 지문(智門)은 존재를 비춘다(照有)고 한다. 혜문이란 지혜로 들어가는 법문을 가리킨다. 지문이란 제불의 자리의 덕을 말한다. 제불의 만 가지 덕은 크게 비문(悲門)과 지문으로 나누어 볼 수 있는데, 그중 자리의 덕은 모두 지문에 속하고, 이타의 덕은 모두 비문에 해당한다. 진제와 속제에 의지하여 말하면, 공을 밝히는 것은 진제에 속하고, 존재를 밝히는 것은 속제에 속한다. 영락본업경(瓔珞本業經) 하권에서는 "과거, 미래, 현재의 일체 중생을 위하여 공혜로 가는 길을 열어 법명의 문으로 들어가

게 한다."라고 하였다.[62] 법명(法明)이란 깨달은 마음을 말한다. 노래한다.[63]

  해공이 특별하게 바람과 구름을 일으켜(解空特地播風雲)
  아홉 구비 뚫기 어려운 것을 세존께 여쭈었나니(九曲難穿問世尊)
  두 개 거울의 빛이 천고의 뜻을 품듯(兩鏡光含千古意)
  주옥같은 말로 가문을 잘 드러냈다네(珠璣瀉出顯家門)

 이 노래에서 해공이란 수보리이고 선현이다. 해공이 바람과 구름을 일으켰다는 말은 부처님께 청익한 것을 가리켜 한 말이다. 이 경은 수보리(선현, 해공, 수부티)와 부처님 사이의 문답 구조로 이루어져 있다. 누가 질문을 하고 대답을 하든, 이 경전은 해공(수보리)이 빠지면 전개 자체가 불가능하다. 그러하니 해공의 역할은 바람을 부르고 구름을 일으킨다고 할 수 있겠다. 아홉 구비(九曲)란 일반적으로 매우 복잡하게 얽혀 있어 해결하기 어려운 상황을 의미한다. 구절양장(九折羊腸)이란 말의 구절이나 여기서의 구곡은 같은 뜻이다. 뚫기 어렵다는 말은 통달하기 어렵다는 뜻이다. 세존에게 여쭌 주체는 수보리다. 첫 구절에서 바람과 구름이 바로 수보리가 여쭌 아홉 구비의 어려운 문제인 것이다. 수보리가 부처님께 여쭌 아홉 구비의 어려운 문제는 수보리가 몰라서이기도 하지만, 법회에 참석한 중인들에게 가르침을 주실 것을 부처님께 여쭌 것이기도 하다. 즉, 부처님의 가르침을 이끌어 내기 위한 방법이었던 것이다.

 이러한 의문에 대하여 부처님께서 답을 주시니, 거울에 사물이 비치듯 환하게 답이 나온 것이다. 거울도 하나면 한쪽 면밖에 보지 못한다. 두 개의 거울이 서로 비추니 앞과 뒤, 이쪽과 저쪽 등 양면을 모두 비쳐 볼 수 있다. 양면이 비쳐 보인다는 것은 곧 현상과 진여가 일체가 된, 본체가 드러난, 현상을 통하여 진여를 비춰 볼 수 있음을 의미한다.

 두 개의 거울이란 부처님과 수보리를 가리킨다. 그리고 빛이란 두 성인의 깨달음의 경지를 의미한다. 두 성인이 문답을 통하여 의문을 파헤쳐 깨달음을 서로 비추니 그

---

62) T24n1485002, 菩薩瓔珞本業經卷下, 姚秦涼州沙門竺佛念譯菩薩瓔珞本業經集散品第八, CBETA 電子佛典集成 » 大正藏 (T) » 第24冊 » No.1485 » 第2卷, http://tripitaka.cbeta.org/T24n1485002

63) X24n0469001, 金剛般若波羅蜜經補註卷上, 三山鶴軒居士 韓巖 集解, 海陽夢華居士 程衷懋 補註, http://tripitaka.cbeta.org/X24n0469001

빛이 법회에 모인 사람들(會衆)은 물론 다른 수많은 중생들도 환하게 비춰 주는 것이다. 그 빛이 바로 이어지는 천고의 뜻이 아니겠는가? 이 천고의 뜻이 바로 경이 말하고자 하는 현묘한 취지이기도 한 것이다.

가문을 드러낸다 함은 가르침의 본지를 내보였음을 말한다. 가문이란 동일한 가르침을 공유하는 문도들을 함께 지칭할 때 이르는 말이다. 넓게 보면 불문이 되고, 좁게 보면 천태가(天台家), 선가(禪家), 조계종(曹溪宗) 등 종파를 가리킨다. 이러한 가문은 공통된 가르침의 종지가 있다. 여기서는 가문이란 부처님의 가르침을 공유하는 가문, 즉 불가를 의미한다.

2. 내용

경) 이때 장로 수보리가 대중 속에 있다가 곧 자리에서 일어나
오른쪽 어깨를 드러내고(偏袒右肩) 오른쪽 무릎을 꿇으며(右膝著地) 합장하여
공경하며 부처님께 여쭈었다.
時長老須菩提 在大眾中即從座起偏袒右肩右膝著地合掌恭敬而白佛言。

장로(長老)란 덕망이 높고 존경받고 연배가 높은 출가자를 부르는 칭호이다. 그러나 단순히 나이가 많은 것으로는 장로가 될 수 없었다. 덕망과 수행력에 의하여 중인들로부터 받는 인망이 일차적인 기준이다. 배움이 출중하면 법랍이 어려도 장로라는 칭호를 받을 수 있었다. 수보리는 해공(解空)으로 의역되기도 하는데, 부처님은 당신의 제자들 중에 수보리가 공을 제일 잘 이해한다는 취지로 수보리를 가리켜 해공제일(解空第一)이라고 칭찬하셨다.[64] 경에서도 수보리가 무쟁삼매인 중 제일이라 하고 있다. 중

---

64) 『증일아함경(增一阿含經)』 제28권에서 "부처님께서 도리천에서 염부지로 내려오셨을 때, 중인들이 모두 부처님께 가서 예를 드렸다. 이때 수보리는 옷을 꿰매고 있었는데, 자신도 가서 부처님을 맞이하려고 생각하다, 모든 법이 공하여 만들지도 짓지도 않는 이치를 관하고 진실로 귀명해야 할 진정한 법을 이해하고는 자리에 도로 앉아 바느질을 계속하였다."라고 한다. 보다 자세한 내용에 대하여는, T02n0125028, 增壹阿含經卷第二十八, 東晉罽賓三藏瞿曇僧伽提婆譯, 聽法品第三十六, (五), CBETA 電子佛典集成 » 大正藏 (T) » 第2冊 » No.0125 » 第28卷http://tripitaka.cbeta.org/T02n0125028 참조.

인들 속에 섞여 앉아 있었기 때문에 곧 자리에서 일어났다고 한 것이다. 불제자가 스승에게 가르침을 청할 때는 먼저 다음 다섯 가지 의례를 행해야 한다.

- 첫째, 자리에서 일어날 것
- 둘째, 의복을 단정히 할 것
- 셋째, 오른쪽 어깨를 드러내고(偏袒右肩), 오른쪽 무릎을 바닥에 꿇을 것(右膝著地)
- 넷째, 합장하여 존안을 우러러보며 잠시도 눈을 떼지 않을 것
- 다섯째, 한마음으로 공경스럽게 몸을 펴고 질문을 할 것

이처럼 제자가 스승에게 혹은 스님이 대덕에게 질문을 하여 답을 구하는 것을 청익(請益)이라 한다. 여기서 수보리가 대중 속에 있다가 일어나 부처님께 가르침을 청익하는 과정을 잘 설명하고 있다.

[공부]

장노(長老)

장노(長老, 梵 sthavira, 巴 thera)란 연치가 길고 법랍이 높으며, 지혜와 덕을 잘 갖춘 대비구를 가리킨다. 상좌(上座), 상수(上首), 수좌(首座), 기년(耆年), 기숙(耆宿), 기구(耆舊), 노숙(老宿), 장숙(長宿), 주위(住位) 등으로 불리기도 한다. 이런 장노에는 세 가지가 있다.[65]
- 연기장노(年耆長老, 巴 jāti-thera): 불도에 들어 많은 해를 보낸 스님
- 법장노(法長老, 巴 dhamma-thera): 법교에 정통한 스님
- 작장노(作長老, 巴 sammuti-thera): 세속에서 거짓 이름으로 장노라고 자칭하는 자

일명 상좌(上座)라고도 하는데, 이에도 세 가지가 있다.[66]

---

[65] T01n0001008, 佛說長阿含經卷第八, 後秦弘始年佛陀耶舍共竺佛念譯, (九) 佛說長阿含第二分眾集經 第五, CBETA 電子佛典集成 》 大正藏 (T) 》 第1冊 》 No.0001 》 第8卷, http://tripitaka.cbeta.org/T01n0001008

[66] T26n1536004, 阿毘達磨集異門足論卷第四, 尊者舍利子說, 三藏法師玄奘奉 詔譯, 三法品第四之二, CBETA 電子佛典集成 》 大正藏 (T) 》 第26冊 》 No.1536 》 第4卷, http://tripitaka.cbeta.org/T26n1536004

- 생년상좌(生年上座): 연령이 비교적 많은 장노
- 법성상좌(法性上座): 구족계를 받고 법을 아는 자. 나이가 20 혹은 25세 정도에서도 이 존칭을 받을 수 있다.
- 세속상좌(世俗上座): 재가 호법 중 재산과 세력이 있는 장자

이상 장노에 대한 정의로 볼 때, 장노는 법랍이 높은 스님에 대한 존칭이기는 하지만, 반드시 나이가 많을 필요는 없다. 이점 부처님께서도 다음과 같은 게송으로 분명히 하셨다.[67]

내 지금 장노에 대해 말하노니(我今謂長老)
꼭 먼저 출가하였을 필요 없다(未必先出家)
자신의 본업을 잘 닦아(修其善本業)
정행을 분별하고(分別於正行)
설령 나이가 유소해도(設有年幼少)
근기가 때 묻거나 모자람이 없으면(諸根無漏缺)
진정으로 장노라 하리니(正謂名長老)
분별하여 정법을 행하라(分別正法行)」

[공부]

청익에 대하여

일반적으로 청익이란 학인이 스승에게 가르침을 청한다는 뜻이다. 예기에 보면, "청업(請業)을 하려면 일어나고(請業則起), 청익을 하려도 일어난다(請益則起)."라고 하였다. 선림 중에서는 많은 경우, 학인이 가르침을 받은 후 아직 명백하게 투철하지 못한 지점에 대하여 다시 한 걸음 나아가 가르침을 청한다는 뜻으로 자주 사용된다. 청익의 법도에 관하여 상세하게 규정하고 있는데, 칙수백장청규(勅修百丈淸規)에서는 청익의 법도에 관하여 다음과 같이 정하고 있다.[68]

"일반적으로, 청익을 하고자 하는 자는 먼저 시자에게 품신하여 주지에게 '상좌 ○○○가 오늘 밤 방장을 예방하여 청익을 하고자 합니다.'라고 통복(通覆)한다.

---

67) T02n0125022, 增壹阿含經卷第二十二, 東晉罽賓三藏瞿曇僧伽提婆譯, 須陀品第三十, (二), CBETA 電子佛典集成 》 大正藏 (T) 》 第2冊 》 No.0125 》 第22卷, http://tripitaka.cbeta.org/T02n0125022

68) T48n2025006, 勅修百丈淸規卷第六, 大智壽聖禪寺住持臣僧德煇奉 勅重編, 大龍翔集慶寺住持臣僧大訢奉 勅校正, (大眾章七), CBETA 電子佛典集成 》 大正藏 (T) 》 第48冊 》 No.2025 》 第6卷, http://tripitaka.cbeta.org/T48n2025006

> 윤허가 떨어지면 정종(定鐘, 밤에 통행금지를 알리는 타종) 뒤 시자가 있는 곳으로 가서 방장의 동태를 묻고 등과 장향을 챙긴다. 그리고 시자의 안내에 따라 주지 앞으로 나아가 안부를 여쭙고 향을 꽂은 다음 대전에 구배를 올리고 앉을 도구를 챙겨서 나아가 말한다. '저는 생사의 큰일로 아주 화급합니다. 엎드려 바라옵건대 화상께서는 자비로운 방편을 열어 보여 주십시오.' 그리고는 조용히 공손하게 옆에 서서 잘 듣는다. 가르침이 끝나면, 앞으로 나아가 향을 꽂고 대전에 구배를 올린다. 이를 사인연(謝因緣, 인연을 맺어 준 것을 감사한다는 뜻)이라 한다. 이를 하지 않으면 촉례(觸禮, 세 번 절하는 것. 접족례)한다. 그런 다음 다시 시자의 거처로 가서 고마움을 표시한다."
>
> 여기에서 보듯이 청익하는 절차에는 규칙과 격식이 매우 엄격하였음을 알 수 있다.

경) "희유하신 세존이시여"
希有世尊

희유하다란 말은 정말로 드물다는 뜻이다. 이는 제자들이 부처님께 배움을 청할 때, 부처님을 찬탄하는 상투어 중의 하나라 할 수 있다. 그러면, 왜 부처님께서는 참으로 드문 것일까? 부처님께서는 세 가지 점에서 희유하다.[69]

- 첫째, 금륜왕(전륜성왕)이 될 수 있었음에도 이를 버린 것(세속적 지위)
- 둘째, 키가 육 장(부처님상을 달리 丈六尊像이라고도 한다)이나 되고 몸은 자마금의 빛이 나며, 몸에는 삼십이상 팔십종호가 갖춰져 있어 삼계에 비교할 바가 없는 것(신체적 특성)
- 셋째, 본성이 팔만 사천 법을 품고 내놓으며 삼신(법신, 보신, 응신)이 원만하게 구비되어 있는 것(정신적 능력)

또 일설에 의하면, 부처님께서는 다음 네 가지 점에서 희유하다고 한다.[70]

---

69) X24n0459001, 金剛般若波羅蜜經卷上, 東晉武帝時後秦沙門鳩摩羅什奉詔 譯, 梁昭明太子嘉其分目, 唐六祖 大鑒真空普覺禪師 解義, ○善現起請分第二, CBETA 電子佛典集成 » 卍續藏 (X) » 第24冊 » No.0459 » 第1卷, http://tripitaka.cbeta.org/X24n0459001

70) T33n1702003, 金剛經纂要刊定記卷第三, 長水沙門子璿錄, CBETA 電子佛典集成 » 大正藏 (T) » 第33冊 » No.1702 » 第3卷, http://tripitaka.cbeta.org/

1) 시희유(時希有)

오랜 세월이 가도록 만나기 어렵다. 그러나 지금은 현겁 중에 정당하게 머무는 겁(住劫)이다.[71] 머무는 겁 중에 (인간의 수명이) 열두 번의 증감이 있는데, 지금은 아홉 번째 감겁(減劫) 중이다. 사람의 수명이 이만 세 때에 가섭 여래가 세상에 나오셨다. 그리고 백 년마다 일 년씩 수명이 줄어들어 사람의 수명이 백 세가 되는 때에 석가모니부처님이 세상에 나오셨다. 계속해서 수명이 감소하다 이 겁이 다하면 열 번째 겁이 진전하여 수명이 증가하게 되는데, 백 년마다 일 년씩 증가하여 사람의 수명이 팔만 사천 세까지 증가하면 미륵불이 세상에 나온다. 과거와 미래를 살펴보면, 부처와 부처 사이에 긴 기간의 차이가 있다. 그러므로 희유하다고 하는 것이다.

2) 처희유(處希有)

삼천대천세계 중 오직 한 분 부처님만 계시며, 백억 사천하, 백억 수미산, 백억 일월, 백억 육욕계, 백억 범세(梵世) 등 중에 오직 한 분 부처님만 계시는데, 그분이 지금 이곳에 현존하신다. 그러므로 희유한 것이다.

3) 덕희유(德希有)

복덕과 지혜가 더없이 수승하여 더할 나위가 없기 때문이다. 『법화경』에 의하면, 부처님께서는 당신이 얻은 지혜가 가장 그리고 제일 훌륭하다고 하셨다. 또 "그 얻은 법은 정혜력을 장엄한다. 이를 가지고 중생을 건네주고 무상도를 자증하였다."라고 말씀하셨다. 그러니 부처의 공덕은 그 끝(邊際)을 말할 수 없는 것이다. 그러므로 다음과 같이 노래하는 것이다.[72]

---

71) 주겁(住劫)이란 성겁에서 괴겁에 이르는 사이에 이 세계의 유정이 머무는 한 기간을 말한다. 이 기간은 열두 차례의 증감이 있는데, 인간의 수명이 팔만사천백 세에서 백 년마다 한 살씩 줄어들어 열 살이 될 때까지를 일감(一減)이라 한다. 그리고 십 세에서 백 년마다 한 살씩 증가하여 팔만사천 세가 되는 때까지를 일증(一增)이라 한다.

72) T10n0279080, 大方廣佛華嚴經卷第八十, 于闐國三藏實叉難陀奉 制譯, 入法界品第三十九之二十一, CBETA 電子佛典集成 » 大正藏 (T) » 第10冊 » No.0279 » 第80卷, https://tripitaka.cbeta.org/T10n0279080

국토의 티끌은 마음으로 헤아려 그 수를 알 수 있고(刹塵心念可數知)
대해 중의 물은 모조리 마실 수 있으며(大海中水可飮盡)
허공을 헤아리고 바람을 붙잡아 맬 수 있으나(虛空可量風可繫)
부처님의 공덕은 말로 다할 수 없네(無能盡說佛功德)

4) 사희유(事希有)

대자대비라고 하는 지극히 훌륭한 방편을 사용하고, 갖가지 몸의 변화를 드러내며, 무량한 법문을 연설하여, 중생의 근기에 따라 모두에게 이익을 주기 때문이다.

또한 오랜 세월 동안 아예 없는 것은 아니지만, 가끔 한 차례씩 나타나기 때문에 희유하다고 한다. 또 제불 여래는 항상 중생들을 위하여 설법한다는 것도 희유하다. 반야의 진리가 깊고 그 취지가 원대하여, 오로지 부처님들만의 경지이고, 다른 사람들은 알지 못하는 것을 밝히기 때문에 희유하다. 범부와 이승은 소행(小行)의 근기를 가지고 있으며, 이런 소행의 사람은 받을 수 없고, 믿기도 어려우므로 희유하다고 한다.[73]

세존이란 존호는 지혜가 삼계를 초과하여 능히 미칠 것이 없고 덕이 높아 그 위에 그 어떤 것도 존재하지 않아 일체 모두가 공경하기 때문에 붙여진 명호이다. 세존을 비롯한 여래십호의 존호들도 세존의 희유함을 설명하는 사례들이라 할 수 있다.

> 경) "여래께서는 보살들을 잘 호념하시고, 보살들에게 잘 부촉하시니"
> *如來善護念諸菩薩善付屬諸菩薩。*

호념이란 여래가 반야바라밀법으로 보살들을 돌보고 지켜 주는 것을 말하며, 부촉이란 여래가 반야바라밀법을 수보리 등 제자와 보살들에게 잘 유통할 것을 부탁하여 맡기는 것을 말한다.

"잘 호념한다." 함은 학인들에게 반야 지혜로 자신의 마음을 호념하여 망령되이 증

---

73) T25n1512010, 金剛仙論卷第十, 世親菩薩造, 金剛仙論師釋 元魏 菩提流支譯, CBETA 電子佛典集成 》 大正藏 (T) 》 第25冊 》 No.1512 》 第10卷, http://tripitaka.cbeta.org/T25n1512010

오와 탐애를 일으켜 외육진에 물듦으로써 생사의 고해에 떨어지지 않도록 하는 것과, 삿된 마음을 일으키지 않고 자성여래(自性如來)를 잘 지키도록 하는 것을 포함한다. 또한, 현재 근기가 익은 보살, 지혜력으로 자신의 수행을 성숙시킬 수 있는 보살, 교화력으로 중생을 거둘 수 있는 보살 등을 지키는 것을 의미하기도 한다(육조혜능).

일반적으로 호념(護念)이란 마음에 품고 보호한다는 뜻이다. 호념에는 크게 두 종류가 있다. 먼저, 불보살이나 하늘(天人) 등 신중들이 불교도를 보호하여 그들의 삶이나 수행에 각종 장해가 생기지 않도록 하거나, 또는 마치 그림자가 형체를 따르듯, 불보살이 늘 불자들을 수호하여 잠시라도 떨어지지 않고 악귀 등이 장해를 일으키려고 그들에게 가까이 다가올 수 없도록 지키는 것이 있는데, 이를 영호호념(影護護念, 그림자가 되어 보호한다는 뜻)이라 한다. 또 부처님께서 말씀하신 교법이 진실함을 입증하고, '만약 중생이 신수봉행하면 장차 무궁한 이익을 누릴 수 있도록 할 것'이라고 불보살들이 서증(誓證)하는 것이 있는데, 이를 증성호념(證誠護念)이라 한다. 이러한 의미에서의 호념이란 말은 대략 섭호(攝護), 호지(護持), 구호(救護) 등 말과 같은 뜻이다.

이 장구에서 "잘 부촉한다." 함은 두 가지 의미가 있다. 하나는, 근기가 미숙한 보살에게 미래를 부촉하는 것으로, 대승을 얻은 자에게는 그것을 버리지 않도록 촉구하고, 대승을 얻지 못한 자에게는 대승을 얻기 위하여 나아가도록 촉구하는 것이다. 다른 하나는, 앞생각(前念)의 청정함을 뒷생각(後念)으로 이어 가고, 계속 이어지는 뒷생각의 청정함을 구경 해탈에 이르기까지 끊어지지 않고 이어 가도록, 여래께서 중생들과 법회에 온 중인들에게 보이시고, 항상 이를 행하도록 하며, 나아가 다른 중생들이나 미래세의 중생들에게도 전하여 이어질 수 있도록 할 것을 당부하시는 것이다. 부처님께서 경에서 하신 말씀들은 모두 보살들을 호념하고 부촉하는 말씀들이라고 보아도 좋을 것이다.

선호념과 선부촉은 드문 일이다. 부처님의 덕의 크기는 중생의 그것과 비교할 바가 없지만, 그러나 비록 반야에 주목하여 중생을 건네주더라도, 질문과 청원을 기다리는 것이 상례였다. 선현도 부처님을 보고 희유하다고 찬탄을 드린 다음 청문을 하였던 것이다. 즉, 선현이 부처님을 향하여 "드물다"고 하였던 것은 자신과 법회에 참석한 대중들을 위하여 부처님께 가르침을 받고자 청하는 찬탄사였다고 할 수 있다.

보살이란 간단히 말해서 보리심을 내어 깨달음을 향하여 정진하는 한편 다른 중생의 구제를 위하여 보살도를 실천하는 중생 혹은 깨달은 중생(有情)을 말한다.

> [공부]
>
> **부처님의 부촉**
>
> 일반적으로 부촉(付屬)이란 부는 물건에 붙인다는 뜻이고 촉은 일을 부탁한다는 뜻이다. 촉이란 생각하는 것을 말로써 기탁하는 것을 의미한다. 많은 경우, 부처님께서 널리 법을 전하라는 뜻을 부탁하신 것을 가리킨다. 예컨대, 무량수경 하권에 의하면, 석가모니부처님은 미륵보살에게 본원염불(本願念佛)을 널리 유통하도록 부촉하셨다(彌勒付囑)고 한다.[74] 『법화경』 여래신력품에서도 석가모니부처님께서는 『법화경』을 가장 중요시하여 묘법연화경 다섯 글자를 상행(上行)보살 등의 본화보살(本化菩薩)에게 부촉하셨다고 한다. 이처럼 본화보살 같은 특정 혹은 일정한 보살을 선정하여 부촉하는 경우를 별부촉(別付囑)이라 하고, 법화경 촉루품에 나오는 것처럼, 일체 보살에게 당해 경의 유통을 부탁하는 것을 총부촉(總付囑)이라 한다. 또한, 『법화경』 신력품과 관련, 석가모니부처님이 다보탑 중에 계시면서 다보불과 함께 앉았을 때 부촉하신 것을 탑내부촉(塔內付囑), 같은 경 촉루품(囑累品)에서 석가모니부처님이 다보탑 뒤에서 하신 부촉을 탑외부촉(塔外付囑)이라 하기도 한다. 이외에도, 가사나 발우와 같은 물건을 촉탁하거나 대법을 부여하는 것도 부촉의 일종이라 할 수 있다. 선종에서는 스승이 제자에게 오의를 가르쳐 줄 때 대부분 부촉이라 한다. 이런 의미에서 부촉이란 말은 선종에서 늘 사용하는 말이라 할 수 있겠다.

경) 이때 장노 ~ 보살들(時長老 ~ 諸菩薩)

착어) 여래는 한 말씀도 하지 않으셨으나, 수보리가 문득 찬탄하였다. 눈을 갖춘 빼어난 사람들은 눈을 가까이하여 살펴보라(如來不措一言須菩提便興讚嘆具眼勝流試著眼看).

---

74) T12n0360002, 佛說無量壽經卷下, 曹魏天竺三藏康僧鎧譯, CBETA 電子佛典集成 » 大正藏 (T) » 第12冊 » No.0360 » 第2卷, https://tripitaka.cbeta.org/

1) 여래는 한 말씀도 하지 않으셨으나

부처님께서 식사를 마치시고 가사와 발우를 수습한 다음 선정에 드시자 법회에 모인 대중들이 부처님으로부터 가르침을 받고자 하였다. 이러한 마음을 읽은 수보리가 전체 대중을 대표하여 부처님께 가르침을 청하였던 것이다.

부처님의 가르침은 아무런 청함이 없이 부처님 스스로 가르치시기도 하지만(自說), 많은 경우, 제자나 외도 등의 가르침을 청하는 것(契經)에서부터 시작한다. 이 경도 수보리의 청으로 부처님이 설법하는 구조이다. 그러니 수보리가 가르침을 청할 때까지 부처님은 한 말씀도 하지 않으셨던 것이다.

부처님의 가르침은 굳이 말이 없는 가운데 이루어지는 경우가 많다. 부처님의 행주좌와가 모두 가르침의 일부이기 때문이다. 그러나 말이란, 비록 부족하긴 해도, 근기가 열악한 대중들도 함께 참석한 법회에서는 법을 전하기 위하여 반드시 필요한 도구라 할 수 있다.

그러면 착어에서 말한 "한마디 말도 하지 않았다(不措一言)."라는 말에는 무언가 숨겨진 의미가 있을 것이다. 선종의 가르치는 방법은, "세 곳에서 부처님의 마음을 전하였다(三處傳心)."라는 전설에서도 알 수 있듯이, "불립문자(不立文字) 교외별전(教外別傳)"이 매우 중요시된다. 이유는 말이 전할 수 있는 깨달음의 정도는 한계가 있다고 보기 때문이며, 그러므로 문자나 언설에 의한 전달보다는 변방(便棒), 변갈(便喝), 변타(便打) 등의 방법에 의하여 부닥친 장벽에 직접 맞닥뜨려 진일보할 수 있도록 지도하는 것이 더욱 수승할 수 있다는 생각에서다. 각종 공안은 이로부터 생겨났다고 할 수 있다.

한 말씀도 하지 않았다는 말은, 가장 진실한 최고의 깨달음으로 인도하는 지도 방법은 언설로서는 한계가 있다는 것을 분명하게 하는 것이며, 경에서 말하고 있는 언설이 깨달음에 장애가 되지 않아야 한다는 경계의 말이기도 한 것이라 볼 수 있다. 언설이 깨달음에 장애가 되는 것은, 말이나 글자에 매달려 그 언설이 담고 있는 진리나 그 언설로서 전하고자 하는 원래의 뜻은 놓친 채 그 언구에 집착해 버리기 때문이다. 소위 달을 보라고 손가락으로 달을 가리키는데, 보라는 달은 보지 않고 손가락을 바라본다는 말(指月)과 같은 의미라 할 수 있는 것이다.

선가에 부처님께서 법륜을 굴리신 것에 대하여 한 글자도 말한 적이 없다는 연기가 있다.[75]

세존께서 열반에 드실 무렵 문수가 부처님께 다시 법륜을 굴려 주실 것을 청하자 부처님께서 혀를 차며 말씀하셨다.

"내가 49년간 세상에 머물렀어도 일찍이 한 글자도 말한 적이 없습니다. 그대가 내게 법륜을 다시 굴려 줄 것을 청하는데, 내가 일찍이 법륜을 굴렸다는 것은 잘못입니다(世尊臨入涅槃文殊請佛再轉法輪世尊咄云吾四十九年住世未嘗說一字汝請吾再轉法輪是吾曾轉法輪邪)."

그리고 이 연기에 대하여 다음과 같은 게송이 있다.[76]

    사십구 년간 때리며 돌아다니더니(四十九年打之遶)

    마지막에서야 사자후를 크게 지르셨네(下梢大作師子吼)

    그렇다 해도 처음부터 법륜을 굴리지 않았으니(雖然未始轉法輪)

    필경 소원히 나뉘어 언행일치를 이루었소(畢竟分疎成應口)

이미 공부했던 것처럼 때린다 혹은 친다(打)는 말은 선림에서 사용하는 용어로 가르치다, 깨우침을 주다는 등의 의미를 가지고 있다. 요즘 말로 답을 찾아낼 수 있는 중요한 힌트를 제공한다는 의미이기도 하다. 49년간 때린 것은 곧 부처님께서 성도 후 49년간 당신의 깨달음을 중생들에게 전하신 것을 가리킨다. 첫 구절은 부처님께서 49년간 전법하신 활동을 노래한 것이라고 보면 될 것 같다.

마지막이란 열반에 드실 때, 즉 입멸시를 말한다. 사자후란 고승대덕이 하는 법문을 가리킨다. 여기서는 부처님께서 일생 동안 가르치셨지만, 일자도 설한 적이 없다고 하신 말씀을 가리킨다.

비록 49년간 전법하고 사자후도 하셨지만, 처음부터 법륜을 굴리지 않았다고 하는 것은 법을 말하지 않았다는 것이 아니라, 말씀하신 법은 방편에 불과한 것이며, 이러

---

75) C078n1720001, 禪宗頌古聯珠通集卷第一, 雜一, (池州報息寺沙門法應集 紹興天衣禪寺住持普會續集 僧錄司右闡教兼鍾山靈谷禪寺住持淨戒重校), CBETA 電子佛典集成 》 中華藏 (C) 》 第78冊 》 No.1720 》 第1卷, http://tripitaka.cbeta.org/

76) C078n1720001, 무제파(無際派), http://tripitaka.cbeta.org/C078n1720001

한 법을 말씀하셨다는 상(마음 혹은 생각)을 내지 않음을 의미한다. 다시 전법륜을 해줄 것을 청하고 그에 응낙하여 전법륜을 하겠다고 하는 것은 법을 말한다는 상을 내는 것이다. 부처님께서 일자도 말한 적이 없다고 하신 것은 법을 말하였다는 상을 내지 말라는 의미라 할 수 있다.

[공부]

수보리의 일자불설(一字不說)

일자불설이라는 말은 비단 부처님에게만 적용되는 것이 아니다. 수보리도 수행과 교화를 하면서 언설이 없었음을 말하는 이야기가 가끔 나온다.[77]

 수보리가 선악을 전혀 사량하지 않은 채 바위 속에서 좌선하며 아무런 움직임도 없이 고요하게 앉아 있는데, 하늘에서 감득하고 네 가지 꽃(四花)[78]을 비처럼 내렸다. 수보리가 선정에서 깨어나 공중에 대고 물었다.
"꽃비를 내려 찬탄하는 자가 누구시오?"
허공에서 말했다.
"저는 범천입니다."
수보리가 물었다.
"어찌하여 꽃비를 내리시오?"
범천이 말했다.
"존자께서 반야바라밀을 잘 말씀하셔서 그 속에 있는 잘못들을 모두 걸러 내어 거무산(黑山)[79] 아래 살고 있는 중생들에게 그들의 잘못됨을 가르쳐 바로잡도록 하셨습니다."

---

77) M059n1540003, 大慧普覺禪師普說三, 參學道先錄, 方敷文請普說, CBETA 電子佛典集成 » 卍正藏 (M) » 第59冊 » No.1540 » 第3卷, http://tripitaka.cbeta.org/ko/

78) 사화(四花)란 법화육서(法華六瑞) 중 우화서(雨華瑞)의 네 가지 꽃을 가리킨다. 만다라화(曼陀羅華=작은 백련화), 마하만다라화(摩訶曼陀羅華=큰 백련화), 만수사화(曼殊沙華=작은 적련화), 마하만수사화(摩訶曼殊沙華=큰 적련화) 등 네 가지를 가리킨다. 혹은, 분다리화(分陀利=백련화), 우발라화(優鉢羅=청련화), 발특마화(鉢特摩=홍련화), 구물투화(拘物投=황련화) 등 네 꽃을 가리킨다. 혹은 대반열반시 두 그루 사라나무를 형용하기도 한다. 관의 사방에 한 쌍의 백련화를 꽂는데, 이를 사화라고도 한다.

79) 흑산(黑山) 선림 용어. 원래 『구사론』 제11권에 의하면, 남섬부주의 북쪽 세 지방에 각기 삼중의 흑산이 있는데, 그 지역은 암흑이어서 악귀들이 서식하고 있다고 한다. 선림에서는 그 뜻이 전용되어, 정식과 분별 작용에 집착하는 것이 마치 흑산의 어두운 굴에 빠져 있는 것과 같다는 것을 비유하는 데 사용된다.

> 수보리가 말했다.
> "나는 반야를 일찍이 한 글자도 말한 적이 없습니다."
> 범천이 말했다.
> "존자께서 아무 말씀도 하지 않으셨고, 저 또한 아무것도 들은 것이 없습니다. 이것이 참된 반야바라밀을 말씀하신 것입니다."

이처럼 부처님께서 하신 수많은 설법, 속칭 팔만 사천 법문에도 불구하고 한 말씀도 말씀하신 것이 없다고 하는 것은 왜인가? 진실로 말한 것 자체가 방편에 불과하고 깨달은 다음에는 반드시 버려야 하는 유위한 것이기 때문이다. 또한, 말하였다고 말하는 순간 그 말이 마치 진리처럼 말에 집착하여 말에 담긴 가르침의 본뜻을 보지 못할 것을 경계한 것이기도 하다. 더욱이 말하였다고 생각하거나 인식하는 순간 이미 정식이 작용하여 상을 냄으로써 분별과 간택 및 차별을 일으키게 되기 때문이다.

경은 경문 중에 공이라는 말을 사용하지 않으면서도 공의 의미를 잘 드러낸 경전이라고 한다. 그리고 수보리를 부처님의 제자들 중에 해공제일이라고 칭하는 것도 공에 관하여 누구보다 잘 증득하고 실천하였기 때문이라 한다. 그러나 공한 것에 대하여 말하였다고 하면 그것은 하나의 집착에 해당한다고 할 수 있는데, 공하다고 하면서 말하였다고 하는 집착심을 내면 공하지 않은 것이 되어, 경과 그것을 말하는 자체가 모순에 빠지게 된다. 그러므로 말한 것이 없다고 함이 적절하다고 할 수 있는 것이다.

말과 글로 전하는 것은 깨달음을 드러내 보여 그곳으로 인도하고자 하는 가장 흔한 수단이다. 그런데 말과 글은 깨달음의 경지를 표현하여 구체적으로 전달하는 데는 한계가 있다. 그래서 수많은 선사들이 체득, 친증(親證)을 중시하였던 것이다. 그러나 말과 글이 없으면 전한다는 것 자체가 또한 어려울 수 있으므로 말과 글을 사용하게 되는데, 그러므로 이 한계를 가지고 방편에 불과한 말과 글에 집착하게 된다면, 이는 올바른 수행자의 수행 태도라 할 수 없는 것이다. 부처님께서 말씀하신 벌유의 비유가 바로 이러한 상황에 처하는 것을 경계한 것이 아니겠는가?

2) 수보리가 문득 찬탄하다

부처님께서 한 말씀도 하지 않으셨는데, 수보리가 찬탄한 것은 이심전심(以心傳心)의 전형적인 전법 방식이라 할 수 있다. 부처님께서 영산회상시에 하늘에서 떨어지는 꽃을 집어 들어 보이시자, 마하가섭이 웃음으로 그 뜻을 알아차린 것과 같다. 또 다자탑 앞에서 부처님께서 자리를 반으로 나누어 마하가섭에게 주신 것이나, 입멸 후 관 속에서 두 발을 마하가섭에게 내보이신 것이나 모두 한 말씀도 하지 않았지만, 부처님의 마음, 가르침의 의미를 전달하셨고, 제자들은 그 뜻을 알아차렸던 것과도 같다.

찬탄은 무언가를 깨달았을 때 그 환희를 이기지 못하여 자신도 모르게 내놓는 기쁨의 표시이다. 이에 대하여 아라한이 완전한 깨달음을 이루지 못한 증거의 하나로서 '깨달음을 얻었을 때 아! 하고 찬탄한다(道因聲故起).'라는 주장도 있다.[80] 완전한 깨달음을 이루면, 기쁨이나 환희마저 없어진 평정한 상태라고 보기 때문이다. 이 점에서, 적어도 이 착어에 의하면, 수보리는 부처님의 한 자도 말씀하시지 않음에 대하여 깨달음을 얻기는 하였으나, 그 깨달음의 수준이 다소 미흡함을 알 수 있다.

3) 눈을 갖춘 빼어난 사람들은 눈을 가까이하여 살펴보라

착어 중에 구안(具眼)이라는 말이 나온다. 구안이란 글자 그대로 보면 '눈을 갖춘' 혹은 '눈을 갖춘 이'라는 뜻이다. 이를 좀 더 확대해 보면, 구안이란 사물에 대하여 갖추고 있는 특수한 견식 혹은 지혜를 가리키거나 혹은 그런 특수한 견식이나 지혜를 갖추고 있는 사람을 가리키는 말이다. 여기서 눈이란 안목(眼目)이란 의미다. 구안정(具眼睛)이라고도 한다. 우리가 사람이나 사물을 잘 알아보고 제대로 구별할 때 눈썰미가 있다고 한다. 눈을 갖추고 있다는 말인 것이다.

선림에서는 우주의 원칙이나 일체 현상의 실상을 꿰뚫어 볼 수 있는 자를 가리켜 구안자라 한다. 구안승류란 눈을 갖춘 빼어난 사람이란 의미로 구안자와 같은 의미이다. 이와 비슷하게 구안납승(具眼衲僧)이라는 말도 있다. 수행이 원숙한 경지에 달하여 능

---

80) T27n1545099, 阿毘達磨大毘婆沙論卷第九十九, 五百大阿羅漢等造, 三藏法師玄奘奉 詔譯, 智蘊第三中五種納息第二之三, CBETA 電子佛典集成 » 大正藏 (T) » 第27冊 » No.1545 » 第99卷, https://tripitaka.cbeta.org/T27n1545099

히 사물의 도리를 꿰뚫어 볼 수 있는 선승(禪僧)을 가리키는 말이다. 어느 경우이든 눈, 즉 알아차리는 안목이 중요함을 가리킨다.

뒤에서 자세하게 보겠지만, 경에서는 다섯 종류의 눈을 언급하고 있다. 이를 오안(五眼)이라 한다. 오안이란, 개괄적으로 정의하면, 모든 법의 사리를 비추어 보는 다섯 종의 눈, 즉 육안(肉眼), 천안(天眼), 혜안(慧眼), 법안(法眼), 불안(佛眼)을 말한다. 육안(肉眼)은 우리들 중생이 가지고 있는 안근을 가리킨다. 사물이나 물체처럼 형체를 가지고 있는 대상(色境)을 분명하게 비추어 볼 수 있는 눈이다. 천안(天眼)은 하늘의 중생이 가지고 있거나, 선정의 경계에서 얻는 눈을 가리킨다. 멀리, 넓게 그리고 미세하게 사물을 볼 수 있는 눈이다. 혜안(慧眼)은 공의 이치를 비추어 볼 수 있는 지혜를 가리키고, 법안(法眼)은 여러 가지 법을 자세하게 살펴 그 차별을 온전히 알고서 인연에 따라 환상처럼 일어나는 것들을 통찰하여 관찰할 수 있는 지혜의 힘을 가리킨다. 끝으로 불안(佛眼)은 여러 가지 법의 진실한 본성을 궁극적으로 증득하여 아는 지혜의 힘을 가리킨다.

구안승류란 이러한 안목을 갖춘 사람들이다. 안목을 갖춘 사람만이 말이 없는 중에 전해지는 진리를 파악할 수 있다. 혹은 한 말씀을 들었을 때 언구에 떨어지지 않고 전하고자 하는 뜻을 파악할 수 있는 것이다. 눈을 가까이하여 살펴보라는 말은 이 뜻이다.

송) 노래한다.

담 너머 뿔이 보이니, 소임을 알겠고(隔墻見角便知是牛)
산 너머 연기가 보이니, 그것이 불임을 알겠네(隔山見煙便知是火)
천상천하에 홀로 높이 앉아(獨坐巍巍天上天下)
동서남북을 점치고 있으이(南北東西鑽龜打瓦)
쯧(咄)!

소가 본체이면 뿔은 단서(현상, 사물 등)다. 소가 사건이면 뿔은 그 사건을 해결하거나 성질을 파악할 수 있는 실마리 혹은 일부분이다. 그러나 뿔이 소는 아니다. 뿔은 뿔이고 소는 소인 것이다. 소에 뿔이 달렸다고 뿔이 소는 아니며, 또한 뿔이 소를 대변할 수도 없다. 수많은 부처님의 가르침이 중요한 방편일 수는 있지만, 그것이 깨달음 자체는 아닌 것과 같다. 깨달음은 부처님의 가르침에 의거하여 혹은 그것을 실마리(방편) 삼아 수행을 통하여 스스로 이루어 내는 것이다. 깨달음이란 자증(自證)이며 친증(親證)이며 체득(體得)이기 때문이다.

담은 장애물이다. 보다 구체적으로 번뇌라고 할 수 있겠고, 더 구체적으로는 오개(五蓋)라고도 할 수 있다. 여하튼 소를 볼 수 없도록 막고 있는 것이 담장인 것이다. 담장 너머로 뿔이 보인다고 하니 이제 소가 거기 있음을 알 수 있는 상태는 된 것이다. 담장이 낮아진 것인지 식별하는 본인이 보다 높은 곳까지 올라간 것인지는 중요하지 않다. 실제로 이 둘은 소를 본다는 점에서는 같은 결과의 두 과정일 뿐이다. 어느 과정을 가든 상관없는 일이다. 소만 볼 수 있다면.

산 너머 연기가 보인다는 것은 소의 뿔과 마찬가지로 실마리이며 단서다. 불이라는 것은 연기를 일으키는 근거(본래면목)이다. 그런데 멀리서 보면 연기와 안개 혹은 연무와 구별이 잘 안 될 수 있다. 만약 안개나 연무를 연기로 인식한다면 어찌 될까? 사슴뿔, 토끼뿔을 소뿔이라고 단정하고 소를 안다고 단정하는 것과 같은 우를 범하고 말 것이다. 안개와 연무의 근본은 물이다. 연기의 근거는 불이다. 두 종류는 성질이 전혀 다르다. 그럼에도 불구하고, 같은 것이라고 보면 어찌 되는가? 이러한 질문은 다만 진여실상의 세계에서는 일어날 수 없을 것이다. 왜냐하면, 소든, 사슴이든, 토끼든, 불이든 물이든 모두 공하기 때문이다.

천상천하에 홀로 존귀한 것은 누구인가? 뿔을 보고 소를 알고, 연기를 보고 불이 났음을 아는 자가 그러하다. 소를 보거나 불을 안다는 말은 비유적으로 방편을 가지고 이미 깨달음을 이룬 상태를 의미한다. 그러니 홀로 존귀할 수밖에. 왜냐하면, 이미 부처가 되었기 때문이다. 탄생게에 의하면 부처는 천상천하에서 오직 홀로 존귀하다고 했다. 부처님은 천상천하에 높고 높으며 홀로 존귀한 존재인 것이다.

위의 송에서 찬구타와(鑽龜打瓦)라는 말이 나온다. 점친다는 뜻이다. 고대 중국에서는 전쟁을 하는 등 나라에 큰일이 있거나 혹은 가정에 큰일이 있으면, 점을 쳐서 길흉을 미리 알아보곤 하였다 한다. 중요한 정책이나 국사를 두고 미리 자료를 수집하고 분석하여 판단을 내리고 결정을 하는 것과 같은 이치인 것이다. 그러한 점을 칠 때 거북을 불에 구워 그 등의 갈라진 모양이나 기왓장을 던져 그 깨진 모양을 보고 길하고 흉함을 예측하였다는 것이다. 찬구타와란 말은 이에서 유래하였던 것이다.

점친다는 말이 이러한 유래가 있음을 고려하여 송에서 의미하는 바를 살펴보면, 두 가지 해석이 가능하다. 먼저, 동서남북을 점친다고 하는 것은 시방에 걸쳐 가르침을 내보이고 중생을 건지기 위하여 전법을 할까 어찌할까 망설이는 것을 의미하는 것으로 볼 수 있겠다. 부처님께서 깨달음을 이루시고 그 깨달음을 시방의 중생들에게 전할지 어떨지 망설였다는 장면이 나온다. 세 차례에 걸친 범천의 권청이 이루어진 것은 그러한 사유가 있는 것이다. 다른 하나는 소뿔을 보면 소를 알 수 있고 연기를 보면 불이 났음을 알며, 부처님께서는 높고도 높게 그 가르침을 주셨는데, 세상 사람들이 소, 불, 부처님의 가르침의 본래 뜻을 보려고는 하지 않고 이것이 부처님의 뜻이니, 저것이 부처님의 뜻이니 설왕설래 말만 많은 것을 가리킨다고 볼 수도 있다. 즉, 세상 사람들이 깨달음을 이룰 생각은 없이, 부처님의 가르침의 본질에 대하여는 알지 못한 채, 깨달음을 이루겠답시고 우왕좌왕하는 모습을 보이거나 온갖 기복적 행태를 보이는 것을 묘사한 것이라고 볼 수도 있다는 말이다. 마지막에 쯧! 하고 혀를 차는 모습으로 보아 야보천선사의 생각은 두 번째 해석도 유력할 것 같다.

**경) 세존이시여. 선남자, 선여인이 아뇩다라삼먁삼보리심을 내어
어떻게 머물러야 하며, 어떻게 그 마음을 항복시켜야 합니까?**
世尊善男子善女人。發阿耨多羅三藐三菩提心云何應住云何降伏其心。

이 장구는 경에서 제기된 여러 질문과 대답이 오가게 되는 출발점이며 근본적인 질문이다. 아뇩다라삼먁삼보리란 무상정등정각이란 뜻이다. 이러한 질문을 하게 된 것은, 여래께서 현재 및 미래의 보살을 호념하시고 그들에게 부촉하심으로써 성불의 과위를 얻도록 하셨지만, 그러나 보살이 비록 도를 추구하는 마음을 내어 중생을 건지고 불도를 이루겠다는 서원을 하더라도, 그 마음을 어떻게 대승에 안주하며 망령된 마음을 어떻게 항복시켜야 물러남이 없이 불과에 이를 것인지 알지 못하기 때문에, 이를

밝히기 위함이다. 이 질문은 수보리로서도 그리고 법회에 모인 많은 사람들도 알지 못하였던 대승의 주제로서 성문에서 보살로 향상하고 나아가 불지로 들어가기 위하여 반드시 알아야 할 것이라 할 수 있다.

1) 선남자, 선여인이란?

선남자, 선여인이라 함은 일반적으로 양가의 남자나 여인을 가리킨다. 그러나 경 중에서는 출가와 재가를 가리지 않고 남녀 불자를 가리킬 때 매번 선남자, 선여인이라는 호칭을 사용하였다. 특히 아뇩다라삼먁삼보리심, 보살심을 낸 남녀를 가리킬 때 그렇게 부르고 있다. 이때의 선(善)은 부처를 믿고, 법을 들으며 선업을 행하는 자를 가리키는 말이다. 선남자는 산스크리트어 우바새를, 선여인은 우바이를 각각 번역한 말이며, 오계를 받아 지닌 남자와 여인을 가리킨다.

『잡아함경』제37권 선남자경(善男子經)에서는 "선하지 못한 남자(不善男子)와 선남자가 있다. 선하지 못한 남자란 무엇인가? 살생하는 자, 내지 사견을 가진 자를 가리켜 선하지 못한 남자라 한다. 선남자란 무엇인가? 살생하지 않은 자, 내지 정견을 가진 자를 가리킨다."라고 하였다. 나아가 자신들만 그러한 것이 아니라 남도 그렇게 만드는 자도 포함한다.[81] 이에 따르면 선남자란 십악을 멀리하고 십선계를 지키며 보살도를 실천하는 자를 가리킨다.

또『승만사자후일승대방편방광경(勝鬘師子吼一乘大方便方廣經)』제14장에서는, "선남자, 선여인이란 심히 깊은 뜻을 가지고, 스스로 훼손하거나 손상하지 않고, 큰 공덕을 쌓아 대승의 길에 들어선 사람들이다. 이에는 세 종류가 있는데, 첫째, 심히 깊은 법의 지혜를 스스로 성취한 자, 둘째, 법의 지혜를 성취하여 수순하는 자, 셋째, 온갖 깊은 법을 스스로 요지하지는 못하였지만, 부처님을 우러러보며 부처님의 경지를 찬탄하는 자"라고 하였다.[82] 이 경에서 말하는 선남자, 선여인은 대승의 정신으로 겸손

---

[81] T02n0099037, 雜阿含經卷第三十七, 宋天竺三藏求那跋陀羅譯, (一○五五), CBETA 電子佛典集成 》 大正藏 (T) 》 第2冊 》 No.0099 》 第37卷, http://tripitaka.cbeta.org/T02n0099037

[82] T12n0353001, 勝鬘師子吼一乘大方便方廣經, 宋中印度三藏求那跋陀羅譯, 真子章第十四, CBETA 電子佛典集成 》 大正藏 (T) 》 第12冊 》 No.0353 》 第1卷, https://tripitaka.cbeta.org/T12n0353001

한 자세로 지혜를 성취하여 실천하는 자를 가리킨다.

이외에 정토종계에서는 선남자에 대하여 특수한 해석을 내놓고 있다. 예컨대, 아미타경에서는 "만약 선남자, 선여인이 아미타불을 들으면"이라고 하고 있는데, 이에 대하여 주굉(袾宏)의 『아미타경소초(阿彌陀經疏鈔)』에서는 두 가지 뜻으로 해석하고 있다. 첫째, 선남자, 선여인이라고 할 때의 선(善)에 대하여 두 가지 의미를 가지고 있다고 해석한다. 하나는 숙생의 좋은 씨앗(善因)이라는 뜻을, 다른 하나는 금생의 선한 무리(善類)라는 뜻을 가지고 있다는 것이다. 남녀란 검거나 희거나 근기가 좋거나 둔하거나를 불문하고, 육도의 일체 인연 있는 모든 중생을 가리킨다. 대개 무릇 일체 남녀가 지금 법을 듣는다 함은 반드시 숙세의 선업이 있어야 하며, 그러므로 선남선녀라 한다. 둘째, 일반적으로 경전이나 부처님의 명호를 듣고 선심을 내며 부처님을 염하는 자도 또한 선인이며, 그러므로 선남선녀라는 것이다.[83] 후대의 주석가들은 이 설에 크게 의존하고 있다.

구체적으로는 선남자, 선여인이란 위와 같은 다양한 의미로 받아들여지고 있지만, 추상적 혹은 상징적 의미로 다음과 같이 사용되기도 한다. 선남자는 평탄심(平坦心)이나 올바른 선정심(正定心)으로 일체의 공덕을 성취하여 그 어떤 것에도 걸림 없이 머무는 것을 의미하며, 선여인이란 정혜심(正慧心)으로 일체 유위, 무위의 공덕이 이 정혜심에서 생겨남을 의미한다는 것이다(육조 혜능).

2) 아뇩다라삼먁삼보리심을 내다

우리는 일반적으로 무엇을 이루고자 간절히 염원할 때, 그 이루고자 하는 마음을 내는 것을 발원(發願)이라 한다. 모든 부처님들은 발원이 있었기 때문에 부처가 될 수 있었다. 아뇩다라삼먁삼보리심을 낸다는 것은 곧 아뇩다라삼먁삼보리를 이루기 위한 마음을 낸 것, 즉 발원한 것이다. 아뇩다라삼먁삼보리의 마음을 발원한다 함은 무엇인가?

아뇩다라삼먁삼보리(阿耨多羅三藐三菩提, Anuttara - samyak - sambodhi)란 부처님의 지혜(佛智)를 말한다. 부처님의 지혜는 더 이상 높은 것이 없으므로 무상각지

---

83) X22n0424003, 佛說阿彌陀經疏鈔卷第三, 明古杭雲棲寺沙門 袾宏 述, CBETA 電子佛典集成 》 卍續藏 (X) 》 第22冊 》 No.0424 》 第3卷, http://tripitaka.cbeta.org/

라고도 한다. 줄여서, 아뇩삼보리, 아뇩보리라고도 한다. 의역하면, 무상정변지(無上正遍知), 무상정진지(無上正眞道), 무상정등정각(無上正等正覺), 무상정등각(無上正等覺)이라고도 한다. 부처님이 일체의 삿된 견해와 미망의 집착에서 해탈하시고, 높고 높은 지혜를 원만히 성취하시며, 가장 궁극의 진리를 두루 증지하셔서, 일체 중생에게 평등하게 열어 보이시어 그들도 최고의 청정한 열반에 도달하게 하신 것을 가리킨다. 이런 깨달음은 말로써 다 드러내 보일 수 없으며, 세간의 어떤 법도 이에 비교할 수 없으므로 무상정등각이라 한다.

자은대사(慈恩大師)는 반야심경유찬(般若心經幽贊) 하권에서 "아(阿)는 없음(無)을, 녹다라(耨多羅)는 위(上), 삼(三)은 바른(正), 먁(藐)은 같은(等), 삼(三)은 바른(正), 보리(菩提)는 깨달음(覺)를 말하며, 끝에 도(道)를 더한 것이다. 초과할 수 있는 법이 없는 것을 무상(無上)이라 하고, 진리와 일을 두루 아는 것을 정등(正等)이라 하고, 허망함을 버리고 진리를 비추는 것을 정각(正覺)이라 한다. 즉, 무상정등정각인 것이다."라고 하였다.[84]

또 담란(曇鸞)의 왕생론주(往生論註) 하권에서는 "아(阿)는 없음(無), 녹다라(耨多羅)는 위(上), 삼먁(三藐)은 바른(正), 삼(三)은 두루(遍), 보리(菩提)는 도(道)를 각각 의미한다. 이들을 한꺼번에 모아 풀어보면, 무상정변도(無上正遍道)이다. 무상(無上)이란 이 도는 궁극의 이치를 다한 것이어서 성질상 이를 뛰어 넘을 것이 없는 것을 말한다. 바름이란 성인의 지혜이다. 법상을 알면 바른 지혜(正智)라 한다. 법성은 상이 없기 때문에 성지는 무지(無知)이다. 두루(遍)라는 말은 두 가지 뜻을 가지고 있다. 하나는 성인의 마음은 일체법을 두루 안다는 것이고, 다른 하나는 법신은 법계에 두루 가득하여 몸도 마음도 두루하지 않음이 없는 것이다. 도라 함은 걸림 없는 도이다."라고 하였다.[85]

『법화경현찬(法華經玄贊)』제2권에서는 "무상정등각(無上正等覺)이란 네 가지 깨달음이 있다. 첫째, 무상각은 총상(總相)으로서 보리청정법계를 드러낸다. 둘째, 정각은

---

84) T33n1710002, 般若波羅蜜多心經幽贊卷下, 大乘 基撰, CBETA 電子佛典集成 » 大正藏 (T) » 第33冊 » No.1710 » 第2卷, http://tripitaka.cbeta.org/

85) T40n1819002, 無量壽經優婆提舍願生偈婆藪槃頭菩薩造(并)註卷下, 沙門曇鸞註解, CBETA 電子佛典集成 » 大正藏 (T) » 第40冊 » No.1819 » 第2卷, http://tripitaka.cbeta.org/T40n1819002

외도의 삿된 지각을 줄인다. 셋째, 등각은 이승이 가지고 있는 공에 대한 치우친 자각을 줄인다. 넷째, 정각은 보살, 보살의 인각(因覺)이 과위를 만족시키지 못하고 정각이 아닌 것을 줄인다. 그러므로 이는 보리도를 드러낸다. 그리고 범부는 깨닫지 못하고(不覺), 외도의 깨달음은 삿되며(邪覺), 성문, 연각의 깨달음은 한 쪽으로 치우치고(偏覺), 보살은 인각(因覺)이지만, 부처는 평등원만한 정각이며, 그러므로 무상정등정각(阿耨多羅三藐三菩提)이라 한다."라고 하였다.[86]

요컨대, 아뇩다라삼먁삼보리심을 내는 것은 최상의 깨달음을 이루어 부처가 되리라고 발원하는 것을 의미한다. 이를 흔히 초발심(初發心)이라고도 한다.

3) 어떻게 머물며, 어떻게 그 마음을 항복시킬 것인가?

경에서, 수보리가 물었던 것은 "보리심을 낸 모든 사람들은 어떻게 머물러야 하며, 어떻게 그 마음을 항복시켜야 하는가?"이다. 경에서 말하고자 하는 기본정신을 찾아내기 위한 질문의 시작이라 할 수 있겠다. 경은 전체가 이 질문에 대답하기 위한 부처님의 말씀이라 할 수 있다. 그런데 수보리가 이 질문을 하였던 것은, 일체 중생이 초조하고 불안하여 마치 작은 티끌이 머물지 못하고 요동치는 것처럼 마음이 흔들리고, 마치 표풍이 끊임없이 염념상속하여 일어나듯 마음도 쉼 없이 부침하는 것을 보고, 부처가 되고자 수행할 경우, 그 마음을 어떻게 다스리고 조복시켜야 할 것인지를 부처님께서 말씀해 주실 것을 청하였던 것이다.

경) "세존 ~ 그 마음(을 항복시켜야 합니까?)(世尊 ~ 其心)"

착어) 이 한 질문은 어느 곳에서 왔는가(這一問從甚處來)?

이 한 질문이란 "어떻게 머물러야 하며, 어떻게 그 마음을 항복시켜야 하는가?"라는 질문을 말한다. 이 질문이 어디서 왔는가를 묻는 것은 '만 가지 법은 한 법으로 돌아가

---

86) T34n1723002, 妙法蓮華經玄贊卷第二(本), 沙門基撰, CBETA 電子佛典集成 》 大正藏 (T) 》 第34冊 》 No.1723 》 第2卷, http://tripitaka.cbeta.org/T34n1723002

는데, 그 한 법은 어디로 돌아가는가?'라는 물음을 역으로 묻는 것과 같다.

위에서 간략히 언급한 바와 같이, 경은 보살이, 혹은 선남자, 선여인이, 보리과를 얻기 위하여 어떠한 마음의 자세로 수행해야 할 것인가라는 물음에 대답한 경전이다. 그러므로 착어가 제시한 질문은 경 전체를 소화해야 비로소 그 답을 알 수 있다. 선현이 부처님께 청익하고 부처님께서 대답하신 말씀들을 이해한 다음 답을 찾아보기로 하자.

송) 노래한다.

그대는 기쁜가, 나는 기쁘지 않으이(你喜我不喜)
그대는 슬픈가, 나는 슬프지 않으이(君悲我不悲)
기러기는 새북(塞北)으로 날아갈 생각을 하고(鴈思飛寒北)
제비는 돌아갈 옛집을 기억하누나(燕憶舊巢歸)
가을 달 봄꽃에 마음은 끝없지만(秋月春華無限意)
그런 중에도 제집만은 아는구료(箇中只許自家知)

이 노래에서 기쁨과 슬픔이란 말은 대립적인 두 감정을 내세워 인간이 가진 온갖 감정을 대표하는 것이라고 할 수 있다. 기쁨이란 인간의 즐거운 측면을, 슬픔은 인간의 즐겁지 않은 측면을 각각 말하는 것이라 할 수 있을 것이다. 그러면 기쁨이나 슬픔을 가지고 이야기하는 것은 인간의 세속적인 감정에 빠져 있음을 말하는 것이 된다. 이는 인간의 마음이 잠시도 멎지 않고 흔들리며 평상심을 유지하지 못하는 것을 가리키는 것이다. 반대로 기쁘지 않고 슬프지 않음은 그러한 감정들에 휘둘리지 않고 평상심, 부동심, 평정심을 유지함을 의미하는 것이라 하겠다.

기러기와 제비는 대표적인 철새이다. 기러기는 겨울에 남으로 내려왔다 여름이 오면 북으로 가고, 제비는 겨울이면 남으로 갔다 여름이면 북으로 온다. 또 가을에는 하늘이 맑고 높으므로 달이 밝아 많은 경우에 가을과 달이 연관되며, 봄은 날이 따뜻해짐과 함께 모든 꽃들이 피고 열매가 맺는다.

기쁨과 슬픔이 인간사를 대표하고, 기러기와 제비가 사물을 대표하며, 가을과 봄이 시간의 변화를 대표한다고 볼 때, 시공간의 모든 사물과 현상을 의미한다고 할 수 있겠다. 즉, 첫 구절부터 다섯째 구절까지 시공의 모든 현상과 사물이 변화무쌍하는 모습을 말한 것이다.

그러나 그 모든 변화의 모습이 결국은 한곳을 향하여 집중되어 있다. 기러기는 북, 제비는 남이 각기 그 본향이고, 달은 가을, 꽃은 봄이 그 본향이며, 기쁨과 슬픔은 사람의 마음이 그 중심이다. 송의 마지막 구절에 나오는 제집은 바로 본향과 중심을 지칭하는 것이다. 수행자에게 있어, 제집이란 바로 최상의 깨달음, 즉 아뇩다라삼먁삼보리를 의미한다고 할 수 있다. 그러므로 수행자는 인연 따라 생겼다 소멸하는 수많은 내외적 원인에 의한 흔들림 속에서도 최상의 깨달음을 향한 마음은 늘 간직하고 있어야 함을 의미한다.

경) *부처님께서 말씀하셨다.*
"훌륭하구나. 훌륭하구나. 수보리야. 그대가 말한 것처럼 여래는
보살들을 잘 호념하고 또 보살들에게 잘 부촉하였다."
佛言善哉善哉須菩提如汝所說如來善護念諸菩薩善付囑諸菩薩。

이는 부처님께서 수보리가 부처님의 마음과 뜻을 잘 이해하였음을 칭찬한 말이다. 줄탁동시(啐啄同時)라는 말이 있다. 안에서 쪼고 밖에서도 쪼는 것을 의미한다. 알 속에 있는 새가 부화를 하려면 알 속에서 새끼가 부리로 쪼아야 알 밖에서 어미가 그 낌새를 알아차리고 조응할 수 있다. 그런데 알 껍질은 단단하여 새끼의 여린 부리로는 깨뜨리기가 여간 힘 드는 일이 아니다. 알 밖에서 어미가 세상을 살아온 단단한 부리로 깨뜨리도록 도와주면 훨씬 도움이 될 것이다. 이 뜻을 확장하여 스승과 제자, 선임과 신입, 유경험자와 무경험자, 대답자와 질문자, 연사와 청중, 나아가 안내자와 피안내자 등의 관계에서도 원만하게 목표를 달성하기 위하여 서로 간에 긴밀하고도 협조적인 상호작용이 필요함을 설명할 때 사용하는 말이다.

그런데 줄탁동시라고 하여 항상 성립하는 것은 아니다. 반드시 조건이 성숙되어야 비로소 최대한의 효능이 발휘될 수 있다. 줄탁동시가 최대한의 효과를 얻을 수 있는 조건이란 어떤 것이 있을까? 대략 다음과 같이 생각해 볼 수 있을 것 같다.

- 먼저, 변화와 이를 향한 노력이다. 알 속에서 새가 자라 마침내 알을 깨고 나오려는 움직임을 보이기까지 끊임없이 변화하여 왔다. 알이라는 세계 속에서 병아리의 자기변화가 없었다면 결코 줄(啐)이란 없는 것이다.
- 다음으로, 지속적인 관심이다. 알 밖에서 어미 새가 끊임없이 알 속의 병아리에게 관심을 기울이고 품어 주지 않았다면 결코 병아리의 성장과 알을 깨려는 의도를 알지 못할 것이다.
- 셋째로, 성숙(타이밍)이다. 알을 품자마자 어미 새가 알을 쪼아서 껍질을 깨 버리면 알에서 병아리가 태어나기는커녕 헛되이 알만 깨지고 말 것이다. 알 속에서 병아리가 충분히 자라 알에서 나와도 생존할 수 있을 때 쪼아(啄) 주어야 하는 것이다.
- 마지막으로, 간절한 교감이다. 어미 새와 병아리 사이에 서로 통하는 간절함이 없다면 결코 줄탁이 동시에 이루어질 수 없다. 이는 항상 관심을 가지고 성숙을 기다리며 끊임없이 변할 때 비로소 가능한 마음의 흐름이자 행동의 표현이 아닐까 생각한다.

부처님께서 수보리를 이렇게 칭찬하신 것은, 수보리가 부처님의 뜻을 알고 그것을 자신도 듣고 청중들도 들을 수 있도록 간절한 마음으로 부처님께 청익을 하였고, 중생들의 고통을 치유하시려는 부처님의 간절한 마음이 수보리의 이러한 마음에 닿아 이루어진 것이 아닌가 한다. 제자의 청익과 스승의 대답 사이에는 이렇듯 오고 가는 간절함이 있어야 비로소 아름다운 결과가 태어날 수 있는 것이다.

경) "그대는 지금 잘 들어라. 마땅히 그대에게 말하겠다."
汝今諦聽當爲汝說。

부처님께서 법을 말씀하시고자 할 때는 항상 먼저 듣는 사람들에게 주의를 기울이도록 하는 말씀을 하셨다. 그 말이 바로 "한마음으로 잘 들어라. 마땅히 그대에게 말하겠다."라는 어구다. 이 주의의 말씀에는 몇 가지 의미가 내포되어 있다.

- 한마음으로 들을 것을 지시하는 것이다. 부처님께서 깨달으신 법은 미묘하여 범부로서는 이해하기 어려운 점이 많다. 잘 이해하려면 집중해서 들어야 할 필요가 있는 것이다. 이를 부처님께서 청중들에게 주지시키시는 것이다.
- 잘 들을 것을 주문하시는 것이다. 법회를 할 때, 법문을 시작하기 전에 먼저 선정에 들어 마음을 가다듬고 정신을 집중하는 것은 바로 부처님의 이러한 가르침에서 시작하는 것이라고 할 수 있다.
- 특정 질문을 하는 사람에게 질문에 대하여 답을 주겠다는 의지를 분명하게 표시함과 동시에 청중들도 함께 들을 것을 주문하신 것이다. 질문을 한 사람이든, 그냥 듣는 사람이든, 모두에게 평등하게 법문할 것임을 표시하신 것이다.
- 들은 법문에 대하여 깊이 사유할 것(善思)을 말씀하시는 경우도 많았다. 들으면서 생각도 함께하여 배움과 익힘이 동시에 이루어질 수 있도록 주지시키는 것이다.

경) *"선남자, 선여인이 아뇩다라삼먁삼보리심을 내면,*
마땅히 이와 같이 머물며, 이와 같이 그 마음을 항복시켜야 한다."
善男子善女人發阿耨多羅三藐三菩提心應如是住如是降伏其心。

경 중에서 부처님께서 수보리에게 하신 이 말은, 앞으로 말하는 핵심을 잘 이해하고, 보리심을 낸 자는 반드시 가르쳐 주는 대로 바르게 수행하여야 함(如所教住)을 당부하신 것이다. 이 장구는 경 전체를 관통하는 중요한 장구이다. 특히, "이와 같이 머물며, 이와 같이 그 마음을 항복시켜야 한다."라는 장구에 주목할 필요가 있다. 이 경문에 대한 송을 하나 살펴보자.[87]

---

87) W09n0073h001 梁朝傅大士夾頌金剛經 第1卷, CBETA 電子佛典集成 » 藏外 (W) » 第9冊 » No.0073h » 第1卷, http://tripitaka.cbeta.org/W09n0073h001

드물고 드물구나, 부처님이여(希有希有佛)

묘한 이치가 지극한 열반일세(妙理極泥洹)

어찌 머물고, 어떻게 항복시키리(云何降伏住)

항복이란 믿기 어렵다네(降伏信為難)

이의(二儀)는 법 중에 묘하고(二儀法中妙)

삼승의 가르침은 깨우침이 두텁네(三乘教喻寬)

훌륭하구나, 지금 잘 들으니(善哉今諦聽)

육적을 막아 면하겠네(六賊免遮攔)

이 시는 부처님의 가르침의 훌륭함을 노래한 것이다. 부대사는 육조시대 양나라 무제 때의 스님이다. 시 중에 이의(二儀)란 말은 하늘과 땅, 음과 양 등 두 개의 대응되는 관계를 함께 지칭할 때 많이 사용된다. 비슷한 말로 양의(兩儀)라는 말도 있다. 이의란 머묾(住)과 항복시키기(降伏) 둘을 가리킨다. 삼승은 성문, 연각, 보살을 가리킨다. 혹은 성문만을 가리킬 때도 있다(이 경우, 연각은 이승이라 한다). 육적(六賊)이란 우리의 육근(六根), 즉 눈, 귀, 코, 혀, 몸뚱이 및 식(마음) 등 여섯 개 감각기관(그 각각의 작용도 포함할 때가 있다)과 그에 대응하는 색, 소리, 냄새, 맛, 닿음, 법 등 여섯 가지의 감각 대상을 가리킨다. 이 시는 부처님의 가르침에 따라 육근에 의하여 저지르게 되는 온갖 번뇌를 차단하여 막음으로써 생사윤회를 벗어나 해탈을 이룰 수 있음을 노래한다고 보면 될 것이다.

그러나 그것이 그리 녹록지 않음을 수행자라면 알고도 남는다. 그래도 절망하지 않고 꾸준히 수행하다 보면 언젠가는 육적을 모두 끊고 불과를 이룰 수 있으리라.[88]

자르고 끊어라, 끊임없이 배워도(截斷從教來袞袞)

어쩔 수 없이 흐름 따라가는구나(隨流未必去滔滔)

청산은 오래도록 막혔다 날아오를 기세이고(青山長鎖欲飛勢)

창해는 높은 곳에서 온 것임을 잘 안다네(滄海合知來處高)

온갖 결박을 끊고 번뇌를 제거해야 해탈에 이를 수 있다고 아무리 배워도 그것은 배

---

88) 卍新纂大日本續藏經 第66冊, No.1297 宗鑑法林(72卷), 【清 集雲堂編】, 第3卷, 諸經, 金剛, 心聞賁, http://tripitaka.cbeta.org/mobile/index.php?index=X66n1297003

우는 것에 그칠 뿐 여전히 번뇌에 시달리고 결박을 당한다. 끊고 잘라서 없애야 할 것에 더욱 묻히는 것이 현실이다.

　그러나 너무 실망할 것은 없을 것 같다. 오래도록 결박당하고 쌓이다 보면 언젠가는 풀고 끊고 잘라서 해탈을 이룰 수 있을 것(이는 누구든지 언젠가는 깨달음을 이룰 수 있을 것이라는 부처님의 약속이다)이기 때문이다. 창해에 모든 물줄기가 모여 합해지는 것은, 그 모든 물줄기들이 창해보다는 높은 곳에서 왔기 때문이다. 즉, 창해가 가장 낮은 곳에 있는 것이다. 가장 낮은 곳에서 모든 것이 합해짐은 어쩌면 그것이 가장 훌륭한 가르침이 모두 모여드는 구원의 약속일지도 모른다(사바세계가 단순한 고통의 사바가 아니라 거기에 발을 디뎌야만 해탈도 열반도 가능한 것이 아닌가 하는 것이다).

　　　　경) "그리하겠습니다. 세존이시여. 기꺼이 듣겠습니다."
　　　　　　　　唯然世尊願樂欲聞。

　경문 중에, 유연(唯然)이란 글자 그대로 "오직 그러합니다."라는 뜻이다. 그러나 앞에서 부처님의 지시 혹은 당부의 말씀에 대하여 대답한 것이니, 그리하겠다고 응낙한 말이다. 또 원요(願樂)란 글자 그대로 "기꺼이 바랍니다."라는 뜻이다. 부처님께서 널리 자세하게 말씀하셔서 상근기의 중생뿐만 아니라, 중근기, 하근기의 중생들까지도 모두 깨달을 수 있도록 해 주시기를 바라는 것이라 할 수 있겠다. 기꺼이(樂)란 깊은 법을 기꺼이 듣겠다는 말이며, 욕문(欲聞)이란 부처님께서 말씀하시겠다고 한 자비로운 가르침을 목마르게 우러러 기다린다는 의미이다.

　　　　경) 부처님께서 말씀하셨다 ~ 듣겠습니다(佛言 ~ 欲聞)

　　착어) 일이란 왕왕 간절한 부탁(叮囑)에서 생긴다(往往事因丁囑生).

　간절한 부탁이란 마음을 다하여 정성껏 하는 부탁을 의미한다. 여기서는 보살들을 잘 호념하시고 잘 부촉하시는 부처님께 수보리가 그런 보살들이 어떻게 머물며 어떻게 그 마음을 항복시킬 것인지를 질문한 것을 가리킨다. 경을 보면, 부탁이 중요한 계기가 되는 경우가 매우 많다. 몇 가지 예를 들어 보자.

- 부처님께서 중생들을 위하여 당신의 깨달음을 전하기로 결심하셨던 것도 범천의 세 차례에 걸친 간절한 권청(梵天三請)에 의한 것임은 간절한 부탁이 중생들에게 얼마나 큰 의미를 갖는 것인가를 보여 주는 것이다.[89]

- 부처님의 가르침은 제자들이나 바라문 혹은 속가인들, 천인, 아수라 등 온갖 중생들의 청문(질문을 하여 가르침을 청하는 것)을 받아들여 주시는 경우가 대부분이다. 이를 통하여 설하신 법은 십이부경의 하나로서 계경이라 한다. 『법화경』 방편품에서 말하고 있는, 『법화경』의 묘법을 설하게 된 연기에 의하면, 사리불이 부처님에게 간절하게 세 번 청하고(三請) 부처님께서 세 번이나 거절하신(三止) 다음 법화의 묘법을 설하셨다고 한다(三止三請).[90]

- 일반적으로 우리네 세상사에서도 남에게 무언가를 얻고자 할 때 성의를 다하여 마음을 보이지 않으면 얻기 어렵다. 건성건성 하거나, 윽박지르거나 하는 것은 무언가를 얻어 낼 수 있는 조건이 되지 못한다. 그것은 빼앗는 것이다. 불가에서 절대로 금기시하는 불투도의 계를 어기는 짓이다.

정촉(叮囑)이란 말은 마음을 다하여 재삼 촉부(부탁)한다(叮嚀囑咐)는 뜻이다. 세간의 일에서도 간절함은 말 이전에 태도나 눈빛에서 먼저 배어 나오기 마련이다. 그 간절함이 바로 사람의 마음을 움직인다. 말의 경우에도, 간절할 때가 그렇지 않을 때보다 훨씬 상대방의 마음을 움직일 수 있는 것은 물론이다. 이런 간절함은 사람이 아닌 동물과 동물, 동물과 사람 사이에서도 통한다. 지성감천(至誠感天)이란 말이나, 말 한

---

[89] T03n0190033, 佛本行集經卷第三十三, 隋天竺三藏闍那口多譯, 梵天勸請品下, CBETA 電子佛典集成 » 大正藏 (T) » 第3冊 » No.0190 » 第33卷, http://tripitaka.cbeta.org/T03n0190033

[90] T09n0262001, 妙法蓮華經卷第一, 後秦龜茲國三藏法師鳩摩羅什奉 詔譯, 妙法蓮華經方便品第二, CBETA 電子佛典集成 » 大正藏 (T) » 第9冊 » No.0262 » 第1卷, http://tripitaka.cbeta.org/T09n0262001

마디로 천 냥 빚 갚는다는 속담이 생긴 것도 이 때문일 것이다. 아미타불이 된 법장비구의 48원 중 18원은 지극한 마음으로 아미타불을 10번 염송하면 극락정토에 데려가겠다는 서원이다.[91] 부탁한 일이 이루어지려면, 이런 간절함이 있어야 한다는 것이다.

송) 노래한다.

일곱 개의 손과 여덟 개의 다리, 신의 머리와 귀신의 얼굴(七手八脚神頭鬼面)
봉으로 때려도 열리지 않고 칼로 잘라도 끊어지지 않네(棒打不開刀割不斷)
염부제에서 뛰고 달리기 몇천 번이던가(閻浮踔躑幾千迴)
머리, 머리가 공왕전에서 벗어나지 않누나(頭頭不離空王殿)

부처님께서 이제 수보리의 청익에 따라 아뇩다라삼먁삼보리심을 낸 보살, 선남자 선여인이 어떻게 머물고 어떻게 그 마음을 항복시킬 것인가를 말씀해 주시겠다고 하니, 그 말씀의 무게가 참으로 무겁다. 부처님의 위신력(威神力)으로 하시는 말씀은 한 마디, 한 마디가 모두 천금의 무게를 가치와 무게를 갖는다. 경에서 여래는 진어자이며, 실어자이며, 여어자이며, 불광어자이며, 불이어자라고 했다. 이는 곧 부처님 말씀은 한 마디라도 소홀히 해서는 안 되는 것을 의미한다. 그런 무게를 가진 부처님의 말씀으로 드러내는 진리, 수행지침은 어떠할 것인가? 위의 노래는 이를 잘 표현하는 것으로 보인다.

일단 통상적인 인간이나 짐승 무리의 모습과는 전혀 다른, 아주 이상한 모습을 한 것이라고 말한다. 일곱 개의 손과 여덟 개의 다리, 신의 머리 귀신의 얼굴이라면 괴물이다. 부처님을 괴물이라고 묘사한 것은 오히려 반어법이다. 일반적인 사고나 관념으로서는 도저히 담을 수 없음을 가리킨다고 할 것이다. 또 몽둥이로 때리고 칼로 베어도 그 가르친 바의 뜻을 도무지 다 알 수가 없으며, 온전히 실천할 수 없다. 그러니 중생들이 아직도 부처님의 뜻을 제대로 이해하지 못하고 사바세계에서 부지런히 생사

---

91) T12n0360001, 佛說無量壽經卷上, 曹魏天竺三藏康僧鎧譯, CBETA 電子佛典集成 » 大正藏 (T) » 第12冊 » No.0360 » 第1卷, http://tripitaka.cbeta.org/T12n0360001

를 유전하며 괴로움에 핍박받고 있는 것이다. 그러한 모습의 중생들이 부처님의 눈으로 보기에 얼마나 애민하셨을까? 염부제에 거듭해서 오시지 않을 수 없었으리라. 그러나 부처님께서 아무리 염부제의 사바에 오셨을지언정, 부처님의 본래면목을 잃은 적이 없으니, 염부제에 오셨어도 공왕전에 여여하게 계시기 때문이다. 오셔도 오신 것이 아니며, 가셔도 가신 것이 아닌, 여래의 모습인 것이다.

제3분 대승이 바른 종지이다(大乘正宗分)

1. 의의

부처님의 가르침은 정과 사가 끊어지고, 수레의 크고 작음이 없으며, 상중하의 세 근기에 따라 교화하여 고통의 사바를 건널 수 있게 한다. 상중하 세 근기로 나누신 것도 배우는 자를 위한 배려이지 근기의 수승함과 하열함에 따라 차별하고자 함이 결코 아니다. 이런 핵심내용(宗旨)은 다른 설과 구별되어 홀로 존귀하다.

정종(正宗)이란 말은 불교의 초조께서 전하신 바른 종지라는 의미이다. 이는 종지가 바르게 전해졌음을 가리킨다. 즉, 석가모니 부처로부터 대대로 바르게 전해진 불법이라는 것이다. 전법정종기(傳法正宗記) 제1권에 의하면, "정종이란 석가여래가 전해 준 것으로, 성인이 비밀리에 전승하여, 그 (전승의) 장소와 시기를 알 수 없다."라고 하였다.[92] 선림에서는 자칭 선종의 교의가 정종이라고 주장한다.

승이란 수레와 같은 탈 것이란 의미이지만, 이를 확대하여 '능히 중생을 번뇌의 이편에서 깨달음의 저편으로 데리고 갈 수 있는 교법과 수행법'을 가리킨다. 대승(mahāyāna)이란 큰 수레, 큰 탈것이란 의미로, 소승에 대응하여 사용된다. 소승은 회신멸지(灰身滅智)의 공적한 열반, 즉 열반적정을 구하는 가르침이다. 이는 자신이 열반에 들어가는 것이 최종목표이다. 소승에는 성문과 연각의 구별이 있는데 이 둘을 함께 이승(二乘)이라 한다. 이에 반하여 일체지를 열어 모든 중생이 함께 열반에 들도록 하는 가르침을 대승이라 한다. 이 중에는 일승, 삼승의 구별이 있다. 대승은 마하연나(摩訶衍那), 마하연(摩訶衍)으로 음역하거나, 또는 상승(上乘), 승승(勝乘), 제일승(第一

---

92) T51n2078001, 傳法正宗記卷第一, 宋藤州東山沙門釋契嵩編修, 始祖釋迦如來表, CBETA 電子佛典集成 » 大正藏 (T) » 第51冊 » No.2078 » 第1卷, http://tripitaka.cbeta.org/

乘)으로 의역하기도 한다.

『법화경』 비유품에 의하면, "어떤 중생이 불세존으로부터 법을 듣고 믿으며 받아 지니고, 부지런히 수행정진하며, 일체지, 불지, 자연지, 무사지, 여래지견, 무소외 등을 구하여 무량한 중생의 이익과 안락을 위하여 일체를 벗어나게 해 주는 것을 대승이라 하며, 보살은 이런 대승을 추구하기 때문에 마하살이라 한다."라고 하였다.[93] 십이문론(十二門論)에서는 "마하연이란 이승보다 위에 있기 때문에 대승이라 한다. 부처가 되는 것이 가장 궁극이고 최대인데, 대승을 가지고 능히 도달할 수 있기 때문에 크다(大)고 하며, 또한 제불 대인이 타기 때문에 크다고 한다. 또 중생의 큰 고통을 없애 주고 큰 이익이 있는 일을 베풀어 주기 때문에 크다고 한다. 또 관세음, 대세지, 문수사리, 미륵보살 등 마하살이 타기 때문에 크다고 한다. 또 이 수레를 가지고 일체 제법의 편격(偏格; 치우침)함을 없앨 수 있기 때문에 크다고 한다."라고 하였다.[94]

부처께서 보살들을 교화하고, 보살들이 육바라밀(六度)을 원만하게 수행하여 중생과 한 몸처럼 되니, 나도 없고 남도 없다. 그런데 누가 멸도에 들었으며, 또 누가 멸도에 들지 않았겠는가? 그러므로 대승이 정종이라고 하였던 것이다.

송) 노래한다.

대승의 경지는 무엇이든 받아들이니(大乘境界盡含容)
범인과 성인의 일이 원래 같은 것이라네(凡聖元來事一同)
티끌 같은 생사의 생각을 모조리 털어 버리니(掃盡微塵生死念)
의연한 면목, 옛 가문의 풍모라네(依然面目舊家風)

대승의 경지란 대승이 이루고자 하는 세계를 의미한다. 대승이 이루고자 하는 세계

---

93) T09n0262002, 妙法蓮華經卷第二, 後秦龜茲國三藏法師鳩摩羅什奉 詔譯, 譬喻品第三, CBETA 電子佛典集成 » 大正藏 (T) » 第9冊 » No.0262 » 第2卷, http://tripitaka.cbeta.org/T09n0262002

94) T30n1568001, 十二門論 第1卷, 觀因緣門第一, 龍樹菩薩造, 姚秦三藏鳩摩羅什譯, CBETA 電子佛典集成 » 大正藏 (T) » 第30冊 » No.1568 » 第1卷, http://tripitaka.cbeta.org/T30n1568001

는 "모든 것을 끌어안아 녹여 내는(盡含容)" 세계이다. 수레가 크다 보니 자신도 타고, 남도 태울 수 있는 것이다. 이에는 업보의 괴로움에 시달리는, 나를 포함한 모든 중생이 들어간다. 또 이를 위하여는 수레가 클 필요도 있다. 이 큰 수레에 모두를 태우고 사바에서 열반의 세계로 함께 가려면 서로 힘을 합치고 융합하지 않으면 안 된다. 세속적으로 생각해도, 같은 배를 타고 가면서 서로 분열하고 다투어서는 배를 온전하게 운항할 수 없을 것이다. 예를 들면, 자동차, 비행기, … 한 조직, 한 사회, 한 국가, … 공동체를 구성하는 모든 구성체가 서로 융합하고 포용하지 않으면 절대로 공동체의 목적을 달성할 수 없다. 불가의 공동체도 이와 전혀 다르지 않다. 모든 중생을 열반의 세계로 데려가고자 하는 것이 불가의 근본 목적인데, 다툼이 있어서야 될 것인가? 불가에서 화쟁이 꼭 필요한 이유이다.

  대승은 자체로 모든 것을 포용하고 융합하지만, 또 그에 걸맞게 서로 포용하고 융합하도록 하여야 하는 양면적 성격을 가진다. 큰 배를 탔다고 모두 강을 잘 건널 수 있는 것이 아니라, 배를 탄 사람들이 협조하여 배가 잘 갈 수 있도록 자신의 자리에서 최선을 다하여야 비로소 큰 배가 강을 잘 건널 수 있는 것이다. 그러므로 대승을 따르는 자라면, 성인도 범인도 서로 간에 차별 없이 제자리를 지켜야 하는 것이다. 성인이 제자리를 벗어나면 이미 성인이 아니고 범인이 제자리를 벗어나면 이미 범인이 아니다. 성인은 제자리에서 범부를 이끌어 성인으로 만드는 데 전부를 쏟아야 하고, 범부는 제자리에서 성인을 따르며 성인이 되기 위하여 전부를 쏟아부어야 한다. 그러므로 성인과 범부의 차별이 없는 것이다. 다만 있다면 세간사의 온갖 것들에 마음을 쓰고 번뇌에 휩싸여 있느냐 그런 번뇌에서 벗어났느냐 여부일 것이다. 그러니까 경에서도 무위법에서 차별이 있다고 하였던 것이다. 무위법을 이루었느냐 아직도 유위법에서 번뇌에 시달리느냐가 차별을 부르는 것일 뿐이라는 의미가 아니겠는가? 만약 유위의 모든 번뇌를 털어 낼 수만 있다면, 본래면목이 회복되지 않을까? 부처님으로부터 지금에 이르기까지 모든 가르침은 바로 이를 향하여 집중되어 있으니, 생각이 다소 달라 방법론은 틀릴 수 있을지라도 그것은 도품의 차이일 뿐 최상의 깨달음을 이루어 생사윤회를 벗어나려는 것에는 모두 같다.

> [공부]
>
> ## 회신멸지(灰身滅智)
>
> 육신은 태워서 재로 만들고, 심지는 소멸시킨다는 뜻. 이승의 사람이 삼계의 번뇌를 끊은 후 화광삼매(火光三昧)에 들어 몸을 태우고 마음을 소멸시켜 공적한 무위의 열반계로 돌아가는 것을 말한다. 줄여서 회멸(灰滅) 혹은 회단(灰斷)이라 한다. 『조론(肇論)』에서는 "그러므로 사람이 회신멸지에 이르면 형체가 손상되고 생각이 끊어지나니, 안으로 근기에 따라 사물을 비추는 활동이 없고 밖으로 큰 화근의 근본이 멈춘다."라고 하였다.[95] 또 금강선론 제9권에서는 "소승인은 삼계의 번뇌를 끊고 생사를 모두 분단하고 회신멸지하여 무여열반에 들어가 선악과 인과의 일체를 모두 버린다."라고 하였다.[96] 『지관보행전홍결(止觀輔行傳弘決)』 제3권의 일(一)에 의하면, "몸을 재로 만들므로 몸이 없어지고, 심지를 소멸시키므로 심지가 없어진다. 홀로 저 혼자만 해탈하니, 그러므로 외톨이 조복(孤調)이라 한다."라고 하였다.[97] 또 고조해탈(孤調解脫)이라고도 한다. 고조해탈이란 소승의 증과를 가리키는 것으로 자신만 홀로 조도하여 생사를 해탈할 뿐 다른 중생의 멸도에는 도움을 주지 않는 것을 말한다.
> 회신멸지는 이승인의 최종 목적이다. 대개 소승은 무여열반을 진정한 열반으로 삼지만, 대승에서는 이를 일종의 방편으로 시설한 화성(化城)이라고 보고, 회신멸지를 거쳐 무여열반에 든 소승인이 완전한 부처가 되려면, 모름지기 무량한 겁(예컨대, 팔천육백사십이만십천 겁)이 지난 다음 타방정토에서 『법화경』을 듣는 등 부처님의 교화를 받아야 한다고 본다.

2. 내용

경) 부처님께서 수보리에게 말씀하셨다.
"보살마하살들은 마땅히 이와 같이 그 마음을 항복시켜야 한다."
佛告須菩提諸菩薩摩訶薩應如是降伏其心。

---

95) T45n1858001, 肇論, 後秦長安 釋僧肇 作, 涅槃無名論第四, 覈體第二, CBETA 電子佛典集成 » 大正藏 (T) » 第45冊 » No.1858 » 第1卷, https://tripitaka.cbeta.org/

96) T25n1512009, 金剛仙論卷第九, 世親菩薩造 金剛仙論師釋 元魏 菩提流支譯, CBETA 電子佛典集成 » 大正藏 (T) » 第25冊 » No.1512 » 第9卷, http://tripitaka.cbeta.org/T25n1512009,

97) T46n1912003, 止觀輔行傳弘決卷第三之一, 唐毗陵沙門湛然述, CBETA 電子佛典集成 » 大正藏 (T) » 第46冊 » No.1912 » 第3卷, http://tripitaka.cbeta.org/

마음을 항복시킨다는 것은 마음을 항상 청정하게 유지되도록 노력한다는 의미이기도 하다. 왜냐하면, 우리가 추구하는 깨달음이라는 것은 무시이래로 훈습된 온갖 오염, 그로 인한 번뇌와 고통으로부터 우리 자신을 해방시키는 것, 즉 해탈과 열반인데, 오염의 반대는 청정이기 때문이다. 그러니 청정하게 유지한다는 것은 곧 어떠한 오염도 끼지 않도록 한다는 것이다. 이미 있는 오염은 씻어 내고, 아직 끼지 않은 오염은 끼지 않도록 하는 것이다.

마음이 청정하다는 것은 생각이 청정하다는 것이다. 생각이 청정하니 행위나 말도 청정하게 된다(물적관계에 의하여 정신적 관계가 규정된다는 유물론이 아닌 이상, 언제나 맞다). 마음이 항상 청정하다는 것은, 이미 앞의 한 생각(前念)도 청정하고, 현재 일어나는 생각도 청정하며, 잇달아 일어나는 다음 생각(後念)도 청정한 것을 말한다. 이렇게 앞생각, 현재 생각, 그리고 다음 생각이 끊이지 않고 계속 청정한 것을 청정상속(清淨相續)이라 할 수 있을 것이다. 이를 가리켜 보살이 한순간도 물러남이 없다고 하는 것이다.

비록 진토 속에서 힘들게 살더라도 마음은 항상 청정하니 이를 일러 마하살이라 한다. 자비희사의 네 가지 무량한 마음(四無量心) 등 온갖 방편으로 중생을 교화하여 깨달음의 세계, 청정한 세계로 건너가도록 안내해 주니, 이를 일러 보살이라 한다. 교화하는 마음도 교화되는 마음도 취착함이 없으니, 이를 마하살이라 한다. 취착함이 없다는 것은 곧 상을 내지 않는다는 말과 상통한다. 무엇에도 얽매이지 않음을 의미한다.

마음을 항복시킨다는 것은 일체 중생을 공경하는 것이라고도 할 수 있다. 남과 나를 차별하고, 나와 나의 것에 탐착하는 것은 내가 오염된 마음에 의하여 지배되는 것을 의미한다. 그러므로 마음을 항복시킨다는 것은 그 마음에서 나오는 탐착 때문에 시달리고 고통받는 것에서 벗어나는 것, 오염된 마음에 의한 지배에서 벗어나는 것을 의미하는 것이다. 나와 남을 분별하는 상을 만들어 낼 때 탐착이 작용하는 것이 아닐까? 모든 중생에 대하여 존경하고 사랑한다면 분별하는 마음이 사라질 것이다. 이런 점에서 부처님과 중생은 평등하다. 부처님에게는 중생들과 같다거나 다르다는 생각 자체가 없기 때문이다. 그러므로 대사(大捨)라 하는 것이다.

마음의 청정과 관련하여 그 마음자리, 즉 진여를 다시 한번 떠올려 보자. 참(眞)이란 변하지 않는 것을 말하며, 같음(如)은 다르지 않음을 말한다. 어떤 경계를 만나든 마음에 변화나 달라지는 것이 없는 것을 진여라 한다. 또한, 밖으로 거짓이 없음을 참이라 하고 안으로 헛되지 않은 것을 같음이라 한다. 이렇게 보면, 끊임없이 이어지는 염념 상속 가운데 단 하나의 생각이라도 다르지 않은 것, 즉 차별이 없이 한결같은 것이 곧 그 마음을 항복시키는 것이기도 하다.

경문에서 선현은 어떻게 머물 것인지(安住)와 마음의 항복 등 두 가지 질문을 하였는데, 여래께서는 그 마음을 항복시키는 것만 대답하셨다. 왜냐하면, 망령된 마음을 잘 항복시키는 것이 대승에서의 안주를 위한 첫 번째 과제이며, 따라서 마음의 항복에 대한 대답 속에 안주에 대한 대답이 들어있는 것이기 때문이다.

[공부]

네 가지 무량한 마음

네 가지 무량한 마음, 사무량심(四無量心)이란 자비희사의 네 마음이다.[98]
- 자애의 마음(慈心): 중생을 사랑하여 항상 안락한 일로 이롭게 해 주고자 하는 마음. 이 마음 수행으로 중생이 가진 분노를 없애고자 한다.
- 연민의 마음(悲心): 중생이 오도[육도] 중에서 몸과 마음의 온갖 괴로움에 시달리는 것을 불쌍히 여기는 마음. 남의 아픔을 나의 아픔으로 느끼는 공감 능력이라고 할 수도 있다. 이 마음 수행을 통하여 중생을 핍박하는 번뇌의 고통을 없애려 한다.
- 기뻐하는 마음(喜心): 중생의 즐거움을 나의 즐거움으로 여겨 함께 기뻐하는 마음. 이 마음 수행을 통하여 질투심을 없애려 한다.
- 평등한 마음(捨心): 분별하고 차별하는 마음을 없애 중생들을 평등하게 대하는 마음. 이 마음 수행을 통하여 중생 속에서 애증을 없애려 한다.

경) *"그 마음(其心)"*

---

98) T25n1509020, 大智度論釋初品中三三昧義第三十二(卷第二十), 龍樹菩薩造, 後秦龜茲國三藏鳩摩羅什奉 詔譯, CBETA 電子佛典集成 » 大正藏 (T) » 第25冊 » No.1509 » 第20卷, https://tripitaka.cbeta.org/ T25n1509020

여기서 중요한 것은 항복시켜야 할 "그 마음(其心)"의 실체이다. 그 마음은 무엇을 가리키는 것일까? 보살마하살은 누구의 무슨 마음을 항복시켜야 하는 것일까? 보살마하살의 기능과 역할을 들여다보면 답이 나올 것이다.

보살마하살은 자리이타(自利利他)가 그 이념적 지표이다. 즉, 자신의 구제와 타인의 구원을 모두 지향한다는 것이다. 그렇다면, 그 마음이란 것도 자리인 경우와 이타인 경우로 나누어 보아야 할 것이다. 자리인 경우, 항복시켜야 할 마음은 자신의 마음이다. 온갖 탐욕, 성냄, 어리석음에서 벗어나려면 자신의 마음을 어떻게 다스려 언제든지 올바른 방향으로 작용하게 할 수 있는지 어떤지가 중심이 된다. 염념청정(念念淸淨)이 유지되도록 하여야 하는 것이다. 다음으로, 이타인 경우, 자신의 마음과 타인의 마음을 동시에 고려해야 할 것이다. 즉, 자신의 마음을 항복시키고, 또한 어떠한 어려움이나 자신에게 닥치는 곤란에도 불구하고, 타인의 마음, 다른 중생의 마음도 항복시켜야 한다는 것이다. 그러자면 반드시 자신의 마음을 항복시켜 여하한 경우에도 흔들림이 없는 마음을 이루어야 한다. 다른 중생의 고통을 줄이기 위하여 자신이 고통 속으로 들어가는 마음을 성취하는 것(비무량심)이 이타의 첫째 과정인 것이다. 경에서 일체법이 무아임을 알고 인욕을 이룰 것(得成於忍)을 요구한 것도 이를 위함이라 할 수 있다. 둘째로 다른 사람, 중생의 마음이 여전히 탐, 진, 치 삼독심에 중독되어 있는 한 고통을 벗어나기는 불가능하다. 그러므로 이 다른 사람, 중생의 마음이 조복되어야 비로소 그들이 고통에서 벗어날 수 있는데, 바로 그 때 촉매제 역할을 보살마하살이 한다는 것이다. 보살마하살이 중생을 건네준다는 의미는 바로 이 지점에서 그 의의가 있다. 그들을 데리고 열반으로 간다는 것이 아니라, 그들이 스스로 열반으로 가기 위하여 자신의 마음을 스스로 항복시킬 수 있도록 도와서 그들의 마음을 항복시키는 것이다.

경에서 경의 내용, 그 일부 혹은 사구게라도 받아 지니고, 읽고, 외우며, 베껴 쓰고, 다른 사람에게 연설해 주는 것은, 자신의 마음은 물론 다른 사람들이 스스로 자신들의 마음을 항복시킬 수 있도록 도와주는 좋은 예라고 할 수 있다.

우리가 흔히 불보살의 가피력이라고 할 때, 그것을 마치 기독교에서의 하나님의 구원처럼 생각하는 경향이 있다. 즉, 내가 기도하면 불보살님의 권능과 힘으로 나의 어려움을 극복하게 해 주는 것으로 인식하고 있다는 것이다. 그러나 이는 오해이다. 이것은 전형적인 타력구제방식이라 할 수 있다. 불교는 자력구제가 원칙이며 구제의 전부이다. 불교에서 수많은 방편이나 법문 등 수행법이 제시되는 이유는, 바로 자력구제를 위하여 어떤 방법이 가장 좋을까를 생각하는 과정에서, 그것을 이용하는 자의 근기에 맞춤하기 위하여 생겨났다고 보아도 무방하다. 하나님과 같은 절대자의 경우, 하나님의 절대적 권능과 힘에 의한 구원이면 모두 해결된다. 인간의 판단기준에 의한 선악의 구분은, 그것이 하나님이 정한 계율과 관련되지 않는 한, 구원과는 아무런 관련이 없다. 그러므로 구원의 방법도 하나님이 제시한 것이면 충분하다. 그러나 불교에서는 인간의 판단기준에 의한 모든 행위나 생각이 자신의 구원과 관련되어 있다. 어찌 보면 우리의 생각, 말, 행동 하나하나가 모두 법문일 수도 있다는 것이다. 나쁜 것이면 그것대로, 선한 것이면 또한 그것대로, 구원을 위한 방편이 될 수 있기 때문이다. 그러니 얼마나 많은 법문이 존재하겠는가? 중생의 수만큼 법문의 수가 존재한다고 해도 무방할 것이다.

다만, 우리가 깨달음을 향한 수행과정에서 정말로 힘들 때, 불보살님 혹은 조사님들의 가르침이 살짝만 닿아도 아! 하고 깨어나는 그 무엇이 있을 수 있다. 불보살님들의 가피력이라고 한다면, 바로 이런 것을 의미할 것이다.

경) *"존재하는 일체 중생의 무리들, 난생이든, 태생이든, 습생이든, 화생이든"*
所有一切眾生之類若卵生若胎生若濕生若化生

이들 네 가지 종류의 중생을 사생(四生, 梵 catasro-yonayah, 巴 catasso yoniyo)이라고 한다. 이는 삼계육도의 유정(有情)이 태어나는 방식을 네 가지 종류로 나누어 분류한 것이다. 『구사론』 제8권에 의하면, 사생 중생의 각각이 태어나는 방식을 다음과 같이 정리하고 있다.[99]

- 난생(卵生, 梵 andaja-yoni, 巴 同): 알 껍질을 깨고 태어나는 것. 비둘

---

99) T29n1558008, 阿毘達磨俱舍論卷第八, 尊者世親造, 三藏法師玄奘奉 詔譯, 分別世品第三之一, CBETA 電子佛典集成 » 大正藏 (T) » 第29冊 » No.1558 » 第8卷, http://tripitaka.cbeta.org/T29n1558008

기, 공작, 닭, 뱀, 물고기, 개미 등
- 태생(胎生, 梵 jarāyujā-yoni, 巴 jalābu-ja): 복생(腹生)이라고도 한다. 어미의 태에서 태어나는 것. 사람, 코끼리, 말, 소, 돼지, 양, 노새 등
- 습생(濕生, 梵 Sajsvedajā-yoni, 巴 sajseda-ja): 인연생(因緣生)이라고도 한다. 차가운 것과 뜨거운 것이 화합하여 태어난 것. 똥 무더기, 하수구, 더러운 측간, 썩은 살코기, 썩은 풀 더미 등 더럽고 습한 땅의 습기에서 태어나는 것. 날아다니는 나방, 모기, 마생충(麻生蟲) 등
- 화생(化生, 梵 upapādukā-yoni, 巴 opapātika): 의탁하는 곳 없이 홀연히 나타나는 것. 하늘, 지옥, 중유의 유정 등은 모두 과거의 업력 때문에 화생이 된다.

이상 사생의 중생 중 화생이 가장 많다고 한다. 지옥과 하늘에 있는 일체의 유정이 모두 화생이기 때문이다.

경에서 열거하고 있는 사생의 분류 방식이 가장 일반적이긴 하지만, 이외에 태에 반연하는 방식, 즉 수태하기까지 어떤 과정을 거치는지를 기준으로 분류하기도 한다.[100]

- 촉생(觸生): 남녀가 서로 만나 아이를 만드는 방식
- 취생(嗅生): 소, 양 등처럼 암수가 욕심을 내고 수컷이 암컷의 여근에서 냄새를 맡아 새끼를 만든 방식
- 사생(沙生): 닭이나 참새 등처럼 몸을 모래 속에 묻고 알을 낳아 새끼를 부화하는 방식
- 성생(聲生): 학, 공작 등처럼 암컷이 욕심을 내어 수컷의 소리를 듣고 알을 낳아 새끼를 부화하는 방식

이상은 각기 다른 중생들이 태어나는 방식이다. 그러나 어떤 중생이 가지고 있는 특성을 기준으로 사생을 분류하기도 한다.[101] 이에 의하면, 난생이란 미혹되는 성질

---

100) T31n1618001, 顯識論一卷(從無相論出), 真諦三藏譯, CBETA 電子佛典集成 » 大正藏 (T) » 第31冊 » No.1618 » 第1卷, http://tripitaka.cbeta.org/T31n1618001

101) X24n0459001, 金剛般若波羅蜜經卷上, 東晉武帝時後秦沙門鳩摩羅什奉詔 譯, 梁昭明太子嘉其分目, 唐六祖 大鑒真空普覺禪師 解義, 大乘正宗分第三, CBETA 電子佛典集成 » 卍續藏 (X) » 第24冊 » No.0459 » 第1卷, http://tripitaka.cbeta.org/X24n0459001

이며, 태생은 훈습하는 성질이며, 습생은 삿된 것을 따르는 성품이고, 화생이란 견취(見趣)하는 성품이다. 미혹되기 때문에 온갖 업을 짓고, 훈습하기 때문에 항상 유전하며, 삿된 마음을 따르기 때문에 불확정이고, 견취하기 때문에 육도에 떨어진다는 것이다. 좀 더 풀어서 설명하면, 미혹된다는 것은 탐애와 취착이 있어 자신의 선호에 따라 마음이 쏠리는 것을 의미한다. 이는 자신의 기호에 따라서 분별심을 가지고 취사선택을 한다는 의미이기도 하다. 분별심에 의한 취사선택은 기존의 성품에 훈습으로 남는다. 훈습이란 행위의 결과가 잔존하는 것을 가리킨다. 견취란 육도를 찾아 쫓아다니는 것을 말한다. 육도는 지옥부터 아귀, 축생, 아수라, 인간, 하늘(天) 등 여섯 세계를 말한다.

경) "유색이든, 무색이든, 유상이든, 무상이든, 비유상비무상이든"
若有色若無色若有想若無想若非有想非無想

앞에서 말한 사생(四生)과 여기서 보는 다섯 중생(五生)을 합하여 구류중생이라 한다. 사생은 앞에서 보았으므로, 여기서는 다섯 종류만 보기로 하자.

"마음을 일으키고 닦는 것이나 망견으로 시비하는 것은 안으로 무상(無相)의 도리와 계합하지 않으니, 이를 유색(有色)이라 한다. 안으로 마음을 곧게 지키기는 하지만 공경공양하지 않고, 진심이 부처라고 말은 하면서 복덕과 지혜는 닦지 않는 것을 무색(無色)이라 한다. 중도를 요지하지 못하며, 눈으로 보고 귀로 들으며, 마음으로 생각하고 사유하며, 법상에 애착하여, 입으로 부처의 가르침을 행하라고 말하면서 마음에서는 실천하지 않는 것을 유상(有想)이라 한다. 좌선에 빠져 오직 허망함만을 없앨 뿐 자비희사의 지혜 방편을 배우지 않는 것은 마치 목석과 같이 아무런 작용이 없기 때문에 무상(無想)이라 한다. 이법(二法)에 대한 생각에 집착하지 않으니 비유상(非有想)이라 하고, 진리를 추구하는 마음이 있으므로 비무상(非無想)이라 한다. 번뇌에 만 가지의 차별이 있더라도 모두 때 묻은 마음이며, 신체의 형태가 무수한 것들을 총칭하여 중생이라 한다. 여래는 대비로써 널리 교화하여 모두 무여열반에 들 수 있도록 하였다(육조 혜능)."

1) 유색

일반적으로 유색이란 육체의 형태가 있는 것을 말한다. 색은 색신을 의미한다. 색계의 천인들, 초선 내지 제사선에 들어선 자들을 유색이라 한다. 이에 대하여, 정신적 측면을 중시하는 견해도 있다. 이 견해에 의하면, 유색이란 마음을 일으키고(起心), 마음을 닦으며(修心), 망령된 견해(妄見)로 시비를 일으킴으로써 안으로 무상(無相)의 진리에 계합되지 않는 것이라고 한다(육조 혜능). 마음이 일어나는 것은 주로 외부의 대상(境界)에 자극을 받아 그에 상응하여 마음(識)의 작용이 일어나기 때문이다. 삼사화합이란 마음의 관점에서 보면, 외부의 어떤 대상에 대하여 마음을 일으켜 느끼는 작용을 의미한다. 육경에 대한 육식의 작용이 그것이다. 수심(修心)은 마음을 닦는 것이다. 이는 마음에서 일어나는 여러 가지 망령된 생각들을 조복하는 과정이라 할 수 있다. 수심결(修心訣)이란 수심을 위한 비결이라 할 수 있는데, 고려 보조국사 지눌의 『수심결』이 유명하다. 망견이란 허망하고 실질이 없는 분별을 가리킨다. 아견, 변견 등이 망견이다. 일체의 망견은 모두 전도된 것이며, 전도분별의 망견은 일체 중생이 윤회전생하는 원인이다.[102] 시비(是非)란 옳고 그름을 가리킨다. 시비하는 마음은 가장 대표적인 분별심이라 할 수 있다.

이상 네 가지의 마음이 작용하는 것을 유색이라 한다. 즉, 형체를 갖춘 세계에 존재하는 모든 중생은 위의 네 가지 마음작용이 일어나는 중생들이라는 것이다. 대상에 대한 집착으로 허망하게 전도된 마음을 일으켜 분별하고 시비하다가도 그것을 반성하여 마음을 닦는 것은 욕계와 색계에서 살아가는 중생에게서 일어나는 일반적인 현상이다.

2) 무색

무색이란 색신이 없는 것을 말한다. 무색계 사공정처에 든 자들이 이에 해당한다. 이에 대하여, 안으로 곧은 마음(直心)을 내어 지키기는 하나, (부처를) 공경공양하지

---

102) T19n0945002, 大佛頂如來密因修證了義諸菩薩萬行首楞嚴經卷第一(一名中印度那蘭陀大道場經, 於灌頂部錄出別行), 大唐神龍元年龍集乙巳五月己卯朔二十三日辛丑中天竺沙門般剌蜜帝於廣州制止道場譯出, 菩薩戒弟子前正諫大夫同中書門下平章事清河房融筆授, 烏長國沙門彌伽釋迦譯語, CBETA 電子佛典集成 》大正藏 (T) 》第19冊 》No.0945 》第2卷, https://tripitaka.cbeta.org/T19n0945002

않고, 단지 말로만 곧은 마음이 부처라고 할 뿐 복덕과 지혜를 닦지 않는 것을 말하기도 한다(육조 혜능). 직심이란 정직하고 곧은 마음이다. 순수하고 곧은 마음은 일체 만행(萬行)의 근본이다. 직심이란 말은 여러 경에서 널리 사용되는 용어인데, 용례마다 조금씩 그 의미가 다르기는 하지만, 기본적으로 모두 헛되거나 거짓됨이 없이 정직하다는 의미를 가지고 있다. 예컨대, 『유마경』에 의하면, "직심이 보살정토(불국품)" 혹은 "직심이 도량이니, 헛되거나 거짓이 없기 때문(보살품)"이라고 강조한다.[103] 그리고 『능엄경』 제1권에서는 "시방의 여래는 같은 길을 걸었으며, 모두가 직심을 가지고 생사를 벗어났다."라고 하여,[104] 생사를 벗어날 수 있는 기본이 됨을 거론한다. 『대승기신론』에서는 진심을 가지고 십신을 성취하기 위하여 보살이 일으켜야 할 세 가지 마음(直心, 深心, 大悲心) 중의 하나라고 한다.[105] 『관무량수경』에서 말하는 지성심(至誠心)도 직심과 비슷한 의미를 가지고 있다. 이 경에 의하면, 서방정토에 태어나고자 원하면, 지성심, 심심, 회향발원심(迴向發願心)을 내야 한다고 하였다.[106] 『육십화엄경』 제23권에서는 직심을 청정하고 순일하여 오직 깨달음을 추구하는 보리심을 가리킨다고 한다.[107] 『육조단경』에서는 직심이란 자성이 드러난 마음이라고 하였다. 이러한 말씀들에 비추어 볼 때, 직심이란 깨달음으로 나아가기 위한 핵심적인 마음가짐임을 알 수 있다. 무엇이든 곧은 마음이 없이는 이룰 수 없음은 당연한 것이리라. 우리들 세속의 일도 곧은 마음으로 추진해야 이룰 수 있는데, 하물며 출세간의 깨달음의 일이야 오죽하겠는가?

---

103) T14n0475001, 維摩詰所說經(一名不可思議解脫上卷), 姚秦三藏鳩摩羅什譯, CBETA 電子佛典集成 » 大正藏 (T) » 第14冊 » No.0475 » 第1卷, http://tripitaka.cbeta.org/T14n0475001

104) T19n0945001, 大佛頂如來密因修證了義諸菩薩萬行首楞嚴經卷第一(一名中印度那蘭陀大道場經, 於灌頂部錄出別行), 大唐神龍元年龍集乙巳五月己卯朔二十三日辛丑中天竺沙門般剌蜜帝於廣州制止道場譯出, 菩薩戒弟子前正諫大夫同中書門下平章事清河房融筆授, 烏長國沙門彌伽釋迦譯語, CBETA 電子佛典集成 » 大正藏 (T) » 第19冊 » No.0945 » 第1卷, http://tripitaka.cbeta.org/T19n0945001

105) T32n1666001, 大乘起信論一卷, 馬鳴菩薩造, 梁西印度三藏法師真諦譯, CBETA 電子佛典集成 » 大正藏 (T) » 第32冊 » No.1666 » 第1卷, http://tripitaka.cbeta.org/

106) T12n0365001, 佛說觀無量壽佛經, 宋西域三藏畺良耶舍譯, CBETA 電子佛典集成 » 大正藏 (T) » 第12冊 » No.0365 » 第1卷, http://tripitaka.cbeta.org/T12n0365001

107) T09n0278023, 大方廣佛華嚴經卷第二十三, 東晉天竺三藏佛馱跋陀羅譯, ◎ 十地品第二十二之一, CBETA 電子佛典集成 » 大正藏 (T) » 第9冊 » No.0278 » 第23卷, http://tripitaka.cbeta.org/T09n0278023

그러나 이런 직심만으로는 부족하다. 직심은 바탕일 뿐이다. 그 위에 기둥을 세우고, 서까래와 지붕을 올리고, 문을 해 달고, 구들을 놓아 불을 넣어야 비로소 사람이 살 수 있는 집이 완성된다. 완전한 깨달음은 직심만으로 이루어지는 것이 아니라, 직심이 있어야 비로소 깨달음을 향한 바탕이 만들어질 뿐이다. 그 위에 부처를 공경공양하고, 복덕과 지혜를 쌓아야 하는 것이다.

3) 유상(有想)

색신의 유무를 불문하고, 생각, 즉 마음의 작용이 있는 중생을 가리킨다. 이에 대하여, 중도를 온전히 알지 못한 채, 눈으로 보고, 귀로 듣고, 마음으로 생각하며, 법상에 애착하여 입으로는 부처가 되기 위한 수행(佛行)을 말하면서 마음으로는 그러한 수행을 하지 않는 것을 유상(有想)이라 보기도 한다(육조 혜능). 생각에 사로잡혀 실천이 부족한 자들을 가리키는 말이다.

중도란 쾌락과 고행이라는 양극단이 아닌 가운데를 취하는 것이다. 부처님께서는 팔정도가 중도라고 말씀하셨다. 삼십칠조도품을 선택하여 열심히 수행하는 것이 중도이다. 중도를 알지 못한다 함은 편벽되게 수행하는 것을 말한다. 수행의 방법이 잘못되었기 때문에 아무리 노력해도 깨달음에 이를 수 없다. 예컨대, 하늘에 태어나기 위하여 고행을 하는 것이나, 내세란 없으므로 현세에 쾌락을 극대화해야 한다는 쾌락주의에 입각한 극단적인 쾌락의 추구는 결코 깨달음에 이르는 정도가 될 수 없는 것이다. 부처님께서 중도를 내세우신 것도 이런 양극단을 타파하기 위함이었다. 그리고 이는 부처님께서 극단적인 고행을 거치신 후 깨달으신 내용이기도 하다.

중도를 제대로 알지 못하면 수행의 바른길이 열리지 않는다. 중도에 의한 수행을 하지 않으면, 눈에 보이는 것, 귀에 들리는 것에 마음을 빼앗기고 그로부터 일어나는 마음의 상태(法相)에 집착하게 된다. 이런 상태에서 아무리 성불하겠다고 해 봐야 말이나 생각으로만 그칠 뿐 깨달음에 이를 수 없다.

예컨대 열반에서 누릴 수 있는 지극한 행복감에 대하여, 어떻든 이런 행복감을 누리면 열반이라고 생각하는 경우를 생각해 보자. 음식을 먹으면 행복함을 느끼는 사람이 있다. 이 식도락자는 자신의 식도락을 충족하면 행복감을 얻기 때문에 그것을 충족하기 위하여 열심히 먹거리를 찾아 돌아다니는 경향이 있다. 그리고 이를 위하여 온갖 살생도 마다하지 않는다고 추가해 보자. 이런 사람이 느끼는 행복감이 과연 열반에서 누릴 수 있는 행복이라고 할 수 있을까? 음주, 마약 등등 인간의 오욕락을 충족함으로써 얻어지는 행복감은 거짓된 것(假)일 뿐 참된 것(眞)이라 할 수 없는 것이다.

4) 무상(無想)

무상이란 생각이 없는 것이 아니라 생각을 하지 않는 것을 가리킨다. 이에 대하여, '미혹에 빠진 사람이 좌선을 통하여 오직 망령된 것을 없애려 할 뿐 자비희사의 지혜 방편을 배우지 않아 마치 목석과 같이 아무런 작용이 없는 것'을 무상이라고 말하기도 한다(육조 혜능). 좌선이란 앉아서 선정수습을 하는 행위이다. 원래 선이란 어지러운 마음을 고요히 가라앉혀 정리정돈함으로써 깊은 사유의 세계로 들어갈 수 있도록 하는 수행법이다. 이를 행하는 자세는 행, 주, 좌, 와 어떤 자세에서든 할 수 있으나, 결가부좌, 반가부좌 등의 자세로 단정하게 앉아서 하는 좌선이 가장 널리 사용된다. 경의 서분 마지막 구절에서 "자리를 펴고 앉다(敷座而坐)."라고 한 것이 이를 가리킨다.

선에 몰두하면, 마음에서 일어나는 온갖 작용들을 소멸시킬 수 있다. 즉, 전도된 마음이 일어나서 변화하고 소멸하는 작용을 없앨 수 있는 것이다. 그러나 이에만 빠지면 마음의 혼란을 방지하여 현재 최적의 상태를 얻을 수는 있으나, 복혜(福慧), 즉 복덕과 지혜를 쌓는 데는 한계가 있다. 부처님의 성불에 이르기까지 (본생을 포함하여) 과정에서 자세하게 볼 수 있는 바와 같이, 선정에 의한 내 한 몸, 내 한 마음의 다스림만으로는 성불이 불가하다. 나를 포함하여 중생들을 구원하고자 하는 마음의 성취는 물론, 마음을 다스리고 중생을 구원하기 위한 방편의 실천으로 복덕을 쌓는 것도 중요한 것이다. 나아가 어떻게 하는 것이 나와 중생의 고통을 없앨 수 있을 것인지 깨달음을 이루어 나가는 것도 중요하다. 성불을 위하여 육바라밀이 제시된 것이나, 십바라밀과 자비희사의 사무량심이 제시된 것은 모두 선정을 포함한, 복덕과 지혜를 쌓기 위한 방편이다. 아무런 작용이 없는 목석과 같은 중생, 이러한 중생들을 아무 생각이 없는 중생(無想)이라 하는 것이다.

5) 비유상(非有想)/ 비무상(非無想)

비유상이란 이법(二法)에 대한 생각에 집착하지 않음을 말한다. 이법이란 세상의 모든 법은 그 수가 무량하지만, 대응되는 두 가지 법으로 모두 포섭하는 것을 의미한다. 이런 이법은 대표적으로 열 가지가 있다. 이들 열 개의 이법(十重二法)을 가지고 일체의 모든 법을 포함할 수 있고, 그러므로 만약 이들 열 가지 이법을 알면, 비로소 도를 논할 수 있다고 한다. 이들 열 가지 이법이란 진속(眞俗), 교행(敎行), 신법(信法), 승계(乘戒), 복혜(福慧), 권실(權實), 지단(智斷), 정혜(定慧), 비지(悲智), 정조(正助) 등 10가지를 말한다.[108]

비무상이란 진리를 추구하는 마음(理心)이 있음을 의미한다. 진리를 추구하는 마음이란 중생과 부처가 일여한 절대평등심을 가리킨다. 이와 달리, 심소에 대응하여 심왕을 가리키기도 한다. 능가사자기(楞伽師資記)의 구나발타라장(求那跋陀羅章)에서는 안심(安心)을 배리심(背理心), 향리심(向理心), 입리심(入理心), 이심(理心) 등 네 종류로 나누고 이심을 안심의 궁극에서 도달하는 지극한 마음이라고 정의하고 있다. 이에 의하면, "배리심이란 진리를 등진 범부의 마음이다. 향리심이란 생사를 싫어하고 열반적정을 구하여 나아가는, 진리를 향한 마음이다. 성문의 마음이 이에 해당한다. 입리심이란 비록 장애를 끊고 진리를 드러내도 능히 망하지 않을 수 있음을 말한다. 보살심이 이것이다. 이심이란 진리의 밖에 마음이 없고, 마음 밖에 진리가 없는 경지의 마음이다. 진리가 곧 마음인 것이다(理卽是心). 마음은 평등할 수 있으니, 이를 진리라 하고, 진리는 밝음(지혜)을 비출 수 있으니 이를 마음이라 한다. 마음과 진리는 평등하니 이를 불심이라 한다. 실성을 깨달으면 생사열반에 구별이 없고, 범부와 성인이 다르지 않으며, 경계와 지혜가 둘이 없으며, 진리와 현상이 함께 융통하고, 진속을 가지런히 살피며, 더럽고 깨끗함이 일여하고, 부처와 중생이 본래 평등하여 하나다."라고 하였다.[109]

---

108) T46n1912006, 止觀輔行傳弘決卷第六之二, 唐毘陵沙門湛然述, CBETA 電子佛典集成 » 大正藏 (T) » 第46冊 » No.1912 » 第6卷, http://tripitaka.cbeta.org/

109) T85n2837001, 楞伽師資記一卷, 東都沙門釋淨覺居太行山靈泉谷集, CBETA 電子佛典集成 » 大正藏 (T) » 第85冊 » No.2837 » 第1卷, http://tripitaka.cbeta.org/

6) 열반에 들게 하였으나, 육도를 윤회하다

번뇌는 만 가지가 차별이 있지만, 모두가 때 묻은 마음이라는 것은 공통된다. 신체의 형태는 무수하지만, 총괄하여 중생이라 칭한다. 여래는 대비로서 모든 중생들의 아픔을 자신의 아픔으로 받아들여, 큰 사랑으로서 그들을 교화하여 무여열반에 들도록 하였다. 그럼에도 불구하고 중생들은 육도를 윤회하고 아비지옥에도 떨어지곤 한다.

번뇌는 중생이라는 가장 대표적인 증표이다. 이 번뇌는 천만 가지 차별이 있다. 중생마다 다르고, 같은 중생이라도 상황마다 다르고, 일어나는 계기마다 다르며, 또 정도에도 차이가 있으니 번뇌는 그 어느 것 하나라도, 누구에게 일어나더라도 같을 수가 없다. 그러나 번뇌는 모두가 오염된 마음, 전도된 마음에서 비롯된 것이라는 것은 공통이다. 그 각각의 번뇌에 대응하여 부처님의 법문이 생겨났다. 그러므로 무여열반으로 이끄는 부처님의 법문도 번뇌만큼이나 다양하고 복잡하다. 그러나 모든 부처님의 법문에 공통되는 것은 청정하다는 것이다. 중생의 오염과 부처님의 청정이 닿아서 비로소 무여열반을 이루는 계기가 되며, 깨달음에 도달하는 힘이 되는 것이다.

신체적 형태란 중생의 존재 방식을 말한다. 형체가 있느냐 없느냐의 문제가 아니다. 무색계에서는 신체가 없는 존재방식을, 색계와 욕계에서는 신체가 있는 존재방식을 취한다. 이들은 모두 중생이다. 신체적 형태의 관념을 벗어날 때 완전한 깨달음을 이루는 것이며, 완전한 깨달음을 이루어야 비로소 신체적 형태의 존재 방식이란 굴레에서 벗어날 수 있다. 요컨대, 신체적 형태의 존재 방식에 얽매여 있는 한 중생인 것이다. 그렇기 때문에 여래가 아무리 무여열반에 들어가도록 하여도, 중생이 중생의 존재 방식에 매몰되어 있는 한, 중생으로서의 굴레를 벗어날 수 없고 열반에 들 수 없는 것이다.

더욱이 여래가 열반으로 인도하여 모두 멸도에 들게 하는 것은, 중생들에게 그렇게 할 수 있는 방편을 알려 주는 것일 뿐, 여래의 힘으로 그들을 직접 끌고 가는 것이 아니다. 중생이 여래의 뜻에 따라 움직일 때, 즉 중생이 여래로부터 배움을 얻고 안내를 받아서 스스로 열반에 들고자 할 때, 입멸할 수 있는 것이다. 석가모니부처님은 연등불로부터 수기를 받아 멸도에 이르렀음을 기억해야 한다.

경) "내가 모두를 무여열반에 들어 멸도하게 하였다."
我皆令入無餘涅槃而滅度之。

멸도란 열반 혹은 반열반의 다른 이름이다. 적멸이라고도 한다. 경에서 이 구절은 여래가 삼계구지(三界九地)의 중생이 각자 열반묘심(涅槃妙心)을 가지고 스스로 남김 없는 깨달음에 들게 하였음을 가리킨다. 남김이 없다 함은 무시이래의 훈습으로 인한 번뇌가 없음을 말한다. 열반이란 원만청정함을 말하며, 없애다(滅) 함은 일체의 훈습된 기운이 영원히 생겨나지 않도록 다 소멸시켜 버린 것을 가리키며, 건네주다(度) 함은 생사의 큰 바다를 건너게 안내하고 이끌어 주는 것을 말한다.

열반에는 네 가지가 있다. 자성청정(自性清淨)열반은 번뇌 속에 있는 여래장을 가리킨다. 열반의 씨앗이고 아직 열반이 구현된 것은 아니다. 유여의(有餘依)열반은 생사의 원인이 다한 것을 말하고, 무여의(無餘依)열반은 생사의 과보가 다한 것을 말하며, 무주처(無住處)열반은 대비반야의 이행을 친히 증득하여 어디에도 머무는 바가 없는 것을 말한다.[110]

묘심(妙心)이란 마음의 본체가 불가사의함을 가리키는 말이다. 묘심이란 원래는 여래의 참된 마음을 가리키는 것이지만, 범부도 여래장에 여래의 씨앗을 가지고 있으므로 범부의 마음도 묘심이라고 할 수 있다. 이 묘심이 여래의 참된 마음을 가리킬 때, 불심이라고 한다. 특히, 열반묘심은 열반을 향한 마음(범부의 묘심)이며, 또한 열반을 이룬 이의 마음(부처의 마음, 즉 佛心)이기도 하다.

불심은 평등하여 일체 중생과 더불어, 함께 원만청정한 무여열반에 들어 생사의 큰 바다를 함께 건너기를 널리 발원한다. 이는 제불이 증명하고 있는 것이다. 그런데 어떤 사람이 비록 깨달았거나 수행하였더라도 '얻은 것이 있다는 마음'을 내면, 이는 곧 아상을 내는 것이다. 이를 법아(法我)라고 하며, 이러한 법아조차 모두 없애는 것을 멸도라 한다. 나아가 경의 뒤에서도 나오지만, 멸도시켰다는 마음을 내는 것도 안 된다. 이 또한 상을 내는 것이라, 부처나 보살의 마음이 아니기 때문이다.

---

[110] T33n1700001, 金剛般若經贊述卷上, 大乘 基撰, CBETA 電子佛典集成 » 大正藏 (T) » 第33冊 » No.1700 » 第1卷, http://tripitaka.cbeta.org/T33n1700001

경) *"이처럼 헤아릴 수 없고, 셀 수 없으며, 가없는 중생들을 멸도시켰으나,*
진실로 어느 중생도 멸도한 자가 없다."
如是滅度無量無數無邊衆生實無衆生得滅度者.

'이처럼(如是)'이란 앞에서 말한 것을 가리킨다. 앞에서 구류중생을 부처님이 모두 무여열반에 들어 멸도하게 하였음을 말하였는데, 이것을 가리키는 말인 것이다. 멸도란 큰 해탈을 말한다. 번뇌와 습기 등 일체의 모든 업장이 다 없어지고 조금도 남아 있지 않는 것이 큰 해탈이다. 그런데 무량하고 무수하며 가없는 중생들은 원래 각자 일체 번뇌와 탐진치 악업을 가지고 있는데, 만약 이를 끝내 끊어 없애지 못하면 해탈을 이룰 수 없다. 그러므로 이처럼 무량하고 무수하며 가없는 중생들을 멸도시켰다고 말한 것은 중의적(重義的)이라고 보는 것이 좋겠다. 즉, 이 말에는 두 가지 의미가 내포되어 있다는 것이다. 하나는 중생이 무시이래로 훈습한 번뇌와 습기가 헤아릴 수 없고, 셀 수 없으며, 가없다는 의미가 포함되어 있다는 것이고, 다른 하나는 멸도된 중생의 수가 헤아릴 수 없고, 셀 수 없으며, 가없다는 것이다.

또한, 멸도에도 두 가지 의미가 내포되어 있다. 경의 본문에서는 비록 부처님께서 헤아릴 수 없고, 셀 수 없으며, 가없이 많은 중생들을 멸도시켰다고 하여 부처님께서 중생들을 제도하셨음을 말하고 있다. 그러나 이는 겉으로 드러난 문자상의 의미이다. 본래의 뜻은 오히려 중생들이 부처님의 가르침을 받아 자신들이 깨달음을 이루었음을 의미하는 것이다. 일체의 미혹된 사람들이 깨달아 자성을 얻으면 비로소 부처를 알게 되지만, 자신의 상을 보지 못하고 자신의 지혜를 갖지 못하면 일찍이 어떻게 중생들이 건널 수 있을 것이며, 스스로 건너지 못하는 중생들을 부처님이 어떻게 멸도시킬 수 있었을 것인가? 범부는 자신의 본성을 보지 못하며, 부처의 뜻을 알지 못한 채, 제법의 상에 집착함으로써 무위의 이치를 통달하지 못하여 나와 남을 분별하는 것을 없애지 못하니 중생이라 하는 것이다. 이런 병이 깊이 박힌 중생들은 결코 멸도할 수 없다. 그러나 만약 이 병을 치료하여 없애기만 하면 중생은 멸도하게 되는 것이다. 그러므로 부처님이 멸도하게 하셨다고 하나, 실은 중생들이 스스로 멸도한 것이다. 부처님은 다만 스승으로서 길잡이로서 올바른 법과 지혜를 가르쳐 방편을 제시하셨을 뿐이다. 나아가 부처님께서 스승이었기 때문에 멸도하게 하였다고 할 수 있으나, 부처님께서는 중생과 당신이 평등하다고 보므로 중생의 멸도가 곧 당신의 멸도라고 여기며, 그러므로 중생의 멸도를 달리 보아 멸도시켰다고 마음을 내지 않는다.

> 경)"왜냐하면 수보리야. 만약 보살이 아상, 인상, 중생상,
> 수자상을 가지고 있으면, 곧 보살이 아니기 때문이다."
> 何以故須菩提若菩薩有我相人相眾生相壽者相即非菩薩。

아상, 인상, 중생상, 수자상 등 넷을 함께 말할 때 사상(四相)이라 한다. 여기서 상(相)은 산스크리트어 sajñā(巴 saññā)를 한역한 말이다. 이는 오온 중의 하나인 상(想)과 같은 뜻으로 마음의 작용(心所)을 가리킨다.[111] 중생과 부처의 본성은 본래 다르지 않지만, 사상이 있으면 무여열반에 들어가지 못한다. 이렇게 사상이 있으면 곧 중생이며, 사상이 없으면 곧 부처이다. 미혹되면 곧 부처도 중생이요 깨달으면 중생이 부처인 것이다. 경에 나오는 사상에서 각 상이 무엇을 의미하는 것인지에 대하여는 많은 의견이 제기되어 왔다. 그중 몇 가지를 소개한다.

1) 미혹된 사람이 재보나 학문, 족성 등에 의지하여 모든 사람을 경시하고 오만한 것을 아상(我相)이라 한다. 비록 인의예지신을 행하고 뜻이 높으며 자부심이 있더라도 널리 공경하여 행하지 않으면 아(我)인 것이다. 인의예지신을 알고 행하기는 하지만 오만하여 널리 공경함이 부족한 것을 인상(人相)이라 한다. 좋은 일은 자신에게 돌리고 나쁜 일은 다른 사람 탓으로 돌리는 것을 중생상(眾生相)이라 한다. 대상에 대하여 취사하고 분별하는 것을 수자상(壽者相)이라 한다. 이들

---

111) 요진삼장 구마라집이 번역한 금강반야바라밀경의 아상(我相), 인상(人相), 중생상(眾生相), 수자상(壽者相)을, 당삼장 현장이 번역한 육백 권 대반야경 중 능단금강분(能斷金剛分)의 해당 부분에서는 명자상(命者想), 사부상(士夫想), 보특가라상(補特伽羅想), 의생상(意生想), 마납바상(摩納婆想), 작자상(作者想), 수자상(受者想)이라고 하였다. 구마라집은 相이라고 하였는데, 현장은 想이라고 하였다. '생각'이라는 마음의 작용을 의미하는 동일한 산스크리트어(빨리어) 단어를 구마라집과 현장이 다르게 번역하고 있음을 알 수 있다. 구마라집은 다른 어구에서 생각이라는 단어는 상(想)이라고 명백하게 번역하고 있으면서도, 아상, 인상, 중생상, 수자상의 경우에는 상(相)이라고 번역하고 있음에 주목할 필요가 있다. 이 경우, 상(想)을 의도적으로 상(相)이라고 번역하였다고 볼 수밖에 없고, 그렇다면 그 의도가 무엇인지를 생각해 볼 필요가 있는 것이다.

사상을 범부의 사상이라 한다(육조 혜능).

2) 깨달음을 얻고자 수행하는 수행인도 사상을 가지고 있다고 한다. 마음에 능(能)과 소(所)를 가지고서 중생을 경시하고 오만한 것을 아상이라 하고, 계를 의지하다 가볍게 깨뜨리는 것을 인상이라 하며, 삼도의 괴로움을 싫어하여 하늘에 태어나고자 하는 것을 중생상이라 하고, 오래 살고자 하는 마음을 품어 복업에 집착하여 연연하는 것을 수자상이라 한다. 수행자가 이러한 사상을 가지고 있으면 범부와 다름없는 중생이며 사상이 없으면 곧 부처와 다름없는 깨달음을 이룬 것이라 한다.[112]

3) 아상이란 명성과 지위 권력과 이익에 의지하여 높이 있는 것은 귀히 여기고 가난하고 천하며 어리석고 미혹된 무리들은 경시하는 교만함이다. 인상이란 마음과 마음의 작용을 알기는 하지만 얻은 것이 없으면서 얻었다고 하며 증득하지 못하였음에도 증득하였다고 하고 스스로 계를 지킨다고 하면서 계를 가볍게 여겨 깨뜨리는 것이다. 중생상이란 진실로 희망하는 마음을 구하며, 말은 바르고 선하지만, 행위는 삿되고 악한 것을 말한다. 수자상이란 경각할 때는 깨달은 것 같다가도 대상을 보면 범부의 마음을 일으켜 온갖 상에 집착하며 복덕을 구하고자 하는 것이다.[113]

4) 오온과의 관계 속에서 사상을 설명하는 설도 있다. 이에 의하면, 아상이란 중생이 오온의 법 중에 태어나서 나(我)와 나의 것(我所)이 실제로 있다고 망상하는 것이고, 인상이란 나는 사람 중(人道)에 태어났으므로 다른 세계에 태어난 무리와 다르다고 망령되이 헤아리는 것을 말하며, 중생상이란 중생은 오온의 법 중에 태어나는데, 나는 수상행식 오온의 화합에 의하여 태어났다고 망령되게 헤아리는 것이고, 수자상이란 중생은 오온의 법 중에 태어나는데, 내가 받는 한 생기(生期)의 수명은, 길든 짧든, 사람마다 다르다고 망령되게 헤아리는 것을 말한다. (육조

---

112) X24n0468001, 金剛經注解卷之一, 明 洪蓮編, CBETA 電子佛典集成 » 卍續藏 (X) » 第24冊 » No.0468 » 第1卷, http://tripitaka.cbeta.org/X24n0468001

113) X24n0469001, 金剛般若波羅蜜經補註卷上, 三山鶴軒居士 韓巖 集解, 海陽夢華居士 程袠懋 補註, CBETA 電子佛典集成 » 卍續藏 (X) » 第24冊 » No.0469 » 第1卷, http://tripitaka.cbeta.org/X24n0469001

혜능)

5) 아상이란 나는 삼세에 걸친 오온이 차별적이라고 보고 집착하는 것이고, 과거의 아상이 현재에도 끊어지지 않고 이어져 온다고 보는 것을 중생상이라 하며, 현재의 수명의 뿌리가 끊어져 머물지 않는다고 보는 것을 명자상(命者相=인상)이라 하며, 수명의 뿌리가 과거에서 단멸한 후에 육도에 태어나는 것을 수자상이라 한다.[114]

이상 사상에 관한 여러 주장들을 정리하면 다음 몇 가지로 요약할 수 있을 것 같다.

첫째, 사상은 모두 마음의 작용이라는 것이 중요하다. 즉, 마음이 대상을 대하고 누적된 경험이나 훈습에 근거하여 여러 가지 작용을 일으키게 되는데, 이것을 네 가지로 정리한 것이 사상이라고 할 수 있는 것이다. 요컨대, 마음으로 인하여 일어나는 모든 것(一切唯心造)을 네 범주로 분류한 것이 사상이라는 것이다.

둘째, 사상은 전도된 마음의 작용이라는 것이다. 전도된 마음이라 함은 이 사상 때문에 제법의 실상이 공함을 바로 보지 못하며, 또한 공함 속에 제법이 드러남을 알지 못하기 때문이다.

셋째, 모든 차별과 분별 그리고 간택의 준거(frame)와 기준(standard)이 된다는 것이다. 사상은 사상이나 사건 혹은 사물, 사람 기타 중생을 대하고 이에 대하여 사상에 의하여 성립된 기준과 근거에 의하여 인식하고 생각하며 판단하고 결정하여 행동하기 때문이다.

이에 따라 사상을 다음과 같이 정의할 수 있다.

- 아상(我相): 나를 중심으로 세상의 모든 것을 인식하고, 생각하며, 판단하고, 결정하며, 행동하는 근거와 기준으로서의 마음의 작용이다.
- 인상(人相): 내게 있어서 인간이 어떠해야 하는지를 내가 미리 정해 놓은 인식, 생각, 판단의 준거와 기준
- 중생상(衆生相): 인간 이외의 모든 유정이 내게 있어서 어떠해야 하는지를 내가 미리 정해 놓은 인식, 생각, 판단의 준거와 기준
- 수자상(壽者相): 나와 인간을 포함한 모든 중생들이 내게 있어서 삼세

---

114) T33n1700001, 金剛般若經贊述卷上, 大乘 基撰, CBETA 電子佛典集成 》大正藏 (T) 》第33冊 》 No.1700 》第1卷, http://tripitaka.cbeta.org/T33n1700001

에 걸쳐 어떠해야 하는지를 내가 미리 정해 놓은 인식, 생각, 판단의 준거와 기준

부처님께서는 이들 사상을 가지고 있으면 보살이 아니라고 말씀하셨다. 즉, 이들 사상이 있으면 범부이지 보살이 아닌 것이다. 왜냐하면, 보살은 반야의 묘한 지혜를 사용하여 자성이 본래 공하다는 것을 온전히 비추어 앎으로써 그 마음을 항복시켜 사상과 같은 전도된 망상을 하지 않는데, 이렇게 그 마음을 항복시키지 못하면, 장래에 이 전도된 마음이 다시 자라나 중생으로 퇴보해 버리기 때문이다.

[공부]
조화는 마음에서 비롯한다(造化因心).

송나라의 조형(晁逈)이란 분이 노래한 조화인심게(造化因心偈; 조화는 마음에서 비롯한다는 노래)를 소개한다.[115]

　　　부(賦)와 상(象)은 각기 마음에서 연유하나니(賦象各由心)
　　　그림자와 메아리는 속임이 없네(影响無欺詐)
　　　원래 조화공이란 없고(元無造化工)
　　　중생이 스스로 조화를 부린다네(眾生自造化)

조화공이란 만들어 내고 변화시키는 사람 혹은 초인적 존재를 의미한다. 모든 현상과 사물이 끊임없이 생성되고 변화하고 소멸하는 것을 어떤 존재가 있어서 그렇게 조작하고 있다고 볼 때, 그렇게 되도록 조작하는 존재가 바로 조화공인 것이다.

그런 조화공은 원래 없다는 것이다. 즉, 모든 현상과 사물은 우리의 대상으로서 육경을 이루며, 그것을 인식하기 위하여 육근이 존재하고, 육경에 대응하여 육근을 통하여 육식이 작용함으로써 비로소 그 존재가 인식된다.

현상이나 사물의 존재는 인식과 상관없이 이미 주어진 것이라고 볼 것인지, 혹은 그러한 현상이나 사물을 인식할 때 비로소 존재하는 것으로 볼 것인지 존재론과 인식론에 따라서 생각을 달리할 수 있겠지만, 여하튼 우리의 모든 마음의 작용과 행동과 관련하여서는 인식되지 않는 한 존재 자체만으로는 의미가 없다. 그러므로 인식론적 입장에서 모두 일체유심조인 것이다. 그렇기 때문에 그림자나 메아리도 속이는 일이 없는 것이다.

---

115) X24n0469001, 金剛般若波羅蜜經補註卷上, 三山鶴軒居士 韓巖 集解, 海陽夢華居士 程衷懋 補註, CBETA 電子佛典集成 》 卍續藏 (X) 》 第24冊 》 No.0469 》 第1卷, http://tripitaka.cbeta.org/X24n0469001

> 그림자는 형상이 빛에 의하여 만들어 낸 허상이고, 메아리는 본래의 소리가 반사작용에 의하여 만들어 낸 허상일 뿐이다. 그러나 이들 허상은 본래의 형상이나 소리와 마찬가지로 마음의 작용에 의하여 인식되는 것일 뿐 그 자체로 우리에게 '나는 허상이야.'라고 하지 않는다.

경) 부처님께서 말씀하셨다 ~ 보살(이 아니다)(佛告 ~ 菩薩)

착어) 정수리를 하늘로 향하고 땅에 선다. 코는 곧고 눈은 옆으로 찢어졌다(頂天立地鼻直眼橫).

정천입지(頂天立地)란 말은 정수리를 하늘로 향하고 땅에 서 있다는 뜻이다. 이는 사람이 두 발을 딛고 당당하고 거칠 것 없이 호기롭게 서 있는 모습을 형용한 말이다. 비직안횡(鼻直眼橫)이란 말도 선림에서 사용하는 말이다. 눈은 옆(가로)으로 찢어져 있고, 코는 위아래(세로)로 솟아 있다는 뜻이다. 원래는 안횡비직으로 많이 사용하는데, 이를 살짝 비틀어서 비직안횡이라고 한 것이다. 위 두 어구는 우리 사람들의 가장 일반적인 형모를 묘사한 말이다. 이는 여실지견을 비유한 말이다. 대개 도를 찾음에 기이한 것을 만나려고 할 필요는 없고, 곧바로 필요한 것은 본래면목을 파악하는 것임을 가리킨다.

송) 노래한다.

당당하구나, 큰 깨달음이여. 밝고도 분명하도다(堂堂大道赫赫分明)
사람마다 본래 갖추었고, 각기 원만히 이루어졌는데(人人本具箇箇圓成)
한 생각 차이로(祇因差一念)
만 가지 다른 형상이 나타나네(現出萬般形)

큰 깨달음(大道)이란 부처님께서 깨달으신 아눗다라삼먁삼보리, 무상정등정각을 가리킨다. 이 부처님의 깨달음은 밝고도 분명하다. 왜인가? 가장 높은 데서, 모든 덮개가 벗겨진 채 적나라하게 드러나 있기 때문이다. 그런데 이것은 모든 중생이 각기 갖추고 있다고 한다. 그리고 중생에게 갖춰진 자체로 원만하게 구족되어 있다고 한다. 그런데 현실에서는 어둡고 불분명하다. 왜인가? 그것이 무시이래의 훈습에 의한 덮개로 뒤덮여 있기 때문이다. 그래서 중생들은 부처님의 당당하고 가장 밝고 분명한 무상정등각이 자신에게 원만하게 구족되어 있음을 알지 못하기 때문이다. 그리고 이 당당하고 밝고 분명한 것은 그 자체로 모든 중생에게 동일하며, 나지도 멸하지도 않으며, 더럽지도 깨끗하지도 않으며, 늘지도 줄지도 않는 것이다.

그러나 비록 모든 중생에게 동일하고 원만하게 구족되어 있지만, 각인에게 나타날 때는 각자의 생각과 행동이 다르고 쌓아 온 업이 다르며, 그로 인하여 훈습된 업장의 두께와 무게가 다르기 때문에, 제각각 다른 모습을 갖게 되어, 만 가지 형상으로 나타나는 것이다.

 # 보살은 어떻게 머물러야 하는가(應云何住)

(1) 문제가 있는 곳

보살은 어떻게 머물러야 하는가? 경의 종지는 무주(無住)이다. 무주란 머물지 않음이다. 그런데 수보리는 아뇩다라삼먁삼보리심을 낸 선남자, 선여인이 어떻게 머물고, 어떻게 그 마음을 항복시켜야 하는지 여쭈었고, 이 질문에 대한 대답이 경의 전체 내용을 아우른다. 질문이 '어떻게 머무를 것인가'인데, 상에 머무름이 없어야 하고, 색성향미촉법에 머무름이 없어야 한다고 대답하셨다. 이러한 머물지 않음이란 머물러서는 안 된다는 의미이다. 소극적인 대답이다. 이는 수보리의 질문과 부처님의 대답이 결과는 같으나 접근 방법은 반대라는 것을 의미한다. 여전히 적극적, 직접적으로 어떻게 머물러야 할 것인지에 대하여는 대답을 하지 않으신 것이다. 이로부터, 보살은 적극적으로 어떻게 머물러야 하는가? 라는 문제가 제기된다. 수보리의 질문도 여기에 주안점이 있는 것은 아닐까?

(2) 보살은 어떻게 머물 것인가?

이에 대한 대답은 간단하다. 보살은 대승 중에 머물러야 한다. 보살이라는 개념 자체가 대승에 주로 사용되는 것이기 때문이다. 테라와다불교(상좌부불교, 혹은 소승불교)에서는 부처님께서 보리수 아래에서 깨달음을 이루기 이전 상태를 보살이라 부르고 있을 뿐, 이를 제외하면 보살이란 사용되지 않는 개념이다. 그러므로 보살은 대승에 의하여 일반화되었고, 그러므로 대승 가운데 머물 수밖에 없는 존재라고 할 수 있다. 그러한 보살이 대승 중에 머무는 것은 당연한 귀결이다.

그러면 어떻게 하는 것이 대승 중에 머무는 것인가? 경에서 수보리가 여쭈어 본 것은 어떻게 머물 것인가와 어떻게 그 마음을 항복시킬 것인가의 두 가지였으나, 위에서 말한 바와 같이, 부처님께서는 머물지 말 것에 대하여는 대답하고 어떻게 머물 것인가에 대하여는 구체적인 언급이 없다. 그러나 문답을 이어 가는 중에 이 뜻이 드러난다. 이 뜻을 정리한 것이 다음의 노래라고 할 수 있다. 이 노래에서는 보살이 대승 중에 머물 때는 네 가지 마음(四心)을 가질 것을 노래한다.[116]

  그 마음이, 광대, 제일, 상(廣大第一常)
  부전도에 머물면(其心不顚倒)
  이익이 깊나니(利益深心住)
  이 탈것(乘)이 공덕으로 가득하리(此乘功德滿)

이 노래가 말하고 있는 의미는 무엇일까? 만약 보살이 네 가지 깊은 이익이 있는 보리심을 갖는다면 이 보살은 대승에 머무는 것이라는 것이다. 왜냐하면, 이들 깊은 마음의 공덕이 만족하고, 그러므로 네 종류의 깊은 이익을 거두는 마음이 생겨 대승 중에 머물 수 있기 때문이다. 노래에서 말하는 네 가지 마음이란 광대심, 제일심, 상심, 부전도심 등 넷이다.

1) 첫째, 광대심(廣大心)의 이익이란 무엇을 말하는가? 경에서 "보살들은 존재하는 일체 중생을 거두어 돌보겠다는 마음 내지 중생계의 중생을 거두어 돌보겠다는 마음을 낸다."라고 하였는데, 이것이 광대심이다. 존재하는 모든 중생들을 교화하여 그들이 고통의 바다를 건널 때까지 성불하지 않고 중생들과 더불어 식고생(息苦生)을 하겠다는 서원을 한 존재가 대승의 보살이다. 그러므로 보살들은 당연히 중생들을 모두 거두어들이려는 생각을 가지고 있는 것이다. 즉, 중생들이 고통으로부터 해탈할 수 있도록 거두겠다는 마음을 내는 것은 당연한 것이다. 이 마음이 바로 광대심이다. 보살의 이 광대심은 모든 중생들에게 이익이 되지 않을 수 없다.

---

116) T25n1511001, 金剛般若波羅蜜經論卷上, 天親菩薩造, 元魏天竺三藏菩提流支譯, CBETA 電子佛典集成 » 大正藏 (T) » 第25冊 » No.1511 » 第1卷, http://tripitaka.cbeta.org/T25n1511001; T25n1512002, 金剛仙論卷第二, 世親菩薩造, 金剛仙論師釋 元魏 菩提流支譯, CBETA 電子佛典集成 » 大正藏 (T) » 第25冊 » No.1512 » 第2卷, http://tripitaka.cbeta.org/T25n1512002

2) 다음으로, 제일심[第一心. 승심(勝心)이라고도 한다]의 이익이란 무엇인가? 경에서 "내가 모두 무여열반에 들게 하여 멸도시킨다."라고 한다. 이렇게 하겠다는 마음이 제일심이다. 구류중생을 모두 열반에 들게 하는 것은 그 마음과 의지가 그 무엇보다 수승하며, 가장 훌륭하기 때문이다. 가장 수승한 것 혹은 가장 훌륭한 것을 제일 혹은 승이라 한다. 부처님의 가르침을 승의제(勝義諦) 혹은 제일의제(第一義諦)라고 하는 이유가 여기에 있다. 진리 중에서도 가장 훌륭한 진리라는 의미이다. 부처님의 가르침은 중생들로 하여금 남김 없는 열반에 들 수 있도록 인도할 수 있는 가르침이기 때문이다.

3) 셋째로, 상심(常心)의 이익이란 무엇인가? 경에서 "이와 같이 헤아릴 수 없고 가없는 중생을 멸도시켰으나, 실은 어떤 중생도 멸도한 자가 없다. 왜냐하면, 수보리야. 만약 보살이 아상, 인상, 중생상, 수자상을 가지면 보살이 아니기 때문이다."라고 하였다. 이것이 항상하는 마음으로 바로 상심에 해당한다. 이는 무슨 뜻인가? 보살은 일체 중생을 마치 자신의 몸처럼 취급하기 때문에 자신이 멸도하는 것이나 중생이 멸도하는 것이나 다를 것이 없다. 그러므로 만약 보살이 중생에 대하여 중생상을 일으키면 자신과 보살을 분별하는 것이 되고, 이런 자는 보살이란 이름을 얻을 수 없는 것이다. 이처럼 중생을 나와 같이 취급하는 마음을 언제라도 버리지 않기 때문에 상심의 이익이라 하는 것이다.

4) 넷째, 부전도심(不顚倒心)의 이익이란 무엇인가? 경에서 "왜냐하면, 수보리야. 만약 보살이 아상, 인상, 중생상, 수자상을 일으키면, 곧 보살이 아니기 때문이다."라고 하였다. 이들 네 가지 상은 분별심, 차별심에서 일어난 것이며, 이러한 마음을 가지고서는 평등한 마음을 가질 수 없다. 평등한 마음이 없으면 모든 것을 나를 중심으로 사량하고 분별하며 차별하게 된다. 이러한 마음이 바로 전도된 마음이다. 보살이 이 전도된 마음을 가지면 보살이 아닌 것이다. 보살은 네 가지 상을 버린 존재인 것이다.

대승정종분 중에 드러내 보이는 보살의 마음에 대하여, 위에서 살펴본 천친보살의 광대, 제일, 상, 부전도 등 네 마음 이외에, 보살과(菩薩果)의 네 가지 이익에 상응하는 마음으로서, 가없는 마음(無邊心), 가장 높은 마음(最上心), 사랑으로 거두는 마음(愛攝

心), 바른 지혜로 인도하는 마음(正智心) 등 네 가지 마음을 거론하기도 한다.[117]

1) 가없는 마음(無邊心)이란 무엇인가? 경에서 "존재하는 일체 중생의 무리들"이라고 하였다. 중생의 무리란 숨을 쉬며 감정을 느끼는 모든 것들을 포함한다. 이러한 것들을 경에서는 새와 같은 난생, 사람과 같은 태생, 곤충과 같은 습생, 하늘과 같은 화생 등 네 종류를 열거하고 있다. 또 형체의 있고 없음에 따라 유색과 무색의 중생이 있고, 생각이 있고 없음에 따라 유상, 무상, 비유상비무상의 중생을 세우고 있다. 이들 중생은 가없이 많다. 이들 하나하나에 대하여 사랑으로 거두는 마음을 내니, 가없는 마음, 즉 무변심인 것이다.

2) 가장 높은 마음(最上心)이란 무엇인가? 경에서 "나는 이들 모두를 남김 없는 열반으로 이끌어 들여 멸도시킨다."라고 하였다. 남김 없는 열반, 즉 무여열반이란 무엇인가? 제법의 무생과 본성의 공함을 요해하고 일체의 과환과 오온을 영원히 쉬게 하여 가없이 희유한 공덕을 지음으로써 청정한 색상을 원만히 장엄하고 뭇 중생들을 널리 이롭게 하여 훌륭한 업이 다함이 없는 것을 말한다.

3) 사랑으로 거두는 마음(愛攝心)이란 무엇인가? 경에서 "이처럼 무량한 중생들을 멸도시켰으나, 실제로 멸도한 중생은 없다."라고 하였다. 이 말은 보살이 자비와 사랑으로 일체 중생을 자기와 동일시하는 까닭에 중생이 멸도하였으나, 이는 곧 보살 자신이 멸도한 것이지 남이 멸도한 것이 아니라고 여기는 마음이기 때문에 그러하다는 것이다.

4) 바른 지혜로 이끄는 마음(正智心)이란 무엇인가? 경에서 "만약 보살이 아상, 인상, 중생상, 수자상을 가지면, 곧 보살이 아니"라고 하였다. 그럼 무엇인가? 소위 범부라는 것이다. 왜 그런가? 제일의에 빠져 아상, 인상, 중생상, 수자상을 일으켰기 때문이다. 제일의를 진실로 증득하면 아상 등 사상이 결코 생겨나지 않는다. 이 중 반야의 힘으로 제일의를 증득하는데, 일체 중생이 모두 얻을 수는 없는 대비심이고, 그러므로 항상 중생을 따라다니며 생사에 처하여 알맞게 유도하여 이끄는 것이다.

---

117) T25n1515001, 金剛般若波羅蜜經破取著不壞假名論卷上, 功德施菩薩造, 唐中天竺國沙門地婆訶羅等奉 詔譯CBETA 電子佛典集成 » 大正藏 (T) » 第25冊 » No.1515 » 第1卷, http://tripitaka.cbeta.org/T25n1515001

 # 제4분 훌륭한 수행은 머묾이 없다(妙行無住分)

1. 의의

 최상의 깨달음을 얻으려면 상에 머물지 않고 수행하여야 한다. 묘행이란 묘와 행을 합한 말이다. 묘는 미묘하다는 말로, 훌륭하거나 수승하다는 뜻이다. 『묘법연화경』에서 사용한 묘라는 말은 이를 의미한다. 행은 수행 혹은 수행의 방법을 의미한다. 개략적으로 묘행이란 매우 훌륭한 수행방법을 의미한다고 할 수 있다. 그 용법을 보면, 예컨대 『대방등다라니경(大方等陀羅尼經)』 제4권은 "수행자는 마땅히 다섯 가지를 수행하여 여러 가지 계의 성품(戒性)을 지켜야 한다. 소위, 다라니의 뜻을 저버리지 않으며(不犯陀羅尼義), 방등경을 폄훼하지 않으며(不謗方等經), 남의 허물을 탓하지 않고(不見他過), 대승을 찬탄하지 않고 소승을 깎아내리지 않으며(不讚大乘不毀小乘), 좋은 벗을 버리지 않는다. 중생에게 항상 이들 다섯 가지 묘행을 말한다."라고 하였다.[118]

 그러므로 묘행은 일체법에 맞닿지도 않고 떨어지지도 않으며 어긋나지도 머물지도 않는다. 즉, 묘행은 일체법 그 자체가 아니지만, 일체법에서 벗어나 있는 것도 아니다. 묘행은 일체법의 바탕이 되어 일체법을 이루며, 일체법은 묘행 위에 섬으로써 존립한다. 그러므로 일체법에는 묘행이 구현되어 있고, 묘행은 일체법이 이루어지고 소멸하는 과정의 바탕이 된다. 묘행은 일체법을 품어 일체법에 어긋나지 않으며, 일체법은 묘행을 조건으로 생멸하지만 묘행은 일체법에 멈추어 있지 않다. 그러므로 묘행이라 한다.

 천태종에서는 원행(圓行)을 묘행이라 한다. 이런 의미에서의 묘행이란 "하나의 행위

---

118) T21n1339004, 大方等陀羅尼經護戒分卷第四, 北涼沙門法眾於高昌郡譯, CBETA 電子佛典集成 》大正藏 (T) 》第21冊 》 No.1339 》 第4卷, http://tripitaka.cbeta.org/T21n1339004

가 곧 일체의 행위(一行卽一切行)"이다. "한 행이 일체 행"이란 하나의 행 중에 모든 행이 구족되어 있음을 의미하며, 그러므로 이를 원행(圓行)이라고 한다는 것이다. 원행이란 원융하게 행을 지켜 가는 것이다. 어떤 일에든지 추호도 집착함이 없다면, 한 부처를 염하거나 공양하면 곧 일체의 모든 부처를 염하거나 공양하는 것과 같고, 한 법을 닦으면 곧 무량한 법문을 닦는 것과 같으며, 한 극락정토에 태어나면 곧 모든 불국정토에 태어나는 것과 같다는 것이다.[119]

송) 노래한다.

소리, 냄새, 형체를 투과한 이 누구이던가(透過聲香色是誰)
몸을 던져 호랑이에게 먹여 스스로 일가를 이루었네(投身飼虎自家為)
좋은 쇠를 백 번 제련하면, 광채가 날지라도(精金百鍊雖光彩)
눈 위에 다시 눈썹을 덧붙이랴(且不重添眼上眉)

투과(透過)란 선림에서 사용하는 말들 중 하나다. 막혔던 관문을 뚫거나 그 관문을 뚫고 일정 경지에 도달하는 것을 의미한다. 소리, 냄새, 형체란 성, 향, 색을 가리키니, 곧 육근과 육근에 닿는 육경을 가리킨다. 이들 육근과 육경을 십이처라 하는데, 이 십이처를 투과하였다 함은 육근과 육경의 얽매임(繫縛)에서 벗어났음을 의미한다. 육신의 얽매임에서 벗어난 이는 부처이다.

몸을 호랑이에게 던졌다 함은 자신의 몸을 굶주린 호랑이에게 먹이로 제공하였음을 가리킨다. 석가모니부처님이 깨달음을 이루시기까지 행하셨던, 헤아릴 수 없이 많은 지극한 육바라밀 수행 중의 하나다. 자신의 몸을 보시하였다는 것[이것을 사신보시(捨身布施)라 한다]은 곧 생명을 바쳤음을 의미한다. 중생들 중에 자신의 생명을 가볍게 여기는 것은 없다. 그러므로 다른 중생을 위하여 자신의 생명을 기꺼이 내놓았다는 것은 참으로 대단한 보시가 아닐 수 없으며, 그 공덕의 크기가 남다를 것이다. 자신의 생

---

119) T47n1961001, 淨土十疑論, 第三疑, 隋天台智者大師說, http://tripitaka.cbeta.org/mobile/index.php?index=

명을 다른 이의 생명을 구하기 위하여 내놓는 보시야말로 최상의 수행 활동이기 때문이다. 일가를 이루었다 함은 깨달음을 얻어 자신만의 세계, 자신만의 가문을 이루었음을 가리킨다. 물론 석가모니부처님이 이루신 깨달음이 유일하거나 전부가 아니라는 의미도 들어있다. 만약 석가모니부처님이 이루신 깨달음이 전부 혹은 유일한 것이고 다른 깨달음이 없다고 하면, 그것은 또 하나의 독단일 뿐 지극한 깨달음이라 할 수 없는 것이다. 그러나 최상의 깨달음이며 지극한 깨달음이기 때문에 다른 모든 깨달음을 포용하면서, 존중하면서 또한 모든 것에 내재할 수 있는 것이다. 일즉일체다즉일(一卽一切多卽一)이며, 일미진중함시방(一微塵中含十方)인 것이다.

정금(精金)이란 좋은 쇠라고 하였으나, 쇠 중의 쇠라고 할 수 있다. 정금은 쇠를 무수히 제련하여 불순물을 모두 제거한 순수한 쇠이다. 무수히 제련한다 함은 아주 힘들고 오랜 시간에 걸쳐 수행하였음을 의미한다. 그러므로 여기서 정금이란 힘들고 오랜 수행을 통하여 온갖 오염물를 제거하고 모든 번뇌의 묶임에서 벗어나 마침내 깨달음을 이루신 부처님을 비유한다고 할 수 있다. 그렇게 깨달음을 이루셨으니 그 광명스러움은 가히 말로 할 수 없는 것이다. 그러나 아무리 그렇다고 이미 완성된 것에 다시금 무언가를 보태는 것은 오히려 그 완성을 깨뜨리는 것에 불과하다. 눈 위에는 이미 눈썹이 알맞게 있어 여기에 다시 눈썹을 보탤 이유가 없는 것처럼, 부처님께서 이루신 경지는 이미 궁극이므로 여기에 더하여 깨달음을 이루겠다고 주장하는 것은 사족에 불과할 것이다.

[공부]
몸을 던져 호랑이에게 먹이다(投身飼虎)

몸을 던져 호랑이를 먹여 살린 기록은 살타왕자(薩埵王子)의 수행기에 관한 것이다.[120]

과거세에 한 나라가 있었고 그 나라를 대거(大車)라는 왕이 다스리고 있었다. 대거왕에게는 세 명의 아들이 있었는데, 태자는 마하바라(摩訶波羅; 큰 바라문이라는 뜻), 둘째 왕자는 마하제바(摩訶提婆; 큰 하늘이라는 뜻), 셋째는 마하살타(摩訶薩埵; 큰 사람이라는 뜻)였다. 세 왕자는 숲에 놀러 갔었다.

그 무렵 그 숲에는 한 마리 암호랑이가 새끼 일곱 마리를 낳고 칠 일이 지나도록 아무것도 먹지 못한 채 기갈에 시달리고 있었다. 세 왕자는 이 광경을 잠깐 보고 참 안 되었다고 생각하며 떠났다. 그러다 마하살타는 불쌍히 여기는 마음(悲心)을 크게 내어 위없는 깨달음(無上菩提)을 이루기 위하여 자신의 (더러운) 몸을 버리기로 마음먹었다. 그리하여 두 형을 먼저 보내고 홀로 숲속으로 되돌아가 굶주린 호랑이가 있는 곳에 가서 옷을 벗고 대나무 위에 올라가서 누웠다. 호랑이는 살타왕자의 불쌍히 여기는 마음의 위력에 눌려 감히 잡아먹지를 못하는 것이었다. 이를 본 살타왕자는 높은 곳에 올라가 땅으로 몸을 던졌다. 이때 그곳에 있던 작은 신이 손으로 왕자를 받아서 아무런 상처도 입지 않았다. 이에 살타왕자는 마른 대나무로 스스로 자신의 목을 찔러 피를 낸 다음 호랑이에게 다가갔다. 이때 대지가 육종진동을 일으키고 하늘에서 꽃이 가득히 쏟아졌다. 주린 호랑이는 살타의 목에서 피가 흐르는 것을 보고 곧 그 피를 마신 다음 (힘을 차려서) 살점까지 모두 먹어치웠다.

이 살타왕자가 바로 석가모니부처님의 전신 중의 하나다. 석가모니부처님은 이와 같은 사신공양(捨身供養) 등 무량한 보시의 공덕으로 정광불(연등불)로부터 수기를 받은 기간보다 성불을 십일 겁이나 앞당겼다고 한다. 위 몸을 던져 호랑이에게 먹인 전생담은 성불을 이룰 수 있는 존재는 바라문이나 천인이 아니라 중생들의 아픔을 나의 아픔으로 받아들여 공감할 수 있는 인간이라는 것을 시사한다.

---

120) T04n0202001, 賢愚經卷第一, 元魏涼州沙門慧覺等在高昌郡譯, (二)摩訶薩埵以身施虎品第二, CBETA 電子佛典集成 » 大正藏 (T) » 第4冊 » No.0202 » 第1卷, http://tripitaka.cbeta.org/T04n0202001

[공부]
사신공양

1) 사신(捨身, 梵 ātma-parityāga)이란 신명을 버리는 것을 말한다. 소신(燒身), 유신(遺身), 망신(亡身)이라고도 한다. 부처 등에게 몸을 바쳐 공양하거나 혹은 몸을 다른 중생에게 보시하는 것으로, 보시행위 중 가장 수승하다고 한다. 『대지도론』 제11권에 의하면, 재물을 보시하는 것을 외보시(外布施)라 하고 몸을 버리는 것을 내보시(內布施)라고 하며, 목숨 자체 뿐 아니라, 눈, 골수, 장기, 뇌 등 신체의 일부를 중생에게 보시하는 것도 사신보시에 해당한다. 보다 자세한 내용에 대하여는,[121] 같은 책 제12권에서는 보시를 상중하 삼등급으로 나누고, 그 중에서 사신보시는 상급보시에 속한다고 하였다. "보시에는 상중하 삼품이 있는데, 하품에서 중품이 생기고, 중품에서 상품이 생긴다. 음식물 등 거친 물건을 보시하며 마음이 부드러우면 하품이고, 보시를 습관화하여 의복이나 보물을 보시하면 이는 중품이며, 보시하는 마음을 더욱 더하여 애석해 함이 없이 머리, 눈, 피, 육신, 나라, 재산, 처자를 모두 보시하면 상품이다."라고 하였다. 보다 자세한 내용에 대하여는,[122] 보살의 사신의 의의와 관련하여 『대장부론(大丈夫論)』 상권 사신명품(捨身命品)에서 "보살은 일체종지를 구하기 위하여 중생을 불쌍히 여겨 몸을 버림과 동시에 간탐의 중생에게 부끄러운 마음을 일으키게 한다."라고 하였다.[123] 경전 중에 몸을 버리는 것을 기록하고 있는 예가 적지 않다. 예컨대, 『법화경』 약왕보살본사품에서 약왕보살의 소신공양, 『금광명경』 사신품의 살타왕자의 사신사호, 『북본대반열반경』 제14권의 설산동자가 법을 듣기 위하여 나찰에게 몸을 던지는 이야기 등 많다. 이러한 사신공양의 공덕의 수승함에 관한 기록은 자칫 어리석은 중생을 자살로 유도할 가능성이 있어, 범부에 대하여는 엄격히 금지한다.
2) 재계법회의식을 시행할 때 자신의 몸을 불사에 던지는 것. 중국 양나라 때 귀족들이 불교에의 귀의심을 드러내 보이기 위하여 이러한 행위를 하곤 하였다.

---

121) T25n1509011, 大智度論釋初品中舍利弗因緣第十六(卷第十一), 龍樹菩薩造, 後秦龜茲國三藏鳩摩羅什奉 詔譯, 大智度論釋初品中檀相義第十九, CBETA 電子佛典集成 » 大正藏 (T) » 第25冊 » No.1509 » 第11卷, http://tripitaka.cbeta.org/T25n1509011 참조

122) T25n1509012, 大智度論釋初品中檀波羅蜜法施之餘(卷第十二), 龍樹菩薩造, 後秦龜茲國三藏鳩摩羅什奉 詔譯, CBETA 電子佛典集成 » 大正藏 (T) » 第25冊 » No.1509 » 第12卷, http://tripitaka.cbeta.org/ 참조

123) T30n1577001, 大丈夫論卷上, 提婆羅菩薩造, 北涼沙門道泰譯, 捨身命品第十二, CBETA 電子佛典集成 » 大正藏 (T) » 第30冊 » No.1577 » 第1卷, http://tripitaka.cbeta.org/T30n1577001

> 양무제는 일생 동안 일찍이 동태사(同泰寺)에 네 차례나 몸을 던졌으며, 군신들은 제왕의 몸을 되찾아오기 위하여 거액의 금전을 절에 들여보내야 했다. 고승전, 속고승전 등에는 소신공양의 사례가 많이 보인다.
> 3) 선문 중에서 몸에 대한 집착을 버리고 진정한 해탈을 구하는 방법을 가리킨다. 능가사자기(楞伽師資記)에 의하면, "무릇 사신의 법은 먼저 선정에 들어 마음을 비워 심경을 고요하게 가라앉힌 다음 모든 생각을 끊고 마음이 움직이지 않도록 한다."라고 하였다.[124]
> 4) 현재 우리나라 조계종에서 재계(팔재계, 안거 해재 등)시에 재자들의 팔에 연비를 하는데, 이는 일종의 사신공양이라 할 수 있다.

2. 내용

경) "또한 수보리야. 보살은 법에 머무름이 없이 보시하여야 한다.
소위 색에 머물지 않고 보시하며, 성향미촉법에 머물지 않고 보시하여야 한다."
復次須菩提菩薩於法應無所住行於布施所謂不住色布施不住聲香味觸法布施。

색성향미촉법은 육경이라고 하여, 안이비설신의 여섯 가지 감각기관(六根)에 대응되어 느끼게 되는 외부의 여섯 가지 감각대상을 가리킨다. 이 중에 색은 형체가 있는 것에 대하여, 성은 소리, 향은 냄새, 미는 맛, 촉은 닿음, 법은 마음에 반영되어 나타나는 현상을 말한다. 그러므로 색에 머문다는 것, 소리, 냄새, 맛, 닿음, 법(현상)에 머문다는 것은 우리의 육근이 그 감각대상인 육경에 집착하여 벗어나지 못함을 의미한다. 육근은 인간을 포함한 중생이 외부와 소통하는 문이며, 그 자체를 그대로 중생의 개체라고 보아도 무방하다. 결국 육근이 육경에 머문다는 것은 우리가 육경에 집착하는 것을 가리킨다.

색에 머문 보시란 어떠한 보시를 말하는가? 보시를 잘하면 내세에 잘 생기거나, 부잣집에 태어나거나, 부를 이루거나 할 수 있다고 한다. 그런데 이러한 결과를 얻으려

---

124) T85n2837001, 楞伽師資記, 東都沙門釋淨覺居太行山靈泉谷集, CBETA 電子佛典集成 》 大正藏 (T) 》 第85冊 》 No.2837 》 第1卷, http://tripitaka.cbeta.org/

고 보시를 하다 보면, 이러한 결과가 얻어지지 않았을 때 원망하는 마음이 생겨, 차라리 보시하지 않은 것만 같지 못한 상황이 될 수도 있다. 좋은 소리를 내고 듣기 위하여, 아름다운 냄새를 풍기고 맡기 위하여, 혹은 부드럽고 매끄러운 촉감을 기대하고, 마음에 좋은 느낌을 얻을 수 있기를 바라서 보시를 하는 것도 같은 결과를 초래할 수 있다.

범부의 보시는 일반적으로 현세에서 뜻하는 바, 바라는 바를 이루려 하거나, 오욕의 쾌락을 추구하거나, 내세에 몸이 잘 생기기를 바라거나, 기껏해야 하늘에 태어나는 것을 주된 목적으로 하는 것(有相布施)이기 때문에 보시의 공덕이 다하면, 지속적으로 보시를 하지 않는 한, 자신이 지은 업에 따라 지옥, 아귀, 축생 등 삼악도에 떨어지게 된다. 그리하여 세존께서 신체가 잘 생기기를 바라거나 오욕의 쾌락을 추구하는 따위를 목적으로 하지 말고, 안으로 간탐하는 마음을 타파하고 밖으로 일체 중생에게 이익이 되는 보시를 하도록 큰 사랑으로 무상보시(無相布施)를 가르쳐 행하도록 하셨던 것이다. 부처님의 이런 가르침에 상응하는 보시가 색에 머물지 않는 보시, 성향미촉법에 머물지 않는 보시인 것이다.

원래 보시가 제대로 효과를 발휘하려면 세 가지가 청정해야 한다고 한다. 이 세 가지란 보시하는 사람(施主), 보시를 받는 사람(受者), 보시의 대상이 되는 물건(施物)을 말한다. 이 셋을 삼륜(三輪)이라 하며, 이 셋이 청정한 것을 삼륜청정(三輪淸淨), 삼륜체공(三輪體空), 삼사개공(三事皆空)이라 한다. 시주가 보시하면서 어떤 목적을 가지고 한다면 그 시주가 청정하다고 할 수 있을까? 목적을 노린 보시는 상이 있는 보시이고, 상이 있는 보시는 색성향미촉법에 머무는 보시임을 알아야 한다.

경) *"수보리야. 보살은 이와 같이 상에 머물지 않고 보시하여야 한다."*
須菩提菩薩應如是布施不住於相。

보시를 한다는 마음이 없고, 보시하는 물건을 아까워하지 않으며, 보시를 받는 사람을 분별하지 않으니, 이를 상에 머물지 않는 보시라 한다. 보시를 하는 때에 가져야 할 태도를 가리키는 것으로 이것이 바로 앞에서 말한 삼륜체공이다. 삼륜체공이란 보시를 하는 때에 공관(空觀)에 머물러 능시(能施), 소시(所施) 및 시물 등 삼륜에 집착하지 않는 것을 말한다. 이를 좀 더 자세히 보자.

- 시공(施空): 보시를 하는 사람이 내 몸은 공하여 보시를 하는 나는 실재하지 않음을 알며, 보시하는 때에 복보를 희구하는 마음이 없는 것을 가리킨다.
- 수공(受空): 능시의 사람이 본래 없음을 체달하고 있으며, 그러므로 보시를 받는 사람에 대하여 어떠한 교만심도 일으키지 않는 것을 가리킨다.
- 시물공(施物空): 자재와 보물, 법 등 보시의 대상이 되는 일체의 것이 본래 모두 공함을 잘 알고 보시되는 물품에 대하여 어떠한 탐심이나 애석해하는 마음이 없는 것을 가리킨다.

이처럼 삼륜체공을 꿰뚫어 깨달은 보시행은 청정하며 수승하다고 한다. 경에서도 여러 차례 이러한 말을 여러 곳에서 하고 있음을 볼 수 있는데, 예컨대 "법에 머무는 바 없이 보시를 행하라(於法應無所住行於布施)."라는 장구가 대표적이다. 이 장구에 대하여 종륵(宗泐)은 다음과 같이 말한다.[125]

"세상 사람들이 보시를 할 때 마음으로 과보를 바란다. 이는 상에 집착한 것이다. 보살은 삼륜체공을 요달하였기 때문에 보시를 행할 때 상에 머물지 않는다. 삼륜이란 시자, 수자, 시물을 말한다. 부처님은 선현에게 '이와 같이 상에 머물지 않고 보시를 행하면 보살이 망심(妄心)을 항복시키는 것'이라고 말씀하셨다."

『대반야바라밀경』 제392권 성숙유정품(成熟有情品)에서 "보시 수행을 할 때 집착을 일으키면, 다시금 몸을 받아 생사를 유전하며 큰 고통을 받는다. 그러므로 보시하는 사람도, 보시를 받는 사람도, 보시하는 물건도, 보시의 결과도 본성이 공함을 철저하게 알고 집착하지 않아야 한다."라고 하였다.[126] 또 법계차제(法界次第) 하권(상)에 의하면, "보시를 할 때 보시하는 사람, 받는 사람 및 재물 이 세 가지가 모두 공하여 얻을

---

125) T33n1703001, 金剛般若波羅蜜經註解, 姚秦三藏法師鳩摩羅什奉 詔譯, 大明天界善世禪寺住持(臣)僧(宗泐)演福講寺住持(臣)僧(如玘)奉 詔同註, CBETA 電子佛典集成 》 大正藏 (T) 》 第33冊 》 No.1703 》 第1卷, http://tripitaka.cbeta.org/

126) T06n0220392, 大般若波羅蜜多經卷第三百九十二, 三藏法師玄奘奉 詔譯, 初分成熟有情品第七十一之三, CBETA 電子佛典集成 》 大正藏 (T) 》 第6冊 》 No.0220 》 第392卷, http://tripitaka.cbeta.org/T06n0220392

수 없으면 실상에 들어 바로 보는 것"이라고 하였다.[127]

  삼륜의 상은 거친 것도 있고 미세한 것도 있다. 보시를 하는 사람이 자신에게서 교만심을 일으키고, 받는 사람에 대하여 애증을 품으며, 시물에 대하여 애석해하는 마음을 갖는 것을 거친 삼륜상(三輪相)이라 한다. 그리고 만법이 마법으로 만들어진 환상과 같다는 이치(공의 이치)를 통달하지 못하여 아와 법이 실유한다고 집착하는 마음으로 보시를 하면 이를 미세한 삼륜상이라 한다. 거칠든 미세하든, 삼륜에 상이 있으면 이는 경에서 말하는 청정한 보시가 될 수 없다.

[공부]

보시 중 재시와 법시의 비교

전통적으로 보시는 재시와 법시 그리고 무외시로 크게 삼분된다.[128]
- 재시(財施): 계를 지키는 사람이 타인의 재물을 범하지 않으며, 또한 자기의 재물을 남에게 베푸는 것
- 법시(法施): 사람에게 법을 설하여 깨달음을 이루게 하는 것
- 무외시(無畏施): 일체 중생 모두가 죽음을 무서워하는바, 지계인은 살해하려는 마음을 품지 않고 중생에게 무서워하지 않도록 하는 것

그리고 일반적으로 법시가 재시보다 수승하다고 한다.[129] 경에서도 삼천대천세계를 가득 채울 수 있는 칠보를 보시하거나, 수많은 세월에 걸친 사신보시를 함으로써 얻을 수 있는 복덕보다 경 혹은 그 안의 사구게를 받아 지니고, 읽고 외우며, 사경하고, 다른 사람에게 풀이하여 설명함으로써 얻는 복덕이 비교할 수 없이 수승하다고 말한다. 전자가 재시라면 후자는 법시라고 할 수 있다.

---

127) T46n1925003, 法界次第初門卷下之上, 陳隋國師智者大師撰, 六波羅蜜初門第四十二, CBETA 電子佛典集成 » 大正藏 (T) » 第46冊 » No.1925 » 第3卷, http://tripitaka.cbeta.org/T46n1925003

128) T25n1509011, 大智度論釋初品中檀波羅蜜義第十七, 龍樹菩薩造, 後秦龜茲國三藏鳩摩羅什奉 詔譯, CBETA 電子佛典集成 » 大正藏 (T) » 第25冊 » No.1509 » 第11卷, http://tripitaka.cbeta.org/T25n1509011

129) T02n0125007, 增壹阿含經卷第七, 東晉罽賓三藏瞿曇僧伽提婆譯, 增壹阿含經有無品第十五, (三), CBETA 電子佛典集成 » 大正藏 (T) » 第2冊 » No.0125 » 第7卷, http://tripitaka.cbeta.org/T02n0125007

보시를 재시와 법시로 나누고 후자가 전자보다 그 복보가 수승하다고 주장하는 것은 몇 가지 근거에 의한다.[130] 첫째, 전자는 유위의 복보이고 후자는 무위의 복보이기 때문에 후자가 전자보다 수승하다는 것이다. 다음으로, 전자는 탐욕과 간탐(세간의 문제)을 없애는 것이지만 후자는 지혜를 쌓는 것(출세간의 문제)이기 때문에 깨달음으로 나아감에 있어서 후자가 전자에 비하여 수승하다는 것이다.

무위의 복보가 유위의 복보에 비하여 수승하다는 주장을 살펴보자. 수행이라는 관점에서 볼 때, 이러한 비교는 무위와 유위를 대대적(對待的)으로 놓고 보는 관점이다. 이에 의하면, 유위법에 의한 보시로 얻을 수 있는 복보는 다함이 있다고 한다. 언젠가 그 공덕이 소진(消盡)하게 됨을 말하는 것이다. 그러나 무위법에 의한 복보는 다함이 없다고 한다. 그런데, 유위와 무위의 대대적 관계 때문에 어느 하나가 없으면 다른 하나도 성립될 수 없다. 즉, 무위는 유위를 벗어날 수 없으며, 무위는 유위를 벗어나 드러날 수 없는 것이다. 그리고 유위는 무위에 실재하며 진실한 무위는 유위에 머물지 않는다. 그러므로 보살은 무위에 머물지 않고 유위에 다함이 없이, 바야흐로 무위의 복이 수승함을 드러내는 것이다. 즉, 보살은 깨달음을 이룬 후 그에 머물지 않고 대비심을 일으켜 세상으로 내려와 대비심과 깨달음(지혜)을 양 날개로 삼아 육도중생을 섭화(攝化)하여 제도하는 것이다.

여기서 유위와 무위의 접점을 찾을 수 있다. 대비심과 지혜이다. 대비심이란 남의 아픔을 나의 아픔으로 받아들이는 공감능력이라 할 수 있다. 그러므로 대비심은 이타행, 보살행의 바탕이 된다. 지혜는 깨달음을 이루는 지적, 정신적 능력이다. 대비심과 지혜 둘 중 어느 것 하나도 결여되면 최상의 깨달음을 이룰 수 없다. 즉, 최상의 깨달음을 이루려면 반드시 대비심과 지혜가 함께 구족되어야 하는 것이다. 그러므로 어느 것이 더 수승하다 덜 수승하다 할 수 없는 것이다.

그런데 이제 수행으로 옮겨 와 보면, 보시는 탐욕을 없애고 간탐을 제거하고 대비심을 이루는 실천 방법이며, 경을 수지독송하고 서사하며 남에게 풀이하여 설명하는 것은 반야 지혜를 얻어 실상을 깨닫고, 그 깨달은 바를 남에게 전하는 수행법이다. 대비심과 깨달음이 최상의 복보라면, 보시는 대비심을 기르고 지혜는 깨달음을 이루는 복을 위한 수단이라 할 수 있다. 그러므로 보시와 지혜가 어느 것이 더 수승하다고 할 수 없는, 완전한 깨달음을 이루어 열반에 들기 위하여 둘 다 충족되어야 하는, 필요충분조건이 아닐까?

경) *"왜냐하면, 만약 보살이 상에 머물지 않고 보시하면*
그 복덕이 헤아릴 수 없기 때문이다."
何以故若菩薩不住相布施其福德不可思量。

---

[130] T25n1509011, 大智度論釋初品中檀波羅蜜法施義第二十, http://tripitaka.cbeta.org/

보살이 상에 머물지 않는 것이 무엇인지에 대하여 위에서 살펴보았다. 이처럼 보살은 바라는 것 없이 보시를 하기 때문에 그 얻는 복덕이 시방의 허공처럼 헤아릴 수 없다는 것이다. 상에 머물지 않는 보시의 복덕이 왜 시방의 허공처럼 헤아릴 수 없는 것일까?

보시란 심중에 있는 모든 망념과 습기와 번뇌를 널리 흩어지게 하고 사상을 씻어 버려서 쌓인 것이 없도록 하였을 때 이것이 진실한 보시이다. 또 보시는 육진의 경계에 머물지 않고 유루의 분별이 없으며 오로지 청정으로 돌아갔을 때라야 비로소 만법이 공적해질 수 있다. 이 의의를 알지 못하면, 보시에 의하여 오히려 온갖 업을 증식시킬 수 있기 때문에, 모름지기 안으로 탐애를 제거하고 밖으로 보시를 행하여야 하는 것이다. 이렇게 안팎으로 상응해야 무량한 복을 얻을 수 있는 것이다.

예컨대, 누가 나쁜 짓을 하더라도 그 허물을 보지 않으면 자성이 분별을 일으키지 않는다. 이를 상을 여의었다(離相)고 말한다. 가르침에 따라서 마음을 수행하면 능소가 없으니, 이런 것이 선법(善法)이다. 수행인의 마음에 능소가 있으면 선법이라 할 수 없다. 능소의 마음이 소멸되지 않으면 수행을 하더라도 해탈을 얻지 못한다. 한 생각 한 생각마다 항상 반야 지혜를 일으켜 수행하면 그 복은 무량무변하며, 이에 의지하여 수행하면 일체의 인, 천의 공경공양을 받을 수 있다. 이를 복덕(福德)이라 한다. 그러므로 상에 머물지 않는 보시를 널리 행하고 일체 중생을 널리 경애하면 그 공덕은 가없고 헤아릴 수 없다는 것이다.

[공부]

몇 가지 용어

1) 상을 버림(離相)이란 무엇인가? 『법화경』에서 해탈상(解脫相), 이상(離相), 멸상(滅相) 등 삼상(三相)을 설하고 있는데, 상을 버림은 그중의 하나이다. 해탈상이란 생사가 없는 상이며, 이상이란 열반이 없는 상이며, 멸상이란 생사와 열반이 둘 다 없는 무상(無相)이다. 무상조차 없는 것이 곧 있는 것도 아니고 없는 것도 아닌(非有非無) 중도의 묘리이다. 왜 상을 버린다고 하는가? 언제나 이익이 되기 때문이다. 또한, 다시 물러나지 않고 가장 안온하기 때문이다. 이 차례대로 상(常)이익, 안온(安穩)이익이라 한다. 가장 수승한 선성(善性)은 멸제상(滅諦相=涅槃相)이다.

2) 능소(能所)란 능(能)과 소(所)를 함께 이르는 말이다. 두 법(행위)을 서로 대응시킬 때 동작의 주체를 능이라 하고 그 동작의 객체(對象)를 '소'라 한다. 예를 들면, 사물을 볼 수 있는 눈(眼)을 능견(能見)이라 하고 눈에 보이는 사물을 소견(所見)이라 한다. 의지의 대상이 되는 경전이나 물건 혹은 사람을 소의(所依)라 하고 다른 것을 의지하는 사람이나 중생을 능의(能依)라 한다. 수행자를 능행(能行)이라 하고 수행의 내용이 되는 것을 소행(所行)이라 한다. 귀의하는 자를 능귀(能歸)라 하고 그 귀의를 받는 것을 소귀(所歸)라 한다. 교화하는 사람을 능화(能化)라 하고 교화를 받는 자를 소화(所化)라 한다. 인식의 주체를 능연(能緣)이라 하고 인식의 대상이 된 객체를 소연(所緣)이라 한다. 어구, 문장, 교법 등 의사를 표시하는 것을 능전(能詮)이라고 하고 그렇게 표시된 의의, 내용을 소전(所詮)이라 한다. 세상에서 말하는 원고를 능고(能告)라 하고 피고는 즉 소고(所告)라 한다. 요컨대, 능과 소는 상즉하여 떨어지지 않으며, 체용, 인과의 관계가 있는데, 이를 능소일체라 한다. 반야의 신묘한 지혜는 능소가 없으며, 대대(待對)를 끊는다.

3) 복덕(福德)이란 간략히 보면 다음과 같은 의미가 있다.
   - 과거세 및 현재세에 행한 일체의 선행 및 일체의 선행으로 말미암아 얻는 복리. 앞에서 보았듯이, 경에서 보살은 법에 머물지 않아야 하며, 모름지기 색에 머물지 않고 보시하여야 하고, 성향미촉법에 머물지 않고 보시하여야 한다. 상에 머물지 않는 보시의 복덕은 헤아릴 수 없다고 하였다.
   - 선법(善法)과 같은 뜻.『법화경』 방편품에 의하면, "4부대중 중에 비구, 비구니가 마음에 증상만을 품거나, 우바새, 우바이가 마음에 아만이나 불신을 품으면, 스스로 자신의 허물을 볼 수가 없고, 계율에 결루(缺漏)가 생긴다. 이래서는 작은 선법을 가지더라도 진실로 일불승의 법을 수지할 수 없다."라고 하였다.[131]
   - 육바라밀 중 앞의 다섯 바라밀(五度)을 가리키는 것으로, 여섯 번째(마지막)의 반야바라밀과 대응하여 쓰는 말이다.

경) *"수보리야. 어떠냐. 동방의 허공을 헤아릴 수 있느냐?"*

"헤아릴 수 없습니다. 세존이시여."

"수보리야. 남서북방과 네 사이 방향(四維), 위와 아래의 허공을 헤아릴 수 있느냐?"

"헤아릴 수 없습니다. 세존이시여."

"수보리야. 상에 머물지 않는 보시의 복덕도 이와 같이 헤아릴 수 없다."

---

131) T09n0262001, 妙法蓮華經卷第一, 後秦龜茲國三藏法師鳩摩羅什奉 詔譯, 妙法蓮華經方便品第二, CBETA 電子佛典集成 » 大正藏 (T) » 第9冊 » No.0262 » 第1卷, http://tripitaka.cbeta.org/T09n0262001

須菩提於意云何東方虛空可思量不不也世尊。
須菩提南西北方四維上下虛空可思量不不也世尊須菩提菩薩無住相布
施福德亦復如是不可思量。

상에 머물지 않는 보시는 어떤 공능이 있는 것일까? 부처님께서는 시방의 허공을 비유로 들어 상에 머물지 않는 보시의 복덕이 크고 넓고 높음을 설명하셨다. 먼저, 부처님이 동방의 허공에 비유하여 물으시니 수보리가 동방의 허공을 헤아릴 수 없다고 하였다. 다음으로 남서북방과 네 사이 방향, 그리고 상하의 허공을 헤아릴 수 없음을 비유로 들어 무주상 보시의 공능을 설명하셨다.

부처님께서 허공에 비유하여 설명하신 까닭은, 허공이 가지고 있는 두 가지 특성 때문이다. 먼저, 허공은 그 끝을 헤아릴 수 없이 크고 넓다. 다음으로, 허공은 상황에 따라 이리저리 변하는 것이 아니라 항상 그 모습 그대로이다. 부처님께서 보살의 무주상 보시로 얻는 공덕도 허공과 같아서 헤아릴 수 없다고 말씀하셨던 것은, 이 무주상 보시가 허공처럼 끝없이 넓고 크며, 언제까지라도 변함이 없이 항상하기 때문이다.

세계 중에서 큰 것으로 허공보다 더한 것이 없고, 일체의 본성 중에 큰 것으로는 불성보다 더한 것이 없다. 왜냐하면, 무릇 형상이 있는 것은 크다고 할 수 없으나 허공은 형상이 없기 때문에 크다고 하는 것이다. 일체의 모든 성품은 한량이 있기 때문에 크다고 하지 않지만, 불성은 한량이 없기 때문에 크다고 하는 것이다. 이 허공 중에는 동서남북이 없다. 동서남북이라고 하면 사람이 임의로 방향에 이름을 붙인 것일 뿐, 이런 생각을 일으키는 자체가 이미 분별하는 상에 머무는 것이다. 불성은 아, 인, 중생, 수자가 없다. 만약 이 사상(四相)이 있다고 하면 이는 중생성일 뿐 불성이 아니다. 또 이러한 헤아림을 가지고 하는 보시는 소위 상에 머무는 보시인 것이다. 비록 망령된 마음 중에 동서남북을 이야기했다고 하더라도, 어찌 동서가 있을 것이며 남북이 다르겠는가? 자성은 본래 공적(空寂)하고 혼융(混融)하여 분별되지 않는다. 그리하여 수보리가 시방의 허공을 헤아릴 수 없다고 대답하였던 것이고, 이에 여래께서 수보리가 분별(심)을 일으키지 않는 것을 긍정하신 것이다.

> [용어 풀이]
>
> * 시방(十方): 동, 남, 서, 북 사방, 서북(乾), 서남(坤), 동북(艮), 동남(巽)의 사유(四維), 위, 아래의 상하 등 열 개 방위를 합쳐 시방이라 한다. 불교에서는 시방에 무수한 세계 및 정토가 있다고 보며, 이를 시방세계, 시방법계, 시방정토, 시방찰토 등으로 부른다. 그 중에 있는 제불 및 중생들을 시방제불, 시방중생 등으로 부른다.

경) 또한 ~ 헤아릴 수 없다(復次 ~ 思量)

착어) 천하를 행보하고자 하면, 하나의 주특기를 능가하는 것이 없다
   (若要天下行無過一藝强).

이 착어는 비유이다. 천하를 행보한다(天下行)고 함은 깨달음을 이루기 위하여 열심히 수행하는 것을 가리키고, 주특기, 즉 하나의 독특한 재주(一藝强)란 앞에서 살펴본 색성향미촉법에 머물지 않는 보시, 상에 머물지 않는 보시를 가리킨다.

천하를 행보한다는 것은 곧 천하를 놓고 자웅을 겨루는 것, 혹은 천하에서 행세께나 하는 것을 말한다. 자웅을 겨루기 위하여는 탁월한 인재 운영 능력, 천하를 경영할 능력이 필요하고, 행세께나 하려면 발군의 재주가 적어도 하나는 있어야 한다. 쉽게 말해서 남다른 주특기가 하나쯤은 있어야 세상을 살아가는 데 도움이 된다는 의미이겠다. 세속적으로는 그러하지만, 수행상으로도 무주상 보시를 해야 참된 수행을 지속할 수 있다는 의미이다.

재주라고 하면 옛날 중국에서는 육예라고 하여 크게 여섯 개의 과목으로 나누었는데, 예(禮), 악(樂), 사(射), 어(御), 서(書), 수(數)가 이에 해당한다. 오늘날 이들은 종류가 더욱 세분화되고 동서양이 혼용되면서 과목의 수가 크게 늘어났지만, 범주별로 보면 이 여섯 개 과목이 여전히 유효하다. 지금도 이들 여섯 가지의 하나에 해당하는 재주가 탁월하면 국내외에서 상당히 행세할 수 있다. 작가, 화가, 서예가, 성악가, 연주자, 운동선수(사격, 승마, 각종 구기와 육상, 빙상 등) 등은 그 역량에 따라서 세상의 존경과 명성을 얻음은 물론 그 가진 바 재주를 팔아 상당한 부를 쌓을 수도 있다.

깨달음에 있어서도 이같이 말할 수 있다. 깨달음을 얻기 위한 수행법이 수많이 제시되어 있다. 삼십칠조도품, 삼학, 육바라밀, 십바라밀, 팔정도, 중도, 지관, 삼매 등을 포함한 부처님의 팔만사천법문이 모두 깨달음을 얻도록 하기 위한 방편들이다. 왜 그렇게 많은 방편이 만들어졌는가? 부처님께서 당신의 위신력으로 직접 중생들을 구원하는 것이 아니라, 중생들의 근기에 따라 그에 맞는 맞춤형으로 도품을 가르치셨고(對機說法), 중생들은 이들 중 자신에게 가장 적합한 것을 골라 스스로 수행에 정진하여 깨달음을 성취하도록 하셨기 때문이다.

이 착어는 무주상 보시의 가치에 관하여 천하를 행보할 수 있는 강력한 재주라고 보았다. 즉, 무주상 보시야말로 깨달음을 이룰 수 있는 강력한 수단이며, 이 수행을 통하면 그 복덕이 무량할 것임을 말한 것이다.

송) 노래한다.

촉에서 난 십양금(蜀川十樣錦)
꽃을 더하니 색이 더욱 선명해지네(添華色轉鮮)
단적인 뜻을 알고 싶거든(欲知端的意)
남쪽을 향하여 북두를 바라보라(北斗向南看)
허공이라 실낱같은 생각도 걸림이 없으니(虛空不礙絲頭念)
그러므로 크게 깨달은 선인이라 이름을 날리네(所以彰名大覺仙)

이 송을 이해하려면 먼저 십양금이 비유하는 것이 무엇인지부터 파악할 필요가 있다. 십양금은 몇 가지 뜻을 가지고 있지만, 여기서는 촉천[蜀川; 서천(西川)이라고 쓴 곳도 있다]이라는 명백한 말이 있으므로 십양금이 촉(지금의 사천)에서 나는 비단의 일종을 가리키는 것은 분명하다. 이 십양금은 열 가지 무늬를 수놓은 비단으로서 고급으로 취급된다고 한다. 이 노래에서는 십양금은 비유이다. 십양금이 고급비단이라면 그것이 비유하는 대상도 깊고 높은 의미가 있는 것일 것이다. 이 송은 경의 무주상 보시에 관한 것임을 고려할 때, 십양금이란 무주상 보시를 비유한 것이라고 보아도 좋을 것 같다. 또 촉에서 생산되었다는 점에서, 무주상 보시가 천축에서 전래된 진리라는 것을 고려하면, 촉천과 십양금이란 말은 천축에서 전해 온 진리로서의 무주상 보시를 의미한다고 보아도 좋겠다.

 십양금은 이미 열 가지의 무늬가 있는 비단인데, 여기에 꽃무늬 한 가지를 더 수놓으면 그만큼 더 화려한 비단이 될 것이다. 그러나 달리 생각하면, "이미 열 가지의 무늬가 있는데, 거기에 꽃무늬 하나 더 추가한다고 하여 크게 달라질 것이 있겠는가?"라고 반문하는 것으로 볼 수도 있을 것이다. 원래 중국에서 십이란 숫자는 매우 큰 값, 최후의 값을 의미한다. 즉, 십양금이라는 말은 열 가지 무늬를 수놓은 비단이라는 의미도 있겠으나, 매우 많은 온갖 형태의 무늬가 수놓아져 있는 비단으로 생각할 수도 있다. 그렇다면 꽃무늬 하나 더 보태져도 그리 큰 변화를 줄 것 같지는 않다. 그럼에도 불구하고, 왜 꽃을 더하니 더욱 선명해졌다고 했을까?

 단적인 뜻(端的義)이란 궁극적인 깨달음으로 가기 위한 출발점이라고 할 수 있을 것이다. 이를 알려거든 남쪽을 향하여 북극성을 보라고 한다. 북극성은 북쪽임을 가리키는 지표가 되는 별이다. 그러므로 북극성을 보려면 북쪽을 보아야 할 것인데, 왜 남쪽을 향하여 보라고 하였을까? 딴전이라면 딴전이다. 어쩌면, 예컨대, 간화선을 하는 사람들이 언구에 빠져 오히려 깨달음에 이르지 못하는 것을 보고 언구에 빠지지 말 것을 경고하는 것과 같은 맥락이 아닐까? 혹은 북두, 즉 북극성이란 우리가 보고자 하는 궁극적인 목표인데, 이것을 굳이 북에서만 찾다 보면 곧바로 북극성은 직지할 수 있겠으나, 남쪽이라는 새로운 세계, 새로운 지평이 있음을 알지 못하는 우가 될 수도 있음을 우려한 것은 아닐까?

 큰 깨달음을 이룬 사람[존재]은 남향과 북두를 구분하지 않는다. 어느 쪽이든, 어느 것에든 걸림이 없기 때문이다. 그래서 무위(열반무위)의 세계에 도달하였다 하는 것이다. 모든 번뇌, 즉 걸림과 묶임에서 벗어난 것을 의미한다. 무위의 세계 중에는 허공(허공무위)이 있는데, 그 어떤 것도 포용하면서 동시에 털끝만큼도 걸림이 없다. 크게 깨달아 이룬 열반무위나 저절로 주어진 허공무위나 걸림 없는 무위이기는 마찬가지이다.

> [공부]
> ## 십양금(十樣錦)의 뜻과 활용
>
> - 송나라 시대에 중산대부(中散大夫)에 임관되면 열 가지 은전을 받게 되는데, 이를 십양금이라 하였고, 나중에는 이를 차용하여 관직의 이름을 가리키게 되었다.
> - 십양금이라는 국화의 일종으로 한 뿌리에서 나왔으나 그 형상이 각기 다르고 꽃 색도 여러 가지라 한다.
> - 사천(四川)에서 나는 비단으로 열 가지 종류의 꽃 모양(花式)이 수놓아져 있으며, 그 각각의 꽃 모양의 이름은 다음과 같다. 원나라 척보(戚輔)의 패초헌객담(佩楚軒客談)에 의하면, "맹씨가 촉에 있을 때 십양금을 제조하였는데, 그 이름이 장안죽(長安竹), 천하락(天下樂), 추단(雕團), 의남(宜男), 보계지(寶界地), 방승(方勝), 사단(獅團), 상안(象眼), 팔탑운(八塔韻), 철경쇠하(鐵梗蓑荷) 등이다."라고 쓰고 있다. 마음이 잘 변하는 사람을 가리키거나 혹은 사람이 짓고 만드는 일이나 사업은 무상한 것임을 비유하는 말로 종종 인용되기도 한다.
> - 유세명언(喻世明言) 제15권에 의하면, "가까이서 보니 사천의 십양금인데(近覷四川十樣錦), 멀리서 보니 낙양의 일단화로세(遠觀洛內一團花)"라고 노래하였다.[132]

경) *"수보리야. 보살은 다만 배운 대로 머물러야 한다."*
須菩提菩薩但應如所教住。

앞에서 부처님은 우리들에게 우리의 마음을 항복시키기 위하여 어떻게 해야 할 것인가를 일러 주셨다. 요약하면, 아상, 인상, 중생상, 수자상 등 사상을 버려야 한다고 말씀하셨다. 그렇게 함으로써 우리들 자신의 마음, 우리들 마음의 청정하지 못함을 씻어야 하는 것이다. 우리들 모두는 각자의 아상에 이끌려 혹은 하나 혹은 다수의 대상에 대하여 맺어진 인연들에 이끌려 청정하지 못하다.

그렇다면, 우리는 마음을 조복하기 위하여 어떻게 하여야 할 것인가? 먼저 사상을 버려야 한다. 이를 위하여 사상의 시작이자 출발점이라 할 수 있는 아상을 버려야 한

---

132) 유세명언(喻世明言), 원명 고금소설(古今小说). 중국 명말, 청초 작가 빙몽룡(馮夢龍)이 대략 1621년 전후하여 편저. 총 40권.

다. 이를 위하여 나 자신의 마음을 꼼짝할 수 없게 잡아서 조복시켜야 한다. 이렇게 자기를 공제(控制)함에 있어서는 당연히 무아일 것이 요구된다. 무아는 무아관에 근거하여 인욕바라밀을 수습하여야 비로소 이룰 수 있다. 인욕하지 못하면 자신의 아상으로 되돌아가고 아상이 있으면 당연히 인상, 중생상, 수자상이 존재하게 되는 것이다. 이런 점에서 경에서도 육바라밀 중 인욕바라밀을 따로 이야기할 만큼 인욕을 중시하고 있는 것으로 보인다.

여기에서 우리가 어떻게 머물 것인가에 대한 답이 나온다. 보살은 세간에 있든, 색계의 하늘 혹은 무색계의 하늘에 있든 육바라밀[육도], 십바라밀[십도]을 수행한다. 육도든 십도든 모두 그 첫머리는 보시바라밀이다. 그 까닭은 보살이 수습할 때 보시바라밀이 가장 간단하고 현실적인 수행법이기 때문이다. 중요한 것은 보살이 보시법을 행할 때 마땅히 색에 머무는 보시를 하여서는 안 되며, 성, 향, 미, 촉, 법에 머문 보시를 하여서도 안 된다는 것이다. 왜냐하면, 만약 보살이 법에 머무는 마음으로 보시를 하면 이것은 보살행을 실천하는 것이 아니기 때문이다. 우리는 이런 부처님의 가르침에 따라 머무는 바 없는 보시를 하여야 한다. 이것이 배운 대로 머무는 것이다.

만약 보살이 머무는 바가 있으면서 보시를 하면 보살행을 실천하는 것이 아니다. 머무는 바가 있는 보시는 보시로 인한 공덕, 예컨대, 보시를 하면서 얻을 수 있는 방하착이나 헤아리지 않음 같은 것에 의한 공덕이 없기 때문이다. 이러한 보시는 단순히 유루의 업을 짓는 것으로서 일체의 과보에 감응하게 되는 것이다[물론 선취(善趣)에 태어나는 공덕은 있다.]

세존께서는 무상 중에 머물며 보시하고, 보시하고서 그 어떤 보시의 공덕상에도 집착하지 말라고 하셨다. 이것이 머무는 바 없는 보시를 행하는 것이며, 가르침에 따라 머무는 것이다. 삼륜체공의 가르침이 바로 이것이다. 사상을 확실하게 버린 후 다시금 머무는 바 없이 보시를 하도록 가르치셨고, 우리는 그 가르침에 따라서 일체의 경계에 대하여 집착하지 않고 안주하여야 하는 것이다.

[용어 풀이]

* 무아관(無我觀): 일체제법이 무아라고 보는 관찰법. 오정심관 중의 계분별관(界分別觀). 몸은 지수화풍공식 등 육계가 임시로 화합한 것이라고 생각하고 아집을 버리도록 하는 관찰법을 말한다.

착어) 예를 안다고 할 수 있다(可知禮也).

보살은 색성향미촉법에 머물지 않고 보시하고, 상에 머물지 않고 보시해야 한다. 보살은 부처님의 이 가르침대로 머물러야 한다고 하신 것은 바로 가르침대로 보시를 하여야 함을 말씀하신 것이다. 즉, 상에 머물지 않고 보시하여야 비로소 보살의 보시인 것이다.

이에 대하여 예를 안다고 간략하게 의미를 정리한 것은 무슨 까닭일까? 수보리는 부처님의 제자다. 보살이란 부처님의 가르침을 따라 자신의 성불을 위하여 노력하고 타인을 교화하여 성불하게 하는 존재로서 부처님의 가르침에 따라 실천하고 있는 부처님의 제자인 것이다. 어느 경우이든 제자는 스승이 가르치는 대로 배우고 익혀 스승의 경지를 뛰어넘는 것이 최상의 은혜 갚음이며 스승에 대한 최상의 예의라 할 수 있을 것이다. 착어에서 예를 안다고 한 것은 보살이 부처님의 가르침에 따라 무주상 보시를 실천하기 때문이다.

송) 노래한다.

허공의 경계를 어찌 헤아리랴(虛空境界豈思量)
큰길에서 정은 깊고 이사(理事)는 기네(大道情幽理事長)
한갓 오호만 얻었을 뿐인데 바람과 달이 게 있고(但得五湖風月在)
봄이 오니 예와 다름없이 온갖 꽃이 향기롭네(春來依舊百華香)

허공은 시방으로 육안이 미칠 수 있는 모든 범위에서, 그리고 시간을 거슬러 무시이 래로 현재를 거쳐 끝없는 미래에 이르기까지 오직 하나의 모양을 하고 있다. 너무나 크고 광대하지만 그러나 오직 하나뿐이어서 도저히 헤아릴 수 없다. 갠지스강의 모래 수만큼 많은 불국토가 있고, 각각의 국토마다 갠지스강이 있으며, 그 갠지스강에 모래가 있으니, 이들 모래를 모두 합치면 얼마나 많으랴. 그러나 이런 것들은 세고 또 세다 보면 언젠가는 다 셀 수 있다(비록 이론적이지만). 그러나 허공은 오직 하나뿐이어서 오히려 세겠다는 생각 자체가 허용되지 않는다.

큰길(큰 깨달음)은 깨달음으로 가는 길이다. 부처님의 가르침을 말한다. 앞 구절에 나온 허공이 무위의 열반을 이야기한다면, 큰길은 그곳으로 가기 위한 길이라 할 수 있겠다. 그런데 그 큰길은 정이 깊고 이사가 길다. 정은 무엇이고 이사란 무엇인가? 큰길의 정이란 허공으로 가는 자(수행자)의 수행심을 흔들고 혼란시키는 온갖 장애를 가리킨다. 그리고 이런 정은 깊어서 이겨 내고 극복하기 여간 어렵지 않다. 큰길의 이사란 정을 이겨 낼 수 있는, 그러한 장애를 극복할 수 있는 가르침의 내용, 즉 진리와 수행방법들이라고 할 수 있다. 그리고 이사가 길다고 함은 진리와 수행방법들이 잘 갖춰져 있음을 의미한다.

오호(五湖)는 동정호를 가리킨다(구체적인 호수가 아니라도 좋다). 호수 자체는 물론, 호수를 이루고 있는 물을 포함하여 가리킨다고 보는 것이 좋겠다. 왜냐하면, 호수에 갔더니 바람과 달이 거기에 있었기 때문이다. 오호를 얻었다 함은 수행단계가 상당히 무르익었음을 비유한다. 수행이 상당한 단계에 이르니 물에 비친 달이 보이고, 물결에 실린 바람이 보인다.

봄이 오는 것도 상당한 깨달음의 단계에 이르렀음을 비유하며, 예와 다름없이 꽃이 향기로운 것은 향기를 맡아서 알 수 있을 만큼 지혜가 쌓였음을 가리킨다.

제5분 진리를 바로 보다(如理實見分)

1. 의의

　여리(如理)란 이치에 계합한다, 혹은 진리에 부합한다는 뜻이다. 실견(實見)이란 행위 하나하나, 현상 각각을 진실하게 본다는 의미이다. 이는 전도된 견해에 근거하여 대상 혹은 자신을 보는 것이 아니라는 의미이기도 하다. 그러므로 진리를 바로 본다는 말은 이치에 맞게 실상을 보기 위하여 어떻게 해야 하는지 가르쳐 주는 대목이라 할 수 있을 것이다. 이와 관련하여 다음과 같은 말(착어)이 있다.[133]

　　　있는 그대로의 진리를 보라(如理之見)
　　　진리는 본래 보이지 않나니(理本無見)
　　　보이지 않는 것을 보는 것(無見之見)
　　　그것이 진실로 보는 거라네(是爲實見)

　여(如)란 진여를 가리킨다. 십법계가 그 어느 것도 실법(實法=正法)이 아니며, 실법이라고 하면 모두 허망한 상(虛妄相)일 뿐이라는 것이다. 여리(如理)란 허망상을 가지고는 여래를 볼 수 없으며, 상도 없고 상 아님도 없는 진리에 따라서만 여래를 볼 수 있음을 가리킨다. 상이 없다(無相)함은 세간의 일체의 상이 모두 허망한 경계일 뿐 본래는 존재하지 않는다는 의미이다. 상이 아닌 것도 없다 함은 십계십여(十界十如)의 법이 모난 데 없이 상응하여 아무런 걸림이 없이 자재하다는 의미이다. 실견(實見)이란 자성여래(自性如來)를 보는 것을 말한다. 자기의 각성(覺性)의 본체는 공하며, 그러므로 상을 가지고는 여래를 볼 수 없는 것이다.

---

[133] X24n0469001,【明 韓巖集解 程衷懋補註】, 第1卷, 卍新纂大日本續藏經 第24冊, No.469, https://tripitaka.cbeta.org/mobile/index.php?index=

또한, 진리를 바로 본다고 함은 상에 집착할 수도 없으며, 또한 상을 벗어날 수도 없음을 가리키는 말이기도 하다. 상에 집착하는 것은 모두 허망한 짓이므로 상을 버리고, 상에서 멀리 떠나 단멸하여야 한다. 그러나 상을 단멸시키면 무엇으로 진리가 현실에서 구현됨을 알 것인가? 진리에 계합하려면 먼저 진리의 존재성을 각지(覺知)하여야 한다. 그러려면 또 상을 단멸하여서는 안 된다. 왜냐하면, 현실의 갖가지 상은 진리를 반영하고 있고 진리는 상을 타고 드러나기 때문이다. 그러므로 모름지기 상에 집착해서도 안 되고 상을 버려서도 안 된다. 비록 상이 있더라도 상에 머물면 안 되며, 온갖 상을 상이 아닌 것으로 보면 여래를 볼 수 있는 것이다.

[공부]

십법계(십법계)

천태가에서 티끌처럼, 모래처럼 많은 사물들의 개별적인 모습(事相)을 정리하여 세운 열 개의 법계를 가리키며, 구체적으로 다음과 같다.
- 불법계(佛法界): 자각각타(自覺覺他), 각행공만(覺行共滿)의 경계[세계]
- 보살법계(菩薩法界): 무상보리를 위하여 육바라밀의 만행을 닦는 경계
- 연각법계(緣覺法界): 열반에 들기 위하여 십이인연의 관법을 닦는 경계
- 성문법계(聲聞法界): 열반에 들기 위하여 부처님의 음성에 의한 가르침에 의지하여 사성제의 관법을 닦는 경계
- 하늘법계(天法界): 상품 십선을 닦으며, 이와 더불어 선정을 수행하여 천계에 태어나, 적정의 즐거움을 누리는 경계
- 인법계(人法界): 오계와 중품 십선을 닦아 사람 속에서 고락을 누리는 경계
  아수라법계(阿修羅法界): 하품 십선을 수행하며, 신통력의 자재함을 얻는 인간이 아닌 경계
- 귀법계(鬼法界): 하품 오역십악을 범하여 기갈의 고통을 받는 악한 귀신의 경계
- 축생법계(畜生法界): 중품 오역십악을 범하여 잡아먹고 먹히는 괴로움을 받는 짐승 무리의 경계
- 지옥법계(地獄法界): 상품 오역십악을 범하여 한열과 규환(叫喚)의 고통을 받는 최하의 경계

십법계에 관하여 명쾌하게 설명한 경론이 없다. 이는 천태대사가 경론의 뜻을 추론하여 세운 것으로 일체 유정계를 포함한 일종의 법문이다.

송) 노래한다.[134]

처한 곳을 분명하게 깨달아 진실을 보면(悟處分明見得真)
거울 속 면목이 자가의 몸이라네(鏡中面目自家身)
온갖 상을 다 집어 들겠다고 말하지 말라(莫言諸相都拈却)
다만 지금 각자의 주인이면 그뿐(只是如今箇主人)

진실을 보려면 현실을 직시해야 한다. 거짓된 것, 환상 같은 것, 막연한 것, 전도된 것 등에 몰입하고 있으면 자신이 처한 현실을 외면하게 된다. 많은 경우, 우리는 현실이 괴로워, 즉 현실의 고통 때문에 현실을 외면하는 경향이 있다. 현실을 바로 바라보는 것이 두렵고 힘들기 때문이다. 그래서 현실을 회피하고 자신이 만들어 낸, 현실이 아닌 세계 속에 안주하려 한다. 이 전도된 상황에 있으면 절대로 자신의 참된 모습, 진실을 볼 수 없다. 수행이란, 전도된 자신의 생각과 행태를 버리고, 있는 그대로의 자신을 직시해 가는 과정이라고 보아도 좋을 것이다.

그렇게 하여 투영된 자신의 모습이 진실에 가까운, 적어도 전도된 생각이나 행동에 매몰되지 않은 자신의 모습이 될 수 있고, 이를 정면으로 보아야 진실을 보게 된다. 또 진실을 보아야 비로소 처한 상황을 헤쳐 갈 답이 나오게 된다. 모든 답은 자신이 직면하고 있는 문제 속에 이미 들어 있다는 것이다. 고통스럽다면, 그것을 바로 바라보아야, 고통의 현실, 고통의 원인이 드러나고, 그래야 무엇이 고통이 아니며 어떻게 해야 고통에서 벗어날 수 있을지 답을 얻을 수 있는 것이다. 상을 물리치는 것은 현실의 고통을 직시하여 답을 얻어내는 것이 아니라, 고통을 느끼지 않기 위하여, 혹은 없는 것 같은 상태로 만들어 버리려고, 고통을 초래하는 원인을 묻어 버리거나 잊어버리려는 각종 시도를 의미할 수 있다. 고통스러운 현실과 그 원인을 잊는다고, 묻어 버린다고 고통이 해결되는 것이 아니다. 똑바로 바라보고 이겨 내야 비로소 고통을 벗어날 수 있는 것이다. 자기가 자신의 문제를 해결하는 주인이 되지 못하고 남이 해결해 주기를

---

134) X24n0469001, 金剛經補註 (2卷), https://tripitaka.cbeta.org/mobile/index.php?

기대하면 부처님이 직접 고통을 해결해 주지 못한다. 내가 나 자신과 나의 문제를 직시하고 해결해야 비로소 너와 내가 같음을 알게 되고, 그 과정을 거쳐 아상, 인상, 중생상, 수자상이 소멸될 수 있는 것이다. 직지인심(直指忍心) 견성성불(見性成佛)이란 이런 의미가 아닐까?

그런데 송에서는 온갖 상을 모두 갖거나 없애겠다고 하지 말라고 한다. 깨달음을 이루어 부처가 되고자 하면 아상, 인상, 중생상, 수자상 등 온갖 상을 모두 버려야 한다고 하였다. 그럼에도 불구하고, 다 없애려고 하지 말라는 말은 단멸상을 경계한 말이다. 경에서도 여래가 아뇩다라삼먁삼보리를 얻은 것은 상을 모두 단멸하였기 때문이라고 말하지 말라고 하였다. 다만, 상에 매몰되어 상에 묶이는 것이 아니라, 상을 지배하는 주인이 되라고 강조한다. 상을 단멸하면 진리 자체도 단멸되어 버리기 때문이다.

[공부]

무견(無見)이란?

무견(無見)이라 함은 심신 내지 세계가 단멸하여 존재하지 않는다고 주장하는 견해를 말한다. 예컨대 사람이 죽은 후 흙은 흙으로, 티끌은 티끌로 돌아가고 어느 것 하나도 남는 것이 없다고 하는 견해가 이것이다. 단멸견, 단견이라고도 한다. 또는 경에서 말하고 있는 허망한 견해를 의미한다. 달리 부처님이 토론을 하시지 않거나 질문에 대답하지 않으신 14개항의 무기(14無記)를 가리키기도 한다.

무견은 인과의 진리를 부정하고 선악의 과보는 없다고 주장한다. 그러므로 무견이라 하는 것이다. 『완릉록(宛陵錄)』에 의하면, "법에는 범인과 성인이 없으며 또한 깊은 고요함도 없다. 법은 본래부터 존재하지 않지만, 그러나 보이는 것이 없다고 하지 말라. 법은 본래부터 없는 것이 아니지만, 그렇다고 보이는 것이 있다고 하지 말라. 있고 없음은 모두 정식으로 바라본 견해(情見)일 뿐이다."라고 하였다. 정견(情見)이란 유정이 가지고 있는 전도된 생각(견해)이란 의미이다.[135]

---

135) T48n2012B001 黃檗斷際禪師宛陵錄, CBETA 電子佛典集成 » 大正藏 (T) » 第48冊 » No.2012B » 第1卷, 黃檗斷際禪師宛陵錄, https://tripitaka.cbeta.org/T48n2012B001

2. 내용

*[第一疑斷] 부처가 되고자 보시를 하는 것은
상에 머무는 것(求佛行施住相)이라는 의심을 끊는다.
이 의심은 앞 장구의 부주상보시(不住相布施)에서 나온다.*

만약 보살이 보시를 할 때 법에도 머물지 않는다면, 왜 상호를 보고 보시를 하는가? 백 가지 복상들은 공덕의 법들이 모인 것으로 세존이라 이름한다. 법에 머물지 않으면, 제불의 체상(體相)은 어떻게 이루어지는가? 이 의심을 없애기 위하여 경에서 말한다. (功德施菩薩)

**경) "수보리야. 어떠냐? 몸의 형상(身相)으로 여래를 볼 수 있느냐?"
"불가합니다. 세존이시여. 몸의 형상으로 여래를 볼 수 없습니다.
왜냐하면, 여래께서 말씀하신 몸의 형상은 몸의 형상이 아니기 때문입니다."
須菩提於意云何可以身相見如來不不也世尊不可以身相得見如來。
何以故如來所說身相即非身相。**

경의 이 부분을 이해하기 위하여는 깨달음(혹은 부처)과 몸의 형상 사이의 관계에 관하여 먼저 이해할 필요가 있다. 석가모니 부처가 엄연히 역사적 존재로서, 혹은 실존 인물로서 역사에 기록되어 있음에도 불구하고, 그리고 수많은 제자들이 석가모니 부처에 의해 양성되어 오늘날까지 그 가르침이 전해지고 있음에도 불구하고, 마치 석가모니 부처의 존재를 부정하는 듯한 말을 하고 있기 때문이다.

색신은 형상이 있고 법신은 형상이 없다. 색신이라 함은 지, 수, 화, 풍 등 4대(四大)가 화합하여 부모로부터 태어났으며, 육안으로 보이는 몸뚱이를 말한다. 법신은 형상이 없으며, 청황적백 등 색을 띤 일체의 상이나 모습으로도 있지 않아서 육안으로는 볼 수 없고, 지혜의 눈, 즉 혜안이라야 볼 수 있다. 그렇기 때문에 혜안을 갖추지 못한 범부는 색신여래만 볼 수 있을 뿐 법신여래는 보지 못한다. 이러한 이유로 석가모니부처님으로 현신하여, 즉 석가모니라는 색신으로 현실에 자신을 드러내셔서 범부들을 가르치신 것이다.

법신은 허공처럼 헤아릴 수 없다. 그래서 부처님께서 수보리에게 "몸의 형상으로 여래를 볼 수 있는가?"라고 물으셨고, 수보리는 범부는 색신여래만 볼 뿐 법신여래는 볼 수 없음을 알았기 때문에 볼 수 없다고 대답하였던 것이다.

또 색신은 형상이고 법신은 본성이다. 일체의 선악은 모두 법신에서 유래하며 색신에서 유래하지 않는다. 법신이 만약 나쁜 짓을 하면 색신은 선처에 태어날 수 없고, 법신이 착한 일을 하면 색신이 악처에 떨어지지 않는다. 범부는 오직 색신을 볼 뿐이고 법신은 보지 못한다. 그리하여 범부는 무주상 보시를 행할 수 없고, 일체처에 있어서 평등하게 행동할 수 없으며, 일체 중생을 널리 공경하고 사랑할 수 없다. 법신을 본다 함은 무주상 보시를 행할 수 있고, 일체 중생을 널리 경애할 수 있으며, 반야바라밀행을 닦아 바야흐로 일체 중생의 참된 성품은 동일하며 본래 청정하여 때 묻지 않았으며, 갠지스강의 모래처럼 많은 묘용을 갖추고 있음을 믿는 것을 말한다(육조 혜능).

착어) 또 이르니, 다만 지금 행주좌와는 어떤 모습인가? 그만 졸아라
(且道只今行住坐臥是甚麼相休瞌睡).

행주좌와란 가고(行), 멎고(住), 앉고(坐), 눕는(臥) 인간의 네 가지 전형적인 행위들을 가리킨다. 이를 사의(四儀) 또는 사위의(四威儀)라 한다. 즉, 행주좌와는 인간이 몸을 가지고 밖으로 표출할 수 있는 모든 형태의 행위를 망라한 표현이라 볼 수 있을 것이다.

위의란 갖춰야 할 품위를 말한다. 비구, 비구니가 반드시 준수하여야 할 행동규칙(儀則)에 따라 행하는 행위이기도 하다. 스님의 일상적인 기거와 동작은 모름지기 조심스러우며 방일하지 않고 게으르지 않으며, 엄숙하고 장중함을 유지하여야 한다. 일반적으로 가장 바람직한 사위의 자세는 바람처럼 걷고(行如風), 종처럼 앉으며(坐如鐘), 소나무처럼 서고(立如松), 활처럼 눕는(臥如弓) 것이라고 한다.

그런데 지금 수행 중인 나는 어떤 자세를 취하고 있는가? 어떤 수행을 하는데, 어떤 자세를 취하고 있는가? 어떤 자세를 취하면서 어떤 생각을 하고 있는가? 이 자세가 수행을 촉진하는 것인가 방해하는 것인가? 자세에 치중하여 수행의 목적이 흐려지는 것은 아닌가?

이 착어를 하신 야보천선사가 살았던 송나라 때도 수행을 한답시고 혹은 출가나 재가 생활에 있어서 여러 가지 바르지 못한 행동을 하는 스님들 혹은 불자들이 많았던 모양이다. 그러니 행주좌와의 모습이 마음에 안 들었던 것으로 보인다. 혹은 자신의 수행법이 옳고 바르며 수승하고 다른 수행방법은 그르고 열등하다고 하며 서로 헐뜯으며 투쟁하고 있었는지도 모를 일이다. 그러니 "그만 졸아라.", 혹은 "잠꼬대 그만해라."라고 일침을 가했던 것이 아닐까 생각한다. 부처님은 잠자는 것이 수행에 방해가 되는 것으로 보셨다. 그러니 졸지 말아라, 혹은 잠꼬대를 그만해라 하는 것은 수행을 부지런히 하도록 경책하는 말이라고 할 수 있겠다.

경의 이 장구의 내용을 보면, 신상으로 여래를 볼 수 없다는 것이 핵심이다. 그러니 상에 매몰된 수행법으로서는 여래를 볼 수 없는 것이다.

[용어 풀이]

* 걷기: 바람처럼 경쾌하고 민첩하며 자재할 것
* 서기: 소나무처럼 곧고 정정할 것
* 앉기: 종처럼 묵직하고 조용할 것
* 눕기: 길상하게 활처럼 굽힐 것

[공부]

4위의(四威儀)

사위의(梵 catur-vidhā īryā-pathāḥ, 巴 cattāro iriyā-pathā)란 가고(行, gamana, 巴同), 멎고(住, 梵 sthāna, 巴 thāna), 앉고(坐, 梵 nisadyā, 巴 nisajjā), 눕는(臥, 梵 śaya, śayana, 巴 sayana) 네 가지 행동거지를 가리킨다. 위의란 갖춰야 할 품위를 의미한다. 비구, 비구니가 반드시 준수하여야 할 행동규범(儀則)이다. 또한, 일상의 기거와 동작이 모름지기 조심스러우며 경박하지 않고 게으르지 않으며, 엄숙하고 장중함을 유지하여야 한다. 행주좌와 사위의에 관하여 좀 더 구체적으로 살펴보자.

1) 행(行) 도선(道宣)의 교계율의(敎誡律儀)에 의하면,[136] 걸을 때는 손을 늘어뜨리거나 좌우를 돌아보는 짓은 하지 않아야 하며, 반드시 전방 칠 척 앞의 땅을 똑바로 보아야 하며, 개미나 곤충 등을 밟지 않도록 하고, 급히 가지 않으며, 여자와 함께 가지 않으며, 술에 취한 자나 관인을 만나면 피하도록 한다. 대명삼장법수(大明三藏法數) 제13권에 의하면,[137] 수행자는 걷고 멈출 때 마음이 밖으로 치닫지 않도록 하고 가볍고 조급히 굴지 않으며 항상 정념으로 삼매를 이루어 여법하게 걸어야 한다. 이외에 일정한 구역 내에서 반복적으로 왔다 갔다 하며 걷는[이를 경행(經行)이라 한다] 때, 음식을 먹은 후 걷는 때에도 심신을 기를 수 있도록 하여야 한다.

2) 주(住) 교계율의(敎誡律儀)에 의하면, 스승 앞에 설 때는 스승의 전후에서 똑바로 서지 않고, 너무 떨어지지도 너무 가까이 가지도 않으며, 높거나 윗바람 부는 곳에 서지 않고, 반드시 스승의 옆에서 얼굴을 옆으로 보며 일곱 척 정도 떨어져 걷는다. 대명삼장법수 제13권에 의하면, 수행자는 때가 아니면 서지 않으며, 설 때는 서는 곳에 따라서 항상 삼보를 공양한다는 생각을 하고, 경율을 찬탄하며, 널리 사람들에게 설하고, 경의 뜻에 대하여 생각하는 등 여법하게 머물도록 한다. 또한 대비구삼천위의(大比丘三千威儀) 상권에 의하면,[138] 여러 사람이 시끄러운 곳(시장 등), 도살처, 제사처, 다리 아래, 다리 머리, 순찰로, 공한처 등 일곱 곳은 악귀가 머무는 곳이므로 머물지 않아야 한다.

---

136) T45n1897001, 教誡新學比丘行護律儀, 終南山沙門道宣述, CBETA 電子佛典集成 » 大正藏 (T) » 第45冊 » No.1897 » 第1卷, http://tripitaka.cbeta.org/

137) P181n1615013, 大明三藏法數卷第十三, 池五, 上天竺前住持沙門一如等奉 勅集註, 四威儀(出菩薩善戒經), CBETA 電子佛典集成 » 永樂北藏 (P) » 第181冊 » No.1615 » 第13卷, http://tripitaka.cbeta.org/P181n1615013

138) T24n1470001, 大比丘三千威儀卷上, 後漢安息國三藏安世高譯, CBETA 電子佛典集成 » 大正藏 (T) » 第24冊 » No.1470 » 第1卷, http://tripitaka.cbeta.org/

3) 좌(坐) 교계율의에 의하면, 시끄럽게 앉지 않고, 급히 앉지 않으며, 한 자리에 함께 앉지 않으며, 앉을 때 다리를 바닥에 붙이지 않으며, 나란히 앉지 않도록 한다. 대명삼장법수 제13권에 의하면, 수행자는 가부좌로 앉아 실상을 잘 비추어 보고, 이런저런 생각을 끊고, 맑고 고요히 하며, 단정하고 엄숙하게 앉도록 한다. 또 대비구삼천위의 상권에 의하면, 여인과 자리를 맞대고 앉지 않으며, 상위에 있을 때 세간의 일 등을 생각하거나 탄식하지 않는다. 불교에서 앉을 때는 모름지기 좌구를 가져와 펴며 통상 모두 결가부좌, 반가부좌 등 좌법을 사용하며, 피로할 때는 한쪽 다리를 편다. 단 부득이 한 경우에는 두 다리 모두 펼 수 있다.

4) 와(臥) 교계율의, 대비구삼천위의 상권 등에 의하면, 누울 때는 반드시 와구를 펴야 하며, 오른손을 베고 오른쪽 옆구리가 아래로 가도록 하며, 왼손은 왼쪽 무릎에 올려놓으며, 양발은 포개고 얼굴은 밖을 보도록 하고 벽을 보지 않아야 한다. 또한, 벗고 자거나 나쁜 일을 생각해도 안 된다. 대명삼장법수 제13권에 의하면, 수행자는 때가 아니면 눕지 않으며, 심신을 조섭하기 위하여 잠깐 눕고, 누울 때는 오른쪽으로 누우며, 정념을 잊지 않고 마음에 혼란이 없도록 하여야 한다. 마하승기율(摩訶僧祇律) 제35권에 의하면,[139] 얼굴을 하늘로 향하고 똑바로 눕는 것은 아수라가 눕는 법이고, 엎드리는 것은 아귀가 눕는 법이며, 왼쪽으로 눕는 것은 욕심이 많은 사람이 눕는 법이므로, 이들 세 가지 눕는 방법은 마땅히 사용하지 않도록 하여야 하고, 오직 오른쪽으로 눕도록(부처님께서 열반 시에 누우셨던 자세) 하여야 한다. 다만 잠을 잘 자지 못하거나, 늙어 병이 들었거나, 오른쪽에 종기가 있는 사람은 이 제한을 받지 않는다. 또 오른쪽으로 눕는 중에도 부처님의 입멸시에 머리를 북으로 향하고 얼굴은 서쪽으로 향한 채 오른쪽으로 누우셨기 때문에 이 방식이 눕는 방법 중 가장 좋은 방법이라고 인정된다.

송) 노래한다.

몸이 바닷속에 있으니 물을 찾지 말고(身在海中休覓水)
낮에 산의 고갯마루에 올라 산을 찾지 마라(日行山嶺莫尋山)
앵무새 노랫소리나 제비 우짖는 소리 모두 닮았으니(鸚吟燕語皆相似)
앞에 셋인지 뒤에 셋인지 묻지 마시게(莫問前三與後三)

---

139) T22n1425035, 摩訶僧祇律卷第三十五, 東晉天竺三藏佛陀跋陀羅共法顯譯, 明威儀法之二, CBETA 電子佛典集成 » 大正藏 (T) » 第22冊 » No.1425 » 第35卷, http://tripitaka.cbeta.org/T22n1425035

바다를 불법의 바다로 볼 수도 있고, 고통의 바다로 볼 수도 있겠다. 불법의 바다로 본다면, 주변의 모든 것이 부처의 가르침이며, 내 안에 부처가 있는 것인데, 밖에서 부처를 찾는 것은 헛된 짓임을 깨우쳐 주는 말이라 할 수 있겠다. 반면 고통의 바다라고 보면, 더 이상 사바세계의 고통에 얽매이지 말고 물을 벗어나도록 촉구하는 의미가 있다고 할 수 있다. 산의 고갯마루도 같은 의미로 해석할 수 있을 것 같다. 이미 산의 고갯마루에 올라 있는데 산을 찾는 것은 의미가 없는 헛된 짓인 것이다.

앵무새 노래, 제비 우짖는 소리 모두 부처님의 말씀을 각기 다르게 해석하여 나름대로 법문을 열고 있는 각 종파를 가리킬 수 있다. 이는 또 각기 받아들이는 중생의 근기에 따라 부처님의 가르침이 각기 다른 것을 의미하는 것일 수도 있다. 혹은 앵무새 소리, 제비 소리 등도 받아들이기에 따라서 각기 다른 법문이라고 볼 수도 있다. 두두물물이 모두 법문이라고 보는 입장에서는 이러한 해석이 가능할 것이다.

그런데 이들 각각의 가르침이 깨달음으로 가기 위한 길 중의 하나이며 열반을 여는 열쇠 중의 하나라는 것은 공통이다. 그러므로 앞에서 셋이라 하거나, 뒤에서 셋이라 한들, 다를 것이 없는 것 아닐까? 조삼모사처럼 어리석은 자들을 속이거나 골리기 위한 것이 아닌 바에야, 어느 방법인들 깨달음에 도달하면 되는 것이 아닐까? 그러니 내가 옳고 네가 틀렸다거나, 내가 바르고 네가 그르다는 등 다툴 필요는 없는 것이다.

또 다르게 해석해 보면, 몸이 이미 바닷속에 있다는 말은 이미 내 안에 부처의 본성, 즉 불성이 내재되어 있음을 의미하는 것일 수도 있다. 이미 내 안에 불성을 가지고 있으니, 이것을 드러내기만 하면 될 것을 마치 부처가 밖에 있는 것처럼 부처를 찾아 헤매고 다니는 것을 경계한 말이라고 볼 수 있을 것이다. 낮에 산의 고갯마루에 올라서 산을 찾지 말라는 것도 같은 의미이다. 그렇게 보면, 앵무새 소리, 제비 소리 모두 내 속에 있는 불성이 밖으로 드러나는 방식일 수 있으니, 그것을 잘 밝혀내어 내게 내장되어 있는 불성을 드러내도록 할 것이지, 불성을 드러내는데 굳이 이것이 맞는 것이라거나 저것이 맞는 것이라고 우길 필요는 없다고 할 것이다.

거듭 말하지만, 상으로는 여래를 볼 수 없다. 즉, 몸의 형상을 통하여서는 여래를 볼 수는 없는 것이다. 그러니 앞에 셋이라거나 뒤에 셋이라거나, 앞뒤로 셋이라거나 하는 것 자체가 이미 상에 머물러 있거나 혹은 상을 내는 것이기 때문에 이로써는 여래를 볼 수 없다고 할 것이다.

[공부]
소 타고 소를 찾다(騎牛覓牛)

사물, 도리가 자기 자신 혹은 그의 주변에 있는데 그것은 버려두고 먼 데서 찾는 것, 혹은 자신의 내면에 있는 것을 밖에서 찾고 있는 것을 비유하여 사용된다. 범부가 자기 마음의 불성을 보지 못하고 밖에서 부처를 찾는 것을 비유한 말이다. 기려멱려(騎驢覓驢)라는 말도 같은 뜻.『경덕전등록』제9권 복주대안(福州大安)선사조에 다음과 같은 이야기가 나온다.[140]
　대안선사가 (백장에게) 예를 드리고 물었다.
"학인(자신을 낮추어 부르는 말)은 부처를 알고자 합니다. 무엇이 부처입니까?"
백장이 대답했다.
"소를 타고 소를 찾는 것과 아주 흡사하구나."
대안선사가 말했다.
"알고 나면 어떻습니까?"
백장이 대답했다.
"사람이 소를 타고 집에 가는 것과 같지."

[공부]
나귀 타고 나귀를 찾다(騎驢覓驢)

기려멱려의 어구를 담고 있는 시를 한 수 감상해 보자. 중국 송나라 때 황정견(黃庭堅)[141]이 쓴 "청정한 황룡 늙은이에게 드림(寄黃龍清老)"이라는 세 수의 시 중 세 번째 시에 이 말이 나와 있다.

　　　　나귀를 타고 나귀를 찾으니 가소로울 뿐이고(騎驢覓驢但可笑)
　　　　말 아닌 것을 말에 비유하니 이 또한 어리석음일세(非馬喻馬亦成痴)
　　　　한 하늘에 달빛은 누구에게 좋은가(一天月色為誰好)
　　　　두 노인네 풍류는 다만 스스로 알 뿐이네(二老風流只自知)

---

140) T51n2076009, 景德傳燈錄卷第九, 懷讓禪師第三世上五十六人, 前百丈懷海禪師法嗣, CBETA 電子佛典集成 » 大正藏 (T) » 第51冊 » No.2076 » 第9卷, http://tripitaka.cbeta.org/T51n2076009

141) 黃庭堅 (1045.8.9.-1105.5.24.) 자는 노직(魯直), 호는 산곡도인(山谷道人). 후에 부옹(涪翁, 물거품 같은 늙은이라는 뜻)이라 불렸다. 강서 홍주의 분령(洪州分寧) 사람. 북송의 저명한 문학가, 서법가.

> 나귀를 타고 나귀를 찾으니 가소로울 뿐이고, 말이 아닌 것(예, 사슴)을 말이라 하니 어리석다. 이는 마치 바닷속에서 물을 찾거나 산의 고갯마루에 올라 산을 찾는 것과 같다. 하늘에는 달이 하나뿐이지만, 그러나 그 달빛은 온 천하에 골고루 비추어 누구든지 누릴 수 있다. 물론 작자도 달빛을 향유할 수 있고, 작자가 편지를 보내는 상대방인 황룡혜남선사도 달빛을 누릴 수 있다. 두 노인네란 황룡선사와 시를 지은 황정견 본인 두 사람을 가리킨다. 풍류란 달과 맞물려 사용한 말로, 깨달음의 정도를 의미한다. 두 수행자가 어느 정도의 깨달음을 이루었는지는 두 사람 각자가 안다는 의미이다.

경) 부처님께서 수보리에게 말씀하셨다.
"무릇 존재하는 상은 모두 허망하니
온갖 상을 상이 아닌 것으로 보면 곧 여래를 본다."
佛告須菩提凡所有相皆是虛妄若見諸相非相則見如來.

위에 거론된 부처님의 말씀은 금강경에 나오는 네 개의 사구게(四句偈) 중 하나이다. 우리가 상을 어떻게 보아야 할 것인지를 명료하고도 간략하게 보여 주는 사구게라 할 수 있을 것이다.

상이란 인연이 화합하여 이루어진 일시적인 존재(형체가 있는 존재로서의 상이든, 마음의 작용으로 생긴 생각 혹은 상상이든)임을 강조한 구절이다. 인연에 따라 일시적으로 화합한(假合) 것은 언젠가는 반드시 인연이 다하여 흩어지게 된다. 이러한 성질을 우리는 공성(空性)이라 하고, 이러한 성질에 의하여 나타나는 모든 사물이나 현상의 본질에 대하여 공하다(空)고 한다. 제법이 공한 것은 제법이 바로 이런 공성을 가지고 있기 때문이다. 허망하다는 말은 영원할 것 같던 그 어떤 것도 인연이 다하면 마침내 소멸되고 말기 때문에 이에 집착하는 것은 결국 아무런 결과도 없음을 의미한다. 예컨대, 젊은 사람은 자신의 젊음이 영원할 것처럼 생각하여 방탕하게 생활하거나, 노인을 폄훼하고 모욕하거나, 젊음을 과시하여 거만하게 구는 등의 생각이나 행동을 취할 수 있다. 지위가 높은 사람은 자신이 누리고 있는 지위가, 부유한 사람은 자신이 가지고 있는 부가, 미인은 자신의 아름다운 몸이, 마치 영원할 것이라고 생각하여 그것을 남용하는 경향이 있다. 더욱이 그러한 권력이나 지위, 부, 혹은 아름다움이 영원할 것인 것처럼 인식하고 그것을 쟁취하기 위하여 온갖 거짓과 모략을 일삼는 인간들도 부지기수다.

그런데 상이란 어떤 것도 공성을 가지지 않은 것이 없고, 그 드러낸 모습은 인연에 따른 임시적인 결합에 지나지 않아 공하기 때문에 끝내는 소멸한다. 이런 특성을 가진 상을 상 아닌 것으로 본다는 것은 상이 가진 공성과 그 공한 모습을 있는 그대로 본다는 것을 의미한다. 인연이 다하면 소멸하는 것을 마치 영원할 것처럼 집착하지 않고, 그러한 것을 획득하거나 누리기 위하여 거짓과 모략을 일삼지 않음을 의미하는 것이기도 하다. 나아가 이렇게 본다는 것은 곧 그러한 견해를 확립하는 것이기도 하다. 즉 공관(空觀)을 확립하는 것이다. 혹은 상의 무상함과 무아임을 직시하는 것이기도 하다.

상의 무상성과 무아성을 직시하면 상에 대한 집착을 버릴 수 있으며, 그것으로 모든 괴로움에서 벗어나 열반에 들 수 있게 된다. 열반을 이루는 것이야말로 깨달음을 이루려는 목적이며, 깨달음 그 자체이기도 하다. 여래를 본다 함은 이를 가리키는 말이다.

[공부]

사구게(四句偈)

네 개의 구절로 이루어져 있는 게송을 가리킨다. 경론에 나오는 게송은, 글자의 많고 적음에 상관없이, 네 개의 구절로 되어 있으면 모두 사구게라고 한다. 많은 경우, 사구게는 불법의 핵심 내용을 함축하고 있다. 그러므로 경 속에서 사구게를 가지고 사람들을 가르치거나 혹은 사구게를 수지, 독송하고 남에게 해설해 주거나 하면, 그 공덕이 아주 크다고 한다.『대승본생심지관경(大乘本生心地觀經)』제2권에서 "만약 선남자, 선여인이 무상대보리심을 일으켜 무소득에 머물며, 함께 이런 마음을 내도록 중생들에게 권하고, 진실한 법이 담긴 사구게 하나를 중생들에게 보시하여 무상정등보리로 나아갈 수 있게 한다면, 이야말로 진실한 바라밀다"라고 하였다.[142] 금강경도 사구게의 중요성을 강조하여, 경에 나오는 사구게만이라도 수지, 독송 서사하거나 다른 사람에게 해설하면, 그 공덕이 삼천대천세계를 가득 채울 칠보를 보시하는 것보다 수승하다고 한다.

---

142) T03n0159002, 大乘本生心地觀經卷第二, 大唐罽賓國三藏般若奉 詔譯, 報恩品第二之上, CBETA 電子佛典集成 » 大正藏 (T) » 第3冊 » No.0159 » 第2卷, http://tripitaka.cbeta.org/T03n0159002

착어) 산은 산이요 물은 물이라. 부처가 어디에 있는가(山是山水是水佛在甚麽處)?

이 말은 선림에서 회자되는 말이라 새삼스러울 것도 없다. 그러나 같은 말이라도 하는 사람이 누구인가에 따라 그 무게가 다르다. 산은 산이라는 말은 산이란 산 이외의 다른 것이 아니니 산을 다른 것으로 보지 말라는 의미이다. 물은 물이라는 말도 마찬가지로 물은 물일 뿐이니 물 아닌 다른 것으로 보지 말라는 뜻이다. 산을 산이 아닌 다른 것으로 보고 물을 물이 아닌 다른 것으로 보는 것을 전도(轉倒)되었다고 한다.

전도는 바르지 못한 견해(邪見)에서 출발한다. 생각이 바르지 못하니 그에 따라 일어나는 행동도 바를 수 없다. 욕하려는 생각이 일어나는데 칭찬할 수는 없다. 속으로 욕하면서 겉으로는 아첨하는 것을 겉과 속이 다르다고 하지 생각과 행동이 다르다고 하지는 못한다. 속으로 욕은 하지만, 말로 표현할 때는 아첨하는 생각을 하기 때문이다. 속으로 욕하는 것은 내심일 뿐이고[이것을 오온에 비추어 보면 상온(想蘊) 단계에서 작용이 멈춘 것이다], 아첨하는 말을 하는 것은 내심이 밖으로 표현된 것이다(상온에서 행온을 거쳐 식온까지 작용이 이루어진 것이다). 전도된 생각은 삿된 행동으로 이어지며, 사물이나 현상을 있는 그대로 보지 못하고 전도되어 보게 된다. 이래서는 전도몽상을 멀리할 수 없으므로 구경열반을 이룰 수 없다. 이는 곧 상의 공성을 보지 못하고 상에 집착하여 온갖 괴로움을 겪음을 의미하는 것이다.

부처가 어디에 있으리오. 전도된 생각을 버리고 사물이나 현상을 있는 그대로 직시하면 그것이 바로 열반이며, 열반을 이룬 이가 바로 부처이다. 내가 지금 이 자리에서, 온갖 상을 상이 아닌 것으로 보면, 곧 여래를 보는 것이다. 그러면 나 자신이 여래인 것이다. 부처가 어디에 있는가? 내가 바로 부처인 것을!

[공부]
산은 산이요, 물은 물이다(山是山水是水)

사람의 일생을 놓고 보면, 아무것도 모른 채 보이고 들리며 맛나고 냄새나고 닿는 그대로, 즉 드러나 있는 그대로 받아들이는 때가 있다. 이러한 때의 특징으로 천진무구 혹은 순진무구하다고 한다. 다음으로 세파에 시달리며 보이는 것이 보이는 것만이 아니고, 들리고 맛보고, 냄새나고 닿는 것들이 그대로가 아닌 무언가 비틀리고 숨겨진 내막이 있는 어떤 것으로 알거나 인식하게 된다. 마지막으로, 이러한 세파의 격랑을 거쳐 초연해지고 초월적이며 관조적인 상태가 되는 때에 도달하게 된다. 이것이 끝나면 죽음이다. 이렇게 사람의 일생을 세 단계의 변화(혹은, 발전)과정을 인생이 겪는 세 가지 중요한 대상 세계(人生有三種境界)라고 한다. 이를 다음과 같이 산과 물로서 비유하고 있다.
- 첫 단계: 산을 산이라 보고(看山是山), 물을 물이라 봄(看水是水)
- 다음 단계: 산을 산이 아니라 보고(看山不是山), 물을 물이 아니라 봄(看水不是水)
- 끝 단계: 다시 산을 산으로 보고(看山仍是山), 물을 물로 봄(看水仍是水)

이 삼중경계는, 중국 송나라 때 청원행사(靑原行思)선사가 제시한 것으로, 선종에서 깨달음의 고도화 정도를 말하는 비유로 사용되고 있다. 참선에서 처음에는 산을 산이라고 보고 물을 물이라고 본다. 존재의 물상을 현상대로만 보는 것을 가리킨다. 그러다 좀 깨달음이 있으면, 산을 산이 아니라고 보고 물을 물이 아니라고 본다. 물상의 현상에 대한 의심을 통하여 수행의 향상을 도모하는 과정이라 할 수 있다. 철두철미 깨달았을 때 산을 다시 산이라고 보고 물을 다시 물이라고 본다. 실상을 여실하게 보는 안목이 생긴 것을 의미한다.

착어에서 "산은 산(山是山), 물은 물(水是水)"이라고 한 것은 깨달음의 성취가 어느 단계이건 산은 산이고 물은 물일 뿐이라는 의미이다. 사람이 자신의 견해에 비추어 산과 물을 보고 산이니 산이 아니니, 물이니 물이 아니라고 떠들 뿐이다. 어떤 경우이든 산과 물의 겉모습만 보았을 뿐이다. 이러한 겉모습들은 허망한 것이며, 사람의 마음이 지어낸 것일 뿐이니 이에서는 아무리 찾아도 부처, 즉 깨달음이란 있지 않은 것이다. 겉모습을 깨뜨려 모조리 없애 버렸을 때 비로소 부처가, 깨달음이 드러나는 것이다. 다음과 같은 노래가 있다.

    시시비비에 전혀 관여하지 않으니(是是非非都不關)
    산과 물이 절로 한가로워라(山山水水任自閑)
    서천의 극락을 묻지 마시게(莫問西天安養國)
    흰 구름 끊어진 곳에 청산이 있나니(白雲斷處有靑山)

시시비비는 옳고 그름을 가리는 것을 말한다. 분별이며 차별이고, 인간사에 깊이 관여함이다. 생각이 많을수록 복잡하고, 복잡할수록 번뇌가 많다. 인간이 성불하기 곤란한 이유가 여기에도 있을 것 같다.

> 그런데 성불이라는 그 자체도 어쩌면 또 하나의 생각의 흐름이며 번뇌일지도 모를 일이다. 그러므로 성불한다는 생각 자체도 놓아 버려야 비로소 성불로 나아갈 수 있을 것이다. 그래서 모든 시비를 떠나 버리니 산과 물이 내게로 다가와 저절로 존재하고 흐르는 이치를 알 것 같다. 산과 물이 내게로 오니, 내가 산과 물에 다가간 것과 무엇이 다른가? 산과 물속에 내가 있고 내 속에 산과 물이 있는 것이다. 서천이란 서방의 극락세계를 가리킨다. 극락을 서방정토라고도 한다. 서방정토를 줄여서 서방이다. 극락을 묻는다 함은 극락을 찾는 것을 말한다. 극락을 찾는 것도 성불과 같은 점에서 또 하나의 번뇌이며 시시비비일 수 있다. 그마저 놓아야 그 자리에 극락이 있음을 시는 말하는 것이다. 청산이란 극락의 대체물이다. 흰 구름은 번뇌의 상징물이다. 구름이 청산을 가리니 청산이 보이지 않다가 구름이 흩어지니 청산이 그 자리에 우뚝 서 있다.

송) 노래한다.

형상이 있다거나 구할 것이 있다면, 둘 다 허망하고(有相有求俱是妄)
형상이 없다거나 견해가 없다면, 치우치고 말라 버리나니(無形無見墮偏枯)
당당하고도 엄밀하여라, 일찍이 무엇을 물었던가(堂堂密密何曾問)[143]
한줄기 차가운 빛이 태허에 빛나네(一道寒光爍大虛)

이치(진리, 도리, 진여, 실상, 실제, 자성 등등)는 상을 타고 드러나고 상은 이치에 반연하여 존재한다. 삼십이상 팔십종호의 몸을 가졌다고 부처인 것은 아니다. 전륜성왕도 삼십이상을 가졌지만, 부처가 아니다. 그러나 그러한 상을 가진 색신이 없으면 부처는 부처로서 세상에 올 수 없다. 삼십이상으로 부처를 찾는 것은 허망한 일이지만, 이 허망한 삼십이상의 색신이 없으면 부처의 존재가 증명될 수 없고 어떤 작용도 할 수 없다. 사물이나 사상, 현상이 공하다고 하여 공에 빠져 버리면 현실 세계에서 실제로 존재하는 형체 자체마저 부정하거나 허무주의에 빠져 버릴 수 있다(空見=空執). 진제에 빠져 속제를 도외시 하는 것도 같은 맥락이다. 그 반대의 경우에는 허망할 뿐이

---

143) 이 구절에서, 원문에서 하증문(何曾問)인지 하증간(何曾間)인지 갈린다. 신수대장정에서는 문(問)으로 나오는데, 금강경오가해에서는 간(間)으로 나온다.

다. 무상하게 변화하는 것에 매몰되어 그에 담긴 이치나 진리(空性)를 보지 못한다면, 괴롭고 고통스러울 뿐이다(常見). 어느 것에도 치우치지 않는 것. 이것이 중도이고 부처님의 가르침이다. 그러니 당당하면서도 치밀한 것이 아니겠는가? 진제와 속제, 형상과 이치가 균형을 이루고 조화롭게 공존하는 것 그것이 바로 중도가 아니겠는가?

"누가 일찍이 물었던가?"라고 보면, 수보리가 묻고 부처님께서 대답한 경의 본문에 대하여 수보리가 부처님께 질문한 것을 찬탄한 것이라 볼 수 있다. 왜냐하면, 수보리의 질문에 의하여 비로소 부처님께서 온갖 상을 상이 아닌 것으로 보면 곧 부처를 본다고 하는 '무주상(無住相)' 말씀을 얻어 냈기 때문이다. 이 말씀은 경 전체를 꿰뚫는 날씀인 동시에 부처님의 가르침 전체를 꿰뚫는 말씀이라고 해도 될 만큼 중요하다. 왜냐하면, 무주상은 무상과 무아를 동시에 내포하고 있는 말이라고도 할 수 있기 때문이다.

일도한광이란 "무주상에 의하여 비로소 부처를 볼 수 있다. 즉, 무주상에 머물 수 있어야 비로소 부처가 된다."라는 말씀, 이에 담긴 진리를 가리킨다고 할 수 있겠다. 이 진리는 크나큰 허공을 환하게 밝힌다. 태허는 어둠이며 혼돈이다. 그러나 태양이 있음으로써 환하게 빛난다. 무주상에 의한 부처의 진리는 어둠을 밝히는 당당하고도 엄밀하며 전혀 어긋남이 없는 것이다.

제6분 바른 믿음은 드물다(正信希有分)

1. 의의

바른 믿음(正信)이란 정법에 대한 믿음이며, 정법을 믿는 마음이다. 정법이란 부처님께서 말씀하신 가르침이다. 결국, 바른 믿음이란 부처님의 가르침을 믿는 것이다. 단순히 믿는 것이 아니라, 최상의 가치로 삼아 마음을 다하여 믿는 것이다. 이러한 믿음은 외도를 만나도 전혀 흔들리지 않아야 한다. 대승불교에서는 대승의 가르침을 최상의 가치로 삼아 마음을 다하여 믿는 것을 대승정신(大乘正信)이라고 한다.

이런 사람은 참으로 드물다. 수보리가 세존을 두고 "드뭅니다(希有)."라고 했을 때, 네 가지 이유가 있었다. 바른 믿음도 희유하다고 하였다. 왜인가? 믿음의 선근이 깊고 진실하기 때문이다. 이를 받아서 바른 믿음은 드물다고 하였던 것이다.

믿음이 중요한 것은 왜인가? 이를 이해하기 위하여는 믿음의 반대인 의심을 이해하는 것이 도움이 된다. 의심을 의망이라고 하여 그물에 비유하여 설명하는 경우가 많다. 의망(疑網)이란 의혹의 마음을 가로세로 짜여 있어 벗어나기 어려운 그물에 비유한 말이다. 그물이라는 말에는 3가지 뜻이 있다.

- 벗어나기 어려움(難脫): 물고기나 새가 그물에 갇히면 탈출 곤란
- 덮어서 가로막음(覆障): 문 앞에 그물을 펼쳐 놓으면 출입에 장애
- 가려서 숨김(隱蔽): 눈앞을 그물로 덮으면 볼 수 없음

의심은 무엇을 의미하는가? 의(疑, 梵 vicikitsā, 巴 vicikicchā)는 진리에 대하여 회의하고 불법승 삼보와 계에 대하여 의심하는 것을 말한다. 이는 올바른 믿음과 수행을 방해하는 마음작용의 하나로 덮개와 같다고 하여 의개(疑蓋)라고도 한다. 의심은 의혹하는 마음으로서 구체적으로 사성제, 팔정도, 십이연기, 중도 등 부처님의 가르침들을

의혹하고, 불법승 삼보를 의혹하며, 부처님께서 시설하신 계들을 의혹하며, 마침내 깨달음을 이루어 부처가 될 수 있음을 의혹하는 등 마음을 말한다. 의심은 일단 씨앗이 뿌려지면 무럭무럭 자라는 성질이 있다. 이러한 의심을 품고서는 깨달음이란 불가능하다. 그런데 중생들은 이런 의심에 빠져 삶을 살아간다. 깨달음을 지향하기 위하여는 올바른 믿음으로 이런 의심을 깨뜨려야 하지만, 중생에게 있어서 올바른 믿음이란 드물다.

대저, 불법의 바다는 믿음이 있어야 들어갈 수 있다. 그러므로 믿음은 불도의 근원(佛道之源)이요 공덕의 어머니(功德之母)라고 하였다.[144] 그러나 의심의 그물에 덥혀 믿음의 눈이 가려질 수 있으며 정법을 신봉하는 데 장애가 되어 끝내 생사유전에서 벗어날 수 없다.

믿음이라고 하지만, 잘못된 믿음은 의망을 더욱 공고하게 한다. 예컨대, 신에게 희생을 바치면 하늘에 태어날 것이라고 믿고 동물을 희생하여 하늘에 제사를 지내는 것을 신봉하면(邪見), 이 믿음은 살생을 촉진한다. 이런 믿음은 바른 믿음이 아니다. 살생을 근본적으로 금지하는 것이 바른 믿음인 것이다. 그래서 바른 믿음을 강조한 것이다.

그러나 바른 믿음은 드물다. 거듭 말하면, 바른 믿음이란 불법의 진리를 믿고, 불법승 삼보를 믿으며, 부처님의 가르침을 여법하게 준수하며, 마침내 깨달음을 이루어 부처가 되리라는 확신을 갖는 것을 말한다. 부처님으로부터 직접 배우고 수행하던 때에는 그래도 쉬운 편이었지만, 부처님 입멸 후, 오늘날과 같은 말법의 시대에 이르러 이런 믿음을 낸다는 것은 그리 쉽지 않다. 그래서 바른 믿음은 드물다고 하였던 것이다.

송) 노래한다.

바른 믿음을 가진 사람, 뼈에 영명함이 있고(正信之人骨有靈)
마음은 열매가 해를 맞듯 통연히 밝다네(心如果日洞然明)
눈을 비워 황금을 귀하게 보지 않고(眼空不見黃金貴)

---

144) T10n0279014, 大方廣佛華嚴經卷第十四, 于闐國三藏實叉難陀奉 制譯, 賢首品第十二之一, CBETA 電子佛典集成 » 大正藏 (T) » 第10冊 » No.0279 » 第14卷, http://tripitaka.cbeta.org/T10n0279014

면벽으로 세상사 잊으니 태평세월일레(面壁忘機海晏淸)

이 시는 바른 믿음을 가진 사람의 특징을 노래한 것이다. 뼈에 영명함이 있고, 마음이 통연하게 밝으며, 재물을 탐하지 않고, 세상사에 초연하여 아주 자유롭다는 것이다.

뼈에 영명함이 있다 함은 육신이 허망한 것에 빠져 허우적거리지 않는 것을 의미하며, 마음이 통연하게 밝다 함은 어디에도 막히거나 걸림이 없이 지혜로움을 가리킨다. 눈을 비웠다 함은 온갖 잡스러운 세상사에 눈독을 들이지 않는 것을 의미하니, 재물이 어찌 눈에 들어오며 지위와 명예, 신분이 어찌 눈을 끌 수 있겠는가? 망기(忘機)란 기회를 노리는 짓을 하지 않음을 뜻하는 말이다. 자기의 이해를 타산하거나 자신의 이익을 위하여 남을 해치거나 배신하려는 마음을 품지 않는 것을 의미한다. 담박하고 수수하다는 의미도 있다. 세상사를 잊고 관여하지 않는 것을 의미하기도 한다. 재물이나 지위, 명예 등에 관심을 두지 않고 유유자적함을 가리키는 말인 것이다. 이는 면벽이라는 말과 조응하여 볼 때, 수행정진으로 세상사를 잊고 깨달음의 경지에 이르렀음을 의미한다. 그 결과 몸도 마음도 잔잔한 바다처럼 고요하고 강물처럼 맑은 것이다.

위 노래에서 해안청(海晏淸)이란 어구가 나온다. 이는 바다는 고요하고 강은 맑다는 뜻의 해안하청(海晏河淸)의 줄임말이다. 천하가 태평함을 비유한 말이다.『경덕전등록』제22권 담주수서남대도준화상법운대사편에 다음과 같은 글이 나온다.[145]

한마디 말에 하늘과 땅, 산하와 대지가 진동하고, 바다가 고요해지며 강이 맑아진다(一言啟口震動乾坤, 山河大地海晏河淸).

2. 내용

[第二疑斷] 원인과 결과가 둘 다 깊어 믿을 수 없다(因果俱深無信)는 의심을 끊는다. 이 의심은 앞의 머물지 않고 보시하며(無住行施), 상이 없어야 부처를 본다(無相見佛)는 장구에서 나온다.

---

145) T51n2076022, 景德傳燈錄卷第二十二, 行思禪師第七世中, 前韶州雲門山文偃禪師法嗣, 潭州南臺道遵禪師, CBETA 電子佛典集成 》 大正藏 (T) 》 第51冊 》 No.2076 》 第22卷, http://tripitaka.cbeta.org/T51n2076022

무주의 보시를 하는 것은 원인이 깊은 것이고, 상이 없음으로 부처를 보는 것은 결과가 깊은 것이다. 내가 부처님으로부터 친히 이어받아도 이제야 바야흐로 깨달을 수 있을 뿐인데, 말세에 근기가 둔한 자가 어떻게 믿고 받을 것인가? 이 의심을 해결하고자 경에서 말한다.

경) 수보리가 부처님께 여쭈었다.
"세존이시여. 자못 어떤 중생이 이와 같은 언설이나 장구를 듣고
진실한 믿음을 내겠습니까?"
須菩提白佛言世尊頗有眾生得聞如是言說章句生實信不。

이 물음은 위에서 말한 '상에 머물지 않는 보시'라거나, '온갖 상이 상이 아니라고 보면 부처를 본다.'라는 등의 법은 의미가 매우 깊고 믿기도 어렵고 이해하기도 어려워, 지혜가 미미하고 근기도 열등한 말세의 범부가 그 장구를 듣고 어떻게 믿음으로 들어갈 것인지를 수보리가 부처님께 질문한 것이다.

머무름 없이 보시하는 것은 씨앗(因)이 깊은 것이고, 상 없이 부처를 보는 것은 열매(果)가 깊은 것이다. 씨앗이 깊다 함은 깨달음을 이루기 위하여 경과하여야 하는 수행의 과정이 매우 힘들고 어려움을 가리킨다. 삼십칠조도품을 활용한 수행, 육바라밀에 의한 만행 등 깨달음으로 가기 위한 수행의 과정은, 부처님께서 현생에서 치른 6년간의 고행은 물론 본생담을 통하여 전해 오는 과거생의 수행과정에 비추어 볼 때, 참으로 힘들고 오랜 시간의 정진과 인욕을 요구한다. 그리고 이들 모두가 무주상으로 이루어져야 한다. 그러니 깨달음을 이루기 위한 씨앗이 깊다고 하는 것이다. 그러나 이러한 과정을 거쳐 깨달음을 이루고 마침내 열반을 얻으면, 어떠한 상에도 걸림이 없으며, 아예 상 자체를 상으로 인식하지 않는다. 그리하여 어떠한 변화도 모두 그치게 되며(常), 모든 고통이 없어지고 즐거움만 있으며(樂), 나라는 존재가 상일주재(常一主宰)하며(我), 적멸하여 고요하기 그지없다(靜). 그러니 열매가 깊다고 하지 않을 수 없다. 이처럼 인과의 법이 이미 깊은데, 말세의 미혹되고 둔한 근기의 중생이 이러한 것에 대하여 능히 믿는 마음을 낼 수 있을지 우려가 되지 않을 수 없다. 이 점에 유의하여 수보리가 부처님께 여쭈었던 것이다.

경) 부처님께서 수보리에게 말씀하셨다.
"그런 말 하지 말아라. 여래가 입멸한 후 후오백세에 누군가가 계를 지켜
복을 닦으면, 이 장구에 대하여 믿음을 내고, 그것으로 실질로 삼을 것이다."
佛告須菩提莫作是說如來滅後後五百歲有持戒修福者於此章句能生信心以此為實。

이 말씀은 수보리의 질문에 대한 답변임과 동시에 수보리가 내비친 우려를 불식시키고 일정한 조건만 갖추면 누구든지 믿음을 내어 결과를 얻을 수 있음(깨달음을 이룰 수 있는 것)을 부처님께서 약속하신 것이라 할 수 있다.

여래 입멸 후 후오백세는 투쟁이 견고한 시기이다. 이 시기에는 서로 공격하고 정벌하며, 자신의 주장이 우월하고 다른 사람의 주장은 열등하다는 투쟁의 풍기가 성행하는 것이다. 이러한 시기에 계를 지키고 복을 닦는 일은 아주 드물다. 바꾸어 말하면, 계를 지키고 복을 닦는 이가 드물기 때문에 서로 간에 투쟁이 성행하는 것이다. 이러한 시기임에도 불구하고, 계를 지키며 복을 닦는 자가 있다면, 이러한 사람은 근기가 실로 수승한 자라 할 수 있다. 따라서 이런 사람은 경에서 말하는 무주상 보시 등 경의 가르침을 들으면, 능히 신심을 내어 이 가르침들을 자신의 수행의 바탕으로 삼을 수 있을 것이다.

이 장구는 두 가지 해석이 가능하다. 첫째, 조건의 의미에서, 만약 후오백세에 어떤 사람이 계를 지키고 복을 닦는다면, 그 사람은 경의 무주상 보시 등에 관한 경문을 들었을 때 신심을 내어 그로써 좋은 결과를 얻을 수 있을 것이라고 해석하는 것이다. 다음으로, 계를 지키고 복을 닦는 사람은 이미 있고, 그 사람이 경의 해당 경문을 들었을 때 신심을 내어 그로써 결과를 얻을 수 있을 것이라고 해석하는 것이다. 결과적으로는 차이가 거의 없다.

[공부]
무상계(無相戒)

경의 위 장구에서 "계"란 무상계(無相戒)를 가리킨다. 무상계는 이상계(離相戒)라고도 하며, 수상계(隨相戒)[146]와 대응으로 사용된다. 지계자는 마음에 집착하는 것이 없이 모든 계를 마치 허공처럼 보고 지키거나 어긴다는 생각 자체를 하지 않는 것을 말한다. 여러 경전에서 직접 혹은 간접적으로 많이 언급되고 있는데, 예컨대, 경에서 말하는 무아상(無我相), 무인상(人相), 무중생상(眾生相), 무수자상(壽者相)이 무상계이다. 『육조단경』에는 육조혜능선사께서 무상계의 노래를 제자들에게 주셨다. 그 노래는 다음과 같다.[147]

  미혹된 사람은 복을 닦지 도를 닦지 않으며(迷人修福不修道)
  복을 닦으면서 도를 닦는다고 말할 뿐이네(只言修福便是道)
  보시와 공양은 복이 가없으나(布施供養福無邊)
  심중의 삼악은 원래 만들어진 것(心中三惡元來造)
  복을 닦아서 그걸로 죄를 없애려 하나(擬將修福欲滅罪)
  후세에 복을 받고 나면 죄가 다시 존재하나니(後世得福罪還在)
  오직 심중으로 죄의 인연을 제거하는 것(但向心中除罪緣)
  자성 중의 참된 참회라 한다네(名自性中真懺悔)
  문득 대승의 참된 참회를 깨달아(忽悟大乘真懺悔)
  삿됨을 없애고 바르게 행하면 곧 죄가 없어지나니(除邪行正即無罪)
  도를 배움에 항상 자성을 살피면(學道常於自性觀)
  곧 여러 부처들과 같아라(即與諸佛同一類)
  나의 조사께서 오직 이 돈법을 전하시고(吾祖惟傳此頓法)
  널리 견성하여 한 몸처럼 되기를 원하시니(普願見性同一體)
  만약에 내세에 법신을 찾고자 하면(若欲當來覓法身)
  법상들을 버리고 심중을 깨끗이 하여(離諸法相心中洗)
  스스로 보도록 노력하고 어슬렁거리지 말라(努力自見莫悠悠)
  뒷생각이 홀연히 끊어지면 한세상 쉬는 것이니(後念忽絕一世休)
  대승을 깨달아 견성하려거든(若悟大乘得見性)
  경건하고 공경스럽게 합장하고 지극한 마음으로 구하라(虔恭合掌至心求)

---

[146] 수상계(隨相戒)란 삼업, 사위의 등을 수지하는 것을 말한다. 즉, 여래의 일대의 교법을 수순하며 의발을 구족하고 머리를 깎고 걸식을 하며 위의를 엄수하는 것을 가리킨다.

[147] T48n2008001 六祖大師法寶壇經, 風旛報恩光孝禪寺住持嗣祖比丘宗寶編, 懺悔第六, CBETA 電子佛典集成 》 大正藏 (T) 》 第48冊 》 No.2008 》 第1卷, http://tripitaka.cbeta.org/T48n2008001

[공부]
오백세(五百歲)의 구분

후오백세(後五百歲)란 다섯 차례의 오백 년(五五百年) 중 다섯 번째 오백 년을 가리킨다. 투쟁이 견고한 시기이다. 오오백년(五五百年)이란 부처님께서 입멸하신 후 다섯 개의 오백 년이란 기간을 말한다. 다섯 개의 오백 년(五個五百年) 혹은 오백세(五個五百歲)라거나, 오백세(五五百歲)라고도 한다. 일종의 종교사관이다. 『화엄경수소연의초(華嚴經隨疏演義鈔)』 제2권에 의하면, 부처님이 입멸한 후 이천오백 년간을 다섯 개의 오백 년으로 나누어 각 기간에 있어서 불교가 확장되거나 쇠잔해지는 추세를 표시하는 방법이다.[148]

- 제일오백년(第一五百年): 해탈이 견고한 시기. 지혜를 얻어 깨달음을 이룬 해탈자가 매우 많은 시기
- 제이오백년(第二五百年): 선정이 견고한 시기. 선정을 얻은 자가 많은 시기
- 제삼오백년(第三五百年): 다문이 견고한 시기. 열심히 듣고 공부하는 불법자들이 많은 시기
- 제사오백년(第四五百年): 탑과 절을 짓는 것이 견고한 시기. 탑과 사원을 건립하는 자가 많은 시기
- 제오오백년(第五五百年): 투쟁이 견고한 시기. 서로 공격하고 정벌하며, 자신의 주장은 우월하고 다른 사람의 주장은 열등하다는 투쟁의 풍기가 성행하는 시기

이와 유사한 것이 정법시대, 상법시대, 말법시대의 삼시설(三時說)이 있다. 정법 일천 년, 상법 일천 년, 말법 일만 년 등 세 기간으로 나누어 설명한다. 이를 오오백년의 구분방법과 비교하여 설명하면 다음과 같다.
- 정법시대: 오오백년 중 앞의 두 오백 년에 해당하는 시기. 이 시기에는 해탈선정을 수행하여 증득한 사람이 있다.
- 상법시대: 오오백년의 세 번째, 네 번째 오백 년에 해당하는 시기. 이 시기의 사람들은 비록 수행을 하기는 하지만 증과가 없으며, 유일하게 다문하거나 보시하는 자가 있다.
- 말법시대: 오오백년의 마지막 오백 년에 해당하는 시기. 말법 일만 년의 첫 오백 년을 말하며, 이 시기의 사람은 수행도 없고 증득도 없이, 오직 투쟁을 바른 수행인양 여기는 사람들만 있다.

---

148) T13n0397055, 大方等大集經卷第五十五, 高齊天竺三藏那連提耶舍譯, 月藏分第十二分布閻浮提品第十七, CBETA 電子佛典集成 » 大正藏 (T) » 第13冊 » No.0397 » 第55卷, http://tripitaka.cbeta.org/T13n0397055; T36n1736002, 大方廣佛華嚴經隨疏演義鈔卷第二, 唐淸凉山大華嚴寺沙門澄觀述, CBETA 電子佛典集成 » 大正藏 (T) » 第36冊 » No.1736 » 第2卷, http://tripitaka.cbeta.org/T36n1736002

경) 수보리(가 부처님께) ~ 실질로 삼다(須菩 ~ 為實)

착어) 금불은 화로를 건너지 못하고, 목불은 불을 건너지 못하며,
흙불은 물을 건너지 못한다(金佛不渡爐木佛不渡火泥佛不渡水).

이 착어는 조주종심선사의 삼전어(三轉語)를 가져온 것이다.[149] 금불이란 쇠로 만든 부처상을 말한다. 단단한 것 같지만 용광로에 들어가면 녹아 버린다. 목불은 불에 타며, 진흙으로 만든 불인 흙불은 물속에서 부스러져 버린다. 이들 세 구절(三句)은 고도의 비유를 숨기고 있는데, 무엇을 이야기하고자 하는 것일까?

조주삼전어라 불리는 이들 세 구절은, 조주종심선사가 학인을 접인할 때, 진정한 부처가 어디에 있는지를 보여 주어 본래면목을 철저하게 볼 수 있도록 하기 위하여 사용하였던 세 마디의 어구이다. 자성 본연의 참 부처는 자신의 내면에 자리하고 있어서 물이나 불 혹은 용광로에서 해체되어 허물어지거나, 타거나 혹은 녹지 않는다는 것을 가르치고자 한 것이다.

우리는 쇠, 돌, 흙, 나무 혹은 종이로 부처상을 만들어 이를 받들고 예배한다. 우리가 이러한 재료들로 부처상을 만들어 모시는 것은 이 상을 응시하며 우리에게 내재된 본래면목, 자성불을 찾는데 흐트러지거나 방일하지 않기 위함이지, 그 상에 매몰되어 우리에게 내재된 본래면목을 대체해 버리기 위한 것이 아니다. 그러나 우리들 범부는 외부의 이러한 만들어진 상에 매달려 우리에게 내재된 본래면목을 잊고 방치하는 경우가 대부분이다. 조주선사의 삼전어는 바로 이 점을 학인들에게 깨우쳐 주어 자신의 본래면목을 찾는 데 정진하도록 하기 위하여 사용하였던 것이 아니었을까?

---

149) X80n1565004, 五燈會元卷第四, 南嶽下三世, 百丈海禪師法嗣, 趙州觀音院(亦曰東院)。從諗禪師, CBETA 電子佛典集成 » 卍續藏 (X) » 第80冊 » No.1565 » 第4卷, http://tripitaka.cbeta.org/X80n1565004

[공부]

삼전어(三轉語)

전어(轉語)란, 수행자가 수행과정에서 중대한 벽에 부딪혀 진전이 없을 때, 그 벽을 뛰어넘어 새로운 경지로 나아갈 수 있도록 해 주는 한 말씀 혹은 몇 마디 말씀을 가리킨다. 한 구절로 이루어진 것은 일전어(一轉語), 세 구절로 이루어진 것은 삼전어(三轉語)…… 이렇게 이름 붙인 것이다. 이는 주로 스승과 제자 사이에 이루어지는 가르침의 방법이지만, 반드시 스승과 제자 사이의 관계일 필요는 없을 것이다. 우리가 공안이라고 하는 수많은 화두들은 바로 이러한 과정을 거쳐 정형화된 어구들이라 할 수 있다.

삼전어로 널리 알려진 것이 파릉삼전어(巴陵三轉語)이다. 파릉삼구(巴陵三句)라고도 한다. 악주(岳州) 파릉영감(巴陵顥鑑)선사가 학인들이 미혹에서 깨달음으로 나아갈 수 있도록 하기 위하여 사용했던 세 구절의 말을 가리킨다.

- 첫째 구, 은으로 만든 주발 속에 눈이 펄펄 날린다(銀盌裏盛雪)
- 둘째 구, 산호 가지로 달을 지탱한다(珊瑚枝枝撑著月)
- 셋째 구, 닭은 추우면 횃대 위로 올라가고, 오리는 추우면 물로 내려간다(雞寒上機, 鴨寒下水)

이 삼전어의 연기(緣機)에 대하여, 『인천안목(人天眼目)』 제2권에 다음과 같은 이야기가 나온다.[150]

승이 파릉선사에게 물었다.
"제바종(提婆宗)이란 무엇입니까?"
파릉선사가 대답했다.
"은 주발 속에 눈이 펄펄 날린다."
승이 또 물었다.
"취모검은 어떠합니까?"
파릉산사가 대답했다.
"산호의 가지로 달을 버티는구나."
승이 또 물었다.
"조사의 뜻과 불교의 뜻은 같습니까? 다릅니까?"
파릉선사가 대답했다.
"닭은 추우면 횃대 위로 올라가고, 오리는 추우면 물로 내려간다."

---

150) T48n2006002, 人天眼目卷之二, 宋 智昭集, 巴陵三句(嗣雲門名顯鑒叢林目口鑒多口), CBETA 電子佛典集成 » 大正藏 (T) » 第48冊 » No.2006 » 第2卷, http://tripitaka.cbeta.org/T48n2006002

송) 노래한다.

삼불의 위의는 모두 진실이 아니고(三佛威儀總不眞)
눈 속의 눈동자엔 면전에 있는 사람뿐(眼中瞳子面前人)
만약 가중의 보배를 얻을 수 있다고 믿는다면(若能信得家中寶)
새 울고 산에 꽃피는 것, 한 모양으로 봄이라네(啼鳥山華一樣春)

　三佛(sambuddha, 巴 同)이란 삼불타(三佛陀)의 약칭이다. 번역하면 정각자, 등각자란 의미다. 부처를 가리킨다. 삼이란 숫자가 아니지만, 숫자 3으로 보아서 세 명의 부처라고 보아도 무방할 것 같다. 세 명의 부처라고 볼 때는, 법불(法佛), 보불(報佛), 화불(化佛), 즉 삼신불을 가리킨다. 나아가 착어에서 본 진흙불, 나무불, 쇠불(趙州三轉語 참조)을 가리키는 말일 수도 있다. 위의란 한마디로 행동거지를 말한다. 또 위의란 행위방식을 의미하기도 한다. 또한, 겉으로 드러난 모습을 의미할 때도 있다. 행주좌와를 할 때 취하는 자세나 태도 혹은 방식을 가리키는 말이다. 또 위의는 겉모습, 혹은 색신을 의미하는 말이기도 하다. 모두 진실이 아니라는 말은 그것이 부처의 실상을 나타내는 것이 아니라 모양만 가져온 것이란 의미이다. 이렇게 볼 때, 송에서 말한 삼불이란 착어에서 말한 쇠부처, 나무부처, 흙부처를 가리켜 말한 것이라고 볼 수도 있겠다. 무엇을 재료로 만들었든, 어떠한 자세를 취하며, 어디에 있든, 그것은 부처의 형상만 가져온 것일 뿐 그 자체가 부처는 아닌 것이다. 부처의 참모습 혹은 실상이 아니라는 것이다. 그러나 삼붓다(등정각), 즉 최상의 깨달음을 이룬 자라도 그 위의 또는 겉모습[상=색신]이라는 것은 실상이 아니라 겉으로 드러난 것에 지나지 않는다. 이런 점에서 법신, 보신, 화신의 삼신불도 위의로서 드러낸 것은 그 무엇이든 실상은 아니다.
　이렇듯 부처의 위의란 부처가 드러난 것에 지나지 않고 어느 모로 보아도 부처의 실상이 아니다 보니 그 눈동자에는 면전에 있는 사람만 비칠 뿐이다. 실상의 부처라면 그 눈동자에 진리가 넘치고 법의 빛이 시방에 비출 것이다. 그러나 사람만이 비친다. 역으로 말하면, 진리를 추구하거나 깨달음을 이루기 위한 수행자가 눈앞에 있는 것이 아니라 부처의 형상을 만들어 놓고 거기에 의지하여 복이나 빌면서 세상의 번뇌를 모두 안고 있는 사람만 있다는 의미일 것이다.

가중(家中)의 보배란 불가의 보배, 즉 종지(깨달음)를 가리킨다. 수행자에게 있어 가문의 보배란 실상을 깨달아 부처가 되는 것이라 할 수 있기 때문이다. 가중의 보배를 얻음을 믿는 것은 깨달음을 이룰 수 있다는 믿음을 의미한다. 이런 믿음은 진여에 대한 믿음이다. 이 믿음이 있다면, 물을 건너지 못하는 흙, 용광로를 건너지 못하는 쇠, 불을 건너지 못하는 나무 등 소재를 써서 굳이 부처의 형상을 만들어 받들 필요가 없으며, 새가 우는 것이나 산에 꽃이 피는 것 등에서도 진여실상을 배울 수 있다는 것이다. 봄이란 진여실상을 드러내는 계기 혹은 조건을 비유하는 말이라고 보면 될 것이다.

경) "이 사람은 한 부처, 두 부처, 셋, 넷, 다섯 부처에게만 선근을 심었던 것이 아니라, 헤아릴 수 없는 천만 부처의 처소에 온갖 선근을 심었으므로, 이 장구를 듣거나 내지 한 생각(一念)에 청정한 믿음을 낼 것임을 알아야 한다."
當知是人不於一佛二佛三四五佛而種善根已於無量千萬佛所種諸善根
聞是章句乃至一念生淨信者。

부처님께서 입멸한 후 후오백세에라도 만약 어떤 사람이 대승의 무상계(無相戒)를 지니고서, 온갖 상에 망령되게 집착하지 않고, 생사를 유전할 업을 짓지 않으면, 언제 어느 때나 마음이 항상 공적하여 어떤 상에도 얽매이지 않을 것이다. 이런 상태가 머무는 바 없는 마음이다. 그리고 이런 사람이야말로 여래의 깊은 법에 마음으로 믿고 들어갈 수 있으며, 이 사람이 하는 언설은 진실하여 가히 믿을 수 있다. 왜냐하면, 이 사람은 한 겁, 두 겁, 셋, 넷, 다섯 겁 동안은 물론, 헤아릴 수 없는 천만 억겁 동안 온갖 선근을 심었기 때문이다. 그러므로 여래께서 "내가 멸도한 후 후오백세에도 능히 상을 버리고 수행하는 자가 있으면, 이 사람은 수많은 부처에게 선근을 심었기 때문이라는 것을 마땅히 알라."라고 하였던 것이다.

선근(善根)을 심는다 함은 여러 부처를 한마음으로 공양하며, 그 교법에 따라 보살, 선지식, 스승, 스님, 부모, 연장자, 덕망 있는 존장 등을 항상 공경하며, 그 가르침과 지시를 잘 따르고 그 뜻을 어기지 않는 것을 말한다. 가난한 사람, 고통에 빠진 중생들에게 자비심을 일으켜 경시하거나 싫어하는 마음을 내지 않으며, 힘자라는 대로 보시를 베풀고자 하는 것도 선근을 심는 일이다. 모든 나쁜 무리에 대하여는 부드럽고 온화하며 인욕으로서 기꺼이 대응하며 그 뜻을 거스르지 않고 그들로 하여금 환희심을 내어 강퍅한 마음을 멈추도록 하는 것도 선근을 심는 것이다. 육도의 중생에 대하여 살생하거나 해를 끼치지 않고, 속이지 않으며, 천대하지 않고 훼손시키지 않으며 모욕을 주지 않고 침을 뱉지 않으며 그 살을 먹지 않으며, 항상 그들에게 이익이 되도록 행동하는 것도 선근을 심는 일이다. 요컨대 선행에 해당하는 것이면 무엇이든 실행하는 것을 선근을 심는다고 할 수 있다. 칠불통계게(七佛通戒偈)에서 가르치는 "어떤 악도 짓지 않고(諸惡莫作) 어떤 선이라도 행하는(衆善奉行)" 정신을 실천하는 것이 바로 선근을 심는 것이다.

경에서 말하는 정신(淨信)이란 청정한 믿음이란 의미이다. 이는 청정신심의 바탕에서 나온다. 청정신심이란 반야바라밀이 일체 번뇌를 제거할 수 있다고 믿으며, 또 반야바라밀에 의하여 능히 출세간의 모든 공덕을 성취할 수 있다고 믿으며, 또 반야바라밀에 의하여 일체 제불이 태어났음을 믿으며, 자신 중에 있는 불성은 본래 청정하여 전혀 오염되지 않았으며, 모든 불성은 평등하여 둘이 아님을 믿으며, 또 육도 중생은 본래 아무런 상이 없음을 믿으며, 또 일체 중생은 모두 성불할 수 있음을 믿는 것이다 (육조 혜능).

그리고 이와 같은 진실한 믿음은 이미 수많은 부처에게 선근을 심었기 때문이며, 그 공덕으로 이 대승의 법, 경의 가르침을 듣는 것은 물론 더 나아가 한마음의 짧은 시간에 청정한 믿음을 내는 것도 역시 수많은 부처님께 온갖 선근을 심어서 그러한 것이다.

> [공부]
> ## 신심이란?
>
> 일반적으로 신심(信心)이란 법을 듣고 이해하며, 받아 지니며 믿고 의심하지 않는 것을 말한다. 이에는 미신(迷信)과 정신(正信)이 있으며, 해심(解心)과 앙심(仰心), 자력신(自力信)과 타력신(他力信) 등의 구별이 있다. 또한, 의심을 품는 것을 멀리하는 청정심이기도 하다.『잡아함경』제26권에 의하면, "무엇을 신력(信力)이라 하는가? (성제자가) 여래에 대한 청정한 믿음이 근본적으로 견고하여, 하늘이나 마, 범, 사문, 바라문 기타 여러 법들에 의하여 깨어지지 않는 것을 말한다."라고 하였다.[151] 신심은 깨달음으로 들어가는 첫걸음이며, 그러므로 신근, 정진근, 염근, 정근, 혜근 등 오근(五根)의 첫머리에 두는 것이다.『육십화엄경』제11권,『대지도론』제1권에서는, 신심을 손에 비유하여, 불법을 알고 이해할 수 있도록 해 주는 것으로서 신심이 없으면 손이 없는 사람이 보석산에 들어가도 하나의 물건(보석)도 가질 수 없는 것과 같다고 하였다.[152] 또『인왕반야경』상권에서는, "신심이란 보살행이 발원하는 시작점이라고 인정하여 보살위의 첫머리에 두었다."라고 하였으며,[153]『대승기신론』에서는, "믿음에는 네 가지가 있으니, 첫째, 진여법을 기꺼이 기억하며, 둘째, 부처님에게는 무량한 공덕이 있으니, 항상 염하며 가까이하고 공양공경하여 선근을 일으켜 일체지를 구하기를 발원하며, 셋째, 법에는 큰 이익이 있으니, 항상 바라밀을 수행하며, 넷째, 스님들은 자리이타를 수행하니, 항상 보살중들을 가까이하여 여실행을 배우도록 하여야 한다."라고 하였다.[154]
> 이러한 믿음에 대한 주장들은 모두 자력으로 깨달음에 이르기 위한 기초 혹은 출발점이라는 인식을 가지고 있다. 그런데 정토법문에서는 특히 미타의 원력을 신앙하는 마음을 강조한다.

---

151) T02n0099026, 雜阿含經卷第二十六, 宋天竺三藏求那跋陀羅譯, (六六六), CBETA 電子佛典集成 》 大正藏 (T) 》 第2冊 》 No.0099 》 第26卷, http://tripitaka.cbeta.org/

152) T25n1509001 大智度論 第1卷, 龍樹菩薩造, 後秦龜茲國三藏法師鳩摩羅什奉 詔譯 摩訶般若波羅蜜初品如是我聞一時釋論第二(卷第一), CBETA 電子佛典集成 》 大正藏 (T) 》 第25冊 》 No.1509 》 第1卷, http://tripitaka.cbeta.org/T25n1509001

153) T08n0245001, 佛說仁王般若波羅蜜經卷上, 姚秦三藏鳩摩羅什譯, 仁王般若波羅蜜護國經菩薩教化品第三, CBETA 電子佛典集成 》 大正藏 (T) 》 第8冊 》 No.0245 》 第1卷, http://tripitaka.cbeta.org/T08n0245001

154) T32n1666001, 大乘起信論一卷, 馬鳴菩薩造, 梁西印度三藏法師真諦譯, CBETA 電子佛典集成 》 大正藏 (T) 》 第32冊 》 No.1666 》 第1卷, http://tripitaka.cbeta.org/

> 담란(曇鸞)이 펴낸 왕생론주(往生論註) 하권에서는 "부처를 부르며 염하더라도(稱名念佛) 바라는 것이 이루어지지 않았을 때가 있는데, 이는 그 칭명하는 사람의 신심에 세 가지 상응하지 않는 이유가 있기 때문"이라고 하였다.[155]
> - 첫째, 신심이 순수하지 못하여 있다가 없어지곤 하기 때문이다.
> - 둘째, 신심이 하나가 아니어서 확고부동하지 않기 때문이다.
> - 셋째, 신심이 끊임없이 이어지지 않아 엉뚱한 생각이 끼어들기 때문이다.

경) *"수보리야. 여래는 이들 중생이*
이처럼 무량한 복덕을 얻는 것을 모두 알고 모두 본다."
須菩提如來悉知悉見是諸眾生得如是無量福德。

무량한 복덕이란 경의 언구를 듣고 한 생각(一念)에 청정한 믿음을 내는 것이다. 이것이 어떻게 무량한 복덕이라고 할 수 있는가? 경에서 칠보와 같은 재물로 하는 보시는 유위의 복이기 때문에 그 복덕에는 한계가 있어 그 복덕의 힘이 다하면 다른 업인(業因)에 의하여 다른 취(聚, 지옥과 같은 악도나 인간도)로 떨어질 수 있지만, 경의 가르침이나 사구게만이라도 받아 지니며, 읽고 외우며, 다른 사람에게 풀이해 설명하는 복덕은 무위의 복덕으로서 그 다함이 없다고 한다. 그러므로 그 복덕이 무량하다는 것이다.

경의 경문이나 사구게를 수지, 독송, 서사 및 남에게 해설해 주는 복덕이 그러하다면, 여래가 입멸하신 후 후오백세의 어느 시대에 속하든 그 복덕은 살아 있을 것이고, 경의 언설이나 장구를 듣는 순간 자신이 과거에 쌓은 복덕으로 청정한 믿음을 낼 수 있는 것이다. 이 청정한 믿음이 바로 깨달음으로 가는 시원이며 불퇴전의 자량이 된다.

그리고 여래는 이들 중생이 무량한 복덕을 얻음을 모두 알고 모두 본다. 모두 알고 모두 본다 함은 여래의 전지전능을 말하고자 하는 것이 아니라, 자성불(自性佛, 중생의 마음에 내장된 불성)이 스스로 알고 볼 수밖에 없음을 의미한다고 할 것이다. 무량

---

155) T40n1819002, 無量壽經優婆提舍願生偈婆藪槃頭菩薩造(并)註卷下, 沙門曇鸞註解, CBETA 電子佛典集成 » 大正藏 (T) » 第40冊 » No.1819 » 第2卷, http://tripitaka.cbeta.org/T40n1819002

한 복덕력에 의한 성취를 스스로 증득함을 의미하는 것이다.

경) 마땅히 알아라 ~ (무량한) 복덕(當知 ~ 福德)

착어) 오이를 심으면, 오이를 얻고, 과일을 심으면 과일을 얻는다 (種瓜得瓜 種菓得菓).

오이를 심으면 오이가 난다. 오이는 채소이고 맛이 쓰거나 싱겁다(시원하기는 한데, 시원한 것도 맛이라면 맛이다). 이에 비하여 과일은 나무에서 얻는 과일이고 맛이 달다. 이 착어는 두 가지 의미로 해석해 볼 수 있다. 채소가 과일이 될 수 없고, 쓴 것이 단 것으로 될 수 없다. 형식상으로도 내용상으로도 다른 것과 교잡에 의한 변이가 일어나지 않는 이상, 혹은 조건의 변동에 의한 적응과정에서 다른 종으로 바뀌지 않는 이상, 형상과 속성은 계속해서 물려지는 것이다. 이것이 생물학적으로 유전의 법칙이라면, 불교에서는 인과의 법칙인 것이다.

쓴맛의 오이를 심어 놓고 단맛의 과일을 기대해서는 안 된다. 나쁜 짓을 하고서 좋은 결과를 기대하여서는 안 된다는 의미이다. 반대로 단맛의 과일을 심었는데, 거기서 쓴맛의 오이가 열릴 것이라고 생각해서도 안 된다. 좋은 일을 하고서 나쁜 결과가 돌아올 것을 예상하는 것은 어리석다. 이야말로 불교에서 말하는 인과법의 핵심 내용이다.

이 착어는, 경의 위 장구와 관련하여, 무슨 의미인가? 한둘 혹은 넷, 다섯 부처에 그치지 않고 백천 억 부처님께 선근을 심었는데, 그 결과 후오백세에도 경의 장구를 듣고 청정심을 내지 못할 리 없음을 가리키는 것이다. 그러한 선근을 심은 공덕, 수행의 힘이 충만해 있으니 아무리 심오하고 어려운 말씀이더라도 이해하고 믿음을 이어 갈 수 있음을 의미하는 것이다.

지금 나의 수행과 관련하여, 경의 장구를 듣고 한 생각에 청정한 믿음을 낼 수 있는지를 가지고 과거세에 내가 얼마나 많은 선근을 심었는지 점검할 수 있다는 의미도 있고, 후오백세에 경에서 말하는 심오한 장구를 접하였을 때, 곧바로 청정한 믿음을 낼 수 있도록, 지금부터라도 지속적으로 선근을 심을 것을 강조하는 의미도 담겨 있다. 인과의 법칙은, 적어도 속제의 세계에 있어서는, 항상 진리이기 때문이다.

송) 노래한다.

일 불, 이 불, 천만 불(一佛二佛千萬佛)
각각 눈은 옆으로 나고, 코는 곧바로 섰다네(各各眼橫兼鼻直)
과거에 친히 선근을 심어 왔더니(昔年親種善根來)
이에 의하여 오늘 작은 물길의 힘을 얻었구나(今日依前得渠力)
수보리여, 수보리여(須菩提須菩提)
옷 입고 밥 먹는 일상의 일(着衣喫飯尋常事)
어찌 특히 의심을 내는가(何須特地却生疑)

한 분의 부처이든, 두 분의 부처이든, 천만 분의 부처이든 모두 눈은 옆으로 나 있고 코는 아래위로 서 있다. 이 모습은 모두 우리네 범부와 같은 형상이기도 하다. 바꾸어 말하면, 우리가 헤아릴 수 없이 많은 부처들과 같은 형상을 하고 있는 것이다. 만약 형상을 두고 부처를 논한다면, 우리도 부처라 할 수 있지 않겠는가? 그러나 우리와 모습은 같지만, 부처는 깨달음을 얻었고 우리는 그렇지 못하다. 왜 그런가? 부처를 이룬 분들은 천만 불 등 헤아릴 수 없이 많은 부처들을 공경공양하며 선근을 심었고, 그 공덕으로 마침내 그들은 부처가 되었기 때문이다. 그러나 우리는 모습만 같을 뿐 그러한 공덕을 심지 않았기 때문에 부처가 되지 못하고, 중생으로 살고 있는 것이다. 그러므로 부처와 같을 수 없는 것이다. 그러나 같은 모습을 하였다는 것은, 부처님과 같이 수행력이 쌓인다면 성불할 수 있는 가능성을 말해 주는 것이 아니겠는가? 그리하여 현재 중생으로 살고 있는 우리도 과거에 선근을 심었다면, 그리고 그것이 끊어지지 않고 오늘날까지 계속 이어 온다면, 그 공덕으로 오늘에 이르러 작으나마 한 깨달음을 이룰 수 있는 것이다. 그러므로 우리는 옷 입고 밥 먹는 것과 같은 지극히 일상적인 일들도 부처님께 선근을 심는 마음으로 대하여야 하며, 그럼으로써 선근을 더욱 쌓다 보면 언젠가는 작은 물길이 큰 물길이 될 것을 믿어 의심하지 않아야 하는 것이다.

경) *"왜냐하면, 이들 중생은 다시는 아상, 인상, 중생상, 수자상이 없기 때문이다."*
何以故是諸眾生無復我相人相眾生相壽者相。

    만약에 어떤 사람이 여래가 입멸하신 후 반야바라밀심을 내어 반야바라밀행을 실천하고 깨달음을 수습하여 부처님의 깊은 뜻을 얻었다면 이를 알지 못하는 부처는 없다. 또 만약에 어떤 사람이 상승법을 듣고 한마음에 수지하여 곧 능히 반야바라밀을 행할 수 있으면, 상도 없고 집착도 없는 행을 완료하여 이 사람에게는 아, 인, 중생, 수자의 사상이 없어진다. 무아란 몸뚱이를 가진 나는 어떤 실체가 있는 것이 아니라 색수상행식의 오온이 일시적으로 화합하여 이루어진 유위적 존재라는 것을 명백하게 아는 것이요, 무인이란 사대가 실체가 아니며 종국에는 지수화풍으로 돌아갈 것임을 잘 아는 것이며, 무중생이란 생멸심이 없는 것이요, 무수자란 내 몸은 본래 수명이라고 할 것이 없다는 뜻이다. 사상이 이미 없어지니, 곧 법을 보는 안목이 명철해져 유무에 집착하지 않고 두 변(二邊=양극단)을 원리하며 자심여래(自心如來=자성불)를 스스로 깨닫고 각성하여 진노망념(塵勞妄念)을 영원히 떨쳐 내니, 자연히 가없는 복을 얻게 되는 것이다. (육조 혜능) 육조대사법보단경(六曹大師法寶壇經)에서는 다음과 같이 말한다.[156]

    "대중들이여. 세인들이 자신의 색신은 성(城)이요, 안이비설신의는 문이라고 생각한다. 밖으로 다섯 문이 있으며 안으로 마음의 문(意門)이 있다. 마음은 땅이요, 본성은 왕이다. 왕은 마음이라는 땅(心地) 위에 사나니, 본성이 있으면 왕이 있고 본성이 떠나면 왕도 없다. 본성이 있으면 신심도 있고 본성이 가 버리면 몸도 붕괴된다. 깨달음(佛)은 본성을 향하는 중에 이루어지는 것이니, 몸 밖을 향하여 구하지 말라. 자성이 미혹되면 중생이요, 자성이 깨어있으면 곧 부처이다. 자비는 곧 관음이요, 희사는 세지(勢至=대세지보살을 가리킨다)를 말한다(慈悲喜捨의 사무량심을 가리킨다). 청정하면 석가요 언제나 곧으면(平直) 미타(彌陀=아미타불)이다. 인아(人我)는 수미(須彌)요 탐욕은 바닷물이며, 번뇌는 파도이고 독해는 악룡이며, 허망은 귀신이요, 진로(塵勞)는 어별(魚鱉=물고기와 자라)이다. 탐진은 지옥이요, 어리

---

156) T48n2008_001 六祖大師法寶壇經 第1卷, 風旛報恩光孝禪寺住持嗣祖比丘宗寶編, 疑問第三, CBETA 電子佛典集成 » 大正藏 (T) » 第48冊 » No.2008 » 第1卷,

석음은 축생이다. 선지식들이여. 항상 십선을 행하면 천당이 곧바로 이른다. 인아를 제거하면 수미에 도달하고, 탐욕을 없애면 해수가 말라 버린다. 번뇌가 없으면 파랑이 소멸한다. 독해가 제거되면 어룡이 끊어진다. 자애로운 마음이라는 땅위에서 성품을 깨달으면 여래가 대광명을 놓아, 밖으로 육문이 청정함을 비추고, 육욕의 여러 하늘을 깨뜨릴 수 있다. 자성이 안으로 비추니 삼독이 제거되고 지옥 등의 죄가 일시에 녹아 없어지며, 내외가 명철해져 서방(=극락)과 다름이 없다. 이렇게 수행하지 않으면 어떻게 피안에 이르겠는가?"

경) *"(또한) 법상도 없고, 법상 아닌 것도 없다. 왜냐하면, 이들 중생이 마음에 상을 취하면 아, 인, 중생, 수자에 집착하는 것이기 때문이다."*
無法相亦無非法相。何以故是諸眾生若心取相即爲著我人眾生壽者。

법상이 없다 함은 이름도 버리고 상도 끊어서 문자에 구애받지 않는 것이다. 법상 아닌 것도 없다 함은 반야바라밀법이 없다고 말해서는 안 된다는 의미이다. 만약 반야바라밀법이 없다고 하면 이것은 법을 비방하는 것이다.
법상이란 (법이) 있다는 견해(有見)이며, 법상이 아닌 것(非法相)이란 (법이) 없다는 견해(無見)이다. 그러므로 법상이 없다고 함은 '법이 있는 것이 아님'을 밝혀 '있다는 마음(有心)'에 집착하는 것을 버리도록 하고, 법상이 아닌 것이 없다고 함은 '법이 없는 것이 아님'을 밝혀 '없다는 마음(無心)'에 집착하는 것을 버리도록 함으로써 유무의 어느 쪽에도 치우치지 않고 중도를 지향하도록 하고자 함이다.
법상이 없다거나, 법상이 아닌 것이 없다는 견해는 아상, 인상, 중생상, 수자상 등 사상에 대한 집착에서 비롯하는 것으로, 공의 진리를 온전하게 알지 못한 데 따른 결과라 할 것이다.

경) 왜냐하면(何以 ~ 수자(所以 ~ 壽者)

착어) 원만하기 태허와 같나니, 모자람도 남음도 없네(圓同大虛 無欠無餘).

태허(太虛)란 끝없는 허공을 가리킨다. 이 끝없는 허공의 특성은 그 어떤 것이라도 모두 수용할 수 있다는 것이고, 그 어떤 것이 오가도 전혀 달라지는 것이 없다는 것이다. 또한, 언제라도 그 자리에 있고 언제라도 없는 때가 없다는 것이다.

"원만하기 태허와 한가지라 모자람도 남음도 없다(圓同大虛 無欠無餘)."라는 어구는 원래 삼조승찬(三祖僧璨)의 신심명에 나오는 구절이다.[157] 신심명은 지극한 도(至道)에 관한 노래이다, 원만하기 태허와 한가지인 것도 지극한 도이고, 모자람도 남음도 없는 것도 지극한 도이다. 이 지극한 도는 달리 한 물건(一物)이라는 등 여러 가지 명칭으로 불리며 우리 불가의 영원한 수행의 주제이다. 이 물건은, 다른 물건이 아니라, 아무런 조짐이나 흔적이 없고, 끝도 없다. 마치 영양이 뿔을 걸어 놓은 것 같고,[158] 허공에 있는 새의 길이 아득한 것과 같다.[159] 어떤 색으로도 물들일 수 없고, 어떤 소리로도 어지럽힐 수 없다. 만상으로도 혼잡하게 만들 수 없고 삼라로도 뒤섞을 수 없다. 둥글고 둥글며, 고고하고 고고하다. 원만하기 끝이 없다. 범부에게는 범부의 법을 환작하고 성인에게는 성인의 법을 환작하니, 어느 곳에 있다고 감파할 수도 없다.[160]

경에서 자주 등장하는 아뇩다라삼먁삼보리라는 말이 바로 지극한 도를 의미한다. 지극한 도에 관한 위의 묘사는 아뇩다라삼먁삼보리를 묘사하는 말이다.

경에서 아상 등 사상, 법상과 비법상 등 모든 상을 여읜 중생은 무량한 복덕을 받는다고 했고, 이들 중생이 무량한 복덕을 받는 것을 부처님이 모두 알고 모두 본다고 했다. 거듭 말하면, 무량한 복덕이란 아뇩다라삼먁삼보리를 성취하는 것이다. 그리고, 이 복덕의 성취는 자성불의 성취이며, 이는 스스로 알고 스스로 보는 것이다. 자증(自

---

157) T48n2010_001, 信心銘 第1卷, CBETA 電子佛典集成 》 大正藏 (T) 》 第48冊 》 No.2010 》 第1卷, http://tripitaka.cbeta.org/T48n2010_001

158) T51n2076016, 景德傳燈錄卷第十六, 吉州青原山行思禪師第五世中七十二人 行思禪師第五世中, 前朗州德山宣鑒禪師法嗣, 福州雪峯義存禪師, CBETA 電子佛典集成 》 大正藏 (T) 》 第51冊 》 No.2076 》 第16卷, http://tripitaka.cbeta.org/

159) X80n1565013, 五燈會元卷第十三, 曹洞宗, 青原下四世, 雲巖晟禪師法嗣, 瑞州洞山良价悟本禪師CBETA 電子佛典集成 》 卍續藏 (X) 》 第80冊 》 No.1565 》 第13卷, http://tripitaka.cbeta.org/X80n1565013

160) X71n1426002, 真歇清了禪師語錄 第2卷, 真歇和尚拈古, 舉信心銘, CBETA 電子佛典集成 》 卍續藏 (X) 》 第71冊 》 No.1426 》 第2卷, http://tripitaka.cbeta.org/X71n1426002

證)인 것이다. 아함에서는 이를 다음과 같이 설명한다.[161]

"나의 태어남은 이미 다하였으며, 범행은 이미 성립되었고, 할 일은 이미 이루어졌으며, 향후 존재를 받지 않을 것임을 스스로 안다(我生已盡, 梵行已立, 所作已作, 自知不受後有)."

송) 노래한다.

법상과 비법상(法相非法相)
주먹을 펴니 다시 손바닥이라(開拳復成掌)
뜬구름 흩어진 파란 허공(浮雲散碧空)
만 리에 걸쳐 한 모양일세(萬里天一樣)

법상이니 비법상이니 하니까 마치 이 둘이 완전히 다른 것, 별개의 것, 분리된 것이라고 생각할 수 있다. 그러나 이 송에서는 손바닥과 주먹의 관계로 파악한다. 손이라는 것이 펴지면 손바닥이 되고 움켜쥐면 주먹이 되는 것이다. 편다는 행위와 쥔다는 행위에 의하여 손바닥은 넓은 모습을, 주먹은 단단하게 움켜쥔 모습을 각각 가짐으로써 다른 모습을 갖는 것 같지만(이를 두 변 또는 양극단이라 한다), 그러나 손의 변형에 불과하고, 손이라는 실질에는 변함이 없는 것이다. 마치 동전을 뒤집으면 뒷면이고 바로 놓으면 앞면인 것과 같다. 법상과 비법상이라는 것도 손의 손바닥이나 주먹, 동전의 앞면과 뒷면의 관계가 아니겠는가? 파란 허공도 허공 자체는 아무런 변함이 없이 있는 그대로인데, 구름이 이리저리 몰려다니며 드러냈다 감추었다 하는 것이다. 구름이 있고 없음에 의하여 허공의 모습이 달라지는 것 같지만, 그것은 보이는 현상일 뿐, 허공이라는 실질은 만 리에 걸쳐 한 가지 모습 그대로인 것이다.

법상을 취할 것인지 비법상을 취할 것인지 하는 것은 현상에 매몰되어 본래의 모습, 실상을 보지 못하는 것을 의미한다. 법상이든 비법상이든 실상이 아닌 것은 같은 것이

---

161) T02n0099001, 雜阿含經卷第一, (一), 宋天竺三藏求那跋陀羅譯, CBETA 電子佛典集成 » 大正藏 (T) » 第2冊 » No.0099 » 第1卷, http://tripitaka.cbeta.org/T02n0099001

다. 그러므로 부처님께서 법상을 취하든 비법상을 취하든 어느 경우이든 아, 인, 중생, 수자 등 사상에 집착하는 것이라고 말씀하셨던 것이다.

경) "만약 법상을 취하면 아, 인, 중생 수자에 집착하는 것이다.
왜냐하면, 비법상을 취하여도 아, 인, 중생, 수자에 집착하는 것이기 때문이다."
若取法相即著我人眾生壽者何以故若取非法相即著我人眾生壽者。

이 네 가지 상을 취하고 더불어 사견에 집착하면 모두 미혹된 사람으로서 경에서 말하는 뜻을 깨닫지 못한 것이다. 그러므로 수행인은 여래삼십이상에 애착해서도 안 되고, 나는 반야바라밀법을 이해한다고 말해도 안 되며, 또한 반야바라밀행을 얻지 못하였으면서 성불하였다고 말해도 안 된다. (경의) 이 구절은 경에 위반되면 복이 되지 못함을 거듭 드러낸 것이다. 황벽선사가 배승상(裴丞相=裴休)에게 말했다.[162]

"부처와 중생은 오직 한마음에 머물 때 무차별합니다. 이 한마음은 무시이래 형체도 없고 상도 없으며, 일찍이 나지도 멸하지도 않았습니다. 이 한마음은 그 자리에 그대로 있어야 하며 움직이면 어긋납니다. 마치 허공과 같아서 끝(邊際)이 없습니다. 오직 이 한마음이 곧 부처이며, 이 한마음에서 부처와 중생이 다름이 없습니다. 다만 중생이 상에 집착하여 밖에서 구하려 하나 구하기는커녕 도리어 잃고 맙니다. 이는 마치 부처가 부처를 찾고 마음을 가지고 마음을 잡는 형국이기 때문에 마지막 순간(窮劫)에 이르러서 형체가 다하더라도 아무런 얻는 것이 없게 되지요. 마음을 쉬고 생각을 잊어버리면 곧 부처가 저절로 현전할 터인데, 이 마음이 곧 부처요 부처가 곧 중생이라는 것을 알지 못하기 때문에 그러는 것이지요. 이 마음은, 중생이 되었다고 줄어들지 않고, 부처가 되었다고 더해지지 않습니다. 조건을 만나면 시설되고 조건이 흩어지면 적멸하게 되지요. 수행으로 증득하는 것이 아니라 본래 저절로 구족되어 있는 것입니다. 만약에 이것이 부처라는 것을 확고하게 믿

---

162) X24n0469001, 金剛般若波羅蜜經補註卷上, 正信希有分第六, 三山鶴軒居士 韓巖 集解, 海陽夢華居士 程衷懋 補註, CBETA 電子佛典集成 » 卍續藏 (X) » 第 24 冊 » No.0469 » 第1卷, http://tripitaka.cbeta.org/X24n0469001

지 못하면 누겁을 수행하더라도 끝내 도를 이루지 못합니다. 법상을 취한다 함은 마음 밖에 법이 있으며 그러므로 온갖 상에 집착하는 것을 말합니다. 또 말하기를 나쁜 짓을 하거나 선한 일을 하는 것은 모두 상에 집착하는 것이라 합니다. 상에 집착하여 나쁜 짓을 하면 윤회를 받을 수밖에 없고, 상에 집착하여 착한 일을 하는 것이더라도 노고를 감수하지 않을 수 없지요. 그 어느 것도 본래의 마음을 스스로 알아서(自認) 취하는 것만 못합니다. 마음 밖에 법이 없으니, 이 마음이 곧 법입니다. 법 바깥에 마음이 없으니, 곧 마음에도 마음이 없는 것입니다. 마음을 버리면 내게는 일체가 묵계(默契)이지요. 만약 비법상을 취하더라도, 취사선택, 선과 악, 범부와 성인 등의 상이 있는 것입니다."

경) "그러므로 법도 취하지 않아야 하며, 비법도 취하지 않아야 한다."
是故不應取法不應取非法。

여기서 취(取)는 십이연기의 아홉 번째 요소인 취와 같은 것이다. 집착을 의미한다. 취법이란 법에 집착하는 것을 말하고 취비법이라 함은 법 아닌 것에 집착함을 의미한다. 법과 비법은 대응되는 개념이다. 여기서 법은 현상, 사건, 사물, 요소 등을 뜻한다. 사물이란 의미이다. 그리고 법 아닌 것이란 사물에 대응되는 이치를 의미한다. 경의 이 장구는 사물이든 이치이든 어느 것에라도 집착하여서는 안 된다는 것이다.

그러나 법도 취해서는 안 되며 비법을 취해서도 안 된다는 어구에 대하여, 법과 비법의 대응관계에 착안하여 해석하기도 한다. 이 견해에 의하면, 이 어구는 유무도 버리고 어묵도 없애라는 의미라고 한다. 이 견해는 대대관계 혹은 상응관계에 있는 두 측면의 어느 하나에 집착하지 말라는 것이다. 왜냐하면, 법상을 취하는 것은 법집(法執)이 있는 것이고, 비법상을 취하는 것은 공집(空執)이 있는 것이기 때문이다. 집착이 없어야 곧 신심이 청정해진다는 것이다(李文會).[163] 부대사(傅大士)가 노래한다.

원인이 있어도 이름 지어 부르지 않으나(有因名無號)

---

163) X24n0468001, 金剛經註解, 明 洪蓮編, CBETA 電子佛典集成 » 卍續藏 (X) » 第24冊 » No.0468 » 第1卷, http://tripitaka.cbeta.org/X24n0468

상이 없어도 알려질 이름은 있다네(無相有馳名)

유무는 따로 실체가 없으나(有無無別體)

무유는 형체 없음이 있다네(無有有無形)

유무는 자성이 없는데(有無無自性)

망령되이 유무의 마음을 일으킨다(妄起有無情)

유무는 골짜기의 메아리와 같나니(有無如谷響)

유무의 소리에 집착하지 말라(勿著有無聲)

경) 만약 (법상을) 취하면 ~ 비법도 (취하지 않는다)(若取 ~ 非法)

착어) 쇠로 쇠를 바꾸지 않으며, 물은 물로 씻지 않는다(金不博金水不洗水).

쇠로 쇠를 바꾸는 것은 헛된 짓이다. 쇠도 그 품질, 형상 등에 따라 여러 가지 종류가 있으니, 그 종류가 다른 쇠끼리 교환하는 것이라면 문제가 아니지만, 일반적으로 쇠와 쇠를 교환한다고 할 때 바꾸어지는 두 쇠는 동일한 것을 의미한다. 같은 종류의 쇠와 쇠를 바꾸는 것은 시간과 노력 등 들어간 비용이 전혀 회수될 수 없는 헛짓인 것이다. 그 교환거래에 의하여 전혀 부가가치가 창출되지 않는 것이다. 정상적인 사람이라면 이런 헛짓은 하지 않는다.[164]

물은 물로 씻지 않는 것도 같은 의미이다. 만약 오염된 물에 깨끗한 물을 섞어 오수(汚水)를 희석시키는 경우라면 물로 물을 씻는 것은 무용하지 않다. 그러나 일반적으로 물이라고 할 때 같은 물을 의미한다. 같은 물을 단순히 교환하는 것도 아무런 가치를 창출하지 못하고 시간과 노력 등 비용만 투입될 뿐이다. 이런 짓은 헛짓인 것이다.

이제 수행을 하는 경우를 생각해 보자. 법상을 취하는 것은 의미가 없다. 왜냐하면,

---

164) 금불박금(金不博金)의 어구의 박(博)이라는 말이 바꾸다, 교환하다는 의미 외에도, 넓다, 평평하게 하다(펴다)는 의미도 있어서, 이 어구를 해석함에 있어서, 바꾸다는 의미로 '쇠(금)로 쇠(금)를 바꾸지 않는다.'라고 해석하는 견해와 '금으로 금을 펴지 못한다.'라고 해석하는 견해가 있다. 이어지는 대구 '물은 물로 씻지 않는다(水不洗水).'라는 구절과 상응하여 해석하면 될 것 같다.

법이란 공하기 때문이다. 비법상을 취하는 것도 의미가 없다. 법이 공한 이상 비법도 공하기 때문이다. 공한 것을 취하여 보아야 취할 것이 없다. 여기서 취한다 함은 집착하는 것을 의미한다. 수행과정에서 법상이든 비법상이든 상에 집착하는 것은 수행에 가장 장애가 되는 것이다. 수행은 상을 없애기 위하여 하는 것인데, 상을 취한다는 것은 곧바로 수행에 있어서 가장 헛된 짓이며, 오히려 수행에 장애가 될 뿐이다.

송) 노래한다.

나무에 기대어 가지를 잡는 것으로는 기특하지 않나니(得樹攀枝未足奇)
절벽에서 손을 놓아야 장부로다(懸崖撒手丈夫兒)
물이 차고 밤이 냉랭하니 고기 잡히지 않아(水寒夜冷魚難覓)
빈 배에 달을 싣고 돌아오네(留得空船載月歸)

지극한 도, 아뇩다라삼먁삼보리를 성취하기 위하여 수행정진하는 수행자에게 있어 용맹정진하기 위하여는 남다른 용기가 필요하다. 이런 용기를 낸 것을 나무에 기대어 가지를 잡는 것으로 표현하였다. 절벽에 서 있는 나무라면, 그 나무에 기대거나 가지를 잡는 것만으로도 큰 용기가 있어야 한다. 그러나 아뇩다라삼먁삼보리를 성취하기 위하여는 이런 정도의 용기로는 부족하고, 절벽에서 나뭇가지에 의지하는 것조차 떨쳐 버릴 용기가 필요하다. 그런 수행자를 진정 수행자라고 할 수 있는 것이다.

절벽에서 손을 놓는다는 것은 목숨을 거는 일이다. 목숨을 건다는 것은 죽음을 불사하는 용기와 결단을 의미한다. 그런 용기와 결단에 의한 수행이라야 비로소 깨달음을 이룰 수 있다는 것을 의미한다. 나뭇가지를 손으로 잡고 매달리는 것도 상당한 용기와 결단이 필요하지만, 그러나 그것은 나뭇가지를 잡는 의지처가 있어서 수행이 해이해질 수 있다. 그러나 절벽에서 손을 놓는 것은 곧바로 죽음이다. 아니면 적어도 크게 다친다. 의지처라고는 전혀 없는 궁지에 몰린 상황이다. 이런 궁지에 몰리면, 오직 깨달음만이 궁지를 타파할 수 있는 마지막 의지처이다. 그것도 떨어지면서 땅에 닿을 때까지의 짧은 시간 안에 깨달음을 이루지 않으면 안 되는 절박한 상황인 것이다. 이런 정도의 절박함과 간절함을 가지고 수행을 해야 제대로 수행한다고 할 수 있으며, 이런 용기와 결단을 가져야 비로소 장부다운 수행인이라고 할 수 있다는 것이다. 이러한 수행상은 이미 부처님께서 6년간의 극단적인 고행을 통하여 보이신 것이다.

고기란 약간의 깨달음을 이룬 성과를 의미한다. 고기가 잡히지 않는다는 것은 수행을 하는데 성과가 없음을 가리킨다고 볼 수 있는 것이다.[165] 그리고 차다거나 냉랭하다는 말은 수행의 정도가 그리 대단하지 않음을 의미한다. 미적지근한 수행으로는 아무것도 얻을 수 없음을 가리키니, 그러므로 빈 배에 달만 싣고 돌아오는 것이다. 여기서 말하는 빈 배에 실린 달은 실체가 없는 허상이다. 하늘에 한 개의 달이 있으나, 물 위에 비치는 수많은 달, 배에 실린 달, 지상에 비친 달들은 모두 허상에 지나지 않는다. 배는 비었고 실은 것은 허상일 뿐이다. 수행의 성과가 아무것도 없다. 왜냐하면, 절벽에서 손을 놓는 용기와 결단에 의한 수행을 한 것이 아니기 때문일 것이다. 이는 모두 법상, 비법상을 취하여 아상 등 사상에 빠졌기 때문이다.

경) "이러한 까닭으로 여래는 항상 그대 비구들에게, '나의 설법은 뗏목의 비유와 같다. 법도 버리거늘 하물며 비법임에랴.'라고 말하는 것이다."
以是義故如來常說汝等比丘知我說法如筏喩者法尙應捨何況非法。

뗏목의 비유는 버리도록 하려는 것이 목적이다. 버림은 비움이다. 가진 것을 줄이는 것이 버리는 것이며, 마음에 담긴 것을 조금씩 없애는 것이 비우는 것이다. 법도 버리고 법 아닌 것도 버린다. 부처님의 가르침이란 것도 궁극적으로 열반에 이르기 위한 도구이며 방법이다. 부처님의 가르침에 따라 해탈을 하고 열반에 이르면 이미 어떤 방편도 소용이 없다. 그러므로 소용없는 것을 가지고 있는 것은 어리석은 짓이다. 또 가지려고 하는 것은 집착이며, 아상 등 사상을 버리지 못한 것이다. 사상을 버리지 못하고 집착하고 있으니, 그 자체로 아직 열반에 이르지 못하였음을, 해탈하지 못하였음을

---

165) 원래 시의 "고기 찾기가 어렵다(魚難覓)."라는 어구를 고기가 잡히지 않는다는 의미로 새겼다. 고기를 찾기 어렵다는 말은 결과적으로 잡은 고기가 거의 없음을 의미하기 때문이다. 고기를 찾기 어려운 이유를 차가운 물과 냉랭한 날씨 탓으로 돌려 수행의 성과가 없음을 외부의 조건 탓으로 돌리는 것으로 보는 것도 좋겠다.

의미하는 것이다. 그러므로 열반에 이르렀다고 증명하려면 가르침을 버려야 한다. 부처를 만나면 부처를 죽이고(殺佛), 조사를 만나면 조사를 죽이는(殺祖) 것은 바로 이를 두고 하는 말이다. 부처님의 법도, 부처님 자체도 이렇게 버리는데, 하물며 부처님 법도 아니고 부처도 아닌 것들이야 오죽하겠는가?

착어) 물이 이르면 도랑이 생긴다(水至成渠).

태풍이 오고 큰물이 지면 우리는 중요한 것을 배운다. 물이 지나가면 반드시 물길이 생긴다는 것을 알게 되는 것이다. 물이 흘러가는 시내와 강이 있었지만, 그것으로는 부족하여 넘쳐흐르거나 강둑을 무너뜨리니 새로운 물길이 훤하게 트이는 것이다. 우리의 사고 속에 흔히 물은 시내나 강으로만 흐른다고 각인되어 있다. 그러나 물은 그러한 길로 가지만, 그러나 충분히 많아지면 스스로 길을 만들어 간다.

우리의 수행도 마찬가지가 아닐까? 수행력이 어느 정도에 이르기까지는 기존의 수행방법을 따르거나 남의 가르침에 의지하여 수행을 하지만, 어느 정도 단계에 도달하면 자신의 수행력으로 벽을 돌파하지 않으면 안 된다. "물이 이르다(水至)."라는 말은 수행력이 충분히 쌓였음을 의미하고 "도랑이 생긴다(成渠)."라는 말은 새로운 길을 개척하는 것을 가리킨다고 할 수 있다. 합하여 "물이 이르니 도랑이 생긴다(水至成渠)."라는 말은 수행자가 어느 정도 수행력을 쌓아서 그 힘으로 자신의 깨달음을 향하여 나아가는 것을 의미한다고 할 수 있다.

송) 노래한다.

종일 바쁘지만 어떤 일에도 막힘이 없네(終日忙忙那事無妨)
해탈도 구하지 않고 천당도 좋아하지 않네(不求解脫不樂天堂)
다만 한마음으로 무념으로 돌아가(但能一念歸無念)
비로봉 높은 꼭대기에서 걸어 다닐 수 있기를(高步毘盧頂上行)

종일 바쁘다 함은 이런저런 일이 많음을 의미한다. 화상이 제자를 가르치랴, 자신의 수행에 힘쓰랴, 절의 살림살이를 돌보랴, 절집의 질서를 유지하랴, 절집 손님을 맞으랴, ……. 할 일이 참으로 많다. 그러한 일을 하는 와중에 또 어떤 일이 발생하는 것은 당연한 일. 그러면 일은 더욱 많아진다. 그러나 그러한 일들에 얽매이지 않는다. 그러한 일들 속에서도 자유자재하다. 그러한 일들에 매여 상을 내거나 집착하지 않는 것이다. 또한, 해탈이라든가, 천당이라든가 하는 것들에도 집착하지 않는다. 해탈하겠다고 마음을 졸이다 보면, 오히려 해탈과는 더욱 멀어진다. 구한다는 말이 집착의 다른 말이 될 수도 있는 것이다. 행복한 삶도 추구하지 않는다. 행복한 삶 자체가 나태함을 부르고, 그것이 수행에 걸림돌이 될 수도 있는 것이다.

그러나 오직 하나, 한마음으로 무념(無念)으로 돌아가 비로봉 높은 꼭대기에서 유유자적할 뿐이다. 무념이란 이런저런 것들, 심지어 최상의 깨달음을 이루어야겠다는 생각마저도 놓아버린 상태를 가리킨다. 비로봉의 꼭대기는 비유이다. 비로봉은 비로자나불을 의미하며, 비로자나불은 법신불로서 진리 당체이다. 비로봉 꼭대기는 최상의 진리, 최상의 깨달음을 의미한다. 그러므로 비로봉 꼭대기에서 유유자적한다는 것은 최상의 진리를 깨달아 그 어떤 것에도 걸림이 없는 것을 의미하는 것이다.

세상에 몸을 담고 있어 세상사를 돌아보지 않을 수는 없지만, 그렇다고 세상살이에 끌어당기는 것이 아니다. 그 어떤 세상사에도 걸림이 없이, 오직 최상의 깨달음을 이루어 유유자적한다. 부처님께서 세상에서 깨달음을 이루셨으되 세상에 시달리지 않으셨고, 유유자적 깨달음을 세상에 전하시다가 걸림 없이 입멸하셨으니, 이 노래에서 말하는 삶이란 바로 부처님의 삶 혹은 부처님다운 삶이 아닐까 한다.

[공부]
뗏목의 비유(筏喩)

뗏목의 비유는 『중아함경』 제54권 아리탁경에 나오는 비유이다.[166] 그 내용을 옮겨 보자.
"생사를 유전하는 그대들에게 벌유법(筏喩法)을 말하는 것은 잘못 받아들여 이해하고 있는 것을 버리고 받아들이지 말도록 하기 위함입니다. 이것이 무슨 말인가? 산속에 물이 심히 깊고 지극히 넓으며 멀리까지 아주 빠르게 흘러가며 많은 것들을 휩쓸고 가는데, 그 가운데 배는 없고 다리도 없는 강이 있다고 합시다. 어떤 사람이 와서 강의 건너편 언덕에 일이 있어 건너고자 합니다. 건너려고 할 때, 다음과 같이 생각합니다. '지금 이 산속의 물은 심히 깊고 지극히 넓으며 멀리까지 아주 빠르게 흘러가면서 많은 것들을 휩쓸어 가고 있다. 그 속에는 배도 없고 다리도 없구나. 나는 강 건너편 언덕에 일이 있어 건너려 하는데, 어떤 방법을 쓰면 안전하고 평온하게 저쪽 언덕에 이를 수 있을까?' 그리고 또 생각합니다. '나는 지금 이쪽 강변에서 초목을 모아 묶어서 뗏목을 만들어 이것을 타고 건너가면 어떻게 가능하지 않을까?' 그는 곧 강변의 초목들을 모아 묶어서 뗏목을 만들어 그것을 타고 안전하게 건너편에 이르렀습니다. 그리고 생각했습니다. '지금 이 뗏목은 내게 많은 도움이 되었다. 나는 이 뗏목을 타고 편안하게 강의 저쪽 언덕에서 이쪽 언덕으로 건너왔다. 내가 지금 이 뗏목을 (오른쪽) 어깨에 메거나 머리에 이고서 가면 어떨까?' 그리하여 그는 그 뗏목을 오른쪽 어깨에 메거나 머리에 이고 갔습니다. 어떻습니까? 그가 필경 이렇게 하였다면, 그 뗏목은 도움이 됩니까?"
비구들이 대답했다.
"아닙니다."
세존께서 말씀하셨다.
"그 사람이 뗏목을 가지고 하는 일이 어떻게 도움이 된다고 말할 수 있겠습니까? 그 사람은 이렇게 생각했습니다. '지금까지 이 뗏목은 내게 많은 이익이 되었다. 이 뗏목을 타고 저쪽 강둑에서 이쪽 강둑으로 안전하게 건너왔다. 내가 지금 이 뗏목을 물속에 도로 버리거나 강변에 버리고 가면 어떨까?' 그 사람은 곧 이 뗏목을 도로 물속에 버리거나 강변에 버리고 갔습니다. 어떻습니까? 그가 이렇게 하였다면, 그 뗏목으로 한 일은 이익이 되었겠습니까?"
비구들이 대답하였다.
"이익이 되었습니다."
세존께서 말씀하셨다. "그렇습니다. 나는 생사를 유전하는 그대들에게 벌유법을 말하여 (뗏목을) 버리게 하려 하지 받아들이도록 하려 하지 않습니다. 만약 그대들이 생사유전에서 내가 말한 뗏목의 비유를 안다면, 마땅히 바른 법도 버려야 하거늘, 하물며 비법이겠습니까?"

---

166) T01n0026054, 中阿含經卷第五十四, 東晉罽賓三藏瞿曇僧伽提婆譯, (二〇〇), 大品阿梨吒經第九(第五後誦), CBETA 電子佛典集成 » 大正藏 (T) » 第1冊 » No.0026 » 第54卷, http://tripitaka.cbeta.org/T01n0026054

[공부]

무념(無念)이란

무념이란 망념이 없음이다. 망념이 없는 것을 정념이라 한다. 즉 무념이란 정념의 다른 이름이라 할 수 있는 것이다.『삼혜경(三慧經)』에 다음과 같은 문답이 있다.[167]

문) 어떻게 해야 하나를 알면 만사가 끝납니까?

답) 그 하나란, '아무런 마음도 생각도 없으면 만사가 저절로 완성되고, 마음에 백 가지 생각이 있으면 만사를 다 잃을' 것입니다.

『사십이장경해(四十二章經解)』에서는 삼세의 천억 부처님들께 공양을 올리더라도 아무런 생각도 머무름도 수행도 증득도 없는 한 차례의 공양보다 못하다고 하였다.[168]『종경록』제8권에서는 "정념이란 아무런 생각이 없이 아는 것이다. 아는 것이 전혀 없으면 어찌 정념이 이루어지겠는가?"라고 하였다.[169]『완릉록(宛陵錄)』에서는 "한 생각도 일어나지 않으면 십팔계가 공하고 몸이 곧 깨달음의 꽃이요 열매(菩提華果)이며, 마음이 곧 신령스런 지혜(靈智)이며 또한 영대(靈臺)"라고 하였으며, 또 "잠시라도 한 생각을 일으키면 곧바로 이 경계이며, 한 생각도 없으면 곧바로 경계를 잊고 마음도 저절로 없어져 다시 찾을 수 없다."라고 하였다.[170]『돈오입도요문론(頓悟入道要門論)』상권에는 다음과 같은 문답이 있다.[171]

문) 이 돈오문은 무엇을 종(宗)으로 삼고, 무엇을 지(旨)로 삼으며, 무엇을 체로 삼고, 무엇을 용으로 삼는가?

답) 한 생각도 없음(無念)을 종(宗)으로 삼고, 망심을 일으키지 않는 것을 지(旨)로 삼으며, 청정을 체(體)로 삼고, 지혜를 용(用)으로 삼는다.

문) 무념을 종으로 삼는다고 말하지만, 무념을 살피지 않으면 무엇이 무념인가?

답) 무념이란 삿된 생각이 없는 것이다(無邪念). 정념이 없는 것이 아니다.

문) 삿된 생각이란 무엇이며, 정념이란 무엇을 말하는가?

---

167) T17n0768001, 三慧經, 失譯人名今附涼錄, CBETA 電子佛典集成 » 大正藏 (T) » 第17冊 » No.0768 » 第1卷, http://tripitaka.cbeta.org/T17n0768001

168) X37n0670001, 佛說四十二章經解, 明 古吳蕅益釋 智旭 著, CBETA 電子佛典集成 » 卍續藏 (X) » 第37冊 » No.0670 » 第1卷, http://tripitaka.cbeta.org/

169) T48n2016008, 宗鏡錄卷第八, 慧日永明寺主智覺禪師延壽集, CBETA 電子佛典集成 » 大正藏 (T) » 第48冊 » No.2016 » 第8卷, https://tripitaka.cbeta.org/

170) X68n1315003, 古尊宿語錄卷第三, 黃檗斷際禪師宛陵錄, CBETA 電子佛典集成 » 卍續藏 (X) » 第68冊 » No.1315 » 第3卷, http://tripitaka.cbeta.org/

171) X63n1223001, 頓悟入道要門論卷上(合下參問語錄), 唐沙門 慧海 撰, CBETA 電子佛典集成 » 卍續藏 (X) » 第63冊 » No.1223 » 第1卷, http://tripitaka.cbeta.org/

답) 있다(有)고 생각하거나 없다(無)고 생각하는 것을 삿된 생각이라 한다. 유무를 생각하지 않는 것이 정념이다. 선을 생각하고 악을 생각하는 것은 사념이며, 선악을 생각하지 않는 것이 정념이다. 이렇듯, 고락, 생멸, 취사, 원친(怨親), 애증(愛憎) 등이 병립하는 것을 사념이라 하며, 고락 등을 생각하지 않는 것이 정념이다.

문) 무엇을 정념이라 하는가?

답) 정념이란 오직 보리만을 생각하는 것이다.

문) 보리는 얻을 수 있는 것인가?

답) 보리는 얻을 수 없다.

문) 왜 오직 보리만을 생각하는가?

답) 보리란 이름을 가립(假立)한 것일 뿐 실제로 얻을 수 없으며, 또한 전에도 얻지 못했고 후에도 얻지 못하는 것이다. 얻을 수 없기 때문에 유념(有念)이 없는 것이다. 오직 진실로 무념이라야 참된 생각(眞念)인 것이다.

무념은 또 진여를 달리 부르는 말이기도 하다. 『대승기신론의기(大乘起信論義記)』 제2권에 의하면, "일체 제법은 오직 망념 때문에 차별이 있으니, 만약 마음에서 생각을 버리면 일체 경계에 대한 상이 없어진다. 그리하여 일체법은 말로 인한 상(言說相)을 벗어나며, 이름으로 인한 상(名字相)도 벗어나며, 마음에 반연한 상(心緣相)도 벗어나서, 필경에는 평등에 도달하고 어떠한 변이도 없고 파괴할 수 없는 오직 하나의 마음에 이르니, 그러므로 진여라 한다. 망념으로부터 세속 세계가 형성되나니, 그러므로 망념이 없는 것이 곧 진여인 것이다. 이런 진여를 무념진여(無念眞如)라 한다."라고 하였다.[172]

---

172) T44n1846002, 大乘起信論義記卷中本, 京兆府魏國西寺沙門法藏撰, CBETA 電子佛典集成 » 大正藏 (T) » 第44冊 » No.1846 » 第2卷, http://tripitaka.cbeta.org/

 # 제7분 얻은 것도 없고 말한 것도 없다(無得無說分)

1. 의의

"얻은 것 없이 얻는 것"을 참된 얻음이라 하고, "말함이 없이 말하는 것"을 참된 말함이라 한다. 그러므로 얻은 것도 없고, 말한 것도 없다고 하였다.

1) 아무것도 얻은 것이 없다(無得←無所得). 반야바라밀에 의지하여 마침내 아무것도 얻을 것이 없어야 구경열반에 들어가 최상의 깨달음을 얻는다. 반야심경에 나오는 그대로다. 반야도 의지하는 수단(뗏목, 배)일 뿐 구경열반에 들거나 최상의 깨달음을 이루고 나면 반드시 버려야 한다. 그러니 얻은 것도, 얻을 것도 없다. 얻은 것이 있다는 생각, 얻을 것이 있다는 생각이 있으면 아직도 다 여물지 못한 탓이며, 아직 갈 길이 먼 것을 의미한다.

열반이라는 말은 그 자체로 이미 모든 것이 소멸되고 남은 것이 없다는 의미이다. 모두 소멸되고 없는데, 무엇을 얻었을까? 열반을 얻었다. 그런데 열반이란 모든 것을 버린 상태, 모든 것이 소멸해 버린 상태인데, 이 상태에서 무언가를 얻었다거나 얻을 것이 있다고 하면 그것은 열반이 아닌 것이다. 그러므로 '아무것도 얻은 것이 없음'을 참된 얻음(眞得)이라고 하는 것이다.

불성론(佛性論)에 의하면, 불성은 우리에게 이미 내장되어 있다. 그러나 범인의 경우, 번뇌에 뒤덮여 드러나지 않는다.[173] 최상의 깨달음을 얻음은 곧 번뇌에 덮혀 있던 불성이 드러나는 것이다. 열반이란 모든 번뇌의 불이 꺼진 상태이다. 모든 번뇌의 불이 꺼지면 마침내 내장되어 있던 불성이 환하게 드러난다. 이것은 얻음이 아니다. 이미 있던 것을 찾아서 드러낸 것일 뿐이다. 그러므로 깨달음, 부처는 밖에서 구할 수 없

---

173) T31n1610001, 佛性論卷第一, 天親菩薩造, 陳天竺三藏真諦譯, 緣起分第一CBETA 電子佛典集成 》大正藏 (T) 》第31冊 》 No.1610 》第1卷, http://tripitaka.cbeta.org/T31n1610001

다고 하는 것이다.

2) 아무것도 말한 것이 없다(無說). 무설이란 말한 것이 없다는 의미이다. 부처님께서 수보리에게 말한 것이 있느냐고 물으시니 없다고 대답한다. 이는 일자불설(一字不說)이란 말과 같은 의미이다. 일자불설에 관하여 경에 종종 나온다. 일자불설이란 말은 부처님께서 팔만사천의 법문을 말씀하셨지만, 부처님께서 자증(自證)174) 하신 법이어서 언설로 말할 수 있는 것이 아니며, 또한 말씀하신 모든 가르침은 본래 있던 법성으로 부처님께서 창설하신 것이 아니지만, 억지로 말한다면, 달을 가리키는 손가락이나 바다를 건너는 배(뗏목)와 같은 것이라는 의미이다. 7권 『능가경』 제4권에는 다음과 같은 구절이 나온다.175)

대혜보살마하살이 다시 부처님께 말했다.

"세존이시여. 세존께서 말씀하시기를, '나는 어느 밤에 최정각을 이루고(某夜成正覺), 어느 밤에 열반에 들었는데(某夜般涅槃), 그 사이에(於此二中間) 한 자도 말하지 않았다(我都無所說). 이미 말하지 않았을 뿐 아니라 앞으로도 말하지 않을 것이다. 말하지 않는 것(不說)이 부처의 말(佛說)이다.'라고 하셨습니다. 세존께서는 어떤 비밀스런 생각이 있으셨기에 이와 같이 말씀하셨습니까?"

부처님께서 대답하셨다.

"두 가지 비밀스런 생각으로 이와 같이 말하였습니다. 그 두 비밀한 법이 무엇인가? 자증법(自證法)과 본주법(本住法)입니다. 자증법이란 무엇인가? 모든 부처들이 스스로 증득한 것을 말하며, 나도 그 부처들과 마찬가지로 스스로 증득하였습니다. 늘지도 않고 줄지도 않으며, 증득한 지혜를 행함에 언설상도 버리고 분별상도 버리며 명자상도 버립니다. 본주법이란 무엇인가? 법의 본성을 말합니다. 금이 광물이라는 돌(광석) 속에 들어 있는 것처럼, 부처님께서 세상에 오셨거나 오시지 않으셨거나 법은 제자리(법의 위치)에 머물러 있고(法住法位) 법계와 법성은 모두 상주(常住)합니다."

---

174) 자증(自證) 제일의의 진리를 남에게서, 혹은 다른 것으로부터 얻은 것이 아니라 스스로 깨달은 것을 말한다.

175) T16n0672004, 大乘入楞伽經卷第四, 大周于闐國三藏法師實叉難陀奉 勅譯, 無常品第三之一, CBETA 電子佛典集成 » 大正藏 (T) » 第16冊 » No.0672 » 第4卷, http://tripitaka.cbeta.org/T16n0672004

경에 의하면, "수보리야. 어떠냐. 여래가 말한 법이 있느냐?"라고 부처님이 물으셨을 때, 수보리는 "세존이시여. 여래가 말씀하신 것이 없습니다."라고 대답하였다. 또 경에서 "만약 누군가가 여래가 말씀하신 법이 있다고 하면, 이는 곧 부처님을 비방하는 것"이라고 하였다.

착어) *당체는 공적하여 얻을 수 있는 물건이 없고(當體空寂。無物可得),*
언설은 많아도 모두 쓸데없는 말(剩語)이다(凡有言說。皆為剩語).[176]

당체란 본체를 가리키는 말로 사물이나 현상이 흘러나온 근원 혹은 파생되어 나온 근거를 의미한다. 당체가 공적하다 함은 공성(空性)을 의미한다. 모든 사물이나 현상은 인연화합에 의하여 이루어진 것이기 때문에 당연히 공하다. 그러므로 사물이나 현상의 근원은 공인 것이다. 공한 것에서 우리가 얻을 수 있는 것은 없다. 무소득인 것이다. 공과 무소득은 짝하여 함께 있다.

언설이 있어도 궁극의 진리를 가리키는 것은 없다. 모두 궁극의 진리를 향하여 나아가는 방향이나 수단을 가리키는 것들일 뿐이다. 그러므로 궁극에 도달하고 나면 그 모든 것들이 쓸데없는 말들이 되고 만다. 강을 건너고 나면 마땅히 버려야 할 뗏목 같은 것일 뿐이다. 강을 건넌 후 뗏목을 떠메고 다니는 것만큼 어리석은 짓도 없다. 반야바라밀도 단지 하나의 뗏목일 뿐이며, 『금강반야바라밀』도 마찬가지다.

송) *노래한다.[177]*

어미를 알고 깨뜨려도 얻을 것이 없나니(識破娘生無所得)
허공에 시비한 들 무엇하랴(虛空那話是和非)
빛나는 일구는 위음 밖인데(炳然一句威音外)

---

176) X24n0469001, 金剛經補註, 明 韓巖集解 程衷懋補註, CBETA 電子佛典集成 》 卍續藏 (X) 》 第24冊 》 No.0469 》 第1卷, http://tripitaka.cbeta.org/.

177) X24n0469001 金剛經補註, http://tripitaka.cbeta.org/.

구름만 오갈 뿐 하늘은 붙박이로세(雲去雲來天不移)

어미란 모든 사물이나 현상의 시원(始原)인 동시에 내게 씌워진 구각(舊殼), 오래된 옛 껍질을 의미한다. 시원을 꿰뚫어 알고 오래된 껍질을 깨뜨렸다고 해서 무엇을 얻겠는가? 공하기 때문이다. 얻었다고 생각하는 그 순간 상이 되어 버린다. 허공에 옳고 그름을 따져 보아야 아무런 이익이 없다. 대답이 없고 답이 없다. 시비가 가려지지 않는 것이다. 시비는 곧 분별이다. 허공에 시비를 따지고 분별해 보아야 도무지 쓸데없는 짓일 뿐이다.

빛나는 일구란 하나의 진리를 나타내는 구절이란 뜻이다. 마지막 뇌관을 깨뜨려 깨달음을 이루게 해 주는 한 말씀으로 생각하면 될 것이다. 일구라는 말은 선림에서 많이 사용되는 용어이다. 향상일구(向上一句), 향하일구(向下一句), 성전일구(聲前一句), 말후일구(末後一句) 등 궁극의 진리를 엿볼 수 있게 해 주는 한 말씀이란 의미로 많이 사용되고 있다.

이런 빛나는 일구는 위음 밖에 있다. 위음이란 위음왕불(威音王佛)의 줄임말이다. 선가에서는 위음왕불이 공겁(空劫)의 초에 성도한 부처임을 인정하고, 이 부처님이 세상에 오시기 이전에 대하여 절대무한, 이치의 궁극적 경계로 삼아 위음왕불 이전 혹은 위음나반(威音那畔)이라고 한다. 즉, 깨달음의 일구는 언설이 아니라 체득임을 강조한 것이다.

구름이란 늘 변화하는 현상 혹은 사물이거나 우리의 마음일 수 있다. 이에 대응하여 하늘은 깨달음의 경지, 붓다가 이룬 열반을 의미하는 것이라 할 수 있다. 궁극의 원천이라고 해도 좋다. 현상이나 사물 혹은 우리의 마음이 아무리 변화무쌍해도 궁극의 원천, 진리는 변함이 없는 것이다.

[공부]
무물(無物) ← 본래무일물(本來無一物)

선문의 육조혜능선사는 『육조단경』에서 다음과 같이 말했다.
    보리에는 본래 나무가 없고(菩提本無樹)
    명경 또한 대가 아니다(明鏡亦非臺)
    본래 한 물건도 없거늘(本來無一物)
    어느 곳에서 티끌이 일리요(何處惹塵埃)
    이 노래를 짓는 계기가 된 노래가 있다. 신수 상좌가 지은 다음의 노래이다.
    몸은 보리수요(身是菩提樹)
    마음은 명경대라(心如明鏡臺)
    시시로 힘써 털어 내어(時時勤拂拭)
    티끌이 일지 않도록 하리(勿使惹塵埃)

보리란 깨달음이라는 뜻이다. 당연히 나무가 없다. 명경은 사물을 비추어 보는 거울이다. 당연히 대가 없다. 물건이란 말이 사물을 가리키거나 사상을 가리킨다면, 이것은 모두 유위법으로써 공이다. 그러므로 한 물건도 없다는 의미가 반야심경의 무와 같은 의미로서 공을 의미한다면 응당 어떤 물건도 없다. 모두 공이란 의미이다. 모두 공인 가운데 티끌인들 공이 아니겠는가? 공한 것들이 일어났다 사라짐은 모두 인과의 법칙이며, 인연에 따른 이합집산의 결과이다.

그런데 보리수는 공하기는 하지만 화합에 의하여, 가유(假有)이긴 하지만 현존하는 사물이다. 보리를 깨달았다고 해서 보리수라는 가유의 나무가 없어지는 것은 아니다. 부처님께서 열반하셨지만, 그러나 인연화합에 의한 육신은 여전히 남아 있었다. 유여열반이었던 것이다. 명경은 거울이지만 대가 있어야 자리를 잡는다. 대 역시 가유로서 명경을 지탱하며 현존한다. 깨달음의 세계에 티끌이란 없지만, 현존하는 세계에선 티끌이라는 것이 있다. 하나의 작은 티끌 속에 시방이 모두 들어 있다고 해서, 시방이 하나의 작은 티끌에 의하여 모두 내포된다고 해서 시방이나 티끌이 소멸되는 것이 아니다. 원융할 뿐이다.

깨달음의 진여 세계와 가유의 현상세계가 원융하여야 하는데, 위 두 노래는 어느 한쪽에 치우쳐 원융하지 못한 면이 있지 않나 생각된다. 원융하지 못하면 둘 다 공소(空疏)해진다.

신수 상좌의 게송인 보리수는 깨달음으로서의 보리와는 전혀 다른, 하나의 나무에 붙인 이름일 뿐이다. 몸이 보리수라는 말은 둘 다 유위한 것임을 의미한다. 이 비유는 잘못이다. 보리수는 부처님께서 그 나무 아래에서 깨달음을 이루었기 때문에 붙여진 이름일 뿐, 그 자체로 깨달음을 내장하고 있는 것이 아니기 때문이다. 몸과 보리수는 둘 다 같은 유위적 존재라고 하더라도, 몸은 불성이라고 하는 부처가 될 종자를 내장하고 있으나, 보리수는 전혀 그렇지 않은 것이기 때문이다.

또 명경대는 명경을 받치는 물건으로서, 명경을 사용하기 편하도록, 그 실용성을 높이기 위하여 명경에 붙여 사용하는 물건일 뿐이다. 명경과는 전혀 다른 것이다. 그러나 마음은 불성이라고 하는 부처가 될 종자를 내장한 물건이다. 그러므로 마음을 명경대에 비유한 것은 잘못이다. 명경에다 비유해야 옳을 것이다. 신수 상좌는 몸과 마음에 대하여 비유를 잘못하고 있는 것이다.

그런데 이 잘못된 비유에 대하여 육조혜능선사가 답한 게송은 제대로 된 것인가? 비유 자체가 잘못된 것임을 지적한 것이 아니라, 전혀 별개의 노래를 지었다고 봄이 옳겠다.

[공부]
혜능과 신수가 각각 이 두 송을 짓게 된 계기(緣機)[178]

(전략)
어느 날 조(오조홍인(五祖弘忍)을 가리킨다)께서 문인들을 모두 불러 모아 놓고 말했다.
"내 그대들에게 말하거니와 세인에게 생사는 큰일이다. 그대들은 종일 복전만 구할 뿐 생사 고해를 벗어나고자 하지 않는다. 자성이 혼미하면, 복인들 어찌 구할 수 있겠느냐? 그대들은 돌아가서 각자 자신의 지혜를 살펴 자신의 본심 반야의 성품을 가지고 게 한 수씩을 지어서 내게 가져와 보여라. 만약 대의를 깨달은 이가 있으면 그에게 의법을 부촉하고 제육대 조사로 삼으리라. 빨리 돌아가서 지체하지 말고 생각해 보라. 견성한 사람은 말끝에 보아야 한다. 만약 이러한 자라면 칼을 둘러서 만든 진(陣)위에 있더라도 견성할 수 있으리라."
중인들이 물러가서 서로 돌아가며 말했다.
"우리는 청정한 마음으로 게를 지으려 힘쓸 필요가 없다. 화상에게 보여 드린들 무슨 이익이 있겠는가? 신수(神秀) 상좌가 현재 교수사를 하고 있으니 필시 남다르게 받을 것이다. 우리는 게송을 지어 보아야 쓸데없이 심력만 쓰는 것이다."
누군가 이렇게 말하자, 다른 사람들도 이 말을 듣고 모두 마음을 풀고 말했다.
"우리는 나중에 신수 선생을 의지하면 될 것인데, 무엇 하러 번거롭게 게를 짓겠는가?"
신수는 생각했다.
"사람들이 게를 제출하지 않는 것은 나를 위한 것이다. 나는 다른 사람을 가르치는 선생이다. 나는 꼭 게를 지어 화상에게 보여 드려야 한다. 만약 게를 보여 드리지 않으면 화상께서 어찌 내 심중의 견해가 깊고 얕은지 아실 수 있겠는가? 나는 게로서 뜻을 드러내어 법을 구하면 좋겠지만, (그렇지 않고) 오조를 찾음은 바르지 않으니 범인과 같은 마음이라.

---

178) T48n2008001, 六祖大師法寶壇經, 風旛報恩光孝禪寺住持嗣祖比丘宗寶編, 行由第一, CBETA 電子佛典集成 » 大正藏 (T) » 第 48 冊 » No.2008 » 第 1 卷, https://tripitaka.cbeta.org/T48n2008001

그것은 성인의 지위를 빼앗는 것과 무엇이 다르겠는가? 만약 게를 보여 드리지 않으면 끝내 법을 얻지 못할 것이니, 큰일이구나 큰일이야."
오조당(오조가 주석하고 있는 승방) 앞에는 걸어서 세 칸짜리 복도가 있었는데, 거기에 공봉 노진(盧珍)에게 청하여 능가경변상도와 오조의 혈맥도를 그려 공양하려 하였다. 신수가 게를 다 지어 여러 차례 보여 드리려고 오조당 앞까지 갔다가 심중이 떨리고 전신에 땀이 나 보여 드리지 못하였다. 그렇게 4일이 지나기까지 13차례나 게를 가지고 갔으나 드리지 못했다. 이에 신수가 생각했다.
'복도 아래에 글로 써 붙여 다른 사람들이 화상에게 보이도록 하는 것이 좋겠다. 좋게 보시고 부르시면 곧바로 나가서 절을 올리고 이것은 신수가 지은 것이라고 말할 것이다. 만약 감히 말씀드리지 못하면, 산중에 들어와 수년간 사람의 예배를 받았는데 또 무슨 도를 닦겠는가?'
이리하여 한밤중 삼경에 아무도 모르게 혼자서 등을 들고 남쪽 회랑의 벽에 게를 써서 소견을 드러내 보였다. 게는 다음과 같다.
몸은 보리수요(身是菩提樹)
마음은 명경대와 같나니(心如明鏡臺)
때때로 부지런히 털어(時時勤拂拭)
티끌이 일지 않게 하리라(勿使惹塵埃)
신수는 다 쓰고 아무도 모르게 곧바로 방으로 돌아가 생각했다.
'오조께서 내일 게를 보고 기뻐하시면, 나는 법과 인연이 있는 것이고, 아무런 말씀도 없으시면 내가 어리석고 숙세의 업장이 무거워 법을 얻기에 적합하지 않은 것이다.'
신수는 방안에서 화상(오조)의 의중을 헤아릴 수 없어서 좌불안석이었다. 그럭저럭 오경에 이르렀다. 오조는 이미 신수가 입문하여 아직 자성을 보지 못하였음을 알고 있었다.
날이 밝자 오조가 노진 공봉을 불러 남쪽 회랑의 벽에 도상(圖相)을 그리려다 흘깃 신수가 써 놓은 게를 보고 노진 공봉에게 말했다.
"공봉 그림을 그리지 말아요. 멀리서 오시느라 수고가 많으셨겠지만. 경은 '무릇 존재하는 것(凡所有相)은 모두 허망하다(皆是虛妄).'라고 하면서, 오직 이 게에 머물며, 사람들과 더불어 외우고 지니라고 말했다. (신수의) 이 노래도 의지하여 수행하면 악도에 떨어지는 것은 면할 수 있을 것이고, 나아가 이 게에 의지하여 수행하면 큰 이익이 있을 것이다."
문인들에게 명하여 향 피우고 예경하도록 하는 한편 신수가 지은 게를 모두 외워서 견성하도록 하라고 일렀다. 문인들이 게를 외우며 모두들 환희하며 기뻐하였다.
오조는 삼경에 신수를 자신의 승방으로 불러 물었다.
"이 게는 네가 지은 것이냐?"
신수가 대답했다.
"진실로 제가 지었습니다. 감히 스승님의 평가를 망령되이 구할 수 없었습니다. 화상의 자비를 바랍니다. 제자가 작으나마 지혜를 가지고 있다고 보십니까?"
오조가 말했다.

"네가 이 게를 지었다면, 아직 본성을 보았다고 말할 수 없다. 본성의 문밖에 이르기는 하였으나, 아직 문안으로 들어가지는 못하였다. 이와 같은 생각(見解)으로 무상보리를 찾으면 끝내 얻지 못한다. 무상보리란 모름지기 언하에 본심을 스스로 아는 것이다. 자신의 본성이 불생불멸하는 것을 보는 것이며, 일체의 시간 중에 만법이 막힘이 없는 것을 한 생각에 스스로 보는 것이며, 하나가 참이면 일체가 참이고 만 가지 경계가 저절로 여여함을 보는 것이다. 여여한 마음이 곧 진실이다. 이와 같이 본다면 곧 무상보리의 자성이다. 그대는 가 보거라. 하루 이틀 더 생각해서 다시 게를 지어서 내게 보여라. 그대의 게를 보고 그대가 본성의 문으로 들어갔으면 그대에게 의법을 부촉하리라."

신수가 예를 하고 물러났다. 수일이 지나도록 게를 짓지 못한 채 심중이 어지럽고 불안하여 마치 꿈속에서 헤매는 것 같았다. 신수는 돌아다녀도 앉아 있어도 즐겁지 않았.

이틀이 지나 한 동자가 신수의 게를 큰소리로 노래하며 방앗간을 지나갔다. 혜능은 (이 게를) 한 번 듣고 곧바로 이 게가 본성을 보지 못한 것임을 알았다. 혜능은 비록 교수의 가르침을 받지는 못하였어도 일찍이 대의를 알고 있었던 것이다. (혜능이) 동자에게 물었다.

"부르고 있는 것은 무슨 게입니까?"

동자가 대답했다.

"이 촌뜨기(獦獠)는 모르나 보네. 대사께서 말씀하시기를, '세상 사람들에게 생사는 큰일이다. 의법을 전하고자 하니 문인들은 게를 지어 와서 보이도록 하라. 만약 대의를 깨달은 자가 있으면 (그에게) 의법을 부촉하여 제육조로 삼으리라.'라고 하셨지. (그래서) 신수 상좌가 남쪽 복도의 벽 위에 무상게(無相偈)를 썼는데, 대사께서 전 문인들에게 '이 게를 송하며 이 게에 의지하여 수행하면 악도에 떨어지지 않을 것이며, 큰 이익이 있으리라.'라고 말씀하셨다."

혜능이 말했다.

"(어떤 본에서는 '나도 이 게를 송하여 내생의 인연을 맺으리라.'라고 한 곳도 있다) 스님(上人). 저는 이 방아를 밟은 지 여덟 달이 넘었으나 아직 (오조당의) 당전에 가 보지 못하였어요. 바라건대, 스님이 저를 데리고 이 게가 있는 곳으로 가서 예배하게 해 줘요."

동자가 (혜능을) 데리고 게가 있는 곳으로 가서 예배하게 했다. 혜능이 말했다.

"저는 글자를 알지 못해요. 청컨대, 스님이 저를 대신해서 좀 읽어 주십시오."

그때 강주(江州) 별가(別駕)[성은 장씨이고 이름은 일용(日用)이었다]가 곧바로 소리 높여 읽었다. 혜능이 다 듣고는 말했다.

"게가 또 하나 있는데, 별가께서 대신 써 주십시오."

별가가 말했다.

"그대도 게를 짓게? 그 참 희한한 일이네."

혜능이 별가에게 말했다.

"무상보리를 배우고자 하면 초학을 경시하지 않아야 합니다. 하하(下下)인이 상상(上上)의 지혜를 가지고 있고, 상상인이 바른 지혜를 가지고 있지 못할 수도 있습니다. 사람을 경시하면 곧 무량무변의 죄를 범하게 됩니다."

> 별가가 말했다.
> "그대는 게를 읊기만 해라. 내가 대신 써 줄게. (그대가 도를 얻으면) 먼저 나를 건너게 해 다오. 이 말을 잊지 말게나."
> 혜능이 게를 불렀다.
> 보리는 본래 나무가 없고(菩提本無樹)
> 명경 또한 대가 아니다(明鏡亦非臺)
> 본래 무일물인데(本來無一物)
> 어느 곳에서 티끌이 일어나리요(何處惹塵埃)
> 이 게를 다 쓴 후, 도중(徒衆)이 보고 모두 놀라서 탄식하며 의아해하지 않는 사람이 없었다. 오조가 중인들이 놀라며 괴이하게 여기는 것을 보고 (혜능이) 해를 입을까 염려하여 신을 벗어 들고 게를 지운 다음 말했다.
> "(이 게도) 또한 견성하지 못하였다."
> 그러자 중인들도 그러려니 하였다.
> (후략)

2. 내용

[第三疑斷] 상이 없으면 말씀은 어떻게 하는가(無相云何得說)라는 의심을 끊는다. 이 의심은 [第一疑] 중 "몸의 형상(身相)으로 여래를 볼 수 없다 (不可以身相得見如來)."에서 나온다.

종래 부처의 몸은 상이 없다고 하였다. 만약 상이 없음을 증득하였을 때, 법과 비법을 모두 버린다면, 곧 얻은 것이 있다고 해도 맞지 않고, 말한 것이 있다고 해도 맞지 않는다. 왜냐하면, 세존은 일념에 최상의 깨달음을 이루었는데, 제법에 대하여 말한 바가 있겠는가? 말한 것이 있으면 곧 유위에 떨어지는데, 어찌 그 무위에 있겠는가? 이 의심을 없애기 위하여 경에서 말한다.

경) "수보리야 어떠냐. 여래는 아뇩다라삼먁삼보리를 얻었느냐? 여래가 말한 법이 있느냐?"

수보리가 대답했다.
"제가 부처님께서 말씀하신 뜻을 이해하건대, 아뇩다라삼먁삼보리라고 이름할 정해진 법은 없으며, 여래가 말씀하실 정해진 법 또한 없습니다."
須菩提於意云何如來得阿耨多羅三藐三菩提耶如來有所說法耶。
須菩提言如我解佛所說義無有定法名阿耨多羅三藐三菩提亦無有定法如來可說。

몸의 형상(身相)으로는 여래를 볼 수 없다고 한 말에 대하여 부처는 존재하지 않는다고 의심할 것을 우려하여 부처님께서 보리수나무 아래서 얻은 도가 무엇이며, 여러 법회에서 법을 설하였는가? 하고 물었던 것이다.

아뇩다라는 외부에서 얻는 것이 아니라 다만 마음에 나의 것(我所)이 없는 것이다. 그러므로 얻었다고 하면 잘못이다. 또한 아뇩다라삼먁삼보리(최상의 깨달음)라는 것은 자신의 실체에 대한 깨달음이다. 그런데 어찌 밖에서 얻을 것인가? 이미 내게 내장되어 있는 것을 찾아내었을 뿐이다.

병에 대하여 약을 처방하는 것처럼, 근기에 따라 알맞은 법을 말하는데, 어찌 말 할 수 있는 정해진 법이 있을 것인가? 여래가 위없는 바른 법(無上正法)을 말씀하셨으나, 마음에 본래 얻은 것이 없으며, 또한 얻지 않았다고 말하지도 않는다. 다만 중생의 갖춘바 능력이 같지 않기 때문에 여래가 중생의 이러한 근기의 차이에 상응하여 여러 가지 방편을 말하여 교화하고 인도하여 온갖 집착을 버리게 하셨다. 일체 중생에게는 망심(妄心)이 생멸하여 대상을 쫓아다니며 멈추지 않고, 앞의 생각에 곧이어 뒤의 생각이 일어나서 머무는 견해도 없고 또한 존재하지도 않으니, 어찌 여래께서 말씀하실 정해진 법이 있겠는가?

경의 이 구절은 소위 계금취(戒禁取)를 경계하는 의미도 있다. 계금취란 부처님의 가르침이나 계율에 매몰되어 집착함으로써 오히려 지범개차(持犯開遮)가 바르고 원만하게 이루어지지 못하는 것을 의미한다. 수행의 초기에는 부처님의 가르침에 따라 금계를 중시하고 가르침을 실천하는데 진력하여야 하지만, 어느 정도 깨달음의 단계에 올라서면 과도한 집착이 더 높은 단계로의 진전에 장애가 될 수 있다. 근기별로 가르침의 내용이 다른 이유는, 가르침을 지키고 실천할 수행의 방식이 다르며, 높은 단계에서는 낮은 단계의 수행법을 버려야 함을 의미한다고 생각할 수 있다. 마음을 처음 낼 때는 아뇩다라삼먁삼보리가 있다고 생각하여 목표를 정하고 나아가야 하지만, 최상의 깨달음에 이르렀는데, 아직도 그것이 있다고 생각하고 그것에 집착한다면, 그것을 이루었다고 할 수 있을 것인가?

부처님의 가르침은 취득의 가르침이 아니라 버림의 가르침이다. 부처님의 성취는 얻음에 의한 성취가 아니라 버림으로써 완성되는 것이다. 최상의 깨달음은 모든 것을 버림으로써 완성된다. 그러므로 아뇩다라삼먁삼보리라고 하는 정해진 법은 없는 것이다. 정해진 법(定法)이란 변하지 않는 고정불변성을 가진 확정적인 법을 가리킨다. 이런 것은 없다는 것이 이 구절의 의미이다.

[공부]

계율 지키기 - 지범개차(持犯開遮)

1) 지범. 계율을 지키는 것을 '지'라 하고, 침범하는 것을 '범'이라 한다. 계율은 악을 멈추게 하고 선을 행하게 하는 두 문을 가지고 있다. 그러므로 지범도 각각 두 개의 문을 가지고 있다.
   - 계율을 지키는 것. 오계 내지 구족계 등을 지켜 악을 멈추게 하여 삼업을 방지하는 것을 '금지하여 지키기(止持)'라고 하고, 선을 행하게 하여 삼업을 책려하는 것을 '지어서 지키기(作持)'라 한다. 전자는 제악막작의 의의가 있고, 후자는 중선봉행의 뜻을 가지고 있다.
   - 계율을 어기는 것. 삼업을 망동하여 금지하여 지켜야 할 계율을 어기는 것을 작범(作犯)이라 하고, 선업을 짓고 수습하는 것을 게을리하여 삼업을 태만히 하는 것을 지범(止犯)이라 한다.
2) 개차. 계율 중, 어떤 때는 열어서 허용하고 어떤 때는 막아서 금지시키는 것을 말한다.
   - 소승의 경우, 계법이 비교적 엄격하여 열어서 허용하는 것은 없음
   - 대승계법에서는 본래 자비를 바탕으로 한 원행(願行)을 목적으로 계법의 정신을 살려, 어떤 때는 여는 것을 허락하는데, 이를 개차지범이라 한다. 대승계의 특징. 예컨대, 도적이 중생을 살해하여 무간업을 지을 우려가 있을 때, 이 악적이 사후에 큰 고통을 받을 것을 참지 못하고 자비심으로 그 목숨을 끊음으로써 살계를 여는 것이 이에 해당한다.

착어) 추우면 춥다고 말하고, 더우면 덥다고 말한다(寒則言寒熱則言熱).

우리는 말을 할 때, 대개의 경우, 주어진 상황이나 조건에 대응하여 그에 적합하게 말하게 된다. 말뿐 아니라 우리의 행동도 또한 그러하다. 우리의 삶 자체가 환경(조건과 상황)과의 상호작용으로 이루어진다. 이는 곧 우리의 말과 행위, 삶 자체가 환경에 따라 상대적일 것임을 시사한다.

추우면 춥다고 하고, 더우면 덥다고 말하는 것은 처해진 상황에 대하여 적합한 말을 골라서 사용한 것이다. 깨달음의 세계, 무위의 세계처럼 조건이나 상황이 언제 어디서나 항상 불변인 열반의 세계에서는 덥다, 춥다는 분별 자체가 의미가 없지만, 그러나 현실 세계, 유위의 세계처럼 조건이나 상황이 시시각각, 곳곳 따라 달라지는 세계에서는 모든 것이 그 환경과 상호작용하며 이루어지기 때문에, 더우면 덥다고 하고, 추우면 춥다고 할 수밖에 없는 것이다. 전자의 세계에서는 정해진 것이 있지만, 후자의 세계에서는 정해진 것이 없는 것이다.

또한, 수행에 있어 수행자의 수행조건과 관련하여, 추우면 춥다고 말하고 더우면 덥다고 말하는 것은 각기 그 근기에 따라 이루는 바가 다르고, 부처님의 말씀하시는 바가 다른 것을 의미한다고 보아도 좋겠다. 그러면 춥다거나 덥다는 날씨의 표현은 중생 각각의 근기의 날카롭고 둔함의 차이를 가리키는 비유라고 볼 것이다.

부처님께서는 제자들을 가르치실 때, 즉 법을 말씀하실 때 법을 듣는 자의 근기를 살피셨다. 하늘에 대하여, 인간에 대하여, 나찰 등 이류(異類)에 대하여 설하실 때, 축생들을 대하실 때, 각기 그 설법의 내용과 방법이 달랐던 것은 그들 듣는 중생의 근기가 달랐기 때문이다. 이러한 부처님의 가르치는 방식을 대기설법(對機說法)이라 한다.

깨달음이란 깨닫는 사람의 근기에 따라 체득이 다르다. 성문의 깨달음, 연각의 깨달음, 보살의 깨달음은 그 근기가 다르기 때문에 깨달음의 내용 또한 다른 것이다. 이 또한 '아뇩다라삼먁삼보리'라고 특정될 수 없는 이유가 될 수 있다.

송) 노래한다.

구름은 남산에서 이는데, 비는 북산에서 오고(雲起南山雨北山)
노새의 이름에 말이란 글자가 얼마나 다반사인가(驢名馬字幾多般)
청컨대, 넓고 막막하여 무정한 물을 보라(請看浩渺無情水)
어느 곳이 네모나고 어느 곳이 둥근가(幾處隨方幾處圓)

이 노래는 아뇩다라삼먁삼보리가 정해진 법이 아니고 여래는 설할 법을 가지고 있지 않음을 비유로 노래한 것이다. 구름과 비는 인과관계가 명확하다. 비가 오기 위한 조건으로 구름이 있어야 한다. 그런데 구름이 있는 곳과 비가 내리는 곳이 다르다면, 인과관계가 어긋나는 것이다. 그러나 구름이 있는 것과 비가 내리는 것은 정해진 것이 아니다. 구름이 끼었다고 비가 내리는 것은 아니기 때문이다. 또 노새는 노새라 하고 말은 말이라 하여야지 노새를 말이라 하고, 말을 노새라 하는 것도 맞지 않다. 그러나 이는 사람이 말을 말이라고 하고 노새를 노새라고 이름을 지어 주었기 때문이며, 만약 그 이름을 바꾸어 불렀다면 노새를 말이라 부르고 말을 노새라 부를 것이다. 말과 노새가 정해져 있는 것이 아니라 그저 그렇게 이름을 지어 부를 뿐인 것이다. 그릇에 담긴 물은 그릇의 형태에 따라 모양이 나타날 뿐 원래 네모지다거나 둥글다는 형태가 정해져 있지 않다. 더욱이 바다처럼 넓디넓은 물이라면 유정의 어떤 심사도 개입될 여지가 없으니, 네모나거나 둥근 모습이 보이지 않는다.

부처님께서 증득하신 아뇩다라삼먁삼보리라는 것도 최상의 깨달음이라고 이름을 지어 그렇게 부를 뿐 특정된 것으로서 이것이 아뇩다라삼먁삼보리라고 할 것이 없는 것이다. 마찬가지로 이것은 여래가 설할 법이라고 특정하여 말할 수 있는 것도 없다. 이는 남산에 구름이 끼었는데 북산에 비가 내릴 수 있는 것과 같고, 말이나 노새를 바꾸어 부를 수 있는 것과 같으며, 광대한 물이 어떠한 정해진 형태인지 인식할 수 없는 것과 같은 것이다.

[공부]
남산에 구름이 이니 북산에 비가 오네(南山起雲北山下雨)

"남산에 구름이 이니 북산에 비가 오네(南山起雲北山下雨)."라는 말은 선림의 용어이다. 『벽암록』제83칙에 의하면, 운문이 중인들에게 수시하여 말했다.[179]
  "고불과 노주가 상교(相交)함이 몇 차례이던가?"
  중인들이 말이 없자 운문 자신이 중인들을 대신하여 말했다.
  "남산에 구름이 이니, 북산에 비가 내리는구나."
고불이란 과거에 오셨던 모든 부처를 가리킨다. 가깝게는 보통 과거칠불(過去七佛)이라고 불리는 석가모니부처님을 포함한 일곱 부처를 가리킨다.[180] 노주(露柱)는 법당 혹은 불전 밖의 정면에 세운 두 개의 둥근 기둥(圓柱)을 가리킨다. 상교한다 함은 서로 간에 교통함을 의미한다. 노주는 무생물이고, 고불은 이미 이 세상에 존재하지 않는 옛 부처들을 지칭하는 말일 뿐이다. 이런 것들이 교통한다는 것은 있을 수 없다. 시간의 차이가 있고, 생명의 유무가 다르기 때문이다. 그러나 이것은 생사를 유전하는 현실 세계에서, 확정적이고 고정된 관념이 지배하는 경우에 해당하는 일일 뿐이다. 유전하는 현실 세계의 고정된 관념을 벗어나면, 노주와 고불의 상교가 다반사일 수 있는 것이다. 이렇게 보면, 위 운문선사의 말씀은 중인들에게 고정관념에서 벗어날 것을 촉구하는 가르침으로 이해할 수 있을 것이다. 이 말은 또 경에서 아뇩다라삼먁삼보리라고 하는 정해진 것도, 부처님께서 말씀하실 정해진 법도 없다고 한 것과 맥락이 같다고 할 수 있겠다.
운문선사의 이 수시에 대하여 설두중현(雪竇重顯)선사는 다음과 같이 노래하였다.
  남산의 구름, 북산의 비(南山雲 北山雨)
  서천 28조와 동토 6조가 서로 얼굴을 마주 보네(四七二三面相覩)
  신라국에선 일찍이 상당하였거늘(新羅國裏曾上堂)
  대당국에서는 북도 치지 않았네(大唐國裏未打鼓)
  괴로움 속의 즐거움, 즐거움 속의 괴로움(苦中樂樂中苦)

---

179) T48n2003009, 佛果圜悟禪師碧巖錄卷第九,【八三】, CBETA 電子佛典集成 》 大正藏 (T) 》 第48冊 》 No.2003 》 第9卷, http://tripitaka.cbeta.org/T48n2003009

180) 과거세에 출현했던 일곱 부처님을 가리킨다. 차례대로, 비바시불(毘婆尸佛, 梵 Vipaśyin), 시기불(尸棄佛, 梵 Śikhin), 비사부불(毘舍浮佛, 梵 Viśvabhū), 구류손불(拘留孫佛, 梵 Krakucchanda), 구나함모니불(拘那含牟尼佛, 梵 Kanakamuni), 가섭불(迦葉佛, 梵 Kāśyapa), 석가모니불(釋迦牟尼佛, 梵 Sākyamuni) 등 일곱 부처님이다. 보다 자세한 내용에 대하여는, T01n0001001, 佛說長阿含經卷第一, 後秦弘始年佛陀耶舍共竺佛念譯, (一) 第一分初大本經第一, CBETA 電子佛典集成 》 大正藏 (T) 》 第1冊 》 No.0001 》 第1卷, http://tripitaka.cbeta.org/T01n0001001 참조.

누가 황금을 분토인 양 말하는가(誰道黃金如糞土)

이 노래에서도 남산과 북산, 구름과 비, 인도 28조와 중국 6조, 신라와 당나라, 괴로움과 즐거움, 황금과 분토 등 성질이나 시공이 전혀 다른 대립적 요소를 대비시켜 고정관념을 벗어날 것을 촉구한다.

[공부]

고불이란?

고불(古佛)이란 옛날의 부처, 과거세의 부처(과거칠불)를 가리킨다. 또한, 벽지불의 별칭이기도 하고 덕이 높은 고승을 높여 부르는 말이기도 하다. 『육조대사법보단경』에서는 고불이 세상에 나온 숫자는 헤아릴 수 없지만, 지금은 칠불에서 시작한다고 하였다. 그러므로 고불이라고 하면 과거칠불을 가리킨다. 선림에서 덕이 높은 고승을 존칭하는 사례로서, 조주고불(趙州古佛), 조계진고불, 굉지고불, 선사천동고불 등이 선록(禪錄)에 보인다. 나아가 불심을 고불심(古佛心)이라고 하는 경우도 있다. 고승에게 고불의 존칭을 붙인 예를 하나 들어 보자.[181]

    승이 조주선사에게 물었다.
    "전하여 들었습니다. 화상께서 남전선사를 친견하셨다고요?"
    조주선사가 대답했다.
    "진주(鎭州)에서는 굵은 무(蘿蔔)가 난다네."
    趙州因僧問。承聞。和尚親見南泉是否。師曰。鎮州出大蘿蔔頭

이 문답을 두고, 여러 송이 있는데, 그중에 문수도(文殊道) 선사가 다음과 같이 송하였다.

        조주고불이 말이 많아서(趙州古佛尚多言)
        진주의 밭에 무우가 난다는구나(蘿蔔出生鎮府田)
        천하의 많은 납승들이 깨무니(天下衲僧多咬嚼)
        이빨 사이로 늙은 남전이 지나가네(齒間蹉過老南泉)

---

181) X65n1295018, 禪宗頌古聯珠通集卷第十八, 宋池州報恩光孝禪寺沙門法應 集元紹興天衣萬壽禪寺沙門普會續集, 祖師機緣, 六祖下第四世之五(南嶽下後第三世之一), CBETA 電子佛典集成 » 卍續藏 (X) » 第65冊 » No.1295 » 第18卷, http://tripitaka.cbeta.org/X65n1295018

> [공부]
> ## 노주(露柱)란
>
> 노주(露柱)는 법당 혹은 불전 밖의 정면에 세운 두 개의 둥근 기둥(圓柱)을 가리킨다. 와력, 담방, 벽, 등롱 등처럼 생명이 없는 물건에 해당한다. 선종에서는 무정, 비정 등의 뜻을 표시하는 데 자주 인용된다. 『임제혜조선사어록』에 의하면, 다음과 같은 문답이 나온다.[182]
> 선사께서 천도재를 지내려고 군영에 들어가던 중 문에서 원요(員僚)가 지키고 서 있는 것을 보았다. 그러자 선사는 노주를 가리키며 물었다.
> "이것은 범부인가 성인인가?"
> 원요가 말이 없었다.
> 선사는 노주를 툭 치고는 말했다.
> "곧고 굵으니 도를 얻었구나. 어찌 일개 나무 말뚝이라 하겠는가?"
> 그리고는 곧바로 들어가 버렸다.
> 노주라는 말은 선가에서 자주 인용되는 언구이다. 노주회태(露柱懷胎)라는 말이 있다. 글자 그대로 새기면 '노주가 태(아이)를 품다.'라는 뜻이다. 노주는 나무 기둥 혹은 나무 말뚝일 뿐인데 어찌 동물과 같은 작용이나 활동을 보일 것인가? 무심의 활동을 비유한 말이다. 등롱로주(燈籠露柱)라는 말도 있다. 등롱을 노주에 걸어 둔 것을 표현한 말이다. 등롱으로 인하여 노주가 드러남을 가리키기도 한다. 본래면목을 드러내 보이는 것을 의미한다.

경) "왜냐하면, 여래가 말한 법은 그 어느 것도 취할 수도 없고 말할 수도 없으며 법도 아니고 법 아닌 것도 아니기 때문이다."
何以故如來所說法皆不可取不可說非法非非法。

여래가 법은 취할 수 없다고 한 것은 사람들이 여래가 말씀하신 문자나 장구에 집착하여 무상(無相)의 진리를 깨닫지 못하고 망령되게 알음알이(知解)를 낼까 우려하였기 때문이다. 여래는 온갖 종류의 중생(경에서는 九流衆生)을 교화하기 위하여, 각 중생의 근기에 상응하여, 그 가진바 국량에 따라, 적절한 법을 말씀하셨으니, 어찌 정해진

---

[182] T47n1985001, 鎭州臨濟慧照禪師語錄, 住三聖嗣法小師慧然集, 勘辨, CBETA 電子佛典集成 » 大正藏(T) » 第47冊 » No.1985 » 第1卷, http://tripitaka.cbeta.org/

것이 있을 것인가? 학인은 단지 여래가 말씀하신 교법을 암송할 뿐, 그 교법에 함축되어 있는 부처님의 본래 의도나 여래의 깊은 뜻을 알지 못하여 성불하지 못한다. 그렇기 때문에 말할 수 없다(不可說)고 했던 것이다. 입으로는 외우면서도 마음으로는 외우지 않으니 비법이요, 입으로 외우면서 마음으로도 외우는 것은 얻은바 없는 것, 즉 법 아닌 것이 아니다. 이 모든 것은 얻은 것이 없기 때문이다. 부처님이 이루신 아뇩다라삼먁삼보리는 모든 것을 버려서 비로소 도달한 최상의 깨달음의 경지인 것이다. 아무것도 얻은 것이 없는 무소득인 것이다.

착어) 이것이 무엇인가(是甚麼).

우리가 흔히 알고 있는 선어(禪語)로 '이 뭣고?'라는 말이 있다. '시심마(是甚麼)'라는 한자말을 우리말로 번역한 것이다. 이 말은 마조도일선사가 늘상 달고 다니던 화두라고 한다. 화두 중 가장 많이 거론되는 것의 하나이기도 하다. 여기서는 말의 뜻이나 그 말의 유래 혹은 그 말이 가지고 있는 뜻이 문제가 아니다. 무엇을 가지고 '이게 뭐냐?' 하는 것이다. 경의 본문의 "왜냐하면, 여래가 설한 법은 그 어느 것도 취할 수도 없고 말할 수도 없으며 법도 아니고 법 아닌 것도 아니기 때문이다."라고 한 장구를 가지고 야보천선사가 '이게 뭐야' 하고 물어본 것이다.

일반적으로 우리가 '이게 뭐냐?'라고 할 때 몇 가지 의미가 내포되어 있다. 먼저, 내용을 알지 못하여 의문을 제기하는 경우이다. 다른 하나는 지적하는 대상에 대하여 깔보는 의미로 사용하는 경우이다. 또 다른 하나는 행위의 결과가 예상했던 것과는 전혀 다를 경우에 일종의 놀람의 표시로 쓰는 말이기도 하다. 경의 이 어구를 두고 야보천선사가 깔보는 투로 말하지는 않았을 것이다. 또 전혀 예상 밖의 결과 때문에 놀라서 하는 말도 아닐 것이다. 진정 의문이 있어서 의문을 제기하였을 것인데, 왜, 무엇 때문에 의문을 제기한 것일까?

여래는 팔만사천법문을 말씀하셨다고 하는데, 그 하나하나의 설법에 대하여 가질 수도 없고, 말할 수도 없다고 하는 것이 경이롭고 놀랍다. 법도 아니며, 법 아닌 것도 아니라고 하니 또한 놀랍다. 그러면 도대체 뭐란 말인가?

무작정 '이 뭣고?'가 아니다. 부처님께서 직접 하신 말씀(답안)에 대하여 제기한 의문이다. 이렇게 '이 뭣고?'라고 의문을 제기한 것은 자신에게 제기한 의문일 수도 있지만, 다른 사람들에게 깨달음의 충격을 주기 위한 말후구(末後句)로서 제기하였던 것은 아닐까? 원래 이 뭣고는 말후구로서의 화두로 제안된 언구이다. 여기서도 말후구로서의 역할은 단단히 하고 있는 셈이다. 다만, 경에서 제시하고 있는 대답들에 대한 질문으로서의 말후구라는 점이 다를 뿐이다.

송) 노래한다.

이렇다 해도 얻을 것이 없고(凭麽也不得)
이렇지 않다 해도 얻을 것이 없네(不凭麽也不得)
넓고 큰 허공엔(廓落太虛空)
새가 날아도 그림자조차 없구나(鳥飛無影迹)
허(咄)
바퀴를 굴려 여기도 닿고 저기도 닿으며(撥轉機輪却倒迴)
남북과 동서를 마음대로 오가네(南北東西任往來)

'이렇다'와 '이렇지 않다'는 이분법이다. '어떤 것'과 '그 이외의 것'이란 의미인 것이다. 나와 너의 이분법, 나의 것과 그 이외의 모든 것이라는 이분법이다. 그러고 보니, 이렇다고 하거나 이렇지 않다고 하거나 모두 이분법에 걸린다. 이분법은 분별의 대표격이다. 이분법에 걸리는 것은 곧 분별 때문에 장애가 되는 것을 의미한다. 무엇에 걸리면 깨달음으로 나아가는 것은 막히고 만다. 여기서 언구에 얽매이지 않는 타개책이 나오는 것이다. 언구에 얽매이지 않으니 이렇다고 하건, 이렇지 않다고 하건, 이렇기도 하고, 이렇지 않기도 하건, 얽매일 필요가 없다. 부처님의 깨달음의 세계가 바로 이런 세계이다.

그런데 얽매이지 않아서 걸림이 없고, 막힘이 없음은, 적어도 현상세계에서는, 허공뿐이다. 그래서 허공을 무위법의 대명사로 사용하고 있는 것이다. 이 허공에 어떤 날

짐승이 날더라도 아무런 흔적도 남지 않는다. 그 날짐승이 아무리 커도 허공에 비하면 티끌에 불과하다. 티끌이 허공에 일시 가득할 수는 있어도 조만간 사라진다. 마치 구름이 일시적으로 하늘을 시커멓게 가렸다가도 언제 그랬냐 싶게 흩어지고 맑은 하늘이 드러나듯이. 어디에도 얽매이거나 걸리지 않는 것이다. 그러므로 허공이야말로 언구에 얽매이지 않았을 때의 결과와 같은 것이다.

이러한 사정이라면, 어디를 어떻게 돌아다니든 내버려 두어도 좋겠다. 남북으로 달리든, 동서로 달리든, 걸림이 없고 얽매임이 없기 때문이다. 최상의 깨달음을 얻으면, 이렇듯 동남서북을 마음대로 오고 가도 오고 간 것이 아니다.

경) "왜냐하면, 일체 현성이 모두 무위법으로써 차별이 있기 때문이다."
所以者何一切賢聖皆以無爲法而有差別。

현성(賢聖)이란 현자와 성자를 함께 가리키는 말이다. 현자는 착함, 착한 것(善)과 잘 조화를 이룬다는 뜻이고 성자는 바름, 바른 것(正)을 깨달았다는 뜻이다. 착한 것과의 조화란 비록 악을 멀리하긴 했어도, 아직 무루지(無漏智)를 얻지 못하였고, 이치를 증득하지 못했으며, 미혹을 끊지 못하여 범부의 지위에 있는 자를 가리킨다. 그리고 무루지를 얻었고, 이치를 증득하였으며, 미혹을 끊어 범부의 성질을 버린 자를 성인이라 한다. 이처럼 현자와 성인의 차이는 유루지에 머물고 있는지 무루지에 이르렀는지에 의하여 판정한다.

무위법(無爲法)이란 유위법에 대응되는 개념이다. 유위법이란 인연에 따라 생겼다 인연이 다하면 멸해지는 법을 말한다. 그렇다면 그 대응되는 위치에 있는 무위법은 인연에 따른 법이 아니라, 자체로 존재하는 당체를 가리키는 것이다. 무위법으로서 차별이 있다고 함은 무위법을 다 이루었는지 혹은 유위법에 머물고 있는지를 가리킨다. 유위의 모든 조건들이 없어져야 비로소 무위에 들 수 있기 때문이다.

그런데 무위에 들었어도, 삼승이 그 이해(무위와 유위)력이 같지 않아 그 견해(깨달음)의 깊고 얕음이 있다. 이 또한 무위법으로서의 차별이다. 부처님께서 무위법을 말씀하신 것은 곧 무주이다. 무주는 곧 무상이며, 무상은 곧 무기(無起)이며, 무기는 곧 무렵이다. 이는 텅 비어 고요하고 깨끗한 거울에 가지런히 비치니, 깨달음에 아무 장애도 없다. 또 말하면, 만법은 문제에 따라 각기 본성에 차별이 있으나, 성현의 설법에는 일체의 지혜가 갖추어져 있어서 사람의 마음을 열어 제각각 스스로 본성을 보게 한다.

착어) 호리의 차이가 천지처럼 현격해진다(毫釐有差天地懸隔).

이 어구도 신심명에 나오는 어구이다.[183] 이 구절이 포함된 연을 옮기면 다음과 같다.

(전략)

호리만 한 차이라도 있으면(毫釐有差)

천지처럼 차이가 나게 되나니(天地懸隔)

현전을 얻고자 하거든(欲得現前)

순역에 머물지 마라(莫存順逆)

(후략)

이 노래는 물리학의 법칙을 말한 것이 아니다. 불법 수행의 올바른 방향과 방법에 대하여 말하는 것이다. 시작에서 방향이 조금이라도 빗나가거나 방법이 털끝만큼이라도 잘못된 것이면, 시간이 흐르고 수행이 진행됨에 따라 점차 커져서 마침내 하늘과 땅의 차이만큼 잘못되고 만다는 것을 가리킨다. 무엇이 잘못된다는 것인가? 방향성이 틀렸기 때문에 도달하고자 하는 목적지에 도달하지 못하며, 방법론이 틀렸기 때문에 역시 목적지에 도달하지 못한다는 것이다. 둘 다 목적지에 도달하지 못하고 엉뚱한 곳으로 가 버리고 마는 것이다. 가야 할 곳은 부산인데, 목포라고 정하고 가 버리는 것이나, 부산으로 가는 교통편을 이용해야 하는데 목포행 교통편을 이용하면 둘 다 부산에 도달하지 못하고 목포에 가 버리는 것과 같은 것이다.

우리가 수행을 하는 것은 모든 번뇌를 다스려 마음을 항복시킴으로써 고통에서 벗어나고자 함이다. 마음을 다스려 마음에 묻은 모든 때를 씻어 내어 본래의 청정을 되

---

183) T48n2010001, 信心銘, 隋 僧璨作, CBETA 電子佛典集成 » 大正藏 (T) » 第48冊 » No.2010 » 第1卷, http://tripitaka.cbeta.org/T48n2010001

찾으면, 그것이 성불이라고 하는 것이다. 이런 관점에서 보면, 마음의 때를 벗기는 일이 수행이며, 마음에 때를 끼게 하는 것은 그 방향성이 틀렸다. 예컨대, 기도에 대하여 온 마음으로 염불기도를 하여 마음을 청정하게 하는 것은 방향성이 옳다. 또 복을 빌거나 재앙을 물리치는 기도를 하더라도 그 얻은 결과를 회향하겠다는 마음과 그 결과를 이루는 데 올바른 방법으로 온 정성을 기울이겠다는 다짐이면 올바른 기도(=誓願)이다. 그러나 기도를 통하여 달성하려는 목적이 세속적이고, 불보살의 가피가 직접 목적 달성에 작용하기를 바라며, 이를 통하여 얻어진 결과를 혼자 차지하겠다고 생각하면, 이는 다른 한 형태의 탐욕의 추구라고 할 수 있으며 잘못된 기도이다. 이는 수행이 아니라 물러남(退轉)이다. 부처님의 가르침에서 벗어나는 것이다. 이는 처음부터 수행의 방향성이 잘못 정해졌기 때문이다. 그러므로 방향성을 잘 잡아야 한다.

인용된 신심명의 원문을 좀 더 살펴보자.[184] 현전(現前, 梵 pratyaksa)이란 눈앞에 드러남 혹은 목전의 존재라는 의미이다. 여기서는 깨달음의 세계에 들어가 깨달음의 경지를 체득하는 것을 말한다. 이렇게 깨달음의 경지를 체득하려면 순역에 머물지 말라고 한다. 순역(順逆)이란 수순과 위역의 병칭이다.[185] 수순이란 거스르지 않고 따르는 것이고, 위역이란 따르지 않고 거스르는 것이다. 의도한 대로 일이 이루어지거나

---

184) 신심명의 이 인용 구절에 대하여, 다음과 같은 주석이 있다.
    염하여 말한다. 그럴듯하게 말하기는 하였으나, 다만 떨어지는 곳(落處)의 대소를 알지 못하였다. 큰 법안(法眼)을 갖춘 수산주(修山主)도 밑그림에 의지하여 그럴듯하게 호로를 그렸을 뿐인데, 하물며 지금과 같은 그대들이겠는가? 예에 따라 한 편을 거한다. 곧 이 일에 직면하라. 선화자(禪和子)는 모름지기 이러하여야 비로소 깨달음을 얻었다 하리라. 누군가 이르기를, 차이가 호리라도 잃기는 천리라고 하였다. 이는 무심의 경지이다. 마음으로 헤아리면 곧 차이가 지고 마음을 움직이면 곧 어긋난다. 만약 이런 주해를 가지고 가면 다만 한바탕 입놀림만 겨우 얻을 뿐이다. 삼조대사께서 가슴속에 헤아릴 수 없이 많은 일을 품고 계셨지만, 다만 면상을 보고 두 손에 나누어 주었을 뿐이다. 다만 털끝만 한 차이가 있더라도 천지만큼 현격해지니, 그대는 필경 어느 곳에 떨어져 있는지 말해 보라.
   * 선화자(禪和子): 선화(禪和), 선화자(禪和者)라고도 한다. 참선하는 사람을 가리킨다. 화자(和子, 和者)는 친한 사람이란 말. 선관책진(禪關策進)에 말하기를, "형제가 입을 열어 곧 말하기를, '나는 선화다.'라고 하자, 다른 사람이 '선이란 무엇입니까?'라고 물으니, 문득 이리저리 눈을 굴릴 뿐, 입은 마치 멜대(扁擔, 입을 꽉 다물고 열지 않는 모양) 같았다."라고 하였다.
   자세한 내용에 대하여는, X71n1426002, 真歇清了禪師語錄 第2卷, 真歇和尚拈古, 擧信心銘, CBETA 電子佛典集成 » 卍續藏 (X) » 第71冊 » No.1426 » 第2卷, http://tripitaka.cbeta.org/X71n1426002 참조.

185) 수순과 역순이라고도 한다. 인연으로 이익이 되는 등의 일은 모두 그 수순과 위역의 분별이 가능하다. 불보살이 중생을 교화하는 방편에 순화(順化)와 역화(逆化)가 있다. 법의 차제를 가지고 말하면, 순차(順次)와 역차(逆次)가 있다. 순관과 역관, 순경과 역경, 순수와 역수, 순류와 역류, 순연과 역연 등으로 쓰인다.

성공하거나 다른 사람이 나의 의사를 좇을 때, 수순이다. 의도한 대로 일이 이루어지지 않고 실패하거나 다른 사람이 나의 의사를 따르지 않고 거스를 때 위역이다. 거스르지 않으니 마음에 들고 호의적이며, 따르지 않으니 마음에 들지 않고 싫으며 분노가 일어난다. 좋은 것은 선택하고 싫은 것은 배척한다. 선택하고 배척하는 것이야말로 지극한 도가 혐오하는 간택, 바로 그것인 것이다. 그러므로 간택이 있는 한 깨달음은 이룰 수 없다.

송) 노래한다.

바른 사람이 삿된 법을 말하면(正人說邪法)
삿된 법이 모두 바르게 되나(邪法悉歸正)
삿된 사람이 정법을 말하면(邪人說正法)
정법이 모두 삿되게 된다네(正法悉皆邪)
강북에서는 탱자가 되나 강남에서는 귤이 되는 것처럼(江北成枳江南橘)
봄이 오니 꽃들이 모두 한꺼번에 피누나(春來都放一般華)

『육조대사법보단경』 정혜품에서 육조대사는 우리에게 각종 수행방법을 지도하고 있는데, 이에 의하면 소위 수행이라는 것은 마음을 닦는 것, 즉 수심(修心)이 요체라 하였다. 부처는 일체의 마음을 다스려 일체의 법을 말씀하셨다. 만약 일체심이 없으면 일체법이 무슨 소용인가? 일체가 모두 우리의 마음에 근원을 두고 있어서 우리의 마음이 바르고 깨끗하면 일체가 모두 바르고 깨끗해지나, 반면 마음이 더럽고 험악하면 일체가 모두 더럽고 험악해진다. 왜냐하면, 일체의 법은 모두 마음이 만들어 낸 것이기 때문이다. 즉, 삼계유심(三界唯心)이며, 일체유심조이기 때문이다. 그러므로 바른 사람이 삿된 법을 말하면 삿된 법이 바르게 되지만, 삿된 사람이 바른 법을 말하면 바른 법이 삿되게 되는 것이다. 바른 것과 삿된 것이 다만 그것을 말하는 사람의 한마음 사이에 있는 것이다.

마찬가지로, 강북의 탱자와 강남의 귤은 같은 품종에서 기후풍토의 차이로 인하여 다르게 진화하여 얻어진 결과이다. 이와 같이 행위의 선악도, 마음이라고 하는 같은 뿌리에서 나오지만, 그 수행과정에서 어떻게 닦았느냐에 의하여 결정되는 것이 아닐까? 마음이라는 하나를 가지고, 세속적인 일에 따라 멋대로 흘러 다니도록 내버려 두면 번뇌가 더욱 쌓여 탱자가 되는 것이고, 열심히 수행하여 때(번뇌)를 벗기면 귤이 되는 것이다.

봄이란 마음의 상태, 조건을 비유한 것이라 할 수 있다. 꽃이란 좋은 결과를 의미한다. 봄은 겨울을 거쳐야 비로소 온다. 겨울이 없으면 봄은 없다. 마음의 고통이 없으면 열반이란 없고, 번뇌가 없으면 깨달음(보리)이란 없다. 인공지능(AI)에게 번뇌란 없고, 그러므로 그것엔 깨달음이 없다. 그리고 겨울에서 봄으로 이행되는 것은 수행과정이다. 자연이 자체로 그 이행과정을 조금도 쉬지 않듯, 우리 인간들 혹은 중생들도 수행이라는 이행과정을 열심히 챙겨야 한다(精進). 그래야 봄을 맞이하여 꽃을 피울 수 있는 것이다.

[공부]

마음과 마음 수행

(1) 마음이란

『화엄경』에서는 "마음은 화공과 같아서(心如工畫師), 능히 온갖 사물을 그릴 수 있다(能畫種種物)."라고 마음을 묘사하고 있다. 우리의 마음은 상을 좋아하는 하나의 화가이며, 그러므로 산수를 그릴 수도 있고, 화조를 그릴 수도 있으며 인물을 그릴 수도 있다. 천당도 지옥도 모두 우리의 마음이 만들어 낸 것이다. 그러므로 "삼세의 일체 부처님들(三世一切佛)을 알고자 하면(若人欲了知), 모든 것은 마음이 만들어 낸 것(一切唯心造)이라고 법계성을 관하여야 한다(應觀法界性)."라고 하였던 것이다.[186]

마음은, 점차 혹은 문득, 도에 들어가는 핵심관문이다. 그러나 평상시 우리들은 산을 보고 물을 보고 꽃을 보고 풀을 보고 사람을 보며 사물을 본다. 온갖 천태만상을 본다. 그러나 이 모든 것들은 마음으로 보는 것이다. 마음의 형상이 어디에 머물고 있는가에 의하여 정해지는 것이다.

---

186) T10n0279019, 大方廣佛華嚴經卷第十九, 于闐國三藏實叉難陀奉 制譯, 昇夜摩天宮品第十九, CBETA 電子佛典集成 » 大正藏 (T) » 第10冊 » No.0279 » 第19卷, https://tripitaka.cbeta.org/T10n0279019

마음은 파란 것도, 노란 것도 아니며, 붉은 것도 흰 것도 아니며, 길지도 짧지도 않다. 마음은 가지도 오지도 않고, 더럽지도 깨끗하지도 않으며, 나지도 멸하지도 않는다. 마음은 선악이나 무기에 머물지도 않고, 유무에 머물지도 않으며, 같고 다름에 머물지 않으며, 가고 옴에 머물지 않으며, 내외에도 머물지 않는다. 마음은 중간에 머물지도 않으며, 높거나 낮은 곳에 머물지도 않으며, 큰 것이나 작은 것에 머물지도 않는다. 선악, 유무, 대소 등은 모두 대대법(待對法)일 뿐이지만, 진심은 절대적이다.

(2) 마음을 닦음(修心)

마음의 향배를 놓고 수행인의 지혜로움과 어리석음을 판단할 수 있다. 이하 마음을 놓고 지혜로운 사람이 어떤 자세를 취하는지 예를 들어 살펴보자.[187]

1) 성인(聖人)은 마음을 구하지 부처를 구하지 않는다(聖人求心不求佛). 이런 노래가 있다.[188]
　　부처는 영산에 계시니 멀리서 찾지 말라(佛在靈山莫遠求)
　　영산은 다만 그대의 마음 밑에 있다네(靈山只在汝心頭)
　　사람마다 자신의 영산탑을 가지고 있나니(人人有個靈山塔)
　　좋을시고, 지금껏 영산탑 아래에서 수행해 왔다네(好向靈山塔下修)

본래 가지고 있는 영산이란 현실적으로 영취산을 가리킨다. 부처가 영산에 있다고 함은 부처님께서 영취산에서 법회를 여셨기 때문에 영취산은 부처님께서 계시는 곳, 나아가 부처님 자체를 가리키는 비유로 자주 사용된다. 위의 노래에서도 그런 의미로 본다면, 우리가 본래 가지고 있는 불성을 가리키는 것으로 보면 좋을 것이다.

사람은 누구나 각자의 본래불(혹은, 자성불)을 가지고 있다. 귀로 재미난 소리를 듣거나 색에 빠져 있으면 마침내 그 본래불을 잃어버리지만, 이 미혹을 떨치면 다시 찾을 수 있다. 멀리에서 찾으면 부처는 영산에 계시지만, 가까이서 보면, 부처나 영산은 모두 나의 마음에 있음을 가리킨다. 이는 부처와 마음이 둘이 아님을 의미하는 것이기도 하다. 이러한 부처님은 석가모니 부처 한 분만이 가지고 있는 것이 아니며 육도의 구류중생이 모두 갖추고 있다.

그러함에도 외부에서 부처를 찾는 데는 열심이면서 자신에 내장된 진정한 보물, 자성불을 찾는 데는 소홀하니 애석한 일이 아닌가?

---

187) X63n1223001, 頓悟入道要門論卷上(合下參問語錄), 唐沙門 慧海 撰, CBETA 電子佛典集成 》 卍續藏 (X) 》 第63冊 》 No.1223 》 第1卷, http://tripitaka.cbeta.org/X63n1223001

188) W06n0053001 銷釋金剛經科儀 第1卷, 整理者 侯沖, 隆興府百福院宗鏡禪師述, CBETA 電子佛典集成 》 藏外 (W) 》 第6冊 》 No.0053 》 第1卷, http://tripitaka.cbeta.org/W06n0053001; X24n0467002, 銷釋金剛科儀會要註解卷第二, 姚泰三藏法師 鳩摩羅什 譯, 隆興府百福院 宗鏡禪師 述, 曹洞正宗嗣祖沙門 覺連 重集, CBETA 電子佛典集成 》 卍續藏 (X) 》 第24冊 》 No.0467 》 第2卷, http://tripitaka.cbeta.org/X24n0467002

그러므로 우리는 우리 마음속에 내장되어 있는 부처를 찾도록 해야 하며, 내심의 진정한 불을 성취할 필요가 있는 것이다. 그러므로 안에 있는 부처, 본래 가지고 있는 자성불을 찾을 일이지, 밖으로 부처를 찾아다녀서는 안 된다는 것이다. 영산탑 아래에서 수행한다면 좋겠다는 말은 사람이 노력하여 열심히 수행해야 함을 의미한다. 오온으로 이루어진 몸 중에 부처가 있음을 인식하고 부지런히 수행하여 증험할 것을 권하는 것이다.

이러한 이유로 성인은 스스로 자신의 마음을 깨끗이 하지, 즉 마음을 더럽히고 있는 때를 씻어내지, 자기 밖에서 따로 부처를 구하지 않는 것이다. 내심의 진정한 부처를 성취하는 것이 중요하다.

2) 범부는 부처를 찾지 마음을 찾지 않는다(凡人求佛不求心). 범부는 하늘을 찾고, 부처를 찾고, 신을 찾는다. 신을 향하여 평안을 찾고, 재산과 부, 권력, 이익을 찾고 구한다. 그러나 자기의 마음은 찾지 않는다. 자기의 마음이 무진장한 보물창고임을 알지 못하거나, 알아도 그 찾을 방도를 알지 못하기 때문이다.

3) 지혜로운 사람은 마음을 다스리지 몸을 다스리지 않는다(智人調心不調身). 지혜로운 사람은 자신의 신체 건강, 수명장수를 도모하는 것보다 자기의 마음을 조복하는 데 상대적으로 더 힘쓴다. 그런 사람은 마음을 만법의 근본으로 삼기 때문에 평시에도 계를 가지고 탐심을 다스리고, 선정으로 분노를 다스리며, 지혜로 어리석음을 치료하는 데 노력한다.

4) 어리석은 사람은 몸을 다스리지 마음을 다스리지 않는다(愚人調身不調心). 어리석은 사람은 왕왕 신체의 건강을 중요시하지만, 마음을 다스리고 살피는 데는 소홀하다.

(3) 어리석음의 사례: 고령선사 기연[189]

당나라 때 고령선사(古靈禪師)는 백장선사의 좌하에서 도를 깨달았다. 도를 깨달은 후 고령선사는 체도은사(剃度恩師)가 이끌어 준 것을 감사히 여겨 출가한 때의 절로 돌아갔다. 이 무렵 그의 머리를 깎아 출가하게 해 준 사부는 아직 깨달음을 이루지 못하고 있었다. 하루는 연로하신 사부가 목욕을 하자 고령선사는 다른 사람을 대신하여 사부의 등을 밀어 드렸다. 등을 다 밀고 난 후 고령선사는 갑자기 사부의 등을 '탁' 치며 말했다.

"한 자리 좋은 불당인데, 부처의 영이 없어서 애석하구나."

사부가 듣고 난 후 머리를 돌려 한 눈으로 바라보았다. 선사는 기연(상황이 좋지 못함)을 파악하고 서둘러 말했다.

"부처는 비록 성인이 아니더라도 오히려 빛나는구나."

그래도 그 사부는 깨닫지 못하였다.

---

189) X79n1557007, 聯燈會要卷第七, 住泉州崇福禪寺嗣祖比丘 悟明 集, 南嶽下第四世, 洪州百丈山懷海禪師法嗣福州古靈神讚禪師(凡一), CBETA 電子佛典集成 » 卍續藏 (X) » 第79冊 » No.1557 » 第7卷, http://tripitaka.cbeta.org/X79n1557007

또 어느 날 사부가 창 아래에서 경을 읽고 있었는데, 홀연히 파리 한 마리가 창문 위에서 밖으로 나갈 곳을 찾지 못하고 이리저리 날아다니고 있는 것이었다. 이를 지켜본 고령선사가 영기가 발동하여 한마디 하였다.
"세상은 참으로 광활한데, 너는 어찌 나가지 못하고 일개 창문에서 부딪히고 있으니, 참으로 어리석구나."
그리고는 시를 한 수 지었다.
열린 문으로 나갈 줄 모르고(空門不肯出)
창 여기저기 부딪히니, 참으로 어리석구나(投窗也太癡)
천 년 전의 옛 종이를 뚫은들(千年鑽故紙)
어느 날에나 머리를 (밖으로) 내밀까(何日出頭時)
그 뜻을 말하면, '선이란 마음으로 깨달음을 이루는 것인데, 사부 당신은 간경, 간경, 간경만 하고 있으니, 경서 속에서 무엇을 얻어 선을 이루고 무엇을 보충하여 깨달음에 이를 것인가?' 라고 묻는 것이었다.
사부는 참학을 이루고 돌아온 제자가 이상한 말을 하며 행동도 매우 특이하게 하는 것을 간파하고, 왜 그러는지 물었다. 고령선사는 곧바로 자신이 깨달은 바를 사부에게 말해 주었다. 그러자 사부도 느낀 바가 있어 그를 청하여 대에 올라 설법을 하게 하였다. 고령선사가 법좌에 올라 다음과 같이 연설하였다.
심성(마음의 본성)은 물듦이 없이(心性無染)
본래부터 저절로 원만히 이루어져 있다네(本自圓成)
망령된 인연을 떨쳐내기만 하면(但離妄緣)
곧바로 여여한 부처라네(即如如佛)
이 설법을 듣고 드디어 사부도 "마음을 보고 고요를 관(見心觀靜=見性成佛)"하는 깨달음을 이루게 되었다.

[용어 풀이]

* 조섭(調攝): 다스려 바로잡는다는 뜻으로 수행의 핵심요체이다. 이에는 조식(調息), 조심(調心), 조신(調身) 등 세 가지가 있다.
- 조식: 호흡을 조절하는 것이다. 날숨과 들숨을 고르게 하여 흐트러지고 산만해진 몸과 마음을 가라앉히는 것이다.
- 조심: 마음을 가다듬어 집중하는 것이다. 외계의 대상에 대하여 집중하거나 자신의 내면을 향하여 집중하는 방법이 있다.
- 조신: 몸이 짓는 행주좌와를 바르게 조절하는 것이다. 몸이 바르면 마음도 바르게 된다. 선정시에 각종 자세를 가르치는 이유이다.
* 체도(剃度): 삭발하는 등 출가하고자 취하는 종교의식

# 제8분 법에 의해 태어나다(依法出生分)

1. 의의

우리는 부처님께서 최상의 깨달음(아눗다라삼먁삼붓다)을 이루셨으며, 그것을 근거로 중생들에게 팔만사천법문을 설하셨다고 알고 믿는다. 실제로 부처님의 가르침은 구전으로 혹은 각종 경전의 기록에 의하여 지금까지 내려왔다. 그럼에도 불구하고, 부처님께서는 얻은 것도 없고(無得) 말한 것도 없다(無說)고 하니, 그럼 우리가 지금 배우고 있고, 그 가르침에 따라 수행하고 있는 것은 무엇일까? 최상의 깨달음을 이루겠다는 목적을 향하여 나아가고 있는데, 최상의 깨달음이라는 것을 부처님께서도 얻지 못하였다고 하니, 그럼 누가 그걸 이룰 수 있단 말인가? 이런 생각을 하게 되면, 우리는 깨달음을 이루려는 모든 노력을 포기하고 양극단에 빠져 버릴 수 있다. 이를 우려하여 법에 따라 출생하였다고 한 것이다.

법에 의해 태어났다고 함에는 두 가지 의미가 포함되어 있다. 첫째, 일체 제불 및 제불의 아뇩다라삼먁삼보리가 이 경에 의지하여 출생하였다는 의미이다. 이는 일체 제불이 이 경전을 참구하고, 이 경전의 가르침대로 수행하여 부처가 되었음을 가리킨다. 다음, 일체 제불이 이 경에 의지하여 가르침을 베푼다는 의미이다. 이는 제불이 금강경을 소의경전으로 삼아 당신들의 깨달음을 이루었을 뿐만 아니라, 당신들의 깨달음을 그것에 의지하여 중생들에게 전하여 교화하는 것을 의미한다.

송) 노래한다.[190]

---

190) 金剛經補註, 明 韓巖集解 程奭懋補註, 앞 책

부처님과 조사들의 백천 가지 오묘한 뜻(百千妙義佛諸祖)
모두 털끝 같은 하나의 비밀 속에 있네(盡在毫端一密中)
삼천대천세계의 칠보도 견주거나 비유할 수 없나니(七寶三千非比喩)
이 마음에 큰 허공을 품었네(此心包納太虛空)

부처님의 팔만사천법문, 조사들의 무수한 가르침들은 모두 따로 있는 것이 아니다. 모두가 같은 하나를 수많은 다른 것으로 표현한 것에 지나지 않는다. 그 하나가 바로 최상의 깨달음(아뇩다라삼먁삼보리)이며, 이것을 찾는 것이 바로 수행인 것이다. 그 하나는 결코 큰 것이 아니라 털끝처럼 작은 것이라고 한다. 그리고 그것은 비밀하게 저장되어 있는 것(密藏)이어서 어느 누구도 그냥 볼 수 있거나 가지거나 얻거나 생각할 수 있는 것이 아니라는 것이다. 그런데 그 가치는 헤아릴 수 없다. 삼천대천세계에 있는 칠보를 모두 합한 것보다 더 값지다.

그럼 그것이 무엇인가? 무엇이라고 특정될 수 없다. 한 물건이라고도 하고, 한 물건도 없다고도 하고. 하여튼 누구든지 그것을 찾을 수 있으나, 또 아무나 찾을 수 있는 것도 아니다. 모두가 무엇이라고 말할 수는 있으나, 또 사람마다 다르다. 그래서 정확하게 그것이 무엇이라고 확정할 수 없다. 그래서 많은 사람들이 허공에다 대고 그것이라고 자주 비유하곤 했다.

허공이란 무위법을 상징하고, 또한 흔들림 없고(不動), 언제나 같고(常), 어디서건 단일하여 그 어떤 것의 유위적 화합이 아니며(一), 어떤 것에 의해서도 지배되지 않으며(主), 언제나 자신을 자신이 다스리는(宰) 존재이다. 이것은 바로 열반의 특성을 그대로 간직하고 있는 것이다. 이런 허공을 마음이 품었다. 이는 마음이 허공의 특성을 모두 가지고 있다는 의미이기도 하고, 어쩌면 마음이 허공보다 더 큰 것임을 의미하기도 한다. 이런 마음을 본래 마음이라 한다.[191]

---

191) 고려시대 보조국사지눌선사의 『수심결(修心訣)』 첫머리에 "백 번 해골이 문드러지고 흩어져(百骸潰散), 불로, 바람으로 돌아가도(歸火歸風), 한 물건은 오래도록 영명하여(一物長靈), 하늘도 덮고 땅도 덮는다(蓋天蓋地)."라고 하였다. 이 영명한 하나의 물건이란 바로 본래의 마음을 의미한다. 보다 자세한 내용에 대하여는,T48n2020001, 高麗國普照禪師修心訣 第1卷, CBETA 電子佛典集成 » 大正藏 (T) » 第48冊 » No.2020 » 第1卷, http://tripitaka.cbeta.org/T48n2020001

그러나 현재 발현되어 있는 우리 마음은 이런 마음이 아니라, 번뇌에 찌든 마음이며, 움직이는 마음이며, 다른 것(外境)에 의하여 지배당하는 마음이며, 언제나 변하는 마음이다. 이것이 본래의 마음, 상일주재(常一主宰)한 마음으로 되돌아가는 것이 바로 해탈열반을 성취하는 것이며, 깨달음을 이루는 것이다.

2. 내용

> 경) "수보리야. 어떠냐. 만약 사람이 삼천대천세계의 칠보를 가지고
> 보시에 쓰면 이 사람이 얻는 복덕이 많지 않겠느냐?"
> 수보리가 말했다.
> "심히 많습니다. 세존이시여. 왜냐하면, 이 복덕은 곧 복덕성이 아니며,
> 그러므로 여래께서 복덕이 많다고 말씀하셨기 때문입니다."
> 須菩提於意云何若人滿三千大千世界七寶以用布施是人所得福德寧爲多不須菩提言甚多
> 世尊何以故是福德卽非福德性是故如來說福德多。

삼천대천세계의 칠보를 가지고 보시를 하는 것은, 복덕은 비록 많지만, 그 성질상 최상의 깨달음을 이루고자 하는 데는 이익이 없다. 왜냐하면, 마하반야바라밀다에 의지하여 수행하여 자성이 온갖 세속적 이익에 빠지지 않도록 보호하는 것을 복덕성(福德性)이라 하는데, 칠보를 보시함에 따른 복덕에는 복덕성이 결여되어 있기 때문이다. 이는 마음에 능소(能所)를 가지고 있는가 어떤가를 기준으로 능소가 있으면 곧 복덕성이 아니며, 능소가 마음에서 소멸되어야 복덕성이라 하는 것이다. 마음이 불교에 의지하여 부처님과 같은 행동을 할 때 이러한 행을 복덕성이라 하는 것이지, 부처님의 가르침에 의지하여 부처의 행을 따르는 것이 아니면 복덕성이 아닌 것이다(육조 혜능). 이로 미루어 복덕성이 있는 행이란 어떤 것인지 다음과 같이 정리할 수 있다.

- 자성이 온갖 (세속적) 이익에 빠지지 않을 것
- 능소가 없을 것
- 부처님의 행을 따를 것

셋을 언급하였지만, 실은 하나이니 즉 상을 갖지 않는 것이다. 삼천대천세계를 가득 채울 칠보를 가지고 보시하더라도 유상(有相), 즉 마음에 상을 가지고 하는 보시(有相布施)면 이러한 보시는 복덕은 있으나, 복덕성이 없다. 그러므로 복덕의 공능이 삼계에 한정된다. 그러므로 아무런 상 없이 행하는 작은 보시가 오히려 복덕성을 갖추고 있으며, 이런 보시라면 복덕성이 없는 삼천대천세계의 칠보를 모두 합쳐 보시하는 것보다 그 복덕이 더 큰 것이다.

이해를 돕기 위하여 몇 가지 기준에서 복덕과 복덕성을 비교하여 그 차이점을 살펴보면 〈표 4〉와 같다.

〈표 4〉
복덕과 복덕성의 비교

구분	능소	성질	상(相)	세계	얻음(得)	헤아림(量)	시한
복덕	있음	유위	유상	세간(祈福)	있음(可)	있음(可)	있음
복덕성	없음	무위	무상	출세간	없음(不可)	없음(不可)	없음

경) 만약 어떤 사람이 이 경 중에서 수지한 것 내지 사구게 등을 타인을 위하여 말하면 그 복은 앞의 복보다 수승하다.
若復有人於此經中受持乃至四句偈等爲佗人說其福勝彼。

십이부교(十二部敎)의 대의는 모두 사구게 중에 있다. 무엇으로 그러함을 아는가? 온갖 경들 중에서 찬탄하는 사구게는 곧 마하반야바라밀다이다. 마하반야바라밀다는 모든 깨달음의 어머니라고 할 수 있으니, 삼세제불이 모두 이 경에 의지하여 수행함으로써 바야흐로 깨달음을 이루었기 때문이다. 반야심경에서 '삼세의 모든 부처님도 반야바라밀다에 의지하므로 최상의 깨달음(아뇩다라삼먁삼보리)을 얻는다.'라고 한 것은 이 뜻이다. 또 경에서 삼세의 제불과 제불의 아뇩다라삼먁삼보리가 모두 이 경에서 나왔다고 한 것도 이 뜻이다. 스승으로부터 배움은 해의(解義, 뜻풀이)를 받는다고 하고, 수행은 스스로 해법을 찾는다(自解自行)고 한다. 이는 자신을 이롭게 하는 것이다(自利). 사람에게 연설하는 것은 남을 이롭게 하는 것(利他)이다. 이 둘을 동시에 행하는 것이므로 그 공덕은 넓고 커서 끝이 없는 것이다.

그런데 사구게 등을 수지하고 타인에게 해설해 주는 것이 어찌하여 삼천대천세계의 칠보를 보시하는 것보다 수승하다고 하는가? 경의 내용이나 그 일부, 또는 그 경의 내용을 담은 사구게를 수지하는 것은 반야바라밀을 수지하는 것이다. 반야바라밀다는 지혜로 번역되는데, 깨달음을 이루기 위하여는 지혜로서 어리석음을 타파하는 것이 필수이다. 그런데 어리석음을 제거하는 데는 물질적인 보시에 의한 공덕으로는 불가하다. 물질적인 보시에 의한 공덕은 악도(惡道)를 벗어나 선도(善道)에 태어나는 힘은 있으나 최상의 깨달음을 이룰 힘은 없다. 즉, 물질의 보시에 의한 공덕은 인간이나 천상에 태어나 행복하게 살아가는 원천은 될 수 있으나 궁극적인 목적인 깨달음에 도달하기에는 부족한 것이다. 이 부족은 지혜가 채운다. 삼천대천세계의 칠보를 모두 보시함으로써 얻는 복덕은 물질적 보시에 의한 복덕이므로 언젠가는 그 복력이 다하지만, 지혜의 충족에 의한 깨달음의 복력은 그 다함이 없으므로 후자가 전자보다 수승하다고 하였던 것이다.

경) 수보리야 ~ 그보다 수승하다(須菩 ~ 勝彼)

착어) 일이란 무심해야 얻는다(事向無心得).

여기서 무심이란 범부와 성인, 조악함과 미묘함, 선악, 미추, 대소 등의 분별적인 정식(情識)을 버리고 어떤 장소나 사물에 집착하거나 막히거나 걸리지 않는 자유로운 경지를 가리킨다. 마음에 상이 없는 경지, 마음으로 상에 머물지 않는 경지인 것이다. 이러한 경지에 도달하면 어떤 것을 얻거나 얻지 못하거나 걸림이 없다. 즉, 얻었다거나 얻는다거나 얻을 것이라는 생각 자체가 없는 것(無所得)이다.

여기서 일(事)이란 불사(佛事)를 가리킨다. 일반적으로 불사라 하면 두 가지 의미가 있다. 하나는 불교, 특히 절이나 교단에서 벌이는 사업을 가리킨다. 다른 하나는 불교도들이 하는 송경, 기도, 공양 등 깨달음을 향한 수행 활동을 말한다. 이 착어에서 말하는 불사란 후자의 의미로 보는 것이 좋겠다. 깨달음을 얻기 위한 조건으로서 무심을 들었기 때문이다. 요컨대, 이 착어는 무심해야 깨달음을 얻는다는 말인 것이다.

앞에서 삼계유심(三界唯心)이라는 말이 있음을 보았다. 삼계란 욕계, 색계, 무색계 등 온 우주를 가리킨다. 유심이란 오직 마음뿐이라는 말이다. 그러므로 삼계유심이란 삼계는 오직 마음뿐이라는 의미이다. 삼계가 오직 마음에 의하여 생겨나고 소멸한다는 의미인 것이다. 마음이 일면 삼계가 생겨나고 마음이 없어지면, 삼계가 소멸한다. 마음에 걸림이 있으면 삼계의 모든 것이 걸림이 되고 마음이 통하고 걸림이 없으면 삼계의 그 어떤 것도 장애가 되지 않는다. 이러한 경지가 바로 무심한 경지이며, 이러한 마음에 도달하면 깨달음을 이룬 것이다. 그러므로 일이란 무심해야 얻는다고 한 것이다.

송) 노래한다.

칠보로 삼천대천세계를 채워도(寶滿三千及大千)
복연은 인천을 벗어날 수 없다네(福緣不可離人天)
복덕이 원래 자성이 없음을 안다면(若知福德元無性)
풍광을 사는 데 돈을 쓰지 않을 텐데(買得風光不用錢)

삼천대천세계의 모든 칠보를 보시한다고 해도 그 공덕은 인간과 천상(人天)에 태어나는 복력을 가지고 있을 뿐 깨달음을 이루는 지혜일 수는 없다. 그러므로 인천을 벗어나지 못한다고 한 것이다.

경에서 복덕이란 복덕성이 없음으로 복덕이라고 한다고 하였다. 앞에서 우리는 복덕성이란 자성이 온갖 세속적 이익에 빠지지 않고, 분별심인 능소가 없으며, 부처님의 행을 따르는 등의 요건이 갖추어져야 한다고 하였다. 복덕성이 없다고 함은 이 세 요건 중 무엇 하나라도 빠진 것을 의미한다. 삼천대천세계를 가득 채울 칠보를 보시하더라도 거기에 물질적 능소가 있으면 반야 지혜를 얻을 수 있는 것이 아니며, 분별에 빠져 세속적 이익을 추구하는 것일 뿐, 모든 것을 여읜 부처님의 행을 따르는 것이 아니다. 그러므로 삼천대천세계를 가득 메울 칠보를 보시하더라도 상이 있는 이상 복덕성은 결하고 있다고 보는 것이다.

이런 복덕성이 결여된 복덕은 인간과 하늘에서 윤회전생하는 문제를 벗어날 수 없으며, 깨달음의 길은 아니다. 그러므로 깨달음을 추구하는 수행자의 입장에서 보면, 삼천대천세계를 가득 메울 칠보는 그리 의미 있는 것이 아니며, 한 조각 반야 지혜만 못할 수 있다. 그러므로 반야 지혜를 팔아서 삼천대천세계의 칠보를 사려는 짓은 어리석은 일이 아닐 수 없다. 이러한 짓을, 풍광을 매입하는 것에 비유하였다. 왜냐하면, 원래 풍광이란 매입하지 않아도 저절로 얻어지는 것인데, 이를 매입하겠다고 대금을 지불하는 것은 헛되이 돈만 쓰는 것이기 때문이다. 풍광을 매입한다는 말은 곧 본래 자신에게 갖춰져 있는 본래면목은 찾지 않고 오히려 밖에서 본래면목을 구하며 수행이라는 미명 아래 헛된 짓만 되풀이하는 것을 비유한 것이다.

여기서 풍광이란 말은 본지풍광(本地風光)의 줄임말이다. 본지풍광이란 본래면목(本來面目), 자기본분 등과 같은 의미의 선림에서 쓰는 용어이다. 선문에서 법도가 지극한 경지에 도달하였음을 보이는 말이다. 무엇을 본래면목이라고 할 것인가? 『육조단경』에서 혜능선사는 "선도 생각하지 않고 악도 생각하지 않는 바로 그때 무엇인가가 본래면목을 환하게 밝혀 줄 것이다."라고 하였다.[192] 돈을 쓴다(用錢) 함은 시간과 비용 그리고 노력을 기울이지만, 그 결과가 좋지 못한 것을 가리킨다.

경) "왜냐하면, 수보리야. 일체 제불과 제불의
아뇩다라삼먁삼보리법이 모두 이 경에서 나왔기 때문이다."
何以故須菩提一切諸佛及諸佛阿耨多羅三藐三菩提法皆從此經出。

---

192) T48n2008001, 六祖大師法寶壇經, 風旛報恩光孝禪寺住持嗣祖比丘宗寶編, 行由第一, CBETA 電子佛典集成 » 大正藏 (T) » 第48冊 » No.2008 » 第1卷, http://tripitaka.cbeta.org/T48n2008001

이 경이라 함은 두 가지 의미가 있다. 첫째, 경의 문자를 가리킨다. 즉, 이 경이란 말은 경에 기록된 부처님의 말씀을 가리키는 것이다. 다음으로, 경에 기록된 말씀 중에 포함된 의미를 가리킨다.

경에서 부처님의 말씀을 담아 놓은 문자와 사구게 등은 모두 일차적으로 불성을 드러내기 위하여 지혜를 밝힌 도구, 즉 문자반야(文字般若)이다. 32분으로 나뉘어 문자들로 기록되어 있는 가르침이 그것이다. 이는 드러난 가르침(顯敎)이라 할 수 있다. 그러나 가르침이 어찌 문자에만 국한되겠는가? 오히려 문자를 바탕으로 각기 자신의 근기에 따라 해석하고 받아들여 실천에 옮기는 것이 더욱 큰 가치체계를 형성할 수 있다. 경에 대하여 수많은 사람들이 각자 해석하여 나름대로 체계를 잡고, 의미를 부여하고 해석하였던 것은 경이 문자만이 아니라 그 문자에 내포된 함축, 그리고 문자와 문자 사이의 행간에 숨겨진 의미의 발견과 시대적 재해석 등을 통하여 나름의 깨달음(密意)의 세계를 열 수 있었기 때문인 것이다. 이 두 바탕에서 부처님과 부처님이 이루신 깨달음이 나왔다고 하는 것이다. 부처님은 깨달음을 이룸으로써 자동으로 얻어지는 명호이므로 최상의 깨달음이 더욱 중요하다. 최상의 깨달음은 경에 기록된 문자만으로 이룰 수 있을 것인가? 그랬다면 경의 문언에 정통한 사람들은 모두 깨달음을 이루어 부처가 되었을 것이다. 그러나 경의 문언에 정통한 사람들이 그렇게 많았음에도 불구하고 석가모니부처님 이후 아직도 역사적 부처님은 나온 적이 없다. 최상의 깨달음이 숨겨져 있음에도 이를 찾아내지 못하였기 때문이 아니겠는가?

착어) 또 말해 보라. 이 경은 어느 곳에서 왔는지를. 수미산의 꼭대기요 대해의 파도의 중심이로다(且道此經從甚處出須彌頂上大海波心).

삼세의 모든 부처와 이 부처님들의 최상의 깨달음도 이 경에서 나왔다고 했는데, 그렇다면 '이 경은 어디서 왔을까?'라는 의문이 제기되는 것은 당연하다. 더욱이 수행자가 끊임없이 질문을 통하여 사유해 가다 보면 도달하는 의문 중의 하나이다. 이 의문에 답하지 못하면 다음 사유가 이어지지 않는다. 답은? 수미산의 꼭대기이며 큰 바다의 파도의 중심(마음이라 해도 좋겠다)이라는 것이다. 그래서 '이 경이 어디서 왔는가?'라는 의문에 답하려면 수미산 꼭대기와 큰 바다의 파도의 중심이라는 두 언구가 무엇을 의미하는지 알 필요가 있다.

수미산 꼭대기는 제석천이 사는 곳이며, 제석천은 도리천의 천주를 가리킨다. 부처님께서 깨달음을 이루시고 보리수 아래에서 그 즐거움을 누리시면서 천인 등을 대상으로 설법하실 때 설법했던 곳 중의 한 곳이다. 이곳에서 많은 내용을 말씀하셨지만, 그중에서도 다음 구절[193]이 경의 내용과 직접 닿아 있음을 볼 수 있다.

(전략)
제법을 관찰하건대(觀察於諸法)
자성이 없구나(自性無所有)
그 생멸상이 이러하니(如其生滅相)
다만 가명을 말할 뿐이네(但是假名說)
일체법은 나지도 않으며(一切法無生)
일체법은 없어지지도 않나니(一切法無滅)
이와 같이 이해할 수 있다면(若能如是解)
제불이 항상 현전하리라(諸佛常現前)
법성은 본래 공적하여(法性本空寂)
취함도 없고 봄도 없나니(無取亦無見)
본성이 공한 즉 부처라(性空卽是佛)
헤아릴 수 없다네(不可得思量)
(후략)

이 게송에서 보듯, 수미산 꼭대기란 법성의 공함과 이를 보는 것이 곧 부처를 보는 것임을 의미한다. 제불과 제불의 최상의 깨달음이 경에서 왔다면, 이 경은 어디서 왔는가에 대하여 의문을 제시하고, 이 의문에 대하여 수미산 꼭대기라고 대답한 것이다. 그런 맥락에서 경은 법성의 공함에서 나와서 법성의 공함을 이야기하는 것임을 천명

---

193) T10n0279016, 大方廣佛華嚴經卷第十六, 于闐國三藏實叉難陀奉 制譯, 須彌頂上偈讚品第十四CBETA 電子佛典集成 » 大正藏 (T) » 第10冊 » No.0279 » 第16卷, http://tripitaka.cbeta.org/T10n0279016?format=line&linehead=yes

한 것이다.

큰 바다의 파도의 중심에 관련된 시를 하나 소개한다.[194]

   대해파심이요(大海波心)

   반타석상이로다(磐陀石上)

   참되게 보는 것이 청정하게 보는 것이요(真觀淨觀)

   상이기도 하고 비상이기도 하다(是相非相)

   하늘에 있는 달은 물이 없으면 드러나지 않는 것처럼(如月在天無水不現)

   물과 달을 모두 버리고 우러러봄이 어떠할까(水月俱捐如何瞻仰)

   쯧(咄)

   제발 망상을 버리라(切忌妄想)

이 노래에서 보듯, 큰 바다의 파도의 중심이라는 언구도 법성의 공함을 의미하는 말이라고 할 수 있겠다.

이상의 논의에서 보면, '경은 어디에서 왔는가?'라는 의문에 대하여 수미산 꼭대기요 큰 바다의 파도의 중심이라고 대답한 것은 아마도 이 두 언구가 법성의 공함을 의미하기 때문이 아닌가 생각된다. 법성의 공함은 곧 경이 말하고자 하는 핵심내용이다. 즉, 금강경이라는 경전은 법성의 공함을 말하는 경전이라는 의미를 담고 있으며, 그러므로 경은 법성의 공함에서 나왔다고 하는 것으로 보아도 되겠다.

---

194) 석원묘(釋原妙)(1,238~1,295) 호 고봉(高峰), 속세의 성은 서씨. 오강(吳江)(지금의 강소에 속한다) 사람. 십오 세에 출가. 십육 세에 삭발하고 십칠 세에 구족계를 받아 십팔 세에 천태교를 배웠으며 이십 세에 선학(禪學)을 시작하였고 이십 세에 단교묘륜(斷橋妙倫)선사에게 청익하여 설암조흠(雪巖祖欽)선사의 계보를 이었다. 『고봉원묘선사어록』 2권, 『고봉원묘선사선요』 1권이 있다.

[공부]
(이) 하나는 어디로 돌아가는가?

경에서 "제불과 제불의 아뇩다라삼먁삼보리가 모두 이 경에서 나왔다."라고 하자 "이 경은 어디서 왔는가?(하략)"라고 착어하였다. 경과 경에 대한 착어는 나온 곳을 묻고 있다. 그런데 나온 곳이 있으면, 그 나온 곳은 나온 것들이 돌아갈 곳이 된다. 이에 맞추어 위 물음을 다시 물어보면, "제불과 제불의 아뇩다라삼먁삼보리는 모두 이 경으로 돌아간다." 그러면 "이 경은 어디로 돌아가는가?"

어디로 돌아가는지에 대한 물음은 어디에서 나왔는가에 못지않게 중요한 문제이다. 수많은 번뇌를 조복하고 아뇩다라삼먁삼보리를 이루어야 하는 수행자의 입장에서는 나온 곳보다 돌아갈 곳에 대한 물음과 그 대답을 찾는 것이 더 절실할지도 모른다. 그리하여 "모든 법이 하나로 돌아가면(萬法歸一), 그 하나는 어디로 돌아가는가(一歸何處)?"라는 화두가 나왔다. 『벽암록』 제45칙에 다음과 같은 이야기가 있다.[195]

    거한다. 승이 조주선사에게 물었다.
"만법이 하나로 돌아가면, 하나는 어느 곳으로 돌아갑니까?"
(夾註) 저 늙은이를 꽉꽉 죄는구나. 산악처럼 쌓네. 귀신의 굴속에서 생계를 도모하는 것만은 극력 꺼리는구나.
조주선사가 말했다.
"내가 청주에 있을 때 베적삼을 한 벌 지었는데, 그 무게가 일곱 근이었네."
(夾註) 과연 칠종팔횡이로다. 하늘을 덮은 그물을 걷어 버리니 드디어 조주가 보이는구나. 일찍이 납승의 콧구멍을 잡으니, 도리어 조주의 낙처(落處)를 알겠다. 만약 저 속에 보이는 것을 얻는다면, 곧바로 천상천하 유아독존이리라. 물이 이르니 물길이 생기고 바람이 지나가니 풀이 흔들린다. 만약 혹 그렇지 않다면, 노승이 그대의 발뒤꿈치 아래에 있으리라.

혹자는 만법이 돌아갈 하나를 마음이라고 한다. 일체유심조(일체유심조), 즉 모든 것이 마음이 만든 것이라는 관점에서 보면 맞는 말이다. 그럼 그 하나, 즉 마음은 어디로 갈 것인가? 뒤집어 말하면, 마음은 어디에서 왔는가?

송) 노래한다.

---

195) T48n2003005, 佛果圜悟禪師碧巖錄卷第五, CBETA 電子佛典集成 » 大正藏 (T) » 第48冊 » No.2003 » 第5卷, http://tripitaka.cbeta.org/T48n2003005

부처와 조사가 자비를 드리우니, 진실로 권능이 있어(佛祖垂慈實者[有]權)
말마다 이 경에서 벗어나지 않는구나(言言不離此經宣)
이 경이 나온 곳을 오히려 서로에게 미루니(此經出處還相委)
문득 구름 속으로 쇠 배를 저어 가네(便向雲中駕鐵船)
부디 잘못 알지 말게나(切忌錯會)

부처님과 조사(佛祖)들이 베푼 자비란 진리의 가르침이다. 부처님의 가르침은 중생마다 그 근기에 따라 다르게 말씀하셨던 까닭에, 진제의 세계에서는 '이것이 부처님께서 가르치신 법'이라고 할 것이 없지만(이는 역설적으로 모든 가르침이라고 말할 수도 있다), 현실 세계에서는 사성제, 연기, 팔정도, 무상, 무아, 괴로움 등이 일관되게 가르치신 진리이다. 적어도 이런 가르침들을 우리는 불조들께서 내리신 자비라고 말할 수 있을 것이다. 이런 자비는 진실로 권능이 있다. 권능이 있다고 함은 방편으로서 효력이 있음을 의미한다. 즉, 불조의 가르침에 따라서 사유하고 수행하면 반드시 깨달음에 도달하는 효능이 있다는 의미인 것이다. 그런데 부처님은 이 모든 것이 경에서 나왔다고 하였다.

그러면 '이 경은 어디서 나왔는가?'라는 의문에 대하여는 답이 없다. 서로가 이런저런 말은 많으나, 어느 것 하나라도 정답이 아니다. 여기저기 가져다 붙여 말을 만들기는 해도 위 의문에 꼭 들어맞는 해답은 되기 어렵다. 모든 것이 2% 부족한 것 같다. 그리하여 배가 산으로 가듯, 허공으로 나아가고 있는 것은 아닐까? 쇠 배(鐵船)는 바다에서나 띄울 일이다. 그러나 허공으로 저어 가고 있다. 쇠 배가 어떻게 허공으로 나아갈 것인가? 당착이 아닐 수 없다. 이 경이 어디서 왔는가 하는 문제와 쇠 배가 허공으로 나아가는 것은 같은 대답에 대한 다른 질문이 아닐까 생각해 본다.

경) "수보리야. 소위 불법이란 곧 불법이 아니다."
須菩提所謂佛法者即非佛法。

말하는바 일체의 문자와 장구는 물건을 식별하게 하는 표식과 같거나 혹은 달을 가리키는 손가락과 같다. 표식에 의거하여 물건을 취하며 손가락에 의지하여 달을 바라본다. 달은 손가락이 아니며, 물건은 표식이 아니다. 경에 의지하여, 정확하게는 경의 장구에 의지하여, 법을 알게 되지만, 경은 법이 아닌 것을 비유한 것이다. 경문은 육안으로 볼 수 있고, 법은 혜안으로 볼 수 있다. 만약 혜안이 없으면 그 문자만 볼 수 있을 뿐 법은 볼 수 없고, 법을 볼 수 없으면 곧 부처의 뜻을 이해할 수 없으며, 부처의 뜻을 이해할 수 없으면 경을 읽어도 깨달음을 이룰 수 없다(육조 혜능).

손가락(指)은 비유이다. 손가락은 가르침을 가리키는 표지이고 달은 가르침 자체이다.『능가경』제5권에서 "어리석은 자는 손가락으로 달을 가리키는 것(指月)을 보면 손가락을 지켜볼 뿐 달은 보지 않는다. 문자나 헤아리고 집착할 뿐 나(여래)의 진실은 보지 않는 것"이라고 하였다.[196]『능엄경』제2권에서는 "누군가가 손으로 달을 가리켜 사람에게 보여 주면, 그 사람은 손가락을 따라서 당연히 달을 보아야 한다. 만약 손가락을 보고 달의 실체(月體)라고 생각한다면, 이 사람은 마침내 달의 실체도 망실하고 그 가리키는 손가락도 잃고 말 것이다. 왜냐하면, 가리키는 표지를 가지고 명월이라고 생각하고 있기 때문"이라고 하였다.[197] 또『지도론』제9권에서는 "어떤 사람이 손가락으로 달을 가리키듯 미혹을 보여 주는데, 그 미혹된 자가 손가락은 보면서 달은 보지 않는다면, 그 사람은 (미혹된 자에게) '나는 손가락으로 달을 가리켜 그대에게 알려 주는데, 그대는 어찌하여 손가락은 보면서 달은 보지 않는가?'라고 말할 것이다. 경 또한 이와 같나니, 말은 뜻을 가리키는 손가락일 뿐 뜻이 아니다."라고 하였다.[198]

이처럼 불법은 불법이 아닌 것이다. 앞의 불법이란 말은 경과 그 속의 언구를 가리킨다. 뒤의 불법은 부처님께서 가르치신 법의 진정한 뜻, 즉 종지를 가리킨다. 경과 그

---

[196] T16n0672005, 大乘入楞伽經卷第五, 大周于闐國三藏法師實叉難陀奉 勅譯, 無常品第三之餘, 大乘入楞伽經刹那品第六CBETA 電子佛典集成 》 大正藏 (T) 》 第16冊 》 No.0672 》 第5卷, http://tripitaka.cbeta.org/T16n0672005

[197] T19n0945002, 大佛頂如來密因修證了義諸菩薩萬行首楞嚴經卷第二(一名中印度那蘭陀大道場經，於灌頂部錄出別行), 唐天竺沙門般剌蜜帝譯, CBETA 電子佛典集成 》 大正藏 (T) 》 第19冊 》 No.0945 》 第2卷, https://tripitaka.cbeta.org/

[198] T25n1509009, 大智度論 第9卷, 大智度初品中放光釋論之餘(卷第九), 龍樹菩薩造, 後秦龜茲國三藏法師鳩摩羅什奉 詔譯, CBETA 電子佛典集成 》 大正藏 (T) 》 第25冊 》 No.1509 》 第9卷, http://tripitaka.cbeta.org/T25n1509009

언구도 불법이지만, 그 속에 담긴 부처님의 가르침도 불법이다. 그런데 경이나 그 언구는 부처님의 가르침을 전하기 위한 수단이며, 아뇩다라삼먁삼보리로 갈 수 있도록 실어 나르는 지혜의 배(般若船)이고 수레인 것이다. 그러나 이에 집착하여서는 안 된다. 뗏목의 비유가 가르치는 것은, 경이나 경 속의 언구, 그 언구들이 가지고 있는 가르침(지혜)에 얽매이는 것을 경계하는 것이다. 그러므로 불법은 불법이 아니라고 말씀하신 것은 뗏목의 비유의 가르침과 같은 취지라고 할 수 있겠다.

착어) (내가) 가지고 있는 밀과자를 그대의 쓴 호로와 바꿀 수 있다 (能持蜜菓子換汝苦葫蘆).

밀과자(蜜果子)는 달콤한 과자를 가리킨다. 쓴 호로(苦葫蘆)는 독성이 있어서 먹을 수 없는 호로(葫蘆, 무우)를 가리킨다. 바꿀 수 있다는 말은 두 가지 의미로 사용되었다. 하나는 물리적으로 교환할 수 있음을 의미한다. 밀과자는 달콤한 과자인데, 이는 누구나 먹을 수 있고 입에 착 붙으므로 누구나 좋아하는 것이다. 쓴 호로는 쓰고 독성이 있어 일반적으로 먹을 수 없으므로 극히 일부를 제외하고는 좋아하지 않는다. 그러므로 밀과자와 쓴 호로를 바꾸는 것은 얼핏 손해일 것 같다. 그러나 달리 생각하면, 쓴 호로의 독성이 약제로서 효력이 있다거나, 혹은 그 독성을 제거하고 먹었을 때 영양이 아주 풍부한 것이라면 이야기는 달라진다. 쓴 호로의 독성을 약재로 다룰 줄 알거나 그 독성을 제거할 줄 아는 사람에게는 쓴 호로가 약을 제조하거나 영양식을 준비하는 데 훌륭한 재료일 수 있다. 그러나 밀과자는 과도한 당분 때문에 오히려 해가 될 수도 있다. 즉, 어느 것이 좋은 것인지 나쁜 것인지는 사용 환경이나 기술에 따라 정도의 문제일 뿐 나름 훌륭한 쓰임새가 있는 것이다. 또한, 착어는 어느 하나에는 수순하고 다른 하나는 위역하는 것을 경계하는 의미도 담고 있다. 나아가 밀과자든 쓴 호로든 어느 것을 간택함으로써 걸리거나 막히는 상황을 초래하지 않도록 주의하는 의미도 있다. 나아가 깨달음의 세계에서는 밀과자와 쓴 호로의 구분 자체가 없음에도 주목할 필요가 있을 것이다.

송) 노래한다.

불법이건 아니건, 놓아주었다 뺏었다 할 수 있으며(佛法非法能縱能奪)
풀거나 거둘 수도 있고, 살릴 수도 죽일 수도 있네(有放有收有生有殺)
미간에는 항상 백호광을 뿜는데(眉間常放白毫光)
어리석은 사람은 오히려 보살을 기다려 묻는구나(癡人猶待問菩薩)

불법비법(佛法非法)의 어구를 어떻게 해석해야 할까? 불법은 곧 불법이 아니라는 경의 본문에 대하여 노래한 송은 일종의 중송(重頌)이라고 할 수 있기 때문에 경의 뜻을 해치지 않는 범위 내에서 송을 해석해야 한다. 그러므로 불법비법(佛法非法)이란 어구는 "불법은 법이 아니"라거나, "불법이건 비법이건"이라고 해석해서는 곤란할 것 같다. 즉, 경의 본문이 불법은 불법이 아니라는 어구를 근거로, "불법이건 (불법이) 아니건"이라고 해석하는 것이 알맞을 것 같다.

불법이건 불법이 아니건, 놓을 수도 있고 빼앗을 수도 있으며, 풀어놓을 수도 있고 거둘 수도 있으며, 죽일 수도 있고 살릴 수도 있다면, 주체는 없고 객체와 행위만 있다. 주체가 없다고 해서 완전히 모르는 것은 아니다. 불법이건 불법이 아니건 그 어떤 것을 생사여탈, 능종능탈할 수 있다면, 그야말로 전지전능한 존재가 아닐까 생각한다. 전지전능이란 그 어느 것에도 간택이나 걸림이 없이 자유로울 수 있는 권능을 의미한다. 이러한 존재라면 부처님이 으뜸일 것이다. 다음으로 깨달음 자체 혹은 깨달음의 세계에 들어간 존재들일 것이다. 나아가 그것은, 비록 무시이래의 업장에 묻혀 있기는 하지만, 우리가 본래 갖추고 있는 여래성, 불성, 진여라고 해도 무방할 것이다.

우리 모두는 이러한 여래성, 불성, 진여를 갖추고 있다. 그렇기 때문에 미간에서 부처님과 다름없이 백호광을 발산하고 있는 것이다. 그러함에도 우리 안에 있는 절대 능력자, 불성을 찾을 생각은 않고 밖에서 그것을 찾으려거나, 외물에 의지하여 깨달음을 이루겠다는 것은 어리석은 짓이 아닐 수 없는 것이다.

제9분 일상은 무상이다(一相無相分)

1. 의의

성인의 과위는 비록 4단계의 모습-사상(四相)을 가지고 있어도 본래 다름이 없다. 그렇기 때문에 하나의 상이라도 상이 없는 것과 같다. 경 제9분에서는 성문승이 수행을 통하여 얻게 되는 네 가지 성인의 지위, 즉 수다원, 사다함, 아나함, 아라한의 네 성인위(聖人位)에 대하여, 이들 성인위를 이루었다고 생각하여서는 아니 되는 점을 부처님과 수보리 사이의 대화를 통하여 밝힌다.

경이 언급하고 있는 각 성인위들을 단계별로 각각 하나의 깨달음의 모습이라고 볼 수 있다. 그러면 성인의 네 가지 모습, 즉 사상(四相)이라 할 수 있다(이 성인의 상은 아상, 인상, 중생상, 수자상의 사상과 어떻게 다른가? 생각해 보자). 그리고 왜 성인의 지위를 이루었다고 생각해서는 안 되는가? 공의 입장에서 보면, 수다원이든 사다함이든 아나함이든 아라한이든 모두 공하다. 모두가 수행을 통하여 최상의 깨달음을 이루어 가는 과정 중의 하나일 뿐 그 본체가 공함은 모두 같은 것이다. 최상의 깨달음도 공한데, 그 아래의 깨달음 수준에서야 더욱 그러하지 않겠는가? 즉, 깨달음이라고 말은 하지만, 이름일 뿐이고, 그 실체는 공한 것이다. 그러므로 어느 것을 얻었다 혹은 이루었다는 생각은 얻을 것이 없는 것을 얻었다고 생각하는, 전도된 생각일 뿐이며, 이런 전도된 생각은 또 하나의 허상일 뿐 깨달음이 아니기 때문이다.

진여실상은 혼연하여 하나의 모습이다. 그러므로 이를 일상이라 한다. 그런데 이 실상은 얻을 수 있는 것이 아니다. 그러므로 무상이다. 『지도론』제27권에서 "일상은 소위 무상"이며, 그러므로 "각종 도를 말하지만, 이는 초학들에게 해당하는 것이고, 나중에는 모두 하나의 제법실상으로 들어가 어떠한 차별도 없어지는 것"이라고 한 것[199]은 이러한 이유에서이다. 부연하여 설명하면, 진여실상은 적멸 평등하기 때문에 일상이라 한다. 바꾸어 말하면, 일상(一相, 梵 eka-laksana)은 평등, 무차별한 진여실상을 가리키는 것이며, "다름이 없는 모습"을 말하는 것이다. 즉, 온갖 상이 차별이 없는, 평등한 하나의 맛인 것을 말한다.『법화경』비유품에서 "모두 일상이요 일종이니 성인이 찬탄하는 것"이라고 하였다. 이를 천태종에서는 "일승은 둘이 없고(一乘無二), 해탈은 동일하다."라고 풀이한다. 그러므로『법화경』약초유품에서, "여래의 말씀은 하나의 상에 하나의 맛(一相一味)이니, 소위 해탈상, 이상(離相), 멸상이며 구경에는 일체종지에 이른다."라고 하였던 것이다.[200] 이는 곧 셋(성문승, 독각승, 보살승 등 삼승)을 열어 하나(불승)를 드러내며, 셋을 모아 하나로 돌아가는(會三歸一) 지극한 뜻인 것이다.

또 일상, 즉 진여실상은 얻을 수 없기 때문에 무상이라고 한다. 제법은 하나하나가 일체를 두루 섭수하며, 법마다 서로 가없이 두루한다. 하나하나의 법의 당체는 적멸 평등한 실상이며, 본래 삼가상(三假相), 즉 말로 인한 상(言說相), 이름으로 인한 상(名字相), 마음에 반연한 상(心緣相)을 벗어나 있다. 그러므로 하나의 상은 상이 없다고 하는 것이다.

---

199) T25n1509027, 大智度論釋初品大慈大悲義第四十二(卷二十七), 聖者龍樹造, 後秦龜茲國三藏鳩摩羅什譯, CBETA 電子佛典集成 » 大正藏 (T) » 第25冊 » No.1509 » 第27卷, http://tripitaka.cbeta.org/T25n1509027

200) T09n0262003, 妙法蓮華經卷第三, 後秦龜茲國三藏法師鳩摩羅什奉 詔譯, 藥草喻品第五 CBETA 電子佛典集成 » 大正藏 (T) » 第9冊 » No.0262 » 第3卷, http://tripitaka.cbeta.org/T09n0262003

[공부]

무상(無相)이란

무상(無相)이란 진리를 가지고 모든 상을 끊은 상태를 말한다. 또 열반을 이루어 남녀 등 십상(十相)을 떨쳐 낸 상태를 말한다. 『무량의경(無量義經)』에서 "무량의는 하나의 법에서 나왔으며, 그 하나의 법이 바로 무상"이라고 하였다.[201] 『열반경』 제30권에서 "열반을 무상이라 한다. 어떤 이유로 무상이라 하는가? 선남자야. 십상이 없기 때문이다. 무엇을 십상이라 하는가? 색상, 성상, 향상, 미상, 촉상, 생상, 주상, 괴상, 남상, 여상 등을 십상이라 한다. 이들 상이 없으므로 무상이라 하는 것"이라고 하였다.[202] 『대승의장』 제2권에서 "무상이라 함은 두 가지 뜻이 있다. 하나는 이치에 대하여 이름을 드러내어 온갖 상을 끊기 때문에 무상이라 한다. 다른 하나는 열반법상의 풀이와 관련하여, 열반이라는 법은 십상이 없어졌기 때문에 무상이라 한다."라고 하였다.[203] 『유마경』 불이법문품에서 "일상과 무상은 둘이지만, 만약 일상을 알면 그게 바로 무상이다. 또한, 무상을 취하지 않고 평등에 들어가면, 이것이 불이법문에 들어가는 것"이라고 하였다.[204] 『지관』 제1권에서 "항상하는 경계는 무상이며, 항상하는 지혜는 무연(無緣)이다. 무연의 지혜는 무상의 경지에 이르는 조건이며, 무상의 경지는 무연의 지혜에 상응한다."라고 하였다.[205]

---

201) T09n0276001, 無量義經, 德行品第一, 蕭齊天竺三藏曇摩伽陀耶舍譯, CBETA 電子佛典集成 » 大正藏 (T) » 第9冊 » No.0276 » 第1卷, http://tripitaka.cbeta.org/

202) T12n0374030, 大般涅槃經卷第三十, 北涼天竺三藏曇無讖譯, 師子吼菩薩品第十一之四, CBETA 電子佛典集成 » 大正藏 (T) » 第12冊 » No.0374 » 第30卷, https://tripitaka.cbeta.org/T12n0374030

203) T44n1851002, 大乘義章卷第二, 遠法師撰, 義法聚中此卷有七門(三解脫門義亦名三空義 三有為義 三無為義 四空義 四優檀那義 四悉檀義 四真實義), 三解脫門義八門分別(釋名一 辨性二 分別三 制定其名四 制立其數五 次第之義六 就地分別七 重空之義八), CBETA 電子佛典集成 » 大正藏 (T) » 第44冊 » No.1851 » 第2卷, https://tripitaka.cbeta.org/T44n1851002

204) T14n0475002, 維摩詰所說經卷中, 姚秦三藏鳩摩羅什譯, 維摩詰所說經入不二法門品第九, CBETA 電子佛典集成 » 大正藏 (T) » 第14冊 » No.0475 » 第2卷, http://tripitaka.cbeta.org/T14n0475002

205) T46n1911001, 摩訶止觀卷第一(下), 隋天台智者大師說, 門人灌頂記, CBETA 電子佛典集成 » 大正藏 (T) » 第46冊 » No.1911 » 第1卷, http://tripitaka.cbeta.org/

> [공부]
> ## 화엄종의 일상(一相)
>
> 그러나 화엄종은 무상에 대하여 동교의 일승(一乘)과 나란히 취급하여, 단지 일상의 방편만 밝히는 것일 뿐 주반구족, 주반무진의 법에는 이르지 못하였다고 주장한다. 주반(主伴)이란 주인(主)과 동반자(伴, 반려자, 따르는 자, 시자, 시종)를 가리킨다. 즉, 주체와 종속, 주인과 객을 함께 칭하는 말이다. 화엄종에서는 주반의 관계를 다음 세 가지 경우로 설명한다.
> - 주반구족(主伴具足): 화엄종이 이야기하는 법계연기의 현상으로, 이것이 주가 되면 저것은 종이 되며, 저것이 주가 되면 이것은 종이 된다. 이처럼 주와 종이 구족되어 그 섭수하는 덕이 다함이 없는 것을 주반구족이라 한다.
> - 주반무진(主伴無盡): 모든 존재가 각각 주가 되고 종이 되어 서로 즉하고(相卽) 서로 들어감(相入)이 얽히고설켜 다함이 없는 것(重重無盡)을 말한다.
> - 호위주반(互爲主伴): 연화장 세계의 크고 작은 석가(應身佛)가 서로 주반이 되는 것을 말한다. 금강계와 태장계 둘 다 제존이 서로 주반이 된다고 한다. 이것이 화엄에서 말하는 16연기문의 주반구족상응문(主伴具足相應門)이기도 하다.
>
> 선종의 조동종에서는 항상 주를 정(正)으로 삼고 반을 편(偏)으로 삼아 정편회호(正偏回互)의 법을 설명한다. 선종에서는 주반동회(主伴同會)라는 말도 있는데, 이는 부처(主)와 보살(伴)이 법회에 동석하는 것을 말한다. 평등무차별한 상태를 의미한다.

송) 노래한다(頌).

일상이란 본래 처음부터 있지 않고(一相本來元不有)
좋은 구슬은 꿰뚫려 양끝이 비었다네(明珠鑽透兩頭空)
사과(四果)가 몸을 편히 할 곳임을 알려 한들(要知四果安身處)
거울은 깨져 형체조차 잊혔는데 어찌 종적이 있으리요(鏡破形忘那有蹤)

일상이란 오직 하나뿐인 상이며, 혼연하여 얻을 수 없다. 일상은 인연화합에 의한 유위의 상이 아니다. 오직 공 그 자체일 뿐이다. 그러므로 실제로 유위의 입장에서 보면 어느 한 상도 없는 것이다. 그렇게 공 자체인 것이 바로 진여실상이다.

이 진여실상은 얻어지는 것이 아니다. 비워야 도달한다. 모든 것이 없어져야 비로소 진여실상이 드러나는 것이다. 구슬이 서 말이라도 꿰어야 보배이고, 구슬이 꿰어지려면 구멍이 뚫려야 하며, 구멍이 뚫리면 양쪽이 비게 된다. 곧 양 끝이 비었다 함은 구슬이 꿰뚫린 것을 의미하고, 꿰뚫림은 공해짐을 의미한다. 환언하면, 구멍이 뚫려 좋은 구슬이 된 것은 구멍의 양 끝이 비어 있어 막힘이 없기 때문이다. 진여실상이란 것도 뚫린 구슬과 같은 것이다.

사과(四果)는 성인의 지위이다. 진여실상을 가리고 있는 거칠고 무겁거나 혹은 미세한 오분결(五分結)을 털어 내어야 도달할 수 있는 깨달음의 경지이다. 이런 경지는 안신처, 즉 우리의 몸을 편안하게 가질 수 있는 곳이 될 수 있다. 오분결이 줄어들거나 없어져서 번뇌가 사라진 상태이므로 편안할 수밖에 없다.

이런 상태가 되려면 어찌해야 하는가? 거울을 깨뜨려야 한다. 그 거울은 세상의 모든 것을 반영하여 비춰 줌으로써 우리를 번거롭고 힘들게 하는 원인이 된다. 그러나 깨진 거울은 아무것도 반영할 수 없다. 그러므로 거울을 들고 비추어 봄으로써 생기는 번뇌는 거울이 없어짐으로써 사라지는 것이다. 거울이란 우리 마음의 거울을 말한다. 내 마음에서 내가 만들어 놓은 거울인 것이다. 이 거울에는 모든 사물이 내가 만든 틀 속에 그대로 반영된다. 그런데 세상은 내가 만든 거울에 비치는 모습이 아니다. 세상의 본래 모습과 내가 만든 거울에 비친 모습이 다를 때, 번뇌가 일어나는 것이다. 세상을 바꿀 것인가? 내가 내 마음의 거울을 깰 것인가? 거울을 깨는 것이 바른길이고, 부처님은 이 길을 선택하셨다.

여하튼 거울이 깨지고 나면 상이 모두 사라진다. 상이란 형체가 거울에 비친 모습이다. 즉, 거울에 비친 상이란 외부의 형체가 거울에 반영된 것이다. 즉 형체의 흔적인 셈이다. 거울이 깨지면 상은 사라지고 형체조차 찾을 수 없다. 형체가 잊혀졌다 함은 상이 없어졌음을 의미하며, 형체가 남기는 흔적이 없어졌음을 의미하는 것이다. 다시 말해서 상, 즉 흔적이 없어지면 형체조차 사라지는 것이다. 이렇게 외부의 형체가 사라지는 것은 내 마음의 거울을 깨뜨려 그 형체의 흔적을 지우는 것(이는 곧 훈습된 것들을 털어 내는 것에 비유한 것이라고 볼 수도 있겠다)과 같다.

경에서 수다원, 사다함, 아나함, 아라한의 과위(果位)를 얻었다고 생각할 수 없다고 한 것은 그렇게 생각하는 것 자체가 마음의 거울에 비친 상이며, 그 상이 있는 한 사과가 안신처가 될 수 없으며 오히려 집착의 대상이 되어 번뇌로 다가오기 때문이다. 무엇이든 마음에 두고 집착하는 것은 안신처가 될 수 없고 번뇌의 원인이 될 뿐이다.

2. 내용

[第四疑斷] 성문이 과위를 얻는 것도 취한 것(聲聞得果是取)이라는 의심을 끊는다. 이 의심은 위에서 말한 불법은 곧 불법이 아니다(佛法即非佛法)에서 나온다.

여태껏 성인은 무위법으로 불렸으며, 이러한 까닭으로 그 법은 취할 수도 없고 말할 수도 없다고 말하였다. 그런데 만약 수다원 등 성인이 자신의 과위를 취하였다고 한다면, 어떻게 그 법을 취할 수 없다고 말할 수 있는가? 이미 증득하였다고 말하였는데, 어떻게 말할 수 없는 것이 될 것인가? 이 의심을 없애기 위하여 경에서 말한다.

경) 수보리야. 어떠냐? 수다원이 나는 수다원과를 얻었다고 생각할 수 있느냐?
수보리가 대답했다.
"불가합니다. 세존이시여. 왜냐하면, 수다원이란 흐름에 들어간 것(入流)을 말하는데, 들어간 바가 없는 것, 색성향미촉법에 들어가지 않는 것을 수다원이라 하기 때문입니다."
須菩提於意云何須陀洹能作是念我得須陀洹果不須菩提言不也世尊。
何以故須陀洹名為入流而無所入不入色聲香味觸法是名須陀洹。

수다원은 수행인이 얻는 최초의 성인 과위이다. 경에서 수다원을 흐름에 들어간 것이라고 하였다. 흐름(流)이라는 말에는 두 가지 의미가 있다. 하나는 역류(逆流)라는 의미이다. 이 말은 생사윤회의 흐름을 거스르는 것을 의미한다. 나고 죽는(生死) 끊임없는 유전(流轉)을 거슬러 깨달음의 세계로 나아가는 것을 역류라고 한다. 구체적으로, '역'이란 생사를 거스르는 것이요, '류'란 육진에 물들지 않고 한 방향으로 무루업을 수행함으로써 거칠고 무거운 번뇌가 생겨나지 않아서 지옥, 축생, 아수라 등 이류(異類)의 몸을 확정적으로 받지 않게 되는 것이다. 이는 곧 성인의 반열에 들어섰음을 의미하는 것이기도 하다. 다른 하나는 순류(順流)라는 의미이다. 이는 생사의 흐름에 따라 계속해서 유전하는 것을 말한다.

경에서 흐름이란 깨달음의 세계로 나아감에 있어서 자량위, 가행위, 견도위, 수도위, 무학위의 순서로, 물줄기가 흘러가는 흐름처럼, 깨달음을 이루어 나가는 것을 의미한다. 이런 의미에서 수다원은 성인의 흐름에 드는 것이요, 견혹을 모두 끊고 지옥, 아귀, 축생 및 아수라 등 네 개의 나쁜 세계에 태어나는 것(四趣生)을 벗어나 성인의 흐름에 들어갔음(預入)을 의미한다. 이러한 이유로 수다원을 입류라고 하는 것이다. 요컨대, 수다원이란 거칠고 무거운 번뇌를 떨쳐내고 성인의 흐름에 들어갔기 때문에 얻은 이름인 것이다.

수다원과란 무상법(無相法)을 잘 알아서 과위를 얻었다고 하는 마음이 없어야 하며, 조금이라도 과위를 얻었다는 마음이 있으면 수다원이라고 말할 수 없다는 것이다. 경에서 들어간 바가 없다고 함은 들어간 흐름에 집착하지 않는 것, 및 육진경계에 집착하지 않듯, 수다원이라는 성인의 과위에 들어갔다는 생각조차 하지 않는 것을 말하는 것이다. 그러므로 수보리가 "아닙니다(不也)."라고 대답하였던 것이다.

[공부]

순류와 역류

1) 순류(梵 anusroto-gāmin, 巴 anusota-gāmin): 수류(隨流)라고도 한다. 중생이 삼계육도의 생사의 흐름에 따라 미혹의 세계를 윤회전생하는 것을 말한다. 중생이 미혹을 일으키고 업을 짓는 것은 생사의 흐름을 따르며 열반의 길에 위배하는 것이다. 즉, 생사의 인과에 유전하는 것을 가리킨다.
『마하지관』 제4권(상)에 의하면, 수행인은 순류십심으로 인하여 전도되어 나쁜 짓을 하고 중대한 잘못을 쌓아 생사를 유전하는데, 역류십심으로 이들 잘못을 다스려야 한다고 하였다. 순류십심은 다음과 같다.[206]

---

206) T46n1911004, 摩訶止觀卷第四(上), 隋天台智者大師說, 門人灌頂記, CBETA 電子佛典集成 » 大正藏 (T) » 第46冊 » No.1911 » 第4卷, http://tripitaka.cbeta.org/T46n1911004

- 무명혼암심(無明昏闇心): 중생의 내심은 무명으로 인한 미혹 때문에 망령되이 인아집을 헤아려 전도된 망상을 일으켜 널리 온갖 업을 지으며 생사를 유전하는 것
- 외순악우심(外順惡友心): 중생이 안으로 번뇌를 갖고 밖으로 나쁜 친구에 미혹되어 정행심을 잃어버리는 것
- 무수희심(無隨喜心): 타인의 선행에 대하여 기뻐하지 않음
- 종자삼업심(縱恣三業心): 멋대로 신구의 삼업의 죄를 짓는 것
- 일체처기악심(一切處起惡心): 일체처에 널리 나쁜 마음을 일으키는 것
- 상념악사심(常念惡事心): 늘 나쁜 짓을 하려는 마음을 가짐
- 복장죄심(覆藏罪心): 자신의 허물을 덮고 참회하는 마음이 없는 것
- 불외악도심(不畏惡道心): 악도에 들어가는 것을 두려워하지 않는 것
- 무참무괴심(無慚無愧心): 온갖 나쁜 짓을 하고서도 참괴하는 마음이 없는 것
- 일천제심(一闡提心): 일체의 인과의 도리를 부정하는 것

2) 역류(逆流): 수다원을 뜻으로 한역한 말. 처음으로 생사의 흐름을 거슬러 열반의 길로 들어선 것을 의미한다. 환멸(還滅)의 인과를 가리킨다. 중생은 무시이래로 미혹을 일으키고 업을 지으며 생사의 흐름에 따라왔기 때문에 윤회를 벗어나기 어렵다. 그러므로 그 흐름을 거스른다는 마음으로 이를 다스려야 한다. 보살계를 받는 의식에서 역류십심을 거론한다.[207]

- 인과를 바르게 믿는 마음
- 스스로 부끄러워하며 책망하는 마음
- 악도를 두려워하고 경외하는 마음
- 자신의 허물을 드러내는 마음
- 끊임없이 이어 오는 것을 끊으려는 각오
- 보리심을 낼 것
- 공을 닦아 잘못을 보완하는 마음
- 정법을 수호하는 마음
- 시방의 부처를 염하는 마음
- 죄의 자성은 공하다고 관찰하는 마음

경) 수보리야. 어떠냐? 사다함이 나는 사다함과를 얻었다고 생각할 수 있느냐? 수보리가 말했다.

---

207) T46n1911004, 摩訶止觀卷第四(上), http://tripitaka.cbeta.org/T46n1911004

"아닙니다. 세존이시여. 왜냐하면, 사다함은 한 번 가고 오는 것이나,
실제로 가고 옴이 없는 것을 사다함이라 하기 때문입니다."
須菩提於意云何斯陀含能作是念我得斯陀含果不須菩提言不也世尊何以故斯陀含名一往來而實無往來是名斯陀含。

   사다함이란 산스크리트어로 '한 번 왕래하다(一往來)'라는 뜻이다. 욕계, 색계, 무색계 등 삼계의 결박을 버렸고, 삼계의 맺힘(結, 번뇌)이 다하였기 때문에 사다함이라 한다. 사다함을 한 번 왕래라고 하는 것은, 천상에서 인간으로 태어나거나 인간에서 천상으로 태어나는 생사를 한 차례만 치르면 마침내 생사를 벗어나고 삼계의 업진(業塵)이 다한다는 의미이다.
   대승에서는 사다함이란 눈으로는 온갖 대상을 보지만, 마음으로는 한 번의 생멸이 있을 뿐 제2의 생멸은 없기 때문에 한 번 왕래라고 한다고 이해한다. 또 한 번 왕래라고 하는 것은, 생각이라는 관점에서 파악하여, 앞의 생각이 망령되게 일어났지만, 다음 생각에서는 그 망령됨이 멎고, 앞의 생각에서는 집착하였으나 뒷생각에서는 그 집착을 버린 것을 의미하는 것으로 이해하기도 한다. 통상 사다함을 존재론적으로 한 번 왕래를 의미한다면, 대승에서는 사다함을 심리적으로 한 번 왕래하는 것을 의미한다고 보면 될 것 같다.
   보다 구체적으로 말하면, 사다함은 욕계의 아홉 가지 사혹(思惑) 중 앞의 여섯 가지는 끊었으나 뒤의 세 가지는 아직 끊지 못하여 욕계에 한 차례 더 생을 받아야 한다. 그러므로 한 번 왕래라 하는 것이다. 그러나 경에서 진실로 왕래가 없다(無往來)고 하는 것은 왕래한다는 생각에 집착하지 않는다는 의미이다.

경) "수보리야. 어떠냐? 아나함이 나는 아나함과를 얻었다고 생각할 수 있느냐?"
수보리가 대답했다.
"아닙니다. 세존이시여. 왜냐하면, 아나함이란 오지 않음(不來)이라고 말하는데,
실제로는 온 것 없기 때문입니다. 그러므로 아나함이라 부릅니다."
須菩提於意云何阿那含能作是念我得阿那含果不須菩提言不也世尊何以故阿那含名為不來而實無來是故名阿那含。

아나함은 산스크리트어로 불환(不還), 즉 다시 돌아오지 않는다는 뜻이다. 구체적으로는 욕계에 다시는 태어나지 않는다는 의미이다. 욕계를 벗어났다는 뜻이다. 그래서 출욕(出欲)이라고도 한다. 출욕이란 가욕(可欲)의 대상을 외부에서 구하지 않고 안으로 욕심 없이 선정을 수행할 수 있기 때문에 그렇게 부른다. 또한, 욕계에서 볼 때, 다시는 돌아오지 않으므로 '불환'이라고 하며, 욕계에 태어나지 않기 때문에 '불래'라고 한다. 욕심으로 인한 습기를 영원히 다함으로써 욕계에는 확정적으로 태어나지 않으니 불래인 것이다.

아나함은 욕계의 사혹을 모두 끊어 욕계에 다시 태어나지 않기 때문에 불래라 하지만, 경에서는 불래라고 하나 실제로는 오지 않았다고 하고, 그러므로 아나함이라고 이름 붙여 부를 뿐이라고 한다. 이는 여래란 오고 감이 없음을 말하는 것과 같다. 세간에서 볼 때는 오지 않는 것이지만, 와도 온 것이 아니고 가도 간 것이 아닌 출세간의 진제에서 볼 때는 오지 않은 것이 아니라, 오고 감 자체가 아예 없음을 의미하는 것이다. 그러므로 오지 않는다는 것은 오고 감의 상을 갖지 말라는 의미인 것이다.

경) 수보리야 ~ 아나함이라 (하기 때문입니다)(須菩 ~ 那含)

착어) 제행이 무상하니 일체가 괴로움이네(諸行無常一切皆苦).

불교의 기본개념 중의 하나가 삼법인(三法印)이다. 삼법인이란 제행무상(諸行無常), 제법무아(諸法無我), 일체개고(一切皆苦)를 가리킨다. 여기에 대승삼법인이라고 하여 일체개고를 빼고 열반적정(涅槃寂靜)을 더하여 삼법인이라고 주장하기도 한다. 혹은 넷을 모두 함께 칭하여 사법인이라고 하기도 한다. 어떻게 주장하든 주장하는 자의 의지이겠으나, 부처님의 가르침에 충실하자면, 일체개고는 빠질 수 없다. 왜냐하면, 부처님의 출가와 구도의 목적이 중생이 직면한 고통, 괴로움을 해결하고자 하는 것이었기 때문에, 이것이 빠지면 불교의 전제가 무너지기 때문이다. 삼법인이란 이 세상의 모든 유위법이 가지고 있는 세 가지 특징을 말하는 것이지만, 열반적정은 이들 삼법인의 특징을 가지고 있는 유위법과는 대칭되는 무위법이라는 점을 고려하면, 열반적정을 삼법인이라고 하는 것은 잘못이 아닌가 생각한다.

그런데 삼법인은 그 계차(階次) 혹은 인과가 있다. 즉, 제행무상과 제법무아는 같은 반열이라고 보면 된다. 그리고 일체개고는 이 두 가지 특징을 가진 법에 대하여 갈애하고 집착함으로 인하여 발생되는 결과라고 보면 될 것이다. 즉, 삼법인 사이에도 인과관계가 성립하는 것이다. 정리하면,

[제행무상, 제법무아(법의 특성) + 갈애, 집착(유정의 특성)](=원인) ⇒ 일체개고(=결과)

원인(조건)		결과
법의 특성	제행무상	일체개고
	제법무아	
+		
유정의 특성	갈애	
	집착	

착어에서 제행이 무상하니 일체가 괴로움이라고 한 것은 경의 수다원에서 아나함까지의 성인의 계위에 관한 장구에 대한 것이다. 이들은 아직 오하분결과 오상분결을 모두 떨쳐 내지 못하였기 때문에 제행이 무상한 단계이며, 그에 대한 갈애와 집착 때문에 모든 괴로움에서 벗어나지 못한 단계이다. 이 단계에서는 자칫 잘못하여 퇴행을 거쳐 성인의 지위에서 떨어져 버릴 수 있다.

송) 노래한다.

삼위의 성문은 이미 번뇌를 벗어났고(三位聲聞已出塵)
오든 가든 적정을 구하지만, 친소가 있다네(往來求靜有疎親)
사과를 분명히 밝히나니, 원래 과위란 없어(明明四果元無果)
허수아비같이 빈 몸이 바로 법신이라오(幻化空身卽法身)

삼위의 성문이란 수다원, 사다함, 아나함까지의 세 과위의 성인들을 말한다. 이들은

비록 성인이라고 하지만 성문의 반열이라고 선을 그음으로써 대승의 보살승과 다르게 보고 있다. 그렇다고 해도 이들은 이미 번뇌를 벗어 성인의 반열에 들어간 수행자들이다. 이들의 명칭에서 보듯 수다원은 일곱 번을 욕계에 왔다 가야 하며, 사다함은 한 번 욕계에 왔다 가야 하고, 아나함은 욕계는 벗어났으나 색계는 아직 벗어나지 못한 지위이다. 그들이 이렇게 오고 가는 것은 바로 열반을 이루어 적정을 얻기 위함이다. 그런데 아직 이들은 번뇌를 씻어 낸 정도에 차이가 있어서 그 깨달음의 정도에도 차이가 있다. 이 말은 곧 열반을 이루어 적정을 구하는 데도 가깝고 먼 차이가 있음을 의미하는 것이다.

이렇도록 사과(四果), 즉 네 가지 성인의 과위를 모두 밝혀 완전한 성인이 되지만, 그러나 중요한 것은 이들 네 성인의 지위가 원래 있는 것이 아니라는 것이다. 진여실상은 공 자체이니, 어찌 깨달음의 정도를 가지고 성인의 지위를 논할 것인가? 공에 완전히 도달하지 못한 상태에서 네 가지 성인의 지위를 나누고 각 지위별로 미혹과 번뇌를 씻어 낸 정도가 다름을 이야기할 뿐이다. 모든 번뇌와 미혹은 걷어 내고 나면 결국 공이다. 이 상태가 바로 열반적정의 상태인 것이다.

허수아비란 원래 나무 막대기에 베 조각을 덮거나 짚을 묶어 사람의 형상을 만든 것이다. 이렇게 만들어진 허수아비는 우리 인간의 몸도 마음도 없다. 인간이 비록 몸과 마음이 있지만, 실은 공이다. 이렇게 보면, 우리 인간이란 것이 허수아비와 다름이 없는 것이며, 무일물(無一物)이라는 공의 입장에서 보면, 법신이란 것도 허수아비에 지나지 않는 것이다.

[공부]

법신과 허수아비

현각영가대사의 증도가 중에 다음과 같은 구절이 있다.[208]
  (전략)
  무명의 진실한 본성이 곧 불성이며(無明實性卽佛性)
  허수아비의 빈 몸이 곧 법신이라(幻化空身卽法身)
  법신이 무일물임을 깨닫고 나면(法身覺了無一物)
  본원의 자성이 천진불이라네(本源自性天眞佛)
  (후략)

천진불을 깨달으면, '망령된 것이라고 없애 버리지 않으며, 참된 것이라고 구하지 않는' 진제를 요지한다. 모든 법은 공하여 무상(無相)이기 때문이다. 무상은 천진불의 참 모습이다. 진속이제는 융통하여 상즉하며(融卽), 그러므로 무명의 진실한 본성이 곧 불성이며 허수아비의 빈 몸이 곧 법신이라고 하였던 것이다. 즉, 무명이란 진실한 본성이 세상의 번뇌와 미혹에 뒤덮여 있는 상태를 가리키는 것이며, 허수아비는 몸도 마음도 없이 공한데, 본질적으로 법신이 그러하다는 것이다.

[용어 풀이]

* 현각(玄覺): 절강성(浙江) 온주(溫州府) 영가현(永嘉縣) 사람이다. 자는 명도(明道)이고 호는 진각(眞覺)이며 시호는 무상대사(無相大師)이다. 세칭 영가대사(永嘉大師)라 한다. 증도가는 일찍이 진단성자대승결의경(震旦聖者大乘決疑經)이란 명칭으로 인도에까지 전해졌다고 하나, 그 진위는 분명하지 않다.
* 천진불(天眞佛): 법신불의 다른 이름이다. 중생이 본래 갖추고 있는 이성으로 천진하게 홀로 빛난다고 말한다. 『종경록(宗鏡錄)』제16권에서 "조사와 부처가 한결같이 이 마음을 가리켜 부처를 이룬다고 하였다. 또한, 천진불, 법신불, 성불(性佛), 여여불(如如佛)이라고 한다."라고 하였다.[209]

---

208) T48n2014001, 永嘉證道歌, 唐慎水沙門玄覺撰, CBETA 電子佛典集成 » 大正藏 (T) » 第48冊 » No.2014 » 第1卷, http://tripitaka.cbeta.org/T48n2014001

209) T48n2016016, 宗鏡錄卷第十六, 慧日永明寺主智覺禪師延壽集, CBETA 電子佛典集成 » 大正藏 (T) » 第48冊 » No.2016 » 第16卷, http://tripitaka.cbeta.org/

경) *"수보리야. 어떠냐? 아라한이 나는 아라한도를 얻었다고 생각할 수 있느냐?"*
수보리가 대답했다.
"아닙니다. 세존이시여. 왜냐하면,
진실로 아라한이라 할 어떤 법도 없기 때문입니다.
세존이시여. 아라한이 나는 아라한도를 얻었다고 생각하면,
곧 아, 인, 중생, 수자에 집착하는 것입니다."
須菩提於意云何阿羅漢能作是念我得阿羅漢道不須菩提言不也世尊。
何以故實無有法名阿羅漢世尊若阿羅漢作是念我得阿羅漢道即爲著我人眾生壽者。

온갖 번뇌(漏)가 다하고 다시는 번뇌가 없는 것을 아라한이라 한다. 즉, 아라한이라 함은 번뇌를 영원히 다하고 사물과 다툼이 없음은 물론 자신이 아라한이라는 생각조차 없는 것(無諍)을 말하는 것이다. 만약 과위를 얻었다(得果)는 마음이 있으면 다툼이 있는 것이고(有諍), 이러한 자는 아라한이라 할 수 없다.

아라한이란 무쟁이며 무번뇌이며 탐진을 끊어 버렸기 때문에 거슬리는 것이나 따르는 것에 대한 분별이 없으며, 마음과 경계가 함께 공하여 내외가 항상 공적하다. 만약 과위를 얻었다는 마음이 있으면 곧 범부와 같다. 그러므로 수보리가 "아닙니다."라고 대답했던 것이다.

아라한이란 산스크리트어는 무학(無學)이란 뜻으로 성문의 네 번째이자 마지막 증과이다. 이 과위에서는 삼계의 번뇌를 끊음과 함께 구경의 진리를 모두 갖추어 가히 배울 진리가 없기 때문에 무학이라 하는 것이다. 경에서 진실로 아라한이라고 할 어떤 법도 없다고 말하는 것은 무학의 과위에 집착하지 않음을 말한다. 만약 이에 집착하면 아상, 인상, 중생상, 수자상 등 사상에 집착하는 것이다.

경의 이 한 단락은 사과(四果)에 들어간 성인은 집착을 버렸음을 밝히고 있다. 좀 더 말하면, 이룰 수 있는 불과(佛果)란 없으며 말할 수 있는 불법(佛法)도 없다는 것이다. 사과란 무엇인가? 각각의 과위에서 증득되는 것에 매달려 집착할까 우려하신 부처님께서 이 의문을 제기하였으며, 선현은 아니라고 대답함으로써 집착에서 벗어났다고 대답하였다. 이 문답에서 수보리는 부처님의 의중을 잘 알고 있었음을 의미한다.

사과의 과위에서 증득되는 것에 취착하면 어떤 결과를 초래하는가? 작은 성취에 만족함으로써 최상의 깨달음, 즉 아눗다라삼먁삼보리를 이룰 수 없게 된다. 수다원에 이른 성인이 수다원을 이루었다고 집착하면, 그 수준의 깨달음을 벗어날 수 없을 뿐 아니라 오히려 퇴보할 수 있다. 그 성취에 만족하고 더 이상 수행을 멈춰버릴 수 있기 때문이다. 그 수준의 깨달음에 집착함으로써 교만에 빠져 오히려 퇴전해 버릴 수도 있기 때문이다. 아마도 부처님께서 이 점을 우려하여 일정 수준의 깨달음에 머물지 않도록, 최종적으로 부처의 지위에 도달하도록 이끄시기 위하여, 이런 질문을 하셨던 것이 아닐까?

[공부]

아라한이란 어떤 존재인가?

『아라한구덕경』(阿羅漢具德經, 아라한이 갖추고 있는 덕에 관한 경)이란 경전에서 부처님께서 중송(重頌)하신 내용을 보면 아라한이 갖추어야 할 덕목이 자세하게 열거되어 있다. 이를 간략히 정리하면, 아래와 같다.[210]

- 청정행으로 탐욕이 없으며(梵行少貪欲)
- 지혜와 신통을 갖추었으며(智慧與神通)
- 천안을 갖추었고, 공부를 많이 하였으며(天眼及多聞)
- 청정하게 계율을 지킬 수 있고(淸淨能持律)
- 행주좌와가 안락하며(坐臥等安樂)
- 사자가 부르짖는 소리를 갖추었고(具師子吼音)
- 믿음과 이해가 심히 깊으며(信解與甚深)
- 경과 율을 잘 분별하며(善分別經律)
- 씨족을 빛나게 드러내고(光顯於氏族)
- 아주 훌륭한 소리를 갖추고(具大微妙聲)
- 정진력이 헤아리기 어렵고(精進力難思)
- 담론(談論)에 아주 탁월하며(善巧能談論)
- 아주 빠르게 통하는 힘이 있으며(有大速通力)

---

[210] T02n0126001, 佛說阿羅漢具德經, 西天譯經三藏朝散大夫試光祿卿明教大師臣法賢奉 詔譯, CBETA 電子佛典集成 » 大正藏 (T) » 第2冊 » No.0126 » 第1卷, http://tripitaka.cbeta.org/T02n0126001

- 영탑(靈塔)에서 먼저 청을 받으며(靈塔先受請)
- 직언하고 은밀하게 행동하지 않으며(直言無隱行)
- 여승을 경계하며(警誡於僧尼)
- 육근을 비밀히 감출 수 있으며(能隱密諸根)
- 청정한 계를 항상 지키며(恒持清淨戒)
- 신체의 병으로 인한 번뇌가 적으며(於身少病惱)
- 항상 보시를 행하고(常行於布施)
- 말이 적고 항상 침묵하며(少語恒默然)
- 숙명지를 갖추고(具足宿命智)
- 앉고 누움이 풍족함을 갖추며(坐臥具豐足)
- 산이나 바위에 늘 기꺼이 머물며(常樂住山巖)
- 이미 삶의 번뇌를 끊었으며(已生煩惱斷)
- 생겨나지 않은 것은 그치어 멎게 하고(未生令止息)
- 항상 삼매에 들어가며(恒入三摩地)
- 대자비로 (남을) 이롭게 하며(大慈及利益)
- 과실을 모두 제거할 수 있으며(過失悉能除)
- 불쌍히 여기는 마음으로 괴로움의 바퀴를 멈추게 하며(悲心息苦輪)
- 항상 선악의 법을 행하며(常行善惡法)
- 아만상을 신속히 제거하고(速除我慢相)
- 탐진치를 끊을 수 있고(能斷貪瞋癡)
- 육근을 이롭고 청정하게 하며(諸根利清淨)
- 인과법을 잘 이해하고(善解因果法)
- 심히 깊은 미묘한 법을 물으며(能問甚深理)
- 육근이 모두 유연하고(柔軟一切根)
- 변재에 수승하며(具足大辯才)
- 심히 깊은 뜻을 묻고 밝히며(問明甚深義)
- 진실하게 말하며(能宣真實語)
- 풍송(諷頌)을 잘 지으며(善結集伽陀)
- 인욕력이 단단하며(忍辱力能堅)
- 아주 깊은 법을 항상 즐거워하며(常樂甚深法)
- 인욕력을 구족하고 있으며(具足忍辱力)
- 본심에 잘 도달하였으며(善達於本心)
- 점상(占相)을 모두 알 수 있으며(占相悉能知)
- 기꺼이 인욕하며(具忍辱歡喜)

- 기꺼이 인욕하며(具忍辱歡喜)
- 바라는 바가 항상 자재하며(所欲常自在)
- 미묘한 법문에 깊이 들어가며(深入妙法門)
- 지혜롭게 마음을 잘 이해하고(善以慧解心)
- 미묘한 법을 널리 전파하며(廣宣微妙法)
- 차례대로 설법하며(說法依次第)
- 전법에 게으르지 않으며(無倦廣敷宣)
- 기뻐하고 즐거워하며(歡喜及多喜)
- 혜해탈을 증득하였고(證得慧解脫)
- 정혜해탈을 이루었으며(得定慧解脫)
- 탐욕을 영원히 제거하였고(貪欲永已除)
- 해탈문을 깊이 얻었으며(深得解脫門)
- 신해를 스스로 요지하며(了知自信解)
- 세간에서 가장 수승함을 얻었고(世間得最勝)
- 외도의 논사를 파괴할 수 있으며(能破外論師)
- 어리석음과 혼미함을 잘 개발하였으며(善開發愚迷)
- 온갖 마군을 파괴할 수 있고(能破諸魔軍)
- 출가하여 고뇌를 버렸으며(出家捨苦惱)
- 청정한 지혜로 육진을 없애며(清淨智少塵)
- 육근을 원만하게 구족하고(圓滿具諸根)
- 공무(空無)의 두 법을 이해하며(解空無二法)
- 신통력을 갖추고(具得神通力)
- 팔해탈을 잘 관찰하며(善觀八解脫)
- 묘색의(妙色衣=糞掃衣)를 애락하며(愛樂妙色衣)
- 친척과 권속을 많이 가지고 있고(有大親眷屬)
- 인간과 천인의 공양을 받으며(受人天供養)
- 신심으로 출가하였으며(信心而出家)
- 항상 평등행을 하며(常行平等行)
- 세속을 싫어하고 출가를 즐기며(厭世樂出家)
- 윤회의 고통을 아주 싫어하며(深厭輪迴苦)
- 항상 적정심으로 수행하고(恒行寂靜心)
- 말솜씨가 훌륭하며(具少分辯才)
- 호흡을 다스려 가만히 머물고(止息默然住)
- 해탈행을 심화하며(解脫行能深)
- 어리석고 미혹됨을 청정하게 한다(清淨愚迷者)

이와 같은 공덕을 갖추었기로(具如是功德), 아라한이라 한다(故名阿羅漢).

경) "*세존이시여. 부처님께서 제가 무쟁삼매(無諍三昧)를 얻은 사람 중 제일이며,*
제일 이욕아라한(離欲阿羅漢)이라고 말씀하셨지만,
저는 제가 이욕아라한이라고 생각하지 않습니다."
世尊佛說我得無諍三昧人中最爲第一是第一離欲阿羅漢我不作是念我是離欲阿羅漢。

무엇을 무쟁삼매라 하는가? 아라한의 마음에 생멸, 거래가 없고 오직 본각(本覺)만이 항상 빛나고 있기 때문에 무쟁삼매라 한다. 삼매란 산스크리트어로 정수(正修)와 정견(正見)을 얻은 것을 말한다. 정견이란 구십(혹은 육십오) 종의 사견을 온전히 버린 것을 가리킨다. 그러나 공 가운데에도 명암이 있으며, 다툼의 성질 중에도 삿된 것과 바른 것이 있다. 다투는 생각마다 항상 일념도 사심이 없이 바른 것이 무쟁삼매이다. 만약 일념이라도 마음에 아라한과를 얻었다고 생각하면 무쟁삼매라 할 수 없다. 왜냐하면, 아라한과를 얻었다고 생각하는 순간 무언가를 얻었다는 생각을 하게 되고, 이는 곧 아상, 인상, 중생상, 수자상 등 사상에서 벗어나지 못하였기 때문이다. 나아가 무쟁삼매란 공을 이해한 능력으로 피아를 모두 잊어버려서 중생 때문에 번뇌하지 않음은 물론 중생에게도 번뇌를 일으키지 않도록 하는 것을 말하기도 한다. 이 또한 아상, 인상, 중생상, 수자상이 모두 없어진 상태를 말하는 것이다.

부처님께서 수보리가 이 무쟁삼매를 수행한 사람 중에 제일이라고 하셨다는 것이다. 부처님의 이러한 인가에도 불구하고, 수보리는 왜 자신이 무쟁삼매에서 제일가는 이욕아라한이라고 생각하지 않는다고 대답하였는가? 그렇게 생각하는 것 자체가 이미 생각을 일으키는 것이고, 생각을 일으킨 이상 무쟁이 될 수 없고 유쟁(有諍)이 되고 만다는 것, 유쟁인 이상 아상, 인상, 중생상, 수자상 등 사상에서 벗어나지 못하며, 사상에 갇힌 이상 이욕(離欲)이 아님을 알기 때문이다. 이욕이란 욕심을 버린 것이다. 욕심을 버렸는데, '내가 제일'이라는 생각이 일면, 이것은 욕심을 버린 것이 아니다. 오히려 욕심이 커진 것이고 아상과 아만이 높아진 것일 뿐이다.

부처님께서 제자들에게 각 부문에 있어서 '그대가 제일'이라고 하신 것은, 그가 절대적으로 제일이어서가 아니라 그중에 탁월하니 더욱 정진하라는 의미로 말을 그렇게 하셨을 뿐이다. 이 말에 묶이는 순간 그는 이미 제일이 아니라 상을 낸 범부에 지나지 않게 되는 것이다.

[공부]
수보리의 생활 속 무쟁삼매(事例)

수보리는 비단 공의 뜻을 잘 이해할 뿐 아니라, 일상적으로 공의 뜻에 따라 생활하는 데도 훌륭하였다고 한다. 그 하나의 예를 들어 보자.[211]

어느 땐가 수보리가 왕사성 기사굴산(耆闍崛山) 중에서 의복을 꿰매고 있었다. 그때 부처님께서 오늘 염부리지(閻浮里地)로 오신다면서 사부대중이 모두 마중하러 가는 것이었다. 수보리도 의당 가서 여래에게 안부를 여쭙고 예배해야 하겠다고 생각하고, 바느질을 멈추고 자리에서 일어났다. 그런데 그때 그는 이렇게 생각했다.

'오시는 부처님은 여래의 형상일 뿐이지 무엇이 세존이란 말인가? 이것은 눈, 귀, 코, 입, 몸, 마음이지 않은가? 가서 뵙는 것은 기껏 지수화풍일 뿐이지 않은가? 일체의 법들은 모두 공적하여 지어진 것도 없고(無造), 만들어진 것도 없다(無作). 세존께서도 다음과 같이 노래하지 않으셨던가?

    부처에게 예배하고자 하거나(若欲禮佛者)
    가장 수승한 자에게 예배하려거든(及諸最勝者)
    오온으로 이루어진 것들(陰持入諸種)
    모두 무상하다고 보라(皆悉觀無常)
    이미 지난 과거의 부처님(曩昔過去佛)
    앞으로 맞이할 미래의 부처님(及以當來者)
    현재의 부처님도 마찬가지로(如今現在佛)
    이들 모두 무상하나니(此皆悉無常)
    부처님께 예배하고자 하거든(若欲禮佛者)
    과거 및 미래(過去及當來)
    현재 중에 말하기를(說於現在中)
    마땅히 법이 공함을 보라(當觀於空法)
    부처에게 예배하고자 하거든(若欲禮佛者)
    과거와 미래(過去及當來)
    현재의 제불을(現在及諸佛)
    마땅히 무아라고 생각하라(當計於無我)

---

211) T02n0125028, 增壹阿含經卷第二十八, 東晉罽賓三藏瞿曇僧伽提婆譯, 聽法品第三十六, (五), CBETA 電子佛典集成 》 大正藏 (T) 》 第2冊 》 No.0125 》 第28卷, https://tripitaka.cbeta.org/T02n0125028

> 이 중에는 나도 없고, 목숨도 없고, 사람도 없고, 조작도 없고, 형용도 없으며, 가르치는 자도 가르침을 받는 자도 제법이 모두 공적하다. 무엇이 나란 말인가? 나는 주인이 없다. 나는 지금 진정한 법에 귀의할 것이다.'
> 이렇게 생각한 수보리는 부처님을 마중 나가지 않고 바느질을 계속했다.
> 수보리의 이러한 생각과 행위는 소위 '예를 표하는 자(能禮)'도 '예를 받는 자(所禮)'도 그 본성이 공적함을 깨달았음을 의미한다. 이 일화는 수보리가 해공제일이라는 아름다운 이름을 얻게 된 연유를 잘 설명해 준다.

경) **수보리야. ~ (이욕)아라한(須菩 ~ 羅漢)**

착어) **틀어잡으면(把定) 구름이 곡구를 가로막고, 풀어 주면(放行) 달이**
한담에 빠진다(把定則雲橫谷口放行也月落寒潭).

곡구(谷口)는 골짜기의 입구를 말한다. 골짜기 밖에서 볼 때, 골짜기 안이 넓은지 혹은 좁은지, 그 골짜기 안에 무엇이 있는지 등 골짜기 안의 조건과 상황을 알 수가 없다. 마찬가지로 골짜기 안에서 보면, 골짜기 밖이 어떤 조건과 상황인지 알 수 없다. 골짜기의 입구, 즉 곡구는 알 수 없는 미지의 세계로 통하는 관문이라는 의미를 가지고 있다.

선림에서 관(關) 혹은 관문(關門)이라는 말이 있다. 무문관(無門關), 운문삼관(雲門三關) 등 관을 사용한 용례는 매우 많다. 그 용례의 대부분이 수행의 향상을 가로막는 장애물, 어떤 낮은 경지에서 높은 경지로 나아가는데 부닥치는 막다른 곳, 뚫고 나가야 할 장애물을 가리키는 것으로 사용된다. 이 막다른 곳을 통과하여 새로운 깨달음의 세계로 나아가는 것을 투관(透關)이라고 하고, 이 막다른 곳에서 막혀 꼼짝하지 못하는 것을 관에 걸렸다 혹은 관문에 막혔다고 한다. 선림에서 사용하는 관이란 말과 위에서 말한 곡구란 같은 의미를 가진 비유이다.

곡구에 구름이 걸렸다는 말은 어려운 일을 더욱 어렵게 만든다는 의미가 있다. 곡구 자체만으로 안팎의 사정이나 조건을 알 수 없게 만든다는 의미가 있는데, 거기에 더하여 구름이라는 장애물이 또 가로막으니 도대체 골짜기 안 혹은 밖의 사정이나 조건이 어떤지 더욱 알 수 없게 되는 것이다.

한담이란 물결이 없이 차가운 물웅덩이다. 이런 한담은 투명하리만큼 깨끗하여 그 깊은 곳까지 들여다볼 수 있다. 또 이런 물에는 세상의 모든 것을 있는 그대로 투영하여 비춰 볼 수 있다. 이런 웅덩이에 달이 빠진다 함은 달이 한담에 비치는 것을 말한다. 고요하고 투명한 물에 달이 비치니 달이 조금도 이지러지지 않고 있는 그대로 투영될 것이다.

틀어잡음(把住)과 풀어 줌(放行)은 선림에서 스승이 제자를, 혹은 선사가 학인을 접인(接引)하는 방법이다. 파주방행(把住放行) 혹은 일수일방(一收一放)이라고도 한다. 틀어잡는다 함은 스승이 학인을 교도할 때 먼저 학인으로 하여금 꼼짝달싹할 수 없는 지경에 몰아넣거나 곤혹스럽고 절망적인 상태에 빠지게 하여 기존에 가지고 있던 생각, 사상, 신념, 견해 등을 타파하고 향상진보하는 계기로 삼게 하는 것을 말한다. 풀어 준다 함은 스승이 학인을 방임하여 자재자주한 상태에서 자신의 현재 모습을 그대로 드러내게 한 다음 그 수준에 맞추어 가르치고 지도하는 방법이다. 틀어잡는 방법에 의하면, 스승과 가문의 가르침을 기르고 벼리는 데 좋고, 풀어 주는 방법에 의하면, 수행자의 기상과 근기의 크기에 따라 창조적 조사가 탄생할 가능성이 크다.

『벽암록(碧巖錄)』 제75칙에서 말하기를, "쌀가루처럼 보드랍고 얼음이나 서리처럼 차갑다. 건곤을 핍박하여 막고 음식을 몰래 버린다. 낮고 낮은 곳을 보아도 남음이 있고, 높고 높은 곳에 평평하게 맞추어도 부족함이 있다. 파주방행이 모두 저 속에 있으니, 돌이켜 어디에도 몸을 뺄 곳은 없다."라고 하였다.[212] 『천동여정선사속어록(天童如淨禪師續語錄)』에서는 "풀어 주면 기와 조각이나 벽돌 부스러기 같은 쓸모없는 것들이라도 휘황하게 빛나고, 틀어잡으면 진짜 금이라도 색을 잃고 어둡고 묵묵하다."라고 하였다.[213] 『보각선사어록(寶覺禪師語錄)』에서는 "풀어 주면 즉 황홀하고도 황홀한데,

---

212) T48n2003008, 佛果圜悟禪師碧巖錄卷第八, 【七五】, 垂示, CBETA 電子佛典集成 » 大正藏 (T) » 第48冊 » No.2003 » 第8卷, http://tripitaka.cbeta.org/

213) T48n2002B001, 天童山景德寺如淨禪師續語錄, 住瑞嚴嗣法小師義遠編, CBETA 電子佛典集成 » 大正藏 (T) » 第48冊 » No.2002B » 第1卷, http://tripitaka.cbeta.org/

그 속에 물건이 있고, 틀어잡으면 어둡고 어두운데, 그 속에 정미(精米)가 있다."라고 하였다.[214]

위의 설명들을 참조하여 착어의 의미를 정리해 보면, 틀어잡을 때는 일체가 고요하게 멎어 한 물건도 없지만, 풀어 줄 때는 만상이 환하게 드러나서 하나하나가 활발하게 살아난다. 틀어잡고 풀어 주는 방법을 번갈아 사용하면 학인이나 제자를 접화하는 데 큰 성과를 얻을 것이다.

송) 노래한다.

말이라 부른다고 어찌 일찍이 말이고(喚馬何曾馬)
소라 부른다고 반드시 소인 것은 아니다(呼牛未必牛)
두 머리를 모두 내려놓아야(兩頭都放下)
중도에서 한꺼번에 쉬게 되리라(中道一時休)
육문을 힘차게 솟구치는 매(六門迸出遼天鶻)
건곤을 독보하니 그 무엇도 잡지 못하네(獨步乾坤總不收)

말이나 소는 특정 동물을 지칭하는 일반명사이다. 사람이 '그것을 말이라 하자', 혹은 '소라고 하자'라고 약속한 것에 지나지 않는다. 말을 말이라고 하더라도 그 실상을 지칭하는 것이 아니고, 소를 소라고 하더라도 그 또한 실상을 말하는 것이 아니다. 그렇게 생긴 것을 그렇게 부르자고 한 것에 불과한 것이다. 그러므로 사람 간의 약속만 바꾸면 소가 말이 되고 말이 소가 되는 것은 얼마든지 가능하다. 그러나 그 실상은 말이라고 하든 소라고 하든 약속에 의하여 바뀌는 것이 아니다. 공한 실상에 어찌 이름이 있을 것인가? 다만 그 하나의 실상이 수천수만의 변화를 일으키며 세상에 나타날 때 비로소 이름을 붙이고 그 용도에 따라 사용하고 수익할 뿐이다. 요컨대, 우리가 알

---

214) X69n1343001 寶覺祖心禪師語錄(黃龍四家錄第二) 第1卷, 黃龍晦堂心和尚語錄, 侍者 子和 錄, 門人 仲介 重編, CBETA 電子佛典集成 》 卍續藏 (X) 》 第69冊 》 No.1343 》 第1卷, http://tripitaka.cbeta.org/X69n1343001

고 있는 모든 것이 이름일 뿐 실상은 아니라는 것이다.

이러한 실상을 제대로 알려면 그것이 말 혹은 소라는 고정관념, 혹은 고정된 인식에 대한 집착을 없애야 가능하다. 말을 말이라 고정하고 소를 소라고 고정하면, 절대로 말과 소의 실상이 실은 공하다는 것을 알 수 없는 것이다. 이런 굳은 고정관념을 우리는 변견(邊見)이라 한다. 이 변견은 두 개의 극단, 양끝을 지양해야 비로소 벗어날 수 있다. 이 벗어나는 길이 바로 중도이다.

이렇게 중도에서 공을 깨달으면 육근을 통하여 들어오고 나가는 그 무엇에도 얽매이지 않고 자유자재할 수 있다. 이를 매가 창공으로 날아올라 활공하는 것에 비유하였다. 매는 물론 그러한 깨달음을 이룬 자를 가리킨다. 깨달음을 이루어 자유자재한 상태는 하늘이나 땅의 그 어느 것에도 묶이지 않는다.

이 노래는 아라한이 자유자재하기 위하여는 아라한이 되었다고 인식하거나 생각하는 자체가 없어야 하는데, 아라한이라고 인식하거나 생각하는 순간 이미 자유로움과 자재함을 잃고 이름에 묶이는 결과가 되어 버리는 것을 노래한 것이리라.

> **경)** "세존이시여. 제가 만약 나는 아라한도를 얻었다고 생각했다면,
> 세존께서 곧 수보리는 아란나행을 좋아하는 자이며,
> 진실로 수보리가 행하는 바 없음으로써 수보리라고 이름하며,
> 이는 아란나행을 좋아하는 것이라고 말씀하시지 않으셨을 것입니다."
> **世尊我若作是念我得阿羅漢道世尊即不說須菩提是樂阿蘭那行者以須菩提實無所行而名須菩提是樂阿蘭那行。**

아란나(阿蘭那)란 산스크리트어이며 한자말로는 무쟁행(無諍行)이라 한다. 무쟁행이란 곧 청정행이다. 청정행이라 함은 얻을 것이 있다고 하는 마음이 없어진 상태에서 하는 행위이다. 만약 어떤 행위에서든 얻을 것이 있다고 하는 마음이 있으면, 곧 유쟁(有諍)이다. 유쟁은 청정행이 아니다. 항상 얻을 것이 없다는 마음이 무쟁행이다. 수보리는 부처님의 제자들 중 이런 무쟁행에 있어서 제일가는 제자라는 것이다.

우리가 수보리라고 할 때, 부처님의 제자로서 아라한이 된 이후 부처님과 대화를 통

하여 공의 뜻을 풀어내고 있는 경을 통하여 아는 것이 대부분이다. 그러나 수보리는 그 탄생과 출가에 이르기까지 변신을 거듭하게 되는데, 이에 의거하여 수보리가 셋이라고 하는 경우도 있다. 이를 삼수보리(三須菩提)라고 한다.

- 해공(解空)수보리: 해공제일의 수보리를 가리킨다. 이는 부처님께 출가하여 아라한이 된 후 무쟁삼매를 실천하던 때의 수보리이다.
- 천(天)수보리: 좋은 옷을 입는 것을 기뻐하고, 그 행동이 본래 청정하였다는 수보리를 가리킨다.
- 악성(惡性)수보리: 백연경(百緣經) 제10권에 의하면, 다음과 같은 수보리에 관한 연기가 있다.[215]

금시조가 새끼용을 잡아먹으니, 그 새끼용이 죽어 사위국의 바라문가에 태어났다. 용모가 단정하고 수려하였기로 이름을 수보리라고 하였다. 나이가 들면서 지혜롭고 총명하였으나 다만 성질이 매우 고약하였다. 그는 자신의 눈에 보이는 것이면 사람이건 축생이건 화를 내고 매도하였다. 부모와 친속들이 이를 매우 싫어하였다. 그리하여 그는 집에서 쫓겨나 산으로 들어가게 되었는데, 산에 들어가서도 새나 짐승 심지어 나무나 나무에 부는 바람에게까지 화를 내곤 하였다. 산신의 권유에 따라 부처님의 상호를 보고 마음에 환희를 품어 부처님께 예를 취하였다. 부처님께서 성냄의 잘못과 우환에 대하여 말씀해 주시니 수보리가 부처님의 설법을 듣고 그간의 죄와 허물을 참회하였다. 그러자 곧바로 수다원과를 얻었으며, 이후 더욱 정근수습하여 마침내 지극한 과위(아라한)를 증득하였다.

착어) 옛것에 집착하여 의존하는 것은 도리어 옳지 않다(認著依前還不是).

착어에서 전(前)이란 과거라는 의미도 있지만, 전래(傳來), 전통(傳統), 구습(舊習), 인습(因習), 선현(先賢), 오래된 것, 스승의 가르침 등의 의미를 담고 있다. 현재를 기준으로 현재 이전의 모든 것을 포함한다고 생각하면 될 것 같다. 이런 과거의 것들에 대하

---

215) T04n0200010, 撰集百緣經卷第十, 吳月支優婆塞支謙譯, 諸緣品第十, (九一) 須菩提惡性緣, CBETA 電子佛典集成 » 大正藏 (T) » 第4冊 » No.0200 » 第10卷, http://tripitaka.cbeta.org/T04n0200010

여 우리는 어떤 자세를 취하는 것이 좋을까? 선별하여 취사선택하는 것이 가장 바람직하다. 특히 스승의 가르침에 대하여, 혹은 선현의 가르침에 대하여, 나아가 부처님의 가르침에 대하여 어떤 자세를 취하는 것이 바람직할 것인가?

어떤 가르침을 받아들임에 있어서, 부처님께서는 『깔라마경(Kalama sutta)』에서 받아들일 수 없는 기준과 받아들일 수 있는 기준 둘을 제시하셨다.[216]

1) 일반기준: 원칙적으로, 반복해서 들었다고 해서, 전통적인 것이라고, 루머로, 경전에 있다고 해서, 격언이라고 해서, 추측으로, 미심쩍은 추론으로, 깊이 생각했던 관념에 따른 편견으로, 남의 드러난 권능이나 위력 때문에, 숙려했다는 이유로 받아들여서는 안 된다.

2) 포기하여야 할 기준: 어떤 일들에 대하여, 다음과 같은 사실을 알았을 때, 그 일들은 버리거나 포기해야 한다.
    - 나쁜 것일 때
    - 비난받을 수 있는 것일 때
    - 현자의 배척을 받는 것일 때
    - 실행 혹은 준수되면, 해롭고 악의적일 때

3) 받아들일 기준: 어떤 일들에 대하여, 다음과 같은 사실을 알았을 때, 그것은 받아들이거나 준수하여야 한다.
    - 좋은 것일 때
    - 비난받을 것이 아닐 때
    - 현자에 의하여 칭찬을 받는 것일 때
    - 실행 혹은 준수되면, 이익과 행복으로 나아갈 때

선현의 가르침이라고, 부처님의 말씀이라고 무조건 받아들이고 따른다는 것은 바람직하지 않다. 앞에서 본 것처럼, 부처님께서 제시하신 기준에 부합하는지 어떤지 판단하여 결정해야 하는 것이다.

---

216) Kalama Sutta: The Buddha's Charter of Free Inquiry, Translated from the Pali by Ven. Soma Thera, Anguttara Nikaya, Tika Nipata, Mahavagga, Sutta No. 65, http://buddhanet.net/e-learning/kalama1.htm

송) 노래한다.

좋은 구슬은 방합의 배 속에 들어 있고(蚌腹隱明珠)
벽옥은 돌 속에 갈무리되어 있나니(石中藏碧玉)
사향노루가 있으면 자연 향기로운데(有麝自然香)
어찌 바람을 마주하고 서리요(何用臨風立)
살림살이를 볼진대 없는 것 같아도(活計看來恰似無)
쓰임새에 맞춰 모두들 구족하고 있다네(應用頭頭皆具足)

명주(明珠)란 명월주를 가리킨다. 밝은 달처럼 주위를 밝혀 준다는 구슬이다. 명월마니라고도 한다. 보주의 빛이 마치 밝은 달과 같아서 명월주라고 한다. 이 구슬은 흐린 물을 맑게 하는 공능도 있다고 한다.『열반경』제9권에 의하면, "비유컨대, 마치 명주를 흐린 물속에 두면 그 구슬의 위덕으로 물이 맑아지는 것과 같다."라고 하였다.[217]

이처럼 귀한 보물인 명주는 조개의 배 속에 들어 있다. 이는 두 가지를 의미한다. 첫째, 조개는 명주의 공능을 장애하고 있다. 명주가 진여, 실상, 진성, 불성 등을 의미한다면, 조개는 이를 가리고 있는 오랜 습의 누적을 가리킨다. 즉, 진여실상이 세상의 유위적 가합물(假合物)에 의하여 가려져 있음을 의미하는 것이다. 그리고 그 가합물인 조개껍질은 또한 매우 단단하여 쉽게 깨어지지 않는다. 둘째, 조개가 비록 명주를 가리고 있어서 명주의 공능을 장애하고 있더라도, 그러나 명주는 조개가 없으면 생성될 수 없다. 즉, 조개의 배 속에서 명주가 형성되지 않으면 명주 자체가 존재하지 않는 것이다. 번뇌와 고통을 안고 있는 중생이 없으면, 모든 번뇌가 소멸된 열반이란 있을 수 없다. 열반이란 번뇌가 존재함으로써 존재하는 것이다. 벽옥이 돌 속에 있다는 어구도

---

217) 이는『열반경』의 중요성을 비유로 설명하는 부분으로, 이런 명주도 진흙탕(淤泥)에 던져 놓으면 그 진흙탕을 맑게 할 수는 없다고 하였다. 일천제(一闡提)처럼 선근을 아예 잘라 버려 착한 마음이 생성되지 않는 중생에 대하여는 부처님 말씀으로도 구원할 수 없음을 의미한다. 불교의 자력구제의 원칙상 선근이 없으면 스스로 보리심을 내어 수행을 할 수 없기 때문이다. 보다 자세한 내용에 대하여는, T12n0374009, 大般涅槃經卷第九, 北涼天竺三藏曇無讖譯, ◎ 如來性品第四之六, CBETA 電子佛典集成 》 大正藏 (T) 》 第12冊 》 No.0374 》 第9卷, http://tripitaka.cbeta.org/ 참조

명주가 조개의 배 속에 들어 있는 것과 같은 의미이며, 관계이다.

사향노루란 사향을 채취할 수 있는 노루이다. 사향을 생성하여 지니고 있으므로 바람이 있든 없든 그 존재 자체로서 향기를 풍긴다. 그러니 다른 존재에 의하여 사향의 향기를 퍼뜨릴 필요가 없다. 그러므로 사향노루는 사향의 향기를 퍼뜨리기 위하여 바람을 맞아 서 있을 필요가 없는 것이다. 이는 깨달음의 비유이다. 나 자신이 진여실상 혹은 불성을 이미 가지고 있는데, 굳이 진여실상을 구하겠다고 밖에서 힘써 찾을 필요가 없는 것이다. 단지 가지고 있는 진여실상, 불성이 드러나도록 하면 된다. 즉 깨달음은 밖에서 구하는 것이 아니라, 자신에게 내장된 것을 찾는 것이다.

살림살이란 그 사람의 생각이나 행동거지를 말한다고 할 수 있다. 수행자가 수행을 게을리하는 것을 특히 살림살이가 나쁘다고 한다. 비록 수행을 게을리하더라도 그 깨달음의 본체, 즉 진여실상 혹은 불성은 이미 내장하고 있는 것이기 때문에 없어지지 않는다. 또 어떤 상황에 있더라도, 예컨대, 지옥에 있어도, 아귀가 되어도, 천상에 태어나도, 그가 내장하고 있는 진여실상은 나지도 멸하지도 않으며, 줄지도 늘지도 않으며, 더럽혀지지도 깨끗해지지도 않는 것이다. 그리고 이는 모든 유정이 갖추고 있는 것이다.

[공부]
한 알의 명주(一顆明珠)

진여, 불성, 정법을 명주에 비유하여 이 세계의 진여실상을 드러내 보일 수 있으며, 이 세계는, 마치 명주의 내외가 영롱하며 무색무심한 것처럼, 원만무결하며 표리가 없다고 말한다. 또한, 평등하고 둘이 아니라고도 한다.『경덕전등록』제18권 현사사비장(玄沙師備章)에 다음과 같은 이야기가 나온다.[218]
  승이 물었다.
  "화상께서 하신 말씀에 따르면, 시방세계의 모든 것이 하나의 명주입니다. 학인은 어떻게 해야 깨달음을 얻을 수 있습니까?"
  현사선사가 대답했다.
  "시방세계의 모든 것이 한 알의 명주인데, 깨달아서 무엇에 쓰려고?"
선림에 현성(現成)이란 말이 있다. 현전하는 것으로 성취된 것이란 의미이다. 이는 절대적 진리는 조작이나 안배를 빌리지 않더라도 자연히 드러나는 '당체(當體), 바로 그것'이라는 의미이다. 위 이야기의 문답은, 한 알의 명주는 당체이며, 시방의 모든 것이 이 당체가 드러난 것이라고 하면서, 깨달음을 이루겠다고 하는 것은 무망함을 깨우치기 위한 대화라 할 수 있겠다.

---

218) T51n2076018, 景德傳燈錄卷第十八, 吉州青原山行思禪師第六世之二一十四人, CBETA 電子佛典集成 » 大正藏 (T) » 第51冊 » No.2076 » 第18卷, http://tripitaka.cbeta.org/T51n2076018

[공부]
미혹의 끊음과 성인 과위의 성취 단계

위에서 살펴본 성문 4성인은 어떤 수행성과를 거두어야 성취할 수 있는 계위인가? 이를 간략히 정리하면 〈표 5〉와 같다.

<표 5> 성인 과위의 성취 단계

미혹	세계	인/천 윤회		끊을 것	과위
견혹		인/천(인간과 천계) 7왕래		견혹을 끊음	수다원
사혹	욕계 구품	상상품	인/천 2생 윤회	전5품 사혹 끊음	일래향 (사다함향)
		상중품	인/천 각각 1생		
		상하품			
		중상품			
		중중품	공히 인/천 중 1생	6품 사혹 끊음	일래과 (사다함과)
		중하품			
		하상품	공히 인/천 1생	하3품 사혹 끊음	불환향 (아나함향)
		하중품			불환과 (아나함과)
		하하품			
	색계	색계 5불환천에 머묾		색계, 무색계 사혹을 점차 끊음	아라한향
	무색계	인/천 불생		사혹에 해당하는 모든 것을 끊음 → 이승의 열반 성취	아라한

※ 견혹(見惑): 견도위에서 끊는 미혹 10가지
- 신견(身見), 변집견(邊執見), 사견(邪見), 견취견(見取見), 계금취견(戒禁取見), 탐진치(貪, 瞋, 癡), 교만(慢), 의심(疑)

※ 사혹(思惑=修惑): 수도위(수습위)에서 끊어지는 근본 번뇌 (열) 10가지
- 욕계의 탐, 진, 치, 만, 색계·무색계 각각의 탐, 치, 만. 이들 10가지를 구지와 배합하고 번뇌의 강약을 기준으로 상상품 ~ 하하품 9종으로 나눔 → 합 81품

 # 제10분 정토를 장엄하다(莊嚴淨土分)

1. 의의

정토라는 말은 불국정토, 극락정토, 서방정토, 동방아촉불정토, 미륵정토 등 부처의 종류, 방위, 하늘 등과 연계하여 무수히 많이 사용되는 용어이다. 정토란 일반적인 용어에 각각의 필요에 따라 적절한 말을 보태서 사용하고 있다고 보면 될 것 같다. 이런 점에서 정토란 가장 일반적으로 청정한 땅이란 의미이다. 청정함은 번뇌가 모두 소멸된 상태를 가리킨다. 그러므로 정토란 모든 번뇌가 소멸되고 없는 곳이란 뜻이 된다. 좀 더 보면, 성자들이 머물고 있는 국토이며, 보리 수행이 완성된 청정한 곳이며, 어떤 명칭이든 부처님이 상주하는 곳이다. 이에 대하여 중생들이 살고 있는 곳은 일반적으로 예토(穢土)라고 부른다. 더러운 곳이란 뜻이다. 더러운 곳이란 온갖 번뇌가 범람하는 곳이란 의미이다.

회신멸지에 의한 무여열반이 최종 목표(이상)인 초기불교나 부파불교에서는 정토사상이 없었다. 반면 대승불교는 열반의 적극적 작용을 인정하고 열반한 여러 부처들이 그 정토에서 중생을 교화한다고 믿고 부처가 거처하는 곳을 정토라고 하여 정토의 개념을 인정한다. 일반적으로 우리들 중생에게 정토란 서방정토, 미륵정토, 동방아촉불정토, 약사불의 동방유리광정토 등처럼 우리가 살고 있는 고통의 사바세계 이외에 따로 정토가 존재하며, 중생이 발원으로 태어나는 곳이라고 인식한다. 그러나 『유마경』 상권 불국품에서는 "마음이 청정하면 그 땅은 청정하며(心淨土淨), (그러므로) 사바가 곧 항상하는 적광정토이고, 중생의 마음이 청정하지 못하면, 이 땅이 곧 더럽고 사악하며 부정한 곳"이라고 하였다. 그리고 "사람의 마음이 청정하면 곧바로 이 땅이 공덕으로 장엄됨을 볼 것"이라고 하였다.[219] 『법화경』의 영산정토(靈山淨土), 『화엄경』의 연화장세계, 『대승밀엄경』의 밀엄정토(密嚴淨土) 등도 마음의 청정을 정토의 근본으로 삼고 있다.

[공부]

서방정토에서 누릴 수 있는 열 가지 즐거움(淨土十樂)

정토종에서는 정토는 서방에 실재하는 보토(報土, 수행의 결과 성립된 불국토)로, 이곳에 태어난 자는 다음 열 가지 즐거움을 누릴 수 있다고 한다.[220]
- 성인들이 마중 오는 즐거움(聖眾來迎樂): 임종시 아미타불과 관음, 세지 두 보살이 와서 환영하며 정토까지 인도한다.
- 연화가 처음 피는 즐거움(蓮華初開樂): 연화에 탁생하여 정토로 왕생하므로 연화가 처음 필 때 정토를 장엄하는 모습을 볼 수 있다.
- 몸이 있는 채로 신통하는 즐거움(身相神通樂): 몸이 삼십이상을 얻으며, 천안 등 천안통 등 오통을 얻을 수 있다.
- 다섯 가지 미묘한 경계의 즐거움(五妙境界樂): 색, 성, 향, 미, 촉 등 다섯 가지 수승함을 얻을 수 있다.
- 소멸하지 않는 즐거움(快樂無退樂): 즐거움을 무궁하게 누린다.
- 맞아 들여 인연을 맺는 즐거움(引接結緣樂): 전부터 인연을 맺었던 은인이 친히 정토로 영접한다.
- 성중과 함께 모이는 즐거움(聖眾俱會樂): 많은 보살들과 함께 한곳에 모이는 즐거움을 가리킨다.
- 부처를 보며 법을 듣는 즐거움(見佛聞法樂): 부처를 친견하여 법을 듣는 즐거움을 누린다.
- 마음 따라 부처님께 공양하는 즐거움(隨心供佛樂): 시방의 여러 부처님께 마음대로 공양할 수 있다.
- 불도를 증진하는 즐거움(增進佛道樂): 수행에 정진하여 마침내 불과를 이룰 수 있다.

착어) 청정심으로 법신정토를 장엄한다(以淸淨心, 莊嚴法身淨土).

---

219) T14n0475001, 維摩詰所說經(一名不可思議解脫上卷), 姚秦三藏鳩摩羅什譯, 佛國品第一, CBETA 電子佛典集成 》 大正藏 (T) 》 第14冊 》 No.0475 》 第1卷, http://tripitaka.cbeta.org/T14n0475001

220) 보다 자세한 내용에 대하여는, 往生要集(三卷), 天台首楞嚴院沙門源信撰, 往生要集卷上, pp10~18 참조.

청정심을 내면, 즉 청정심이 생기면, 이것이 정토를 장엄하는 것이다. 상을 가지고 정토를 장엄하는 것이 아니다. 부처님의 가르침에 따라 마음을 청정하게 하는 것이 불국토를 장엄하는 것이지, 부처님 상을 모시고 받들고 불탑을 세우고 하는 것들이 불국토를 장엄하는 것이 아니라는 말이다. 왜냐하면, 불국토란 청정하여 부처님이 사시는 곳이기 때문이다. 그러므로 이를 받아 "정토를 장엄한다(莊嚴淨土分)."라고 하였다.

청정심은 모든 때를 떨쳐 내고 번뇌가 모두 사라진 마음이다. 이에 따라 마음의 작용도 청정하다. 마음의 작용이 청정하니, 어떤 분별이나 간택도 혐오한다. 탐욕이 없어지고, 성냄도 없어지고, 사고와 행동이 지혜롭다. 나와 남의 관계가 조화로워지고 어떠한 걸림도 없어진다. 모든 것이 원융무애해지는 것이다. 내가 이러하고 남도 이러하면 이러한 관계가 형성된 것으로 그곳은 이미 정토인 것이다. 정토란 모든 오염이 사라진 국토, 즉 불국토를 가리킨다. 부처님이 사시고 부처님의 발원으로 수행을 통하여 발원을 성취한 사람들이 사는 곳이다. 정토를 장엄하는 존재는 모두 청정하다. 그러므로 어떠한 상, 특히 경에서 말하고 있는 사상, 즉 아상, 인상, 중생상, 수자상이 없다. 이러한 상이 있으면 청정하지 못하며, 청정하지 못하면 정토를 장엄하지 못한다. 요약하면, 정토를 장엄하는지 여부는 오직 청정심에 의하여 결정된다. 마음이 청정하면 정토에 들고, 마음이 혼탁하면 오탁악세에서 세세토록 생사를 유전할 수밖에 없는 것이다.

송) 노래한다.[221]

집도 깨지고 사람도 흩어지고 나라도 이미 없어졌고(家破人亡國已空)
남북동서도 또한 없어졌네(更無南北與西東)
고요하고 맑은 밤하늘에 서리 내리는데(寥寥晴際霜天夜)
겨우 있는 작은 구름도 같지 않구나(纔有微雲便不同)

---

221) 金剛經補註, 明 韓巖集解 程衷懋補註

집, 사람, 국가 등은 나를 둘러싸고 번뇌하도록 만드는 가장 중대한 원인들이다. 집이란 나와 가족, 그리고 나의 권속들로 이루어진 세계를 의미하며, 사람이란 사회적으로 관계를 맺고 있는 관계망을 가리키고, 국가란 이들이 모여 이루어진 종합적인 공동체 시스템을 의미한다.

이러한 것들이 "나"라는 수행 주체(불가의 입장에서 볼 때)에게 끊임없이 갈등을 유발하고 번뇌하게 만드는 요인들이다. 만약 이들을 모두 떨쳐 낼 수 있다면, 다시 말해서 이들의 작용에 의한 영향으로부터 자유로울 수 있다면, 수행이 한층 용이할 것이다. 이들의 작용으로부터 자유로워진 것을 가정이 깨지고, 사람이 흩어지고, 나라가 없어졌다는 말로 표현하고 있다.

남북동서는 출입하는 모든 방향이다. 그런데 남북동서의 구분은 분별이다. 남북동서도 없어졌다 함은 출입하는 모든 방향에 대한 분별이 없어졌음을 가리킨다. 이렇게 되니 자유롭고 무애하다. 그러니 남북동서 어디로 간들 걸림이 없는 것이다. 가을밤에 하늘은 고요하고 맑은데 서리가 내리는 것은 자연의 이치이다. 이 자연의 이치 속에 작은 구름이란 그 무엇도 가릴 수 있는 존재가 되지 못한다. 다 없어지기 직전의 유여(有餘)인 것이다. 열반에는 유여열반과 무여열반이 있으니, 모든 것이 소멸한 상태를 무여열반이라고 하며, 이는 궁극의 열반이다. 유여열반이란 무여열반에 들기 이전에 인연으로 이루어진 사대육신이 아직 남아 있는 열반이다. 부처님도 이를 피할 수는 없는 것이다.

[공부]

나라는 망하고 사람은 흩어지다(國破人亡)[222]

(청원행사선사가) 언제 귀향할까 재고 있는 학인에게 물었다.
"집은 파괴되고 사람은 흩어졌는데, 그대는 어디로 돌아가려느냐?"
학인이 대답했다.
"그렇다면 돌아가지 않겠습니다."
선사가 말했다.

---

222) T51n2076016, 景德傳燈錄卷第十六, 吉州青原山行思禪師第五世中七十二人, 前澧州夾山善會禪師法嗣, CBETA 電子佛典集成 » 大正藏 (T) » 第51冊 » No.2076 » 第16卷, http://tripitaka.cbeta.org/T51n2076016

> "뜰 앞의 잔설은 햇볕에 녹겠지만, 방안에 떠도는 티끌은 누구를 보내 쓸어 낼꼬?"
> 問學人擬歸鄉時如何。師曰。家破人亡子歸何處。日恁麼即不歸去也。師曰。庭前殘雪日輪消。室中遊塵遣誰掃。
>
> 사람이 사라지면 집은 저절로 망가진다. 집이 망가졌다는 것은 사람이 살지 않음을 의미한다. 부모님과 일가친척들 모두 떠나고 다 무너져 가는 잡초 우거진 고향집을 생각하면, 그곳으로 찾아가겠는가?
> 그러나 이것은 수행자에게 딱 걸리기 좋은 질문이다. 어디서 왔느냐는 질문에 남쪽에서 왔다고 하는 것은 세속적인 대답이며 걸려 넘어진 대답이다. 수행자에게 있어서 이런 질문에 대한 대답은 많이 다를 수 있다. 그런데 학인은 돌아가지 않겠다고 대답하였다. 질문에 넘어진 꼴이다. 수행의 흔적이 보이지 않는다. 질문을 한 스승의 간절한 마음을 아는지 모르는지.
> 뜰 앞의 잔설이 햇볕에 녹아 없어지는 것이야 자연현상이니 거론할 것이 없다. 이는 뒤따라오는 어구의 의미를 강화시켜 주는 역할을 하는 정도이다. 중요한 것은 스승의 질문에 말 그대로 대답한 학인의 깨닫지 못함이 스승을 매우 실망시켰다는 것이다.

2. 내용

> *[第五疑斷]* *석가모니부처님은 연등불로부터 말씀을*
> *취하였다(釋迦然燈取說)는 의심을 끊는다.*
> *이 의심은 앞의 [第三疑] 중 "취할 수도 없고,*
> *말할 수도 없다(不可取不可說)."에서 나온다.*

만약 예류(預流) 등이 자신의 과위를 얻지 않으면, 세존께서 어떻게 연등불을 만나 무생인(無生忍)을 얻었을 것인가? 연등불은 석가모니불에게 법을 말씀하셨다. 그렇다면 그 법은 어떻게 해서 잡을 수도 없고, 취할 수도 없는가? 이 의심을 없애기 위하여 경에서 말한다(功德施菩薩).

> [공부]
> ## 무생인(無生忍)
>
> 무생인이란 나지도 멸하지도 않는 이치를 믿어 흔들림이 없는 것을 말한다. 생멸을 멀리한 진여실상의 이체를 무생법(無生法)이라 하고, 참된 지혜로 이 이치에 안주하여 흔들림이 없는 것을 무생법인이라 한다. 보살들은 대개 제법의 본성이 공함을 알고 견도의 초지에 들어가, 일체법이 필경에는 생기지 않는 이치를 온전히 보게 되는데, 이를 무생법인이라고 하는 것이다. 『유가사지론』 제74권에 의하면, 불퇴전지의 보살이 변계소집성, 의타기성, 원성실성 등 세 성질에 의지하여 다음과 같은 세 가지 무생인을 얻을 수 있다고 한다.[223]
> - 본성무생인(本性無生忍): 본래무생인(本來無生忍)이라고도 하며, 보살이 변계소집은 체성이 전혀 없다고 보는 것
> - 자연무생인(自然無生忍): 보살이 다른 것에 의지한(依他) 제법은 모두 인연소생한 것으로 보는 것
> - 혹고무생인(惑苦無生忍): 번뇌고구무생인(煩惱苦垢無生忍)이라고도 하며, 보살이 제법의 실성이 진여 법성임을 증득하고, 무위에 안주하여, 일체의 잡염에 상응하지 않고, 본래 자신의 적정함을 보는 것

경) 부처님께서 수보리에게 말씀하셨다.

"수보리야. 어떠냐. 여래가 옛날 연등불이 계시던 곳에서
법에 대하여 얻은 것이 있느냐?"

"아닙니다. 세존이시여. 여래께서는 연등불이 계시던 곳에서
법에 대하여 진실로 얻은 것이 없습니다."

佛告須菩提於意云何如來昔在然燈佛所於法有所得

不世尊如來在然燈佛所於法實無所得。

---

223) T30n1579074, 瑜伽師地論卷第七十四, 彌勒菩薩說, 三藏法師玄奘奉 詔譯, 攝決擇分中菩薩地之三, CBETA 電子佛典集成 » 大正藏 (T) » 第30冊 » No.1579 » 第74卷, http://tripitaka.cbeta.org/T30n1579074

앞에서 우리는 수다원, 사다함, 아나함, 아라한 등 사과를 이룬 성인이 과위를 거두었다는 마음, 즉 과위를 이루었다는 마음을 내는 순간 이미 사상에 집착하는 것이고, 이는 과위를 이룬 것이 아니며, 따라서 그러한 마음(생각)이 일어나지 않아야 비로소 그 과위를 이룬 것이라고 함을 살펴보았다. '정토를 장엄하다.'라는 분에서의 부처님과 수보리 사이의 대화는 득법(得法), 즉 법을 얻었다 혹은 과위를 이루었다는 생각, 그런 마음을 내지 않아야 함을 거듭 말하고 있다. 예컨대, 경의 이 질문은 수보리가 부처님께서는 법을 얻은 것이 아닌가 하는 마음을 가질까 우려하신 부처님께서 수보리가 이런 의문을 갖지 않도록 하기 위하여 물으셨던 것이다. 수보리는 얻은 법이 없음을 알았기에 부처님께서도 얻은 법이 없다고 대답했다.

연등불은 석가모니불에게 수기를 준 부처님이다. 그러므로 연등불은 석가모니불에게 있어서 직계스승이라 할 수 있다. 위 문답으로부터 부처님께서도 스승으로부터 법을 얻은 것이 없음을 알 수 있다. 이는 스승이 가르칠 수 있는 법이란 진실로 얻을 수 있는 것이 아니라, 자성이 본래 청정하고, 본래 더럽지 않으며, 항상 고요히 빛나는 것임을 스스로 깨달아야만 비로소 성불할 수 있음을 보여 주는 것임을 의미한다. 여래의 법이란 비유하면 해가 끝없이 밝게 비치지만 그 해를 취할 수 없는 것과 같다.

[공부]

연등불(然燈佛)

연등불(梵 Dipaṁkara)은 제항갈(提洹竭), 제화갈라(提和竭羅)라고도 한다.『서응경(瑞應經)』에서는 정광(錠光)이라 번역하고『지도론(智度論)』에서는 연등(然燈)이라 번역하고 있다. 정이란 등을 받치는 발을 가리킨다. 석가여래가 인행(因行) 중 제2아승기겁을 충족하였을 때 이 부처가 세상에 나왔고, 이때 석가여래는 수메다(善慧菩薩)라는 수행자로서 다섯 송이의 연꽃을 사서 연등불에게 공양하고 머리카락을 진흙 바닥에 깔아 연등불께서 이를 밟고 가게 하였으며, 이로써 연등불로부터 미래에 성불하리라는 기별(記莂=受記)을 받았다.『지도론』제9권에 의하면, "연등불이 태어났을 때 몸 주변이 등과 같아서 이름을 연등태자라 하였고, 부처가 되어서도 그 이름을 그대로 연등이라 하였다."라고 한다.[224]『서응경』제1권에 의하면, "석가보살이 유동(儒童, 수메다)이라는 이름이었을 때 왕가의 여인을 보았는데, 그 이름이 구이(瞿夷, 고삐)였다. 그녀가 청련화 일곱 송이를 가지고 있는 것을 보고 오백 금을 주고 다섯 송이를 사서 그녀가 기탁한 두 송이와 합하여 일곱 송이의 연꽃을 부처님께 올렸다. 또 땅이 진흙탕인 것을 보고 겉에 입고 있던 옷으로 그 땅을 덮었는데, 그것으로 부족하여 머리카락을 풀어헤쳐 땅을 덮어서 연등불이 밟고 지나가게 하였다. 그로 인하여 그 부처는, '앞으로 구십일 겁이 지나 현겁(賢劫)이 되면 그대는 부처가 되어 호를 석가모니여래라 할 것이다.'라고 수기하였다."라고 적고 있다.[225] 심지관경(心地觀經)에 의하면, "옛날 마납(摩納, Mānava) 선인이었을 때, 머리카락을 깔아 연등불에게 공양하였는데, 이러한 정진 인연 때문에 생사해를 여덟 겁이나 뛰어넘었다."라고 한다.[226]

---

224) T25n1509009, 大智度初品中放光釋論之餘(卷第九), 龍樹菩薩造, 大智度初品中十方諸菩薩來釋論第十五, 後秦龜茲國三藏法師鳩摩羅什奉 詔譯, CBETA 電子佛典集成 » 大正藏 (T) » 第25冊 » No.1509 » 第9卷, http://tripitaka.cbeta.org/T25n1509009

225) T03n0185001, 佛說太子瑞應本起經卷上, 吳月支優婆塞支謙譯, CBETA 電子佛典集成 » 大正藏 (T) » 第3冊 » No.0185 » 第1卷, http://tripitaka.cbeta.org/T03n0185001

226) T03n0159001, 大乘本生心地觀經卷第一, 大唐罽賓國三藏般若奉 詔譯, 序品第一, CBETA 電子佛典集成 » 大正藏 (T) » 第3冊 » No.0159 » 第1卷, http://tripitaka.cbeta.org/T03n0159001

> [공부]
> ## 열반에 이르는 길의 단축
>
> 부처님은 보시 등 육바라밀 수행을 통하여 얼마나 많은 세월을 뛰어넘어 깨달음을 이루었을까? 수행방법과 정진의 노력에 따라 수기 받은 기간보다 앞당겨 깨달음을 이루는 것이 가능함을 보여 주는 사례를 경전에서 찾아볼 수 있다.[227]
>
>   마음을 다잡아 용맹정진하며(攝心勇猛勤精進)
>   반쪽 게송을 구하려 전신을 던졌다네(為求半偈捨全身)
>   정법을 구하려는 인연으로(以求正法因緣故)
>   생사의 괴로움을 십이 겁 줄였다네(十二劫超生死苦)
>   옛날 마납선인이셨을 때(昔為摩納仙人時)
>   머리카락을 펼쳐 연등불에게 공양하였네(布髮供養然燈佛)
>   이 정진의 인연으로(以是精進因緣故)
>   생사의 바다를 여덟 겁 뛰어넘었다네(八劫超於生死海)
>   옛날 살타왕자 시절(昔為薩埵王子時)
>   아까운 몸을 굶주린 호랑이에게 주어(捨所愛身投餓虎)
>   자리이타한 인연으로(自利利佗因緣故)
>   생사인을 십이 겁 뛰어넘었다네(十一劫超生死因)
>   (중략)
>   칠 일간 까치발로 여래를 찬탄하니(七日翹足讚如來)
>   이 정진의 인연으로 아홉 겁을 앞당겼네(以精進故超九劫)
>
> 성불의 수기가 일종의 운명이라고 생각한다면, 심지관경의 이 내용으로 볼 때, 확정된 운명 같은 것은 없음을 보여 준다. 노력 여하에 따라서 최상의 깨달음을 이룰 수 있는 기간도 앞당길 수 있다고 하니, 운명이란 것도 노력 여하에 따라 얼마든지 좋게 변동시킬 수 있을 것이다. 또한, 이는 불교가 소극적인 것이 아닌, 적극적이고 능동적이라는 것을 보여 주는 증거이기도 하다. 닥쳐오는 액난이나 현재의 고난을 대책 없이 받아들이는 것이 아닌, 적극적으로 노력함으로써 바꾸거나 개선하는 등 보다 나은 형태로 전환할 수 있음을 보여 준다. 역으로, 수행을 게을리할 경우, 퇴전을 거듭하여 최상의 깨달음을 이룰 수 있는 시점이 자꾸 지연될 수도 있음을 보여 주는 증거이기도 하다.

착어) 옛날에 그러하였고, 지금도 그러하다(古之今之).

---

227) T03n0159001, 大乘本生心地觀經卷第一, http://tripitaka.cbeta.org/

『논어』 헌문편(憲問第十四)에 "옛 학자는 자신을 위하였고(古之學者爲己), 지금의 학자는 남을 위한다(今之學者爲人)."라는 구절이 나온다.[228] 자신을 위한다(爲己) 함은 공부하는 목적이 자기 수양이나, 자기 인격 함양임을 의미한다. 남을 위한다(爲人) 함은 공부하는 목적이 출세를 위하거나 남에게 잘 보이기 위하여 혹은 남에게 자랑하기 위함임을 의미한다. 자기를 위하여 열심히 공부하지만, 인격이 쌓이고 덕이 높아지면 자연히 사람들에게 이로워 사람을 얻게 된다. 그러나 남에게 잘 보이기 위하여, 혹은 출세를 위하여 공부하다 보면, 결국 자신까지 잃고 마는 결과가 초래될 수 있다.

착어의 고지금지(古之今之)라는 말은 논어의 위 구절을 줄여서 인용한 것으로 보인다. 설령 논어에서 인용한 것이 아니더라도, 논어의 그 구절에서 학자를 수행자로 바꾸어 놓고 보면 아귀가 잘 맞는다. 옛 수행자는 자신을 위하여 수행하였으나, 지금의 수행자는 남을 위하여 수행한다는 정도로 이해하면 어떨까? 남을 위한다는 말에는 몇 가지 의미가 있다. 논어에서 인용된 뜻 그대로, 옛 수행자들은 보리도를 이루기 위하여 수행하였으나, 지금의 수행자들은 남에게 잘 보이기 위하여, 혹은 이름을 얻고 이양을 취하기 위하여 수행의 흉내를 내는 것을 생각할 수 있다. 이 경우, 출가를 세속에서 충족하지 못하는 자신의 권력욕, 명예욕 등을 충족하기 위한 도구로 생각하는 것이라 할 수 있다. 혹은 세속에서의 경쟁하는 삶이 싫거나 경쟁에 자신이 없어 출가라는 수단을 채택하는 것을 생각할 수 있다. 둘째, 이와는 정반대로, 옛 수행자들의 수행은 자신만을 위한 것, 즉 소승적 자세였으나, 지금의 수행자들의 수행은 남들을 위한 것, 즉 대승적 자세임을 나타내기 위한 것이라고 생각할 수도 있다. 세 번째로 옛 수행자들의 수행법이 오늘날의 수행자들의 수행법보다 더 수승한 것임을 지적한 것일 수도 있다. 끝으로, 옛 수행자들은 스스로 깨달음을 이루고자 하였으나, 지금의 수행자들은 깨달음을 (외부에서) 구하고 있음을 나무란 것이라고 생각할 수도 있다.

옛날 석가모니부처님께서 연등불로부터 수기를 받을 때에도 얻었던 법은 없었다. 수기를 받은 후 장구한 기간에 걸쳐 보시의 공덕을 쌓는 등 수행을 통하여 번뇌를 모두 씻어 내고 마침내 성불을 하였던 것이다. 즉, 최상의 깨달음, 아뇩다라삼먁삼보리

---

228) 中國哲學書電子化計劃, 儒家 〉論語 〉憲問 〉24, https://ctext.org/dictionary.pl?if=gb&id=1460

를 스스로의 힘으로 이루어 증득하셨던 것이지 외부에서 구하여 얻었던 것이 아니었다. 이러한 사정은 지금도 마찬가지다. 최상의 법, 아녹다라삼먁삼보리는 외부에서 구하여 얻어지는 것이 아니라 스스로 수행을 통하여 증득하는 것이다.

외부에서 구하여 얻어질 수 있는 것은 인/천의 일이다. 사람으로 태어나고 하늘에 태어나는 일, 삼악도를 벗어나는 일은 공덕을 쌓아 복을 이룸으로써 가능할 수 있다. 이것이라도 얻었다고 하면 얻음이라 할 수 있다. 이것을 외부에서 구하는 것이라면 그렇다고도 할 수 있다. 그러나 이 모든 결과를 포함하여 최상의 깨달음을 이루기 위하여는 모든 번뇌를 씻어 내고 멸도를 자증할 때 비로소 가능한 일이다.

송) 노래한다.

한 손으로 하늘을 가리키고 한 손으로 땅을 가리키며(一手指天一手指地)
남북동서를 털끝만큼도 보지 않네(南北東西秋毫不覩)
태어날 때 마음의 담대함은 하늘 같아서(生來心膽大如天)
한없는 마의 무리들을 물리쳤네(無限群魔倒赤幡)

한 손으로 하늘을 가리키고 다른 한 손으로는 땅을 가리키는 동작은 부처님의 탄생시에 취하였던, 탄생게를 부르면서 한 행동이었다. 이 동작은 두 손으로 하늘 위와 하늘 아래의 모든 세계, 온 세계, 온 우주를 가리키는 행동이다. 탄생게에 나오는 삼계, 즉 욕계, 색계, 무색계를 모두 포괄하는 행동이다. 단순히 세계만이 아니라, 그 세계에서 살아가는 모든 중생들을 아우르는 행동이기도 하다. 삼계의 모든 중생들이 고통에 시달리고 있음을 직시하고 이를 편안하게 하려는 의지를 나타낸 행동이었던 것이다.

그리고 동남서북의 사방을 털끝만큼도 보지 않는다 함은 첫 구절에서 언급한 삼계의 고통받는 중생들을 편안하게 하기 위하여 오직 한 길로만 나아갈 것을 가리킨다. 이러한 부처님의 일대 가르침은 얼마나 담대하고 큰일이었던가? 하늘이 오히려 낮고 좁을 터이다. 그 마음, 그 의지, 그 포용력으로 모든 장애를 물리치고 깨달음을 이루었고, 삼계의 중생들의 고통을 없애기 위하여 일생을 헌신하였던 것이다.

[공부]

부처님의 "탄생게"

하늘 위와 하늘 아래에서(天上天下)
오직 나 홀로 존귀하나니(唯我獨尊)
삼계가 모두 괴로워하니(三界皆苦)
내 마땅히 이를 편안하게 하리라(我當安之)

위 탄생게는 부처님께서 룸비니동산에서 세상에 태어나시던 날, 한 손으로는 하늘을 가리키고 다른 한 손으로는 땅을 가리키며 부르신 노래이다. 대략의 해석은 위와 같은데, 특히 앞의 두 구절을 놓고 오해가 많은 것 같다. 특히 불교를 믿지 않는 사람들로부터 비난을 많이 받는다. 하늘과 하늘 아래에서라는 구절은 온 세상을 가리킨다. 오직 나만 홀로 존귀하다는 말은 두 가지 의미가 있다. 하나는 중생들의 각 생명체로서의 존엄하고 귀중함을 의미한다고 한다(이 경우 부처님은 중생들을 대표하는 중생이라고 보면 될 것 같다). 이런 의미에서 모든 중생이 평등하게 존귀하다. 다음으로 부처님 당신이 존엄하고 귀중하다는, 글자 그대로의 의미이다. 우리 불교에서 삼계란 욕계, 색계, 무색계의 세 세계를 가리킨다. 욕계는 다시 지옥, 아귀, 축생, 인간, 아수라 그리고 일부 하늘의 세계(욕계 6천)를 포함한다. 이런 의미의 삼계는 첫 번째 글귀의 천상천하와 같은 의미라고 보면 되겠다. 즉, 천상천하, 모든 세계는 모든 것이 괴로움이다. 환언하면, 모든 세계는 고통으로 가득하다. 불교에서는 모든 존재는 세 가지 특징이 있는데, 그중에 하나가 고통, 즉 괴로움을 겪고 있다고 본다. 어떤 형태의 고통인가, 어느 정도 고통스러운가 등은 중생마다 각기 다를지라도 고통을 앓고 있음은 분명하다(기독교의 원죄를 생각하면 이해하기 쉬울 것이다). 그런데 부처님께서는 이러한 고통을 없애고 편안하게 해 주겠노라고 외치신다. 온 우주의 모든 중생이 고통을 받고 있는데, 이런 중생들을 고통으로부터 해방시켜 편안하게 해 주겠다고 선언하신 것이다. 이 얼마나 위대하고 독보적이며 장엄하고 존엄하고 귀중한 것인가? 그리고 실제로 부처님께서는 당신의 선언을 실천하시고 고통을 없앨 수 있는 수많은 가르침을 제시하셨다. 부처님을 제외하고, 어떤 중생도 감히 이런 선언을 한 적도 없고, 실천하지도 않았으며, 방법을 제시하지도 못했다. 그러하니 어찌 부처님이 오직 홀로 존귀하지 않을 수 있겠는가?

그러나 우리들 모든 중생이 불종자를 가지고 있고, 언젠가는 부처가 될 것이라는 수기설에 의하면, 우리들 모든 중생도 언젠가는 부처가 될 잠재적 부처이다. 그러면 우리 중생도 부처와 마찬가지로 존귀하다고 할 수 있겠다.

[第六疑斷] 국토 장엄은 취하지 않음에 위배된다(嚴土違於不取)는 의심을 끊는다.
이 의심은 앞의 *[第三疑]* 중 취할 수 없음(不可取)에서 나온다.

만약 지혜로도 불법들을 취할 수 없다면, 무슨 이유로 보살이 지혜로서 불토의 공덕을 취하겠다고 서원하는 것인가? 이 의심을 없애기 위하여 경에서 말한다.(功德施菩薩)

경) *"수보리야. 어떠냐? 보살이 불토를 장엄하느냐?"*
"아닙니다. 세존이시여. 왜냐하면, 불토를 장엄한다 함은
장엄이 아니고 이름이 장엄이기 때문입니다."
須菩提於意云何菩薩莊嚴佛土不不也世尊何以故莊嚴佛土者即非莊嚴是名莊嚴。

청정불토는 무상이고 무형인데 무엇(何物=어떤 물건)으로 장엄할 수 있을까? 오직 정혜(定慧)라는 보배만으로 짐짓 장엄한다고 이름할 수 있을 뿐이다. 사리장엄(事理莊嚴)에는 세 가지가 있다(육조 혜능).

- 첫째, 세간 불토 장엄. 절을 짓고 경을 베끼며 보시하고 공양하는 것. 양나라 무제가 탑과 절을 짓고 경전을 베껴 유포한 것이 이에 해당한다.[229]

- 둘째, 견불토(見佛土) 장엄. 일체의 사람들을 보면 널리 공경하는 것. 위음왕불 시대의 상불경(常不輕, Sadāparibhūta)보살이 모든 사배중에게 깊이 공경한다고 말한 것[230]이 이에 해당한다.

- 셋째, 심불토(心佛土) 장엄. 즉, 마음이 청정하면 불토도 청정하다는 생각을 한순간도 잊지 않고 불심을 잠시도 쉬지 않고 늘 염불하는 것. 만법은 오직 한마음이니, 그러므로 밖에서 부처가 나오지 않으며, 또한

---

229) T49n2035053, 佛祖統紀卷第五十三, 宋咸淳四明福泉沙門志磐撰, 歷代會要志第十九之三, CBETA 電子佛典集成 » 大正藏 (T) » 第49冊 » No.2035 » 第53卷, http://tripitaka.cbeta.org/T49n2035053

230) T09n0262006, 妙法蓮華經卷第六, 後秦龜茲國三藏法師鳩摩羅什奉 詔譯妙法蓮華經常不輕菩薩品第二十, CBETA 電子佛典集成 » 大正藏 (T) » 第9冊 » No.0262 » 第6卷, http://tripitaka.cbeta.org/T09n0262006

정토도 없다. 미타는 자신의 몸속의 미타이며, 정토는 내 마음 안의 정토이다. 『관무량수경』에서 "제불여래는 법계의 몸이며, 일체 중생의 심상에 두루 들어간다. 그러므로 그대들이 마음으로 부처를 생각할 때, 이 마음이 삼십이상 팔십종호이며, 이 마음이 부처이다."라고 하였다.[231]

보살이 불토를 장엄하는 방법이 위 세 가지라고 하지만, 이는 어디까지나 장엄이라고 부를 뿐이지(假名相), 진실로 장엄한 것은 없다. 보살이 장엄한다고 생각하는 것 자체가 이미 보살이 아니기 때문이다.

착어) 어머니의 고쟁이(속옷)고, 청주의 베적삼이라(孃生袴子 靑州布衫).

보살이 불토를 장엄하는가라는 질문에 이름만 장엄일 뿐 실질적인 장엄은 아니라고 대답한 것을 두고, 어머니의 고쟁이와 청주의 베적삼이라고 착어했다. 뚱딴지같지만, 착어란 일종의 요점정리 혹은 실마리다. 즉, 경의 문답에 대하여 어떻게 해석하고 생각하고 풀어 갈 것인지에 대한 간략한 설명 혹은 단서라고 할 수 있는 것이다. 그러므로 뚱딴지같은 말일지라도 이상할 것은 없다. 조사들은 학인들로부터 제기되는 수많은 질문이나 의문에 대하여 전혀 생뚱맞으나, 뜻깊은 말로 답을 주었던 것을 고려하면, 이 착어도 그리 이상할 것은 없는 것이다.

위 착어에서 "어머니의 고쟁이"와 "청주의 베적삼"의 관계도 생뚱맞은데, "불토의 장엄이 이름일 뿐"이라는 경의 언구와의 관계 속에서 볼 때 더욱 그러한 듯하다. 그러나 어머니의 고쟁이라는 말과 청주의 베적삼이라는 말이 의미하는 것이나 나온 배경을 살펴보면 전혀 생뚱맞다고 할 수도 없다.

그럼 고쟁이와 베적삼은 어떤 점 때문에 불토를 장엄하는 것이 이름일 뿐이라는 경의 가르침에 대한 착어로 사용하였을까? 고쟁이나 베적삼은 몸을 가리기 위하여 걸치는 것이라는 공통점이 있다. 몸을 진여실상이라고 하면, 고쟁이나 베적삼은 실상을 가

---

[231] T12n0365001, 佛說觀無量壽佛經, 宋西域三藏畺良耶舍譯, CBETA 電子佛典集成 » 大正藏 (T) » 第12冊 » No.0365 » 第1卷, http://tripitaka.cbeta.org/

리고 있는 것들을 가리킨다. 이것들을 벗어 버리면 몸이 고스란히 드러나게 된다.

"어머니의 고쟁이를 벗어 버리니(脫却孃生袴), 곧바로 마땅함을 잇는구나(直下便承當). 철산을 가로질러 길이 났네(鐵山橫在路)."라는 노래가 있다.[232] 이 노래에서도 고쟁이는 진여실상을 가리는 장애로 작용하고 있음을 알 수 있다. 또 "가려고 해도 갈 수 없고(要去不得去), 머물려 해도 머물 수 없다(要住不得住). 대산관을 타파하고(打破大散關), 어머니의 고쟁이를 벗어 버리라(脫却孃生袴)."라는 말도 있다.[233] 이 법문 중에서도 어머니의 고쟁이는 진여실상을 찾기 위하여 벗어던져야 할 기존의 관념이나 견해로 비유되고 있다.

청주의 베적삼이라는 말이 생기게 된 연기를 보면 청주의 베적삼이란 말이 서로 소통이 잘 안되거나, 말귀를 못 알아먹거나, 가르침을 잘 이해하지 못하는 상황을 안타깝게 여기는 뜻이 나타난다.[234]

승이 조주에게 물었다.

"만법이 하나로 돌아가면, 그 하나는 어느 곳으로 돌아갑니까?"

조주가 말했다.

"내가 청주에 있을 때, 적삼을 한 벌 짓도록 하였는데, 그 무게가 일곱 근이었다."

僧問趙州。萬法歸一一歸何處。州云。我在青州做領布衫。重七斤。

"사람 대하기를 게을리하니 죽 그릇이나 두드리고(嬾對人鼓粥飯), 청주포삼을 둘렀더니 몸의 교통이 파탄난지 오래로구나(青州布衫通身破綻久矣)."라는 이야기가 있다.[235] 이 이야기에서 청주포삼이란 말이 통하지 않고 가르쳐 주어도 알아먹지 못하는 답

---

232) X79n1559029, 卍新纂大日本續藏經, 第79冊, No.1559, 嘉泰普燈錄卷第二十九, 平江府報恩光孝禪寺(臣)僧 (正受) 編, 偈頌。○ 法昌遇禪師九首, 三句, http://tripitaka.cbeta.org/mobile/index.php?index=

233) T51n2077011, 續傳燈錄卷第十一, 大鑑下第十二世, 雲居舜禪師法嗣, CBETA 電子佛典集成 » 大正藏 (T) » 第51冊 » No.2077 » 第11卷, http://tripitaka.cbeta.org/

234) T48n2022002, 大正新脩大藏經 第48冊, No.2022, 禪林寶訓(4卷),【宋 淨善重集】, 禪林寶訓卷第二, 東吳沙門淨善重集, https://tripitaka.cbeta.org/mobile/index.php?

235) J26nB187010, 嘉興大藏經 第26冊, No.B187, 天岸昇禪師語錄(20卷),【清 昇說 元玉等記錄】, 天岸昇禪師語錄卷第十, 侍者一誠記錄, 再住青州法慶禪寺語錄, http://tripitaka.cbeta.org/mobile/index.php?index=

답함을 토로하는 비유로 보인다.

이상 어머니의 고쟁이나 청주의 베적삼의 의미를 간단히 살펴보았듯이, 이 둘이 벗어 버려야 하거나 타파해야 할 장애인 것처럼, 보살이 불토를 장엄한다는 생각도 타파해야 할 장애인 것이다.

송) 노래한다.

**혼탁한 몸을 털었더니 서리보다 희고(抖擻渾身白勝霜)
갈꽃은 눈에 비친 달과 밝기를 다투네(芦花雪月轉爭光)
다행히도, 아홉 층 언덕에서 까치발로 서서(幸有九皐翹足勢)
그 위에 붉은 벼슬을 더하니, 또 무슨 걸림이랴(更添朱頂又何妨)**

우리 몸이 혼탁한 것은 여러 가지 방법으로 설명된다. 가장 기본적인 것이 사대육신과 오하분결, 그리고 번뇌에 의한 설명이다. 여하튼 우리의 몸은 청정하지 못하다. 이런저런 사유로 때가 많이 끼었기 때문이다. 우리의 생각도 청정하지 못하다. 이런저런 사유로 탐욕과 분노와 어리석음이 지배하고 있기 때문이다. 그런데 이런 혼탁한 요소들을 모두 털어 내고 본래의 몸, 본래면목을 회복하였더니 서리보다 깨끗하다. 흰 것의 대명사는 눈이라고 할 수 있는데, 여기서는 서리를 가져와 비유하였다. 아마도 눈보다 서리가 더 깨끗하고 투명한 느낌이 있기 때문이 아닐까? 서릿발이라고 하면 서슬이 퍼런 것을 비유할 때 자주 사용하는 것을 보면 알 수 있다.

눈 위에 비치는 달빛은 눈부시다. 너무나 청정한 모습이다. 갈대밭에 갈꽃이 피어 하얗게 피어 있는 위에 달빛이 내리면 그 또한 희고 청정한 모습이다. 갈꽃이나 눈, 달빛은 모두 청정함을 상징한다고 할 수 있으며, 앞 구절에서 혼탁함을 다 떨친 것과 조응(照應)한 것이라 하겠다.

아홉 층 언덕이란 깨달음의 높이를 가리킨다. 보살십지 중 초지에서 구지까지 도달한 경우를 생각해 보라. 아득히 높아 최상, 즉 십지와 그 위에 불지(佛地)이면 좋겠지만, 그러나 초지부터 구지까지의 보살의 깨달음도 참으로 훌륭하지 않은가? 구층 언덕 위에서 다시 까치발로 서서 한 층을 더하면, 드디어 십지에 도달하였다. 그 꼭대기에 주작의 붉은 벼슬을 얹으면 그만큼 더 깨달음이 높아진다. 즉, 십지 위의 경지. 아마도 불지가 여기이리라. 불지란 최상의 깨달음을 이룬 경지이니, 무엇에도 걸림이 없는 것은 당연하다.

경) "그러므로 수보리야. 보살마하살들은 마땅히 이와 같이 청정한 마음을 내야 한다. 색에 머물지 않고 마음을 내야 하며, 성향미촉법에 머물지 않고 마음을 내야 하는 것이다."
是故須菩提諸菩薩摩訶薩應如是生淸淨心不應住色生心不應住聲香味觸法生心。

이 언구에서 보살마하살은 청정한 마음을 내야 한다고 하였다. 어떠한 마음이어야 청정하다고 할 것인가? 아상, 인상, 중생상, 수자상을 가지지 않아야 하고, 색에 머물거나 성향미촉법에 머물지 않고 보시하여야 하며, 불토를 장엄한다는 생각을 가지지 않아야 한다. 이렇게 낸 마음이라야 청정하다 할 수 있다.

부처님께서는 오온, 십이처, 십팔계가 모두 무상하고 무아임을 강조하셨다. 무상하고 무아인 것을 항상하며 실존하는 것인 양 갈망하고 애착하는 것이야말로 괴로움의 원인이라고 하셨다. 그러므로 여섯 가지 감각대상인 색성향미촉법에 마음이 머무는 것은 괴로움의 원인이 된다. 괴롭고서야 어찌 청정하다 할 것인가? 불가에서의 청정성의 의미는 어떤 번뇌도 없는 것, 즉 모든 괴로움이 소멸한 상태를 가리키기 때문이다.

착어) 비록 그렇더라도, 눈앞에 있는 것을 어찌하랴(雖然凭麼爭奈目前何).

보살마하살은 색성향미촉법에 머물지 않고 마음을 내야 한다고 하였다. 이 말은 무엇을 향하여, 혹은 무엇을 하기 위하여 마음을 낼 때는 그 대상이나 목적에 대하여 집착하지 않아야 함을 의미한다. 보시를 할 때는 보시한다는 마음, 보시의 상대방, 보시하는 물건과 그 가치 등에 대하여 집착하여서는 안 된다는 의미이다. 이러한 보시를 우리는 삼륜이 청정하다고 한다. 소리를 들을 때는 소리에 대하여, 냄새를 맡을 때는 냄새에 대하여, 맛을 볼 때는 그 맛에 대하여, 무엇이 닿을 때는 그 닿는 물건의 성질이나 감각에 대하여, 마음에 생각이 일어날 때는 그 생각에 대하여, 어떠한 집착을 해서도 안 된다는 것이다.

그러나 이는 당위일 뿐 현실에서는 그렇지 못하다. 부처님도 제자들의 잘못된 행위(제자들 간의 다툼, 육군비구들의 불선한 행동 등)에 대하여 화를 내시고 잘못을 지적하시면서 계율을 제정하곤 하셨다. 마음을 두지 않으면 잘잘못을 가려서 교훈할 수 없다. 눈앞에서 벌어지는 각종 공동체적 일들에 대하여 무감할 수는 없는 노릇이다. 괴로움에 힘들어하는 중생들에 대하여 아픔을 공감하고(悲心), 그 아픔을 치유하기 위하여 취할 수 있는 모든 선한 방법들을 동원하여 제공하는 것(慈心)은 꼭 필요한 것이기도 하다. 이것이 바로 마음을 두지 않을 때, 어느 방향으로 마음을 두지 않는가 하는, 그 방향성이 의미를 갖게 되는 이유이다. 이 대목에서 수행의 깊고 얕음, 생각의 많고 적음, 배려의 있고 없음, 존중과 경멸 등 세속에서 흔히 부딪히는 사회적 관계에서 적용되는 각종 원칙들을 참조하지 않을 수 없지만, 최대한 집착하지 않으면서 생각하고 행동한다는 일반적인 원칙 외에는 각자의 몫이라고 할 것이다.

송) 노래한다.

색을 보아도 간여하지 않고(見色非干色)
소리를 들어도 소리가 아니라면(聞聲不是聲)
색과 소리 어느 것에도 걸리지 않아(色聲不礙處)
친히 법왕성에 이르리(親到法王城)

간여한다는 말은 화자가 대상 혹은 객체와 상응하는 것을 가리킨다. 즉, 대상의 형성(생성), 조건화, 유지, 소멸에 개입하는 것이다. 색이란 물질, 물체처럼 형상이 있어 시각(肉眼)으로 인지할 수 있는 모든 것을 가리킨다. 색을 보고 간여하는 것은 색을 보았을 때 가지는 각종 느낌이나 감정 혹은 사고와 이에 따른 행동을 가리킨다. 예컨대, 사람을 보고 잘 생겼다거나 못생겼다 혹은 뚱뚱하거나 여위었다는 느낌, 공부를 잘한다거나 못한다는 생각과 판단 등은 간여의 일종이며, 나아가 그것에 애착하는 것도 간여이다. 불쌍히 여기고 애민하는 것도 간여하는 것이다. 관심과 배려도 간여의 일종이다. 색에 간여하지 않는다 함은 색에 대한 모든 대응되는 느낌, 생각, 행위에 대하여 간택하지 않는 것이다. 소리를 들어도 소리가 아니라고 하는 어구도 색을 보아도 간여하지 않는다는 어구와 대응되어 같은 의미를 가진다. 즉, 첫 구절은 색에 대하여, 두 번째 구절은 소리에 대하여 각각 간여하지 않음을 의미하는 것이다. 송에서는 색과 소리 둘만을 예로 들었지만, 이 둘은 여섯 가지 감각대상의 대표격으로 내세운 것일 뿐, 원래의 의도는 색성향미촉법 육경(육근의 대상)을 모두 가리키는 것이라고 보아야 할 것이다. 즉, 우리의 감각기관에 와 닿는 모든 것에 대하여 간여하지 않는다는 것을 의미하는 것이다.

이런 의미의 간여하지 않는다 함은 곧 화자가 대상에 끌려다니지 않음을 가리킨다. 대상에 대하여 애착하지 않으며, 대상에 대하여 감정이입을 하지 않으며, 생각하고 판단하며 행동하지 않음을 의미한다. 이것을 우리는 분별 혹은 차별하지 않는다고 하거나, 평등하다고 한다. 이렇게 되면, 대상과 화자는 완전히 독립된 관계가 될 것이다. 이런 상태를 불가에서는 무애(無礙)하다거나 자재(自在)하다고 한다. 즉, 걸림이 없다거나 혹은 걸리지 않는다고 하는 것이다. 이렇게 모든 것으로부터 나를 독립시킬 수 있다면, 그 어떤 것에도 걸리지 않고 자재할 수 있다면, 이것이 바로 최상의 깨달음을 이룬 것이다. 부처의 과위가 바로 이 경지라는 것이다. 법왕이란 부처의 다른 말이다. 친히 법왕성에 이른다는 말은 자신이 부처가 됨을 가리킨다고 보면 될 것 같다.

그런데 보살은 성불의 역량을 갖추고 있음에도 성불하지 않고 중생들에게 섞여 중생들의 고통을 덜어 주는 행보를 하는 중생이다. 애민하고 섭수하는 마음으로 식고생을 하는 것이니, 중생사에 아주 깊이 간여하고 있는 것이다.

경) *"마땅히 머무는 바 없이 그 마음을 내어야 한다."*
應無所住而生其心。

수행인은 남의 시비에는 끼어들지 않아야 하며, 스스로 나는 할 수 있다거나 나는 이해한다거나 마음이 가볍다거나 배우지 않겠다고 말해서는 안 된다. 이러한 마음은 청정심이 아니다. 항상 마음을 지혜롭게 쓰고 평등하게 자비를 행하며 마음을 내려놓고 일체 중생을 공경하면, 이것이 바로 수행인의 청정심이라 할 수 있다.

자신의 마음을 청정하게 하지 못하거나, 청정해야 한다고 집착하게 되면, 이것이 오히려 마음에 머무는 것이다. 마음을 어떤 것에 머물게 하면, 혹은 어떤 것을 마음에 두어 머물러 있으면, 그것은 법상에 집착하는 것이다. 색(수상행식도 또한 같다)을 보면 색에 집착하고 색에 머물면 색에 마음이 생긴다. 이런 사람은 미혹된 사람이다. 색은 보아도 색을 멀리하고, 색에 머물지 않고 마음을 내면, 이것이 바로 깨달은 사람이다. 색에 머물러 마음을 내면 구름이 하늘을 가린 것과 같고, 머물지 않고 마음을 내면 구름 한 점 없는 하늘에 일월이 길게 비치는 것과 같다. 색에 머물러 마음을 내는 것은 망념이며, 색에 머물지 않고 마음을 내는 것은 참된 지혜이다. 망념이 생기면 어둡고 육진이 다투어 일어난다. 참된 지혜가 비추면 밝고 밝아서 번뇌가 생기지 않고 육진이 남김없이 소멸하게 된다.

착어) 뒤로 물러나고, 또 뒤로 물러나서, 꿈쩍도 하지 않던 돌이 움직이는 것을 살피고 또 살피라(退後退後看看頑石動).

우리는 흔히 해결하기 어려운 문제에 부딪히면 한발 물러나 생각하고 검토해 보라고 말한다. 당면한 문제에 너무 집착하고 있으면, 그 문제에 자신이 몰입되고 감정이 이입되어 한 방향으로만 볼 수밖에 없어 문제에 대한 종합적이고 이성적인 접근이 어려워지기 때문이다. 어떤 문제이든 그 문제로부터 좀 떨어져 바라보면 그 전모를 볼 수 있고 또 객관화를 통한 종합적 고찰이 가능하여 해답을 찾아내기에 좀 더 수월할 수 있는 것이다. 불법의 깨달음도 마찬가지다. 수많은 수행법이 있지만, 어떤 한 수행법에 지나치게 몰두하다 보면 오히려 깨달음에 장애가 될 수 있다. 부처님께서 수많은 법문으로 깨달음의 길을 수없이 제시하신 것은 각기 그 근기에 맞추어 깨달음으로 나아가도록 하기 위함이다. 그런데 한 가지 방법이 수승한 방법이라고 고집하면, 깨달음이 아니라 오히려 그 수행법에 집착함으로써 수행이 더뎌지거나 퇴보할 가능성도 있다. 깨달음이 높아짐에 따라 수행법도 점차 고도화시킬 필요가 있는 것이다.

꿈쩍도 하지 않던 돌이 움직인다 함은 실제로 돌이 움직여서가 아니라, 좋은 방안을 찾아내어, 즉 내게 맞는 수행법을 찾아서 수행을 할 때, 그간에 막혔던 수행이 진전을 보이는 것을 관찰해 보라는 의미이다.

[공부]
생공의 설법에 단단한 돌이 머리를 끄덕이다(生公說法 頑石點頭)

진(晉)나라 말, 고승 축도생[竺道生, 세상 사람들은 그를 생공(生公)이라 불렀다]에 관한 전설에 의하면, 그가 일찍이 소주의 호구산(虎丘山)에서 돌을 모아 놓고 불법을 해설하니 돌이 모두 머리를 끄덕거렸다고 한다. 이때 설한 법문이 일천제(一闡提)도 성불할 수 있다는 설이었다 한다.[236] 후세에 와서, 이 말은 언사가 정묘하여 사람을 깊이 감동시키는 것을 비유하는 말로 사용되었다. 예컨대, "그가 지은 글은 비록 화려하지는 않지만, 글의 흐름이 '생공이 법을 설하여(生公說法) 단단한 돌도 머리를 끄덕거리게 만들(頑石點頭)' 만큼 많은 독자들에게 깊은 감동을 주었다."처럼 사용되는 것이다.

송) 노래한다.

고요한 밤 산당에 말없이 앉았으니(山堂靜夜坐無言)
고요하고 고요하여 본래 자연이로구나(寂寂寥寥本自然)
무슨 일로 서풍은 숲을 휘젓고(何事西風動林野)
긴 하늘에 기러기는 한 소리 울음인가(一聲寒鴈唳長天)

머무는 바 없이 마음을 내니, 그 어디에도 걸림이 없다. 이미 모든 것을 내려놓았고 그 어떤 것에도 집착하는 바가 없으니 걸릴 것이 무엇이겠는가? 이런 경지를 염두에 두고 송이 주는 의미를 생각해 보자.

---

236) X86n160000, 宗統編年卷之七, 第二十五世祖, CBETA 電子佛典集成 》 卍續藏 (X) 》 第86冊 》 No.1600 》 第7卷, http://tripitaka.cbeta.org/X86n1600007

시공(時空)이 이미 모든 것과 거리를 두고 있다. 고요한 밤(시간)이라서 모든 것이 쉬고 있고, 산속에 있는 법당(공간)이라서 세상의 시끄러움과 동떨어져 호젓하다. 그런 시간과 공간에서 화자는 아무 말도 없다. 시간, 공간, 화자 셋이 모두 고요하다. 삼위가 일체로 고요한 것이다. 그것이 바로 본래의 자연스러운 모습이라는 것이다.

그런데 그런 속에서 서풍은 숲에서 불며 숲의 고요를 흔들고 있고, 하늘에서는 기러기가 날며 추운 하늘의 고요를 깨뜨린다. 모든 것이 본래 자연의 고요에 들어있는데, 그중에서 서풍이나 기러기는 그 고요를 누리지 못하고 무언가에 걸려 있다. 깨달음을 이루지 못한 채, 끌려가고 있는 자신의 모습을 말하는 것인가, 혹은 그러한 중생들의 모습을 연민하는 것인가?

[第七疑斷] 보신을 받는 것은 취하는 것(受得報身是取)이라는 의심을 끊는다.
이 의심은 [第三疑] 중 취할 수 없다(不可取)에서 나온다.

만약 일체법을 취하지 않는다면, 부처는 어떻게 기꺼이 과보를 받아 스스로 법왕의 몸을 취하였으며, 어떻게 다른 세간에서 다시 그것을 취하여 법왕의 몸이 되었는가? 이 의심을 없애기 위하여 경에서 말한다(功德施菩薩).

경) "수보리야. 비유컨대, 어떤 사람의 몸이 산의 왕인 수미산만 하다면,
어떠냐? 이 몸은 크냐?"
수보리가 대답했다.
"심히 큽니다. 세존이시여. 왜냐하면, 부처님께서는 몸이 아니라
이름이 큰 몸이라고 말씀하셨기 때문입니다."
須菩提譬如有人身如須彌山王於意云何是身爲大不須菩提言甚大世尊何
以故佛說非身是名大身。

수미산은 적어도 고대 인도인의 관념 속에서 세계를 떠받치는 산이라고 할 수 있다. 수미산을 중심으로 욕계가 있고, 수미산 정상에 두 개의 하늘, 그 위로 욕계 4천과 색계, 무색계가 있는 만큼, 욕계에서는 수미산이 가장 높다고 할 수 있는 것이다. 그러므로 만약 어떤 사람이 수미산만 한 몸뚱이를 가지고 있다면, 그 몸뚱이는 크다고 하지 않을 수 없다.

그러나 이는 욕계 내에서의 몸뚱이에 관한 것일 때 이야기이다. 즉, 욕계 내에서의 색신일 경우에 그러하다는 것이다. 만약 욕계를 벗어나거나, 욕계 내에서라도 색신이 아닐 때는 이야기가 달라진다. 부처님께서는 몸은 욕계 내에 계시지만 최상의 깨달음을 이루신 만큼 깨달음의 몸(法身, 報身)은 수미산보다 클 수도 있고, 작을 수도 있다. 또 삼천대천세계에 가득하시거나, 하나의 미진 속에 계실 수도 있다. 그러므로 크다 혹은 작다라는 관념 자체가 성립될 수 없는, 그런 관념에서 벗어난 대자유, 자유자재인 것이다.

수미산만 한 몸이 크냐는 부처님의 질문에 수보리가 크다고 대답한 것은 색신에 대하여 말한 것이고, 그 까닭을 이야기할 때는 몸뚱이 자체가 아니라 이름하여 큰 몸이라고 하기 때문이라고 대답하였다.

여기서 왜 몸과 이름을 대응시켰는가? 몸이란 오온의 요소들이 인연 따라 화합하여 이루어진 유위적 존재이다. 이에서는 크다 작다는 비교의 관념이 존재할 수 있다. 그러나 그 실체는 공하기 때문에 크다, 작다는 관념 자체가 있을 수 없다. 그러므로 몸이라고 하지만 그것은 오온으로 이루어진 임시적 존재에 이름을 붙여 그렇게 부를 뿐, 실제로는 몸이라는 것이 공한 존재에 불과한 것이다. 부처님께서 크다, 혹은 작다고 말씀하신 것은 이렇게 이름을 붙여 부르는 것일 뿐 실체로서의 몸이 아닌 것이다.

착어) 설령 있다고 하더라도, 어디에서 볼 것인가(設有向甚麼處看)?

몸이 수미산만 하더라도 그것이 색신인 이상 큰 것이 아니다. 왜냐하면, 크다 혹은 작다는 자체가 이름일 뿐이기 때문이다. 이름뿐인 몸이, 가령 실존한다고 하더라도, 그게 어디에 있단 말인가? 유위적 존재로서의 몸은 우리의 육안으로 볼 수 있다. 그러나 그것은 이름일 뿐, 실체는 공하다. 공한 것에 대하여 크다, 작다라는 관념적 수사를 아무리 붙여도 결국은 이름일 뿐 존재하지 않는다. 존재하지 않는데, 어느 곳에서 볼 수 있단 말인가?

  수미산이라는 말에는 유위하다는 의미도 있지만, 밖이란 의미도 내포되어 있다. 즉, 색신을 수미산에 비유한 것은, 유위의 것이라는 의미와, 유위를 벗어난 무위를 나의 밖에서 찾고 있음을 의미하기도 한다. 그리하여 유위의 수미산이 무너지니, 무위가 밖에 있다는 설도 무너진다. 밖에 없으면 안에 있을 것인가? 이때 직지인심 견성성불이란 말이 깨달음에 이르는 좋은 방편이 될 수 있겠다.

송) 노래한다.

수미산을 본 떠 허수아비 같은 몸을 만들었더니(擬把須彌作幻軀)
그대의 간이 커지고 마음도 거치누나(饒君膽大更心麁)
목전에 온갖 것들이 있음을 지적해도(目前指出千般有)
나는 말하리, 그 속은 하나조차 없으니(我道其中一也無)
곧바로 그 속으로 들어가라고(便從這裡入)

  물체는 크다고 해도 한계가 있다. 그 한계를 수미산과 비교하여 설명한다. 허수아비 같은 몸이란 실체가 없는 유위한 것을 의미한다. 언젠가는 사라질 유위한 것이란 뜻이다. 이런 몸을 수미산만 하게 만들었다고 해서 영원할 수는 없고 언젠가는 사라진다. 무상한 것이다.
  그런데 수미산만 하니까, 자신이 사라질 것이라는, 무상한 존재에 불과하다는 것을 잊고 영원할 것처럼 생각하며 행동한다. 이를 속되게 말해서 간이 크고, 마음이 거칠다고 하였다. 다른 것들과 비교하여 높고 크며 영원할 것 같으니 겁이 없어진 것일까? 세속적 표현으로 깨달음을 향한 노력이 게을러지거나 역행하는 것에 대하여 경계한 것이라 할 수 있겠다.
  천반(千般)이란 각양각색, 각종 방법 혹은 정황을 의미한다. 천반기교(千般技巧)란 말이 있다. 온갖 가지의 교묘한 기술이란 뜻이다. 여기서는 온갖 종류의 유위한 존재들을 가리킨다. 그런데 이런 것들은 인연화합에 의한 유위한 것들이기 때문에 언젠가 인연이 다하면 모두 변하거나 사라질 것들이다. 그러므로 그 실질은 모두 공한 것이다. 그래서 화자는 천 가지, 만 가지의 존재들이 있음에도 불구하고 그 속이 모두 비었다고 말하는 것이다. 그러므로 그 속으로 들어가 그 속에 아무것도 없음을 확인해 보라는 것이다. 온갖 존재들의 외관, 즉 색성향미촉법의 크기나 색깔, 소리 등에 미혹되지 말고 곧바로 실체를 성찰하여 견성할 것을 촉구하는 것이다.

제11분 무위의 복이 수승하다(無爲福勝分)

1. 의의

유위의 복은 그 양이 제한적이어서 다함이 있지만, 무위의 복은 다함이 없어 수승하기 비길 데 없다. 그러므로 무위의 복이 수승하다고 하는 것이다. 무위(梵 Asaṁskṛta)란 무엇인가? 조작되지 않은 것, 인연으로 말미암아 생긴 것이 아닌 것, 연기적 존재가 아닌 것, 혹은 그러한 것들의 실체, 공성 혹은 열반을 가리킨다. 여기에는 나고, 머물고, 바뀌고, 소멸하는, 생주이멸이란 네 가지 모습의 조작이 없다. 성인이 증득한 진리를 가리키기도 한다. 열반, 법성, 실상, 법계 등은 모두 무위의 다른 이름이다.

착어) 현성공안은 임시로 시설된 것이 아니다. 이 무위의 복은 그 어떤 유무(有無)보다 수승하다(現成公案。不假施爲。此無爲福。勝他有無。).[237]

공안(公案)이란 정형화된 화두이다. 화두는 참선을 통한 깨달음을 위한 실마리가 되는 말이다. 즉, 공안이란 참선을 통하여 깨달음을 얻고자 할 때 그 실마리가 되는 말들 중에 정형화된 것이다. 현성공안이란 현재 자연적으로 이루어져 있는 모든 것(現成)이 참선의 실마리라는 주장이다. 돌 하나, 풀 한 포기, 심지어 틈새에 부유하는 먼지까지도 모두 진리를 터득하기 위한 사유의 실마리가 될 수 있다는 주장인 것이다. 현성공안의 주제는 선종 중 조동종에서 특히 중시하는 견해이다.

이런 현성공안은 빌려 시설된 것(假立)이 아니다. 빌려 시설되었다 함은 인연화합에 의하여 조성된 것으로 언젠가 인연이 소멸하면 시설된 것도 소멸하게 되는 것을 의미한다. 그러나 현성공안의 대상이 되는 일체 제법의 본래 법은 자연이며, 불성을 드러

---

[237] X24n0469001, 金剛經補註, 明 韓巖集解, 程衷懋補註, CBETA 電子佛典集成 » 卍續藏 (X) » 第24冊 » No.0469 » 第1卷, http://tripitaka.cbeta.org/X24n0469

내어 성취하고 있어 조작을 기다리지 않는다고 강조한다. 즉 불법은 산천, 초목, 만물 위에 역력하게 현성되어 있다고 말하는 것이다. 이처럼 자연적으로 이루어진 것들에 내재되어 있는 법칙은 조작되지 않고 불법을 역력하게 드러내는 것이기 때문에 무위이다. 그리고 현성공안으로 얻는 복은 무위의 복이다. 왜냐하면, 현성공안으로 사유함으로써 깨달음을 위한 자량인 지혜를 축적할 수 있기 때문이다.

유무란 생사를 말한다. 십이연기의 틀에서 유(有, existence)를 조건으로 생(生, birth)이 생겨나기 때문이다. 이는 유전(流轉)의 세계이며, 유위의 세계이다. 유무가 멸한 열반의 세계가 아니다. 유위의 세계에서 얻어진 복으로는 천상에 태어나 안락하게 살 수는 있지만, 삼계 내에서 유전하는 것을 벗어나지 못한다. 유위의 복이 크면 클수록 삼계 내에서 더 좋은 곳에서 더 오래 존속할 수는 있어도 삼계를 완전히 벗어날 수는 없는 것이다. 삼계 내에서 유전하는 것은 결코 고통을 벗어난 것이 아니다. 복이 다하면 다시금 인연에 따라서 윤회하게 된다.

무위는 열반이다. 열반은 생도 사도 더 이상 연기하지 않는 세계이다. 무위의 복은 생사의 유전을 벗어나 있기 때문에 괴로움(번뇌)에서 벗어나며, 항상하고 있다. 그러므로 무위의 복이 유위의 복보다 수승하다고 하는 것이다.

송) 노래한다.

갠지스강의 모래 수만큼의 세계의 금밭을 보시하면(恒沙世界布金田)
복은 비록 가없어도 열반에는 이르지 못한다네(雖福無涯未到邊)
단적인 깨달음으로 밝혀진 마음자리(端的悟明心地處)
구름 한 조각 걸리지 않은 푸른 하늘이로세(片雲不挂是青天)

금밭을 보시한다니(기원정사를 지을 때 수달장자가 기타태자에게서 기수를 매입할 때의 광경이 연상된다) 참으로 값나가는 것이 아닐 수 없다. 그런데 이 값나가는 금밭이 갠지스강의 모래만큼이나 많은 세계를 가득 채운다면, 그 금의 양이 얼마일지 가히 헤아릴 수 없다. 이 만큼의 금을 보시한다면, 그 복이 가히 얼마이겠는가? 그러나 이 복은 재물의 보시라고 하는 유위의 행위로 인한 유위의 복일 뿐이다. 그 끝이 있다는 말이다.

그러나 깨달음으로 마음이 밝아지면 이 복은 지혜라고 하는 무위의 복으로서 다함이 없다. 깨달음으로 밝아진 마음, 무명이 깨어지고 어둠이 걷힌 마음은 너무도 맑고 밝아서 가히 구름 한 점 없는 푸른 하늘과 같다.

2. 내용

> 경) "수보리야. 갠지스강 속에 있는 모래의 수처럼,
> 이들 모래 수만큼의 갠지스강이라면, 어떠냐,
> 이들 갠지스강의 모래가 어찌 많지 않겠느냐?"
> 수보리가 말했다.
> "심히 많습니다. 세존이시여. 갠지스강만 해도 무수히 많은데,
> 하물며 그 모래이겠습니까?"
> 須菩提如恒河中所有沙數如是沙等恒河於意云何是諸恒河沙寧
> 為多不須菩提言甚多世尊但諸恒河尚多無數何況其沙。

부처님의 이 질문에 대하여 수보리는 매우 많다고 대답하였다. 갠지스강 속에 있는 모래의 수만큼의 갠지스강이라면 가히 헤아릴 수 없을 만큼 많다고 할 수 있는데, 하물며 그 모든 강 속에 있는 모래 수라고 하면 과연 얼마나 많다고 해야 할 것인가? 나아가 이런 확장법을 계속해서 사용한다면, 그 모래의 수는 얼마만큼씩 확대될 것인가? 종국에는 끝없는 무한대일 것이다.

이 언구는 내가 돋보이기 위하여 다른 사람을 크게 칭찬하고 찬양하는 것과 같은, 혹은 남을 칭찬함으로써 내가 더 칭찬을 받을 수 있는 것과 같은 용법이다. 비교할 대상이 되는 것이 더욱 크고 수승하며 의미가 있음을 강조하기 위하여, 이러한 비유를 사용한다.

착어) 전삼삼 후삼삼이구나(前三三後三三).

　삼삼은 9이다. 앞으로 보아도 9이고 뒤로 보아도 9라는 말이다. 아홉, 즉 구(九)는 지극히 많음을 형용하는 말이다. 구소운외(九霄雲外), 구천지하(九泉之下), 구우일모(九牛一毛), 구사일생(九死一生) 등의 용례에서 보는 것과 같다.

　그러나 무착선사의 물음에 문수보살이 답할 때 사용한 전삼삼 후삼삼의 삼삼이 과연 많다는 의미일까? 후세에 수많은 선사들이 이에 대하여 말해 왔으나, 답을 하지 못하였다. 그도 그럴 것이 여기서 삼삼이란 균제동자(均提童子)가 무착선사에게 "대덕" 하고 부르고, 무착이 그 부름에 "응" 하고 대답한 문답에서 이미 답이 있는 것이다. 다만, 그 답은 각자의 몫이다. 많고 적음인지, 잡동사니가 뒤섞여 혼잡스러움을 의미하는 것인지, 그저 아홉 정도에 불과하다는 것인지는 각자 찾아야 할 몫인 것이다.

　이 착어는 갠지스강의 모래 수만큼 많은 수의 갠지스강들 속에 있는 모래의 수가 많은가? 라는 물음에 수보리가 아주 많다고 대답한 것에 대한 착어이다. 갠지스강의 모래 수만큼의 갠지스강들이 있고, 이들 강 속에 있는 모래의 수가 많은 것은 이름이 그렇다는 것이고, 현실 세계의 관점에서 볼 때 계산상 그렇다는 것이다. 만약 진제로서의 공의 관점에서 보면 많다, 적다의 관념 자체가 의미가 없다. 공의 관점에서는 시간도 공간도 의미가 없기 때문이다. 그러므로 전삼삼 후삼삼이라고 착어한 것은 많든 적든 의미가 없음을 말하고자 한 것이다. 즉, '앞의 3×3이든, 뒤의 3×3이든 그게 그거'라는 의미로 사용한 것이 아니었을까?

[공부]
앞으로도 삼삼, 뒤로도 삼삼(前三三後三三)의 연기

이 착어는 무착(無著)선사가 오대산에 가서 문수보살을 친견하였을 때의 이야기에서 가져온 것으로 그 내용은 이러하다.[238]

　무착문희(無著文喜)선사가 오대산에 들어갔다가 소를 몰고 가는 한 노인을 만났다. 노인은 문희선사를 절로 맞아들였다. 노인은 절로 들어가며 균제(均提)야 하며 불렀다. 그러자 동자가 부르는 소리에 대답하며 마중을 나오는 것이었다. 노인이 그 동자에게 소를 넘겨주고 문희를 데리고 방으로 들어갔다. 방안은 모두 금색이었다. 노인은 바닥에 쭈그리고 앉으면서 (문희선사에게는) 수돈(繡墩; 도자기로 만든 북 모양의 정원용 걸상)을 가리키며 앉으라고 권하였다. 노인이 말했다.
"근자에 어디서 오셨습니까?"
문희가 말했다.
"남방에서 오는 길입니다."
"남방의 불법은 어떻게 주지되고 있습니까?"
"말법 비구입니다. 계율을 받드는 분들이 적습니다."
"대중들은 많습니까?"
"삼백이나 오백 정도입니다."
이번에는 문희선사가 물었다.
"이곳의 불법은 어떻게 주지되고 있습니까?"
노인이 대답했다.
"용과 뱀이 뒤섞여 있고, 범인과 성인이 함께 기거하고 있습니다."
문희가 말했다.
"대중들은 많습니까?"
노인이 대답했다.
"전삼삼이고 후삼삼입니다."
노인이 동자를 부르니, 동자가 차와 떡 그리고 우유(酥酪)를 내왔다. 문수가 맛을 보니 마음이 활연해지는 것이었다. 노인이 파리잔을 들고 물었다.
"남방에서는 이런 것들이 있습니까?"
문희가 대답했다.
"없습니다."

---

238) T48n2003004, 佛果圜悟禪師碧巖錄卷第四, CBETA 電子佛典集成 » 大正藏 (T) » 第48冊 » No.2003 » 第4卷, http://tripitaka.cbeta.org/T48n2003004

노인이 말했다.
"그러면 평상시에 어떻게 차를 마십니까?"
문희가 대답을 하지 못하였다. 해가 저물자 노인에게 물었다.
"말씀드리건대, 투숙할 수 있을까요?"
노인이 대답했다.
"당신에게 집착하는 마음이 있어서 투숙할 수 없습니다."
문희선사가 대답했다.
"저에게는 집착하는 마음이 없습니다."
노인이 말했다.
"당신은 과거 계를 받았습니까?"
문희가 말했다.
"계를 받은 지 오래됩니다."
노인이 말했다.
"당신이 집착하는 마음이 없다면 뭐 하려고 계를 받았습니까?"
문희가 떠나려 하니 노인이 동자를 시켜 배웅하게 하였다. 문을 나서며 문희선사가 동자에게 물었다.
"전삼삼 후삼삼은 얼마냐?"
동자가 대덕하고 문희선사를 불렀다. 문희선사가 대답하자 동자가 말했다.
"이는 얼마입니까?"
문희선사가 이에 대답을 못하고 다시 물었다.
"여기는 어디인가?"
동자가 말했다.
"금강굴 반야사입니다."
그제야 문희선사는 그 노인이 곧 문수보살이었음을 확연히 알게 되었다. 동자가 송별 인사를 하자 동자에게 이별의 한 말씀을 당부했다. 그러자 동자가 노래했다.

   얼굴에 성내지 않음이 공양이요(面上無嗔是供養)
   입속에 성내지 않음이 묘향을 풍김이며(口裏無嗔吐妙香)
   마음속에 성냄이 없음이 참된 보배이고(心內無嗔是真寶)
   때 없고 물들지 않음이 참된 상주(常住)라네(無垢無染是真常)

말을 마친 동자는 문득 사라지고 다만 오색구름 속에서 문수보살이 금모사자를 타고 구름 속을 왕래하는 것이 보였다. 그때 홀연히 동쪽에서 흰 구름이 몰려와 이를 덮어 버렸다.

송) 노래한다.

하나, 둘, 셋, 넷 헤아리는 갠지스강의 모래(一二三四數恒沙)
모래 수만큼의 갠지스강, 그 수가 많아도(沙等恒河數更多)
다 헤아리고 목전에 한 법도 없어야(算盡目前無一法)
바야흐로 정처사바하로다(方能靜處薩婆訶)

노래에서 한 법(一法)이란 말은 두 가지 의미로 사용된다. 먼저, 하나의 사건이나 사물을 가리키는 말로, 만법에 대응하여 사용된다. 이때 법이란 존재, 사물이란 뜻이며, 법칙이란 뜻이 아니다. 다음으로, 한 법은 유일무이한 절대법을 가리킨다. 사람마다 본래 갖추고 있는 진여 법성이 이것이다. 『육십화엄경』 제5권에서 "문수의 법은 항상 있지만, 법왕은 유일한 법이라. 그 무엇에도 걸림이 없는 사람, 한 길로 생사를 벗어났네."라고 하였는데,[239] 이때 법왕(=부처님)은 유일한 법이다.

갠지스강의 모래는 참으로 많다. 그런데 그 모래만큼 많은 수의 갠지스강이 있고, 이들 갠지스강의 모래들을 모두 세면, 도대체 얼마나 많을까? 부처님의 이러한 질문에 수보리는 매우 많다고 대답하였다. 송은, 이를 받아서 이들 모래의 개수가 많기는 하지만, 그것은 어디까지나 물질로서, 사물로서 아무리 많아도 공한 것일 뿐이라고 하였다. 이 많은 모래만큼 많은 법을 모두 공하다고 볼 수 있어야 비로소 최상의 바른 깨달음을 이루었다 할 수 있다. 그 어떤 것이 아무리 많아도 그것들이 모두 공함을 증득하여야 비로소 열반의 성취가 이루어지는 것이다. 목전에 한 법도 없다는 것이 이를 의미한다.

---

239) T09n0278005, 大方廣佛華嚴經卷第五, 東晉天竺三藏佛馱跋陀羅譯, 四諦品第四之二CBETA 電子佛典集成 » 大正藏 (T) » 第9冊 » No.0278 » 第5卷, http://tripitaka.cbeta.org/T09n0278005

> **[공부]**
> ## 정처사바하(靜處薩婆訶)
>
> 이는 고요한 곳에서 좌선할 때 도달하는 성취의 경지를 가리킨다. 즉, 열반의 성취를 의미한다. 『가태보등록(嘉泰普燈錄)』 제16권 황룡법충장(黃龍法忠章)에 의하면 다음과 같은 문답이 있다.[240]
>   승이 황룡법충선사에게 물었다.
>   "부처란 무엇입니까?"
>   선사가 말했다.
>   "밖에서 구하지(覓) 마라."
>   "마음이란 무엇입니까?"
>   "밖에서 찾지(尋) 마라."
>   "도란 무엇입니까?"
>   "밖에서 검토하지(討) 마라."
>   "선이란 무엇입니까?"
>   "밖에서 전하지(傳) 마라"
>   승이 또 물었다.
>   "필경에는 어떠합니까?"
>   선사가 대답했다.
>   "정처사바하니라."

경) "수보리야. 내 지금 진실로 그대에게 말하는데, 만약 어떤 선남자, 선여인이 이들 갠지스강의 모래 수만큼의 삼천대천세계를 가득히 채울 칠보를 가지고 보시하면, 복을 많이 받지 않겠느냐?"

수보리가 말했다.

"심히 많습니다. 세존이시여."

부처님께서 수보리에게 말씀하셨다.

---

240) X79n1559016, 嘉泰普燈錄卷第十六, 平江府報恩光孝禪寺(臣)僧 (正受) 編, 南嶽第十五世(臨濟十一世楊岐四世), 太平佛鑑慧懃禪師法嗣, 隆興府黃龍牧庵法忠禪師, CBETA 電子佛典集成 » 卍續藏 (X) 第79冊 » No.1559 » 第16卷, http://tripitaka.cbeta.org/X79n1559016

*"만약 선남자, 선여인이 이 경 속 내지 사구게를 수지하여
다른 사람에게 해설해 주면, 이 복덕은 앞의 복덕보다 수승하다."*
須菩提我今實言告汝若有善男子善女人以七寶滿爾所恒河沙數三千大千世界以用布施得福多不須菩提言甚多世尊佛告須菩提若善男子善女人於此經中乃至受持四句偈等爲佗人說而此福德勝前福德。

갠지스강 속의 모래 수만큼의 갠지스강이 있고, 이들 갠지스강 속의 모래 수만큼의 삼천대천세계가 있다면, 이들 세계를 가득 메울 만큼 많은 일곱 가지 보배(七寶)를 보시함으로써 얻는 복덕은 얼마나 많을까? 부처님의 질문 내용이다. 이에 대하여 수보리는 심히 많다고 하였다. 그런데, 이 복덕은 비록 많지만, 유위의 복덕이기 때문에 복덕성이 결여되어 있고, 그래서 복덕의 힘이 유한하다. 그리고 이 복덕은 지혜가 결여되어 있어 무명을 떨쳐 내지 못한다. 이런 복덕은 유한하고, 지혜가 결여되어 있기 때문에, 하늘이나 사람의 세계에 태어나는 것은 가능할지라도, 그 또한 육도윤회의 한 단면일 뿐이며, 그나마 언젠가 그 복덕의 힘이 다하면 다시금 인과에 따라 악도 혹은 보다 낮은 세계로 떨어지게 된다. 결국 유위의 복덕은 아무리 쌓아도 윤회에서 벗어날 수 없는 것이다.

그러나 경의 내용, 혹은 경 중의 사구게를 받아 지니거나, 혹은 그 경의 내용 내지 사구게를 남에게 해설하는 것은 자신에게 반야 지혜를 쌓고(自利) 남들에게도 반야 지혜를 쌓도록 하는(利他) 일이다. 이의 과보는 보배라는 유위의 물질을 보시함으로써 얻는 복덕보다 수승하다. 왜냐하면, 물질적 보시를 통하여 얻는 복덕의 결과는 삼계 내에서의 존재를 이어 가는 생사의 윤회전생을 벗어날 수 없지만, 경 혹은 경의 사구게를 수지하고 남에게 해설함으로써 얻는 결과는 무명을 벗기는 지혜를 쌓는 것이어서 그 복덕의 힘이 영구히 소멸하지 않으며, 반야 지혜가 계속 쌓여 마침내 무명을 모두 벗겨 내는 때에 열반에 도달하여 생사윤회를 영구히 벗어날 수 있기 때문이다. 여기서 '삼천대천세계를 가득 채울 칠보'는 재물에 의한 보시의 최대한을 상징하고, '사구게 등'이란 말은 경에 의한 보시의 최소한을 의미한다고 보면 되겠다. 즉, 재물의 보시가 아무리 많아도 최소한의 법의 보시가 더욱 수승함을 천명한 대목인 것이다.

이 대목에서 경이 의도하는 중요한 목적이 드러난다. 즉, 물질적 보시가 만연하던 부파불교에 반발하여 대승운동을 주도하던 세력들이 경의 내용과 그 전파를 대단히 중요시하였다는 점이다. 부파불교가 단단히 뿌리박고 각종 부조리가 만연하던 시대 상황에서 이의 개혁을 위한 대승운동은 부처님의 가르침으로 돌아가자는 것(경을 통한 수행의 가치를 강조함)과 일반인들 속으로 들어가자는 것(다른 사람에게 경을 해설함)을 캐치프레이즈로 내걸었다고 보아도 좋을 것 같다.

착어) 진정한 유기라도 금과 바꾸지는 않는다(真鍮不換金).

유기는 색깔이 누렇기 때문에 외관상 금과 닮아서 자칫 금과 착각할 수도 있다. 그러나 유기는 아무리 광택이 누렇게 빛나더라도 구리와 주석(혹은, 아연)을 합금한 것에 지나지 않는다. 또한 오랜 시간이 지나면 유기는 녹이 쓸지만 금은 여전히 빛난다. 이런 속성들로 인하여 유기는 금과 비견될 만한 가치를 가지지 못한다.

여기서 진정한 유기란 갠지스강의 모래 수만큼 많은 갠지스강들의 모래 수만큼의 삼천대천세계를 가득 채울 칠보를 보시하는 것을 가리킨다. 그리고 금은 경의 내용, 그 일부 내지 사구게를 수지, 독송, 서사하며 남에게 해설해 주는 것을 의미한다. 이는 전자의 복덕보다 후자의 복덕이 더욱 수승함을 가리킨다.

송) 노래한다.

바다에 들어가 모래를 세는 것은 힘만 들 뿐(入海算沙從費力)
구구하게 뻘밭을 뛰어다님을 면하지 못하나니(區區未免走塵埃)
어찌 가문의 진보를 끌어냄과 같으리요(爭如運出家珍寶)
마른 나무에 꽃이 피니 별다른 봄이로고(枯木生花別是春)

바다에 들어가 모래를 센다는 것은 헛된 짓이다. 다 세기가 거의 불가능할 뿐 아니라, 많은 시간과 노력 그리고 경비를 들여 세었다 하더라도 의미가 없다. 모래 자체의 쓸모가 아닌, 세는 행위 자체가 무의미한 짓이기 때문이다. 구구하다 함은 사소하고 보잘 것 없음을 뜻하는 말이며, 뻘밭을 뛰어다닌다 함은 아무런 과보가 따르지 않는 쓸모없이 힘만 드는 짓이라는 의미이다. 이러한 일을 하는데, 시간과 노력, 그리고 경비를 낭비할 것인가? 이 언구는 물질과 같은 유위적 보시의 복덕이 (무루의 복덕에 비하여) 수승하지 못함을 가리킨다.

가문의 진보란 내가 현재 가지고 있는 진정한 보물을 가리킨다. 특히 깨달음을 이룰 수 있는 불종자와 근기를 가리킬 수도 있고, 나에게 내장되어 있는 불성이나 미타자성을 가리킬 수도 있다. 바다의 모래를 세는 헛된 짓을 하면서(외부에서 부처를 찾으려고 하는 것을 가리킬 수도 있다) 어찌 내 안의 불종자와 근기, 불성이나 미타자성은 돌아보지 않는가? 가문의 진보를 끌어낸다 함은 수행을 통하여 나에게 내장된 불성을 찾는 것을 가리킨다. 혹은 불종자를 키워 깨달음을 이루는 것을 의미할 수도 있다. 고목에 꽃이 피는 것은 오랜 수행 끝에 마침내 깨달음을 이룬 것을 의미한다. 고목에 꽃 피는 봄이야말로 여느 봄과는 다르지 않을까?

[공부]

자기 집 보물창고(自家寶藏)

『돈오입도요문론(頓悟入道要門論)』을 저술한 대주혜해(大珠慧海)선사와 관련한 다음과 같은 이야기가 있다.[241]

　　대주혜해선사가 처음 강서에 가서 마조를 참례하였을 때, 마조가 물었다.
　　"어디에서 오셨는가?"
　　혜해선사가 말했다.
　　"월주 대운사(大雲寺)에서 왔습니다."
　　마조가 말했다.
　　"이곳에는 무슨 일로 오셨는가?"
　　혜해선사가 말했다.

---

241) T51n2076006, 景德傳燈錄卷第六, 懷讓禪師第二世馬祖法嗣, [0246c08] 越州大珠慧海禪師, CBETA 電子佛典集成 » 大正藏 (T) » 第51冊 » No.2076 » 第6卷, http://tripitaka.cbeta.org/T51n2076006

"불법을 구하러 왔습니다."
마조가 말했다.
"자기 집의 보물창고는 원하지 않고, 집을 포기한 채 뿔뿔이 흩어져 무엇을 하는가? 내게는 저 속의 한 물건도 없는데, 무슨 불법을 구하는가?"
혜해선사가 예배하고 물었다.
"무엇이 혜해의 자기 집 보물창고입니까?"
마조가 말했다.
"바로 지금 내게 묻는 자가 그대의 보물창고지. 일체를 갖추고 있어 흠도 모자람도 없으며 사용하는 것도 마음대로 할 수 있는데, 어찌 헛되이 밖을 향하여 구하고 찾으시는가?"
혜해선사는 말끝에 크게 깨달았다.

[공부]

고목생화(枯木生花), 고목봉춘(枯木逢春)

말 그대로 마른 나무에 꽃이 핀다는 뜻. 절망적인 곳에서 삶을 만남을 비유한 말. 혹은 실현할 수 없는 사정을 비유하는 말이기도 하다.
삼국지(三國志) 위지(魏志) 유익전(劉廙傳)에 의하면, 태조(조조를 가리킨다)가 유익(劉廙)의 동생 유위(劉偉)의 연좌죄[좌주(坐誅)의 죄]를 사면해 주자, 유익이 상소를 올려 "신의 죄는 머리를 베어야(傾宗) 마땅하고, 화는 멸족이 마땅하온데, 건곤의 신령함을 만나고 시절 따라 온 운을 맞이하여 끓는 물을 퍼내어 끓지 않게 하고 불이 타지 않도록 하여, 차게 식은 재 위에 연기가 피어나게 하고, 마른 나무에 꽃이 피게 하셨습니다."라고 감사하였다고 한다. 후에 고목생화라고 하면 막다른 곳(節處)에서 삶을 만난 것을 비유하는 말로 사용되었다. 그리고 선림에서는 망상을 쉬어 끊고 깨달음의 경지에 들어간 것을 의미하는 데 사용되었다. 비슷한 뜻으로 고목봉춘(枯木逢春)이라는 말이 있다. 절망적인 상황에서 다시금 삶의 기회를 얻는 것을 의미한다. 혹은 열악한 상황이 홀연 호전되는 것을 가리키기도 한다.

제12분 바른 가르침을 존중하다(尊重正教分)

1. 의의

이 경이 있는 곳은 하늘과 용들이 공경하여 모신다. 또한, 이 경의 바른 가르침을 받아 지니는 사람은 하늘도 사람도 모두 공경하고 중시한다. 그러므로 이를 받아서 바른 가르침을 존중한다고 한 것이다.

착어) 바른 가르침을 수지하는 사람은 하늘도 사람도 모두 공경하고 존중한다
 (受持正教之人, 天人皆生敬重).

무엇을 수지하는가? 바른 가르침이다. 바른 가르침이란 무엇인가? 일반적으로 모든 부처님의 가르침을 말한다. 그러나 좁혀서 보면, 그중에서도 특히 이 경에서 가르치는 것을 의미한다. 수지(受持)한다 함은 가르침을 받고 그 가르침대로 실천하는 것을 포함한다. 경을 수지하는 것은 오종법사[五種法事, 여기서 법사란 법사(法師)가 실천하는 행위들을 의미한다]의 하나이다. 그러나 굳이 하나로 한정할 것이 아니라 바른 가르침을 수지하는 등 다섯 가지 법사(法事), 즉 경의 수지, 독경, 송경, 서사, 해설을 모두 포함하는 것으로 보아도 무방할 것이다.

이러한 오종법사에 대하여, 그리고 이를 행하는 사람(法師)에 대하여, 하늘도, 사람도, 용이나 기타 이류(異類)들도 모두 공경하고 존중한다는 것이다. 예컨대, 우리가 예불을 할 때, 중단(신중단)을 향하여 반야심경을 봉독하고, 하단(영가단)을 향하여 법성게를 봉송하는 것은 모두 신중과 영가들에게 법사를 하는 것이다. 이런 법사를 통하여 그 대상들은 부처님의 가르침을 전하여 받으니, 이런 법사가 공경받고 존중되어야 한다는 것이다.

  법사가 이렇게 존중되어야 하는 이유는 간단하다. 경문을 읽음으로써 언설이나 문자의 형태로 되어 있는 부처님의 가르침을 전달하고 해설하여 실상을 꿰뚫을 수 있는 반야 지혜로 바꾸어 주기 때문이다.

  송) 노래한다.

진여는 부동하니 법을 헤아리기 어렵고(眞如不動法難量)
경을 듣고 상(相)을 보면, 감히 (경을) 손상시키는 것(聞經覩相即堪傷)
영산 법회에 함께 있었듯(靈山一會如同在)
수지하고 따르면 거기가 도량일세(持者隨方是道場)

  진여는 부동하다. 이를 여여부동이라 한다. 이는 진여의 마음이란 머무르는 바 없는 본래의 자리에 머물며, 흔들림이나 변함이 없는 것이 본래의 성질임을 가리킨다. 진여의 마음은 깊은 부동심에서 나오며 오염된 상이 전혀 없이 육진으로 인하여 일어나는 만법에 대응한다. 그러므로 육진의 경계에 대하여 움직이지도 변하지도 않으며 반연하지도 않는다. 육근과 육식이 전혀 상응하지 않으므로 육진에 대한 보고(見), 듣고(聞), 느끼고(覺), 아는 것(知)도 없다. 색에 따라 생겨나는 희로애락이 없으니 색에 대하여 움직이지도 변하지도 않는다. 귀가 없으니 소리를 듣지 못하며, 따라서 소리에 따른 움직임도 없다. 코가 없으니 냄새를 맡지 못하고, 혀가 없어서 맛을 볼 수 없으며, 몸뚱이가 없으니 닿음을 느끼지 못하며, 마음이 없으니 법진을 느끼지 못한다. 이처럼 육진에 따라 움직이지 않으니 육진으로 인하여 일어나는 만 가지 법에 대하여, 선악과 시비에 대하여, 중생의 오온의 업행에 대하여, 모두 여여하고 부동이다. 이러한데 어찌 법을 헤아릴 수 있겠는가?

  그러나 우리의 육식이 외부의 대상에 반연하여 일으키는 마음(六識心)은 모두 육진에 대응하여 감수(感受)하고 작용한다. 감수와 작용은 분별이며 분별은 곧 움직임으로 이어진다. 흩어졌다 모이는 것은 신구의 삼업의 조작에 의하며, 이것은 곧 움직임이다. 육식은 필연적으로 이와 같다. 경이나 법문도 진여심을 찾게 해 주는 도구이기는 하지만, 육근을 통한 인식의 대상이며 받아들이는 외부의 경계이기도 하다. 이러한 것들에 대하여 도구 이상의 그 어떤 것을 기대하게 되면 오히려 도구로서의 기능조차 소멸될 수 있다. 집착이 부를 수 있는 난관인 것이다.

영취산 꼭대기에서 한 차례 법회가 있었으니, 이 법회의 자리에 모두가 참석하여 함께 법을 들었다. 이처럼 모두 모여 법을 들으면 그곳이 어디이든 부처님의 가르침을 듣는 자리, 즉 도량인 것이다. 다만 법을 듣고 거역하면 그곳은 도량이 될 수 없다.

[공부]

영산회상(靈山會上)

석가모니부처님께서 영취산에서 설법을 하여 중생을 제도하실 때의 법회 자리를 가리킨다. 이때 두 종류의 설법이 있었다고 한다.
- 『법화경』을 연설한 법회 자리를 가리킨다. 법화경과주(法華經科註)에 의하면, "영산회상의 묘법화경, 옛날 세존께서 금구(金口)로 선창하셨네."라고 하였다.[242]
- 염화부법(拈花付法)의 법회 자리를 가리킨다. 꽃을 들어 법을 부촉한 법회라는 뜻. 『대범천왕문불결의경(大梵天王問佛決疑經)』에 의하면, 석가모니부처님께서 옛날 영산에서의 법회시에 한 송이의 꽃을 대중들에게 보이셨는데, 가섭이 이를 보고 파안미소를 지으니 세존께서 마침내 정법안장을 가섭에게 부촉하셨다.[243] 세존께서 꽃을 들어 법을 부촉하신 법회자리였으며, 후세에 선종 문중에서 법을 전하는 근본 회좌로 삼았다.

---

242) X31n0606001, 法華經科註 第1卷, No. 606-B, 依天台科釋註法華經序, 四明海慧教院住持傳教沙門平碉必昇述, CBETA 電子佛典集成 » 卍續藏 (X) » 第31冊 » No.0606 » 第1卷, http://tripitaka.cbeta.org/X31n0606001

243) X01n0027001, 大梵天王問佛決疑經 第1卷, 拈華品第二, CBETA 電子佛典集成 » 卍續藏 (X) » 第1冊 » No.0027 » 第1卷, http://tripitaka.cbeta.org/X01n0027001

> [용어 풀이]
>
> * 견문각지(見聞覺知): 안식의 작용을 본다(見)고 하고, 이식의 작용을 듣는다(聞)고 하며, 비식, 설식, 신식의 세 식의 작용을 느낀다(覺)고 하고, 의식의 작용을 안다(知)고 한다. 견문각지란 인간의 육식작용에 의한 느낌을 총괄적으로 표현한 말이다.
> * 금구(金口): 석가모니부처님의 입을 존칭하는 말. 즉, 부처님께서 직접 가르침을 설하신 것으로 추호도 과오가 없으며, 중생에게 이익이 되는 것임을 강조하는 의미로 사용된다. 또 금강처럼 견고하여 깨뜨리지 못할 법이 없다는 의미로 부처님의 설법을 금언이라고 한다.

2. 내용

경) *"또한 수보리야. 이 경 내지 사구게 등을 따르고 해설하면,
이곳이 일체의 하늘, 인간, 아수라가 모두 마땅히 부처님의 탑묘(塔廟)처럼
공양하여야 하는 곳임을 알아야 한다."*
復次須菩提隨說是經乃至四句偈等當知此處一切世間天人阿修羅皆應供養如佛塔廟。

불사리를 모셔 놓은 곳을 탑이라 하며 부처님의 형상을 봉안한 곳을 묘라 한다. 가장 높고 제일 드문 법을 성취한 분, 부처님을 잊지 않고 기리기 위하여 탑과 묘를 세우고 공양한다. 경은 이 경의 내용이나 사구게를 따르고 해설하면 하늘이나 사람이나 마땅히 이를 부처님을 모신 탑이나 묘처럼 공경하여야 한다고 말한다. 왜냐하면, 경의 내용이나 사구게를 따르고 해설하는 것만으로도 부처님의 반야 지혜를 수습하는 수승한 복덕이 되어 미래세에 부처로 태어날 것이므로 부처님처럼 대우함이 마땅하기 때문이다. 또한, 그러한 자가 있는 곳은 경전이 있는 곳이라고도 할 수 있으니, 마땅히 부처님이 현재하시는 것처럼 공경해야 하는 것이다. 나아가 존중받는 제자이거나 언설상 제자라고 하더라도 마땅히 중히 여겨야 한다. 왜냐하면, 이들은 부처님의 혜명(慧命, 불법의 명맥)을 이었거나 잇고 있기 때문이다.

그런데 중요한 것은, 경과 경 속의 사구게를 수지하고 독송하며 다른 사람에게 연설

하는 사람, 곧 경전이 있는 곳이라고 할 수 있는 사람은 무념심과 무소득심을 끊임없이 생각하고 항상 실행하여 능소의 마음을 내지 않아야 한다는 것이다. 만약 복잡하게 일어나는 탐심, 분심, 치심 등 여러 마음을 원리하여 항상 얻을 것이 없는 마음(無所得心)을 견지할 수 있으면, 곧 그 몸속에 여래의 전신 사리가 들어있는 것과 같다고 할 수 있기 때문이다. 그러므로 불탑묘와 같다고 말하는 것이다. 무소득심으로 이 경을 말하면, 천룡팔부 등 모두가 감응하고 와서 듣고 마음으로 받을 것이다. 그러나 만약 청정하지 않은 마음, 무소득심을 견지하지 못하는 사람이라면, 이 경을 말하더라도, 그것은 단지 명성이나 이익을 얻기 위한 것일 뿐이니, 이런 경우에는 오히려 부처님의 가르침을 욕되게 하는 것이 될 수 있다. 그러나 만약 청정한 마음으로 이 경을 말하여 이 경을 듣는 이가 미망심을 제거하고 본래 불성을 깨달아 항상 진보(眞寶)를 행할 수 있다면, 감득한 천, 인, 아수라 등이 모두 와서 이 사람을 공양한다는 것이다.

경) "하물며 어떤 사람이 (이 경을) 받아 지니고, 읽고 외우면,
수보리야, 이 사람은 가장 높고 제일 드문 법을 성취할 것임을 알아야 한다.
(그러므로) 이 경전이 있는 곳이면, 곧 부처님께서 계시거나,
마치 존중하는 제자가 있는 곳처럼 하여야 한다."
何況有人盡能受持讀誦須菩提當知是人成就最上第一希有之法若是經典所在
之處卽爲有佛若尊重弟子.

자기의 마음으로 이 경을 노래하고, 뜻을 이해하며, 무착·무상의 이치를 체득하고, 어느 곳에 있든 항상 부처행을 생각하며 잠시도 쉬지 않으면, 그 마음이 곧 부처이다. 그러므로 '있는 곳'이란 곧 부처가 있는 곳을 말한다.

앞에서 경을 수지, 독, 송, 간경(서사)하고 남에게 해설하는 것을 다섯 가지 법사라고 하였다. 이 다섯 가지 법사 또한 자기의 이익을 위한 보리행과 타인의 이익을 위하여 행하는 보살행을 겸하여야 한다. 나아가 경의 위 장구에서는 이 경이 있는 곳을 부처님이 계시는 곳이라고 하였다. 왜냐하면, 이 장구에서 "이 경전이 있는 곳"이라고 함은 이 경전을 받아 지니고 읽고 노래하는 사람을 가리키고, 이들이 바로 다섯 가지 법사의 하는 일에 해당하기 때문이다. 그러므로 우리는 그러한 법사들을 부처로서, 혹은 부처의 법을 전하는 제자로서 존중하여야 하는 것이다.

경) 또한 ~ 제자(復次 ~ 弟子)

착어) 이처럼 부합한다(合如是).

경 내용의 일부 혹은 전부, 경 속의 사구게 하나라도 가지고 다섯 가지 법사를 행하면, 그곳이 바로 부처와 그 제자들이 있는 탑묘이고, 그처럼 수지독송하고 서사하며 남에게 해설하면 그 자체로 부처님의 제자라는 것을 부처님께서 직접 말씀하셨다. 그러니 여시하게 부합한다고 말하는 것이다.

여시란 어떤 의미인가? 앞에서 이미 설명한 바 있지만, 기억을 되살리는 의미에서, 간단하게 정리하면 다음과 같은 몇 가지 의미를 가지고 있다.

- 육성취 중의 신성취(信成就)를 가리킨다. 통상 어떤 경의 첫머리에 두는 말로, 여시아문, 문여시(聞如是)와 같이 사용된다. 이때 여시는 이 경에 기록된 것은 모두 부처님께서 친히 당신의 입으로 말씀하신 교법임을 깊이 믿는다는 의미를 가지고 있다.
- 말뜻 그대로 "이와 같이", "다음과 같이"라는 지시어로 사용된다.
- 제법의 실상을 표시하는 말이다. 예컨대, 『법화경』 제1권 방편품에서 열거하고 있는 십여시(十如是)는 제법실상이 구족하고 있는 열 가지 여시이다. 즉, 여시상(如是相), 여시성(如是性), 여시체(如是體), 여시력(如是力), 여시작(如是作), 여시인(如是因), 여시연(如是緣), 여시과(如是果), 여시보(如是報), 여시본말구경(如是本末究竟) 등 열 가지 여시를 가리키는 것이다.[244]
- 다른 사람에 대하여 인가증명하는 말이다. 즉, 그대가 옳다는 의미이

---

244) T34n1718003, 妙法蓮華經文句卷第三下, 天台智者大師說, CBETA 電子佛典集成 » 大正藏 (T) » 第34冊 » No.1718 » 第3卷, http://tripitaka.cbeta.org/

다. 또한, 다른 사람이 한 말을 이해한다거나 긍정하거나 찬성한다는 의미로 사용되기도 한다. 부처님께서 제자들에게 질문을 하시고, 제자의 대답이 흡족할 경우, "그렇다, 그렇다(如是如是)."라고 긍정하는 사례가 경전에 무수히 많다.

"이처럼 부합한다(合如是)."라는 착어의 여시가 어떤 의미로 사용되었든, 착어는 다섯 가지 법사(法事)를 행하는 장소와 행하는 자는 부처님, 부처님의 제자들, 그리고 그들의 탑묘처럼 존중되어야 함에는 변함이 없으며, 이는 부처님의 말씀에 부합한다는 것이다.

송) 노래한다.

바다처럼 깊고 산처럼 견고하며(似海之深如山之固)
좌로 돌고 우로 굴러도 가고 머묾이 없구나(左旋右轉不去不住)
굴에서 나온 금빛 털 사자(出窟金毛獅子兒)
당당한 위엄으로 포효하니, 뭇 여우들이 겁을 먹었도다(全威哮吼眾狐疑)
깊은 생각, 부동을 창과 방패 삼아(深思不動干戈處)
곧바로 천마를 거두고 외도를 귀의케 하였네(直攝天魔外道歸)

최상의 깨달음, 가장 높고 드문 깨달음은 바다처럼 깊어서 그 속을 속속들이 알 수가 없고, 산처럼 견고하여 무너뜨릴 수 없다. 깊은 바닷속은 직접 닿아 보지 않으면 거기에 무엇이 있는지 알 수 없는 것과 같은 것이다. 그리고 최상의 깨달음은, 일단 이루어지면, 물러남도 깨어짐도 없다. 진여실상은 항상 그 자리에 그 모습으로 변함없이 존재하기 때문이다. 이러한 최상의 깨달음을 이루신 부처는 바다처럼 깊고 산처럼 견고하다. 진여 자체이므로 와도 옴이 없고, 가도 감이 없으며, 머물러도 머묾이 없다. 좌와 우, 위와 아래의 관념 자체도 없다.

이런 깨달음을 이루신 부처님이 세상에 오셔서 가르침을 펼치니, 깨뜨리지 못하는 것이 없고, 그 어떤 공격에도 흔들림이 없다. 이는 마치 야생세계에서 백수의 왕인 사자가 포효하니 온갖 짐승들이 그 위력에 겁을 먹은 것과 같다. 그 힘과 권능으로 천마를 다스리고 외도를 귀의하게 하셨던 것이다. 금빛 털 사자란 부처님의 몸에서 자마금빛이 났던 것을 가리키고, 사자란 백수의 왕으로서 뭇 짐승들을 지배하는 것에 비유하여 부처님께서 모든 외도와 천마를 극복하고 인도하셨던 것을 가리킨다.

그리고 제자들은 이런 부처님을 이었다. 부처님의 가르침을 이었고, 부처님의 중생을 사랑하시는 마음을 이었다. 그리고 중생들에게 부처님의 가르침을 전하였다. 부처와 가르침과 스님들을 삼보로 받드는 이유가 여기에 있다. 그러므로 부처님이 계시는 곳, 그 제자들이 있는 곳은 모두 공양의 대상이 되는 것이다.

제13분 여법하게 수지하다(如法受持分)

1. 의의

지극한 도는 이름이 없으나, 수행자는 임시방편으로 이름을 붙여 수지한다. 그러므로 여법하게 수지한다고 하는 것이다. 지극한 도란 부처님께서 깨달으신 최상의 깨달음, 아뇩다라삼먁삼보리를 가리킨다. 아뇩다라삼먁삼보리란 깨달음의 실체가 아니라, 그러한 것이라고 그 특성을 설명한 이름일 뿐이다. 아뇩다라삼먁삼보리란 설명을 위한 방편인 것이다. 따라서 아뇩다라삼먁삼보리를 지닌다는 것은 실체를 나타내는 것은 아니지만, 이러한 성질의 법, 깨달음을 이루었음을 알려 주는 것이며, 그렇게 지니는 것이 법에 맞게 받아 지니는 것이다.

> *착어) 법은 말할 것이 없으며 반야는 이름이 아니다. 마땅히 이 법에 맞도록 믿고 받아서 행하고 지녀라(法無所說。般若非名。當如此法。信受行持。).*

최상의 깨달음, 부처님께서 증득하신 법은 말이나 글로 그 실체 혹은 본질을 표현하기란 불가하다. 그러한 깨달음은 오직 체득을 통해서 가능할 뿐이다, 그러므로 깨달음이란 각자의 몫이며, 부처님께서 하신 수많은 말씀은 최상의 깨달음으로 가는 길잡이일 뿐이다.

반야는 지혜라는 뜻이다. 그러나 지혜란 체득하여 우러나는 것일 뿐, 이런 것, 저런 것이라고 설명할 수 없다. 그러므로 이름을 지을 수 없다. 그저 반야라고 할 뿐 반야는 이런 것이라고 말할 수 없다. 이런 것, 저런 것이라고 말해 봐야, 그것은 마치 장님 코끼리 만지기로서, 구체적인 사안에 대한 해결방안 정도에 불과할 뿐이다.

그러므로 이런저런 이름을 짓는 것은 임시방편일 뿐이며, 법을 법대로 받아서 수지하고 실천하는 것으로 근본으로 삼아야 하는 것이다. 금강반야바라밀경이라고 이름을 지어 봐야, 그저 이름일 뿐 법이 아니며, 깨달음의 진리가 아닌 것이다. 그 속에 진리가 있음을 찾아내는 것은 이름이 아니라 이름을 가지고 있는 연구에서 수행자 자신의 몫인 것이다. 이름을 짓는 것은 다만 봉지(奉持)할 수 있도록 하기 위함이다.

송) 노래한다.

진해에서 진주를 구하듯 법을 구하니(求法如求鎭海珠)
아홉 겹 못 바닥에 참된 물길이 보이네(九重淵底見眞渠)
단청은 국수라도 묘사해 내기 어려운데(丹靑國手難描出)
다시 안명하고자 하나, 아니함만 못하네(更欲安名便不如)

진해는 지리적으로 절강성 진해이다. 여기서 나는 진주가 값나가는 보물이라 많은 사람들이 이를 채취하려 한다. 법을 구하는 것은 진해에서 진주를 찾는 것과 같음을 비유한 표현이다. 법과 진해의 진주를 비교하여 법의 의미를 이해하기 쉽게 해 준 것이다.

구중이란 겹겹이 둘러싸여 속을 알기 어려운 장소나 상황 혹은 마음 상태를 말한다. 법, 즉 진리(혹은 불성이나 진여, 실상 등이라고 해도 좋다)는 바로 드러나는 것이 아니라, 겹겹이 싸인 껍질을 벗겨 내야 비로소 드러나는 것이다. 우리가 내장하고 있는 불성이라는 것도 이와 같아서, 무시이래 뒤덮고 있는 번뇌 망상의 껍질을 벗겨 내지 않으면 드러나지 않는 것이다. 아홉 겹 못 바닥이란 깊디깊은 곳, 즉 겹겹이 싸인 번뇌 망상을 모두 걷어 낸 그 자리를 가리킨다. 여기에 참된 물길이 있다고 하였으니, 이는 우리가 찾고자 하는 불성이 아니겠는가?

단청은 절집이나 건축물에 칠하는 붉은 색과 푸른 색, 혹은 그렇게 조합하여 칠해진 천장이나 벽면, 기둥 등을 가리킨다. 이런 단청을 국수라고 완벽히 묘사해 내기는 어렵다고 한다. 이는 아무리 훌륭한 법사라도 말이나 글 혹은 기타 표현으로 깨달음의 차원을 모두 열어 보일 수는 없음을 의미하는 것이리라. 그러므로 이름을 짓는다고, 그 이름이 가르치고자 하는 혹은 전하고자 하는 뜻을 모두 전할 수 있겠는가? 차라리 이름을 짓지 않고 몸으로 체득하게 하는 것만 못할 수도 있음을 노래한 것이다.

2. 내용

경) 이때 수보리가 부처님께 여쭈었다.
"세존이시여. 이 경을 무엇이라 부르며, 저희들은 어떻게 받들어 지닐까요?"
부처님께서 수보리에게 말씀하셨다.
"수보리야. 이 경은 이름을 금강반야바라밀이라고 부르고,
그대들은 이 이름자로 받들어 지니도록 하여라."
爾時須菩提白佛言世尊當何名此經我等云何奉持佛告須菩提是經
名爲金剛般若波羅蜜以是名字汝當奉持。

불경의 이름, 경명을 어떻게 짓는가는 그 경전의 내용을 가장 잘 요약해서 임팩트하게 전달할 수 있는지 없는지를 판단하여 결정한다. 경은 그 이름을 부처님께서 직접 지으셨다. 경의 위 장구는 부처님께서 경의 이름을 짓게 된 경위를 묘사하고 있다. 앞에서 살펴본 바와 같이, 금강반야바라밀경이란 경명에서 금강은 비유이고, 반야는 내용을 표시한다. 금강은 비유로서 반야를 가리키고, 반야는 내용으로서 경 전체를 관통하여 경의 전체적인 의의를 함축한다.

수보리가 부처님께 경의 이름을 지어 줄 것을 청익한 것은 몇 가지 의의가 있다 할 것이다.
- 첫째, 그 가르침의 내용을 요약해 주실 것을 청익한 것과 같다. 말했듯이, 제목은 내용을 요약하여 결정하는 것이기 때문이다.
- 둘째, 중생들이 부처님의 가르침을 받아 지니기에 수월하도록 하기 위한 의도가 있었다고 볼 것이다. 제목이 없으면 중구난방 흐트러지고 쉽게 잊혀져 버릴 가능성이 크기 때문이다.

- 셋째, 후세에 전하기 용이하도록 하기 위한 의도도 있었을 것이다.

수보리는 부처님의 말씀을 듣고 그 뜻을 잘 이해하여 부처님으로부터 수차례 인가를 받았을 뿐 아니라, 그 자신도 그 뜻에 심취하여 기꺼워 울기까지 하였다(涕淚悲泣). 그러한데 그 뜻을 몰라서 경의 제목을 지어 주실 것을 청익하지는 않았을 것이기 때문이다. 경의 제목은, 그것이 경의 내용을 적절하게 반영하는 한, 작은 힘을 들여서 큰 결과를 얻을 수 있는, 매우 효과적으로 경을 수지할 수 있는 방법인 것이다.

착어) 오늘은 작게 내고 크게 얻었다(今日小出大遇).

글자 그대로 해석하면 '오늘은 작게 나가고 큰 것을 만났다.'라는 뜻이다. 세속적으로 말하면, 작은 투자로 큰 수익을 얻은 것을 말한다(레버리지 투자를 한 것일까?). 혹은 작게 주고 크게 얻었거나, 적은 노력으로 커다란 결과를 얻었을 때 사용한다. 경의 제목을 금강반야바라밀이라고 부처님께서 직접 지으신 것은 이 제목만으로도 경의 핵심 내용을 어느 정도 알 수 있도록 해 준다. 이렇게 함으로써, 경 중에서 부처님께서 지금까지 말씀하신 내용을 요약하여 금강반야바라밀이라고 간략하게 이름하고, 제자들에게 이 이름으로 봉지하도록 하였으니, 제자들은 경 전체의 요지라고 하는 큰 이익을 얻었다고 할 수 있겠다.

그러나 한 걸음 더 나아가면, 수보리가 부처님께 이 경의 이름을 무엇이라고 할 것인가라는 질문을 하였던 것은 자신이 그 이름을 알고자 하였을 뿐 아니라 대중들도 그 이름을 알고 제대로 기억하고 익힐 것을 기대하였을 수 있다. 즉, 수보리는 자신이 제일의 아란나 행자라는 것에 만족하는 것이 아니라, 중생들이 부처님의 가르침을 보다 잘 받들 수 있도록 하기 위하여 부처님께 가르침의 내용과 성질을 요약해 달라고 청익하였던 것이고, 그에 화답하여 부처님께서 이름을 지으시고, 그 이름자로서 봉지하라고 말씀하셨던 것이다. 수많은 중생들이 간략한 이름자만으로도 큰 가르침을 지닐 수 있게 되었으니, 작게 내고(수보리의 청익) 크게 얻었다(부처님의 가르침 및 대중 전체의 이익)고 할 수 있는 것이다.

송) 노래한다.

불로 태울 수 없고, 물에 빠트릴 수 없으며(火不能燒水不能溺)
바람에 날리지도 않고, 칼로 베어지지도 않으며(風不能飄刀不能劈)
부드럽기는 솜과 같고, 단단하기는 쇠구슬이라(軟似兜羅硬如鐵壁)
천상도 인간도, 옛날이나 지금이나 알지 못하네(天上人間古今不識)
안타깝구나(咦)!

불에 타지 않고(濕性), 물에 빠지지 않고(가벼움), 바람에 날리지 않고(무거움), 칼로 베어지지 않고(단단함), 부드럽고, 단단한 속성들, 이율배반적인 속성을 한곳에 모두 갖추고 있는 것은 무엇일까? 불에 타고 물에 가라앉고 바람에 날리고 칼에 베이고 부드럽고 단단한 것은 모두 상대적이다. 이들 모든 것들의 상대성이 전혀 통하지 않는 절대적인 것은 적어도 물질로서는 있을 수 없다. 그러므로 상대적 개념이 지배하는 육도에서는 존재하지 않는다. 생사가 윤회하는 욕계, 색계, 무색계의 삼계에서는 존재하지 않는 것이다. 있다면, 오직 하나, 허공뿐이다. 허공은 생사윤회의 세계를 벗어나, 경이 지목하는 세계, 공의 세계, 상락아정의 덕을 가진 열반의 세계 등 무위의 세계를 상징한다. 노래에서 상징하는 것을 콕 집어 말하면, 부처님께서 깨달으신 아뇩다라삼먁삼보리가 그것이고, 이는 또한 경이 가르치고자 하는 핵심이다.
그러나 우리들 중생은 옛날이나 지금이나 삼계에서 생사유전을 하며, 마치 자신이 실유(實有)하는 것처럼 알고 행동하는 까닭에, 모든 법의 공성을 알지 못한 채 삼계를 유전하고 있는 것이다.

경) *"왜냐하면, 수보리야. 부처님께서 반야바라밀은
곧 반야바라밀이 아니라고 말씀하셨기 때문이다."*
所以者何須菩提佛說般若波羅蜜即非般若波羅蜜。

왜 부처님께서 반야바라밀은 반야바라밀이 아니라고 말씀하신 것일까? 부처님께서 반야바라밀을 말씀하신 것은 제자들이 지혜를 써서 어리석은 생멸심을 제거할 수 있도록 하기 위함이다. 생멸심이 모두 제거되면 곧 피안에 이른다. 만약 마음에 얻는바(所得)가 있으면 피안에 이르지 못한다. 마음에 한 법도 없어야 얻을 수 있는 것이 바로 피안이다. 입으로 말할 뿐 아니라 마음으로 행하여야 피안에 도달하는 것이다(육조혜능).

그러함에도 부처님께서는 수보리가 경명에 대하여 그 뜻을 이해하여 받아들이는 것이 아니라, 그 이름에 집착할까 우려하셨다. 이름에 집착하면 내용을 잃게 되기 때문이다. 즉, 그것은 반야바라밀이란 피안에 이르기 위한 도구일 뿐이며, 그 실체는 공한 것인데, 그것이 마치 실제로 존재하는 것인 양 집착하여 오히려 피안에 이르지 못하는 결과가 초래될 것을 우려하셨던 것이다. 반야바라밀을 얻는 것이 전부가 아니라, 반야바라밀을 얻어, 그것으로 마음의 어리석음을 모두 씻어 내고 궁극적으로 멸도할 수 있도록 하기 위하여 일종의 경계를 주신 것이다.

착어) 오히려 하찮구나(猶較些子).

부처님께서 반야바라밀이 곧 반야바라밀이 아니라고 말씀하신 것에 대하여, 왜 "오히려 하찮다(猶較些子)."라고 착어를 하였을까? 반야바라밀은 육바라밀 중 마지막에 거론되는 바라밀이면서 나머지 다섯 바라밀의 바탕이 되는 바라밀이다. 그리고 반야는 깨달음을 위하여 반드시 갖추어야 할 기본조건이다. 그러함에도 하찮다고 한 것은 왜인가?

최상의 깨달음에 이르기 위하여는 부처를 만나면 부처를 죽이고, 조사를 만나면 조사를 죽이는 자유자재함이 있어야 한다. 무엇에도 걸림이 없어야 최상의 깨달음을 이룰 수 있다는 의미이다. 그런데 반야바라밀이라는 수행의 조건이 비록 수승하다고 하나, 이에 걸리면 최상의 깨달음을 이룰 수 없다. 부처님께서 반야바라밀이 반야바라밀이 아니라고 말씀하신 까닭도 제자들이 반야바라밀에 걸려 오히려 벌유의 가르침을 소홀히 할까 우려하셨기 때문이다. 그러므로 반야바라밀조차도 하찮게 여길 수 있어야 비로소 최상의 깨달음에 도달할 수 있음을 말한 것이다.

송) 노래한다.

한 손으로는 들어 올리고, 한 손으로는 누르며(一手擡一手搦)
왼쪽 끝은 불고, 오른쪽 끝은 두드린다(左邊吹右邊拍)
줄 없이 무생의 즐거움을 연주해 내야(無絃彈出無生樂)
궁상에 의탁하지 않고도 격조가 새로우리(不囑宮商格調新)
지음이 안 후엔 이름 따위야 아득하네(知音知後徒名邈)

들어 올리고 누르는 것은 현악기를 연주할 때 손가락으로 현을 움직이는 모습이며, 부는 것은 관악기를 연주할 때 입으로 바람을 부는 모습이고, 두드리기는 타악기를 연주할 때 악기채를 움직이는 모습이다. 온갖 종류의 악기를 다루며 음악을 연주하고 있는, 심포니를 생각해 보라. 조율과 화합, 그로부터 나오는 아름다운 소리의 화성을 상상하는 것이다. 이것이 아마도 우리들 인생살이의 면모일지 모른다.

그러나 이런 것들은 약간의 소양만으로도 얼마든지 가능한 기술적 측면들이다. 설령 최고의 경지에 이르더라도 온갖 소리의 도구를 빌려야 비로소 음악을 연주할 수 있는 것이다. 이는 마치 온갖 수행방법으로 수행을 하면, 아라한의 경지, 보살 십지의 경지에는 오를지 몰라도 불과를 이루기 위하여는 어딘가 2% 부족한 상황을 비유한 것이다. 그 경계를 뛰어넘어야 비로소 최상의 깨달음을 이룰 수 있을 것인데, 그것이 줄 없는 현악기, 구멍 없는 관악기, 가죽 없는 타악기를 연주할 수 있어야 도달하는 경지이며, 이런 경지에서야 무생의 즐거움을 연주할 수 있다는 것이다.

줄이나 구멍, 가죽이 없음은 공을 의미한다. 최상의 깨달음은 반야바라밀이 반야바라밀이 아닌 경지, 즉 모든 것이 공한 경지에 이르러야 얻을 수 있는 것이다. 최상의 깨달음을 이루면, 다시는 태어나지 않게 된다. 즉 육도에서 생사유전을 벗어나게 되는 것이다. 이것이 무생이다. 무생의 즐거움은 열반의 즐거움이다.

궁상이란 궁상각치우라고 하는 고대 중국의 오음을 가리킨다. 이는 갖가지 수행법을 비유한 말이다. 이 오음에 의지하지 않고도 새로운 음악을 만들고 연주할 수 있다는 것이다. 궁상(宮商)에 의지하지 않는다 함은, 반야바라밀을 가지고 말하면, 경에서 말하듯, 반야바라밀이 반야바라밀이 아닌 경지를 가리킨다. 새로운 격조란 마침내 도달한 최상의 깨달음을 의미하고, 이 새로운 격조를 알고 나면, 한갓 이름뿐인 모든 것들로부터 자유자재해지는 것이다.

[공부]

무현(無絃=沒絃琴)과 무공적(無孔笛)

선림 용어. 무현, 즉 몰현금이란 원래 줄도 없고 소리도 나지 않는 거문고를 가리킨다. 선문에서 그 뜻이 바뀌어 "소리가 없는 가운데 심금을 울리는 소리"를 가리키거나 혹은 "말을 하지 않고 전하는 미묘한 취지"를 가리킨다. 또 선종에서 가르침의 방법으로 삼고 있는 불립문자, 교외별전의 종풍(宗風)을 설명하는 데도 이용되는 말이다.

원래 이 말은 도연명이 줄도 없고 기러기발(줄은 괴는 소품)도 없는 거문고를 가지고 벗의 주연에 참석하여 "거문고 속의 아취를 알기만 하면 그뿐(但識琴中趣), 줄 위의 소리에 왜 힘을 들이겠느뇨(何勞絃上聲)?"[245]

라고 한 데서 나온 말이다.

무공적이란 말도 선림 용어. 원래 불어서 소리를 낼 방법이 없는 구멍 없는 피리를 가리킨다. 선림에서는 깨달음의 경지는 마음의 생각이나 혹은 언어로 드러내어 전달할 방법이 없는데, 이것은 마치 불어서 소리를 낼 방법이 없는 구멍 없는 피리와 같다는 점을 가리키는 말로 사용된다. 『가태보등록(嘉泰普燈錄)』 제30권 참현가(參玄歌)에서 야보천선사는 다음과 같이 읊고 있다.[246]

　　　　한 번의 갈로 삼 일간 귀가 먹먹하였나니(一喝唯言三日聾)
　　　　좋은 언변을 어눌함으로 바꾸는 것, 뉘가 불쌍히 여기나(誰憐大辯翻成訥)
　　　　구멍 없는 피리는 불기가 가장 어려워(無孔笛最難吹)
　　　　각치궁상의 어우러짐이 고르지 않구나(角徵宮商和不齊)

---

245) 晉書, 列傳 第六十四

246) X79n1559030, 嘉泰普燈錄卷第三十, 平江府報恩光孝禪寺(臣)僧 (正受) 編, 雜著, 冶父川禪師, 參玄歌, CBETA 電子佛典集成 》 卍續藏 (X) 》 第79冊 》 No.1559 》 第30卷, http://tripitaka.cbeta.org/X79n1559030

[공부]

오음(五音)

중국에서 예부터 전해오는 다섯 종류의 음조. 오성(五聲), 오조자(五調子)라고도 한다. 궁(宮), 상(商), 각(角), 치(徵), 우(羽)를 가리킨다. 무량수경 상권에 의하면, 다음과 같은 노래가 있다.[247]

      청풍이 때맞춰 불어오니(淸風時發)
      다섯 가지 소리가 난다네(出五音聲)
      미묘한 궁상이여(微妙宮商)
      자연스레 서로 화합하누나(自然相和)

이 노래는 극락정토의 칠보 숲을 노래한 것이다. 청풍이 불어올 때 오음의 소리가 난다는 것이다. 오음 중 궁은 흙 소리(土聲)로 그 음이 가장 탁하며 하나의 월조[越調, 자기의 직분(職分)을 넘어 남의 일에 간섭함]로 삼아 중앙에 배정한다. 상은 쇠 소리(金聲)로 두 번째로 탁하며, 평조를 이루며, 서방에 배정한다. 각은 나무 소리(木聲)로 반청반탁이며, 쌍조가 되며, 동방에 배정한다. 치는 불 소리(火聲)로 황종조(黃鍾調)가 되며, 남방에 배정한다. 우는 물 소리(水聲)로 그 음이 가장 청정하며, 반섭조(般涉調)로 삼아 북방에 배정한다.

후세에 밀교는 오음을 가지고 오지(五智), 오불(五佛), 오부(五部), 오색(五色) 등에 배열하였다. 요약하면, 궁은 중앙의 법계체성지를 표시하고, 상은 서방의 묘관찰지를, 각은 동방의 대원경지를, 치는 남방의 평등성지를, 우는 북방의 성소작지를 각각 표시하는 것으로 배대하였던 것이다.

---

[247] T12n0360001, 佛說無量壽經卷上, 曹魏天竺三藏康僧鎧譯, CBETA 電子佛典集成 » 大正藏 (T) » 第12冊 » No.0360 » 第1卷, https://tripitaka.cbeta.org/

[공부]
방거사(龐居士)의 본래인에 어둡지 않다(不昧本來人)

선종 공안의 하나. 당대의 방거사와 마조도일선사가 '본래인에 어둡지 않다(不昧本來人).'에 대하여 나눈 기연 대화이다. 본래인이란 나의 본래 청정한 자성을 가리킨다. 본래신, 본래면목이라는 말과 같은 뜻. 『연등회요(聯燈會要)』 제6권에서는 그 기연을 다음과 같이 적고 있다.[248]

방거사가 마조대사에게 말했다.
"본래인에 어둡지 않습니다. 선사의 높으신 착안을 청합니다."
마조대사가 곧바로 내려다보았다. 방거사가 말했다.
"일종의 줄 없는 거문고인데(一種沒絃琴), 오직 선사만이 탄주의 묘를 얻었습니다(唯師彈得妙)."
마조대사가 곧바로 위로 쳐다보았다. 방거사가 예를 표하자 곧바로 마조대사가 방장실로 돌아가는 것이었다. 방거사가 뒤따라 들어가며 말했다.
"기교를 농하다 졸렬해지고 말았습니다."
대혜보각선사는 이들의 대화에 대하여 다음과 같이 평창하였다.[249]
"(전략) 또 말해 보라. 이는 마조대사가 기교를 농하다 졸렬해졌는지, 방거사가 기교를 농하다 졸렬해졌는지를. 또 검은 것과 흰 것이 나오는 곳이 어디인지를. 만약 검은 것과 흰 것이 나오지 않으면 게으른 마조대사가 마른 말뚝을 친 것이고, 품값이 넉넉할 만큼 검은 것과 흰 것이 나온다면 이것이야말로 두꺼비 입속의 한 알 산초이리라."
이 공안은, 방거사가 마조대사에게 만약 본래면목에 어둡지 않으려면 마음을 어떻게 써야 할 것인지 물었던 것이고, 마조대사는 똑바로 아래로 내려다보고, 다시 위로 쳐다보는 것으로 대답을 대신하였던 것이다. 마조대사의 이 동작은 두 눈을 분명하게 뜨고 진심으로 간취(看取)하라고 말한 것이리라.

---

248) X79n1557006, 聯燈會要卷第六, 住泉州崇福禪寺嗣祖比丘 悟明 集, 南嶽下第三世, 江西馬祖道一禪師法嗣, 襄州龐蘊居士(凡十五)CBETA 電子佛典集成 » 卍續藏 (X) » 第79冊 » No.1557 » 第6卷, http://tripitaka.cbeta.org/X79n1557006

249) T47n1998A008, 大慧普覺禪師住福州洋嶼菴語錄卷第八, 徑山能仁禪院住持嗣法慧日禪師臣蘊聞 上進, CBETA 電子佛典集成 » 大正藏 (T) » 第47冊 » No.1998A » 第8卷, http://tripitaka.cbeta.org/T47n1998A008

경) "수보리야. 어떠냐? 여래가 말한 법이 있느냐?"
수보리가 부처님께 말했다.
"세존이시여. 여래께서는 말씀하신 것이 없습니다."
須菩提於意云何如來有所說法不須菩提白佛言世尊如來無所說。

 여래가 말한 법이 있다고 하면, 몇 가지 의미가 있다. 먼저, 여래가 얻은 것이 있음을 의미한다. 말한 것이 있다는 것은 얻은 것이 있다는 전제 아래 가능하기 때문이다. 왜냐하면, 여래는 진어자이며, 여어자이며, 불광어자이며, 비실어자이기 때문이다. 다음으로, 말한 것이 있다고 하면, 마음에 말하였다는 상을 가지는 것을 의미한다. 여래란 어떠한 상도 없으므로 여래이다. 어떤 상을 가져서는 보살이 아닌데, 하물며 여래이겠는가? 이런 점에서 여래가 말한 것이 있다고 하면, 오히려 여래를 욕보이는 것이라 할 수 있다. 셋째, 여래가 말한 모든 법은 실체 자체를 말한 것이 아니라, 거기에 도달하기 위한, 혹은 실체를 찾기 위한 수단이며 방편이다. 그러므로 부처님이 하신 말씀은 모두 공하여 말해도 말했다고 할 것이 없다. 넷째, 여래란 모든 것을 벗어난 대자유인이며 자재한 존재인데, 말한 것이 있다고 하면, 여래가 말한 갖가지 법에 대하여 애착하는 것을 의미한다. 이는 대자유인, 자재한 존재로서의 여래를 이해하지 못한 인식이다.

 부처님께서는 반야바라밀이 반야바라밀이 아니라고 말씀하셨다. 이는 반야바라밀이라는 상을 내지 말 것을 주문하신 것이며, 또한 깨달음을 이룬 후에는 그에 사용된 모든 것을 버리라고 주문하셨음을 의미한다. 갖가지 법문들이 시사하듯, 부처님께서는 중생들의 고통을 없애어 피안으로 건너갈 수 있도록 하기 위하여 중생들의 근기에 맞추어 수많은 법을 말씀하셨다. 그러나 반야바라밀이 반야바라밀이 아니라고 말씀하셨듯, 그 수많은 설법들이 모두 설법이 아니라고 말씀하시는 것이다.

[공부]
일자불설(一字不說)

부처님께서 비록 팔만사천법문을 말씀하셨지만 모두 부처님께서 스스로 증득하신 법이었다. 즉 언설로 말할 수 있는 것이 아니었다. 또 말씀하신 여러 가르침들은 본래의 법성을 가지고 있는 것이고 부처가 만들어 말씀하신 것이 아니었다. 일자불설이란 바로 이런 의미이기도 하다. 네 권 『능가경』 제3권에 의하면, 부처님께서 "나는 어느 밤에 최정각을 얻은 이래 어느 밤 열반에 들기까지 그 사이에 한 자도 말하지 않았다."라고 하셨다.[250] 또 일곱 권 『능가경』 제4권에서는 다음과 같은 이야기가 나온다.[251]

대혜보살마하살이 다시 부처님께 여쭈었다.

"세존이시여. 세존께서는 '나는 어느 밤에 최정각을 이루었고 어느 밤에 열반에 들 것이다. 그 중간에 한 자도 말하지 않았으며, 말하지도 않으며, 말하지 않을 것이다. 말하지 않음(不說)이 곧 부처의 말(佛說)이다.'라고 하셨습니다. 세존께서는 어떤 비밀스런 의도(密意)가 있기에 이렇게 말씀하셨습니까?"

그러자 부처님께서 말씀하셨다.

"두 가지 밀법에 의지하고 있다."

그러자 또 여쭈었다.

"그 두 법은 무엇입니까?"

"자증법과 본주법이다. 자증법이란 무엇인가? 제불이 증득한 것이요 나도 똑같이 증득한 것으로, 늘지도 줄지도 않으며, 증득한 지혜로 행한다. 언설상(言說相)도 벗어났고 분별상(分別相)도 없으며 명자상(名字相)도 버렸다. 본주법이란 무엇인가? 법의 본성을 말하는 것으로, 금 등이 광물에 들어 있는 것과 같이, 부처가 세상에 나오시든 나오시지 않든 법은 법의 위치에서 머물며, 법계와 법성도 모두 항상 제자리에 있다."

경에서 부처님이 여래가 설한 법이 있느냐고 질문하고 수보리가 없다고 대답한 것도 같은 맥락인 것이다.

---

250) T16n0670003, 楞伽阿跋多羅寶經卷第三, 宋天竺三藏求那跋陀羅譯, 一切佛語心品之三, CBETA 電子佛典集成 » 大正藏 (T) » 第16冊 » No.0670 » 第3卷, http://tripitaka.cbeta.org/T16n0670003

251) T16n0672004, 大乘入楞伽經卷第四, 大周于闐國三藏法師實叉難陀奉 勅譯, 無常品第三之一, CBETA 電子佛典集成 » 大正藏 (T) » 第16冊 » No.0672 » 第4卷, http://tripitaka.cbeta.org/T16n0672004

[용어 풀이]

* 자증(自證): 제일의 진리를 남으로부터 얻지 않고 자신이 직접 깨달은 것을 말한다. 부처님의 지혜 등은 당신이 직접 깨달아 얻은 것이며 남으로부터 얻은 것이 아니다.
* 본주(本住): 제법이 본래 머무는 자리를 가리킨다. 그곳을 근거로 만 가지 법이 인연 따라 생겼다 소멸하고, 소멸하였다 인연 따라 다시 생겨난다.

[공부]

불능어(不能語)

여래의 말씀을 가리켜 불능어라고 하기도 한다. 부처의 설법은 무위법이며 진실한 것이다. 또한, 중생들이 이를 들어도 모두 이해하기 어렵다. 즉, 중생을 위하여 법을 말하지만, 그러나 아무런 설법도 하지 않음과 같다. 그러므로 여래의 말씀을 불능어라고 하는 것이다. 『대반열반경(大般涅槃經)』제20권 영아품(嬰兒品)에서 다음과 같이 말한다.[252]
"불능어라 함은 여래가 비록 일체 중생에게 제법을 연설하였을지라도 진실로 말한 것이 없다(는 뜻이다). 왜냐하면, 말한 것이 있으면 유위법인데, 여래 세존은 유위가 아니며, 그러므로 말함이 없는(無說) 것이다. 또 말씀이 없다(無語) 함은, 어린아이가 말을 제대로 구사하지 못하는 것처럼, 비록 말을 하였어도 실제로 말이 없는 것과 같다. 여래의 말씀도 그러하여, 말씀하였어도 완료되지 않은 것이다. 즉, 이것이 제불의 비밀한 말씀이다. 그러므로 비록 말한 것이 있더라도 중생들이 이해할 수 없고, 그러므로 말씀이 없다고 하는 것이다."

착어) *소리를 낮추고 또 낮추어라(低聲低聲).*

부처님께서 여래가 말한 법이 있느냐고 물었을 때, 수보리는 없다고 대답하였다. 이 문답에 대하여 소리를 낮추고 또 낮추라고 한 것은 왜일까? 부처님께서 팔만사천법문을 하셨지만, 그 어느 것도 실상을 드러낸 것이 아니라, 실상을 스스로 체득할 수 있도

---

252) T12n0374020, 大般涅槃經卷第二十, 北涼天竺三藏曇無讖譯, 大般涅槃經嬰兒行品第九, CBETA 電子佛典集成 » 大正藏 (T) » 第12冊 » No.0374 » 第20卷, http://tripitaka.cbeta.org/T12n0374020

록 방도를 제시하셨을 뿐이다. 그러니 말한 것이 없다고 하였다. 실제로 말한 것이 없는 것이 아니라, 실상을 말한 것이 없다는 말씀이다. 실상을 말하였더라도 중생들이 그 실상을 알아듣지 못한다는 것이다. 그러니 조용히 하고 실상을 알아듣도록 하라고 한 것이 아닐까? 말로써 이미 진여실상을 전할 수도 찾을 수도 없는 것이라면, 시끄러운 말로서 깨달음을 이루기는 불가능하다. 말이란 깨달음으로 인도하기 위한 도구일 뿐. 그러므로 시끄러운 말을 벗어나, 혹은 말을 없앰으로써 진리를 체득할 것을 강조한 것이 아닐까?

송) 노래한다.

풀밭에 들어가 사람을 구하면 어찌하는가(入草求人不奈何)
드는 칼로 모조리 베고 손으로 더듬어야지(利刀斫了手摩挲)
비록 그렇더라도 출입에 종적이 없으니(雖然出入無蹤迹)
문채가 온전히 드러나면 보이려는가(紋彩全彰見也麽)

풀밭이란 온갖 의심과 집착으로 인한 번뇌가 복잡하게 얽혀 괴로움을 주고 있는 상황을 비유한 말이다. 사람이란 우리가 찾고 있는 최상의 깨달음, 영원한 진리, 진여와 실상을 의미한다. 온갖 번뇌가 마구 헝클어져 있는 상태에서 최상의 깨달음을 이루려 한들 이룰 수 없다.
드는 칼(利刀)이란 부처님의 법문을 가리킨다. 특히 반야바라밀을 가리키는 비유이거나, 경이 담고 있는 금강반야를 가리키는 비유이다. 베는 대상은 첫 구절에서 말한 얽히고설킨 번뇌의 덩어리이다. 손으로 더듬는다 함은 직접 체험함을 의미한다. 즉, 금강반야바라밀을 수행하여 온갖 번뇌를 모두 제거하고 체득하는 것이 최상의 깨달음이라는 의미이다.
맞다. 그러나 금강반야는 부처님께서 전하신 것인데, 부처님의 나고 듦에 아무런 흔적이 없다. 부처님께서 수많은 법문을 말씀하셨으나, 한 말씀도 하지 않으셨다고 한다. 그 많은 말이 모두 공한 것이고, 교육용일 뿐이니, 금강반야가 실제로 어디에 어떻게 존재하는지조차 알지 못한다. 더욱이 근기가 허약한 말세의 중생들에게 있어서야 그것이 온전히 드러난다고 하여 쉽게 보이겠는가? 지극한 마음의 준비가 되지 않으면 볼 수 없는 것이다. 그러므로 체험적 깨달음이라는 것도 쉽게 보이지 않는 것이다.

경) "수보리야. 어떠냐? 삼천대천세계에 미진이 많으냐?"
수보리가 대답했다.
"심히 많습니다. 세존이시여."
"수보리야. 이들 미진을 여래께서는 미진이 아니라 이름이 미진이라고 말씀하셨다. 여래는 세계를 세계가 아니라 이름이 세계라고 말씀하셨다."
須菩提於意云何三千大千世界所有微塵是爲多不須菩提言甚多世尊須菩提諸微塵如來說非微塵是名微塵如來說世界非世界是名世界。

삼천대천세계는 물질로서 가장 큰 것을 비유한 것이다. 미진은 물질로서 가장 작은 것을 비유한 것이다. 가장 작은 것은 가장 큰 것을 이루고, 가장 큰 것은 가장 작은 것으로 환원된다. 가장 큰 것과 가장 작은 것은 서로 다른 별개의 존재가 아니라 서로 이루고 환원되는 관계에 있는 것이다. 경의 후반부에 나오는 세계를 부수어 미진으로 만든다는 말은 이런 관계를 나타낸 것이라 할 수 있을 것이다.

미진은 아주 작은 알갱이다. 눈으로 볼 수 있는 최소의 알갱이다. 현미경이 발달한 요즘에는 더욱 미세한 것까지도 볼 수 있으니, 그에 따라 미진이라는 말도 더욱 미세한 물질의 알갱이를 가리킨다. 중요한 것은 미진이 얼마나 작은 것을 가리키느냐가 아니라, 이 미진이라는 말에 의하여 표현되는 미세한 존재들은 실체가 아니라 이름을 그렇게 붙여 부른다는 것이다. 그리고 세계는 미세한 물질들이 합하여 이루어진 커다란 단괴이다. 이 단괴도 실체가 아니라 세계라고 이름을 붙여 부를 뿐이다. 즉, 미진이든 세계이든 실상이 아니라 이름 붙여 부르는 임시적 존재일 뿐이라는 것이다.

부처님께서는 왜 이렇게 말씀하셨을까? 물질이란 인연 따라 생겨나고 없어지는 무상한 연기적 존재일 뿐, 영구불멸의 존재가 아니다. 이런 무상한 존재는 그 본성이 공하다. 이런 본성이 공한 물질들이 크든 작든, 많든 적든 그것은 문제가 되지 않는다.

그리하여 미진이든 세계이든 실유하지 않는 공한 것이라는 것을 말씀하시기 위하여 이름일 뿐이라고 하신 것이다.

그런데 경의 위 연구를 마음의 움직임이라는 관점에서 풀이하기도 한다. 이에 의하면, 여래는 중생의 성품 중에 있어서 망념이란 마치 삼천대천세계 중에 존재하는 미진과 같아서, 중생에게서 망념이란 미진이 일어났다 소멸하기를 멈추지 않음으로 인하여, 불성이 차폐되어 해탈을 얻지 못한다고 말씀하셨다. 그리고 만약 생각마다 진정으로 반야바라밀에 의한 무착·무상의 행을 닦아 망념 진로를 모두 없애면 곧 청정한 법성이 드러나고, 망념이 모두 없어진 경우, 미진은 미진이 아니라 이름이 미진일 뿐이라고 말씀하셨다. 나아가 참됨이 다하면 망념이고, 망념이 다하면 참됨이니, 참됨과 망념이 함께 소멸하면 따로 법이 없기 때문에 미진이라고 부른다고 하셨다. 더욱이 본성 중에 진로가 없으면 곧 깨달음의 세계이고, 심중에 진로가 있으면 곧 중생의 세계이다. 온갖 망념이 다하여 공적하기 때문에 세계가 아니라고 하셨다. 여래의 법신을 증득하면 널리 진찰을 보고 어느 곳이라고 정해진 곳 없이 응용하니, 이를 세계라 부른다는 것이다(육조 혜능).

> [공부]
> ## 미진(微塵)이란
>
> 미진(微塵, 梵 anu-raja, anu-rajas, 巴 同)이란 눈으로 볼 수 있는 가장 미세한 양의 물질 혹은 그 양을 의미한다. 혹은 물질이 존재하는 최소 단위를 의미하기도 한다. 지극히 미세한 하나의 물질[이것을 극미(極微)라 한다]을 중심으로 사방상하로 동일하게 지극히 미세한 물질들이 모여 형성된 하나의 덩어리(團塊)를 미진이라 한다. 일곱 개(중심에 하나의 극미, 사방상하 여섯 개의 극미, 도합 일곱 개)의 극미가 합하여 하나의 미진이 되며, 일곱 개의 미진이 합하여 하나의 금진(金塵) 또는 동진(銅塵)이 되고, 일곱 개의 금진이 하나의 수진(水塵)이 된다. 여러 경전에서 미진이라는 말은 양이 매우 작은 것을 비유하지만, 미진수라고 하여 개수가 지극히 많은 것을 비유하기도 한다.
> 『大智度論』 제36권에 의하면, 미진은 대, 중, 소 세 종류가 있다고 한다. 이에 의하면, "큰 것은 떠도는 것을 (육안으로) 볼 수 있고, 중간 것은 하늘(天人)의 눈에 보이며, 작은 것은 성인의 천안으로만 볼 수 있다고 한다. 혜안으로 보면 보이지 않는데, 그 이유는 본성이 실재하지 않기 때문"이라고 한다.[253]
> 신역 『화엄경』 제7권 보현삼매품에서는 "이 국토에 존재하는 미진은, 하나하나의 미진 속에 세계해가 있으며, 미진수의 불찰이 있고, 그 하나하나의 불찰 속에 세계해가 있다."라고 하였다.[254]

착어) 남섬부주 북울단월(南贍部州北鬱單越)

경의 이 장구는 본성이 공함에 근거하여 미진도 세계도 이름일 뿐 실유하지 않음을 설명한 것이다. 그렇다면, 남쪽의 섬부주 세계이든 북쪽의 울단월 세계이든 본성이 공한 관점에서는 다름이 없다. 그저 이름일 뿐 실상은 아닌 것이다.

그런데 수미산을 중심으로 동승신주, 남섬부주, 서우화주, 북울단월 등 사방으로 각기 천하가 존재(함께, 사천하라 한다)하는데, 왜 하필 남쪽의 섬부주와 북쪽의 울단월

---

253) T25n1509036, 大智度論釋習相應品第三之餘(卷三十六), 聖者龍樹造, 後秦龜茲國三藏鳩摩羅什譯, CBETA 電子佛典集成 » 大正藏 (T) » 第25冊 » No.1509 » 第36卷, https://tripitaka.cbeta.org/T25n1509036

254) T10n0279007, 大方廣佛華嚴經卷第七, 于闐國三藏實叉難陀奉 制譯, 普賢三昧品第三, CBETA 電子佛典集成 » 大正藏 (T) » 第10冊 » No.0279 » 第7卷, http://tripitaka.cbeta.org/T10n0279007

만 착어하였을까? 둘 다 사람이 사는 것은 공통되지만, 섬부주는 업행(業行), 범행(梵行), 수행(修行)을 할 수 있어 부처가 날 수 있는 곳인데 반해 울단월은 사람이 행복하여 부처가 나지 않는 곳이다. 그러므로 부처가 나는 곳과 나지 않는 곳을 비교하고, 부처가 나든 나지 않든 그런 것에 걸려서는 안 된다는 뜻이 있지 않을까? 좀 더 나아가면, 부처가 되겠다는 보리심에서 수행을 시작하게 되지만, 거기에 걸려서는 최종 목적을 달성할 수 없음을 의미하는 것이기도 하다.

[공부]
사주(四洲), 사천하(四天下)

사주(梵 catvāro dvīpāḥ, 巴 cattāro dīpā)는 고대 인도사람들의 세계관에 관한 문제이다. 그들은 수미산을 중심으로 사방에 칠금산과 대철위산 사이에 소금바다(鹹海)가 있고, 그 바다에 4개의 큰 대륙(洲)이 있다고 생각했다.『대당서역기(大唐西域記)』제1권에 의하면, 사부주는 다음과 같다.[255]

- 동승신주(東勝身洲, 梵 Pūrva-videha): 줄여서 승신(勝身, 梵 Videha, 毘提訶)이라고 한다. 그 신형이 수승하여 승신이라 한다. 지형은 반월형이고, 사람의 얼굴도 반월 같다고 한다. 그 땅이 지극히 넓고, 크며, 훌륭하다.
- 남섬부주(南贍部洲, 梵 Jambu-dvīpa): 섬부(贍部, 梵 jambu)는 원래 포도나무(蒲桃樹)를 음역한 것이며, 이 주는 이 나무의 이름을 따서 지었다. 지형은 수레 모양이며, 사람의 얼굴도 수레 모양이다. 주민이 용맹하고 기억력이 좋다. 업행도 범행도 수행도 가능하며, 그 땅에서 부처가 난다. 이 세 가지 일은 다른 삼대주 및 여러 하늘에 비하여 수승하다.
- 서우화주(西牛貨洲, 梵 Apara-godānīya): 서구야니(西瞿耶尼)라고도 한다. 소가 물건을 싣고 다니므로 그것으로 이름을 지었다. 지형은 만월형이며, 사람의 얼굴도 만월형이다. 소, 양, 주옥이 많이 난다.

---

255) T51n2087001, 大唐西域記卷第一(三十四國), 三藏法師玄奘奉 詔譯, 大總持寺沙門辯機撰, CBETA 電子佛典集成 » 大正藏 (T) » 第51冊 » No.2087 » 第1卷, http://tripitaka.cbeta.org/T51n2087001

- 북구로주(北俱盧洲, 梵 Uttara-kuru): 북울단월(北鬱單越)이라고도 한다. 구로(俱盧)로 줄여 쓰기도 한다. 빼어난 곳(勝處)이란 의미이다. 지형은 네모지고, 못이나 호수도 그러하고 사람의 얼굴도 네모지다. 묶여 있는 곳이 없고, 내 것이 없으며, 수명이 천년이나 된다.
해와 달 그리고 별들이 수미산의 허리를 돌며 사천하를 비춘다. 또 사대주는 각기 두 개의 중주와 오백 개의 소주를 가지고 있으며, 사대주와 팔중주에는 모두 사람이 살고 있고, 이천 소주에는 사람이 사는 곳도 있고, 살지 않는 곳도 있다.
북구로주에서의 삶이 가장 좋아 괴로움보다는 즐거움이 많은 곳인데, 다만 부처가 나지 않는 세계이다. 그러므로 팔난의 하나이다. 북주에서 부처가 날 수 없는 것은, 삶이 행복하여 수행을 하지 않아 지혜가 없기 때문이다.

송) 노래한다.

머리는 하늘을 가리키고 다리로 땅을 밟았네(頭指天脚踏地)
배고프면 먹고 피곤하면 잠을 잔다(飢則湌困則眠)
이 땅은 서천(此土西天)
서천은 이 땅(西天此土)
도처의 원단 정초는 곧 이 해이니(到處元正便是年)
남북동서가 다만 이러한 것을(南北東西祗者是)

반야심경에 "제법의 공상(空相)은 나지도 멸하지도 않으며, 더럽지도 깨끗하지도 않으며, 늘지도 줄지도 않는다."라고 하였다. 또한 "그러므로 공 가운데는, 색도 없고, 수상행식도 없으며, (중략) 지혜도 얻음도 없다."라고 하였다. 제법은 공이라는 관점에서 보면, 모든 것은 생긴 그대로 평등하며 자연스럽다. 또한, 행동이나 생각 자체도 무엇 하나 걸림이 없다. 이곳과 저곳, 내 것과 네 것의 분별 또한 없다. 동서남북 어디에도 해가 바뀌면 새해의 관습에 따라서 이런저런 행사를 하며 새해를 기념하며 또 한 해가 잘 지나갈 수 있도록 축원한다.
머리는 하늘을 가리키고 다리로 땅을 밟는 것은 생긴 그대로의 모습이요, 배고프면 먹고 피곤하면 잠을 자는 것은 걸림 없이 자재한 행동이다. 이 땅(生死, 娑婆, 穢土, 此岸)이 서천(涅槃, 淨土, 彼岸)이고 서천이 이 땅이니, 내 땅과 네 땅의 구분이 없는 것이다. 그리고 시간적으로도, 어느 한 곳이 원단이면 다른 곳도 원단이며, 이곳에서 원단 행사를 하면 다른 곳에서도 원단 행사를 할 것이다. 그 진행되는 모습은 다를지라도 그것이 담고 있는 의의와 마음은 같을 것이다.

공한 가운데 보면, 이 모든 것들이 실유하는 것이 아니라, 각기 나름의 이름을 가지고 드러날 뿐, 알맞은 때가 되면 없어져서 공으로 돌아간다.

경) *"수보리야. 어떠냐? 삼십이상으로 여래를 볼 수 있느냐?"*
"아닙니다. 세존이시여. 삼십이상으로 여래를 볼 수 없습니다.
왜냐하면, 여래께서는 삼십이상은 즉 상이 아니라 이름이
삼십이상이라고 말씀하셨기 때문입니다."
須菩提於意云何可以三十二相見如來不不也世尊不可以三十二相得見
如來何以故如來說三十二相卽是非相是名三十二相.

삼십이상은 부처와 전륜성왕의 몸에 구족되어 있는 서른두 가지의 미묘하고 좋은 상을 가리킨다. 부처의 몸에 이들 서른두 가지 상이 구족되어 있으므로 이들 서른두 가지 상을 구족하고 있으면 부처라고 할 수 있을 것인가?

우리는 흔히 외모를 가지고 그 사람을 평가한다. 확장해 보면, 세상의 모든 생물이나 무생물에 대하여도 그 겉모습을 보고 생각하고 평가하고 판단하여 마음대로 좋고 나쁨을 결정한다. 잘생긴 것에 마음이 끌리고 못생긴 것에 마음이 거슬리는 것은 인지상정이다. 냄새가 역겨운 것에 거슬리고 향기로운 것에 당겨지는 것도, 시끄러운 잡음에 거슬리고 아름다운 노래에 즐거워하는 것도, 맛있는 음식에 끌리고 맛없는 음식을 배척하는 것도, 감촉이 부드럽고 매끄러운 것에 마음이 쏠리고 거친 것을 기피하는 것도, 모두 인지상정이다. 곧 외양에 의하여 생각하고 평가하고 판단함을 의미하는 것이다. 이것은 모두 나를 기준으로, 나의 전도된 망상에 의하여 그런 것이다.

바로 이런 전도된 망상 때문에, 부처는 삼십이상을 구족하였으니, 삼십이상을 구족하고 있으면 부처라고 인식하게 된다. 부처님께서 수보리에게 삼십이상으로 여래를 볼 수 있느냐고 질문을 하신 것은 수보리가, 그리고 그 법회에 참석한 모두가, 더 나아가 중생들이 자신을 기준으로 한 이 전도된 망상 때문에 상에 집착하여 실상을 보지 못하게 되는 것을 경계하기 위하여 물으셨던 것이다.

수보리는 삼십이상으로 여래를 볼 수 없다고 대답하였다. 왜냐하면, 삼십이상이 상이 아니라 상이라고 이름을 붙여 부를 뿐이기 때문이라고 하였다. 이는 수보리가 전도된 망상에 빠져 있지 않고 삼십이상이라는 것이 공한 것임을 알고 있음을 의미한다. 수보리는 반야 지혜를 바탕으로 바라밀행을 수습하고 있었던 것이다.

삼십이상으로 여래를 볼 수 없는 이유를 다르게 설명하기도 한다. 이에 의하면, 삼십이상이란 삼십이청정행을 말한다고 한다. 그리고 삼십이청정행이란 육근 중 앞의 오근으로 육바라밀을 수행하고(바라밀행 5×6=30), 여섯 번째 의근으로 무상과 무위를 닦는 것(청정행 2)을 말한다(합 32청정행). 이 삼십이청정행을 항상 수행하면 성불할 수 있다. 만약 삼십이청정행을 닦지 않으면 끝내 성불할 수 없다. 단순히 여래의 삼십이상에 애착하는 것은 삼십청정행을 닦는 것이 아니며, 그러므로 아무리 삼십이상에 애착을 보여도 끝내 여래를 볼 수 없는 것이다(육조 혜능).

착어) 할머니에게서 적삼을 빌려 할머니에게 세배를 드리다(借婆衫子拜婆年).

앞에서 우리는 어머니, 베적삼 이런 말들은 타파해야 할 구습 혹은 구각, 전도된 생각, 고착된 사고방식, 소통되지 않는 답답함, 몰이해 등을 의미한다고 하였다. 할머니, 할머니의 적삼이란 말도 이런 맥락에서 이해할 수 있을 것 같다. 그러면 할머니, 할머니의 적삼이란 말도 삼십이상을 보고 부처라고 잘못 인식하는 것과 같은 의미를 가진 것이 된다. 나아가 전도된 생각으로 실상을 보지 못하는 것을 의미하는 말이기도 하다. 그러므로 할머니의 적삼을 빌린다는 것은 외부의 조건 등으로 인하여 형성된 전도된 생각으로 상을 만들어 그것에 집착하는 것을 의미한다고 볼 수 있다. 그러면 할머니, 할머니의 적삼이라는 것은 깨뜨려야 할 대상이라 할 수 있다. 그런데 깨뜨려야 할 대상에게 세배하는 것은 오히려 전도된 생각으로 버려야 할 것에 대하여 집착을 강화하는 것을 의미한다. 세속적으로 세배란 존장에 대한 예경이고, 이런 취지를 그대로 적용하면 그렇다는 것이다.

이 착어가 나오게 된 부처님과 수보리 사이의 문답을 요약하면 "삼십이상으로는 여래를 볼 수 없다."이다. 여래는 세배를 하는 근본 뜻, 즉 존장에 대한 예경과 대응되고, 삼십이상은 할머니와 할머니의 적삼과 상응한다. 할머니에게서 할머니의 적삼을 빌려 입고 할머니에게 세배를 한다는 말은, 역설적으로, 삼십이상으로 여래를 볼 수 있다는 전도된 생각을 타파할 것을 주장하는 것이다. 어떠한 상도 없어서 아무것에도 걸림이 없는 것이 여래인데, 삼십이상을 가지고 있으므로 여래라고 한다면, 상에 집착하는 것이 되어 여래가 아닌 것을 여래라고 하는 것이기 때문이다.

요컨대, 위 착어는 여래의 본질은 보지 않고 그 외관에서 여래를 찾는 어리석음, 혹은 자신에게 갖춰진 여래는 알지 못한 채 밖에서 여래를 구하는 범부의 무명을 나무라는 의미라고 볼 것이다.

선림에 "병정동자가 와서 불을 구하다."라는 말이 있다. 병정동자는 절에서 등불을 관리하는 동자를 가리키는데, 자신이 불을 가지고 있으면서 그것을 망각하고 다른 곳(밖)에서 불을 찾는 것을 의미한다. 삼십이상이라는 외형을 보고 부처를 찾는 것은, 자신에게 구족되어 있는 불성을 보지 못한 채, 자신에게 삼십이상이 갖추어져 있지 않으므로 자신은 부처가 될 수 없다고 생각하는 것과 같다.

송) 노래한다.

그대가 있으니 나도 있고(你有我亦有)
그대가 없으니 나도 없다네(君無我亦無)
있고 없음을 둘 다 세우지 않고(有無俱不立)
입을 꾹 닫고 마주할 뿐이네(相對觜盧都)

네가 있으니 내가 있고, 그대가 없으면 나 또한 없다네. 이 언구는 불가의 근본 가르침의 하나인 연기법을 요약한 말이다. 그대는 내가 있기 위한 조건이며, 나는 그대가 있음에 따른 결과이다. 그대는 나의 존재의 원인이고, 나는 그대가 존재한 결과이다. 또 그대에 의지하여 내가 있고, 그대에 의지하지 않으면 내가 존재할 수 없다. 그대는 나의 존재를 지탱하는 의지처인 것이다. 상호의존적인 관계를 설명하는 것이다.

여하튼 있고 없음은 모두 연기적 관계 속에서 말해지는 현상이니, 바로 유위의 세계이다. 있고 없음을 주장하지 않으면 유위가 사라진다. 세운다 함은 주장하거나 고집하거나 집착하거나 애착하는 것을 가리킨다. 그러므로 세우지 않는다 함은 이 모두를 내려놓는, 방하착을 의미하는 것이다. 이것이 중도이다. 너와 나, 원인과 결과, 상호의존 등을 모두 내려놓고 주장하지 않으니, 별을 바라보는 내 눈과 내 눈에 들어오는 별이 서로 마주하지만 중중무진, 원융무애하게 융통할 뿐이다.

삼십이상은 분별의 상징이다. 인간으로서 삼십이상을 가지는 자는 여래와 전륜성왕 뿐이다. 그러므로 삼십이상이 있다고 하면 여래와 다른 중생, 전륜성왕과 다른 중생을 나누는 것이다. 이것은 분별상이고, 아상 등 사상을 가지는 것이다. 사상이 있으면 보살이 아니다. 하물며 여래가 어찌 분별상을 가질 것인가? 삼십이상은 상이 아니라 상이라고 이름을 붙여 부를 뿐이라는 부처님과 수보리의 문답은 유무를 버린 중도를 이야기한 것이다. 너다 나다 분별하지 않으니 서로를 내세울 것도 없고 주장할 것도 없는 것이다.

경) "수보리야. 만약 어떤 선남자, 선여인이 갠지스강의 모래 수와 같은 몸과 목숨(身命)들을 가지고 보시한다면, 그리고 만약 어떤 사람이 이 경 중 내지 사구게 등을 수지하여 다른 사람에게 해설한다면, 그 복이 (앞의 복보다) 심히 많다."
須菩提若有善男子善女人以恒河沙等身命布施若復有人於此經中乃至受持四句偈等爲他人說其福甚多。

세간에서 중한 것은 목숨보다 더한 것이 없다. 부처님은 많은 겁 동안 신명을 버리는 보시 수행을 하였다. 그렇게 수행하셨던 부처님께서 수많은 겁 동안에 하셨던 신명의 보시보다 경의 내용, 하다못해 사구게만이라도 수지하고 다른 사람에게 해설해 주는 것이 더욱 복이 많다고 하셨다.

신명의 보시는 유위, 유루의 보시이다. 삼천대천세계를 가득 채울 칠보와 마찬가지로 신명이란 유위, 유루한 것이며, 그 유위하고 유루한 것을 보시함으로써 얻을 수 있는 복이란 유위, 유루의 복이다. 유위, 유루의 복은 복덕성이 없어서 아무리 많아도 언젠가는 다할 때가 있다. 그러나 경(물론 다른 경도 포함한다)의 내용의 전부 혹은 일부나 사구게 등을 수지하는 것은 무위, 무루의 복이다. 무위, 무루의 복은 복덕성을 갖추고 있으므로 아무리 오랜 겁이 지나도 없어지지 않는다. 아무리 오랜 겁이 지나도 없어지지 않는 복과 언젠가는 없어질 유위, 유루의 복을 비교하면, 전자가 후자보다 확실히 수승하다. 또한, 유위, 유루의 복은 생사윤회를 벗어나지 못하지만, 무위의 복은 생사의 윤회를 벗어난 열반, 즉 성불에 이를 수 있도록 하기 때문에 후자가 전자보다 더욱 수승하다고 할 수 있다.

착어) 두 색깔을 가진 하나의 주사위로다(兩彩一賽).

부처님을 부르는 열 개의 명호(如來十號) 중에 명행족(明行足)이 있다. 명은 지혜를 뜻하고 행은 실천을 뜻한다. 지혜와 실천을 동시에 구족함을 의미한다. 육바라밀을 가지고 말하면, 지혜는 반야바라밀이고 실천은 육바라밀 중 반야바라밀을 제외한 나머지 다섯 바라밀을 가리킨다. 이 여섯을 모두 온전하게 구족해야 비로소 깨달음을 이루었다 할 수 있는 것이다.

경에서 갠지스강의 모래 수만큼 많은 수의 몸을 보시한다면, 그 보시의 공덕은 참으로 크다고 하였다. 또한, 경 혹은 경의 사구게를 수지하고 독송하며 서사하고 남에게 해설한다면 그 공덕 또한 무량하다고 하였다. 명행족이라는 말을 두고 본다면, 앞의 공덕은 행에 해당하고, 뒤의 공덕은 명에 해당한다. 둘이 균형을 이루어 구족되었을 때 비로소 위없는 깨달음, 아뇩다라삼먁삼보리에 도달할 수 있는 것이다.

착어에서 두 개의 색(兩彩)이란 지혜와 실천을 의미하며 주사위(一賽)란 오직 하나뿐인 최상의 깨달음을 의미한다. 즉, 착어는 위 경문의 내용에서 말하고 있는 두 복덕은 어느 하나도 빠지지 않고 모두 갖추어야 명행이 구족되어 최상의 깨달음을 이룰 수 있음을 의미하는 것이다.

[공부]
하나의 주사위에 두 개의 색을 입히다(兩彩一賽)

양채일새(兩彩一賽)란 선림에서 사용하는 말이다. 채는 도박에서 이기는 것을 의미하고 새는 경쟁으로 우열을 다투는 것을 말한다. 이 말은 원래 "한바탕 주사위 놀이(도박)를 하면 필경에는 두 사람 다 승리를 얻음"을 가리키는데, 장기를 예로 보면, 쌍방의 장기 실력이 아주 비슷한 맞수끼리 만나서 승부를 내기 어려운 것을 의미한다.

선림에서는 그 뜻이 바뀌어서, 선수행자 사이에 밀고 당기며 쌍방을 감판하여 보니, 그 참선 수학의 경지가 둘 다 우수하고 수승하여 고하를 나눌 수 없는 것을 가리킨다. 임제록행록(臨濟錄行錄)에 다음과 같은 문답이 있다.[256]

위산(潙山)이 앙산(仰山)에게 물었다.
"황벽선사가 승당에 들어갔는데, 무슨 의도였습니까?"
앙산이 말했다.
"양채일새라네(兩彩一賽)!"
「潙山問仰山：『黃蘗入僧堂, 意作麼生』仰山云：『兩彩一賽。』」

위 위산과 앙산 사이의 문답은 다음과 같은 사건(?)에 대한 스승과 제자 사이의 문답이다.

임제선사가 승당에서 자고 있는데, 황벽이 내려오다 보고는 주장자를 가지고 판두(板頭)를 한 차례 내려쳤다. 임제선사가 머리를 들어 황벽인 것을 보고 다시 잠을 청하는 것이었다, 황벽이 다시 판두를 한 차례 내려치고는 돌아서 위 칸(上間)으로 갔다. 그곳에는 수좌가 좌선하고 있는 것을 보고 말했다.

"아래 칸에서는 후생이 좌선을 하고 있는데, 그대는 이 속에서 무슨 망상을 하고 있느냐?"
수좌가 말했다.
"이 노인 보소. 무슨 소릴 하시는겨?"
황벽이 판두를 한 번 내려치고는 곧바로 나가 버렸다.

송) 노래한다.

손에 익은 지팡이는 칼과 바꾸지 않나니(伏手滑槌不換劍)

잘 쓰는 사람에겐 둘 다 편리하다네(善使之人皆總便)

---

256) T47n1985001, 鎭州臨濟慧照禪師語錄, 住三聖嗣法小師慧然集, 行錄, CBETA 電子佛典集成 » 大正藏 (T) » 第47冊 » No.1985 » 第1卷, http://tripitaka.cbeta.org/T47n1985001

안배를 쓰지 않더라도 본래 현성이니(不用安排本現成)
그중에는 모름지기 빼어난 자들도 있다네(箇中須是英靈漢)
날라리 니나나(囉囉哩哩囉囉)
산에는 꽃 피고, 들엔 새가 노래하니(山花笑野鳥歌)
이때가 득의한 대로(此時如得意)
가는 곳마다 사바하로세(隨處薩婆訶)

갠지스강의 모래 수만큼 많은 수의 몸을 보시한다면, 그 공덕도 무량하게 크고, 경이나 경 속의 사구게를 수지하고 독송하며 서사하고 다른 사람에게 해설하는 공덕도 무량하게 크다. 사신보시를 지팡이라고 한다면, 경이나 사구게를 수지, 독송, 서사하고 남에게 해설하는 것은 칼이라 할 수 있다. 둘 다 쓰는 사람에 따라서 아주 유용한 도구인데, 중요한 것은 이 둘 중 어느 것이 더 수승하고 덜 수승하고가 아니라 누가 어떤 용도로 어느 정도 익숙하게 쓰는가이다. 왜냐하면, 둘 다 유용한 도구이기 때문이다.

안배란 앞 사람이 베풀어 놓은 방도란 뜻이지만, 여기서는 부처님께서 가르쳐 주신 가르침, 수많은 조사님들이 남기신 수행법(예컨대, 공안)들을 지칭한다. 인위적으로 짓고 만든 것들을 가리킨다. 그러한 것들이 오늘날 우리에게 깨달음을 위한 지침으로, 도구로 사용될 수 있다. 그러나 만약 현성공안의 관점에서 주변의 두두물물이 모두 가르침을 주는 것 혹은 수행을 위한 방편으로 활용될 수 있는 것이라고 한다면, 부처님 이하 조사님들의 안배가 무슨 소용이겠는가? 다만 이 경우 수행자가 주변의 두두물물이 깨달음을 이루기 위한 방편으로서 받아들일 수 있는 경지에 도달하였는지 여부가 문제이다. 이 경지에 이르기까지는 안배를 이용할 필요가 있을 것이다. 빼어난 수행자라면 주변의 두두물물을 모두 깨달음의 방편(도구)으로 이용할 수 있는 경지에 이르렀거나, 혹은 그러할 수 있을 만한 수승한 근기를 갖춘 자를 가리킨다고 할 수 있겠다.

'날라리 니나나'는 흥에 겨워 저절로 흘러나오는 흥얼거림이 아니겠는가? 흥에 겨운 이유는 산에 꽃피고, 들에 새가 노래하기 때문이다. 이 꽃과 새의 노래가 모두 가르침을 주는 방편, 즉 현성공안이기 때문이다. 그러한 것들이 깨달음을 향한 방편임을 받아들이는 경지에 도달함으로써 저절로 모든 것이 자유로워졌기 때문이다. 그러므로 언제나 득의(得意)한 모습이니, 가는 곳마다, 닿는 곳마다, 머무는 곳마다, 사바하인 것이다.

　사바하(薩婆訶)라는 말은 진언의 결구이다. 인왕경의궤(仁王經儀軌)에 의하면, 사바하라는 말은 성취, 길상, 원적(圓寂)의 뜻이 있으며, 또한 재난을 멈추고 이익을 늘려 준다는 뜻도 있고, 그리고 무주(無住)의 뜻도 있다고 한다. 이에 의하면, 열반이 미래에도 다하지 않으며, 중생의 이고득락이 다함이 없음을 의미한다는 것이다.[257] 어느 것에 의하든, 고통이 없고 걸림이 없이 자유로운 경지에 이르는 것을 의미한다. 수처(隨處)란 '어느 곳이든'이란 뜻이다. 수처사바하란 어느 곳에 가든 걸림이 없고 자유자재함을 누리는 것을 의미한다. 수처작주(隨處作主)이기도 하다.

---

257) T19n0994001, 仁王護國般若波羅蜜多經陀羅尼念誦儀軌(出金剛瑜伽經), 第四釋陀羅尼文字觀行法, 開府儀同三司特進試鴻臚卿肅國公食邑三千戶賜紫贈司空諡大鑒正號大廣智大興善寺三藏沙門不空奉 詔譯, http://tripitaka.cbeta.org/ko/

# 제14분 상을 버리면 적멸이다(離相寂滅分)

1. 의의

수보리는 부처님으로부터 경을 풀이한 뜻(解義)을 듣고 실상을 체득하였기 때문에 이를 받아 상을 버리면 적멸이라고 하였다. 이상(離相)이란 상을 버린다는 뜻이다. 상이란 경에서 열거하고 있는 아상, 인상, 중생상, 수자상 등 사상을 가리킨다. 그러므로 이상이란 구체적으로 이들 사상을 버린다는 뜻이다. 버린다 함은 집착하지 않음을 의미한다. 즉, 이상이란 아상, 인상, 중생상, 수자상에 대하여 집착하지 않음을 의미하는 것이다. 적멸이란 모든 것이 소멸되어 고요한 상태를 의미한다. 이는 열반의 다른 이름이다. 요컨대, 모든 상에 대하여 집착하지 않으면, 모든 번뇌가 없어져 마음이 고요해진다는 것이다. 모든 상을 버렸기 때문에 외부에서 어떤 자극이 와도 반응하지 않고 마음이 여여부동하다. 구체적으로 신체적으로나 심리적으로 침해를 당하더라도 분노가 일지 않으며, 이익이나 성취가 있더라도 즐거워하거나 기뻐하지 않음을 의미한다. 신체나 이익의 침해를 당해도 오히려 침해한 상대방의 두려움을 위로하고 유화하며, 이익이나 성취는 다른 사람이나 중생을 위하여 회향한다. 이로써 인욕(安忍 혹은 安忍)바라밀이 성취되는 것이다. 그럼 목석과 무엇이 다른가? 예컨대, 보살심, 사무량심에 의한 중생 구제의 발원은 목석이 아님을 증명하는 것이다.

착어) 요약하면 다음과 같이 말할 수 있다.[258]

공을 곧바로 깨달아(直下頓空)
온갖 형상을 벗어났다(離諸形相)
형상을 버리고 나니(旣離形相)

---

258) 韓巖集解, 程夷懸補註, 金剛經補註

적멸이 현전하네(寂滅現前)

직하(直下) 또는 합하(合下)라는 말은 선림에서 사용하는 말로 즉시, 즉각이라는 뜻이다. 돈(頓)도 곧바로, 갑자기라는 의미. 존재하는 모든 것은 공이라는 깨달음은 갑자기 온다. 그것은 체득의 문제이지 사유의 문제가 아니기 때문이다. 물론 사유와 천착을 거치지 않고 갑자기 오는 공은 없다. 깨달음에 있어서 돈점(頓漸)에 관한 역사적 논쟁은 아직도 꺼졌다고 볼 수 없을 것이다. 언하개오(言下開悟)라는 말이 돈오(頓悟, 갑자기 깨달음에 도달함)를 표현하는 말이라면 보리도차제(菩提道次第)라는 말은 점오(漸悟, 낮은 단계부터 차례대로 깨달음)를 표시하는 말이라 할 수 있다. 중국의 육조혜능을 이어받은 남종선(南宗禪)이 돈오를 수행법으로 삼고 있다면, 신수를 이은 북종선은 점오를 그 수행의 기조로 삼고 있다.

여하튼 공을 깨달으면 형상에 얽매이지 않는다. 인연의 화합에 의한 유위법의 형상은 요소(大)들의 결합에 의하여 구성된 임시적 존재일 뿐 그 자체로 단일하고 지배적이며 독립적이고 영구적인 존재가 아니라는 것을 알기 때문이다. 형상을 버리니 그 자리에 바로 적멸, 즉 열반이 나타나는 것이다. 결국, 적멸과 열반이 따로 있어서 이것을 소멸하고 저것을 구해야 하는 것이 아니라, 상에 대한 집착, 얽매임을 벗어난 그 자리가 모든 괴로움에서 벗어난 바로 그 자리, 즉 열반이라는 것이다.

송) 노래한다.[259]

싸늘한 재 속에서 콩이 터지니 입을 열기 어렵고(冷灰荳爆口難開)
피부가 모두 벗겨지니 뼈가 삐져나오네(脫盡皮膚骨出來)
기와를 깨고 얼음을 녹여도 묻힌 것(藏)을 얻지 못하고(瓦解氷消藏不得)
달 밝은 깊은 밤에 누대에 올랐네(夜深明月上樓臺)

식은 재(冷灰)란 응고된 덩어리처럼 정신이 흐트러짐이 없는 것을 가리킨다. 콩이

---

259) 韓巖集解, 程衷懋補註, 金剛經補註

터진다 함은 단단한 껍질을 깨고 각성하는 것을 가리킨다. 입을 열기 어렵다는 말은 말을 할 수 없다는 의미이다. 정리하면, 첫 구절은 집중된 정신으로 깨달음을 이루니 그 경지를 차마 말로 표현할 수 없음을 묘사하고 있다.

피부가 모두 벗겨진다 함은 번뇌를 끊고 해탈함을 이르는 말이며, 뼈가 삐져나온다 함은 높은 깨달음을 이룬 것을 가리킨다. 부처님처럼 아뇩다라삼먁삼보리를 얻었거나, 조사님들처럼 관문을 투철한 경지에 이른 것을 가리키는 것이다.

기와 조각, 돌 부스러기를 깨뜨리고 얼음을 녹이는 것으로 얻을 것은 없다. 기와 조각이나 얼음과 같은 것은 무언가를 갈무리해 둘 만한 그릇이 못 된다. 그리하여 달이 밝은 깊은 밤에 번민으로 방황하는 것은 아닐까?

[공부]

불일(佛日)의 콩이 터지다(佛日豆爆)/콩이 터지다(豆子爆)

『전등록(傳燈錄)』에 다음과 같은 내용의 이야기가 나온다.[260]
　불일(佛日)화상이 협산(夾山)선사를 참배하였다. 그러자 협산이 물었다.
"무엇과 동행하였느냐?"
불일이 말했다.
"나무에 올라가 앉으십시오."
그리고는 주장자를 잡고 협산의 면전에 던졌다. 협산이 말했다.
"천태에서 얻었느냐?"
불일이 대답했다.
"오악에서 태어난 것이 아닙니다."
협산이 말했다.
"수미산에서 얻은 것이냐?"
불일이 대답했다.
"월궁에서도 만나지 못했습니다."
협산이 말했다.
"이러한 즉 다른 사람에게서 얻은 것이구나."

---

260) T51n2076020, 景德傳燈錄卷第二十, 吉州青原山行思禪師第六世之四一百六人, 青原山行思禪師第六世, 前洪州雲居山道膺禪師法嗣, CBETA 電子佛典集成》大正藏 (T)》第51冊》No.2076》第20卷, http://tripitaka.cbeta.org.T51n2076020

불일이 대답했다.
"참 딱하십니다. 도대체 남에게서 무엇을 얻겠습니까?"
협산이 말했다.
"식은 재 속에 있던 한 알의 콩이 터졌구나."

이 공안에서 불일이 주장자를 던진 데는 의미가 있다. 주장자는 스승이 법좌에 올라 법을 설할 때 법상을 치거나 들어 올려 청중을 깨우쳐 주는 데 사용하는 일종의 권위를 상징한다. 이를 던진 것은 그런 권위에 의지한 것이 아님을, 남(밖)으로부터 얻어진 것이 아니라 스스로 찾은 것임을 강조한 것이다. 그리고 협산이 물었던 천태에서 왔느냐?, 수미산에서 왔느냐? 등 물음은 불일이 주장자를 던진 역량이 어느 곳에서 나왔는지 파악하고자 하였던 것이다. 또한, 암암리에 불일의 말과 행동이 자가(自家)의 깨달음의 경지에서 나온 것이 아니면 어쩌나 하는 우려를 담고 있는 것이었다. 불일선사도 그 뜻을 깊이 이해하고 이에 남에게서 얻은 것이 아니라 자신에게서 찾은 것임을 말함으로써 스승인 협산에게 자신의 빼어난 근기와 훌륭한 깨달음을 드러내 보였던 것이다. 이에 협산이 "콩이 터졌구나(荳爆)."라며 칭찬하였고, 이는 일종의 인가이다.

장무진 거사가 해안경(海眼經)을 유통하여 노래했다.

  새 경전에 귀명하니 원력이 깊어(歸命新經願力深)
  글자 하나가 곧바로 천금임을 확실하게 알겠구나(決知一字直千金)
  갑자기 재 속에서 콩이 터지니(驀然豆子灰中爆)
  웃지 마소, 선생의 잘못된 마음 씀을(莫笑先生錯用心)

[공부]

마른 나무와 식은 재(槁木死灰)

형체가 적정(寂靜)한 것이 마치 고목나무 같고 정신이 뭉쳐 덩어리진 것이 마치 식은 재 같다는 말. 사람이 청허하고 적정하여 외부의 사물에 대하여 아무런 감정의 움직임이 없는 것을 형용한 말이다. 장자『재물론(齊物論)』에 "형체가 단단함이 고목과 같고 마음이 단단함이 마치 식은 재(死灰) 같다."라는 말이 있다. 이 말은 후에 사람이 좌절과 변고를 겪고 마음이 재가 되어 버린 것 같은 절망적인 모습을 형용하는 말로 사용되었다. 목형회심(木形灰心), 고목사회(枯木死灰), 사회고목(死灰槁木) 등으로 사용되기도 한다.

> **[공부]**
> ### 골수를 얻다
>
> 달마대사가 소림사에서 9년 면벽을 마치고 드디어 천축으로 돌아가려고 할 즈음 대사는 문인들이 그간 수행을 통하여 얻은 것을 점검하였다.[261]
> "드디어 내가 돌아갈 때가 되었다. 그대들은 각자 얻은 것을 말해 보아라."
> 이때 문인 도부(道副)가 말했다.
> "문자에 집착하지도 않고 버리지도 않는 것을 쓰임새라 합니다."
> "그대는 나의 껍질을 얻었구나(得皮)."
> 니총지(尼總持)가 말했다.
> "제가 지금 이해하는 것은 경희(慶喜=아난)가 아촉불국을 본 것과 같습니다. 한 번 보이더니 다시는 보이지 않습니다."
> "그대는 나의 살을 얻었구나."
> 도육(道育)이 말했다.
> "4대가 본래 공하여 오음이란 존재하지 않습니다. 저는 한 법도 얻은 것이 없는 곳을 보았습니다."
> "그대는 나의 뼈를 얻었구나."
> 끝으로 혜가(慧可)는 예배한 후 제자리에 서는 것이었다. 대사가 말했다.
> "그대는 나의 골수를 얻었구나."

2. 내용

> 경) 이때 수보리는 이 경을 듣고 그 뜻을 깊이 이해하여
> 눈물을 흘리며 울면서 부처님께 말했다.
> "드뭅니다. 세존이시여. 부처님께서 이처럼 심히 깊은 경전을 말씀하시니,
> 저는 옛적에 이미 혜안을 얻었으나, 일찍이 이와 같은 경을 듣지 못하였습니다."
> 爾時須菩提聞說是經深解義趣涕淚悲泣而白佛言希有世尊佛說如是甚
> 深經典我從昔來所得慧眼未曾得聞如是之經。

---

261) T51n2076003, 景德傳燈錄卷第三, CBETA 電子佛典集成 » 大正藏 (T) » 第51冊 » No.2076 » 第3卷, http://tripitaka.cbeta.org/T51n2076003

슬퍼도 눈물이 나지만 너무 기뻐도 눈물이 난다. 눈물은 솔직한 마음의 표현인 것이다. 수보리는 부처님의 말씀을 듣고 깨달음의 깊이가 한층 깊어져 자신도 모르게 기쁨의 눈물을 흘렸을 것이다. 수보리는 지금까지 성문의 아라한을 이루었고 부처님으로부터 해공제일이라는 미칭도 얻었다. 거기에 만족하였으면 성문에 그쳤을 것이다. 그러나 부처님과의 대화를 통하여 마침내 성문의 성취를 뛰어넘는 공의 이치, 금강반야를 체득하게 되었다.

옛적에 얻은 혜안이란 아라한을 이룸으로써 얻은 지혜의 눈을 말한다. 경이 가르치는 취지가 성문의 아라한이라는 성인이 될 때까지도 들은 바 없는 가르침이라는 것을 강조하는 대목이다. 그러한데 지금 경을 들음으로써 이제야 본격적으로 부처가 될 수 있는 최상의 깨달음으로 나아갈 길을 연 것이다. 그러니 기쁘지 않을 수 없었을 것이다.

깊이 이해하였다 함은 확철대오하였음을 의미한다. 뜻이란 경이 밝히고자 한 참된 공과 무상(無相)의 가르침을 의미한다. 이는 인도 공하고 법도 공한 인법이공(人法二空)의 취지를 가리킨다.

이 장구에서 수보리의 대답은 중요한 논점을 시사한다. 수보리는 아라한도를 획득한 성자이다. 또 부처님께서 해공제일이라고 부르실 만큼 공에 대한 이해가 깊고 실천이 수승하였다. 그러함에도 경에서 부처님께서 말씀하신 금강반야를 듣고 그간 성취한 혜안으로서 이러한 경을 들은 적이 없다고 하였다. 바꾸어 말하면, 경에서 말하는 금강반야가 성문승들에게는 설해진 적이 없거나, 성문승들이 체득하지 못한 경지라는 것을 의미한다. 경이 대승의 종지를 담아내고 있다고 보면, 대승의 종지는 수보리 등 성문승들이 일찍이 배우지 못한 것들임을 강조하고 있는 것이라고 이해할 수 있다.

착어) 좋은 웃음은 겉으로 드러내지 않는다(好笑當面諱了).

수보리가 가일층 깨달음의 진전을 이루어 기뻐해야 하거늘 오히려 눈물을 흘리며 우는 것은 오히려 기쁨에 겨운 눈물이라 할 것이다. 일상적으로 경험하는 일 중에서 우리는 너무 기쁘면 오히려 눈물이 난다는 것이다. 수행이 깊은 사람이라고 예외는 아니라고 한다. 우리가 알고 있는 대천오사(大天五事)의 다섯 항목을 살펴보면, 아라한의 깨달음이 부족하다는 것을 증명하는 증거의 하나로서 깨달음을 이루면 "아!" 하고 탄성을 지른다는 주장이다.[262] 깨달음을 이루면 참으로 기쁘고, 그 기쁨에 겨워 자기도 모르게 탄성을 지르는 것은 당연한 일이라 할 수 있다. 그러나 그 기쁨마저 가라앉힐 수 있어야 진정한 최상의 깨달음을 이룬다는 것이다. 깨달음을 이루었는지 어떤지 알 수 없는 경지, 무상의 경지에서는 모든 것이 적멸하여 감정의 잔해가 남아 있지 않다. 이 경지에서는 모든 것이 평등하여 일상이 최상이고 최상이 밑바닥이다. 탄성 자체가 있으나 없으나 의미가 없고, 탄성이 나올 여지가 없다.

지금 수보리가 부처님의 가르침을 바르게 이해하고 기뻐 눈물을 흘리는 것은 이제까지는 최상의 깨달음에 이르는 방도를 알지 못하였다가 지금에 이르러서야 비로소 그것을 얻었음을 증명하는 증거이다. 이 점이 안타까웠을까? 야보천선사는 "좋은 웃음은 겉으로 드러내지 말지!" 하고 애석해하는 것이다.

송) 노래한다.

어려서부터 오고 또 와서 먼 곳에 이르렀나니(自小來來慣遠方)
형악을 돌고 소상을 건넘이 얼마이던가(幾迴衡嶽渡瀟湘)
하루아침에 고향의 길을 밟아 가니(一朝蹈著家鄉路)
도중의 해와 달이 길었음을 비로소 알겠네(始覺途中日月長)

어려서 산은 산이요 물은 물임을 알았다. 질풍노도의 시절을 지나 배움의 길에서 수학하며 많은 수행을 거쳐 마침내 산이 산이 아니요 물이 물이 아님을 알게 되었다. 산이 산이 아니요 물이 물이 아님을 알면서부터 무언가 얻은 게 있어 천하가 좁다고 활개를 쳤다. 그러나 그것도 어느덧 지나고 보니, 비로소 보이는 게 또 있다. 여전히 산은 산이고 물은 물이라는 것.

---

262) T27n1545_099, 阿毘達磨大毘婆沙論卷第九十九, 五百大阿羅漢等造, 三藏法師玄奘奉 詔譯, 智蘊第三中五種納息第二之三, CBETA 電子佛典集成 » 大正藏 (T) » 第27冊 » No.1545 » 第99, http://tripitaka.cbeta.org/T27n1545_099

깨달음을 이루리라고 청운의 뜻을 품고서 수행의 길에 들어섰다. 그리고 형악과 같은 험준한 산을 넘고 돌기를 수없이 하고, 소상과 같은 강 건너기를 헤아릴 수 없이 하였다. 수행의 길에서 온갖 장애를 넘고 넘었던 것이다.

그렇게 돌고 건너서 이제 와 보니 고향이 그립다. 아니, 돌고 건너온 길이 고향으로 돌아가는 길이었던 것이다. 고향이란 나서 자란 곳! 고향이란 최상의 깨달음을 가리킨다. 수행이라고 열심히 하는 것은 바로 내가 가지고 있는 본래면목을 찾는 것! 내가 가지고 있는 것을 찾으려고 멀고 험한 길을 돌고 건너는 수행의 길을 걸었던 것이다. 멀고 험한 길을 돌고 건너왔더니, 고향이 있고, 그 자리가 바로 최상의 깨달음이 있는 자리인 것을!

> *경) "세존이시여. 만약 또 누군가가 이 경을 듣고 신심이 청정해져 실상을 내면(실상이 생기면), 이 사람은 제일 희유한 공덕을 성취하였음을 알아야 합니다. 세존이시여. 이 실상이란 것은 곧 상이 아니며, 그러므로 실상이라고 부른다고 여래께서 말씀하셨습니다."*
> *世尊若復有人得聞是經信心清淨則生實相當知是人成就第一希有功德。*
> *世尊是實相者即是非相是故如來說名實相。*

실상이란 본래면목을 가리킨다. 실상을 내다 혹은 실상이 생긴다 함은 본래면목을 찾아 여행을 할 수 있는 실마리를 마련한 단계를 가리킨다. 잃어버린 소를 찾아 떠나는 목우자의 출발과 같은 것이라 할 수 있다. 이것이 경을 듣고 신심이 청정해져 실상을 내게 된다면, 그 여세를 몰아 언젠가는 완전한 본래면목, 완전한 실상을 찾을 수 있을 것이다. 제일 희유한 공덕이란 부처님이 이루신 최상의 깨달음, 아눗다라삼먁삼보리의 경지를 이루는 것을 말한다. 경에서 시작하여 청정한 신심을 일으키고 여기서 본래면목을 찾을 실마리를 찾아 수행의 과정을 계속 거쳐 마침내 아눗다라삼먁삼보리를 이루어 낼 수 있음을 알아야 한다.

그런데 이 실상이란 것이 현실에 있는 현상이 아니라 이름을 실상이라고 하기는 하지만 실제로는 상이 아니다. 상을 있게 하는 본체인 것이며, 만법의 본래면목인 것이다.

착어) 산하대지는 어느 곳에서 왔는가(山河大地甚處得來)?

이 착어에서 산하대지는 찾을 것, 즉 진여실상을 내장하고 있는 현상과 존재를 가리킨다. 산하대지는 실제로 우리가 발을 딛고 사는 곳이며 일상으로 접하는 곳이고, 이것들이 없으면 생명(중생)이 존속할 수 없고 사물이 존재할 수 없는, 일체 존재의 토대이다.

관건은 이것이 어디에서 왔는지를 아는 것이다. 그 온 곳을 알고자 하는 것은, 그 온 곳을 알면, 어디에 있는지 알아서 찾아갈 수 있기 때문이다. 궁극적으로 실상을 어디에서 찾을 것인가의 문제로 귀결되는 것이다.

우리 주위에서 너무나 흔한 것이 산하대지이다. 바로 내 발아래, 내 눈앞에 펼쳐져 있다. 찾는다는 말 자체가 무의미하다. 그러나 막상 산하대지를 존재케 하는 그 무엇을 찾으려 하면, 그저 한 줌의 흙, 한 포기의 풀, 한 개의 돌, 한 알갱이의 모래, 한 줄기의 물, … 이런 것들이지 산하와 대지는 어디에도 없다. 한 줌의 흙, 한 포기의 풀, 한 그루 나무, 한 덩이의 돌, 한 줄기의 물 혹은 이들 몇 가지의 조합을 가지고 산하대지로 여길 뿐이다. 즉, 이런 것들이 산하대지는 아니라는 것이다. 이런 것들은 산하대지가 아니라, 산하대지에서 파생된 것들이다. 산하대지의 성질을 약간씩은 가지고 있지만, 결코 산하대지 자체는 아닌 것이다.

실상이라는 것도 이와 같다. 실상이란 것은 이름뿐이다. 이 실상이란 것이 현실적으로 실물로서 혹은 현상으로서 우리에게 드러나는 것이 아니다. 그러한 것들이 있게 하는 근본은 될지 모르지만, 그러한 것들은 아니다. 다만, 그러한 것들에 진여실상이 반영되어 있을 뿐이다.

이 지점에서 우리 자신이 무언가에 얽매여 있음을 본다. 기존의 관념이나 개념의 틀에서 생각하다 보니 진여실상이 어디에 있는지 찾게 되는 것은 아닌가? 한 줌의 흙, 한 포기의 풀, 한 그루의 나무, 한 덩이의 돌, … 이런 식으로 개념화, 관념화, 도식화하다 보니 그 안에 산하대지가 들어 있음을 알지 못하는 것은 아닐까? 하나의 작은 먼지 알갱이에 시방이 들어 있다(一微塵中含十方)고 하는데, 늘 하나의 보잘 것 없는 먼지로만 바라보고 그 안에 들어있는 시방은 보지 못하는 것은 아닌가? 시방이 하나의 보잘 것 없는 먼지 알갱이에 모두 들어 있는데, 굳이 시방을 찾아 밖으로 돌면서 그 하나의 보잘 것 없는 먼지의 내부를 도외시하는 것은 아닌가? 그런지 어떤지는 일단 모든 것에서 벗어나고 볼 일이다.

[공부]

운문의 지팡이(주장자)가 용이 되다(雲門拄杖化龍)

선림 공안의 하나. 운문이 주장자를 용으로 만들었다(雲門拄杖化為龍)거나 운문의 주장자(雲門拄杖子) 등으로 사용하기도 한다. 본칙의 공안은 운문종의 종조인 운문문언선사가 주장자를 들고 대중들에게 수시를 하는 데 자재한 묘용이 있음을 묘사한 말이다.『벽암록』제60칙에 의하면 다음과 같은 이야기가 나온다.[263]

　운문이 주장자를 중인들에게 보이며 말했다.
　"주장자가 용이 되어 하늘과 땅을 모조리 삼켜 버렸다. 산하대지는 어디에서 왔는가?"
　雲門以拄杖示眾云:『拄杖子化為龍, 吾卻乾坤了也, 山河大地甚處得來?』
이 공안은 자재함(自在)의 좋은 쓰임을 자세하게 풀이한 것으로, 산하대지와 자신이 무차별함을 의미한다. 대지는 모두 사문의 일척안이 되며, 우주 간의 일체가 모두 나라는 뜻이다.

송) 노래한다.

멀리서 보는 산은 형체가 있는데(遠觀山有色)

가까이서 듣는 물은 소리가 없네(近聽水無聲)

봄 가도 아직 꽃은 남았고(春去華猶在)

사람 와도 새 놀라지 않는구나(人來鳥不驚)

하나하나가 모두 드러나니(頭頭皆顯露)

모든 물건의 본체는 원래 평등하구나(物物體元平)

어찌 모른다 말하리(如何言不會)

이토록 아주 분명한 것을(祗為太分明)

---

263) T48n2003006, 佛果圜悟禪師碧巖錄卷第六, CBETA 電子佛典集成 》 大正藏 (T) 》 第48冊 》 No.2003 》 第6卷, http://tripitaka.cbeta.org/T48n2003006

산은 멀리서 보아야 그 형체를 볼 수 있고 물은 가까이에 다가가야 그 흐르는 소리를 들을 수 있다. 역으로 산은 그 속에 들어가 버리면 그 자체로 흙, 돌, 바위, 나무, 풀만 보일 뿐 산은 보이지 않고, 물 흐르는 소리는 멀리 떨어지면 들리지 않는다. 역설적으로, 멀리서 산이 보이지 않아야 하고 가까이서 물소리가 들리지 않아야 색과 소리를 벗어난 깨달음을 이룬 경지가 아닐까?

봄이 가면 꽃이 져야 하는데 아직 꽃이 지지 않고 남아 있다. 사람이 오면 새는 놀라야 하는데 놀라지 않는다. 현상계의 모든 것은 각각의 성질에 따라 그 실상을 드러내는 방식이 다르다. 그러나 그 드러내는 방식만 다를 뿐, 그 드러낸 실상은 공통된다. 노래에서 보듯, 산, 물, 꽃, 새 등은 모두 각기 그 현상과 성질이 달라 각자의 방식과 모습으로 실상을 드러내고 있지만, 그러나 그 실상이란 것이 원래 같은 것이다. 현상으로 드러난 개개의 모습은 각기 다른 것 같지만, 그 모든 것이 유위법으로서 본질은 모두 공하여 평등한 것이다.

이렇듯, 알고 보면, 모든 것이 평등하게 공함이 아주 분명한데도 우리들 중생은 그 겉으로 드러난 각기 다른 현상과 성질에 집착하여 전도된 마음을 일으키고, 그 전도된 마음에 의지하여 세상의 모든 것을 평가하고 판단하니 괴로운 중생살이를 벗어나지 못하는 것이다.

경) *"세존이시여. 제가 지금 이 경전을 듣고 신해수지하기에는 어렵지 않으나"*
世尊我今得聞如是經典信解受持不足爲難.

수보리는 부처님으로부터 경을 듣고 어렵지 않다고 말한다. 경이 공에 관하여 말한 것이고, 부처님께서는 당신의 성문 제자들 중 수보리가 해공제일이라고 칭찬하셨으니, 수보리가 경을 듣고 이해하는 것이 어렵지 않을 것임은 알 수 있다. 경을 듣기 이전부터 이미 수보리는 무아에 대하여 깊은 깨달음이 있었기 때문이다. 그리고 경을 듣고 성문의 병폐인 법집(法執)을 타파함으로써 아공과 법공의 깨달음을 완전하게 이루었다. 그야말로 언하에 깨달은 것이다.

수보리가 언하에 아공, 법공 등 이공을 타파하고 경의 뜻에 깊이 감동하여 눈물을 흘리며 찬탄할 수 있었던 것은 몇 가지 이유가 있다. 먼저, 부처님과의 직접적인 문답을 통하여 그 뜻을 이해할 수 있었다. 다음으로, 그 이전에 성문의 아라한을 이루어 부처님으로부터 직접 아란나행을 즐기는, 무쟁삼매의 제일 제자라는 칭호를 들었다. 그만큼 공에 관하여 깊은 이해와 수행력이 있었다. 셋째, 당시는 정법의 시대로 부처님의 직접적인 지도와 편달이 있었음은 물론 도반들 및 승가, 재가의 수행 분위기가 상법이나 말법의 시대와는 전혀 다른 상상근기의 수행자들이 차고 넘쳐 서로 수행을 북돋우는 시대였다.

착어) 뒷말을 얻지 못하면 앞말도 원만하기 어렵다(若不得後語前語也難圓).

수미일관(首尾一貫)이라는 말이 있다. 글자 그대로 머리와 꼬리가 하나로 꿰어진다는 뜻으로, 처음과 끝이 논리가 정연하고 산만하지 않으며 서론과 결론이 딱 맞아떨어지는 글이나 말을 가리킬 때 적용된다. 앞에서 한 말과 뒤에서 하는 말이 어긋나지 않을 때도 적용될 수 있을 것이다.

수보리가 지금까지 부처님의 말씀을 듣고 그 말씀의 뜻을 이해하여 기쁨의 눈물을 흘렸다. 그리고 이제 자신은 부처님이 말씀하신 경의 내용을 믿고 이해하고 받아 지니는 데 어려움이 없다고 하였다. 앞의 말과 뒤의 말이 잘 맞아떨어진다. 그러나 이 말은 앞의 말의 뒷말만 되는 것이 아니라, 뒷말의 앞말도 되는 것이다. 따라서 지금 자신은 경을 듣고 신해수지하는 데 어렵지 않다고 하였으니, 뒤에 이어지는 말들이 이와 어긋나지 않아야 한다.

이러한 말은 어디까지나 표현된 말을 가지고 이야기할 때에 적용된다. 그러나 말길이 끊어지고 생각이 막히는 처지에서는 직지인심하여 견성성불하여야 한다. 이런 난관을 뚫고 나가야 새로운 경지로 진입할 수 있는데, 이런 상황에서도 수미일관이 중요한가? 수많은 공안과 선지식의 말씀들이 오고 가는 상황들을 참조하면 논리 구조가 통하지 않는 것 같은 상황이 비일비재하다. 말과 말이 서로 완전히 따로 노는 것 같은, 그래서 세칭 선문답이 난무하는 것이다. 그러나 이러한 말들일수록 체득하면 당연히 수미가 일관하게 맞아떨어지는 언구들이라는 것을 알 수 있다고 한다.

[공부]
이와 유사한 이야기 소개[264]

삼평의충(三平義忠)선사가 처음으로 석공(石鞏)선사를 참배하였다. 석공선사는 큰 활에 화살을 메기고는 삼평충선사를 불렀다. 선사가 법석으로 나가자 공선사가 말했다.
"화살을 보거라."
평선사는 이에 가슴을 열어젖히며 말했다.
"이것은 사람을 죽이는 화살입니까? 사람을 살리는 화살입니까?"
공선사가 시위를 세 번 당기고는 활을 내려놓는 것이었다. 이에 평선사는 예배하였다. 공선사가 말했다.
"삼십 년간 장궁에 화살을 메겨 왔는데, 이제야 겨우 반쯤 된 성인을 얻었구나."
그리고는 활과 화살을 던져 버렸다.
훗날 평선사가 대전(大顚)선사를 참배하고 앞의 이야기를 들려주었다. 대전선사가 말했다.
"이미 사람을 살리는 화살이구만. 무엇을 위하여 활줄을 당겨 감판하였을까?"
평선사는 아무 대꾸도 하지 않았다. 대전선사가 말했다.
"삼십 년 후 요인이 이 이야기를 거하여도 얻기 어려울 것이다."
평선사가 대전선사에게 물었다.
"지동획서(指東劃西)하지 마시고 곧바로 가르침(直指)을 내려 주시길 청합니다."
대전선사가 말했다.
"유주강 입구에 돌사람(石人)이 쭈그리고 있구나."
평선사가 말했다.
"그 말씀도 지동획서입니다."
대전선사가 말했다.
"만약 봉황의 새끼라면, 어느 곳을 향하든 나무라지 않을 텐데."
평선사가 예배하니, 대전선사가 말했다.
"만약 뒷어구(後句)를 얻지 못하면 앞의 이야기(前話)도 원만하기 어렵다."

---

264) X80n1565005, 五燈會元卷第五, 六祖大鑒禪師法嗣, 吉州青原山靜居寺行思禪師, 大顚通禪師法嗣, 漳州三平義忠禪師, CBETA 電子佛典集成 》 卍續藏 (X) 》 第80冊 》 No.1565 》 第5卷, http://tripitaka.cbeta.org/X80n1565005

> [용어 풀이]
>
> * 지동획서(指東劃西): 선림용어. 동쪽을 가리키며 서쪽을 그린다는 뜻. 지동작서(指東作西)라고도 한다. 서로 맞지 않고 어긋나는 일을 가리킨다. 선의 진리에는 본래 동서의 구별이 없음을 잘 알지 못하는 것을 가리킨다.

송) 노래한다.

어렵고, 어렵고, 어렵다네(難難難)
평지에서 청천으로 올라가는 것처럼(如平地上青天)
쉽고, 쉽고, 쉽구나(易易易)
옷 입은 채 깜빡 조는 것만큼(似和衣一覺睡)
배몰이는 전적으로 사공의 몫인데(行船盡在把梢人)
누가 말했나, 땅에서 파도가 인다고(誰道波濤從地起)

실상을 본다는 것. 깨달음을 이룬다는 것. 해탈을 한다는 것. 현실적으로는, 경에서 말하는 뜻을 온전히 이해하고 수지하는 것. 이 모든 것들이 어렵다면 어렵고 쉽다면 쉬운 일이다. 한마음 어떻게 먹느냐에 따라 결정되는 것이기 때문에 어렵기도 하려니와 쉽기도 하다는 것이 아닐까?

땅 위에서 하늘로 올라가는 것은 참 어렵다. 비행기가 없던 시절에 하늘을 날고자 하는 바람은 학이나 독수리, 봉황 같은 큰 날짐승을 타는 것 외에는 방법이 없었다. 그리고 그러한 일은 큰 깨달음을 얻었거나 세속을 완전히 등지고 초인적 능력을 얻은 사람만이 가능한, 신이한 행적이라고 여겼다. 그러니 얼마나 어려운 일이었겠는가?

그러나 쉬운 일의 예화는 선수행 중에 늘 겪는 일 중의 하나이다. 선정에 들었는지 졸고 있는지 알 수 없는 그런 상태. 참선에 들긴 들었는데, 비몽사몽이라면, 이는 참 쉬운 일이다. 성성적적하기가 어렵지 비몽사몽이야 얼마나 쉬운가? 어찌 보면, 중생의 삶 자체가 비몽사몽이다.

여하튼 배를 모는 것은 사공의 몫이다. 배는 강의 이쪽에서 저쪽으로 건너가는 수단을 가리킨다. 그래서 생사유전의 강, 고통의 바다를 건너는 수단이나 방법, 예컨대 반야바라밀 혹은 육바라밀을 지혜의 배라고 하지 않던가? 이 배를 몰아서 생사의 강 혹은 바다를 건너는 것은 온전히 뱃사공이 책임질 일이다. 여기서 뱃사공은 바로 자기 자신을 가리킨다. 아무도 대신해 줄 수 없는 것이다. 오직 자신이 아니면 누구도 생사를 건너 피안에 이르게 할 수 없다. 오직 자신만이 자신에 의지하여 생사의 강 혹은 고통의 바다를 건너야 하는 것이다.

그러함에도 평지에서 파도가 인다고 말하다니? 평지풍파(平地風波)라는 말이 있다. 평지 위에서 바람과 파도가 일어나는 것을 말한다. 돌연하게 발생하는 사고나 변화를 비유적으로 표현하는 말이다. 평지파란(平地波瀾), 풍파평지(風波平地)라고도 한다. 이유 없이 사건 사고를 만들고 다니는 사람에게 우리는 "평지풍파를 일으키지 말라."라고 말한다. 혹은 사건이 잘 해결되어 가고 있는 상황에서 일을 비틀어 해결을 어렵게 만들어 버리는 것을 가리키기도 한다. 어떤 사건 사고에 어찌 이유와 원인이 없을 것인가? 모든 것에는 이유와 원인이 있다. 불가의 인연법은 그 어떤 것이든 모든 사건 사고(현상)에 원인 혹은 이유가 있음을 설명한다. 평지풍파…… 좋은 의미로 본다면, 갑자기 깨달음을 이루는 것(頓悟)도 평지풍파의 한 종류가 아닐까? 그러나 기나긴 수행의 과정 없이 깨달음은 없다. 평지풍파란 있을 수 없는 것이다.

경을 신해하고 수지하는 것이 어찌 갑자기 가능하겠는가? 작은 깨달음으로부터 큰 깨달음으로 향상하며 올라서서 도약을 이루었을 때 비로소 경의 깨달음이 드러난다고 할 것이지, 평지풍파처럼 갑자기 신해하고 수지하게 되는 것은 아니다. 수보리가 부처님 말씀을 듣고 이해할 수 있었던 것은, 성문으로서 아라한이 되기까지 듣고, 생각하고, 수행한 것이 쌓여 있었기 때문이었다.

**경) "만약 미래세의 후오백세에 그 어떤 중생이 이 경을 듣고
신해수지하면 이 사람은 곧 제일 드뭅니다."
若當來世後五百歲其有眾生得聞是經信解受持是人即為第一希有。**

이 장구의 바로 앞 장구에서 수보리 자신은 이 경을 듣고 신해수지하는 데 어려움이 없다고 했다. 그리고 이어서 후오백세에 어떤 중생이 이 경을 듣고 신해수지하면 이 사람은 제일 드문 사람이라고 한다. 전자와 후자 사이에 경을 듣고 신해수지하는 데 차이가 생기는 것은 몇 가지 이유 때문이다.

첫째, 부처님께서 직접 말씀하시는 것인지 여부이다. 부처님께서 경을 말씀하실 때는 당신이 직접 체득한 것, 증득한 것을 말씀하시기 때문에 언구의 해석에 관한 문제가 없다. 누가 어떤 질문을 하든 당신이 직접 설명하여 의문을 해소하여 주셨다. 그러나 후오백세라고 하는 긴 세월 이후에는 부처님의 체득이 문자로 혹은 언어로 남겨진 것이기 때문에 해석에 관한 문제가 생긴다. 이 의문을 해결할 수 있는 능력자가 없다.

둘째, 전달하는 사람, 즉 조사나 선지식들이 부처님의 수준, 즉 직접적인 체득(증득)을 바탕으로 전달하는 것이 아니라 학습에 의하여 문자나 언어를 이해하고 그 이해를 바탕으로 전달하기 때문에 잘못 이해하는 문제가 생길 수 있다.

셋째, 증득한 경우와 학습에 의하여 이해한 경우, 전달하는 진실성, 확신력, 설득력 등에 있어서 전자가 후자보다 더욱 직접적이고 강력하다. 후자의 경우, 전달력이 약하므로 듣는 사람의 의심을 부처님처럼 완전하게 해결해 주지 못한다. 의문을 품는 사람도 후자를 전자보다 덜 신뢰한다.

넷째, 후오백세의 시대적 특성은 소위 말법의 시대이기 때문에, 불교적 입장에서 볼 때, 만인에 대한 만인의 투쟁이 전개되는 시기이다. 부처님 재세시처럼 법이 살아 있는 시대가 아니라 법은 이미 인간의 탐욕과 분노에 의하여 거의 묻혀 버린 시대적 상황이고, 법을 대하는 사람들은 대부분 하근기에 해당한다. 서로 북돋아 깨달음으로 함께 나아갈 도반이 적다.

이상 살펴본 바와 같이, 부처님 재세시에 비하여 수많은 악조건들이 있음에도 불구하고, 후오백세의 사람이 경을 듣고 감화되어 신해수지한다면, 그는 아주 수승한 근기를 가진 사람이라 하지 않을 수 없고, 이런 사람은 드물다고 할 수 있는 것이다.

착어) 가고, 멎고, 앉고, 누우며, 옷 입고 밥 먹는 것 말고 또 무슨 일이 있으리요 (行住坐臥著衣喫飯更有甚麽事).

행주좌와(行住坐臥)란 가고 서고 앉고 눕는 행위들을 가리킨다. 그리고 착의끽반(著衣喫飯)은 옷 입고 밥 먹는 일을 말한다. 이들 행위는 일상사로서 아무런 특기할 만한 일이 없는 것들이다. 임제록에 다음과 같은 말이 나온다.[265]

"똥 싸고 오줌 누며, 옷 입고 밥 먹으며, 피곤하면 눕는다. 어리석은 사람은 이런 나를 비웃을지 몰라도, 지혜로운 사람은 알진져."

중요한 것은 이런 일들이 바로 지극한 깨달음을 이룬 자라도 치르는 일상사라는 것이다. 즉, 이 말은 선림에서 일상생활의 그 어느 것도 부처가 하는 일, 부처의 행사와 다른 것이 없음을 나타내는 말이다. 경의 서분에서 부처님이 옷을 입고 발우를 들고 사위성에 들어가 차제걸식을 한 후 기원정사로 돌아와 식사를 마치고 선정에 드시는 것 등은 모두 부처님의 일상사였던 것이다. 이들 행위 중 어느 것 하나 우리 중생들의 행위와 다른 것이 있는가?

그러나 그렇다고 우리 중생들이 부처라는 것은 아니다. 부처의 일상적 행위가 우리 중생들의 일상적 행위와 같다고 해서, 우리가 부처라는 반대의 논리, 즉 충분조건은 성립되지 않는 것이다.

또 무슨 일이 있을까? 라는 물음에는 두 가지 의미가 있다. 하나는 행주좌와와 착의끽반 이외의 다른 하여야 할 일이 없다는 것. 다른 하나는 행주좌와와 착의끽반을 하는데 별다른 행위로 조력하여야 한다는 것. 생각건대, 이 착어에서는 전자의 의미로 받아들여야 하지 않을까?

그러므로 후오백세의 중생이 경을 듣고 믿고 이해하고 수지하는 것이 마치 대단한 것인 양 어렵게 생각할 것이 아니라, 우리의 일상생활이나 다름없이 쉬운 것임을 비유하여 설명한 것이 아닐까?

---

265) T47n1985001, 鎭州臨濟慧照禪師語錄, 住三聖嗣法小師慧然集 CBETA 電子佛典集成 » 大正藏 (T) » 第47冊 » No.1985 » 第1卷, http://tripitaka.cbeta.org

> ## [공부]
> ## 똥 싸고 오줌 누기(屙屎送尿)
>
> 선림에서 사용되는 말이다. 측간에서 대변을 보는 것을 아시(屙屎)라 하고, 소변을 보는 것을 송뇨(送尿)라 한다. 위 본문에서 본, 『임제혜조선사어록』에 나오는 말을 다시 보면,
> "똥 싸고 오줌 누며, 옷 입고 밥 먹으며, 피곤하면 눕는다. 어리석은 사람은 나를 비웃겠지만 지혜로운 사람은 이것으로 알지."
> 거듭 말하지만, 이 말은 선림에서의 일상생활의 그 어느 것도 부처가 하는 일, 부처의 행사가 와 같지 않은 것이 없음을 나타내는 말이다. 이 대목은 이 경의 서분(序分)인 법회인유분을 보는 듯하지만, 법회인유분은 우리가 필요한 영양을 섭취하는 과정에서의 일상을, 임제선사의 어록은 기왕에 먹은 음식물에서 이미 영양을 섭취한 이후의 처리 과정에 관한 일상을 말하고 있는 것이 다르다. 그러나 둘 다 가장 일상적이면서 가장 확실하게 발생하는 일들을 가지고 깨달음의 방편으로 혹은 징표로 삼고 있음은 같다. 요컨대, 평상심시도(平常心是道)라는 데서 둘은 일치한다.
> 법성삼매(法性三昧)란 말이 있다. 이 말은, 법성의 이치를 체득하면, 일상의 행위와 법성의 절대적 이치가 일치한다는 것을 의미한다. 『마조어록』에 다음과 같은 말이 나온다.[266]
> "일체 중생은 무량겁 이래 법성삼매에서 벗어나지 않았다. 오래도록 법성삼매 중에 있었던 것이다. 옷 입고 밥 먹는 일, 다른 사람과 이야기하는 것, 육근을 쓰는 것, 일체의 보시 행위 등은 모두 법성이다."

송) 노래한다.

얼음은 뜨겁지 않고 불은 차지 않으며(氷不熱火不寒)

흙은 습하지 않고 물은 건조하지 않다(土不濕水不乾)

금강은 다리로 땅을 밟고(金剛脚踏地)

깃대의 꼭대기는 하늘로 향한다(幡竿頭指天)

누구라도 그 믿음이 이에 미치면(若人信得及)

남쪽을 향하여 북두를 보리라(北斗向南看)

---

266) X69n1321001 馬祖道一禪師廣錄(四家語錄卷一) 第1卷, 江西馬祖道一禪師語錄, CBETA 電子佛典集成 » 卍續藏 (X) » 第69冊 » No.1321 » 第1卷, http://tripitaka.cbeta.org/X69n1321001

얼음은 차가운 것이 속성이지 뜨거운 것이 속성이 아니다. 그러므로 얼음이 뜨겁지 않은 것은 당연하다. 불은 따뜻한 것이 속성이지 차가운 것이 속성이 아니다. 그러므로 불이 차갑지 않은 것은 당연하다. 흙이 습하지 않은 것이나 물이 건조하지 않은 것도 모두 자체의 속성이다. 금강역사가 아무리 힘이 세어 역발산이라도 중생인 이상 발로 땅을 디뎌야 하고, 깃대(幡竿, 깃발을 거는 장대)는 아무리 높아도 그것이 깃발을 다는 장대인 이상 그 머리를 하늘로 향하여야 한다. 이들은 모두 그 속성이나 용도에 의하여 당연한 모습을 보이고 있다.

바로 앞 착어에서, 가고 멈추고 앉고 누우며, 옷 입고 밥 먹는 등의 바로 그 일상적인 행위나 일들이 부처의 행사와 다름없다고 하였다. 그 연장선 위에서 바로 사물이나 현상의 속성이나 용도에 따른 당위(當爲)가 또한 부처의 행사와 다름없다고 말하는 것이다. 바로 이 당연한 것을 당연하게 여기는 것! 그것이 깨달음이다. 그리고 이 깨달음의 경지에 올라서면, 속성이나 용도에 따른 분별이 없어지고 차별하는 마음이 사라진다. 그리하여 남쪽을 향하여 북두를 보는 것도 바로 그 당연한 것의 연장선에서 또한 부처의 행사임을 알게 된다.

산은 산이요 물은 물이라는 언구가 있다. 있는 그대로의 실상을 보는 것이 깨달음이며, 그렇게 할 수 있으면 부처요 그렇지 못하면 중생인 것이다. 그와 같은 의미에서, 당연한 것을 당연하게 보는 것이 실상을 보는 것이요, 그렇게 할 수 있으면 부처요 그렇게 할 수 없으면 중생인 것이다.

경) "왜냐하면, 이 사람은 아상도 없고, 인상도 없으며, 중생상도 없고 수자상도 없기 때문입니다. 그러한 까닭에 아상은 곧 상이 아니며, 인상, 중생상, 수자상도 상이 아닙니다. 왜냐하면, 일체의 모든 상을 버리면 곧 제불이라 부르기 때문입니다."
何以故此人無我相無人相無衆生相無壽者相所以者何我相即是非相人相衆生相壽者相即是非相何以故離一切諸相即名諸佛。

이 장구는 수보리가 "후오백세의 어떤 중생이 이 경을 듣고 믿고 알고 받아 지니면

이 사람은 곧 제일 드물다."라고 말하고 그 이유를 설명하는 대목이다. 왜 제일 희유한 가? 이 사람은 아상, 인상, 중생상, 수자상의 사상이 없기 때문이다. 이들 사상을 가지면 범부이고 이들 사상을 갖지 않으면 보살이며 부처다. 요컨대, 후오백세의 어떤 중생이 경을 듣고 신해수지하면 그는 사상을 버린 부처라 할 수 있다는 것이다.[267]

경을 듣고 신해수지함은 그 경에 대한 맹목적인 수용이 아니라, 믿고 이해하고 받아 지니는 것이다. 이러한 사람은 이미 경의 언설장구를 듣고도 놀라거나 두려워하지 않을 만큼 수승한 근기를 갖추고 있음을 의미한다. 이런 사람은 아뇩다라삼먁삼보리를 깨달아 부처가 될 수 있는 근기를 갖추고 있는 것이다.

신해(信解)란 말은 불교에서 가장 기본적인 말 중의 하나로서 몇 가지 의미를 가지고 있다. 부처님의 설법을 듣고 먼저 이를 믿은 후 이해하는 것을 신해라 한다. 혹은 근기가 둔한 자는 믿고 근기가 예리한 자는 이해하는 것을 신해라 한다. 또 신은 삿된 견해(邪見)를 타파하는 것이고 해는 무명을 타파하는 것이라고 한다. 혹은 신해란 믿음에 의지하여 얻은 수승한 이해라거나 믿음을 일으켜 이해한다는 뜻으로 보는 견해도 있다. 신과 해를 따로따로 파악하든 하나로 뭉쳐 보든 믿음과 이해라는 의미를 포함하고 있는 것은 동일하다.

다음, 수지(受持)란 마음으로 받아들여 기억하며 잊지 않는 것을 가리킨다. 믿음의 힘에 의지하여 받아들이고, 기억하는 힘에 의하여 지니고 간다.

경을 듣고, 이를 믿고 이해하며 받아 지니는 것은 경을 배우고 그에 따라 수행하는 것이라고 바꾸어 말할 수 있다. 이런 사람은 아상, 인상, 중생상, 수자상 등 사상(일체제상)을 버리고, 일체의 상을 버렸기 때문에 어느 것에도 집착함이 없으며, 이는 곧 부처라는 것이다. 이런 불자가 후오백세에도 나올 것임을 말한 것이다.

---

267) 경의 이 장구(章句)에 대한 이해. 이 단락과 바로 앞의 단락 사이의 관계에 대하여, 다음과 같이 이해하는 것이 좋겠다.
   1) 경을 듣고, 신해수지함 → 드문 일(稀有)
   2) 사상을 여읨(我空)
   3) 사상은 상이 아님(法空)
   4) 일체 상을 버림(俱空) ⇒ 성불
   1)은 결과, 2)는 이유 ⇒ OK
   1)은 결과, 3)은 이유 ⇒ OK;; 2)은 결과, 3)은 이유 ⇒ NO
   1)은 결과, 4)는 이유 ⇒ OK;; 3)은 결과, 4)는 이유 ⇒ NO

> **[공부]**
> ## 수지(受持)하다
>
> 받아 지니다는 의미의 수지(受持, 梵 udgrahana)는 그 대상에 따라 세 가지 의미로 생각해 볼 수 있다.
> - 계율의 수지(受持戒律): 출가자와 재가자를 불문하고 일단 부처님이 제정하신 계법을 받아 지키기로 서원한 이상 이를 위반해서는 안 된다.
> - 경전의 수지(受持經典): 경전을 배울 때 청정한 신해를 내어 공경하는 마음으로 열독하며 동시에 항상 읊고 암기하여야 한다. 개별적으로 어떤 경전을 믿고 받느냐에 따라 이름을 정한다. 예컨대, "『법화경』을 수지하면, 법화를 수지하다(受持法華)."라고 한다.
> - 삼의의 수지(受持三衣): 스님들은 삼의를 받은 후에는 적당한 때, 예컨대 마을에 들어가거나 법을 들을 때에는 대의를 입어야 한다. 청정한 곳, 독송하는 때 등의 경우, 칠조의(七條衣)를 입고, 어떤 곳에서는 오조의를 입는다.

착어) 남에게 마음에 짐이 없으면 얼굴에 부끄러운 기색이 없다(心不負人無面慚色).

여기서 남에 대한 마음의 짐이란 마음으로 가지고 있는 각종 부담, 즉 마음에 걸리는 모든 것을 의미한다. 세간에서 혹은 출세간적으로, 마음으로 가지는 부담이란 어떤 것이 있을까?

먼저, 재물이나 명예, 지식 등을 얻으려는 탐욕, 마음먹은 대로 되지 않을 때의 분노와 좌절, 이러한 것들에 빠져 헤어나지 못하는 어리석음 등 우리의 탐진치 삼독심으로 인하여 일어나는 모든 번뇌가 부담이 된다. 다음, 이러한 번뇌를 털어 내고 보리도를 이루어야 한다는 강박 관념이 또한 부담이 될 수 있다. 셋째, 보살도 실천을 위하여 한계를 초과하는 노력을 하여야 한다는 의식도 부담이 될 수 있다. 넷째, 이런저런 이유로 지켜야 할 계율을 어겼거나, 행해야 할 임무나 일을 행하지 못하였을 때 마음에 부담이 남는다. 다른 사람의 기대에 부응하지 못하는 것도 마음에 부담이 될 수 있겠다.

이러한 것들이 작용하면 마음에 장애로 남는다. 마음에 생기는 각종 장애는 곧바로 얼굴에 나타난다. 특수한 교육을 받은 경우를 제외하고는, 일반적으로 마음의 움직임이 표정이나 태도 행위로 표출되게 마련이다. 마음의 변화가 어떠한 형태로든 외부로 표출되지 않는 경우는 드물다. 이렇게 마음의 부담, 마음의 장애는 얼굴에만 나타나는 것이 아니다. 행주좌와가 모두 영향을 받게 되며, 이는 당연히 수행에도 악영향을 미치게 된다.

그러나 마음에 부담이 없으면 얼굴색이 편안함은 물론 행주좌와가 안정되고 편안하며, 나아가 당당할 것이다. 당연히 얼굴에 부끄러움이 나타날 원인이 없기 때문이다. 착어에서 얼굴에 나타나는 색은 하나의 예일 뿐, 마음의 부담으로 인하여 나타나는 수행의 장애를 모두 가리킨다고 보아도 좋겠다.

경의 장구와 이어 보면, 후오백세에도 경을 듣고 신해수지하는 사람은 아상, 인상, 중생상, 수자상 등 일체의 모든 상이 없고, 또 이런 사람에게는 이런 상들로 인하여 발생하는 마음의 부담이 없으니, 마음에 아무런 걸림도 없으며 어떠한 짐도 있을 리 없다. 마음에 짐이 없으면 안색은 물론 행주좌와가 당당하여 겉으로 보아도 이미 알 수 있으니, 안과 밖이 조응하는 것이다.

[공부]

부끄러움(慚愧)에 대하여

참(慚, 梵 hrī)과 괴(愧, 梵 apatrāpya)의 병칭. 마음작용의 하나로 선법에 해당한다. 과거에 잘못한 죄를 부끄러워하는 정신작용이다. 유참유괴라고도 한다. 무참무괴(無慚無愧)의 대칭.
1) 『구사론』 제4권에 의하면, 참과 괴에 대하여 두 가지로 해석하고 있다.[268]
 - 첫째, 여러 공덕 및 덕망이 있는 자를 받들어 공경하는 것을 참(慚)이라 하고, 죄를 두려워하는 마음을 괴(愧)라고 한다.
 - 둘째, 지은바 죄악을 스스로 성찰하여 부끄러움을 느끼는 마음을 참이라 하고, 자기가 지은 죄를 가지고 다른 사람을 대할 때 부끄러워하는 마음을 괴라 한다.
이 설에 의하면, 참과 괴 모두 부끄러워하는 마음이지만, 자기에 대한 부끄러움과 타인에 대한 부끄러움으로 나눈다.

---

268) T29n1558004, 阿毘達磨俱舍論卷第四, 尊者世親造, 三藏法師玄奘奉 詔譯, CBETA 電子佛典集成 » 大正藏 (T) » 第29冊 » No.1558 » 第4卷, http://tripitaka.cbeta.org/T29n1558004

2) 『북본열반경』 제19권에 의하면,[269]
- 참이란 자기가 죄를 짓지 않는 것이고, 괴는 타인이 죄를 짓도록 하지 않는 것을 말한다고 한다.
- 참은 자기 마음속에서 부끄러움을 느끼는 것이고, 괴는 자기의 죄가 타인에게 알려지는 것을 부끄럽게 느끼는 것이라 한다.
- 참은 사람에 대하여 부끄러워하는 마음이고, 괴는 하늘에 대하여 부끄러워하는 마음이라고 한다.

3) 『성유식론』 제6권은 『구사론』의 두 번째 해석과 같은 취지. 이에 의하면,[270]
- 참은 먼저 자신을 존중하고 다음으로 현자와 성자를 받들고 중시하는 것
- 괴는 세간의 힘과 관련하여, 타인의 헐뜯음으로 인하여 혹은 율법의 제재로 포악을 가볍게 거절하는 것

부끄러움은 참괴의 공통된 상이고, 선을 숭상하며 악을 배척하는 것은 참괴의 개별적인 상이다. 참과 괴는 일체 제행이 빛나고 깨끗해지도록 할 수 있기 때문에 백법(白法)이라 한다.

이와 달리, 공덕이 있거나 덕망이 있는 자에게 불경하거나 혹은 자신이 지은 죄악을 자성하여 부끄러움을 느끼는 바가 전혀 없는 것을 무참(無慚, 梵 āhrīkya)이라 하고, 죄를 두려워하지 않는 마음, 혹은 자신이 지은 죄에 대하여 다른 사람에게 부끄러워할 줄 모르는 마음을 무괴(無愧, 梵 anapatrāpya)라 한다.

송) 노래한다.

옛 죽에서 새순이 돋고(舊竹生新筍)

옛 가지에서 새 꽃이 피네(新華長舊枝)

비는 길손의 길을 재촉하고(雨催行客路)

바람은 조각배를 몰아누나(風送片帆舨)

대나무 빽빽해도 흐르는 물이 지나가는 것을 막지 않고(竹密不妨流水過)

산 높은들 어찌 흰 구름 넘는 것을 막으리(山高豈礙白雲飛)

---

[269] T12n0374019, 大般涅槃經卷第十九, 北涼天竺三藏曇無讖譯, 梵行品第八之五 CBETA 電子佛典集成 » 大正藏 (T) » 第12冊 » No.0374 » 第19卷, https://tripitaka.cbeta.org/T12n0374019

[270] T31n1585006, 成唯識論卷第六, 護法等菩薩造, 三藏法師玄奘奉 詔譯, CBETA 電子佛典集成 » 大正藏 (T) » 第31冊 » No.1585 » 第6卷, https://tripitaka.cbeta.org/T31n1585006

대순은 이미 있는 대나무의 뿌리가 뻗어 나가야 비로소 돋고, 꽃은 이미 가지가 있어야 비로소 핀다. 옛 대나무, 옛 가지라고 하는 것은 모두 '이미 있는 것, 기존하는 것'이란 의미이다. 옛 인연을 이어서 새 인연을 맺으며, 그 어떤 것도 돌출로 되는 것이 없음을 나타내는 말이다. 부처님의 성도도 조사들의 깨달음도 모두 옛것을 바탕으로 자신의 것을 찾아낸 것이라고 보아도 좋다. 이 두 구절은 사물의 모든 순행을 가리킨다고 할 수 있겠다.

비가 오면 길손은 걸음을 빨리하고, 고기잡이배든 혹은 유희용 배든 바람이 불면 사공은 배를 몰아 항구로 돌아온다. 이런 모든 인간사는 조건에 따라 알맞게 만들어지고 조성되고 이루어진다.

이 모든 현상들은 거듭 순환하고 반복하면서 모습을 바꾸어 가지만, 그러나 그 본성은 오직 변함이 없다. 무시이래 불변인 것이다. 그래서 이 본성은 대나무가 아무리 빽빽해도 물 흐르는 것을 막지 않음과 같고, 산이 아무리 높아도 흰 구름이 날아 넘는 것을 방해하지 않음과 같다. 본성은 어느 것에든 두루 통하며, 걸림이 없는 것이다. 다만 조건에 따라, 이루어졌다 소멸하는 것들이 변하고 걸리고 장애가 될 뿐, 본성에는 아무런 영향이 없는 것이다.

[공부]

**대나무가 빽빽해도 물 흘러가는 것을 막지 않고,
산 높다고 어찌 흰 구름 날아 넘는 것을 막으랴(竹密不妨流水過, 山高豈礙白雲飛)**

위 야보천선사의 송에 나오는 마지막 두 구절은 당나라 시절에 지어진 것으로 그 연기를 살펴보자.[271]

원안사의 한 학승이 다른 지방으로 가서 참학할까 생각하고 낙포선사(洛浦禪師)에게 가사행(假辭行)을 고하였다. 낙포선사가 물었다.

"이곳은 사면이 산이다. 그대는 어느 곳으로 가려느냐?"

---

271) T51n2076020, 景德傳燈錄卷第二十, 吉州青原山行思禪師第六世之四一百六人前樂普元安禪師法嗣, 京兆永安院善靜禪師, CBETA 電子佛典集成 » 大正藏 (T) » 第51冊 » No.2076 » 第20卷, http://tripitaka.cbeta.org/T51n2076020

> 학승이 어떻게 대답해야 할지 모르고 입을 다물고 있자 낙포선사가 일렀다.
> "그대는 열흘 내로 답을 구할 수 있을 것이다. 그러면 다시 청하여라."
> 학승은 밤낮 사색을 하면서 경행으로 이리저리 왔다 갔다 하다 채소밭에서 밭을 가꾸고 있는 선정선사(善靜禪師)를 만났다. 선정선사가 그 학승에게 그 연유를 묻자 그 학승은 낙포선사의 문제에 대답하지 못하고 있음을 선정선사에게 자세하게 말했다. 선정선사가 말했다.
> "내가 그대에게 회답을 가르쳐 주마. 다만 그대는 낙포선사에게 대답하지 말고 내가 말하는 대로 하여라."
> 학승이 듣자마자 매우 기뻐하였다. 선정선사가 천천히 말했다.
> "대나무 빽빽해도 흐르는 물이 지나가는 것을 막지 않고(竹密不妨流水過), 산이 높은들 어찌 흰 구름 넘는 것을 막으리(山高豈礙白雲飛)."
> 학승이 선정선사에게서 들은 대로 낙포선사에게 말하자, 낙포선사가 듣고 매우 놀라며 물었다.
> "이를 누가 네게 가르쳐 주더냐?"
> 그러자 학승은 낙포선사를 속이지 못하고 원두가 가르쳐 준 것임을 있었던 일을 그대로 말하였다. 그날 밤 상당(上堂)하였을 때 낙포선사는 여러 스님들에게 말했다.
> "원두(園頭)를 가벼이 여기지 마십시오. 그 스님은 언젠가 좌하에 오백 인을 두게 될 것입니다."
> 낙포선사는 선정선사의 혜근이 지극히 깊은 것을 알아보았던 것이다. 후일 과연 선정선사는 영안선사(永安禪寺)의 주지가 되었으며, 한때 매우 융성하여 오백 명의 문도가 모였다. 이후 위 두 구절은 선(禪)의 뜻이 충만하고 밝은 이치가 풍부한 언구로서 널리 인용되었다.

경) 부처님께서 수보리에게 말씀하셨다.

"그렇다. 그렇다."

佛告須菩提如是如是。

인가(印可)라는 말이 있다. 이 말은 스승이 제자의 성취도를 증명해 주는 것을 말한다. 즉 제자가 수행을 통하여 어느 정도 성취를 이루었는지 스승이 평가하여 도장을 꽉 찍어 주는 것이다. 스승이 제자의 깨달음의 경지를 승인 또는 인정하는 것을 의미한다.

이 말은 선종이나 밀교에서 상용되는 말이다. 예컨대, 선종의 경우, 선사가 수행자의 심지를 통찰하고 그 기법(機法)이 원숙하였는가에 대하여 인가를 준다. 이는 곧 그 수행이 완성되었음과 사가(師家)를 계승할 수 있음을 표시한다. 밀교의 경우, 인가가행(印可加行), 인가관정(印可灌頂) 등이 이것이다. 인가관정이란 아사리(阿闍梨, 선생)의 인가와 관정을 동시에 받는다는 뜻이다. 인가가행은 인가관정의 전 단계 행위이다. 이러한 인가는 자신의 종파에 속하는지 여부를 일정한 표준에 따라 결정하는 것과는 다르다.

경전에 의하면, 부처님께서 제자에게 인가한 것을 기술할 때 많은 경우 여시(如是)라는 말로 표시한다. 선도는 관경소(觀經疏) 산선의(散善義)에서 "부처님의 뜻이 곧 인가일 때 여시여시(如是如是)라고 말하고, 인가하지 않을 때 그대들의 말은 여시하지 않다고 말한다."라고 하였다.[272]

경의 위 구절도 부처님께서 수보리의 대답에 인가를 하신 것이다. 단순히 맞다고 맞장구를 친 것이 아니고, 몇 가지 뜻이 있다. 첫째, 후오백세에 경을 듣고 믿고 이해하고 받아 지니는 사람이 희유한 이유를 설명하는 수보리의 견해가 부처님의 생각과 일치함을 의미한다. 부처님께서 수보리의 해석이 당신의 마음에 계합한다고 인가하셨던 것이다. 다음으로, 수보리의 대답과 설명이 수보리 자신의 깨달음의 경지가 성문에서 한층 진일보하였음을 인정하신 것이다. 셋째로, 후오백세까지 경의 가르침이 이어져서 깨달음의 경지에 이르는 사람들이 나오도록 법을 전할 것을 부촉하는 의미도 담겨 있다.

> 경) "만약 또 어떤 사람이 이 경을 듣고 놀라지 않고, 두려워하지 않고,
> 무서워하지 않으면, 이런 사람도 심히 드물다는 것을 알아야 한다."
> 若復有人得聞是經不驚不怖不畏當知是人甚為希有。

우리는 종래 경험하지 못한 새로운 사건이나 현상에 직면하거나, 새로운 세계에 들어가거나, 너무나 크고 좋은 것을 보거나 가지거나 당면하게 되면, 호기심, 놀라움, 걱정, 불안 등이 일어나게 되며, 이 때문에 적응할 때까지 상당한 시행착오를 겪게 된다.

---

272) T37n1753004,《觀經》正宗分散善義卷第四, 唐沙門善導集記CBETA 電子佛典集成 》 大正藏 (T) 》 第37冊 》 No.1753 》 第4卷, http://tripitaka.cbeta.org/T37n1753004

범부인 우리는 기존의 것들에 익숙해 있고, 새로운 것들, 우리에게 벅찰 것으로 보이는 것들에 대하여 본능적으로 생존을 위한 경계태세에 돌입하기 때문이 아닐까?

성문은 오래도록 법상을 고집하고 유위에 집착하여 제법이 본래 공하다는 것, 일체의 문자는 모두 임시로 세운 것(假立)이라는 것을 요해하지 못하였다. 그러한데 이 경을 깊이 새겨듣고 이런저런 상이 생기지 않고 언하에 깨달음을 이룬다고 하니 어찌 놀랍고 두렵지 않겠는가? 그러나 경의 내용이나 공효가 참으로 수승하여 한 번도 경험하지 못한, 그리하여 너무도 새로운 것임을 고려할 때, 이 경을 듣고도 놀라지 않고, 두려워하지 않고, 무서워하지 않으면, 이 사람은 범부가 아니라, 근기가 수승한 보살이거나 깨달음을 이룬 성인인 것이다. 이러한 사람들은 참으로 드물다.

경) 부처님께서 말씀하셨다 ~ 드물다(佛告 ~ 希有)

착어) 다만 자신의 일일 뿐이다(祗是自家底).

우리는 흔히 근기(根機)라는 말을 사용한다. 그리고 우리 인간의 근기를 상근기, 중근기, 하근기의 셋으로 나누고, 각 근기마다 다시 상, 중, 하 셋으로 나누어 총 9품의 근기를 상정한다.

근기란 무엇인가? 사람의 성품을 나무의 뿌리에 비유하여, 뿌리가 있고 그 뿌리가 발동하는 곳을 기(機, 바탕)라고 하여 둘을 합쳐 근기라고 하는 것이다. 요약하면, 근기란 나무뿌리와 그 작용처럼, 인간이 타고난 기본능력을 의미한다. 수행자의 근기의 차이에 따라 수행을 잘하고 못하는 것, 교법의 진도가 빠르고 느림에 많은 차이를 초래한다. 부처님께서는 중생의 근기에 맞추어 법을 설하셨고 선정을 지도하셨다. 소위 맞춤형 교화를 하셨던 것이다(對機說法). 그러나 대중 법회 같은 경우에는 그렇지 못하여 대중들 사이에 이해의 차이가 많았던 것으로 보인다. 영산회상에서의 반야경 법회시 마하가섭의 염화미소의 기연(機緣)이나, 기원정사에서의 금강경 법회시 수보리의 심해의취 기연 같은 것은, 근기의 차이로 인하여 나타나는 가르침에 대한 이해의 차이를 보여 주는 사례라 할 수 있다.

어떤 사람이 경을 듣고 놀라지 않고, 두려워하지 않고, 무서워하지 않는 것은, 그 사람이 그만큼 경의 가르침을 이해하고 있음을 의미하며, 그만큼 그의 근기가 수승함을 의미하는 것이기도 하다. 자신의 일일 뿐이라고 한 것은 이를 두고 하는 말인 것이다. 즉, 경을 듣고 얼마나 신해수지할 것인지는 자신의 능력에 달렸음을 말하는 것이다.

송) 노래한다.

터럭이 큰 바다의 물을 삼키고(毛吞巨海水)
겨자에 수미산이 들어간다(芥子納須彌)
파란 하늘에 하나의 바퀴가 꽉 차니(碧漢一輪滿)
맑은 빛이 육합에 빛나네(淸光六合輝)
옛날 관문 자리를 찾았더니 밭으로 변했는데(踏得故關田地穩)
다시 동남서북이 어디 있으리(更無南北與東西)

터럭에 거대한 바다의 바닷물이 몽땅 흡수되고, 겨자에 수미산이 들어간다는 말은 시사적이다. 터럭이나 겨자는 작은 것을 대표한다. 구우일모(九牛一毛)라는 말이 있다. 아홉 마리의 소에서 하나의 털을 가리키는 말이니, 지극히 작거나 보잘 것 없는 것을 가리킨다. 혹은 결코 일어날 수 없는 일을 가리킬 때도 사용한다. 부모와 남편, 아이를 잃고 고통스러워하는 고타미(吉利舍瞿曇彌, 두타행에 수승하고, 계율을 잘 지켰던 비구니)에게 부처님께서는 사위성으로 들어가 집집마다 돌면서 죽지 않은 사람이 있었던 사례가 겨자만 한 것이라도 있으면 아이를 되살려 주겠다고 약속하셨다. 그러나 결국 죽지 않은 사람이 있었던 집은 겨자만 한 것도 없음을 알고 고타미는 출가하여 부처님의 아주 충실한 제자가 된다.[273] 이 일화에 사용된 겨자는 일어나지 않을 일을 가리키는 상징으로 거론된 것이다.

그런데 이런 작은 것들에 큰 바다의 바닷물이 흡수되고, 세상의 중심인 수미산이 들

---

273) 佛陀敎育基金會, 法句經故事集, 第八品 千品, 114 死而復生, 佛陀敎育電子報, http://www.budaedu.org/story/dp000.php

어간다고 하였다. 경이 비록 뜻과 과보가 불가사의하여 처음 대하면 놀랍고 두려운 것일지라도, 비록 드물기는 하겠지만, 신해수지할 사람이 있을 것임을 확신하는 대목이다. 작디작은 티끌 하나에 시방이 들어간다(一微塵中含十方)는데, 터럭 하나에 바닷물이 들어가지 못할 리 없으며, 겨자에 수미산이 들어가는 것도 가능하지 않겠는가?

파란 하늘에 하나의 륜이 가득 차니 맑은 빛이 육합에 빛난다는 말도 좋다. 파란 하늘에 있는 하나의 륜이란 해나 달을 가리키는 것일 수 있지만, 고통의 바다를 건너게 해 줄 배 같은 부처님의 가르침, 깨달은 이의 최상의 가르침(法輪)을 의미할 수도 있다. 부처님께서 가르침을 세상에 펴시는 것을 전법륜, 즉 법의 수레바퀴를 굴린다고 말한다. 일륜이란 하나의 법의 수레바퀴를 가리키니, 바로 부처님의 최상의 깨달음을 의미하는 것이다. 부처님의 가르침은 청정한 빛이며, 이것은 육합(동남서북 그리고 상하의 여섯 방위, 즉 온 세상)에 빛나는 것이다.

관문이란 깨달음을 이루기 직전의 고비, 혹은 막힌 곳을 의미한다. 옛 관문이란 이미 투철하였으나, 투철하기 이전의 관문을 가리킨다. 이미 투철한 다음, 과거 관문이었던 곳에 오면, 이미 관문이 아니다. 깨달음을 이루기 위한, 마지막 고비였고, 그 고비를 밑거름으로 하여 최상의 깨달음을 이루었으니, 가히 밭이라 해도 좋겠다. 과거와 완전히 달라진 사정을 두고 상전벽해(뽕밭이 푸른 바다로 바뀜)라는 말을 쓰는 것도 같은 의미이다. 그런 곳에 와서 다시금 이런저런 시비를 하는 것은 아무런 의미가 없는 것이다. 즉, 동남서북의 구분이 없는 것이며, 구분할 필요도 없는 것이다. 모든 분별은 이미 사라졌지 않은가?

> [공부]
> **터럭이 바닷물을 삼키고, 겨자에 수미산이 들어간다(毛吞巨海水, 芥子納須彌).**
>
> 유마힐이 말했다.
> "사리불님. 제불보살이 해탈에 있는 것을 불가사의라 합니다. 만약 보살이 이 해탈에 머물면, 높고 넓은 수미가 겨자 속에 들어가도 아무런 증감이 없습니다. 수미산왕의 본래 모습(本相)이 그러하기 때문입니다. 그리고 사천왕, 도리천의 여러 하늘들도 자신들이 겨자 속에 들어간 것을 알지 못합니다. 오직 건넌 자만이 수미산이 겨자 속에 들어간 것을 볼 수 있을 뿐이니, 이것이 부사의 해탈에 머무는 법문입니다. 또 4대해의 물이 하나의 털구멍(毛孔)에 들어가도 물고기, 자라, 거북, 악어 등 수성(水性)의 무리를 교란시키지 않습니다. 그것은 큰 바다의 본래 모습이 그러하기 때문입니다. 여러 용, 귀신, 아수라 등도 자신들이 모공 속에 들어간 것을 알지 못하고, 이 중생들도 아무런 교란을 받지 않습니다."[274]

경) *"왜냐하면 수보리야. 여래는 제일바라밀은 곧 제일바라밀이 아니라 이름이 제일바라밀이라고 말씀하셨기 때문이다."*
何以故須菩提如來說第一波羅蜜卽非第一波羅蜜是名第一波羅蜜。

제일바라밀은 반야(般若)를 가리킨다. 반야는 지혜이다. 지혜는 두 가지를 갖추어야 한다. 첫째, 말과 행동이 일치할 것(言行一致). 둘째, 주체와 객체가 둘이 아닌 하나일 것(能所一體). 첫째, 입으로만 말하고 마음으로 행하지 않으면 옳지 않다. 입으로 말하고 마음으로 행하면 옳다. 다음, 마음에 능소가 있으면 옳지 않고, 마음에 능소가 없어야 옳다.

능소(能所)란 말은 '능'과 '소'라는 대립되는 두 개의 말을 함께 사용한 것이다. 어떤한 동작의 주체를 '능'이라 하고, 그 동작의 객체(대상)를 '소'라 한다. 다시 말하면, 능소란 두 법이 상호대응할 때 스스로 작동하는 것을 능이라 하고, 스스로 작동하지 못하고 동작을 받는 것을 소라 하는 것이다. 예컨대, 물건을 보는 눈은 능견이고 눈에 보

---

274) T14n0475002, 維摩詰所說經卷中, 姚秦三藏鳩摩羅什譯, 維摩詰所說經不思議品第六, CBETA 電子佛典集成 » 大正藏 (T) » 第14冊 » No.0475 » 第2卷, http://tripitaka.cbeta.org/T14n0475002

이는 물건은 소견이다. 의지의 대상이 되는 것을 소의(所依)라 하고 타인을 의지하는 것을 능의(能依)라 한다. 수행자를 능행, 수행의 내용을 소행이라 한다. 귀의하는 것을 능귀(能歸), 귀의의 대상이 되는 것을 소귀(所歸)라 한다. 교화하는 사람을 능화(能化)라 하고 교화를 받는 사람이나 대상을 소화(所化)라 한다. 인식의 주체를 능연(能緣)이라 하고, 인식이 되는 객체를 소연(所緣)이라 한다. 어구, 문장, 교법 등으로 뜻을 표시하는 것을 능전(能詮)이라 하고, 그러한 표시의 의의나 내용을 소전(所詮)이라 한다. 요컨대, 능과 소는 서로 함께 존재한다. 서로 떨어질 수 없으며, 본체와 쓰임, 원인과 결과의 관계를 가지고 있다. 그러므로 능소일체(能所一體)라 한다. 반야의 미묘한 이치에는 능소가 없으며 대대도 끊어진다고 함은 바로 능소일체를 가리키는 말이다.

이처럼 언행이 일치하고 능소가 일체인 반야는 반야라고 집착하지 않는다. 반야라는 인식조차 없어져야 비로소 참된 반야, 실상반야가 완성된다. 일반적으로 우리가 반야라고 할 때, 방편으로서의 반야이며 이름을 반야라고 할 뿐이다.

[공부]

제일바라밀에 대한 해석

역대 불교사에 있어서 『금강반야바라밀경』에 대한 주석은 이 경에 대한 대중의 관심만큼이나 많다. 그런 만큼 경의 장구에 대한 해석에 있어서도 주장들 사이에 상당한 차이가 있기도 하다. 이 장구에서 말하고 있는 제일바라밀에 대한 해석에도 차이가 있어 몇 가지 비교해 본다.
- (전략) 이 경은 반야를 주로 말하므로, 반야가 육도 중 가장 수승하여 제일이라 한다.[275]
- 입으로 말하고 마음으로 행하지 않으면, 옳지 않다. 입으로 말하고 마음으로 행하면 옳다. 마음에 능소가 있으면 옳지 않고, 마음에 능소가 없으면 옳다(육조 혜능).
- 여래는 제일바라밀을 말씀하셨다. 만약 상이 아님을 깨달으면 피안에 도달하니, 실상은 둘이 아니다. 그러므로 제일이라 한다.[276]

---

275) X24n0456002, 金剛般若波羅蜜經注卷中, 唐 慧淨註, CBETA 電子佛典集成 » 卍續藏 (X) » 第24冊 » No.0456 » 第2卷, http://tripitaka.cbeta.org/X24n0456002

276) X24n0469001, 金剛般若波羅蜜經補註卷上, 三山鶴軒居士 韓巖 集解, 海陽夢華居士 程衷懋 補註, CBETA 電子佛典集成 » 卍續藏 (X) » 第24冊 » No.0469 » 第1卷, http://tripitaka.cbeta.org/X24n0469001

- (전략) 여기서 제일바라밀이라 함은 보시바라밀이다. 왜 보시를 제일로 치는가? 보시란 만행에 공통으로 포함되어 있고, 곧바로 보리에 이르며, 법시를 행함으로써 온갖 선행을 북돋우는 자량이 되기 때문이다.[277]
- 바라밀은 보시, 지계, 인욕, 정진, 선정, 지혜 등 여섯 가지가 있는데, 이 중 반야에 의하여 해탈한다. 제일바라밀은 곧 반야이다.[278]
- 여래가 말씀하신 것을 논하여 말하면, 그 무량 제불도 역시 마찬가지로 반야바라밀을 현시하셨으며, 이 바라밀이 나머지 바라밀 중에 가장 수승하고, 그러므로 제일이라 한다.[279]
- 무상(無相)의 보시로 피안에 오를 수 있는데, 이것을 제일바라밀이라 부른다.[280]

위 몇 가지 사례에서 볼 때, 제일바라밀이 육바라밀 중의 하나라고 보는 데는 대체로 의견이 일치하지만, 육바라밀 중 보시바라밀인지 반야바라밀인지 견해가 갈리는 것 같다. 그런데 보시는 보시되는 것이 무엇이냐에 따라 재시, 법시, 무외시 등 셋으로 나눈다. 재시는 타인에게 생활용 물자를 제공하는 것이 주된 목적이고 법시는 지혜를 증장시킬 수 있도록 경이나 법을 전하는 것이 주된 목적이다. 또 경이나 법의 보시에는 반야 지혜를 기르도록 하는 것이 중요시된다. 그러므로 보시의 범주에는 이미 반야 지혜를 증장시키는 것이 그 내용으로 들어 있다고 볼 수 있으며, 이런 점에서 제일바라밀을 보시바라밀로 보아도 무리는 없을 것 같다.

착어) 팔자를 타개하여 양손에 나누어 쥐다(八字打開兩手分付).

1) 불가에서 팔자(八字)란, 『열반경』 제14권 성행품(聖行品)에서 말하는 바에 의하면, "생멸이 이미 소멸하였으니(生滅滅已), 적멸을 즐거움으로 삼아라(寂滅爲樂)."라는 여덟 글자(八字)를 말한다. 원래는 설산팔자(雪山八字)라 한다. 이 설산팔자란 설산대사가 온 몸을 던져 나찰로부터 얻은 반게(半偈)를 말한다고 한다. 설산

---

277) X24n0468003, 金剛經註解卷之三, 明 洪蓮編, CBETA 電子佛典集成 » 卍續藏 (X) » 第24冊 » No.0468 » 第3卷, http://tripitaka.cbeta.org/X24n0468003

278) X25n0510001, 金剛般若波羅密經易解卷上, 姚秦三藏法師鳩摩羅什 譯, 毗陵謝承謨貫三氏 註釋, 眞州劉紹南圓覺氏 刊上, 蔣春同蘭言氏 刊上, 錢松齡覺之氏 校訂, CBETA 電子佛典集成 » 卍續藏 (X) » 第25冊 » No.0510 » 第1卷, http://tripitaka.cbeta.org/X25n0510001

279) X24n0464002, 金剛般若波羅蜜經采微卷下, 錢唐釋 曇應 述, CBETA 電子佛典集成 » 卍續藏 (X) » 第24冊 » No.0464 » 第2卷, http://tripitaka.cbeta.org/

280) X25n0502001, 金剛般若波羅蜜經註講卷上, 清 行敏述, CBETA 電子佛典集成 » 卍續藏 (X) » 第25冊 » No.0502 » 第1卷, http://tripitaka.cbeta.org

대사란 석가모니부처님의 전신 중 하나이다. 이 여덟 글자와 짝이 되는 앞의 여덟 글자가 있다. "제행은 무상하나니(諸行無常), 이는 생멸법이라(是生滅法)."라는 두 구절이다. 이 네 구가 하나의 게(四句偈)를 이룬다. 이 사구게는 전반부는 생사의 특징인 무상을, 후자는 열반의 특징인 적멸을 각각 노래한 것이다.

팔자를 타개한다 함은 열반을 이룸을 말한다. 양손에 나누어 쥔다 함은 누리는 것이다. 이 착어는 깨달음을 이루어 열반적정을 누리는 것을 가리킨다. 제일바라밀이 제일바라밀이 아니라 이름뿐인 것이 되었다면, 이미 열반을 이룬 것을 의미한다. 열반을 이룬 후 적멸을 누리면 된다. 모든 것을 버린 상태, 모든 번뇌가 소멸된 상태가 열반이다. 번뇌가 소멸되었으니, 시끄러울 일이 없다. 열반을 일상으로서 누리면 되는 것이다.

2) 성명가(星命家)들은 사람의 출생 연월일시를 각기 십간에 배정하여 그것으로 그 사람의 일생 동안의 길흉화복을 추단하는데, 그렇게 얻어지는 길흉화복의 결과를 팔자라 한다. 혹은 살아가면서 닥치는 모든 좋고 나쁜 일을 팔자, 즉 타고났기 때문에 고칠 수 없는 운명을 의미하기도 한다. 우리가 흔히 말하는 팔자소관이라 할 때의 팔자, 사주팔자라 할 때의 팔자는 이러한 뜻이다. 타개란 어려운 상황, 난국을 슬기롭게 헤쳐 나가는 것을 의미하는 말이다. 성명가적 관점에서 팔자타개란 태어나면서 타고난 팔자를 좋은 쪽으로 바꾸는 것을 의미하기도 한다. 타개(打開)란 얽히고설킨 것을 풀어 원만하게 마무리하는 것을 가리키는 말이기 때문이다. 이미 운명이 타개되었다면, 이제는 두 손으로 누리면 된다.

3) 요컨대, 불교적 관점에서의 팔자를 의미하건, 혹은 우리가 일반적으로 알고 있는 성명학적 관점에서의 팔자를 의미하건, 팔자를 타개하는 것은 현재의 상태에서 더욱 나은 단계로 나아가기 위한 노력, 정진을 의미한다는 것은 공통적이며, 두 손에 나누어 쥔다는 것은 잘 누리는 것을 의미한다. 널리 중생들을 위하여 회향하는 것이 더욱 바람직하다.

> [공부]
> ## 설산대사가 반게를 위하여 몸을 버리다(雪山大士半偈殺身)
>
> 『열반경』제14권 성행품(聖行品)에 부처님께서 소위 설산팔자를 얻게 된 연기가 나오는데, 요약하면 다음과 같다.[281]
> "내가 설산에 머물 때 천제석이 나를 시험하기 위하여 그 몸을 나찰로 변신하여 과거불이 설한 반게(半偈), '제행무상, 시생멸법'을 읊었다. 나는 이때 이 반게를 듣고 마음에 환희가 생겨나 사방을 돌아보니 나찰만 보였다. 그래서 '훌륭하십니다. 마하살이여. 만약 나머지 반게를 말씀해 주실 수 있다면 제가 종신토록 당신의 제자가 되겠습니다.'라고 말했다. 그러자 나찰이 말했다. '나는 지금 진실로 배가 고파 말할 수가 없습니다.' 나는 곧 말했다. '당신이 내게 (나머지 반게를) 말해 준다면, 나는 내 몸을 당신에게 드리겠습니다.' 이에 나찰이 후반부 반게를 설하였는데, 그것은 '생멸멸이 적멸위락'이라는 두 구절이었다. 나는 이 게를 들은 후 돌, 벽, 나무, 길바닥 등에 써 놓고는 즉시 높은 나무 위로 올라가 몸을 지상으로 던졌다. 이때 나찰이 다시 제석의 몸으로 변하여 내 몸을 받았다. 이 공덕으로 깨달음을 이루는데 수기를 받은 기간보다 십이 겁을 뛰어넘었다."

송) 노래한다.

제일바라밀이라고 하는 것(是名第一波羅蜜)
모든 것이 이에서 나왔다네(萬別千差從此出)
귀신이라도 만나게 되거든(鬼面神頭對面來)
서로 모른다 말하지 마라(此時莫道不相識)

나무를 가지고 위 송을 생각해 보면, 나무의 줄기, 가지, 잎, 꽃, 열매가 모두 한 뿌리에서, 더 거슬러 올라가면, 하나의 씨앗에서 갈라져 나온 것들이다. 그러므로 뿌리와 줄기, 잎, 꽃, 열매가 서로 모르는 것이 아니라 밀접하게 서로 이어져 있으며, 그러므로 서로 모른다고, 서로 상관없는 독립된 것들이라고 보아서는 안 된다는 것이다. 그

---

281) T12n0374014, 大般涅槃經卷第十四, 北涼天竺三藏曇無讖譯, 聖行品第七之四 CBETA 電子佛典集成 》大正藏 (T) 》第12冊 》No.0374 》第14卷, http://tripitaka.cbeta.org/T12n0374014

리고 그 한가운데 이러한 상호연관을 가능하게 하는 그 어떤 것(본성, 실상, 진여라고 해도 좋다)이 있는 것이다.

중생들은 각기 그 진화의 정도에 따라, 그 살아가는 조건(환경)에 따라, 중생들 간의 교류와 경쟁에 따라, 그 생김새, 성질, 살아가는 방식 등이 천차만별의 다름을 보이고 있다. 그러나 이 모든 다름이 제일바라밀이라고 하는 오직 하나에서 나온 것들이다. 그러므로 그 뿌리를 거슬러 올라가면 모두 같다. 천차만별인 현상이 궁극에는 하나로 모아지는 것이다. 그러므로 중생들은 서로 긴밀하게 이어져 있으며, 하나로 꿰어져 있는 것이다.

이러한 현상은 연기론의 입장에서 보면 연기의 결과이고, 업과 조건의 작용의 결과이다. 어느 것이든 그것을 가능하게 하는 그 어떤 것이 있기에 가능한 것이다. 우리는 이것을 실상, 진여 등의 말로 부른다. 송에서는 제일바라밀을 이것이라고 상정하고 있는 것으로 보인다.

[第八疑斷] 말씀을 지니는 것은 괴로움의 과보를 벗지 못한 것(持說未脫苦果)이라는 의심을 끊는다. 이 의심은 앞의 사신보시(捨身布施)에서 나온다.

만약 일체 불법 중 반야바라밀이 가장 위라면, 다만 반야를 지니고 말하는 것만으로 충분할 것인데, 어찌하여 나머지 바라밀도 열심히 고행하는가? 말씀에 따라 보살행을 행하여, 살을 저미서 비둘기를 구하고, 절벽에 몸을 던져 호랑이를 살리는 등의 행위는 모두 고행이라고 하는 행인(수행의 씨앗)이다. 그런데 어떻게 앞의 신명을 버리는 보시는 고과를 이루는데, 반야를 지니고 말하는 것만은 유독 고과를 이루지 않는가? 이 의심을 없애기 위하여 반야를 드러내 보여 나머지 바라밀다를 거두어 지닐 수 있도록 경에서 말한다.

경) "수보리야. 인욕바라밀은 여래께서 인욕바라밀이 아니라고 말씀하셨다."
須菩提忍辱波羅蜜如來說非忍辱波羅蜜。

욕된 상황을 보고 적대감 등 악감정을 일으키는 것은 인지상정이다. 그러나 수행자가 최상의 깨달음을 이루겠다고 하면 이런 대응은 옳지 않다. 욕된 상황을 보고서도 적대감 등 악감정을 일으키지 않으면 옳다. 마찬가지로, 누구든지 해를 당하고 그에 상당하는 해를 가하는 것은 옳지 않지만, 해를 당하고도 상당하는 해를 가하지 않으면 옳다. 인욕이란 이런 것이다. 나아가 인욕은 안인(安忍)이라고 하여, 욕을 먹는 것에 대하여 보복을 다짐하는 등 분노하는 것이 아니라 오히려 편안한 마음으로 상대방을 위로하고 용서하는 것이 부처님께서 말씀하신 인욕이다.

그러나 이러한 인욕도 방편으로서의 인욕이지 그 본성이 인욕인 것은 아니다. 그러므로 인욕이라고 하지만 그것은 이름일 뿐인 것이다. 이에 집착하는 것은 오히려 인욕에 매달려 집착하게 됨으로써 억지 인욕이 되어서는 인욕이라 할 수 없다.

그러면 인욕바라밀은 어떻게 수행할까? 먼저, 다른 것에 의한 모욕, 압박, 침해 등에 대하여 분노하는 마음을 참는다. 이것도 외부적 요인에 의하여 어쩔 수 없이 참는 경우와 스스로 참아야 한다는 마음을 내어 참는 것으로 나누어 볼 수 있다. 후자가 인욕의 시작이다. 전자는 바라밀행으로서의 인욕바라밀이라 할 수 없는 자기억압이다. 자기억압은 자칫 스트레스에 의한 자기부정 혹은 자기비하 등 감정에 빠져 오히려 정신적 육체적으로 병들 수 있음에 주의해야 한다. 예컨대, 조현병, 자폐, 부적응 등 분노조절장애 현상이 나타날 수 있다. 다음, 분노나 성내는 마음이 일어나지 않는다. 수행이 깊어지면 성내거나 분노하는 마음이 일지 않고 저절로 참아진다. 셋째, 단순히 분노나 성내는 마음이 일어나지 않는 것에 그치는 것이 아니라, 그 상황을 편안한 마음으로 받아들이며 참을 수 있다. 이 단계에서 주의할 점은 일종의 병리적 현상이라 할 수 있는 마조히즘을 인욕바라밀행의 한 단계로 자칫 오해할 수 있다는 점이다. 마조히즘은 외부의 학대에 오히려 성적 쾌감을 느끼는 것을 말하는데, 이는 비틀어진 성욕의 한 형태일 뿐이다. 넷째, 편안한 마음으로 참는 것에서 한 걸음 나아가 모욕 주고 협박하는 상대에게 오히려 물적 정신적 후원을 베푼다. 나쁜 행위를 이해하고 오히려 위로하며 이를 시정하기 위한 물적 정신적 지원을 하는 등을 생각할 수 있다. 여기까지가 세속적 인욕이다. 끝으로 위의 네 과정 자체에 온전히 머물지 않는다. 너도 공하고, 나도 공하고, 네가 나에게 가한 가해행위와 내가 입은 피해가 모두 공하다는 마음으로 그 어느 것에도 머물지 않는다. 이것이 진여의 인욕이며, 반야공혜이다.

> *경) "왜냐하면, 수보리야. 예컨대, 옛날 가리왕이 나의 신체를 마디마디 잘랐는데, 나는 그때 아상도 없었고, 인상도 없었으며, 중생상도 없었고, 수자상도 없었기 때문이다."*
> **何以故須菩提如我昔爲歌利王割截身體我於爾時無我相無人相無衆生相無壽者相。**

인욕바라밀을 왜 여래께서는 인욕바라밀이 아니라고 말씀하셨는가? 이에 대한 설명으로써 예화를 든 것이 가리왕 고사이다. 가리왕이 부처님의 과거세 몸 중 하나였던 수행 선인의 신체를 마디마디 잘랐을 때, 만약 분노하였거나, 분노하는 마음이 있었음에도 상대가 왕이라는 신분 때문에 분노를 밖으로 표출하지 못하였다면, 인욕바라밀이 되지 못하였을 것이다. 인욕이란 마음에서조차 어떤 분노도 일으키지 않는 것이기 때문이다.

분노가 일어나는 데는 여러 가지 이유가 있지만, 근본적으로 나와 나의 것이라는 인식 아래 이에 대하여 집착하기 때문이다. 나를 중심으로 너, 혹은 나 이외의 모든 것에 대한 차별이 있고, 그들로부터 나 혹은 나의 것에 대한 침해가 있거나 나에 거슬릴 때, 분노가 일어난다. 그러므로 나와 나의 것이라는 인식만 없어지면 모든 분노는 소멸하고 만다.

가리왕이 신체를 마디마디 자를 때 인욕 선인이 전혀 분노하는 마음이 일지 않았던 것은 나와 나의 것에 대한 인식과 집착의 근거가 되는 아상이 없었기 때문이며, 이에 근거한 너와의 차별(인상), 다른 모든 것들과의 차별(중생상), 나의 존속에 대한 인식(수자상)이 없었기 때문이다.

> [상식]
>
> ## 가리왕(歌利王) 고사
>
> 가리왕(梵 Kalivgarāja, Kalirāja)은 부처님의 본생담(本生譚)에 나오는 왕의 이름이다. 가리왕(哥利王), 갈리왕(羯利王), 가리왕(迦梨王), 가릉가왕(迦陵伽王), 갈릉가왕(羯陵伽王), 가람정왕(迦藍浮王)이라고 음역하기도 한다. 의역하여, 투쟁왕(鬪諍王), 악생왕(惡生王), 악세왕(惡世王), 악세무도왕(惡世無道王)이라고 하기도 한다. 부처님이 과거세에 인욕 선인으로서 수행하고 있었을 때, 이 왕은 악역무도하였다. 하루는 네 명의 신하와 궁인들을 거느리고 숲에 놀이를 나갔다가 나무 아래에서 좌선하고 있는 인욕 선인을 만났다. 시녀들이 이를 보고 가리왕을 버리고 인욕 선인이 있는 곳으로 가 그의 설법을 들었다. 이를 본 가리왕은 불쾌하기 그지없어 그 선인의 사지를 갈가리 찢어 버렸다. 그러나 인욕 선인은 가리왕에게 전혀 분노하지 않고, 그것을 증명하기 위하여 자신이 흘린 피가 우유로 변하고 떨어져 나간 사지가 도로 원상회복될 것이라고 말한다. 그러자 과연 그렇게 되었으며, 그 이후로 가리왕은 인욕 선인을 공경공양하게 되었다. 인욕 선인은 자신이 부처가 되면, 제일 먼저 가리왕을 구제하리라고 약속하였다. 후세에 이 인욕 선인이 석가모니부처님이 되었고, 가리왕은 아야 교진여가 되었다. 그리고 네 명의 신하는 오비구 중 아야 교진여를 제외한 나머지 4비구이다.[282]
>
> 그러나 다른 일설에 의하면, 여래가 인위(因位) 중에서 수행하던 때에 일찍이 국왕이 되어 늘 십선(十善)을 행하여 창생을 이익되게 하였고, 국인들은 이 왕을 노래로 찬탄하였다. 이 때문에 이 왕을 가리왕이라 하였다. 가리왕은 무상보리를 구하기 위하여 인욕행을 수행하고 있었는데, 이때 천제석이 전다라로 변신하여 왕에게 육신을 구걸하였다. 그러자 왕이 (자신의 신육을) 베어 보시하면서 아무런 원망도 하지 않았다(육조 혜능).

경) 수보리야 ~ 수자상(도 없었기 때문이다)(須菩 ~ 者相)

착어) 지혜로운 사람은 어리석은 사람을 나무라지 않는다(智不責愚).

---

282) T53n2122082, 法苑珠林卷第八十二, 西明寺沙門釋道世撰, 六度篇第八十五之三, 忍辱部第三(此別四部), 引證部第四, CBETA 電子佛典集成 » 大正藏 (T) » 第53冊 » No.2122 » 第82卷, http://tripitaka.cbeta.org/T53n2122082; T04n0202002, 賢愚經卷第二, 元魏涼州沙門慧覺等在高昌郡譯, (一二) 羼提波梨品第十二, CBETA 電子佛典集成 » 大正藏 (T) » 第4冊 » No.0202 » 第2卷, http://tripitaka.cbeta.org/T04n0202002

한자 말 "지불책우(智不責愚)"란 말을 글자 그대로 풀이하면 "지혜로운 사람은 어리석은 사람을 나무라지 않는다."라는 뜻이다. 혹은 "지혜는 어리석음을 책망하지 않는다."라고 해도 무방하다. 부처님께서 인욕바라밀을 말씀하시면서 먼 과거세에 가리왕으로부터 사지가 토막토막 나는 일을 당했을 때, 아상, 인상, 중생상, 수자상이 없어서 신체가 갈기갈기 잘렸음에도 아무런 분노를 일으키지 않았다고 말했다.

어떤 합당한 이유 없이 남의 신체를 훼손하는 것과 같은 극악무도한 죄를 범하는 것은 나쁜 일이다. 이런 나쁜 일에 대하여 당하는 사람은 분노를 일으키고 저항을 하게 된다. 그러나 부처님은 인욕을 수행하는 과정에서 가리왕의 악독한 행사에도 불구하고 아무런 분노를 일으키지 않았던 것이다.

분노를 일으키면 어리석다. 왜냐하면, 분노는 수행의 효과를 제약하는 삼독의 하나이기 때문이다. 더욱이 분노는 자체 강화적 효과가 있어서 한 번 분노하면 더욱 잘 분노하게 되는 경향이 생긴다. 어리석음이 쌓이고 이것이 업이 되어 다음, 그다음, … 세대의 무명으로 나타난다. 그러나 분노가 치밀더라도 분노하지 않고, 나아가 어떠한 일이 있더라도 분노 자체가 생기지 않는 것은 삼독의 하나를 극복한 것이고, 수행의 공효가 더욱 쌓이는 것이다. 깨달음에 한 발 더 가까워지는 것이다. 이 어찌 지혜로움이 아니겠는가?

보살도를 실천한 경우, 살생해야 하고, 상처를 입혀야 하며, 희생해야 하는 경우가 있을 수 있다, 사회정의의 실현을 위하여, 남을 구제하기 위하여, 더 큰 전체적 이익을 위하여 살생도 해야 하고, 희생도 해야 하는 경우, 분노하면 안 된다. 냉철한 판단으로 이익의 크기를 비교하고 살생을 저지르고 희생해야 하는 것이다. 그리고 그러한 행위로 인하여 돌아올 과보에 대하여도 부담하겠다는 각오를 해야 하는 것이다. 그러므로 분노를 하지 않는 것이 지혜로운 것이다.

분노가 일지 않으면, 분노를 일으키게 한 동기, 그러한 동기를 제공한 자에 대하여 오히려 불쌍히 여기게 된다. 이런 불쌍히 여기는 마음이 자비심이다. 분노를 일으키지 않고 자비심으로 보살도를 실천하는 것이야말로 수행자의 임무 중 하나다. 그 자비심 속에 어리석은 자를 책망하지 않는 마음이 포함되며, 나아가 깨우치고 교화하는 마음까지도 포함되는 것이다.

송) 노래한다.

칼로 물을 베듯, 불로 빛을 돋우듯(如刀斷水似火吹光)
밝음이 오면 어둠이 가듯, 무슨 일이든 걸림이 없어라(明來暗去那事無妨)
가리왕이여, 가리왕이여(歌利王歌利王)
누가 아는가, 먼 데 안개 출렁이니(誰知遠煙浪)
따로 좋은 것이 있을지 생각해 보게(別有好思量)

인욕 수행을 하면 아상, 인상, 중생상, 수자상이 없으므로, 어떠한 것에도 걸림이 없다. 나라는 생각, 나의 것이라는 생각이 없는데, 남에 대한 생각이나, 다른 것에 대한 생각 혹은 내가 언제 깨달음을 이룰 것인지, 내가 얼마나 살지에 대한 생각이 어디에 있을 것인가? 그런 생각을 하는 자체가 집착이다.

어떠한 일이 일어나도 분노하지 않을 수 있다면, 분노를 일으킬 수 있는 일들이 일어나도, 그것은 칼로 물을 베는 것처럼, 불이 빛을 돋우는 것처럼 아무런 흔적이 없고, 빛이 들어오면 어둠이 사라지는 것처럼 아주 자연스러우니, 전혀 걸림이 되지 못한다. 걸림 없는 자유자재함인 것이다. 그러므로 가리왕이 사지를 갈가리 찢어도 걸림이 없고, 흘린 피가 우유가 되든 되지 않든, 찢겨 나간 사지가 다시 원상으로 돌아오든 아니든, 그것들이 무슨 의미가 있고 장애가 될 것인가? 그러니 아무런 분노도 치미지 않는 것이다. 인욕은 바로 이런 걸림 없는 자유자재함으로 귀결되는 것이다.

이처럼 걸림 없이 자유자재하다면, 먼 데 일고 있는, 출렁거리는 안개가 무엇을 품고 있을지, 그 이면에 무엇이 숨어 있을지, 생각해서 무엇 할 것인가? 있어도 그만, 없어도 그만인 것이다. 불사선불사악(不思善不思惡)이라는 말이 있다. 선도 악도, 선한 것도 악한 것도 생각하지 않는다는 뜻이다. 인욕바라밀을 수행하면 사상이 소멸되어 어떤 것에도 분노하지 않으니, 대자유인, 대자재인이 되는 것이다.

[공부]
선도 악도 생각하지 않는다(不思善不思惡)

선악의 생각을 끊는 것이다. 무문관 23칙에 다음과 같은 고사가 있다.[283]

　육조가 대유령(大庾嶺)에 이르렀을 때, 명상좌(明上座. 후에 도명으로 법명을 바꾸어 몽산에서 주석하였기로 蒙山道明이라 한다)도 그곳에 도착하였다. 명상좌를 본 육조는 의발(오조 홍인으로부터 받은 가사와 발우. 후계자임을 나타내는 징표이다)을 바위 위에 놓고 말했다.
"이 옷은 믿음을 징표하는 것인데, 어찌 힘으로 다툴 수 있겠습니까? 당신 마음대로 가져가십시오."
명상좌가 이를 거두려 하나 산처럼 움직이지 않는 것이었다. 이에 오금이 저린 명상좌가 말했다.
"나는 법을 구하러 왔지 옷을 가지러 온 것이 아닙니다. 바라건대, 행자께서는 가르침(指示)을 열어 주십시오."
육조가 말했다.
"선한 것도 생각하지 않고, 악한 것도 생각하지 마십시오. 바로 그때 무엇이 명상좌의 본래면목이겠습니까?"
이 말을 듣자마자 명상좌는 크게 깨닫고 온몸에 땀이 흘렀다. (명상좌는) 울면서 예를 하며 물었다.
"방금 말씀하신 비밀의 말씀, 비밀의 의사 이외에 다른 가르침(意旨)은 없습니까?"
육조가 말했다.
"제가 지금 당신에게 드린 말씀은 비밀이 아닙니다. 당신이 자기의 본래면목을 반조해 보면 비밀스러운 가르침은 바로 당신에게 있습니다."
명상좌가 말했다.
"저는 비록 황매산에 있었으나 대중들을 따르느라 진실로 저의 본래면목을 살피지 못했습니다. 지금 가르침을 받고 들어간 곳은 마치 사람이 물을 마시고 찬지 따뜻한지 스스로 아는 것과 같습니다. 지금 행자께서는 바로 저의 스승이십니다."
육조가 말했다.
"당신이 만약 그러하다면, 저와 당신은 같이 황매를 스승으로 모신 것이니, 스스로 잘 호지(護持)하도록 하시지요."

---

283) T48n2005001, 禪宗無門關, 參學比丘彌衍宗紹編, 不思善惡, CBETA 電子佛典集成 » 大正藏 (T) » 第48冊 » No.2005 » 第1卷, http://tripitaka.cbeta.org/; T51n2076004, 景德傳燈錄卷第四第三十二祖忍大師 第一世旁出法嗣(第一世), CBETA 電子佛典集成 » 大正藏 (T) » 第51冊 » No.2076 » 第4卷, http://tripitaka.cbeta.org/T51n2076004

경) *"왜냐하면, 내가 옛날 나의 신체가 마디마디 잘릴 때, 만약 내게 아상, 인상, 중생상, 수자상이 있었더라면, 응당 분노가 일었을 것이기 때문이다."*
何以故我於往昔節節支解時若有我相人相眾生相壽者相應生瞋恨。

여래가 인위(因位) 중 초지에 있으면서 인욕 선인으로서 인욕 수행을 하고 있을 때, 앞에서 말한 바와 같이, 가리왕으로부터 사지를 갈기갈기 찢겼으나 내 몸이 아무런 이유 없이 갈가리 찢기며 고통을 당하고 있다고 분노하는 등 한 생각도 번뇌하는 마음이 없었다. 만약 고통으로 번뇌하는 마음이 있었더라면 분노가 생겼을 것이다. 이런 말씀이다.

아상이란 나와 나의 것에 대한 생각이다. 생각이란 집착을 의미한다. 나라는 존재에 대하여 집착하고, 나에게 속하는 것들에 애착하면, 이것들이 침해되었을 때 참지 못하고 분노하게 된다.

나라는 존재에 대한 집착, 나의 것이란 소유에 대한 애착은 나와 남, 나와 나 이외의 다른 모든 것을 분별하고 차별하게 만든다. 그리고 나에 대한 집착과 애착은 모든 것을 나를 중심으로 보고, 내가 만들어 놓은 프리즘을 통과시켜서 평가하고 판단하게 한다. 그리고 이에 거슬리는 것에 대하여 화내고 성내고 분노하게 하는 것이다. 이것은 전형적인 범부의 행태이다. 아상, 인상, 중생상, 수자상은 범부의 가장 일반적인 자기 집착의 발현형태라고 할 수 있으며, 그러므로 수행자로서 인욕 수행에는 절대적 장애물이 아닐 수 없는 것이다.

[용어 풀이]

* 인위(因位): 과위(果位)의 대칭. 인지(因地)와 같은 뜻. 부처의 씨앗을 싹틔우고 키워 내는 수행 단계에 있는 지위를 가리킨다. 발심한 때로부터 부처의 과위를 이루기까지의 전체 수행과정이 인위에 해당한다.

경) "수보리야. 또 과거 오백 세(世)에 인욕 선인이 되었는데, 그때도 (나는) 아상도 없었고, 인상도 없었으며, 중생상도 없었고, 수자상도 없었다."
須菩提又念過去於五百世作忍辱仙人於爾所世無我相無人相無眾生相無壽者相.

여래께서 오백 세대 이전 인위에서 인욕바라밀을 수행할 때 사상이 생기지 않았음을 직접 말씀하시는 것이다. 이 말씀을 하신 것은 일체의 수행인이 인욕바라밀을 성취하여 인욕바라밀행을 하도록 하시고자 함이다.

부처님께서 인욕바라밀행을 수습하던 때, 가리왕으로부터 신체가 마디마디 잘려 나가는 고통을 당하셨음에도, 아무런 원한을 갖지 않으셨던 것처럼, 인욕행을 이미 수행한 자는 모든 사람의 허물이나 나쁜 짓 그리고 원한을 보지 않으며, 평등하게 대하여 옳음도 그름도 없으며, 다른 사람으로부터 모욕과 매질, 잔혹한 해침 등을 당하더라도 이를 담담하게 받아들일 뿐 아니라 오히려 더욱 연민하거나 자애롭게 대한다. 이러한 행을 하는 자는 곧 인욕바라밀을 성취할 수 있다. 경의 이 장구는 인욕행을 성취하기 위한 길을 부처님께서 당신의 사례를 들어 제시하신 것이라 할 수 있다.

경) 왜냐하면 ~ 수자상(도 없었다)(何以 ~ 者相)

착어) 눈앞에 법이 없으니(無法) 버들 푸르고 꽃 붉은 대로 두며, 귓가에 들리는 것이 없으니(無聞) 꾀꼬리 노래하고 제비 지저귐에 맡겨 둔다
(目前無法從教柳綠華紅耳畔無聞一任鶯吟燕語).

무법(無法)이라 함은 전개되는 상황이나 펼쳐진 광경 혹은 연설하는 말이 경장, 율장 및 논장을 초월하는 것을 가리킨다. 삼장(三藏)을 초월하는 것이다. 삼장은 부처님의 말씀이거나 그 말씀에 대한 보충해석이다. 무법이란 눈앞에 전개되는 현상이나 연설이 굳이 부처님의 말씀(經藏)이나 부처님이 정하신 계율(律藏), 혹은 그 말씀과 계율을 설명한 것(論藏)에 얽매이지 않은, 그것들에 구애되지 않고 초월한 것을 말한다.

부처님이 가르치신 진리는 부처님께서 당신의 의지로 만든 것이 없다. 모두 이미 존

재하던 법을 찾아내어 중생들에게 말씀해 주신 것이다. 그러므로 부처님의 가르침은 부처님이 나오셨든 아니든 이미 존재하였고 존재하고 앞으로도 존재할 법칙들이다. 버들이 푸르고 꽃이 붉으며 꾀꼬리 노래하고 제비 지저귀는 것은, 부처님께서 그리하라고 해서 그런 것이 아니라, 이미 그러하였던 것을 부처님께서 그러하다고 말씀하신 것뿐이라는 것이다. 목전에 무법하다 함은 부처님 말씀 이전에 이미 존재하던 법이라는 의미이다. 그러므로 버들 푸르고 꽃 붉으며 꾀꼬리 노래하고 제비 지저귀는 것은 그 자체가 부처님 말씀이 있건 없건 이미 존재하는 법칙에 따라 존재하는 것이다. 그러니 이에 대하여 이래라저래라 하거나, 이렇게 저렇게 할 수 있는 것도 아니다.

버들이나 꽃은 눈에 비치는 것들을 대표하고, 꾀꼬리와 제비 소리는 귀에 들리는 것들을 대표한다. 그리고 이들 네 가지 존재는 모든 유위법을 대표하는 것이기도 하다. 이렇게 보면, 이 착어는 자연적으로 이루어진 모든 것은 가만히 내버려 두어도 그 자체의 법칙에 의하여 원만하게 돌아감을 알고 무위로 살아갈 것을 권고한다고 할 수 있다.

현성공안(現成公案)이라는 말이 있다. 목전의 모든 것, 그들의 움직이는 모습 등은 어느 것이나 탐구의 주제(화두)가 아닌 것이 없다는 의미이다. 이 착어는 현성공안이며, 그것을 가능하게 하는 근본, 본래면목이 두두물물 내장되어 있음을 말한 것이라 할 것이다.

송) 노래한다.

사대는 원래 무아이고(四大元無我)
오온은 모두 공으로 돌아가나니(五蘊歸皆空)
드넓은 허공의 이치(廓落虛無理)
하늘과 땅은 만고에 같구나(乾坤萬古同)
높고 멋진 산봉우리 항상 예와 같은데(妙峯巍巍常如故)
뒤집고, 소리치고, 땅을 휩쓰는 바람 누가 뭐라 하리요(誰管顚號括地風)

사대란 땅(地), 물(水), 불(火), 바람(風)을 가리킨다. 이들은 우리의 몸을 구성하는 기본요소들이다. 그래서 사대라고 말하면 많은 경우, 우리의 몸뚱이를 의미한다. 사대가 무아라 함은 우리의 몸이 사대로 이루어져 있어서 내(我)가 없다는 말이다.

오온은 색수상행식을 말하며, 이는 곧 우리의 몸과 마음을 함께 가리키는 말이다. 오온이 모두 공으로 돌아간다는 말은 우리의 몸과 마음은 공하다는 뜻이다. 첫 구절이나 둘째 구절이 같은 의미라고 보아도 좋다. 즉, 인연 따라 생겼다 인연 따라 소멸하며 끊임없이 생사를 유전하는 우리네 중생은 무아이며 공한 존재인 것이며, 이것이 현실세계의 어김없는 이치인 것이다.

허공은 끝이 없고 아무것도 채워지지 않은 채 비어 있다. 그러니 그 어느 것에도 걸림이 없고, 또한 그 어떤 것도 거스르지 않으며, 그 어떤 것도 가로막지 않고 그 무엇도 배척하지 않고 모두 포용한다. 이것이 허공의 이치이다. 불가에서 흔히 공을 대표하는 것으로서 허공을 예로 드는 경우가 많은 것도 이 때문일 것이다. 하늘이나 땅도 그리 쉽사리 바뀌지 않고 오래도록 지속된다. 적어도 백 년으로 단명한 인간의 눈으로 볼 때 그러한 것이다. 그러니 산이 높고 우람하고 빼어난 모습 또한 그리 쉽사리 변하지 않는다. 적어도 화자의 입장에서 보면, 늘 언제나 멋있고 우람하고 빼어난 모습으로 그 자리를 지키고 있었을 것이다. 이런 허공과 산봉우리도 변함없는 이치이다.

이것을 부처님의 가르침을 비유한 것으로 보아도 좋겠다. 산이 높고 멋있고 우뚝한 것은 부처님의 가르침이 외도의 그 어떤 가르침에 비하여 수승함을 비유한 것으로 보면 어떨까? 세상에 수많은 가르침이 있지만, 오직 부처님 법만이 위없는 깨달음을 이루는 데 길잡이로서 가장 훌륭한 가르침이라는 것이다. 그리고 부처님의 이런 가르침은 시대가 바뀌어도, 겁이 바뀌어도 달라지지 않는 영원한 진리이다.

이러한 부처님의 법을 이해한다면, 수행자는 어떻게 공부해야 하는지 분명해진다. 설령 바람이 땅을 뒤집고, 소리치고, 휩쓴다고 누가 뭐라 하겠는가? 이런 바람은 평지풍파이다. 회오리바람 혹은 토네이도라도 좋다. 또 나를 향하여 어떤 위해가 가해지고, 어떤 비난이 쏟아지며, 내게 어떤 변화가 일어나든 수행자는 전혀 흔들림 없이 수행정진하면 되는 것이다. 이것이 인욕바라밀의 요체이다.

경) *"그러므로, 수보리야. 보살은 마땅히 일체의 상을 버리고
아뇩다라삼먁삼보리심을 내야 한다."*
是故須菩提菩薩應離一切相發阿耨多羅三藐三菩提心。

　보살은 상을 가지면 곧 보살이 아니라고 하였다. 그러므로 보살이 되기 위한 조건으로 상이 없어야 한다. 아뇩다라삼먁삼보리심이란 최상의 깨달음을 향한 마음이다. 이는 곧 최상의 깨달음을 추구하려는 마음이기도 하다. 이러한 마음을 간략히 보리심(菩提心)이라고도 한다. 보리심을 내는 것을 발보리심이라 한다. 그냥 내는 것이 아니다. 불퇴전이라야 한다. 어떠한 일이 있더라도 반드시 최상의 깨달음을 이루리라는 각오가 있어야 한다. 쉬엄쉬엄한다든가, 뜨문뜨문 본다든가, 물러났다 다시 시작한다는 마음이 있어서는 발보리심이라 할 수 없다. 그 대표적인 징표가 출가(出家)이다. 출가란 세속의 모든 것을 다 버린다는 의미를 담고 있다. 다음으로, 청정해야 한다. 그 어떤 것도 가진다거나, 얻는다는 마음이 없어야 한다. 오직 깨달음을 이루겠다는 마음만 있어야 한다. 부처님의 말씀을 바탕으로 혹은 출발점으로 삼아 깨달음을 추구하지만, 결코 거기에 머무르거나 그 말씀에 집착하지 않는다. 셋째, 평등해야 한다. 너와 나, 다른 것들에 대한 어떠한 차별의 마음을 내어서는 안 된다. 내가 너, 혹은 다른 것들에 비하여 수승하다거나 열등하다는 생각이 있으면 보리심은 더럽혀진다. 청정하지 못해지는 것이다. 이러한 의미의 보리심을 낼 때를 가리켜 초발심시변정각(初發心是便正覺)이라 한다. 초발심이 바로 정각이라는 말이다. 정각이란 아뇩다라삼먁삼보리이다.
　아상, 인상, 중생상, 수자상 등 사상을 갖는다는 것은 이미 아뇩다라삼먁삼보리심과는 아득하게 거리가 멀다. 천지의 차이가 되는 것이다. 보살이 사상을 가지면 이미 보살이 아니듯, 부처가 사상을 가지면 이미 부처가 아니듯, 사상에 머물며 보리심을 낸다는 것은 이미 보리심을 내는 것이 아니다. 그러므로 경에서 아뇩다라삼먁삼보리심을 낼 때는 아상, 인상, 중생상, 수자상 등 사상을 버려야 한다고 말씀하신 것이다.

　착어) *이는 곧 '이를 사용할까 말까?'이다(是即此用離此用)*

착어에서 왜 '이것을 쓸까 말까?'라고 하였을까? 착어에서 인용된 '이것을 쓸까 말까?'의 연기(緣機)에 대하여는 뒤에서 보기로 하고, 누군가가 무엇을 들고 그것을 사용할지 어떨지를 묻는다고 하면, 그 상대방은 대답하기 심히 곤란할 것이다. 왜냐하면, 사용하고 말고의 여부는 전적으로 그 물건을 들고 있는 사람의 의지에 달린 문제이기 때문이다. 예화로 많이 나오는 개구리를 손에 잡고 '죽일까 살릴까?'라고 물어보는 것도 같은 유형의 질문이다. 이런 질문에 대답해야 하는 상대방은 그야말로 궁지에 몰리는 것이다. 이럴 경우, 어떻게 대답해야 할 것인가? 각자의 몫이라 할 수 있다. 이 지점에서 수행의 정도, 깨달음의 정도가 측정 가능해지는 것이다.

경에서 부처님께서는 수보리에게 일체의 상을 버리고 아뇩다라삼먁삼보리심을 내라고 말씀하셨다. 최상의 깨달음을 향한 지극한 마음을 내는 조건으로써 일체의 상을 버릴 것을 가르치신 것이다. 착어에서 이것을 쓸지 않을지의 질문에 대한 대답의 일단을 여기서 찾을 수 있다. 즉, 모든 상을 버리고 대답해야 하는 것이다.

예컨대, 불자를 들고, 혹은 목탁을 들고, 참선할 때 앉는 상의 모서리를 가리키며, 쓸까 말까라고 물으면, 그 들고 있는 것 혹은 가리키는 것에 집중하여 대답할 가능성이 크다. 이렇게 되면, 그 가리키는 것들에 얽매여 걸리게 된다. 이것이 상인 것이다. 달을 가리키는 손가락을 보고 아무리 대답해 봐야 손가락이라는 상에 걸려 있을 뿐, 달이라는 답은 없는 것과 같다. 아뇩다라삼먁삼보리심을 낼 때는 결코 일체의 상을 버려야 걸림이 없게 된다. 할 수 있다면, 일체의 상을 버려야 한다는 언구 자체도 버려야 하는 것이다.

> [공부]
> ## 백장이 삼 일간 귀머거리가 되다(百丈三日耳聾)[284]
>
> 백장이 마조를 다시 참례하였을 무렵, 마조가 백장이 오는 것을 보고 선상(禪床) 모서리에 걸려 있던 불자를 집어 똑바로 치켜들며 말했다.
> "이것을 사용하겠느냐? 않겠느냐?(卽此用離此用)"
> 백장이 한편에 시립하자 마조가 말했다.
> "그대는 장차 어떤 사람이 되려느냐?"
> 백장이 불자를 있던 자리에 걸었다. 그러자 마조가 곧바로 큰소리로 일갈하였고, 백장은 크게 깨달았다. 뒷날 백장은 황벽에게 이렇게 말했다.
> "당시 나는 마조스승으로부터 일갈을 듣고 곧바로 삼 일간이나 귀가 먹먹하고(耳聾) 눈앞이 캄캄하였다(眼暗)."
> 황벽은 자신도 모르게 온몸이 서늘하여 혀를 쑥 빼물었다.

송) 노래한다.

얻음은 마음에 있고 응함은 손에 있나니(得之在心應之於手)
눈, 달, 바람, 그리고 꽃, 하늘은 길고 땅은 오래라네(雪月風華天長地久)
아침마다 오경이면 닭이 울고(朝朝鷄向五更啼)
봄이 옴에 곳곳에 들꽃이 아름다워라(春來處處山華秀)

얻음이란 최상의 깨달음을 이루는 것을 의미한다. 일체 제상을 버리면 이는 곧 부처이다. 경의 위 구절은 보리심이란 일체의 모든 상에 머물지 않고 낸 마음이라고 하였다. 이렇게 낸 보리심은 곧 정각에 이미 이른 것이다. 이것이 바로 얻음이다. 즉, 보리를 이룸은 마음에 일체의 상이 없어야 이룰 수 있다는 의미인 것이다. 응함이란 깨달음에 대응하여 그 깨달음을 어떻게 펼칠까 하는 문제와 관련된다. 어느 것에도 머물지

---

[284] T51n2076006, 景德傳燈錄卷第六, 懷讓禪師第二世馬祖法嗣, CBETA 電子佛典集成 » 大正藏 (T) » 第51冊 » No.2076 » 第6卷, http://tripitaka.cbeta.org/

않는데, 무엇에 응할 것인가? 일체의 모든 상을 버렸는데, 또 무엇에 어떻게 응할 것인가? 부처님께서 이 땅에 오신 까닭을 생각하면 답이 나온다. 어느 것에도 머물지 않음은 내 마음에 머물지 않는 것이요, 응하는 것은 세상의 모든 중생들의 요구에 응하는 것이다. 이는 중생들에 대한 깨달음의 전파이고, 이를 통하여 모든 중생을 깨달음으로 인도하여 괴로움을 없애는 것이다.

가을 달, 겨울 눈, 여름 바람, 봄꽃은 사계절 동안 각각의 계절을 대표하기 위하여 자주 거론되는 것들이다. 계절마다 같은 것이 없고 모두 다르다. 이들 네 가지는 시간이 변화함에 따라 다양하게 변화하는 것들을 의미하기도 한다. 시시각각 무상하게 변하는 유위의 법들이다. 뒤이어 하늘과 땅을 거론하고 이들은 오래 지속된다고 하였다. 무상한 것과 유상한 것의 대비라고 할 수 있다. 그러나 하늘과 땅이 아무리 오래 지속되더라도 항상할 수는 없다. 시간이 오래 걸리기는 하지만, 언젠가는 변하는, 시시각각 변하건 장구한 시간에 걸쳐 변하건, 무상함은 같은 것이다. 이런 무상한 것들에게서 필요가 있으면, 깨달은 마음을 언제든지 열어 보이고 베풀도록 하여야 하는 것이다.

매일 아침마다 오경이면 닭이 우는 것이나, 봄이 되니 곳곳에 꽃이 피는 것은 시간의 흐름을 알려 주는 자연스러운 일. 이렇게 자연스러움 속의 자유자재함이 바로 깨달음의 경지, 보리를 이룸이며, 필요에 따라서 펼침이라고 하면, 평상심시도가 바로 이를 가리키는 것이리라.

> **경) "색에 머물지 않고 마음을 내야 하며, 성향미촉법에 머물지 않고 마음을 내야 한다. 머무는 바 없는 마음을 내야 한다."**
> **不應住色生心不應住聲香味觸法生心應生無所住心。**

어떤 것, 어느 누구, 어떤 무엇에 마음이 머무는 것은 곧 그것들에 집착하는 것이다. 집착은 마음이 머물러 떠나지 못하는 것이다. 이는 역으로 마음이 그 대상에 묶여 구속되는 것이다. 구속은 자유와 자재함을 잃는다. 자유롭지 못하고 자재하지 못하면 깨달음으로 향상하지 못한다.

색에 머물지 않음은 눈에 보이는 것에 집착하지 않는 것이다. 돈이나 집, 혹은 미모나 멋에 마음을 빼앗겨서는 안 된다는 경고이다. 성향미촉법에 머물지 않고 마음을 내야 한다 함은 소리, 냄새, 맛, 감촉 등 눈에 보이지 않는 대상들에 마음을 빼앗기지 말라는 경고이다. 우리들 중생은 이들 육진에서 애증심, 탐욕심을 일으키고, 이로 말미암아 무량한 업결(業結)이 쌓여 불성을 덮어 버렸기 때문에 비록 온갖 고통스러운 수행을 경주해도 마음의 때를 제거하여 해탈을 이루기 어렵다. 그 근본을 추론해 보면, 모두 색성향미촉법, 육경에 마음이 머물러 있음에 기인한다. 그러므로 반야바라밀을 잠시도 쉬지 않고 항상 행하여 제법이 공함을 미루어 어떠한 집착도 일어나지 않도록 생각마다, 염념히 항상 스스로 정진하며 일심으로 수호하는 데 게으르지 않도록 하여야 하는 것이다.

경) "마음에 머묾이 있으면, 옳지 못한 머묾이다."
若心有住則爲非住。

마음이 열반에 머물러도 옳지 않다. 보살은 제법에 머물지 않는다. 보살은 열반에도 머물지 않는다. 보살은 일체 어느 곳에도 머물지 않는다. 이것이 보살의 머무는 바이다. 경의 이 언구는 두 가지 의미가 담겨 있다고 본다.

첫째, 수행자의 최종 목적은 열반을 성취하는 것이다. 그러나 열반을 성취하겠다고 지나치게 마음을 쓰다 보면, 오히려 그것에 대한 집착이 생겨 새로운 하나의 집착이 될 뿐, 수행이 향상하지 못하게 된다. 그리고 작은 성취를 이루었을 경우, 그것이 열반인 양 오해하고 거기에 머물러 더 이상 나아가지 않으려는 경향이 생길 수 있다. 삼승(三乘, 성문, 연각, 보살)은 하나의 방편일 뿐 목적지가 아니다.

다음으로, 최종적으로 열반을 이루었더라도, 거기에 마음을 멈춰 두면, 열반을 이루었다는 혹은 열반을 얻었다는 생각에 머물러 있는 것이다. 열반이란 어떤 실체나 현상이 아니라 무위 그 자체이다. 머물러 있을 대상이 아니라는 말이다. 그런데 거기에 머문다는 것은 사상을 버리지 못한 것을 의미하며, 사상을 버리지 못하였는데 열반이 될 수 없다. 열반이라고 착각할 뿐이다. 그러므로 열반을 이루었다고 해서, 열반을 성취하였음을 스스로 알았다고 해서, 열반에 집착하는 것은 오히려 잘못된 머묾인 것이다.

열반에 이르렀으면, 열반도 버려라. 부처를 만나면 부처를 버리고, 조사를 만나면 조사를 버려야 비로소 열반이라 할 수 있는 것이다. 요컨대, 진여의 마음은 본래 머묾이 없다. 머물려 해도 머물 것이 없기 때문이다.

> 경) "그러므로 부처님께서 보살은 마음을
> 색에 머물지 않고 보시해야 한다고 말씀하셨던 것이다."
> **是故佛說菩薩心不應住色布施。**

이미 앞에서 색성향미촉법, 소위 육경에 머물지 않고 보시하여야 한다고 말씀하시고, 또다시 색에 마음을 머물지 말고 보시하라고 재차 말씀하신 것은 무슨 까닭인가? 앞에서는 일반적으로 수행자라면, 혹은 불자라면 보시할 때 응당 가져야 할 마음의 자세를 가리키고, 이번 장구는 특별히 보살에 대하여 다시금 강조한 것이라고 볼 수 있다. 왜냐하면 보살심(菩薩心)은 일반적인 불자(보살을 포함한)보다 한층 강화된 회향의 마음 자세가 필요하기 때문이다.

보살의 마음이란 어떤 마음인가? 머물지 않는 마음이다. 보살은 육근이 청정하여 머무는 바 없는 마음을 낸다. 그러한데 어찌 보시를 함에 있어서 구하고자 하는 마음이 있을 것인가? 황벽선사가 말했다.[285]

"범부는 공한 마음을 긍정하지 않고 공에 떨어질까 두려워한다. 어리석은 사람은 자기의 마음이 본래 공함을 알지 못하고 일은 없애도 마음은 없애지 못한다. 지혜로운 사람은 마음은 없애도 일은 없애지 않는다. 보살심은 허공과 같아 일체 모두 버린다. 복덕을 지어도 전혀 탐착하지 않는다. 그런데 버리는 데도 세 가지 등급이 있다. 첫째, 안팎의 심신을 모두 버리는 것. 마치 허공처럼 탐착하는 것이 없다. 연후 방향에 맞추어 사물에 응하니 능소를 모두 잊는다. 이것이 큰 버림(大捨)이다. 만약 한쪽 변으로 길을 가면서 그쪽에만 덕을 펼치면 그쪽 변에 치우친 버림이며, 이렇게 바라는 마음은 그리 드물지 않다. 이것이 중간 버림(中捨)이다. 여러 가지

---

285) X24n0468003, 金剛經註解卷之三, 明 洪蓮編, ○ 離相寂滅分第十四, CBETA 電子佛典集成 » 卍續藏 (X) » 第24冊 » No.0468 » 第3卷, http://tripitaka.cbeta.org/X24n0468003

선행을 널리 베풀기는 하지만 그 대가로 바라는 것이 있다면, 법을 듣고 공을 알게 되더라도 이것은 작은 버림(小捨)이다. 큰 버림은 등불 앞에 있는 것과 같이 다시는 미혹됨이 없이 깨달을 것이며, 중간 버림은 등불의 옆에 있는 것과 같아서 어떤 때는 밝고 어떤 때는 어둡다. 작은 버림은 마치 등불을 등지고 있는 것과 같아서 앞에 패여 있는 구덩이와 함정이 보이지 않는다."

경) 수보리야. 보살은 일체 중생의 이익을 위하여 마땅히 이처럼 보시하여야 한다. 須菩提菩薩爲利益一切衆生應如是布施。

먼저, 보살은 자신을 위한 쾌락 혹은 이익을 구하거나 바라고 보시를 하여서는 안 된다. 기도를 하든, 법을 공부하든, 원력을 세우든, 최종 목적은 보리를 얻어 이를 널리 중생에게 회향하는 것이어야 한다. 부처가 부처다운 것은 자신의 깨달음을 중생을 위하여 회향하였기 때문이다. 그렇지 않았다면, 오늘날 부처란 없었고, 부처의 가르침이란 없었을 것이다.

다음으로, 보시는 오직 안으로 아까워하는 마음(慳心)을 타파하여 자신의 소유물에 대하여 아까워하지 않도록 하여야 한다. 이것은 회향을 위하여 갖추어야 할 마음의 자세이며, 삼륜청정의 첫째 덕목이다.

셋째로, 보살이 머물지 말아야 할 것은 재물이나 법을 보시할 경우에만 국한되는 것이 아니다. 색성향미촉법의 육경 모두에 대하여 어느 경우에든 마음에 새겨 두어서는 아니 된다. 어느 것이든 마음에 두면 역으로 마음이 그것에 집착하게 되고, 집착은 깨달음을 이루는 데 최악의 적이다.

경) 응당 (색에 머물지) 않고 ~ 보시(하여야 한다)(不應 ~ 布施)

착어) 부처가 있는 곳에는 머물지 않고, 부처가 없는 곳은 급히 지나간다. 삼십 년 후 이르지 않았다고 말하지 말라(有佛處不得住無佛處急走過三十年後莫言不道).

불교 수행자가 깨달음을 향하여 수행함에 있어서 부처님의 가르침은 깨달음에 이르는 필수도구라 할 수 있다. 그런데 부처님이 계신 곳, 부처님께서 남기신 가르침에 머물지 않는다. 경의 가르침을 따른다면, 머문다는 말은 집착이란 뜻이다. 그러므로 부처님이 계신 곳에 머문다는 말은 부처님의 가르침에 집착한다는 의미이다. 부처님의 가르침은 깨달음을 위한 수단에 불과한데, 이에 집착하면 최상의 깨달음에 이를 수 없다. 벌유의 비유는 부처님 가르침에 집착하지 말라는 의미이다.

다음, 부처님이 계시지 않은 곳이란 부처님의 가르침이 없는 곳이란 의미이다. 또 부처님의 가르침인 정법이 아니라, 부처님의 가르침이 아닌 삿된 법이 있는 곳 혹은 삿된 법 자체를 가리킨다. 이런 것을 대하는 방법은 두 가지가 있다. 무시하고 신속하게 지나가 버리는 것이 첫째이고, 다음은 조심스럽게 지나가는 것이다. 무시하고 지나가 버리는 것은 아예 관심을 가지지 않으니 사견에 빠지지 않는다. 그러나 사견이라는 것이 참으로 만만하지 않음을 알아야 한다. 자칫 무시했다간 오히려 빠져들어 부처님의 정법 자체를 삿된 법으로 만들어 버릴 수도 있다. 다음으로, 조심스럽게 지나간다는 말은 삿된 법을 잘 연구하여 그것이 삿됨을 밝히고 버림으로써 정법으로 돌아가는 것을 말한다. 삿된 법의 뿌리가 깊고 그 줄기와 잎이 무성하고 꽃꿀과 열매가 달콤하니 여간 근기가 수승하지 않아서는 이 또한 빠져 버릴 수 있다.

이상의 말은 수행자들의 수행 자세에 대한 일종의 주의일 수 있다. 이렇게 하지 않고, 수행한답시고 맹목적으로 노력하기를 삼십 년쯤 하다 보면, 상당한 시간이 지났음에도 오히려 수행의 성과가 나오지 않을 수 있다. 이 착어는 부처님 가르침도 외도의 가르침도 집착하지 말 것을 강조한, 일종의 중도라고 보면 좋을 것 같다.

[공부]
부처가 있는 곳에 머물면, 머리에 뿔이 생긴다(頭角)

두각(頭角)이란 머리에 돋은 뿔을 의미한다. 이는 일반적으로 무리 중에서 우뚝한 사람을 가리킨다. 성과나 실적, 성적이 우수한 경우, '두각을 나타냈다.'라고 말한다. 머리가 사람으로서는 가장 높은 곳인데, 그 위에 난 뿔이므로 높은 것 위에 더한 것이다. 그러므로 우뚝한 것을 의미하는 것이다.

그러나 선림에서 사용할 때는 번뇌의 염을 가리킨다. 혹은 범부가 얻은 것이 있다는 마음을 내는 것을 가리킨다. 교만을 가리키기도 한다. '두각이 생겨났다.'라고 말한다. 머리에 든 것만 해도 세간의 온갖 티끌이나 번뇌인데, 여기에 더하여 뿔까지 생겼으니, 버려야 할 것이 더욱 증가한 것을 의미하게 된 것이다. 세속의 경우와 출가의 경우가 이렇게 다르다. 출가하여 세속을 추구하는 것은, 그래서 죄악 중의 죄악이 아닌가 싶다. 『벽암록』(제95칙)은 다음과 같이 수시(垂示)하였다.[286]

"부처가 있는 곳에 머물지 말라. 머물러 집착하면 머리에 뿔이 생긴다. 부처가 없는 곳은 빨리 지나가라. 지나가지 않으면 풀이 일 장(一丈)이나 깊다."

부처님 계신 곳에 머물다 보면, 듣는 것이 많을 것이다. 아는 것이 좀 생기면 건방져진다. 자신을 높이며(自貢) 남을 업신여긴다(蔑視). 아만이 생기는 것이다. 또 믿음이 좀 증가한다 싶으면 자신감이 붙어 수행에 게을러지기 십상이다. 여기서 방일(放逸)이 생겨날 수 있다. 부처님을 의지하여 부처님의 힘으로 무언가를 이룰 수 있으니, 자신의 노력을 덜 기울일 수 있다. 타력에 의한 구제를 도모하는 것이 되어 불교의 기본원칙인 자력에 의한 구제의 길에서 벗어나게 된다. 나아가 부처님 계신 곳이므로 깨달음을 더욱 서두를 여지도 있다. 과일이 익어야 꼭지가 떨어지듯, 깨달음도 충분한 수행을 거쳐 비로소 성숙되는 것이므로(佛果), 깨달음을 서두르다 오히려 설익은 선화자(禪和子)가 될 가능성도 배제할 수 없다. 그러니 부처님 계신 곳이 자칫 수행에 더욱 장애가 될 수 있는 여지가 있다. 번뇌가 더욱 깊어지는 것이다. 이게 바로 선림에서 사용하는 말, 머리에 뿔(頭角)이 생기는 것이다.

부처님이 계시지 않는 곳은 정법이 없이 삿된 법이 무성하다. 즉, 풀의 깊이가 일장이나 되는 것이다. 이렇게 무성한 삿된 법은 참으로 만만하지 않아서 거기에 빠져 길(정법)을 잃어버릴 가능성도 크다. 그러니 지나가지 않는 게 좋다. 부득이 지나가야 한다면, 조심해서 지나가야 할 것이다.

---

286) T48n2003010, 佛果圜悟禪師碧巖錄卷第十, CBETA 電子佛典集成 » 大正藏 (T) » 第48冊 » No.2003 » 第10卷, http://tripitaka.cbeta.org/T48n2003010.

송) 노래한다.

아침에 남악에서 놀고 저녁엔 천태에 머물렀다네(朝遊南岳暮住天台)
쫓을 땐 미치지 못하였는데 홀연히 절로 오는구나(追而不及忽然自來)
혼자 돌아다니든 앉았든 아무런 구속이 없어(獨行獨坐無拘繫)
마음이 편안하고 또 편안하구나(得寬懷處且寬懷)

남악(南岳)은 중국의 오악 중 하나인 형산을 가리키는 말이다. 형산의 반야사(般若寺)에서 회양선사가 상주하였기 때문에 회양선사를 남악회양, 혹은 남악이라고 약칭하기도 한다. 착어에서 남악이란 산 이름을 가리키기도 하지만, 회양선사를 가리키거나, 보다 일반적으로 '가르침을 주는 스승' 정도로 해석해도 무방할 것이다. 천태(天台)는 중국 절강성에 있는 산 이름으로 회양선사의 제자였던 지자대사가 이 산에서 종파를 개창하였는데, 후세에 그 종파의 이름을 천태종이라 하고, 약칭하여 천태 혹은 태종이라 하였다. 천태라는 말도 마찬가지로, 지자대사를 가리키거나 혹은 '가르침을 주는 스승' 정도로 해석해도 무방할 것이다.

노닐다(遊)는 말은 공부하다 혹은 배우다는 의미가 있다. 또 머물다는 말도 집착의 의미가 아니라 공부하다는 의미이다. 아침에 남악에서 놀고 저녁에 천태에 머문다는 말은 남악회양선사에게서 가르침을 받기도 하고, 천태지자대사에게서 배우기도 하는 것을 의미한다고 보면 되겠다. 아침과 저녁이란 시간의 전후로 볼 수도 있으나 그리 구애될 필요 없이 서로 다른 때라고 알면 될 것 같다. 선종과 천태종 등 여러 종파의 가르침을 두루 공부하는 것으로 이해해도 무리가 없다. 더 나아가 어느 곳에서 어떤 가르침을 공부하든, 깨달음을 이루겠다고 여러 가지 방법으로 열심히 수행하는 것을 의미한다고 보아도 좋겠다.

이처럼 열심히 수행할 때는 깨달음이 오지 않다가 갑자기 깨달음이 온다. 언하개오(言下開悟)일 수도 있고, 참선 중에 찾아온 돈오(參禪頓悟)일 수도 있다. 그렇게 깨달음은 홀연히 오는 것이라고 한다. 그러나 그 이전의 수행과정이 없었다면 어찌 깨달음이 오리요. 쫓을 때 미치지 못하는 것이 깨달음이요, 갑자기 저절로 오는 것도 깨달음인 것이다.

이렇게 깨달음을 이루니 홀로 행하고 홀로 앉은 것처럼 무엇에도 구애되지 않으며, 어디에도 묶이지 않는다. 자유자재한 것이다. 그 가운데 있는 마음이 편하고 또 편한 것임은 당연하지 않겠는가?

경) *"여래는 '일체의 모든 상은 곧 상이 아니'라고 말씀하셨으며,*
또 '일체 중생도 곧 중생이 아니'라고 말씀하셨다."
如來說一切諸相即是非相又說一切眾生則非眾生。

여(如)는 생겨나지 않음이며, 래(來)는 소멸하지 않음이다. 생겨나지 않는다(不生) 함은 나와 너가 생겨나지 않음이다. 즉, 나와 너의 분별, 나와 나 이외의 모든 것, 나의 것과 나의 것 이외의 모든 것 등과 같은 차별적 마음, 분별하는 마음이 생기지 않는 것이다. 소멸하지 않는다(不滅) 함은 깨달음에 비추어 보면 소멸하지 않음을 의미한다. 여래란 온 곳도 없고 간 곳도 없기 때문에 여래라고 부른다. 그러므로 여래가 말씀하신 모든 것은 말씀하신 것이 아니다. 여래는 수많은 법문을 말씀하였으나, 하나도 말씀하신 바가 없는 것이다. 여래가 말씀하신 나, 너 등 모든 상(俗諦)은 진실로 필경에는 본체가 아닌 모든 것(전도된 망집)을 깨뜨리기 위한 상이다. 그러므로 우리가 말하는 상이 아닌 것이다. 마찬가지로 여래가 말씀하신 일체 중생은 모두 가명(假名)이며, 만약 망심을 버리면 얻을 수 있는 중생이란 없기 때문에, 여래는 중생이 곧 중생이 아니라고 말씀하셨던 것이다.

착어) *따로 잘하는 것을 가지고 있으면 꺼내 드는 것을 막지 않겠다(別有長處不妨拈出).*

상이 상이 아니며, 중생이 중생이 아니라고 하신 부처님 말씀에 대하여, '잘하는 것을 가지고 있으면 내놔 보아라. 막지 않으마.'라고 착어를 한 것은 무슨 의미일까?

부처님이 아상, 인상, 중생상, 수자상 등 사상을 말씀하시고, 일체의 모든 상을 버리고 보리심을 내야 한다고 말씀하셨을 때 분명히 상을 말씀하셨다. 그런데 중요한 것은 상을 말씀하시는 어느 구절에서도 상을 가지라거나 상에 집중하라거나 상을 중요시하라고 하신 곳은 없다. 오직 상을 버리라고 하셨을 뿐이다. 상에 머물면 보살이 아니라고 하시거나, 색 등 육진에 머물지 않고 보시하라고 말씀하신 것이나, 인욕 수행에서 상이 없었다고 말씀하신 것이나, 일체의 모든 상을 버리면 부처라고 말씀하신 것 등을 보더라도, 어느 것 하나 상을 가지라고 하신 것은 없다. 그렇다면, 부처님께서 말씀하신 상은 모두 실상이 아니라 버려야 할 방편으로서의 상이었을 뿐이다. 그러므로 상을 말씀하셨으나 그것은 실상이 아니었다고 할 것이다. 중생도 또한 같다. 중생에 머물러 있는 가르침이 아니라, 중생을 벗어나는 것에 가르침의 방점이 있고, 그러므로 부처님께서 중생을 언급하시지만, 그것은 어디까지나 가르침에 의하여 깨달음으로 인도되어야 할 대상으로서의 중생일 뿐 실상으로서의 중생이 아닌 것이다. 그러므로 중생이라고 하셨지만, 실은 중생이 아닌 것이며, 중생이라고 부를 뿐인 것이다.

이러한 이해 위에서 볼 때, 따로 가지고 있는 잘하는 것(別有長處)이란 어떤 것일까? 따로 가지고 있다고 함은 이미 언급된 것 이외의 다른 생각이나 의견 혹은 방법을 의미한다. 장처란 물론 좋은 생각이나 의견 혹은 가르침을 뜻한다. 문자 그대로 보면, 부처님께서 상을 말씀하셨으나 그것은 상이 아니며, 중생을 말씀하셨으나 그것은 중생이 아니라고 한 것보다 더 훌륭한 생각이나 혹은 그와 다른 의견이나 생각이 있으면 말해 보라는 의미이다. 그러면 부처님의 생각과 다르다고 해서 말하지 못하도록 억압하거나 제한하지 않겠다는 것이다. 즉, 자유자재하게 다른 의견을 제시할 것을 말한 것이다. 이 말 속에는 이보다 더 적절한 말이 없을 것이라는, 그러므로 부처님 말씀이 지당하다는 의미가 내포되어 있다고 할 것이다.

> **[공부]**
> ## 별유장처 불방염출(別有長處不妨拈出)
>
> '다른 좋은 것이 있으면 꺼내 보시지요. 방해하지 않을 테니'라는 말이 나오는 사례를 보자.[287]
> 　능행파(凌行婆)가 부배화상(浮盃和尚)을 참배하였을 때 부배화상이 이 노파에게 차를 대접했다. 능행파가 물었다.
> "힘을 다해 말했는데, 저구(底句)를 얻지 못하였다면, 누구 탓입니까?"
> 부배화상이 대답했다.
> "저는 더 할 말(剩語)이 없습니다."
> 능행파가 말했다.
> "부배스님은 (자신이) 이해하지 못하는 것은 의심하고 집착하시는군요."
> 부배화상이 말했다.
> "달리 좋은 생각이 있다면 허심탄회하게 꺼내 보시지요."
> 능행파가 손을 모으고 곡을 하며 말했다.
> "푸른 하늘에 또 억울한 괴로움(寃苦)을 보태는구나."
> 부배화상이 아무 말이 없자 능행파가 말했다.
> "말이 치우친(偏) 것과 바른(正) 것을 알지 못하고, 이치가 뒤집어진(倒) 것과 삿된(邪) 것을 알지 못하면, 사람을 위한다는 것이 오히려 화가 됩니다."

송) 노래한다.

중생도 아니고 상도 아니라네(不是眾生不是相)

따뜻한 봄에 버드나무 가지에 꾀꼬리 우짖누나(春暖黃鶯啼柳上)

산 구름, 바다 달의 정취를 모두 말해도(說盡山雲海月情)

여전히 알지 못하고 공연히 서럽구나(依前不會空惆悵)

서러워 마라(休惆悵)

구름 한 점 없는 하늘, 만 리에 모두 같나니(萬里無雲天一樣)

---

287) X66n1296007, 宗門拈古彙集卷第七, 古杭白巖嗣祖沙門 淨符 彙集, CBETA 電子佛典集成 » 卍續藏 (X) » 第66冊 » No.1296 » 第7卷, http://tripitaka.cbeta.org/X66n1296007

수행자가 최상의 깨달음을 얻고자 노력하는 상황을 먼저 가정하자. 부처님 말씀이 여래가 말한 중생은 중생이 아니며 상은 상이 아니라고 하니, 무슨 뜻인지 알 듯하지만 잘 모르겠다. 그런데 버드나무 위에 앉은 꾀꼬리는 봄맞이 노래를 하느라 야단이다. 마치 자기는 중생이 중생이 아니며 상이 상이 아니라는 말의 뜻을 알기나 하는 듯이.

이제 산과 구름이 만나 어떤 모습을 보일 것인가? 걸리고 넘어가고 내려오고 올라가는 구름이다. 걸고 넘기고 내려 보내고 끌어 올리는 것은 산이다. 구름과 산이 서로 어우러져 온갖 모습을 연출하며 상을 만들어 낸다. 그런데 그 상은 잠시도 가만히 있지를 못하고 무궁하게 변화한다. 어떤 동력에 의한 것인지 알 수 없지만, 무궁하게 변화하는 산과 구름은 짝하여 한 덩어리이다. 바다와 달은 또 어떤가? 해인(海印)이란 바다에 달이 찍은 도장이니, 수천수만 개의 달이 바다에서 빛난다. 무엇이 어디서 어떻게 보든 하늘에 걸린 달이 바다에서 빛난다. 달이 변하면 달이 찍는 도장도 변하고 바다가 출렁이면 달이 찍는 도장도 바뀐다. 바다와 달은 다른 것이면서 어우러져 천태만상의 상을 그려 낸다. 그러나 여전히 달은 오직 하나만 허공에 떠 있고, 바다도 여전히 하나만 펼쳐져 있다. 둘이면서 합하여 한 덩어리다. 합하지 않으면 그냥 각자 하나씩이지만, 합하여 무궁한 변화를 연출한다. 산과 구름, 바다와 달은 이렇게 그 사정을 이야기하는 것이다.

이는 마치 부처님의 무한한 설법을 연상하게 한다. 두두물물이 가르침을 주는 듯하다. 그런데 수행자는 이를 알지 못한 채 여전히 과거의 수행법에 얽매여 나아가지 못하고 있음을 상상해 보자. 뜻을 이루지 못하면 힘들고 외롭고 슬프고 서러운 것은, 속가인이나 출가자나 한 가지가 아닐까? 이에 얽매이지 않으면 이미 깨달음을 이룬 자일 것이다. 얽매이니 수행자인 것이 아니겠는가?

그래서 위로를 한다. 슬퍼하지 마라. 서러워하지 마라. 따뜻한 봄, 꾀꼬리, 산, 구름, 달, 바다 등이 연출해 내는 무한한 상들 속에 들어 있는 뜻은 아직 알지 못하였더라도, 만 리에 걸쳐 오직 한 가지 모양으로 있는 파란 하늘이 있는 이상, 언젠가는 오직 한 모양인 하늘의 뜻을 알지 않겠는가?

[공부]
두두물물이 모두 스승이다.

이 세상의 모든 사물이나 현상들이 부처님의 가르침이라는 것을 노래한 시들은 무수히 많다. 그중에서도 송나라 동파 소식(蘇軾)의 "동림사 총장로에게 드림(贈東林總長老)"이란 시를 살펴보자. 이 송에서 총장로는 조각상총선사(照覺常總禪師)를 가리킨다.[288]

   계곡의 물소리는 곧바로 광장설이고(溪聲便是廣長舌)
   산색은 어찌 청정신이 아니랴(山色豈非淸淨身)
   밤들어 팔만사천 게송(夜來八萬四千偈)
   어느 날에 이런 사람 또 보리요(他日如何擧似人)

광장설이란 부처님의 혀를 가리킨다. 부처님의 삼십이상 중 하나이다. 광장설이라고 하는 것은 혀가 워낙 길고 넓어서 얼굴을 모두 덮고 머리카락에까지 닿음을 형용한 말이다. 그러나 이 말은 어의가 전성되어 부처님의 막힘없는 설법 능력(辯才), 진실하고 여법하며 거짓되지 않은 말씀, 근기에 맞추어 안배하는 설법 등 의미를 포함하는 부처님의 말씀을 가리키는 말로 사용된다.

노래에서 산색이란 산의 모습을 말한다. 생긴 것은 물론, 나무와 풀이 이루는 숲과 그것이 시절에 따라 변화하는 모습 등을 가리킨다. 천변만화하는 가운데 그 본래의 청정한 모습은 늘 그 자리를 지키니, 이것이 법신이 아니겠는가? 천변만화는 응신이라고 보면 되겠다.

밤이 되면, 물과 산이 합창을 한다. 산촌에서 조금이라도 살아 본 사람은 안다. 산이면 산, 물이면 물, 산과 물이 합쳐서 이루어 내는 밤의 시간은 낮과는 또 다른 은밀함과 소란스러움의 화성음이다. 마치 야단법석을 연 것을 연상할 수 있다. 아니, 그 자체로 야단법석인 것이다. 그러니 그 모든 소리들을 부처님의 팔만사천법문에 비유할 수 있겠다.

이러한 사정을 모두 알 수 있다면, 그 또한 범인이 아니다. 자연을 있는 그대로 부처님의 가르침으로 받아들일 수 있는 것은 곧 부처님의 가르침이 자연에서 온 것임을, 자연의 법칙을 발견해 낸 것임을 알고 있음을 의미하기 때문이다. 이런 사람이 어찌 범부이겠는가? 수행력이 매우 깊은 사람이리라. 이런 사람은 드물다. 부처님 이후로 그런 사람이 나왔던가? 그러므로 언제 이런 사람을 또 볼 수 있을 것인가라고 탄식하는 것이리라.

---

288) X79n1559023, 嘉泰普燈錄卷第二十三, 平江府報恩光孝禪寺(臣)僧 (正受) 編, 賢臣下, 內翰蘇軾居士, CBETA 電子佛典集成 » 卍續藏 (X) » 第79冊 » No.1559 » 第23卷, http://tripitaka.cbeta.org/X79n1559023 참조.

[第九疑斷] '실체가 없고 원인도 아닌 것을 증득할 수 있는가(能證無體非因)?'라는 의심을 끊는다. 이 의심은 [第三疑]와 [第七疑]에서 나온다.

이렇게 안팎으로 비교해 볼 때 재시는 경을 지니는 것에 미치지 못한다. 왜냐하면, 깨달음은 후자를 가지고 얻기 때문이다. 그래서 언설은 원인이며 보리는 결과라고 의심하게 된다. 그러나 언설로서 과위를 증득한다고 말하면 이치에 맞지 않다. 왜냐하면, 과위는 무위이고, 무위는 실체가 있다. 원인은 유위이고 유위는 실체가 없다. 실체가 없는 도는 과위 중에 도달할 수 없다. 그러므로 그것이 원인이 아니라고 의심하는 것이다. 이 의심을 없애기 위하여, 무실무허하여 원래 유무에 속하지 않는다고 한다. 그러므로 경에서 말한다.

경) *"수보리야. 여래는 참말(眞語), 실한 말(實語), 맞는 말(如語)을 하지, 거짓말(誑語), 딴말(異語)은 하지 않는 분이다."*
須菩提如來是眞語者實語者如語者不誑語者不異語者。

참말을 한다 함은 여래가 자의에 따라 하시는 말씀으로 다른 사람에게 추호도 왜곡되지 않는 말을 하는 것을 가리킨다. 이는 일체 유정, 무정이 모두 불성을 가지고 있음을 의미한다. 실한 말을 한다 함은 망령되지 않고 차별적이지 않는 말만 하는 것을 말한다. 또 말과 행위가 상응하는 것을 의미하기도 한다. 이는 중생이 악업을 지으면 반드시 괴로운 과보를 받음을 말한다. 여어(如語)란 법리에 맞는 말, 여실하고 여법한 말, 진실불허한 말을 가리킨다. 이는 중생이 선법을 수행하면 확정적으로 즐거운 과보가 있음을 말한다. 거짓말을 하지 않는다 함은 반야바라밀법은 삼세의 부처를 출생시켰으므로 결단코 헛되지 않음을 말한다. 딴말을 하지 않는다 함은 여래께서는 처음도 좋고 중간도 좋고 끝도 좋으며, 취지가 미묘하여 일체의 하늘, 마, 외도 중에 이보다 넘거나 빼어난 것이 없으며, 나아가 그 무엇으로도 깨뜨릴 수 없는 말씀을 하신다는 의미이다(육조 혜능).

미혹되면 온갖 것들이 모두 망령되고 참되지 못하며, 실하지 못하며, 여여하지 못하며, 거짓되고 차별이 있다. 그러나 깨닫고 나면 일체가 참되고 진실하고 여여하며, 거짓도 없고 차별도 없다. 또 진어자란 일체의 중생이 모두 불성을 가지고 있음을, 실어자란 일체의 법이 공하여 본래 존재하는 것이 없음을, 여어자란 일체 만법이 본래 부동한 것임을, 불광어자란 이러한 법을 들으면 모두 해탈을 이룸을, 불이어자란 일체 만법이 본래 저절로 공적하며, 장차 달라지지 않을 것임을 각각 의미한다.[289]

착어) 은혜를 아는 자는 적고 은혜를 저버리는 자는 많다(知恩者少負恩者多).

이 착어를 제대로 이해하기 위하여는 불교에서 은(恩, 즉 恩惠)이란 관념을 어떻게 인식하고 있는지 먼저 알 필요가 있다. 불교에서 은혜란 관념은 일체 사물이 모두 인연에 의하여 서로 생겨나고 존재할 수 있다고 보는 데서 시작된다. 이런 점에서 불교에서 말하는 은혜는 적극적인 면과 소극적인 면으로 나누어 볼 수 있다. 적극적인 면은 마음에 은혜의 관념이 있는 것을 말하며, 이는 불도를 수행하는 근본 요소가 된다. 예컨대, 『대승본생심지관경(大乘本生心地觀經)』에서는 부모, 국왕, 중생, 삼보 등 넷에 대한 은혜(四恩)를 들고, 우리는 반드시 항상 생각하고 기억해야 한다는 것이다. 그중에서 부모의 효양공덕과 불상 등에 대한 공양을 으뜸으로 친다. 이외에 여래가 대원력으로 중생을 제도하는 은덕도 반드시 생각하고 감응하여야 한다고 한다. 불교에서의 은혜에 관한 관념에 대하여 보다 자세한 내용은 다음 참조.[290]

소극적인 은혜란, 예컨대 친자, 부부의 은애 같은 것을 말하며, 항상 불도의 수행에 방해가 되고 걸림이 된다. 그러므로 반드시 자르고 끊어야 한다. 『법원주림(法苑珠林)』 제22권에 의하면, 승려가 출가하여 도를 이룰 때 다음 게를 반드시 지니고 있어야 한다고 하였다.[291]

---

289) 金剛經註解卷之三, 明 洪蓮編, http://tripitaka.cbeta.org/X24n0468003

290) T03n0159002~003, 大乘本生心地觀經卷第二~三, 大唐罽賓國三藏般若奉 詔譯, 報恩品第二之上~下, CBETA 電子佛典集成 » 大正藏 (T) » 第3冊 » No.0159 » 第2~3卷, http://tripitaka.cbeta.org/T03n0159002~003

291) T53n2122022, 法苑珠林卷第二十二, 西明寺沙門釋道世撰, 入道篇第十三(此有四部), 剃髮部第三, CBETA 電子佛典集成 » 大正藏 (T) » 第53冊 » No.2122 » 第22卷, http://tripitaka.cbeta.org/T53n2122022

삼계에 유전하는 동안(流轉三界中)

은애를 벗어날 수 없어라(恩愛不能脫)

은애를 버리고 무위에 들어서야(棄恩入無爲)

진실로 은혜를 갚는 것이네(眞實報恩者)

또 은혜를 생각할 때, 두 요소가 있음을 염두에 두어야 한다. 은혜를 베푸는 사람(施恩者)과 타인의 은혜를 알고 고맙게 여기는 자(知恩者)이다. 수행자의 가장 큰 지은(知恩), 즉 은혜를 아는 것은 깨달음을 이루는 것이다. 깨달음을 이룸으로써 부처님의 은혜, 스승의 은혜, 부모의 은혜 등을 한꺼번에 갚는 것이다.

그런데, 은혜를 아는 자가 적다는 것은 은혜를 입고도 모르는 체하는 자나 혹은 은혜를 은혜로 여기지 않는 자, 은혜 자체를 모르는 자 등 여러 부류가 있을 수 있다. 이런 자들은 은혜를 배반한 자라 할 수 있다. 은혜를 배반하는 것 중에 가장 큰 것이 출가자로서 깨달음을 이루겠다는 의지와 노력이 없이 남의 공양이나 밝히는 자(利養者)라 할 수 있겠다. 이외에 자신의 공부한 깨달음을 다른 사람에게 베풀지 않는 것(=보살도에 의한 회향심이 없는 것)도 중요한 배반이라 할 수 있다. 나아가, 불자이든 아니든, 부처님 등 삼보를 모욕하고(毁佛) 불교를 경만하여 핍박하고 불자를 탄압하는 것(法難)도 은혜를 모르는 자라 할 수 있다.

송) 노래한다.

두 개의 오백 문(文)이면 일관이고(兩箇五百是一貫)

아버지는 원래 남자라네(阿爺元是丈夫漢)

그를 대면하여 분명하게 말하였나니(分明對面報渠言)

좋은 마음에 어찌 좋은 보답이 없으리요(爭奈好心無好報)

진어자여, 실어자여(眞語者實語者)

껄껄껄, 그렇구나(阿呵呵喏喏喏)

중국 송나라 때의 화폐단위에 문(文)이 있었고, 1,000문이 일관(一貫)이었다. 그리고 일종의 지폐 혹은 어음으로서 전인(錢引)이 민간에 의하여 발행되었는데(물론 법적 제도는 뒷받침되어 있었다), 오백 문짜리와 1,000문(=一貫)짜리가 많이 발행되었다. 오백 문짜리 어음이 두 장이든, 일관 짜리 한 장이든 그 가치는 같은 것이다. 즉, 같은 가치의 것이 둘로 계산된다. 예를 들어 그렇다는 것이지, 생각하면 수천수만 가지의 조합으로 일관을 만들어 낼 수 있다. 이것을 확장하면 실상과 만유의 관계, 깨달음과 세간의 관계로 비유하는 것이 가능하다. 실상은 하나이지만, 이것이 보이는 현상이나 사물로 나타날 때는 무한한 모습을 갖게 되는 것이다. 부처님께서는 실상을 말씀하셨는데, 그러나 그것은 실제로 말씀하신 것이 아니며, 팔만사천 개의 법문으로 나타난 것이다. 요컨대 주목할 것은 일관이라는 말이다.

아버지라는 말은 자식이라는 상대를 놓고 대응하여 하는 말이다. 그러나 남자는 여자라는 전혀 다른 상대를 놓고 대응하여 사용하는 말이다. 하나의 모습을 가지고 있을 뿐이지만, 관계라는 조건에 의하여 자식에게서는 아비가 되고 여자에게서는 남자가 되는 것이다. 이 또한 실상은 하나이지만, 그 하나에서 수많은 변용이 있음을 비유한 것이라 할 수 있겠다.

그러면, "거(渠)"는 무엇을 가리키는 것일까? 앞의 두 구절에서 얻을 수도 없고 말할 수도 없는 하나의 실상에서 수많은 변용이 일어남을 보았다. 이어지는 구절에서 "거"라고 하면, 아마도 얻을 수 없고 말할 수 없는 그 무엇을 가리키는 것이라고 보면 되겠다. 대면하여 분명하게 말하는 것은 깨달음을 이루어 그 실상을 체득하겠다고 다짐한 것을 의미하지 않을까? 이런 좋은 마음, 반드시 깨달음을 이루겠다는 마음을 가지고 정진하다 보면 마침내 좋은 보답(好報)이 있지 않겠는가?

진어자여, 실어자여라는 말은 부처님을 직접 부르는 말이다. 경문에 이미 여래를 지칭하여 진어자, 실어자라고 부르고 있다. 그런데 굳이 진어자, 실어자를 부른 이유는 무엇일까? 부처님께서는 수많은 가르침을 주셨고, 그에 따라 수행하면 언젠가는 부처가 되리라는 수기를 주셨다. 그렇다면 정진하다 보면 마침내 실상을 꿰뚫어 깨달음을 완성하는 경지에 도달할 수 있을 것임을 약속한 부처님에 대한 믿음 때문이라고 할 수 있겠다. 마지막 구절의 웃음과 "그렇구나."라는 인정 어구는 자신의 믿음이 확실함을 다시 한번 확인하는 것이라 하겠다.

경) "수보리야. 여래가 얻은 법, 이 법은 실체가 없으나 빈 것도 아니다."
須菩提如來所得法此法無實無虛。

실체가 없다(無實)고 함은 법체가 공적하여 얻을 수 있는 상이 없음을 의미한다. 손에 잡히는 것이 없다는 뜻이다. 그러나 그런 중에도 본성이 가지고 있는, 갠지스강의 모래 수처럼 많은 덕용(德用)은 없어지지 않기 때문에 빈 것도 아니다(無虛)라고 하였다. 그 실체를 말하고자 하면 얻을 수 있는 모습(형체)이 없고, 그 비었음을 말하고자 하면 쓰임이 무한하다. 그러므로 없다고 말할 수도 없고 있다고 말할 수도 없어서, 없으나 없지 않다고 말하는 것이다(眞空妙有). 말이나 비유로 미치지 못하는 것은, 그것이 유일하게 진정한 실상이며 증득할 수 있을 뿐, 말이나 글로서 설명하거나 묘사할 수 없기 때문이다. 그리고 이러한 실상, 깨달음은 만약 상을 버리지 않으면, 아무리 수행하더라도 도달할 수 있는 경지가 아니다.

착어) 물속의 짠맛이요 색 속의 아교로다(水中鹹味色裏膠淸).

소금이 물에 녹아 있으면 짠맛만 남을 뿐 소금은 소멸된다. 단청은 아교가 있어야 제대로 채색되어 오래 유지되지만, 단청 속의 아교는 착색의 역할을 할 뿐 그 모습을 잃는다. 소금이나 아교는 물속에서, 단청 속에서 그 쓰임(用)은 남았으나 그 모습(相)은 소멸되고 없다. 소금과 아교는 무실무허인 것이다.
그러므로 여래가 얻은 법도 그것이 무엇인지를 알려고 하면 그 상은 보이지 않는다. 얻은 것이 없기 때문이다. 얻었다고 하면 없는 상을 스스로 만든 것에 불과하며, 그것은 결코 여래의 법이 아니다. 그러나 여래가 얻은 법은 중생들이 깨달음의 세계, 열반으로 나아갈 수 있는 도구로서의 용도는 최상이다. 여래의 법은 상은 없으나 쓰임은 많은 것이다.

송) 노래한다.

단단하기는 쇠와 같고 부드럽기는 연유와 같으며(硬似鉄軟如酥)
볼 때는 있으나 찾으니 없구나(看時有覓還無)
그렇게 걸음마다 항상 서로를 지키지만(雖然步步常相守)
요컨대 또 누구도 그를 알지 못하네(要且無人識得渠)
허(咦)

여래가 얻은 법은 무실무허하다고 하였다. 무실과 무허의 대비이다. 상반되는 두 성질을 모두 갖추고 있는 것이 여래의 법인 것이다. 이를 받아서 송에서도 상반되는 성질들을 대비시켜 여래의 법의 특성을 노래하고 있다. 즉, 여래가 얻은 법은, 첫째, 단단한 쇠와 부드러운 연유(치즈)의 두 성질을 모두 갖추고 있다. 쇠처럼 단단하니 쉽게 깨어지거나 성형되지 않는다. 그리고 쇠 중에서 가장 단단한 금강은 무엇이든 깨뜨리지 못할 것이 없고 무엇으로도 깨어지지 않는다. 다음, 부드러운 연유와 같아서 어떤 형태로든 성형이 가능하다. 이 세상의 어떠한 모습, 어떠한 상에 대해서도 그 형태에 맞춤형으로 들어갈 수 있으며, 만들어지고 섞일 수 있다. 여래의 법은 어떤 근기에 대해서도 맞춤형으로 알맞게 적용될 수 있다. 여래가 증득한 법은 이 두 상반된 성질을 모두 맞춤할 수 있는 성질의 법이다. 바로 실상이기 때문이다.

또한, 보면 보인다. 그러므로 무허이다. 그러나 막상 '이것이다, 혹은 저것이다.'라고 확정하려고 하면 모습이 잡히지 않는다. 공한 것이다. 잡을 것이 없으므로 무실인 것이다.

그런데 중요한 것은 이 상반된 성질이 항상 함께 있다는 것이다. 이는 모순이 아닐 수 없다. 오직 부처님께서 얻으신 실상만이 그럴 수 있을 뿐이다. 시방삼세에 존재하는 모든 존재에 있어서 오직 부처님이 이루신 최상의 깨달음만이 그러할 뿐이다.

그런데 이 실상은 우리들 각자가 모두 갖추고 있는 것이다. 실상, 진여, 법계, 법성, 본성, 자성, 불성 등 여러 가지 명칭(이름)으로 불리고는 있지만, 모두 동일한 것을 가리키는 말이며, 바로 부처님께서 깨달으신 아뇩다라삼먁삼보리인 것이다. 그러나 우리들 중생은 그것이 우리에게 내장되어 있음을 알지 못한 채, 밖에서 찾으려고만 하니, 무수한 겁을 지나며 끊임없이 육도를 윤회하면서도 깨달음을 이루지 못한 채 인연생사(因緣生死)를 거듭하고 있는 것이다. 이것은 어찌 탄식할 일이 아니겠는가?

[第十疑斷] 진여는 두루하여 얻음이 있기도 하고 없기도 하다(如徧有得無得)는 의심을 끊는다. 이 의심은 위 "부주상보시(不住相布施)"에서 나온다.

만약 증득한 법이 태어남도 없고 본성도 없어서 (속이) 찬 것도 아니고 빈 것도 아니라면, 이는 곧 제불의 제일의몸(第一義身)이다. 이것을 씨앗으로 삼아 두 몸을 성취한다. 보살은 무슨 까닭으로 증득한 법을 버리고 이 평등에 머물며 보시를 행하는가? 진여는 언제든지, 어느 곳에나 있다. 이미 시공에 두루하여, 즉 모두 얻을 수 있다. 무슨 이유로 얻은 것이 있다고 하면서 또 얻은 것이 없다는 것인가? 이 의심을 없애기 위하여 경에서 말한다. (功德施菩薩)

경) "수보리야. 만약 보살이 마음을 법에 머물며 보시하면 사람이 어둠 속에 들어가 아무것도 보지 못하는 것과 같다. 만약 보살이 마음을 법에 머물지 않고 보시하면, 마치 사람이 눈을 가지고 해가 밝게 비치는 곳에서 온갖 사물(色)을 보는 것과 같다."
須菩提若菩薩心住於法而行布施如人入闇即無所見。若菩薩心
不住法而行布施如人有目日光明照見種種色。

왜 법에 마음을 머물면 보지 못하고, 마음을 법에 머물지 않으면 볼 수 있을까? 여러 차례 말했지만, 어떤 것에 마음을 머문다는 것은 그것에 집착함을 가리키며, 집착은 곧 상을 만들고, 상은 또 집착을 유발한다. 상과 집착이 있는 이상, 그 상을 가지고 집착하는 대상으로부터 자유로운 시각으로 보는 것은 불가능하다. 즉, 상이라는 프리즘을 통하여 세상을, 세상의 모든 법을 투영하여 보기 때문에, 프리즘을 통과하면서 정확한 제 모습은 잃고 왜곡된 것을 보게 되는 것이다. 모든 중생은 바로 이 자신이 가진, 상이라고 하는 프리즘을 통하여 세상의 모든 것을 투영하여 보기 때문에 투영으로 인하여 왜곡된 상을 볼 뿐, 정확한 모습, 즉 실상을 보지 못한다는 것이다. 그러므로 그 어떤 것에 대하여도 마음이 머물지 않는, 즉 상을 버리고 집착하지 않으면, 왜곡이 일어나지 않으니 실상을 볼 수 있는 것이다. 이것은 마치 대낮에 눈을 가진 사람이 명명백백하게 사물을 볼 수 있는 것과 같은 것이다.

예컨대, 보시와 관련하여 보면, 일체법에 마음이 머물러 집착하면 삼륜체공(三輪體空)이 아니어서 소경이 어둠에 처하여 보지 못하는 것과 같다. 나의 것이란 생각과 보시에 따른 결과의 획득이라는 두 개의 상이 중첩된 프리즘으로 보시를 바라보게 되므로 전도된 생각이 지배할 뿐이기 때문이다. 그러나 보살이 항상 반야바라밀을 행하며 집착함이 없고 상이 없이 행하면 마치 사람이 눈을 가지고 환한 대낮에 무엇이든 볼 수 있는 것과 같다. 두 개의 상이 중첩된 프리즘으로 보시를 바라보지 않으므로 전도된 생각으로부터 자유롭기 때문이다.

> **경)** *"수보리야. 오는 세상에 어떤 선남자 선여인이 이 경을 받아 지니고 읽고 외울 수 있다면, 여래는 불지혜(佛智慧)로서 이 사람이 헤아릴 수 없고 가없는 공덕을 모두 성취하는 것을 모두 알며 모두 본다."*
> **須菩提當來之世若有善男子善女人能於此經受持讀誦則爲如來以佛智慧悉知是人悉見是人皆得成就無量無邊功德。**

다가올 내세라 함은 여래가 입멸한 후 후오백세의 혼탁한 세상을 말한다. 이 시대에서는 삿된 법이 다투어 일어나 정법이 행해지기 어렵다. 이러한 중에도 만약 어떤 선남자, 선여인이 경을 만나 스승으로부터 배우고 수지독송하며 마음에 새기고 정진하여 망령되지 않으며 올바른 수행에 의지하면, 그 선남자, 선여인은 깨달음을 이루어 부처의 지견(佛知見)에 들어 능히 아뇩다라삼먁삼보리를 이룰 수 있다. 그리고 이것을 삼세제불이 모두 알며, 모두 본다는 것이다. 거듭 말하지만, 삼세의 제불이란 모두 해당 선남자, 선여인이 내장하고 있는 자성불을 가리킨다.

> [공부]
> ## 불지혜와 불지견
>
> 불지혜(佛智慧), 혹은 불지(佛智)란 부처님의 지혜를 말한다. 아뇩다라삼먁삼보리(阿耨多羅三藐三菩提, Annttarasamyaksambodhi)를 가리킨다. 무상정등각, 살반야, 일체종지(一切種智) 등도 같은 뜻이다. 그 참된 지혜는 바르며 잘못이 없는 것이기 때문에 위없이 바른 지혜(無上正智)이다. 모르는 법이 없기 때문에 일체종지라고 한다. 『지도론』 제46권에 의하면, "불지혜는 두 가지가 있다. 하나는 무상정지이고 다른 하나는 일체종지이다."라고 하였다.[292] 그리고 동 제85권에서는 "오직 부처님 한 분의 지혜만을 아뇩다라삼먁삼보리라고 한다."라고 하였다.
>
> 불지견(佛知見)은 제법의 실상과 이치를 비추어 온전하게 아는 부처님의 지혜이다. 이는 두 지혜 중 일체종지의 쓰임으로 지체(智體)에 대하여 안다(知)는 뜻이다. 또 불지견은 오안 중 불안(佛眼)의 쓰임이기도 하다. 그러므로 눈에 대하여 견(見)이라고 한다. 보살이 깨달음을 이루어 가는 순서에 따라 불지견의 상태를 보면, 처음에는 십주위(十住位)에서 일 푼의 무명을 끊고 약간의 지견을 얻는다. 이를 불지견을 연다고 한다. 그리고 십지의 최종에 이르면 무명을 모두 끊고 원명(圓明)을 지견하게 되는데, 이를 불지견에 들어간다고 한다. 석가모니부처님이 세상에 태어난 것은 일대사인연으로, 이 불지견으로 들어가는 깨달음을 보여주기 위함이다. 『법화경』 방편품에 의하면, "(부처님은) 중생이 불지견의 길에 들어가 불지견을 깨닫도록 하고자 세상에 출현하셨다."라고 하였다.[293]

경) 수보리야 ~ 가없는 공덕(須菩 ~ 功德)

착어) 땅으로 인하여 넘어지면 땅으로 인하여 일어나라. 땅이 그대에게 무슨 말을 하던가(因地而倒因地而起地向你道甚麼)?

---

292) 25n1509046, 大智度論釋乘乘品第十六(卷第四十六), 龍樹菩薩造, 後秦龜茲國三藏鳩摩羅什譯, 大智度論釋無縛無脫品第十七CBETA 電子佛典集成 » 大正藏 (T) » 第25冊 » No.1509 » 第46卷, http://tripitaka.cbeta.org/T25n1509046

293) T09n0262001, 妙法蓮華經卷第一, 後秦龜茲國三藏法師鳩摩羅什奉 詔譯, 妙法蓮華經方便品第二, CBETA 電子佛典集成 » 大正藏 (T) » 第9冊 » No.0262 » 第1卷, http://tripitaka.cbeta.org/T09n0262001

미혹이나 깨달음도 마음을 떠나지 않으며, 넘어지거나 일어남도 땅에서 벗어나지 않는다. 즉, 미혹도 마음의 작용으로 인한 결과요 깨달음도 마음의 작용에 의한 결과인 것이다. 이는 마치 넘어지는 것도 땅에서 벌어지는 일이고 넘어졌다 일어나는 것도 바로 넘어진 그 자리(땅)에서 벌어지는 일인 것과 같다. 『종경록』 제7권에 의하면, "사람이 땅으로 인하여 넘어지면 땅으로 인하여 일어나는 것처럼, 일체 중생은 자기 마음의 근본지(根本智) 때문에 넘어졌으면 또한 그것으로 인하여 일어나야 한다."라고 하였다.[294]

어디에서건 사람이나 짐승이나 넘어지면, 그 넘어진 자리에서 일어나야 한다. 특별히 다른 조건에 의하여 이동되는 경우(예컨대, 남의 힘에 의하여 옮겨지는 경우)를 제외하고는 바로 그 넘어진 자리에서 자신의 힘으로 일어나야 하는 것이다. 이는 불교의 자력 구제의 이념상 당연한 것이다. 미혹으로 인하여 끊임없이 육도 윤회를 할 것인지, 수행을 통하여 반드시 깨달음을 이룰 것인지는 전적으로 자신의 마음과 의지에 달렸다. 미혹되는 것도 마음에 의하여 결정되며, 깨달음으로 가는 것도 마음에 의하여 결정되는 것이다.

땅이 넘어진 사람에게 무슨 말을 할 것인가? 이 물음은 넘어진 사람이 넘어진 바로 그 자리에서 일어나기 위하여 무엇을 알고 어떻게 해야 할 것인가의 문제이다. 넘어진 사람은 넘어진 원인을 찾고, 그것을 제거하거나 혹은 그것을 우회하여, 혹은 그것을 딛고 일어나는 방법을 찾아야 한다. 미혹에 빠져 끊임없이 생사를 윤회전생하고 있는 중생은 왜 그렇게 되었는지 원인을 찾아야 한다. 부처님의 가르침에 잘 제시되어 있고, 설명되어 있으므로, 불법을 열심히 공부하고 그 가르침대로 수행하면, 마침내 생사의 윤회를 떨치고 해탈의 피안으로 갈 수 있다. 즉, 최상의 깨달음을 이루게 되는 것이다.

---

294) T48n2016007, 宗鏡錄卷第七, 慧日永明寺主智覺禪師延壽集, CBETA 電子佛典集成 » 大正藏 (T) » 第48冊 » No.2016 » 第7卷, http://tripitaka.cbeta.org/T48n2016007

> [용어 해설]
>
> * 근본지(梵 mūlajñāna): 후득지(後得智)에 대응하여 사용되는 말로 무분별지의 하나이다. 근본무분별지(根本無分別智), 여리지(如理智), 실지(實智), 진지(眞智)라고도 한다. 진리에 딱 들어맞으며, 능연과 소연의 차별이 없는 일념의 참된 지(智)이다. 이는 온갖 지의 근본이며, 진여의 묘리에 계합하며, 평등하고 여실하며, 어떠한 차별도 없다. 이 지혜의 본성은 어둡지도 애매하지도 않다. 소위 바르게 증득한 지혜이며, 법체를 임의로 비추어 진리에 계합한다. 그러므로 여리지, 실지, 혹은 진지라고 하는 것이다. 십바라밀 중 반야바라밀은 근본지에 속한다.

송) 노래한다.

세간의 모든 일은 여상하지 않고(世間萬事不如常)
또 사람을 놀라게 하지도 않으며, 오래가나니(又不驚人又久長)
언제나 갈바람이 이른 것처럼(如常恰似秋風至)
사람을 서늘하게 할 생각이 없는데, 스스로 서늘해한다(無意涼人人自涼)

여상(如常)은 여(如)와 상(常)으로 나누어 보면 쉽게 이해할 수 있다. 여법, 여시, 진여 등의 말에서 보는 것과 같이 여라는 말은 있는 그대로, 본래의 모습을 가리킬 때 흔히 사용된다. 그리고 상은 무상, 평상 등의 말에서 보는 바와 같이 한결같음을 의미한다. 즉, 여상이란 말은 본래 모습 그대로 한결같음을 의미하는 말이다. 즉, 세상만사의 끊임없는 변동은 무상이요, 무상하므로 사람이 놀랄 일도 없으며, 또 그 무상함이 장구하다. 세상의 모든 것들은 무상한 것이다.

그러므로 여상, 즉 본래 모습이 한결같음은 사람이 알지 못하지만, 가을바람이 불어오면 사람들은 자신도 모르게 서늘함을 느끼는 것과 같이, 본래 모습의 한결같음은 자신도 모르게 저절로 알게 되는 것이다. 바로 저 무상한 것들을 통하여.

제15분 경을 지니는 공덕(持經功德分)

1. 의의

경을 수지독송하여 자신에게 이롭고 남에게도 이롭게 하는 공덕은 가없으며 말로 다 할 수 없다. 그러므로 이를 받아서 경을 지니는 공덕이라고 하였다. 경을 지닌다는 것이 무슨 의미인가? 앞에서도 여러 차례 말한 바와 같이, 경에서는 경을 배우고 익히며 유통하는 것과 관련하여 받아서 지니고(受持), 큰 소리로 읽고(讀經), 외우고(誦經), 베껴 쓰고(寫書), 다른 사람에게 해설하는 것(爲人解說)을 거론하고 있다. 이 다섯 가지 행위를 오종법사라고 하며, 경을 지니는 것의 구체적인 내용이라 할 수 있다. 구체적으로 보자.[295]

- 수지(受持): 여래의 말씀과 가르침(경론)에 대하여 견고한 믿음으로 이를 받아서 기억하여 잊지 않는 것. 단순히 경전을 얻어 간직하는 것만으로는 수지가 아니다. 과거 문자로 기록되기 전에는 혼자서 혹은 단체로 암송 혹은 합송으로 전승하였기 때문에 수지한다 함은 받아서 잘 익히고 단단히 기억하는 것도 포함하는 것이다.
- 독경(讀經): 바른 마음으로 단정히 앉아 경을 보면서 구절을 소리 내어 읽는 것
- 송경(誦經): 이미 익힌 것을 거듭 읽어 문자를 보지 않고 외우는 것(暗誦)
- 서사(書寫): 경문을 베껴 세상에 널리 유포하는 것
- 해설(解說): 경전의 언구와 내용을 남에게 설명하고 전파하는 것

---

295) T09n0262006, 妙法蓮華經卷第六, 後秦龜茲國三藏法師鳩摩羅什奉 詔譯 妙法蓮華經法師功德品第十九, CBETA 電子佛典集成 » 大正藏 (T) » 第9冊 » No.0262 » 第6卷, http://tripitaka.cbeta.org/T09n0262006

『대지도론』 제56권에서는 받아 지니는 것(受持)을 받음(受)과 지님(持) 둘로 나누어, 받는 행위는 믿음의 힘(信力)을 나타내고, 지니는 행위는 기억하는 힘(念力)을 의미하는 것으로 풀이하기도 하였다.[296]

송) 노래한다.[297]

중생과 수자는(眾生及壽者)
오온 위의 임시적인 허명(蘊上假虛名)
거북털이 실질이 없듯(如龜毛不實)
토끼 뿔이 형체가 없듯(似兔角無形)
사신공양도 망식에 의한 것(捨身由妄識)
목숨 보시도 미혹한 정식이라(施命為迷情)
솔직히 말해 복과 지혜를 비교하면(詳論福比智)
경을 수지함에 미치지 못하네(不及受持經)

중생을 포함, 삼세를 오가며 생사를 유전하는 모든 중생은 색수상행식의 오온으로 이루어져 있으며, 그러므로 현법의 중생 및 삼세의 중생들은 모두 자성이 없는 공한 존재이다. 거북 털과 토끼 뿔은 공한 존재를 가리키는 여러 비유 중의 하나이다. 거북의 털이란 바다에 오래 산 거북은 등에 해초들이 붙어 자라는 경우가 있는데, 이것을 거북의 털이라고 착각하는 것을 가리킨다. 토끼의 뿔이란 토끼의 두 귀가 쫑긋한 것이 멀리서 보면 마치 뿔처럼 보일 수 있는데, 이를 토끼의 뿔이라고 착각하는 것을 가리킨다. 둘 다 실질은 없고 착각에 의한 허상만 있는 경우인 것이다. 이들 비유는 오온의 인연화합에 불과한 우리가 마치 실체가 있는 존재인 것처럼 착각하는 것을 경계한 것

---

296) T25n1509056, 大智度論釋顧視品第三十(卷五十六), 聖者龍樹造, 後秦龜茲國三藏鳩摩羅什譯, 智度論釋滅諍亂品第三十一, CBETA 電子佛典集成 » 大正藏 (T) » 第25冊 » No.1509 » 第56卷, http://tripitaka.cbeta.org/T25n1509056

297) W09n0073h001 梁朝傅大士夾頌金剛經 第1卷, CBETA 電子佛典集成 » 藏外 (W) » 第9冊 » No.0073h » 第1卷, http://tripitaka.cbeta.org/W09n0073h001

이다.

그러므로 몸을 던져 목숨을 살리는 공양이나 목숨을 바쳐 부처님에게 공양하는 것이 복덕이 심히 많은 것은 분명하지만, 그것은 정식에 의한 것으로 인연화합의 공한 존재인 우리의 실체를 정확하게 인식시켜 주는 지혜가 아닌 까닭에 이를 인식하고 증장시킬 수 있는 지혜를 주는 경의 수지보다는 그 공덕이 적다.

이 경은 경을 수지하는 공덕을 왜 이렇게 크게 강조하였을까? 불교사적 관점에서 볼 때, 이 경은 대승불교가 일어나던 초기에 송출된 것으로 추정되는데, 이 시기는 대승불교가 기존의 부파불교와 대립각을 세우면서 부파불교가 속세의 여러 세력들과 유착함으로 인한 불교의 오염을 타파하기 위하여 부처님 말씀을 더욱 중요하게 내세우던 때였다. 이런 시각이 이 경에 많이 반영되어 경의 수지에 대한 공덕을 크게 강조하였던 것이 아닐까?

2. 내용

> 경) "수보리야. 만약 어떤 선남자, 선여인이 초일분에 갠지스강의 모래만큼 몸을 보시하고, 중일분에도 갠지스강의 모래만큼 몸을 보시하며, 후일분에도 또한 갠지스강의 모래만큼 몸을 보시하기를, 헤아릴 수 없는 백천만 억겁 동안 몸을 보시한다면, 또 만약 어떤 사람이 이 경전을 듣고 신심이 거스르지 않는다면, 후자의 복이 전자보다 수승하다. 하물며 서사하고 수지하며 독송하고 다른 사람에게 해설해 줌에랴."
> 須菩提若有善男子善女人初日分以恒河沙等身布施中日分復以恒河沙等身布施後日分亦以恒河沙等身布施如是無量百千萬億劫以身布施若復有人聞此經典信心不逆其福勝彼何況書寫受持讀誦為人解說。

경에서 초일분, 중일분, 후일분이라고 함은 하루의 낮 동안이란 뜻이다. 그러므로 위 경문은, 하루 낮 동안 갠지스강의 모래 수만큼 많은 몸을 세 번씩이나 보시하기를 헤아릴 수 없는 백천만 억겁 동안 하였을 경우에 받을 복에 비하여 경을 듣고 믿음을 내는 것이 오히려 그 공덕이 더 크다고 말하고, 이어 경을 베껴 쓰고, 받아 지니고, 소리 내어 읽고, 암송하고, 자신이 이해한 바를 다른 사람에게 해설해 주는 등 오종법사를 행하는 경우의 복덕이란 이루 말할 수 없다는 것이다.

이미 말했듯, 몸을 보시하는 것을 사신공양(捨身供養)이라 하고, 이로부터 쌓는 공덕을 사신공덕(捨身功德)이라 한다. 자신의 목숨을 내걸고 하는 것이기 때문에 참으로 큰 공덕이라 하지 않을 수 없다. 더욱이 사신공양을 할 적마다 갠지스강의 모래 수만큼씩 하고, 이렇게 하루에 세 번씩 하며, 나아가 이러한 공양을 백천만 억겁 동안 할 때의 복덕은 무량할 것이다. 그럼에도 불구하고, 그 복덕보다 경을 듣고 신심에 거스르지 않음으로써 얻는 복덕이 더 수승하다는 것이다. 왜 그럴까? 사신공양으로 쌓은 복은 유루의 복임에 비하여 경을 지니는 등으로 쌓은 복은 무루의 지혜이기 때문이다. 유루의 복은 마음에 능소가 있으나 무루의 복은 마음에 능소가 없기 때문이다. 또한, 유루의 행위인 사신공양은 중생견(衆生見)을 버리지 못하였으나, 경을 받아 지니는 등의 행위는 무루의 행위로서 중생견을 버렸기 때문이다. 이상 몇 가지 이유로 후자가 전자보다 수승하다고 하는 것이다.

또 부처님께서는 앞에서 여래가 인욕바라밀의 실천과 관련하여, 가리왕 고사와 인욕 선인 시절의 고사를 이야기하였던 것 때문에 사람들이 사신공양에 뛰어들 수도 있다고 우려하여, 경의 수지, 독송, 서사, 남을 위한 해설의 공덕이 더욱 수승함을 강조하였을 수도 있다. 사신공양은 자신에게는 많은 복덕이 있을지 모르지만, 그 복덕을 남에게 나누어 주는, 보살도 실천을 위한 회향의 복덕이 부족하다.

신심에 거스르지 않는다(信心不逆) 함은 무슨 뜻일까? 앞에서 우리는 후오백세(말법시대)에 경을 듣고 놀라지 않고(不驚), 두려워하지 않으며(不怖), 겁내지 않고(不畏) 청정한 신심을 내는 사람은 참으로 희유하다고 하였다. 신심에 거스르지 않는다 함은 이런 마음 상태보다 진일보한 수준의 믿음을 가지고 있음을 의미한다.

> **[공부]**
> **하루의 시간 구분**
>
> 고대 인도에서는 낮과 밤을 가지고 각기 삼등분하여 낮을 셋으로 나누어 초일분, 중일분, 후일분이라 하고, 밤을 셋으로 나누어 초야, 중야, 후야라고 하였다. 이렇게 하루 밤낮을 여섯 등분하여 시간을 계산하였던 것이다. 이들 각 분을 현대의 시간과 비교하면 대체로 다음 〈표 6〉와 같다.
>
> **〈표 6〉 고대 인도의 일일 시각표**
>
> | 육분법 | | 현대시각 |
> |---|---|---|
> | 낮 | 초일분 | 오전 6시 ~ 오전 10시 |
> | | 중일분 | 오전 10시 ~ 오후 2시 |
> | | 후일분 | 오후 2시 ~ 오후 6시 |
> | 밤 | 초야 | 오후 6시 ~ 오전 10시 |
> | | 중야 | 오후 10시 ~ 익일 오전 2시 |
> | | 후야 | 익일 오전 2시 ~ 익일 오전 6시 |

착어) 사람이나 하늘의 과보는 없지 않으나, 불법은 꿈에서도 보이지 않는다
(人天福報即不無佛法未夢見在).

경에서 언급한 바의 보시행위, 즉 하루에 세 번씩 갠지스강의 모래 수만큼 많은 몸을 백천만 억겁 동안 사신공양하고 그 결과 받는 과보로서의 복덕은 인천(人天)의 복보이다. 인천의 복보란 이들 행위로 인하여 사람으로 태어나거나 하늘에 태어나서 즐거움을 누리는 복을 받는 것을 가리킨다. 하늘에 태어나거나 사람으로 태어나는 것은 지옥, 아귀, 축생(이상, 三惡道), 아수라에 태어나는 것보다는 좋은 과보(善道)이겠으나 육도를 생사유전하는 것에서 벗어날 수는 없고, 그 과보가 다하는 때에는 다시 악도에 떨어질 수도 있다. 즉, 유위의 세계에서 누리는 유루의 복인 것이다.

이런 유루의 보시행위로서는 불법을 이루기 어렵다. 보시가 육바라밀의 첫머리에 나올 만큼 중요한 수행행위인 것은 분명하지만, 더욱이 자신의 신명을 건 것이라면 더욱 중요한 수행행위이지만, 그것은, 법시가 아닌 이상, 지혜가 결여되어 있어 불법은 아니라는 것이다. 불법이기 위하여는 무루의 지혜여야 한다. 즉, 사상이 없고 마음에 집착이 없이 무명을 타파하는 것이어야 하는 것이다. 경에서도 일체의 상을 멸하면 곧 부처라고 하였다. 불법은 이런 유루의 보시행위에 있지 않음을 강조한 것이다.

송) 노래한다.

초중후일에 보시하는 마음을 내면(初中後日發施心)
공덕이 가없어 계산이 무궁하나(功德無邊算莫窮)
어찌 같으랴, 마음을 세우지 않은 신심으로(爭似信心心不立)
한 주먹 때려 크나큰 허공을 투철하는 것과(一拳打透太虛空)

경에서 말하는 바와 같이, 한 번에 갠지스강의 모래 수만큼의 몸을, 초일분, 중일분, 후일분 하루 세 차례씩 무량한 기간 동안 보시하면, 그 보시의 공덕은 참으로 커서 계산하기 어려울 것이다. 그러나 이러한 공덕이 비록 크고 많더라도, 유루의 것으로서 인간이나 하늘과 같은 좋은 세상에 태어나 즐거움을 누리는 복보를 받는 것에 그칠 뿐이다. 이러한 복보는, 집착하지 않는 신심으로 무명을 타파하여 큰 깨달음을 얻는 복덕에 미치지 못한다. 마음을 세운다 함은 집착하는 마음을 가리킨다. 한 주먹 때리는 것은 번뇌의 장애를 뛰어넘어 한 깨달음을 이루는 것을 의미한다.

궁극적으로 불교는 현세의 즐거움을 누리는 것이 목적이 아니라 깨달음을 이루어 부처가 되는 것이 목적이다. 그러므로 즐거움을 누리는 복보에 만족하여서는 오히려 깨달음에 방해가 될 수 있음에 유의할 필요가 있다.

경) "수보리야. 요컨대, 이 경은 불가사의하며 말로 헤아릴 수 없이 가없는 공덕을 가지고 있다. 여래는 대승을 낸 자를 위하여 (이 경을) 말씀하셨으며, 최상승을 낸 자를 위하여 (이 경을) 말씀하셨다."
須菩提以要言之是經有不可思議不可稱量無邊功德。如來為發大乘者說為發最上乘者說。

이 경을 지니고 있는 사람의 마음에는 나(我)라는 생각과 나의 것(我所)이라는 생각이 없다. 그러므로 그 마음은 불심이다. 불심의 공덕은 가없으므로 말로 헤아릴 수 없는 것이다. 이 불가사의하고 말로 다 할 수 없는 공덕이 있는 경은 소승을 낸 자를 위한 것이 아니라, 대승을 낸 자, 최상승을 낸 자를 위하여 설한 것이다.

소승은 나는 공하나 법은 공하지 않다(我空法有)고 주장한다. 그러나 대승은 나도 법도 공하다(我法二空)고 주장한다. 소승인은 법집에 사로잡혀 있으므로 경에서 법공을 주장하면 놀라고 두려워하며 무서워한다. 그러나 대승인은 아공, 법공을 이해하므로 경을 들어도 놀라거나 두려워하거나 무서워하지 않는다. 소승인은 회신멸지를 목표로 하여 자신의 무여열반에 집중하지만, 대승인은 자신의 멸도와 중생의 구제를 함께 추구한다. 그러므로 경은 대승을 낸 자를 위하여 말한 것이라고 한 것이다.

대승을 낸 자, 즉 대승인은 중생과 더불어 가리라는 발원심이 크기 때문에 세간, 출세간의 분별이 없고, 지혜가 넓고 커서 일체법을 잘 세울 수 있다. 때 묻은 법이라고 싫어하지 않고, 반드시 청정한 법만 구하여야 한다고 여기지도 않으며, 중생이라고 건너 줄 수 있다고 보지 않고, 열반이라고 증득하여야 할 것이라고 보지도 않는다. 이러한 대승자를 최상승자라 한다. 또한 최상승자는 중생을 건네주려는 마음도 내지 않으며, 중생을 건네주지 않으려는 마음도 내지 않는다. 이는 어느 것에도 집착하지 않음을 의미한다. 이것을 최상승이라 하며, 일체지라고도 하고, 무생인이라고도 하며, 대반야라고도 한다. 누군가가 부처님의 무상도를 구하려고 발심한 다음 이 상 없고 무위하며 심히 깊은 법(금강경)을 들으면, 곧 믿고 이해하며 수지하고 남을 위하여 해설하여 그 깊은 깨달음을 훼방하지 않고 대인력(大忍力)과 대지혜력과 대방편력을 얻어 바야흐로 이 경을 유통시킬 수 있다. 상근기의 사람은 이 경을 듣고 부처님의 뜻을 깊이 깨달아 자신의 마음에 경을 지니고 궁극에는 본성을 본다. 그리고 다시 다른 사람에게 이타행을 내고, 다른 사람을 위하여 해설하여, 배우는 자들 스스로 무상(無相)의 진리를 깨닫고 본성을 보아 여래의 무상도를 이룰 수 있도록 한다.

착어) 잡고 있는 한 가닥 실을 자르는 것처럼, 하나를 자르면 일체가 끊긴다
(如斬一握絲一斬一切斷).

실이란 한 가닥으로 이어져 있다. 여러 갈래로 이어진 실은 헝클어진 실이며, 이미 실로서 기능을 할 수 없다. 실은 오직 한 가닥으로만 이어져 있어야 비로소 실이다. 그러므로 실은 한 가닥을 자르는 것이 실의 모든 것을 자르는 것이며, 일체를 자르는 것이다.

잡고 있던 한 가닥 실이란 우리의 생명줄일 수도 있고, 삶을 지탱하는 마지막 보루일 수도 있으며, 깨달음을 가로막고 있는 마지막 관문일 수도 있다. 이러한 줄을 자른다는 것은 모든 것을 자르는 것과 같다. 이 줄이 잘리면, 모든 것이 끊어지는 것이다. 이는 깨달음을 이루기 위하여 생사를 건 용맹정진을 하는 것으로 볼 수 있다. 현애살수장부아(懸崖撒手丈夫兒)란 말과 같은 맥락의 말인 것이다. 절벽에서 손을 놓아야 장부라 할 수 있는 것처럼, 삶을 지탱하는 마지막 보루인 잡고 있던 생명줄마저 끊어야 비로소 새로운 경지, 새로운 세계를 볼 수 있는 것이다. 죽음의 고비를 넘겨야 새로운 삶의 경지를 여는 것과도 같다. 뒤집어 말하면, 깨달음을 이루기 위하여는 생명줄이라고 할 수 있는 마지막 한 줄까지 끊어야 하는 비장한 자세와 실천이 필요함을 의미하는 말이기도 하다.

[공부]

하나를 끊으면 일체가 끊긴다(一斷一切斷)

이는 화엄종 교의의 하나로, "하나의 번뇌를 끊으면 일체의 번뇌를 끊는다(하나의 번뇌를 끊는 것에 일체의 번뇌를 끊는 도리가 있음을 말한다)."라는 뜻이다. 화엄종은 무진연기의 이치를 근거로 이 종지를 이야기한다.

화엄종은 "법성은 융통하며(法性融通), 연기는 서로 말미암는다(緣起相由)."라는 두 개의 법문을 가지고 근본 교의로 삼고 있으며, 이로부터 제법의 일즉일체의 도리와 중중무진의 연기성을 논설한다. 이 중 법성이 융통함은 이사무애를 밝힐 수 있으며, 연기의 서로 말미암음은 사사무애를 밝힐 수 있다. 두 법문의 관계는 하나의 일 중에 전체의 이치를 갖추고 있고, 그러므로 하나의 일 중에 많은 일들이 현현된다고 한다. 이는 곧 이사가 무애하며, 그러므로 사사도 무애함을 말한다. 이 두 법문을 가지고 일체 제법을 설명한다. 그러므로 일체법은 모두 일즉일체의 도리 속에 포섭된다. 이러한 논리를 근거로 미혹을 끊고 수행으로 깨달음을 이루는 과정에서 다음과 같이 주장한다.

> - 하나가 막히면 일체가 막힌다(一障一切障)
> - 하나를 끊으면 일체가 끊긴다(一斷一切斷)
> - 하나를 행하면 일체가 행해진다(一行一切行)
> - 하나의 세우면 일체가 선다(一位一切位)
> - 하나를 수행하면 일체가 수행된다(一修一切修)
> - 하나를 이루면 일체가 이루어진다(一成一切成)
> - 하나를 증득하면 일체가 증득된다(一證一切證)
>
> 이들 설법은 단순히 이론적인 것이 아니라 실수실증의 일에 속하고, 그러므로 하나를 끊으면 모두 이룬다(一斷悉成)고 칭한다.

송) 노래한다.

한 주먹으로 화성관을 타도하고(一拳打倒化城關)
한 발길질로 현묘채를 쓰러프리며(一脚踢翻玄妙塞)
남북동서 사방으로 믿음의 행보를 할 것이지(南北東西信步行)
대비한 관자재는 찾지 말라(休覓大悲觀自在)
대승을 위해 말하고, 최상승을 위해 말하였나니(大乘說最上乘說)
한 몽둥이질, 한 매질의 흔적이고(一棒一條痕)
한 손바닥, 한 주먹의 피로구나(一掌一握血)

착어와 같은 맥락의 노래라 할 수 있다. 화성(化城)이란 『법화경』 화성유품에 나오는 화성을 가리킨다. 이 화성은 정진에 지친 중생들을 쉬었다 갈 수 있도록 임시로 만든 성이라고 한다. 마치 사막을 가로질러 무역을 하던 대상들에게 있어 오아시스와 같은 역할을 하는 것이다. 『법화경』은 화성을 일불승으로 가기 위한 중간단계로서의 성문승, 연각승, 보살승을 비유하였다.

송에서 화성관이라고 한 것은 의미가 깊다. 이미 여러 차례 말하였지만, 관이란 관문의 줄임말인데, 관문이란 한 지역에서 다른 지역으로 가기 위하여 지나가야 하는 중요한 성문, 검문소 혹은 요충지대를 가리킨다. 옥문관, 산해관 등에서 사용하는 관이란 이런 의미인 것이다. 선림에서는 보다 높은 단계의 깨달음으로 나아가기 위하여 돌파하여야 하는 중요한 장애를 가리킨다. 이렇게 보면, 화성관이란 성문과 같은, 초기불교나 아비달마시대 성인의 단계는 오히려 최상의 깨달음의 단계인 불승으로 나아가는데 장애가 될 수도 있음을 시사한다. 경에서 부처님께서 작은 법(小法)에 머무는 것을 경계하셨던 것도 이런 맥락이라고 말할 수 있다.

현묘채(玄妙塞)도 화성관처럼 수행자가 깨달음을 이루기 위하여 반드시 거쳐야 하는 관문의 하나이다. 현묘란 최상의 깨달음, 『법화경』에서 말하는 불각을 이룬 상태의 성질을 가리킨다. 불각을 이루면 현묘하다는 것이다. 그리고 채(塞)는 울타리를 의미한다. 화성관의 관이 문을 의미한다면, 현묘채의 채는 문을 가지고 있는 울타리를 의미하니, 관보다 한층 높은 단계에 있는 장애를 의미한다고 보면 될 것 같다. 관과 채를 이어서 보면, 성문을 지나, 보살승에서 머물러서도 안 되며, 현묘에 이르기 위하여 성채를 돌파하듯, 보살승을 돌파하여야 함을 가리키는 것이다.

한 주먹, 한 발길질이란 단숨에 돌파하는 것을 의미한다. 그러나 주먹을 다지고, 발과 다리에 힘을 기르지 않으면 주먹질과 발길질은 오히려 자신만 다칠 뿐이다. 말하자면, 육바라밀을 열심히 수행하여 한 주먹, 한 발길질로 관문과 성채를 돌파할 수 있도록 힘을 기르는 수행이 중요한 것이다.

이를 위하여 천하를 두루 섭렵하며 수행정진에 진력할 일이지, 타력에 의한 구원 같은 것을 구하지 말라고 한다. 자비를 상징하는 보살인 관자재보살을 찾는다 함은 외부의 힘을 빌려 그 가피력과 위신력으로 깨달음을 이루려 하는데, 이는 불가하다는 의미이다. 성문도 보살도 머물러서는 안 되는 지점이라고 하면, 관자재에게 의지하는 것은 깨달음을 향한 수행자의 자세가 아닌 것이다. 살불살조(殺佛殺祖)의 의지와 자세로 수행정진을 하여야 한다는 경고인 셈이다.

그런데, 깨달음을 모두 이루고 나면 무엇이 있는가? 모든 것이 소멸하고 적멸을 이루는 것이 최상의 깨달음이지만, 궁극적으로 아무것도 없다. 오직 수행과정에서 얻은 매질의 흔적, 흘러내린 피만 남았을 뿐. 그러나 이런 것들이 바로 진공묘유의 오묘함이라 할 수 있다.

> [공부]
> ## 부처를 죽이고 조사를 죽인다(殺佛殺祖)
>
> 선림 용어. 부처와 조사에 대한 집착을 초월하여 자신이 곧 시방세계를 궁구하는 경지에 도달하는 것을 가리킨다. 여기서 죽인다 함은 의지와 집착을 깨뜨려 없애는 것을 말한다. 부처를 죽인다 함은 부처에 대한 의지와 집착을 두드려 깨는 것을 가리킨다. 혹은 먼저 자신에게서 부처를 위한다는 의식을 없애야 비로소 진정한 부처가 될 수 있음을 가리킨다. 『경덕전등록』 제5권에 의하면, "학인이 부처의 자리에 앉으려거든, 부처란 정해진 상이 아니므로, 법에 머물지 말고 마땅히 취사(取捨)도 하지 말라. 그대가 부처의 자리에 앉으면, 곧 이는 부처를 죽이는 것이다."라고 하였다.[298] 또 임제록에 의하면, "그대가 여법한 견해를 얻고자 하거든 오직 인혹(人惑)을 받지 말라. 안으로든 밖으로든 집착하는 것을 만나거든 곧바로 죽이도록 하라. 부처를 만나면 부처를 죽이고, 조사를 만나면 조사를 죽이며, 나한을 만나거든 나한을 죽이고, 부모를 만나면 부모를 죽이고, 친족권속을 만나거든 친족권속을 죽여라. 그래야 비로소 해탈을 얻을 수 있다."라고 하였다.[299] 여기서 부처, 조사, 나한, 부모, 친족권속 등은 모두 의지와 집착의 대상이다.

경) "만약 누군가가 (경을) 수지독송하고 다른 사람에게 자세히 말할 수 있으면, 여래는 이 사람이 헤아릴 수 없고, 말할 수도 없으며, 가없고 불가사의한 공덕을 모두 성취하며, 이 사람이 곧 여래의 아뇩다라삼먁삼보리를 짐 질 것을 모두 알고 모두 본다."

若有人能受持讀誦廣為人說如來悉知是人悉見是人皆得成就不可量不可稱無有邊不可思議功德如是人等即為荷擔如來阿耨多羅三藐三菩提。

경의 이 장구는 법보시의 공덕이 무궁함을 천명한 것이다. 이 무위의 보시의 공덕은 재물이나 사신(捨身)에 의한 유위의 보시의 공덕에 비하여 더욱 수승함을 가리키기도

---

298) T51n2076005, 景德傳燈錄卷第五, 第三十三祖慧能大師, 第三十三祖慧能大師法嗣四十三人, [0240c07] 南嶽懷讓禪師, CBETA 電子佛典集成 » 大正藏 (T) » 第51冊 » No.2076 » 第5卷, http://tripitaka.cbeta.org/T51n2076005

299) T47n1985001, 鎮州臨濟慧照禪師語錄, 住三聖嗣法小師慧然集, CBETA 電子佛典集成 » 大正藏 (T) » 第47冊 » No.1985 » 第1卷, http://tripitaka.cbeta.org/T47n1985001

한다. 그리고 이런 사람은 여래의 깨달음을 얻을 것이며, 여래는 이 사람의 성취를 모두 알고 모두 지켜본다는 것이다.

법을 설하는 사람이 얻는 공덕은 가없으며 헤아릴 수도 없다. 이는 자신이 경을 듣고 가르침대로 그 뜻을 이해하여 수행할 뿐 아니라(自利), 또 남을 위하여 널리 중생들이 깨달음을 얻도록 할 수 있기(利他) 때문이다.

이러한 수행은 상 없고 집착 없는 행위를 통한 수행을 함으로써 실천될 수 있다. 이 수행은 대지혜 광명을 가지고 사바세계의 진로(塵勞=번뇌)를 벗어난다. 진로를 벗어나도 진로를 벗어났다는 생각을 일으키지 않는다. 이런 경지가 곧 아뇩다라삼먁삼보리의 단계라 할 수 있을 것이다. 이런 경지에 다다른 사람은 자신이 이룬 성취를 자신만을 위하여 간직하지 않는다. 널리 수많은 다른 중생들에게 그 깨달음을 전하여 그들도 같은 깨달음을 이루도록 이끌고 간다. 그것이 바로 여래의 최상의 깨달음을 짊지는(荷擔) 일인 것이다. 그리고 여래는 이 모든 것을 알고 모두 지켜보는 것이다. 여기서 여래는 내 안의 여래를 가리킨다.

착어) 손으로 태화산(大華)을 쪼개어 여는 것은 모름지기 거령신이다 (擘開大華手須是巨靈神).

대화(大華) 혹은 태화(太華)는 화산(華山)을 가리킨다. 중국 협서성 화음현 위하(渭河) 분지 남쪽에 있는 산이다. 이 산은 오악 중 서악에 해당하며, 중국에서 최고의 한 자리를 차지하고 있다. 낙안봉, 조양봉, 옥녀봉 등의 봉우리들이 마치 솟고 꺼진 모습이 연꽃을 닮았다 하여 화산이라고 불렸다 한다. 달리 태화산(太華山), 태화(泰華), 화악(華岳), 화악(華嶽), 서악(西嶽) 등으로 불리기도 한다.

태화산의 동봉은 따로 선인장(仙人掌)이라 불리는데, 이는 이 봉우리의 옆에 손바닥 모양의 흔적이 남아 있기 때문에 이를 따서 봉우리 이름을 선인장이라 하였다. 전설에 의하면, 황하의 하신(河神)이 손으로 산봉우리를 쪼개고 물길을 열어 황하로 물이 통하도록 하였다고 한다. 『벽암록』 제32칙 평창에 의하면, 거령신은 대신력을 가지고 있으

며, 손으로 태화를 쪼개고 물길을 열어 물이 황하로 흘러 들어가게 하였다고 한다.[300]

착어에서 거령신은 수행자를 가리키고, 대화(大華)는 깨달음에 이르는 관문을 가리킨다. 그리고 쪼개고 여는 것은 깨달음에 이르기 위한 수행을 가리키고, 그리하여 황하가 바다에 이르는 것은 여래의 아뇩다라삼먁삼보리를 얻음을 가리킨다. 또 쪼개고 여는 자는 거령신, 즉 수행자 자신으로서 여래의 아뇩다라삼먁삼보리를 짐진 자(荷擔)이다.

송) 노래한다.

쌓이고 쌓여 산악이 되나니(堆山積岳來)
일일이 모두 티끌일세(一一盡塵埃)
눈 속의 눈동자는 푸르고(眼裏瞳人碧)
가슴 속 기운은 천둥 같아라(胸中氣若雷)
변방으로 나가서는 고요하게 하고(出邊沙塞靜)
나라로 돌아올 때 영재를 꿰었구나(入國貫英才)
한 조각 작은 마음 큰 바다와 같나니(一片寸心如大海)
파도가 오고 감이 어떠한지 보이는가(波濤幾見去還來)

야트막한 야산이든, 에베레스트산 같은 큰 산이든 처음 시작은 작은 티끌이다. 티끌이 쌓이고 쌓여 마침내 오늘날의 산처럼 커진 것이다. 티끌 모아 태산이란 이런 경우를 두고 하는 말이다. 티끌이 번뇌를 가리키면 번뇌가 쌓이고 쌓여 생사유전을 벗어날 수 없는 올가미가 될 수 있겠지만, 티끌이 작은 수행의 기운을 비유하는 것이라면, 그것이 쌓이고 쌓여 마침내 부처가 될 수 있다. 티끌이 번뇌의 씨앗을 비유하는 것인가 혹은 열반의 씨앗, 의미 있는 수행의 시발점을 비유하는 것인가?

눈 속의 눈동자(瞳人=眼珠)는 사람의 마음을 비춰 주는 거울이라고 하였다. 마음이

---

300) T48n2003004, 佛果圜悟禪師碧巖錄卷第四, CBETA 電子佛典集成 》 大正藏 (T) 》 第48冊 》 No.2003 》 第4卷, http://tripitaka.cbeta.org/T48n2003004

혼탁하고 탐욕과 분노로 타오르면 눈이 붉게 충혈되고 눈동자가 번들거린다. 그러나 마음에서 탐욕이 사라지고 분노가 없어진 사람의 눈은 맑고 깨끗하며 그윽하다. 벽안(碧眼)은 푸른 눈을 가리키기도 하지만, 탐욕과 분노가 없어진 청정한 눈을 비유하는 말이기도 하다. 그러므로 눈이 푸른 것은 곧 수행이 깊어 탐욕과 분노 같은 번뇌가 사라진 상태를 묘사한다고 볼 수 있는 것이다. 가슴속에서 소용돌이치는 기운도 수행의 기운이 아닐까? 눈이 맑고 깨끗해지도록 수행을 하였다면, 가슴속에는 수행의 기운이 가득하여 깨달음을 향한 관문을 부수고 또 부수고 있을 것이다. 그 소리는 우레와 같고 그 힘참은 벼락과 같을 것이다.

변방이란, (중국 입장에서) 중원과 비교하여, 일반적으로 사람이 살기 위한 조건이 척박한 곳을 상징한다. 사막과 초원이 펼쳐져 있어 땅도 거칠고, 생산도 적고, 사람도 낯설고 말도 안 통하는 그런 곳. 또 중심에서 멀어서 문명도 떨어지고 문화의 혜택도 적은 곳. 이런 곳에 사는 사람들은 늘 기름진 중원을 동경하고 중원을 점령하려고 노리고 있다. 이런 곳으로 나가는 것은 국제적으로 큰 장사를 하는 대상이거나, 변방을 안정시키려는 군병일 것이다.

물리적으로 변방은 이런 곳이지만, 수행자의 입장에서라면, 변방이란 번뇌의 티끌이 가득한 곳, 번뇌의 티끌이 쌓이고 쌓여 만들어진 번뇌의 사막을 의미할 수 있다. 수행자는 이런 내 안을 건너가야 한다. 모래채(沙塞)란 변방으로 나가는 관문을 가리키지만, 수행자가 타파해야 하는 뇌관을 가리키는 것이기도 하다.

변방으로 오가는 자들이 줄어들면 고요해질 것이다. 그러나 다른 의미로 변방의 소요를 잘 진압하였기 때문에 고요해진 것일 수도 있다. 변방을 평정하는 공을 세웠다면, 그를 따르는 인재가 매우 많아질 것이다. 또 사람을 보는 안목이 커질 것이고, 인재를 가리는 능력도 쌓일 것이다. 수행자의 입장에서, 사막에서 초원에서 낯설고 물선 곳에서 어렵고 힘든 과정을 거쳐 수행력을 쌓았으니 지혜가 한층 높아졌을 것이고 번뇌를 이겨 내는 힘도 더욱 커졌을 것이다. 이는 깨달음의 단계가 더욱 성숙하였거나, 상근기의 자라면 한 소식을 들었을 것임을 의미한다.

그러므로 나라로 되돌아와서는 인재를 골라 쓸 여지가 생긴 것이다. 영재를 꿰는 것은 좋은 인재를 적재적소에 잘 쓰는 것을 말한다. 이는 곧 선지식이, 혹은 한 소식을 들은 이가 상대방의 능력, 근기에 맞추어 법을 설하고 후학을 접인하는 것을 의미한다. 경에서 말한 여래가 모두 알고 모두 보는 것은 송에서 말하는 영재를 꿰는 것이라 할 수 있겠다.

마음은 비록 작은 몸뚱이 속에 들어 있지만, 태허처럼 크고, 바다보다 깊다. 또한, 그 변화가 무궁무진하다. 그러나 깨달음이 고도화될수록 이러한 마음의 변화는 줄어든다. 종국에는 아무런 변화도 일어나지 않으며, 적정 그 자체가 되는 것이다. 열반이란 적정이기도 하고 적멸이기도 한 것이다. 그러니 파도가 일어나고 쓰러지는 것을 어찌 볼 수 있겠는가?

경) "왜냐하면, 수보리야. 작은 법(小法)을 좋아하면 아견, 인견, 중생견, 수자견에 집착하여 이 경을 듣고 받아 독송하며
다른 사람에게 풀어서 말해 줄 수 없기 때문이다."
何以故須菩提若樂小法者著我見人見眾生見壽者見即於此經不能聽受讀誦為人解說。

소법이란 소승의 법을 가리킨다. 『법화경』 제1권 방편품에 의하면, 근기가 둔한 자가 소법을 좋아한다고 하였다. 소법을 좋아한다 함은 이승의 성문인이 작은 성과를 이룬 것에 만족하며 큰마음(大心), 즉 대승을 이루고자 하는 마음을 내지 않는 것을 말한다. 이런 사람은 여래의 깊은 법을 받아 지니고 독송하며 이해하여 다른 사람에게 해설할 수 없다.

성문인이 큰마음을 내지 못하는 것은 자신의 깨달음과 열반(灰身滅智)으로 만족하고 남과 더불어 열반에 들겠다는 보살정신이 부족하기 때문이다. 큰마음을 내지 않기 때문에 대승을 지향하는 가르침에 마음을 두지 않는다. 마음을 두지 않으니 들어도 이해할 수 없고, 이해했다고 하더라도 받아들여 자기 것으로 만들어 남과 함께 공유하려고 하지 않는 것이다. 경은, 작은 법을 즐기는 자가 큰마음을 내지 못하는 이유를 아견, 인견, 중생견, 수자견이라는 사상에 집착하기 때문이라고 하였다.

소법을 좋아하고 큰마음을 내지 않는 것은 근기가 작기 때문이라는 주장도 있다. 법성게에 의하면, "우보익생만허공(雨寶益生滿虛空) 중생수기득이익(眾生隨機得利益)"이라고 하였다. 허공에 보배로운 비가 가득하여 중생에게 쏟아지지만, 중생들은 그 근기에 따라서 이익을 얻는다는 것이다. 즉, 부처님께서 같은 법을 말씀하셨더라도 그것을 받아들이는 중생의 근기에 따라 깨달음의 정도가 각기 다르다는 것이다. 이를 다른 말로 동청이문(同聽異聞)이라고 한다. 천태종에서 수립한 화의사교(化儀四敎) 중 제3의 비밀교와 제4의 부정교(不定敎)는 부처님 설법 시에 같은 한자리에서 들었어도(聽) 각자 배움(聞)이 다른 것은 소승의 근기를 가진 자는 소법을 배우고, 대승의 근기를 가진 자는 대법을 듣기 때문이라고 하는데, 이러한 주장을 동청이문이라고 한다.[301] 즉, 같은 말씀이지만, 근기에 따라서 다르게 이해함을 가리키는 말이다. 바꾸어 말하면, 큰 마음을 내지 못하는 근기를 가지고 있고, 그러한 사람은, 더 많은 시간 동안 수행을 거치거나, 부처님의 가르침과 같은 외부의 교화나 지도에 의한 자극이 주어지지 않는 이상, 소법을 좋아하는 소승인이 되는 것이다.

착어) 어진 자가 이를 보면 어질다고 하고, 지혜로운 자가 이를 보면 지혜롭다고 한다(仁者見之謂之仁智者見之謂之智).

어질다 함은 심성(心性)이고 지혜롭다 함은 지성(智性)이다. 어진 심성을 가진 자는 일이나 대상을 관찰하고 판단할 때 심성을 기초로 먼저 들여다보는 경향이 있고, 지혜로운 성품을 가진 자는 일이나 대상을 관찰할 때 사리에 합당한지 여부를 먼저 관찰하게 된다. 즉, 각자 자신의 근기에 따라 보고 듣는 것을 받아들이고 이해하게 된다는 뜻이다. 육바라밀을 가지고 말하면, 보시바라밀은 심성을, 마지막 여섯 번째 반야바라밀은 지성을 각각 가리킨다고 보아도 그리 틀리지는 않을 것이다. 그래서 심성이 깊은 사람은 남에 대한 배려에 더 큰 가치를 두고, 지성이 깊은 사람은 사물의 이치와 행위의 준칙에 더 큰 가치를 둔다.

그러나 어질든 지혜롭든 모두 한편으로 치우친 것임에는 같다. 좀 더 생각해 보면, 심성과 지성이 따로 있는 것이 아니라, 궁극에는 둘이 합쳐져서 둘이라는 관념이 소멸

---

301) 大藏經補編 第32冊, No.171 八宗綱要鈔(2卷),【凝然述】, 第2卷, 第六章 天台宗, 第三節 教判, http://tripitaka.cbeta.org/mobile/index.php?index=B32n0171002

되어야 깨달음을 이루는 것이다.

소법을 좋아하는 것은 아견, 인견, 중생견, 수자견 등 사상에 대한 견해를 가지고 분별하기 때문에 큰마음을 가질 수 없음에 기인한다. 이는 또 심성과 지성이 융통하여 원만하게 하나로 걸림 없이 완성된 상태가 아니기 때문이라고 할 수도 있을 것이다.

송) 노래한다.

영웅을 배우지 않고 독서도 하지 않으며(不學英雄不讀書)
물결 따라 이리저리 먼 길을 헤매는구나(波波役役走長途)
어미의 보장을 무심하게 사용하니(娘生寶藏無心用)
맛있는 음식을 모른 채 주려 죽누나(甘作無知餓死夫)

영웅이란 석가모니부처님을 가리킨다. 절집에서 대웅전이란 전각이 있는데, 이는 큰 영웅을 모신 전각이라는 뜻이다. 그런 곳은 대부분 석가모니부처님을 주불로 모시고 있다. 영웅이란 석가모니부처님을 가리키기 때문이다. 영웅을 배운다 함은 부처님의 행주좌와를 통하여 가르침을 따르는 것을 의미한다. 독서란 부처님이 남기신 법을 익히는 것을 말한다. 부처님의 가르침을 배우며 익히지 않는 것을 먼저 나무란 것이다.

부처님의 가르침을 배우고 익히지 않으니, 방향을 잡지 못한다. 방향성이 없으니, 바람이 부는 대로, 물결치는 대로 우왕좌왕할 뿐, 어디로 어떻게 가야 할지 알지 못한 채 헤맬 뿐이다. 짧게는 현생의 세상살이에 매몰되어 세상이 흘러가는 대로 물결처럼 흔들리며 탐진치 삼독심에 혹하여 살아간다는 의미이다. 길게는 무시이래로 지금까지, 미래에도 끊임없이 생사를 유전하는 것을 가리키는 말이기도 하다. 먼 길(長途)이란 끊임없는 생사의 유전을 가리킨다. 긴 밤(長夜)이라는 말과 같은 뜻이다. 두 번째의 이 구절은 수행한답시고 부처님의 가르침을 도외시하는 등 지향 없이 오락가락하는 수행자들을 탄식하며, 역설적으로 수행자로서 부처님의 정법을 배워서 따라야 함을 강조하는 의미도 있다.

어머니의 보장이란 어머니께서 숨겨 둔 보배 혹은 보배로운 저장물 혹은 보배창고라는 의미로 보면 되겠다. 어머니란 자식을 위한 헌신적 존재이다. 이 때문에 어머니는 사랑과 헌신의 대명사이다. 어머니는 마음 자체가 이미 자식을 위한 보물창고이다. 어머니는 부처님을, 보장은 부처님이 남겨 주신 모든 가르침을 가리키는 것으로 이해하면 될 것이다. 즉, 이 구절은 부처님께서 보배로운 가르침을 남겨 주셨지만, 이것을 무심히 사용하거나 사용하지 않는 상황을 가리킨다. 즉 부처님의 가르침을 방편으로 삼아 수행을 하지 않으면, 그 모든 가르침이 아무리 수승해도 전혀 소용이 없는 것이다.

맛있는 음식은 보장과 대응된다. 어머니가 부처님에 비유된 것과 상응하는 것이다. 부처님의 보장이 가르침이라면, 어머니의 보장은 맛있는 음식이다. 부처님께서 보장으로 중생들을 살리시는 것이라면, 어머니는 맛있는 음식으로 자식들을 먹여 살리는 것이다.

그런데 이 중생들은 부처님의 그러한 뜻을 알지 못하고 오탁악세를 스스로 만들고 스스로 그 속에 뛰어들어 스스로 고통을 겪고 있다. 마치 어머니가 맛있는 음식을 만들어 놓은 것을 모른 채 굶주리고 있는 아이들처럼.

> 경) *"수보리야. 곳곳마다 이 경이 있으면, 일체 세간의 하늘, 사람, 아수라가 공양하나니, 이곳이 곧 탑임을 알고, 모두 마땅히 공경하고 예배하며 감싸 돌고 온갖 꽃과 향을 그곳에 뿌리려야 한다."*
> 須菩提在在處處若有此經一切世間天人阿修羅所應供養當知此處則
> 為是塔皆應恭敬作禮圍繞以諸華香而散其處。

만약 누군가 입으로 반야를 송하며, 마음으로 반야를 행하고, 어느 곳에 있든 항상 무위(無爲), 무상(無相)의 행을 실행하면, 이 사람이 있는 곳은 불탑이 있는 곳과 같다고 할 수 있으며, 그런 사람은 일체의 하늘, 사람으로부터 공양을 받으며, 예를 다한 공경을 받는다. 나아가 경을 받아 지닐 수 있으면, 이 사람의 심중에는 저절로 세존이 있다고 할 수 있다. 그러므로 부처의 탑묘와 같다고 할 것이며, 이로써 얻는바 복덕은 헤아릴 수 없고 가없다. 부처를 공경하고 공양하는 하늘이나 사람은 부처의 사리가 있는 탑이나 묘를 부처님처럼 공경하고 공양하는 것은 당연하다.

나아가 아직 부처로 완성된 것은 아니지만, 부처님의 가르침을 가슴에 품고 부처가 되고자 정진하고 있다면 이 또한 잠재적인 부처라고 할 수 있다. 이에서 중요한 핵심은 이를 가능하게 하는 것이 바로 이 경이라는 것이다. 즉, 이 경은 부처님께서 대승자, 최상승자를 위하여 가르치신 바이고, 제불과 제불의 아뇩다라삼먁삼보리가 모두 이 경에서 나왔던 것이다. 그러므로 이 경에 의지하여 정진하면 부처가 될 수 있다는 것이다. 그렇다면 이 경에 대하여도 부처님이나 혹은 부처님의 사리가 모셔져 있는 탑처럼 대하는 것이 당연하다고 할 것이다. 우리가 불법승 삼보를 일체로 보는 것은 바로 이러한 의미를 담고 있다. 그러므로 이 경이 있는 곳은 부처님이 계시는 것처럼 여기고 공경공양하며, 오른쪽으로 세 차례 돌아 예배하고, 꽃을 뿌리고 향을 피워 장엄하여야 하는 것이다.

착어) 진주의 굵은 무(蘿蔔)이고, 운문의 호떡이다(鎭州蘿蔔雲門胡餠).

진주의 굵은 무(鎭州蘿蔔)에 관한 연기는 이러하다.[302]
승이 조주선사에게 물었다.
"화상께서 남전(南泉)스님을 친견하셨다고 들었습니다. 사실입니까?"
조주가 대답했다.
"진주(鎭州)에는 굵은 무가 난다."
問承聞和尚親見南泉是否師云鎭州出大蘿蔔頭
예로부터 진주에는 무가 많이 나기로 널리 알려져 있었다 한다. 또 조주스님이 남전스님을 친견하여 한 소식 얻었다는 것도 널리 알려진 사실이었다. 어떤 승이 조주스님에게 후자에 관하여 사실인지 여부를 질문하자, 조주스님이 널리 알려진 사실에 대하여 왈가왈부하지 말도록 말막음하기 위하여 전자와 같이 말했다고 볼 수 있다.

이로 미루어 볼 때, 진주의 무우(鎭州蘿蔔)라는 말은, 경에서 '이 경이 있는 곳은 부

---

302) J24nB137001, 趙州和尙語錄卷上, 參學門人文遠記錄, [車*度]轢道人大參重校, 雲門弟子明聲重刻 CBETA 電子佛典集成 » 嘉興藏 (J) » 第24冊 » No.B137 » 第1卷, http://tripitaka.cbeta.org/J24nB137001

처님이 계시는 것과 같으므로 일체 세간의 하늘, 인간, 아수라 등이 마땅히 공경하고 공양하며, 꽃을 뿌리고 향을 피워 장엄하여야 한다.'라고 한 말은 너무도 당연하여 다시 이야기할 것이 없다고 강조한 착어라고 할 수 있을 것이다.

다음, 운문의 호떡(雲門餬餅)이란, 소양호병(韶陽餬餅)이라고도 하며, 운문종의 조사인 운문문언(雲門文偃)선사와 모 스님 사이의 대화에 관한 것으로, 그 연기는 이러하다.[303]

어떤 스님이 운문선사에게 물었다.
"부처와 조사를 넘는다는 이야기는 무슨 말입니까?"
운문선사가 대답했다.
"호떡이다."

僧問雲門。如何是超佛越祖之談。門云。餬餅

호떡이라는 말 한마디로 부처의 마음이니, 조사의 뜻이니, 부처와 조사를 뛰어넘는다느니 하는 말을 허용하지 않음으로써 사량분별의 여지를 잘라 버린 것이다. 즉, 부처나 조사를 넘는다는 이야기는 하나의 호떡을 먹어치우는 일과 다를 것이 없다는 것을 드러내 보인 것이다.

호떡은 자신이 먹어야 먹는 것이다. 남이 아무리 먹어도 먹는 것이 아니다. 부처를 넘고 조사를 넘는 것도 자신이 넘어야 넘는 것이지, 남이 아무리 넘어 보아야 자신에게는 아무것도 아니다. 또 부처나 조사란 이런 것이며, 넘는다는 것도 이런 것이라고 아무리 설명해 보아야 의미가 없다. 호떡을 직접 먹어 보아야 하는 것처럼, 부처니 조사니 부처와 조사를 넘느니 하는 것도 직접 하지 않으면 아무런 의미가 없는 것이다.

이상의 간략한 설명으로 미루어, 야보천선사가 착어로 제시한 두 언구는 경이 있는 곳은 부처님이 계시는 곳과 같으니 모든 사람들이 공경공양하고 꽃과 향으로 장엄하여야 하며, 그리고 이는 특별한 날이나 시간에만 하는 것이 아니라 언제든지, 마땅히 하여야 할 가장 기본적인 일이며, 스스로 할 일임을 강조한 것이라고 할 수 있겠다.

---

303) T48n2003008, 佛果圜悟禪師碧巖錄卷第八, [七七], CBETA 電子佛典集成 » 大正藏 (T) » 第48冊 » No.2003 » 第8卷, http://tripitaka.cbeta.org/T48n2003008

[공부]
운문일자관이란

운문의 호떡이란 언구에서 보듯이, 운문선사는 학인을 접하여 교육할 때, 많은 경우, 간결하게 한두 글자로 말하여 선의 요지를 설파하였다고 한다. 선림에서는 이를 운문일자관(雲門一字關) 혹은 일자관이라고 한다. 예컨대, 『인천안목(人天眼目)』제2권에 다음과 같은 이야기가 있다.[304]

승이 운문선사에게 물었다.
"아비를 죽이고 어미를 죽이면 부처님전에서 참회를 합니다. 부처를 죽이고 조사를 죽이면, 어느 곳을 향하여 참회를 합니까?"
운문이 말했다.
"드러내거라(露)."
「殺父殺母, 佛前懺悔; 殺佛殺祖, 甚處懺悔?』師云:『露!』」
여기서 드러낸다 함은 법계에 두루하여 일찍이 숨긴 적이 없으니, 자기의 죄악을 자기에게 보여 참회하라는 의미이다.
『벽암록』제6칙에서는 다음과 같은 이야기가 있다.[305]

승이 운문선사에게 물었다.
"정법안장이란 무엇입니까?"
운문이 말했다.
"널려 있다(普)."
「問如何是正法眼藏? 門云: 普.」
여기서 널려 있다는 말은 정법안장이란 어떤 특별한 것이거나 비밀스러운 뜻이 있는 것이 아니라, 널리 누구나 알 수 있고 행할 수 있는 것이라는 뜻이다.

---

304) T48n2006002, 人天眼目卷之二一字關, CBETA 電子佛典集成 » 大正藏 (T) » 第48冊 » No.2006 » 第2卷, http://tripitaka.cbeta.org/T48n2006002

305) T48n2003001, 佛果圜悟禪師碧巖錄卷第一, 師住澧州夾山靈泉禪院評唱雪竇顯和尚頌古語要, 【六】, CBETA 電子佛典集成 » 大正藏 (T) » 第48冊 » No.2003 » 第1卷, http://tripitaka.cbeta.org/T48n2003001

송) 노래한다.

그대와 함께 걷고 또 함께 가며(與君同步又同行)
일어나고 앉음을 서로 끌어 준 긴 세월(起坐相將歲月長)
목마르면 마시고 배고프면 먹을 때 항상 대면하였기로(渴飮飢湌常對面)
모름지기 머리를 돌려 또 사량할 필요 없다네(不須迴首更思量)

 부처님께서 열반시에 제자들에게 자신에 의지하고, 경(계율)에 의지하라고 하셨다. 이는 경의 가르침에 따라 자기 스스로 수행하라는 말씀이었을 것이다. 부처님께서 열반하면 의지처가 없어진다고 애통해하는 제자들에게 주신 말씀이다. 이처럼 경이란 부처님의 가르침이고, 경전은 부처님의 가르침을 기록해 놓은 글(문서 혹은 말씀)이다. 그러므로 경이 있는 곳이나 경전이 소재하는 곳은 부처님이 계시는 곳과 다름이 없는 것이다(약간만 확장하면, 법신불이라 할 수 있다). 부처님께서 말씀하셨고, 이 말씀에 의지하라고 하셨기 때문이다.
 그리하여 수행자는 언제나 경과 함께 생활한다고 할 것이다. 사구게 하나라도 늘 생각하고 염두에 두며, 앉으나 서나, 걸을 때나 멈출 때나, 식사할 때나 청소할 때나, 대소변을 처리할 때나, … 언제나 경과 함께하는 것이다. 그리고 승방에서나, 길에서나 산에서나, 공양간에서나, 탁발할 때나, 보시를 받을 때나, 사람들에게 법을 해설할 때나, … 어느 곳에서나 경과 함께 있는 것이다.
 수행자는 경에 의지하고, 경은 수행자를 지탱해 준다. 그러므로 언제 어디서나 경과 수행자는 함께하고 있는 것이다. 그러니 따로 경을 생각할 필요가 없고, 경을 분별하여 나누어서는 안 되는 것이다. 언제나 어느 곳에서나 경이 곧 나이고 내가 곧 경이라는 마음으로 수행을 해야 하는 것이다. 뗏목의 비유(筏喩)가 주는 가르침은 깨달음을 이룬 이후의 일임을 명심해야 한다.

제16분 업장을 청정하게 하다(能淨業障分)

1. 의의

갠지스강의 모래 수만큼 많은 죄업을 남김없이 소거하고 없애서 그 과보가 헛되지 않으려면 얼마나 많은 겁을 지나야 할 것인가? 얼마의 기간이 필요할지 알 수는 없지만, 수행하고 또 수행하다 보면 마침내는 모든 때(無明)를 씻고 밝음을 되찾아 최상의 깨달음을 이룸으로써 모든 업장을 청정하게 할 수 있을 것이다. 최상의 깨달음을 얻음은 곧 청정무구해지는 것을 의미한다. "업장을 청정하게 한다." 함은 늘 마음을 청정하게 유지할 수 있으면 아무리 오랫동안 쌓인 죄업이었다 하더라도 언젠가는 모두 없애고 청정하게 할 수 있음을 천명한 것이다.

우리가 흔히 업장(業障)이라는 말을 많이 쓰고 있는데, 무슨 뜻인가? 이 말은 업(業, kamma, karma)이라는 말과 장(障, varana)이라는 말의 합성어이다. 업이란 몸(身)과 말(口)과 생각(意)으로 지은 온갖 행위를 가리킨다. 장이란 무언가를 제약하는 장애물이란 뜻이다. 불가에서 장은 대부분 삶의 무게를 무겁게 만든 원인을 가리키거나 깨달음으로 나아가는 수행과정에서 장애가 되는 것을 가리킨다. 그러므로 업장이란 업, 즉 행위로 인하여 발생하는 장애라는 의미이다. 이런 장애는 주로 나쁜 행위(惡業)로 인하여 발생한다. 그러나 선업이라도 집착하면 장애가 될 수 있는데, 예컨대 보시를 하지만, 주상보시(住相布施)는 삼륜이 청정하지 않고 오히려 교만을 증가시킬 수 있기 때문에 보시가 오히려 장애가 되는, 소위 업장이 될 수 있는 것이다.

간혹 업장이라고 할 때는 특별히 다섯 가지의 중죄, 오무간죄(五無間罪)에 해당하는 악행에 대해서만 업장이라고 하기도 한다. 즉, 이들 다섯 무간죄는 업장이라고 하고, 다른 일체의 악업은 업장이라고 하지 않고 깨달음으로 가는 길에 걸림이 되지 않는다고 보는 것이다.306) 오무간죄는, 모친 살해, 부친 살해, 아라한 침해, 승가의 화합 파괴, 의도적으로 부처님 몸에 피가 나게 하는 것(즉, 상처를 입히는 것) 등 다섯 행위이다.

송) 노래한다.

업은 마음으로 지은 것, 마음은 누구로 말미암나(業由心造心由誰)
마음의 죄는 응당 누가 저질렀는지 알리니(心罪當知誰所爲)
곧바로 죄를 잊고 마음이 소멸한 곳(直下罪忘心滅處)
깨달음의 하늘에 마음의 달이 찬란하게 빛나네(覺天心月燦光輝)

업을 몸(身), 말(口), 뜻(意)에 의하여 지어진 행위라고 하지만, 근본적으로는 마음에 의하여 지은 것이다. 몸으로, 말로 짓는 모든 행위도 그 바탕엔 마음이 있다. 그런데 마음은 누구로 말미암는지 의문이다. 이는 마치 '모든 것이 하나로 돌아가면, 그 하나는 어디로 돌아가는가?'라고 묻는 것과 같다. 모든 것이 마음으로 인한 것이라면, 그 마음은 무엇으로 인한 것인가? 일체가 마음이 지어낸 것이라면, 마음은 무엇이 혹은 누가 만든 것인가?

악업은 죄의 다른 말이기도 하다. 죄업이라고 하는 이유이다. 악업 혹은 죄업은 누가 짓는가? 물론 자신이 짓는다. 이때 자신이란 누구를 가리키는가? 인은 무아이고 법도 무아이다. 인무아, 법무아인데, 도대체 누가 있어 그 죄업을 짓는단 말인가?

죄는 본래 자성이 없다(罪無自性). 그러므로 무언가에 의지하지 않으면 안 된다. 죄가 의지하는 것, 그것이 마음이다. 마음이 자성이 있어서가 아니라, 마음의 작용에 의하여 죄업을 짓기 때문에, 죄업의 본체는 마음인 것이다(罪從心起). 그러므로 마음이 없어지면 그 작용인 죄도 또한 없어진다(心若滅時罪亦亡). 그리하여 죄도 마음도 모두 소멸하고 공해진 것(罪亡心滅兩俱空)을 진실한 참회(懺悔)라 하며, 이 진실한 참회에

---

306) T27n1545115, 阿毘達磨大毘婆沙論卷第一百一十五, 五百大阿羅漢等造, 三藏法師玄奘奉 詔譯, 業蘊第四中惡行納息第一之四, CBETA 電子佛典集成 》 大正藏 (T) 》 第27冊 》 No.1545 》 第115卷, http://tripitaka.cbeta.org/T27n1545115

의하여 비로소 마음이 청정해진다. 청정해진 상태를 깨달음의 하늘이라고 하면, 그곳에는 모든 때가 없어진 마음, 청정한 본래 마음이 회복되면서, 하늘에 달이 빛나듯 본래의 마음이 빛나는 것이다.

2. 내용

경) "또한 수보리야. 만약 선남자, 선여인이 이 경을 받아 지니며 읽고 외우다 이에 다른 사람의 업신여김과 천대를 받으면, 이 사람은 선세의 죄업으로 악도에 떨어져야 함에도 금세에 사람들로부터 업신여김과 천대를 받기 때문에 선세의 죄업이 소멸하고 아뇩다라삼먁삼보리를 얻을 수 있다."
復次須菩提若善男子善女人受持讀誦此經若為人輕賤是人先世罪業應墮惡道以今世人輕賤故先世罪業則為銷滅當得阿耨多羅三藐三菩提。

이 경을 지닌 사람은 제각기 일체 하늘과 사람의 공경과 공양을 받는다. 그러나 이 경을 받아 지니고 읽고 외우는데도 오히려 다른 사람들의 업신여김과 천대를 받는다면, 그것은 그 사람이 이전 세대(오랜 전생)에 지은 무거운 업장 때문에 그러하다. 이전 세대에 무거운 죄를 지었다면, 응당 악도에 떨어져 그 죄의 대가를 치러야 한다. 그러나 경을 받아 지니며 읽고 외우면, 이 사람은 아상, 인상, 중생상, 수자상 등 사상을 내지 않기 때문에, 다른 사람들의 공경과 공양은커녕 업신여김과 천대를 받더라도 인욕하며, 원한이나 친함을 묻지 않고 항상 공경하며, 원한에 괴로워하지 않고, 마음이 호탕하여 이리저리 재는 것이 없으며, 생각마다 항상 반야바라밀을 행함에 모름지기 물러섬이 없다. 이렇도록 수행정진을 하다 보면, 무량한 겁이 지난 시기에 이르러서는 가지고 있던 극악한 죄의 업장이 모두 소멸되고 최상의 깨달음을 이룰 수 있는 것이다.

이를 마음의 관점에서 바라보면, 경 중의 선세(先世)란 이전에 마음에 있었던(前念) 망심(妄心)이고 금세(今世)는 나중에 마음먹었던(後念) 각심(覺心)을 의미한다. 즉, 후념 각심을 가지고 있으면 전념 망심을 가볍게 보기 때문에 그 망심에 망령되이 머물지 않는다. 그러므로 선세의 죄업이 소멸한다고 하는 것이다. 망념이 이미 소멸하였으니 죄업이 성립되지 않고 이어서 보리를 얻는 것이다(육조 혜능).

**착어) 하나의 일이 씨앗이 되지 않으면, 하나의 지혜도 자라지 못한다
(不因一事不長一智).**

경험하지 않으면 지혜가 자라지 못한다. 특히 체득을 중시하는 선의 세계에서는 더욱 그러하다. 듣고 보고 아는 것은 단지 간접적인 체험으로서 알음알이의 수준이고, 이것을 자신의 것으로 체화하지 않으면, 그것은 지혜로서 소화되지 않은 채 겉돌게 된다.

경을 받아 지니고 읽고 외우는 등으로 얻게 되는 것은 알음알이 수준이고, 이것으로 말미암아 세상 사람들로부터 경멸을 받거나 천대받는 것은 인욕행이 아닐 수 없다. 경을 받아 지니고 읽고 쓰고 암송하는 것으로는 부족하다. 아뇩다라삼먁삼보리를 이루기 위하여는 자신의 것으로 소화하기 위한 체득의 과정이 필요한 것이 아니겠는가? 하나의 지혜가 자라기 위하여는 흡수한 지식, 알음알이를 나의 것으로 만드는 체화의 과정을 거쳐야 하는 것이다.

일이란 진리(理)를 타고 현실적으로 드러난 상태나 현상이다. 이치가 없으면 일이 생기지 않지만, 이치는 일로 말미암지 않고 드러나지 않는 것이다. 그러므로 이치가 없으면 일이 없고 일이 없으면 이치가 현재하지 못하므로, 일로 말미암지 않고서는 지혜가 자라지 못하는 것이다.

좀 심하게 말하면, 잘못을 저지르지 않고서야 그것이 잘못이라는 것을 어찌 알랴? 잘못을 저지르는 중에도 지혜를 터득하여 반야바라밀을 행하도록 하여야 하는 것이다. 망심(妄心)이 없어져야 각심(覺心)이 드러나는 것이며, 각심이 드러나기 위하여는 망심을 떨쳐내기 위한 노력(정진수행)이 있어야 하는 것이다. 요컨대, 경에서 선세에 저지른 죄업은 하나의 일이고, 이것이 씨앗이 되어 후세에 경을 수지독송함으로써 지혜가 되어, 끝내는 아뇩다라삼먁삼보리를 얻게 되는 것이다.

[용어 풀이]

* 망심(妄心): 허망하게 분별하는 마음을 가리킨다. 즉, 잡스럽고 오염되었으며 헛되고 거짓되어 생멸하고 바뀌는 마음을 가리킨다. 선악의 업을 일으킬 수 있는 업식을 가리키는 말이기도 하다.
* 각심(覺心): 본각의 미묘한 마음을 가리킨다. 한마음의 신령한 성품은 본래 미망이 없기 때문에 깨달음(覺)이라 한다. 원각경에 말하기를, "일체 중생은 각종 허깨비(幻化)이지만, 모두들 여래의 원각묘심을 일으킨다. 마치 허공의 꽃(空花)이 허공에서 존재하는 것처럼, 허깨비는 비록 소멸되어도 공성은 파괴되지 않는다. 중생의 헛된 마음(幻心)은 환각에 의지하여 소멸한다. 모든 환각이 다 소멸해도 각심은 부동이다."라고 하였다.[307]

[공부]

하나의 일로 말미암지 않으면, 하나의 지혜가 자라지 않는다

몇 명의 스님들이 와서 참례하자 운문선사께서 물었다.[308]
"무엇 하러 오셨는가?"
스님들이 말했다.
"땔감을 가지고 왔습니다."
선사께서 말했다.
"북으로 돌아가거든 이 늙은 중의 기대를 저버리지 말거라."
스님들이 대답하지 않자 선사가 또 말했다.
"세 명의 멍청이가 함께한다고 어찌 하나의 지혜라도 이루겠는가?"
그리고는 자답하였다.
"한 도가리[토막] 땅이지."
앞말을 받아서 말했다.
"하나의 일로 말미암지 않으면, 하나의 지혜도 자라지 않는다."
因數僧來參。師問。作什麼來。云般柴來。師云。歸向北去。不得辜負老僧。無對。復云。來來三愚共成一智作麼生。代云。一㽃地。代前語云。不因一事不長一智

---

307) T17n0842001, ◎大方廣圓覺修多羅了義經, 大唐罽賓三藏佛陀多羅譯, CBETA 電子佛典集成 » 大正藏 (T) » 第17冊 » No.0842 » 第1卷, http://tripitaka.cbeta.org/T17n0842001

308) T47n1988003, 雲門匡真禪師廣錄卷下, 門人明識大師賜紫守堅集, 勘辨, CBETA 電子佛典集成 » 大正藏 (T) » 第47冊 » No.1988 » 第3卷, http://tripitaka.cbeta.org/T47n1988003

송) 노래한다.

칭찬해도 깎아내려도 미치지 않나니(讚不及毁不及)
하나를 완료하면 만사를 마친다(若了一萬事畢)
모자람도 남음도 없어, 마치 태허와 같으니(無欠無餘若大虛)
그대를 위하여 바라밀이라 제목을 지으리(爲君題作波羅蜜)

칭찬해도 담담하고 욕해도 꿈쩍도 하지 않는다. 목계(木鷄)라는 이야기가 있다. 나무로 만든 닭이 아니라, 닭이 외부의 어떤 자극에 대하여도 흔들림이 없이 평정을 유지하는 것이 마치 나무로 만든 닭과 같다고 한데서 생긴 말이다. 이를 목계의 덕이라고 한다. 칭찬에도 폄훼에도 흔들리지 않고 담담할 수 있다면, 이미 높은 경지의 인욕바라밀을 이룬 사람이다. 이미 세상의 만사에 통하여 걸림이 없으니 어떠한 외부의 자극에도 흔들리지 않는 것이다.

만사는 하나로 통하고, 하나는 만사로 이어진다. 그러므로 그 하나를 원만하게 마치면 만사도 원만하게 이루어진다. 그 하나는 무엇일까? 본래면목이라고 할 수도 있고, 진여실상, 법성, 불성이라고 할 수도 있다. 최상의 깨달음, 아뇩다라삼먁삼보리가 그 하나일 수도 있다. 이 법계의 모든 일들, 만사는 모두 이 하나로부터 생겨났다. 그러므로 이 하나를 온전히 체득하면 만사를 알게 되는 것이다.

이 하나를 체득한 이상 외부의 어떤 자극에도 흔들리지 않는 부동심(不動心)을 가지고 있으니, 이 한마음이 곧 우주요 우주가 곧 한마음이다. 이 한마음은 우주처럼 모자람도 없고 남음도 없다. 태허란 곧 우주를 의미한다고 보아도 무방할 것이다.

이 노래를 지은 야보천선사는 이를 바라밀이라고 제목을 붙였다. 바라밀을 완성하면 진여실상에 이를 수 있으며, 본래면목을 되찾을 것이며, 외부의 그 어떤 자극에도 흔들리지 않는 부동의 한마음을 이룰 수 있기 때문에 실제로 달성된 결과로서의 최상의 깨달음보다 그것으로 가는 과정으로서의 바라밀을 택하여 제목으로 삼지 않았을까?

> [공부]
>
> ## 목계의 덕(木鷄之德)
>
> 목계(木鷄)는 나무로 만든 닭이란 뜻이다. 혹은 다른 닭들의 어떤 도발에도 꿈쩍도 하지 않아서 마치 나무로 만든 닭과 같다는 의미. 이로부터 어떤 일에도 흔들림 없이 중심을 잃지 않는 모습을 목계의덕(木鷄之德)이라고 표현한다.『장자(莊子)』달생편(達生篇)에 나오는 고사(古事)에서 비롯됐다.[309]
>
> 기성자(紀渻子)가 닭싸움을 좋아하는 왕(주나라 宣王)을 위하여 투계를 길렀다. 열흘이 지나 왕이 물었다.
> "투계가 완성되었는가?"
> 기성자가 대답했다.
> "아직입니다. 헛된 교만으로 제 기운을 뽐낼 뿐입니다."
> 열흘이 지나 왕이 또 물었다. 기성자가 대답했다.
> "아직입니다. 오히려 소리와 그림자에 반응하고 있습니다."
> 열흘이 지나 왕이 또 물었다. 기성자가 대답했다.
> "아직입니다. 노려보면 기가 세게 뿜어집니다."
> 열흘이 지나 또 물었다. 기성자가 대답했다.
> "얼추 된 듯합니다. (다른 닭들이) 자극하더라도 아무런 반응도 보이지 않고 마치 나무로 만든 닭처럼 바라보기만 할 뿐이니, 그 덕이 완전합니다. 다른 닭들은 감히 대응하지 못하고 달아날 것입니다."

경) "수보리야. 내가 연등불 이전의 무량한 아승기겁 과거를 생각해 보건대,

(나는) 팔백사천만 억 나유타 부처님들에게 모두 공양하며 받들어 모시고,

헛되이 지나침이 없었다. 만약 또 어떤 사람이 뒤의 말세에 능히 이 경을 받아

지니고 읽고 외운다면, (그가) 얻는 공덕에 비하여 내가 부처님들께 공양하였던

공덕은 백 분의 일에도 미치지 못하며,

천만 억 분 내지 산수 비유로도 미칠 수 없다."

須菩提我念過去無量阿僧祇劫於然燈佛前得值八百四千萬億那由佗諸佛悉皆供養承事無

---

309) 中國哲學書電子化計劃, 先秦兩漢 〉道家 〉莊子 〉外篇 〉達生 〉9, https://ctext.org/zhuangzi/full-understanding-of-life/zh

空過者若復有人於後末世能受持讀誦此經所得功德於我所供養諸佛功德百分不及一千萬億分乃至算數譬喩所不能及。

　갠지스강의 모래 수만큼 많은 부처님을 공양하고, 삼천대천세계를 가득 채우도록 보물을 보시하며, 미진수만큼 많은 사신공양을 하여 얻는 공덕이 비록 많더라도, 그 복덕은 경을 지니는 것에 미치지 못한다고 하였다. 미치지 못하는 정도가 아니라 산수비유로도 미칠 수 없다고 하였다. 이는 부처님께서 직접 말씀하신 것이니 모두 참일 것이다. 왜 그런가?

　경이 중요한 이유는 부처님의 가르침을 기술하고 있기 때문이다. 이는 곧 부처님의 가르침이 그 안에 담겨 있음을 의미한다. 그러므로 경전을 통하여 부처님의 가르침에 따라 일념으로 무생의 이치를 깨달으려고 희망하는 마음을 내어 노력하는 한편, 세속적 욕망을 성취하고자 하는 마음을 멈추고 중생의 전도된 알음알이와 견해(知見)를 버리면 곧 바라밀행을 실천하는 것이고, 이로써 피안에 이르러 삼도를 영원히 벗어나 무여열반을 증득하기 때문에, 경전을 받아 지니고 읽고 외우는 공덕이 무량하게 많은 부처님을 빠짐없이 모두 받들어 공양하는 것보다 더욱 수승하다고 하는 것이다.

[공부]

공덕(功德, 梵 guna)이란?

공(功)이란 복리의 공능이다. 이 공능은 선행의 덕이다. 그러므로 덕이라 한다. 또 덕이란 얻다(得)란 뜻이기도 하다. 공을 닦아서 얻는 것이기 때문에 공덕이라고 한다. 공능복덕을 가리키는 말이다. 음역하여 구낭(懼囊), 기낭(麌囊), 구나(求那)라고 하기도 한다. 승만경보굴(勝鬘經寶窟) 상권(본)에서 "악이 다한 것을 공이라 하고 선이 가득 찬 것을 덕이라 한다. 또 덕은 얻음이다. 공을 닦아 얻는 것이기 때문에 공덕이라 한다. 또 공은 공능을 말한다. 여러 행들이 모두 이로움을 주는 힘이 있으며, 이 공은 선행을 한 사람의 덕이다. (그러므로) 공덕이라 한다."라고 하였다.[310]

---

310) T37n1744001, 勝鬘寶窟卷上(之本), 慧日道場沙門釋吉藏撰, CBETA 電子佛典集成 》 大正藏 (T) 》 第37冊 》 No.1744 》 第1卷, http://tripitaka.cbeta.org/

> 또한, 선을 행하여 얻는 과보를 말하기도 한다.『경덕전등록』제3권에 달마대사와 양무제에 관한 다음과 같은 기록이 나온다.[311]
>
> 양무제가 보리달마에게 물었다.
> "짐은 즉위한 이래 절을 짓고 경을 베껴 쓰고 스님에게 공양한 일이 이루 다 적을 수 없습니다. 어떤 공덕이 있습니까?"
> 달마대사가 대답했다.
> "공덕이 없습니다."
> 양무제가 되물었다.
> "어째서 공덕이 없다고 하십니까?"
> 달마대사가 말했다.
> "이는 기껏해야 사람으로 혹은 하늘에 태어나기 위한 작은 결과인 유루의 씨앗(因)일 뿐입니다, 마치 형체를 따르는 그림자와 같아서 (공덕이) 있더라도, 진실한 것이 아닙니다. 소위 진실한 공덕이란 청정한 지혜가 미묘하고 원만하며, 그 실체가 저절로 공적해야 합니다. 이러한 공덕은 세상(=세간)에서 구할 수 없습니다."
> 왕생론주(往生論註) 상권에서는 부실한 공덕과 진실한 공덕을 이야기하고 있다.[312]
> – 부실공덕(不實功德) 그 원천이 유루심에서 나온 것. 법성에 순응하지 않는 것이다. 소위 범부가 인간과 하늘에서 여러 가지 선을 행하고 사람으로 혹은 하늘에서 태어나 복락을 누리는 원인 혹은 과보 같은 것을 의미한다. 이들은 모두 전도된 것으로 허위이며 진실하지 않다.
> – 진실공덕(眞實功德) 그 원천이 보살의 지혜와 청정한 업에서 나온 것. 불사를 장엄할 수 있으며, 법성에 순응하여 청정상에 들어간다. 이 법은 전도되지 않았으며, 허위가 아니다.

착어) 공은 헛되이 베풀지 않는다(功不浪施).

공을 들이면 반드시 과보가 있음을 의미한다. 부처님께서 연등불 이전부터 이루 헤아릴 수 없이 많은 부처에게 공양하며 받드는 데 잘못이나 빈틈이 없었고, 그렇게 공을 들인 덕으로 부처가 되었다. 들인 공이 헛되이 낭비되지 않았던 것이다.

---

311) T51n2076003, 景德傳燈錄卷第三, 中華五祖幷旁出尊宿共二十五人, CBETA 電子佛典集成 》大正藏 (T) 》第51冊 》No.2076 》第3卷, http://tripitaka.cbeta.org/

312) T40n1819001, 無量壽經優婆提舍願生偈婆藪槃頭菩薩造(幷)註卷上, 沙門曇鸞註解, CBETA 電子佛典集成 》大正藏 (T) 》第40冊 》No.1819 》第1卷, http://tripitaka.cbeta.org/T40n1819001

하물며 이보다 더욱 수승한 효과가 있는 경을 받아 지니고 베껴 쓰고 읽고 외우며 다른 사람에게 해설하는 데 따른 과보야 당연히 헛되지 않을 것이 아닌가? 부처님께서는 경을 받아 지니고 읽고 외우는 것의 효과는 무수한 부처님께 공양하고 한 치의 실수도 없이 받들어 모시는 것보다 산수 비유로도 비교할 수 없을 만큼 더욱 수승한 공덕이 있다고 말씀하셨다.

이는 무엇을 시사하는가? 우리들 불자는 부처라는 모습이나 이름보다 부처님께서 가르치신 진리가 담겨 있는 경을 존중하여 수행의 지침으로 삼아야 할 뿐 아니라, 기타 공을 쌓음이 수행에 필수적임을 의미하는 것으로 보아도 될 것 같다.

송) 노래한다.

억천 부처님께 공양하니 복은 가없으나(億千供佛福無邊)
어찌 옛 가르침을 항상 살펴보는 것과 같으리요(爭似常將古教看)
백지에 여기저기 쓰인 검은 글자(白紙上邊書黑字)
청컨대, 그대 눈을 열고 눈앞을 살펴보라(請君開眼目前觀)
바람 고요하고 물결 잔잔하니(風寂寂兮水連連)
낚시꾼은 바로 고깃배에 있다네(謝家人祇在魚船)

억천 부처님께 공양하는 것은 복덕이다. 옛 가르침을 항상 배우고 따르는 것은 지혜이다. 복덕이 가없으면, 그 과보로 하늘이나 인간으로서 즐거움을 누리기는 하지만, 그러나 생사의 윤회를 벗어나지는 못한다. 생사의 윤회를 벗어나 열반을 이루기 위하여는 지혜가 반드시 필요하다. 지혜가 있더라도 복덕이 박하면 그 또한 회신멸지의 벽에 부딪힌다. 부처님을 부르는 열 가지 명호 중 명행족은 지혜와 복덕이 두루 갖춰져 있다는 의미이다. 두 날개가 있어야 비로소 새가 날 듯, 명(지혜)과 행(복덕)이 갖춰져야 완전한 깨달음을 이루어 부처가 될 수 있는 것이다.

그러므로 경전을 열심히 공부하여야 한다. 경전은 반야의 내용 중 문자반야에 해당한다. 부처님의 말씀을 기록하여 지혜를 얻을 수 있는 길잡이가 되기 때문이다. 문자반야를 볼 때, 문자 자체에 집착해서는 안 된다. 그 문자가 말하고자 하는 본체(근본적인 가르침=실상반야)를 볼 수 있도록 하여야 한다. 그러므로 문자를 볼 때, 눈을 크게 뜨고 마음을 열어 부처에게 다가가는 마음으로 보아야 비로소 실상반야가 현전하게 된다.

바람이 고요한 것이나 물결이 잔잔하게 끊임없이 이어지는 것은 수행자의 마음의 상태를 가리킨다고 보면 될 것이다. 어떤 때는 마음이 평정하지만 어떤 때는 흔들리기도 한다. 이런 수많은 과정을 거치면서 수행력이 점점 커지는 것이다.

고기는 이루어야 할 깨달음, 한 소식을 비유하고, 낚시꾼은 수행자를 가리키며 고깃배는 수행방법(반야바라밀, 금강반야바라밀경), 여기서는 부처님의 말씀을 글자로 기록한 경전을 의미한다고 보면 될 것 같다. 수행자는 부처님의 말씀에 따라 열심히 수행할 일이지, 정법을 벗어나 사법을 따르는 것과 같이, 다른 어떤 것에 떨어져서는 아니 될 것이다.

[참고]

위 노래에 나오는 사가인(謝家人)이란 어구의 의미

- 사씨 집안의 사람이라고 번역
- 어부라고 번역
- 집을 떠난 사람이라고 번역
- 집사람을 떠나서라고 번역

경) *"수보리야. 만약 선남자, 선여인이 후에 있을 말세에 이 경을 받아 지니고 읽고 외워 얻는 공덕을 내가 갖추어 말한다면, 혹 어떤 사람은 듣고 마음이 광란하고 여우처럼 의심하리라."*

須菩提若善男子善女人於後末世有受持讀誦此經所得功德我若具說者或有人聞心則狂亂狐疑不信。

말세란 말법 시대를 가리킨다. 말법시대에는 불법이 쇠퇴하고 영락하여 출가자들끼리도 투쟁이 극심한 시대이다. 이 시대의 중생은 덕은 얇은데 허물은 무거우며 질투가 넓고 깊이 퍼져 있고 사견이 치성하다. 이러한 때라도 선남자, 선여인 누구든지 경을 받아 지니고 읽고 외워 법상을 원만하게 성취하고 무소득을 완료하여(반야 지혜) 생각마다 항상 자비희사를 행하고(사무량심) 겸손하게 스스로를 낮추어 유화하면(인욕행) 구경에는 무상보리를 성취할 수 있다.

그럼에도 불구하고, 간혹 어떤 사람은, 여래의 정법이 소멸되지 않고 항상 존재하여 그 말씀을 들을 수 있으며, 여래께서 입멸하신 후 후오백세에 어떤 사람이 무상심을 성취하고 무상행을 행하여 아뇩다라삼먁삼보리를 얻을 수 있다고 하면, 반드시 마음에 놀라움과 두려움이 생기고 여우처럼 의심하여 믿지 않을 수 있다는 것이다. 이러한 가르침은, 역설적으로, 언제라도 경을 지니고 외우고 수행하여 공덕을 갖추면 아뇩다라삼먁삼보리를 얻을 수 있음을 의심하지 말고 믿을 것을 강조한 것이라 할 수 있다.

경) "수보리야. 이 경은 뜻도 불가사의하고 과보도 불가사의함을 알아야 한다."
須菩提當知是經義不可思議果報亦不可思議。

이 경의 뜻이란 집착 없고 상 없는 수행방법을 의미한다. 불가사의란 집착 없고 상 없는 수행으로 아뇩다라삼먁삼보리를 성취하는 것을 찬탄하는 말이다. 과보란 이 경의 수행방법을 통하여 이루게 되는 결과, 즉 아뇩다라삼먁삼보리를 이루는 것을 가리킨다.

경이 제시하는 수행방법은 세 가지가 있다. 첫째, 무주(無住)이며, 둘째 무상(無相)이며, 셋째 공(空)이다. 무주는 집착하지 않음을 말한다. 무상은 아상, 인상, 중생상, 수자상 등 사상을 버려야 함을 의미한다. 공이란 무주이고 무상이어야 하는 이유와 근거를 제시한다. 무아이고 무상한 것에 집착하거나 상을 내는 것은 헛된 일이며 최상의 깨달음에 도달하는 길이 아님을 말하는 것이다.

그러나 이 셋은 하나이다. 상에 머물지 않고 마음을 내고 보시하여야 한다. 세상의 모든 일들은 유위법이고, 유위법은 꿈같고, 환각 같고, 거품 같고, 그림자 같고, 이슬 같고, 번갯불 같은 것이기 때문에 그렇게 보아야 비로소 아뇩다라삼먁삼보리를 이룰 수 있는 것이다.

경) 수보리야. (만약) ~ (불가)사의(하다)(須菩 ~ 思議)

착어) 각자 눈썹은 눈 위에서 옆으로 났다(各各眉毛眼上橫).

눈썹은 눈 위에 가로로 나 있다. 이 사람도 그렇고, 저 사람도 그렇다. 나도 그렇고, 너도 그렇다. 지극히 몇몇을 제외하면, 눈썹은 모든 사람들의 눈 위에 가로로 나 있다. 너무나 당연한 사실을 이야기한 것이다. 왜 이런 말을 한 것일까?

경은 뜻도 불가사의하고 과보도 불가사의하다고 부처님께서 수보리에게 말씀하셨다. 뜻이 불가사의한 것은 수행지침으로서 아주 수승한 것임을 증명하신 것이고, 과보도 불가사의하다 함은 수행의 결과 반드시 아뇩다라삼먁삼보리를 증득할 수 있음을 천명하신 것이다.

수행지침으로서 불가사의함은 이 경에서 여러 차례 비유를 들어 설명되어 있다. 예컨대, 삼천대천세계를 가득 채울 만큼의 칠보를 보시하는 것보다, 갠지스강의 모래 수만큼 많은 갠지스강들에 있는 모래 수보다 더 많은 목숨을 버려 보시하는 것보다, 이 경 내지 이 경의 사구게를 받아 지니고 읽고 외우며 다른 사람에게 해설해 주는 것이 더 큰 공덕이 있다고 하였다.

눈썹은 눈 위에서 옆으로 나 있다고 한 착어는 경의 뜻과 과보가 불가사의함은 아주 당연하다는 의미를 담고 있는 것이다.

송) 노래한다.

양약은 많이 쓰고 충언은 귀에 거슬리나(良藥多苦忠言逆耳)
차고 따뜻함은 고기가 물을 마실 때처럼 저절로 아나니(冷暖自知如魚飮水)
어찌 모름지기 다른 날에 용화를 기다리리(何須佗日待龍華)

오늘 아침 먼저 보리의 수기를 받으리라(今朝先授菩提記)

양약과 충언은 경에 실려 있는 부처님의 말씀을 가리킨다. 양약이라고 하는 것은 세상의 중생들의 고통을 없애 주는 좋은 방도이기 때문이다. 이 점에서 부처님을 큰 의사(大醫王)라고도 하는 것과 같은 맥락이다. 제대로 이끌어 주기 위하여 하는 충성스러운 말이다. 실천하기 힘들 수 있는 가르침이지만 깨달음으로 향하도록 가르치신 부처님의 말씀이기 때문에 어찌 충언이 아니겠는가?

그리고 깨달음이 어느 정도 얻어졌는지는 스스로가 가장 잘 안다. 진정으로 깨달음을 얻었는지, 혹은 깨달음을 얻은 체 하는 것인지는 스스로가 가장 잘 안다. 이는 물고기가 물을 마시면 찬지 따뜻한지 저절로 아는 것과 같다.

그러한데 어찌 훗날에 깨달음을 이루겠다고 미룰 것인가? 바로 지금 깨달음을 이루겠다고 서원을 하고 용맹하게 수행할 일이다. 용화를 기다린다 함은 미륵불이 출세하여 세상을 구제하는 것을 기다린다는 의미이다. 미륵불이란 현재 도솔천 내원궁에서 세상에 출현하기를 기다리고 있는 미륵보살을 가리킨다. 미륵불을 기다린다는 것은 미륵불의 가르침을 받아 깨달음을 이루겠다는 의미를 담고 있다. 이는 깨달음을 위한 수행을 향후로 미루겠다는 의미이기도 하다. 보리의 수기를 받는다 함은 직접 부처님으로부터 수기를 받는 것을 의미하기도 하지만, 여기서는 깨달음을 향한 마음을 내는 것을 의미한다. 즉, 발보리심을 의미하는 것이다.

[공부]

미륵불과 용화세계(龍華世界)

현재 도솔천 내원궁에 있는 미륵보살이 석가모니부처님께서 입멸하시고 오십육억 칠천만 년 후에 화림원(華林園)에 있는 용화수(龍華樹) 아래에서 성도한다고 하는 전설이다. 화림원은 그 원림 안에 용화수가 있기 때문에 붙인 이름이며, 이곳에서 미륵불이 세 차례 법회를 열고 설법하여 중생을 구제하는 것을 용화삼회(龍華三會)라 한다. 이 때문에 미륵불과 관련되는 것은 용화라는 말이 많이 사용된다. 미륵불이 이루는 세계를 용화세계라 하고, 미륵불을 모신 전각을 용화전이라고도 하는 것이 그것이다.

오십육억 칠천만 년 후에 미륵불이 세상이 나온다는 이야기는『보살처태경(菩薩處胎經)』제2권에 나온다. 이에 의하면, "미륵아. 마땅히 알지니, 내가 네게 다시금 수기를 주리라. 오십육억 칠천만 년 후에 이 나무왕 아래에서 무상등정각을 이룰 것이다. 나는 오른쪽 옆구리에서 태어났으나, 그대 미륵은 정수리에서 태어나리라. 나의 세수는 백 세이지만, 미륵의 세수는 팔만 사천 세이다. 나의 국토는 흙이지만, 그대의 국토는 쇠이다. 나의 국토는 괴로움이지만 그대의 국토는 즐거움이다."라고 하였다.[313] 이 대목에서 미륵불이 교화하는 용화세계는 즐거움의 정토임을 말한다. 미륵정토사상이 나올 수 있는 배경이라고 할 것이다.

---

313) T12n0384002, 菩薩從兜術天降神母胎說廣普經 第2卷(=菩薩處胎經卷第二), 姚秦涼州沙門竺佛念譯, ◎ 菩薩處胎經三世等品第五, CBETA 電子佛典集成 » 大正藏 (T) » 第12冊 » No.0384 » 第2卷, http://tripitaka.cbeta.org/T12n0384002

제17분 구경에는 무아이다(究竟無我分)

1. 의의

　본래 무아인데 누가 누구를 건너가게 한단 말인가? 그러므로 방편으로 나(我)를 세우고, 이를 받아서 "구경에는 무아"라고 제목을 붙였다. 그러므로 이 제목이 의미하는 것은 구경에 이르기까지는 방편으로서 나를 인정하고, 나의 수행을 통하여 무아를 찾아가자는 취지라고 할 수 있다. 그러므로 나는 수행의 주체이며, 궁극에는 무아라는 것을 증득하기 위한 방편이다.

　무아는 삼법인의 하나이다. 법인(法印)이란 법의 도장이란 뜻이다. 어떤 법이 불법임을 공증하는 증명인 셈이다. 그러므로 삼법인은 어떤 주장이나 생각, 혹은 견해가 불교적인지 어떤지를 판단하는 척도가 된다. 즉, 무아가 아니라고 하면 그 가르침은 불교가 아닌 것이다. 그런데 여기서는 구경에는 무아라고 하였으니, 그러면 구경에 도달하기 이전에는 존아(存我), 즉 아가 있다는 추론이 가능하다. 지금까지 사상의 첫머리에 아상을 내세우고 이것이 존재하는 한 보살이 아니며, 부처가 아니라고 하였다. 그러면 구경에 도달하기 이전이든 구경에 도달하였던 언제나 무아이어야 논리적이다.

　방편으로 아를 세웠다 함은, 아의 본성이 실재임을 인정하는 것이 아니다. 방편이란 가립(假立)을 의미하며, 실상이 드러나는 한 방식이나 형태일 뿐이기 때문이다. 구경에는 어떤가? 구경이란 방편을 이용하여 도달하고자 하는 궁극의 자리이다. 이를 우리는 실상, 진여, 본래면목 등 수많은 말로 이야기하지만, 하나 확실하게 말할 수 있는 것은 모든 방편이 수렴된 하나의 본체를 의미한다는 것이다. 이는 결국 공이다. 무아라는 것.

　결국 공이라는 말은, 건너게 하는 자(부처), 건너가는 자(중생), 건너게 하는 것(모든 가르침) 등이 모두 공함을 의미한다. 그러니 헤아릴 수 없고 가없는 중생을 멸도하게 하였으나 진실로 멸도한 중생은 하나도 없다고 하는 것이다. 멸도하게 한 자도, 멸도한 자도, 멸도하게 한 수단이나 방법도 모두 가립이며, 실상이 드러나는 하나의 형태나 방식에 불과한 것이다.

송) 노래한다.

구경에는 무아이니 삼현이 끊어지고(究竟無我絶三玄)
진공의 묘리는 본래 전하지 않는다(眞空妙理本無傳)
사람마다 본래 황금상을 지녔으니(人人本有黃金相)
봄에게 부탁하여 자세히 참학하리라(分付東君仔細參)

가르침이라는 것에는 먼저 가르치는 자, 가르침을 받는 자 그리고 가르칠 사항(가르침의 내용)이 있어야 한다. 부처님께서 중생들을 열반으로 이끌기 위하여 가르침을 내실 때에도 어김없이 가르치는 자로서 부처님, 가르침을 받는 자로서 중생, 그리고 가르칠 사항으로서 수많은 부처님의 법문이 있다.

그런데 무아라고 하면, 가르치는 이나, 가르침을 받는 이나, 가르침의 내용(法)이나 모두 공함을 의미한다. 부처님께서 수많은 가르침을 주셨으면서도 말씀하신 것이 없다고 하거나, 가없는 중생을 남김없이 열반(無餘涅槃)에 들도록 이끄셨으면서도 진실로 열반에 든 중생이 하나도 없다고 하는 것은 모두 궁극에는 무아이기 때문이다.

삼현이란 임제의현선사가 학인을 접인(接引)할 때 사용하였던 가르침의 방법이었다. 삼현이 끊어진다 함은 가르침이 공이라는 의미이다. 또 진공의 묘리가 본래 전하지 않는 것도 당연히, 무아이므로 전해질 것이 없는 것이다. 왜냐하면, 무아란 본래 부처님께서 세상이 오시든 오시지 않든 존재하는 진리로서 전할 수 있는 대상이 아니기 때문이다. 부처님께서 말씀하신 법이 없다고 하는 것과 같은 의미인 것이다.

황금상이란 부처님의 신체에서 자마금 빛이 났던 것을 근거로 부처님의 몸을 상징하는 말이다. 즉, 사람은 누구라도 각기 황금상을 지니고 있다고 하는 것은 누구라도 불종자 혹은 불성을 가지고 있음을 의미하는 것이다. 혹은 중생에게도 부처의 면모가 있음을 의미하기도 한다. 그러므로 자신이 지닌 불종자(불성) 혹은 부처로서의 면모를 찾아야 하며, 구경에 무아로 가는 길을 걸어야 하는 것이다.

[공부]

삼현삼요(三玄三要)

당나라 때 임제의현선사가 학인을 접화하던 방법. 임제선사는, "한마디 말 속에 세 가지 현묘한 법문(三玄門)이 갖추어져 있고, 하나의 현문 속에 세 가지 요점(三要)이 갖춰져 있어야 방편(權)으로서의 쓰임(用)이 있다."[314]라고 하였다. 그러나 임제선사는 삼현문과 삼요의 내용에 대하여는 분명하게 언급하지 않았다. 후세에 일반적으로 '한 구절의 말에 현도 있고 요도 있어야 살아 있는 말(活語)'이라고 받아들이고 있다. 삼현삼요는 그 목적상 교인(敎人)이 모름지기 언구 중에 방편(權)과 실체(實)가 상응하는 공능을 알아야 한다는 의미이다. 후대에 선을 수습하는 행자들이 각자 나름대로 이 삼현삼요의 의미를 해석하고 있는데, 예를 들면 다음과 같다.

- 체중현(體中玄): 어구가 전적으로 수식이 없이, 존재하는 사물의 참모습과 도리에 근거하여 표현된 어구를 가리킨다.
- 구중현(句中玄): 간섭하거나 분별하는 정식이 없는 진실한 어구를 가리킨다. 즉, 언어에 묶이거나 빠지지 않아야 그 깊은 뜻(玄奧)을 깨달을 수 있음을 가리킨다.
- 현중현(玄中玄): 용중현(用中玄)이라고도 한다. 일체의 상대적 논리와 어구 등 질곡을 버린 현묘한 어구를 가리킨다.

현사사비(玄沙師備)선사의 삼구 주석은 다음과 같다.[315]
- 체중현: 세 치짜리에 뭉치니, 두 극단의 임기에 떨어지지 않는다.
- 용중현: 단지 삼척검을 휘둘렀을 뿐인데, 구천의 구름을 끊는구나.
- 현중현: 맷돌에 가는 것은 가을에 맺힌 것(열매)이고, 방앗간에서 찧는 것은 여름에 핀 꽃이구나.

---

314) T47n1985001, 鎭州臨濟慧照禪師語錄, 住三聖嗣法小師慧然集, CBETA 電子佛典集成 » 大正藏 (T) » 第47冊 » No.1985 » 第1卷, http://tripitaka.cbeta.org/T47n1985001

315) X65n1282001, 三山來禪師五家宗旨纂要卷上, 普陀嗣法門人 性統 編, CBETA 電子佛典集成 » 卍續藏 (X) » 第65冊 » No.1282 » 第1卷, http://tripitaka.cbeta.org/

> 또 『인천안목』 제1권에 의하면, 분양소(汾陽昭)화상은 삼요를 다음과 같이 이야기한다.[316]
> - 제일요(第一要): 언어 중에 분별 조작이 없을 것
> - 제이요(第二要): 천 명의 성인이 직접 깊은 뜻에 들어갈 것
> - 제삼요(第三要): 언어도단일 것
> 분양소화상이 삼현삼요에 대하여 노래했다.
> 삼현삼요의 일은 나누기 어렵다네(三玄三要事難分)
> 뜻을 얻어 말을 잊으니, 도란 쉽고도 친한 것(得意忘言道易親)
> 일 구가 명명백백해지면 만상도 그러하나니(一句明明該萬象)
> 구 월 구 일 중양절에 국화가 새롭다(重陽九日菊花新)

2. 내용

[第十一疑斷] 수행하며 항복시키는 것은 나(住修降伏是我)라는 의심을 끊는다. 이 의심은 앞의 장구들에서 아, 인 등 상이 없다(無我人等相)고 한 것에서 나온다.

배운 대로 머물며 수행하고 항복시켜 앞의 열 가지 의착과 과환을 멀리 버린다고 말하면, 어찌 무아인가? 만약 무아라면 누가 수행하며 항복시킬 것을 가르치며 배울 것인가? 이 의심은 심히 미세하여 나의 머묾, 나의 수행, 나의 항복심을 떠나야 비로소 수행으로 부처를 이루는 씨앗(修因)이 청정해질 수 있다. 그러므로 앞에서 이미 하였던 청익을 거듭 펼친 것이다.

경) 이때 수보리가 부처님께 말했다.
"세존이시여. 선남자 선여인이 아뇩다라삼먁삼보리심을
내어서는 어떻게 머물며 어떻게 그 마음을 항복시켜야 합니까?"
爾時須菩提白佛言世尊善男子善女人發阿耨多羅三藐三菩提心云何應住云何降伏其心。

---

316) T48n2006001, 人天眼目卷之一, 宋 智昭集, 三玄三要, CBETA 電子佛典集成 » 大正藏 (T) » 第48冊 » No.2006 » 第1卷, http://tripitaka.cbeta.org/

이 질문은 경에서 선현이 부처님께 하였던 첫 번째 질문과 같은 질문이다. 선현의 질문하는 말이나 부처님의 대답하시는 말은 첫 번째와 두 번째가 둘 다 같다. 그럼에도 선현은 왜 이렇게 같은 질문을 두 번씩이나 하는 것일까? 비록 질문하는 말은 같아도 그 질문이 의도하는 뜻이 다르기 때문이다.

두 질문 모두 대승에 머물며 망령된 마음을 항복받아야 한다는 것임은 공통된다. 그러나 첫 번째 질문은 머물 수 있고 항복시킬 수 있는 방법을 여쭈었던 것이다. 그런데 이 질문의 의도는 만약 내가 머물 수 있고 내가 항복시킬 수 있다고 말하면, 이는 분별이 존재하는 것으로 무주의 도리를 진실로 증득하는 데 장애가 된다. 그러므로 또다시 두 번째로 같은 질문을 하였던 것이다.

경) 부처님께서 수보리에게 말씀하셨다.
"수보리야. 선남자 선여인이 아뇩다라삼먁삼보리심을 내었다면,
'나는 응당 일체 중생을 멸도할 것이다. 일체 중생을 다 멸도하고 나면
진실로 한 중생도 멸도한 자가 없다.'라고 마음을 내야 한다."
佛告須菩提善男子善女人發阿耨多羅三藐三菩提心者當生如是心我應滅度
一切眾生滅度一切眾生已而無有一眾生實滅度者.

아뇩다라삼먁삼보리심을 내었다면 이제 보살심을 내야 한다. 보리심은 자신이 깨달음을 이루고자 하는 마음이고 보살심은 중생을 멸도하게 하고자 하는 마음이다.

그런데 보살심을 구체적으로 실천하기 위하여는, 자신은 깨달았고 중생들은 자신의 깨달음을 받아서 깨달음으로 나아가야 할 존재들이라고 인식하여야 한다. 그리고 중생들은 깨닫지 못하였으며 그래서 나의 인도가 필요하다고도 인식하여야 한다. 이것은 나라는 존재와 나의 깨달음, 그리고 중생이라는 존재와 중생들의 무지라는 사정을 인식하여야 하는 것을 말한다. 그런데 이것이야말로 분별심으로 아상, 인상, 중생상을 세운 것이라 할 수 있다. 보살에게 있어 이러한 마음은 엄격히 금지되며, 이러한 마음을 가지면 보살이 아니다. 그러나 이는 방편이다. 즉, 원래는 무아로서 나 혹은 나의 깨달음, 중생 혹은 중생의 깨달음이라는 것에 대하여 아무런 인식도 없어야(즉, 분별심이 없어야 한다) 하지만, 중생들을 깨달음으로 인도하기 위하여는 어쩔 수 없이 나와 중생의 구분, 나는 깨달았으나 중생은 무지하다는 분별을 두어야 한다. 그러나 이 구분과 분별은 어디까지나 수단이며 과정일 뿐, 이에 머물러 있어서는 안 된다는 것이다. 즉, 이러한 생각에 집착하여 고착시켜서는 안 된다는 것이다. 이것이 대승이다. 중생을 교화할 때는 대승에 머물러야 함을 말하는 것이다. 그러므로 중생들이 멸도한 후에는, 혹은 (중생을 멸도하고 있는 중에라도) 이미 멸도된 중생에 대하여는, 내가 멸도하였다는 마음을 내서는 안 되는 것이다. 거듭 말하거니와, 이러한 마음이야말로 내가 실제로 존재하며, 저들과 나는 다르며, 나의 깨달음이 저들을 멸도로 인도하였다고 하는 분별심이기 때문이며, 이 분별심이 있는 이상 보살은 보살이 아니며, 완전한 깨달음으로 나아갈 수 없기 때문이다. 이처럼 "내가 멸도시켰다."라는 마음을 없애는 것, 이것이 바로 그 마음을 항복시키는 것이다. 이 경지를 구경(究竟)이라 한다. 즉, 구경에는, 나와 너, 나와 나 이외의 모든 것을 분별하는 마음(能所心), 저들은 나에 의하여 구원되어야 하는 중생들이며 나는 저들과 달리 깨달음을 이룬 자라고 분별하는 마음(衆生心), 그러므로 나는 깨달은 자로서 그에 부합하는 짓을 하여야 한다는 등의 집착하는 마음(我見心) 등이 일체 없어야 하는 것이다.

경) 이때 ~ 멸도한 자(爾時 ~ 度者)

착어) 어떤 때는 달이 좋아서 창주를 지나는 것도 몰랐다(有時因好月不覺過滄州).

창주(滄州; 현실적으로는, 중국의 하북 창현을 가리킨다)란 가야 할 곳, 처음 목적지로 설정하였던 곳을 가리킨다. 고향이거나, 스승 혹은 부모님이 계시는 곳이거나, 벗이 있는 곳이거나, 은혜를 갚아야 할 사람이 있거나, 좋은 가르침이 있는 곳이거나, 혹은 궁극의 깨달음(아뇩다라삼먁삼보리)이거나, 여하한 사연이 있어 가는 곳, 도달할 곳을 가리킨다. 그런데 달빛이 너무 좋아 달빛에 취하여 갈 곳을 잊었다. 정신을 차려 보니 이미 목적지에서 멀리 벗어나 있지 않은가?
달이 의미하는 것은 미혹(장애물)이라 할 것이다. 장애물은 반드시 나쁜 의미의 것이 아니다. 부처님께서 깨달음을 이루려고 할 때 이를 저지시키고자 부처님을 공격하였고, 깨달음을 이루신 후 세상 사람들에게 전법하고자 할 때 이를 방해하고자 시도한 천마파순, 목건련, 광야(廣野)비구니 등 비구, 비구니를 가리지 않고 부처님 제자들의 깨달음을 방해하였던 마왕 파순(波旬), 예컨대,[317] 아난에게 마법을 걸어 자신의 사위로 삼으려 하였던 마등가(摩燈迦, Mātaṅga)[318] 등은 깨달음의 길에 있어서 장애물이다. 부처님을 비롯한 옛 성인들은 이런 장애물을 극복하고서 최상의 깨달음을 이루었던 것이다. 그러나 벌유의 비유에서 의미하는 것처럼, 목적지에 도달하기 위하여 이용하였던 방법이나 수단, 방편들이 오히려 장애물이 될 수도 있다. 반야바라밀이 깨달음을 이루기 위하여 지침으로 삼아야 할 수행 방편이기는 하지만, 깨달음을 이룬 후에도 거기에 매달려 있다면 깨달음에 도달한 것이라 할 수 없다.

　수많은 중생을 멸도시키는 것은 깨달음을 이룬 자의 임무이지만, 그러나 중생들이 멸도된 다음에는 중생들을 멸도시켰다는 생각을 하여서는 안 된다. 그것은 아상, 인상, 중생상, 수자상 등에 집착하는 것이기 때문이다. 요컨대, 달이 너무 좋아 달에 취하여 그만 창주를 지나치는 따위의 짓을 저질러선 안 된다는 역설인 것이다.

송) 노래한다.

어떻게 머물까 묻는다면(若問云何住)
가운데(中道)도 아니고 유무도 아니지(非中及有無)
머리에는 얇은 풀 모자도 없고(頭無纖草蓋)
발은 염부를 딛지 않았네(足不履閻浮)
가늘기는 인허(鄰虛)를 쪼개 놓은 것 같고(細似隣虛析)
가볍기는 나비의 첫 날갯짓 같아라(輕如蝶舞初)

---

317) T02n0100012, 別譯雜阿含經卷第十二(丹本第六卷十二張後准), 失譯人名今附秦錄CBETA 電子佛典集成 » 大正藏 (T) » 第2冊 » No.0100 » 第12卷, http://tripitaka.cbeta.org/T02n0100012 참조.

318) T21n1300001, 摩登伽經卷上, 吳天竺三藏竺律炎共支謙譯, 度性女品第一CBETA 電子佛典集成 » 大正藏 (T) » 第21冊 » No.1300 » 第1卷, http://tripitaka.cbeta.org/T21n1300001

중생을 다 멸도하고 멸도시킨 자가 없음을 알면(眾生滅盡知無滅)
이것이 흐름에 따르는 대장부라네(此是隨流大丈夫)

어떻게 머물 것인가? 가운데란 중도를 의미한다. 유무는 두 극단을 의미한다. 극단은 깨달음으로 가는 길에 피해야 할 견해와 수행 자세이며, 중도는 깨달은 이후에 피해야 할 자세이다. 두 극단을 피해야 하는 것은 당연한 것이지만, 중도는 왜 피해야 하는가? 그것은 어디에도 머물러서는 안 되기 때문이다. 중도에 머무는 것도 일종의 집착이다. 집착은 수행자든 깨달은 자든 모두 피해야 할 일인데, 수행자는 중도에 머무는 것이 꼭 필요하지만, 깨닫고 나면 중도이든 극단이든 보살행을 실천하기 위하여는 가리지 않아야 하는 것이다. 극단에서 보살행을 실천해도 그 극단에 집착하지 않고, 중도에서 보살행을 실천해도 그 중도에 집착하지 않는다. 모든 집착에서 벗어나 자유자재한 존재가 바로 깨달은 자이기 때문이다.

머리에 풀모자를 쓰지 않고, 발은 염부를 딛지 않았다 함은 어느 것에도 얽매이지 않는 자유자재함을 의미한다. 또 허공을 쪼갠 것 같다거나 나비의 첫 날갯짓 같다는 것도 모두 작고 무거운 것의 비유를 통하여 자유자재함을 가리키는 것이다.

이런 자유자재함을 얻은 깨달은 자, 붓다는 중생을 입멸시키고도 입멸시켰다는 생각을 일으키지 않는다. 환언하면, 입멸시킨다는 생각도 없고, 입멸된다는 생각도 없으며, 입멸시켰다는 생각도 없는 것이야말로 자유자재함을 의미하는 것이다. 이런 자유자재함을 얻은 자가 바로 깨달음을 이룬 자, 즉 대웅이며 대장부인 것이다.

경) "왜냐하면, 수보리야. 만약 보살이 아상, 인상, 중생상,
수자상을 가지고 있으면 보살이 아니기 때문이다."
何以故須菩提若菩薩有我相人相眾生相壽者相則非菩薩。

이 구절은 보살이 중생들을 입멸시키고서 입멸시켰다는 생각을 해서는 안 되는 이유를 부처님께서 설명하신 대목이다. 즉, 입멸시킨다거나 입멸시켰다는 생각은 곧 사상에 머물러 있기 때문에 생긴다고 설명한 것이다. 구체적으로, 보살이 중생을 건네줄 수 있다고 보면 이는 곧 아상이며, 중생을 건네줄 수 있다는 마음을 가지면 이는 곧 인상이며, 열반을 구할 수 있다고 말하면 이는 중생상이고, 열반은 증득할 수 있다고 하면 이는 곧 수자상이라는 것이다. 그리고 이 네 상을 가지고 있으면 곧 보살이 아니라는 것이다(제3 대승정종분에서 이미 하신 말씀을 반복함)(육조 혜능).

여기서 보살이란 무엇을 의미하는지 간단히 보면, 보살이 왜 사상을 가지고 있어서는 안 되는지 알 수 있다. 보살이란 지혜를 가지고 깨달음을 추구하며(上求菩提), 자비를 가지고 중생을 제도하는(下化衆生) 자이다. 육바라밀을 수행하여 미래에 불과를 성취하고자 하는 수행자이며, 또 자리이타의 두 행을 원만하게 이루기 위하여 용맹하게 정진하는 자이다. 깨달음을 이룰 지혜를 위하여 모든 것에 열려 있어야 하고, 중생을 제도하기 위하여 그 어떤 것에도 차별심 없이 공감할 수 있어야 한다. 그런데 사상이 있다면, 그는 자신을 중심으로 다른 모든 것에 대하여 닫혀 있고 차별적이 된다. 이는 보살이 아니라 범부일 뿐이다.

**경) "그러므로, 수보리야. 아뇩다라삼먁삼보리심을 낸 자에게는
진실로 어떤 법도 있어서는 안 되는 것이다."
所以者何須菩提實無有法發阿耨多羅三藐三菩提心者。**

이 장구는 보리심을 내는 자의 마음의 자세가 어떠해야 하는지를 설명한 대목이다. 앞 구절에서 보살이 어떠하여야 하는지를 설명한 대목과 이어서 생각하면, 이해하기가 좀 더 쉽다.

우리는 진여, 실상, 본래면목은 무시이래의 번뇌에 싸여 있어 보이지 않지만, 그러나 우리에게 내장되어 있다고 배웠고 그렇게 믿는다. 그래서 최상의 깨달음이란 밖에서 구하는 것이 아니라, 우리에게 내장되어 있는 것을 찾는 것이고, 그것을 위하여 그것을 둘러싸고 있는 껍질, 즉 온갖 무명번뇌를 벗겨 내기 위한 수행을 하는 것이라 생각한다. 수행이란 밖에서 법을 구하기 위한 것이 아니라 내게 내장되어 있는 법을 찾아내기 위한 노력이라는 것이다.

우리가 발심, 초발심, 발보리심, 발아뇩다라삼먁삼보리심 등 여러 가지 표현으로 말

하지만, 이 말들은 모두 우리가 내장하고 있는, 그러나 무시이래의 번뇌에 의하여 숨겨져 있는, 가장 청정한 법을 찾아내는 노력을 시작하는 마음을 내는 것을 가리킨다. 이렇게 시작하는 마음이 청정하지 않다면, 어떻게 청정한 진여, 실상을 찾아낼 것인가?

이 장구에서 "법이 있다(有法)." 할 때의 법이란 아, 인, 중생, 수자 등 네 법을 말한다. 이들 네 법에 대한 집착이 번뇌를 일으켜 무시이래로 청정한 우리의 진여, 실상, 본래면목을 덮어 온갖 괴로움에 시달리게 하고 있는 것이다. 그러므로 이들 네 가지 법을 제거하지 않으면 보리를 얻을 수 없다. 마찬가지로, 보리심을 낸다고 하는 것도 마찬가지로 번뇌의 근원이 되는 아, 인, 중생, 수자의 네 법이 없어야 되는 것이다. 예컨대, 깨달음을 이루어 열반에 들겠다는 생각조차 없애야 최상의 깨달음을 이룰 수 있는 마음을 낼 수 있다는 것이다.

경) 왜냐하면 ~ (보리)심을 낸 자(何以 ~ 心者)

착어) 한 푼마저 그[님]에게서 빌렸는데, 또 어찌 얻을까(少佗一分又爭得)?

경은 아상, 인상, 중생상, 수자상 등 사상이 있으면 보살이 아니라 했다. 그러므로 사상이 없어야 보살이라 할 수 있는 것이다. 또 진실로 어떤 법도 없어야 아뇩다라삼먁삼보리심을 낸 것이라 하였다. 이는 어떤 것에라도 집착하는 마음을 가지고서는 최상의 깨달음을 발원하는 것조차 할 수 없다는 의미이다. 이 모든 것은 부처님께서 최상의 깨달음으로 가기 위하여 반드시 갖추어야 할 마음의 자세임을 강조하신 것이다.

최상의 깨달음이라는 것부터 시작해서 그것을 이루는데 필요한 모든 수단과 방법을 부처님께서 찾으셨고, 부처님께서는 그 모든 것들을 남김없이 우리 중생들에게 가르치셨다. 그 모든 것들은 부처님께서 오시기 전에도 있었으나, 우리가 알지 못하다가, 부처님께서 오셔서 찾아내신 이후 비로소 우리들에게 알려지고 전해지고 말해졌다. 생각해 보면, 우리는 그 어느 것 하나 부처님께 빚지지 않은 것이 없고, 무엇 하나 부처님에게서 빌리지 않은 것이 없다. 그야말로 마지막 한 푼까지 모두 부처님에게 빚을 지고 있는 것이다. 그리고 부처님께서 우리에게 놓은 빚은 우리가 반드시 갚아야 할 빚이다. 갚지 못하면 영원히 생사유전을 벗어나지 못하고 육도 윤회의 고통 속에서 살아야 할 것이다.

이러할진대, 또 무엇을 더 빚질 수 있을 것이며, 누구에게서 더 빚져야 할 것인가? 깨달음은 결국 자신이 체득하는 것이라고 했다. 부처님께서 그 모든 것을 가르치셨지만, 그 모든 가르침은 또한 방편에 불과하다. 부처님께서 직접 아뇩다라삼먁삼보리라고 하는 정해진 법이 있는 것이 아니라고 하셨다. 이 말씀은 깨달음이란 추구하는 자 이외의 어느 누구 혹은 어떤 것도 줄 수 있는 것이 아니라, 추구하는 자가 스스로 직접 얻어야 하는 것임을 의미한다. 그러므로 더 이상 부처님께 의존할 수 있는 것이 아니며, 부처님께 빚질 것이 아니다. 마지막 하나는 오직 스스로 얻지 못하면 결코 이룰 수 없는 그것인 것이다. 이것만이 부처님께 진 빚을 가장 확실하게 갚는 일이다.

갚아야 할 일만 있다고 보면, 갚는 일에 집중할 필요가 있다. 일반적으로, 제자가 스승의 은혜를 갚는 가장 최선의 방법은 스승보다 더 뛰어나는 것이고, 더 높은 경지로 나아가는 것이라고 한다. 우리는 부처님보다 더 훌륭할 수는 없기 때문에, 부처님에게서 진 빚을 갚는 길은, 우리도 부처가 되는 것밖에 다른 방법은 없다. 부처님에게 백천억 아승기겁 동안 소신공양을 드려 보아야 알맞은 은혜 갚음이 아니다. 왜냐하면, 그렇게 해서는 최상의 깨달음을 이룰 수 없기 때문이다. 부처가 되기 위하여는, 오로지 자신의 수행을 통하여, 아상, 인상, 중생상, 수자상 없이 보살도를 행해야 하며, 아뇩다라삼먁삼보리심을 낼 때도 어떤 대가나 결과 같은, 어떤 법도 마음에 두지 말아야 할 뿐 아니라, 아뇩다라삼먁삼보리심을 낸다는 마음조차 내지 않도록 하여야 하는 것이다.

> [공부]
> ## "한 푼(一分)"의 뜻
>
> "한 푼"이라는 말에는 여러 가지 뜻이 있다.
> - (길이 표시) 일 척의 백 분의 일. 일 척은 약 30센티미터. 하나는 일 분이 되고, 십 분은 일 촌이 되며, 십 촌은 일척이 된다.
> - (무게 표시) 일 수(一銖; 한 냥의 24분의 1)의 12분의 1(1분은 12분의 1수)
> - (시간 표시) 한 시간의 60분의 1
> - (전체에 대한 부분) 금강경 전체 대하여 32개로 나눈 단락
> - (수량 표시) 매우 미소한 수량. 예컨대, "동쪽 집의 아들은 일 푼을 보태면 너무 크고, 일 푼을 줄이면 너무 작으며, 분을 바르면 너무 희고, 루즈를 바르면 너무 붉다."라고 한 용례
> - (화폐 가치) 일 문의 10분의 1

송) 노래한다.

홀로 빈방에 고요히 앉아 수행하노라니(獨坐悠然一室空)
남북도 동서도 다시는 없구나(更無南北與西東)
그렇다 해도, 따사로운 봄기운을 빌지 않는다면(雖然不借陽和力)
어찌 복숭아꽃이 한 모양으로 붉으리요(爭奈桃華一樣紅)

『유마경』에 나오는 유마거사의 방안을 생각하면 좋겠다. 한 사람이 겨우 들어갈 방이지만, 그러나 무량무변의 방이며, 아무런 장식도 없지만, 그러나 모든 것이 장엄되어 있는, 그러한 공간을 생각하자. 혹은 고요한 나무 아래도 좋고, 모든 것이 끊어지고 지극히 고요한 물가라도 좋다. 그러한 곳에서 고요하게 자신의 내면으로 파고든 수행자를 상상해 보자. 그런 수행자에게 사방이라는 공간적 관념은 이미 없다. 우주의 끝에서 끝까지 신통의 운행이 그치지 않으니, 가히 신족통의 최고봉이라고 할 수 있을 것이다. 요즘 말로 오차원의 세계에 들어갔다고 할 수도 있다.

이러한 세계에 사는 수행자라도 어떤 것에 집착하고서는 안 된다. 그러므로 위와 같

은 무한 확대된 공간에서의 자유자재함에 머물러서는 안 되는 것이다. 여기를 벗어나야 비로소 대자재를 누릴 수 있다. 그것이 바로 시공의 관념을 벗어난 것이다.

그런데 따뜻한 봄기운이 있어야 복숭아가 꽃을 피울 수 있듯이 아뇩다라삼먁삼보리를 얻으려면, 끊임없는 자기 수행이 선행되지 않으면 안 된다. 구체적으로 삼십칠조품 수행, 육바라밀 수행 등으로 자신을 갈고닦지 않으면 안 되는 것이다. 이 과정은 아상 등 사상과 자아의 관념이 점차 없어져 가는 과정이다. 끊임없는 자기 수행을 통하여 마침내 복숭아꽃이 한 모양으로 피어오르듯, 불과를 이루는 것이다. 이에 도달하면 아상 등 사상이 완전히 없어지고, 마침내 무아를 이루며, 그 무엇에도 흔들림 없는 한결같음을 이룰 수 있는 것이다.

[第十二疑斷] 보살에게 부처의 씨앗이 있는가(佛因是有菩薩) 하는 의심을 끊는다.
이 의심은 위에서 '진실로 보리심을 내었다고 할 어떤 법도 없다
(實無有法發菩提心者).'라고 한 데서 나온다.

만약 보살이 대승을 발취(發趣)하여 불과를 증득할 씨앗을 갖지 않고도 4종류 이익 되는 일을 원만하게 이룰 수 있다면, 어떻게 세존께서 연등불 처소에서 '그대는 내세에 부처가 되어 석가모니라 불리리라.'라고 수기를 받고 중생에게 이익이 될 4종류의 일(四悉壇)을 능히 이룰 수 있었겠는가? 이 의심을 없애기 위하여 경에서 말한다(功德施菩薩).

경) "수보리야. 어떠냐? 여래는 연등불의 처소에서
아뇩다라삼먁삼보리를 얻은 일[법]이 있었느냐?"
아닙니다. 세존이시여. 제가 부처님께서 말씀하신 뜻을 이해하기로,
부처님께서는 연등불의 처소에서 아뇩다라삼먁삼보리를 얻은 어떤 법도 없습니다."
須菩提於意云何如來於然燈佛所有法得阿耨多羅三藐三菩提不. 不也世尊如我解佛所說
義佛於然燈佛所無有法得阿耨多羅三藐三菩提。

아뇩다라삼먁삼보리는 주고받을 수 있는 법이 아니다. 연등불이 아뇩다라삼먁삼보리를 가지고 있다가 그것을 부처님(석가모니)에게 주셨던 것이 아니다. 역으로, 부처님은 연등불이 가지고 계시던 아뇩다라삼먁삼보리를 받았던 것이 아니다. 연등불이 석가모니부처님에게 주셨던 것은 단지 미래에 석가모니부처가 되리라는 수기였을 뿐이다. 이것은 일종의 예언이지 아뇩다라삼먁삼보리가 아님은 삼척동자도 알 수 있다.

그러함에도 불구하고 부처님께서는 왜 이 질문을 하셨을까? 이는 두 가지 관점에서 보아야 할 것 같다. 첫째, 부처가 가르침으로 전해 주는 것은 방편이지 아뇩다라삼먁삼보리 자체가 아니라는 것. 그러므로 여래로부터 아뇩다라삼먁삼보리를 직접 얻을 수 있다고 생각하지 말 것을 말씀하신 것이다. 둘째, 현실적으로, 수보리를 비롯한 제자들이, 그리고 후세의 불자들이 아뇩다라삼먁삼보리에 대하여 의문을 가질 수 있음을 알고, 아뇩다라삼먁삼보리는 반드시 있다는 것, 그러나 그것을 얻으려면 배우거나 전해 받는 것이 아니라 직접 증득하여야 하는 것이라는 것을 말씀하신 것이다.

이에 대하여 수보리는 부처님의 의도를 알고서 겸손하게 자신이 이해하는 바, 아뇩다라삼먁삼보리는 형상이나 모습이 있어서 주고받을 수 있는 것이 아니라고 대답하였다. 이 대목에서 수보리의 공(空)에 대한 이해력이 탁월하였음을 알 수 있는 또 하나의 사례라 하겠다.

경) 부처님께서 말씀하셨다.
"그렇다. 그렇다."
佛言如是如是。

앞에서 여시(如是)라는 말은 진실로 부처님의 말씀임을 담보하기 위하여 경전의 첫머리에 사용되는 경우, 진여와 같은 의미로 사용되는 경우, 스승이나 선지식이 후학을 인가하는 경우, 앞 혹은 뒤에 나오는 말을 지시하는 경우 등 네 가지 의미를 가지고 있다고 공부한 적이 있다. 여기서는 세 번째의 의미로 사용되었다. 즉, 부처님께서 수보리에게 "내가 스승(연등불)으로부터 사상을 없애지 않고 수기를 받았느냐?"라고 질문하시자, 수보리가 무상(無相)의 이치를 깊이 이해하고 "아닙니다."라고 대답하였으며,

이 대답이 부처님의 뜻과 잘 부합하였기 때문에 부처님께서 "그렇다. 그렇다."라고 인가의 말씀을 하셨던 것이다.

경) 수보리야 ~ 그렇다(須菩 ~ 如是)

착어) 같은 침상에서 자지 않으면, 지피가 뚫린 것을 어찌 알리요 (若不同床睡爭知紙被穿).

이불이 뚫어졌는지 어떤지는 덮어 보면 확실하게 알 수 있다. 특히 아주 가난하여 종이처럼 얇은 홑이불만 덮으면 그것이 구멍 난 것을 금방 알 수 있다. 이 어구가 무슨 의미인가?

여래가 연등불이 가지고 있던 아뇩다라삼먁삼보리를 얻었는가 하고 수보리에게 물었을 때 수보리는 그렇지 않다고 대답하고, 부처님은 수보리의 생각이 맞음을 인가한 것에 대하여 이렇게 착어하였다.

같은 침상에서 잔다는 말은 아주 가까운 사이라는 것을 의미한다. 부처님과 수보리는 스승과 제자의 관계이다. 수보리가 부처님의 말씀을 듣고 곧바로 부처님의 말씀하시고자 하는 의도를 간파하고 물음에 부합하는 대답을 하였다. 부처님과 수보리는 스승과 제자로서 가까운 관계일 뿐 아니라, 서로 간담을 상조할 만큼 수보리가 부처님의 말씀을 잘 이해하고 있기도 한 것이다.

지피(紙被), 즉 종이로 만든 이불은 얇다는 의미와 질기지 않다는 두 의미가 중의적으로 내포되어 있다. 이런 이불이라면 쉬이 뚫어진다. 이런 이불이 뚫어졌는지 어떤지는 사용하는 사람만이 알 수 있다. 두 사람이 함께 사용한다면, 두 사람이 다 알 수 있다. 부처님과 수보리는 종이로 만든 이불이 뚫어졌음을 알 수 있을 만큼 서로를 잘 이해하고 있으며, 특히 수보리가 부처님의 가르침을 완전하게 이해하고 있음을 가리킨다.

송) 노래한다.

북 치고 비파 켜며(打皷弄琵琶)
두 가문이 만났구려(相逢兩會家)
그대는 수양버들 늘어진 강가로 가시오(君行楊柳岸)
나는 나루터 모래사장에서 묵으리다(我宿渡頭沙)
강 위에선 오후 늦게 오던 첫 비 그치고(江上晚來初雨過)
몇몇 푸른 산봉우리엔 노을이 드리웠네(數峯蒼翠接天霞)

우리는 흔히 "북 치고 장구 친다."라고 한다. 서로 어울리는 것끼리의 조합인 것이다. 북 치고 비파 켜는 것도 자주 등장하는 대구(對句)이다. 북과 비파가 타악기와 현악기로서 서로 화음이 잘 맞아 교향악을 연주하는데 조화롭기 때문일 것이다. 수보리는 부처님께서 하신 말씀의 뜻을 잘 이해하고 있고, 부처님께서는 수보리가 잘 이해하고 있음을 기꺼이 인가하시니, 스승과 제자의 관계가 마치 북치고 비파 켜는 것처럼 화음이 잘 맞고 서로 조화로움을 가리킨다.

양류안(버들가지 늘어진 강가)은 이별을 위하여 마음을 정리하는 장소요, 도두사(나루터 모래 마당)는 만남을 위한 기다림의 장소다. 양류안은 가는 것을 보내는 곳이고, 도두사는 오는 것을 맞는 곳이다. 양류안은 슬픔과 아픔의 장소이고 도두사는 설렘과 기쁨의 장소이다. 양류안으로 가라고 하는 말은 이제 헤어지자는 이별 선언이요, 도두사에서 묵겠다는 말은 계속해서 기다리겠다는 다짐의 서원이다. 오고 감의 감정이 물처럼 흐른다.

그러나 가고 옴이 걸림이 없으니 여래인 것이다. 수보리는 부처님의 의도를 잘 이해하여 말씀의 뜻에 거스르지 않으니, 이 또한 여거(如去)이며 여래(如來)인 것이다. 양류안에서 이별의 발걸음을 맞추든, 도두사에서 기다림의 숙박을 하든, 부처님의 말씀은 여의하고 수보리의 이해는 계합한다. 가히 찰떡궁합의 스승과 제자의 관계가 아닐 수 없는 것이다.

그러하니 둘 사이에 걸림이 없어, 비 그친 저녁나절의 산봉우리가 푸르고, 그 산봉우리 위의 하늘에는 노을이 붉게 물들어 있다고 한다. 깨끗하고 조화롭다. 비가 온 후라 청정하고(푸른 산봉우리), 제자가 스승의 의도를 잘 맞추니 노을과 산봉우리가 조화로운 것이리라.

> 경) "수보리야. 진실로 여래가 아뇩다라삼먁삼보리를 얻은 어떤 법도 없다. 수보리야. 만약 여래가 아뇩다라삼먁삼보리를 얻은 법이 있다면, 연등불이 곧 내게 '그대는 내세에 당연히 부처가 되어 석가모니라 불릴 것'이라고 수기를 주지 않았을 것이다. 진실로 아뇩다라삼먁삼보리를 얻은 어떤 법도 없기 때문에 연등불이 내게 수기를 주어 '그대는 내세에 마땅히 부처가 되어 석가모니라 불릴 것'이라고 말씀하셨던 것이다."
> 須菩提實無有法如來得阿耨多羅三藐三菩提須菩提若有法如來得阿耨多羅三藐三菩提者然燈佛則不與我授記汝於來世當得作佛號釋迦牟尼以實無有法得阿耨多羅三藐三菩提是故然燈佛與我授記作是言汝於來世當得作佛號釋迦牟尼。

　아뇩다라삼먁삼보리, 무상정등정각, 최상의 깨달음은 모든 법을 여읜 그 자리에 비로소 나타난다. 어떠한 법도 가지고 있지 않아야 비로소 얻게 되는 법인 것이다. 만약 최상의 깨달음이 어떤 특정의 법이라면, 그리고 그것이 주고받을 수 있는 것이라면, 연등불이 석가모니부처님께 수기를 주지 않고 곧바로 최상의 깨달음을 전해 주셨을 것이다. 그러나 그것은 주고받을 수 있는 특정된 법이 아니라, 모든 법들이 소멸되면 비로소 저절로 드러나는 법으로 자신이 온몸으로 체득해야 하는 것이기 때문에 그냥 수기만 주었던 것이다.

　최상의 깨달음이 아닌 우리의 일상 삶 속에서의 작은 지혜도 다른 하나를 버려야 비로소 얻어지는 것이 대부분이다. 비워야 또 채워지는 것이다. 이미 무언가가 채워져 있는 그릇에 새로운 것을 채울 수는 없다. 이러한 비움에 걸림이 없는 사람이 새로운 것을 채우는데 원만하다. 좋은 의미로 비움과 채움이 이루어지면, 상황변화에 잘 적응하는 것이며, 도전에 대한 응전이 원만한 것이다. 그러나 나쁜 의미로 그러하면, 즉 좋은 것을 버리고 나쁜 것을 채우면, 이는 적응이기는 하지만, 변질 혹은 변절이라고 한다.

　출가하여 속세의 모든 것을 버리지 않으면 출세간의 법을 얻을 수 없다. 기존의 것에 얽매여 새로운 법, 보다 고차원의 법을 수용할 수 없을 때, 이를 타파하는 방법이 바로 수행이다. 부처님, 여래의 가르침이 아무리 훌륭한 것이라도 모두 수행의 방편이지 최상의 깨달음 자체는 아니라는 것이다.

그리고 버리거나 비움은 많을수록 좋다. 많이 버릴수록 새로이 더 많이 담을 수 있다. 기존의 모든 법들을 버리고서야 비로소 무상정등정각이라고 하는 최상의 법을 담을 수 있는 것이다.

착어) 가난하기는 범단과 같고, 기세는 항우와 같다(貧似范丹氣如項羽).

범단은 동한(東漢) 때 명사로 중국 역사에서 청렴한 관리, 청백리의 모델이라고 불리었다. 그의 가난에 관하여 여러 가지 말이 전해져 온다. 예를 들면, '범단의 부엌에 개구리가 살고, 흙으로 밥을 지었으며, 또한 시루가 깨져 먼지가 일었다(范丹蛙生土灶而又破甑生塵).'라거나,319) '시루 속에 티끌이 생기니 범사운이요(甑中生尘范史云), 솥 속에 물고기가 사니 범래무로다(釜中生鱼范莱芜).'320)라는 명구 등은 모두 범단이 가난하게 살았음을 전하는 말이다. 항우는 역발산기개세(力拔山氣蓋世)의 주인공으로, 힘과 기세로서는 역사에 제일로 기록되어 있다.

최상의 깨달음은 모든 것을 버려야 비로소 저절로 드러나는 것이기 때문에 무엇 하나 가진 것이 없다. 그러니 범단처럼 가난하다고 한 것이다. 이렇게 가난한 자리에 드러난 최상의 깨달음을 이룬 자는 무엇에도 걸림이 없고 그 어떤 것에도 거칠 것이 없다. 가히 천군만마의 적진을 돌파하는 항우의 기세가 아니겠는가? 수천수만의 법들(번뇌들)을 이미 모두 소멸시킴으로써 최상의 법을 얻고, 그로써 어떠한 것에도 걸리거나 장애를 받지 않는다. 가히 항우의 기세를 떨치는 것이라고 이해할 수도 있겠다.

송) 노래한다.

---

319) 中國哲學書電子化計劃, 維基 〉幼學瓊林 〉卷三,《貧富》, 18, https://ctext.org/

320) 維基文庫, 後漢書, 卷八十一, 獨行列傳, 第七十一 范冉, https://zh.wikisource.org/

위로는 기와 조각 하나 없고(上無片瓦)

아래로는 송곳 꽂을 자리조차 없나니(下無卓錐)

해가 뜨고 달이 진들(日來月往)

누가 있어 알리요(不知是誰)

허~(噓)

이 노래는 위 착어의 의미를 더욱 선명하게 부각시킨다. 내가 살고 있는 집을 생각해 보자. 지붕에 기와 조각이 없다 하니, 그러면 너와 혹은 짚이나 억새와 같은 풀로 이어졌으리라. 가진 것이 없음을 상징한다. 또 바닥에서는 송곳을 꽂을 땅 한 뼘도 없다는 말도 참으로 가난함을 의미하는 것이다. 집이나 땅은 예로부터 세속적인 부, 혹은 가진 것을 상징하는 대표적인 것이었다. 그것이 없다 하니, 범단처럼 가난한 것이 아니겠는가? 이렇게 모든 것을 버렸다. 그랬더니 그 자리 한가운데에 있는 나는 해가 뜨고 달이 진다고 거칠 것이 없다. 이 원만함, 이 걸림 없는 삶은 나 아닌 그 누구도 알 수 없는 것이다. 가난은 남루하고 불편하다. 이는 세간적 시각이다. 가난은 버렸기 때문에 얻어진 자리로 대신 자유자재함을 준다. 이는 출세간의 시각이다. 부처님과 수보리의 대화는 후자에 닿아 있는 것이다.

[第十三疑斷] '원인이 없으므로 불법도 없다(無因則無佛法).'라는 의심을 끊는다. 이 의심은 위 [第十二疑]에서 석가모니부처님은 연등불의 행인(行因)에서 진실로 (어떤 것도) 얻은 것이 없다는 말에서 나온다.

행인이 없으면 아뇩다라삼먁삼보리를 얻을 수 없고, 만약 보리가 없다면 제불 여래도 없다. "어찌 일체 모두가 없지 않다는 것인가?"라는 의심을 없애기 위하여 경에서 말한다.

경) "왜냐하면, 여래란 곧 제법에 여의하기 때문이다."
何以故如來者即諸法如義。

"여래는 제법에 여의하다."란 말은 몇 가지 의미를 가지고 있다. 첫째, 일체 법이 각기 그 뜻과 같이 귀결된다는 의미이다. 즉, 아뇩다라삼먁삼보리를 이루면 그것이 어떤 현상이나 형태로 드러나든 그 현상과 형태에 반영됨을 의미한다. 둘째, 여래는 깨끗한 거울과 같아서 앞에 사람이 오면 사람이 드러나 보이고 물건이 오면 물건이 드러나 보인다. 즉, 그 앞에 오는 것은 무엇이든 모두 있는 그대로 비쳐 보이는 것이다. 이러한 의미에서 여래란 진여에서 온 것이며, 진여로 돌아가는 것이며, 그 자체가 진여이기도 한 것이다. 셋째, 이러한 여래에게는 아주 작은 티끌이라도 있을 수 없다. 여래는 일체의 망념과 번뇌가 없는 청정 그 자체인 것이다. 그러므로 여래의 앞에서는 삼천대천세계를 가득 채울 칠보라도 한갓 한 알갱이의 먼지나 티끌보다 더 값나간다고 할 수 없고, 한갓 한 알갱이의 티끌이나 먼지라도 삼천대천세계를 가득 채울 칠보보다 더 값질 수 있다. 넷째, 여래에게서는 일체의 어떤 법도 있을 수 없다. 여래는 사상을 모두 버렸기 때문에 완전한 무아, 무인, 무중생, 무수자를 실현하여 아뇩다라삼먁삼보리를 얻었으며, 역으로 아뇩다라삼먁삼보리를 얻었으므로 어떠한 법도 모두 소멸된 것이다. 아뇩다라삼먁삼보리 자체도 한갓 이름일 뿐 그에 얽매이거나 그것에 걸릴 것이 없다. 그러므로 여래인 것이다.

> [공부]
> # 여래란
>
> 여래(如來, 梵 tathāgata, 巴 同)란 진리에 의거하여 부처가 되었다는 뜻. 붓다를 가리킨다. 여래는 고대 인도에서 깨달은 자를 지칭하던 열 가지 명호(여래십호) 중의 하나. 부처님께서 당신 스스로 남들이 불러 주기를 청하였던 칭호. 세존은 제자들이 부처님을 대할 때 사용하던 명호. 부처가 갖추고 있는 덕성에 대한 총칭이다. 십호 중 세존 이외의 나머지 명호는 외부적 특성을 가리키는 칭호들이다.
> 산스크리트어 tathāgata는 tathā-gata(如去)와 tathā-āgata(如來) 등 두 개의 합성단어라고 볼 수 있다. 전자로 해석하면 진여의 도를 타고서 불과를 이루어 열반으로 갔다는 뜻(그러므로 "여거"이다)이 되고, 후자로 해석하면 진리로 말미암아 왔다는 뜻, 즉 정각을 이루었다는 뜻(그러므로 "여래"이다)이 된다. 『장아함경』 제12권 청정경(淸淨經)에 의하면, "부처는 초저녁과 새벽녘에 최정각을 이루고, 그 중간에 말로서 말씀하신 것은 모두 여실하다. 그러므로 여래라고 한다. 또한, 여래가 말한 것은 사실과 같고, 사실은 말한 것과 같아서 여래라고 한다."라고 하였다.[321] 『대지도론』 제55권에서는 "육바라밀을 수행하여 불도를 이루었다. (중략) 그러므로 여래라 한다. (중략) 지혜로서 제법을 여실하게 알았다. 여실 중에서 왔으므로 여래라 한다."라고 하였다.[322] 이 때문에 여래는 부처의 통칭이 되었다.

착어) *머물고 머물러라. 흔들리고 집착하면 곧바로 삼십 방이로다(住住動著則三十棒).*

경은 전체적으로 무주(無住), 즉 어디에도 머물지 않음이 본래의 취지이다. 그런데 여기서 머물라고 한 것은 무슨 의미인가? '머물다'에는 몇 가지 의미가 있지만, 특히 지(止, 멈추다, 서다, 유지하다)라는 뜻과 착(著, 집착하다)이라는 뜻이 대표적이다. 일반적으로 머물지 않음이란 어구에 있어서 머물다는 집착하다는 의미이다. 그러나 이

---

[321] T01n0001012, 佛說長阿含經卷第十二, 後秦弘始年佛陀耶舍共竺佛念譯, (一七) 第二分淸淨經第十三, CBETA 電子佛典集成 » 大正藏 (T) » 第1冊 » No.0001 » 第12卷, http://tripitaka.cbeta.org/T01n0001012

[322] T25n1509055, 大智度論 第55卷, 聖者龍樹造, 後秦龜茲國三藏鳩摩羅什譯, 大智度論釋散華品第二十九, CBETA 電子佛典集成 » 大正藏 (T) » 第25冊 » No.1509 » 第55卷, http://tripitaka.cbeta.org/T25n1509055

착어에서의 머묾은 집착이 아니라 멈춤이라는 의미이다. 이 뜻은 이어 나오는 움직이다(動)는 말과 집착하다(著)라는 말과 대응하여 그 의미가 명백하다. 그러므로 "머물고 머물러라"란 말의 의미는 고요하게 멈추어 흔들리지 말라는 의미이다. 부동(不動)이란 뜻인 것이다.

멈춤, 즉 흔들리지 않음에는 두 가지 의미가 있다. 하나는 말 그대로 흔들리지 않는 것이고, 다른 하나는 무엇에 이끌린다는 의미이다. 무엇에 이끌리는 것은 그 무엇에 대한 관심 때문이고, 이 관심은 곧 집착에서 나오는 경우가 많다. 즉, 멈춤은 집착하지 않음이란 의미도 내포되어 있는 것이다.

그리하여 이어지는 말이 자연스럽다. 방이란 선종에서 스승이 제자를 접인하는 한 방법이다. 이는 뺨이나 머리, 어깨 등을 쳐서 곧바로 깨달음으로 들어가게 만드는 방법이다. 아뇩다라삼먁삼보리는 모든 상을 내려놓아야 비로소 나타나는 법이며, 무언가 티끌만 한 상이라도 있으면 얻을 수 없다. 그러므로 맞서서라도 상을 버리도록 해야 하는 것이다. 한 방에 깨달을 수 있다면, 근기가 수승하고 수행이 깊은 것이며, 세 방으로 깨우치면 상당한 단계라 할 수 있겠는데, 삼십 방이라면 보다 많은 수행이 필요하다는 의미이다.

송) 노래한다.

위로는 하늘이여, 아래로는 땅이라네(上是天兮下是地)
남자는 남자여, 여자는 여자라네(男是男兮女是女)
목동은 어긋나게도 소를 풀어 주고(牧童撞著放牛兒)
중인들은 가지런히 날나리를 부르네(大家齊唱囉囉哩)
이 무슨 곡조라서 만 년이나 즐겁나(是何曲調萬年歡)

위로는 하늘, 아래로는 땅. 남자는 남자, 여자는 여자. 이 모든 것들은 생겨날 때 혹은 태어날 때의 그대로이다. 그것이 우리가 찾고자 하는 법이 아닐까? 남자를 남자로 보고, 여자를 여자로 볼 때, 그것이 깨달음이 아닐까? 산은 산이요 물은 물이라는 언구와 닮았다. 여자에게서, 남자에게서 여자와 남자 이외의 수많은 다른 역할을 요구할 때 그것이 오히려 혼탁함이 아닐까? 그런 의문을 일으키는 구절들이다. 있는 그대로의 실상을 보아야 한다는 말이 될 것 같다.

목동이란 소를 치는 사람을 가리킨다. 소를 친다는 것은 소를 일정한 범위와 움직임 속에서 벗어나지 못하게 하는 것이다. 즉, 목동은 소를 속박시키는 존재이다. 흔히 목동을 소를 치는 존재로서 그리지만, 소를 친다는 것 자체가 어쩌면 소를 속박하는 것이다. 이는 역으로, 목동 자신도 소에 붙들리고 얽매이고 시달리는 존재라는 의미이기도 하다. 즉, 목동이 소를 풀어 주는 것은 소를 속박에서 해방시키는 것이며, 역으로 소를 풀어 줌으로써 목동 자신도 붙들리고 얽매이고 시달리던 것으로부터 해방되는 것이다. 그런데 목동이 소를 풀어 주는 짓은 목동에 대하여 일반적으로 인정되는 역할을 벗어나는 것이다. 이는 목동의 역할로서는 잘못된 일이다. 그러나 깨달음의 세계에서는 소를 치는 것(牧牛)과 소를 풀어 주는 것(放牛)이 하나이다. 불이(不二)인 것이다.

대가(大家)란 몇 가지 의미를 가지고 있다. 첫째, 번성한 가문, 큰 가문이란 의미이다. 재벌가, 권문세가라고 할 때의 가(家)는 대가의 줄임말이다. 둘째, 특정 분야에 전문적 지식이나 기술, 기예 등에 월등한 능력과 성취를 보인 사람을 가리킨다. 역사의 대가, 도예의 대가라고 할 때의 대가가 이 뜻이다. 셋째, 일반적인 사람들, 나 이외의 다른 사람들을 가리킬 때 사용된다. 중국집에서 대가공희(大家共喜, 여러분. 함께 즐기세요)라고 할 때의 대가는 여러분이라는 의미이다. 이 송에서는 물론 세 번째의 의미로 사용되었다. 즉, 많은 사람들이 날라리를 불렀다는 의미이다.

날라리(囉囉哩)라는 말은 즐거울 때 흘러나오는 후렴조의 흥얼거림이라고 생각하면 된다. 초선에 들었을 때, 시험에 합격하였을 때, 승진하였을 때, 사업에 성공하였을 때, 모르던 것을 알게 되었을 때 등 수많은 사례에서 기쁨에 겨워 저절로 그 기쁨이 아무런 뜻도 없는 소리로 흘러나오는 것을 통칭하여 날라리라고 하는 것이다. 지금 사람들은 무엇엔가 기뻐하며 저들도 모르게 기쁨으로 흥얼거리고 있는 것이다. 그것이 무슨 곡조인지는 모르지만, 기쁠 때면 언제나 흘러나오는 것이다. 만년이란 언제나 그러함을 가리키는 시간성을 지칭한다.

하늘과 땅, 남자와 여자, 목동의 소를 치는 것과 풀어 주는 것, 중인들의 기쁨의 흥얼거림은 모두 만년을 기쁘게 하는 곡조, 모든 것이 둘이 아닌 불이의 세계, 최상의 깨달음에서 오는 것이리라.

> **경)** *"만약 누군가가 여래는 아뇩다라삼먁삼보리를 얻었다고 말하면,*
> *수보리야, 진실로 부처가 아뇩다라삼먁삼보리를 얻은 어떤 법도 없다."*
> **若有人言如來得阿耨多羅三藐三菩提須菩提實無有法佛得阿耨多羅三藐三菩提。**

또 말하지만, 어떤 법도 없어야 아뇩다라삼먁삼보리를 얻을 수 있다. 티끌만 한, 혹은 티끌보다 작은 어떤 법이라도 있다면, 이는 번뇌로 이어져 깨달음에 걸림으로 작용하게 된다. 이는 제법에 여의하지 못한 것이다. 여래는 제법에 여의해야 되는데, 그렇지 못하여 어느 하나의 티끌 같은 작은 법에라도 걸리게 되면 여의하지 못하므로 여래라 할 수 없다. 여래가 아니라면 아뇩다라삼먁삼보리를 얻은 것이 아니다. 아뇩다라삼먁삼보리를 얻었다는 것은 모든 법을 여의어 어떠한 것에도 걸림이 없음을 의미하는 것이다. 또 어떠한 것에도 걸림이 없어야 아뇩다라삼먁삼보리를 얻었다고 하는 것이며, 여래라고 하는 것이다.

> **경)** *"수보리야, 여래가 얻은 아뇩다라삼먁삼보리는*
> *그 가운데 실체가 없으나(無實) 빈 것도 아니다(無虛)."*
> **須菩提如來所得阿耨多羅三藐三菩提於是中無實無虛。**

아무리 작은 것이더라도 법이 있으면 걸림이 되기 때문에 아뇩다라삼먁삼보리를 얻었다고 말할 수 없다. 그러므로 아뇩다라삼먁삼보리는 그 속에 어떤 것도 없다. 그러므로 무실(無實=空)인 것이다. 그러나 아뇩다라삼먁삼보리는 만 가지 법의 나타남과 사라짐의 근거가 되는데(작용=用), 만약 아뇩다라삼먁삼보리에 정말 아무것도 없다면 만 가지 법이 생겨났다 소멸하는 근거 혹은 바탕이 될 수 없다. 그러므로 아뇩다라삼먁삼보리는 속이 가득 차 있다. 있으면서도 없고(無實), 없으면서도 있는(無虛) 것이 아뇩다라삼먁삼보리인 것이다.

왜인가? 부처님께서는 진실로 얻었다는 마음이 없어서 보리를 얻었으므로 얻었다는 마음이 없으며, 생기지도 않는다. 보리를 얻었으나 보리를 얻었다는 마음을 버리며, 나아가 얻을 수 있는 보리가 없다거나 있다고 생각하지도 않기 때문에 실체가 없다(無實)고 하였다. 얻었다는 마음이 적멸하여도, 일체지가 본래 가지고 있는 온갖 법들은 모두 갠지스강의 모래 알갱이의 개수만큼 많은 덕성과 쓰임을 원만하게 갖추고 있을 뿐 아니라 조금도 모자람이 없으니, 그러므로 무허(無虛)라고 하는 것이다.

또 이 법이 실체가 없다고 함은 심체가 공적하여 무상을 얻을 수 있기 때문이다. 빈 것이 아니라고 함은 안으로 갠지스강의 모래 수만큼 많은 공덕이 있어 써도 써도 마르지 않기 때문이다. 그 실체를 말하고자 하면 볼 수 있는 형체가 없어도 무상을 얻을 수 있고, 그 비었음을 말하고자 하면 그 헤아릴 수 없이 많은 작용을 볼 수 있다. 그러므로 있다고 말할 수도 없고 없다고 말할 수도 없다. 있으나 있지 않고 없으나 없지 않으니, 말이 미치지 못한다. 만약 상을 버리고 수행하지 않으면 이 법에 도달할 수 없는 것이다. 부대사가 노래했다.

 공을 증득하여 실체로 삼으니(證空便爲實)
 나에 대한 집착이 비어 버렸구려(執我乃成虛)
 없는 것도 아니고 있는 것도 아니니(非空亦非有)
 뉘라서 또 있다, 없다 하리(誰有復誰無)
 병이 있으면 약을 처방하고(對病應施藥)
 병이 없으면 약을 되돌려 보내듯(無病藥還祛)
 모름지기 이공의 이치에 의지하여(須依二空理)
 모든 것 털어 버리고 무여열반에 들어가라(穎脫入無餘)

경) 만약 누군가가 ~ 빈 것도 아니다(若有 ~ 無虛)

착어) 부자는 천 개의 입이 적다고 불평하고, 가난한 자는 일신조차 많음을 한탄한다(富嫌千口少貧恨一身多).

천 개의 입이란 많은 식구를 가리킨다. 옛날에는 생산수단이 사람에 주로 의존하고 있었기 때문에 사람의 수가 곧 생산능력을 가리키기도 하였다. 천 개의 입을 가졌다는 것은 그만큼 거느린 사람의 수가 많아서 그들을 먹여 살린다는 의미가 아니라, 천 명이나 되는 사람이 일을 하는 넓은 땅 혹은 많은 부를 가졌음을 의미한다. 천호(千戶)라고 하면 상당한 부자이다. 부자는 부를 더욱 쌓기를 원하니, 천 개의 입이 적다고 불평한다는 말은 곧 자신의 재물이 적음을 아쉬워하며 부를 더욱 늘리려고 욕심을 부린다는 의미이다.

일신이란 자기 한 몸을 가리킨다. 일신이 많다고 한탄할 정도면 자신조차 부양할 능력이 없음을 뜻한다. 지독한 가난을 의미하는 것이다. 가난한 사람은 가족을 부양하는 것은 차치하고 자신조차 제대로 먹을 수 없을 만큼 재산이 없고, 그만큼 삶이 고단하고 버거운 것이다.

여래가 얻은 아뇩다라삼먁삼보리는 모든 것을 버려서 얻은 것이므로 지극히 가난하다고 할 수 있어 세속적 관점에서 그 쓰임이 여하에 따라 지극히 가난할 수도 있다(실체가 공함). 무실한 이유이다. 그러나 최상의 깨달음으로서 세상의 그 어떤 존재보다 존귀하게 되었으므로 어마어마한 부자라 할 수도 있다(무한한 작용이 있음). 무허한 이유이다.

송) 노래한다.

생애란 꿈 같고 뜬구름 같은 것(生涯如夢若浮雲)
살림살이도 모두 없애고 육친도 끊고(活計都無絕六親)
하나의 청백안을 얻어(留得一隻青白眼)
무한히 왕래하는 사람을 웃으며 보리(笑看無限往來人)

생애가 꿈같고 뜬구름 같은 것은 경에서 일관되게 취하고 있는 자세이다. 이는 무상, 무아가 불교의 근본적인 가르침(三法印)이라는 데 비추어 보면 당연한 것이다. 인생이란 이러한 것임에도 육친과 더불어 영위하는 살림살이를 벗어나지 못한다. 살림살이란 목숨을 잇고 생활을 영위하기 위한 일을 도모하는 것을 의미한다. 그러므로 살림살이를 모두 버린다는 말은 세속에서 호구지책을 마련하는 것을 버리고 세간에서 출세간으로 삶을 옮기는 것을 가리킨다. 육친을 끊었다는 것도 같은 맥락이다. 이로써 세속적인 삶을 완전히 청산하고 출세간의 삶으로 들어가 수행에 전념하는 것을 의미한다.

이렇게 살림살이도 육친도 모두 끊고 출세간의 수행에 전념하다 보니, 살림살이와 육친을 모두 끊은 대가로 옳고 그름, 참됨과 거짓됨, 무거운 것과 가벼운 것을 파악할 수 있는 지혜를 얻게 되었다. 이런 지혜로운 자를 청백안(清白眼)이라거나 혹은 일척안(一隻眼)이라 한다. 그러므로 하나의 청백안을 갖춘 자는 성인이라 할 수 있을 것이다. 이런 경지에 올라선 사람은 이미 살림살이에 대하여 해탈열반을 이룬 사람이기 때문에, 생사유전을 끊임없이 반복하며 거듭 윤회하는 수없이 많은 중생을 자유자재하게 깨달음의 세계로 인도할 수 있는 것이다. 여래의 법이 실체가 없으나 빈 것이지도 않은 이유인 것이다.

[공부]

오안 이외에 눈(眼)에 관한 여러 가지 표현

1) 일척안(一隻眼): 선림용어로, 정문안(頂門眼)과 같은 뜻. 불법상 사물을 진실하게 바로 볼 수 있는 하나의 눈 혹은 이러한 혜안을 갖추고 있는 것을 가리킨다.『벽암록』제8칙의 수시(垂示)에 의하면, "일척안을 갖추어 가히 앉아서 시방을 끊고 천 길의 깎아지른 절벽을 세운다."라고 하였다.[323] 일척안은 범부의 육안이 아닌, 바른 눈(正眼), 산 눈(活眼), 밝은 눈(明眼)을 가리킨다.
2) 청안(青眼): 파랗거나 검은 색의 눈. 사람이 똑바로 앞을 바라볼 때 흑색의 안구가 중간에 온다. 청안이란 말은 기쁘거나 사랑스러움 혹은 중요하게 여김을 표시하는 말로 사용된다. 청목(青目), 청래(青睞)라고도 한다.

---

323) T48n2003001, 佛果圜悟禪師碧巖錄卷第一, 師住澧州夾山靈泉禪院評唱雪竇顯和尚頌古語要,【八】, CBETA 電子佛典集成 » 大正藏 (T) » 第48冊 » No.2003 » 第1卷, http://tripitaka.cbeta.org/T48n2003001

> 3) 진청안상(真青眼相, 梵 abhinīla-netra): 목감청색상(目紺青色相), 목감청상(目紺青相), 감안상(紺眼相), 감청안상(紺青眼相), 연목상(蓮目相)이라고도 한다. 부처님의 눈은 감청색으로 마치 청련화와 같다고 한다. 부처님의 삼십이상 중 눈의 모습을 가리킨다. 이는 세세생생에 걸쳐 자애로운 마음과 눈으로 환희심을 가지고 필요한 자들에게 베풀었기 때문에 그 복덕으로 얻어진 상이다.
> 4) 백안(白眼): 흰자위가 비교적 많고 눈동자가 비교적 작은 눈을 가리킨다. 혹은 화가 나거나 의심이 생기거나 경멸하는 때에 눈을 위로 치켜뜨거나 옆으로 비켜 뜰 때 나타나는 현상을 가리킨다.
> 5) 청백안(青白眼): 중시하거나 경시하는 눈빛을 가리킨다.

경) "그러므로 여래는 일체법이 모두 불법이라고 말하는 것이다."
是故如來說一切法皆是佛法。

앞 장구에서 여래가 얻은 아뇩다라삼먁삼보리는 그 가운데 실체가 없으나(無實) 빈 것도 아니(無虛)라고 하였다. 여래가 얻은 아뇩다라삼먁삼보리, 즉 여래의 법은 실체가 없으니 법이 생긴 것이 아니다. 법이 생기면 실체가 생기는 것이니 불법이 아니다. 그런데 여래의 법은 빈 것이 아니어서 그 가운데 만법을 생성시킬 수 있다. 만법이 여래의 아뇩다라삼먁삼보리에서 생겨나는 것이다. 요컨대, 여래의 법은 그 자체로 법이 아니지만, 만법이 그 가운데서 생겨나는 작용이 있는 것이다. 여래의 법에서 생겨난 모든 법은 불법이 아닌 것이 없다. 그러므로 만법이 불법이며, 일체법이 불법인 것이다.

그러나 이 말이 남용되어서는 안 된다. 아뇩다라삼먁삼보리라는 오직 하나 뿐인 최상의 법에서 만법이 파생되었지만, 그것은 근기에 따라서, 시공의 상황에 따라서 다양한 모습을 하며, 그 근기와 시공의 상황에 적합하여야 한다. 예를 들면, 부처님 시대에 여성 출가자들을 보호하기 위하여 부처님께서 적용하셨던 팔존사법(八尊師法)이 오늘날에는 오히려 여성 출가자들을 구속하거나 제약하는 구실이 될 수 있다. 그러함에도 이것이 오늘날 국내외 불교계에서 묵수(墨守)되고 있다는 것은 불법이라고 보기 어렵다. 또 부처님께서 중생을 인도하시던 방법과 중국불교에서 정착된 중생을 인도하는 방법, 티벳불교에서, 남방불교에서 그리고 구미에서 적용되는 방법들이 온전히 일치한다고 보기도 어렵다. 그것은 이들 지역과 그곳에 사는 사람들에 따라서 알맞게 변용되었기 때문이다.

이들 두 가지 예처럼, 적어도 세간의 관점에서, 시공에 따라서, 수많은 방편법들에서 변용이 보일 수밖에 없다고 본다면, 일체법이 불법이라고 글자 그대로 믿고 신봉하는 것은 오히려 불법에 반할 수 있다고 할 수 있다.

착어) 온갖 풀들의 끝을 환하게 밝히니, 조사의 뜻이 분명해지는구나 (明明百草頭 明明祖師意).

백초(百草)란 온갖 풀이란 의미이지만, 확장하여 유정물과 무정물을 모두 포괄하는 두두물물(頭頭物物)로 파악하여도 좋을 것이다. 즉, 온갖 물건, 사물을 가리키는 것으로 보는 것이다. 조사의(祖師意)란 조사서래의(祖師西來意)의 줄임말. 조사는 달마대사를 가리킨다. 달마대사가 인도(西天)에서 중국(東天)으로 온 뜻이 무엇인가를 묻는 질문이다. 학인들이 화상에게 숱하게도 많이 하였던 질문이었다. 이에 대한 대답은 다양하다. 이 말은 "불법의 대의(佛法大意)"란 말과 함께 불법의 깊은 뜻, 선의 이치를 표시하는 정수라고 한다. 이 말은 조사들의 깨달음의 근본정신을 밝히기 위하여 사용되는 공안 중의 하나다.

백초의 끄트머리란 말은 흔히 그 위에 이슬이란 말을 더하여 풀잎 끝의 아침 이슬(百草頭上朝露)이라고 하여 무상함을 설명하는 중요한 용어의 하나이다. 온갖 풀잎을 밝힌다 함은 두두물물이 모두 부처님의 설법, 즉 불법임을 알아차리는, 무정설법(無情說法)을 깨닫는 경지에 이른 것을 의미한다. 이 경지에 이르니 조사가 서쪽에서 온 뜻을 알겠다는 것이다. 일체법이 불법임을 천명한 것이다.

> [공부]
> ## 明明百草頭 明明祖師意
>
> 착어에 나온 언구는 당나라 때 방온(龐蘊)(방거사로 유명)이라는 거사가 그의 딸 영조(靈照)와 주고받은 대화(선문답)이다.[324]
>   하루는 거사가 앉아서 영조에게 물었다.
> "옛사람이 이르기를 '온갖 풀 끝을 환하게 꿰뚫으니(明明百草頭), 조사의 뜻이 분명해지는구나(明明祖師意)'라고 하였다. 무슨 말인지 알겠니?"
> 그러자 영조가 말했다.
> "늙을 만큼 늙고 클 만큼 크신 분이 그렇게 말씀하십니까?"
> 거사가 말했다.
> "너라면 무슨 말을 하겠느냐?"
> 그러자 영조가 말했다.
> "온갖 풀끝을 환히 꿰뚫으니(明明百草頭), 조사의 뜻이 분명해지는구나(明明祖師意)"
> 이에 방거사가 웃었다.

송) 노래한다.

준순주를 빚고(會造逡巡酒)

경각화를 피우며(能開頃刻華)

거문고로 벽옥조를 타고(琴彈碧玉調)

화로에 백주사를 다리니(爐煉白硃砂)

이런 여러 가지 재주를 어떻게 얻었는가(幾般伎倆從何得)

모름지기 풍류는 제집에서 나온 것임을 믿어야 하나니(須信風流出當家)

준순주, 경각화, 벽옥조, 백주사 등 말들은 당나라 때 은천상(銀天祥)이라는 신선(떠돌이 약장수라고도 함)이 지은 언지(言志)라는 시에서 빌려 온 것들이다. 준순주를 빚

---

324) 69n1336001, 龐居士語錄卷上, 節度使 于頔 編集, 優婆塞 世燈 重梓, CBETA 電子佛典集成 》 卍續藏 (X) 》 第69冊 》 No.1336 》 第1卷, http://tripitaka.cbeta.org/X69n1336001

고, 경각화를 피우며, 벽옥조를 타고, 백주사를 다리는 등은 훌륭한 삶의 기예들이다. 이러한 기예들은 깨달음으로 나아가는 수행 방법들을 비유한 것이라 할 수 있다.

이러한 기예들은 모두 어디서 나왔는가? 천 가지, 만 가지의 모든 법이 부처님이 얻은 최상의 깨달음, 아뇩다라삼먁삼보리에서 나온 것과 마찬가지로, 이들 기예도 하나의 법, 부처님의 최상의 깨달음에서 나왔다. 어떤 법도 없어야 아뇩다라삼먁삼보리를 얻지만, 아뇩다라삼먁삼보리는 만법을 생기(生起)하는 근원인 것이며, 만법은 바로 이 근원에서 나온 것이다.

[용어 풀이]

* 준순주(逡巡酒): 전설에 의하면 신선이 경각지간에 양조하였다는 술. 그래서 경각주(頃刻酒)라고도 한다.
* 경각화(頃刻花): 순식간에 피었다 지는 꽃.
* 벽옥조(碧玉調): 거문고로 곡을 연주하는 방법의 하나.
* 백주사(白硃砂): 사람의 젖의 다른 이름. 사람의 젖을 다려 먹으면 오장의 기운을 보하고 지혜를 더하고 정기를 다지며 피가 허한 것을 보충한다. 대변이 잘 되게 하고 혀뿌리를 강화해 주며, 눈이 붉게 충혈되거나 침침해지는 것에 효력이 있다.

[공부]

경각화(頃刻花)에 얽힌 고사

당대 문장가이자 당송팔대가 중의 한 사람인 한유(韓愈)에게 한상(韓湘, 일설에 의하면, 한상자라는 중국 팔대 신선 중의 하나)이라는 조카가 있었는데, 이 조카는 낙백하여 종잡을 수 없었으며, 술을 대하면 취하고, 취하면 고성으로 노래를 하였다. 한유가 그리하지 말라고 타일러도 도무지 듣지 않았다. 오히려 한상은 웃으며 말하는 것이었다.
"제가 배운 것을 삼촌께서는 모르실 것입니다."
그리고는 곧장 언지라는 시를 한 수 지어 삼촌에게 드렸는데, 그 시 속에 "준순주를 해조하니 능히 경각에 꽃을 피울 수 있다."라는 구절이 있었다. 한유가 이를 시험하기 위하여 적당한 때에 주연을 베풀고 말석에 한상의 자리를 마련하였다.

말석에 앉은 한상은 흙덩이를 화분에 넣고 도롱이로 이를 덮었다. 술잔이 한 순배 돌 즈음 꽃이 이미 피어 있었다. 암화 잎 두 장이 늘어졌는데, 생김새는 모란을 닮았고 아주 예쁘고 아름다워 앉았던 사람들이 모두 놀랐다. 이후 경각화라는 말은 홀연히 피어나는 신기한 꽃을 가리키는 말이 되었다.

이외에 경각화는 다음과 같은 뜻이 있다.
- 쉽게 피었다 쉽게 시들어 버리는 꽃이란 뜻
- 불이 탈 때 허공에서 연기가 그려 내는 모습을 꽃에 비유한 것
- 눈꽃을 가리킴

[공부]

시 "언지(言志)"를 소개함

청산과 구름과 물이 있는 굴(青山雲水窟)
거기가 제집이지요(此地是吾家)
새벽녘엔 이슬 맺히고(後夜流瓊液)
아침엔 붉은 노을 맛봐요(凌晨咀絳霞)
비파로 벽옥조를 타고(琴彈碧玉調)
화로로 백주사를 다려요(爐煉白硃砂)
보정으로 금호를 받치고(寶鼎存金虎)
원전엔 흰 까마귀를 기르지요(元田養白鴉)
한 호로에 세계를 담고(一瓢藏世界)
세 척짜리 칼로 요사스런 것을 잘랐어요(三尺斬妖邪)
준순주를 빚고(解造逡巡酒)
경각화를 피울 수 있어요(能開頃刻花)
누군가가 나를 배울 수 있다면(有人能學我)
신선의 꽃을 보러 함께 가겠어요(同去看仙葩)

[용어 풀이]

* 雲水窟(운수굴): 은자 또는 출가인의 거처
* 원전(元田): 芝田(지전)이라고 한 곳도 있음
* 世界(세계): 造化(조화)라고 한 곳도 있음

경) "수보리야. 말하는바 일체법이란 곧 일체법이 아니며 그러므로 이름이 일체법이다."

須菩提所言一切法者即非一切法是故名一切法。

　제법에 대하여 능히 마음에 취사(取捨)와 능소(能所)를 없애고 일체법을 확실하게 건립하라. 그러면 마음이 항상 공적하므로 일체법이 모두 불법임을 안다. 그런데 미혹된 자가 일체법에 탐착하여 불법으로 삼을까 우려하였다. 일체법이 일체법이 아니라고 하신 것은 이 병폐를 없애기 위함이다. 마음에 취사와 능소가 없으면 마음이 흔들릴 이유가 없으며, 항상 공적하다. 그러면 항상 선정과 지혜에 비추어 보아 체(體)와 용(用)을 가지런히 일치시킬 수 있다. 그러므로 일체법을 불법이라 하는 것이다. 마음이 공적하다 함은 어떤 작용도 없이 고요한 것을 가리킨다. 이런 마음 상태는, 마치 물결이 없는 청정한 물이 그 표면에 세상의 만물을 비추는 것처럼, 모든 것을 있는 그대로 반영할 수 있다. 이렇게 되면 일체법을 지혜롭게 관찰하고 사유하여 본래 모습을 비추어 볼 수 있다.

　불자들이 갖는 병폐는 부처님의 말씀을 맹신하는 경향을 보이는 것이다. 일체법이 모두 불법이라고 한 앞의 구절이 있으므로, 부처님께서 그렇게 말씀하셨으므로, 일체법이 모두 불법이라고 여기고 이를 맹신하여 봉지할 가능성이 있는 것이다. 본래는 모든 법은 공하여 나지도 멸하지도 않고, 더럽지도 깨끗하지도 않으며, 늘지도 줄지도 않는 것인데, 모두 불법이라고 한 말씀 때문에 이에 집착하여 마치 일체법이 모두 실체가 있는 것인 양 집착할 가능성이 있는 것이다. 불법이 실체가 있는 법이라는 등식은 성립되지 않는다. 모든 법은 공하고, 불법도 공하다. 그럼에도 불법에는 무궁한 묘용이 있으므로 불법은 있고 모든 법이 불법에 포함되는 것이다. 그러므로 불법은 모두 실체가 있다고 집착할 것을 경계하고, 일체법이 공함을 가르치기 위하여 일체법은 본래 모습으로서의 일체법이 아니라 그냥 각각에 해당하는 이름을 지어 그렇게 부를 뿐임을 말씀하신 것이다.

　앞 장구에서 일체법은 불법이라고 하고, 이 장구에서 일체법은 일체법이 아니며 이름이 일체법이라고 함으로써 불법도 실체가 있는 법이 아님을 추론할 수 있다. 불법 아닌 법이 없으며, 어떠한 법도 실체가 없이 공함을 의미하는 것이다.

[공부]

일체법(一切法)

일체법(梵 sarva-dharma, 巴 sabba-dhamma)이란 일체 만법, 일체 제법, 만법 등과 같은 뜻. 일체의 사물, 현상 및 물질적 정신적인 일체의 존재를 가리킨다. 원래는 연기로 말미암아 존재하는 일체의 존재와 현상, 즉 유위법을 가리켰다. 그 후 무위법도 포함하였다. 『지도론』 제2권에서는 일체법은 줄여서 유위법, 무위법, 불가설법 등 세 가지로 정리할 수 있다고 하였다.[325]

1) 초기불교에서 주장하는 오온, 십이처, 십팔계
  가) 오온(五蘊) 색(色), 수(受), 상(想), 행(行), 식(識)
    - 온(蘊): 구역에서 음(陰)이라 함. 내부적으로 가지고 있어서 떨쳐 버리지 못한다는 뜻. 덩어리(積聚)라는 뜻.
    - 색(色): 형상과 질애(質礙, 물질에 의한 막힘 현상)가 있는 물질
    - 수(受): 괴로움, 즐거움, 괴롭지도 즐겁지도 않은 느낌을 받아들이는 작용. 객체와 접촉함으로써 일어나는 정서적 반응
    - 상(想): 객체를 대하고 대상이 노정하는 형상을 받아들여 사고하는 것
    - 행(行): 감수작용과 생각이 존재한 후 동작을 일으키거나 행하는 의도적인 마음의 작용
    - 식(識): 대상에 대한 인식과 판단 작용
  나) 십이처(十二處)
    - 내육처(內六處): 안(眼), 이(耳), 비(鼻), 설(舌), 신(身), 의(意)
    - 외육처(外六處, 六境): 색(色), 성(聲), 향(香), 미(味), 촉(觸), 법(法)
    - 구역(舊譯)에서는 입(入)이라고 하였는데, 그것은 들어오는 곳 혹은 들어오는 법이란 뜻이다.
  다) 십팔계(十八界) 육근 + 육경 + 육식
2) 설일체유부등 부파불교에서 주장하는 오위칠십오법: 색법(11개), 심법(1개), 심소법(46개), 심불상응행법(14개), 무위법(3개) 등
3) 대승유식가에서는 오위백법을 주장: 색법(11개), 심왕법(8개), 심소법(51개), 심불상응행법(24개), 무위법(6개) 등

---

325) T25n1509002 , 大智度初品總說如是我聞釋論第三(卷第二), 龍樹菩薩造, 後秦龜茲國三藏法師鳩摩羅什奉 詔譯, CBETA 電子佛典集成 » 大正藏 (T) » 第25冊 » No.1509 » 第2卷, http://tripitaka.cbeta.org/T25n1509002

착어) 상대인 구을기로세(上大人丘乙己).

상대인(上大人)이란 말은 몇 가지 의미가 있다. 첫째, 중국의 당나라에서 청나라 때까지 학동들이 학습에 들어갈 즈음에 사용하였던 붉은 글씨로 쓰인 습자책을 가리킨다. 앞표지에 "상대인, 공을기, 화삼천, 칠십사(上大人, 孔乙己, 化三千, 七十士)"라고 필사로 적혀 있었다. 그림으로 간소하게 써 놓아서 학동들이 학습하기에 편리하도록 되어 있었다고 한다. 후세에 지극히 간단하고 얕게 드러나는 문자를 비유하는 말로 사용되었다.

다음으로, 상대인은 대인 중의 대인이라는 의미를 가지고 있다. 대인이란 모두들 잘 알다시피, 남을 높여 부르는 말이기도 하고, 훌륭한 사람을 가리키는 말이기도 하다. 구을기는 공자를 가리킨다. 그러면 "상대인 구을기"란 말은 아주 훌륭한 사람인 공자, 성인 공자라는 뜻으로 새기면 될 것이다.

셋째, 상대인이란 말에서 상(上)을 드리다, 올리다는 의미로 새기면, "대인에게 올림"이란 의미가 된다. 과거 우리가 부모님께, 선생님께 혹은 웃어른께 편지를 쓸 때, "……전 상서"라는 말을 많이 썼는데, 이때의 상(上)과 같은 의미인 것이다. 이런 의미로 상대인 구을기라는 착어는, "대인 공자님께 드립니다."라는 의미로 새길 수 있다. 이것을 부처님께 올리는 것으로 바꾸면, 열심히 수행하여 최상의 깨달음을 부처님께 드리자고 하면 뜻이 통할까?

상대인이라는 어린이용 책자의 표지에 쓰였다는 글을 해석해 보면, "웃어른에게 올리자. 공자께서는 삼천 명을 가르치셨는데, (그중) 일흔 명이 (훌륭한) 선비라네."라는 뜻이다. 공자를 부처님으로 바꾸고, 숫자만 바꾸면 부처님의 행적과 다를 것이 없다.

"일체법이 모두 불법"이라는 언구에 대하여 "상대인 구을기"라고 착어한 것은 왜인가? 구는 공자의 이름이다(그러면 이 착어에서 "상대인"이란 말은 아주 훌륭한 성인이라고 새기면 되겠다). 공자는 진리에 통한 성인이었다. 공자는 칠순을 넘기고, 종심소욕불유구(從心所欲不踰矩)라고 하였다. 마음 따라 하고 싶은 것을 해도 규구(規矩)를 어기지 않는다는 의미이다. 즉 마음이 시키는 대로 해도 그 어떤 것에도 걸리거나 거슬리지 않음을 의미한다. 이미 마음다스리기(調心)를 마친 것이다. 부처님께서 이루신 아뇩다라삼먁삼보리의 경지에 도달하였다고 할 수 있을 것이다. 그러한 경지에서 보면, 그 무엇도 법 아닌 것이 없으며, 또한 그 무엇도 걸리거나 거슬리거나 장애가 되는 법도 없는 것이다.

> [공부]
> ## 상대인 구을기를 보라(見上大人丘乙己)[326]
>
> 열제거사(悅濟居士)가 노래했다.
> 　　이치에 으뜸이었던 구을기(一理丘乙己)
> 　　두 개의 뜻으로 삼천 명을 교화하였네(二義化三千)
> 　　첫째도 아니고 둘째도 아니니(非一亦非二)
> 　　밥이나 먹고 잠이나 자네(噇飯更噇眠)
> 위 노래에서 두 개의 뜻(二義)이란 요의(了義)와 불요의를 가리킨다. 불교의 관점에서 보면, 요의란 대승경전들 중에 구경의 진리를 직접적으로 명료하게 말한 것을 가리킨다. 예컨대, "번뇌가 곧 보리", "모두 불성을 가지고 있다."라는 등의 언구가 이에 해당한다. 불요의란 경전들 중에 진실한 뜻, 진리가 투철된 뜻, 구경의 뜻을 내포한 방편을 말한 것을 가리킨다. 요의란 직접 진리를 말한 것이고 불요의란 비유에 의하여, 혹은 간접적으로 진리를 말한 것이라고 이해하면 될 것 같다.

송) 노래한다.

법이다 아니다는 법이 아니다(是法非法不是法)
죽어 물에 잠긴 용이 살아서 헤엄치네(死水藏龍活鱍鱍)
마음이다 아니다는 마음이 아니다(是心非心不是心)
허공은 예부터 꽉 막혔다네(逼塞虛空古到今)
다만 추심을 끊는 것일 뿐이네(祇是絶追尋)
들에 무한히 일던 구름을 바람이 모두 걷어 내니(無限埜雲風捲盡)

---

326) 이 공안은 선문염송집(禪門拈頌集) 제1,306칙을 가져온 것이다.

외로이 둥근달 하나 하늘 가운데서 빛난다(一輪孤月照天心)

맞니, 틀리니 다투는 것 자체가 잘못이다. 이는 마치 죽은 용이 물에 들어갔다고 해서 살아 헤엄치는 것과 같다. 죽은 용이 물이든 물이든 다시 살아날 일이 없다. 이미 죽었는데, 물속이라고 해서 살아나 헤엄칠 리 없다. 이는 전도된 생각을 의미한다. '마음이다, 아니다.'라고 다투는 것도 마음이 아니다. 이런 자세라면 허공도 태허(太虛)한 것이 아니라 아예 꽉 막히고 만다. 이런 일들은 마음이 상에 집착함으로써 일어나는 전도된 마음작용이다. 마음이 전도되지 않으면 이런 다툼이나 갈등들이 일어나지 않는다. 이런 전도된 것들은 모조리 끊어야 한다. 이러한 것들에 끌려다니거나, 이러한 것들을 찾아다니는 것은 깨달음으로 가는 길이 아니라, 깨달음의 길에 장애가 될 뿐이기 때문이다. 시비곡직 등 전도된 분별과 간택을 모두 끊고 나면, 천지를 가득 메웠던 구름이 걷힌 맑은 하늘에서 온 천지를 환하게 비추는 달이 드러나듯, 최상의 깨달음을 이루어 본래의 내 모습이 환하게 드러날 것이다. 선림에서 달이란 시비와 왜곡된 마음이 모조리 끊어진 자리에서 드러나는 본체에 대한 깨달음을 상징하는, 혹은 일체법에 대한 모든 집착이 사라진 자리라야 깨달음이 그 자리에 있음을 가리키는 말로 자주 사용된다.

경) "수보리야. 비유하면, 사람의 몸이 장대한 것과 같다."
수보리가 말했다.
"세존이시여. 여래께서는 사람의 몸이 장대한 것은 큰 몸이 아니라
큰 몸이라 부르는 것이라고 말씀하셨습니다."
須菩提譬如人身長大須菩提言世尊如來說人身長大則為非大身是名大身。

여래가 사람의 몸이 장대하다고 말씀하시고, 또 큰 몸이 아니라고 말씀하실 때, 큰 몸이란 일체 중생의 법신이 무한임을 드러내신 말이다. 그것을 달리 표현할 수 없어 그냥 큰 몸이라고 이름을 붙였을 뿐이다. 법신은 본래 정해진 처소가 없다. 어느 곳에도 있는가 하면, 어느 곳에도 없다. 어느 것에도 걸리거나 얽매이지 않는다. 그러므로 수미산처럼 큰 것에도, 티끌처럼 작은 것에도 드러난다.

색신을 가지고 말하면, 색신이 비록 커도 안으로 지혜를 구족하지 못하였으면 큰 몸이라 할 수 없으며, 색신이 비록 작아도 안으로 지혜를 갖추었으면 큰 몸이라고 부를 수 있다. 그리고 비록 지혜를 갖추었더라도 그것을 사용하여 보살도를 실천하지 않으면 큰 몸이라 할 수 없고, 제불의 위없는 지혜를 깨달아 마음에 능소에 의한 제한이 전혀 없이 보살도를 실천하면 큰 몸이라고 할 수 있다.

색신과 법신을 함께 말하면, 색신이 큰 몸이 아닌 것은 상이 있기 때문이다. 법신이 큰 몸인 것은 상이 없기 때문이다. 상이 있는 것은 아무리 커도 그 상에 의하여 제한이 된다. 그러나 상이 없는 것은 상의 크기가 제한되지 않는다. 상에 의하거나 기타 어떤 것에 의하여 제한이 있는지 없는지가 크고 작음을 결정하는 것이다. 그러므로, 예컨대 태산이 아무리 커도, 수미산이 아무리 커도 한계가 있으므로 큰 몸이 아니며, 허공은 우물에서 보이는 부분밖에 없더라도 제한이 없으므로 큰 몸인 것이다. 응신은 태산이라도 작은 것이고, 법신은 티끌에 들어가도 큰 것이다. 일미진중함시방은 법신이기 때문이다.

착어) 한 물건이라고 불러도 적중한 것이 아니다(喚作一物即不中).

일물(一物)이란 무엇을 가리키는가? 육조혜능선사는 자신이 하나의 물건을 가지고 있다고 말하고, 그것은 '머리도 없고 꼬리도 없으며, 이름도 없고 자도 없으며, 앞도 없고 뒤도 없는 것'이라고 하였다. 또 서산대사께서는 선가귀감(禪家龜鑑)에서 '여기에 하나의 물건이 있으니, 본래부터 밝고 밝으며(昭昭) 신령스럽고 신령스러우며(靈靈), 일찍이 나지도 멸하지도 않았고, 이름도 없고 상태도 없다.'라고 하였다.[327] 육조혜능의 제자 중 신회(神會)가 이 일물을 "제불의 본원이며 신회의 본성"이라고 대답하였다가 육조에게 혼나기도 했다. 또 남악회양선사는 "설사 일물이라고 하더라도, 적중한 것이 아니다."라고 하였다. 이 일물이란 무엇인가?

우리가 흔히 깨달음을 위하여 수행을 한다고 하지만, 그 깨달음이라는 것이 무엇인

---

327) X63n1255001, 禪家龜鑑 第1卷, 曹谿 退隱 述, CBETA 電子佛典集成 » 卍續藏 (X) » 第63冊 » No.1255 » 第1卷, http://tripitaka.cbeta.org/X63n1255001

가에 대하여는 일률적으로 정의되지 않는다. 진여, 실상, 본성, 불성, 자성, 청정심, 실제, 본래면목, … 자칭 타칭 깨달았다는 조사나 분들 치고 한 말씀씩 하지 않은 경우가 없지만, 그 깨달음의 실체가 무엇인지에 대하여는 누구도 명확하게 정의하지 않았다. 부처님께서도 아뇩다라삼먁삼보리를 말씀하시나, 실제로 그것이 무엇인지에 대하여는 정의하지 않으셨다. 개념이나 정의에 익숙한 우리들에게 있어서 이런 가르침의 방법은 매우 생소하다.

그런데 일물이 무엇인지에 대하여 정의하면, 그 자체로 이미 구속이다. 따라서 걸림 없는 자유로움을 추구하는 깨달음을 향한 수행에 있어서, 오히려 반역이다. 각자 나름대로 일물이 무엇인지 체득하도록 하고 그곳으로 나아가는 길만을 이야기하는 것이 오히려 바람직할 것이다. 아뇩다라삼먁삼보리는 얻을 수 없는 것이며, 전달하거나, 건네주거나 가질 수 있는 물건이 아니며, 오직 체득할 수 있는 것일 뿐이라고 부처님께서 말씀하셨다.

[공부]

신회의 "한 물건"

『육조대사법보단경』에 다음과 같은 글이 나온다.[328]

하루는 대사께서 좌중들에게 말씀하셨다.
"내게 한 물건이 있는데, 머리도 없고 꼬리도 없으며, 이름도 없고 자(字)도 없으며, 앞도 뒤도 없다. 여러분들도 이를 아시겠습니까?"
신회가 나서서 말했다.
"그것은 제불의 본원이며 신회의 불성입니다."
대사께서 말씀하셨다.
"네게 '이름도 없고 자도 없다.'라고 말했는데, 그대는 본원이니 불성이니 하고 마음대로 부르는구나."
一日, 師告眾曰:「吾有一物, 無頭無尾, 無名無字, 無背無面. 諸人還識否?」神會出曰:「是諸佛之本源, 神會之佛性。」師曰:「向汝道:『無名無字』, 汝便喚作本源佛性。」

---

328) T48n2008001, 六祖大師法寶經, 風口報恩光孝禪寺住持嗣祖比丘宗寶編, 頓漸第八, CBETA 電子佛典集成 » 大正藏 (T) » 第48冊 » No.2008 » 第1卷, https://tripitaka.cbeta.org/T48n2008001

[공부]
본래 한 물건도 없다(本來無一物)

선을 통하여 얻은 깨달음을 가리키는 한마디 말이다. 공의 공, 혹은 제일의공을 의미한다. 소승의 한 편만 맞는 단공(但空)과는 크게 다르다.

소승에서 주장하는 공은 단공(但空)이다. 이는 한쪽만 맞는다(偏眞). 단공이란 말은 공은 보지만 공이 아닌 것(不空)은 보지 못하기 때문이다. 소승은 제법을 분석하여 공이라는 것을 파악한다. 그러므로 석공(析空)이라고도 한다. 그러나 대승보살은 제법을 분석하여 공으로 돌아가는 것이 아니라, 제법이 마치 환각이나 꿈과 같아서 그 당체는 공이라고 보지만, 그 공 중에 저절로 존재하는 불공의 이치도 본다. 이를 부단공(不但空)이라 한다.

부연하면, 사물의 공의 이치를 보는 한편 그 이면에 동시에 존재하는 불공(不空)은 보지 못하므로 단공, 편공(偏空)이라 하는 것이고, 공과 불공을 동시에 아는 것을 부단공, 불가득공(不可得空)이라 하는 것이다. 단공은 공에 집착하지만, 부단공은 공을 알지만 얻을 수 없으므로 공에 집착하지 않는다. 『육조단경』에 말한다.[329]

   보리는 본래 나무가 없고(菩提本無樹)
   명경은 또한 대가 없나니(明鏡亦非臺)
   본래 무일물인데(本來無一物)
   어느 곳에 진에가 낄 것인가(何處惹塵埃)

---

329) 六祖大師法寶壇經, 風旛報恩光孝禪寺住持嗣祖比丘宗寶編

[공부]

남악의 "비록 일물이라 할지라도(南嶽說似一物)"

선종 공안의 하나. 남악회양과 육조혜능의 의기투합한 어구. 남악이 육조를 처음 찾아뵈었을 때 육조가 물었다.[330]
"어디서 오셨는가?"
남악이 대답했다.
"숭산에서 왔습니다."
육조가 또 물었다.
"무엇 하러 이렇게 오셨는가?"
남악이 어찌할 바를 모르고 쩔쩔매었다. 그 후 남악은 팔 년간이나 육조를 모시며 지내다가 앞의 이야기를 생각하고 이를 다시 육조에게 여쭈었다.
"처음 제가 왔을 때 화상께서 저를 접하시고 하신 말씀을 드디어 깨달았습니다."
육조가 말했다.
"무엇을 깨달았는가?"
남악이 말했다.
"설사 일물이라도 적중하지 않습니다."
육조가 말했다.
"수증(修證; 수행으로 이치를 증득함, 혹은 수행과 깨달음)할 수 있는가?"
남악이 대답했다.
"수행으로 증득함이 없지 않으나, 오염되면 얻지 못합니다."
육조가 말했다.
"이 오염되지 않음만이 제불이 호념하는 것이다. 그대가 이미 이와 같고, 나 또한 이와 같다. 서천의 반야다라(般若多羅)께서 '그대의 발아래서 한 마리 나귀가 나와 천하인을 밟아 죽일 것'이라 했다. 이 모든 것이 그대의 마음에 있으니 모름지기 급하게 말할 필요가 없다."
이 공안의 요점은 '무엇을 찾으러 이렇게 왔느냐'라는 한 말씀이다. 육조가 처음 남악에게 '어디서 오셨는가?'라고 물은 것은 그 온 곳을 알고자 함이 아니라 이 하나의 물음으로써 제불의 본원을 직시하여 개념의 한정을 초월하도록 하려는 것이었다. 그러나 그때 남악이 이해하지 못하고 팔 년 후에야 활연히 깨달았던 것이다. "설사 하나의 물건이라도 적중하지 않는다."라는 말과 육조의 "어떤 물건을 찾으러 이렇게 오셨는가?"라는 말은 서로 부르고 대답하는 것이다. 이 문답으로 남악회양선사는 육조의 인가를 받았다.

---

330) X80n1565003, 五燈會元卷第三, 六祖大鑒禪師法嗣, 南嶽懷讓禪師者, CBETA 電子佛典集成 » 卍續藏 (X) » 第80冊 » No.1565 » 第3卷, http://tripitaka.cbeta.org/

> [용어 풀이]
>
> * 수증불이(修證不二): 수행과 증과가 둘이 아니라는 말이다. 선가에서는 증과를 한 후 또한 좌선수행을 하더라도 걸림이 없음을 표시한다. 즉, 좌선은 부처가 되기 위한 행으로 증과를 기다리지 않으며, 수행과 증과는 본래 하나와 같아서(一如), 수행이 곧 증과이고 증과가 곧 수행이다. 그러므로 수행도 좌선으로 하고 증과도 좌선으로 얻는 것이다.
> * 반야다라(? ~ 457)(梵 Prajñātāra): 선종에서 세우고 있는 서천28조 중 제27조. 영락동자(瓔珞童子)라고도 한다. 동천축인으로 바라문가 출신. 어려서 부모를 잃고 마을을 떠돌았는데, 그 행동이 마치 상불경보살(常不輕菩薩)과 같았다. 약 20세에 제26조 불여밀다(不如密多)를 만나, 부촉을 받고 서천 제27조가 되었다. 법을 얻은 후 남천축 향지국에 이르러 도왕(度王)의 셋째 아들 보리달마(菩提達磨)에게 법을 부촉하고, 오래지 않아 스스로 분신하여 입적하였다.

송) 노래한다.

하늘이 영령한 육 척의 몸뚱이를 내어(天産英靈六尺軀)
문, 무, 경서에 능하다네(能文能武善經書)
하루아침에 어미의 얼굴을 알아서 타파하니(一朝識破娘生面)
바야흐로 한가로운 이름이 오호에 가득하구나(方信閑名滿五湖)

경에서 사람의 몸이 장대하다고 하였지만, 실제로 사람의 키는 기껏 육척이다. 육 척짜리 몸뚱이를 놓고 장대하다고 하면, 쉽게 와닿지 않는다. 그러나 이 육 척의 몸이 영령하여 문무와 경서에 능하니, 가히 빼어나다 하지 않겠는가? 빼어난 정신적 능력이 뒷받침되니, 육 척의 몸에 불과하지만, 장대하다고 할 수 있는 것이다. 더욱이 이 빼어난 정신적 능력으로 세속적인 삶의 모습, 번뇌하는 자신을 타파하고 본래면목을 파악한다면, 그는 과연 크다고 하지 않을 수 있겠는가? 한가롭다 함은 더 이상 번뇌로 인하여 괴로워하지 않음을 의미하고, 이름이 오호에 가득하다 함은 천하의 많은 사람들이 그의 깨달음을 숭모하고 따르며 배우는 것을 의미한다.

여래가 증득한 진여는 일체처에 두루하므로 가히 장대하다. 그러나 수보리가 장대하다는 견해를 일으킬 것을 우려하신 부처님께서 사람의 몸이 장대한 것과 같다고 비유하셨던 것이다. 이 뜻을 알아차린 수보리는 큰 몸이 실체로서가 아니라 큰 몸이라고 이름할 뿐이라고 대답하였다. 여기서 생각해 보면, 큰 몸은 두 가지 뜻이 있는데, 하나는 일체처에 두루 있음을 의미하며 이는 곧 법신을 가리킨다. 다른 하나는 공덕이 큰 것을 의미하며, 이는 곧 보신을 가리킨다. 이 두 몸은 온갖 상을 남김없이 여의었기 때문에 상이 아니라고 하는 것이다.

이렇게 어머니에게서 태어날 때의 면목, 즉 다겁생래(多劫生來)의 번뇌에 물든 자신을 타파하여 본래면목을 깨닫게 되면, 굳이 이름이 있어서 무엇 하겠는가? 그래서 부질없는 이름(閑名)이다. 부질없는 이름이 오호에 떨친다 함은 그 깨달음이 수많은 사람들에게 전승되어 그들의 깨달음을 촉진할 것임을 의미한다. 멀리는 부처님께서 그러하셨고, 그 이후 수많은 조사들이 그러하셨다. 이런 경우에, 이름은 아무런 의미가 없고, 그 깨달음의 내용이 중요한 것이다. 이름에 집착할 것이 아니라, 그 깨달음의 핵심을 알아차려야 하는 것이다.

부처님상을 장육존상이라고도 부른다. 육척장신이란 장육존상이란 뜻이다. 부처님은 출가 이전에 전륜성왕이 될 품성과 능력을 갖추고서도 기어이 출가하였다. 그리고 출가하여서는 최상의 깨달음인 아뇩다라삼먁삼보리를 얻어 오늘날까지도 여래십호가 말하듯 인류의 위대한 스승이요 지도자로 추앙받고 있다.

[第十四疑斷] 중생을 건네주고 불토를 장엄한 사람은 없다(無人度生嚴土)는 의심을 끊는다. 이 의심은, [第十二疑]와 마찬가지로, [第十一疑] 중 (보리의) 마음을 낸 자에게는 진실로 어떤 법도 없다(實無有法發心者)에서 나온다.

만약 보리심을 낸 자에게는 어떤 법도 없어야 한다면, 즉 보살에게도 어떤 법도 없어야 하는 것이고, 그렇다면 누가 중생을 건네주고 누가 국토를 장엄할 것인가? 앞은 부처가 없는 것 아닌가 하는 의심이고, 뒤는 보살이 없는 것 아닌가 하는 의심이다. 이 의심을 없애기 위하여 경에서 말한다.

경) "수보리야. 보살도 이와 같아서, 만약 (보살이) '내가 무량한 중생을 멸도하였다.' 라고 말하면, 보살이라고 할 수 없다. 왜냐하면, 수보리야. 진실로 보살이라고 할 어떤 법도 없기 때문이다. 그러므로 부처님께서 일체법이 무아, 무인, 무중생, 무수자라고 말씀하셨던 것이다."
須菩提菩薩亦如是若作是言我當滅度無量眾生則不名菩薩。何以故須菩提實無有 法名為菩薩是故佛說一切法無我無人無眾生無壽者。

보살이 만약 내가 법을 말하여 그 사람의 번뇌를 없앴다고 말하면, 즉 이는 법아(法我)이다. 만약 내가 중생을 멸도하였다고 말하면 아소(我所)가 있는 것이다. 비록 중생을 건네어 해탈하게 하였더라도 마음에 능소(能所)가 있고, 나와 남의 구별이 없어지지 않으면, 보살이라는 이름을 얻을 수 없다. 온갖 방편을 열심히 적극적으로 말하여 중생을 교화하여 깨달음의 길로 들어가게 해 주었거나, 피안으로 건너가게 해 주었더라도 마음에 능소가 있으면 보살이 아닌 것이다. 능소가 없어야 보살인 것이다.

보살이 능소가 없어야 한다면, 보살의 최후의 깨달음의 단계를 넘어선 부처님이야 오죽하겠는가? 가없는 중생들을 구제하기 위하여 한없는 법문(방편법)을 말씀하셨지만, 중생과 부처님 사이에 어떠한 분별도 없고, 어떠한 능소도 없는 것이다. 그러므로 부처님께서 일체법이 무아이고, 무인, 무중생, 무수자라고 말씀하셨던 것이다. 즉, 모든 법이 공함을 말씀하셨던 것이다.

착어) *소라고 부르면 곧 소이고, 말이라고 부르면 곧 말이다(喚牛即牛呼馬即馬).*

소를 소라고 부르고 말을 말이라고 부르는 것은 당연하다. 그런데 말을 소라고 부르고, 소를 말이라고 부른다면? 말이 소일 리 없고 소가 말일 리 없다. 그러나 착어에서는 소라고 부르면 그 대상이 무엇이든 소이고, 말이라고 부르면 그 대상이 무엇이든 말이라고 한다.

소를 소라고 하고, 말을 말이라고 하는 것은 당연하다. 그러나 말을 소라고 하여 소이고 소를 말이라고 하여 말이라는 것은 현실에서는 불가하다. 그러나 현실을 벗어나 모든 것이 하나로 귀일되는 일물의 세계, 그 하나조차 없는 무일물의 세계에 들어가면, 소와 말의 구별 자체가 무의미하다. 소를 소라고 하든 말이라고 하든, 말을 말이라고 하든 소라고 하든, 전혀 의미가 없다. 한갓 이름일 뿐이기 때문이다. 이러한 세계가 바로 경에서 말하는 일체법이 법이 아니라고 하는 세계인 것이다. 아상, 인상, 중생상, 수자상이 모두 없어지면, 일체법이 법이 아닌 세계가 되는 것이다.

송) 노래한다.

할머니의 적삼을 빌려 입고 할머니 문에 절하니(借婆衫子拜婆門)
어느 모로 보나 예의가 이미 충분하다(禮數周旋已十分)
대 그림자 계단을 쓸어도 먼지 일지 않고(竹影掃堦塵不動)
달이 못을 뚫어도 물에 흔적이 없구나(月穿潭底水無痕)

앞에서 우리는 할머니와 할머니의 적삼을 전도된 생각으로 실상을 보지 못하는 것을 의미하는 말로서 타파해야 할 대상이라고 하였다. 그리고 할머니의 적삼을 빌린다는 것은 외부의 조건 등으로 인하여 형성된 전도된 생각으로 상을 만들어 그것에 집착하는 것을 의미한다고 볼 수 있다고도 하였다. 나아가 타파해야 할 대상에게 세배하는 것은 오히려 전도된 생각에 대한 집착을 강화하는 것을 의미한다고도 하였다. 이 논리를 여기서는 달리 보는 것이 바람직할 것 같다.

먼저, 첫째 구절은 타파의 대상인 할머니에게서 타파해야 할 적삼을 빌려 입고 할머니 문에 절을 하는 것은 이제는 할머니의 영역에서 벗어나서 할머니에게도 할머니의 적삼에게도 구애되지 않는 것을 의미한다. 그 대상에는 부처님을 비롯한 조사들의 가르침도 해당한다. 이런 의미에서, 첫째 구절은 수행자의 수행이 익어 더 이상 전도된 그 어떤 것, 혹은 부처님을 비롯한 전대 조사들의 어떤 가르침도 장애가 되지 않음을 노래한 것이다. 다음 두 번째 구절은 그러한 벗어남이야말로 최상의 깨달음에 도달한 것을 노래한 것이다. 왜냐하면, 제자는 스승을 뛰어넘는 것이 가장 좋은 은혜 갚음이고, 이는 또 가르침에 보답하는 최상의 예를 보이는 것이기 때문이다. 이런 경지에 이르고 보니, 세상사 어떤 것에도 흔들리지 않는다. 대나무의 그림자가 계단을 쓸고, 달이 물을 뚫는 것은 외부의 온갖 흔드는 것들을 가리키고, 먼지 일지 않고 물에 흔적이 남지 않는 것은 마음에 어떤 흔들림도 생기지 않음을 가리킨다. 그 어떤 것에도 얽매이지 않고, 자유롭고 자재한 모습이라 할 것이다.

> [공부]
> **竹影掃堦塵不動 月穿潭底水無痕**
>
> 이해를 돕기 위하여 위 노래의 마지막 두 구절을 포함한 법문을 하나 소개한다.[331]
> 상당하다. 성색의 머리 위에서 잠을 자고, 호랑이 무리 속에서 편안히 참선하며, 가시덤불 속에서 몸을 뒤집고, 날카로운 칼날의 숲속에서 노니, 대나무 그림자 계단을 쓸어도 티끌 움직이지 않고, 달이 못을 뚫어도 물에 흔적이 남지 않는다.

경) *"수보리야. 만약 보살이 '나는 마땅히 불토를 장엄하여야 한다.'라고 말하면, 이를 보살이라고 부르지 않는다. 왜냐하면, 여래께서는 불토를 장엄하는 것은 장엄이 아니라 이름이 장엄이라고 말했기 때문이다."*
]須菩提若菩薩作是言我當莊嚴佛土是不名菩薩何以故如來說莊嚴佛土者
即非莊嚴是名莊嚴。

보살이 나는 세계를 건립할 수 있다고 말하면 이는 곧 보살이 아니다. 비록 세계를 건립하더라도 마음에 능소가 있으면 보살이 아닌 것이다. 불이 타오르듯 치열하게 세계를 건립하여도 마음에 능소가 생기지 않아야 보살이라고 하는 것이다. 가령 누군가가 금이나 은으로 삼천대천세계가 가득 차도록 정사(精舍)를 지어 출가자들이나 수행자들을 위하여 공양하더라도, 이 공양에 '내가 공양한다.'라는 마음이 있으면, 그러한 마음이 전혀 없는 한 생각 선정심만 못하다는 것이다.

---

331) X80n1565016, 五燈會元卷第十六, 青原下十三世, 法雲本禪師法嗣, 潭州雲峯志璿祖燈禪師, CBETA 電子佛典集成 » 卍續藏 (X) » 第80冊 » No.1565 » 第16卷, http://tripitaka.cbeta.org/X80n1565016

불토를 장엄함에는 여러 가지가 있을 수 있으나, 어느 경우이든 내가 장엄한다는 생각을 하는 것은 이미 마음에 능소가 있는 것이다. 부처님께서 불토를 장엄하는 것은 이름일 뿐이라고 하셨다. 그러므로 내가 불토를 장엄한다는 생각을 하는 것, 즉 불토를 장엄하는데 "나"라는 능(能)의 인식을 갖는 것은 불토장엄의 효과가 없다고 말씀하시는 것이다. 왜냐하면, 이름뿐인 것에 마음을 두고 의식하는 것은 결코 무주상이 아니기 때문이다.

경) *"수보리야. 만약 보살이 나도 없고 법도 없음에 통달하면,*
여래는 이를 진실로 보살이라고 말한다."
須菩提若菩薩通達無我法者如來說名眞是菩薩。

온갖 법상에 걸림이 없는 것을 통달이라 하고 마음에 법을 만들었다 풀었다 하지 않는 것을 무아법이라 한다. 나도 없고(我空) 법도 없는(法空) 것이 무아법이며, 나도 법도 없어야(俱空) 그 무엇에도 걸림이 없음에 도달한 것이고, 이런 경지라야 여래께서 말씀하신 진정한 보살이라 할 수 있다는 것이다. 분수에 따라 특별한 공양을 하여도 보살이라고 할 수 있으나(오늘날 여성 불자들을 보살이라고 부르는 것), 이름만 보살이라 할 뿐 진정한 보살이라 할 수 없다. 이해와 실행이 원만하고 일체의 능소가 마음에서 없어져야 바야흐로 진실로 보살이라 할 수 있는 것이다. 이러한 이유로 양무제가 전국적으로 절을 짓고 경을 베껴 유포하였음에도 달마대사는 공덕이 없다고 하였던 것이다.

경) *수보리야 ~ (진실로) 보살(이라고 말한다)(須菩 ~ 菩薩)*

착어) 하늘은, 추우면 보편적으로 춥고, 더우면 보편적으로 덥다
(寒即普天寒熱則普天熱).

지금이야 기상관측과 교통이 발달하여 세계가, 나아가 우주가 하나로 이어지고 있어서 곳에 따라 하늘이 광범위하게 다를 수 있음을 알지만, 과거에는 하늘이란 자신이 선 자리에서 바라보이는 범위가 전부였다. 더욱이 움직이는 범위가 좁은 선승의 경우에는 더욱 그러하였을 것이다. 그러다 보니 하늘은 넓은 것 같지만, 실은 동일한 조건을 갖춘 하나로 일통되는 것이었다. 이는 하늘이란 대부분 변함없는 한 상태만을 드러내는 것으로 인식되었음을 의미한다. 하늘은 이 끝에서 저 끝까지 추우면 모두 춥고, 더우면 전부 덥다. 이처럼 하늘이 한 상태만을 드러낸다고 인식하면, 하늘에서는 어떠한 차별도 없다.

하늘이 아무런 차별이 없는 것은 공하기 때문이다. 공하기 때문에 어떤 것에도 걸리지 않고, 어떤 것을 걸고넘어지지도 않는다. 허공이 무위법의 대표적인 것으로 거론되는 것도 공하여 걸림이 없기 때문이다.

송) 노래한다.

내가 있지만 원래 나는 없는 것(有我元無我)
추울 땐 불을 약하게 지피리(寒時燒軟火)
무심은 유심과 닮아(無心似有心)
한밤중에 금침을 줍네(半夜拾金針)
무심, 무아는 분명한 길이거늘(無心無我分明道)
길을 알지 못한다면, 어찌 사람인고(不知道者是何人)
하하(呵呵)

현재 존재하는 나는 오온의 가립에 의한 일시적 존재일 뿐이고 원래 무아이다. 그러나 현재 존재하는 오온의 가립인 나는 그 존립을 위한 각종 행위를 하지 않을 수 없다. 추워서 약한 불이라도 지피는 것은 따뜻하고자 함이다. 배고프면 밥을 먹고 잠이 오면 잠을 자는 것과 같은 맥락이리라.

무심이란 마음이 없는 것이다. 마음이 없다는 말은, 마음이 자유자재하여, 어떤 것에도 얽매이지 않는 상태에 있음을 가리킨다. 성인의 마음, 부처님의 마음인 것이다.

유심이란 상에 걸려 있는 마음, 어떤 것에 멈추어 있는 집착하는 마음을 가리킨다. 범부의 마음인 것이다. 그러나 한순간에 범부와 성인을 오가고, 범부와 성인을 구분하지 않는, 불이의 관점에서 보면, 무심과 유심이 다르지 않다. 다만 한마음의 차이일 뿐이다.

금침이란 금강저를 가리킨다. 금강저는 지혜를 상징하는 것이다. 한밤중이란 무명, 즉 어리석음을 의미한다. 그러므로 한밤중에 금강저를 줍는다 함은 어리석은 마음을 깨우쳐 줄 지혜를 닦는 것을 의미한다. 무심과 유심이 닮은 것은 지혜를 그 고리로 한다. 지혜로우면 무심하고 어리석으면 유심이 된다. 지혜로움과 어리석음이 어찌 다르겠는가? 동전의 양면이며, 한 길로 이어진 각각의 측면들인 것이다. 그러므로 무심과 유심, 지혜와 어리석음은 하나이며 둘이 아닌 것이다.

이 불이의 마음, 이것은 분명한 길이다. 그럼에도 사람들은 이를 알지 못한 채, 제각각 길을 찾겠다고 여기저기 아우성이다. 참 우습지 않은가? 길은 자기에게 있는데, 밖에서 길을 찾으니 길이 어디에 있겠는가?

[용어 풀이]

* 금침: 금강침(金剛針)의 줄임말. 만다라 중의 보살 이름. 금강저보살. 금강저는 그 머리가 나누어진 수에 따라 명칭을 붙인다. 금강저의 머리가 하나면 독고(獨鈷), 셋으로 나뉘어 있는 것은 삼고(三鈷), 다섯 가지이면 오고, 아홉 가지이면 구고라고 한다. 원래 서역의 무기였다. 독고는 독고저(獨股杵, 獨鈷杵)라고도 하며, 진언사가 사용하는 금강저이다. 대일여래가 법계의 유일한 지혜라는 것을 나타낸다.

제18분 한 몸으로 같이 본다(一體同觀分)

1. 의의

　하나의 눈에 오안이 갖춰 있고(一眼攝五眼), 하나의 모래가 갠지스강의 모래를 품고 있으며(一沙攝恒河沙), 한 세계에 많은 세계가 들어 있으며(一世界攝多世界), 한마음이 여러 마음을 포섭한다(一心攝若干心), 그러므로 한 몸으로 같이 본다(一體同觀)고 하는 것이다.

　뒤에서 자세하게 알아보겠지만, 오안이란 다섯 종류의 눈을 가리킨다. 이 다섯 눈은 곧 깨달음의 정도에 따른 기능적 종류를 의미하는 것이기도 하다. 그런데 이 깨달음의 눈은 그 사용 가능성에 따라 다르게 분류되기는 하지만, 하나의 눈 속에 이미 모두 갖춰져 있으며, 수행이 고도화되면 모두 사용이 가능해진다. 마치 부처란 이미 내게 갖춰져 있어서 안에서 찾을 일이지 밖에서 구하는 것이 아닌 것과 같다. 하나의 모래에 갠지스강의 모든 모래가 들어 있다. 갠지스강의 모든 모래가 한 알의 모래와 같은 내용, 같은 성질, 같은 형상을 하고 있어서 하나를 알면 모두를 아는 것을 말한다. 한 세계에 다수의 세계가 들어있다는 것도 같은 이유이다. 한마음에 여러 마음이 들어 있다 함은 수천수만 가지의 마음의 변덕이 모두 한마음에서 나오며, 그러한 변덕들이 사라지면 모두 한마음으로 돌아간다는 것을 가리킨다. 요컨대, 하나 속에 일체가 있고 다수 속에 하나가 있으며(一中一切多中一), 하나의 미진이 시방을 품고 있다(一微塵中含十方)는 것이다.

　한 몸(一體)이란 부처님과 중생이 하나의 몸이란 뜻이다. 하나의 몸이란 눈에 보이는 오온의 집합으로서의 몸뚱이가 아니라, 그러한 몸뚱이를 이루게 되는 근본을 가리킨다. 동관이란 부처님과 중생이 같이 본다는 뜻이다. 본다(觀)는 말에는 지혜를 증장시키는 관찰과 사유가 포함되며, 나아가 그렇게 성취된 지혜 자체를 의미하기도 한다. 같이 본다는 말은 부처님이 갖추신 눈으로 부처님과 같이 관찰하고 사유하는 것을 가리킨다. 혹은 부처님의 지혜와 같은 지혜를 갖추고 있음을 의미한다.

착어) 만법은 한 몸으로 돌아가며, 다시 달리 볼 것이 없다(萬法同歸一體, 更無異觀).

하나의 본체를 우리는 진여, 실상, 진여실상, 실제, 아뇩다라삼먁삼보리, 최상의 깨달음, 무상정등정각, 정각, 보리 등 온갖 말로 표현하고자 하지만, 모두 말일 뿐 그 실체를 보여 주는 것은 없다. 그러나 그것을 어떻게 이름 지어 부르던, 그리고 그것이 존재하든 아니든, 만 가지의 법들, 모든 사건과 사상, 현상들은 모두 이것의 작용으로부터 생겨난다. 부처님의 모든 법도 여기에서 나오며, 부처라는 것도 여기서 나온다. 궁극에는 이 또한 공하다. 공하기 때문에 모든 것을 섭수하여 품고 있다가 조건이 맞으면 내보내는 것인지도 모른다. 혹은 공하게 있다가 조건이 성립되면 저절로 그 조건에 따라 모든 법들이 생겨나는 것인지도 모른다(이때 이것은 공한 가운데 모든 것을 함장하고 있는, 진공묘유의 이치가 된다).

이렇게 공한 한 몸으로 만법이 귀결된 이상 보고 생각하고 사유하고 살피는 모든 것이 하나이다. 다만 조건에 따라 다르게 드러날 뿐이다.

송) 노래한다.

사람도 법도 모두 잊으니 가을 물속의 달 같구나(人法俱忘水月秋)
다시는 아주 작은 좁쌀에 마음을 걸지 않으리(更無纖粟挂心頭)
배고프면 와서 밥 먹고 피곤하면 주무시게(饑來喫飯困來睡)
녹수도 청산도 한눈에 들어오리라(綠水靑山一目收)

인공(人空)이고 법공(法空)이니, 구공(俱空)이다. 그러니 무엇도 있을 리 없다. 아무것도 없으니 더럽힐 것(能)도 더럽혀질 것(所)도, 더러움 자체도 없다. 너무 맑고 깨끗하지 않은가? 우리는 아주 맑고 깨끗한 물을 비유할 때, 가을 물(秋水)이라는 말을 많이 사용한다. 모두 공이니 청정할 수밖에. 이런 마음으로 바라보면 세상의 그 무엇도 좁쌀처럼 작고, 실낱처럼 가늘 뿐이다. 이렇게 좁쌀만 하게 작고 실낱같이 가는 것들에 마음을 두고 번뇌할 필요가 없다.

그러한 삶은 무위의 삶이다. 무위도식(無爲徒食)! 나쁜 의미에서가 아니라, 자유자재하고 걸림 없는 삶의 방식으로서의 무위도식인 것이다. 그렇게 살면, 푸른 산도 맑은 물도 모두 한눈에 들어온다. 청정한 자연이 내가 되고, 내가 그러한 자연이 되는 상태. 나와 청정자연이 하나가 되는 상태가 되는 것이다. 이는 곧 모든 것을 있는 그대로 보게 됨을 의미하는 것이기도 하다.

2. 내용

[第十五疑斷] 제불은 제법을 보지 않는다(諸佛不見諸法)는 의심을 끊는다.
이 의심은 위에서 보살은 중생이 건널 수 있는지, 불토를 청정하게 할 수 있는지
보지 않는다고 한 데서 나온다.

만약 보살이 상대가 중생임을 보지 않고, 자신이 보살임을 보지 않으면, 이는 자타의 상을 보지 않는 것이다. 그렇다면 제불은 제법을 보지 않으니, 지혜의 눈이 전혀 없을 것인데, 경계가 있은들 얻을 수 있고, 경계가 없은들 얻을 수 있겠는가? 이 중에 어떤 경계도 없다고 말하니, 그러므로 경에서 말한다.

경) "수보리야. 어떠냐? 여래는 육안(肉眼)을 가지고 있느냐?"
"그렇습니다. 세존이시여. 여래는 육안을 가지고 계십니다."
"수보리야. 어떠냐? 여래는 천안(天眼)을 가지고 있느냐?"
"그렇습니다. 세존이시여. 여래는 천안을 가지고 계십니다."
"수보리야. 어떠냐? 여래는 혜안(慧眼)을 가지고 있느냐?"
"그렇습니다. 세존이시여. 여래는 혜안을 가지고 계십니다."

"수보리야. 어떠냐? 여래는 법안(法眼)을 가지고 있느냐?"
 "그렇습니다. 세존이시여. 여래는 법안을 가지고 계십니다."
 "수보리야. 어떠냐? 여래는 불안(佛眼)을 가지고 있느냐?"
 "그렇습니다. 세존이시여. 여래는 불안을 가지고 계십니다."
 須菩提於意云何如來有肉眼不如是世尊如來有肉眼須菩提於意云何如來有天眼不如是世尊如來有天眼須菩提於意云何如來有慧眼不如是世尊如來有慧眼須菩提於意云何如來有法眼不如是世尊如來有法眼須菩提於意云何如來有佛眼不如是世尊如來有佛眼。

위 장구에 의하면, 부처님은 다섯 종류의 눈을 모두 가지고 계신다. 그리고 논리적으로 추론해 보면, 중생들이나 보살, 연각, 성문 등 성인들은 그중의 일부를 가지고 있다고 생각할 수 있다. 그런데 모든 중생은 부처의 소질을 내장하고 있으므로, 모든 중생이 오안을 가지고 있으나, 다만, 미혹으로 덮여 있어서 그 기능이 다 작용하지 않을 뿐이라는 추론도 가능하다. 즉, 중생은 오안을 다 사용할 수 없을 뿐이고, 미혹을 모두 걷어 낸 부처님만이 오안을 모두 사용하실 수 있는 것이다. 그러므로 부처님의 교화를 통하여 미혹된 마음을 제거하면 오안을 밝게 열 수 있으며, 이를 위하여 생각생각마다 반야바라밀법을 수행하는 것이다.

오안(五眼, 梵 pañca cakṣūjsi, 巴 pañca cakkhūni)이란 다섯 종류의 눈을 좀 더 잘 이해하기 위하여 각각의 사전적 의미를 살펴본다.

- 육안(肉眼, 梵 māṃsa-cakṣus): 육신에 갖춰져 있는 눈. 태란습화의 중생을 보는 눈. 물질, 어둠에 의하여 막힌다.
- 천안(天眼, 梵 divya-cakṣus): 색계의 천인들이 선정 수행으로 얻는 눈. 이 눈으로 원근과 전후, 내외, 주야, 상하 모두 볼 수 있다.
- 혜안(慧眼, 梵 prajñā-cakṣus): 이승인의 눈. 진공의 무상을 식별하고 도출할 수 있으며, 또한 일체 현상이 모두 공상, 정상임을 통찰할 수 있다.
- 법안(法眼, 梵 dharma-cakṣus): 보살이 일체 중생을 구도하기 위하여 일체 법문을 비추어 볼 수 있는 지혜로운 눈이다.

- 불안(佛眼, 梵 buddha-caksus): 앞의 네 종류의 눈의 작용을 모두 갖추고 있는 부처의 눈. 이 눈은 견지하지 못할 것이 없으며, 실상을 지견하며, 알지 못하거나 듣지 못하는 일이 없으며, 듣고 보는 것을 서로 바꾸어 사용할 수 있으며, 사유하지 않고도 일체 모든 것을 본다.

이들 오안 중 혜안은 공제(空諦)와 일체지를 보며, 법안은 가제(假諦)와 도종지(道種智)를 보며, 불안은 중제(中諦)와 일체종지(一切種智)를 본다.

참고로, 천태종에서는 앞의 네 종류의 눈은 인위(因位)에 속하며, 불안은 과위(果位)에 속한다고 한다. 밀교에서는 오안에는 우열을 나눌 수 없으며, 앞의 네 종류의 눈이 가진 덕은 모두 불안과 다름없다고 주장한다.

착어) 모든 것이 눈썹 아래에 있다(盡在眉毛下).

눈썹 아래에는 눈이 있다. 경의 위 장구에서 눈에는 다섯 가지가 있다고 하였다. 그리고 이 다섯 가지의 눈은 모든 중생이 갖추고 있지만, 오염 때문에 일부만 작용할 뿐이라고 하였다. 그러나 이 다섯 종류의 눈이 갖춰져 있다는 것은 모든 것에 대하여 바라볼 능력이 잠재되어 있음을 의미한다. 그러므로 모든 것이 눈썹 아래에 이미 갖춰져 있다고 말할 수 있는 것이다.

눈은 사물을 보는 시각을 의미한다. 구체적으로는 사물의 생김새 등 형상을 보는 것을 말한다. 추상적으로는 사물이나 현상 등을 대하는 견해를 의미한다. 나아가 눈은 관(觀)의 의미를 구체화한 것으로 파악하여, 어떤 사물이나 현상에 대한 눈이라고 할 때, 그것에 대하여 인식과 판단의 근거(또는 기준)가 되기도 한다. 또 눈은 진리나 역사, 인생을 대하는 생각이나 관념 혹은 그 기초적 사상을 의미하기도 한다.

일수사견(一水四見)이라는 말이 있다. 물을 두고 중생의 종류에 따라 다르게 보는 것을 가리킨다. 물에 대하여, 물고기는 집으로 인식하고, 아귀는 고름으로 인식하며, 사람은 물로 알고, 하늘은 보석으로 인식한다는 것이다. 모두 사람이 지어낸 이야기이겠으나, 이는 곧 동일한 사물에 대하여 바라보는 눈이 각기 다를 수 있음을 의미하는 것이다.

보는 눈이 다르면 생각이 다르고 반응과 행동이 달라진다. 좋은 선택, 좋은 결과, 나쁜 선택, 나쁜 결과도 모두 눈에서 결정된다. 더욱이 오안으로 나뉜 눈의 기능과 역할, 그리고 능력을 볼 때, 눈에 모든 것이 있다고 해도 과언이 아닐 것이다. 심지어, 부처님 법을 공부할 것인지 말 것인지(발보리심), 끝까지 정진하여 깨달음을 이룰 것인지 어떤지(정진) 등조차도 눈에서 결정되는 것이라고 볼 수 있겠다. 그러니 눈썹 아래에 모든 것이 있다고 할 수 있는 것이다.

또 다른 의미로, 눈썹 아래의 눈에는 다섯 가지 눈이 모두 갖추어져 있음을 가리킨다. 범부의 눈 내지 부처의 눈이 모두 눈썹 아래에 함께 있으며, 이 점에서도 범부와 부처가 평등하며, 눈썹 아래에 모든 것이 있다고 할 수 있다.

송) 노래한다.

여래는 오안을 가지고 있는데(如來有五眼)
장삼은 다만 한 쌍뿐이라네(張三祗一雙)
일반적으로는 검은 것과 흰 것으로 나뉘는데(一般分皂白)
개별적으로 보면 파란 것, 노란 것도 있구나(的的別青黃)
그 사이 작은 잘못이라도 있는 곳(其間些子諸訛處)
유월 더운 날에 눈서리 내린다(六月炎天下雪霜)

여래는 다섯 종류의 눈(眼目)을 모두 가지고 있다. 그러므로 모든 것을 볼 수 있다. 여래의 여실지견은 다섯 가지 눈을 모두 가지고 있는 데서 나온다. 그러나 우리네 일반 사람들(張三李四=줄여서, 張三)은 육안이 전부다. 잠재적으로는 다섯 가지 눈을 모두 가지고 있으나, 현실적으로 활성화되어 작용하는 것은 육안뿐이다. 잠재적으로는 부처님의 눈과 같으나, 현실적으로 육안만 갖춘 범부일 뿐이다.

한쌍의 눈이란 육체가 가지고 있는 왼쪽, 오른쪽 두 눈을 가리킨다. 육안은 갖추고 있는 다섯 가지 눈 중에서 그 작용이 가장 열등하여, 무언가에 의하여 막히면 볼 수 없다. 막힌 것은 볼 수 없기 때문에 막히지 않고 보이는 것만 볼 수밖에 없으니 당연히 여실지견할 수 없고, 여실지견하지 못하므로 모든 것에 대하여 자신이 보는 쪽만 아는, 부족한 시각을 가질 수밖에 없다.

그런데 이 육안은 검은 눈동자와 흰자 둘로 이루어져 있는 것이 가장 보편적이다. 적어도 야보천선사가 활약하던 당시의 중국적 세계관에서는 그렇다. 가끔가다 서역이나 페르시아 같은 데서 눈동자가 검지 않은, 파랗거나, 노란 색깔의 눈동자를 가진 사람들이 중국으로 들어왔고, 이런 사람들은 개별적, 특수적이었다. 여기서 눈의 색깔은 사물을 보는 견해의 다양성을 인정하지 못하거나 각 오안이 갖는 능력을 결여한 우리네 일반 사람들이 전도된 견해를 벗어나지 못하는 것을 비유한 것이기도 하다.

그러나 눈동자의 색깔이 어떠하든 본 것이 잘못되면 그 대가는 혹독하다. 눈이 본 것이 잘못되었다 함은 사견에 빠졌음을 의미한다. 전도된 견해, 사견에 의하여 삿된 삼업을 행하고, 이 삿된 삼업은 인연의 흐름에 따라 언젠가는 대가를 치르게 한다. 우리가 수행하는 것은 삿된 견해를 형성하지 않기 위함이고, 이미 형성된 삿된 견해를 영원히 끊어 없애기 위함이며, 정견을 형성하기 위함이고, 이미 형성된 정견을 더욱 증장시키기 위함이다.

경) "수보리야. 어떠냐? 갠지스강에 있는 모래, 부처는 이 모래를 이야기하느냐?"
"그렇습니다. 세존이시여. 여래께서는 이 모래를 말씀하십니다."
"수보리야. 어떠냐? 하나의 갠지스강에 있는 모래만큼의 갠지스강이 있으면,
이 갠지스강들에 있는 모래 수와 같은 불세계는 정녕 많으냐?"
"심히 많습니다. 세존이시여."
須菩提於意云何恒河中所有沙佛說是沙不如是世尊如來說是沙須菩提於意云何
如一恒河中所有沙有如是沙等恒河是諸恒河所有沙數佛世界如是寧爲多不甚多世尊。

갠지스강은 기원정사 근처를 흐르는 큰 강이다. 여래는 법을 말씀하실 때 이 강을 가리키며 많은 비유를 하셨다. 여기서도 갠지스강의 모래 수와 그 모래 수만큼의 불세계를 비교하여 그 불세계가 많은지 여부를 묻고 있다. 세존이 이 많은 불국토를 거론한 것은 그중에 있는 중생이 얼마나 많은가를 가리키기 위함이다.

여기서 주의할 점은 갠지스강의 모래 수만큼의 불세계란 마음속의 세계, 마음으로 만들어 낸 세계라는 것이다. 마음으로는 무한대의 세계와 무한대의 부처를 만들 수 있는 것이다. 그리고 그 각 불세계마다 부처가 존재하며, 그 각 불세계마다 삼세가 존재한다. 마음이 빚는 세계가 이러하다. 이것을 뒤집어 보면 어떨까?

하나의 마음에서 무한대의 불세계를 만들고, 각 불세계에서 무한대의 마음을 만든다면, 우리의 마음은 무한대에서 무한대로의 확장이 가능하다. 너무나 많은 우리의 마음인 것이다. 그만큼 우리의 마음은 변화무쌍하고 다양하고 그런 만큼 걸림 또한 많은 것이다.

경) 부처님께서 수보리에게 말씀하셨다.
"수보리야. 이들 국토 중에 있는 중생들의 여러 가지 마음을 여래는 모두 안다."
佛告須菩提爾所國土中所有衆生若干種心如來悉知.

하나의 불세계, 하나의 불국토에 있는 중생만 해도 헤아릴 수 없다. 그런데 그런 불세계, 불국토가 갠지스강의 모래 수만큼 많다면, 그 모든 불세계에 사는 중생들의 수는 또 얼마나 많을까? 그리고 그 중생들이 가진 마음, 그 마음이 일으키는 작용은 또 얼마나 더 많을까? 여래는 이를 모두 안다고 하셨다. 소위 부처의 진면목이 여실하게 드러나는 대목이다.

여래는 무엇을 알까? 각 중생의 근기를 알고, 각 중생의 전생을 알고, 각 중생의 내세를 알며, 각 중생이 언제 깨달음을 이룰지 그 때를 안다. 여래는 중생들의 마음을 모두 앎으로써 이 모든 것을 아는 것이다. 그렇기에 그들 중생에게 맞춤형 설법을 하고, 성불의 때를 수기하는 것이다.

한 걸음 나아가면, 경에서 말하는 부처는 각 중생들이 내장하고 있는 부처의 소질을 가리키는 것이기도 하다. 바꾸어 말하면, 중생은 자신이 가진 미타자성에 의하여 현생에서의 자신이 무엇을 꿈꾸고, 무엇을 하며, 어떤 결과가 초래될지를 스스로 모두 아는 것이다.

경) 수보리야 ~ 모두 안다(須菩 ~ 悉知)

착어) 일찍이 탕자였기로 객을 특히 가련하게 여기고, 술잔을 애탐하였기로 취한 사람을 알아준다(曾爲蕩子偏憐客慣愛貪盃識醉人).

유유상종이라는 말이 있다. 비슷한 무리끼리 어울린다는 뜻이다. 탕자란 집을 나가 방탕한 생활을 하는 자이다. 집을 나갔으니 객이요, 방탕한 생활을 하였으니 남에게 업신여김을 받고 욕을 많이 먹었으리라. 그러한 경험이 있는 사람은 같은 처지에 있는 사람에 대하여 특별한 교감을 가질 수 있다. 이에 대한 반응은 호감 혹은 회피로 나타난다. 호감은 자신의 경험을 긍정적으로 투사하여 비슷한 처지의 사람을 돕고 지켜 주려는 자비심의 발동이라 할 수 있다. 회피는 자신의 과거 경력을 스스로 비천하게 혹은 혐오스럽게 여겨 숨기려는 생각을 가지고 있을 때 보이는 반응이라 할 수 있겠다. 이런 경우 그와 같은 처지에 있는 사람에 대하여 오히려 분노나 증오 혹은 혐오를 일으키는 것이 다반사다.

이 착어에서 탕자란 생사의 윤회에 빠져 있는 중생을 가리킨다. 한때 그러했다고 하니, 이제는 생사의 윤회를 벗어난, 완전한 깨달음을 이루었음을 의미하리라. 그런 존재는 부처님뿐이다. 인간이었다가 부처가 되신, 인류 역사상 가장 거룩한 분. 중생의 생사를 윤회하며 수미산보다 높은 공덕을 쌓고 반야 지혜를 온전히 터득하여 마침내 모든 무명을 걷어내고 찬란한 광명을 이루신 분. 부처님은 인간의, 더 넓게는 중생의 괴로움을 구제하기 위하여 출가하고 깨달음을 이루셨다. 일찍이 탕자였다가 지금은 벗어난 분은 바로 부처님을 가리키는 것이다. 바꾸어 말하면, 부처님께서는 일찍이 당신이 탕자였기 때문에 탕자에 대하여 무량한 연민의 정이 깊고(대비) 그들에게 무량한 애정을 쏟는 것이다(대자). 술잔을 애탐한다 함은 술을 좋아하는 것을 의미한다. 여기서 술이란 인간의 오욕락, 중생의 욕유(欲有; 존재하고자 하는 바람)를 가리킨다. 부처님은 중생으로서 기나긴 수행과정을 거치면서 이들 오욕락을 버리고자 정진하셨으니, 어찌 중생의 마음을 모르시겠는가? 여래는 중생으로서 중생의 고통을 모두 거쳐 오셨기 때문에 중생들의 고통스러운 마음을 모두 아시는 것이다. 이는 부처가 자비심으로 중생들을 구제하려고 노력하는 것을 말하며, 또한 그러한 노력을 기울이는 이유를 천명한 것이기도 하다.

송) 노래한다.

눈은 동남을 보는데, 마음은 서북에 있구나(眼觀東南意在西北)
후백을 말하지만, 후흑도 있다네(將謂猴白更有猴黑)
일체의 중생이 가진 일체의 마음(一切眾生一切心)
모두 소리와 형상이 무궁하네(盡逐無窮聲與色)
갈(喝)

눈은 동남을 보는데 마음은 서북에 있는 것은 몇 가지 이유가 있다. 실제로는 서북에 마음을 두고서 서북에서 눈치를 채지 못하도록 동남을 주시하는 경우이다. 전술적 기만 작전이라 할 수 있다. 다음, 눈은 동남을 보는데 마음은 엉뚱하게도 눈에 맞추어 함께 있는 것이 아니라 다른 데 팔고 있는 경우이다. 몸은 교실에 있어도 마음은 놀이터에 가 있는 아이의 마음이 이러할 것이다. 셋째로, 눈은 동남으로 보면서 마음은 서북에 두는 자유자재함을 가리키는 경우이다. 부처님께서는 그 위신력으로 세 번째의 경우가 맞을 것 같다. 그 어떤 방향이나 공간에 대하여 아무런 걸림이 없는 것이다. 여래는 수많은 불세계의 중생의 마음을 모두 알고 모두 본다고 하지 않는가? 범부의 경우는 둘째의 경우가 대부분이겠고, 모사꾼은 첫 번째 경우일 것이다.

후백이란 사람들을 잘 속이는 자이고, 후흑은 이런 후백을 속여 물건을 빼앗은 여자이다. 후백을 말하고 또 후흑을 말하는 것은 나는 자 위에 뛰는 자가 있음을 말하고자 하는 것이다. 혹은 한 가지 뜻을 가지고 말하는데, 그것을 받아서 두 가지 이상의 중첩된 뜻을 가졌거나, 그 이후의 상황이나 사정을 담아서 말하는 것을 가리킬 수도 있다. 뒤에서 자세히 보겠지만, 후백은 후흑이 잃어버린 귀걸이를 찾아서 제가 가지려 하고, 후흑은 후백이 그런 생각을 할 것을 미리 알고 오히려 그런 마음을 이용하여 후백의 옷을 몽땅 챙겨 버렸다. 속고 속이는 범부들의 세계, 범부들의 마음이다. 혹은 한 상황을 말하는데, 그 상황을 넘어 이어지는 다음 상황을 말하는 것을 가리키기도 한다. 그리고 범부들의 마음이 이러하다는 것을 여래는 모두 안다는 것이다.

그렇다 보니, 일체의 중생이 가진 일체의 마음과 그에 대응하는 육진에 대하여도 같은 해석이 가능하다. 범부는 집착과 분별에 의하여 마음의 변화와 그로 인한 현상이나 종류가 무궁무진할 것이지만, 부처님에게서는 그 모두가 진여에서 파생된 이름일 뿐인 것이다. 이미 진여 자체가 되어 있는 여래께서 어찌 범부의 이러한 마음을 모르실 리 있겠는가? 아시기에, 이들을 교화하여 멸도하려 세상에 오신 것이기도 하다.

끝에 나온 갈(喝)은 모든 것을 날려 버리려는 외침이다. 혹은 모든 것을 버리고 깨달음을 이루도록 자신을 독려하는 한편 다른 사람에게도 모든 미혹을 떨치고 깨달음으로 나아가도록 하는 외침인 것이다.

[공부]

후백과 후흑(侯白侯黑)[332]

조주종심(趙州從諗) 선사가 투자대동(投子大同) 화상에게 물었다.
"죽음 속에서 삶을 얻을 때는 어떻습니까?"
투자화상이 대답했다.
"야행하지 말고 (날이) 밝거든 꼭 오시오."
조주선사가 말했다.
"저는 일찍이 후백이었는데, 화상께서는 나아가 후흑이십니다."
趙州問「死中得活時如何?」投子曰:「不許夜行, 投明須到。」州曰:「我早侯白, 伊更侯黑。」
선종에서는 열반경계에 들어가는 것을 '한 차례의 큰 죽음(大死一回)'이라고 하며, 열반경계 속에서 전신하는 것(중생을 제도하기 위하여 생사의 바다로 되돌아오는 것)을 '죽었다 다시 깨어난다(絶後再甦).'라고 한다. 조주선사가 이런 뜻을 가지고 투자화상에게 물었던 것은 투자화상을 시험해 보려는 마음이 있었기 때문일 것이다. 진실로 '큰 죽음'과 그에 이은 '재생'은 오직 자신만이 알 수 있을 뿐인데, 시험하여 어찌할 것인가? 투자화상은 이를 정확하게 꿰뚫어 보고 "야행을 불허하니 날이 밝거든 오라."라고 대답했던 것이다.

---

332) T51n2076015, 景德傳燈錄卷第十五, 行思禪師第四世, 前京兆翠微無學禪師法嗣, CBETA 電子佛典集成 » 大正藏 (T) » 第51冊 » No.2076 » 第15卷, http://tripitaka.cbeta.org/T51n2076015

열반의 경지는 흔들림이 없는 걸음걸이로 도달하는 것이다. 조주는 이미 이 경계를 넘어, 열반의 경계 속에서 전신하여 속세로 도로 나온 사람인데, 투자는 도리어 조주선사에게 아직 열반의 경계에 도달하지 못한 사람에게 말하듯 열반의 경계에 다시 도달하라고 말한다.

조주선사가 투자화상에게 물었다.

"성인이 범인으로 들어가는 때는 어떠합니까?"

투자화상이 도리어 간절히 말했다.

"범인에서 성인으로 들어가야 합니다."

趙州問投子: 從聖入凡時如何? 投子卻告訴他: 要從凡入聖。

이는 선종의 조사들이 "못을 뽑아 문설주를 빼는(抽釘拔楔)" 익숙한 기술이다. 이에 조주는 다음과 같이 말했다.

"저는 일찍이 후백이었는데, 화상께서는 다시 후흑이십니다."

이 두 구는 무슨 뜻인가?

조주종심선사가 투자대동선사에게 저는 후백을 이야기하는데, 화상은 후흑을 말한다고 한 까닭을 알려면, 후백후흑의 고사에 관하여 알 필요가 있다. 진관(秦觀, 字 少游)의 회해집(淮海集) 중에 다음 내용의 이후설(二侯說) 편이 있다.[333]

(어떤 마을에) 후백(侯伯)이라는 사람이 있었는데, 그는 마을 사람들을 자주 잘 속이니, 마을 사람들이 그를 매우 미워하며 멀리하고 더불어 같이 지내려 하지 않았다. 하루는 후흑이라는 여자를 길에서 지나치게 되었다. 후흑은 길 옆에서 마치 (무엇을) 잃어버린 것처럼 행동하고 있었다. 후백은 이를 이상하게 여기고 물었다.

"왜 그러고 있으시오?"

후흑이 말했다.

"불행하게도 귀걸이가 우물에 빠졌습니다. 그 값이 금 백 냥은 될 것입니다. 이를 건질 수 있으면, 응당 그 반을 나누어 주어 고마움을 표시할 것입니다. 당신이 도와주시겠습니까?"

후백이 한참 생각했다.

'저 여자는 귀걸이를 잃어버렸다. 귀걸이를 찾아서 돌려주지 말자.'

이렇게 생각한 후백은 말했다.

"그러지요."

그리고는 옷을 벗고 우물가를 따라서 아래로 내려갔다. 후백이 물에 다다랐음을 확인한 후흑은 후백의 옷을 모조리 가지고 재빨리 달아나 버리니 그 흔적조차 찾을 수 없었.

이 고사는 뛰는 자 위에 나는 자가 있다는 속담을 연상시킨다. 조주종심선사가 투자화상에게 내가 후백이라면 당신은 후흑이라고 한 까닭이 여기에 있는 것이다.

---

[333] 秦觀, 淮海集(卷二十五), 二侯说

> **경)** *"왜냐하면, 여래께서 온갖 마음들은 모두 마음이 아니라
> 이름이 마음이라고 말씀하셨기 때문입니다."*
> **何以故如來說諸心皆爲非心是名爲心。**

이들 국토에 있는 중생들 하나하나가 모두 적어도 약간씩의 차별심을 가지고 있어서, 중생의 수만큼 마음이 있다고 할 수 있다. 나아가 한 중생은 또 무량한 차별적 마음을 가질 수 있다. 그러나 마음의 수가 아무리 많아도 중생심이란 모두 망령된 심식일 뿐이다. 이러한 망심은 원래의 마음인 불심과는 달리, 시시각각 변동하고 고통스러워하는 마음이다. 이들 망심은 부동의 참된 마음에서 생겨난, 혹은 그 마음의 작용에 의하여 나타난 현상을 가리킨다. 그래서 마음이라고 말은 하지만, 참된 마음이 아니기 때문에, 마음이라고 이름을 붙여 말할 뿐이지, 마음 자체는 아닌 것이다. 여래가 말씀하신 이름뿐인 마음이 아니라, 오직 하나의 마음, 망령되지 않고 차별적이지 않은 마음이란 곧 진심이며, 항상심이며, 불심이며, 반야바라밀심이며 청정심이며, 보리심이며, 열반심인 것이다.

착어) *병을 많이 앓으면 약성을 외운다(病多諳藥性).*

병이 많다 함은 고통스러운 일을 많이 겪음을 의미한다. 병에는 치료할 약을 처방한다. 우리의 고통에 대한 처방은 부처님께서 해 주셨다. 병에 대하여 의원이 약을 처방하듯, 우리의 고통에 대하여 부처님께서 약을 처방하셨다. 병을 이것저것 많이 앓은 사람은 그것을 다스리기 위한 약을 이것저것 많이 써 보았을 것이다. 그리하여 어떤 병에는 어떤 약이 듣는다는 것을 경험으로 알게 된다. 몸이 알게 되는 것이다. 이것이 체득이다. 또한, 여러 병통을 많이 앓아 본 사람은 그런 병통을 이겨 낼 수 있는 내성을 얻는다. 병에 대한 항체가 생기는 것이다. 이 또한 경험을 통한 체득이며, 체득을 통한 향상일로이다.

깨달음도 이와 같아서, 많은 고통을 이겨 내고, 많은 고민을 거쳐 무수한 공부를 하여 지혜를 쌓으면, 한층 높은 깨달음으로 나아갈 수 있다. 그리고 부처님께서는 중생

으로서 오랜 기간을 수행정진하며 너무나 많은 고통을 거치셨기 때문에 중생의 마음을 모두 알며 모두 보며 그 고통을 알고 처방을 하시는 것이다.

이해를 돕기 위하여, 위 착어는 송나라 때 위기(韋奇)라는 분의 시구에서 가져온 것으로, 그 원문은 다음과 같다.[334]

병이 잦으면 약성을 외우고(病多諳藥性)

괴로움을 앓으면 시정을 안다(吟苦識詩情)

송) 노래한다.

겨우 한 파도가 일었을 뿐인데, 만 개의 파도가 따르는구나(一波纔動萬波隨)
개미 쳇바퀴 돌듯 끝날 기약이 없네(似蟻循環豈了期)
돌(咄)
오늘 그대를 위하여 모두 자르고 끊으리니(今日爲君都割斷)
몸을 빼내면 바야흐로 대장부라 부르리(出身方號丈夫兒)

하나의 파도란 우리에게 일어나는 하나의 번뇌를 가리킨다. 수만의 파도가 따르는 구조는 인과의 사슬을 의미한다. 하나의 번뇌는 원인이 되고 다른 조건을 만나 또 번뇌를 만들고, 그렇게 염념히 번뇌를 만들어 낸다. 이렇게 일어나는 번뇌로 인하여 우리는 끊임없이 생사의 윤회를 거듭하게 된다. 쳇바퀴는 끝이 없다. 개미는 이 끝없는 쳇바퀴의 끝을 찾아 계속 가지만, 결코 끝이 없으므로 끝없이 돌 수밖에 없다. 개미는 우리들 중생이고, 쳇바퀴는 생사의 윤회를 의미한다. 이 생사의 윤회는 수행을 통하여 모든 번뇌를 끊어 내지 않는 이상 결단코 빠져나올 수 없다.

돌(咄)이란 개미 쳇바퀴 돌 듯 윤회전생하고 있는 자신에 대한 한바탕 질책이다. 중생으로 살고 있는 자신의 삶에 대한 회오이다. 이런 중생살이에서 벗어나고자 다지는 각오의 외침이기도 하다.

---

334) 采詩網, https://cs.8s8s.com/poetry/349/51552-54473.html; 中華古詩文古書籍網, https://www.arteducation.com.tw/shiwenv5a79e3442ae0.html

부처님께서는 이러한 생사윤회를 벗어날 수 있는 특단의 대안을 제시하셨으니, 이제 이 윤회의 회로에서 벗어나라. 부처님께서 가르쳐 주신 대안(수행법)을 들고 윤회의 사슬을 끊을 수 있는지 어떤지, 즉 수행을 통하여 모든 번뇌에서 벗어날 수 있는지 어떤지는 수행자들의 의지에 달려 있다. 만약 벗어난다면, 그런 사람이야말로 대장부인 것이다. 대장부는 영웅이고 영웅은 부처를 가리킨다. 즉, 부처가 될 것임을 말하는 것이다.

경) "왜냐하면, 수보리야. 과거심도 얻을 수 없고, 현재심도 얻을 수 없으며, 미래심도 얻을 수 없기 때문이다."
所以者何須菩提過去心不可得現在心不可得未來心不可得。

과거란 이미 지나가 버렸기 때문에 그때 일었던 마음을 지금 얻을 수 없다. 미래는 아직 오지 않았고, 그러므로 미래에 일어날 마음을 지금 얻을 수 없다. 현재의 마음은 어떤가? 현재란 가장 짧은 순간 혹은 찰나라도 과거와 미래의 사이에 아무것도 존재하지 않는다. 시간도 공간도 있을 수 없으므로, 현재라는 시점 자체가 존재하지 않는다. 존재하지 않는 현재의 마음을 얻을 수 없다. 그러므로 이들 세 마음은 얻을 수 없는 것이다.

범부는 지나간 시간에 있었던 것들을 두고 회한하며, 미래의 아직 일어나지 않는 것들을 걱정한다. 이 모든 것들이 괴로움이며 번뇌가 된다. 또 존재하지도 않는 현재의 것들에 대하여 고통스러워한다. 그 어느 시점에 대하여도 마음을 얻을 수 없는데, 하물며 마음에서 일어나는 고통을 어찌 받을 수 있을 것인가? 고통스러운 것은 오직 범부가 과거, 미래, 현재의 마음에 집착하기 때문에 일어나는 것이다. 이 세 마음을 얻을 수 없음을 깨닫고 모든 것을 놓아 버리면, 그러면 이 모든 것에서 벗어날 수 있고, 그러는 이가 곧 부처인 것이다.

착어) 소리를 낮추고 낮추어라. (그래야) 콧구멍 속에서 나오는 기운을 진실로 얻으리라(低聲低聲真得鼻孔裏出氣).

콧구멍 속에서 나오는 기운이란 날숨을 가리키지만, 그러나 주로 비유로 사용된다. 깨달으신 부처님도 콧구멍으로 숨을 쉬고, 범부들도 콧구멍으로 숨을 쉰다. 둘 다 날숨에 의지하여 생명을 유지하고 있는 것이며, 콧구멍에서 나오는 날숨은 같은 것이다. 즉, 부처와 범부의 동일성을 지적하고자 할 때 사용되는 비유인 것이다.

착어에서 조용할 것을 강조한 것은 시끄러울수록 배움이 얕은 것을 내보이는 것임을 경계한 것이라고 볼 수 있다. 빈 수레가 요란한 것처럼, 빈 통이 소리가 나는 것처럼, 속이 빌수록 그것을 커버하기 위하여 시끄러운 법이다. 그러므로 조용히 하라는 말은 곧 열심히 공부하라거나, 열심히 수행하라거나, 열심히 배우라는 의미로 새기는 것이 좋겠다.

혹은 경에서 삼세심을 얻을 수 없다고 하였는데, 얻었다거나 한 소식 들었다고 하는 것 자체가 모두 잘못된 망념일 뿐이니 그런 생각을 내는 등 마음조차 갖지 말라는 경계의 말일 수도 있을 것이다.

그래야 범부인 우리의 콧구멍에서 나오는 날숨이 최상의 깨달음을 이루신 부처님의 콧구멍에서 나오는 날숨과 같다는 것, 우리와 부처님이 다르지 않다는 것을 알 수 있다거나 혹은 부처에게 다가갈 수 있음을 의미한다.

송) 노래한다.

삼세에 걸쳐 마음을 구하나 마음은 보이지 않고(三際求心心不見)
두 눈은 여전히 두 눈을 대면하네(兩眼依前對兩眼)
모름지기 잃은 검은 뱃머리에 새겨 놓고 찾지 말라(不須遺劍刻舟尋)
설월의 풍광은 항상 눈앞에 보인다네(雪月風光常見面)

삼제(三際)란 삼세와 같은 뜻이다. 과거, 미래, 현재를 가리킨다. 삼세에 걸쳐 마음을 구하지만 못 보았다고 한다. 안심법문(安心法門)의 고사를 보는 것 같다. 마음이란 구할 수 없는 것이고, 또 보이지 않는 것이라는 의미이다. 마음의 실체는 공하여 존재하지 않고, 현실에서 마음이라고 생각되는 것들은 모두 마음의 작용이며 작용의 결과일 뿐이다. 그런 작용과 그 결과를 가지고 마치 실체인양 찾고 있으니 보일 리가 없는 것이다. 나아가 삼세에서 과거는 이미 지나간 시간이고, 미래는 아직 오지 않은 시간이며, 현재란 존재하지 않는 시간이기 때문에 삼세의 마음은 아무리 구하려 해도 구할 수 없는 것이다.

두 눈은 범부가 가진 두 개의 눈이다. 오안 중 육안이라는 의미이다. 육안으로 마음을 찾으니 찾는 마음은 보이지 않고 육안을 벗어나지 못할 뿐이다. 그러니 매번 육안으로 육안을 보는 것밖에 없다.

배가 강을 건널 때, 강물에 칼을 빠뜨리자 그 칼을 나중에 찾겠다고 배에서 자신이 앉았던 자리에 표시를 하고, 나중 배가 나루에 도착하였을 때 그 새겨 놓은 뱃머리에서 자신이 물에 빠뜨린 그 칼을 찾는다면, 찾을 수 있을까? 각주구검(刻舟求劍)이란 고사가 생각난다. 배는 움직였고, 강물은 흘러가 버렸다. 나중에 찾은 곳은 이미 새로운 물이고, 이미 다른 배일 뿐이다. 칼을 빠뜨린 곳에서 칼을 찾아야 칼을 찾을 수 있는 것이다. 이는 마치 땅에서 넘어지면 그 땅으로 인하여 일어나야 한다는 가르침과도 맥락이 닿아 있다. 또 얻을 수 없는 삼세심에 집착하여 고통을 자초하지 말 것을 가르치는 것으로 볼 수도 있다. 나아가 내게 있는 부처를 다른 곳에서 찾지 말라는 의미도 내포하고 있다. 이는 또 육안으로 마음을 찾는 어리석음을 경책하는 말이기도 하다. 마음은 마음의 눈으로 보아야 보이는데, 육안으로 마음을 보려 하니 그 마음이 보일 리 없는 것이다.

진여의 실상은 언제나 나 자신에게 있다. 마음이라는 것도 나 자신에게 있다. 그러한 것을 알지 못하고 늘 밖에서 찾으니 보이지 않는 거다. 마음의 움직임도 내게서 비롯하는 것이지 밖의 어떤 것에 의한 것이 아니다. 눈과 달의 풍광은 언제나 대면하고 있지만, 다만 범부는 그것이 눈과 달이 그리는 풍광임을 알지 못할 뿐이다.

[공부]
안심법문(安心法門)의 고사

『경덕전등록(景德傳燈錄)』에 다음과 같은 고사가 전한다.[335]
 (전략) 신광(神光. 제2조 혜가선사의 속명이다)이 말했다.
"저의 마음이 편하지 못합니다. 스승님께서 제게 편안함을 주십시오."
 달마선사가 말했다.
"마음을 가져오너라. 네게 편안함을 주마."
 광이 말했다.
"마음을 다 찾아도 얻을 수 없습니다."
 선사가 말했다.
"내 네게 편안한 마음을 주었다."
 光曰。我心未寧。乞師與安。師曰。將心來與汝安。曰覓心了不可得。師曰。我與汝安心竟

[공부]
각주구검과 각주인

각주구검이란 말은 다음과 같은 고사에서 비롯된 사자성어이다. 초나라 사람이 강을 건너다 물속에 검을 떨어뜨렸다. 그는 임의대로 뱃머리에 하나의 기호를 새기고 배가 정지하기를 기다렸다가 기호를 새긴 곳에 따라 검을 찾았으나 찾지 못하였다. 이 고사는 후에 변통이라고는 모르는 고집쟁이를 비유하는 데 사용되었다.[336]

이와 비슷한 용어로 각주인(刻舟人)이란 말이 있다. 글자 그대로 배에 새기는 사람이란 뜻이다. 원래 어둡고 완고하여 변통이라고는 모르는 사람을 가리키는 말이다. 선림에서는 학자(수행자)가 어둡고 완고하며 어리석어 미망에 집착하고 있음을 스스로 알지 못할 뿐 아니라, 자유자재하게 응대하는 사가(스승)의 기법(機法)을 끝내 알지 못하는 사람을 형용하는 데 사용된다.

---

335) T51n2076003, 景德傳燈錄卷第三, 中華五祖并旁出尊宿共二十五人, 第二十九祖慧可大師, CBETA 電子佛典集成 》 大正藏 (T) 》 第51冊 》 No.2076 》 第3卷, http://tripitaka.cbeta.org/T51n2076003

336) 呂氏春秋 慎大覽 察今

제19분 법계를 널리 교화하다(法界通化分)

1. 의의

통화(通化)는 홍통교화(弘通教化)의 줄임말이다. 가르침(불법)을 널리 유통하여 교화한다는 뜻이다. 전체 법계를 하나로 교화하기 위하여 불법을 널리 유통시키면, 칠보의 복전이 어찌 사구(四句)만 할까? 그러므로 법계통화라고 하였다.

앞에서 우리는 무위의 복이 유위의 복에 비하여 수승함을 배웠다(제11분). 제19분도 제11분과 비슷한 내용을 말씀하시고 있지만, 제11분에서는 법의 수지를 중심으로 이야기한 것이라면 제19분에서는 법의 유포를 중심으로 말하고 있음에 주목할 필요가 있다. 법의 수지는 자신의 수행이 목적이다. 즉, 이 경의 내용을 수지하고 독송하며 서사한다는 것은 이 경이 가르치는 바를 배워 지혜를 증장시켜 스스로의 깨달음을 이루기 위한 보리행인 것이다. 그러나 법을 널리 유통한다는 것은 구체적으로 경의 내용을 다른 사람에게 전하고 해설하는 것을 가리키며, 이는 남들도 이 경의 가르침에 따라 지혜를 증장시킴으로써 함께 깨달음으로 나아가자는 보살행이다.

> *착어) 복덕이 없음을 복덕으로 삼으라. 그러면 법계에 충만하여 가없이 통달하리라*
> *(以無福德爲福德, 充滿法界, 通達無邊).*

복덕이란 일종의 대가이다. 경을 읽거나 부처님의 말씀을 듣고 지혜를 얻으며, 보시를 하여 공덕을 쌓으면 이 때문에 선도에 태어나는 것 등은 일종의 대가이다. 이 대가는 인연법에 의하여 당연히 주어지는 것이다. 악업을 저질렀을 때 나쁜 과보를 받는 것(惡因惡果)처럼 선업을 행하였을 때 좋은 과보를 받는 것(善因善果)은 인과법의 당연한 귀결인 것이다.

복덕이 과보임에도 불구하고 왜 복덕은 없다고 하였을까? 이는 복덕이 없는 것이 아니라 복덕이라는 것에 마음을 두지 말라는 의미이다. 즉, 복덕에 마음을 두고 어떤 행을 한다는 것은, 바꾸어 말하면, 어떤 행을 할 때 그 대가를 바라고 한다는 것을 의미한다. 이것은 집착이고, 번뇌로 이어진다. 모든 행의 결과는 현세의 과보로 나타날 수도 있지만, 다음 생, 그 이후의 생에 나타날 수도 있다(異熟果). 이러한 결과, 대가를 바라는 마음이 계속 이어져서 윤회의 씨앗이 되는 것이다.

우리가 육바라밀 수행을 하는 목적은 윤회의 사바세계를 벗어나 열반으로 들어가기 위함이다. 그런데 자신이 한 행위의 결과에 집착하다 보면 그것이 번뇌가 되어 윤회를 벗어날 수 없다. 이런 행위는 바라밀행이 아니라 오히려 수행에 장애가 되는 것이라 할 수 있다. 수행에 도움이 되는 바라밀행이 되기 위하여는 그 결과에 대한 집착을 없애서 번뇌를 끊어야 한다. 이를 위하여는 바라밀행의 결과 어떤 대가가 있다는 마음을 버려야 함을 의미한다. 즉, 마음에 복덕이 있다고 집착해서는 안 된다는 것이다. 이것이 바로 복덕이 없음이라고 말씀하신 의미이다(청정바라밀행). 복덕에 마음을 두지 않아야 바라밀행 자체에 장애가 일어나지 않고, 장애가 없어야 바라밀행을 자재하게 할 수 있으며, 그 결과 법계에 충만하도록 바라밀행을 수행하며, 이로써 가없이 통달할 수 있는 것이다. 그러므로 복덕이 없는 것 자체가 바로 무한한 복덕이라는 것이다.

송) 노래한다.

보물을 가없이 보시한들 어찌 본성과 같으랴(寶施無邊豈性同)
어찌해야 도를 보아 범부의 껍질을 벗으리요(何如見道脫凡籠)
자기를 타개할 광명의 창고(打開自己光明藏)
털끝만 한 하나의 교화 중에 모두 있다네(盡在毫端一化中)

삼천대천세계를 가득 채울 만큼의 칠보 보물이라면, 그 보물이 얼마나 많은지 가늠이나 될까? 이렇게 많은 칠보를 보시하더라도 그 보시함에 복을 받겠다고 생각하면,

만사휴의다. 아무런 복도 없다는 말이다. 복을 받겠다는 생각은 집착이기 때문이다. 복을 받겠다는 생각 없이 보시하면, 한 알의 겨자라도 중대한 복덕이 될 수 있다. 보시의 결과에 대하여 마음을 두지 말라. 대가를 바라는 보시와 대가를 바라지 않는 보시는 그 성질이 근본적으로 다른 것이다. 보시는 삼륜이 청정하여야 한다. 대가를 바란다는 것은 마음에 집착이 있음이며, 청정하지 못함을 의미한다.

그러나 삼륜청정의 보시라도 유위법인 칠보를 보시하여 얻는 복덕이란 언젠가는 다함이 있다. 그러나 법을 널리 유통하는 것은 지혜를 증장시키는 것이기 때문에 무위의 복덕으로 다함이 없다. 그러므로 보물을 가없이 보시하는 것의 복덕보다 지혜를 증장시키기 위한 법을 유통시키는 복덕이 더욱 큰 것이다.

괴로움을 벗어나기 위한 해탈은 깨달음을 이루어 윤회의 굴레를 벗어나 열반으로 들어가는 것이다. 하늘에 태어나거나, 좋은 조건의 인간으로 태어나는 것을 의미하지 않는다. 이것은 오히려 윤회를 거듭하게 하여 열반으로 들어가는 것을 더디게 하는 장애가 될 소지도 있다.

이렇게 마음에 머물지 않는, 집착하지 않는 보시행 등 바라밀행을 하다 보면 빛나는 지혜가 쌓이고, 이로써 열반을 이룰 수 있다. 그런데 이 이치는 부처님께서 일생 동안 가르쳐 주신 가르침(一化)에 모두 들어 있다. 털끝만큼의 작은 가르침에도 이러한 공덕이 있는 것이다.

2. 내용

[第十六疑斷] 복덕은 마음이 전도되었음을 예시하는 것인가(福德例心顚倒) 하는 의심을 끊는다. 이 의심은 위에서 말한 '마음이 전도되어 머문다(心住顚倒).'에서 나온다.

여래는 중생에게 심어진 약간의 마음(불종자심)을 모두 알며, 무량한 복덕을 성취할 것을 모두 안다. 그런데 마음은 이미 유전되어 버려 허망한 성질이고, 그러면 존재하던 복덩어리도 허망해진다. 이는 이미 허망하게 전도된 것이나 마찬가지인데, 무슨 선한 법이라 할 것인가? 그런즉 여러 선법을 수행한다고 공에 떨어지지 않겠는가? 이런 의심을 떨쳐버리기 위하여 경에서 말한다.

> 경) "수보리야. 어떠냐. 만약 어떤 사람이 삼천대천세계를 가득 채울 칠보를 가지고 보시하면, 이 사람은 이 인연으로 복을 많이 받겠느냐?"
> "그렇습니다. 세존이시여. 이 사람은 이 인연으로 복을 많이 받습니다."
> "수보리야. 만약 복덕이 진실로 있는 것이라면, 여래는 복덕을 많이 받는다고 말하지 않는다. 복덕이 없기 때문에 여래가 복덕을 많이 받는다고 말하는 것이다."
> 須菩提於意云何若有人滿三千大千世界七寶以用布施是人以是因緣得福多不如是世尊此人以是因緣得福甚多須菩提若福德有實如來不說得福德多以德福無故如來說得福德多。

삼천대천세계를 가득 채운다는 것은 양이 참으로 많음을 의미한다. "갠지스강의 모래 수만큼 많은 불세계에 있는 갠지스강들의 모래 수"라는 말과 같은 의미라고 보아도 좋겠다. 이렇게 많은 칠보를 보시하는 것에 대하여, 수보리는 복덕이 심히 많다고 하였으나 부처님께서는 복덕이 없다고 하셨다. 왜 이런 차이가 있을까?

수보리가 생각한 복덕이란 함이 있는 유위(有爲)의 복, 대가로서의 복을 의미하고, 부처님께서 생각하신 복덕은 함이 없는 무위(無爲)의 복덕을 의미한다. 앞에서도 말한 것처럼, 유위의 복덕은 아무리 많아도 생사의 윤회를 벗어나는 것이 아니며, 오히려 윤회를 벗어나 열반을 이루는 데 장애가 될 수도 있다. 수보리가 복덕이 심히 많다고 함으로써 이러한 윤회에 빠질 것을 우려하신 부처님께서 유위의 복덕은 이름을 지어 그렇게 부를 뿐이고 무위의 복덕을 말씀하심으로써 수보리를 깨우쳐 주셨던 것이다. 실은 수보리를 깨우쳐 주시는 형식을 빌어 중생들에게 가르침을 주셨던 것이다.

> 착어) 이기려면 마음이 별나게 수고로워야 한다(由勝別勞心).

이긴다는 것은 남을 이기는 것이 아니라 자신을 이기는 것이다. 자신에게 있는 모든 번뇌, 모든 번뇌의 씨앗, 모든 번뇌의 조건, 그리고 그러한 번뇌를 일으키는 복덕(대가)을 바라는 마음을 극복하는 것이다. 어떠한 집착도 없이 마음을 내고 바라밀행을 해야 한다.

이는 쉽게 되는 것이 아니다. 가장 마음을 수고롭게 하여야 비로소 가능하다. 이미 마음에 생긴 집착을 끊고, 아직 생기지는 않았으나 앞으로 생길 수 있는 집착이 일어나지 않게 하는 것이 얼마나 어려운 일이겠는가? 부처님께서 연등불에게서 수기를 받고도 참으로 아득한 기간 동안 수행을 하셨다. 그 과정에서 온갖 바라밀행을 하셨고, 육도를 끊임없이 윤회하셨다. 그러한 수고로움을 거쳐 마침내 마지막 인간으로서 태어나셨다가 깨달음을 이루셨다. 그 마지막 일생에서의 깨달음도 그저 얻은 게 아니라 무한한 고행을 거쳐 비로소 얻으셨다. 그리고 그 바탕에 모든 중생을 고통으로부터 구하겠다는 마음(大悲心)이 있었다. 그 마음의 수고로움이 어떠하였겠는가?

[공부]

마지막 인간으로 태어나다(一生補處)

일생보처(梵 eka-jāti-pratibaddha)란 최후의 윤회자라는 뜻. 이 일생을 지나면 오는 생에는 세간에 있으면서 성불하는 것을 말한다. 줄여서 보처(補處)라고 한다. 보살의 최고 계위로서 최상위의 깨달은 보살을 가리킨다. 일반적으로 미륵보살을 일생보처의 보살이라고 한다. 미륵상생경(彌勒上生經) 등에 따르면 미륵보살은 현재 도솔천에 머물며 이 생을 다하고 인간에 하생하여 석가불의 지위를 이어받기를 기다리고 있다고 한다.[337] 또 일생보처라는 말은 한 생이 묶여 있다는 의미도 있는데, 이는 이 일생이 미혹의 세계에 묶여 있기만 하면 내생에는 성불할 수 있다는 의미이다. 무량수경기(無量壽經記) 상권의 설명에 의하면, 일생보처의 보살은 다음과 같이 네 개의 계위로 나누어진다고 한다.[338]

- 첫째, 정정위(正定位)에 머무는 보살
- 둘째, 불지에 접근한 보살
- 셋째, 도솔천에 머무는 보살
- 넷째, 도솔천에서 인간으로 하생하여 성불하는 보살

---

337) T14n0452001, 佛說觀彌勒菩薩上生兜率天經, 宋居士沮渠京聲譯, CBETA 電子佛典集成 » 大正藏 (T) » 第14冊 » No.0452 » 第1卷, http://tripitaka.cbeta.org/T14n0452001

338) X22n0397001, 無量壽經記卷上, 釋玄一 集, CBETA 電子佛典集成 » 卍續藏 (X) » 第22冊 » No.0397 » 第1卷, http://tripitaka.cbeta.org/X22n0397001

> 아미타경(阿彌陀經)에 의하면, "극락국토의 중생으로 태어나면 모두 아비발치이며, 그 중에 다수는 일생보처를 갖는다."라고 한다.
> 어떤 국토의 일생보처는 멸도와 인과의 불이적 관계를 가지고 있다. 그러나 안락정토의 아미타여래에게 왕생한 자는 미래에 열반으로 들어간 보신불이 아니어서 비록 그 부처의 처소를 보완할 수는 없어도 단지 시방의 불토 중 임의의 어떤 세계에 이르러 보불처의 덕을 갖출 수 있고, 그러므로 일생보처보살이라고 칭한다.

송) 노래한다.

나한은 응공이 엷으나(羅漢應供薄)
코끼리는 몸에 칠보를 장식하였네(象身七寶珍)
비록 그렇더라도, 많은 탁부를(雖然多濁富)
어찌 적은 청빈과 견주리(爭似少淸貧)
망상은 얻겠다는 마음이 없었기에 얻었고(罔象秖因無意得)
이루는 마음에 친함이 있어서 잃었다네(離婁失在有心親)

나한(아라한)이란 초기불교에서 최상의 깨달음을 이룬 사람이다. 부처님도 당신을 직접 아라한이라 하셨으니, 당시에는 나한이 최상의 깨달음을 이룬 사람을 가리키는 말이었다. 나한이 공양이 박하다고 하는 것은 소위 칠보의 복, 재물의 복, 권력이나 명예와 같은 세속적인 복이 없다는 것이다. 나한이라는 성인의 지위는 (세속적인) 모든 것을 버린 대가로 얻은 것이기 때문이다. 그러나 반면 코끼리는 온갖 보석으로 장식하여 구경거리로 삼는다. 칠보로 장식해야 남에게 내보일 수 있는 코끼리가 되는 것이다. 나한의 청빈과 코끼리의 탁부(濁富)를 비교하여 비울 것을 가르치는 대목이다. 코끼리가 아무리 온갖 보물로 장식해도 짐승일 뿐, 주인에게 조종받으며, 구경꾼들의 구경거리에 불과한 것이다.

뒤에서 보겠지만, 망상은 마음을 비워서(無意) 검은 구슬(玄珠=깨달음)을 찾았고, 이루는 마음에 친함이 있어서, 즉 마음에 집착함이 있어서(心親) (혹은 마음에 상이 있어서) 구슬을 찾지 못하였다.

요컨대, 이 노래는 세간의 복에 대한 모든 집착을 내려놓고 마음을 비워 깨달음이라는 출세간의 청정한 복을 이룰 것을 권한다.

> [공부]
> ## 망상과 이루
>
> 위 노래를 이해하려면 망상과 이루에 관한 전설을 알 필요가 있다. 『벽암록(碧巖錄)』제9권 제88칙 평창에 다음과 같은 글이 나온다.[339] 이에 의하면, 이루(離婁)는 중국 고대 황제(黃帝) 때 사람으로, 백 걸음 밖에서 가느다란 털끝을 볼 수 있을 만큼 눈이 밝았다. 황제가 적수(赤水)에 놀이를 갔다가 구슬을 빠뜨렸다. 이루에게 명하여 이 구슬을 찾도록 하였으나 볼 수 없었다. 끽후(喫詬)에게 찾도록 하였으나 역시 찾지 못하였다. 나중에 망상(罔象)에게 찾도록 하여 마침내 찾을 수 있었다. "망상이 이를 때는 빛이 찬란하지만, 이루가 가는 곳에는 파도가 하늘에 닿았다."라는 말이 있다. 이 말은 높은 곳은 하나의 집착이며, 집착이 있는 한 참으로 밝은 이루의 눈으로도 남의 바른 모습을 감판하지 못함을 가리킨다.
>
> 『종경록』제37권에도 이와 비슷한, 적수에서 현주(玄珠)를 구하는 이야기가 나온다.[340] 망상이 현주를 얻은 것은 그것을 강에 간직하지 않고 몸에 간직하였으며, 물에 두지 않고 마음에 두었기 때문이라고 한다. 황제가 적수의 북쪽에 놀다 곤륜의 구릉에 올라가서 남쪽을 바라보다 그만 현주를 잃어버렸다. 이에 지혜로운 사람을 시켜 이를 찾게 하였으나 찾지 못하였다. 이루에게 이를 찾도록 하였으나 역시 얻지 못하였다. 이에 망상이 찾아서 얻을 수 있었다. 그러자 황제가 "기이하구나. 망상이 이를 얻을 수 있다니?"라고 말했다. 무릇 진실로 꼭 구하고자 하면 구할 수 없고, 오히려 마음을 비워야(無心) 얻는다. 이를 비유하여, "망상은 마음을 비워서 구슬을 얻었네(罔象無心却得珠). 보고 듣는 것은 거짓이라네(能見能聞是虛僞)."라는 노래가 있다.[341]
>
> 위의 두 이야기가 약간씩 다르지만, 그러나 마음을 비운 망상은 구슬을 얻었고, 눈이 밝다(지혜롭다)고 하는 이루는 구슬을 얻지 못하였음은 공통된다. 부연하면 깨달음이라는 구슬은 지혜롭다거나 육체적 능력이 탁월하다(삼십이상의 존재 등)고 반드시 얻을 수 있는 것이 아니라 마음에 집착이 없어야 비로소 얻을 수 있는 것임을 노래한 것이다.

---

339) T48n2003009, 佛果圜悟禪師碧巖錄卷第九,【八八】則, CBETA 電子佛典集成 » 大正藏 (T) » 第48冊 » No.2003 » 第9卷, http://tripitaka.cbeta.org/

340) T48n2016037, 宗鏡錄卷第三十七, 慧日永明寺主智覺禪師延壽集, CBETA 電子佛典集成 » 大正藏 (T) » 第48冊 » No.2016 » 第37卷, https://tripitaka.cbeta.org/

341) T51n2076030, 景德傳燈錄卷第三十, 丹霞和尚翫珠吟二首, CBETA 電子佛典集成 » 大正藏 (T) » 第51冊 » No.2076 » 第30卷, http://tripitaka.cbeta.org/

[용어 풀이]

* 끽후(喫詬): 고대 중국의 전설 속에 나오는 대역사(大力士)
* 망상(罔象): 바닷속의 괴물. 혹은 목석의 괴물. 목석의 괴물이라는 이야기에 의하면, 망상은 오직 죽은 사람의 간이나 뇌를 파먹는 동물로 능묘에 출입한다. 송백에 의하여 망상에 의한 시체의 피해를 막을 수 있다고 하여 예부터 무덤에 송백을 심었다고 한다.
* 현주(玄珠): 검은 구슬이란 뜻. 도가와 불가에서는 도의 실체, 혹은 진여, 진제 등을 가리키는 비유로 사용된다.
* 이루(離婁): 중국 고대 황제(黃帝)시대의 사람으로 전설에 의하면, 그는 눈이 무척 밝아 백 걸음 밖에 있는 가는 털(秋毫)의 끝을 볼 수 있었다고 한다. 시력이 매우 좋은 사람을 비유하는 말이다. 맹자 이루장(離婁章)(상)에 다음과 같은 글이 나온다.

　　　　이루의 밝음도(離婁之明)
　　　　공수자의 기교도(公輸子之巧)
　　　　규구로서 하지 않으면(不以規矩)
　　　　네모와 동그라미를 그릴 수 없다(不能成方員)

[공부]
단하화상의 "구슬을 완상하며 읊음(丹霞和尚翫珠吟)"

단하화상이 구슬을 감상하며 읊은 두 수의 노래 중 첫 번째 노래에서 나오는 구절이다. 첫 번째 수의 전문은 다음과 같다.

반야의 신령한 구슬은 미묘하여 헤아리기 어려운데(般若靈珠妙難測)
법성의 바닷속에서 친히 얻었구나(法性海中親認得)
숨었다 드러났다 하며 언제나 오온 중에서 노닐다가(隱顯常遊五蘊中)
안팎으로 광명을 비추니, 큰 신력일세(內外光明大神力)
이 구슬은 크지도 작지도 않으나(此珠非大亦非小)
주야로 모든 것에 광명을 비춘다(晝夜光明皆悉照)
찾을 땐 물건도 종적도 없더니(覓時無物又無蹤)
일어나 앉으니 항상 곁에 있네(起坐相隨常了了)
황제가 일찍이 적수에서 노닐다(黃帝曾遊於赤水)
잘 듣는 자, 잘 찾는 자도 도무지 다다르지 못하였는데(爭聽爭求都不遂)
망상은 무심으로 구슬을 얻었다네(罔象無心却得珠)
볼 수 있다, 들을 수 있다, 모두 헛것일세(能見能聞是虛僞)
내 스승은 억지로 마니를 가리켜 비유하였으니(吾師權指喻摩尼)
변별하는 사람 봄 못에 무수히 빠졌나니(采人無數溺春池)
어찌 와력을 들고 보물로 삼으리(爭拈瓦礫將爲寶)
지혜로운 자는 편안하게 이 구슬을 얻는다네(智者安然而得之)
삼라만상이 빛 속에 드러나고(森羅萬象光中現)
체와 용이 여여하게 구르고 멈춘다(體用如如轉非轉)
만 가지 임기가 한 뼘 마음속으로 사라지네(萬機消遣寸心中)
일체의 시간 중에 교묘한 방편으로(一切時中巧方便)
육적을 태우고 중마를 녹인다면(燒六賊爍衆魔)
나(我)라는 산과 갈애의 강을 잡을 수 있으리라(能摧我山竭愛河)
용녀는 영산에서 부처님께 친히 드렸거늘(龍女靈山親獻佛)
가난한 젊은이는 옷 속에 두고 얼마나 찾아 헤맸던가(貧兒衣下幾蹉跎)
본성도 이름일 뿐, 마음도 이름일 뿐(亦名性亦名心)
본성도 아니고 마음도 아니어야 고금을 뛰어넘지(非性非心超古今)
전체가 밝은 때에 밝음을 얻지 못하고(全體明時明不得)
억지로 "구슬을 완상하며 읊는다."라고 제목을 붙이노라(權時題作弄珠吟)

 # 제20분 색도 버리고 상도 버리다(離色離相分)

1. 의의

여기서 색이란 색수상행식의 오온 중 색을 의미한다. 또 색성향미촉법의 육경 중 색을 가리키는 것이기도 하다. 보기에 따라서는 색이 오온 혹은 육경 전체를 대표하는 것으로 보아도 무방할 것이다. 여기서는 색이 오온 또는 육경을 의미하는 것으로 본다. 그러므로 색을 버림(離色)은 색수상행식의 오온에 대하여, 오온은 내가 아니며(非我), 나의 것도 아니며(不異我), 오온이 나의 속에 있는 것도 아니고, 내가 오온 속에 있는 것도 아님(不相在)을 의미한다. 또 색을 버림은 육경의 속박에서 벗어난 것을 말한다. 이러한 견해에 입각하면, 색을 버림은 오온과 육경의 구속에서 해탈한 것을 의미하는 것이다. 오온과 육경은 유위법이다.

상을 버림(離相)에 대하여는 앞에서 살펴보았는데, 간단히 다시 말하면, 열반상이 없는 것이다. 즉, 열반에 대하여도 집착하지 않음을 의미한다. 이에 대하여, 열반을 성취하였다는 등 열반에 대하여 집착하는 것을 열반상을 가졌다고 한다. 열반상을 갖는 것은 열반을 이룬 것이 아니다. 열반은 무위이다. 무위에 대하여 집착하는 것은 이미 무위가 아니기 때문이다.

삼신이 구족되면, 온갖 상이 원만하게 이루어진다. 삼신이란 법신, 보신, 화신을 가리킨다. 온갖 상이란 삼십이상을 말한다. 인과 법 둘 다 공함을 알면 깨달음을 성취한 것이다. 이런 세계에서는 유위도 무위도 모두 벗어난다. 범부의 정식이 모두 떨어져 나가고 전체 세계에서 어떤 물건도 없어지며, 범인과 성인의 차별, 중생과 부처의 차별도 없어지는 것이다.

착어) 어떤 색이든, 어떤 상이든 망념 때문에 생긴다. 망념을 버리면 견성하게 된다 (有色有相, 從緣妄生, 離妄即得見性).

색은 형체이고 상은 형체가 있건 없건 생각으로 그리는 모습이다. 이 모든 것들은 조건에 의하여 생겼다가 조건이 사라지면 소멸한다. 인연소생(因緣所生)에서 인연소멸(因緣所滅)인 것이다. 이것은 생사윤회의 가장 중요한 특징이다. 그러므로 인연소생, 인연소멸하는 것은 생사의 윤회를 의미한다. 또 생사의 윤회는 전도된 것에 대한 집착에서 비롯된다. 이러한 집착의 원천이 망념이다. 망념이란 망령된 마음이다. 바른 마음(正念)이 아니라는 의미이다. 생사윤회를 벗어난 것이 열반이며, 견성이란 본성이 공함을 알고 열반에 들었음을 의미한다. 즉, 망념으로 생기고 망념이 없어지면 소멸하는, 인연생, 인연멸의 끝에 견성이 있고 견성이 바로 열반인 것이다. 생사의 윤회와 열반은 완전히 다른 것 같지만, 다른 것이 아니라 하나로 이어져 있음을 의미한다. 생사와 열반은 언제나 함께 있는 것이다. 법성게 중에 생사와 열반이 서로 함께 화합한다(生死涅槃相共和) 함은 이를 가리킨다.

송) 노래한다.

법신의 본체는 큰 허공과 같고(法身體若太虛空)
만상은 하나처럼 뒤섞여 가리기 어렵구나(萬象難教混一同)
꽃 웃고 새 지저귀는 것에 속을 리 없고(花笑鳥啼瞞不得)
바른 눈(正眼)이면 삿된 것 중에 붙잡히지 않는다네(難將正眼著邪中)

법신은 무루이며 무위이고 무생이며, 무생이므로 무멸이다. 그리고 단일하다. 이 단일한 법신에서 수많은 응신, 화신이 나온다. 응신 혹은 화신은 세간 출세간의 요구에 응하여 법신이 나툰 갖가지 현상과 물건 혹은 사건이다. 예컨대, 주린 자에게는 먹을 것을 제공하는 중생(돼지, 물고기 등)으로, 병으로 고통받는 자에게는 병을 치유하는 약으로, 등등의 형태로 나타나는 것이다. 수요에 따라 나투는 응신 혹은 화신은 맞춤형이기 때문에 정해진 것이 없고 온갖 모습을 갖게 마련이다. 온갖 모습을 총체적으로 만상(萬象) 혹은 만법(萬法)이라 한다. 만법 혹은 만상은 각자의 인연 따라 생겨났으나, 각각이 서로 의지하여 하나처럼 엉켜 있어 하나하나 구별하여 분리해 내기 어렵다. 왜냐하면, 만상 혹은 만법은 하나에서 나와 그 뿌리가 같고, 돌아갈 때도 하나로 돌아가는, 동원(同源)이기 때문이다.

그러나 그렇다고 꽃피고 새우는 하나하나의 현상들이 서로의 질서 속에 자신의 독특성을 가지고 있는 만큼 꽃피는 것을 새가 지저귀는 것으로, 새가 지저귀는 것을 꽃피는 것으로 혼동하지는 않는다. 그러나 이런 구분은 있는 그대로 볼 줄 아는 눈을 가진 자만이 할 수 있으며, 이런 눈을 가진 자는 만상이 뒤섞인 응신 혹은 화신 속에서 법신을 깨닫는다.

2. 내용

[第十七疑斷] 무위한 것이 어떻게 상호를 갖는가(無爲何有相好)라는 의심을 끊는다. 이 의심은 앞에서 여래란 즉 제법에 여의하다(如來者卽諸法如義)에서 나온다.

여의는 여여부동이란 뜻이다. 즉 무위법이다. 무위의 법신은 부처라고 이미 말하고서, 상호를 성취한 것을 어찌 또 부처라고 부르는가? 이는 법신을 기약하는 것이 색신이라고 의심하게 한다. 이 때문에 경에서 말한다.

경) "수보리야. 어떠냐? 부처는 구족된 색신으로서 볼 수 있느냐?"
"아닙니다. 세존이시여. 여래는 응당 구족된 색신으로 볼 수 없습니다.
왜냐하면, 여래께서 구족된 색신은 구족된 색신이 아니라 이름이
구족된 색신이라고 말씀하셨기 때문입니다."
須菩提於意云何佛可以具足色身見不不也世尊如來不應以具足色身見何以故如來說具足色身卽非具足色身是名具足色身。

여래께서 염려하신 것은 중생들이 법신은 보지 않은 채, 자마금 빛깔이 찬란한 삼십이상 팔십종호를 가지고 그것이 마치 진짜 부처인 것처럼 여기지 않을까 하는 것이었다. 중생들의 이런 미혹을 없애기 위하여, 부처님은 삼십이상 팔십종호를 구족하면, 즉 삼십이상 팔십종호가 구족된 색신이면 부처인지, 즉 부처를 볼 수 있는지를 수보리에게 물었고, 수보리는 부처님의 의중을 알고서 구족된 색신으로는 부처를 볼 수 없다, 즉 구족된 색신은 부처의 진신이 아니라고 대답했던 것이다. 구족색신이란 안으로 삼십이정행(三十二淨行)을 갖춘 것을 말한다. 정행이란 육바라밀을 가리킨다. 또 몸(身淸淨)과 말(口淸淨)과 생각(意淸淨)이 청정한 것을 가리킨다. 정행을 삼십이라고 한 것은 삼십이상에 대응한 것이다. 삼십이상이 모두 청정해야 부처의 상이라 할 수 있기 때문이다. 그렇다고 그 자체로 부처일 수는 없다. 또한, 구족색신이란 육근 중 앞의 오근을 가지고 육바라밀을 수행하고 의근 중에서 정혜를 겸수(兼修)하는 것을 의미한다. 그리하여 여래의 삼십이상에 헛되이 애착하여 안으로 삼십이정행을 행하지 않으면 구족색신이 아닌 것이다. 반대로 여래의 색신에 애착하지 않고 스스로 청정행을 견지할 수 있으면, 구족색신이라 할 수 있다.

경) *"수보리야. 어떠냐? 여래는 구족된 여러 가지 상을 가지고 볼 수 있느냐?"*
수보리가 대답했다.
"아닙니다. 세존이시여. 여래는 응당 구족된 제상을 가지고 볼 수 없습니다. 왜냐하면, 여래께서 제상의 구족은 구족이 아니라 이름이 제상의 구족이라고 말씀하셨기 때문입니다."
須菩提於意云何如來可以具足諸相見不不也世尊如來不應以具足諸相見何以故
如來說諸相具足即非具足是名諸相具足。

여래란 상이 없는 법신이다. 눈, 귀, 코, 혀, 몸뚱이 등 육체상의 감각기관(根)들로 이루어진 외관의 형상은 여래가 아니다. 그리고 소견의 혜안과 능견의 혜안을 분명하게 구족하지 않으면 아, 인 등 상을 일으키게 되며, 따라서 삼십이상을 가지고 여래로 여기게 된다. 그러므로 구족하고 있다고 이름하지 않는 것이다. 혜안이 밝고 투철하여 아, 인 등 상이 생겨나지 않고 올바른 지혜에서 우러나는 빛이 항상 비출 때 비로소 제상을 구족하였다고 할 수 있는 것이다. 삼독이 다 없어지지 않았는데 여래의 진신을 보았다고 말한다면, 이는 진실로 이러한 이치에 따른 능견이 없고 다만 화신일 뿐이다. 화신은 진정한, 상 없는 법신이 아니다.

경) 수보리야 ~ 구족하였다(須菩 ~ 具足)

착어) 관이라면 바늘만큼도 허용되지 않겠으나, 사사로이는 말이 끄는 수레도 통과한다(官不容針 私通車馬).

관이란 공공의 이익을 보호하고 공익을 위해 봉사하는 기관이다. 관은 각기 다른 수많은 사람들을 대상으로 일을 처리하는 곳이기 때문에 그 일 처리가 공정하고 평등하며 무사하여야 한다. 특정 집단이나 개인의 이익을 앞세워 불공정, 불평등하게 일을 처리하는 것은 관의 금기이다. 이를 보장할 수 있도록 관의 행위를 규제하는 수많은 규율을 만들어 집행한다. 관이 이 규율을 위반하여 불공정하거나 불평등하게 일을 처리하면 엄정하게 규율을 집행하여 책임을 묻게 된다. 이 점은 예나 지금이나 다름이 없다. 그러므로 관, 즉 공공의 이익을 위하여 봉사하는 기관은 바늘만큼의 빈틈이나 불공정, 불평등을 허용하여서는 아니 되는 것이다.

그러나 사적으로는 바늘이 아니라 수레나 말이 드나들어도 될 만큼 빈틈이 있을 수 있다. 탐관오리가 자신의 개인적 이익을 위하여 사사로이 관의 힘을 이용한다면, 수레가 드나들고 말이 오갈 것이다. 그러는 중에 특정 집단이나 개인의 이익은 극대화될지 모르나 공공의 이익은 파괴되고 관의 대상이 된 사람들은 불공정, 불평등하게 피해를 입게 될 것이다. 이는 공에 사를 끌어들여 사적 이익을 추구하는 악이다. 물론 개인 간의 관계에서는 인정과 사정에 의하여, 각각의 마음에 따라 얼마든지 융통성 있게 서로를 돌볼 수는 있다. 그러나 사적인 일에 있어서는 배려와 사랑, 희생 등을 통하여 사람간의 관계를 아름답게 형성하고 발전시킬 수 있으며, 이로써 공동선을 증가시킬 수 있을 따름이다.

여래가 삼십이상 팔십종호를 구족하였다고 해서, 이들 삼십이상과 팔십종호를 가지고 여래를 볼 수 있는가? 즉, 삼십이상 팔십종호를 구족한 자는 모두 여래인가? 구족된 제상을 말한 것은 이름일 뿐 구족된 제상이 있어서가 아니라는 경의 장구에 대하여 왜 갑자기 공적 공정성과 사적 인정을 들고 착어를 하였을까? 착어에서 앞의 관불용침(官不容針)은 실상, 법신을 가리킨다고 볼 수 있다. 여래를 가리킨다고 보아도 좋다. 뒤의 사통거마(私通車馬)는 법신이 나투는 온갖 현상이나 사건들, 즉 일체법이라고 보아도 좋다. 앞은 진여요, 실상이요, 실체이고, 뒤는 만법 혹은 만상이요 권이요, 방편이다. 진여는 한 치의 빈틈도 없으나, 세상에 나툼에 있어서 만법으로 나타나 원융무애하게 방도를 제시하는 것이다.

[공부]

관불용침(官不容針)이나 사통거마(私通車馬)입니다[342]

위산이 앙산에게 물었다.
"석화(石火)가 미치지 못하고, 번개가 통하지 않으면, 위로 여러 성인으로부터 무엇을 가지고 사람을 위하느냐?"
앙산이 말했다.
"화상의 생각은 어떠하십니까?"
위산이 말했다.
"언설만 있을 뿐, 뜻이 전혀 없구나."
앙산이 말했다.
"그렇지 않습니다."
위산이 말했다.
"그러면 그대의 생각은 무엇이냐?"
앙산이 말했다.
"공적으로는 바늘만큼도 허용되지 않지만, 사사로이는 거마도 통과합니다."
潙山問仰山:「石火莫及、電光罔通, 從上諸聖將什麼為人?」仰山云:「和尚意作麼生?」潙山云:「但有言說, 都無寔義。」仰山云:「不然。」潙山云:「子又作麼生?」仰山云:「官不容針, 私通車馬。」

---

342) T47n1985001, 鎮州臨濟慧照禪師語錄, 住三聖嗣法小師慧然集, 行錄, CBETA 電子佛典集成 》 大正藏 (T) 》 第47冊 》 No.1985 》 第1卷, http://tripitaka.cbeta.org/T47n1985001

[공부]
전광석화

석화(石火)란 부싯돌에서 나오는 불빛이다. 순식간에 일어났다 소멸해 버리는, 진행이 너무나 빠른 것을 비유하는 말이다. 『만선동귀집(萬善同歸集)』 제3권에 의하면, "무상함이 신속하여 한 생각 한 생각마다 바뀌고 변한다. 석화와 풍등, 쓰러지는 파도와 남은 낙조, 꽃에 맺힌 이슬, 번갯불, 그림자 등으로 비유해도 부족하다."라고 하였다.[343] 이와 비슷한 의미로 전광이라는 말도 있다. 합쳐서 전광석화 혹은 석화전광이라고도 한다.[344]

(임제선사가) 봉림에게 다가가니, 봉림이 물었다.
"여쭤볼 것이 있는데, (여쭈어도) 괜찮겠습니까?"
선사가 대답했다.
"살을 긁어 상처를 내서 무엇을 얻을까(긁어 부스럼 만들지 마라)?"
봉림이 말했다.
"바다에 잠긴 달(海月)은 청징하여 그림자도 없는데, 헤엄치는 물고기가 저 혼자 헤매고 있습니다."
선사가 말했다.
"바다에 잠긴 달은 이미 그림자가 없는데, 헤엄치는 물고기가 어찌하여 헤매겠는가?"
봉림이 말했다.
"바람을 살펴 파도가 일어남을 알고, 물을 보고 배를 띄웁니다."
선사가 말했다.
"외로운 바퀴(달)가 홀로 고요히 강산을 비추니, 저절로 나오는 웃음 한 소리에 천지가 놀라네."
봉림이 말했다.
"세 치 혀를 가지고 천지를 휘젓는 것은 마음대로 하시되, 일구로 근기를 시험하는 말을 해 보십시오."
선사가 말했다.
"길에서 검객을 만나면 모름지기 칼을 바치되, 시인이 아니거든 시는 주지 마라."
여기서 봉림이 멈추었다. 그러자 선사가 노래했다.

> 큰길은 어디든 같지 않는데(大道絶同)
> 멋대로 서쪽, 동쪽으로 향하네(任向西東)
> 석화도 미치지 못하고(石火莫及)
> 번개도 통하지 않는구나(電光罔通)

---

343) T48n2017003, 萬善同歸集卷下, 杭州慧日永明寺智覺禪師延壽述 CBETA 電子佛典集成 » 大正藏 (T) » 第48冊 » No.2017 » 第3卷, http://tripitaka.cbeta.org/

344) T47n1985001, 鎭州臨濟慧照禪師語錄, 住三聖嗣法小師慧然集, 行錄, CBETA 電子佛典集成 » 大正藏 (T) » 第47冊 » No.1985 » 第1卷, http://tripitaka.cbeta.org/

송) 노래한다.

청하거니, 그대여. 얼굴 들어 허공을 보라(請君仰面看虛空)
가없이 넓어 그 종적을 볼 수 없구나(廓落無邊不見蹤)
만약 이것을 알고 약간의 힘을 들여 몸을 돌린다면(若解轉身些子力)
두두물물이 모두 서로 만날 것이네(頭頭物物總相逢)

맑게 갠 날, 구름 한 점 없는 하늘을 쳐다보라. 가을 하늘이면 더욱 좋다. 눈앞에 산과 같은 막힘이 없는, 바닷가나 너른 들녘이면 더 좋다. 혹은 높은 산꼭대기에 올라서 바라보는 것도 좋겠다. 그렇게 바라보는 하늘은 어떠한가? 눈이 미치는 한, 시력이 닿는 한, 넓고 가없다. 하늘은 곧 허공이다. 이렇듯 가없는 허공을 바라보고 있으면 가슴이 트이고 마음이 걸림 없이 웅장해진다. 약간의 힘을 들일 것도 없이, 세속의 온갖 탐욕들이 아주 사소한 것들로 바뀌고 만다. 당면해 있는 세속적 문제들이 하찮은 것들로 변한다.

이는 돌이켜 보면, 나 자신이 무한대로 커진 것일 수 있다. 나를 힘들게 하는 것들의 크기는 내가 얼마나 큰가에 의하여 상대적으로 결정되기 때문이다. 내가 참으로 크면 어떤 문제도 작게 보일 것이다. 내가 작으면 어떤 문제라도 커 보일 것이다. 나와 대상, 나와 문제 사이에서 크기는 상대적인 것이다. 가없이 큰 허공과 비교하면 아주 사소한 것들에 지나지 않는 것과 같다. 그렇게 커진 나에게 만상 혹은 만법이 모두 들어와 하나로 돌아갈 것이다. 이는 곧 모든 것이 내게서 하나로 녹아 원만융통하는 것을 의미한다. 요컨대, 내가 허공만큼 커지면, 세상의 모든 문제가 사소해지고, 두두물물이 모두 하나로 녹아 원융해지는 것이다.

제21분 말하였으나, 말한 것이 없다(非說所說分)

1. 의의

부처님은 어떤 말씀을 하셨을까? 가장 먼저, 중생들을 생사의 윤회에서 열반의 증득으로 안내하기 위하여 팔만사천의 번뇌를 끊어 없애기 위한 팔만사천법문을 하셨다. 구체적으로 오온, 십이처, 십팔계를 말씀하셨고, 제행무상, 제법무아, 일체개고를 말씀하셨다. 또 사성제, 팔정도, 연기, 특히 십이연기를 말씀하셨다. 4아함을 비롯, 대승의 수많은 경전에 기록된 말씀들을 하셨다. 이 모든 말씀들은 듣는 이들의 근기에 맞추어 여러 가지 형태와 방식으로 행해졌다.

그러나 중요한 것은 그 말씀들이 하나같이 방편을 말씀하신 것이지, 실체 자체는 아니라는 것이다. 모두가 실체를 설명하거나 실체를 찾도록 안내하는 방법을 가리키는 말들일 뿐이다. 이 방편들은 얻고자 하는 경계가 성취되면 버려야 할 뗏목과 같은 것들이다. 부처님 말씀이라고 언제까지나 가지고 다녀야 할 금과옥조가 아니라, 목표를 성취한 후에는 버려야 할 알맹이 없는 것들인 것이다.

부처님의 말씀은 현실적으로 볼 때 팔만사천의 법문이 있으나, 깨달음 세계에서 볼 때 한 말씀도 없는 것과 같다. 왜냐하면, 깨달음을 이룬 후에는 이미 다 버렸기 때문이다. 그러니 부처님께서 한평생 하신 모든 말씀은 공하여, 허공과 더불어 이야기한 것처럼 공할 수밖에 없는 것이다. 그러므로 말은 하였으나, 말한 것이 없는 것(非說所說)과 같다고 할 수 있다.

말을 이해하는 데 천 개의 혀가 필요 없고(解語非千舌), 말은 소리에 있지 않다(能言不在聲)는 말이 있다.[345] 천 개의 혀란 말이 많은 것을 의미한다. 말을 이해하는 데 굳

---

[345] 전문은 다음과 같다. 자세한 내용은X69n1353001, 潭州開福禪寺第十九代寧和尚語錄卷上, 住大潙山嗣法小師 善果 集, CBETA 電子佛典集成 » 卍續藏 (X) » 第69冊 » No.1353 » 第1卷, http://tripitaka.cbeta.org/X69n1353001 참조.

이 많을 말이 필요 없다. 또 의사를 전달하는 데는 굳이 말이 없어도 가능하다. 어떤 때는 침묵이 소리가 나는 백 마디 말보다 훨씬 강력한 가르침일 수 있다. 문자에 의지하지 않고(不立文字) 치거나, 때리거나, 고함을 치는 등 곧바로 마음을 찾아 들어가는(直指人心) 방식이 더욱 수승한 깨달음을 촉발하는 방식으로 작용할 수 있는 것이다. 만약 말을 하지 않고도 뜻을 전할 수 있고, 그 전하는 것을 이해할 수 있다면, 진정으로 원만하게 성취되었다고 할 수 있을 것이다.

[공부]

팔만사천법문(八萬四千法門)

팔만사천법문이란 부처님의 일생에 걸친 교법을 총칭하는 말로, 팔만사천법온(八萬四千法蘊), 팔만사천법취(八萬四千法聚), 팔만사천법장(八萬四千法藏), 팔만사천도문(八萬四千度門)이라고도 한다. 이들 법문은 중생의 팔만사천 번뇌를 치료하기 위하여 시설한 법문이다. 승만경에서 "일체 불법을 얻으니, 거기에 팔만사천법문이 포함된다."라고 하였고,[346] 심지관경에서는 "팔만사천총지문은 능히 혹장을 없애고 마중(魔衆)을 쳐부순다."라고 하였다. 중생에게는 팔만사천 가지 번뇌가 있으며, 그러므로 부처님께서는 이를 위하여 팔만사천 가지 법문을 말씀하셨다는 것이다.[347] 팔만사천이란 숫자는 법문이 많음을 표시한 것일 뿐 실제의 법문 숫자가 아니다. 구체적으로 보면, 탐욕의 병을 치료하기 위하여 이만일천 가지, 진에의 병을 치료하기 위하여 이만일천 가지, 어리석음의 병을 치료하기 위하여 이만일천 가지, 탐진치 삼독이 함께 작용한 병을 치료하기 위하여 이만일천 가지, 도합 팔만사천 가지 법문을 말씀하셨다는 것이다.[348]

말을 이해하는 데 천 개의 혀가 필요 없나니(解語非干舌)
말은 소리에 있지 않나니(能言不是聲)
소리도 아니고, 혀를 사용한 것도 아니면(非聲非舌用)
바야흐로 원만하게 이루었다 하리(方乃號圓成)
여여한 뜻을 잘 이루었으면(妙造如如旨)
집으로 돌아가 길 묻기를 파하라(還家罷問程)

346) T12n0353001, 勝鬘師子吼一乘大方便方廣經, 宋中印度三藏求那跋陀羅譯, 攝受章第四, CBETA 電子佛典集成 » 大正藏 (T) » 第12冊 » No.0353 » 第1卷, https://tripitaka.cbeta.org/T12n0353001

347) T03n0159007, 大乘本生心地觀經卷第七, 罽賓國三藏沙門般若奉 詔譯, 波羅蜜多品第八, CBETA 電子佛典集成 » 大正藏 (T) » 第3冊 » No.0159 » 第7卷, http://tripitaka.cbeta.org/T03n0159007

348) T38n177600, 維摩義記卷第四(本), 沙門慧遠撰, CBETA 電子佛典集成 » 大正藏 (T) » 第38冊 » No.1776 » 第4卷, http://tripitaka.cbeta.org/T38n1776004

착어) *말할 법이 없으니, 이름하여 설법이라 한다(無法可說, 是名說法).*

앞에서 일체법은 불법이고, 일체법은 이름이 일체법이라고 하였으니, 불법도 이름이 불법일 뿐이다. 이는 여래의 말씀도 실체가 있는 것이 아니라 이름일 뿐임을 천명한 것이다. 그것은 법의 실체를 말씀하신 것이 아니라 그에 도달하기 위한 방편을 말씀하셨기 때문이다. 즉, 여래는 깨달음 자체를 말씀하신 것이 아니라 그에 도달할 수 있는 방법을 말씀하셨을 뿐이다.

방편은 깨달음이 아니다. 또 깨달음은 방편이 아니다. 그러나 깨달음에 이르려면 그에 도달하기 위한 수단과 길이 있어야 한다. 여래가 말씀하신 바는 수단과 길이며, 그 끝에 도달하면 깨달음이라는 법이 있다고 하는 것이다. 그 법이 어떤 것인지에 대한 실체는 여래가 되지 않으면 알지 못하는 것이다.

그러므로 여래가 말할 깨달음이라고 하는 법은 없는 것이다. 처음 부처님께서 깨달음을 이루시고 그 깨달음을 중생들에게 전하지 않으려 하셨다. 그러나 범천으로부터 세 차례의 권청을 받고 마침내 전법의 마음을 일으키셨다. 왜 처음에는 전법의 마음을 일으키지 않으셨을까? 혹자는 부처님께서 당신의 깨달음을 이야기해 보아야 중생들이 알아듣지 못할 것이기 때문이라고 하는 사람도 있으나, 경에 의하면, 아마도 설할 법이 없기 때문이 아닌가 생각되기도 한다. 말할 것이 없는데, 무엇을 중생들에게 전한단 말인가?

범천의 권청에 의하여 전하기로 결심한 것은 깨달음이라는 법에 도달하기 위하여 부처님 당신이 터득하고 사용한 방법들인 것이다. 근기에 따라 다르게 말한 것 자체가 이미 깨달음이라는 법이 아니라 그에 이르기 위한 방편이라는 것을 웅변한다. 법이란, 지극한 법은 오직 하나뿐이기 때문이며, 모든 중생에 있어서 동일하고 평등하여 차별이 있을 수 없기 때문이다.

송) *노래한다.*

생전의 일구는 무엇인가(生前一句是如何)

입을 열면 분명히 틀려 버릴 것이네(開口分明蹉過他)
부처와 조사의 혀끝을 앉아서 모조리 끊으니(佛祖舌頭都坐斷)
벙어리가 꿀을 먹으며 큰소리로 웃네(啞人食蜜笑呵呵)

　생전이란 부처님의 일대기를 가리키며, 일구란 진리를 표시한 한 말씀을 가리킨다. 부처님께서 일생에 걸쳐 가르치신 말씀들을 한마디로 요약하면 무엇이라고 할 수 있을 것인가? 그것을 말하려고 하는 순간 이미 틀려 버린다. 이는 말로써 표시할 수 있는 것이 아니라는 뜻이다. 부처님께서 육 년 동안 고행을 하신 후 보리수 아래에서 체득하셨듯이 각자가 수행을 거쳐 체득하지 않으면 알 수 없는 것이며, 체득한 것을 남에게 전할 수 있는 것도 아니다. 만약 전할 수 있는 것이라면, 연등불이 석가모니불에게 수기를 줄 필요 없이 곧바로 그것을 전하셨을 것이고, 석가모니불도 수많은 제자와 중생들에게 수기를 줄 필요 없이 곧바로 그것을 전하셨을 것이다. 부처님께서 일생 동안 전하고자 하셨던 것은 말로써 전하려 하여 전해질 수 있는 것이 아닌 것이다. 그러므로 부처님께서 일생 동안 하신 모든 말씀은 그 일구를 전하기 위한 수단들에 지나지 않는다.
　부처님의 말씀과 조사들이 남긴 말들도 최상의 깨달음을 온전히 담아낸 것은 없다. 모두 그것에 도달할 수 있는 방편을 말로써 전하였을 뿐이다. 그러니 이 말씀들을 금과옥조로 삼아 간직할 수는 없는 것이다. 시작은 그것으로 하였을지라도 그것을 모두 끊어 얽매이지 않아야 비로소 일구에 이를 수 있는 것이다. 말을 하는 순간 틀려 버리니, 차라리 벙어리가 되어 일구를 찾고자 노력하는 것이 더 좋을 수도 있다. 벙어리는 묵언(默言)을 비유한 말이다. 부처와 조사의 혀를 끊었으니, 자신의 혀를 끊음도 당연하다. 모든 혀가 끊겼으니 말이 있을 리 없다. 아니 말을 하려야 할 수도 없다. 혀가 끊겼으니, 모든 언로가 끊어진 것이다. 바로 그 자리에 그것이 드러난다. 일구가 얻어지는 것이다. 물론 그것은 밖에서 구하는 것이 아니라, 이미 내 안에 갖춰져 있는 것으로서, 찾기만 하면 되는 것이다.

[용어 풀이]

* 식밀(食蜜): 꿀을 먹는 것. 불도를 배움을 비유한 말. 사십이장경(四十二章經)에 의하면, "불도를 배우는 자는 응당 부처님 말씀을 모두 믿고 따른다. 마치 꿀을 먹으면 가운데도 가에도 모두 단 것처럼, 나의 경도 또한 그러하여 그 뜻이 모두 즐겁다. 수행자는 도를 얻을지어다."라고 하였다.[349]

[공부]

앉아서 끊다(坐斷)

선림 용어. 좌선의 힘으로 미혹을 끊는 것을 말한다. 앉아서 차별상을 타파하고 평등일여의 경지에 철저하게 도달하는 것을 설명하기 위하여 주로 사용되는 말로 끊음(斷)에 주안점이 있다. '앉다'는 편안하게 앉는다는 뜻. 좌단이란 말의 용례는 매우 많다.『벽암록』제6칙 평창(評唱)에 "앉아서 온갖 차별을 끊는다(坐斷千差)."라고 하였다. 또 같은 책 제4칙 착어(著語)에서는 "앉아서 천하인의 혀끝을 끊는 것을 방해하지 않는다."라고 하였다. 또 같은 책 제32칙 수시(垂示)에서는 "앉아서 시방을 끊고, 천 개의 눈을 문득 끊는다."라고 하였다. 또 같은 책 제52칙의 협주(夾注)에 의하면, "앉아서 나루터(要津)를 끊어 범인도 성인도 다니지 못하게 한다."라고 하였다. 이 말은 이쪽 언덕(此岸, 凡)에서 저쪽 언덕(彼岸, 聖)으로 건너가는 나루나 부두를 차단하는 것을 형용하거나, 범인과 성인(凡聖), 중생과 부처(生佛), 미혹과 깨달음(迷悟), 수행과 증득(修證) 등 대대적(待對的) 관계의 분별을 타파하는 것을 표시하는 말이다.『임제의현선사어록』에 "앉아서 보신불과 화신불의 머리를 끊는다."라는 말이 있다. 또 쓸데없는 언사를 차단하고 빼앗아서 임의로 어떤 말도 하지 못하게 하는 것을 좌단설두(坐斷舌頭)라고 한다.

---

349) T17n0784001, 四十二章經, 後漢西域沙門迦葉摩騰共法蘭譯, CBETA 電子佛典集成 》 大正藏 (T) 》 第17冊 》 No.0784 》 第1卷, https://tripitaka.cbeta.org/T17n0784001

> [용어 풀이]
>
> * 평창(評唱): 고인의 말씀을 품평하고 제창하는 것.
> * 착어(著語): 경의 내용이나 제목, 공안의 어구 등의 아래에 붙이는 짤막한 논평(寸評). 평하는 말을 붙인다는 뜻. 간어(揀語), 간화(揀話), 하어(下語)라고도 한다.
> * 수시(垂示): 들어 보이는 일. 선종의 총림에서 중인들에게 들어 설시하는 것을 말한다. 시중(示衆), 수어(垂語)라고도 한다. 선림 중에서 스승이 문도 제자 대중들에게 종지의 핵심, 말하고자 하는 법문의 요지를 보여 주는 간략한 어구를 가리킨다.『벽암록』이나 종용록 등은 먼저 수시하고, 다음으로 본칙(本則)을, 이어서 평창(評唱) 등 순서로 서술하고 있다. 먼저 수시를 하고 학인의 질문을 받은 후 그 의망(疑網)을 해결해 주는 방식을 취하기도 한다.
> * 협주(夾注): 글 중에서 본문과 본문 사이에 끼워 넣은 주해를 말하며, 글자의 크기가 본문에 비하여 작다.

2. 내용

[第十八疑斷] 몸이 없으면 무엇으로 법을 말하는가(無身何以說法)라는 의심을 끊는다. 이 의심은 위에서 신상으로 여래를 볼 수 없다(身相不可得見)고 한 데서 나온다.

만약 제일의 깨달음의 경계를 신상으로 볼 수 없다면, 여래도 반드시 신상을 버렸어야 한다. 소리는 저절로 소리 내지 못하고 색에 의지하여 발현된다. 이미 의지할 색이 없는데, 어떻게 그에 의지하는 소리가 있을 것인가? 이 의심을 없애기 위하여 경에서 말한다.

경) "수보리야. 그대는 여래가 '나는 마땅히 말할 법을 가지고 있다.'라고 생각한다고 말하지 마라. 이렇게 생각하지 말 것이니, 왜냐하면, 만약 누군가가 여래는 말할 법을 가지고 있다고 말하면 (이는) 곧 부처를 비방하는 것이기 때문이며, 내가 말한 것을 이해하지 못하였기 때문이다."

須菩提汝勿謂如來作是念我當有所說法莫作是念何以故若人言如來有所說法即爲謗佛不能解我所說故。

최상의 법은 말할 수 있는 것이 아니다. 그러한 법은 얻을 수도 가질 수도 없는 것이며, 그러므로 말할 수 없는 것이다. 말하는 것은, 다만 이름만 법이라고 하는, 법에 도달하는 방편을 말할 수 있을 뿐이다.

법을 가지고 있다거나, 법이 있다는 생각은 소유의식에서 온다. 그리고 소유의식은 나의 것과 그 이외의 것, 나와 나 이외의 자라는 분별에서 일어난다. 또한, 소유의식은 집착을 부른다. 분별과 집착은 전형적인 범부의 사고이며 행태이다. 그러므로 말할 법을 가지고 있다거나 법이 있다고 생각하는 것은 범부의 분별과 집착에 의한 것이다. 여래가 말할 법을 가지고 있다거나 말할 법이 있다고 생각한다고 말하면, 여래도 범부와 다를 것이 없다는 말이 된다. 이것이 여래를 욕보이는 것이 아니고 무엇인가?

여래란 오고 감에 걸림이 없고, 있고 없음에 걸림이 없으며, 나고 멸함에 걸림이 없다. 분별과 집착이 모두 없어진 걸림 없는 존재가 여래이다. 부처님께서 일생 동안 여래로서 하신 말씀들 중 소유의식을 가지고 말씀하신 것은 하나도 없다. 오로지 청문하는 제자들에게 깨달음을 위한 방도를 전하는 것이 유일한 의도였을 뿐이다. 그러한 여래에게 분별과 집착을 부르는 소유의식을 가지고 있다고 하는 것은, 여래의 가르침을 전혀 이해하지 못한 것이며, 여래를 비방하는 것이 아닐 수 없는 것이다.

요컨대, 여래가 말씀하신바 법이 없는 것이 아니라, 말할 법이 없는 것이 아니라, 법을 말하였다는 마음, 말할 법이 있다는 혹은 가지고 있다는 마음을 내지 않는다는 것이다. '마음에 머무는 것 없이(無住心)' 법을 말하는 것을 의미하는 것이다.

착어) 옳기는 옳다. 대장/소장이 어디에서 왔는가(是即是大藏小藏從甚處得來)?

부처님께서 말할 법을 가지고 있지 않다거나 그러한 법이 없으며, 여래가 말할 법이 있다거나 가지고 있다고 생각한다고 말하는 것은 부처를 비방하는 것이라고 하는 것은 옳다는 것이다. 그런데 중요한 것은 대장경이니 소장경이니 하면서 부처님의 가르침들을 정리하고 후세에 그것들에 의지하여 공부하고 수행하며 깨달음을 이루어 가고 있는데, 이것은 그럼 어떻게 설명할 것인가?

대장이란 일체의 경전을 총칭하여 쓰는 말이다. 이에 대하여 화엄경(80권), 대보적경

(120권), 반야경(600권), 열반경(40권) 등 사대부경(四大部經) 840권을 소장이라 한다. 대장이든 소장이든 모두 부처님의 가르침을 가리킨다. 이것은 어디에서 왔단 말인가?

여래는 말한 법이 없으며, 여래가 말한 법이 있다고 하면 오히려 부처님을 비방하는 것이라고까지 강경하게 말씀하셨는데, 대장이니 소장이니 하면서 부처님의 가르침이라고 떠받들고 있으니, 그럼 이러한 것들은 모두 어디서 왔단 말인가?

경에서 일관되게 이어지고 있는 무주(無住)의 가르침이 경의 이 장구, 그리고 이 착어에서도 관철되고 있다. 즉, 말할 법이 없는 것이 아니라, 법을 말하거나 말할 법을 마음에 머물러 두지 않음을 의미한다. 대장/소장의 경이 모두 부처님께서 하신 말씀이고, 이에 의거하여 우리가 수행을 하지만, 그러나 그러한 것을 마음에 두지 말라는 것이다.

송) 노래한다.

말씀했다고 하면, 모두 부처를 비방하는 것이며(有說皆成謗)
아무 말이 없었다는 것도 용납되지 않는다(無言亦不容)
그대에게 한 가닥 실이 통하니(爲君通一線)
동쪽 고갯마루에 해가 솟았네(日向嶺東紅)

이미 말한 바와 같이, 여래가 말할 법을 가지고 있다거나 말한 법이 있다고 하는 것은 여래를 비방하는 것이다. 그러나 여래는 수많은 법을 말씀하셨고, 그것을 정리한 것이 대장경, 소장경이라는 현실은 엄연하게 존재하기 때문에 아무 말이 없었다고 하는 것도 허용되지 않는다. 또 전혀 말을 하지 않고 법을 전하는 것도 사실상 불가능하다. 그렇지 않다면, 부처님께서 깨달음을 이루신 후 유행을 하시며 법을 말씀하시지는 않으셨을 것이다.

한 가닥 실(一線)이란 인연을 이어 주는 가느다란 실, 즉 무엇을 연결해 주는 매우 미약한 끈 정도로 이해하면 좋겠다. 내게 통하는 한 가닥 실이란 부처님과 나를 이어 주는 것, 즉 부처님께서 남기신 대장, 소장의 말씀들이 아닐까? 혹은 대장, 소장에 담겨 있는 방편들, 혹은 대장, 소장이 가리키는 오직 하나뿐인 진리를 가리키는 것이라고 보아도 좋다. 그 한 가닥 가르침의 끈을 내게 통해 준다는 것이다. 이 가르침의 끈으로 말미암아 자신에게 그리고 중생 모두에게 광명의 지혜, 깨달음의 빛이 솟아오르는 것이다.

경) "수보리야. 설법이라 함은 말할 수 있는 법은 없고 이름이 설법이다."
須菩提說法者無法可說是名說法。

말할 수 있는 법이 없다고 할 때의 법은 무위의 진여이고, 이를 설법이라고 부르는 것은 유위의 현실이다. 무위의 진여 세계에서는 아무리 많은 설법을 하여도 마음에 머무는 것이 없으므로 공한 상태, 공적한 상태이다. 그러므로 설법을 하여도 한 것이 없이 공하다. 그러나 유위의 현실에서는 수많은 설법이 이루어졌으며, 그것이 대장경, 소장경으로 전해지고 있는 것이다.

우리들 범부는 유위의 현실에 발을 붙이고 있다. 그러므로 범부는 법에 대하여 마음이 머문다. 수행을 위하여 어쩔 수 없다. 여법하게 수행을 하여야 하기 때문이다. 그러나 범부를 벗어나 성인이 되면, 이제 법을 버려서 마음에 두지 않는다. 뗏목의 비유가 이를 잘 설명해 준다. 진여의 세계, 마음에 머무름이 없는 상태에서는 말하여도 말한 것이 아니며, 말할 것도 없다. 그러나 유위의 현실 세계, 범부의 세계에서는 수많은 법이 말해졌고 그 법들이 존재한다. 물론 무위의 세계로 들어가면 모조리 없어질, 조건이 사라지면 소멸해 버릴 것들이다. 유위의 세계에서 행해진 수많은 설법은 모두 가립(假立)이며, 이름하여 설법이라고 하는 것일 뿐이다. 이를 삼신에 비교하여 말하면, 법신은 공의 세계로서 무위이며 마음에 머무름이 없다. 그러므로 말할 법도 없다. 그러나 보신과 화신(혹은 응신)은 법이 있고, 설법이 존재하며, 이 법을 바르게 마음에 새겨(正念) 수행하여 법신을 이루는 것이다.

착어) 토끼의 뿔로 만든 지팡이와 거북의 털로 만든 먼지떨이(兎角杖龜毛拂).

토각구모(兔角龜毛)라는 선림 용어가 있다. 토끼의 뿔, 거북의 털이라는 의미이다. 물론 현실적으로 세상에 존재하지 않는 것들이며, 이런 것들을 지칭하기 위하여 사용되는 용어(이름)이다. 그러므로 토끼의 뿔로 만든 지팡이나 거북의 털로 만든 먼지떨이도 물론 세상에 없다. 토끼의 뿔, 거북의 털이 없는데, 어찌 그러한 것들로 만든 물건이 있을 수 있을 것인가? 본래 없는 것으로 무엇을 만들 수 있다는 생각 자체가 전도된 것이다.

부처님께서는 당신이 말한 법이 없다고 하셨다. 말해도 말할 수 없는데, 무엇을 말하였단 말인가? 말한 것은 모두 말해도 말할 수 없는, 그 무엇을 얻을 수 있는 방법이었을 뿐이다. 그러니 그 무엇을 말하였다고 할 수 없다. 말할 수 없는 것을 위하여 말하였기 때문에 아무리 많이 말하였어도 말한 것이 없다고 하는 것이다. 마치 토끼의 뿔로 만든 지팡이, 거북의 털로 만든 먼지떨이처럼. 바꾸어 말하면, 법을 말하였다고 하는 것은 토끼의 뿔로 지팡이를 만든다고 하고, 거북의 털로 먼지떨이를 만든다고 하는 것과 같은 것이다.

[공부]

거북의 털과 토끼의 뿔(龜毛兔角)

거북이는 본래 털이 없고 토끼 또한 본래 뿔이 없다. 그러나 거북은 수중에서 헤엄치며 다니다 보니 온갖 수생 조류들이 거북의 등껍질에 들러붙어 자람으로써 사람의 눈으로 보기에는 마치 수생 조류들이 거북의 털처럼 잘못 인식될 수도 있는 것이다. 또한, 토끼의 귀도 곧게 서 있어서 육안으로 보기엔 마치 뿔처럼 인식될 수 있다. 그러므로 여러 경론에서 이름은 있으나 실체가 없는, 유명무실(有名無實)한 것을 비유할 때, 혹은 현실 속에는 존재하지 않는 사물을 가리킬 때, 흔히 이 말을 사용한다. 또한, 범부가 실아, 실법의 망집을 일으키는 것을 가리킬 때도 이 말을 사용한다. 『성실론』 제2권은 "세간의 일 중에 토끼의 뿔, 거북의 털, 뱀의 발, 소금의 냄새(鹽香), 바람의 색(風色) 등은 이름은 있으나 실체는 없(는 것을 가리킨)다."라고 하였다.[350]

---

350) T32n1646002, 成實論卷第二, 訶梨跋摩造, 姚秦三藏鳩摩羅什譯, 一切有無品第二十三, CBETA 電子佛典集成 » 大正藏 (T) » 第32冊 » No.1646 » 第2卷, https://tripitaka.cbeta.org/T32n1646002

송) 노래한다.

나이 묵은 돌말이 호광을 뿜고(多年石馬放毫光)
쇠소가 부르짖으며 장강으로 들어가도(鐵牛哮吼入長江)
허공에 울린 한 소리 흔적조차 없고(虛空一唱無蹤跡)
깨지 못한 몸뚱이는 북두에 숨었네(不覺潛身北斗藏)
또 말해 보라. 이것이 설법인지 아닌지(且道是說法不是說法)

돌말(石馬)은 귀인의 무덤 앞에 만들어 세운 돌로 만든 말이다. 나이를 먹었다 하니 만든 지 오래된 듯하다. 무덤 앞에 만들어 세운 돌말이라도 세월의 풍상을 겪으면서 온갖 자연의 변동을 몸소 체험함으로써 지혜를 얻어 그 빛을 발하는 것인가? 호광이란 백호광(白毫光)의 줄임말로 부처님의 미간에서 뿜어지는 빛을 가리킨다. 지혜가 머리에 가득 차서 발해지는 지혜의 빛이다. 돌로 만든 말이 오랫동안 풍상을 거치면서 지혜를 얻어 지혜의 빛을 발한다는 가상은 마치 근기가 낮은 우리네가 오랜 수행을 통하여 점차 근기가 수승해지고 마침내 높은 깨달음을 이루어내는 것에 비유한 것으로 볼 수 있다.

쇠소는 황하의 범람을 막기 위하여 만든 소의 조형물이다. 이 쇠소가 울부짖으며 장강으로 들어간다는 것은 무슨 의미일까? 쇠소가 울부짖는 것, 황하가 아닌 장강으로 들어간다는 것은 정상적인 상황이 아닌 것을 의미한다. 황하의 신물이 장강으로 들어가는 것, 아무런 소리도 낼 수 없는 것이 울부짖는다는 것은 비정상 중의 비정상이라 할 것이다. 장강이라는 말이 양자강을 가리키는 말이지만, 일반적으로 길고 큰 강을 의미하는 것으로 사용하여 황하를 가리키는 것일까? 쇠소도 석마와 마찬가지로 오랜 세월이 지나면서 지혜를 얻었는지 모른다. 그래서 울부짖었는지 모른다. 울부짖는다는 것은 깨달은 것을 말로 풀어놓는, 법을 말하는 것을 의미한다. 장강으로 들어간다는 것은 강의 범람을 지켜야 할 소임을 다하였기 때문인지, 본격적으로 강의 범람을 막기 위하여 강으로 뛰어든 것인지 알 수 없다. 그리고 황하면 어떻고 양자강이면 또 어떤가? 어느 강이든 범람을 막아야 할 사정이 생기면 뛰어 들어가는 것이다. 부처님이 깨달음을 이루신 후 중생을 제도하기 위하여 다시 세속으로 돌아오셔서 열반하실 때까지 유행을 멈추지 않으신 것과 같은 맥락이라고 할 수 있지 않겠는가?

이처럼 돌말이나 쇠소가 오랜 세월을 거치면서 지혜와 깨달음을 얻었고 이를 드러내었지만, 그러나 그 지혜와 깨달음을 전한 설법(一喝)은 허공에 울릴 뿐 흔적도 없다. 말하였지만, 말한 것이 아니며, 말할 법을 가지고 있지도 않았던 것이다. 즉, 말한다는, 말할 것이 있다는, 말할 것을 가지고 있다는 마음을 내지 않았던 것이다. 여래가 말할 법을 가지고 있다고 생각하는 것은 여래를 비방하는 것이라고 하는 경문의 장구와 같은 맥락이다.

깨닫지 못한 잠신(潛身)이란 깨달음의 씨앗은 가지고 있으나 깨달음에 이르지 못하고 있는 범부와 중생을 가리킨다. 이들은 번뇌에 오염되어 조건이 아직 성숙되지 못한 까닭에 깨달음의 씨앗이 발현되지 못하고 깊이 감추어져 있다. 그리하여 이들은 돌말과 쇠소가 외치는 소리를 듣지 못한다. 이러한 범부와 중생들에게 법을 말한다고 법이라고 알아차릴 수 있을 것인가? 모두들 언구에 빠져 설법 속에 들어 있는 돌말의 백호광을 보지 못하고, 쇠소의 부르짖음을 듣지 못하는 것이다.

[공부]

쇠소(鐵牛)

움직일 수 없는 것을 비유하거나 말이 허용되지 않는 곳을 비유하는 말이다. 중국 하남 협부성(陝府城) 밖에 커다란 쇠소가 있는데, 전설에 의하면 우왕이 황하의 범람을 방지하기 위하여 주조한 것으로 황하의 수호신에게 바친 것이라고 한다. 선종에서는 "쇠소의 임기(鐵牛之機)"라는 말이 있는데, 이는 그 본체는 움직임이 없으나(쇠소가 한 자리에 놓여 있음), 그 쓰임새는 흔적도 없이 자재한 큰 쓰임(황하의 홍수를 방지하는 작용)을 가리키는 말이다. 또한 무상(無相)의 불심인을 형용하는 말로도 사용된다. 『벽암록』 제38칙에 의하면, "조사의 심인(心印)은 쇠소의 상황에 따른 작용과 같다."라고 하였다.[351] 오등회원 약산장에서는 "저는 석두에 있는데, 마치 모기가 쇠소 위에 앉아 있는 것 같습니다."라고 하였다.[352]

---

351) T48n2003004, 佛果圜悟禪師碧巖錄卷第四, 【三八】, CBETA 電子佛典集成 » 大正藏 (T) » 第48冊 » No.2003 » 第4卷, http://tripitaka.cbeta.org/T48n2003004

352) X80n1565005, 五燈會元卷第五, 六祖大鑒禪師法嗣, 青原下二世, 石頭遷禪師法嗣, 澧州藥山惟儼禪師, CBETA 電子佛典集成 » 卍續藏 (X) » 第80冊 » No.1565 » 第5卷, http://tripitaka.cbeta.org/X80n1565005

경) 이때 혜명 수보리가 부처님께 말했다.
"세존이시여, 미래세에 어떤 중생이 이 법을 말하는 것을 듣고
자못 신심을 내겠습니까?"
爾時慧命須菩提白佛言世尊頗有眾生於未來世聞說是法生信心不.

    수보리는 공을 이해함에 있어 부처님의 제자들 중에 제일이라고 할 만큼 공을 잘 이해하였다. 특히 그가 이해한 공은 반야공혜였으며, 이에 상응하여 혜명이라고 불리기도 했다. 이런 수보리도, 오히려 이런 수보리였기 때문에, 몸이 몸이 아니라 이름이 몸이며, 설법이 설법이 아니라 이름이 설법이라는 가르침에 이르러서는, 그 난해함을 감지하고 후세에 중생들이 이 설법을 듣고 과연 믿을 수 있을 것인지 의문을 제기한 것이다.

    부처님의 시대에 부처님으로부터 직접 법을 들으면, 말씀으로만이 아니라 부처님의 위의에 의해서도 말하고자 하는 의미가 많이 전달될 수 있다. 요즘말로 하면 보디랭귀지에 의한 의미 전달인 것이다. 삼처전심(三處傳心)의 이야기는 보디랭귀지의 사례들이라 할 수 있다. 그러나 부처님께서 입멸하시고 오랜 시간이 지난 말법시대에 이르러서는 말씀만 남아 있고 부처님의 위의도 말로만 전해질 뿐이기 때문에 후세의 중생들이 믿음을 내기란 쉽지 않을 수 있는 것이다. 수보리는 이 점을 부처님께 말씀드린 것이다. 부대사(傅大士)가 노래했다.

    말한 것이 있다고 말하지 마라(不言有所說)

    말한 바가 미묘하여 끝이 없네(所說妙難窮)

    말한 것이 있다고 하면, 모두 방불이지만(有說皆為謗)

    지극한 도가 그중에 있네(至道處其中)

    말이 많아도 이해하는 것이 없고(多言無所解)

    말이 없어도 삼공을 얻었구나(默耳得三空)

    찰나에 깨달으니(智覺剎那頃)

    태어남(시작)도 없고 마침도 없네(無生無有終)

> [용어 풀이]
>
> * 삼공(三空): 유무와 중도로 보는 견해, 삼륜체공으로 보는 견해, 아공(我空)·법공(法空)·구공(俱空)으로 보는 견해 등이 있다.
> * 혜명(慧命): 법신은 지혜를 그 수명으로 삼음을 가리킨다. 그러므로 지혜의 수명이 일찍 손상되면, 법신의 본체도 곧바로 망실되고 만다. 지혜가 법신의 수명이므로 혜명이라 하는 것이다. 대개 말법시대에 이르면 범부가 불법 중에서 단멸견을 일으켜 혜명이 일찍 손상되고 법신이 망실된다고 한다. 또 혜명이란 비구를 존칭하는 말이기도 하다. 혜명 수보리, 혜명 사리자 등으로 사용되는 것이다. 널리 듣고 아는 것이 아주 많으며, 지혜를 수명으로 삼는 자들이란 뜻이다.

경) *부처님께서 수보리에게 말씀하셨다.*
"그는 중생이 아니며 중생이 아닌 것도 아니다."
佛告須菩提彼非眾生非不眾生。

"세존이시여. 미래세에 어떤 중생이 이 법을 말하는 것을 듣고 자못 신심을 내겠습니까?"라는 수보리의 질문에 대하여 부처님은 중생마다 그 근기가 다른 점을 들어 대답하셨다. 즉, 중생이라고 하더라도 각기 그 근기와 품성이 달라서 배움과 깨달음의 정도가 다를 수 있으므로 믿음을 낼 것인지 어떤지도 근기에 따라 다를 것임을 시사하셨던 것이다.

거듭 이야기하지만, 원래 부처님께서는 완전한 깨달음을 이루신 후 당신의 법이 너무 심오하고 어려워 중생들이 이해하지 못할 것이라고 생각하고 전하려 하지 않으셨다. 그러나 범천의 세 차례나 거듭된 권청에 다시 살펴본 결과 중생마다 근기가 달라서 교화의 가능성이 있음을 보시고 세상에 나오셔서 전법을 하셨던 것이다. 위의 어구는 이런 맥락이 반영된 것이라고 보면 될 것 같다.

위 경문에서, 부처님께서 중생이 아니라고 말씀하신 것은 법을 듣는 자가 중생이 실유하는 존재로 잘못 인식할 것을 우려하셨기 때문이다. 이는 중생이란 자신의 업연(業緣) 중에 드러낸 모습일 뿐이고, 그 업연이 다하고 나면 중생으로서는 소멸하므로 중생이란 실유하는 존재가 아니라고 말씀하신 것이다. 그러나 또 중생은 현재 몸을 가지고 있으므로, 중생이 아니라고 말하기도 어렵다. 그러므로 중생이 아닌 것도 아니라고 하셨던 것이다. 진실한 존재로서가 아니라 가립(假立)적 존재로서의 중생이라는 것이다.

또 부처님 이외의 모든 유정을 중생이라고 하면(부처님을 중생에 넣기도 한다), 중생에는 성인도 있고 범부도 있다. 범부 중생, 즉 하근기 중생은 이 반야 공혜를 듣고 신심을 낼 수 없지만, 성인으로서의 중생, 즉 상근기 중생은 이 반야 공혜를 들으면 능히 믿음을 내고 이해를 할 수 있다. 경에서 중생이 아니라고 하는 것은 하근기의 중생, 즉 범부중생이 아니라, 상근기의 중생, 즉 성인의 반열에 있는 중생을 가리킨다. 상근기의 중생은 수행을 계속하여 조만간 열반을 이루어 중생을 벗어날 것이다. 이에 반하여, 중생이 아닌 것도 아니라고 함은 하근기의 중생, 즉 범부중생을 가리키는 말이다(육조 혜능).

경) "왜냐하면, 수보리야. 중생, 중생이란 것을 여래는 중생이 아니라 이름이 중생이라고 말하였기 때문이다."
何以故須菩提眾生眾生者如來說非眾生是名眾生。

중생이 중생일 수도 있고 아닐 수도 있는 이유를 부처님께서 직접 설명해 주신 대목이다. 중생이 아니지만, 이름하여 중생이라고 말씀하셨다는 것이다. 이는 곧 앞에서 본 하근기 중생을 가리키는 것이 아니라 상근기 중생을 의미한다고 볼 수 있다. 이런 해석은 부처님께서 일부 중생들, 하근기 중생들에 대하여는 구제를 포기하였다는 의미로 받아들여질 수 있다.

부처님께서 법을 말씀하실 때, 그 법력을 이용하여 억지로 사람들을 당신의 가르침 속으로 끌어들인 적이 없다. 어디까지나 사람들이 스스로 법을 찾도록 하셨고, 찾아오는 사람들은 평등하게 대우하셨으나 찾아오지 않는 사람들은 내버려 두셨다. 이는 근기의 차이로 인하여 부처님의 가르침을 인식하느냐 않느냐와 연결되어 있으며, 불교적으로 말하면, 그 시점에서 불연(佛緣)이 닿아 있느냐 아니냐의 문제인 것이다. 연기는 부처님이 발견하신 법이지 부처님이 만드신 법이 아니기 때문에 인연이 닿지 않는 경우에는 닿을 때까지 기다리는 수밖에는 없다. 억지로 인연을 만들어 붙일 수는 없는 노릇이다.

그런데 모든 중생은 불성을 갖추고 있기 때문에 언젠가는 불연으로 이어질 수밖에 없고, 그러므로 부처님께서는 어느 중생도 그 고통으로부터 벗어나게 하기 위한 구제의 대상에서 제외하신 적이 없다고 할 수 있다.

가립의 세계, 유위의 세계에서 설하신 많은 설법들을 대하고 믿음을 내는 중생들은 이미 중생이 아니다. 깨달음을 향하여 진일보 한 것이며, 이들은 언젠가 완전한 깨달음을 이룰 것이다. 내장된 부처를 스스로의 힘으로 찾을 것임을 확신하는 것이며, 이런 확신이 있었기 때문에 중생이 아니라 이름이 중생일 뿐이라고 말씀하신 것이다.

[공부]

중생이란?

중생(梵 bahu-jana, jantu, jagat 또는 sattva)이란 일반적으로 무명번뇌에 둘러싸여 생사를 유전하는 미혹계의 범부를 가리킨다. 그러나 광의로 보면, 깨달음 세계의 부처, 보살 등도 포함하는 것으로 본다. 음사하여 선두(禪頭), 사가(社伽), 살타(薩埵), 박호선나(僕呼繕那)라고도 하고, 유정(有情), 함식(含識), 함생(含生), 군맹(群萌), 군류(群類), 품식(稟識) 등으로 의역하기도 한다. 여러 가지 용법에서 중생의 의미에 관한 설명을 간단히 정리한다.

- 『잡아함경』제6권에서, 부처님께서는 라다(羅陀)에게 "색에 물들어 집착하며 묶여 있는 것을 중생이라 한다. 수상행식에 물들어 집착하며 묶여 있는 것도 중생이라 한다."라고 하셨다.[353]
- 『마하지관(摩訶止觀)』제5권(상)에서는, "오온에 묶여 끌려다니는 것을 통칭하여 중생이라 한다. 중생이라도 같지 않다. 삼악도에 처해 있는 죄고중생(罪苦衆生), 하늘과 인간도에서 즐거움을 누리는 수락중생(受樂衆生), 무루온(無漏蘊)에 묶여 있는 진성중생(眞聖衆生), 자비온(慈悲蘊)에 묶여 있는 보살중생(大士衆生), 상주온(常住蘊)에 묶여 있는 존극중생(尊極衆生) 등이 있다."라고 정리하였다.[354]

---

353) T02n0099006, 雜阿含經卷第六, 宋天竺三藏求那跋陀羅譯, (一二二), CBETA 電子佛典集成 » 大正藏 (T) » 第2冊 » No.0099 » 第6卷, http://tripitaka.cbeta.org

354) T46n1911005, 摩訶止觀卷第五(上), 隋天台智者大師說, 門人灌頂記, CBETA 電子佛典集成 » 大正藏 (T) » 第46冊 » No.1911 » 第5卷, http://tripitaka.cbeta.org/

- 『장아함경』 제22권 세본연품(世本緣品)에서 "이때 남녀, 존비, 상하도 없으며, 다른 이름도 없이, 온갖 무리의 생명체들이 함께 세상을 살아간다. 그러므로 중생이라 한다."라고 하였다.[355]
- 『사리불아비담론(舍利弗阿毗曇論)』 제11권에서는 "중생세란 무엇인가? 중생이란 오도(五道) 중에 태어난 것을 말하는데, 지옥, 축생, 아귀, 인, 천중 등을 중생세(衆生世)라 한다."라고 하였다.[356] 일반적으로 중생은 삼유(三有)를 윤회전생하며 수많은 생사를 받는다.
- 『대지도론』 제31권에서는 "다만 다섯 덩어리(五蘊)가 화합하였다. 그러므로 억지로 중생이라 하는 것"이라고 하였다.
- 『대승동성경(大乘同性經)』 상권에서는 "중생이란 여러 조건이 화합한 것을 중생이라 한다. 소위 지, 수, 화, 풍, 공 식, 명색, 육입 등의 인연으로 생겨난다. (중략) 이런 중생은 무명을 근본으로 하며, 애착에 의지하여 머물고, 업을 그 인연으로 삼는다."라고 하였다.[357]
- 『부증불감경(不增不減經)』에 의하면, "즉, 법신이 갠지스강의 모래보다 많은 가없는 번뇌에 묶여 무시이래 세간의 파랑에 수순하여 표류하며 생사를 왕래하는 것을 중생이라 한다."라고 하였다.[358]

경) 이때 ~ 중생(이라고 이름한다)(爾時 ~ 衆生)

착어) 불은 따뜻하고, 바람은 움직이며, 물은 습하고, 땅은 견고하다(火熱風動水濕地堅).

사대(四大), 즉 불가에서 말하는, 물질을 이루는 네 가지 기본요소인 땅(地大), 물(水大), 불(火大), 바람(風大)의 성질을 열거하고 있다. 지혜롭기 때문에 혜명이라고 불리

---

355) T01n0001022, 佛說長阿含經卷第二十二, 後秦弘始年佛陀耶舍共竺佛念譯, 佛說長阿含第四分世記經 世本緣品第十二, CBETA 電子佛典集成 » 大正藏 (T) » 第1冊 » No.0001 » 第22卷, http://tripitaka.cbeta.org/T01n0001022

356) T28n1548011, 舍利弗阿毘曇論卷第十一, 姚秦罽賓三藏曇摩耶舍共曇摩崛多等譯, CBETA 電子佛典集成 » 大正藏 (T) » 第28冊 » No.1548 » 第11卷, http://tripitaka.cbeta.org/T28n1548011

357) T16n0673001, 大乘同性經卷上(亦名一切佛行入智毘盧遮那藏說經), 周宇文氏天竺三藏闍那耶舍譯, CBETA 電子佛典集成 » 大正藏 (T) » 第16冊 » No.0673 » 第1卷, http://tripitaka.cbeta.org/

358) 16n0668001, 佛說不增不減經, 元魏北印度三藏菩提流支譯, CBETA 電子佛典集成 » 大正藏 (T) » 第16冊 » No.0668 » 第1卷, http://tripitaka.cbeta.org/

는 수보리가 후세의 중생이 믿음을 낼 수 없을지도 모른다는 의심을 내고, 이에 대하여 부처님께서 중생이 중생이 아니라 이름이 중생일 뿐이기 때문에 믿음을 낼 것이라고 확언하시는 문답에 대하여 왜 물질을 구성하는 사대 요소의 성질을 가지고 착어하였을까?

위 사대 요소의 성질은 누가 만들어 준 것이 아니다. 자연적으로 존재하는 성질이다. 그리고 이들 사대는 인연을 만나면 화합하여 형체를 구성한다. 부처님의 가르침을 이해하고 믿음을 내는 것은 누구나 갖추고 있는 불성이 싹트기 시작한 것이라고 볼 수 있다. 이 불성은 누가 만들어 준 것이 아니며 모든 중생이 저절로 갖추고 있는 것이다. 이 품성은 스스로 찾는 것이지 누가 찾아 준다고 찾아지는 것도 아니다. 그러므로 인연이 닿아 계기가 만들어지면 반드시 불성을 찾기 위한 움직임이 일어나는 것이다. 이것이 바로 부처님의 가르침을 이해하고 믿음을 내는 것이다. 마치 지수화풍 사대의 본성이 인연이 닿으면 저절로 드러나는 것과 같이.

송) 노래한다.

사슴을 가리켜 어떻게 준마로 만들 수 있나(指鹿豈能成駿馬)
새를 말하여 누가 상서로운 난새라고 말하나(言鳥誰謂是翔鸞)
비록 그렇게 털끝 같은 차이조차 허용하지 않아도(雖然不許纖毫異)
나귀를 말이라 부르는 일이 몇 백이던가(馬字驢名幾百般)

사슴을 말이라고 하는 것은 거짓이다. 참새나 까치, 까마귀, 매 같은 것들을 난새라고 지칭하는 것도 거짓이다. 거짓을 가리켜 다른 거짓이라 하고, 거짓을 말하면서 다른 거짓을 말한다고 하여 거짓이 참이 되지 않는다.

이런 뻔한 거짓을 왜 하는 것일까? 사슴이나 말, 참새 등이나 난새도 모두 사람이 이름을 지었을 뿐 그 본질은 공하다. 중생이라고 하지만 그것은 이름일 뿐 중생이 아닌 것과 같다. 굳이 이야기하자면, 사슴과 말의 분별, 일반 잡새와 난새의 분별은 중생을 두고도 부처님의 말씀을 이해하지 못하는 근기가 낮은 중생, 근기가 수승하여 부처님 말씀을 듣고 믿음을 내는 중생으로 나눌 수는 있을 것이다. 그러나 공이라는 관점에서 보면, 전자나 후자나 공하기는 마찬가지이다.

   그러함에도 불구하고 우리는 매번 말이니 당나귀니 임의로 분별하여 무리를 짓고 차별화를 시도한다. 공을 배우고 공이라고 말하면서도, 공한 것에 대하여 공한 것을 잊고 실상인 양 집착하는 것이다. 그래서 중생인 것이며, 또 공하므로 중생이 아니기도 하다.

제22분 얻을 법이 없다(無法可得分)

1. 의의

위없는 바른 지혜(無上正智)란 작은 법이라도 공하여 진실로 얻을 것이 없으며, 바르고, 두루한다는 것을 아는 지혜이다. 이 지혜에 의지하면, 그 어떤 법도 얻을 것이 없음을 안다. 이런 지혜가 바탕이 되지 않으면 최상의 깨달음을 이룰 수 없고, 최상의 깨달음을 이루면 이런 지혜가 충만해진다. 그런 까닭에 최상의 깨달음을 이루면, 진실로 얻을 것이 없으니, 그러므로 무법가득분이라 하는 것이다.

위없는 바른 지혜란 최상의 깨달음을 이루신 부처님의 지혜(佛智)를 가리킨다. 이는 산스크리트어 아뇩다라삼먁삼보리(阿耨多羅三藐三菩提, Annttara samyaksaṁbodhi)를 의역한 말로, 일체종지[一切種智; (구역) 무상정등각(無上正等覺)]라고도 한다. 바른 지혜이며, 또한 그보다 더 높은 지혜는 없기 때문에 무상정지라고 하는 것이다. 또 법에 관하여 모르는 것이 없기 때문에 일체종지라 한다.

『지도론』 제46권에서는 부처님의 지혜를 무상정지와 일체종지 두 가지로 설명하고,[359] 같은 책 제85권에서는 오직 부처님 한 분의 지혜만을 아뇩다라삼먁삼보리라고 한다고 하였다. 『종경록』 제33권에서는 "부처님의 지혜는 그 무엇에도 걸림이 없는 해탈지(解脫智)이며, 이는 결과로서 얻은 지혜(果智)로 원명한 결단을 약속하는 지혜"라고 하였다.[360] 또 『십주비바사론』 제15권에서는 "부처님의 지혜는 일체의 공덕

---

[359] 부처의 지혜를 찬탄하는 데는 두 종류가 있는데, 무상정지(無上正智=阿耨多羅三藐三菩提)와 일체종지(一切種智=薩婆若)이다. 자세한 내용은, T25n1509046, 大智度論釋乘乘品第十六(卷第四十六), 龍樹菩薩造, 後秦龜茲國三藏鳩摩羅什譯, 大智度論釋摩訶衍品第十八, CBETA 電子佛典集成 » 大正藏 (T) » 第25冊 » No.1509 » 第46, http://tripitaka.cbeta.org/T25n1509046

[360] T48n2016033, 宗鏡錄卷第三十三, 慧日永明寺主智覺禪師延壽集, CBETA 電子佛典集成 » 大正藏 (T) » 第48冊 » No.2016 » 第33卷, http://tripitaka.cbeta.org/T48n2016033

이 머무는 곳"이라고 하였고,³⁶¹⁾ 『법화경』 방편품에서는 "제불의 지혜는 심히 깊고 무량하며, 그 지혜의 문은 알기도 어렵고 들어가기도 어렵다."라고 하였다.³⁶²⁾ 이러한 성질을 가진 지혜에 근거하면 진실로 어떤 법도 얻을 것이 없는 것이다.

착어) 깨달음의 본성은 공하여 얻을 법이 없다(悟性空故, 無法可得).

깨달음의 본성은 공하다. 이는 깨달음이란 공한 것을 깨닫는다는 의미이기도 하다. 오온이 공하다. 오온 중 색이 공하고, 수상행식이 공하다. 모든 물질과 정신작용이 공한데, 공한 것들의 인연화합으로 이루어진 그 어떤 법도 공한 것은 당연하다. 공한 것들에 대하여 애면글면하고 집착하며 구한다고 무엇을 얻을 수 있을 것인가?

부처님께서는 말하였으나 말한 바가 없고, 아뇩다라삼먁삼보리를 얻었으나 얻은 법이 없다고 하셨다. 모두가 공하여 얻었다는 마음을 내는 것이 가립적인 것에 대한 집착에 불과함을 가리키는 것이다. 이러한 집착은 유위한 것에 대한 집착이며, 이는 유위의 세계에서 유전을 거듭하는 자량이 될 뿐으로 깨달음의 세계가 아니다. 그러므로 부처님께서는 얻었으나 얻은 것이 없고, 말하였으나 말한 것이 없다고 하셨던 것이다. 부처님에게 있어 모든 것이 무위이기 때문이다. 어떤 것에 대하여도 마음에 상이 없고 집착심이 없기 때문이다. 요컨대, 깨달음의 본성은 공하고, 공함을 각지하는 것이 깨달음의 본질인 것이다.

송) 노래한다.

불 속에서 얼음을 찾으니 자신을 속이고 구함이요(火裏尋氷謾自求)
얼음을 부딪쳐 불을 얻으려니 또한 연유가 없네(敲冰取火更無由)

---

361) T26n1521015, 十住毘婆沙論卷第十五, 聖者龍樹造, 後秦龜茲國三藏鳩摩羅什譯大乘品第三, CBETA 電子佛典集成 » 大正藏 (T) » 第26冊 » No.1521 » 第15卷, https://tripitaka.cbeta.org/T26n1521015

362) T09n0262001, 妙法蓮華經卷第一, 後秦龜茲國三藏法師鳩摩羅什奉 詔譯, 妙法蓮華經方便品第二, CBETA 電子佛典集成 » 大正藏 (T) » 第9冊 » No.0262 » 第1卷, http://tripitaka.cbeta.org/T09n0262001

시방이 다 비었거늘 그대가 어찌 얻으리요(十虛縱汝爭拈得)
두 눈 다 비우고 쉬시게(兩眼雙空當下休)

불과 얼음은 상극(혹은, 待對)이다. 현실 속에서는 절대로 서로를 용납할 수 없다(氷炭不相容). 그러한데 불 속에서 얼음을 찾는다는 것은 지극히 모순되는 일이 아닐 수 없다. 적어도 유위의 현실 세계에서는 그렇다는 것이다. 무언가를 구한다는 것은 상을 내는 것이요, 상에 집착하는 것이다. 이처럼 공한 현실 세계의 온갖 것들에 집착하면서 깨달음을 이루겠다고 하는 것은 불속에서 얼음을 찾는 것과 같이 모순되는 일이며, 이리 하는 것은 오히려 자신을 속이는 것이다.

그러나 진여의 세계는 불이의 세계이다. 현실 세계에서 모순과 상극이라도 불이의 세계, 진여의 세계에서는 상극이 아니다. 아니, 상극이라는 개념 자체가 있을 수 없다. 생사와 열반이 항상 함께하는 것처럼. 그러므로 불과 얼음이 상용(相容)될 수 있는 것이다. 얼음을 부딪쳐서 불을 붙이겠다는 것도 불 속에서 얼음을 구하는 것과 같다. 왜냐하면, 진여의 세계에서는 어떠한 상도 없는, 그래서 어떤 차별도 없는, 불이의 세계이기 때문이다.

시방이 비었다 함은 공한 것을 의미한다. 유위의 현실 세계는 시방의 모든 것이 유위한 것들이다. 그러므로 모든 것이 인연화합으로 이루어져 있음이요, 따라서 그 모든 것들의 본성은 공하다. 이것이 진리이다. 공한데 무엇을 구하리요. 따라서 불 속에서 얼음을 구하거나 얼음을 부딪쳐서 불을 얻겠다는 것은 모두 공하여 얻을 수 있는 것이 아니다. 좀 더 확장하면, 어떤 법이든 이를 구하려는 것은 마치 불 속에서 얼음을 구하거나 얼음을 부딪쳐서 불을 피우고자 하는 것과 같은 것이라는 의미이다. 얻을 수 있는 법이 없는 것이다. 그러므로 무엇을 얻겠다는 마음을 완전히 비우고 모든 집착을 내려놓으라고 하는 것이다.

2. 내용

[第十九疑斷] 법이 없다면 어떻게 수행하고 증득하는가(無法如何修證)라는 의심을 끊는다. 이 의심은 앞의 [第十二疑], [第十三疑] 중 아뇩다라삼먁삼보리를 얻었다는 법은 없다(無法得阿耨菩提)에서 나온다.

만약 제일의 깨달음의 경지에 이르면, 색신도 언설신도 모두 얻을 것이 없다. 일찍이 어떤 법도 없음을 각지하였다면, 어떻게 바르게 아는 것을 차례대로 버리고 무상정등각이라 이름할 것이며, 이미 법체가 없는데, 그 누가 수행하여 (법체를) 증명할 것인가? 이 의심을 없애기 위하여 경에서 말한다(功德施菩薩).

> 경) 수보리가 부처님께 말했다.
> "세존이시여. 부처님은 아뇩다라삼먁삼보리를 얻었는데,
> 얻은 것이 없다고 합니까?"
> 부처님이 말했다.
> "그렇다. 그렇다. 수보리야. 나는 아뇩다라삼먁삼보리는 물론 적은 법이라도
> 얻은 법이 없으니, 이것을 아뇩다라삼먁삼보리라고 한다."
> 須菩提白佛言世尊佛得阿耨多羅三藐三菩提為無所得耶佛言如是如是須菩提我於阿耨多羅三藐三菩提乃至無有少法可得是名阿耨多羅三藐三菩提。

수보리가 얻는다는 마음(所得心)이 다한 것, 즉 최상의 깨달음을 얻었으나 얻었다는 마음이 없는 것이 곧 깨달음(菩提)인지를 부처님께 질문하였고, 부처님께서 그렇다고 반복해서 인가하시고, 당신은 진실로 깨달음을 희구하는 마음도 없고, 최상의 깨달음이든 아주 적은 법이든 어떠한 법도 또한 얻었다는 마음이 없다고 말씀하셨다. 그리고 그것이 바로 아뇩다라삼먁삼보리라고 하셨다. 얻었으나 얻었다는 마음이 없는 것이 최상의 깨달음이라는 것이다.

무상정등정각, 아뇩다라삼먁삼보리라고 하는 법이 있는 것이 아니라, 어떠한 성취

나 행위나 생각이나 마음도 모두 비우고, 그 비웠다는 마음조차 없어진 상태. 이것이 바로 아뇩다라삼먁삼보리라고 하는 것이다.

아무리 사소한 것이라도 일단 얻으면 우리는 얻었다는 마음을 낸다. 큰 것을 얻으면, 그 큰 것을 얻었다는 마음, 즉 더욱 큰 성취감을 낸다. 사소한 것이건 큰 것이건 얻었다는 마음이 없는 것. 그것이 아뇩다라삼먁삼보리라는 것이다.

그렇다면 우리는 일상 속에서도 아뇩다라삼먁삼보리를 얼마든지 맛볼 수 있을 것도 같다. 예컨대, 공양을 보시하거나 경을 남에게 이야기하고, 그러한 일을 하였다는 마음을 전혀 내지 않으면, 그것이 아뇩다라삼먁삼보리라고 하는 것이다. 보시(복덕)에서 삼륜청정(지혜)이 실현되면, 그것이 최상의 깨달음이라고 할 수 있을 것이기 때문이다.

(이 지점에서 재시와 보시의 복덕에 대하여 차별한 경의 내용을 의심해 보는 것도 좋을 것 같다. 이 의심을 풀어 감에 있어서, 진제와 속제의 프레임으로 전개되고 있는 경의 전개 구조를 염두에 두고 살펴보는 것이 도움이 된다.)

착어) 남에게서 구하는 것은 자기 자신에게서 구하는 것보다 못하다(求人不如自求己).

부처님은 아뇩다라삼먁삼보리는 물론 하나의 적은 법이라도 얻었다는 마음이 없으면 그게 바로 아뇩다라삼먁삼보리라고 하셨다. 이에 대하여 왜 남에게서 구하지 말고 자신에게서 구하라고 하였는가?

남에게서 구한다는 것은 남이 내게 전해 줄 것이 있고, 나는 받을 것이 있다는 의미이다. 이 주고받을 것이 있다는 마음을 바탕으로 남에게서 무언가를 얻는다면, 그 얻은 것은 아뇩다라삼먁삼보리가 될 수 없다는 것이 경의 위 장구의 요지이다. 왜냐하면, 그것은 유위의 세계, 현실 세계에서의 일이며, 속제에 불과하기 때문이다. 나와 너의 분별, 주고받는 분별, 그리고 주고받았다는 분별이 있기 때문이다. 그러므로 얻었다는 마음이 완전하게 없는 무소득심(無所得心)이라야 그게 바로 아뇩다라삼먁삼보리라는 것이다.

그런데 착어는 남에게서 구하건 자신에게서 구하건 구할 것이 있다는 것을 전제로 하고 둘을 비교하여 후자가 전자보다 낫다는 의미이다. 구할 것이 전혀 없다는 말이 아니다. 그렇다면, 남에게서 구하는 것과 자신에게서 구하는 것은 어떤 차이가 있는가?

앞에서 최상의 깨달음, 아뇩다라삼먁삼보리라는 것은 적은 하나의 법이라도 얻었다는 마음이 없는 것, 즉 무소득심이라고 하였다. 무소득심이라는 것은 남에게서 구한다고 받거나 얻을 수 있는 것이 아니다. 오직 내가 얻었다고 하는 생각을 버림으로써 얻을 수 있는 것이다. 또 자신에게서 구한다는 것은 이미 내게 있는 것을 찾아내는 것을 의미하고, 남에게서 구한다는 것은 내게 없는 것을 얻는 것을 의미한다. 최상의 깨달음이라는 것은, 비록 부처님의 가르침에 의지하더라도 그것은 어디까지나 내게 있는 것을 찾기 위한 방편일 뿐이다. 그러니 어찌 남에게서 구하는 것보다 내게서 구하는 것이 낫지 않겠는가?

송) 노래한다.

물방울이 모여 물이 되니, 물이 있다 믿고(滴水生水信有之)
푸른 버들 향기로운 풀에 색이 기대었네(綠楊芳草色依依)
가을 달 봄꽃 한없는 일들(秋月春華無限事)
한가로이 자고새 소리 들음을 방해하지 않누나(不妨閑聽鷓鴣啼)

※ 이 노래의 첫 구절에서 물(水) 대신 얼음(氷)이라고 하고, 세 번째 구절에서 일(事) 대신 뜻(意)이라고 하는 데도 있다.

일반적으로 우리가 목격하는 물은 물방울이 모여서 이루어진 것이다. 성질로서의 물이 아니라, 형상으로서의 물은 본체가 있는 것이 아니라 물방울의 집합체에 지나지 않는 것이다. 이러한 물은 비록 물방울이 모인 것이지만, 물리적으로 물방울과는 다르다. 그러나 물은 물방울이 없으면 이루어질 수 없는 것이다. 물이 아무리 거대하고 깊고 넓어도 오직 물방울의 집합으로서의 물일 뿐 본체가 없는 것이다. 여기서 물방울이란 나뉠 수 없는 미진을 상징하고, 물은 미진이 인연 따라 화합한 유위의 법들을 상징한다. 푸른 버들이나 향기로운 풀이 아무리 우거져 있어도 모두 물방울과 물의 관계에서 드러나는 것과 같은, 인연 따라 나타난 것들에 지나지 않는다.

자고새 소리는 내(화자)가 목표로 하는 것이다. 가을 달이나 봄꽃은 화자가 목표로 하여 나아가는 것을 방해하는 내외의 미혹을 의미한다. 한가로운 것은 화자가 그만큼 마음에 여유가 있기 때문이다. 그 무엇에도 쫓기지 않고, 그 무엇에도 얽매이지 않으니, 이것이 바로 자유로움이고 자재함인 것이다. 지금 화자는 세상의 모든 미혹에서 벗어나 자재한 삶을 누리며 깨달음으로 나아가고 있음을 노래하고 있다.

 # 제23분 청정한 마음으로 선을 행하라(淨心行善分)

1. 의의

한 법에 마음을 두면 그 법에 대하여 상이 생기고 심정에 고하가 생긴다. 청정한 마음, 즉 집착함이 없는 마음, 머무름이 없는 마음으로 선법을 닦으면 어떤 법에 대해서도 상이 생기지 않으며 고하도 없어진다. 그러니 어찌 막힘이 있겠는가? 그러므로 청정한 마음으로 선을 행하라고 하는 것이다.

한 법(一法)이란 하나의 사건이나 물건을 뜻한다. 만법에 대응하여 사용되는 말이다. 이 경우 법이란 존재, 사물의 뜻이다. 물론 법칙이란 의미도 있다. 다른 의미로 한 법이란 유일무이한 절대법을 가리키는 말이기도 하다. 즉 사람마다 본래 갖추고 있는 진여 법성을 가리키는 말이다.『육십화엄경』제5권에 다음과 같은 구절이 있다.[363]

　문수의 법은 늘 있는 것이지만(文殊法常爾)
　법왕은 유일한 법입니다(法王唯一法)
　일체에 걸림이 없는 사람(一切無礙人)
　한 길로 생사를 벗어났습니다(一道出生死)

문수의 법이란 문수보살 자체를 가리키기도 하고, 문수보살이 하는 말이나 행하는 행동을 가리킬 수도 있다. 어떤 것이든 문수의 법은 일상적으로 흔한 것이라고 한다. 그러나 법왕, 즉 부처님의 법은 부처님 당체를 가리키기도 하고 부처님께서 얻으신 최상의 법을 가리킬 수도 있다. 어느 것이든 부처님의 법은 유일한 것이라고 한다.

---

363) T09n0278005, 大方廣佛華嚴經卷第五, 東晉天竺三藏佛馱跋陀羅譯, 大方廣佛華嚴經菩薩明難品第六, CBETA 電子佛典集成 》 大正藏 (T) 》 第9冊 》 No.0278 》 第5卷, http://tripitaka.cbeta.org/T09n0278005

그러나 만법 중의 한 법이든, 유일무이한 법이든, 어떤 한 법에 마음을 두면 그로 인하여 마음에 상이 생기고 고하가 생긴다는 것이다. 마음에 고하가 생긴다는 것은 분별심이 일어난 것이며, 이런 마음에 근거하는 한 평등심은 없고 차별적인 마음, 그러므로 오염된 마음만 있을 뿐이다. 이런 마음으로 행하는 선이라면, 그 선행에도 차별심이 있게 될 것이다.

착어) 아무런 상이 없는 청정한 마음으로 일체 선법을 수습하다
(以無相淸淨心, 修一切善法).

청정한 마음(淸淨心)이란 오염되지 않은 마음이다. 여기서 오염이란 상에 대한 갈애와 집착으로 인한 번뇌에 물든 것을 말한다. 모든 번뇌는 내(我)가 존재한다는 인식에서 시작한다. 내가 있으니 나의 것이 있고, 나와 나의 것이 있으니 대립적으로 상대방이 있으며, 다른 것들이 있다. 나와 나의 것, 나 이외의 다른 존재와 그 존재에 속하는 것과 그 존재의 작용 등이 있다. 이런 차별심은 나와 나의 것을 더욱 강화하고, 이렇게 강화된 나와 나의 것이란 관념은 차별심을 더욱 강화한다. 이런 에스컬레이팅 과정을 거치면서 번뇌는 더욱 깊어지고 생사윤회의 업장은 더욱 두터워지는 것이다.

청정심은 바로 이런 번뇌가 없는 것, 그러므로 차별심이 없는 것, 더 구체적으로 나와 나의 것이 없는 것을 의미한다. 이런 상태를 무상(無相)이라 한다. 나와 나의 것이 없으면, 상대방과 상대방의 것, 상대방의 작용 등이 모두 없어진다. 이것이 평등심이다. 이런 의미에서 청정심이란 평등심이라고 할 수도 있다. 그리고 평등심은 무상에 터 잡고 있다. 그러므로 청정심이란 무상의 평등심이라 할 수도 있다.

일체 선법을 수습한다 함은 모든 선법을 닦음을 의미한다. 닦음이란 때를 벗겨 내거나 씻어 내어 청정하게 하는 것을 말한다. 환언하면, 청정심을 찾기 위하여 온갖 선법을 수행하는 것을 의미하는 것이다.

송) 노래한다.

자신의 가슴에 때가 낄 틈이 없도록 할 뿐(但自胸膺無垢機)
장단이나 시비는 남에게 맡기라(任他長短是和非)
눈 속에 모래가 박히고 귀에 물이 차면(眼中著沙耳盛水)
묘행이 여여해져 도를 아는 것과 같나니(妙行如如同道知)

  마음이 전혀 오염되지 않았을 때, 그런 마음을 청정심이라 한다고 하였다. 우리들 중생은 근본번뇌(根本煩惱)로부터 지말번뇌(枝末煩惱)에 이르기까지 이미 무시이래의 번뇌로 오염되어 있기 때문에 태생적 청정이란 불가능하다. 그러므로 금생에 태어난 이상, 청정심을 이루기 위하여 지속적으로 노력하는 것이 필요하다. 이것을 청정한 마음으로 선법을 닦는다고 하는 것이다. 이렇게 수행할 때, 그 수행의 장단점이나 시비에 대하여 수행자 자신이 이렇게 저렇게 판단하고 결정하지 말고, 남에게 맡기라고 한다. 이는 남의 이런저런 시비나 평가에 대하여 마음을 쓰지 말 것을 주문한 것이다. 왜냐하면, 남의 시비나 비판에 마음을 쓴다는 것은 자아의식 때문에 세상의 조류에 따라 수행자 자신이 흔들리는 것을 의미하고, 이렇게 세상의 조류에 따라 흔들리는 것 자체가 마음의 오염이기 때문이다.

  수행에 장애가 되는 모든 번뇌는 나와 나의 것이란 관념, 즉 아상에 터 잡아, 그에 대한 장단점과 시비를 따지면서 생겨나고 쌓이는 것이다. 그러므로 이러한 장단점이나 시비를 남에게 맡긴다는 것은 아상을 버리는 것을 의미한다. 이렇게 되면 남이 무어라 하든 자신은 마음에 때가 끼지 않도록 하기 위한 수행에 몰두할 수 있을 것이다.

  눈에 모래가 들어가면 눈을 뜰 수가 없어 아무것도 보지 못한다. 귀에 물이 차면 아무것도 들을 수 없다. 아상에 터하여 외부의 자극에 대하여 일어나는 마음의 오염을 방지하기 위하여 보지도 말고 듣지도 말 것을 주문한 것이다. 간혹 절집을 찾아가면, 손으로 귀 막고, 눈 막고, 입 막은 원숭이상, 동자상, 혹은 스님상을 볼 수 있다. 이것들이 모두 아상에 터 잡아 일어나는, 외부의 온갖 시비에 대하여 듣지 않고, 보지 않고, 말하지 않음을 의미한다.

  우리의 마음은 육경의 자극에 대하여 육근이 상응할 때 작용하기 때문에 육경의 자극이 아예 육근에 미치지 못하도록 하는 것도 중요한 방법인 것이다. 이렇게 아상을 버리고 무상이 되면 마음이 청정해지고, 청정심이 회복되면 진여가 있는 그대로 드러나게 되며, 이것을 스스로 깨닫게 된다(自證).

2. 내용

> 경) "또한 수보리야. 이 법은 평등하여 고하가 없으니,
> 이를 아뇩다라삼먁삼보리라 한다. 무아, 무인, 무중생, 무수자로서
> 일체 선법을 수행하면 곧 아뇩다라삼먁삼보리를 얻는다."
> 復次須菩提是法平等無有高下是名阿耨多羅三藐三菩提。以無我無人無
> 眾生無壽者修一切善法則得阿耨多羅三藐三菩提。

이 보리법은 위로는 부처에서부터 아래로는 곤충 같은 미물에 이르기까지 모두 종자로서의 지혜(種智), 종자로서의 부처(佛種子)를 가지고 있으며, 이 점 부처와 다르지 않다. 그러므로 평등하여 고하가 있지 않다고 말하는 것이다. 이것이 보리는 둘이 없다고 하는 이유이다.

무아, 무인, 무중생, 무수자란 아상, 인상, 중생상, 수자상 등 일체의 상이 없는 것을 말한다. 이는 이들 상을 모두 버린 것을 의미한다. 이들 사상을 버리고 일체 선법을 닦아야 비로소 최상의 보리를 얻을 수 있다. 만약 사상을 버리지 못하고 선법을 닦으면, 자만심이나 공고의 마음을 키우는 결과가 초래될 수 있다. 이는 선법을 닦는 것이 오히려 자신에게 나쁜 결과가 될 수 있는 것이다. 그러나 만약 사상을 버리고 일체 선법을 닦으면 응당 해탈을 기약할 수 있다.

일체 선법을 수행한다 함은 어떠한 법에도 물들지 않고, 집착하지 않으며, 일체 경계에 대하여 미혹되거나 흔들림이 없고, 출세간법에 대하여도 탐하거나 애착하거나 집착하지 않으며, 일체처에서 항상 방편을 행하여 중생의 요청에 따라 그들 스스로 기꺼이 믿고 따르도록 정법을 말함으로써 보리를 깨닫게 하는 것을 말한다. 일체의 상을 버렸으므로 애착도 없고 분별도 없으며 차별도 없다. 이러한 세계에서는 높고 낮음이 없이 일체가 평등하다. 바로 이러한 마음, 즉 평등심으로 선법을 수행하면 아뇩다라삼

먁삼보리를 얻을 수 있다는 것이다. 그러므로 황벽선사가 말했다.[364]

"부처는 청정하고 광명한 해탈의 상을 짓는다고 관찰하거나 이해하고, 중생은 때 묻고 혼탁하며 어둡고 우매한 생사의 상을 짓는다고 관찰하거나 이해하면, 갠지스강의 모래 수만큼 많은 겁을 지나도록 수행해도 끝내 아뇩다라삼먁삼보리를 얻을 수 없다. 마음이 평등하여 높고 낮은 것으로 나누지 않으면 곧 중생과 제불, 세계의 산하, 유상과 무상, 시방세계 등 일체가 평등해지며, 아, 인, 중생, 수자 등 사상이 없으면, 본원의 청정심은 항상 저절로 원만하고 광명이 두루 비춘다. 그러므로 이름하여 무상정등각이라 하는 것이다."

요컨대, 지극한 도는 어렵지 않으니, 오직 간택하지만 않으면, 그 지극한 도를 이룰 수 있는 것이다.[365]

착어) 산이 높으면 바다가 깊고, 해가 뜨면 달이 진다(山高海深日生月落).

상대적으로 보면 모든 것은 대대(待對)적 관계이다. 인연으로 생긴 일체의 사물은 모두 대대이다. 모순을 이루는 것도 있지만 상응하는 경우도 있으며 상생 혹은 상의(相依)하는 경우도 있다. 이것이 대대적 관계이다. 산이 높으면 골이 깊다. 당연한 귀결이다. 해가 지면 달이 뜨는 것도 당연한 귀결이다.

그런데 이런 대대는 하나를 기준(我)으로 다른 것(非我)을 대비시켰을 때 성립된다. 경에서 말하는 사상은 바로 아와 비아를 구별 짓는 관념에서 나오는 분별적 개념인 것이다. 즉, 이들은 고하가 있고, 피아가 있으며, 분별이 있고, 간택이 있다. 이는 경에서 가르치고자 하는 취지가 아니다. 요컨대, 착어는 높음과 깊음, 해와 달이라는 대립적인 관계를 들어 높고 낮음이 없이 평등할 것을 말한 경의 뜻을 드러낸 것이다.

---

364) X24n0468 金剛經註解, 明 洪蓮編, CBETA 電子佛典集成 » 卍續藏 (X) » 第24冊 » No.0468, http://tripitaka.cbeta.org/X24n0468

365) T48n2010001, 信心銘, CBETA 電子佛典集成 » 大正藏 (T) » 第48冊 » No.2010 » 第1卷, http://tripitaka.cbeta.org/T48n2010001

[공부]
행로난(行路難)

위 착어 중 "산이 높고 바다가 깊다."라는 말은 선월(禪月)선사의 행로난(行路難)에 나온다. 행로난의 내용은 다음과 같다.[366]

산이 높고 바다가 깊으니 사람이 재지 못하고(山高海深人不測)
옛날 갔다가 지금 오니 청과 벽이 바뀌었네(古往今來轉青碧)
얕고, 가깝고, 가볍고 뜨는 것과는 사귀지 마라(淺近輕浮莫與交)
땅이 낮으면 다만 가시덤불만 자랄 뿐이니라(地卑只解生荊棘)
누가 말했던가, 황금은 분토와 같다고(誰道黃金如糞土)
장이와 진여가 소식을 끊었다네(張耳陳餘斷消息)
길 가기가 어렵구나, 길 가기가 어렵구나(行路難行路難)
그대 스스로 보라(君自看)
그리고 땅은 넓고 사람은 드물다고 하지 마라(且莫道土曠人稀)
구름 속에 나한이 살고 있나니(雲居羅漢)

[용어 풀이]

* 장이와 진여: 사마천의 사기열전 중 장이진여열전에 나오는 인물들. 열 살 정도의 나이 차이에도 불구하고 문경지교(刎頸之交, 막역하게 친한 사이)라 할 만큼 막역한 사이였다.
* 雲居羅漢(운거나한): 구름 위에 살고 있는 나한. 속계를 초탈한 자를 형용한 말. 선림에서는 오만하고 자부심 강한 모습을 형용한다. 구름이 있는 산 위(높은 곳이라는 의미)에 나한을 안치하고 그로부터 수백 미터 아래에 길을 만들어 행인들은 올려다보아야만 나한을 볼 수 있도록 하였다. 이 때문에 나한은 곧 오만하고 자부심 많은 모습으로 그 아래를 지나는 사람들을 내려다보는 형국이다. 그러므로 운거나한이라고 하면 오만하고 자부심이 강한 사람을 가리키는 말로 사용되게 되었다고 한다.

---

366) T48n2003009, 佛果圓悟禪師 碧巖錄卷第九, 【八三】, CBETA 電子佛典集成 » 大正藏 (T) » 第48冊 » No.2003 » 第9卷, http://tripitaka.cbeta.org/T48n2003009

송) 노래한다.

승이 승답고 속인은 속인다우며(僧是僧兮俗是俗)
기쁘면 웃고 슬프면 곡하나니(喜則笑兮悲則哭)
만약 이를 자세하게 잘 살필 수 있으면(若能於此善參詳)
육육은 종래 삼십육이라오(六六從來三十六)

승이 승답다거나 속인이 속인답다는 것은 각자 제자리에서 본분을 다함을 의미하는 것이지, 차별을 말하고자 함이 아니다. 자기의 품성, 근기에 따라서 수행을 하자는 것이지 상을 두자는 것이 아니다. 어느 것이든 상을 떨쳐 내야 하는 것에는 다름이 없고, 어느 경우에든 상이 제거된 후에 청정심이 회복되는 것은 같다. 본래는 평등하나 지금 현재 처해 있는 사정이 차이가 있을 뿐이다. 기쁘면 웃고 슬프면 곡하는 것도 같은 맥락이라고 보아야 할 것이다. 즉, 승은 승답게 기뻐하고 슬퍼하며 속인은 속인답게 기뻐하고 슬퍼하는 것이다. 각자의 위치에서 자연스럽게 역할을 하고 알맞은 수행을 할 것을 노래하는 것이다.

그러한 마음을 잘 관찰하고 자세하게 살펴보면 $6 \times 6 = 36$이라는 것을 알 수 있다. 여기서 육육은 육육법문(六六法門)을 가리킨다. 앞의 육은 육근을 가리킨다. 그리고 뒤의 육은 육근의 각각의 근(六內處)과 이들 근에 대응되는 각각의 대상(六外處), 각 대상에 대한 각각의 식(六識身), 각각의 근과 대상 및 식이 화합하여 일어나는 여섯 가지 닿음(六觸身), 이 닿음으로 인하여 일어나는 여섯 가지 느낌(六受身), 그리고 이 여섯 가지 느낌에 대한 각각의 갈애(六愛身)를 가리킨다. 육육법문은 다른 말로 육분별육입처(六分別六入處)라고도 한다.

요컨대, 승이나 속이나 각자 자기 자리에서 자신의 주어진 역할을 충실히 하며 일상적인 삶을 가르침대로 살면 육근이나 육경의 상호작용에 의한 그 어떤 미혹이라도 걷히고 청정과 고요를 이룰 수 있음을 시사한다. 즉, 이 노래는 평상심시도의 마음을 추구할 것을 권고하는 것이다.

> [공부]
> **육육법문**
>
> - 육근(六根=六內入處): 눈, 귀, 코, 혀, 몸, 마음
> - 육경(六境=六外入處): 색, 성, 향, 미, 촉, 법
> - 육식신(六識身): 안식, 이식, 비식, 설식, 촉식, 의식
> - 육촉신(六觸身): 안촉, 이촉, 비촉, 설촉, 신촉, 의촉
> - 육수신(六受身): 눈, 귀, 코, 혀, 몸(피부), 마음에 닿아 생기는 여섯 가지 느낌
> - 육애신(六愛身): 육수신에 대응하여 일어나는 여섯 가지 갈애

경) *"수보리야. 말하는 바 선법이라 함은 곧 선법이 아니라 이름이 선법이라고 여래는 말한다."*
須菩提所言善法者如來說卽非善法是名善法.

선법(善法, 梵 kuśalā dharmāh)이란 얕고 깊은 차이는 있지만 모두 순리에 따르는 것이며, 자신에게도 이로운 법이다. 그러므로 선법이라 하는 것이다. 오계십선(五戒十善)은 세간의 선법이고 삼학육도(三學六度)는 출세간의 선법이다. 요컨대, 선법이란 순리에 따라 자타에 이로운 일체의 도리를 통칭한다.

깨달음을 추구하는 과정에서 볼 때, 선법과 선법을 닦는 것을 구분할 필요가 있다. 많은 경우, 사물이나 현상은 중립적이며 그 자체로 선하지도 악하지도 않다. 그러한 사물이나 현상의 선악 여부는 그것을 어떤 자가 어떤 목적으로 이용하는가(이것을 수행이라 한다)에 의하여 결정되는 것이다. 선한 사람이 선한 목적으로 그 법을 닦으면 선법으로 발현되지만, 그 법을 악인이 닦거나 악을 목적으로 닦으면 선법으로 발현되지 못하는 것이다. 예컨대, 죽음이란 현상은 가치중립적이지만, 나의 이익을 위하여 죽거나 죽이는 것은 나쁘다. 부처님 법이라도 선한 목적으로 선인이 닦아야 선법으로서 발현하는 것이지, 아무리 부처님 법이라도 나쁜 목적으로 나쁜 사람이 닦으면 선법으로서 발현되지 못하는 것이다.

어떤 것이 나쁘게 법을 닦는 것인가? 즉 잘못된 법 수행이란 어떤 것을 말하는가? 일체의 법을 닦으며 삿된 이익을 기대하거나, 나에게만 어떤 이익이 돌아올 것을 바라면 선법이 아니다. 육바라밀의 온갖 행위를 치열하게 수행하면서 마음에 어떤 과보도 바라지 않아야 선법으로 발현되며, 그렇게 발현된 법을 선법이라 할 수 있다.

그러면 어떤 것이 선하게 법을 닦는 것인가? 사람이 일체의 일에 물들지 않고 집착하지 않으며, 일체의 대상에 움직이지도 흔들리지도 않으며, 일체법을 취하지도 버리지도 않으며, 어느 경우이든 항상 방편을 행하고 중생을 수순하여 설법함으로써 그들로 하여금 모두 기꺼이 보리진성을 깨닫도록 인도하면, 이것이 바로 선하게 법을 닦는 것이다.

그런데 여래는 말하는바 선법이란 선법이 아니라 이름이 선법이라고 말씀하셨다. 이것이 선법이라고 마음을 내면 마음에 머무는 바가 생기고 상이 자리 잡아 선법에서 이탈해 버린다. 앞에서 여래는 말할 법을 가지고 있지 않다고 하였다. 여기서 법이란 선법이든 악법이든 모두 포함한다. 여래는 말한 법이 없으며, 그러므로 여래는 선법도 말하지 않았다. 여래가 말하였던 것은 실체로서의 선법이 아니라, 선법이라고 이름을 붙인 것에 불과한 방편법인 것이다.

착어) 얼굴에는 협죽도의 꽃이 피고, 뱃속에는 하늘을 찌를 가시를 품었다 (面上夾竹桃華肚裏侵天荊棘).

협죽도(夾竹桃)는 갈라미라수(羯囉微囉樹, 梵 karavīra, 巴 同)라고 하는 식물로 꽃잎이 다섯 장이며 끝이 뾰족하다. 잎은 좁고 길며, 대나무잎과 비슷하다. 그래서 이름을 협죽도라 한다. 4월에서 6월 사이에 담홍색 혹은 순백색의 꽃이 피는데, 복숭아꽃을 닮았고 향기가 진하다. 이 나무로 만든 향을 다갈라(多揭羅)향이라 한다. 요컨대 협죽도는 일종의 향나무 혹은 향을 채취하는 나무로 생각하면 될 것 같다. 그러므로 얼굴에 협죽도의 꽃이 피었다는 것은 얼굴에 향기가 나는 것을 의미한다. 얼굴이란 나는 보지 못하고 남들에게 보이는 부분이다. 사람들에게 보이는 부분에 향기가 난다는 것을 의미하는 것이다.

뱃속이란 숨겨진 곳이다. 나는 볼 수 있으나 남들은 볼 수 없는 곳이다. 통상 속을 잘 드러내 보이지 않고 엉큼하거나 탐욕스럽거나 혹은 음모를 꾸미는 자를 가리켜 뱃속이 시커멓다고 한다. 뱃속에 가시를 품었다 함은 비밀리에 남을 해칠 준비를 하는 것을 가리킨다. 혹은 그러한 마음을 품고 있는 것을 가리킨다. 구밀복검(口蜜腹劍)이란 이를 두고 하는 말이다. 하늘을 찌른다 함은 도저히 돌이킬 수 없을 만큼 확고하고 큰 의도를 가리킨다. 그러므로 뱃속에 하늘을 찌를 가시를 품었다 함은 마음속으로 확고한 침해의 의도를 가지고 있음을 의미한다. 요컨대, 위 착어는 겉과 속이 다른, 혹은 남에게 보이는 부분과 진실한 측면이 다른 것을 의미한다고 할 수 있겠다.

말하는바 선법은 선법이 아니라 이름이 선법이라고 여래가 말씀하셨다는 경의 구절에 대하여 이처럼 이율배반적인 착어를 한 것은 왜일까? 앞에서 여래는 말한 법이 없으며, 또한 얻을 법도 없다고 하였다. 말한 것도 없고, 얻을 것도 없는데, 선법이란 것도 있을 리 없다. 방편으로 이름을 붙여 선법이라고 할 뿐이다. 이런 선법은 누가, 어떤 목적으로 실행하는가에 따라 좋은 것일 수도 있고 나쁜 것일 수도 있다. 즉, 실행하는 자와 실행하는 목적에 따라 선법이 악법이 되고, 악법조차 선법이 될 수도 있다. 얼굴에 협죽도의 꽃을 피우지만, 뱃속에는 침탈의 음모를 숨긴 채 법을 말한다면, 결코 선법이 될 수 없는 것이다. 또 겉보기에는 아름답고 향기로운 것 같은데, 진실은 더럽고 오염된 것이라면, 이 또한 선법일 리 없다.

송) 노래한다.

이것은 악하기도 하고 악하지 않기도 하며, 선을 따르기도 하고 선하지 않은 것을 따르기도 한다(是惡非惡從善非善)
장군은 부절(符節)을 쫓아 시행하고, 병은 인수(印綬)를 따라 움직인다(將逐符行兵隨印轉)
어떤 때는 묘향봉에 홀로 섰다가(有時獨立妙香峯)
되돌아 염라전으로 가 단정히 앉아서(却來端坐閻羅殿)
인간사의 이모저모를 모두 보고, 다만 고개만 끄덕이며(見盡人間祇點頭)
대비의 손과 눈으로 많은 방편을 베푼다(大悲手眼多方便)

선하기도 하지만 악하기도 한 것. 본래는 선악이 없으나 그 의도와 사용 여하에 따라서 선악이 갈리는 것. 법칙이나 본질은 선악이 없다. 그 용도에 적합하면 선이라 하고 거슬리면 악이라 한다. 선악은 상대적이며 분별적이다. 그러므로 절대의 가치, 진여의 세계, 법계 속, 공 가운데서는, 선악은 없다. 이것이 현상으로 드러나 작용을 할 때 비로소 선악도 함께 나타난다. 그러므로 선을 따를 것인지, 선하지 않은 것을 따를 것인지도 현상으로 드러났을 때, 그것을 어떻게 사용하는가에 달렸다. 불법이란 원래 가치중립적이다. 이것을 선하게 사용하는가 악하게 사용하는가에 따라 그것이 선을 따르기도 하고 악을 따르기도 한다. 선하다, 악하다는 선법, 악법 때문이 아니라 가치중립적인 것을 선하게 혹은 악하게 사용하기 때문에 그렇게 이름을 붙였을 뿐인 것이다. 나라의 명령에 따라 움직이는 장군이나, 장군의 지휘에 따라 움직이는 병사들도 마찬가지다. 묘향봉은 묘봉이라고도 하며, 수미산 꼭대기 혹은 수미산 자체를 가리킨다. 홀로 수미산 꼭대기에 있으니 세상의 모든 것과 단절된 상황이 아니겠는가? 말이 끊어지고(言語道斷), 생각이 끊어지고, 정식과 분별이 사라진 곳을 묘사할 때 자주 사용되는 말이다. 그러므로 묘봉에 홀로 서 있음은 모든 것이 끊어진 상황에 처해 있음을 의미한다고 하겠다.

 깨달음이 이루어지면, 온갖 세상살이가 부딪히는 곳으로 되돌아와서 고통받는 사람들을 위하여 자신이 깨달은 법을 남김없이 베푸는 것이 보살행이다. 염라전은 염라왕이 죽은 자를 심판하는 자리이다. 죽은 자들이 살아생전에 저질렀거나 행하였던 온갖 행위들이 모두 드러나는 곳이다. 세상살이가 적나라하게 전개되는 곳, 현실의 고통이 그대로 드러나는 자리를 가리킨다. 바로 이 자리에서 중생들의 모든 고통을 살피고 그 자체를 긍정하면서 그들을 구제할 방도를 마련한다.

 자비의 손과 눈은 보살행의 수단이다. 대비의 눈으로 중생의 고통을 두루 살펴서 대자의 손으로 중생의 고통을 쓰다듬어 없애 준다. 깨달음의 힘으로 자신의 모든 것을 내놓고 중생들을 구제하는 데 헌신하는 것이다.

[용어 풀이]

* 묘향봉(妙香峰): 묘봉. 수미산의 다른 이름. 선림에서는 묘봉이란 말은 일체의 언어와 사유, 정식의 분별을 초절한 절대 경지를 형용하는 말이다. 즉 본분에 따라 안주하는 곳을 묘봉고정, 묘봉정, 고봉정상 등으로 표현한다.
* 부절(符節): 고대 성문이나 국경의 관문을 출입할 때 발부되었던 일종의 증빙. 대나무, 나무, 옥, 구리 등으로 만들고 그 위에 문자를 새겼다. 그리고 둘로 나누어 각기 하나씩 가지고 있다 사용할 때는 서로 맞추어 보아 합치되면 증빙이 되는 것으로 보았다. 후에 조정에서 파견한 사자임을 증명하거나, 혹은 군병을 조련할 때 군병을 부릴 수 있는 권한을 부여한 증표를 가리켰다.
* 인수(印綬): 과거 관인(官印) 따위를 몸에 찰 수 있도록 도장(印)의 꼭지에 단 끈(수실)을 가리킨다.

[공부]

인수에 따라 움직이고, 부절에 따라 시행한다(印轉符行)[367]

병은 인수에 따라 움직이고(兵隨印轉)
장군은 부절을 쫓아 시행한다(將逐符行)
요관을 잡고 끊어 버리면(把斷要關)
소리도 소식도 통하지 않는다네(不通音信)

인수란 상사의 명령이라 할 수 있다. 직무에 근거한 명령, 즉 직무명령을 가리킨다. 군에서 상사는 장군이다. 장군이 내리는 명령에 따라 병들이 움직이는 것이다. 그리고 장군은 왕명, 국가의 명령에 따라 작전과 전술을 세우고 군을 움직인다. 부절은 나라에서 주는 명령의 징표이다. 요관이란 중요한 관문이란 뜻이다. 적을 상대할 때 우리 편에 유리하게 작용할 수 있는 지형조건을 갖춘 곳이다. 이런 곳에 군을 배치하고 있으면 일당백의 지리적 이점을 누릴 수 있다. 적으로서는 뚫고 들어오기가 매우 어렵다. 뚫고 들어오더라도 많은 희생을 치러야 한다. 이로써 뚫기 어려운 장애를 관문이라 한다. 이런 관문을 장악하고 끊어 버리면 관문의 이쪽과 저쪽 사이의 연락이 두절될 수밖에 없다. 이렇게 두절된 후에 적은 지리멸렬할 것이다.
수행자에게 있어서 요관이란 번뇌에서 깨달음으로 가는 길목의 중요한 장애를 가리킨다. 이 장애를 뛰어넘으면 번뇌가 소멸되고 청정한 깨달음을 이룰 수 있다. 그리고 요관이 끊어졌기 때문에 또다시 번뇌에 묶이는 일은 없을 것이다.

---

[367] X69n1353002, 潭州開福禪寺第十九代寧和尚語錄卷下, 住大溈山嗣法小師 善果 集, CBETA 電子佛典集成 » 卍續藏 (X) » 第69冊 » No.1353 » 第2卷, http://tripitaka.cbeta.org/ko/X69n1353002

 # 제24분 복과 지혜는 비교할 것이 없다(福智無比分)

1. 의의

　보배를 산처럼 베풀어도, 그로 인한 결과는 인천에 태어나 행복을 누릴 수 있는 복보에 지나지 않는다. 그런데 인천의 복보는 삼계의 생사유전을 벗어나지 못하기 때문에 깨달음으로 삼계의 생사유전을 벗어나게 할 수 있는, 다함없이 큰 묘지(妙智, 부처님의 지혜가 불가사의함을 가리킨다)와 비교할 때, 그 복덕이 미치지 못한다. 이를 받아서 "복과 지혜는 비교할 것이 없다."라고 하였다.

　'복덕과 지혜가 비교할 것이 없다.'란 재물을 보시하여 얻는 복덕과 경을 수지 등 하여 얻는 지혜의 복덕은 비교할 수 없다는 의미이다. 삼천대천세계가 가득 차도록 재물을 보시하여도 그로 인한 복덕은 유위이기 때문에 사용함에 따라 점차 줄어들어 언젠가는 다할 것이지만,[368] 경의 내용이나 그 사구게를 받아 지니고 읽고 외우며, 그 의미를 남에게 말해 주어 얻는 복덕인 지혜는 무위이기 때문에 사용하면 할수록 더욱 증가하고 심화되므로 아무리 시간이 흐르거나 공간적으로 확대되어도 더욱 커지면 커졌지 줄어들지 않는다. 그래서 법의 보시로 얻는 복덕(=지혜)이 재물의 보시로 얻는 복덕보다 수승하다고 하는 것이다.

착어) 복덕과 지혜를 함께 갖추면 허공과 같으니 가히 비교할 물건이 없다

---

[368] 복보가 소멸할 때 즐거운 일도 없어지고 큰 괴로움이 생긴다. 즐거운 느낌(樂受)이 생길 때와 그런 상태로 머물 때는 즐겁지만, 소멸할 때 괴롭다. 복보는 즐거움의 원인이다. 그러나 많이 누리면 괴로움의 원인이 된다. 비유하면, 불에 가까이 가면 추위를 멎게 하여 즐겁지만, 더욱 접근하면 몸이 타므로 괴롭다. 그러므로 복은 두 가지 모습을 가지고 있으며, 두 상이 있으므로 무상(無常)하다. 보다 자세한 내용에 대하여는, T30n1569001, 百論卷上, 提婆菩薩造, 婆藪開士釋, 姚秦三藏鳩摩羅什譯, 捨罪福品第一, CBETA 電子佛典集成 » 大正藏 (T) » 第30冊 » No.1569 » 第1卷, http://tripitaka.cbeta.org/T30n1569001 참조.

(福智俱等虛空, 無物可比).

옛날에는 가없이 크고, 티끌 없이 청정하며, 걸림 없이 자재한 것 혹은 그러한 상태를 비유하여 허공이라 하였다. 복덕과 지혜를 함께 갖추면 허공과 같아진다는 것이다. 번뇌의 중생이 복덕과 지혜를 완전히 갖추면 모든 번뇌를 버리고 허공처럼 크고 청정하고 걸림 없는 존재가 된다는 것이다. 이렇게 허공과 같아진 존재는 무엇과 비교할 수 있을 것인가? 가히 비교할 물건이 없으니, 조사님들은 "한 물건(一物)"이라고 하였던 것이다. 더 나아가 한 물건이라고 하는 것도 합당하지 않을 수 있다고 하였다. 한 물건마저 없는 완전한 공이라야 비로소 복덕과 지혜를 완전히 갖추었다 할 수 있다. 그 길잡이가 바로 이 경이며, 이 경의 가르침인 것이다.

송) 노래한다.[369]

복덕과 지혜가 가없으니 어찌 헤아리랴(福智無邊豈度量)
사람이나 하늘에 태어나려면 복이면 충분하나(人天路上福爲強)
생사를 벗어나 삼계를 뛰어넘는 데는(要離生死超三界)
오직 금강경을 외워 시방세계를 벗어난 것뿐이라(惟誦金剛出世方)

부처님은 복덕과 지혜를 원만하게 구비하신 명행족이다. 복덕이란 공을 베풀어서 쌓인 결과이고 지혜는 공부를 많이 하여 쌓인 결과이다. 복덕은 더 좋은 업도(業道)로 가기 위한 공효를 가지고, 지혜는 진리를 파악하여 이해하고 활용하는 능력으로서 삿된 생각과 행동을 지양하고 바른 생각과 행동을 추구할 수 있게 해 주는 길잡이이다. 둘은 수행정진하여 쌓인 결과로서 현세 및 내세의 완전한 깨달음을 이루기 위한 두 날개이다. 이러한 복덕과 지혜는 그 수량과 공효가 가없이 많고 크기 때문에 헤아릴 수 없다.

---

369) D13n8838001, 金剛般若波羅蜜經, 姚秦三藏法師鳩摩羅什奉 詔譯, 梁昭明太子加其分目, 汝水香山無聞思聰 註解, 福智無比分第二十四, CBETA 電子佛典集成 » 國圖善本 (D) » 第13冊 » No.8838 » 第1卷, http://tripitaka.cbeta.org/D13n8838001

구체적으로 그 공효를 보면, 복덕이 많은 중생은 사람의 세계(人道)와 하늘의 세계(天道)에 태어난다. 보다 좋은 세계(善道)에 태어나 행복한 삶을 살 수 있는 것이다. 그러나 이 복덕으로는 윤회전생을 벗어나지는 못하며, 그 복덕의 힘(福力)이 다하면 남은 악업이 있다면 이에 따라 악도에 태어나게 된다.

지혜, 특히 반야 지혜는 생사의 윤회를 벗어나 열반의 길에 들어가는 데 아주 핵심적이다. 연기법에 의하면, 열반에 들려면, 무명을 타파하고 본래의 청정성을 회복해야 하는데, 지혜가 없으면 안 되기 때문이다. 나아가 무명의 타파가 바로 지혜요, 본래의 청정성을 회복한 것이 지혜이다. 이 지혜를 얻고 쌓아 가는 데 경이 매우 수승한 도구이다. 경을 수지독송하여 남에게 해설하면 그 공효(즉, 금강반야)는 삼계를 뛰어넘고 생사를 벗어나 해탈 열반을 이룰 수 있는 것도 경이 지혜를 쌓는 수승한 도구이기 때문이다.

2. 내용

[第二十疑斷] 말한 바가 무기이면 행인(行因)이 아니(所說無記非因)라는 의심을 끊는다. 이 의심은 [第十九疑] 중 선법을 닦다(修善法)에서 나온다.

일체의 선법을 수행하여 보리를 얻는다고 말하면, 이는 선법은 포섭하지만, 무기는 포섭하지 않는 것이 된다. 앞에서 말한 사구게 등을 지니고 설법하는 것은 단지 명구문(名句文) 셋으로 무기성을 포섭할 뿐인데, 무기성 법 중에는 인과가 없기 때문이라고 하면, 여기에 어찌 깨달음을 이룰 수 있는 이치가 있는가? 이 의문을 없애기 위하여 경에서 말한다.

> [용어 풀이]
>
> * 無記(무기): 이 말은 두 가지 의미가 있다.
>   - 일체법은 선악을 기준으로 선한 것, 악한 것, 선하지도 악하지도 않은 것 등 셋으로 나누어 볼 수 있는데, 이 중 세 번째 범주에 속하는 것.
>   - 외도의 곤란한 질문 14개 항에 대하여, 부처님께서 인정하거나 회답할 것이 없다는 점을 인정하고 시비를 가려 대답하지 않은 것.
>
>   위 20번째 의심에서 나오는 무기는 첫 번째 의미의 무기이다.
> * 名句文(명구문): 본체를 설명하는 것을 이름(名)이라 하고, 뜻을 드러내는 것은 글귀(句)이며, 이 둘이 의지하는 음성의 굴곡과 글자의 형태를 문자(文)라 한다.

경) "수보리야. 만약 어떤 사람은 삼천대천세계 중에 있는 모든 수미산왕들 만큼의 칠보 무더기를 가지고 보시를 하고, 또 어떤 사람은 이 반야바라밀경 내지 (이 경 속의) 사구게 등을 받아 지니고, 읽고 외워서 다른 사람에게 말하면, 앞의 복덕으로는 (뒤의 복덕에) 백 분의 일에도 미치지 못하며, 백천만 억분의 일 내지 산수(계산)나 비유로도 미칠 수 없다."

須菩提若三千大千世界中所有諸須彌山王如是等七寶聚有人持用布施若人
以此般若波羅蜜經乃至四句偈等受持讀誦為佗人說於前福德百分不及一百千
萬億分乃至算數譬喻所不能及.

대철위산은 높이와 넓이가 이백이십사만 리이고, 소철위산은 높이와 넓이가 백십이만 리이다. 수미산의 높이와 넓이는 삼백삼십육만 리이다. 이를 가지고 삼천대천세계라고 부른다. 진리에 대하여 말하면, 탐진치로 인한 망념은 각각 일천씩을 가지고 있는데, 이는 대략 산이 다하는 것과 같다. 수미산의 개수와 같은 칠보를 가지고 보시하여 얻는 복덕은 무량무변히 크지만 한계가 있다. 그리고 그 복의 원인이랄 수 있는 칠보가 유루이기 때문에 해탈의 진리인 반야바라밀이 없다. 사구의 경문은 비록 실행은 적어도 성불에 이를 수 있다. 왜냐하면, 이는 경을 지님으로써 얻게 되는 지혜로 인하여 능히 중생들이 무명을 타파하고 보리를 증득할 수 있기 때문이다. 그러므로 둘은 비교할 수 없는 것이다.

이는 두 가지 의미를 가진다. 하나는 재물을 보시함에 따른 공덕은 아무리 크더라도 무명을 타파할 지혜가 없음을 시사한다. 무명을 타파하지 못하면, 생사윤회를 벗어날 수 없으며, 보시의 공에 의한 복덕이 있는 동안에는 선도(善道, 하늘 혹은 사람의 세계)에서 지낼 수 있으나, 언젠가 그 복덕이 다하였을 때는, 악도(惡道, 지옥, 아귀, 축생, 아수라)에 떨어질 수밖에 없다. 다른 하나는 무명을 타파하기 위하여는 지혜가 필요하며, 이 지혜는 단순히 재물을 보시한 공덕만으로는 부족하고 부처님의 말씀에 따라 수행하여 반야 지혜를 체득하여야 한다는 것이다.

십이연기법에 의하면, 육도윤회를 벗어나는 길은 무명을 타파하는 길밖에 없다. 그리고 무명의 타파에는 반야 지혜가 으뜸이다. 그러므로 경에서 삼천대천세계를 채울 보물을 보시하는 복덕과 경의 사구게만이라도 수지독송하고 다른 사람에게 해설하는 것의 복덕을 비교하여 후자가 전자보다 산수나 비유로도 비교할 수 없을 만큼 수승하다고 말하고 있는 것이다. 불가의 근본 목적은 '즐겁고 행복한 윤회'가 아니라(실은, 생사윤회는 그 자체로 괴로움이라는 것이지만), 윤회에서 벗어나 열반을 이루어 상락아정을 누리는 것이기 때문이다.

착어) 송곳으로 땅을 천 번 찔러도 넓적한 가래로 한 번 긁는 것만 같지 않다 (千錐劄地不如鈍鍬一捺).

송곳은 경문 속에서 삼천대천세계를 가득 채우는 양의 보물을 보시하는 것으로부터 얻을 수 있는 복덕을 비유하고, 가래는 경문 속에서 경의 내용이나 사구게를 수지독송하고 다른 사람에게 해설해 주는 것으로부터 얻을 수 있는 복덕을 가리킨다. 깨달음의 길로 나아가는데, 송곳으로는 천 번을 찔러도 가래로 한 번 긁는 것이 더욱 효과가 있음을 의미한다. 보물의 보시로 얻는 복덕은 언젠가는 끝이 날 유위의 복덕이고, 경이나 경의 사구게를 수지하는 등에 의한 복덕은 비록 적어도 영원히 없어지지 않는 무위의 반야 지혜이기 때문에 후자가 전자보다 수승하다는 것을 비유한 말이다.

논밭에 김을 매는 것은 심은 곡식이나 채소의 수확을 풍성하게 하기 위함이다. 논밭은 우리의 마음이요, 김은 우리의 불성을 덮고 있는 때(번뇌)요, 김을 매는 것은 우리의 수행이며, 곡식과 채소는 우리가 가진 불성이요, 수확은 수행으로 얻은 복덕과 지혜이다. 우리는 마음에 뿌려져 있는 불종자를 찾아, 싹틔우고 키워서 마침내 본래 불성을 회복하게 된다. 이를 위하여 거듭 수행을 하여 불성을 덮어 가리고 있는, 혹은 본래의 청정성을 더럽히고 있는 때를 벗겨 낸다. 이렇게 때를 다 벗겨 내고 나면 마침내 무명이 타파되고 본래 청정한 불성이 드러나게 되는데, 이를 성불이라 한다.

이와 같은 수행과정은 농사짓기에 비유할 수 있다. 그런데 농사짓기에는 농토에 따라, 작물에 따라, 농사꾼의 솜씨에 따라 각기 다른 여러 가지 농기구가 사용된다. 위 착어에 나오는 송곳이나 가래는 농사꾼의 농기구라고 보면, 이해가 쉽다. 그러면 송곳은 근기가 하열(下劣)한 경우를 가리키고 가래는 근기가 수승한 것을 가리킨다고 볼 수 있다. 근기가 하열하면 자신에게 갖춰진 불성을 자각하고 수행하는 것이 더디고 힘들지만, 근기가 수승하면 불성의 자각과 수행이 훨씬 용이하고 빠르다. 그러나 중요한 것은 근기가 하열하거나 수승하다는 차이 때문에 본래 갖춰진 불성이 작거나 큰 것은 아니라는 것이다. 즉, 근기의 하열함이나 수승함과는 아무런 관계가 없이 모든 중생이 갖추고 있는 불성의 크기는 평등한 것이다.

수행의 길은 각자의 근기에 따라 다르다. 송곳처럼 근기가 하열하여(下根機) 낮은 단계의 초보적인 수행부터 시작하는 것이 좋은가 하면(예컨대, 漸悟, 北宗禪), 가래처럼 근기가 수승하여(上根機) 곧바로 깨달음의 길로 들어갈 수 있는 경우도 있다(예컨대, 頓悟, 南宗禪). 수행자는 자신에게 알맞은 수행법을 선택하고, 근기가 계발되어 수승해짐에 따라(向上一路) 그에 알맞은 수행방법을 선택하도록 하는 것이 좋을 것이다.

송) 노래한다.

기린과 난봉은 무리를 이루지 않고(麒麟鸞鳳不成群)
벽벽은 작아도 구슬인데 어찌 시장에 내놓으리(璧璧寸珠那入市)
해를 쫓는 말은 달리기 경쟁을 하지 않고(逐日之馬不競馳)
의천검은 인세에 비교하기 어렵다네(倚天長劍人難比)

하늘과 땅으로 덮을 수 없고(乾坤不覆載)

겁화로 무너뜨릴 수 없으며(劫火不能壞)

늠름한 위광이 큰 허공을 가득 메워도(凛凛威光混大虚)

천상도 인간도 모두 알지 못하네(天上人間總不知)

오호라(噫)

기린이나 난새, 봉황과 같은 상서롭고 신비로운 전설의 동물들은 무리를 짓지 않는다. 그 자체의 빼어남이 있어서 귀하기도 하지만, 거의 나타나지 않는 희소성 때문에 귀하게 여겨진다. 만약 이들 동물이 무리를 지어 나타난다거나 다닌다고 하면, 흔함 때문에 귀하게 여겨지지 않았을 것이며, 그저 그런 동물들 중의 하나로 치부되고 말 것이다.

벽벽은 구슬의 한 종류이다. 가운데 구멍이 나 있고 주변을 돌아가며 둥근 형태로 되어 있는 자연산 구슬이다. 이런 종류의 구슬은 아주 희소하기 때문에 매우 귀하게 여겨졌고, 그래서 작아도 시장에 팔 물품이 아닌 것이다.

해를 쫓는 말(이런 말을 천마 혹은 준마라 한다)이란 세상의 잡다한 것들에 관심 없고 하늘에 매달린 해만 따라가는 말이라 지상에 있는 다른 말이나 짐승들과 경쟁하지 않는다. 다른 짐승들과 경쟁을 할 것 같으면 하늘의 해나 쫓아가는 꿈(願力)과 능력을 보여 주지는 못할 것이다.

의천검은 하늘이 낸 검이다. 그 검을 가진 자가 천하의 주인이 된다는 전설의 검이다. 이런 검은 아무나 가질 수 있는 것이 아니다. 천하의 주인이 될 역량을 가진 자만이 가질 수 있다. 그런 역량이 없는 자가 이런 검을 가지면 오히려 재앙을 맞는다. 그래서 의천검은 자신의 주인을 스스로 고른다.

이상 몇 가지 물건은 그 어떤 것을 가리키기 위한 비유이다. 기린, 봉황, 난새, 벽벽, 천마, 의천검 등은 인세에 드물고 귀하며 값으로 따지면 무한이다. 이런 물건들에 비유되는 그 어떤 것, 그게 무엇일까? 조사들은 이것을 가리켜 한 물건(一物)이라 하였고, 이 한 물건은 천지간에 빛난다고 하였다. 이 한 물건은 하늘과 땅으로도 덮을 수 없고 지옥의 겁화로도 태울 수 없다. 이 한 물건은 진여, 법성, 실상, 본래면목 등등의 이름으로 불리고 있으나, 실은 그 어디에도 없는, 그러나 우리들 중생 모두가 내장하고 있는 것이다. 이 한 물건은 천지간에 가득하고 바로 내가 가지고 있는 것임에도 중생들이 알지 못하고 깨닫지 못한 채, 미혹에 빠져 헤매거나 밖에서 찾고 있는 것이다. 이 가장 수승한 최상승의 제일의를 찾을 수 있다면, 그게 바로 아뇩다라삼먁삼보리인 것이다.

 # 제25분 교화하였으나 교화한 바가 없다(化無所化分)

1. 의의

교화의 문을 세웠으나 통발과 올무를 벗지 못하니, 요컨대 진실로 교화한 바가 없다. 이를 받아서 교화하였으나 교화한 바가 없다고 하는 것이다. 교화의 문이란 부처님께서 중생들을 구원하기 위하여 깨달으신 것을 전하고자 결심하시고 실제로 오비구를 시작으로 중생들에게 가르침을 주신 것을 말한다. 문이란 드나드는 공간이다. 이 문을 경계로 가르침의 세계와 미혹의 세계로 나뉜다. 절에 가면 일주문(산문)이 가장 대표적인 문의 예이다.

통발은 물고기를 잡는 데, 올무는 길짐승을 잡는 데 각각 사용되는 도구이다. 통발과 올무를 벗지 못하였다 함은 중생이 미혹의 세계에 빠져 깨달음을 향한 가르침을 알지 못한 채 지속적으로 탐염(貪染)하고 미혹하게 살아가는 것을 가리킨다. 부처님의 가르침은 이런 통발과 올무를 벗겨 내는 방법에 관한 것이다. 부처님의 가르침에도 불구하고 중생들은 여전히 탐염하고 미혹하니, 가르쳐도 가르친 것이 없다고 할 수 있겠다.

그러나 교화하였으나 교화한 것이 없다고 하는 근본 취지는 교화하였다는 마음을 내지 말라는 의미이다. 교화하였다는 마음이 생기는 것은 곧 "가르치는 나, 가르침을 받는 너"라는 분별심을 전제로 한다. 이는 바로 아상, 인상, 중생상, 수자상 등 사상이 있음을 의미하는 것이며, 이런 것은 깨달음이 아니다. 교화하고 교화하였다는 마음을 내는 것은, 무여열반으로 인도하여 멸도하게 하고 멸도시켰다는 마음을 내는 것과 같다. 그 자체로 통발이요 올무인 것이다. 교화한 자나, 교화된 자나 교화하고 교화되었다는 마음을 내지 않으니, 이것이 평등하고 분별하지 않는 마음이다. 경에서 "이 법은 평등하다(是法平等)."라고 한 것은 바로 이를 두고 하는 말이다.

착어) 중생의 본성은 공하여 비록 중생을 교화하여 건너가게 해 주어도 실은 교화한 바가 없다(眾生性空, 雖化度眾生, 而實無所化).

　교화하였으나 교화한 것이 없다는 말을 이해하기 위하여는 두 관점에서 볼 필요가 있겠다. 하나는 교화하는 자의 관점(能化)이고 다른 하나는 교화되는 자(所化)의 관점이다. 교화하는 자는 부처님이고 교화되는 자는 중생이다. 그런데 교화하는 자로서의 부처님이 누군가가 나의 교화를 받아서 멸도하였다고 마음을 내면, 이는 사상에 집착하는 것으로, 깨달음을 이룬 존재로서의 부처라 할 수 없다. 조금이라도 마음에 상이 있으면, 이는 깨달음을 완성한 자가 아니기 때문이다(진실은 부처님은 그러한 상을 내지 않는다는 것이다). 또한, 부처님도 교화를 위하여 응신으로 나투시는 한, 유위의 법들이 인연에 따라 조합된 것이므로 공한 존재이다.

　교화되는 자로서의 중생이란, 이미 앞에서 공부한 바와 같이, 유위의 조건들이 화합하여 이루어진 조작적 존재들이다. 즉, 인연 따라 생겨난 존재들인 것이다. 이런 존재들은 자성이 없이 공하다. 그러므로 중생을 교화해도 공한 중생을 교화한 것이고, 그러므로 그 교화 자체도 공한 것이다. 공한 것은 실체가 없으니, 교화의 실체도 없다고 할 것이다. 그러므로 중생을 교화하였으나 실은 공한 것을 교화한 것이고, 그 교화 자체도 공한 것이어서 교화도 없는 것이다.

　요컨대, 중생을 교화함은 교화를 하는 자나 교화를 받은 자나 사견이 없고 공하기 때문에 교화하였으나 교화함이 없는 것이다. 또한, 교화자도 교화를 받는 자도 모두 교화에 관하여 마음이 머물지 않으므로 교화하였으나 교화한 바가 없는 것이다.

송) 노래한다.[370]

자성의 중생은 자성을 건네는데(自性眾生自性度)

---

370) D13n8838001, 金剛般若波羅蜜經, 姚秦三藏法師鳩摩羅什奉 詔譯, 梁昭明太子加其分目, 汝水香山無聞思聰 註解, 化無所化分第二十五, CBETA 電子佛典集成 » 國圖善本 (D) » 第13冊 » No.8838 » 第1卷, http://tripitaka.cbeta.org/D13n8838001

어리석은 인간이 부처를 밖에서 구하네(癡人覓佛外邊求)
가련하구나, 취옥을 줍고 홍옥을 집어 드는 객이여(可憐拾翠拈紅客)
헛되이 염부에 있으며 날짜만 세네(空在閻浮數日頭)

지혜로운 사람은 자신이 불성(自性)을 갖춘 중생임을 알고 자신의 힘으로 그 자성을 찾아서 생사의 윤회를 건너 깨달음을 이룬다. 그러나 어리석은 자는 자신의 구원을 외부의 힘, 불보살의 힘에 의지하려 한다. 부처나 조사들은 깨달음이란 외부에서 구하는 것이 아니라 이미 자신에게 내장되어 있는 불성을 찾는 것이라고 강조해 왔다. 취옥을 줍고 홍옥을 집어 든다는 말은 몇 가지 의미가 있다. 첫째, 세속적 물욕에 탐닉하면서 수행을 소홀히 하는 것을 경계하는 것이다. 둘째, 취옥이나 홍옥은 보배로운 물건이다. 이를 깨달음을 비유해 보면, 이런 보물을 줍고 집는 것은 외부에서 깨달음을 찾는 것이라 할 수 있다. 이는 자신에게 내장되어 있는 부처를 알지 못한 채 밖에서 부처를 구하는 것이다. 탐욕이건 외부에서 깨달음을 구하는 것이건, 이래서는 영원히 깨달음을 이룰 수 없다. 그러니 어찌 가련하지 않겠는가? 탐욕을 부리거나, 자신의 본래면목을 깨달으려 하지 않고 밖에서 찾겠다고 노력하는 수행은, 아무리 긴 세월을 정진해도 결코 이룰 수 없는, 헛된 노력일 뿐이다. 염부는 동남서북 사천하 중 남섬부주를 가리킨다. 사천하 중에서 깨달음을 이룰 수 있는 곳은 남섬부주의 인간뿐이다. 그러므로 남섬부주에 태어난 것 자체만으로 매우 드문 기회를 얻었다고 할 수 있는데, 수행을 소홀히 하거나, 어리석게 수행하면서 남섬부주에 태어나 얻은 기회를 헛되이 보내 버리니, 어찌 가련하지 않겠는가?

2. 내용

[第二十一疑斷] 평등한데 어떻게 중생을 건네주는가(平等云何度生)라는
의심을 끊는다. 이 의심은 [第十九疑] 중 이 법은 평등하다(是法平等)에서 나온다.

이 법은 평등하여 높고 낮음이 없다고 하였다. 그런즉 어떤 중생도 건네줄 수 없다.

만약 여래가 중생이 아니라고 말한다면, 이는 다른 가르침과 어긋난다. 예컨대, 어떤 경에서는, 무량한 중생이 나를 선지식으로 삼았기 때문에 온갖 괴로움에서 해탈하였다고 말한다. 이는 이미 중생을 건네준 것이며, 즉 고하가 있는 것인데, 어찌 평등하다고 하는가? 이런 의심을 없애기 위하여 경에서 말한다(功德施菩薩).

경) "수보리야. 어떠냐? 그대들은 여래가 나는 마땅히 중생들을 멸도하여야 한다고 생각하는 것으로 말하지 말아라. 수보리야. 그렇게 생각하지 말 것이니, 왜냐하면, 진실로 어떤 중생도 여래가 건네준 자가 없기 때문이다. 만약 여래가 건네준 중생이 있다면, 여래는 곧 아, 인, 중생, 수자를 가지는 것이다."
須菩提於意云何汝等勿謂如來作是念我當度眾生須菩提莫作是念何以故實無有 眾生如來度者若有眾生如來度者如來則有我人眾生壽者。

여래는 중생들을 건네줄 마음을 가지고 있다고 하는 수보리의 생각을 떨쳐 버리기 위하여 부처님께서 그런 생각을 갖지 못하도록 말씀하신 것이다. 모든 중생은 본래 스스로 부처이다. 만약 여래가 중생을 멸도하여 부처를 이루게 하였다고 말한다면, 이는 망어가 되며, 망어이기 때문에 아, 인, 중생, 수자를 가진 것이다. 경의 이 구절은 나의 것이란 마음(我所心)을 버리도록 하기 위하여 하신 말씀이다. 그러나 일체 중생이 불성을 가지고 있어도, 만약 제불의 설법에 의한 가르침과 인도가 없으면, 무엇에 의지하여 불도를 이룰 것인가? 자신이 불성을 갖추고 있음을 인식하고, 그것을 발현시키기 위하여 방편을 수행하여 마침내는 불과를 증득하는 전 과정에 있어서 부처님의 지속적인 가르침과 돌봄(護念)이 있다면, 그 가르침과 돌봄에 의지하여 보다 용이하고 빠르게 불도를 이룰 수 있을 것임은 불문가지다. 부처님께서 직접 건네주는 것은 아니지만, 건너갈 수 있게 수많은 방편을 제공하는 것은 맞다. 예컨대, 불성이 각자에게 내장되어 있음을 인식시켜 주고, 수행의 모범을 보이고, 각종 수행의 방법들을 제시하고, 증득의 증거들을 보여 주시는 부처님의 역할은 두말할 여지가 없이 중요한 것이

다. 원오(圜悟)선사가 말했다.[371]

"붉은 고깃덩어리 위에 사람마다 고불(古佛)의 가풍이 있으며, 비로정문(毘盧頂門)에 곳곳마다 조사의 코잡기(巴鼻)가 있다. 하나의 기틀, 천 개, 만 개의 기틀을 잡아 꿰뚫어 한 구절, 천 구절, 만 구절을 사용하여 유통시켜도, 타인을 빌려 자신의 쓰임새를 모두 드러낼 수는 없다. 만약 모든 사람이 이렇게 비추어 볼 수 있다면, 곧 옛날부터 지금까지 모든 것을 고요하고 집중적으로 살필 수 있으리라. 한 자락의 광명은 속도 아니고 겉도 아니며 색도 아니고 마음도 아니다. 방을 행하면 남을 때리는 것에 집착하지 않고, 갈을 행해도 남에게 고함쳐서 얻을 것이 없다. 아무런 꾸밈없고 적나라한 것을 곧바로 얻어야 이것이 바로 무생의 법인이고 물러남이 없는 전법륜이다. 양끝을 잘라 버리고 집으로 돌아가 편안하게 앉는다. 이러한 때를 바로 대면할 것이지 모름지기 다른 것을 찾겠는가? 오직 이것이 극락이다."

착어) 봄 난초, 가을 국화는 각각 자신의 향기가 있다(春蘭秋菊各自馨香).

사군자 중에 봄에는 난초가 으뜸이고, 여름에는 대나무가, 가을에는 국화가, 겨울에는 매화가 그 특성을 가장 잘 드러낸다. 춘란추국이라고 하면 사군자 전체를 말한다고 할 수도 있고, 말 그대로 봄의 난초와 가을의 국화만을 지칭한다고 볼 수도 있다. 여하튼 각자의 향기가 있다고 함은 나름의 독특한 가치, 혹은 독특한 성질이 있음을 의미한다.

수보리가 여래는 중생을 구제하려는 마음을 가지고 있다고 생각할까 우려하신 부처님께서 그러한 생각을 내지 말도록 그 이유를 설명하셨다. 여래의 역할은 중생을 건네주는 것이 아니라 건너갈 방법을 가르쳐 주는 것이다. 직접 구제의 손길을 내미는 것이 아니라, 중생이 자신의 힘으로 스스로를 구제할 수 있는 방편을 일러 주는 것이다. 여래가 만약 이 방편으로 중생을 구제하리라고 마음을 내면, 중생보다 자신이 우월함을 드러내는 것이 되고, 이는 평등하여 고하가 없다고 한 가르침에 위반된다. 또한, 그

---

371) T47n1997006, 圓悟佛果禪師語錄卷第六, 宋平江府虎丘山門人紹隆等編, 上堂六 CBETA 電子佛典集成 》 大正藏(T) 》 第47冊 》 No.1997 》 第6卷, http://tripitaka.cbeta.org/

러한 마음을 내는 것은 경의 말대로 사상을 갖는 것이 되어 부처의 본성에도 반한다. 나아가, 이미 말했지만, 여래는 각자에게 수기를 줄 뿐 아뇩다라삼먁삼보리를 주는 것이 아니다. 줄 수 있는 아뇩다라삼먁삼보리라는 정해진 법이 없기 때문이다.

중생은 오직 자신의 근기에 맞는 방법으로 각자의 길을 찾아서 깨달음을 이루어 가야 한다. 봄에는 난초가 그 그윽한 향기와 자태를 뽐내며 피어나고, 가을에는 국화가 그 화려한 자태와 향기를 뽐내며 피어나는 것은, 외부의 온갖 장애를 극복하고 자신에게 숨겨져 있던 향기와 자태를 찾아 피워 올렸기 때문이다. 중생들도 각자 자신의 향기와 자태로서 깨달음이라는 하나의 목표를 향하여 스스로 나아가야 하는 것이다.

송) 노래한다.

태어나자마자 동서로 일곱 걸음씩 걸었어도(生下東西七步行)
사람마다 코는 바로 서고 두 눈썹은 옆으로 났구나(人人鼻直兩眉橫)
시끄럽게 주고받는 슬픔과 기쁨은 모두 비슷한데(哆和悲喜皆相似)
어느 때 누가 다시 존당(尊堂)을 향해(那時誰更向尊堂)
얻은 것이 무엇인지 환기하리요(還記得在麼)

경에 전하는 바에 의하면, 부처님이 룸비니동산에서 태어나셨을 때, 아기부처는 사방으로 일곱 걸음을 걸으며 "천상천하(天上天下). 유아독존(唯我獨尊). 삼계개고(三界皆苦). 아당안지(我當安之)."라고 말씀하셨다고 한다. 부처님께서 이런 말씀을 하셨다고 함은 고통에 시달리고 있는 사방의 모든 중생을 고통으로부터 벗어나게 해 주겠다는 의지와 일생에 걸친 실천행을 선언한 것이라 할 수 있다. 이 점, 부처님만의 타고난 특이성이라고 할 수 있으며, 존귀함이라고 할 수 있다.

그러나 사람으로서의 부처님의 외관은 다른 사람들과 다름이 없다. 일단, 생김새가 같다. 즉, 코는 위에서 아래로 서 있고, 눈은 옆으로 나 있는 것이다. 여기서 코와 눈은 외형 일체를 대표하는 말이라 할 수 있다. 그리고 시끄럽게 떠들어 대는 슬픔이나 기쁨 등은 감정 혹은 정서를 대표하는 말로, 이 또한 부처님이나 사람들이나 다를 것이 없다.

이러한 외형이나 감정을 조건으로 볼 때, 태어날 때의 무엇을 가지고 부처님과 일반 사람들의 차이점을 찾겠는가? 그리고 모든 중생이 본래면목을 갖추고 있는 점에서도 부처님과 일체 중생은 평등하다. 오직 깨달음을 이루고자 일념으로 나아가는가 아닌가에 의하여, 마침내 최상의 깨달음을 이루었는가 어떤가에 의하여, 그리고 자신의 깨달음을 모두에게 전하여 함께 나아가기를 실천하는지 어떤지에 의하여 구별할 수 있을 뿐이다. 이 지점에서 부처님과 모든 중생은 각자의 색깔과 향기를 가지고 있다고 할 수 있을 것이다.

[공부]

탄생게의 버전들

부처님의 탄생은 신비로운 것들로 가득하다. 석가모니부처님처럼 위대한 분의 탄생에 전설과 신화가 없을 리 없으니, 이를 참조하면서 특히 부처님의 탄생시에 아무런 부축도 없이 직접 시방으로 일곱 걸음씩 걸으면서 불렀다는 노래(誕生偈)에 대하여 몇 가지 버전을 살펴본다. 버전마다 조금씩 차이가 있음에 주의하자.

- 하늘 위 하늘 아래, 오직 내가 존귀하니(天上天下 唯我爲尊), 중생의 생노병사를 반드시 건네주리라(要度眾生 生老病死).[372]
- 하늘 위 하늘 아래에서 오직 내가 존귀하다(天上天下 唯我爲尊). 삼계가 모두 괴로움이니, 어떻게 즐거울 수 있을 것인가(三界皆苦 何可樂者).[373]
- 이번 생은 부처의 생이며(此生爲佛生)/마지막 생이 되리라(則爲後邊生)/나는 이 한생 동안 오로지(我唯此一生)/일체를 건네주리라(當度於一切).[374]
- 세간 중 내가 가장 수승하나니(世間之中 我爲最勝), 내 금일부터 태어남이 다하리라(我從今日 生分已盡)/나는 세간에서 가장 수승하나니(我於世間 最爲殊勝), 생사를 끊어 이것이 마지막 태어남이네(我斷生死 是最後邊).[375]

---

372) T01n0001001, 佛說長阿含經卷第一, 後秦弘始年佛陀耶舍共竺佛念譯, (一)第一分初大本經第一, CBETA 電子佛典集成 » 大正藏 (T) » 第1冊 » No.0001 » 第1卷, http://tripitaka.cbeta.org/

373) T03n0185001, 佛說太子瑞應本起經卷上, 吳月支優婆塞支謙譯, CBETA 電子佛典集成 » 大正藏 (T) » 第3冊 » No.0185 » 第1卷, http://tripitaka.cbeta.org/

374) T04n0192001, 佛所行讚卷第一(亦云佛本行經), 馬鳴菩薩造, 北涼天竺三藏曇無讖譯, 生品第一, CBETA 電子佛典集成 » 大正藏 (T) » 第4冊 » No.0192 » 第1卷, http://tripitaka.cbeta.org/

375) T03n0190008, 佛本行集經卷第八, 隋天竺三藏闍那崛多譯, 樹下誕生品下, CBETA 電子佛典集成 » 大正藏 (T) » 第3冊 » No.0190 » 第8卷, http://tripitaka.cbeta.org/

- 하늘 위 하늘 아래, 오직 내가 존귀하다. 삼계가 모두 괴로움이라 내가 이를 편안하게 하리라(天上天下 唯我爲尊, 三界皆苦 吾當安之).[376]
- 나는 천상천하를 구도하여 하늘과 사람에게 존귀하리(我當救度 天上天下 爲天人尊)/생사의 괴로움을 끊고 삼계에서 위없이 되어 일체 중생들이 무위에서 늘 편안하게 하리라(斷生死苦 三界無上 使一切衆 無爲常安).[377]
- 일곱 걸음을 아래와 같이 걸으면서 나는;[378]
  동쪽으로, 일체 선법을 얻어 중생에게 말하리라(我得一切善法 當爲衆生說之).
  남쪽으로, 하늘과 사람에게서 공양을 받으리라(我於天人 應受供養).
  서쪽으로, 세간에서 가장 존귀하고 가장 수승하다. 이는 곧 나의 마지막 몸으로 생노병사를 다하리라(我於世間 最尊最勝 此卽是我 最後邊身 盡生老病死).
  북쪽으로, 일체 중생 중에서 위없는 위(無上上)가 되리라(我當於一切衆生中 爲無上上).
  하방으로, 일체의 마군을 항복시키고, 지옥의 맹화 등 괴로움의 도구를 소멸하며, 큰 법의 구름을 베풀고 큰 법의 비를 내려, 마땅 중생들이 모두 안락을 누리게 하리라(我當降伏一切魔軍. 又滅地獄諸猛火等所有苦具 施大法雲雨大法雨 當令衆生盡受安樂).
  상방으로, 일체 중생이 우러르도록 하리라(我當爲一切衆生之所瞻仰).
- 나는 일체의 하늘과 사람 중에서 가장 존귀하고 수승하나니, 무량한 생사를 지금 다할 것이며, 이 생애 동안 일체의 사람과 하늘에게 이익을 주리라(我於一切天人之中最尊最勝 無量生死於今盡矣 此生利益一切人天).[379]

경) "수보리야. 여래가 말한 내(我)가 있다 함은 내가 있는 것이 아니며, 범부인 사람(人)이 내가 있다고 할 뿐이다. 수보리야. 여래는 범부라 함은 범부가 아니라 이름이 범부라고 말한다."

須菩提如來說有我者則非有我而凡夫之人以爲有我須菩
提凡夫者如來說卽非凡夫是名凡夫。

---

376) T03n0184001, 修行本起經卷上, 後漢西域三藏竺大力共康孟詳譯, 菩薩降身品第二, CBETA 電子佛典集成 » 大正藏 (T) » 第3冊 » No.0184 » 第1卷, http://tripitaka.cbeta.org/T03n0184001

377) T03n0186002, 普曜經卷第二, 西晉月氏三藏竺法護譯, 欲生時三十二瑞品第五, CBETA 電子佛典集成 » 大正藏 (T) » 第3冊 » No.0186 » 第2卷, http://tripitaka.cbeta.org/T03n0186002

378) T03n0187003, 方廣大莊嚴經卷第三, 中天竺國沙門地婆訶羅奉 詔譯, 誕生品第七, CBETA 電子佛典集成 » 大正藏 (T) » 第3冊 » No.0187 » 第3卷, http://tripitaka.cbeta.org/T03n0187003

379) T03n0189001, 過去現在因果經卷第一, 宋天竺三藏求那跋陀羅譯, CBETA 電子佛典集成 » 大正藏 (T) » 第3冊 » No.0189 » 第1卷, http://tripitaka.cbeta.org/

여래가 '내가 있다(有我).'라고 말할 때, 나는 자성청정한 상락아정의 나, 즉 열반을 이룬 나(진여 세계의 나)를 가리키는 것으로, 탐욕스럽고 화내고 무명에 덮여 허망하며 진실하지 않은 나(속세의 나)와 다르다. 그러므로 '범부인 사람'이란 내가 있다고 하는 사람을 말한다. 나와 남이 있다고 함은 범부이며, 나와 남이 있지 않으면(즉, 나와 남을 분별하지 않으면) 범부가 아니다. 마음에 생김과 소멸함(生滅)이 있으면 범부이며 없으면 범부가 아니다. 반야바라밀다를 깨우치지 못하면 범부이고 반야바라밀다를 깨우치면 범부가 아니다. 마음에 능소가 있으면 범부이며 마음에 능소가 없으면 범부가 아니다.

그런데 이런 양면적 특성은 모든 사람이 가지고 있으며, 시시각각 경험할 수 있는 현상이기도 하다. 이런 점에서 우리는 수시로 범부인 자신과 범부 아닌 자신 사이를 오가는 존재라 할 수 있다. 즉, 범부인가 아닌가 하는 것은 어떤 속성의 발현에 따른 구분일 뿐, 범부가 정해져 있는 것은 아닌 것이다. 그러므로 범부란 이름일 뿐이며, 존재 자체가 아닌 것이다. 이미 말한 것처럼, 이 법은 평등하여 고하가 없는데, 어찌 여래가 중생을 제도하였다고 할 것인가? 그러므로 노래하였다.[380]

진실로 법계는 평등하여(平等眞法界)
부처가 중생을 건네주는 것이 아니라네(佛不度眾生)
이름으로서 그 음(陰=蘊)을 공유하여(以名共彼陰)
법계를 벗어난 적이 없다네(不離於法界)

여기서 이름은 중생의 가명이며, 음은 곧 오온 실법이다. 이 가명과 실법은 모두 법계이며, 그러므로 법계를 벗어나지 않는다. 이미 법계에 즉하였으니 범부와 성인이 하나와 같은데(一如), 어찌 건너도록 이끌어야 할 중생이 있다고 할 것인가? 이런 이유로 부처는 중생을 건네준다고 말하지 않는 것이다. 여래가 만약 중생을 건네준다고 말하면, 이를 실행하기 위하여 나와 중생을 분별하고, 나는 중생보다 우월하다고 자만하는

---

380) T33n1701002, 金剛般若經疏論纂要下, 京大興福寺沙門宗密述, 長水沙門子璿治定, CBETA 電子佛典集成 » 大正藏 (T) » 第33冊 » No.1701 » 第2卷, http://tripitaka.cbeta.org/T33n1701002; X24n0467007, 銷釋金剛科儀會要註解卷第七, 姚秦三藏法師 鳩摩羅什 譯, 隆興府百福院 宗鏡禪師 述, 曹洞正宗嗣祖沙門 覺連 重集, 化無所化分第二十五, CBETA 電子佛典集成 » 卍續藏 (X) » 第24冊 » No.0467 » 第7卷, http://tripitaka.cbeta.org/X24n0467007

것이 된다. 이는 곧 사상에 집착하는 것이다. 그러므로, 사상을 버리면 건네주는 것이 아니라 건너는 것이다. 건너는 것은 건네주는 것이 아니니, 곧 이것이 여래가 말한 의미인 것이다. 부대사가 노래했다.[381]

중생이 인과를 닦으면(眾生修因果)
열매가 익어 자연히 원만해지듯(果熟自然圓)
법의 배는 자연히 건너가는데(法船自然度)
왜 꼭 사람이 끌어야 하나(何必要人牽)
마치 고기를 잡으면(恰似捕魚者)
고기 잡은 통발을 잊어버리듯(得魚忘卻筌)
만약 여래가 건네준다고 말하면(若道如來度)
종래 어떤 배로 건네주었나(從來度幾船)

[공부]

물고기를 잡으면 통발을 잊다(得魚忘筌)

『장자(莊子)』 외물(外物) 편에 다음과 같은 이야기가 나온다.
　통발(筌)을 놓는 것은 물고기를 잡기 위한 것이기 때문에 물고기를 잡고 나면 통발을 잊고, 올무를 놓는 것은 토끼를 잡기 위한 것이기 때문에 토끼를 잡고 나면 올무를 잊으며, 말을 하는 것은 뜻을 전하고자 하는 것인 까닭에 뜻을 알고 나면 말을 잊어버린다."
　筌者所以在魚, 得魚而忘筌; 蹄者所以在兔, 得兔而忘蹄; 言者所以在意, 得意而忘言。
이는 뜻하는 바를 이루고 나면 그 일을 이루게 해 준 사물이나 조건 혹은 사람을 완전히 잊어버리는 것을 비유한 말이다. 목적을 달성한 후 은혜를 저버리거나 근본을 배신해 버리는 것을 비유하기도 한다. 그러나 불가에서는 깨달음을 이룬 후에는 부처님 혹은 조사의 가르침을 오히려 버리고 마음을 두지 않아야 하기 때문에 배신이나 은혜를 저버리는 것이 아니다.

착어) 앞생각은 중생이나 뒷생각은 부처이니, 부처는 무엇이고 중생은 무엇인가

　　(前念眾生後念佛佛與眾生是何物)?

---

381) 藏外佛教文獻 第09冊, No.73h, 梁朝傅大士夾頌金剛經 (1卷),【達照整理】, 第1卷, https://tripitaka.cbeta.org/mobile/index.php?index=W09n0073h001

육조혜능선사는 "자성이 미혹되어 있으면 곧 중생이고(自性迷卽是衆生), 자성이 깨어있으면 곧 부처(自性覺卽是佛)"라고 가르쳤다. 한 생각은 지혜와 복덕을 구비하였으나, 다른 한 생각은 미혹되어 있다면, 이것은 부처인가? 중생인가? 부처가 있다 없어지고 중생이 없다가 생겨난 것인가? 그 반대로, 앞생각이 부처이다 뒷생각이 중생이면, 부처와 중생은 무슨 물건인가? 부처이다가 중생이 된 것인가?

즉심시불(卽心是佛)이라는 말이 있다. 마음에 즉한 것이 부처라는 말이다. 즉심즉불(卽心卽佛)이라는 말도 있다. 마음에 즉한 것이 부처에 즉한 것이라는 말이다. 즉하다는 말은 '맞닥뜨리다'라는 뜻이다. 어떤 것과 다른 것이 등치를 이룰 때 쓰이는 말이다. 이러한 말들에 의하면, 부처와 중생은, 따로 결정되어 있는 그 어떤 별개의 것이 아니라, 마음을 매개로 오가는 존재로서, 마음을 어떻게 쓰는가에 따라, 어떠한 생각을 어떻게 일으키는가에 따라, 부처도 되었다가 중생도 되었다가 한다는 의미이다. 불가의 조사들은 부처와 중생을 이렇게 이해하였다. 부처라는 절대적 존재가 각 중생과는 다르게 존재하는 것이 아니라 중생의 마음 자체가 부처와 중생을 결정짓는 요소로 보았던 것이 아닐까 싶다. 바로 이 지점에서 보리와 번뇌, 부처와 중생, 열반과 생사가 공존한다고 할 수 있다.

송) 노래한다.

드러나지 않는다네, 삼두육비도(不現三頭六臂)
숟가락을 들었다 젓가락을 놓았다 할 수 있음이(却能拈匙放筯)
어떤 때는 술에 취해 사람을 욕하나(有時醉酒罵人)
홀연 향을 피우고 예를 하는 것이(忽爾燒香作禮)
손에는 파사분을 잡고(手把破砂盆)
몸에는 신라의 비단을 두른 것이(身披羅綿綺)
짓고 본뜨고 더한 모양이 백천 가지이지만(做摸打樣百千般)
곧장 코 잡아 끌고 와 보니 내가 너구나(驀鼻牽來我是你)

삼두육비란 보통의 사람과는 다른 존재, 그중에서도 힘이 막강한 존재를 가리키는 말이다. 머리가 셋이고 팔이 여섯이라고 하니, 괴물이고 힘도 셀 것으로 보인다. 이런 존재도 숟가락질과 젓가락질을 할 수 있다. 먹어야 하는 문제를 해결해야 하는 것은 머리가 하나이고 팔이 둘인 우리네 보통 사람과 다를 것이 없는 것이다. 그러나 이런 공통된 점은, 세 개의 머리와 여섯 개의 팔이라는 개별적이고 특수한 것 때문에 가려져서 일반적으로 잘 드러나지 않는다.

또 어떤 때는 비정상적이고 저급한 일에 빠져 허우적거리다가도 깨달음을 향하여 바르고 청정한 마음을 내어 정진할 수도 있다. 술에 취하여 욕하다 향 피우고 예배하는 것이나, 페르시아산이나 신라산 물건을 가지는 것도 모두 개별적 특수성을 나타내는 말들이라 할 것이다.

그러나 이런 개별적이고 특수한 것들은 각자의 드러난 모습이다. 이런 것들은 각기 다르다. 이를 기준으로 서로를 바라보면 모두 다르다. 이런 다른 것을 근거로 다르게 대우하면 이것이 분별이고 간택이며 차별이다. 이런 분별, 간택, 차별을 지양하고 평등과 일체임을 알게 하는 것, 특히나 우리네 범부와 깨달음을 이룬 부처가 본래면목에서는 다르지 않고 평등하다는 것을 깨달아야 하는 것이다. 코를 잡아끌어 딱 맞닥뜨려 보니 내(범부)가 너(부처)이고 네가 나이지 않은가?

[공부]

주중주와 삼두육비

삼두육비(三頭六臂)란 말은 본래 일종의 천신의 초인적인 모습을 가리켰으나, 후에 크고 힘이 센 사람을 경원하여 지칭하는 말로 사용되었다. 『경덕전등록(景德傳燈錄)』 제13권 분양선소(汾州善昭)선사조에 다음과 같은 이야기가 나온다.[382]

  승이 물었다.
  "무엇이 주인 중의 주인(主中主)입니까?"
  분양선소선사가 대답했다.
  "삼두육비가 천지를 놀라게 하고 분노한 나타가 제종을 치는구나."
  「如何是主中主？師曰：『三頭六臂驚天地，忿怒那吒撲帝鍾。』」

[용어 풀이]

* 주중주(主中主): 주인 중의 주인. 진리의 본체로 능소의 대립을 끊은 것.
* 나타(那吒, Naṭa): 비사문천왕(사천왕 중 북쪽의 다문천왕의 다른 이름)의 태자로 세 개의 얼굴, 여덟 개의 팔(三面八臂)과 큰 힘을 가진 귀왕이다.
* 제종(帝鍾): 도교에서 삿된 귀신을 쫓기 위하여 주문을 외면서 흔드는 요령.

---

[382] T51n2076013, 景德傳燈錄卷第十三, 懷讓禪師第七世, 前汝州首山省念禪師法嗣, CBETA 電子佛典集成 » 大正藏 (T) » 第51冊 » No.2076 » 第13卷, http://tripitaka.cbeta.org/T51n2076013

제26분 법신은 상이 아니다(法身非相分)

1. 의의

 형상으로 보고 소리로 구하는 것은 육경에 대한 육근의 작용을 의미하며, 이는 유위의 세계에서 일어나는 일이다. 그런데 깨달음은 무위의 세계에서의 일이다. 그러므로 우리가 깨달음을 추구하는 것은 유위의 세계에 살면서 무위의 진리를 추구하여 무위의 세계로 진입하려는 노력이라 할 수 있다. 이를 위하여는 유위의 세계에서 유위적 방법(세간적 진리)을 지양하고 무위적 방법(도품)을 추구하여 무위의 세계로 들어갈 필요가 있는 것이다. 그러므로 육경에 대하여 육근이 작용하는 방법은 잘못된 방법이다. 그리하여 경은 형상으로 보고 소리로 구하는 것은 삿된 길을 가는 것이라고 하는 것이다.

 법신(梵 dharma-kāya, 빠 dhamma-kāya)은 진리 그 자체이다. 법신은 완전한 깨달음의 세계에서 드러나는 참되고 항상하며 완전한 깨달음의 실체이다. 법신은 유위법이 아니며, 따라서 상이 없다. 우리가 깨달음을 성취하고자 할 때 지향하는 것은 법신을 이루는 것이다. 유위의 중생이 무위의 부처를 추구하는 것이 바로 불교에서 지향하는 수행이다. 이 수행과정에서 형상과 소리 같은 유위적인 것들을 좇아 다니는 것은 무위의 깨달음으로 갈 수 있는 방법이 아니다. 그러므로 삿된 길인 것이다.

 착어) 여래의 청정한 법신은 형상에 속하지 않는다(如來淸淨法身, 非屬形相).

 여래의 청정한 법신은 상이 아니다. 법신이기 때문이다. 상이 있는 것은 응신이고 화신이다. 법신은 오직 하나뿐이고 이에 터 잡아 수많은 응신이 나툰다. 이쯤에서 재미있는 점을 하나 생각해 보자. 여래의 청정신이 하나뿐이라면, 내게 내장되어 있는 불성, 불종자가 최상의 깨달음을 이루어 본래 청정성을 되찾았을 때의 여래의 청정한 법신과 다른 수많은 중생들이 본래부터 내장하고 있는 불성, 불종자를 각자 성취하여 본래 청정성을 되찾았을 때의 여래의 청정한 법신은 같은 것일까 다른 것일까? 여래의 청정신이 하나라고 하면 혹은 모두 동일하다고 하면, 이 수많이 이루어지는 여래의 청정한 법신이 모두 같다고 보게 되며, 하나라고 보아야 한다. 다르다고 하면, 수많은 여래의 청정한 법신이 존재하게 되어 응신 혹은 화신과 무엇이 다른지 구분이 안 된다. 거슬러 올라가 내가 내장한 불종자와 다른 중생들이 내장한 불종자가 같은 것인가 다른 것인가에 대하여도 생각해 보는 것도 좋겠다.

이에 대한 힌트를 하나 들어 보면, 『장아함경』 제1권 대본경에 의하면, 과거칠불의 본성은 공통적임을 시사하고 있다. 즉, 비바시불, 시기불, 비사부불, 구류손불, 구나함모니불, 가섭불, 석가모니불 등 일곱 부처님은 그 출현 시기, 출생 가문 등이 다르지만, 깨달은바 속성은 같음을 시사하고 있음[383]을 참고하면 도움이 될 것 같다.

송) 노래한다.

삼십이상은 황금의 전각(三十二相黃金殿)
팔십수형은 영락의 옷(八十隨形瓔珞衣)
여래의 진면목을 꿰뚫으려거든(覷破如來眞面目)
아이처럼 징징대지 말고 원래의 누런 잎을 들어라(元將黃葉止嬰啼)

삼십이상은 여래의 외관(色身) 각 부분에 나타난 서른두 개의 상이다. 이것은 여래의 정신을 담은 육신이 가지고 있는 특징이다. 이는 인세에 보기 드문 고귀한 것이어서 황금으로 비유할 수 있다. 여래를 안에 모신 전각으로, 황금의 장식을 한 것으로 비

---

383) T01n0001001, 佛說長阿含經卷第一, 後秦弘始年佛陀耶舍共竺佛念譯, (一) 第一分初大本經第一, CBETA 電子佛典集成 » 大正藏 (T) » 第1冊 » No.0001 » 第1卷, http://tripitaka.cbeta.org/T01n0001001

유하는 것이다. 팔십 수형은 여래의 여든 군데 아름다운 모습이다. 이는 여래의 삼십이상을 더욱 돋보이게 하는 치장으로 비유할 수 있다. 그래서 영락이라 하였다.

그러나 여래의 삼십이상, 팔십종호가 아무리 훌륭하고 아름다우며 고귀하더라도 모두 여래를 담고 있는 외관의 그릇을 장식하는 것에 지나지 않는다. 즉, 그러한 것들은 여래의 본래 모습이 아닌 것이다. 그러므로 이런 외관의 모습에 집착하여 그것이 여래의 본래 면목이라고 보지 말아야 한다. 이는 마치 어린아이가 자신이 가지고 있는 훌륭한 것을 알지 못하고, 남이 가진 것들을 탐내어 징징거리는 것과 같은 것이다. 여래의 진면목을 뚫어보려면 형상에서 구해서는 아니 되는 것이다.

2. 내용

[第二十二疑斷] 상을 비교하는 것으로 진정한 부처를 알 수 있다(以相比知眞佛)는 의심을 끊는다. 이 의심은 *[第十七疑]* 중 여래는 응당 색신의 여러 상으로는 볼 수 없다(如來不應以色身諸相見)에서 나온다.

앞의 장구에서 구족된 색신은 구족된 색신이 아니라 이름이 구족된 색신이라고 하였다. 이미 온갖 상을 구족한 것이 아니라, 온갖 상을 구족하였다고 할 뿐인 것이다. 이 언구로 의도하는 것은 '법신은 필경 상호가 아니며, 상호도 부처가 아니다. 무상이므로 상이 드러나도 법신에서 벗어나지 않는다.'라는 것이다. 그러므로 '이미 무상이기 때문에 바야흐로 상이 드러날 수 있다고 하면, (이는) 곧 상을 보는 것만으로 곧바로 무상을 알 수 있는 것이 아닌가? 법신이 이미 색상에서 벗어나지 않는다면, 곧 법신이란 복상을 성취한 것임을 알 수 있는 것이 아닌가?'라고 의심할 수 있다. 이 의심을 끊기 위하여 경에서 말한다.

경) "수보리야. 어떠냐. 삼십이상으로 여래를 볼 수 있느냐?"
수보리가 말했다.
"그렇습니다. 그렇습니다. 삼십이상으로 여래를 봅니다."
須菩提於意云何可以三十二相觀如來不須菩提言如是如是以三十二相觀如來。

삼십이상은 여래와 전륜성왕에게서 나타나는 신체 각 부분의 특징을 묘사한 것이다. 석가모니부처님이 탄생하였을 때 삼십이상이 있는 것을 보고 아시타(梵 Asita)라는 선인이 태자가 출가하면 세존이 될 것이고 출가하지 않으면 전륜성왕이 될 것이라고 예언하였다.[384]

그러면 여래가 삼십이상의 신체적 특징을 가지고 있으므로, 역으로 이 삼십이상을 갖추면 여래라고 할 수 있는가? 이 질문은, 수보리가 혹은 다른 제자들이 여래의 신체적 특징을 가지고 여래라고 잘못 인식할 것을 염려하신 부처님께서 수보리에게 물어보신 것이다. 신체적 특징은 여래가 여래임을 드러내는 한 방식일 뿐이다. 여래는 지옥에서 나타나기도 하고 심지어 나무나 돌과 같은 무정물의 형태로 나타날 수도 있다(無情說法을 전제로 하면). 여래는 온갖 외관으로 드러날 수 있지만(응신 또는 화신), 이런 것들이 모두 여래일 수는 없다(법신). 그러므로 삼십이상으로 여래를 볼 수 있느냐는 부처님의 질문에 삼십이상으로 여래를 볼 수 있다고 한 수보리의 대답은 착각이었던 것이다.

착어) 착각하였구나(錯).

수보리의 착각을 지적한 것이지만, 일반적으로 우리가 범하고 있는 잘못을 지적하고 있다고 볼 수 있다. 우리는 법당에 불보살의 상을 안치하고 이 상을 바라보며 예불을 하고 발원을 하며 축원도 한다. 이렇게 하는 데는 몇 가지 이유가 있다. 먼저, 근기가 낮은 사람들에게 외관의 형태를 통하여 마음을 집중하여 신심을 북돋울 수 있도록 함으로써 수행에 도움을 줄 수 있다. 다음으로, 수행력이 높은 사람이라도 불보살에 대한 기억을 돋우어 수행을 더욱 촉진할 수 있도록 해 준다. 나아가, 근기가 다른 사람들이 모인 법회에서 대중들의 마음을 한곳으로 집중시키기 위한 상징이 필요한데, 불보살상이 그 역할을 한다.

그러나 이런 불보살상이 자칫 신앙을 위한 도구에서 불보살 자체와 동일시되어 오

---

384) T03n0190009, 佛本行集經卷第九, 隋天竺三藏闍那崛多譯, 從園還城品下, CBETA 電子佛典集成 》 大正藏 (T) 》 第3冊 》 No.0190 》 第9卷, http://tripitaka.cbeta.org/

히려 본말이 전도되는 상황이 왕왕 있다. 이런 현상 때문에 법당 안에서 불보살상에 조금이라도 손상이 가는 일이 일어나면 마치 벼락이라도 떨어진 양 호들갑을 떨게 되는 것이다. 이런 것은 모두 전도된 믿음이라고 할 수 있겠다.

또 이런 상징물들이 특정 계급(승려)만이 다룰 수 있는 것으로, 혹은 이런 상징물들이 이상한 힘을 가지고 있어서 잘못할 경우 좋지 못한 후과가 있을 것으로 오해하는 경우도 있다. 이러한 것들은 모두 상에 대한 전도된 이해이거나 착각인 경우가 많다. 이런 착각들이 불교의 가르침의 근본을 훼손하는 결과를 초래할 수 있음을 경계해야 한다. 이러한 점에서 앞에서 간략히 살펴본 단하소불(丹霞燒佛)이나 단하안명(丹霞安名) 등 고사는 시사하는 바가 있다고 할 것이다.

송) 노래한다.

진흙으로 빚고 나무로 다듬어 색을 칠하거나(泥塑木雕縑彩畵)
파란 것을 쌓거나, 푸른 것을 바르거나, 금장을 입히고(堆青抹綠更粧金)
만약 이것을 가지고 여래상이라 하면(若將此是如來相)
웃다가 죽겠구나, 나무관세음보살(笑殺南無觀世音)

절의 법당에 모시는 불보살의 상은 나무(木佛), 진흙(泥佛), 돌(石佛), 쇠(鐵佛), 구리(銅佛), 종이(紙佛) 등 여러 가지 소재를 써서 만든다. 그리고 그 위에 여러 가지 색을 칠하고, 마지막으로 금장을 입힌다. 마지막 금장은 부처님의 몸이 자마금의 황금색이었다는 전승을 근거로 한다. 이렇게 만들어진 부처상은 그냥 형상을 흉내 낸 것일 뿐, 부처일 리가 없다. 이렇게 해 두고 그것이 마치 부처인 양하여 숭배하며 절대시하는 것은 본말이 전도된 것이다. 이런 현상은 수행자에게는 기피해야 할 일이며, 저질러서도 안 될 우상숭배라고 할 것이며, 진정한 자신을 찾는 데 방해가 될 뿐이다. 그러니 진정한 수행자에게 있어서 어찌 우습지 않겠는가? 그러므로 탄식하는 것이다. 우스워 죽을 지경이라고. 너무 같잖거나 한심하거나 기가 찰 때, 우리는 맙소사, 나무관세음보살하고 탄식한다.

경) 부처님께서 말씀하셨다.
"수보리야. 삼십이상으로 여래를 본다면, 전륜성왕이 곧 여래겠구나?"
수보리가 부처님께 말했다.
"세존이시여. 제가 부처님께서 말씀하신바 뜻을 이해하기로,
삼십이상으로는 응당 여래를 볼 수 없습니다."
佛言須菩提若以三十二相觀如來者轉輪聖王則是如來須菩提白佛言
世尊如我解佛所說義不應以三十二相觀如來。

부처님은 수보리가 상으로 여래를 판단할까, 상에 집착할까 우려하셨고, 그래서 이 질문을 하셨던 것인데, 수보리가 부처님의 의도를 알지 못하고 "그렇습니다. 그렇습니다."라며 삼십이상으로 여래를 볼 수 있다고 대답하였다. 삼십이상이 비록 부처님 상호의 특징을 드러낸 것이긴 하지만 화신의 한 형태에 지나지 않는다, 여래란 원래 상으로서 볼 수 있는 것이 아님에도, 수보리는 여래가 화신한 삼십이상에 집착함으로써 미혹에 빠지고 말았던 것이다. 이 미혹된 마음을 타파하기 위하여 부처님은 수보리에게 전륜성왕도 삼십이상을 가지고 있음을 거론하시고, 삼십이상으로서 여래를 볼 수 있는지 반문하셨던 것이다.

부처님은 이 말씀을 가지고 수보리, 나아가 법회에 참석한 자들 및 경을 대하는 모든 자들이 상에 집착하는 병을 치료하고 깊은 깨달음으로 들어갈 수 있게끔 이끌고자 하셨다. 처음에는 미혹된 마음이어서 삼십이상으로 여래를 볼 수 있다고 대답하였던 수보리도 부처님의 거듭된 질문에 미혹된 마음에서 깨어나 부처님의 질문의 진의를 알아차렸다. 그리하여 자신이 부처님께서 말씀하신 뜻 이해하기로 삼십이상으로는 응당 여래를 볼 수 없다고 고쳐 대답하였던 것이다. 수보리는 아라한으로서 깊은 깨달음을 이미 이루고 있었기 때문에 부처님의 한 말씀으로 금방 자신의 잘못을 깨닫고 바른 깨달음으로 나아갈 수 있었던 것이다.

이 문답은 수보리가 부처님의 의도를 처음부터 몰랐던 것이라기보다, 반복적인 질의응답을 통하여 당시 법회에 참석하였던 대중들은 물론 후세에 경을 공부하는 사람들이 상에 집착하는 미혹심을 떨쳐 버리도록 더욱 강조하기 위하여 짐짓 모르는 척

대답하였던 것은 아니었을까? 해공제일의 수보리가 삼십이상에 집착할 리가 없기 때문이다. 또 앞에서 상으로 여래를 볼 수 없다고 이미 한 차례 대답한 적도 있다. 나아가 앞에서 이야기한 것처럼, 그는 부처님의 몸(육신) 자체에 대하여도 그것이 오온의 인연화합(응신)일 뿐 부처님의 진정한 모습(법신)이 아니라고 보았고, 이러한 수보리의 태도에 대하여 부처님께서 칭찬하셨던 것을 생각하면 더욱 그러하다고 할 것이다.

착어) 착각하였구나(錯).

앞에서 삼십이상으로 부처를 볼 수 있다고 한 수보리의 대답에 대하여 착각하였다고 착어하였다. 그런데 이제 삼십이상으로는 여래를 볼 수 없다고 대답하니 또 착각하였다고 착어하였다. 이렇게 상반된 대답에 대하여 똑 같이 착어하였으니, 얼핏 두 착어가 앞뒤가 맞지 않는 모순처럼 보인다. 그러나 여기에 중대한 포인트가 있다.

우리는 중도(中道)를 이야기한다. 또 본래의 마음자리를 이야기한다. 중도의 관점에 의거하면, 삼십이상으로 부처를 볼 수 있다거나 없다는 것이 아니다. 부처는 인식의 대상이 아니라 체득하여야 하는 진리(法身)라는 것이다. 그리고 이 진리는 상황에 따라서 수많은 형태나 현상으로 상응한다(應身 또는 化身)는 것이다. 그러므로 법신은 삼십이상으로 볼 수 없으나 응신 혹은 화신은 삼십이상은 물론 기타의 형상으로도 볼 수 있다. 그러므로 부처는 삼십이상으로도 볼 수 없을 뿐 아니라 삼십이상이 아니라도 볼 수 있다. 그러므로 삽십이상으로 부처를 볼 수 있다고 한 것도 잘못 대답한 것이고, 볼 수 없다고 한 것도 잘못 대답한 것이라고 할 수 있는 것이다. 중요한 것은 부처를 보는가 보지 않는가가 아니라, 내가 본래 부처임을 자각하는가 어떤가인 것이다.

송) 노래한다.

상 있는 몸 안에 상 없는 몸이 있고(有相身中無相身)
금향로 아래 쇠곤륜이 있나니(金香爐下鉄崑崙)
모든 것들이 내 집의 물건인데(頭頭盡是吾家物)

왜 하필 영산에서 세존께 여쭈었던가(何必靈山問世尊)
왕이 검을 잡은 것처럼 할 것이지(如王秉劍)

누차 말하지만, 상이 있는 몸은 화신 또는 응신을 가리킨다. 상 없는 몸은 법신을 가리킨다. 법신이 온갖 조건에 상응하여 드러난 것이 화신 또는 응신이다. 그러므로 응신 또는 화신 속에 법신이 존재하는 것이다. 우리가 우리에게 불성이 내장되어 있다고 하는 근거의 하나는 우리의 드러난 몸이 응신이고 그 안에 법신이 들어 있다고 보기 때문이다. 또 두두물물이 모두 부처님의 설법이라고 하는 것도 현실에 드러난 모든 현상이나 물건이 진리(법신)의 응현(응신 또는 화신)이므로, 그 속에 진리가 내장되어 있다고 믿기 때문이다.

금향로는 금으로 장엄한 향로이고 철곤륜은 쇠로 만든 향로를 가리킨다. 금향로는 화려하고 아름답고 빛나며 값지다. 그러나 쇠향로는 금향로와 정반대이다. 드러난 겉모습만 보면 그러하다는 것이다. 그러므로 쇠향로는 금향로에 비하여 하열(下劣)하다. 그러나 이는 어디까지나 외양일 뿐이다. 둘 다 불보살에게 향을 사르기 위한 도구로서는 훌륭하다. 본래의 기능이나 역할을 함에는 전혀 다름이 없는 것들이지만, 외양의 차이 때문에 차별화되는 것이다. 이런 차별은 분별심에서 나오며, 분별심은 아상 등 사상에서 나오고, 사상이 있으면 보살이 아니다.

또 중요한 것은 드러난 몸이든, 드러나지 않고 드러난 것에 의지하고 있는 것이든, 금향로이든 쇠향로이든 모두(頭頭)가 내가 갖추고 있는 안팎이다. 법도 법의 화현(化現)도, 화려하거나 소박한 것도, 모두 내게 있는 것들이다. 내가 이미 다 갖추고 있는 것인데, 그것을 왜 밖에서 찾는 것인가? 영산에서 부처님께 여쭈어본들 그런 것들이 내 것이 될 것인가? 부처님께 여쭌 것은 내 안에 든 것을 어떻게 찾을 것인지 그 방법을 물었을 뿐, 진실로 찾아야 할 것은 내 안에 구족되어 있는 것들이다. 그러면 그 모든 것은 내가 결정하는 것이다. 찾을지 말지, 무엇을 찾을지, 어떻게 찾을지 등등. 모두 내가 스스로 결정하지 않으면 안 되는 것이다. 마치 막대한 권력을 가진 왕이 직접 칼을 들고 있는 것처럼.

경) 이때 부처님께서 노래로 말씀하셨다.

만약 색으로 나를 보거나(若以色見我)

소리로 나를 구하면(以音聲求我)

이 사람은 삿된 길을 가나니(是人行邪道)

여래를 볼 수 없다(不能見如來)

爾時世尊而說偈言若以色見我以音聲求我是人行邪道不能見如來。

색으로 부처님을 본다는 말은, 외관을 보고 그것에 의지하여 부처인지 여부를 판단하는 것을 말한다. 삼십이상 팔십종호가 있으니 여래라고 보는 것이 이에 해당한다. 또 수많은 형태나 방식으로 여래가 나투니, 그 나투는 하나하나가 모두 여래라고 보는 것도 포함한다. 불보살상을 만들어 놓고 이를 실제의 불보살인양 숭배하는 것도 이에 해당한다. 소리로 여래를 구한다 함은 여래가 한 말씀들이 여래 자체라고 보는 것을 가리킨다. 여래의 팔만사천법문이 여래라고 하는 것과 같다.

여래께서 보이신 모든 모습은 보는 이로 하여금 부처님을 모델로 삼도록 하기 위한 시범들이다. 그리고 여래께서 하신 수많은 말씀, 즉 법문은 모두 여래의 길로 들어서서 여래가 되도록 이끌고 안내하기 위한 방편들이다. 그러므로 여래가 보이는 수많은 모습, 여래가 하신 수많은 말씀 그 어느 것도 여래가 아니다.

이러함에도 겉모습을 보고 여래라고 보거나, 혹은 여래가 남긴 말에서 여래를 찾는 것은 잘못된 길을 가는 것이다. 여래가 있는 곳으로 가야 여래를 만나는 것이지 여래가 없는 곳으로 이어진 길을 가면서 여래를 만날 수는 없는 일이다. 삿된 길이란 여래를 만날 수 없는 길을 말한다. 정법이 아닌 삿된 법에 물들어 삿되게 생각하고 행동하는 것을 의미하는 것이다. 이런 사람이 여래를 볼 수 없는 것은 당연하다.

여래란 생멸이 없는, 진여 세계의 존재이다(상태이기도 하다). 그런데 상이나 소리는 생멸이 있다. 생멸이 있는 것(유위법)으로 어찌 생멸이 없는 것(무위법)을 구하려는가? 그러므로 삿된 길이고, 이런 길을 가서는 결코 부처를 볼 수 없는 것이다.

> [공부]
> ## 사구게 보충
> 구마라집이 해석한 금강반야바라밀경에는 이 사구게가 네 구절로 되어 있다. 그러나 일설에 의하면, 이 사구게를 설명하는 듯한 사구게가 하나 더 있어서 전후반 두 개의 사구게로 이루어져 있다. 전반부는 경에 나오는 것과 같은 내용이며, 후반부의 내용은 다음과 같다.[385]
>
>   그 여래의 미묘한 몸체(彼如來妙體)
>   곧 법신의 부처들(卽法身諸佛)
>   법체는 볼 수 없고(法體不可見)
>   그것을 인식하여 알 수도 없네(彼識不能知)
>
> 또한, 당나라 삼장법사 현장이 번역한 600권 대반야경 중의 제577분 능단금강분에도 8구로 이루어진 비슷한 게송이 있다.[386]
>
>   온갖 색(형상)으로 나를 보거나(諸以色觀我)
>   음성으로 나를 찾으면(以音聲尋我)
>   이 중생은 끊어야 할 삿된 길을 가나니(彼生履邪斷)
>   응당 나를 볼 수 없나니(不能當見我)
>   마땅히 깨달음의 법성을 보라(應觀佛法性)
>   곧 이끌어 주는 스승의 법신이라네(卽導師法身)
>   법성은 인식할 수 있는 것이 아니라(法性非所識)
>   그러므로 그것을 요지할 수 없나니(故彼不能了)

착어) 백번 양보해서, 소리로 구하거나 색으로 보지 않아도 여래가 있는 곳을 보지 못한다. 또 말해 보라. 여래를 어떻게 볼 것인가? 모르겠구나. 모르겠어(直饒不作聲求色見亦未見如來在且道如何得見不審不審).

이미 말한 것과 같이, 여래는 상이나 소리 등 육근의 감각작용과 인식작용에 의하여 구할 수 있는 것이 아니다. 그렇게 해서 얻을 수 있는 것은 응신이나 화신일 뿐 부처의

---

385) T25n1511003, 金剛般若波羅蜜經論卷下, 天親菩薩造, 元魏天竺三藏菩提流支譯, CBETA 電子佛典集成 » 大正藏 (T) » 第25冊 » No.1511 » 第3卷, http://tripitaka.cbeta.org/T25n1511003

386) 大般若波羅蜜多經卷第五百七十七, 三藏法師玄奘奉 詔譯, 第九能斷金剛分, T07n0220577 大般若波羅蜜多經(第401卷-第600卷) 第577卷, CBETA 電子佛典集成 » 大正藏 (T) » 第7冊 » No.0220 » 第577卷, http://tripitaka.cbeta.org/

진신인 법신이 아니다. 이런 의미에서 상이나 소리에 의하여서는 법신을 볼 수 없다. 법신이란 보이는 형체도 아니고 들리는 소리도 아니기 때문이다.

그럼 형체나 소리가 아닌 다른 것으로는 여래를 알 수 있는가? 여래, 특히 법신불은 인식할 수 있는 것이 아니기 때문에 소리나 형체로 알 수 없으며, 그 어떤 감각으로도 알 수 없다. 오직 체득하는 것만이 가능할 뿐이다. 모르겠다고 반복하는 것도 깨달음을 이루기가 어려움을 토로한 것이 아닐까?

송) 노래한다.

형상으로 보거나 소리로 들음이 본래 세상의 일상이라(見色聞聲世本常)
눈 위에 다시 서리가 내리네(一重雪上一重霜)
그대, 황룡 늙은이를 보려거든(君如要見黃龍老)
마야의 배속으로 달려 들어가 숨으라(走入摩耶腹內藏)
아(噫)
삼십 년 후, 이 말을 땅에 던지면 쇳소리가 나리(此語三十年後擲地金聲在)

무엇을 알고 싶을 때 우리는 그 사물을 우리의 육근이라고 하는 감각기관으로 직접 체험하려 한다. 최상의 깨달음을 이루고자 할 때도 같은 작동방식에 의지하려 한다. 왜냐하면, 우리가 외부와 소통하는 모든 것은 육근이라는 감각기관을 통하여 할 수밖에 없기 때문이다. 그러나 우리의 육근으로 육경을 접하는 방식으로는 그 최상의 깨달음을 이룰 수 없다. 삼십이상으로 부처를 볼 수 없다는 말은 이 뜻이다. 왜냐하면, 부처란 밖에서 구하는 것이 아니라 안에서 찾는 것이기 때문이다. 오히려 밖에서 육근을 통하여 제공되는 모든 감각의 대상은 깨달음을 저해하는 번뇌로 작용할 뿐이다. 육근을 통하여 밖에서 구하려 하면 할수록 더욱 번뇌가 커져 깨달음에 도달하는 것이 지연될 뿐이다. 가히 눈 위에 서리가 덮이는, 설상가상의 형국이 아닐 수 없는 것이다. 그래서 이렇게 말하는 것이다. 부처를 보려거든 부처를 낳으신 마야부인의 배 속으로 들어가 숨으라고.

늙은 황룡이란 부처님을 가리킨다. 마야는 부처님을 낳고서 일주일 만에 돌아가신 부처님의 생모이다. 마야의 뱃속으로 달려 들어가 숨으라는 것은 부처가 되려거든 부처를 낳은 그 무엇의 진면목을 직접 체험하여 파악할 필요가 있음을 지적한 말이다. 곧 부처의 생성 원천을 들여다보고 천착하라는 말이다. 마야부인이 부처를 잉태하여 낳았으니, 누구든지 부처가 되려면 부처를 잉태하고 낳은 그 어떤 것을 체험적으로 알아야 함을 가리킨다. 마야부인이란 법신을 가리키는 하나의 상징이라 할 수 있다. 실제로 세상에 나툰 석가모니부처님은 응신이고, 이 응신은 법신에서 나온 것임을 고려하면 이는 타당한 비유라 할 수 있다.

　삼십 년이란 한 세대를 가리킨다. 삼십 년 후의 시간대는 세대가 바뀐 다음이란 의미가 있다. 얼마의 세대가 흘렀는지는 헤아릴 필요가 없다. 당대가 아닌 후대라는 의미로 받아들이면 될 것 같다. 땅에 던진다는 말은 많은 사람들에게 회자되기는 하겠지만 그렇게 값진 역할을 하지 못하고 그저 이리 채이고 저리 (채)차이는 무가치한 것에 불과할 것이라는 의미가 아닐까? 쇳소리는 쇠가 어딘가에 부딪힐 때 나는 소리다. 쇠란 단단한 물건을 상징한다. 어떤 생각이나 사상이 고정화되어 유연성을 상실함으로써 원래의 기능이나 역할을 상실하였을 때 돌이나 쇠 같은 단단한 물건에 비유하곤 한다. 시간이 지나고 세대가 바뀌면, 깨달음을 이루기 위한 본래면목에 대한 천착도 쓸모없는 허사(虛辭)가 되어 버릴지 모를 일인 것이다.

 제27분 끊어짐도 없고 소멸함도 없다(無斷無滅分)

1. 의의

상은 무상이며, 공은 불공이다. 상이 있다고 해도 진여에서는 상이 없으며, 공하다고 해도 현실에서는 공하지 않다. 그러므로 예나 지금이나 누가 단멸을 말하면 잘못이다. 이를 받아서 끊어짐도 없고 소멸하지도 않는다고 하였다. 상이 있다고 함은 모든 것은 존재하며, 그 존재는 자체의 본성을 가지고 있다고 말하는 것이 된다(常住論). 공하다고 함은 모든 존재는 그 자체의 본성을 가지고 있지 않고 인연화합의 조건부적 존재임을 의미한다. 이 둘 중의 어느 한 견해에 집착하여 주장하게 되면 상견(常見)이나 공견(空見)에 빠지게 된다.

착어) 공에 의지하면 공에 떨어지고, 무생이라고 하면 단멸견에 빠진다
(依空即落空, 無生斷滅之見).

공에 의지한다 함은 공견에 집착함을 말한다. 공견(空見, 梵 śūnyatā-drsti)이란 삼세인과의 이치를 인정하지 않거나 혹은 공법(空法)에 집착하여 제법의 존재를 전혀 인정하지 않는 것을 가리킨다. 극단적으로 말하면, 오역죄도, 육도윤회도, 인연법도 존재하지 않는다고 보게 된다는 것이다. 공견에 집착하는 마음은 증상만을 일으키거나, 규범을 어기거나, 제멋대로 욕심을 부리거나, 정견, 위의, 청정한 생명 등을 파괴하여 궁극에는 허무주의에 빠지고 만다. 그러므로 여러 견해 중에 공견의 허물이 가장 무거워 일체를 능히 파괴할 수 있다고 하는 것이다. 『마하지관(摩訶止觀)』제4권(상)에 의하면, "공견에 빠지면 죽어서 삼악도에 떨어져 영겁 동안 벗어나지 못한다."라고 하였다.[387] 공에 떨어진다 함은 공견에 빠져 제법이 모두 공하여 모든 존재가 단멸한다는 견해를 갖는 것을 말한다.

[공부]
공견의 종류

공견(空見)이란 삼세인과의 이치를 인정하지 않는 견해를 가리킨다. 혹은 공법에 집착하여 제법의 존재를 부정하는 잘못된 견해를 가리킨나. 『유가사지론(瑜伽師地論)』 세/권에 의하면, 공견에는 두 가지가 있다.[388]

- 외도의 공견: 외도들은 인과가 금세, 후세 등 빠르거나 늦을 수는 있어도 반드시 있다는 것을 밝히지 않으며, 선한 일을 한 자가 악과를 받거나 이와 반대로 나쁜 짓을 한 자가 선과를 얻는 것을 보면 인과는 모두 허망한 것이라고 주장하며 선악 업보의 이치를 무시하는 것.
- 불교의 공견: 불교를 배우는 자가 여래가 말씀하신 심히 깊은 도리에 밝지 못하여 반야 등 일체가 공하다는 말씀을 듣고는 제법이 모두 없다고 하는 견해에 떨어지는 것.

무상의경(無上依經) 상권 보리품에서는 다음과 같이 말한다.[389]
"만약 어떤 사람이 수미산만큼 큰 아견에 집착하더라도 나는 놀라거나 이상하게 여기거나 나무라지 않을 것이다. 그러나 증상만에 사로잡힌 자가 공견에 집착하는 것에 대하여는, 그것이 마치 하나의 머리카락을 십육 등분한 것만큼 사소하더라도, 나는 결코 허용하지 않을 것이다."
온갖 견해들 중에 공견의 허물이 가장 무거워 능히 일체를 파괴할 수 있기 때문이다.

---

387) T46n1911004, 摩訶止觀卷第四(上), 隋天台智者大師說, 門人灌頂記, CBETA 電子佛典集成 » 大正藏 (T) » 第46冊 » No.1911 » 第4卷, http://tripitaka.cbeta.org/T46n1911004

388) T30n1579007, 瑜伽師地論卷第七, 彌勒菩薩說, 三藏法師玄奘奉 詔譯, 本地分中有尋有伺等三地之四, CBETA 電子佛典集成 » 大正藏 (T) » 第30冊 » No.1579 » 第7卷, http://tripitaka.cbeta.org/T30n1579007

389) T16n0669001, 佛說無上依經卷上, 梁天竺三藏真諦譯, 無上依經菩提品第三CBETA 電子佛典集成 » 大正藏 (T) » 第16冊 » No.0669 » 第1卷, https://tripitaka.cbeta.org/T16n0669001

> [공부]
> ## 단상(斷常 ← 斷滅과 常住)의 견해에 관하여
>
> 중론(中論)에 다음과 같은 노래와 설명이 있다.[390]
> 문) 무엇 때문에 있음(有)으로 인하여 상견이 생기고, 없음(無)으로 인하여 단멸견이 생기는가?
> 답) 만약 법이 정해진 본성을 갖는다면(若法有定性)
>   무상함이 아니라 항상함이며(非無則是常)
>   과거에는 있었으나 지금은 없다면(先有而今無)
>   이는 곧 단멸이 된다(是則爲斷滅)
> 만약 법성이 확정적으로 있으면, 이는 곧 무상이 아니라 유상이다. 끝까지 없음과 상응하지 않는다. 만약 법에 확정적인 본성이 없으면, 있는 것이 아니며, 무법이 된다(이전에 설명한 이유로). 이와 같음은 곧 상견에 떨어진다. 만약 법이 이전에 있었으나 지금은 패괴하여 없으면 이를 단멸이라 한다. 왜냐하면, 있음과 없음은 상응하지 않기 때문이다. 유무가 각각 특정의 상을 가지고 있다고 말하나, 만약 단상의 견해가 있으면, 곧 죄나 복 등도 없으며, 세간의 일을 파괴한다. 그러므로 마땅히 (단상의 견해를) 버려야 한다.

송) 노래한다.

이 한 점 신령스런 빛은 고금에 걸쳐(這點靈光亘古今)

몇 차례나 높이 드러났다 가라앉았던가(幾回高顯幾回沉)

입고 있는 옷 속의 보배를 쉼 없이 더듬으나(驀然摸著衣中寶)

아, 한 소리를 아직도 찾지 못하였네(呀地一聲更不尋)

신령한 한 물건이라는 말이 있다. 이 노래에서는 신령한 한 점 빛이라고 하였다. 같은 의미이다. 신령한 것은 더 이상 높을 것이 없는 최상의 깨달음을 의미한다. 빛이란 어둠을 밝혀 줄 상징이다. 사바세계의 고통을 헤쳐 나가 마침내 열반의 피안에 이를 수 있는 등불로서의 지혜인 것이다. 이는 곧 부처님의 출현과 그 가르침을 가리키는 것이다. 무시이래로 얼마나 많은 부처가 나왔고, 그 가르침이 얼마나 많았던가? 그들

---

390) T30n1564003, 中論卷第三, 龍樹菩薩造梵志青目釋, 姚秦三藏鳩摩羅什譯, 觀有無品第十五(十一偈) CBETA 電子佛典集成 》 大正藏 (T) 》 第30冊 》 No.1564 》 第3卷, http://tripitaka.cbeta.org/T30n1564003

의 출세와 가르침에서 공통된 점은 보리도를 이루어 중생들을 교화하여 고통에서 해방시켜 열반의 즐거움으로 인도하는 것이다. 그 발원을 이루기 위하여 부처님들은 깨달음에 이르는 수많은 수행법을 중생들에게 가르쳐 주셨던 것이다. 옷 속의 보배란 각자가 가지고 있는 본래면목, 불성을 가리킨다. 더듬는다 함은 중생들이 부처님의 가르침을 따라서 깨달음을 향하여 열심히 수행하는 것을 가리킨다. 그러나 그러함에도 불구하고 아직도 완전한 깨달음에 도달하려면 아득하기만 하다. 황량한 들판에서 깨달음을 얻은 붓다의 외침을 올곧게 듣지 못한 탓이다.

> [공부]
> ### 옷 속의 보배(衣中寶)
>
> 『법화경』에서 나오는 일곱 가지 비유 중 하나이다. 『법화경』 제5권 오백제자수기품(五百弟子授記品)에 다음과 같은 이야기가 나온다.
>   비유하면, 어떤 사람이 친구 집에 가서 술에 취해 누워 있는데, 친구가 나랏일을 보러 가야 했다. 그래서 그 친구는 값을 헤아릴 수 없는 보주를 그 사람의 옷 안에 꿰매 두고 갔다. 취해 누워 있던 사람은 이를 전혀 알지 못하고 일어나서 유행을 하여 다른 나라에 이르렀다. 입고 먹을 것을 마련하여야 했기 때문에 그는 힘써 일거리를 찾았으나 심히 가난하였다. 적게라도 얻은 것이 있으면 그것으로 만족하였다. 후에 친구가 그 사람을 만나서 그 모습을 보고 말했다.
>   "이런! 사람아. 입고 먹는 것을 어떻게 처리하길래 지금 어째 이 꼴인가? 내가 옛날 자네가 오욕을 안락하게 충족할 수 있도록 하려고 헤아릴 수 없이 값나가는 보주를 자네의 옷 안에 꿰매 두었는데, 지금까지도 모르고 괴로움과 걱정 번뇌에 시달리며 살림살이를 구하고 있구나. 참으로 어리석은 사람이로고. 지금이라도 이 보주를 가지고 필요한 것을 바꾸면, 부족하거나 모자람이 없이 여의할 수 있을 것이야."
> 여기서 옷 속의 구슬(衣珠)이란 우리들 중생의 몸속에 이미 처음부터 내장되어 있는 불성을 설명하는 비유이다.

2. 내용

[第二十三疑斷] 불과는 복상과 관련이 없다(佛果非關福相)는 의심을 끊는다. 이 의심은 앞에서 상으로 여래를 볼 수 없다(不應以相觀如來)고 한 데서 나온다.

동일한 삼십이상이라도 부처님에게 있으면 불과라 하고 전륜성왕에게 있으면 복상이라 한다. 이미 과위가 다르므로 단지 지혜만 수행하면 되지 복을 닦을 필요는 없다. 마치 반드시 장부상(丈夫相=여래의 삼십이상)을 갖추지 않더라도 보리를 증득하는 것과 같다. 이런 마음으로 수행하는 보살들은 공덕을 잃음은 물론 과보도 없는 것 아닌가라고 의심한다. 이러한 의심을 없애기 위하여 경에서 말한다.

[용어 풀이]

* 불과(佛果): 부처가 만행을 하여 이룬 결과. 만행(萬行)은 불과를 성취하는 원인이 되며, 이로써 성취된 불과는 만행의 결과이다. 또한, 수행이라는 원인을 따라 도달한 과위를 가리킨다. 그리하여 불인(佛因)은 불과를 얻을 수 있는 원인을 말하며, 일체 만행의 선근 공덕을 가리킨다.
* 복상(福相): 복의 기운이 있는 모습

경) "수보리야. 그대가 '여래는 상을 구족하고 있지 않기 때문에 아뇩다라삼먁삼보리를 얻었다.'라고 생각한다면, 수보리야, 여래는 상을 구족하고 있지 않기 때문에 아뇩다라삼먁삼보리를 얻었다고 생각하지 말아라. 수보리야. 그대가 만약 '아뇩다라삼먁삼보리심을 내면 제법의 단멸상을 말한다.'라고 생각한다면, 그렇게 생각하지 말아라. 왜냐하면, 아뇩다라삼먁삼보리심을 내는 것이 법에 대하여 단멸상을 말하는 것이 아니기 때문이다."

須菩提汝若作是念如來不以具足相故得阿耨多羅三藐三菩提須菩提莫作是念如來不以具足相故得阿耨多羅三藐三菩提須菩提汝若作是念發阿耨多羅三藐三菩提心者說諸法斷滅相莫作是念何以故發阿耨多羅三藐三菩提心者於法不說斷滅相。

위 장구를 보다 잘 이해하기 위하여 먼저 위 장구를 첫째, "수보리야 ~ 생각한다면," 둘째, "수보리야 ~ 생각하지 말아라." 셋째, "수보리야 ~ 단멸을 말한다고 생각한다면," 넷째, "그렇게 ~ 때문이다."와 같이 4개의 의미절(意味節)로 나누어 살펴보는 것이 이해하기 쉽다.

첫째, 여래는; 상의 불구족 → 최상의 깨달음을 얻음 (X)

둘째, 여래는; 상의 불구족 → 최상의 깨달음을 얻은 것이 아님 (O)

셋째, (누구든지) 보리심을 냄 → 단멸상을 말함 (X)

넷째, (누구든지) 보리심을 냄 → 단멸상을 말하는 것이 아님 (O)

위 두 어법은 먼저 지양해야 할 말(말하고자 하는 뜻의 반대어)을 한 다음, 지양해야 할 말을 부정하는 방법을 사용하여 전하고자 하는 취지를 강조하였다. 이러한 어법은 말하고자 하는 취지를 더욱 강하게 드러내기 위한 반어법이라 할 수 있다. 이로써 아뇩다라삼먁삼보리를 이미 성취한 여래에게 있어서나, 아뇩다라삼먁삼보리를 성취하기 위하여 발심을 한 선남자, 선여인에게 있어서나, 일체의 상이 단멸되어야 아뇩다라삼먁삼보리의 성취가 이루어진다는 생각을 버릴 것을 강조한 것이다.

단멸상이란 상을 모조리 끊어 없애는 것을 의미한다. 모든 번뇌에서 벗어나 무상정등정각을 이루어 열반에 들기 위하여는 모든 상을 버려야 한다고 한다. 역으로, 깨달음을 이루었다고 함은 모든 상을 버렸다고 할 수 있다는 의미이기도 하다. 열반이란 바로 이러한 상태를 가리킨다고 한다. 이를 전제로 여래는 모든 상을 버렸기 때문에 아뇩다라삼먁삼보리를 이루었다고 말할 수 있는 것이다.

그러나 위 장구에 의하면, 그렇게 생각하지 말라고 주문하였다. 즉, 여래가 아뇩다라삼먁삼보리를 이룬 것은 상을 단멸하였기 때문이라고 생각하지 말라고 말하고 있는 것이다. 왜일까? 상을 버린다거나 단멸한다는 것은 상이 있음을 전제로 한다. 상이 없으면 상을 버린다거나 단멸하여야 한다는 생각을 할 수 없다. 그런데 상이 있음을 자각하는 것 자체가 이미 상을 형성하는 것이며, 이를 끊어야 한다거나 버려야 한다고 생각하는 것 자체도 집착이라 할 수 있다. 더욱이 이런 집착은 더욱 강화되는 경향이 있다. 위없고 바르고 평등한 깨달음, 즉 무상정등정각은, 이처럼 상을 끊어야 한다는 생각과 생각함으로써 상이 더욱 강화되는 상태에서는, 결코 이루어질 수 없는 것이다.

예를 들어 살펴보면, 상에는 청정상이 있고 오염상이 있다. 청정상은 수행에 의하여 더욱 강화하고, 오염상은 수행을 통하여 점차 끊어 없애야 한다. 그러나 어느 경우이든 과도하게 의식하여 집착하면 향상의 수행이 아니라 퇴행이 되고 만다. 청정상이든 오염상이든 집착하지 않고 증장하거나 끊어 나가야 하는 것이다. 그러다 마침내 청정행을 수행한다는 생각, 오염된 것을 끊어 낸다는 생각이 모두 사라지면, 그때가 바로 아뇩다라삼먁삼보리가 증득되는 때가 아닌가 한다.

그러므로 구족상이든 단멸상이든 어느 상에도 집착하는 바가 없어야 비로소 아뇩다라삼먁삼보리를 이룰 수 있으므로, 위의 장구에서 여래는 상을 단멸하였으므로, 혹은 상을 구족하지 않음으로써, 아뇩다라삼먁삼보리를 이루었다고 말하지 말라고 주문한 것이리라. 부대사가 노래했다.

상마다 상이 있음이 아니고(相相非有相)

상을 구족해도 의지할 것이 아니네(具足相無憑)

법마다 묘법을 낳고(法法生妙法)

공과 공의 본체는 같지 않으며(空空體不同)

단멸이 단멸이 아님을(斷滅不斷滅)

지각한다면, 깊은 종지를 깨닫는다(知覺悟深宗)

만약 인아의 관념에 집착하지 않으면(若無人我念)

바야흐로 지극한 공평함을 알리라(方知是至公)

[용어 풀이]

* 人我(인아): 사람의 몸은 상일주재한 내가 실재한다고 고집하는 것. 이를 아상 혹은 인아견이라 한다. 이 전도된 견해로 인하여 각종 잘못이 생긴다.

착어) 전정을 해도 가지런해지지 않고, 정리를 해도 다시 어지러워진다.
　　머리를 치켜들고 오는 것은 잘라도 끊어지지 않는다
　　(剪不齊兮理還亂拽起頭來割不斷).

전정을 하는 것은 쓸모없는 가지, 결실에 부담이 될 수 있는 가지를 잘라서 쓸모 있는 가지가 더욱 왕성하게 결실을 맺을 수 있도록 촉진하기 위함이다. 우리가 수행을 하는 것은 우리의 마음에서 자라는 온갖 잡초나 쓸모없는 나무들을 잘라내서 마음이라는 나무가 훌륭한 결실을 맺을 수 있도록 하기 위함이다. 즉, 번뇌를 털어 내서 궁극적으로 불과를 이루기 위함인 것이다. 그러나 아무리 자르고 잘라도 가지런해지지 않는다. 왜냐하면, 잘못 잘랐기 때문이거나, 잘라도 잘라도 쓸모없는 가지가 더욱 빨리 자라기 때문이다. 수행이 잘못되었거나 수행에 게을렀기 때문에 수행의 성과를 얻지 못하고 있음을 의미한다.

그리고 정리를 잘했다고 해도, 살아가다 보면 또 다시 어지러워진다. 살림살이라는 것이 늘 같은 것이 아니라 시시각각 변하며, 그러므로 그에 대응하는 방식 또한 시시각각 달라지고, 그에 따라 사용하는 도구 또한 매번 달라져야 하기 때문이며 이들 도구의 정리방식도 다를 수밖에 없기 때문이다. 또 어떤 경우에는 정리한다고 하는 것이 오히려 상황을 더욱 어지럽게 만들어 버릴 수도 있다. 수행의 경우에도 이와 같다고 할 수 있다. 수행도 그 깊이와 새로 제기되는 번뇌에 따라 방법을 달리해야 한다. 예컨대, 오하분결을 없애기 위하여 사용하는 도품과 오상분결을 없애기 위하여 사용하는 도품이 다른 것과 같다. 기초적인 수행방법으로는 더욱 깊은 수행 단계에서 제기되는 번뇌들을 해결하기에는 버거울 수 있기 때문이다. 그렇게 하는 것이 오히려 수행을 방해할 수도 있는 것이다.

나아가 번뇌라는 것이 그리 만만한 것이 아니다. 더욱이 수행이 깊어질수록 거친 번뇌는 비교적 제거하기 쉽지만, 미세한 번뇌는 그것이 있는지조차 감지하지 못할 수도 있으며, 감지하더라도 제거하기가 더욱 어려운 것이어서, 자르고 또 잘라도 쉬이 소멸되지 않는다.

이 모든 것들은 단멸상을 일으킴으로써, 혹은 상을 구족하지 않으려 함으로써, 그로 인하여 오히려 상이 생기거나 그 자체가 새로운 상이 되어 최상의 깨달음을 이루는 것이 더욱 어려워지게 된다. 상을 끊어 없애기 위한 수행의 노력은 반드시 있어야 하겠지만, 그것에 집착하여 오히려 그 자체가 상이 되어 버리는 결과를 초래하여서는 아뇩다라삼먁삼보리를 이룰 수 없다. 내버려 둠으로써 오히려 상이 없어질 수도 있음에 유념하여야 한다.

송) 노래한다.

교묘한 안배를 누가 이해할지 모르겠으나(不知誰解巧安排)
잡았다가 전처럼 또 놓아주네(捏聚依前又放開)
여래가 단멸을 이루었다고 말하지 마라(莫謂如來成斷滅)
한 소리가 도리어 한 소리를 이어 오나니(一聲還續一聲來)

※ 야보천선사의 금강경주해에서는 안도(安挑)라고 하고 있고, 오가해에서는 안배(安排)라고 하고 있다.[391] 이 노래의 전체적인 의미로 볼 때, 후자가 맞는 듯하다.

안배(安排)란 후인을 위하여 시설하거나 마련해 놓은 방안, 수단, 조치 등을 가리킨다. 안배가 교묘하다는 것은 훌륭한 안배라는 의미이다. 예컨대, 부처님의 가르침 혹은 조사의 일구(一句)는 후세의 사람들에게 향상일로하기 위한 좋은 안배라 할 수 있다. 이 안배를 이해한다고 하는 것은 곧 가르침을 온전히 알고서 실천하는 것을 말한다. 이는 부처님의 가르침, 조사의 일구를 꿰뚫어 마침내 반야 지혜를 얻어 최상의 깨달음을 이루어 낼 수 있는 것을 가리킨다. 그런데 우리들 중생의 삶이란 끊임없이 알았다 몰랐다 하는 반복적 삶을 살고 있다. 중생살이라고 하지만, 어떤 경우에는 부처의 삶을 살기도 하고, 어떤 때는 악마의 삶을 살기도 한다. 이를 가리켜 잡았다 놓고, 놓았다 잡는 반복된 삶을 이어 가는 것이라 할 수 있지 않을까? 오늘도 우리들 중생은 한순간, 한순간 이런 삶을 되풀이하고 있는 것이다.

여래는 단멸하지 않았다. 여래는 생겨나지도 않았는데, 어찌 멸한단 말인가? 그러나 여래는 여여하게 왔기 때문에 오지 않은 것과 같을 뿐이지 여래는 왔고, 가지 않는다. 여래가 가지 않음은 여여하게 갔기 때문이다. 여래는 오지도 가지도 않고, 가고 또 오는 것이다. 그러므로 여래는 최상의 깨달음을 이루어 열반하였으니 갔다고 말해서는 안 된다. 왜냐하면, 여래란 법신으로서 온 세계에 상주하고, 화신 혹은 응신으로서 온 세계에 드러내기 때문이다.

---

391) 불교리록문화유산아카이브, 한국불교전서, 금강반야바라밀경오가해설의(金剛般若波羅蜜經五家解說誼)/ 金剛般若波羅蜜經 五家解說誼卷下, https://kabc.dongguk.edu/content/view?itemId=ABC_BJ&cate=bookName&depth=4&upPath=Z&dataId=ABC_BJ_H0114_T_003%5E013T

 # 제28분 누리지도 탐하지도 않는다(不受不貪分)

1. 의의

　대심성인(大心成忍)은 본래 스스로 무탐이라 세간의 복이 아무리 많은들 어찌 받겠는가? 그러므로 누리지도 않고 탐하지도 않는다고 하였다. 대심이란 대보리심을 가리킨다. 그리고 인(忍)에는 몇 가지 뜻이 있으나, 여기서는 법의 실상에 안주하는 것을 뜻한다. '법의 실상에 안주한다.' 함은 실상을 깨달아 인가하는 것을 가리킨다. 그러므로 대심성인이란 말은 대보리심을 바탕으로 법의 실상을 스스로 깨닫고(自證), 그 깨달음에 의지하여 보살행을 실천하는 것을 의미한다. 이렇게 대심으로 깨닫고 나면 탐욕심이 소멸하므로 세간의 복이 아무리 많더라도 이에 대하여 탐욕을 일으키지 않는다. 탐욕이 일어나지 않는데 어찌 그것을 받아 누릴 것이며, 누린다고 해도 어찌 나를 위하여 누릴 것인가?
　여기서, 누리지 않는다(不受) 함은 어떤 것에도 집착하지 않음을 의미하고, 탐하지 않는다(不貪) 함은 어떤 것에 대하여도 애욕의 마음을 일으키지 않는 것을 의미한다.

> [공부]
> # 큰마음(大心)
>
> 큰마음(大心)이란 대보리심을 가리키지만, 보다 구체적으로 다음 두 가지 의미가 있다.
> - 대보리심을 가리킨다. 이런 의미에서, 큰 깨달음을 구하는 광대한 발원의 마음을 가리킨다.『대지도론』제4권에서, "보리란 제불의 깨달음을 뜻하고 살타(유정/중생)는 중생 혹은 대심을 가리킨다. 이 사람은 제불의 깨달음의 공덕을 모두 얻고자 하며, 그 마음은 끊을 수도 없고 깨뜨릴 수도 없음이 마치 금강산과 같다. 이런 마음을 대심이라 한다."라고 하고 다음과 같이 노래하였다.[392]
> > 일체 모든 불법(一切諸佛法)
> > 지혜와 계율과 선정(智慧及戒定)
> > 능히 일체를 이롭게 하나니(能利益一切)
> > 이를 깨달음이라 한다네(是名爲菩提)
> > 그 마음 흔들림 없어(其心不可動)
> > 능히 깨달음을 이루어 낼 때까지(能忍成道事)
> > 끊어지지도 않고 깨뜨려지지도 않나니(不斷亦不破)
> > 이 마음 살타라 한다네(是心名薩埵)
> - 방편심을 가리킨다. 즉 제법은 모두 공하다는 견해를 가지고 일체 중생을 건네주고자 하는 대비원을 일으키는 마음이다.『대지도론』제41권에서 "초발심을 보리심이라 하며, 육바라밀을 행하는 것을 무등등심이라 하며, 방편심 속으로 들어가는 것을 대심이라 한다."라고 하였다.[393]

송) 노래한다.

갠지스강의 모래 수만큼 많은 세계에 쌓인 보물들(寶聚恒河世界中)

한 가닥 터럭만큼도 누리지 않고 마음으로 공을 즐긴다(一毫不受樂心空)

봄이면 온갖 풀과 꽃들이 갖은 색으로 흐드러져도(春敷萬卉青紅紫)

---

392) T25n1509004, 大智度初品中菩薩釋論第八(卷第四), 龍樹菩薩造, 後秦龜茲國三藏法師鳩摩羅什奉 詔譯, CBETA 電子佛典集成 » 大正藏 (T) » 第25冊 » No.1509 » 第4卷, http://tripitaka.cbeta.org/T25n1509004

393) T25n1509041, 大智度論釋三假品第七(卷第四十一), 龍樹菩薩造, 後秦龜茲國鳩摩羅什奉 詔譯, CBETA 電子佛典集成 » 大正藏 (T) » 第25冊 » No.1509 » 第41卷, http://tripitaka.cbeta.org/T25n1509041

높고 험한 산에서 순식간에 종적이 보이지 않는다네(俄頃崢嶸不見蹤)

갠지스강의 모래 수만큼 많은 세계 속에 있는 보배들을 털끝만큼도 누리지 않고 마음으로 공함을 즐긴다. 이는 이들 보배들에 대하여 탐하거나 취하고자 하는 어떤 마음도 일으키지 않음을 의미한다. 이러한 마음 상태를 공하다 하지 않을 수 없다. 공한 마음이란 그 어떤 것에 대하여도 마음에 집착함이 없는 것을 가리킨다. 봄을 맞이하면 온 천지에 꽃이 피고, 싹이 돋는다. 만물이 소생하는 것이다. 이때 산천은 형형색색이다. 그러나 이 모든 것들은 무상하여, 그 형형색색하고 천자만홍하던 산천은 순식간에 사라지고 어디에도 그 흔적조차 찾을 수 없다. 혹은 녹음으로, 혹은 열매로 변하여 버린 것이다. 그리고 그 녹음도, 열매도 이윽고 가을바람에 모두 떨어지고 앙상한 겨울을 맞아 그 본 모습을 드러낼 것이다(體露金風).

보배로 쌓은 공덕은 봄에 피어오르는 형형색색의 꽃, 풀, 산천과 같다. 볼 때는 아름답고 화려해 보일지라도 언젠가는 사라지고 만다. 유위이기 때문이다. 또한, 모든 것들이 마음속의 집착으로 인하여 일어난 것들이어서 마음이 변하면 순식간에 모조리 변해 버리기 때문이다. 그리고 남는 것은 탐욕으로 인하여, 혹은 성냄으로 인하여, 혹은 어리석음 때문에 빚어진 수많은 나쁜 씨앗들뿐이고, 이로 인하여 끊임없이 고통의 바다에서 돌아다니게 되는 것이다.

2. 내용

경)"수보리야. 만약 보살이 갠지스강의 모래만큼 많은 세계를 가득 채울 칠보를 가지고 보시에 사용하고, 어떤 사람은 일체법이 무아임을 알고 인욕을 이루면, 이 보살이 얻은 공덕이 앞의 보살이 얻은 공덕보다 수승하다."
須菩提若菩薩以滿恒河沙等世界七寶持用布施若復有人知一切法無我得成於忍此菩薩勝前菩薩所得功德。

※ 라집역 금강반야바라밀경에서는 득성어인(得成於忍)이라 한 것을 현장역 능단금강분에서는 획득감인(獲得堪忍)이라고 하였다.

먼저, 복덕이란 공(功)을 쌓음으로써 얻는 결과이다. 복덕은, 그 성질상, 유위 혹은 유루의 복덕과 무위 혹은 무루의 복덕으로 나누어 볼 수 있다. 유위 혹은 유루의 복덕은 청정하지 못한 마음으로 지은 복덕이다. 유위는 인연화합에 의하여 생긴 것, 조작된 것을 의미한다. 의도와 목적이 포함되어 있으며, 얻고자 하는 마음(욕심)이 내포되어 있고, 집착하는 마음이 있다. 무위는 인연화합으로 이루어진 것이 아니라, 조작 없이 저절로 이루어진 자연스러운 것을 말한다. 그러므로 의도, 목적, 얻고자 하는 마음이 내포되어 있지 않다. 전자는 의도가 이루어지지 않거나 성취되지 않으면 실망하고 화가 난다. 예컨대 마음을 편안히 하고자 염불을 하는데, 마음이 편안하지 않으면 분노로 발전하거나 자신에 대한 실망으로 바뀔 수 있는 것과 같다. 이는 번뇌로 이어지며, 유루이다. 유루란 번뇌가 있거나, 번뇌를 일으키는 것을 의미한다. 유위와 유루는 같은 맥락에 있다.

그러나 무위의 경우에는 어떤 일을 하더라도 의도와 목적이 없다. 청정한 것이다. 예컨대, 보시를 하더라도 아무런 대가를 바라지 않고, 의도나 목적이 없이 하는 경우에는 무루가 된다. 보시를 하였다는 마음조차 없어지는 것이 무루이다. 이 경우는 그 하는 일이 아주 자연스럽고 조작적이지 않으므로 무위이다. 무루는 무위와 통한다.

다음으로, 일체법이 무아임을 알고 인욕을 완성하는 것은 지혜이다. 무아임을 안다는 것은 얻을 것이 없음을 안다는 의미이다. 이는 어떠한 집착도 일으키지 않는다. 인욕을 완성한다 함은 내게 어떤 결과가 닥치더라도 흔들림 없는 편안한 마음으로 받아들여 참아내는 것을 의미한다. 이는 일체법이 나의 기대와 바람대로 흘러가지 않더라도 화를 내거나 마음이 틀어지지 않음을 의미한다. 요컨대, 무아임을 알고 인욕을 완성하면, 어떠한 경우에도 집착과 분노가 일어나지 않으며, 이는 지혜가 완성된 것이라 보아도 좋겠다.

이렇게 보면, 경의 위 장구에서 왜 후자의 복덕이 전자의 복덕에 비하여 수승한지 수긍이 된다. 전자의 복덕은 아무리 많아도 그 복덕의 공효에 한계가 있어 그 시한이 도달하여 공효가 소멸되면 다시금 복덕을 쌓지 않는 한 그 복덕도 소멸되는 것이다. 그러나 무아를 알고 인욕을 완성함으로써 얻은 지혜는 소멸되지 않으며(**般若智慧**), 모든 복덕행의 바탕이 되어 무한히 지속된다. 그런 의미에서 후자가 전자보다 수승하다고 하는 것이다.

착어) 귀로 들어도 귀머거리 같고, 입으로 말해도 벙어리 같구나(耳聽如聾口說如啞).

귀로 들어도 무아와 인욕으로 체득한 지혜를 바탕으로 받아들인 것이 아니면, 듣는 것 모두가 유위이며 유루이다. 들어도 본래 들어야 할 것을 듣지 못하니 들어도 들은 것이 아니다. 그러므로 귀머거리가 들은 것과 같은 것이다. 입으로 말하는 경우도 마찬가지로, 무아와 인욕으로 체득한 지혜를 바탕으로 하지 않은 말은 아무리 많이 말해도 참된 진리를 말하는 것이 아니다. 말은 많았는데, 해야 할 말이 들어 있지 않으며, 말하지 않은 것과 같은 것이다. 벙어리가 아무리 떠들어도 그것은 소리일 뿐 의미를 전달하지 못하는 것처럼, 모두 희언이며 소리일 뿐인 것이다.

팔정도에서 바른 견해, 즉 정견이 맨 처음 나오고 나머지 수행법들이 뒤따르는 것은, 정견에 입각하여 다른 수행법을 수행하여야 수행이 바르게 이루어질 수 있음을 강조한 것이다. 정견은 지혜롭지 않으면 정립될 수 없다. 지혜는 정견의 초석인 것이다. 그러므로 팔정도의 모든 수행은 지혜가 결여되면 완성될 수 없다. 대승의 육바라밀 수행에 있어서 반야바라밀이 다른 다섯 바라밀행의 바탕이 된다. 반야는 지혜의 다른 이름이니, 다섯 바라밀을 수행함에 있어서 지혜가 바탕이 되는 것이다. 팔정도 수행에 의하건, 육바라밀행에 의하건 깨달음을 성취하기 위하여는 지혜를 바탕으로 하지 않으면 안되는 것이다.

송) 노래한다.

말 아래 사람은 말 위의 주인으로 인하여(馬下人因馬上君)
높고 낮음과 친소가 생기나니(有高有下有疎親)
하루아침에 말이 죽고, 사람도 돌아가면(一朝馬死人歸去)
친하던 이도 길바닥 사람과 한가지로세(親者如同陌路人)
이는 다만 옛사람이 옛날 살던 곳으로 돌아간 것일 뿐이라네
(祇是舊時人改却舊時行履處)

하인에 대한 평가와 대접은 주인을 기준으로 하는 경우가 대부분이다. 실제로 주인의 성품과 행동 양식에 따라 하인의 성품과 행동 양식도 절대적으로 영향을 받기 때문이다. 주인이 청렴결백한데 하인이 탐욕스럽게 행동하기 어렵다. 주인이 성실한데 하인이 불성실할 수 없다. 주인이 자비로운데 하인이 무자비할 수 없다. 하인은 주인에게 맞추어 살아야 하기 때문이다. 그러므로 하인에 대한 세상의 인심은 주인에 대한 세상의 인심에 비례한다. 주인에 대하여 친하고자 하는 사람은 그 주인의 하인에게 먼저 친하고자 하는 경향이 있다. 그 주인을 경원하는 자는 그 주인의 하인을 먼저 경원한다. 주인이 높으면 하인도 그에 비례하여 높아지고, 주인이 낮으면 하인도 낮아진다.

그러나 세상의 인심이란 무상하기 그지없으니, 주인이 죽으면 그 하인은 찬밥신세다. 주인을 보고 다가갔던 사람은 주인이 없어짐으로써 하인에게 다가갈 이유가 없어지기 때문이다. 하인은 가끔 주인으로 인한 모든 현상이 마치 자신으로 인한 것처럼 착각할 때가 있다. 그러다가 주인이 없어지면서 자신에게 돌아오는 차가운 현실을 절감하게 되는 것이다.

그런데 하인에게 있어서 주인으로 인하여 누렸던 모든 것은 주인이 없어지면 원래대로 돌아가는 것이므로 아쉬워하거나 아깝거나 억울할 것이 전혀 없다. 이는 마치 옛사람이 옛날 살던 집으로 되돌아가는 것과 같은 것이기 때문이다. 주인을 등에 업고 호가호위하였던 하인은, 주인이 없어짐으로써, 자신이 마땅히 누렸어야 할 지위로 되돌아가는 것에 불과한 것이기 때문이다. 하인이 주인의 권세나 부에 의지하지 않고, 자신이 하인에 불과하다는 자신의 처지와 지위를 잘 알고 있었더라면, 주인의 죽음으로 인하여 처하게 된 자신의 원래의 처지에 대하여 억울하거나 아까워하거나 아쉬워하지 않을 것이다. 이것이 지혜이다. 아무리 많은 복덕을 누리더라도, 그것이 한계가 있어 언젠가는 소멸한다는 것, 그러므로 그러한 것에 집착하지 않고 무위하여야 한다는 것, 그것이 바로 경에서 말하는 무아를 알고 인욕을 이루어 얻은 지혜인 것이다.

> [공부]
> ## 친한 사람도 길바닥 사람과 같더라
>
> 위의 노래는 명현집(名賢集)[394]에 실려 있는 다음 칠언시와 많이 닮았다.
> 　　백마의 홍영에 새 색을 칠하였더니(白馬紅纓彩色新)
> 　　친하지 않은 자도 억지로 친한 척하더라(不是親者強來親)
> 　　하루아침에 말이 죽고 황금이 없어지니(一朝馬死黃金盡)
> 　　친하던 이도 길바닥 사람과 한가지더라(親者如同陌路人)
> 　　※ 紅纓(홍영): 말이나 소의 가슴에 걸어 안장이나 멍에에 매는 붉은색 가죽끈/붉은색의 갓끈
> 백마에 홍영은 권세와 부를 상징한다. 권세가 높고 돈이 많을 때는 많은 사람들이 억지로 친한 척하더니, 권세가 없어지고 돈도 사라지니 친한 척하던 사람들이 모두 모르는 척하더라는 것이다. 사람이 자신에게 이익이 될 것이라 생각하면 친해지려 하고 이익이 없거나 손해가 될 것이라 생각하면 피하려 한다. 인지상정이라 하겠지만, 이에 대하여 일희일비하는 것은 지혜롭지 못한 태도이다. 이에 대하여 초연하면 지혜롭다고 할 수 있다.

경) "수보리야. 보살은 복덕을 누리지 않는다."
수보리가 부처님께 말했다.
"세존이시여. 어찌하여 보살은 복덕을 누리지 않습니까?"
"수보리야. 보살은 지은바 복덕에 탐착하지 않는다.
그러므로 복덕을 누리지 않는다고 말하는 것이다."
須菩提以諸菩薩不受福德故須菩提白佛言世尊云何菩薩不受福德須菩
提菩薩所作福德不應貪著是故說不受福德。

보살은 왜 복덕을 누리지 않는 것일까?[395] 일체법에 통달하여 능소의 마음이 없는

---

394) 명현집(名賢集)은 옛날 중국의 아동용 윤리 도덕 교육을 위한 교재의 하나. 구체적인 작자는 미상이며, 내용상 남송 이후 유가의 학자가 편찬한 것으로 추정. 공맹 이후 역대 명인과 현사들의 아름다운 말이나 선행을 모은 것. 불교의 인과사상이 반영된 연구도 다수.

395) 이 장구의 번역과 관련, 라집역에서는 보살불수복덕고(菩薩不受福德故)라고 하였는데, 이를 해석하면, "보살은 복덕을 누리지 않기 때문이다."가 되어 앞 단락의 언설에 대한 이유를 설명하는 구절이 되지만, 현장역에서는 보살불응섭수복취(菩薩不應攝受福聚)라고 하여, "보살은 마땅히 복덩어리를 거두어 누리지 않는다."

것을 인욕(忍)을 이루었다고 한다. 능소의 마음이란 주체로서 어떤 일을 하였다거나, 객체로서 어떤 일을 당하였다는 마음을 가리킨다. 주체와 객체로서의 상을 가지고 마음의 작용을 일으켰음을 의미하는 것이다. 이런 사람은 모든 것에서 탐착의 마음이 일어난다. 그러나 능소의 마음이 없는 사람은 그 반대이다. 어떤 것에 대하여도 상을 일으키지 않고, 무슨 일을 하였더라도 대가를 바라지 않으며, 남의 일을 자신의 일인 것처럼 공감함으로써 사무량심을 일으킨다. 이런 사람은 자신이 지은 공덕을 다른 사람에게 회향하기를 희망하며, 자신에게 돌아오는 것을 기대하지 않는다. 이에 해당하는 사람은 이미 무아를 알고 인욕을 성취하여 지혜를 이루었기 때문에 삼천대천세계를 가득 채울 만큼 많은 칠보로 지은 복덕이라도 자신이 향유하는 것이 아니라 다른 사람에게 회향되기를 희망하는 것이다. 그러므로 이에 해당하는 사람이 지은 복덕은 전자에 해당하는 사람이 지은 복덕에 비하여 수승하다.

요컨대, 복덕을 누린다 함은 복덕을 누리고자 하는 탐착심을 포함한다. 그러나 보살이 복덕을 짓는 이유는 일체 중생을 이롭게 하는 데 있으며, 자신의 탐착심을 충족하기 위함이 아니다. 그러므로 복덕을 누리지 않는다고 하는 것이다.

착어) 치마에 허리가 없고, 바지에 입이 없다(裙無腰袴無口).

치마는 허리에 끈을 매어야 치마로서 입을 수 있다. 바지는 다리를 집어넣을 입구가 있어야 바지를 입을 수 있다. 허리 없는 치마는 치마로서 입을 수 없고, 입이 없는 바지는 바지로서 입을 수 없다. 치마끈을 맬 수 없는 치마는 치마로서 기능과 역할을 할 수 없고, 다리를 꿸 입구가 없는 바지도 또한 그러하다.

보살은 복덕을 지을 때, 남을 위하여 복덕을 짓기 때문에, 그것이 복덕이라고 생각하지도 않고, 그 복덕을 받아 누릴 생각은 전혀 없으며, 그 복덕에 대하여 어떤 집착도 하지 않음으로써 천의무봉(天衣無縫)한 마음, 무장무애(無障無礙)한 마음이다. 그러므로 보살에게는 소위 세속적 복덕이란 무의미하며, 그러므로 그러한 복덕이란 허리 없

가 되어, 뒷단락의 언설의 전제가 된다. 문맥과 함께 고려하면, 의미와 역할이 제법 달라진다. 이 책에서는 전체적 맥락을 고려하여, 원문은 라집역에 따르되, 해석은 현장역에 따른다.

는 치마요, 입구 없는 바지인 것이다.

복덕을 받지 않는다고 한 것은 보살의 이러한 마음을 나타낸 것이다. 치마에 허리가 없고, 바지에 입구가 없는 것은 치마나 바지로서 기능이나 역할에 탐착하지 않음을 의미하며, 이는 보살이 복덕을 지을 때의 마음과 같은 것이다.

송) 노래한다.

물 같고 구름 같고 한바탕 꿈같은 몸(似水如雲一夢身)
이외에 또 어떤 친한 것이 있나 모르겠네(不知此外更何親)
그중에 허용할 수 없는 남의 물건(箇中不許容佗物)
황매로 가는 길 위의 사람에게 맡기리(分付黃梅路上人)

이 한 몸은 물처럼 구름처럼 모였다 흘러가고 흩어지니 덧없다. 한바탕 꿈처럼, 깨고 나니 허망하다. 인무아(人無我)이고, 아공(我空)이 아닌가? "나"라는 것은 이러한 것에 불과한데, 또 무엇을 가까이하여 탐하고 누리려 할 것인가? 이러한 것이 바로 나라는 것(眞理)을 아는 것 이외에 모든 것은 신외지물, 남의 물건이다. 그러므로 탐하는 것 자체가 어찌 보면 죄악일지 모르겠다. 그러므로 받아 누리려고 탐하지 않는 것이 옳다. 수행은 바로 이런 탐욕을 벗어던지고 자재하게 되기 위한 힘든 과정인 것이다.

제29분 위의가 적정하다(威儀寂靜分)

1. 의의

(여래는) 오고 감이나 앉고 눕는데 여여하지 않음이 없다. 그러므로 위의가 적정하다고 한 것이다. 불교에서 위의란 계율에 알맞은 모든 행동거지를 가리킨다. 크게 오고 감, 앉고 누움 등 네 가지 행위를 사위의라 하고, 이들이 전체 위의를 포함하는 것으로 본다. 적정이란 말은 모든 것이 소멸하여 고요해진 상태를 의미한다. 열반과 같은 의미이며, 열반적정이란 말로 많이 사용된다. 이러한 적정은 청정에서 오며, 청정은 갈애와 집착이 없어지고 번뇌가 소멸한 것에서 온다. 그런데 부처님은 열반을 이루었기 때문에 부처님의 모든 행위는 적정하다. 구체적으로, 부처님의 사위의, 오고 감이나 앉고 누움의 일상적 행위가 모두 적정함을 가리킨다. 그러므로 여래는 와도 오지 않았고, 가도 가지 않았으며, 누워도 눕지 않았고, 앉아도 앉지 않는 것이다. 이는 사위의에 어떠한 갈애나 집착이 없음을 의미한다. 그러므로 부처님의 사위의는 깨달음의 경지가 어떤 것인지 보이는 가르침이며, 부처님의 평상적 활동이 모두 가르침이라는 것을 의미한다.

착어) 사위의에 있어서, 법신은 여여부동하며 본래 적정하다
  (四威儀中, 法身如如不動, 本來靜寂).

사위의란 행주좌와(行住坐臥)를 가리키지만, 일반적으로 유정, 특히 인간으로서 우리가 취하는 외관상의 모든 행동을 가리킨다. 우리는 자신을 지키기 위하여, 자신의 이익을 추구하기 위하여, 남과의 관계에서 남을 의식하여, 체면 때문에, 다른 사람을 배려하기 위하여 등 온갖 이유로 어떤 행위를 하게 된다. 가만히 앉아 있는 것도 일종의 행위이며, 누워 잠을 자는 것도 일종의 외관으로 드러난 행위이다. 우리가 형상을 갖추고 있는 한, 그리고 그 형상을 존속시키고자 하는 의지가 있는 한, 결코 행주좌와에서 자유로울 수 없다. 이것에서 자유로울 수 있는 것은 오직 진리뿐이다.

삼신불 이론에 의하면, 세상의 모든 형상을 가진 유정이나 존재는 부처의 현신으로 보아도 무방하다고 볼 수 있다. 즉, 응[화]신이란 의미이다. 이렇게 형상을 가진 부처는 행주좌와에서 자유로울 수 없다. 역사적 존재로서의 석가모니부처님은 행주좌와, 즉 사위의가 가장 모범적이었다는 것이 경전의 기록이다. 모범적이었을 뿐, 행주좌와가 없을 수는 없다. 이는 곧 형상이 있는 인연화합의 존재들이 받을 수밖에 없는 일종의 구속이며 부자유이며 업보라 할 수 있다. 그러나 법신은 이들 모든 형체를 벗어나 있으므로 응당 사위의에 의하여 구속되지 않는다. 자유자재한 것이다.

송) 노래한다.

앉고 눕고 경행함에 걸음이 저절로 떨어지고(坐臥經行脚自擡)
산 오르고 물 건너니 진에가 뒤섞였네(登山涉水混塵埃)
다른 것을 살펴 분명한 곳에 발을 디디나니(看他下足分明處)
허공은 밟아 부수어도 오고 감이 없어라(踏碎虛空無去來)

우리네 중생들에게 있어서는 행주좌와와 산 오르고 물 건너는 것이 모두 살림살이의 고비들이라 할 수 있다. 또는 살아가는 과정에서 겪는 곡절이라 할 수도 있다. 이들 살림살이의 고비나 살아가는 과정에서 겪게 되는 온갖 곡절들이 쌓여 본래의 여여한 마음, 본래면목, 여래 실상이 묻히고 더럽혀졌다. 이렇게 우리는 오염되었고 번뇌하고 있는 것이다. 그러므로 나의 것, 본래 내가 갖춘 것이 아닌 남의 것, 밖의 것을 분별하여 구하려 하지 말고 내가 갖추고 있는 것, 여여부동한 나의 본래면목을 찾는 것이 중요하다. 그리고 그것은 아무리 살림살이나 수행과정에서 곡절을 겪는다고 해도 여여부동하며, 언제나 내 안에 갖추어져 있음을 알아야 한다.

그리하여 최상의 깨달음을 이루면 여여한 본래면목이 여실하게 드러난다. 이 경지에 들어서면 행주좌와, 즉 사위의가 여여해진다. 그러므로 저절로 이루어지는 것과 같다. 산 오르고 물 건너다 보면 티끌이 잔뜩 묻을 것이지만, 그렇다고 여래가 여여하지 않음이 없다. 디디는 곳마다 여여하게 분명하지 않은 곳이 없으니, 마치 아무리 허공을 밟아 부순다 해도 허공은 아무런 흔적이 없이 여여한 것과 같은 것이다.

2. 내용

[第二十四疑斷] 화신으로 출현하는 것은 복을 누리는 것(化身出現受福)이라는 의심을 끊는다. 이는 위에서 복덕을 누리지 않는다(不受福德)에서 나온다.

만약 제일의가 취할 수 있는 복이 없다면, 어찌하여 다른 경에서는 여래의 복덕과 지혜가 원만함의 자량이 되어 보리좌에 앉아 열반에 들었다고 하였는가? 이 의심을 없애기 위하여 경에서 말한다(功德施菩薩).

경) "수보리야. 만약 어떤 사람이 여래가 오고 가며 앉고 눕는다고 말하면, 이 사람은 내가 말한 것을 이해하지 못하였다. 왜냐하면, 여래란 온 바도 없고 간 것도 없나니, 그러므로 여래라고 하기 때문이다."
須菩提若有人言如來若來若去若坐若臥是人不解我所說義何以故如來者無所從來亦無所去故名如來。

여래는 온 것도 오지 않은 것도 아니며, 간 것도 가지 않은 것도 아니며, 앉은 것도 앉지 않은 것도 아니며, 누운 것도 눕지 않은 것도 아니다. 여래는 행주좌와의 사위의 중에서 항상 공적하다.

이미 말했지만, 오고 감이나 앉고 누움이 있는 것은 여래의 응신이다. 오고 감이 없는 것은 법신이다. 그러나 여래는 옛날 보살도를 행할 때 복을 지어도 복을 받는 것에 대하여 탐착하지 않아 어떤 상도 없었는데, 어찌 최상의 깨달음을 이룬 후에 오고 감,

앉고 누움의 상이 있다고 말하겠는가? 이러한 까닭으로 중생들로 하여금 공양하고 복보나 받으려 할까 우려하여 (경의) 위와 같은 질문을 하시고, 그리고 이를 풀이하여 여래의 법신은 여여부동이고, 행하는 모든 동작은 응신일 뿐임을 말씀해 주신 것이다.

그런데 이 경의 첫머리에서 보았다시피 부처님은 이른 아침에 옷을 입고 발우를 들고 몸소 사위성으로 들어가 걸식을 하셨다. 이렇게 구체적으로 행동을 하셨는데도 불구하고, 행주좌와를 하였다고 하면 부처님의 말씀을 이해하지 못한 것이라고 말하니 일견 모순인 것 같다. 그러나 여래에 대하여 이렇게 이해함은, 여래의 존재 혹은 여래의 일상적인 행위를 부정하려는 것이 아니라, 여래의 존재와 작용이 여여한 것을 강조하고 그에 대하여 집착하지 말 것을 말한 것이다.

착어) 산문 앞에서 합장하고 불전 안에서 향을 피운다(山門頭合掌佛殿裏燒香).

우리 불자들이 절을 방문하면 일주문에서부터 가볍게 합장하고 반배를 하여 절에 들어갈 것임을 알리는 신호를 준다. 일주문은 절이라는 청정한 지역(淨土)과 내가 살던 속세의 오염된 지역(穢土)을 구분하는 경계의 역할을 한다. 예토에 있던 내가 이 경계를 지나면서 정토에 있는 모든 불보살들에게 들어간다는 것을 알리는 것이다(여기서 지역이나 국토를 굳이 실제의 구분된 구역일 수도 있지만, 불자의 마음속에 짓고 있는 구역을 의미하기도 한다). 이 신호를 시작으로 우리는 불보살의 세계로 들어가 불보살들과 하나가 되는, 불이의 삶을 잠시나마 누리게 되는 것이다.

절에는 전(殿)과 각(閣), 루(樓)가 있다. 전은 불보살이나 성문 제자들을 모신 건물이다. 대웅전, 대웅보전, 적광전, 대적광전, 용화전, 미륵전, 관음전, 지장전, 나한전 등의 이름을 가지고 있다. 각기 그 건물 안에 어떤 분을 주불로 모시고 있느냐에 따라 나름 이름을 붙인다. 이러한 범주의 성인에 속하지는 않지만, 특이하게 조사전이라고 하여 그 절의 창건주, 중창주 혹은 역대 주요 스승을 기리는 건물에도 전이라는 격을 부여하고 있다. 조사들을 부처님의 직계제자 혹은 부처님처럼 높은 깨달음을 이루신 분이라고 인식하는 데 따른 결과가 아닌가 생각한다.

각은 그 이외의 여러 외호신들이나 독성, 불전사물 등을 모시는 건물이다. 산신각,

독성각, 범종각 등이 이에 해당한다. 루는 이층 이상의 각에 해당하는 것을 가리킨다. 예컨대, 이층에 범종을 걸었으면 범종루, 북을 걸었으면 법고루라고 부르는 것이 그 예이다.

여하튼 절을 방문하여 불보살 등에게 예배하려면, 각기 이름을 붙인 전각으로 들어가면 된다. 이는 전각에 안치하여 모시는 분의 이름을 가지고 전각의 이름으로 삼기 때문이다. 향을 피우는 것은, 전각에 들어 참배를 하고자 할 때, 참배 전에 주위를 청정하게 하는 의미가 있다. 혹은 세속의 때에 찌들어 냄새나는 나를 향으로 정화하는 의미일 수도 있다. 나아가 향을 통하여 불보살에게 자신의 존재와 발원을 알리는 작용일 수도 있다.

여하튼 절을 방문하면 산문에서 합장하고 전각에서 향을 피우는 것이 가장 일반적인 참배행위이다. 이러한 참배행위는 여래의 행주좌와, 사위의처럼 가장 일반적이고 자연스럽게 일어나는 행위들이며, 너무나 자연스럽기 때문에 한다는 생각 없이 하는 행위이다. 이런 행위가 바로 여래의 행주좌와이며 중도행이며 반야행이라 할 수 있을 것이다.

송) 노래한다.

주렴을 걷으니 가을 구름이 오가는데(初捲秋雲去復來)
얼마나 돌았을까? 남악과 천태를(幾迴南岳與天台)
한산과 습득이 서로 만나 웃네(寒山拾得相逢笑)
또 말해 보라, 그 웃음이 무엇인지를(且道笑箇甚麼)
웃음의 길에 동행하려는데, 걸음이 떨어지지 않네(笑道同行步不擡)

수행승이 선방에 앉아 좌선을 하다 잠시 쉬면서 선방 창호를 가리고 있는 주렴을 걷었다. 그러자 창호 너머로 가을 구름이 떠다니는 것이 보인다. 가을이라면 하늘(허공)은 유난히 파랗고 높으며, 구름은 없거나, 있더라도 대개 새털구름이고, 바람이 잔잔하여 구름의 이동도 여유로울 것이다. 유난히 파랗고 높은 하늘(허공)에 유유히 떠다니는 구름을 상상해 보자.

　지금 화자는 남악과 천태산 사이의 어느 지점, 혹은 남악이나 천태산의 어느 한 곳에 있다. 저렇게 떠다니는 가을 구름은 남악과 천태를 얼마나 많이 오고 갔을까? 천태를 벗어나든, 남악을 벗어나든, 둘 다 벗어나든, 그만한 세월이 흘렀으면 벗어나야 하련만, 하염없이 떠다니고 있다. 도시 벗어날 줄을 모른다. 마치 열반에 들지 못한 채 끊임없이 생사를 윤회하는 어느 납승처럼. 혹은 화자가 저렇게 떠돌고 있는 편운에 기대어 자신의 처지를 말하고 있는 것은 아닐까?

　한산과 습득은 당나라 태종 연간에 천태산 국청사에 있으면서 기행을 일삼아 다른 승려들로부터 미치광이라고 불렸던 스님들이었다. 그러나 세인들에게는 한산은 문수보살, 습득은 보현보살이 화신한 것이라고 여겨졌다 한다. 그들의 언행은 일반적으로는 기행(奇行)으로 보일지 몰라도, 시각을 바꾸면 세상의 살림살이에 구애받지 않는 자유자재한 것이라고 볼 수도 있다. 그러한 그들 둘은 항상 떠들고 웃으며 지냈다는데, 그들의 웃음 속에 무슨 뜻이 들었을까? 그 웃음에 끼어들어 보려 하나, 발이 떨어지지 않는다. 그들의 풍진을 등진 탈속의 경지를 따라가려 하나, 따라잡지 못한 채 마음만 바쁠 뿐 늘 현실에 집착하고 있는 형국이다.

[공부]
풍간(豊干), 한산(寒山) 그리고 습득(拾得)[396]

풍간, 한산, 습득은 당나라 정관(태종) 때 활동하였던 세 명의 기승(奇僧)들. 모두 일찍이 천태산 국청사에 머물고 있었다. 이로 인하여 이들 셋은 천태삼성(天台三聖) 혹은 삼은(三隱)이라 불렸다. 전하는 말에 의하면, 풍간은 아미타불의 화신이고, 한산은 문수보살의 화신이며, 습득은 보현보살의 화신이라 회자되었다고 한다.

정관 연간에 태주자사 여구윤(閭丘胤)이 부임하자마자 갑자기 병에 걸려 머리가 심하게 아팠다. 이를 풍간이 깨끗한 물로 치료해 주었다. 그때 풍간은 여구윤에게 말했다.

"국청사 부근에 한암(寒巖)이라고 있는데, 그곳에 한산과 습득 두 사람이 머물고 있습니다. 이 둘은 항상 절에 들어가 바쁜 사람들을 도와줍니다. 그들의 행색은 비록 미치광이 같고 외모는 빼어난 데가 없으나, 속세 사람들은 그들을 문수와 보현의 화신이라고들 합니다."

여구윤이 임지에 도착한 후 친히 국청사를 찾아가서 사내 주방에 있는 한산과 습득을 예방하였다. 그러자 그 두 사람은 서로 박수를 치고 큰 소리로 껄껄 웃으며 말했다.

"풍간이 요설을 떨었구나. 미타를 알지 못하면서 내게 예배해서 뭐 하겠노?"

그리고는 급히 한암으로 돌아가 버리는 것이었다. 이에 여구윤은 사람들을 시켜 한암을 방문하였을 때 이미 두 사람은 흔적도 없었다. 여구윤은 다른 곳에 남겨진 한산과 습득의 시 수백 수를 거두었다. 후세에 한산과 습득의 시집이 전해지게 된 것은 이러한 연유에서였다.

한산과 습득의 시는 탈속한 기운(氣韻)과 선기(禪機)를 갖추고 있으며, 세속의 명리와 영화는 전혀 마음에 두지 않고 있다. 습득은 이름도 성도 잘 알려져 있지 않다. 천태산 국청사에서 주석하던 풍간선사가 산중을 경행하던 중 적성에 이르렀을 때 길가에 아이 울음소리를 듣고 그 아이를 찾아 국청사로 데리고 왔다. 처음에는 목우자(牧牛子)라고 부르다, '이곳에 홀로 버려진 것을 주워다 기른 아이'라는 뜻으로 습득이라고 이름 지어 불렀다고 한다.

---

396) T50n2061019, 宋高僧傳卷第十九, 宋左街天壽寺通慧大師賜紫沙門贊寧等奉 勅撰, 感通篇第六之二(正傳二十一附見八人), 唐天台山封干師傳(木㭽師寒山子拾得), CBETA 電子佛典集成 » 大正藏 (T) » 第50冊 » No.2061 » 第19卷, http://tripitaka.cbeta.org/T50n2061019

제30분 일합상의 이치(一合相理分)

1. 의의

동진 무제 때 후진 사문 구마라집(鳩摩羅什)이 역출하고, 양(梁) 소명태자(昭明太子)가 분목을 나눈 금강경과 관련, 역대에 내려오면서 분목 중 서른 번째 분목의 제목이 둘로 나뉘어 사용되어 왔다. 즉, 일부 문헌에서는 일합상리분으로, 다른 일부 문헌들에서는 일합이상분으로 사용되고 있는 것이다. 예를 들면, 당의 육조 혜능과 송의 야보천선사는 일합상리분(一合相理分第三十)이라고 하고 있고, 이에 대하여 야보천선사는 다음과 같이 주석을 하였다.[397]

　　믿는 마음(信心)이 끊어지지 않는 것, 이것이 바로 미진이다. 믿음이라는 보배(信寶)는 두루 충만하니, 이를 이름하여 세계라 한다. 세계와 미진은 하나로 합쳐지는 법이다. 이러한 까닭으로 일합상의 이치라고 하였다.

그리고 명나라 홍련(洪蓮)이 편찬한 금강경주는 일합이상분(一合理相分第三十)이라고 하고 다음과 같이 게송으로 주석하였다.[398][399]

　　진성은 허공에 두루하여(眞性遍虛空)
　　억지로 일합이라 이름하였네(強名爲一合)
　　범부는 이루어진 상에 집착하지만(凡夫執成相)

---

397) 金剛經解義, 唐 慧能解義; 金剛經註, 宋 道川頌並著語

398) X24n0468004, 金剛經註解, 明 洪蓮編, 金剛經註解卷之四, CBETA 電子佛典集成 » 卍續藏 (X) » 第24冊 » No.0468 » 第4卷, http://tripitaka.cbeta.org/

399) 불교기록문화유산아카이브, 한국불교전서, 금강반야바라밀경오가해설의(金剛般若波羅蜜經五家解說誼)/ 金剛般若波羅蜜經 五家解說誼卷下, 一合理相分第三十. 현재, 우리나라 조계종단이 소의하고 있는 (표준)금강경에서도 일합이상분이라고 이름하고 있다.

보살은 묘리에 계합한다네(菩薩契妙理)

일합이상이 맞는지, 일합상리가 합당한지는 위의 두 인용문을 보면 나름대로 이유가 있으므로 어느 것이 꼭 맞다고 할 수는 없다. 다만, 일합상리라고 하면 일합상의 이치라는 뜻이고, 일합이상이라고 하면 일합의 이치가 보이는 상이라는 뜻이 되어 의미가 상당히 달라질 수 있다. 경의 본문에서는 일합상을 한 덩어리로 말하고 있으므로, 여기서는 일합상리를 채택한다.

삼천대천세계가 한 덩어리라도 무수히 많은 미진으로 분쇄가 가능하고, 무수히 많은 미진이 합성하여 한 덩어리의 삼천대천세계가 된다. 그러면 둘 다 무아이며 본성이 공하다고 할 수 있다. 공하다는 본성은 둘 다 공통되며, 이것은 진리(진성)이며, 법신이라 할 수 있다. 그러나 이루어진 모양(相)으로 보면 미진과 삼천대천세계는 각각 다르며, 이를 화신이라 할 수 있다. 법신은 화신에 의하여 드러나며, 화신은 법신이 있음으로써 존재하게 된다. 굳이 둘을 분리하여 둘로 보거나, 합하여 하나로 볼 필요가 없다. 이에 얽매이지 않고 자재함이 필요한 것이다.

착어) 세계와 미진은 분리되어 있든 합성되어 있든 본성이 없는바, 이 이치를 드러낸다(世界微塵, 離合無性, 爲顯此理).

세계는 미진이 모여 이루어진 것이다. 자성이라 할 것이 없어 공하다. 세계는 미진이 모여 이루어진 것이므로 세계를 분쇄하면 미진이 된다. 그런데 부서진 미진은 또 그 보다 작은 것들의 결합에 의하여 이루어진 물질이다. 그러므로 세계와 미진은 자성이라 할 것이 없어 공하다. 이렇듯 물질의 세계(material world)는 자성을 가지고 있지 않다. 그러므로 물질의 세계는 모든 것이 무아이며 현재의 드러난 모습은 가립이다.

미진의 합성으로 이루어진 삼천대천세계라는 덩어리는 아주 크다. 또 세계를 분쇄하여 만들어진 미진은 아주 작으며 무한히 많다. 그러나 세계라는 덩어리가 아무리 커도, 미진이라는 물질이 아무리 많아도, 그들이 무아이며 자성이 없는 것임에는 변함이 없다. 경 제30분 일합상리[이상]분은 이 진리를 드러내고자 한 것이다.

송) 노래한다.

한마음 일어나지 않아도 상은 이미 이뤄졌나니(一念未興相已成)
보경 앞에 선 듯 둘 다 분명하다(如臨寶鏡兩分明)
몸을 돌려 웅덩이 속 마음의 달(心月)을 밟아 부수고(翻身踏碎潭心月)
상의 이치는 원래 공하여, 손 털며 간다(相理元空擺手行)

마음에서 이것이 어떤 상이라고 한 생각을 일으키기 전에 이미 상이 존재한다. 상이 마음의 작용에 의하여 만들어진 것이 아니라, 마음과 독립적으로 존재하고, 이 독립적인 존재를 마음이 작용하여 받아들이는 것이다. 이런 현상은 마치 어떤 존재가 거울을 마주할 때 그 영상이 거울에 맺히는 것과 같다. 거울 속의 영상은 본래의 상에 종속적이지만, 본래의 상은 거울속의 영상과는 독립적이다. 이와 같이 상의 형성 과정과 마음의 작용이 다른 것은 거울에 비춰지듯 명백하다.

그런데 상이 마음에 비춰져 이를 인식하게 되면, 그로부터 온갖 번뇌가 일어나 고통을 받는 것이 중생의 마음이다. 마음의 작용으로 인하여 독립적으로 존재하는 상이 온갖 고통을 야기하는 것으로 인식되는 것이다. 그러므로 마음 밖의 모든 것으로 인하여 마음이 받는 고통은 결국 마음의 작용에 불과한 것이라 할 수 있다. 그러므로 마음속에 작용하여 생긴 영상, 웅덩이에 뜬 달을 부숴 버리면 고통은 사라질 것이다. 마음 밖에 존재하는 상이 본래 공한데, 이런 상에 대한 내 마음의 작용으로 인한 영상, 나아가 그 영상으로 인한 고통 또한 공한 것은 당연하다. 이를 깨닫고 모든 것에 초연하거나 버릴 수 있다면, 그것이 열반이 아니겠는가?

> [용어 풀이]
>
> * 거울(鏡, 梵 darpana): 얼굴 등을 비추어 보는 도구. 밀교에서는 현경(懸鏡), 단경(壇鏡), 보경(寶鏡) 등으로 부르기도 한다. 경전 중에서 맑은 거울이라고 하면, 청정한 법신의 덕을 표시한다. 선종에서는 거울 혹은 맑은 거울(明鏡)을 사람이 각기 본래 가지고 있는 불성을 비유한다. 좌선하는 곳에 깨끗한 거울을 걸어두고 자신을 비추어 봄(返照)으로써 마음 수행에 도움이 되도록 한다.
> * 마음의 달(心月): 심성의 밝고 청정함을 달에 비유한 것, 보리심론(菩提心論)에 의하면, "본심을 비추어 보면, 담연청정하여, 마치 만월이 빛을 허공에 두루 비추어 차별함이 없는 것과 같다."라고 하였다.[400]

2. 내용

[第二十五疑斷] 법신과 화신은 같은가 다른가(法身化身一異)라는 의심을 끊는다. 이 의심은 위에서 법은 단멸이 없으며 오고 감도 없다(法無斷滅 法無去來)에서 나온다.

만약 생사와 열반은 얻을 수 없고 그러므로 가고 옴이 없다면, 여래는 어찌 수미산만한 무더기를 하나로 합치고 (이에) 안주하는가? 이 중에 하나이고 항상한다는 의심을 없애기 위하여 나누어짐이 없기도 하고 있기도 한 일합의 견해를 내었다(功德施菩薩).

> 경) *"수보리야. 만약 선남자 선여인이 삼천대천세계를 부숴 미진으로 만든다면, 어떠냐? 이 미진의 무리는 어찌 많지 않겠느냐?"*
> *"심히 많습니다. 세존이시여."* 須菩提若善男子善女人以三千大千世界碎爲微塵於意云何是微塵眾寧爲多不甚多世尊.

---

400) T32n1665001, 金剛頂瑜伽中發阿耨多羅三藐三菩提心論(亦名瑜伽總持釋門說菩提心觀行修行義), 開府儀同三司特進試鴻臚卿肅國公食邑三千戶賜紫贈司空諡大鑑正號大廣智大興善寺三藏沙門不空奉 詔譯, CBETA 電子佛典集成 » 大正藏 (T) » 第32冊 » No.1665 » 第1卷, http://tripitaka.cbeta.org/T32n1665001

미진이 모여 세계를 형성하고 세계가 모여 소천, 중천, 대천의 삼천대천세계를 이룬다. 미진은 대천세계의 기본단위이며, 대천세계는 이들 기본단위들이 뭉쳐 형성된 하나의 덩어리이다. 즉, 대천세계는 미진의 개념적 집합체인 것이다. 삼천대천세계를 부숴 미진으로 만든다는 것은 바로 이 개념적 집합체를 해체하여 원래의 단위들로 환원시키는 것을 의미한다. 이렇게 환원된 미진은 그 하나하나의 개체가 매우 많을 수밖에 없다. 그래서 수보리는 많다고 대답하였던 것이다.

미진이라는 말은 두 가지 의미를 가지고 있다. 하나는 미세한 것을 가리킨다(이로부터 아주 보잘 것 없는 것을 경시할 때도 종종 쓰이는 말이다). 다른 하나는 미진수라는 말로 사용되어 그 개체의 수가 헤아릴 수 없이 많은 것을 가리킨다. 경의 이 장구에서 사용된 미진은 두 가지 의미를 모두 포함하고 있다고 볼 수 있다. 즉, 삼천대천세계만 해도 많은데, 그 세계를 모두 미진으로 부숴 놓았으니, 그 미진의 개수가 얼마나 많을 것인가? 또한 삼천대천세계를 구성하는 기본단위로 환원시켰으니, 그 기본단위가 또한 얼마나 미세할 것인가?

여기서 미진과 세계를 비유로 보면, 미진은 화신(혹은 응신)을 가리키고, 세계는 법신을 가리킨다. 응신은 오고 감이 다르지만, 법신은 오고 감이 동일하다. 즉, 응신은 오면 생겨나고 가면 소멸하지만, 법신은 와도 온 것이 아니고 가도 간 것이 아닌, 오고 감이 여여하다. 부처님은 수보리가 같고 다름의 견해를 가질까 우려하신 까닭에 비유로서 이를 풀어 주신 것이다.

거듭 말하면, 세계란 법신을 비유한 것이고 미진은 응신을 비유한 것이다. 세계는 같음이고 미진은 다름이다. 세계를 부수어 미진을 만들어도 미진은 다름의 본성(異性)이 없고, 미진을 합하여 세계를 만들어도 같음의 본성(一性)이 없다. 비유하면, 모든 법은 감응(인연에 상응)하여 일어나는데 그 감응에 다름의 본성이 없다. 모든 감응은 곧 법이고, 법은 같음의 본성이 없다. 그러므로 노래하는 것이다.[401]

화신불은 오고 가지만(去來化身佛)

법신은 항상 부동이라(法身常不動)

---

401) T25n1511003, 金剛般若波羅蜜經論卷下, 天親菩薩造, 元魏天竺三藏菩提流支譯CBETA 電子佛典集成 》 大正藏 (T) 》 第25冊 》 No.1511 》 第3卷, http://tripitaka.cbeta.org/T25n1511003

이에 법계에 있어도(於是法界處)

같지도 않고 다르지도 않다네(非一亦非異)

그러나 여래의 본체와 쓰임은 서로 융섭하고, 그러므로 같을 수도 다를 수도 있으며, 같지도 않고 다르지도 않을 수 있다. 그러므로 자재한 것이다.

착어) 물에 들어가지 않으면, 큰 사람임을 어찌 보리요(알리요)(若不入水爭見長人).

큰 사람이란 여러 가지 해석이 가능하다. 훌륭한 능력이나 조건 등을 포함한 수승한 근기를 가진 사람을 가리킬 수 있다. 또 이미 수행이 훌륭하게 이루어져 높은 깨달음을 이룬 마하살(大士)을 가리킬 수도 있다. 혹은 대장부를 가리키기도 한다. 이런 맥락에서 이미 최상의 깨달음을 이룬 부처를 의미할 수도 있다. 이 착어는 그 말의 유래를 알지 못하면 무슨 뜻인지 알기 어렵다. 하여 그 유래를 먼저 소개한다.[402]

안요선사록(按耀禪師錄)에 의하면, 당나라 측천무후 때의 일이다. 숭산의 노승 혜안선사가 무후의 부름을 받고 궁중에 들어갔다. 선사는 신수와 함께 오조홍인 문하 북종선의 조사이다. 선사는 궁에 들어가 목욕을 하게 되었는데, 궁녀들이 목욕 시중을 들었다. 아리따운 아가씨들이 시중을 들면 마음이 움직일 수 있으련만, 혜안선사는 마치 홀로 있는 듯 편안하고 아무런 동요도 일으키지 않았다. 이를 지켜본 무후가 감탄하여 말했다.

"물에 들어가서야 비로소 누가 큰 사람(長人)인지 알겠구나."

우리는 몸과 마음을 자극하는 경계(자극제)가 없이 홀로 조용히 있을 때 흔들림이 없는 것은 어느 정도 가능하다. 그러나 대상으로부터의 자극이 왔을 때, 그에 감응하지 않고 흔들림이 없기는 매우 어렵다. 측천무후가 "물에 들어가서야 비로소 누가 큰 사람인지 알겠다."라고 한 말은 자극의 대상이 주어졌을 때 그 대상에 동요하지 않는 자가 참으로 위대한 사람이라는 말이다. 일체의 경계가 부구(浮漚: 뜬 거품), 즉 물거

---

402) X67n1304003, 林泉老人評唱丹霞淳禪師頌古虛堂集卷三, 後學性一閱, 生生道人梓, 第三十五則 天盖浴室(沐浴), CBETA 電子佛典集成 》 卍續藏 (X) 》 第67冊 》 No.1304 》 第3卷, http://tripitaka.cbeta.org/X67n1304003. 按耀禪師錄. 唐武后詔嵩山老安 . 北宗神秀入禁中供養。因澡浴以宮姬給侍。獨安怡然無他。后歎曰。入水始知有長人矣。

품이 일어났다 꺼지는 것과 같이 허망함을 깨달았기에 그러한 행동거지가 가능했으리라. 이 몸 또한 부구에 지나지 않는다. 아무리 미녀(궁녀)의 아름다운 몸일망정 물거품을 벗어날 수 없는 것이다. 예나 지금이나 몸 자랑에 몰두하는 사람들이 부지기수인데, 부구와 다름없는 몸뚱이에 대한 과도한 집착이 아닐까 생각해 본다.

경의 위 문구에 대하여 왜 이런 착어를 했을까? 미진과 세계의 상관관계에 대하여 둘 중 어느 것에도 집착하지 말 것을 경계한 것이라 할 수 있다. 미진의 관점에서 세계를 바라보고, 세계의 시각에서 미진을 바라볼 수 있어야 한다는 것이다. 즉, 구성요소(부분)에서 합성된 구성체(전체)를 바라볼 수 있고, 구성체에서 구성요소를 바라볼 수 있어야 한다는 것이다.

> ### [공부]
> ### 물에 들어가야 큰 사람이 보인다[403]
>
> 하루는 남양혜충국사(南陽慧忠國師)가 자린(紫璘) 공봉(供奉)에게 물었다.
> "부처란 무슨 뜻입니까?"
> 공봉이 대답했다.
> "깨닫는다는 뜻입니다."
> 선사가 말했다.
> "부처님이 언제 미혹된 적이 있었습니까?"
> 공봉이 대답했다.
> "일찍이 미혹된 적이 없었습니다."
> 선사가 말했다.
> "그런데 무엇을 깨닫는다고 하는 겁니까?"
> 공봉이 아무 대답도 하지 못하였다.
> 이에 대하여 경산고(徑山杲)(=大慧宗杲) 선사가 착어했다.
> "물에 들어가지 않으면 어찌 큰 사람을 알리요."
> 략히 평창하면, 법신은 미혹된 적이 없으나, 역사적 존재로서의 석가모니부처님 혹은 세계에 나투었던 수많은 부처들은 모두 미혹을 끊는 수행을 거쳐 법신을 되찾았다. 간진여세계의 법신과 현실 세계의 보신 혹은 화신은 같으면서도 또한 다르다. 자린공봉은 진여와 현실, 법신과 화신(응신)이 같을 수도 있고 다를 수도 있음을 깜빡하였던 것 같다.

송) 노래한다.

티끌 하나가 살짝 일어 허공을 가리고(一塵纔起翳虛空)
삼천세계를 부쉈더니 수가 다함이 없구나(碎抹三千數莫窮)
촌 늙은이 수습할 수 없어(野老不能收拾得)
비 따라 바람 따라 내버려 두네(任敎隨雨又隨風)

---

403) X84n1580004, 教外別傳卷四, 明 黎眉等編, 六祖大鑒禪師旁出法嗣, 南陽慧忠國師, CBETA 電子佛典集成 » 卍續藏 (X) » 第84冊 » No.1580 » 第4卷, http://tripitaka.cbeta.org/X84n1580004

티끌 하나로 허공이 가려지는 것은 그 허공이 티끌 속으로 들어가 버렸기 때문이다. 하나의 미진이 시방세계를 다 포함하는 것과 같은 이치이다. 이는 티끌이 우주와 혹은 현상과 진여가 일체임을 의미한다(혹은 하나의 티끌 때문에 청정한 본래 마음이 오염되고, 이 오염된 마음으로 인하여 허공을 허공으로 볼 수 없게 되어 버린 것을 의미할 수도 있다).

삼천대천세계는 미진이 합성하여 이루어진 덩어리다. 그러므로 삼천대천세계는 미진으로 해체가 가능하다. 비유적으로 보면, 삼천대천세계는 나이고 미진은 나를 이루는 요소들이다. 또 삼천대천세계는 번뇌로 고통받는 나이고, 미진은 내게 고통을 느끼게 하는 하나하나의 구성인자들이며, 번뇌들이다. 고통을 없애기 위하여 고통을 주는 요소들을 하나하나 지워 나가다 보면 삼천대천세계도 없어지고 나도 없어지는 것이다.

촌 늙은이는 작자(야보천선사) 자신을 가리키는 것이기도 하고, 일반적으로 어리석은 사람 혹은 수행에 지친 사람들을 가리키는 것이기도 하다. 수습할 수 없다 함은 감당하기 어렵다는 말이다. 자연은 자체의 법칙에 따라 돌아가고, 바로 그 법칙들에 맡겨 두면 인위적으로 이리저리 손대는 것보다 더욱 수승한 결과를 얻을 수 있다. 그러므로 차라리 고통을 주는 전체를 통찰하여 흘러가는 대로 내버려 두는 것은 어떤가? 그것이 오히려 깨달음을 이루는 바른길일 수도 있다.

경) "왜냐하면, 만약 이 미진중이 실제로 있다면, 부처님께서 이 미진중을 말씀하시지 않았을 것이기 때문입니다. 그러므로 부처님께서 미진중은 곧 미진중이 아니라 이름이 미진중이라고 말씀하셨습니다."
何以故若是微塵眾實有者佛則不說是微塵眾所以者何佛說微 塵眾卽非微塵眾是名微塵眾。

여기서 미진은 먼저, 숫자로서의 미진수라는 의미가 있다. 중생의 종류와 수가 미진수와 같다는 의미이다. 다음으로, 미진은 하나하나의 개별적인 중생을 가리킨다. 미진의 수는 삼천대천세계를 부수어 만든 만큼의 개수가 존재한다. 그리고 하나하나의 중생은 또 그 미진수만큼 존재한다. 이들 미진을 모두 합쳐 미진의 무리(微塵衆)라 하는 것이다. 그러므로 미진의 무리란 말은 미진 전체를 묶어서 한 덩어리로 인식하는 경우의 미진의 무리를 가리킨다. 한 덩어리로서의 미진 전체를 다른 이름으로 중생성(衆生性)이라 한다.

부처님은 일체의 중생성을 비유하기 위하여 삼천대천세계를 말씀하셨다. 일체의 중생성은 위에서 말한 망념을 가리킨다. 미진은 곧 미진이 아니라 함은 경을 듣고 지혜를 자각하여 항상 비추어 보고 최상의 깨달음을 향하여 나아가는 것을 가리킨다. 이런 상태에서는 한 생각, 한 생각에 머물지 않고, 항상 청정함 속에 있다. 이와 같이 청정한 미진을 미진의 무리라 한다.

또한, 세계의 미진은 모두 실성이 없고, 미진중 또한 마찬가지로 실성이 없다. 그러므로 미진이 아니라 이름이 미진이고, 미진의 무리가 아니라 이름이 미진의 무리인 것이다.

경) *"세존이시여. 여래께서는 삼천대천세계는 곧 세계가 아니라 이름이 세계라고 말씀하셨습니다."*
世尊如來所說三千大千世界則非世界是名世界。

삼천이란 탐진치 삼독으로 인한 망념이 각각 일천 개임을 의미한다. 망념(妄念)은 마음에서 일어나는 온갖 허망한 생각이다. 이런 망념이란 일체법의 진실한 모습(實相)을 모르고 구조화되거나 그려진, 전도된 정식으로 이리저리 재고 헤아리는 것을 가리킨다. 『대승기신론』에 의하면, 이 망념이 있음으로써 평등한 진여의 바다가 요동쳐 만상의 차별적인 파도가 일어나므로, 만약 이 망념을 완전히 떨쳐 버릴 수만 있다면, 깨달음의 경지에 진입하는 것이라고 하였다.[404] 이러한 망념은 마음에서 일어난다. 마음은 망념의 근거이며 선악의 근본인 것이다. 그러므로 마음 씀씀이에 따라서 능히 성인도 되고 범부도 될 수 있다. 또한, 마음은 그 움직이고 멈춤(動靜)을 추측하거나 헤아릴 수 없이 광대무변하기 때문에 대천세계라 한다.

이에 의하면, 삼천대천세계가 아무리 헤아릴 수 없이 광대무변하더라도 탐진치 셋

---

404) T32n1666001, 大乘起信論 第1卷, 馬鳴菩薩造, 梁 真諦譯, CBETA 電子佛典集成 » 大正藏 (T) » 第32冊 » No.1666 » 第1卷, https://tripitaka.cbeta.org/

으로 나눌 수 있는 망념들에 의하여 만들어진 마음의 작용에 불과한 것이라고 할 수 있다. 따라서 마음의 작용만 없어지면, 삼천대천세계가 소멸하게 된다. 그러나 유념할 것은, 미진으로 이루어진 물질의 세계로서의 삼천대천세계이든, 마음의 작용에 의한 삼천대천세계이든, 그 자체의 실성이 없이 공하다는 것이다. 그러므로 이름하여 삼천대천세계라고 부를 뿐인 것이다.

경) *"왜냐하면, 만약 세계가 실제로 있는 것이라면 곧 일합상이기 때문입니다. 여래께서는 일합상은 일합상이 아니라 이름이 일합상이라고 말씀하셨습니다."*
何以故若世界實有者則是一合相如來說一合相則非一合相是名一合相。

일합상(一合相, 梵 piṇḍa-grāha)이란 수많은 미세한 요소들의 합성에 의하여 개체가 이루어진 유형 물질을 가리킨다. 세계는 무수한 미진의 집합으로 이루어지므로 일합상이며, 인체는 사대와 오온이 합성된 것이므로 사람도 일합상이다. 연기적 관점에서 보면, 세간의 일체 유위법이 모두 일합상이라 할 수 있다. 그러므로 그 어느 법도 자성이 없으며, 그러므로 모두 무아이며 공하다. 『화엄경대소연의초(華嚴經大疏演義鈔)』에 의하면, "일합상이란 다수의 인연과 조건들이 화합하였기 때문에, 다수의 미세한 것들이 모여 이루어진 색(물체, 물건 등), 오음 등이 합성하여 이루어진 사람 등을 일합상이라 한다."라고 하였다.[405]

부처님의 명호 중에 명행족이 있다. 명과 행이 갖추어졌다는 의미이다. 여기서 명이란 밝다는 뜻이니, 모든 것에 통달하여 어리석지 않음을 가리키고, 행이란 수행과 실천을 통하여 덕을 쌓았음을 의미한다. 전자는 지혜잉고 후자는 자비로 통한다. 그러므로 지극한 깨달음을 이루어 붓다가 되려면, 마음속에 자비와 지혜가 생겨나는 것보다 더한 것이 없음을 알아야 한다. 이 두 법이 최상의 깨달음을 이룰 수 있는 근본이기 때문이다. 이렇게 보면 지극한 깨달음이라는 것도 명과 행의 합이 이루어진 것이므로 일합상이라 할 수 있으며, 그 본성은 공하다고 할 수 있다.

---

[405] T36n1736037, 大方廣佛華嚴經隨疏演義鈔卷第三十七, 唐清涼山大華嚴寺沙門澄觀述, CBETA 電子佛典集成 » 大正藏 (T) » 第36冊 » No.1736 » 第37卷, http://tripitaka.cbeta.org/T36n1736037

그 어떤 것을 일합상이라고 하면, 그것은 마음에 얻은 것이 있기 때문에 일어나는 작용이며, 일합상이 아니라고 하는 것도 마음에 얻은 것이 있기 때문에 일어나는 작용이다. 얻은 것이 있음은 집착함이고, 얻었다고 집착하는 것은 그것이 실재로 존재한다고 생각하는 망념 때문이다. 일합상이란 공한 것인데, 이것이 실재로 존재한다고 생각하는 것이야말로 망념이 아니겠는가? 그러나 현실적으로 일합상으로서의 우리의 색신이 존재하고 그를 통하여 우리의 삶과 깨달음을 향한 수행이 이루어지고 있음은 또 부정할 수 없다. 그리하여 이름하여 일합상이라고 부를 뿐이므로 그 무엇에도 집착하는 마음을 내지 말 것을 가르치는 것이다.

> **경)** "수보리야. 일합상이란 곧 말할 수 없는 것인데,
> 다만 범부의 사람들이 그 일에 탐착할 뿐이다."
> 須菩提一合相者即是不可說但凡夫之人貪著其事。

자비와 지혜의 두 법으로 말미암아 성취하는 불과로서의 보리는 다할 수 없이 훌륭하며 말할 수 없이 미묘하다. 범부는 문자로 만들어진 것, 예컨대 경전이나 말씀 자체에 탐착할 뿐, 자비와 지혜의 두 법을 행하려 하지 않는다. 만약 지혜와 자비의 두 법을 행하지 않으면 위없는 깨달음을 구하더라도 무엇으로서 얻을 수 있겠는가?

거듭 말하지만, 최상의 깨달음은 지혜와 자비가 융합한 결과이다. 이 결과는 말로서 설명할 수 있거나 문자로 기록할 수 있는 것이 아니다. 오직 체득을 통하여 증명할 수 있을 뿐이다. 즉, 지혜를 쌓고 자비를 행함으로써 저절로 이루어지는 최종적 결과가 제불의 아뇩다라삼먁삼보리이기 때문에 말로 하거나 문자로 기록하거나, 얻거나 혹은 줄 수 있는 것이 아니고, 오직 스스로 증득하여야 하는 것이다. 그래서 수기(授記)가 행해진다고 하였다. 그런데 수많은 수행자들이 마치 이 최상의 깨달음, 즉 제불의 아뇩다라삼먁삼보리라는 것이 존재하여 주고받거나 말하거나 기록할 수 있는 것인 양 집착하는 경향이 있다.

경) 왜냐하면 ~ 그 일에 (탐착하다)(何以 ~ 其事)

착어) 뭉쳐진 덩어리는 풀리며, 병은 인수에 따라 돌아간다(捏聚放開兵隨印轉).

뭉쳐진 덩어리는 세계이다. 이런 세계는 수많은 다른 작은 것들(微塵衆)에 의하여 뭉쳐진 것(一合相)이기 때문에, 역으로 이런 작은 것들로 돌아가는 것도 가능하다. 전체와 그 구성요소 사이의 원융한 오감이 세계와 미진의 관계이다. 이들은 항상 연기적이며, 연기적 관계 속에서만 이들이 파악될 수 있다. 일합상이 어떤 실체가 있는 것이 아니고, 미진중 또한 어떤 실체가 있는 것이 아니다. 연기적으로 존재할 뿐이며, 연기적 존재는 언제나 공하기 때문이다.

앞에서 이미 보았지만, 인(印)이란 장군 혹은 상사의 명령을 의미한다. 작전계획일 수도 있고, 전략에 의거한 전술일 수도 있다. 일정한 지휘계통에 따라 움직이는 것을 인전(印轉)이라 한다. 여기서 병(군인)은 자기 멋대로 움직이는 것이 아니라 일정한 시스템 속에서 부여된 임무와 역할을 근거로 명령에 따라 움직이는 것을 말한다. 시스템은 전군 혹은 작전 중인 부대를 가리키며, 더 나아가서는 군사운용시스템을 의미한다. 그러므로 시스템은 일합상이고 병은 그 구성요소이다.

세계와 미진의 원융한 오감, 즉 연기적 관계는 훌륭한 작전을 수행하는 병과 군대의 움직임의 관계와 같다. 전체와 부분, 덩어리와 미진이 서로 톱니바퀴처럼 맞물려 원융하게 움직이는 것이다. 이런 연기적 관계가 존재하는 것이며, 이 연기적 관계를 우리는 이름하여 일합상이라 하는 것이다. 일합상은 이사무애이며, 사사무애이고, 중중무진인 것이다.

송) 노래한다.

원래 한 덩어리였던 것이 두 조각으로 나뉘고(渾崙成兩片)
쪼개고 깨뜨리니 도리어 덩어리지네(擘破却團圓)
잘게 씹되, 허공처럼 부숴 버리진 마소(細嚼莫空碎)

바야흐로 맛이 온전함을 알아야지(方知滋味全)

전체와 구성요소, 세계와 미진, 덩어리와 성분, 유정과 오온(몸+마음)은 전체와 부분이라는 관계 속에서 파악되는 것일 뿐 영원불멸의 실체가 아니다. 이 관계를 연기라고 한다. 이 연기적 관계에서 파악할 때, 덩어리와 구성요소, 세계와 미진, 유정과 오온은 서로가 서로에 의지하고 있으며, 어느 하나라도 결여하는 순간 이미 각각 다른 것으로 바뀌고 마는 관계성을 가지고 있다. 광대한 전체 우주에서 나는 티끌보다 작은 존재일지 모르지만, 우주와 나의 연기적 관계 속에서 보면, 내가 빠지는 순간 우주는 아주 다른 것으로 변해 버리고 만다. 내가 빠진 우주는 전혀 다른 우주가 되고, 전혀 다른 값을 가지는 것이 되어 버리는 것이다. 이런 점에서 나는 우주이고 우주는 곧 나라고 할 수 있는 것이다. 이러한 연기적 관계는 전체와 부분이 가장 최상의 원융한 관계를 가지고 있다고 할 수 있을 것이다. 그러므로 부분을 이해하기 위하여 전체를 해체해 버리는 것이나, 전체를 알기 위하여 부분을 무시해 버리는 것은 망령될 뿐, 결론적으로 어떤 것도 얻을 수 없는 것이다. 음식의 맛은 그것을 전체로서 씹고 부분으로서 분쇄되어야 비로소 느낄 수 있는 것이다. 둘 다가 함께 진행되어야 맛을 온전히 느낄 수 있는 것이다.

[공부]
한 덩어리로 뭉쳐 있는 상태(渾崙)

선림 용어. 혼륜(渾淪, 混淪, 鶻淪, 渾圇, 囫圇, 崑崙)이라고도 한다. 원래 천지가 형성되기 이전, 음양이 나누어지지 않고 암흑이 밝아지지 않았으며, 한 덩어리의 뭉쳐 있는 상태를 가리킨다. 선림 중에서는 그 뜻이 전용되어 '(조각들이) 분명하지 않고 한 덩어리로 뒤섞여 있는 상태' 혹은 '물건이 나누어지지 않은 상태'를 가리킨다. 또 아무런 차별도 없이 평등한 진성을 가리키기도 한다.『임제혜조선사어록(臨濟慧照禪師語錄)』에 다음과 같은 글이 나온다.[406]
　임제선사께서 승이 오는 것을 보고 양손을 펼쳤다. 승이 아무 말도 없자 선사께서 말했다.
"(무엇인지) 알겠느냐?"
승이 대답했다.
"모르겠습니다."
선사께서 말했다.
"혼륜하여 쪼개도 열리지 않으니, 그대와 두 문짜리 엽전이로구나."
여기서 '혼륜하여 쪼개도 열리지 않는다.'라는 말은 혼륜산(곤륜산)은 쪼개고 나누어도 열리지 않음을 말한다. 이는 인간의 분별과 작위가 펼쳐서 전개할 여지가 전혀 없는 것을 표시한다. 또는 어디서부터 손을 대야 할지 모를 만큼 어리석은 사람을 꾸짖는 말이기도 하다.

---

[406] T47n1985001, 鎮州臨濟慧照禪師語錄, 住三聖嗣法小師慧然集, CBETA 電子佛典集成 » 大正藏 (T) » 第47冊 » No.1985 » 第1卷, http://tripitaka.cbeta.org/T47n1985001

제31분 지견이 생기지 않다(知見不生分)

1. 의의

지금까지 최상의 깨달음을 포함한 일체의 법이 실체가 있는 것이 아니라 이름이 일체의 법이라는 것을 이야기하여 왔다. 그렇다면, 우리가 깨달음에 이르는 길에서 가장 장애가 되었던 네 개의 상, 즉 아견, 인견, 중생견, 수자견 등도 모두 실체가 있는 것이 아니라 이름이 아견, 인견, 중생견, 수자견이라고 함이 타당하다. 그러므로 이를 받아서 지견이 생기지 않는다고 하였다. 지견(知見)이란 글자 그대로 의식을 지라고 하고, 안식을 견이라 한다. 자신의 생각과 분별을 근거로 세운 견해를 말한다. 즉, 지식과 견해를 함께 이르는 말이다.

지견은 지혜와 다르다. 지혜(梵 Jñāna, 智; 般若 Prajñā, 慧)라는 말은 결단을 의미하는 지(智)와 간택을 의미하는 혜(慧)를 합한 말이다. 또 속제를 아는 것을 지(智)라고 하고, 진제를 비추어 보는 것을 혜(慧)라고 한다. 또한, 지는 현실 속에서의 실천을, 혜는 진여에 대한 바른 이해를 의미하는 것이다. 그러므로 지혜란 속제에 근거한 실천으로 진제를 바르게 파악하여 일체를 통찰하는 것을 뜻한다. 이런 의미의 지혜는 무분별지(無分別智)로서 생각과 분별을 벗어난 심식(心識)을 가리킨다. 이에 반하여 지견은 현실 속에서 속제를 근거로 견해를 세워 이를 근거로 간택하고 분별하는 것을 의미한다. 이런 의미의 지견이란 그 실체가 있어서 생겨나는 것이 아니라, 조건에 따라 일어났다 없어지는 허망한 마음의 작용들에 불과하다. 예컨대, 아견, 인견, 중생견, 수자견 등 사견은 모두 나를 중심으로 너, 다른 모든 것, 나 혹은 너, 혹은 그들의 전생과 내세 등에 대하여 일어나는 허망한 마음의 작용에 불과한 것이다. 이들 마음의 작용에 대하여 이리저리 생각하고 분별하여 또 다른 마음의 작용이 일어나는 흐름이 끊임없이 이어지고 반복된다.

착어) 망설이지 말고 곧바로 이집을 없애면, 지견은 저절로 생기지 않는다
(直下頓除二執, 知見自然不生).

두 개의 집착(二執)이란 아집과 법집을 가리킨다. 아집(我執)이란 우리들 중생은 오온이 임시로 화합한 일시적 존재일 뿐인데, 이를 알지 못한 채 내가 실제로 존재한다는 망념에 사로잡혀 있는 것을 말한다. 그리고 오온의 법은 허환부실하여 공한 것임에도 이를 알지 못한 채 법아가 실재하는 듯이 헛되이 집착하는 것을 법집(法執)이라 한다. 이상 두 집착을 함께 칭하여 이집(아법이집, 인법이집, 생법이집이라고도 한다)이라 한다.

사상에 대응한 사견, 즉 아견, 인견, 중생견, 수자견은 이집에서 비롯된다. 그러므로 사견을 버리기 위해서는 이집을 타파하여야 한다. 앞에서 보았듯, 지견은 분별적 인식작용에 의하여 형성된 앎과 견해이다. 그러므로 이집을 털어 버리면 지견이 생기지 않으며, 이미 생긴 지견은 자연히 없어진다. 그러면 사견이 생겨나지 않으며, 이미 생긴 사견은 저절로 사라진다.

송) 노래한다.

일격에 마음이 공해져 아는 바를 잊으니(一擊心空忘所知)
소리도 모습도 환하게 밖으로 드러나네(朗然聲色外威儀)
재가 날아가고 연기도 없어졌는데, 마음이 어디에 있으리(灰飛煙滅心何在)
사견은 잠시 일어났다 사라지는 미혹일 뿐이라네(四見纔興却是迷)

일격이란 문득 한 소식을 들은 것을 의미한다. 한 소식이란 깨달음이다. 마음 따라 모든 것이 일어났다 소멸하는 것을 알고 마음을 비우는 것은 중요한 한 소식이리라. 또 알음알이(所知)는 참된 이치를 체득하는 데 오히려 장애(所知障)가 된다는 것을 알고 알음알이를 버렸다. 마음을 비우고 알음알이를 버리니 모든 오염이 소멸되고 번뇌가 사라지면서 참된 이치가 확연하게 저절로 드러난다.

　인생이란 한바탕의 꿈이기도 하지만, 어쩌면 한 차례의 불놀이 혹은 불장난인지도 모른다. 불놀이, 불장난이 한창일 때는 활활 타오르는 그 기운으로, 그리고 탈 때 나오는 연기 때문에 가려져 인생이 한바탕의 불장난 혹은 불놀이임을 알지 못한다. 즉, 언젠가는 불쏘시개가 곧 다 타 버릴 것이고, 불이 꺼지리라는 것을 알지 못하는 것이다. 그러다 보니 불이 한창 타오를 때는 영원히 탈 것 같은 착각에 빠진다. 그러나 유위로 이루어진 사바세계에서 영원한 것은 없다. 이윽고 불쏘시개가 다 타고 불이 꺼지면 남는 것은 재뿐이다. 시간이 더 지나면 재마저 모두 날아가 버릴 것이다. 무엇이 남을 것인가? 아무것도 남지 않는다.

　열반이란 모든 번뇌가 소멸된 적정의 상태이다. 이를 열반적정이라 한다. 모든 불이 꺼지고 이윽고 재마저 모두 날아가 버리고 없는 자리에는 밝고 환하게 빛나는 본래면목이 여여하게 있는 것이다. 그러므로 아견, 인견, 중생견, 수자견이라는 사견은 모두 사라지고 없다. 돌이켜 보면 모든 것을 전도되게 만들었던, 왜곡되었던 것들이 모두 사라져 버렸다. 그리고 본래면목이 여여한 자리에서 보면, 이미 사라진 사견에 의하여 전도되었던 미혹들은 잠시 일어났다 사라지는 연기와 같은 것에 불과한 것이다.

2. 내용

경) "수보리야. 만약 사람이 '부처님께서 아견, 인견, 중생견, 수자견을 말씀하셨다.'
라고 말하면, 수보리야, 어떠냐? 이 사람은 내가 말한 뜻을 이해하였느냐?"
"세존이시여. 이 사람은 여래께서 말씀하신 뜻을 이해하지 못하였습니다.
왜냐하면, 세존께서는 아견, 인견, 중생견, 수자견은 아견, 인견, 중생견, 수자견이
아니라 이름이 아견, 인견, 중생견, 수자견이라고 말씀하셨기 때문입니다."
須菩提若人言佛說我見人見眾生見壽者見須菩提於意云何是人解我所
說義不世尊是人不解如來所說義何以故世尊說我見人見眾生見壽者
見即非我見人見眾生見壽者見是名我見人見眾生見壽者見。

여래께서 이 경을 말씀하신 것은 일체 중생들이 스스로 반야 지혜를 깨닫고, 스스로 수행하여 보리과를 얻도록 하고자 함이었다. 그러나 범부들은 부처님의 의중을 이해하지 못하고 여래께서 아견, 인견, 중생견, 수자견을 말씀하셨으니 아견, 인견, 중생견, 수자견이 실제로 존재한다고 생각하고 말하며, 여래께서 아주 깊은 무상무위한 반야바라밀법을 말씀하셨음을 이해하지 못한다. 여래께서 말씀하신 아견, 인견, 중생견, 수자견은 범부의 아견, 인견, 중생견, 수자견과 같지 않다. 여래께서 말씀하신 아견이란 일체 중생이 모두 불성을 가지고 있음을 가리키며, 인견이란 일체 중생이 본래 구족하고 있는 무루지(無漏智)의 성품을 가리킨 것이다. 또 중생견이란 일체 중생성이 본래 스스로 번뇌가 없는 것을 가리키며, 수자견이란 일체 중생성이 본래 불생불멸임을 가리킨다(육조혜능).

경의 위 구절에 대한 육조혜능선사의 해의(解義)에 근거하여 부처님의 사견에 대한 설법의 내용과 범부의 사견에 대한 생각을 요약하면 다음과 같이 정리할 수 있을 것 같다.

<표 7> 부처님과 범부의 사견(四見)

구분	아견(我見)	인견(人見)	중생견(衆生見)	수자견(壽者見)
부처	일체 중생 개유불성	일체 중생 무루지성 구족	일체 중생성 본래 무번뇌	일체 중생성 본래 불생불멸
범부	나라는 존재	너라는 존재	중생이라는 존재	수명의 존재

우리는 아집과 법집 등 이집을 떨쳐 버려야 한다고 말한다. 이집은 이견에서 온다. 이견이란 아견과 법견이다. 지견이 생기지 않는다고 함은 아견과 법견의 두 견해를 떨쳐 버릴 것을 밝힌 것이다. 먼저 아견을 떨쳐 낸다. 아견이란 참된 내(眞我)가 존재한다는 견해, 내가 실유한다는 망령된 견해이다. 망령된 나는 허망하게 분별하는 중생견이다. 진아견이란 집착을 멀리 떨쳐 낸 여래의 견해이다. 이미 집착을 버렸으므로 아견, 인견, 중생견, 수자견 등 사견이 있을 리 없다. 사견이 없어졌는데, 참된 나와 망령된 나가 따로 있을 리 없다. 결국 사견은 미혹된 중생의 눈으로 볼 때 있는 것이고, 여래가 사견이 실제로 있다고 말하였다고 생각하는 것도 또한 중생의 견해일 뿐이다. 그

러므로 여래가 사견이 있다고 말하였다는 것은, 여래의 설법을 잘못 이해한 것이다.

수보리는 이미 여래가 말씀하신 바를 제대로 이해하여 사견이 모두 허망한 분별일 뿐 진아견이 아니라는 것을 알았고, 그러므로 이름이 아견, 인견, 중생견, 수자견일 뿐이라고 하였던 것이다.

경) "수보리야. 아뇩다라삼먁삼보리심을 낸 자는 일체법에 대하여 마땅히 이처럼 알아야 하고, 이처럼 보아야 하며, 이처럼 믿고 이해하여, 법상(法相)을 내지 않아야 한다. 수보리야. 말한바 법상이라는 것을 여래께서는 법상이 아니라 이름이 법상이라고 말씀하셨다."
須菩提發阿耨多羅三藐三菩提心者於一切法應如是知如是見如是信解不生法相須菩提所言法相者如來說即非法相是名法相。

다음으로 법견을 떨쳐 낸다. 무릇 여래께서 법을 말씀하신 것은 중생들로 하여금 보리심을 내어 이치에 부합되게 수행을 하도록 하기 위함이었다. 그러므로 부처님은 여래께서 말씀하는 바를 들으면 응당 여법하게 수지할 것을 수보리에게 말씀하셨다. 응당 이와 같이 지견하고 신해하여 법상을 내지 않아야 하는 것이다. 법상을 내지 않는다 함은 법에 취착하지 않는 것이다. 법이란 본래 상을 벗어나 있어서 여래께서 성품이라고 칭한다고 말씀하셨다. 그러므로 법상이 아니며 이름하여 법상이라고 부른다고 하신 것이다.

경의 앞부분에서 수보리는 누군가 무상보리심을 내었다면 어떻게 그 마음을 항복시키며 어떻게 머물 것인지를 말씀해 주실 것을 부처님께 청익하였다. 그때 부처님께서 이와 같이 머물며, 이와 같이 그 마음을 항복시켜야 한다고 말씀하셨다. 이제 그 결론으로서 보리심을 낸 자는 일체법에 대하여 이와 같이 지견하고 신해하며 이와 같이 머물라고 하셨다. 즉, 법상을 내지 말고 망령된 마음을 항복시키라는 것이다.

보리심을 낸 자는 마땅히 일체 중생이 모두 불성을 가지고 있다고 보아야 하며, 일체 중생이 본래부터 저절로 무루종지를 구족하고 있다고 보아야 하며, 일체 중생의 자성은 본래 생멸함이 없다고 보아야 한다. 그리고 일체의 지혜 방편으로 사물을 접화하여 중생을 이롭게 할 때, 능소의 마음을 내지 않아야 한다. 입으로 무상(無相)의 법을 말하더라도 마음에 능소가 있으면 법상이다. 입으로 무상의 법을 말하며 마음으로 무상의 행을 실천하면 능소의 마음이 소멸하니, 이를 이름이 법상일 뿐이라고 하는 것이다.

경) 수보리야 ~ (이름이) 법상(이라고 말씀하셨다)(須菩 ~ 法相)

착어) 밥이 오면 입을 열고, 잠이 오면 눈을 감는다(飯來開口睡來合眼).

밥이 온다 함은 배가 고픈 것을 의미한다. 배가 고프면 먹을 것을 먹는 것은 아주 자연스러운 일이다. 그런데 밥을 먹으려면 입을 벌려야 한다. 그래야 밥을 입속으로 넣어 허기를 면할 수 있다. 잠이 오면 눈을 감고 잠을 잔다. 눈을 뜨고 잠을 자는 것은, 적어도 사람으로서는 불가하다. 허기를 면하고 잠을 자는 것은 생명이 존속하기 위한 필요충분조건이다. 밥을 먹기 위하여 입을 벌리고 잠을 자기 위하여 눈을 감는 것은 아주 자연스러운 일이다. 여기에는 법상이니 비법상이니 하는 생각이 끼어들 여지가 없다.
　수행자가 아뇩다라삼먁삼보리를 얻기 위하여는 아뇩다라삼먁삼보리를 이루겠다는 마음, 즉 아뇩다라삼먁삼보리심을 내야 하고, 이 마음을 실현하기 위하여는 반드시 아견, 인견, 중생견, 수자견 등 사견(四見)을 모조리 없애야 한다. 사견을 없애지 않고 보리를 성취하기란 불가하다. 배고프면 밥을 먹고, 잠이 오면 잠을 자는 것처럼, 아뇩다라삼먁삼보리를 성취하기 위하여 사견을 버리고 능소에 집착하지 않는 것은 보리심을 내고, 보리를 이루기 위한 아주 자연스러운 조건인 것이다.

송) 노래한다.

긴 낚싯줄 곧바로 드리우니(千尺絲綸直下垂)
한 파도가 일었을 뿐인데 만파가 따르는구나(一波纔動萬波隨)
밤은 고요하고 물이 차서 물고기가 물지 않아(夜靜水寒魚不食)
허공을 가득 실은 배가 달빛 아래 돌아가네(滿船空載月明歸)

낚싯줄을 길게 드리우고 낚시질을 한다. 낚시질을 하려면 물에 낚싯바늘을 던져 넣어야 하는데, 그때 물에 작은 파문이 일 수밖에 없다. 이 작은 하나의 파문이 일파만파 끝없이 파도를 유도한다.

밤이 고요하고 물이 차니 물고기들이 활동을 그쳤다. 몇몇 어리석은 물고기가 먹이 활동을 하려고 밤에 돌아다닐 수 있겠지만, 대부분은 낮에 먹이 활동을 한다. 또 수온이 내려가면 물고기들은 깊은 물속으로 들어가 버린다. 이래저래 밤에 하는 낚시질이 잘될 리가 없다. 그래서 돌아오는 배엔 물고기가 없이 텅 비었다. 배에 물건이 없을수록 빈 공간이 늘어나고, 한 물건도 없을 때 공간은 최대가 되며, 가득 허공을 실은 것이 된다. 세상의 모든 번뇌가 사라진 본래의 자리는 한 물건도 없는 빈 배와 같은 것이다. 빈 배에 달빛이 가득하듯, 세상의 모든 번뇌가 사라진 자리에는 본래면목이 환히 드러나는 것이다.

낚시질은 세상의 살림살이를 비유하고, 낚시는 세상 살아가는 수단과 방법을 가리킨다. 수단과 방법을 써서 세상을 살다 보면, 작은 하나의 일에도 수많은 인연이 얽히고설키어 복잡해진다. 마음속에 전도몽상이 일어났다 사라지기를 무한 반복하게 되는 것이다. 이것은 사견에 얽매여 헤어나지 못하기 때문이다.

보리심을 내고 이를 성취하기 위하여는 아견, 인견, 중생견, 수자견 등 사견을 버리라고 부처님께서 말씀하셨다. 그리고 법상도 버릴 것을 말씀하셨다. 세상의 살림살이에 매달려서는 사견에서 벗어날 수 없고 이래서는 아뇩다라삼먁삼보리를 성취하기란 불가능하다.

 # 제32분 응신으로 교화함은 참이 아니다(應化非眞分)

1. 의의

응화(應化)란 무엇의 부름에 응하여 나타나는 것 또는 부름에 따라 변화하여 중생을 이롭게 하는 것을 가리킨다. 이는 불보살이 중생의 필요에 부응하여 그 이익을 위하여 중생과 같은 종류의 형상으로 변하여 나타나는 것을 가리킨다. 『대지도론』 제94권에서 "응화란 제보살이 중생 중에서 혹은 아버지가 되고 혹은 아들이 되며, 혹은 스승이 되고 혹은 제자가 되어, 혹은 빈궁한 자를 위하여 혹은 부귀한 자를 위하여, 나타나지만 어느 경우에도 오염되지 않은 것을 말한다. 이와 같이 신통에 놀고 중생을 성취하여 불토를 청정하게 한다."라고 하였다. 일념으로 마음을 내어 복을 받고, 또 그 응신으로 대상을 교화하는 것(應化=應身化物)이 어찌 얻을 것이 있겠는가? 참된 깨달음(眞佛)은 일을 유통시킴으로써 완성된다. 그러므로 이를 받아서 응화비진이라 하였다. 경에서 일을 유통시킨다 함은 전법을 말한다. 깨달음을 중생들에게 널리 회향하는 것이다.

삼신불(三身佛) 이론에 의하면, 부처는 법신, 보신, 응신 혹은 화신의 세 형태로 나뉜다. 법신은 진리 자체이며, 불법을 가리킨다. 보신은 끝없는 세월 동안 무궁한 공덕을 쌓아 마침내 이루어 낸 수행의 결과물로서의 깨달음이다. 즉, 선업을 쌓고 악업을 끊어 무명을 타파함으로써 얻어진 결과물, 즉 과보로서의 부처인 것이다. 응신 혹은 화신은 일체의 현상이나 사물, 즉 일체의 유위법은 모두 현실적인 필요에 의하여 진리가 나툰 결과이다. 진리인 부처가 현실의 필요에 따라 그 몸을 변신하여 드러낸 것이다. 이 세 형태의 부처 중 법신이야말로 진리 자체로서 불변이며, 화신이나 응신은 항상 변화하는 유위의 존재이다. 성주괴공하거나 생주이멸하는 모든 변화는 응신 혹은 화신이라고 보면 된다. 이에서는 그 어느 것도 확정된 것은 없다. 모든 것이 유동적이고 동태적이며 변화한다. 무상하고 무아이기 때문이다. 나아가 아뇩다라삼먁삼보리조차도 확정된 어떤 법이 아니며, 따라서 얻을 수 있고 전할 수 있는 그런 법이 아니다.

착어) 현상에 응하여 교화를 펼치지만, 일체 유위이며 참된 실체가 아니다 (應現設化, 一切有爲, 俱非眞實).

응신은 부처님의 나투는 방식이다. 공간적, 시간적으로 주어지는 조건에 따라서 그 형태가 다르게 나타난다. 인연 따라 생겼다 소멸하는 인연생멸의 존재가 바로 응신이라고 보는 것이다. 예컨대, 중생을 맞아 교화하기 위하여 세상에 오신 부처님이 석가모니부처님이고, 거슬러 올라가 과거칠불이며, 무량아승기겁 동안 나타났던 수많은 부처와 보살 들이 모두 응신이라는 것이다. 석가와 문수, 보현 등이 동시대에 있었다고 가정하더라도, 응신으로서 법신이 나툰 것에는 변함이 없다. 신행이나 발원과 관련한 헤아릴 수 없이 많은 이적(異蹟)이나 묘행도 모두 응신이 나투어 작용하는 형태와 방식들인 것이다.

이런 응신은 인연생멸하는 존재이기 때문에 그 드러낸 모든 것은 유위이고 무아이다. 유위이고 무아인 것은 상일주재(常一主宰)한 존재가 아니다. 그런 점에서 절대불변의 실체가 아닌 것이며, 긴 안목으로 보면 꿈같고, 환상 같고, 신기루(건달바성) 같고, 거품 같고, 그림자 같고, 아침 이슬 같고, 번갯불 같고, 메아리 같고, 허공에 핀 꽃 같고, 거북의 털 같고, 토끼의 뿔 같고, 돌과 돌이 부딪혀 튕기는 불꽃(石火) 같은 존재들이며, 중생을 교화하여 고통에서 벗어나도록 하기 위한 방편들인 것이다.

송) 노래한다.

아승기에 걸쳐 세계에 법륜을 굴렸더니(世界僧祇轉法輪)
미진의 찰토요 미진의 몸이네(微塵刹土微塵身)
어느 누가 이 일에 이토록 간절한가(誰家底事婆心切)
노비의 문을 열어 꿈속의 사람을 태우네(鑪鞴門開煆夢人)

오랜 세월(阿僧祇) 동안 세계에 법을 전하며 교화하였다. 부처님은 이 세상에 오시기 전에 이미 부처이셨고, 오신 후에도 또 입멸 후에도 부처이시다. 즉, 법신은 오고 감이 없이 여여한 것이다. 그러니 부처님의 교화는 시작도 없고 끝도 없는 것이다. 이렇듯 오래도록 교화를 하였으니, 교화받은 대상이 얼마나 많으랴. 가히 미진수의 세계가 교화되었고, 미진수의 미진수의 중생이 교화받았다. 이런 일을 누가 할 것인가? 오직 부처님의 간절한 마음만이 이런 미증유의 교화를 펼칠 수 있는 것이다. 이 간절한 마음으로 어리석은 중생들을 교화하여 미몽에서 벗어날 수 있도록 하셨던 것이다. 이 간절한 마음을 발현하여 중생들을 향하여 회향하니, 사홍서원, 여래의 십대발원, 법장비구의 48대원, 보현행원 등이 모든 불보살의 발원인 것이다.

노비(鑪鞴)란 단련시킨다는 뜻이다. 노는 용광로의 일종으로 철광석(鈍鐵)을 녹여 철을 뽑아내는 도구이고, 비는 바람을 일으키는 풍구의 일종이다. 노비는 전체적으로 용광로라고 할 수 있다. 그러므로 노비라고 하면 어리석은 자를 교육시켜 지혜로운 자로 바꾸고, 수행하는 자를 더욱 채찍질하여 수행에 박차를 가하도록 하는 것을 의미한다. 이는 부처님께서 중생들을 교화하여 깨달음으로 이끄는 것을 비유한 말이다.

[공부]

노비(爐鞴)에는 저품질의 철(鈍鐵)이 많다.[407]

당산선혜(當山善慧) 대사가 천축 숭두타(嵩頭陀) 스님을 만났을 때 숭두타 스님이 말했다.
"저와 당신은 비바시불이 서원하였던 바입니다. 지금 도솔천궁에 의발이 있으니, 어느 날에 돌려드리겠습니다."
그리고는 대사에게 물가에서 몸을 비춰 보라고 하여 시키는 대로 하였더니 둥글게 빛나는 보개가 보였다. 이에 대사가 말했다.
"노비가 있는 곳엔 둔철(鈍鐵)이 많고, 훌륭한 의사의 문 앞에는 병자들의 발길이 끊이지 않지요."
노비란 일종의 용광로이니 철광석을 녹여 잡것들을 솎아 내고 쇠를 제련한다. 나아가 철을 분류하고 단련하여 정금(精金)을 만든다.

---

407) T47n2000002, 大正新脩大藏經, 第47冊, No.2000 虛堂和尚語錄 (10卷),【宋 妙源編】, 虛堂和尚語錄卷之二, 婺州雲黃山寶林禪寺語錄, 侍者惟俊法雲編, http://tripitaka.cbeta.org/mobile/index.php?index=

> 그러니 노비가 있는 곳에는 철광석이 있는 것이다. 또 훌륭한 의사는 병을 잘 치료한다. 그러니 그 문전에는 항상 병자들로 붐비게 마련이다. 부처님은 모든 번뇌를 녹여 버리고 열반으로 이끌어 주시는 대도사이며, 고통이라는 병을 가장 잘 치료하는 대의왕이다. 그러므로 번뇌를 녹이고 고통을 치유하기 위하여 많고도 많은 번뇌자와 환자들, 곧 우리네 중생들이 부처님 문으로 들어오는 것이다.
> 둔철이란 철광석 정도로 이해하면 된다. 병자란 고통에 시달리는 우리네 중생들로 보면 될 것이다. 노비는 이런 둔철을 녹여 정금으로 만드는 것이니, 부처님의 도량이나 부처님의 가르침 정도로 이해해도 될 것 같고, 훌륭한 의사는 부처님이나 조사나 수승한 선지식들로 이해하면 좋을 것 같다.
> 또 의발은 후계자가 스승을 이었음을 증명하는 징표이다. 오조가 육조에게 가사를 전한 것이나, 부처님의 금란가사를 마하깟사빠에게 전하고, 아난에게로 이어진 것 등은 그 예이다. 그런데 위의 연기문에서 의발이란 말은 둔철, 환자 등과 어울려 그리 달가워하지 않는 듯한 의미로 사용되었다. 즉, "그딴 의발 따위는 관심 밖"이라는 의미로 새기는 것이 좋겠다.

2. 내용

[第二十六疑斷] 화신의 설법에는 복이 없다(化身說法無福)는 의심을 끊는다. 이 의심은 위에서 진신과 화신은 같지도 다르지도 않다(眞化非一非異)는 비유에서 온다.

동일하지 않다고 하면 화신은 헛것(虛假)일 뿐이고, 다르지 않다고 하면, 오직 어둠의 합동일 뿐이다. 법신에 귀일함은 화신이란 자체가 종국에는 없음을 의미한다. 만약 그렇다면 말씀을 하시는 부처님이 이미 헛것인데, 말하는 가르침이 어찌 실체가 있을 것인가? 부실한 가르침을 지니고 설하는 것에 어찌 복이 있을 것인가? 이러한 의심을 없애기 위하여 경에서 말한다.

경) "수보리야. 만약 어떤 사람이 헤아릴 수 없는 아승기 세계의 칠보를 가지고 보시하고, 어떤 선남자 선여인은 보살심을 내어 이 경을 지니거나 내지 사구게 등을 수지하고 독송하며 다른 사람에게 연설하면, 그 복이 앞의 복보다 수승하다.
다른 사람에게 연설하는 것이란 무엇인가?"

須菩提若有人以滿無量阿僧祇世界七寶持用布施若有善男子善女人發菩薩心者持於此經乃至四句偈等受持讀誦為人演說其福勝彼。云何為人演說。

칠보의 복이 비록 많아도 어떤 사람이 보리심을 내어 이 경과 사구를 수지하여 남에게 연설하면 그 복이 앞의 복보다 백천만 억, 비유로도 말할 수 없이 수승하다.

남에게 연설하는 것은 자신이 듣거나 수지한 법을 듣는 이의 근기에 따라 좋은 방편과 기법을 써서 맞춤형으로 알기 쉽게 설명해 주는 것, 법보시를 말한다. 이 경우에 근기의 차이에 의한 것 이외에는 차별이 없어야 하며, 내가 남에게 연설한다는 마음, 즉 연설하는 나와 연설을 듣는 남을 분별하는 분별심을 내서는 안 된다. 즉, 평등심과 무분별심이어야 청정한 법보시가 되며, 삼륜청정이 이루어지는 것이다. 남에게 해설함으로써 얻게 되는 복은 이 가운데 생겨나는 것이며, 이렇게 생긴 복이라야 아승기 세계의 칠보를 보시한 결과 얻어지는 복보다 수승한 것이다.

주목할 점은 이 경의 내용이나 사구게라도 남에게 해설해 주는 것에 복덕이 많음을 강조한 것이다. 경의 내용이나 사구게 등을 남에게 해설하는 것은 포교(轉法)의 하나이다. 그러므로 부처님의 가르침을 널리 펼치는 데 힘쓰면 그 복덕이 재물을 무한량 보시하는 것보다 더 수승한 복이 있다는 것이다. 그리고 포교에 앞서 받아 지니고 읽고 외우는 일이 선행되고 있는 것도 중요하다. 즉, 경을 믿고 이해하고 몸에 배도록 한 연후에 포교할 것을 강조하는 것이다. 전자는 수행이다. 이 수행은 자신을 위한 것이니 자리(自利)에 해당한다. 포교는 자신이 배우고 익힌 것을 남에게 돌려주는 회향이며, 남을 위한 것이니 이타(利他)에 해당한다. 경을 받아 지니고 독송하는 것은 보리행이고 포교는 보살행인 것이다.

착어) 어떤 어려움이 있는지 말해 주기를 바라거든 지금 바로 청익하여 잘 듣고 잘 들어라(要說有何難即今便請諦聽諦聽).

남을 위하여 연설한다는 것이 무슨 뜻인가? 앞에서도 부처님과 수보리는 많은 질문과 응답을 하였고, 이를 통하여 경에서 말하고자 하는 대의를 밝혀왔다. 이제 유통편에 가까워지면서 경의 대미를 장식하려고 하는데, 그러면 지금까지 배운 것을 그냥 머릿속에 넣어 두고 혼자 잘 사는 것, 혼자 열반하는 것으로는 부족하다. 삼천대천세계를 가득 채울 만큼 많은 칠보를 보시하는 것보다 더 큰 공덕이 이 경 혹은 이 경의 사구게 만이라도 수지독송하여 다른 사람에게 연설해 주는 것에 있다고 하였다. 그렇다면 경의 시작부터 지금까지 수많은 문답을 통하여 받아 지니고 읽고 외웠으니, 마지막으로 사람들에게 무엇을 말해 주어야 하는지, 그렇게 말해 주려면 나 자신은 어떠해야 하는지에 대한 답이 필요하다. 마지막 질문인 다른 사람에게 연설한다는 것이 무엇인가라는 부처님의 질문이 이에 해당한다.

이 질문은 부처님께서 하신 것으로 되어 있지만, 실은 수보리가 한 것으로 새겨야 할 것이다. 경 중의 질문들은 대부분 중생들이 가질 수 있는 의문들이다. 부처님께서 혹은 수보리가 질문을 하고, 대답하는 형식을 빌렸지만, 중생들이 가지거나 가질 수 있는 의문들이었다. 수보리는 중생들을 대표하여 부처님께 질문하고 대답하였으며, 적시에 적절하게 묻고 답하였던 것이다.

우리가 어떤 문제에 부딪혔을 때, 그에 대한 해답을 구하고자 하면 문제가 생긴 그 지점에서 바로바로 묻고 답을 구하여야 하며, 답을 구할 때는 지극한 마음이어야 한다. 부처님께서 제자들에게 말씀하실 때, "잘 듣고, 잘 들어라(諦聽諦聽)."라고 말씀하시곤 하셨던 것은 이러한 마음에서였을 것이다. 나아가 "잘 듣고, 잘 들어라." 하는 말씀 속에는 부처님의 중생을 향한 간절하고도 정성스러운 사랑이 들어 있다.

송) 노래한다.

가고 서고 앉고 눕는 것, 옳고 그름, 남과 나(行住坐臥是非人我)
문득 기뻐하고 문득 성내는 것도 여기에서 벗어나지 않나니(忽喜忽嗔不離這箇)
다만 그 면전에 곧장 침을 뱉고서(祇這箇驀面唾)
평생의 간담을 일시에 기울여(平生肝膽一時傾)
사구의 묘문을 모조리 설파하리라(四句妙門都說破)

행주좌와와 시비곡직 그리고 나와 남을 나누는 것은 모두 분별이다. 어떤 때는 기뻐하고 어떤 때는 성내는 것도 분별이다. 이런 분별은 나를 중심으로 생각하는 데서 비롯된다. 나만 빠지면 모든 사량이 없어지고 모든 분별이 사라진다.

면전에서 침을 뱉는다는 것은, 일반적으로 경멸한다는 의미로 사용되지만, 남김없이 버린다는 의미로 보아도 좋겠다. 사량분별을 모조리 버리는 것을 '면전에서 침을 뱉다.'라고 표현한 것이다.

간담을 기울인다는 말은 간담이란 간과 쓸개인데, 지극함을 표시할 때 사용되는 말이다. 지극한 정성을 기울일 때 간담을 쏟는다고 하고, 지극히 친밀함을 표시할 때 간담을 서로 비추어 본다고 하는 것 등이다.

사구의 묘문이란 경의 사구게 포함한 경의 전체 내용을 의미한다. 설파한다고 함은 자신이 모두 깨달음은 물론 그 깨달은 바를 남에게 말해 주는 것이며, 단순히 말해 주는 것에 그치는 것이 아니라, 남에게 온전히 이해시키는 것도 포함한다. 묘문이란 사구게를 포함한 경의 훌륭한 가르침, 즉 부처님의 가르침을 가리킨다. 문이란 나고 드는 경계이다. 그러므로 묘문, 즉 부처님의 가르침은 훌륭한 깨달음으로 들어가는 경계요, 훌륭한 깨달음을 가지고 나오는 경계이다.

경) *"상을 갖지 않고 여여부동한 것이다."*
不取於相如如不動。

"다른 사람에게 연설해 주는 것이란 무엇인가."라고 질문을 하시고는 자답하신 것이 이 일구이다. 상을 갖지 않는다란 상에 집착하지 않음은 물론 아예 처음부터 상을 짓지도 않는다는 의미이다. 아상, 인상, 중생상, 수자상 등 사상의 어느 것도 갖지 않는다는 것이다. 사량분별도 떨쳐 내고 판단과 결정도 모두 버린 것을 말한다. 대상에 대한 지각, 사유 및 판단과 결정 그 어떤 단계에서도 상을 갖지 않으니 집착하지 않고, 집착하지 않으니 그것에 얽매이지 않는다. 집착심이 일어나지 않으니, 대자유, 대자재하게 되는 것이다. 이것이 해탈이며, 이러한 세계에 도달한 것을 열반을 이루었다고 한다. 열반에 들면 오고 감이 없고(不來不去), 같고 다름이 없으며(不一不異), 나고 멸함도 없고(無生無滅), 더하고 줄임도 없으며(不增不減), 더럽지도 깨끗하지도 않고(不垢不淨), 옳고 그름도 없으며, 너와 나도 없는, 모든 분별과 차별이 없어진다. 있음도 아니고 없음도 아니다. 넘치도록 얻었어도 얻은 것이 없다. 넘치게 설하여도 설한 것이 없고, 시방삼세의 모든 중생들을 교화하고 인도하여 멸도시켰어도 어떤 중생도 교화, 인도, 멸도시키지 않았다. 이것이 여여부동이다. 요컨대, 여여부동하다 함은 얻은 것이 없는 무소득심이며, 이기고자 하는 마음이 없는 무승부심이고, 무엇을 기대하고 바라는 마음이 없는 무희망심이며, 나고 죽는 것에 애착하는 마음이 없는 무생멸심인 것이다.

"상을 갖지 않고 여여부동하다."라는 구절은 경의 말후일구에 해당한다. 앞의 모든 설법이 이 한 구절로 압축될 수 있다는 의미이다. 머무는 바 없이 마음을 내어(應無所住而生其心) 마침내 상을 취하지 않고 여여부동함에 이르는 것. 이것이 경의 가르침의 요지가 아닐까? 야보천선사가 말했다.[408]

말후일구라. 비로소 뇌관에 이르렀다. 곧바로 삼세제불의 사목상관(四目相觀)을 얻고 육대조사의 퇴신을 나누었다. 가히 말하건대, 이는 강하가 바닥까지 얼어 물이 흐르지 못하고, 가시덤불이 우거져서 발을 들여놓기 어려운 경계이다. 저 속에 한 올의 실을 더하면 마치 눈 속에 가시를 심는 것과 같고, 한 올의 실을 빼면 마치 육신을 긁어 부스럼을 만드는 것과 같다. 앉아서 요진을 끊는 것이 아니라, 아마도 법 알기를 두려워함이리라. 비록 그러하더라도 불법이 다만 이와 같이 임의로 육지가 평평해지거나 가라앉는 것을 보는 것이라면, 어찌 등불이 계속해서 이어져 왔겠는가? 오늘 천상좌(川上座; 야보도천선사 자신을 가리킴)는 맹호의 입속에 있는 먹을 것을 빼앗고 사나운 용의 턱 아래에서 여의주를 다투는 것을 면하지 못하겠다. 과거 성인의 묘문을 활짝 열어 후학들이 나아갈 길을 한 가닥 선으로 이어준다. 또 말해 보라. 어떤 방해물이 있는지를. 말을 하면 법체가 완전하게 밝혀지고, 침묵하면 참된 법도(眞常)가 홀로 드러난다. 움직인 즉 한 마리 학이며, 한 조각 구름이고, 고요한 즉 앞산에 늘어선 산악이다. 한 걸음 나아가니 코끼리왕이 돌아

---

[408] X24n0461003, 金剛般若波羅蜜經註卷下, 宋 道川頌並著語, ○ 應化非眞分第三十二, CBETA 電子佛典集成 » 卍續藏 (X) » 第24冊 » No.0461 » 第3卷, http://tripitaka.cbeta.org/X24n0461

보는 것 같고, 한 걸음 물러서니 사자가 으르렁거리는 것 같다. 법왕의 법은 마땅히 행하게 하니, 곧 법에 자재할 수 있음이라. 다만 말후일구와 같다면, 또 무슨 말을 할 것인가? 차라리 모든 것을 내버려 두면, 고갯마루에는 구름이 한가로이 걸리고, 시내에는 물이 아주 바쁘게 흘러가리라.

[용어 풀이]

* 뇌관(牢關): 미혹과 깨달음의 경계. 견고하게 닫힌 관문이란 뜻. 『전등록』(제16권) 낙보장(樂普章)에 말하기를, "말후일구가 비로소 뇌관에 이르렀다. 요진을 닫아 걸어 끊어 버리니 범부도 성인도 지나가지 못한다."라고 하였다.
* 사목상관(四目相觀): 두 사람이 네 개의 눈을 크게 뜨고 서로 마주 보는 것. 이는 어떤 놀람이나 의아함을 표시하기도 하지만, 서로 소통이 아주 원만함을 가리키기도 한다. 사목상처(四目相覷), 양목상관(兩目相觀)이라는 말과 같은 뜻.

송) 노래한다.

유유자적한 곳에서 또 유유자적하니(得優游處且優游)
구름은 절로 높이 날고 물은 절로 흐르는구나(雲自高飛水自流)
거센 바람에 큰 물결이 이는 것은 보았어도(祇見黑風騶大浪)
고기잡이배가 물속으로 가라앉았다는 말은 듣지 못했네(未聞沉却釣魚舟)

유유자적함은 어느 곳에도, 그 무엇에도 집착함이 없는 자유자재함을 의미한다. 상을 취하지 않고 여여하게 흔들림이 없다는 경의 어구와 잘 어울린다. 이어 나오는 구름이 절로 날고 물이 절로 흐르는 것과도 좋은 대구를 이룬다. 유유자적한 곳, 유유자적한 마음에는 거의 언제나 한가로운 구름과 시냇물이 함께 등장하여 그 상황을 더욱 돋보이게 한다.

경의 처음부터 지금까지, 그 무엇에도 머물지 말도록, 머물지 않고 보시하도록, 더욱이 재물의 보시보다는 법의 보시를 더욱 강조하면서, 전개되어 왔는데, 이제 매듭을 지으려 하는 것이다. 아무리 풍랑이 거세어도 배는 흔들리기만 할 뿐 가라앉지는 않는다. 뒤집어지는 것은 가라앉는 것이 아니다. 뒤집혀도 가라앉지만 않으면 다시 바로잡아 새로 시작할 수 있는 것 아니겠는가?

[第二十七疑斷] 적멸에 들면 법은 어떻게 말할 것인가(入寂如何說法)라는 의심을 끊는다. 이 의심은 위의 연설과 부동(演說與不動)에서 나온다.

상을 취하지 않고 여여부동한 즉 부처님께서 중생에게 설법하기 위하여 상주한다고 이미 말하였는데, 어찌해서 다시 입적의 상이 있다고 말하는가? 입적하지 않았을 때는 연설할 수 있지만, 이미 입적하였다면 어떻게 법을 말씀하시겠는가? 말할 법이 없다고 말하는 것은 곧 단멸이 되고, 법신이 법을 설한다고 하면 어찌 입적하였다고 할 것인가? 이 의심을 없애기 위하여 경에서 말한다.

경) "왜냐하면"
何以故

여여부동이란 곧 부처가 세간에 상주하며 중생들을 위하여 법을 말씀하신다는 것이다. 그런데 왜 여래는 열반에 들었다고 하는가? 이 의심이 있을 것을 우려하여 노래로서 풀어 썼다.

경) 일체의 유위법은(一切有爲法)
꿈, 환각, 거품, 그림자 같고(如夢幻泡影)
이슬 같고, 번갯불 같나니(如露亦如電)
마땅히 이렇게 보아야 하나니(應作如是觀)

이 노래는 보살이 일체의 유위법에 대하여 응당 상을 갖지 않고, 집착하지 않으며, 자성이 없는 심히 깊은 반야 지혜를 통달할 것을 밝히고 있다. 왜냐하면, 수행할 때 상에 머물지 않도록 하고 만행을 닦을 때 법상에 집착하지 않도록 하기 위하여 묘법을 말씀하시기 때문이다. 이렇게 알고, 이렇게 보며, 이렇게 신해하여야 하는 것이다. 이 관점은 지혜에 있어서는 무분별지를 위주로 하고, 대상에 있어서는 법성 진여를 위주로 하는 것이다. 소위 이것이 바른 지혜이며, 여여한 보리로서 경계를 현관(現觀)하는 것이다.

그러나 진여는 세속을 벗어나지 않고 본성의 공함(性空)은 연기의 밖에 있지 않다. 세속의 밖에 따로 진여가 있지 않으며, 연기를 벗어나 본성의 공함이 설 수 없는 것이다. 그러므로 이 노래는 본성은 공하고 상이 없다(性空無相)는 이치가 환상과 같은 연기적 존재 위에 있음을 밝힌 것이다. 그러므로 경의 이 마지막 노래는, "사람들에게 연설한다 함은 무엇인가? 상에 집착하지 않고 여여하여 움직임이 없다."라는 원칙 아래, 일체법을 베풀어 연설하는 것이다. 이렇게 시설되고 연설하는 일체법은 모두 유위하여 꿈, 환상 등과 같음을 밝힌다. 이는 중생들에게 상을 갖지 말고, 본성이 공함을 이해하여 상에 머물지 말고, 대상에 집착하지 말 것을 가르치는 법문이라 할 수 있다.

[공부]

유위법의 성질에 대한 비유

일체의 유위법에서, 유위법은 곧 다른 조건이 일어나는 것에 의지하여 생겨나는 법들이며, 또 인연소생법이라고도 하며, 조작성이 있고, 생멸성이 있으며, 무상하며 무아이다. 유위법의 범위는 매우 넓지만, 간략히 말하면, 정신적인 것으로서 마음(心法)과 마음의 작용(心所法)이 있고, 물질적인 것으로서 색법(色法)이 있다. 그리고 이 물질과 마음(色心)의 행위(心不相應行)가 있다. 총괄하면, 일체 유위법은 모두 환상이나 꿈과 같고, 모두 허수아비 같으며, 물 위의 거품 같고, 빛이 비치는 곳의 그림자 같으며, 풀 위의 이슬 같고, 먹구름 끼고 비 올 때의 뇌전(번개)과 같음을 명백하게 포용하고 관찰하여야 하는 것이다.
이들 여섯 가지 비유에서 몇 가지 공통적인 점이 드러난다.
- 유위법은 모두 가립(假立)이며, 실체로서 독존하는 것이 아니다.
- 유위법은 모두 생멸적이며, 멸하지 않는 것은 없다.
- 유위법은 무상하게 변천하고 유동적이며, 상주하며 부동인 것은 없다.

유위법은 무량하게 차별이 있지만, 그러나 이 공통의 원리에서 벗어나지 않는다. 이 점은 공통원리인 반면 무위법을 드러내는 것이기도 하다.

이것이 제일의제이며, 성공(性空)은 상을 벗어난 진여 법성이다. 유위법으로서 경의 마지막 단락의 사구게에서 열거하고 있는 여섯 가지의 속성을 간략히 정리한다.
- 꿈(夢): 이는 범부가 수면 중에 보는 경계로, 꿈의 세계에서는 인간사와 마찬가지로 능히 환희하고, 슬피 곡하며, 자애롭기도 하고 두려워도 한다. 그러나 깨고 나면 모두 없어진다. 일체 유위의 세간법은 이와 같아서 소위 인생은 꿈과 같다고 한다.
- 환상(幻): 환사(마술사)가 만든 마법(환각)의 세계. 환사는 한 장의 손수건으로 한 마리 토끼, 비둘기, 장미를 만들 수도 있다. 그러나 이것은 마법으로 만들어진 환각(눈속임)의 모습일 뿐 진실한 것은 아니다. 일체 유위법의 현상과 각종 변화도 이와 같다.
- 거품(泡): 물 위에 떠다니는 거품은 우연히 한 번 나타났다가 경각에 소멸해 버린다. 일체 유위법적 현상은 이와 같다.
- 그림자(影): 어떤 물건의 한쪽에 빛을 비추면 다른 쪽에 영상이 나타난다. 그러므로 광명이 있으면 그림자의 영상이 나타나는 것이다. 이 그림자는 가유(假有)이며 물건의 실체가 아니다. 일체 유위법적 현상은 모두 이와 같다.
- 이슬(露): 이슬은 화초나 잎사귀에 맺은 동그란 형태의 물을 가리키는데, 이는 지기가 일광을 받아 열을 뿜으면 물의 알갱이가 증기 상태로 공기 속에 있다가 야간에 냉기를 받아 이루어진 물방울로 태양이 뜨면 소멸해 버린다. 이와 같이 유위법은 모두 인연 따라 생기고 인연 따라 소멸한다.
- 번개(電): 이는 구름이 짙고 비가 올 때 공중에서 음양, 냉열이 부딪혀 격발하는 섬광으로, 찰나 사이에 한 번 나타났다 소멸해 버린다. 법이란 오래도록 머물러 있는 것은 없다는 의미다. 이런 유위법의 현상은 잠시 생겼다가 즉시 소멸하며 찰나라도 정지해 있지 않다.

일체 유위법의 법적 현상계에 대하여, 모두 이상에서 말한 여섯 가지 비유에 비추어 관찰하면 여실하게 도달하는 것이 가능하며, 이로써 전도된 헛된 집착이나 미혹에 빠지지 않는다. 만약 유위법을 대하고 미혹되지 않는다면 곧 바르게 이해하여 법성을 깨달아 들어갈 수 있다.

[용어 풀이]

* 色心(색심): 유형의 막힘은 있으나 지각의 작용이 없는 것을 물질(色)이라 하고, 형질을 볼 수는 없으나 지각의 작용은 있는 것을 마음(心)이라 한다. 제법에 있어서는 색심이라 하고, 유정에 있어서는 심신이라 한다.

[공부]
경에 나오는 여섯 가지 이외의 추가적 비유

구마라집 한역 금강반야바라밀경에서는 유위법의 속성에 대하여 위 여섯 가지로 비유하고 있지만, 당나라 삼장법사 현장의 번역본에서는 아홉 가지 비유가 있다.[409]
"화합으로 만들어진 것들은(諸和合所爲)
별, 그림자, 등, 환상(如星翳燈幻)
이슬, 거품, 꿈, 번개, 구름과 같나니(露泡夢電雲)
마땅히 그렇게 보아야 한다(應作如是觀)."

능단금강반야경론석(能斷金剛般若經論釋)에 의하면,[410]
- 환각(幻), 이슬(露), 거품(泡) 등 세 가지 비유는 업보적 성격의 비유로 기세간(器世間)을 환상처럼 보라는 것이다.
- 번갯불(電影)처럼 보라는 것은 산이나 초목, 인물, 꽃이나 새 등 온갖 종류의 대상을 볼 때, 진실한 것처럼 보이지만, 그 실질은 모두 무수한 번개 조각이 끊임없이 이어진 것으로서, 우리들의 안식으로 보면 비상하게 진실한 것 같은 착각을 하게 된다는 것이다. 기세간의 우주 만유는 모두 유정들의 진실한 이숙식(異熟識=아뢰야식)으로 말미암아 환상으로서 나타나는 것일 뿐, 본래는 찰나에 생멸하는 것으로 끊임없이 상속하여 천고를 지나도 변하지 않고 상주하는 것 같지만, 실은 우리의 착각이라는 것이다.
- 유정을 이슬처럼 보라고 할 때, 이슬의 원소는 본래 수증기로, 볼 수 있는 상이 없고, 다만 식으면 물이 되어 볼 수 있는 형태를 가진다. 비록 상이 있어도 잠시 존재하는 것에 불과할 뿐이며, 햇빛이 나면 조만간 소멸되어 버린다.
- 일체의 법들은 본래 모두 허공과 같으며, 법계에 두루하고 있지만, 일정한 자신의 형체가 없으며, 다만 유정의 업력의 감응으로 말미암아 오온의 가합으로 유정이 이루어지며, 유정이 실제로 존재한다고 집착하여 무너지지 않는다고 취착하지만, 일단 업보가 다하면 괴멸하게 된다.

---

409) T07n0220577 大般若波羅蜜多經(第401卷-第600卷) 第577卷, 大般若波羅蜜多經卷第五百七十七, 三藏法師玄奘奉 詔譯, 第九能斷金剛分, CBETA 電子佛典集成 » 大正藏 (T) » 第7冊 » No.0220 » 第577卷, http://tripitaka.cbeta.org/

410) T25n1513003, 能斷金剛般若波羅蜜多經論釋卷下, 無著菩薩造頌 世親菩薩釋, 三藏法師義淨奉 詔譯, CBETA 電子佛典集成 » 大正藏 (T) » 第25冊 » No.1513 » 第3卷, http://tripitaka.cbeta.org/T25n1513003

- 유정[중생]세간, 기세간으로 말미암아 육근과 육진이 형성되고, 육근과 육진이 접촉하여 온갖 종류의 고락의 느낌들이 생긴다. 이런 것들을 거품처럼 보라는 것이다. 강물이 격동하여 수중에서 거품이 일어나는 것처럼, 유정들이 받아들이는 것들도 육근과 육진과 육식의 셋이 화합하여 생겨난 것에 불과하다는 것이다.
- 꿈, 번갯불, 그림자 등을 시간상으로 말하면, 일체법의 과거는 꿈처럼 여기고, 현재는 번갯불처럼 여기며, 미래는 그림자처럼 보라는 의미로도 볼 수 있다. 그러므로 일체는 실제로 잡을 수 없는 것이다.

착어) 배를 모는 것은 전적으로 뱃사공에게 달렸다(行船盡在把櫓人).

배란 강의 이쪽 나루에서 저쪽 나루로, 혹은 바다의 이쪽 해안에서 저쪽 해안으로 건너가는 도구이다. 이승에서 저승으로 건너갈 때 탄다는 반야선일 수도 있다. 어리석음에서 지혜로 나아가는 도구, 책이나 말씀을 가리키기도 한다. 또 배는 고통의 바다를 건너는 지혜를 가리키기도 한다. 사바에서 열반으로, 생사유전에서 해탈 열반으로 나아가는 가르침일 수 있다. 이 모든 것 중에서 가장 수승한 도구가 부처님의 가르침, 부처님의 법이다.

그러나 부처님의 가르침도 배일 뿐이다. 그 자체가 지혜가 아니며, 그 자체가 열반이 아니며, 그 자체가 깨달음이 아니다. 그 자체가 정토일 수도 없다. 오로지 배, 수단, 도구일 뿐이다. 그런 배를 모는 이가 잘 몰고, 그 도구나 수단을 사용하는 이가 잘 사용하여야 비로소 배는 배로서 기능을 다하고, 뱃사공은 선객들을 태우고 건너편 나루에 잘 도착할 수 있다.

일체의 유위법은 최상의 깨달음을 얻기 위한 수단이며 도구이며 방법이다. 사구게에 언급된 여섯 가지의 유위법을 갖고 그것들이 가지고 있는 공통적 특성이 "공(空)"이라고 하면, 이 공을 찾아내기 위한 수단, 도구, 방법이 바로 여섯 가지 현상, 더 나아가 일체 유위법이 되는 것이다. 이 이치가 반야심경에서 말하는 "조견오온개공(照見五蘊皆空)"이라는 언구가 가리키고자 하는 의미이기도 하다.

요컨대, 부처님의 가르침을 잘 활용하여 열반의 세계, 깨달음의 세계로 나아갈 수 있는 자는 오직 부처님의 가르침을 받아 이를 근거로 수행하는 수행자 자신일 뿐인 것이다.

송) 노래한다.

물속의 달을 잡고, 거울 속의 머리를 찾으며(水中捉月鏡裏尋頭)
배에 새겨 칼을 찾고, 소를 타고 소를 찾는다(刻舟求劍騎牛覓牛)
허공의 꽃, 아지랑이, 꿈, 환각, 물에 뜬 거품(空華陽焰夢幻浮漚)
한 줄 언구 아래 쉬고 또 쉬라(一筆句下要休便休)
파촉의 노래 부르고 두주의 술을 마시며 한가로운 삶을 즐기리(巴歌杜酒村田樂)
풍류가 없는 곳에선 스스로 풍류로우리(不風流處自風流)

물속의 달을 잡는다거나 거울 속의 상을 보고 형체를 찾는다는 것은 헛된 짓이다. 또 배를 타고 강을 건너다 물에 칼을 빠뜨리자 칼이 물에 떨어진 뱃전에 표시를 해 두고 배가 나루에 도착하였을 때 그 표시된 뱃머리 아래에서 칼을 찾는다는 것도, 소를 타고 있으면서 소를 찾는 것도, 모두 허망한 짓이다. 허공의 꽃, 아지랑이, 꿈, 환각, 물거품 같은 것들도 모두 헛된 것, 혹은 무상한 것을 비유하는 말들이다.

우리는 모두 이런 허망한 것들에 대하여 마치 실체가 있는 것처럼 생각하고, 이를 애착하여 스스로 번뇌에 사로잡힌다. 이런 것들에 대한 애착을 버리면 번뇌가 사라지고 즐거움이 찾아온다. 노래하고 춤추고. 어떤 것을 이루겠다는 바쁜 일도 소멸하고 만다. 얻은 모든 것, 이루어 낸 모든 것들이 결국에는 허망한 것임을 알기에 그것들에 애착을 두지 않음으로써 번뇌를 모두 씻어 내고 이로써 자유로움과 즐거움을 찾아내는 것이다. 이것이 열반이고 극락인 것이다.

[공부]
물속의 달을 잡다(水中捉月)

물속의 달을 잡는다 함은 물에 비친 달을 잡는 것을 말한다. 달은 허공에 있고, 물속의 달은 허공의 달이 비친 상일 뿐이다. 그러므로 그 상을 아무리 잡으려 해도 달을 잡지 못하고 허탕을 칠 뿐이다. 공연히 힘 만들이고 아무런 성과도 없는 헛된 짓인 것이다. 비슷한 뜻의 비슷한 언구가 많다. 해중노월(海中撈月) 바닷속에 있는 달을 잡는다는 뜻. 헛된 노력으로 아무런 공이 없이 기운과 힘만 소모하는 것을 비유한 말. 비슷한 뜻을 가진 말로, 해저노월(海底撈月), 수저모월(水底摸月), 수중노월(水中撈月), 원후취월(猿猴取月) 등이 있다. 수저모월이란 물속 바닥에서 달을 찾는다는 뜻이고, 원후취월은 원숭이가 사물의 상을 대하고 있는 그대로 인식하지 못하고 마음에 탐욕을 품으니, 이는 우물 바닥에 있는 달을 잡으려 하다 물속에 빠졌다는 불교의 전설에서 나온 말이다. 이 말은 범부가 거짓되게 존재하는(假有) 세계를 진실한 것인 것처럼 보고 마음에 탐욕을 일으켜 스스로 번뇌의 상태로 빠져들어 가는 것을 비유한 말이다. 혹은 어리석은 사람이 일을 도모하나 헛되이 노력만 할 뿐 아무런 공이 없음을 비유하는 말이다.

[공부]
의타팔유(依他八喩)

의타팔유란 유식종이 제법은 여러 조건들이 화합하여 이루어진 것이어서 일체가 모두 임시로 존재하는 것(假有)들이며 실체는 존재하지 않음을 드러내기 위하여 제시한 여덟 가지 비유를 말한다. 이들 여덟 가지 비유는 다음과 같다.[411]

- 환사유(幻事喩): 색 등 조건에 따른 육처는 그 본체가 비록 없지만 요모조모 헤아릴 때 육처가 마치 현현하는 것 같은데, 이는 환상적인 것(幻事)으로, 실질이 없음에도 있는 것처럼 보이는 것을 비유한 것이다.
- 양염유(陽焰喩): 기세간에는 실제로는 존재하지 않으나 마음과 마음의 작용(心所)에 의하여 드러난 것으로서, 마치 바람 따라 움직이는 모래에 햇빛이 반사되어 화염이 타오르는 것 같고, 목마른 사람이 이 환각적 광경을 보고 마치 앞에 흐르는 물이 있는 것처럼 생각하는 것을 비유한 것이다.

---

411) T31n1597005, 攝大乘論釋卷第五, 世親菩薩造, 三藏法師玄奘奉 詔譯, 所知相分第三之二, CBETA 電子佛典集成 » 大正藏 (T) » 第31冊 » No.1597 » 第5卷, http://tripitaka.cbeta.org/T31n1597005

- 몽경유(夢境喩): 기세간 밖에서 애착하거나 애착하지 않는 등 수용에 차별이 있는 것은 마치 꿈속에서 본래 남녀 등 온갖 가지 외경이 없음에도 불구하고 애착하거나 애착하지 않게 차별적으로 대상을 수용하는 것을 비유한 것이다.
- 경상유(鏡像喩): 제법은 실체가 없음에도 선악의 의업을 가지고 애착하거나 애착하지 않는 과보를 생산하는데, 이 과보는 헛된 환상이어서 마치 거울 속에 나타난 영상과 같음을 말한 것이다.
- 광영유(光影喩): 제법은 본래 실체가 없고 여러 식(識)이 번갈아 일어남에 기인하는 것인데, 이는 마치 그림자로 인하여 일어나는 갖가지 영상과 같음을 비유한 것이다.
- 곡향유(谷響喩): 제법은 본래 실체가 없고 각종 언설희론의 상이 이리저리, 차례대로 일어난 것인데, 이는 마치 빈 골짜기의 메아리가 실체가 없는 소리와 같음을 비유한 것이다.
- 수월유(水月喩): 제법이 연기하는 경계는 실체가 없고 선정심으로 여실지, 여실견의 심법을 일으킬 수 있는데, 이는 마치 수중의 달이 실존이 아니라 그 본성이 맑고 깨끗하여 달의 모습을 드러낼 수 있는 것과 같음을 말한다.
- 변화유(變化喩): 주변을 요모조모 헤아려 집착하는(遍計所執) 유정에게는 비록 없지만, 그러나 진리를 증득한 보살들은 다른 것에 의지하여 생겨나는(依他起) 유정의 무리를 불쌍히 여기고 그들에게 기쁨을 주기 위하여 그들 중에 태어나는데(息苦生), 이는 마치 변화하는 것은 실체가 존재하지 않으나 일체의 일을 이룰 수 있는 것과 같음을 말한다.

경) 부처님께서 이 경을 모두 말씀하시자 장노 수보리와 비구, 비구니, 우바새, 우바이, 일체 세간의 하늘, 사람, 아수라가 부처님께서 말씀하신 바를 듣고 모두 크게 기뻐하며 믿고 받아들여 받들고 실천하였다.
佛說是經已長老須菩提及諸比丘比丘尼優婆塞優婆夷一切世間天人阿修羅聞佛所說皆大歡喜信受奉行。

부처님께서 경을 모두 말씀하신 후, 이 경의 유통에 관한 기록이다. 모든 경전은 크게 서분, 정종분, 유통분으로 구성되어 있다. 금강경도 그러하지만, 거의 대부분의 불교 경전의 말미에 "개대환희(皆大歡喜) 신수봉행(信受奉行)"이라는 구절이 들어간다. 경을 들었던 중생들이 모두 기꺼워하고, 믿고 받아들여 받들고 실천한다는 것이다. 유통의 취지가 명백한 대목이다.

누가 경을 들었는가? 수보리를 비롯한 비구, 비구니, 우바새, 우바이 등 사람으로 이루어진 사부대중이 들었다. 사부대중은 불교의 교단을 이루는 기본 틀이다. 다음으로 인간 이외의 모든 이생(異生), 즉 천인, 아수라 등이 들었다. 인간을 포함한 모든 이생이 경을 듣고 그 수승한 공능을 알게 되면 자신의 수행지침으로 삼음은 물론 주변의 다른 권속들에게도 권장할 것이다. 이렇게 유통과정을 거친다.

"부처님의 말씀하신 바를 듣고…… 믿고 받아들여 받들고 실천하였다."라는 장구에는 세 가지 뜻이 들어있다.[412]

- 첫째, 말한 자가 청정하다는 것(說者淸淨). 제불 여래는 일체지를 갖춘 분들로 이장(二障; 번뇌장과 소지장)을 영원히 다하였고, 십력과 사무소외, 십팔불공법 등 무량공덕을 구족하였으며, 증득한 것을 그대로 말씀하셨다. 그러므로 말한 자가 청정하다고 하는 것이다.
- 둘째, 말해진 것이 청정하다는 것(所說淸淨). 설해진 음성, 장구, 아함경 등이 번뇌가 없는 분(최상의 깨달음을 이룬 분, 여래)에게서 나온 것으로 제불이 말씀하신 것과 한가지로 많지도 적지도 않고, 늘지도 줄지도 않으며, 진리와 상응한다. 그러므로 말해진 것이 청정하다고 하는 것이다.
- 셋째, 들은 자도 청정하다는 것(受者淸淨). 당시 법회에 참석했던 대중들이 한마음으로 아무런 사견이나 다툼이 없이 들었고, 내가 옳고 네가 그르다는 등 시비가 없었음은 물론 마음에 아무런 의심이나 혼탁함도 없었다. 그러므로 들은 자도 청정하다는 것이다.

일체의 대중이 법의 맛을 깊이 알고 의심과 장애를 제거하여 도를 이루어 사바를 건넜다. 그러므로 크게 환희하고 믿으며 봉행한 것이다.

불교의 유통은 억지나 강제가 아니라 자율적 판단에 의한 수용이다. 경의 유포도 예외가 아니다. 경의 내용이나 사구게를 수지독송하고 남에게 해설할 때 얻을 수 있는 복덕의 수승함으로 인하여 자발적으로 받아들이고 자발적으로 전하게 된다. 경 등 부처의 가르침이 유통되는 근본적인 힘인 것이다.

경전의 유통이란 반야 지혜를 유통시켜 후세의 중생을 이롭게 하는 것이다. 천친(天

---

412) T25n1512010, 金剛仙論卷第十, 世親菩薩造, 金剛仙論師釋 元魏 菩提流支譯, CBETA 電子佛典集成 » 大正藏 (T) » 第25冊 » No.1512 » 第10卷, http://tripitaka.cbeta.org/T25n1512010

親)이 노래했다.[413)]

　부처님께서 희유한 총지법을 말씀하셨나니(佛說希有總持法)
　말씀의 뜻이 헤아릴 수 없이 깊구나(不可稱量深句義)
　귀하신 분 따라 듣고 자세히 말하여(從尊者聞及廣說)
　이 복덕을 뭇 중생들에게 회향하리(回此福德施群生)

착어) 삼십 년 후 노승이 누가 은혜를 아는 자인지 모르도록 망각하게 하지 말라. 하하. 장차 사람이 없다고 말하리라(三十年後莫教忘却老僧不知誰是知恩者呵呵將謂無人).

　삼십 년 후라는 말은 한 세대를 지난 시점, 시기를 의미한다. 한 세대만이 아니라 많은 세대를 포함한다고 보아도 무방하겠다. 일반적으로 많은 시간, 세월이 흐른 후라고 보아도 좋을 것 같다. 노인은 야보천선사만이 아니라 불가에 귀의한 모든 출가자, 재가자들을 의미한다고 보아도 좋겠다. 은혜를 모른다 함은 부처님의 가르침을 받고도 부처님의 가르침을 거스르거나 부처님의 가르침대로 살아가지 않는 사람, 깨달음이 전혀 없는 사람 등을 지칭하는 말이다. 망각한다 함은 은혜를 모른다는 말과 함께 부처님의 가르침대로 살지 않는 출가자 혹은 불자를 가리킨다고 보면 될 것 같다. 사람이 없다고 함은 부처님의 말씀을 이해하고 깨달음을 이룬 사람이 없다는 의미이다.

　오랜 세월이 지나서 부처님의 가르침이 쇠미해지고, 사람들이 부처님의 가르침을 저버린 채 탐진치 삼독에 오염되어 스스로 타락해 버린 상황을 말한다. 경을 유통하도록 부촉하였음에도 오히려 경의 가르침을 거슬러 이해하는 사람이 줄어드는 상황을 언급한 것이다. 이로써 경각심을 일으켜 야보천선사가 또 한 번 출가자와 불자들에게 경의 유통을 강조한 것이다.

송) 노래한다.

---

413) T25n1511003, 金剛般若波羅蜜經論卷下, 天親菩薩造, 元魏天竺三藏菩提流支譯, CBETA 電子佛典集成 » 大正藏 (T) » 第25冊 » No.1511 » 第3卷, http://tripitaka.cbeta.org/T25n1511003

배고픈 자 먹을 것을 얻고, 목마른 자 마실 것을 얻으며(飢得食渴得漿)
병든 자 치료받고, 더운 자 식힌다(病得瘥熱得凉)
가난한 사람이 보물을 얻고 어린아이가 어미를 보며(貧人遇寶嬰子見孃)
바람에 배가 물가에 닿고 외로운 객이 마을로 돌아가네(飄舟到岸孤客飯鄉)
일찍이 감택을 만나 나라에 충성스런 인재가 많으니(旱逢甘澤國有忠良)
사방의 오랑캐가 공수하고 팔방에서 와서 항복하는구나(四夷拱手八表來降)
두두가 모두 옳고 물물이 모두 빛나니(頭頭總是物物全彰)
고금의 범인과 성인, 지옥과 천당(古今凡聖地獄天堂)
동서남북 어느 곳도 사량할 필요가 없고(東西南北不用思量)
티끌 같고 모래 같은 세계의 온갖 중생을 이롭게 하나니(利塵沙界諸群品)
빠짐없이 금강대도량에 드십시오(盡入金剛大道場)

위 노래의 11구절 중 마지막 두 구절을 제외한 앞의 아홉 구절은 모두 경의 공능을 찬탄한 것이다. 기갈에 빠졌던 자가 경을 통하여 기갈을 면하고, 병든 자와 더위에 지친 자들에게는 경이 치료제이고 그늘이다. 가난한 사람에게는 경이 부의 원천이 되며, 보호가 필요한 사람에게는 보호자가 된다. 또한, 경은 범선에는 바람의 역할을 하고 외로운 자에게는 친구가 되어 준다. 경은 농사를 잘 지을 수 있도록 해 주는 수량이 풍부한 저수지이며, 나라에 충성스러운 인재가 많게 해 주는 가르침이다. 사방의 여러 나라가 경이 있는 곳을 경배하고 배우려 한다. 공수하고 항복하는 것은 경에 대한 존중의 의미이다. 경의 가르침을 배우고 실천하면 이 세상의 그 어느 것도 옳지 않은 것이 없고 빛나지 않은 것이 없으니, 지금이 바로 열반이고 여기가 바로 극락인 것이다. 그러니 부처와 중생이 따로 없고 지옥과 극락이 다르지 않다. 그러므로 부처와 중생, 극락과 지옥 등을 사량하고 분별할 필요가 없는 것이다. 이에 시방세계의 모래처럼 많은 중생들이 모두 경을 공부하려 하는 것이다. 금강대도량에 온 중생들이 모두 모여 경을 수지독송하고 익혀 다른 사람들에게 널리 유통하도록 하여야 할 것이다.

| 참고자료 |

(우리말 자료)

- 김광진, 우리말 속뜻 금강경, 속뜻사전교육출판사(2022.1.)
- 김성철, 중관사상, 민족사(2017.8.)
- 김월운, 금강경강화(金剛經講話), 東文選(2004.5.)
- 대한불교조계종 교육원 편역, 조계종 표준 금강반야바라밀경
- 대한불교조계종, 불교성전(2021.2.)
- 무문혜개 저, 종달 이희익 제창, 불조 기연 48칙 무문관 강석, 상아(2000.4.)
- 백송 정목 역해, 반야심경 오가해, 금샘(2016.7.)
- 송강, 마음을 밝히는 보석, 금강경(한글독송용), 도서출판 도반(2014.4.)
- 송주 김응철, 부처님 직제자들의 수행과 포교 이야기, 동아인쇄(2019.4.)
- 여천 무비, 무비스님의 작은 임제록-불교는 쉽다, 염화실(2015.7. 개정 증보)
- 홍사성, 한 권으로 읽는 아함경, 불교시대사(2009.5.)

(한문자료)

- B07n0023, 江味農, 金剛般若波羅密經講義, 中華電子佛典協會, 卷第一~六
- C078n1720001, 禪宗頌古聯珠通集卷第一, 雞一, (池州報息寺沙門法應集 紹興天衣禪寺住持普會續集 僧錄司右闡教兼鍾山靈谷禪寺住持淨戒重校), CBETA 電子佛典集成 » 中華藏 (C) » 第78冊 » No.1720 » 第1卷, http://tripitaka.cbeta.org/C078n1720001
- D13n8838001, 金剛般若波羅蜜經, 姚秦三藏法師鳩摩羅什奉 詔譯, 梁昭明太子加其分目, 汝水香山無聞思聰 註解, 化無所化分第二十五, CBETA 電子佛典集成 » 國圖善本 (D) » 第13冊 » No.8838 » 第1卷, http://tripitaka.cbeta.org/D13n8838001
- J24nB137001, 趙州和尚語錄卷上, 參學門人文遠記錄, [車*度]轢道人大參重校, 雲

門弟子明聲重刻CBETA 電子佛典集成 » 嘉興藏 (J) » 第24冊 » No.B137 » 第1卷, http://tripitaka.cbeta.org/J24nB137001

- J26nB187010, 嘉興大藏經 第26冊, No.B187, 天岸昇禪師語錄(20卷), 【清 昇說 元玉等記錄】, 天岸昇禪師語錄卷第十, 侍者一誠記錄, 再住青州法慶禪寺語錄, http://tripitaka.cbeta.org/mobile/index.php?index=

- M059n1540003, 大慧普覺禪師普說三, 參學道先錄, 方敷文請普說, CBETA 電子佛典集成 » 卍正藏 (M) » 第59冊 » No.1540 » 第3卷, http://tripitaka.cbeta.org/ko/

- P181n1615013, 大明三藏法數卷第十三, 池五, 上天竺前住持沙門一如等奉 勅集註, 四威儀(出菩薩善戒經), CBETA 電子佛典集成 » 永樂北藏 (P) » 第181冊 » No.1615 » 第13卷, http://tripitaka.cbeta.org/P181n1615013

- P189n1629001, 天台四教儀集註(選錄「集註」本文) 第1卷, 天台四教儀集註卷第二, 稼二, 南天竺沙門 蒙潤 集, CBETA 電子佛典集成 » 永樂北藏 (P) » 第189冊 » No.1629 » 第1卷, http://tripitaka.cbeta.org/P189n1629001

- T01n0001001, 佛說長阿含經卷第一, 後秦弘始年佛陀耶舍共竺佛念譯, (一)第一分初大本經第一, CBETA 電子佛典集成 » 大正藏 (T) » 第1冊 » No.0001 » 第1卷, http://tripitaka.cbeta.org/

- T01n0001008, 佛說長阿含經卷第八, 後秦弘始年佛陀耶舍共竺佛念譯, (九) 佛說長阿含第二分眾集經第五, CBETA 電子佛典集成 » 大正藏 (T) » 第1冊 » No.0001 » 第8卷, http://tripitaka.cbeta.org/T01n0001008

- T01n0001012, 佛說長阿含經卷第十二, 後秦弘始年佛陀耶舍共竺佛念譯, (一七) 第二分清淨經第十三, CBETA 電子佛典集成 » 大正藏 (T) » 第1冊 » No.0001 » 第12卷, http://tripitaka.cbeta.org/T01n0001012

- T01n0001022, 佛說長阿含經卷第二十二, 後秦弘始年佛陀耶舍共竺佛念譯, 佛說長阿含第四分世記經世本緣品第十二, CBETA 電子佛典集成 » 大正藏 (T) » 第1冊 » No.0001 » 第22卷, http://tripitaka.cbeta.org/T01n0001022

- T01n0026054, 中阿含經卷第五十四, 東晉罽賓三藏瞿曇僧伽提婆譯, (二〇〇), 大品阿梨吒經第九(第五後誦), CBETA 電子佛典集成 » 大正藏 (T) » 第1冊 » No.0026 » 第54卷, http://tripitaka.cbeta.org/T01n0026054

- T02n0099001, 雜阿含經卷第一, 宋天竺三藏求那跋陀羅譯, (一一), CBETA 電子

佛典集成 » 大正藏 (T) » 第2冊 » No.0099 » 第1卷, http://tripitaka.cbeta.org/T02n0099001

- T02n0099006, 雜阿含經卷第六, 宋天竺三藏求那跋陀羅譯, (一二二), CBETA 電子佛典集成 » 大正藏 (T) » 第2冊 » No.0099 » 第6卷, http://tripitaka.cbeta.org/T02n0099006

- T02n0099026, 雜阿含經卷第二十六, 宋天竺三藏求那跋陀羅譯, (六六六), CBETA 電子佛典集成 » 大正藏 (T) » 第2冊 » No.0099 » 第26卷, http://tripitaka.cbeta.org/T02n0099026

- T02n0099037, 雜阿含經卷第三十七, 宋天竺三藏求那跋陀羅譯, (一〇五五), CBETA 電子佛典集成 » 大正藏 (T) » 第2冊 » No.0099 » 第37卷, http://tripitaka.cbeta.org/T02n0099037

- T02n0099043, 雜阿含經卷第四十三, 宋天竺三藏求那跋陀羅譯, (一一七二), CBETA 電子佛典集成 » 大正藏 (T) » 第2冊 » No.0099 » 第43卷, http://tripitaka.cbeta.org/T02n0099043

- T02n0125007, 增壹阿含經卷第七, 東晉罽賓三藏瞿曇僧伽提婆譯, 增壹阿含經有無品第十五, (三), CBETA 電子佛典集成 » 大正藏 (T) » 第2冊 » No.0125 » 第7卷, http://tripitaka.cbeta.org/T02n0125007

- T02n0125022, 增壹阿含經卷第二十二, 東晉罽賓三藏瞿曇僧伽提婆譯, 須陀品第三十, (二), CBETA 電子佛典集成 » 大正藏 (T) » 第2冊 » No.0125 » 第22卷, http://tripitaka.cbeta.org/T02n0125022

- T02n0125028, 增壹阿含經卷第二十八, 東晉罽賓三藏瞿曇僧伽提婆譯, 聽法品第三十六, (五), CBETA 電子佛典集成 » 大正藏 (T) » 第2冊 » No.0125 » 第28卷 http://tripitaka.cbeta.org/T02n0125028

- T02n0126001, 佛說阿羅漢具德經, 西天譯經三藏朝散大夫試光祿卿明教大師臣法賢奉 詔譯, CBETA 電子佛典集成 » 大正藏 (T) » 第2冊 » No.0126 » 第1卷, http://tripitaka.cbeta.org/T02n0126001

- T03n0159001~003, 大乘本生心地觀經卷第一~三, 大唐罽賓國三藏般若奉 詔譯, 報恩品第二之上~下, CBETA 電子佛典集成 » 大正藏 (T) » 第3冊 » No.0159 » 第2~3卷, http://tripitaka.cbeta.org/T03n0159001~003

- T03n0159007, 大乘本生心地觀經卷第七, 罽賓國三藏沙門般若奉 詔譯, 波羅蜜多品第八, CBETA 電子佛典集成 » 大正藏 (T) » 第3冊 » No.0159 » 第7卷, http://tripitaka.cbeta.org/T03n0159007

- T03n0184001, 修行本起經卷上, 後漢西域三藏竺大力共康孟詳譯, 菩薩降身品第二, CBETA 電子佛典集成 » 大正藏 (T) » 第3冊 » No.0184 » 第1卷, http://tripitaka.cbeta.org/T03n0184001

- T03n0185001~002, 佛說太子瑞應本起經卷上, 吳月支優婆塞支謙譯, CBETA 電子佛典集成 » 大正藏 (T) » 第3冊 » No.0185 » 第1卷, http://tripitaka.cbeta.org/T03n0185001~002

- T03n0186002, 普曜經卷第二, 西晉月氏三藏竺法護譯, 欲生時三十二瑞品第五, CBETA 電子佛典集成 » 大正藏 (T) » 第3冊 » No.0186 » 第2卷, http://tripitaka.cbeta.org/T03n0186002

- T03n0187003, 方廣大莊嚴經卷第三, 中天竺國沙門地婆訶羅奉 詔譯, 誕生品第七, CBETA 電子佛典集成 » 大正藏 (T) » 第3冊 » No.0187 » 第3卷, http://tripitaka.cbeta.org/T03n0187003

- T03n0189001, 過去現在因果經卷第一, 宋天竺三藏求那跋陀羅譯, CBETA 電子佛典集成 » 大正藏 (T) » 第3冊 » No.0189 » 第1卷, http://tripitaka.cbeta.org/T03n0189001

- T03n0189004, 過去現在因果經卷第四, 宋天竺三藏求那跋陀羅譯, CBETA 電子佛典集成 » 大正藏 (T) » 第3冊 » No.0189 » 第4卷, http://tripitaka.cbeta.org/T03n0189004

- T03n0190008, 佛本行集經卷第八, 隋天竺三藏闍那崛多譯, 樹下誕生品下, CBETA 電子佛典集成 » 大正藏 (T) » 第3冊 » No.0190 » 第8卷, http://tripitaka.cbeta.org/

- T03n0190009, 佛本行集經卷第九, 隋天竺三藏闍那崛多譯, 從園還城品下, CBETA 電子佛典集成 » 大正藏 (T) » 第3冊 » No.0190 » 第9卷, http://tripitaka.cbeta.org/T03n0190009

- T03n0190033, 佛本行集經卷第三十三, 隋天竺三藏闍那崛多譯, 梵天勸請品下, CBETA 電子佛典集成 » 大正藏 (T) » 第3冊 » No.0190 » 第33卷, http://tripitaka.cbeta.org/T03n0190033

- T04n0192001, 佛所行讚卷第一(亦云佛本行經), 馬鳴菩薩造, 北涼天竺三藏曇無識譯, 生品第一, CBETA 電子佛典集成 » 大正藏 (T) » 第4冊 » No.0192 » 第1卷, http://tripitaka.cbeta.org/

- T04n0200010, 撰集百緣經卷第十, 吳月支優婆塞支謙譯, 諸緣品第十, (九一) 須菩提惡性緣, CBETA 電子佛典集成 » 大正藏 (T) » 第4冊 » No.0200 » 第10卷, http://tripitaka.cbeta.org/T04n0200010

- T04n0201003, 大莊嚴論經卷第三, 馬鳴菩薩造, 後秦三藏鳩摩羅什譯, (一一), CBETA 電子佛典集成 » 大正藏 (T) » 第4冊 » No.0201 » 第3卷, http://tripitaka.cbeta.org/T04n0201003

- T04n0202001, 賢愚經卷第一, 元魏涼州沙門慧覺等在高昌郡譯, (二)摩訶薩埵以身施虎品第二, CBETA 電子佛典集成 » 大正藏 (T) » 第4冊 » No.0202 » 第1卷, http://tripitaka.cbeta.org/T04n0202001

- T04n0202002, 賢愚經卷第二, 元魏涼州沙門慧覺等在高昌郡譯, (一二) 羼提波梨品第十二, CBETA 電子佛典集成 » 大正藏 (T) » 第4冊 » No.0202 » 第2卷, http://tripitaka.cbeta.org/T04n0202002

- T04n0210002, 法句經卷下, 尊者法救撰, 吳天竺沙門維祇難等譯, 述佛品法句經第二十二二十有一章, CBETA 電子佛典集成 » 大正藏 (T) » 第4冊 » No.0210 » 第2卷, http://tripitaka.cbeta.org/T04n0210002

- T06n0220392, 大般若波羅蜜多經卷第三百九十二, 三藏法師玄奘奉 詔譯, 初分成熟有情品第七十一之三, CBETA 電子佛典集成 » 大正藏 (T) » 第6冊 » No.0220 » 第392卷, http://tripitaka.cbeta.org/T06n0220392

- T07n0220577 大般若波羅蜜多經(第401卷-第600卷) 第577卷, 大般若波羅蜜多經卷第五百七十七, 三藏法師玄奘奉 詔譯, 第九能斷金剛分, CBETA 電子佛典集成 » 大正藏 (T) » 第7冊 » No.0220 » 第577卷, http://tripitaka.cbeta.org/T07n0220577

- T08n0245001, 佛說仁王般若波羅蜜經卷上, 姚秦三藏鳩摩羅什譯, 仁王般若波羅蜜護國經菩薩教化品第三, CBETA 電子佛典集成 » 大正藏 (T) » 第8冊 » No.0245 » 第1卷, http://tripitaka.cbeta.org/T08n0245001

- T09n0262001~003, 妙法蓮華經卷第一, 後秦龜茲國三藏法師鳩摩羅什奉 詔譯, 妙法蓮華經方便品第二, CBETA 電子佛典集成 » 大正藏 (T) » 第9冊 » No.0262 » 第1卷, http://tripitaka.cbeta.org/T09n0262001~003

- T09n0262006, 妙法蓮華經卷第六, 後秦龜茲國三藏法師鳩摩羅什奉 詔譯 妙法蓮華經法師功德品第十九, CBETA 電子佛典集成 » 大正藏 (T) » 第9冊 » No.0262 » 第6卷, http://tripitaka.cbeta.org/T09n0262006
- T09n0276001, 無量義經, 德行品第一, 蕭齊天竺三藏曇摩伽陀耶舍譯, CBETA 電子佛典集成 » 大正藏 (T) » 第9冊 » No.0276 » 第1卷, http://tripitaka.cbeta.org/T09n0276001
- T09n0278005, 大方廣佛華嚴經卷第五, 東晉天竺三藏佛馱跋陀羅譯, 大方廣佛華嚴經菩薩明難品第六, CBETA 電子佛典集成 » 大正藏 (T) » 第9冊 » No.0278 » 第5卷, http://tripitaka.cbeta.org/T09n0278005
- T09n0278005, 大方廣佛華嚴經卷第五, 東晉天竺三藏佛馱跋陀羅譯, 四諦品第四之二CBETA 電子佛典集成 » 大正藏 (T) » 第9冊 » No.0278 » 第5卷, http://tripitaka.cbeta.org/T09n0278005
- T10n0279007, 大方廣佛華嚴經卷第七, 于闐國三藏實叉難陀奉 制譯, 普賢三昧品第三, CBETA 電子佛典集成 » 大正藏 (T) » 第10冊 » No.0279 » 第7卷, http://tripitaka.cbeta.org/T10n0279007
- T10n0279014, 大方廣佛華嚴經卷第十四, 于闐國三藏實叉難陀奉 制譯, 賢首品第十二之一, CBETA 電子佛典集成 » 大正藏 (T) » 第10冊 » No.0279 » 第14卷, http://tripitaka.cbeta.org/T10n0279014
- T10n0279016, 大方廣佛華嚴經卷第十六, 于闐國三藏實叉難陀奉 制譯, 須彌頂上偈讚品第十四CBETA 電子佛典集成 » 大正藏 (T) » 第10冊 » No.0279 » 第16卷, http://tripitaka.cbeta.org/T10n0279016
- T10n0279019, 大方廣佛華嚴經卷第十九, 于闐國三藏實叉難陀奉 制譯, 昇夜摩天宮品第十九, CBETA 電子佛典集成 » 大正藏 (T) » 第10冊 » No.0279 » 第19卷, https://tripitaka.cbeta.org/T10n0279019
- T09n0278023, 大方廣佛華嚴經卷第二十三, 東晉天竺三藏佛馱跋陀羅譯, ◎ 十地品第二十二之一, CBETA 電子佛典集成 » 大正藏 (T) » 第9冊 » No.0278 » 第23卷, http://tripitaka.cbeta.org/T09n0278023
- T10n0279080, 大方廣佛華嚴經卷第八十, 于闐國三藏實叉難陀奉 制譯, 入法界品第三十九之二十一, CBETA 電子佛典集成 » 大正藏 (T) » 第10冊 » No.0279 » 第80卷, https://tripitaka.cbeta.org/T10n0279080

- T12n0353001, 勝鬘師子吼一乘大方便方廣經, 宋中印度三藏求那跋陀羅譯, 攝受章第四, CBETA 電子佛典集成 » 大正藏 (T) » 第12冊 » No.0353 » 第1卷, https://tripitaka.cbeta.org/T12n0353001
- T12n0353001, 勝鬘師子吼一乘大方便方廣經, 宋中印度三藏求那跋陀羅譯, 真子章第十四, CBETA 電子佛典集成 » 大正藏 (T) » 第12冊 » No.0353 » 第1卷, https://tripitaka.cbeta.org/T12n0353001
- T12n0360001, 佛說無量壽經卷上, 曹魏天竺三藏康僧鎧譯, CBETA 電子佛典集成 » 大正藏 (T) » 第12冊 » No.0360 » 第1卷, https://tripitaka.cbeta.org/T12n0360001
- T12n0360002, 佛說無量壽經卷下, 曹魏天竺三藏康僧鎧譯, CBETA 電子佛典集成 » 大正藏 (T) » 第12冊 » No.0360 » 第2卷, https://tripitaka.cbeta.org/T12n0360002
- T12n0365001, 佛說觀無量壽佛經, 宋西域三藏畺良耶舍譯, CBETA 電子佛典集成 » 大正藏 (T) » 第12冊 » No.0365 » 第1卷, http://tripitaka.cbeta.org/
- T12n0374009, 大般涅槃經卷第九, 北涼天竺三藏曇無讖譯, ◎ 如來性品第四之六, CBETA 電子佛典集成 » 大正藏 (T) » 第12冊 » No.0374 » 第9卷, http://tripitaka.cbeta.org/T12n0374009
- T12n0374014, 大般涅槃經卷第十四, 北涼天竺三藏曇無讖譯, 聖行品第七之四CBETA 電子佛典集成 » 大正藏 (T) » 第12冊 » No.0374 » 第14卷, http://tripitaka.cbeta.org/T12n0374014
- T12n0374019, 大般涅槃經卷第十九, 北涼天竺三藏曇無讖譯, 梵行品第八之五CBETA 電子佛典集成 » 大正藏 (T) » 第12冊 » No.0374 » 第19卷, https://tripitaka.cbeta.org/T12n0374019
- T12n0374020, 大般涅槃經卷第二十, 北涼天竺三藏曇無讖譯, 大般涅槃經嬰兒行品第九, CBETA 電子佛典集成 » 大正藏 (T) » 第12冊 » No.0374 » 第20卷, http://tripitaka.cbeta.org/T12n0374020
- T12n0374029, 大般涅槃經卷第二十九, 北涼天竺三藏曇無讖譯, 師子吼菩薩品第十一之三, CBETA 電子佛典集成 » 大正藏 (T) » 第12冊 » No.0374 » 第29卷, http://tripitaka.cbeta.org/T12n0374029
- T12n0374030, 大般涅槃經卷第三十, 北涼天竺三藏曇無讖譯, 師子吼菩薩品第十一之四, CBETA 電子佛典集成 » 大正藏 (T) » 第12冊 » No.0374 » 第30卷, https://tripitaka.cbeta.org/T12n0374030

- T12n0374036, 大般涅槃經卷第三十六, 北涼天竺三藏曇無讖譯, 迦葉菩薩品第十二之四, CBETA 電子佛典集成 » 大正藏 (T) » 第12冊 » No.0374 » 第36卷, http://tripitaka.cbeta.org/T12n0374036
- T12n0377001, 大般涅槃經後分卷上, 大唐南海波淩國沙門若那跋陀羅譯, 大般涅槃經遺教品第一, CBETA 電子佛典集成 » 大正藏 (T) » 第12冊 » No.0377 » 第1卷, http://tripitaka.cbeta.org/T12n0377001
- T12n0384002, 菩薩從兜術天降神母胎說廣普經 第2卷(=菩薩處胎經卷第二), 姚秦涼州沙門竺佛念譯, ◎菩薩處胎經三世等品第五, CBETA 電子佛典集成 » 大正藏 (T) » 第12冊 » No.0384 » 第2卷, http://tripitaka.cbeta.org/T12n0384002
- T13n0397055, 大方等大集經卷第五十五, 高齊天竺三藏那連提耶舍譯, 月藏分第十二分布閻浮提品第十七, CBETA 電子佛典集成 » 大正藏 (T) » 第13冊 » No.0397 » 第55卷, http://tripitaka.cbeta.org/T13n0397055
- T14n0475001, 維摩詰所說經(一名不可思議解脫上卷), 姚秦三藏鳩摩羅什譯, 佛國品第一, CBETA 電子佛典集成 » 大正藏 (T) » 第14冊 » No.0475 » 第1卷, http://tripitaka.cbeta.org/T14n0475001
- T14n0475001, 維摩詰所說經(一名不可思議解脫上卷), 姚秦三藏鳩摩羅什譯, 維摩詰所說經弟子品第三, CBETA 電子佛典集成 » 大正藏 (T) » 第14冊 » No.0475 » 第1卷, http://tripitaka.cbeta.org/T14n0475001
- T14n0475002, 維摩詰所說經卷中, 姚秦三藏鳩摩羅什譯, 維摩詰所說經入不二法門品第九, CBETA 電子佛典集成 » 大正藏 (T) » 第14冊 » No.0475 » 第2卷, http://tripitaka.cbeta.org/T14n0475002
- T14n0475002, 維摩詰所說經卷中, 姚秦三藏鳩摩羅什譯, 維摩詰所說經佛道品第八, CBETA 電子佛典集成 » 大正藏 (T) » 第14冊 » No.0475 » 第2卷, http://tripitaka.cbeta.org/T14n0475002
- T16n0658005, 寶雲經卷第五, 梁扶南三藏曼陀羅仙譯, CBETA 電子佛典集成 » 大正藏 (T) » 第16冊 » No.0658 » 第5卷, https://tripitaka.cbeta.org/T16n0658005
- T16n0668001, 佛說不增不減經, 元魏北印度三藏菩提流支譯, CBETA 電子佛典集成 » 大正藏 (T) » 第16冊 » No.0668 » 第1卷, http://tripitaka.cbeta.org/

- T16n0669001, 佛說無上依經卷上, 梁天竺三藏真諦譯, 無上依經菩提品第三 CBETA 電子佛典集成 » 大正藏 (T) » 第16冊 » No.0669 » 第1卷, https://tripitaka.cbeta.org/T16n0669001
- T16n0670003, 楞伽阿跋多羅寶經卷第三, 宋天竺三藏求那跋陀羅譯, 一切佛語心品之三, CBETA 電子佛典集成 » 大正藏 (T) » 第16冊 » No.0670 » 第3卷, http://tripitaka.cbeta.org/T16n0670003
- T16n0672004, 大乘入楞伽經卷第四, 大周于闐國三藏法師實叉難陀奉 勅譯, 無常品第三之一, CBETA 電子佛典集成 » 大正藏 (T) » 第16冊 » No.0672 » 第4卷, http://tripitaka.cbeta.org/T16n0672004
- T16n0672005, 大乘入楞伽經卷第五, 大周于闐國三藏法師實叉難陀奉 勅譯, 無常品第三之餘, 大乘入楞伽經剎那品第六CBETA 電子佛典集成 » 大正藏 (T) » 第16冊 » No.0672 » 第5卷, http://tripitaka.cbeta.org/T16n0672005
- T16n0673001, 大乘同性經卷上(亦名一切佛行入智毘盧遮那藏說經), 周宇文氏天竺三藏闍那耶舍譯, CBETA 電子佛典集成 » 大正藏 (T) » 第16冊 » No.0673 » 第1卷, http://tripitaka.cbeta.org/
- T17n0761001, 佛說法集經卷第一, 元魏天竺三藏菩提流支譯, CBETA 電子佛典集成 » 大正藏 (T) » 第17冊 » No.0761 » 第1卷, http://tripitaka.cbeta.org/T17n0761001
- T17n0768001, 三慧經, 失譯人名今附涼錄, CBETA 電子佛典集成 » 大正藏 (T) » 第17冊 » No.0768 » 第1卷, http://tripitaka.cbeta.org/T17n0768001
- T17n0784001, 四十二章經, 後漢西域沙門迦葉摩騰共法蘭譯, CBETA 電子佛典集成 » 大正藏 (T) » 第17冊 » No.0784 » 第1卷, https://tripitaka.cbeta.org/T17n0784001
- T17n0842001, ◎大方廣圓覺修多羅了義經, 大唐罽賓三藏佛陀多羅譯, CBETA 電子佛典集成 » 大正藏 (T) » 第17冊 » No.0842 » 第1卷, http://tripitaka.cbeta.org/T17n0842001
- T19n0945001, 大佛頂如來密因修證了義諸菩薩萬行首楞嚴經卷第一(一名中印度那蘭陀大道場經, 於灌頂部錄出別行), 大唐神龍元年龍集乙巳五月己卯朔二十三日辛丑中天竺沙門般剌蜜帝於廣州制止道場譯出, 菩薩戒弟子前正諫大夫同中書門下平章事清河房融筆授, 烏長國沙門彌伽釋迦譯語, CBETA 電子佛典集成 » 大

正藏 (T) » 第19冊 » No.0945 » 第1卷, http://tripitaka.cbeta.org/T19n0945001

- T19n0945002, 大佛頂如來密因修證了義諸菩薩萬行首楞嚴經卷第二(一名中印度那蘭陀大道場經, 於灌頂部錄出別行), 唐天竺沙門般刺蜜帝譯CBETA 電子佛典集成 » 大正藏 (T) » 第19冊 » No.0945 » 第2卷, https://tripitaka.cbeta.org/T19n0945002

- T19n0945002, 大佛頂如來密因修證了義諸菩薩萬行首楞嚴經卷第一(一名中印度那蘭陀大道場經, 於灌頂部錄出別行), 大唐神龍元年龍集乙巳五月己卯朔二十三日辛丑中天竺沙門般刺蜜帝於廣州制止道場譯出, 菩薩戒弟子前正諫大夫同中書門下平章事清河房融筆授, 烏長國沙門彌伽釋迦譯語, CBETA 電子佛典集成 » 大正藏 (T) » 第19冊 » No.0945 » 第2卷, https://tripitaka.cbeta.org/T19n0945002

- T19n0945002, 大佛頂如來密因修證了義諸菩薩萬行首楞嚴經卷第二(一名中印度那蘭陀大道場經, 於灌頂部錄出別行), 唐天竺沙門般刺蜜帝譯, CBETA 電子佛典集成 » 大正藏 (T) » 第19冊 » No.0945 » 第2卷, https://tripitaka.cbeta.org/T19n0945002

- T19n0994001, 仁王護國般若波羅蜜多經陀羅尼念誦儀軌(出金剛瑜伽經), 第四釋陀羅尼文字觀行法, 開府儀同三司特進試鴻臚卿肅國公食邑三千戶賜紫贈司空謚大鑒正號大廣智大興善寺三藏沙門不空奉 詔譯, http://tripitaka.cbeta.org/ko/T19n0994001

- T21n1339004, 大方等陀羅尼經護戒分卷第四, 北涼沙門法眾於高昌郡譯, CBETA 電子佛典集成 » 大正藏 (T) » 第21冊 » No.1339 » 第4卷, http://tripitaka.cbeta.org/T21n1339004

- T22n1421008, 五分律卷第八(彌沙塞), 宋罽賓三藏佛陀什共竺道生等譯, 初分墮法, CBETA 電子佛典集成 » 大正藏 (T) » 第22冊 » No.1421 » 第8卷, https://tripitaka.cbeta.org/T22n1421008

- T22n1425035, 摩訶僧祇律卷第三十五, 東晉天竺三藏佛陀跋陀羅共法顯譯, 明威儀法之二, CBETA 電子佛典集成 » 大正藏 (T) » 第22冊 » No.1425 » 第35卷, http://tripitaka.cbeta.org/T22n1425035

- T22n1428039, 四分律卷第三十九(三分之三), 姚秦罽賓三藏佛陀耶舍共竺佛念等譯, 衣揵度, CBETA 電子佛典集成 » 大正藏 (T) » 第22冊 » No.1428 » 第39卷, http://tripitaka.cbeta.org/T22n1428039

- T23n1435027, 十誦律卷第二十七(第四誦之七), 後秦北印度三藏弗若多羅譯, 七法中衣法第七之上, CBETA 電子佛典集成 » 大正藏 (T) » 第23冊 » No.1435 » 第27卷, http://tripitaka.cbeta.org/T23n1435027
- T24n1470001, 大比丘三千威儀卷上, 後漢安息國三藏安世高譯, CBETA 電子佛典集成 » 大正藏 (T) » 第24冊 » No.1470 » 第1卷, http://tripitaka.cbeta.org/T24n1470001
- T24n1485002, 菩薩瓔珞本業經卷下, 姚秦涼州沙門竺佛念譯菩薩瓔珞本業經集散品第八, CBETA 電子佛典集成 » 大正藏 (T) » 第24冊 » No.1485 » 第2卷, http://tripitaka.cbeta.org/T24n1485002
- T24n1488007, 優婆塞戒經卷第七, 北涼中印度三藏曇無讖譯, 業品第二十四之餘, CBETA 電子佛典集成 » 大正藏 (T) » 第24冊 » No.1488 » 第7卷, http://tripitaka.cbeta.org/T24n1488007
- T25n1509001 大智度論 第1卷, 龍樹菩薩造, 後秦龜茲國三藏法師鳩摩羅什奉 詔譯, 摩訶般若波羅蜜初品如是我聞一時釋論第二(卷第一), CBETA 電子佛典集成 » 大正藏 (T) » 第25冊 » No.1509 » 第1卷, http://tripitaka.cbeta.org/T25n1509001
- T25n1509001, 大智度論 第1卷, 大智度初序品中緣起義釋論第一(卷第一), 龍樹菩薩造, 後秦龜茲國三藏法師鳩摩羅什奉 詔譯, CBETA 電子佛典集成 » 大正藏 (T) » 第25冊 » No.1509 » 第1卷, http://tripitaka.cbeta.org/T25n1509001
- T25n1509004, 大智度初品中菩薩釋論第八(卷第四), 龍樹菩薩造, 後秦龜茲國三藏法師鳩摩羅什奉 詔譯, CBETA 電子佛典集成 » 大正藏 (T) » 第25冊 » No.1509 » 第4卷, http://tripitaka.cbeta.org/T25n1509004
- T25n1509009, 大智度初品中放光釋論之餘(卷第九), 龍樹菩薩造, 大智度初品中十方諸菩薩來釋論第十五, 後秦龜茲國三藏法師鳩摩羅什奉 詔譯, CBETA 電子佛典集成 » 大正藏 (T) » 第25冊 » No.1509 » 第9卷, http://tripitaka.cbeta.org/T25n1509009
- T25n1509011, 大智度論釋初品中檀波羅蜜義第十七, 龍樹菩薩造, 後秦龜茲國三藏鳩摩羅什奉 詔譯, CBETA 電子佛典集成 » 大正藏 (T) » 第25冊 » No.1509 » 第11卷, http://tripitaka.cbeta.org/T25n1509011
- T25n1509011, 大智度論釋初品中舍利弗因緣第十六(卷第十一), 龍樹菩薩造, 後秦龜茲國三藏鳩摩羅什奉 詔譯, 大智度論釋初品中檀相義第十九, CBETA 電子佛典集成 » 大正藏 (T) » 第25冊 » No.1509 » 第11卷, http://tripitaka.cbeta.org/T25n1509011

- T25n1509012, 大智度論釋初品中檀波羅蜜法施之餘(卷第十二), 龍樹菩薩造, 後秦龜茲國三藏鳩摩羅什奉 詔譯, CBETA 電子佛典集成 » 大正藏 (T) » 第25冊 » No.1509 » 第12卷, http://tripitaka.cbeta.org/T25n1509012
- T25n1509020, 大智度論釋初品中三三昧義第三十二(卷第二十), 龍樹菩薩造, 後秦龜茲國三藏鳩摩羅什奉 詔譯, CBETA 電子佛典集成 » 大正藏 (T) » 第25冊 » No.1509 » 第20卷, https://tripitaka.cbeta.org/T25n1509020
- T25n1509027, 大智度論釋初品大慈大悲義第四十二(卷二十七), 聖者龍樹造, 後秦龜茲國三藏鳩摩羅什譯, CBETA 電子佛典集成 » 大正藏 (T) » 第25冊 » No.1509 » 第27卷, http://tripitaka.cbeta.org/T25n1509027
- T25n1509036, 大智度論釋習相應品第三之餘(卷三十六), 聖者龍樹造, 後秦龜茲國三藏鳩摩羅什譯, CBETA 電子佛典集成 » 大正藏 (T) » 第25冊 » No.1509 » 第36卷, https://tripitaka.cbeta.org/T25n1509036
- T25n1509041, 大智度論釋三假品第七(卷第四十一), 龍樹菩薩造, 後秦龜茲國鳩摩羅什奉 詔譯, CBETA 電子佛典集成 » 大正藏 (T) » 第25冊 » No.1509 » 第41卷, http://tripitaka.cbeta.org/T25n1509041
- T25n1509046, 大智度論釋乘乘品第十六(卷第四十六), 龍樹菩薩造, 後秦龜茲國三藏鳩摩羅什譯, 大智度論釋無縛無脫品第十七CBETA 電子佛典集成 » 大正藏 (T) » 第25冊 » No.1509 » 第46卷, http://tripitaka.cbeta.org/T25n1509046
- T25n1509055, 大智度論 第55卷, 聖者龍樹造, 後秦龜茲國三藏鳩摩羅什譯, 大智度論釋散華品第二十九, CBETA 電子佛典集成 » 大正藏 (T) » 第25冊 » No.1509 » 第55卷, http://tripitaka.cbeta.org/T25n1509055
- T25n1509056, 大智度論釋顧視品第三十(卷五十六), 聖者龍樹造, 後秦龜茲國三藏鳩摩羅什譯, 智度論釋滅諍亂品第三十一, CBETA 電子佛典集成 » 大正藏 (T) » 第25冊 » No.1509 » 第56卷, http://tripitaka.cbeta.org/T25n1509056
- T25n1510b001, 金剛般若波羅蜜經論卷上(亦名金剛能斷般若), 無著菩薩造, http://tripitaka.cbeta.org/T25n1510b001
- T25n1510b001, 金剛般若波羅蜜經論卷上(亦名金剛能斷般若), 無著菩薩造, 隋南天竺三藏法師達摩笈多譯, CBETA 電子佛典集成 » 大正藏 (T) » 第25冊 » No.1510b » 第1卷, http://tripitaka.cbeta.org/T25n1510b001

- T25n1511001, 金剛般若波羅蜜經論卷上, 天親菩薩造, 元魏天竺三藏菩提流支譯, CBETA 電子佛典集成 » 大正藏 (T) » 第25冊 » No.1511 » 第1卷, http://tripitaka.cbeta.org/T25n1511001

- T25n1511003, 金剛般若波羅蜜經論卷下, 天親菩薩造, 元魏天竺三藏菩提流支譯CBETA 電子佛典集成 » 大正藏 (T) » 第25冊 » No.1511 » 第3卷, http://tripitaka.cbeta.org/T25n1511003

- T25n1512, 金剛仙論, 世親菩薩造 金剛仙論師釋 元魏 菩提流支譯, CBETA 電子佛典集成 » 大正藏 (T) » 第25冊 » No.1512, http://tripitaka.cbeta.org/T25n1512.

- T25n1512001 金剛仙論卷第一, 世親菩薩造, 金剛仙論師釋 元魏 菩提流支譯, CBETA 電子佛典集成 » 大正藏 (T) » 第25冊 » No.1512 » 第1卷, http://tripitaka.cbeta.org/T25n1512001

- T25n1512002, 金剛仙論卷第二, 世親菩薩造, 金剛仙論師釋 元魏 菩提流支譯, CBETA 電子佛典集成 » 大正藏 (T) » 第25冊 » No.1512 » 第2卷, http://tripitaka.cbeta.org/T25n1512002

- T25n1512009, 金剛仙論卷第九, 世親菩薩造 金剛仙論師釋 元魏 菩提流支譯, CBETA 電子佛典集成 » 大正藏 (T) » 第25冊 » No.1512 » 第9卷, http://tripitaka.cbeta.org/T25n1512009,

- T25n1512010, 金剛仙論卷第十, 世親菩薩造, 金剛仙論師釋 元魏 菩提流支譯, CBETA 電子佛典集成 » 大正藏 (T) » 第25冊 » No.1512 » 第10卷, http://tripitaka.cbeta.org/T25n1512010

- T25n1513003, 能斷金剛般若波羅蜜多經論釋卷下, 無著菩薩造頌 世親菩薩釋, 三藏法師義淨奉 詔譯, CBETA 電子佛典集成 » 大正藏 (T) » 第25冊 » No.1513 » 第3卷, http://tripitaka.cbeta.org/T25n1513003

- T25n1515001, 金剛般若波羅蜜經破取著不壞假名論卷上, 功德施菩薩造, 唐中天竺國沙門地婆訶羅等奉 詔譯, CBETA 電子佛典集成 » 大正藏 (T) » 第25冊 » No.1515 » 第1卷, http://tripitaka.cbeta.org/T25n1515001

- T26n1521015, 十住毘婆沙論卷第十五, 聖者龍樹造, 後秦龜茲國三藏鳩摩羅什譯 大乘品第三, CBETA 電子佛典集成 » 大正藏 (T) » 第26冊 » No.1521 » 第15卷,

https://tripitaka.cbeta.org/T26n1521015

- T26n1521016, 十住毘婆沙論卷第十六, 聖者龍樹造, 後秦龜茲國三藏鳩摩羅什譯解頭陀品第五, CBETA 電子佛典集成 » 大正藏 (T) » 第26冊 » No.1521 » 第16卷, https://tripitaka.cbeta.org/T26n1521016

- T26n1536004, 阿毘達磨集異門足論卷第四, 尊者舍利子說, 三藏法師玄奘奉 詔譯, 三法品第四之二, CBETA 電子佛典集成 » 大正藏 (T) » 第26冊 » No.1536 » 第4卷, http://tripitaka.cbeta.org/T26n1536004

- T26n1536017, 阿毘達磨集異門足論卷第十七, 尊者舍利子說, 三藏法師玄奘奉 詔譯, 七法品第八之二, CBETA 電子佛典集成 » 大正藏 (T) » 第26冊 » No.1536 » 第17卷, https://tripitaka.cbeta.org/T26n1536017

- T27n1545099, 阿毘達磨大毘婆沙論卷第九十九, 五百大阿羅漢等造, 三藏法師玄奘奉 詔譯, 智蘊第三中五種納息第二之三, CBETA 電子佛典集成 » 大正藏 (T) » 第27冊 » No.1545 » 第99卷, https://tripitaka.cbeta.org/

- T27n1545115, 阿毘達磨大毘婆沙論卷第一百一十五, 五百大阿羅漢等造, 三藏法師玄奘奉 詔譯, 業蘊第四中惡行納息第一之四, CBETA 電子佛典集成 » 大正藏 (T) » 第27冊 » No.1545 » 第115卷, http://tripitaka.cbeta.org/

- T28n1548011, 舍利弗阿毘曇論卷第十一, 姚秦罽賓三藏曇摩耶舍共曇摩崛多等譯, CBETA 電子佛典集成 » 大正藏 (T) » 第28冊 » No.1548 » 第11卷, http://tripitaka.cbeta.org/T28n1548011

- T29n1558004, 阿毘達磨俱舍論卷第四, 尊者世親造, 三藏法師玄奘奉 詔譯, CBETA 電子佛典集成 » 大正藏 (T) » 第29冊 » No.1558 » 第4卷, http://tripitaka.cbeta.org/T29n1558004

- T29n1558008, 阿毘達磨俱舍論卷第八, 尊者世親造, 三藏法師玄奘奉 詔譯, 分別世品第三之一, CBETA 電子佛典集成 » 大正藏 (T) » 第29冊 » No.1558 » 第8卷, http://tripitaka.cbeta.org/T29n1558008

- T30n1564003, 中論卷第三, 龍樹菩薩造梵志青目釋, 姚秦三藏鳩摩羅什譯,觀有無品第十五(十一偈)CBETA 電子佛典集成 » 大正藏 (T) » 第30冊 » No.1564 » 第3卷, http://tripitaka.cbeta.org/T30n1564003

- T30n1568001, 十二門論 第1卷, 觀因緣門第一, 龍樹菩薩造, 姚秦三藏鳩摩羅什譯, CBETA 電子佛典集成 » 大正藏 (T) » 第30冊 » No.1568 » 第1卷, http://

tripitaka.cbeta.org/T30n1568001
- T30n1569001, 百論卷上, 提婆菩薩造, 婆藪開士釋, 姚秦三藏鳩摩羅什譯, 捨罪福品第一, CBETA 電子佛典集成 » 大正藏 (T) » 第30冊 » No.1569 » 第1卷, http://tripitaka.cbeta.org/T30n1569001
- T30n1577001, 大丈夫論卷上, 提婆羅菩薩造, 北涼沙門道泰譯, 捨身命品第十二, CBETA 電子佛典集成 » 大正藏 (T) » 第30冊 » No.1577 » 第1卷, http://tripitaka.cbeta.org/T30n1577001
- T30n1579007, 瑜伽師地論卷第七, 彌勒菩薩說, 三藏法師玄奘奉 詔譯, 本地分中有尋有伺等三地之四, CBETA 電子佛典集成 » 大正藏 (T) » 第30冊 » No.1579 » 第7卷, http://tripitaka.cbeta.org/T30n1579007
- T30n1579025, 瑜伽師地論卷第二十五, 彌勒菩薩說, 三藏法師玄奘奉 詔譯, 本地分中聲聞地第十三初瑜伽處出離地第三之四, CBETA 電子佛典集成 » 大正藏 (T) » 第30冊 » No.1579 » 第25卷, https://tripitaka.cbeta.org/T30n1579025
- T30n1579074, 瑜伽師地論卷第七十四, 彌勒菩薩說, 三藏法師玄奘奉 詔譯, 攝決擇分中菩薩地之三, CBETA 電子佛典集成 » 大正藏 (T) » 第30冊 » No.1579 » 第74卷, http://tripitaka.cbeta.org/T30n1579074
- T31n1585002, 成唯識論卷第二, 護法等菩薩造, 三藏法師玄奘奉 詔譯, CBETA 電子佛典集成 » 大正藏 (T) » 第31冊 » No.1585 » 第2卷, http://tripitaka.cbeta.org/T31n1585002
- T31n1585006, 成唯識論卷第六, 護法等菩薩造, 三藏法師玄奘奉 詔譯, CBETA 電子佛典集成 » 大正藏 (T) » 第31冊 » No.1585 » 第6卷, https://tripitaka.cbeta.org/T31n1585006
- T31n1597005, 攝大乘論釋卷第五, 世親菩薩造, 三藏法師玄奘奉 詔譯, 所知相分第三之二, CBETA 電子佛典集成 » 大正藏 (T) » 第31冊 » No.1597 » 第5卷, http://tripitaka.cbeta.org/T31n1597005
- T31n1602007, 顯揚聖教論卷第七, 無著菩薩造, 三藏法師玄奘奉 詔譯, 攝淨義品第二之三, CBETA 電子佛典集成 » 大正藏 (T) » 第31冊 » No.1602 » 第7卷, http://tripitaka.cbeta.org/T31n1602007
- T31n1610001, 佛性論卷第一, 天親菩薩造, 陳天竺三藏真諦譯, 緣起分第一CBETA 電子佛典集成 » 大正藏 (T) » 第31冊 » No.1610 » 第1卷, http://tripitaka.cbeta.

- org/T31n1610001
- T31n1618001, 顯識論一卷(從無相論出), 真諦三藏譯, CBETA 電子佛典集成 » 大正藏 (T) » 第31冊 » No.1618 » 第1卷, http://tripitaka.cbeta.org/T31n1618001
- T32n1646002, 成實論卷第二, 訶梨跋摩造, 姚秦三藏鳩摩羅什譯, 一切有無品第二十三, CBETA 電子佛典集成 » 大正藏 (T) » 第32冊 » No.1646 » 第2卷, https://tripitaka.cbeta.org/T32n1646002
- T32n1665001, 金剛頂瑜伽中發阿耨多羅三藐三菩提心論(亦名瑜伽總持釋門說菩提心觀行修行義), 開府儀同三司特進試鴻臚卿肅國公食邑三千戶賜紫贈司空謚大鑑正號大廣智大興善寺三藏沙門不空奉 詔譯, CBETA 電子佛典集成 » 大正藏 (T) » 第32冊 » No.1665 » 第1卷, http://tripitaka.cbeta.org/T32n1665001
- T32n1666001, 大乘起信論一卷, 馬鳴菩薩造, 梁西印度三藏法師真諦譯, CBETA 電子佛典集成 » 大正藏 (T) » 第32冊 » No.1666 » 第1卷, http://tripitaka.cbeta.org/T32n1666001
- T33n1698001, 金剛般若經疏, 隋天台智者大師說, CBETA 電子佛典集成 » 大正藏 (T) » 第33冊 » No.1698 » 第1卷, http://tripitaka.cbeta.org/T33n1698001
- T33n1699001, 金剛般若疏卷第一, 胡吉藏法師撰, 金剛般若疏 第1卷, CBETA 電子佛典集成 » 大正藏 (T) » 第33冊 » No.1699 » 第1卷, http://tripitaka.cbeta.org/T33n1699001
- T33n1700001, 金剛般若經贊述卷上, 大乘 基撰, CBETA 電子佛典集成 » 大正藏 (T) » 第33冊 » No.1700 » 第1卷, http://tripitaka.cbeta.org/
- T33n1701002, 金剛般若經疏論纂要下, 京大興福寺沙門宗密述, 長水沙門子璿治定, CBETA 電子佛典集成 » 大正藏 (T) » 第33冊 » No.1701 » 第2卷, http://tripitaka.cbeta.org/T33n1701002
- T33n1702001, 金剛經纂要刊定記卷第一, 長水沙門子璿錄, CBETA 電子佛典集成 » 大正藏 (T) » 第33冊 » No.1702 » 第1卷, http://tripitaka.cbeta.org/T33n1702001
- T33n1702003, 金剛經纂要刊定記卷第三, 長水沙門子璿錄, CBETA 電子佛典集成 » 大正藏 (T) » 第33冊 » No.1702 » 第3卷, http://tripitaka.cbeta.org/T33n1702003
- T33n1703001, 金剛般若波羅蜜經註解, 姚秦三藏法師鳩摩羅什奉 詔譯, 大明天界善世禪寺住持(臣)僧(宗泐)演福講寺住持(臣)僧(如玘)奉 詔同註, CBETA 電子佛典集成 » 大正藏 (T) » 第33冊 » No.1703 » 第1卷, http://tripitaka.cbeta.org/T33n1703001

- T33n1710002，般若波羅蜜多心經幽贊卷下，大乘 基撰, CBETA 電子佛典集成 » 大正藏 (T) » 第33冊 » No.1710 » 第2卷, http://tripitaka.cbeta.org/T33n1710002
- T34n1718003, 妙法蓮華經文句卷第三下, 天台智者大師說, CBETA 電子佛典集成 » 大正藏 (T) » 第34冊 » No.1718 » 第3卷, http://tripitaka.cbeta.org/T34n1718003
- T34n1723002, 妙法蓮華經玄贊卷第二(本), 沙門基撰, CBETA 電子佛典集成 » 大正藏 (T) » 第34冊 » No.1723 » 第2卷, http://tripitaka.cbeta.org/T34n1723002
- T36n1736002, 大方廣佛華嚴經隨疏演義鈔卷第二, 唐清涼山大華嚴寺沙門澄觀述, CBETA 電子佛典集成 » 大正藏 (T) » 第36冊 » No.1736 » 第2卷, http://tripitaka.cbeta.org/T36n1736002
- T36n1736037, 大方廣佛華嚴經隨疏演義鈔卷第三十七, 唐清涼山大華嚴寺沙門澄觀述, CBETA 電子佛典集成 » 大正藏 (T) » 第36冊 » No.1736 » 第37卷, http://tripitaka.cbeta.org/T36n1736037
- T37n1744001, 勝鬘寶窟卷上(之本), 慧日道場沙門釋吉藏撰, CBETA 電子佛典集成 » 大正藏 (T) » 第37冊 » No.1744 » 第1卷, http://tripitaka.cbeta.org/
- T37n1753004, 觀經正宗分散善義卷第四, 唐沙門善導集記CBETA 電子佛典集成 » 大正藏 (T) » 第37冊 » No.1753 » 第4卷, http://tripitaka.cbeta.org/T37n1753004
- T38n177600, 維摩義記卷第四(本), 沙門慧遠撰, CBETA 電子佛典集成 » 大正藏 (T) » 第38冊 » No.1776 » 第4卷, http://tripitaka.cbeta.org/T38n1776004
- T40n1819001, 無量壽經優婆提舍願生偈婆藪槃頭菩薩造(并)註卷上, 沙門曇鸞註解, CBETA 電子佛典集成 » 大正藏 (T) » 第40冊 » No.1819 » 第1卷, http://tripitaka.cbeta.org/T40n1819001
- T40n1819002, 無量壽經優婆提舍願生偈婆藪槃頭菩薩造(并)註卷下, 沙門曇鸞註解, CBETA 電子佛典集成 » 大正藏 (T) » 第40冊 » No.1819 » 第2卷, http://tripitaka.cbeta.org/T40n1819002

- T44n1846002, 大乘起信論義記卷中本, 京兆府魏國西寺沙門法藏撰, CBETA 電子佛典集成 » 大正藏 (T) » 第44冊 » No.1846 » 第2卷, http://tripitaka.cbeta.org/
- T44n1851002, 大乘義章卷第二, 遠法師撰, 義法聚中此卷有七門(三解脫門義亦名三空義 三有為義 三無為義 四空義 四優檀那義 四悉檀義 四真實義), 三解脫門義八門分別(釋名一 辨性二 分別三 制定其名四 制立其數五 次第之義六 就地分別七 重空之義八), CBETA 電子佛典集成 » 大正藏 (T) » 第44冊 » No.1851 » 第2卷, https://tripitaka.cbeta.org/T44n1851002
- T45n1897001, 教誡新學比丘行護律儀, 終南山沙門道宣述, CBETA 電子佛典集成 » 大正藏 (T) » 第45冊 » No.1897 » 第1卷, http://tripitaka.cbeta.org/T45n1897001
- T46n1911001, 摩訶止觀卷第一(下), 隋天台智者大師說, 門人灌頂記, CBETA 電子佛典集成 » 大正藏 (T) » 第46冊 » No.1911 » 第1卷, http://tripitaka.cbeta.org/T46n1911001
- T46n1911004, 摩訶止觀卷第四(上), 隋天台智者大師說, 門人灌頂記, CBETA 電子佛典集成 » 大正藏 (T) » 第46冊 » No.1911 » 第4卷, http://tripitaka.cbeta.org/T46n1911004
- T46n1911005, 摩訶止觀卷第五(上), 隋天台智者大師說, 門人灌頂記, CBETA 電子佛典集成 » 大正藏 (T) » 第46冊 » No.1911 » 第5卷, http://tripitaka.cbeta.org/T46n1911005
- T46n1912003, 止觀輔行傳弘決卷第三之一, 唐毗陵沙門湛然述, CBETA 電子佛典集成 » 大正藏 (T) » 第46冊 » No.1912 » 第3卷, http://tripitaka.cbeta.org/T46n1912003
- T46n1912006, 止觀輔行傳弘決卷第六之二, 唐毘陵沙門湛然述, CBETA 電子佛典集成 » 大正藏 (T) » 第46冊 » No.1912 » 第6卷, http://tripitaka.cbeta.org/T46n1912006
- T46n1925003, 法界次第初門卷下之上, 陳隋國師智者大師撰, 六波羅蜜初門第四十二, CBETA 電子佛典集成 » 大正藏 (T) » 第46冊 » No.1925 » 第3卷, http://tripitaka.cbeta.org/T46n1925003
- T47n1961001, 淨土十疑論, 第三疑, 隋天台智者大師說, http://tripitaka.cbeta.org/mobile/index.php?

- T47n1985001, 鎮州臨濟慧照禪師語錄, 住三聖嗣法小師慧然集, CBETA 電子佛典集成 » 大正藏 (T) » 第47冊 » No.1985 » 第1卷, http://tripitaka.cbeta.org/T47n1985001
- T47n1985001, 鎮州臨濟慧照禪師語錄, 住三聖嗣法小師慧然集, 行錄, CBETA 電子佛典集成 » 大正藏 (T) » 第47冊 » No.1985 » 第1卷, http://tripitaka.cbeta.org/T47n1985001
- T47n1988002, 雲門匡真禪師廣錄卷中, 門人明識大師賜紫守堅集CBETA 電子佛典集成 » 大正藏 (T) » 第47冊 » No.1988 » 第2卷, http://tripitaka.cbeta.org/T47n1988002
- T47n1988003, 雲門匡真禪師廣錄卷下, 門人明識大師賜紫守堅集, 勘辨, CBETA 電子佛典集成 » 大正藏 (T) » 第47冊 » No.1988 » 第3卷, http://tripitaka.cbeta.org/T47n1988003
- T47n1997006, 圓悟佛果禪師語錄卷第六, 宋平江府虎丘山門人紹隆等編, 上堂六CBETA 電子佛典集成 » 大正藏 (T) » 第47冊 » No.1997 » 第6卷, http://tripitaka.cbeta.org/
- T47n1997008, 圓悟佛果禪師語錄卷第八, 宋平江府虎丘山門人紹隆等編, 小參一, CBETA 電子佛典集成 » 大正藏 (T) » 第47冊 » No.1997 » 第8卷, http://tripitaka.cbeta.org/T47n1997008
- T47n1998A008, 大慧普覺禪師住福州洋嶼菴語錄卷第八, 徑山能仁禪院住持嗣法慧日禪師臣蘊聞 上進, CBETA 電子佛典集成 » 大正藏 (T) » 第47冊 » No.1998A » 第8卷, http://tripitaka.cbeta.org/T47n1998A008
- T47n2000002, 虛堂和尚語錄 (10卷), 【宋 妙源編】, 虛堂和尚語錄卷之二, 婺州雲黃山寶林禪寺語錄, 侍者惟俊法雲編, 大正新脩大藏經, 第47冊, No.2000 http://tripitaka.cbeta.org/mobile/index.php?index=
- T48n2002B001, 天童山景德寺如淨禪師續語錄, 住瑞巖嗣法小師義遠編, CBETA 電子佛典集成 » 大正藏 (T) » 第48冊 » No.2002B » 第1卷, http://tripitaka.cbeta.org/
- T48n2003001, 佛果圜悟禪師碧巖錄卷第一, 師住澧州夾山靈泉禪院評唱雪竇顯和尚頌古語要, CBETA 電子佛典集成 » 大正藏 (T) » 第48冊 » No.2003 » 第1卷, http://tripitaka.cbeta.org/T48n2003001

- T48n2003004, 佛果圜悟禪師碧巖錄卷第四, CBETA 電子佛典集成 » 大正藏 (T) » 第48冊 » No.2003 » 第4卷, http://tripitaka.cbeta.org/T48n2003004
- T48n2003005, 佛果圜悟禪師碧巖錄卷第五, CBETA 電子佛典集成 » 大正藏 (T) » 第48冊 » No.2003 » 第5卷, http://tripitaka.cbeta.org/T48n2003005
- T48n2003006, 佛果圜悟禪師碧巖錄卷第六, CBETA 電子佛典集成 » 大正藏 (T) » 第48冊 » No.2003 » 第6卷, http://tripitaka.cbeta.org/T48n2003006
- T48n2003008, 佛果圜悟禪師碧巖錄卷第八, CBETA 電子佛典集成 » 大正藏 (T) » 第48冊 » No.2003 » 第8卷, http://tripitaka.cbeta.org/T48n2003008
- T48n2003009, 佛果圜悟禪師碧巖錄卷第九, CBETA 電子佛典集成 » 大正藏 (T) » 第48冊 » No.2003 » 第9卷, http://tripitaka.cbeta.org/T48n2003009
- T48n2003010, 佛果圜悟禪師碧巖錄卷第十, CBETA 電子佛典集成 » 大正藏 (T) » 第48冊 » No.2003 » 第10卷, http://tripitaka.cbeta.org/T48n2003010.
- T48n2004006, 萬松老人評唱天童覺和尚頌古從容庵錄六, 侍者離知錄, 第八十六則 臨濟大悟, CBETA 電子佛典集成 » 大正藏 (T) » 第48冊 » No.2004 » 第6卷, http://tripitaka.cbeta.org/ko/T48n2004006
- T48n2005001, 禪宗無門關, 參學比丘彌衍宗紹編, 不思善惡, CBETA 電子佛典集成 » 大正藏 (T) » 第48冊 » No.2005 » 第1卷, http://tripitaka.cbeta.org/T48n2005001
- T48n2006001, 人天眼目卷之一, 宋 智昭集, 三玄三要, CBETA 電子佛典集成 » 大正藏 (T) » 第48冊 » No.2006 » 第1卷, http://tripitaka.cbeta.org/
- T48n2006002, 人天眼目卷之二一字關, CBETA 電子佛典集成 » 大正藏 (T) » 第48冊 » No.2006 » 第2卷, http://tripitaka.cbeta.org/T48n2006002
- T48n2008001, 六祖大師法寶壇經, 風旛報恩光孝禪寺住持嗣祖比丘宗寶編, CBETA 電子佛典集成 » 大正藏 (T) » 第48冊 » No.2008 » 第1卷, https://tripitaka.cbeta.org/T48n2008001
- T48n2010001, 信心銘, 隋 僧璨作, CBETA 電子佛典集成 » 大正藏 (T) » 第48冊 » No.2010 » 第1卷, http://tripitaka.cbeta.org/T48n2010001
- T48n2012B001 黃檗斷際禪師宛陵錄, CBETA 電子佛典集成 » 大正藏 (T) » 第48冊 » No.2012B » 第1卷, 黃檗斷際禪師宛陵錄, https://tripitaka.cbeta.org/T48n2012B001

- T48n2014001, 永嘉證道歌, 唐慎水沙門玄覺撰, CBETA 電子佛典集成 » 大正藏 (T) » 第48冊 » No.2014 » 第1卷, http://tripitaka.cbeta.org/
- T48n2016007, 宗鏡錄卷第七, 慧日永明寺主智覺禪師延壽集, CBETA 電子佛典集成 » 大正藏 (T) » 第48冊 » No.2016 » 第7卷, http://tripitaka.cbeta.org/T48n2016007
- T48n2016008, 宗鏡錄卷第八, 慧日永明寺主智覺禪師延壽集, CBETA 電子佛典集成 » 大正藏 (T) » 第48冊 » No.2016 » 第8卷, https://tripitaka.cbeta.org/T48n2016008
- T48n2016016, 宗鏡錄卷第十六, 慧日永明寺主智覺禪師延壽集, CBETA 電子佛典集成 » 大正藏 (T) » 第48冊 » No.2016 » 第16卷, http://tripitaka.cbeta.org/
- T48n2016031, 宗鏡錄卷第三十一, 慧日永明寺主智覺禪師延壽集, CBETA 電子佛典集成 » 大正藏 (T) » 第48冊 » No.2016 » 第31卷, https://tripitaka.cbeta.org/T48n2016031
- T48n2016033, 宗鏡錄卷第三十三, 慧日永明寺主智覺禪師延壽集, CBETA 電子佛典集成 » 大正藏 (T) » 第48冊 » No.2016 » 第33卷, http://tripitaka.cbeta.org/T48n2016033
- T48n2016037, 宗鏡錄卷第三十七, 慧日永明寺主智覺禪師延壽集, CBETA 電子佛典集成 » 大正藏 (T) » 第48冊 » No.2016 » 第37卷, https://tripitaka.cbeta.org/T48n2016037
- T48n2016058, 宗鏡錄卷第五十八, 慧日永明寺主智覺禪師延壽集, CBETA 電子佛典集成 » 大正藏 (T) » 第48冊 » No.2016 » 第58卷, https://tripitaka.cbeta.org/T48n2016058
- T48n2017003, 萬善同歸集卷下, 杭州慧日永明寺智覺禪師延壽述CBETA 電子佛典集成 » 大正藏 (T) » 第48冊 » No.2017 » 第3卷, http://tripitaka.cbeta.org/T48n2017003
- T48n2020001, 高麗國普照禪師修心訣 第1卷, CBETA 電子佛典集成 » 大正藏 (T) » 第48冊 » No.2020 » 第1卷, http://tripitaka.cbeta.org/
- T48n2022002, 禪林寶訓(4卷), 【宋 淨善重集】, 禪林寶訓卷第二, 東吳沙門淨善重集, 大正新脩大藏經 第48冊, No.2022, https://tripitaka.cbeta.org/mobile/index.

- T48n2025006, 勅修百丈清規卷第六, 大智壽聖禪寺住持臣僧德煇奉 勅重編, 大龍翔集慶寺住持臣僧大訴奉 勅校正, (大眾章七), CBETA 電子佛典集成 » 大正藏 (T) » 第48冊 » No.2025 » 第6卷, http://tripitaka.cbeta.org/
- T50n2053007, 大唐大慈恩寺三藏法師傳卷第七, 沙門慧立本 釋彥悰箋, 起二十二年六月 天皇製《述聖記》終永徽五年春二月法師答書, CBETA 電子佛典集成 » 大正藏 (T) » 第50冊 » No.2053 » 第7卷, http://tripitaka.cbeta.org/T50n2053007
- T51n2076003, 景德傳燈錄卷第三, 中華五祖并旁出尊宿共二十五人, CBETA 電子佛典集成 » 大正藏 (T) » 第51冊 » No.2076 » 第3卷, http://tripitaka.cbeta.org/
- T51n2076005, 景德傳燈錄卷第五, 第三十三祖慧能大師, 第三十三祖慧能大師法嗣四十三人, [0240c07] 南嶽懷讓禪師, CBETA 電子佛典集成 » 大正藏 (T) » 第51冊 » No.2076 » 第5卷, http://tripitaka.cbeta.org/
- T51n2076006, 景德傳燈錄卷第六, 懷讓禪師第二世馬祖法嗣, [0246c08] 越州大珠慧海禪師, CBETA 電子佛典集成 » 大正藏 (T) » 第51冊 » No.2076 » 第6卷, http://tripitaka.cbeta.org/T51n2076006
- T51n2076009, 景德傳燈錄卷第九, 懷讓禪師第三世上五十六人, 前百丈懷海禪師法嗣, CBETA 電子佛典集成 » 大正藏 (T) » 第51冊 » No.2076 » 第9卷, http://tripitaka.cbeta.org/T51n2076009
- T51n2076013, 景德傳燈錄卷第十三, 懷讓禪師第七世, 前汝州首山省念禪師法嗣, CBETA 電子佛典集成 » 大正藏 (T) » 第51冊 » No.2076 » 第13卷, http://tripitaka.cbeta.org/T51n2076013
- T51n2076015, 景德傳燈錄卷第十五, 行思禪師第四世, 前京兆翠微無學禪師法嗣, CBETA 電子佛典集成 » 大正藏 (T) » 第51冊 » No.2076 » 第15卷, http://tripitaka.cbeta.org/T51n2076015
- T51n2076016, 景德傳燈錄卷第十六, 吉州青原山行思禪師第五世中七十二人 行思禪師第五世中, 前朗州德山宣鑒禪師法嗣, 福州雪峯義存禪師, CBETA 電子佛典集成 » 大正藏 (T) » 第51冊 » No.2076 » 第16卷, http://tripitaka.cbeta.org/T51n2076016
- T51n2076016, 景德傳燈錄卷第十六, 吉州青原山行思禪師第五世中七十二人, 朗州德山宣鑒禪師法嗣九人, 福州雪峯義存禪師, CBETA 電子佛典集成 » 大正藏 (T) » 第51冊 » No.2076 » 第16卷, http://tripitaka.cbeta.org/

- T51n2076016, 景德傳燈錄卷第十六, 吉州青原山行思禪師第五世中七十二人, 前澧州夾山善會禪師法嗣, CBETA 電子佛典集成 » 大正藏 (T) » 第51冊 » No.2076 » 第16卷, http://tripitaka.cbeta.org/T51n2076016
- T51n2076018, 景德傳燈錄卷第十八, 吉州青原山行思禪師第六世之二一十四人, CBETA 電子佛典集成 » 大正藏 (T) » 第51冊 » No.2076 » 第18卷, http://tripitaka.cbeta.org/T51n2076018
- T51n2076020, 景德傳燈錄卷第二十, 吉州青原山行思禪師第六世之四一百六人, 青原山行思禪師第六世, 前洪州雲居山道膺禪師法嗣, CBETA 電子佛典集成»大正藏 (T)»第51冊»No.2076» 第20卷, http://tripitaka.cbeta.org/
- T51n2076028, 景德傳燈錄卷第二十八, 諸方廣語一十二人見錄, 趙州從諗和尚語, CBETA 電子佛典集成 » 大正藏 (T) » 第51冊 » No.2076 » 第28卷, http://tripitaka.cbeta.org/T51n2076028
- T51n2076030, 景德傳燈錄卷第三十, 丹霞和尚翫珠吟二首, CBETA 電子佛典集成 » 大正藏 (T) » 第51冊 » No.2076 » 第30卷, http://tripitaka.cbeta.org/
- T51n2077011, 續傳燈錄卷第十一, 大鑑下第十二世, 雲居舜禪師法嗣, CBETA 電子佛典集成 » 大正藏 (T) » 第51冊 » No.2077 » 第11卷, http://tripitaka.cbeta.org/
- T51n2078001, 傳法正宗記卷第一, 宋藤州東山沙門釋契嵩編修, 始祖釋迦如來表, CBETA 電子佛典集成 » 大正藏 (T) » 第51冊 » No.2078 » 第1卷, http://tripitaka.cbeta.org/T51n2078001
- T51n2087001, 大唐西域記卷第一(三十四國), 三藏法師玄奘奉 詔譯, 大總持寺沙門辯機撰, CBETA 電子佛典集成 » 大正藏 (T) » 第51冊 » No.2087 » 第1卷, http://tripitaka.cbeta.org/T51n2087001
- T53n2122022, 法苑珠林卷第二十二, 西明寺沙門釋道世撰, 入道篇第十三(此有四部), 剃髮部第三, CBETA 電子佛典集成 » 大正藏 (T) » 第53冊 » No.2122 » 第22卷, http://tripitaka.cbeta.org/T53n2122022
- T53n2122082, 法苑珠林卷第八十二, 西明寺沙門釋道世撰, 六度篇第八十五之三, 忍辱部第三(此別四部), 引證部第四, CBETA 電子佛典集成 » 大正藏 (T) » 第53冊 » No.2122 » 第82卷, http://tripitaka.cbeta.org/T53n2122082
- T85n2837001, 楞伽師資記一卷, 東都沙門釋淨覺居太行山靈泉谷集, CBETA 電子

佛典集成 » 大正藏 (T) » 第85冊 » No.2837 » 第1卷, http://tripitaka.cbeta.org/T85n2837001

- W06n0053001 銷釋金剛經科儀 第1卷, 整理者 侯沖, 隆興府百福院宗鏡禪師述, CBETA 電子佛典集成 » 藏外 (W) » 第6冊 » No.0053 » 第1卷, http://tripitaka.cbeta.org

- W09n0073h001 梁朝傳大士夾頌金剛經 第1卷, CBETA 電子佛典集成 » 藏外 (W) » 第9冊 » No.0073h » 第1卷, http://tripitaka.cbeta.org/

- X01n0027001, 大梵天王問佛決疑經 第1卷, 拈華品第二, CBETA 電子佛典集成 » 卍續藏 (X) » 第1冊 » No.0027 » 第1卷, http://tripitaka.cbeta.org/

- X13n0282002, 楞嚴經玄義(4卷), 【明 傳燈述】, 大佛頂首楞嚴經玄義卷第二, 天台山幽溪沙門 傳燈 述, 卍新纂大日本續藏經 第13冊, No.282, http://tripitaka.cbeta.org/mobile/index.php?index

- X22n0424003, 佛說阿彌陀經疏鈔卷第三, 明古杭雲棲寺沙門 袾宏 述, CBETA 電子佛典集成 » 卍續藏 (X) » 第22冊 » No.0424 » 第3卷, http://tripitaka.cbeta.org/X22n0424003

- X24n0454001, 金剛般若波羅蜜經注, 姚秦三藏法師鳩摩羅什譯, 姚秦 釋僧肇 注, http://tripitaka.cbeta.org/X24n0454001

- X24n0456002, 金剛般若波羅蜜經注卷中, 唐 慧淨註, CBETA 電子佛典集成 » 卍續藏 (X) » 第24冊 » No.0456 » 第2卷, http://tripitaka.cbeta.org/

- X24n0459001~002, 金剛般若波羅蜜經卷上, 東晉武帝時後秦沙門鳩摩羅什奉詔 譯, 梁昭明太子嘉其分目, 唐六祖 大鑒真空普覺禪師 解義, CBETA 電子佛典集成 » 卍續藏 (X) » 第24冊 » No.0459 » 第1卷, http://tripitaka.cbeta.org/X24n0459001~002

- X24n0461001~003, 金剛般若波羅蜜經註卷上~下, 宋 道川頌並著語, ○ 應化非真分第三十二, CBETA 電子佛典集成 » 卍續藏 (X) » 第24冊 » No.0461 » 第3卷, http://tripitaka.cbeta.org/X24n0461

- X24n0464002, 金剛般若波羅蜜經采微卷下, 錢唐釋 曇應 述, CBETA 電子佛典集成 » 卍續藏 (X) » 第24冊 » No.0464 » 第2卷, http://tripitaka.cbeta.org/X24n0464002

- X24n0467002, 銷釋金剛科儀會要註解卷第二, 姚泰三藏法師 鳩摩羅什 譯, 隆興府

百福院 宗鏡禪師 述, 曹洞正宗嗣祖沙門 覺連 重集, CBETA 電子佛典集成 » 卍續藏 (X) » 第24冊 » No.0467 » 第2卷, http://tripitaka.cbeta.org/X24n0467002
- X24n0467007, 銷釋金剛科儀會要註解卷第七, 姚秦三藏法師 鳩摩羅什 譯, 隆興府 百福院 宗鏡禪師 述, 曹洞正宗嗣祖沙門 覺連 重集, 化無所化分第二十五, CBETA 電子佛典集成 » 卍續藏 (X) » 第24冊 » No.0467 » 第7卷, http://tripitaka.cbeta.org/X24n0467007
- X24n0468001~4 金剛經註解, 明 洪蓮編, CBETA 電子佛典集成 » 卍續藏 (X) » 第24冊 » No.0468, http://tripitaka.cbeta.org/X24n0468001~004
- X24n0469001~002, 金剛般若波羅蜜經補註卷上~下, 三山鶴軒居士 韓巖 集解, 海陽夢華居士 程衷懋 補註, CBETA 電子佛典集成 » 卍續藏 (X) » 第24冊 » No.0469 » 第1卷, http://tripitaka.cbeta.org/X24n0469001~002
- X25n0471, 金剛經宗通, 明 曾鳳儀宗通, 共7卷, CBETA 電子佛典集成 » 卍續藏 (X) » 第25冊 » No.0471, http://tripitaka.cbeta.org/X25n0471
- X25n0472001 金剛經偈釋 第1卷, 金剛般若波羅蜜經偈釋上(宗通卷八), 明菩薩戒弟子南嶽山長曾鳳儀釋, CBETA 電子佛典集成 » 卍續藏 (X) » 第25冊 » No.0472 » 第1卷, http://tripitaka.cbeta.org/X25n0472001
- X25n0492001, 金剛般若經疏論纂要刊定記會編卷第一, 秦三藏法師鳩摩羅什譯經, 唐 圭山大師宗密 述疏, 宋 長水沙門子璿 錄記, 清 荊谿後學沙門行策 會編, CBETA 電子佛典集成 » 卍續藏 (X) » 第25冊 » No.0492 » 第1卷, http://tripitaka.cbeta.org/X25n0492001
- X25n0502001, 金剛般若波羅蜜經註講卷上, 清 行敏述, CBETA 電子佛典集成 » 卍續藏 (X) » 第25冊 » No.0502 » 第1卷, http://tripitaka.cbeta.org/
- X25n0510001, 金剛般若波羅密經易解卷上, 姚秦三藏法師鳩摩羅什 譯, 毗陵謝承謨貫三氏 註釋, 真州劉紹南圓覺氏 刊上, 蔣春同蘭言氏 刊上, 錢松齡覺之氏 校訂, CBETA 電子佛典集成 » 卍續藏 (X) » 第25冊 » No.0510 » 第1卷, http://tripitaka.cbeta.org/X25n0510001
- X31n0606001, 法華經科註 第1卷, No. 606-B, 依天台科釋註法華經序, 四明海慧教院住持傳教沙門平礀必昇述, CBETA 電子佛典集成 » 卍續藏 (X) » 第31冊 » No.0606 » 第1卷, http://tripitaka.cbeta.org/X31n0606001
- X37n0670001, 佛說四十二章經解, 明 古吳蕅益釋 智旭 著, CBETA 電子佛典集成

- 》卍續藏 (X) 》第37冊 》No.0670 》第1卷, http://tripitaka.cbeta.org/
- T50n2061019, 宋高僧傳卷第十九, 宋左街天壽寺通慧大師賜紫沙門贊寧等奉 勅撰, 感通篇第六之二(正傳二十一人附見八人), 唐天台山封干師傳(木㭴師寒山子拾得), CBETA 電子佛典集成 》大正藏 (T) 》第50冊 》No.2061 》第19卷, http://tripitaka.cbeta.org/T50n2061019
- X63n1223001, 頓悟入道要門論卷上(合下參問語錄), 唐沙門 慧海 撰, CBETA 電子佛典集成 》卍續藏 (X) 》第63冊 》No.1223 》第1卷, http://tripitaka.cbeta.org/
- X63n1223001, 頓悟入道要門論卷上(合下參問語錄), 唐沙門 慧海 撰, CBETA 電子佛典集成 》卍續藏 (X) 》第63冊 》No.1223 》第1卷, http://tripitaka.cbeta.org/X63n1223001
- X63n1255001, 禪家龜鑑 第1卷, 曹谿 退隱 述, CBETA 電子佛典集成 》卍續藏 (X) 》第63冊 》No.1255 》第1卷, http://tripitaka.cbeta.org/
- X65n1282001, 三山來禪師五家宗旨纂要卷上, 普陀嗣法門人 性統 編, CBETA 電子佛典集成 》卍續藏 (X) 》第65冊 》No.1282 》第1卷, http://tripitaka.cbeta.org/
- X65n1282001, 三山來禪師五家宗旨纂要卷上, 普陀嗣法門人 性統 編, 臨濟宗, CBETA 電子佛典集成 》卍續藏 (X) 》第65冊 》No.1282 》第1卷, http://tripitaka.cbeta.org/X65n1282001
- X65n1295002, 禪宗頌古聯珠通集卷第二, 宋池州報恩光孝禪寺沙門法應 集元紹興天衣萬壽禪寺沙門普會續集, 世尊機緣, CBETA 電子佛典集成 》卍續藏 (X) 》第65冊 》No.1295 》第2卷, http://tripitaka.cbeta.org/
- X65n1295005, 禪宗頌古聯珠通集卷第五, 宋池州報恩光孝禪寺沙門法應 集元紹興天衣萬壽禪寺沙門普會續集, 大乘經偈之餘, CBETA 電子佛典集成 》卍續藏 (X) 》第65冊 》No.1295 》第5卷, http://tripitaka.cbeta.org/ko/
- X65n1295018, 禪宗頌古聯珠通集卷第十八, 宋池州報恩光孝禪寺沙門法應 集元紹興天衣萬壽禪寺沙門普會續集, 祖師機緣, 六祖下第四世之五(南嶽下後第三世之一), CBETA 電子佛典集成 》卍續藏 (X) 》第65冊 》No.1295 》第18卷, http://tripitaka.cbeta.org/X65n1295018
- X66n1296007, 宗門拈古彙集卷第七, 古杭白巖嗣祖沙門 淨符 彙集, CBETA 電子

佛典集成 » 卍續藏 (X) » 第66冊 » No.1296 » 第7卷, http://tripitaka.cbeta.org/X66n1296007

- X67n1304003, 林泉老人評唱丹霞淳禪師頌古虛堂集卷三, 後學性一閱, 生生道人梓, 第三十五則 天盖浴室(沐浴), CBETA 電子佛典集成 » 卍續藏 (X) » 第67冊 » No.1304 » 第3卷, http://tripitaka.cbeta.org/X67n1304003.

- X68n1315003, 古尊宿語錄卷第三, 黃檗斷際禪師宛陵錄, CBETA 電子佛典集成 » 卍續藏 (X) » 第68冊 » No.1315 » 第3卷, http://tripitaka.cbeta.org/

- X68n1315013, 古尊宿語錄卷第十三, 趙州真際禪師語錄并行狀卷上(南嶽下四世嗣南泉願), CBETA 電子佛典集成 » 卍續藏 (X) » 第68冊 » No.1315 » 第13卷, http://tripitaka.cbeta.org/X68n1315013

- X69n1321001 馬祖道一禪師廣錄(四家語錄卷一) 第1卷, 江西馬祖道一禪師語錄, CBETA 電子佛典集成 » 卍續藏 (X) » 第69冊 » No.1321 » 第1卷, http://tripitaka.cbeta.org/X69n1321001

- X69n1336001, 龐居士語錄卷上, 節度使 于頔 編集, 優婆塞 世燈 重梓, CBETA 電子佛典集成 » 卍續藏 (X) » 第69冊 » No.1336 » 第1卷, http://tripitaka.cbeta.org/X69n1336001

- X69n1343001 寶覺祖心禪師語錄(黃龍四家錄第二) 第1卷, 黃龍晦堂心和尚語錄, 侍者 子和 錄, 門人 仲介 重編, CBETA 電子佛典集成 » 卍續藏 (X) » 第69冊 » No.1343 » 第1卷, http://tripitaka.cbeta.org/X69n1343001

- X69n1353002, 潭州開福禪寺第十九代寧和尚語錄卷下, 住大溈山嗣法小師 善果 集, CBETA 電子佛典集成 » 卍續藏 (X) » 第69冊 » No.1353 » 第2卷, http://tripitaka.cbeta.org/ko/X69n1353002

- X71n1420015, (楚石梵琦禪師語錄 第15卷)佛日普照慧辯楚石禪師語錄卷第十五, 偈頌一, 侍者 文斌等 編, CBETA 電子佛典集成 » 卍續藏 (X) » 第71冊 » No.1420 » 第15卷, http://tripitaka.cbeta.org/X71n1420015

- X71n1426002, 真歇清了禪師語錄 第2卷, 真歇和尚拈古, 舉信心銘, CBETA 電子佛典集成 » 卍續藏 (X) » 第71冊 » No.1426 » 第2卷, http://tripitaka.cbeta.org/X71n1426002

- X79n1557006, 聯燈會要卷第六, 住泉州崇福禪寺嗣祖比丘 悟明 集, 南嶽下第三世, 江西馬祖道一禪師法嗣, 襄州龐蘊居士(凡十五)CBETA 電子佛典集成 » 卍續藏

(X)》第79冊》No.1557》第6卷, http://tripitaka.cbeta.org/

- X79n1557007, 聯燈會要卷第七, 住泉州崇福禪寺嗣祖比丘 悟明 集, 南嶽下第四世, 洪州百丈山懷海禪師法嗣福州古靈神讚禪師(凡一), CBETA 電子佛典集成》卍續藏 (X)》第79冊》No.1557》第7卷, http://tripitaka.cbeta.org/

- X79n1557019, 聯燈會要卷第十九, 住泉州崇福禪寺嗣祖比丘 悟明 集, 韶州六祖慧能禪師法嗣, 青原下第三世, 南嶽石頭希遷禪師法嗣, 鄧州丹霞天然禪師(凡十), CBETA 電子佛典集成》卍續藏 (X)》第79冊》No.1557》第19卷, http://tripitaka.cbeta.org/X79n1557019

- X79n1559016, 嘉泰普燈錄卷第十六, 平江府報恩光孝禪寺(臣)僧 (正受) 編, 南嶽第十五世(臨濟十一世楊岐四世), 太平佛鑑慧懃禪師法嗣, 隆興府黃龍牧庵法忠禪師, CBETA 電子佛典集成》卍續藏 (X)》第79冊》No.1559》第16卷, http://tripitaka.cbeta.org/X79n1559016

- X79n1559023, 嘉泰普燈錄卷第二十三, 平江府報恩光孝禪寺(臣)僧 (正受) 編, 賢臣下, 內翰蘇軾居士, CBETA 電子佛典集成》卍續藏 (X)》第79冊》No.1559》第23卷, http://tripitaka.cbeta.org/X79n1559023

- X79n1559029, 卍新纂大日本續藏經, 第79冊, No.1559, 嘉泰普燈錄卷第二十九, 平江府報恩光孝禪寺(臣)僧 (正受) 編, 偈頌, ○ 法昌遇禪師九首, 三句, http://tripitaka.cbeta.org/mobile/index.php?index=

- X79n1559030, 嘉泰普燈錄卷第三十, 平江府報恩光孝禪寺(臣)僧 (正受) 編, 雜著, ○冶父川禪師, 參玄歌, CBETA 電子佛典集成》卍續藏 (X)》第79冊》No.1559》第30卷, http://tripitaka.cbeta.org/X79n1559030

- X79n1559030, 嘉泰普燈錄卷第三十, 平江府報恩光孝禪寺(臣)僧 (正受) 編, 雜著, 冶父川禪師, 參玄歌, CBETA 電子佛典集成》卍續藏 (X)》第79冊》No.1559》第30卷, http://tripitaka.cbeta.org/X79n1559030

- X80n1565003, 五燈會元卷第三, 六祖大鑒禪師法嗣, 南嶽懷讓禪師者, CBETA 電子佛典集成》卍續藏 (X)》第80冊》No.1565》第3卷, http://tripitaka.cbeta.org/X80n1565003

- X80n1565004, 五燈會元卷第四, 南嶽下三世, 百丈海禪師法嗣, 趙州觀音院(亦曰東院)。從諗禪師, CBETA 電子佛典集成》卍續藏 (X)》第80冊》No.1565》第4卷, http://tripitaka.cbeta.org/X80n1565004

- X80n1565005, 五燈會元卷第五, 六祖大鑒禪師法嗣, 吉州青原山靜居寺行思禪師, 大顛通禪師法嗣, 漳州三平義忠禪師, CBETA 電子佛典集成 » 卍續藏 (X) » 第80冊 » No.1565 » 第5卷, http://tripitaka.cbeta.org/
- X80n1565005, 五燈會元卷第五, 六祖大鑒禪師法嗣, 青原下二世, 石頭遷禪師法嗣, 澧州藥山惟儼禪師, CBETA 電子佛典集成 » 卍續藏 (X) » 第80冊 » No.1565 » 第5卷, http://tripitaka.cbeta.org/X80n1565005
- X80n1565013, 五燈會元卷第十三, 曹洞宗, 青原下四世, 雲巖晟禪師法嗣, 瑞州洞山良价悟本禪師CBETA 電子佛典集成 » 卍續藏 (X) » 第80冊 » No.1565 » 第13卷, http://tripitaka.cbeta.org/X80n1565013
- X84n1580004, 教外別傳卷四, 明 黎眉等編, 六祖大鑒禪師旁出法嗣, 南陽慧忠國師, CBETA 電子佛典集成 » 卍續藏 (X) » 第84冊 » No.1580 » 第4卷, http://tripitaka.cbeta.org/X84n1580004
- X86n160000, 宗統編年卷之七, 第二十五世祖, CBETA 電子佛典集成 » 卍續藏 (X) » 第86冊 » No.1600 » 第7卷, http://tripitaka.cbeta.org/
- T07n0220577, 大般若波羅蜜多經卷第五百七十七, 三藏法師玄奘奉 詔譯, 第九能斷金剛分, T07n0220577 大般若波羅蜜多經(第401卷-第600卷) 第577卷, CBETA 電子佛典集成 » 大正藏 (T) » 第7冊 » No.0220 » 第577卷, http://tripitaka.cbeta.org/T07n0220577
- X66n1297003, 卍新纂大日本續藏經 第66冊, No.1297 宗鑑法林(72卷), 【清 集雲堂編】, 第3卷, 諸經, 金剛, 心聞賁, http://tripitaka.cbeta.org/mobile/index.php?index=
- 善慧光 蓮花藏, 金剛經梵文注解, 中國人民大學國際佛學研究中心·瀋陽北塔翻譯組, 二零一三年元月
- 呂氏春秋 慎大覽 察今
- 列子, 湯問第五/ 呂氏春秋 本昧篇
- 佛陀教育基金會, 法句經故事集, 第八品 千品, 114 死而復生, 佛陀教育電子報, http://www.budaedu.org/story/dp000.php
- 楊白衣(本所教授), 金剛經之研究, 華崗佛學學報第5期(p57-111), p95, (民國70年), 臺北:中華學術院佛學研究所, http://www.chibs.edu.tw; Hua-Kang Buddhist Journal, No. 05, (1981), Taipei: The Chung-Hwa Institute of Buddhist

Studies
- 維基文庫, 後漢書, 卷八十一, 獨行列傳, 第七十一 范冉, https://zh.wikisource.org/
- 印順法師, 金剛般若波羅蜜經講記, 三十一年春講於四川法王學院(2014. 3), http://www.baus-ebs.org/sutra/fan-read/007/55.htm
- 蔣志純, 法界緣起量子力學與金剛經(增訂第二版), 五南圖書出版公司(2018. 8)
- 中國哲學書電子化計劃, 先秦兩漢 > 道家 > 莊子 > 外篇 > 達生 > 9, https://ctext.org/zhuangzi/full-understanding-of-life/zh
- 中國哲學書電子化計劃, 維基 > 幼學瓊林 > 卷三, 《貧富》, 18, https://ctext.org/
- 中華古詩文古書籍網, https://www.arteducation.com.tw/shiwenv5a79e3442ae0.html
- 秦觀, 淮海集(卷二十五), 二侯说
- 晉書, 列傳 第六十四
- 采詩網, https://cs.8s8s.com/poetry/349/51552-54473.html;
- 黃鎮成, 用鷲峰師韻送潤泉上人游方十首

(영문자료)

- Kalama Sutta: The Buddha's Charter of Free Inquiry, Translated from the Pali by Ven. Soma Thera, Anguttara Nikaya, Tika Nipata, Mahavagga, Sutta No. 65, http://buddhanet.net/e-learning/